Weil, Gotshal & Manges LLP
Maximilianhöfe 4
Maximilianstr. 13
80539 München
Tel. 089-24243-0 • Fax 069-24243-399

ausserhalb
aly 26.2.15

D1683671

Sundsfør
28.5.85

Merkt/Göthel (Hrsg.)

Internationaler Unternehmenskauf

Internationaler Unternehmenskauf

3. vollständig überarbeitete und wesentlich erweiterte Auflage
2011

herausgegeben von
Prof. Dr. Hanno Merkt, LL.M. (Chicago)
Dr. Stephan R. Göthel, LL.M. (Cornell)

bearbeitet von
Dr. Stephan R. Göthel, LL.M., Dr. Marco Hartmann-Rüppel, Dipl.-Volksw.,
Prof. Dr. Hanno Merkt, LL.M., Dr. Nils Schramm, Dr. Christian Ulrich Wolf,
Prof. Dr. Wolfgang Wurmnest, LL.M.

RWS Verlag Kommunikationsforum GmbH · Köln

Die Deutsche Bibliothek – CIP-Einheitsaufnahme

Merkt, Hanno; Göthel, Stephan R.
Internationaler Unternehmenskauf/
hrsg. von Hanno Merkt; Stephan R. Göthel. –
Köln: RWS Verlag Kommunikationsforum, 2011
 ISBN 978-3-8145-1004-0

© 2011 RWS Verlag Kommunikationsforum GmbH
Postfach 27 01 25, 50508 Köln
E-Mail: info@rws-verlag.de, Internet: http://www.rws-verlag.de

Alle Rechte vorbehalten. Ohne ausdrückliche Genehmigung des Verlages ist es auch nicht gestattet, das Werk oder Teile daraus in irgendeiner Form (durch Fotokopie, Mikrofilm oder ein anderes Verfahren) zu vervielfältigen.

Druck und Verarbeitung: Druckhaus »Thomas Müntzer« GmbH, Bad Langensalza

Bearbeiterverzeichnis

Dr. Stephan R. Göthel, LL.M. (Cornell) .... §§ 1–2, 4–9, 12–17
Rechtsanwalt, Hamburg
Lehrbeauftragter an der Bucerius Law School, Hamburg

Dipl.-Volksw. Dr. Marco Hartmann-Rüppel. .... § 11
Rechtsanwalt, Hamburg und Brüssel
Lehrbeauftragter an der Humboldt-Universität zu Berlin

Prof. Dr. Hanno Merkt, LL.M. (Chicago) .... § 3
Albert-Ludwigs-Universität Freiburg i. Br.
Richter am Oberlandesgericht Karlsruhe

Dr. Nils Schramm .... § 10
Rechtsanwalt und Fachanwalt für Arbeitsrecht, Hamburg
Lehrbeauftragter an der Bucerius Law School, Hamburg

Dr. Christian Ulrich Wolf .... §§ 18–19
Rechtsanwalt, Hamburg

Prof. Dr. Wolfgang Wurmnest, LL.M. (Berkeley) .... § 11
Gottfried Wilhelm Leibniz Universität Hannover

Vorwort

Seit dem Erscheinen der letzten Auflage sind acht Jahre vergangen. Damals konnte noch im Vorwort festgestellt werden, dass „die behandelte Thematik von der nachgerade hektischen Aktivität des Gesetzgebers auf dem gesamten Gebiet des Privat- und Wirtschaftsrechts nur am Rande betroffen" ist. Dieser Befund fällt heute anders aus: Gesetzgeber und Rechtsprechung waren außerordentlich aktiv und haben damit zu einer einschneidenden Entwicklung im Bereich des internationalen und europäischen Vertrags- und Gesellschaftsrechts beigetragen. Die Grundlagen für den grenzüberschreitenden Unternehmenskauf und damit zusammenhängende Maßnahmen haben sich tiefgreifend verändert.

So gilt auf europäischer Ebene seit Dezember 2009 die Verordnung über das auf vertragliche Schuldverhältnisse anzuwendende Recht (Rom I-Verordnung). Sie hat das bisher geltende Internationale Vertragsrecht der Art. 27 bis 37 EGBGB abgelöst und damit die Anknüpfung von Unternehmenskaufverträgen auf neue Füße gestellt.

Die Verordnung über das Statut der Europäischen Gesellschaft (SE), die Richtlinie über die Beteiligung der Arbeitnehmer in der SE sowie die deutschen Begleitgesetze SE-Ausführungsgesetz und SE-Beteiligungsgesetz gelten seit dem Jahre 2004. Mit ihnen ist die neue supranationale Gesellschaftsform der Societas Europaea für die Praxis verfügbar. Damit eröffnen sich neue Strukturierungsmöglichkeiten für grenzüberschreitende Unternehmenskäufe. Auf europäischer Ebene sind zudem die zwischenzeitlich vom Europäischen Gerichtshof ergangenen Entscheidungen in den Rechtssachen *Überseering*, *Inspire Art*, *Sevic* und *Cartesio* zu nennen. Sie haben die Anknüpfung im Internationalen Gesellschaftsrecht und die Möglichkeit von Sitzverlegungen innerhalb der Europäischen Union maßgeblich verändert. Außerdem wurde im Oktober 2005 die Richtlinie über die Verschmelzung von Kapitalgesellschaften aus verschiedenen Mitgliedstaaten (Verschmelzungsrichtlinie) erlassen und mit Wirkung zum April 2007 in nationales Recht umgesetzt. Damit gibt es nun eine Rechtsgrundlage für grenzüberschreitende Verschmelzungen europäischer Kapitalgesellschaften.

Nicht unerwähnt bleiben darf auch das Gesetz zur Modernisierung des GmbH-Rechts und zur Bekämpfung von Missbräuchen (MoMiG) aus dem Jahre 2008. Es hat nicht nur die Diskussion über die kollisionsrechtliche Anknüpfung von Gesellschaften befeuert, sondern auch den Streit über die Frage, ob Kauf- und Übertragungsverträge über Geschäftsanteile an einer deutschen GmbH im Ausland beurkundet werden dürfen, um den deutschen Formanforderungen zu genügen. Gleiches gilt für die Reform des schweizerischen Obligationenrechts aus dem Jahre 2005.

Vorwort

Und die Entwicklung geht weiter: Seit Anfang 2008 liegt der Referentenentwurf für ein Internationales Gesellschaftsrecht vor, wonach die Gründungstheorie gesetzlich verankert werden soll. Außerdem plant die Europäische Union mit der Europäischen Privatgesellschaft (SPE) eine weitere supranationale Rechtsform einzuführen. Die Kommission hat hierzu bereits einen Verordnungsvorschlag unterbreitet.

All diese Veränderungen haben es erforderlich gemacht, das Buch für die Neuauflage vollständig zu überarbeiten, inhaltlich zu erweitern und neu zu strukturieren. Für diese umfangreiche Neubearbeitung konnte mit Dr. Stephan R. Göthel ein zweiter Herausgeber und Autor gewonnen werden, der sich in anderem Zusammenhang bereits bewährt und den Großteil der mit dieser Neuauflage verbundenen Aufgaben übernommen hat. Um den intensiven und für diese Thematik unerlässlichen Dialog zwischen Wissenschaft und Praxis zu gewährleisten, konnten als weitere Autoren Dr. Marco Hartmann-Rüppel, Dr. Nils Schramm, Dr. Christian Ulrich Wolf und Prof. Dr. Wolfgang Wurmnest gewonnen werden.

Herausgeber und Autoren danken ihren Mitarbeitern für die tatkräftige und engagierte Unterstützung bei der Vorbereitung dieser Auflage.

Freiburg i.Br. und Hamburg im Dezember 2010 *Hanno Merkt*
Stephan R. Göthel

Inhaltsübersicht

Seite

Kapitel 1 Praxis des internationalen Unternehmenskaufs 1

§ 1 Einleitung 1

§ 2 Ablauf und Vertragsgestaltung 11

§ 3 Anglo-Amerikanisierung der Vertragspraxis 119

Kapitel 2 Internationales Privatrecht des internationalen Unternehmenskaufs 149

§ 4 Bestimmung des Vertragsstatuts 149

§ 5 Umfang des Vertragsstatuts 191

§ 6 Fragen des Gesellschaftsstatuts und sonstige Fragen außerhalb des Vertragsstatuts 211

§ 7 Form und Zustandekommen 265

§ 8 Einzelfragen 307

§ 9 Internationales Übernahme- und Kapitalmarktrecht 331

Kapitel 3 Arbeits- und Kartellrecht des internationalen Unternehmenskaufs 353

§ 10 Arbeitsrecht 353

§ 11 Kartellrecht 381

Kapitel 4 Grenzüberschreitende Strukturmaßnahmen 495

§ 12 Grenzüberschreitende Sitzverlegung 495

§ 13 Grenzüberschreitende Umwandlung 519

Kapitel 5 Internationale Joint Ventures 551

§ 14 Internationales Privatrecht des Joint Venture 551

Kapitel 6 Europäische Gesellschaftsformen 571

§ 15 Europäische Gesellschaft (SE) 571

§ 16 Europäische wirtschaftliche Interessenvereinigung (EWIV) 609

§ 17 Europäische Privatgesellschaft (SPE) 613

Inhaltsübersicht

Kapitel 7 Prozessuale Fragen; Einschaltung von Beratern 617

§ 18 Prozessuale Fragen 617

§ 19 Rechtsfragen der Einschaltung von Rechtsanwälten,
Steuerberatern und Wirtschaftsprüfern 633

Inhaltsverzeichnis

                                                           Rz.   Seite

Bearbeiterverzeichnis V

Vorwort VII

Allgemeines Literaturverzeichnis XXXI

Kapitel 1 Praxis des internationalen Unternehmenskaufs 1 1

§ 1 Einleitung 1 1

A. Formen grenzüberschreitender Ausdehnung 1 1

B. Besonderheiten des internationalen Unternehmenskaufs 3 2
    I. Bestimmung des anwendbaren Rechts 3 2
    II. Materielles Recht 7 3
    III. Rechtskulturen 8 4
    IV. Zur vorliegenden Darstellung 10 4

C. Gestaltungsformen 13 6
    I. Share Deal und Asset Deal 13 6
    II. Auswahlkriterien 18 7

§ 2 Ablauf und Vertragsgestaltung 1 11

A. Vorbemerkung 1 16

B. Dominanz der anglo-amerikanischen Rechtskultur 6 18

C. Überblick und Verfahrensarten 9 19
    I. Exklusivverhandlungen 10 19
    II. Bieterverfahren 11 19

D. Vertraulichkeitsvereinbarung 17 21

E. Absichtserklärung (Letter of Intent) 22 24
    I. Funktion im Ablauf der Verhandlungen 22 24
    II. Inhalt 25 25
    III. Praktische Bedeutung 26 26
    IV. Bindende Verpflichtungen im Letter of Intent 27 27

F. Due Diligence 30 28
    I. Begriff und Herkunft 30 28
    II. Arten 34 30
        1. Unterscheidung nach durchführender Partei 35 30
        2. Unterscheidung nach Bereichen 40 33

		Rz.	Seite

- III. Funktionen und Zeitpunkt 48 35
  1. Funktionen 48 35
  2. Zeitpunkt 53 37
- IV. Checklisten und Datenräume 57 38
  1. Checklisten 57 38
  2. Datenräume 62 40
- V. Praktische Hinweise und Erfassungsbögen 69 42
  1. Zeit und Personal 69 42
  2. Kopien 71 42
  3. Registrierung von Dokumenten 72 43
  4. Erfassungsbögen 73 43
     - a) Gesellschaft am Beispiel der GmbH 74 43
     - b) Darlehensvertrag/Loan Agreement 74 45
     - c) Anstellungsvertrag/Employment Agreement 74 45
     - d) Versicherungsvertrag/Insurance Agreement 74 46
     - e) Miet- und Leasingvertrag/Lease Agreement 74 46
- VI. Due Diligence Bericht 75 47
- VII. Pflichten der Geschäftsleiter der Zielgesellschaft 82 49
  1. GmbH 83 49
  2. Aktiengesellschaft 86 51
  3. Praxisfolgen 88 52
- VIII. Haftungsfragen 89 52
  1. Prüfungspflichten 90 53
     - a) Kaufrechtliche Prüfungspflicht? 90 53
     - b) Gesellschaftsrechtliche Prüfungspflicht 92 54
  2. Gewährleistung 94 56
     - a) Kenntnis des Käufers 94 56
     - b) Due Diligence als Verkehrssitte? 99 57
  3. Due Diligence und Garantiehaftung 105 61
  4. Due Diligence und vorvertragliche Haftung 109 64
  5. Due Diligence und Kenntniszurechnung 112 66
  6. Due Diligence und Offenlegungspflichten sowie -verbote 114 66

G. Vertragsgestaltung 119 68
- I. Vollzugsbedingungen 120 69
  1. Staatliche Genehmigungen 121 69
     - a) Überblick 121 69
     - b) Außenwirtschaftsrecht 123 70
       - aa) Einleitung 124 70
       - bb) Voraussetzungen 125 71
       - cc) Prüfverfahren 130 74

Inhaltsverzeichnis

				Rz.	Seite

            dd) Folgen einer Untersagung 135 76
            ee) Auswirkungen auf die
                  Vertragsgestaltung 137 76
       c) Fusionskontrolle 141 78
    2. Gremienvorbehalte 142 78
    3. Keine wesentlich nachteilige Änderung
       (MAC-Klausel) 143 79
    4. Zustimmungen von Vertragspartnern 149 81
    5. Sonstiges 152 82
  II. Kaufpreis 156 83
  III. Verkäufergarantien 165 87
    1. Allgemeines 165 87
       a) Vertragstechnik 166 87
       b) Disclosure Letter 171 89
       c) Rechtsfolgen von Verstößen 175 90
    2. Ausgewählte Garantien 185 93
       a) Werthaltigkeit von Forderungen
           gegen Dritte 187 94
       b) Exterritoriale Wirkung
           ausländischer Gesetze 192 95
       c) Grundsatz der Kapitalerhaltung 194 96
       d) Abdeckung des Zeitraums seit dem
           relevanten Bilanzstichtag 195 96
       e) Vollständigkeit der Offenlegung und
           Kenntniszurechnung 198 97
       f) Steuerklauseln 200 98
  IV. Closing 204 99
    1. US-amerikanischer Ursprung 205 100
    2. Deutsches Recht 210 101
    3. Internationale Praxis 213 102
    4. Closing Protokoll 215 103
    5. Rechtsfolgen bei Scheitern 216 103
  V. Rechtswahlklauseln und Vertragssprache 217 104
  VI. Streitentscheidung 224 106
  VII. Formfragen 231 109
    1. Grundsätze und Auslandsbeurkundung 231 109
    2. Praktische Erleichterung der Beurkundung 237 110
    3. Vertragssprache 240 112

H. Legitimationsnachweis 241 112
I. Legal Opinions 248 116

Inhaltsverzeichnis

		Rz.	Seite
§ 3	**Anglo-Amerikanisierung der Vertragspraxis**	1	119

- A. Grundlagen und Perspektiven 1 121
  - I. Ursachen 1 121
    1. Hoher Anteil anglo-amerikanischer Vertragspartner 2 122
    2. Einfluss internationaler Finanzmärkte 3 122
    3. Schwache Rolle der Rechtsdogmatik 4 122
    4. Vernachlässigung des Unternehmenskaufs im kontinentalen Recht 5 123
    5. Bedeutung der englischen Sprache 7 124
    6. Internationale Dominanz der anglo-amerikanischen Juristenausbildung 8 125
  - II. Konsequenzen 9 126
    1. Branchenabhängiger Einfluss 9 126
    2. Einfluss auf den gesamten Vertrag 10 127
    3. Reaktionen auf die Anglo-Amerikanisierung 12 128
  - III. Weitere Entwicklung: Internationalisierung und Privatisierung der Vertragspraxis 14 129
    1. Befund 14 129
    2. Die neue Qualität 16 130
- B. Phänomenologie 18 131
  - I. Vorbemerkung 18 131
  - II. Einzelheiten 24 133
    1. Einzelfallgeleitetes Case Law 25 133
    2. Vertragsaufbau 26 134
       - a) Präambel 28 134
       - b) Definitionen 30 134
       - c) Überschriften 34 136
       - d) Länge und Ausführlichkeit 35 136
    3. Auslegung und Sprache 43 139
       - a) Kryptischer Charakter des Common Law of Contracts 43 139
       - b) Auslegungsgrundsätze 44 140
       - c) Juristensprache 46 140
    4. Representations and Warranties 47 141
    5. Schadensersatz als grundsätzlich einziger Rechtsbehelf 48 142
    6. Vermeidung von Prozessen 49 142
    7. Fazit 50 142
  - III. Zum Verfahren der Vertragsverhandlungen 51 143
    1. Rolle der Rechtsberater 51 143
    2. Zusammenarbeit mit ausländischen Juristen 58 145

Inhaltsverzeichnis

Rz. Seite

Kapitel 2 Internationales Privatrecht des internationalen Unternehmenskaufs 1 149

§ 4 Bestimmung des Vertragsstatuts 1 149

A. Einführung 1 151

B. Einheitskaufrecht 10 154
    I. Share Deal 11 155
    II. Asset Deal 15 156
        1. Gesonderte Verträge 16 156
        2. Einheitlicher Vertrag 17 157
        3. Rechtswahl 24 158
    III. Praktische Hinweise 28 160

C. Internationales Schuldvertragsrecht 33 161
    I. Share Deal 33 161
        1. Grundsatz 33 161
        2. Einfluss des Art. 1 Abs. 2 Rom I-VO 37 162
        3. Trennung von Verpflichtungs- und Verfügungsgeschäft 40 163
    II. Asset Deal 41 164
        1. Grundsatz 41 164
        2. Einfluss des Art. 1 Abs. 2 lit. d Rom I-VO 43 164
        3. Trennung vom Verpflichtungs- und Verfügungsgeschäft 44 165

D. Rechtswahl 45 165
    I. Bedeutung 46 165
    II. Ausdrückliche Rechtswahl 50 166
        1. Grundsatz 50 166
        2. Kriterien für die Rechtswahl 54 167
        3. Rechtswahlklausel 57 168
            a) Allgemeines 57 168
            b) Ausschluss des Internationalen Privatrechts? 61 169
            c) Formulierungsvorschläge 69 170
        4. Rechtswahlklauseln in fremder Sprache 71 171
            a) Allgemeines 71 171
            b) Rechtswahlklauseln in englischer Sprache 73 172
            c) Auslegungsklauseln (Construction Clauses) 75 172
        5. Staaten mit gespaltenem Privatrecht 80 173
        6. Auslandsberührung 82 174
        7. Wahl eines neutralen Rechts 86 175

Inhaltsverzeichnis

		Rz.	Seite
	8. Wahl außerstaatlichen Rechts, Versteinerungsklauseln	92	177
	9. Teilweise Rechtswahl	97	179
	10. Nachträgliche Rechtswahl, Rechtswahl im Prozess	101	180
III.	Stillschweigende Rechtswahl	104	181

E. Fehlende Rechtswahl 111 183
   I. Einleitung 111 183
   II. Share Deal 114 185
      1. Grundsatz 114 185
      2. Anteilstausch 117 186
   III. Asset Deal 122 187
      1. Grundsatz 122 187
      2. Forderungen 124 187
      3. Immobiliarsachenrechte 127 188
   IV. Ausweichklausel 129 189

F. Sachnormverweisung 133 190

§ 5 Umfang des Vertragsstatuts 1 191

A. Grundsatz 1 192
   I. Zustandekommen 2 192
   II. Materielle Wirksamkeit 5 193
   III. Auslegung, Vertragssprache 7 194
      1. Auslegung und Vertragstyp 7 194
      2. Vertragssprache 9 194
   IV. Vertragsinhalt, Erfüllung 20 197

B. Weitere Vertragsabwicklung 32 199
   I. Bewertungsgrundsätze 32 199
   II. Leistungsstörungen, Verletzung eines vorvertraglichen Schuldverhältnisses, Vertragsstrafe 34 200
   III. Erlöschen 42 202
   IV. Nichtigkeitsfolgen 44 203
   V. Abänderung 47 203
   VI. Währung, Zinsen 49 204
      1. Währung 49 204
      2. Zinsen 51 204
   VII. Beweisfragen 55 205

C. Allgemeine Schranken 58 206
   I. Eingriffsnormen 59 206
   II. Ordre public 65 208

Inhaltsverzeichnis

		Rz.	Seite

§ 6 Fragen des Gesellschaftsstatuts und sonstige Fragen außerhalb des Vertragsstatuts 1 211

- A. Share Deal 1 217
  - I. Internationales Gesellschaftsrecht 1 217
    1. Sitztheorie versus Gründungstheorie 1 217
    2. Deutsches Internationales Gesellschaftsrecht im Überblick 7 219
    3. Sitztheorie 9 220
    4. Niederlassungsfreiheit und Gründungstheorie 17 224
       - a) Daily Mail 19 224
       - b) Centros 22 225
       - c) Überseering 26 227
       - d) Inspire Art 28 229
       - e) Cartesio 32 230
       - f) Folgen 37 232
         - aa) Gründungstheorie 37 232
         - bb) Beschränkungen der Niederlassungsfreiheit 43 235
         - cc) EWR-Vertragsstaaten 48 238
    5. Staatsverträge 49 238
    6. Gesamt- und Sachnormverweisungen 53 241
    7. Umgehungsversuche 57 242
  - II. Reichweite des Gesellschaftsstatuts 62 244
    1. Allgemeines 62 244
    2. Anteilsübertragung 64 245
    3. Mitteilungs- und Bekanntmachungspflichten 72 248
  - III. Grund für Abspaltung vom Vertragsstatut 73 249
- B. Asset Deal 75 250
  - I. Übertragung der Wirtschaftsgüter 75 250
    1. Grundsatz 75 250
    2. Mobilien 78 250
    3. Wertpapiere 82 251
    4. Fuhrpark 89 253
    5. Grundstücke 90 253
       - a) Belegenheitsrecht 90 253
       - b) Steuerliche Unbedenklichkeitsbescheinigungen 91 254
    6. Rechte 94 255
       - a) Forderungen 94 255
       - b) Schuld- und Vertragsübernahme 96 256
       - c) Arbeitsverhältnisse 99 257

Inhaltsverzeichnis

				Rz.	Seite
		d)	Firma	100	258
		e)	Immaterialgüterrechte	101	258
		7.	Sonstige unkörperliche Vermögenswerte	105	259
	II.	Universal- oder Singularsukzession		107	260
	III.	Zustimmungserfordernisse		109	261
	IV.	Praktische Hinweise		112	261
C.	Beherrschungs- und Gewinnabführungsverträge, Gleichordnungsverträge			115	262

§ 7 Form und Zustandekommen 1 265

A. Form 1 268
    I. Share Deal 2 269
        1. Grundsatz 3 269
            a) Verpflichtungsgeschäft 3 269
            b) Verfügungsgeschäft 8 271
        2. Geschäftsanteile an einer deutschen GmbH 9 271
            a) Verpflichtungsgeschäft 10 272
            b) Verfügungsgeschäft 13 274
                aa) Überblick 13 274
                bb) Geschäfts- oder Ortsform 17 276
                    (1) Qualifikation als Formvorschrift 17 276
                    (2) Alternative Ortsform 20 278
                    (3) Gesellschafterliste 21 278
                    (4) Reform des schweizerischen Obligationenrechts 23 280
                cc) Praxisempfehlung 24 280
        3. Gleichwertigkeit von Auslandsbeurkundungen 25 281
            a) Einleitung 25 281
            b) Gleichwertigkeit 30 282
            c) Einzelfälle 33 283
            d) Schweizerisches Obligationenrecht 35 285
            e) Gesellschafterliste 36 285
            f) Praxisempfehlung 37 286
        4. Ausländische Geschäftsanteile 39 287
            a) Grundsatz 39 287
            b) Anwendbarkeit von § 15 Abs. 3 und 4 GmbHG 40 287
            c) Praxisempfehlung 47 291
    II. Asset Deal 50 291
        1. Verpflichtungsgeschäft 51 291
        2. Verfügungsgeschäft 55 293
            a) Allgemeines und Auflassungen 55 293
            b) Gewerbliche Schutzrechte 60 295

Inhaltsverzeichnis

			Rz.	Seite
	III.	Regelungsbereich des Formstatuts	61	295
		1. Grundsatz	61	295
		2. Nebenabreden (Side Letters)	62	296
B.	Zustandekommen		64	296
	I.	Rechtsfähigkeit	64	296
		1. Allgemeine Rechtsfähigkeit	64	296
		2. Beteiligungs- und Grundbuchfähigkeit	67	297
		3. Wechsel- und Scheckfähigkeit	73	299
	II.	Geschäftsfähigkeit	74	299
	III.	Partei- und Prozessfähigkeit	75	300
	IV.	Stellvertretung	78	300
		1. Gesetzliche Vertretung	78	300
		2. Rechtsgeschäftliche Vertretung	81	302
	V.	Vorvereinbarungen	84	303
	VI.	Aufklärungspflichten	87	304
		1. Asset Deal	88	304
		2. Share Deal	90	305

§ 8 Einzelfragen 1 307

			Rz.	Seite
A.	Nebenvertragliche Aspekte		1	309
	I.	Aufbewahrungspflichten für Geschäftsbücher	1	309
	II.	Verschwiegenheits- und Geheimhaltungspflichten	2	309
	III.	Personal- und Realsicherheiten	3	309
		1. Allgemeines	3	309
		2. Personalsicherheiten	5	310
		3. Realsicherheiten	11	311
		a) Mobiliarsicherheiten	12	311
		b) Immobiliarsicherheiten	17	313
	IV.	Finanzierung des Kaufpreises	20	313
	V.	Versicherungsverträge	23	315
B.	Haftungsfragen		25	315
	I.	Gesetzliche Haftung des Unternehmenserwerbers	25	315
		1. Anteilsübernahme	25	315
		2. Vermögens- oder Unternehmensübernahme	26	316
		3. Firmenfortführung	32	318
		4. Steuerhaftung	36	320
		5. Haftung für Sozialversicherungspflichten	39	321
	II.	Haftungsfragen bei mehreren Käufern oder Verkäufern	43	322
C.	Verwaltungsrecht, ausländische Erwerber und Geschäftsleiter		45	322
	I.	Verwaltungsrecht	45	322

Inhaltsverzeichnis

| | | Rz. | Seite |

    II. Ausländische Erwerber 48 323
    III. Ausländische Geschäftsleiter 52 326

§ 9 **Internationales Übernahme- und Kapitalmarktrecht** 1 331

A. Öffentliches Erwerbs- oder Übernahmeangebot 1 332
    I. Einleitung 2 333
    II. Anknüpfungssystem des WpÜG 5 335
        1. Grundregel 5 335
        2. Einschränkungen 9 336
    III. Übernahmevertragsstatut 12 338
        1. Rechtswahl 14 338
        2. Fehlende Rechtswahl 15 339
            a) Recht am Hauptbörsenplatz und
                am Sitz des Bieters 17 339
            b) Recht am Ort des Kaufangebots
                ("Marktrecht") 18 340
            c) Hauptbörsenrecht und Sitzrecht der
                Zielgesellschaft 21 341
            d) Zutreffende Lösung: Übernahmestatut 22 341
        3. Aktienübertragungen 26 343

B. Aktienerwerb über die Börse 27 343

C. Insiderhandel 33 346

D. Kapitalmarktrechtliche Mitteilungs- und
    Veröffentlichungspflichten 38 347

E. Prospekthaftung 42 349

**Kapitel 3 Arbeits- und Kartellrecht des internationalen
Unternehmenskaufs** 1 353

§ 10 **Arbeitsrecht** 1 353

A. Einleitung 1 354

B. Grenzüberschreitender Betriebsübergang 2 354
    I. Anwendbarkeit des § 613a BGB 2 354
    II. Vorliegen eines grenzüberschreitenden
        Betriebsübergangs 6 356
        1. Abgrenzung zu einer Betriebsstilllegung 7 357
        2. Grenzüberschreitender Betriebs(teil)übergang
            trotz "identitätszerstörender Eingliederung" 9 358
    III. Rechtsfolgen 11 359
    IV. Unterrichtungspflicht und Widerspruchsrecht 15 361

Inhaltsverzeichnis

Rz.　Seite

- C. Auswirkungen auf die inländischen Arbeitnehmervertretungen ... 20 ... 363
  - I. Konzernbetriebsrat ... 21 ... 363
  - II. Gesamtbetriebsrat ... 23 ... 364
  - III. Sonstige Arbeitnehmervertretungen ... 25 ... 365
- D. Beteiligungsrechte von Arbeitnehmervertretungen bei grenzüberschreitenden Sachverhalten ... 28 ... 366
  - I. Mitbestimmungsrechte des Betriebsrats (§§ 111 ff. BetrVG) ... 28 ... 366
  - II. Unterrichtung des Wirtschaftsausschusses (§§ 106, 109a BetrVG) ... 33 ... 369
  - III. Beteiligungsrechte bei grenzüberschreitender Verschmelzung ... 42 ... 372
- E. Unternehmensmitbestimmungsrechtliche Auswirkungen ... 45 ... 373
  - I. Mitbestimmungsbeibehaltungsgesetz ... 46 ... 374
  - II. Gesetz über die Mitbestimmung der Arbeitnehmer bei einer grenzüberschreitenden Verschmelzung ... 48 ... 375
  - III. SE-Beteiligungsgesetz ... 53 ... 377

§ 11 Kartellrecht ... 1 ... 381

- A. Einleitung ... 1 ... 385
- B. Das Problem der Mehrfachanmeldungen ... 4 ... 386
  - I. Transaktionsstruktur und Zusammenschlussbegriff ... 6 ... 387
  - II. Umsatz- und sonstige Aufgreifschwellen ... 10 ... 388
  - III. Anmeldeverfahren und strategische Überlegungen ... 17 ... 390
- C. Europäisches Kartellrecht ... 25 ... 392
  - I. Überblick ... 25 ... 392
  - II. Zusammenschlusskontrolle ... 26 ... 393
    1. Grundlagen ... 26 ... 393
       - a) Entstehung und Reform der FKVO ... 26 ... 393
       - b) Begleitende Rechtsakte und Verwaltungsvorschriften ... 29 ... 394
    2. Internationaler Anwendungsbereich ... 32 ... 396
       - a) Grundlagen ... 32 ... 396
       - b) Auswirkungsprinzip und Anmeldeerfordernis ... 34 ... 398
       - c) Erweiterung des Anwendungsbereichs durch internationale Abkommen ... 40 ... 400
       - d) Verhältnis zur nationalen Fusionskontrolle (EU/EWR) ... 41 ... 400
       - e) Parallelverfahren im Ausland ... 45 ... 402

Inhaltsverzeichnis

		Rz.	Seite

3. Anmeldepflichtige Zusammenschlüsse 47 403
   a) Zusammenschlusstatbestand 48 403
      aa) Grundlagen 48 403
      bb) Fusion 50 404
      cc) Kontrollerwerb 52 405
      dd) Gemeinschaftsunternehmen 59 407
      ee) Einschränkungen des
          Zusammenschlussbegriffs 62 408
   b) Umsatzanforderungen 63 409
      aa) Umsatzschwellenwerte 63 409
      bb) Beteiligte Unternehmen 66 410
      cc) Umsatzberechnung 70 411
4. Materielle Untersagungsvoraussetzungen 72 412
   a) Einführung 72 412
   b) Marktdefinition 75 413
      aa) Sachlich relevanter Markt 77 414
      bb) Räumlich relevanter Markt 81 416
   c) Erhebliche Behinderung wirksamen
      Wettbewerbs 85 417
      aa) Überblick über den SIEC-Test 85 417
      bb) Horizontale Zusammenschlüsse 89 419
      (1) Einzelmarktbeherrschung 91 420
      (2) Kollektive Marktbeherrschung 100 423
      (3) Nicht koordinierte (unilaterale)
          Wirkungen 103 424
      cc) Sonstige Zusammenschlüsse 105 426
      (1) Vertikale Zusammenschlüsse 106 426
      (aa) Grundlagen 106 426
      (bb) Marktabschottung 109 427
      (cc) Erleichterung kollusiven Verhaltens 112 429
      (2) Konglomerate Zusammenschlüsse 113 430
      (aa) Grundlagen 113 430
      (bb) Marktabschottungseffekte 115 431
      (cc) Erleichterung kollusiven Verhaltens 116 432
      dd) Wesentlicher Teil des
          Gemeinsamen Marktes 117 433
      ee) Kausalität (Sanierungsfusionen) 118 433
      ff) Abwägungsklausel 119 434
      gg) Nebenabreden 120 434
5. Sonderregeln für Vollfunktions-GU 123 436
   a) Überblick 123 436
   b) Materiell-rechtliche Doppelkontrolle 126 437
      aa) SIEC-Test 126 437

Inhaltsverzeichnis

				Rz.	Seite
			bb) Die Prüfung nach Art. 2 Abs. 4 und 5 FKVO	127	437
		c)	Nebenabreden	132	439
	6.	Verfahren		134	440
		a)	Informelle Vorgespräche, Anmeldung und Vollzugsverbot	134	440
		b)	Gang des Verfahrens	139	442
		c)	Verweisungen zwischen der Kommission und nationalen Kartellbehörden	145	444
			aa) Verweisungen von der Kommission an nationale Behörden	146	444
			bb) Verweisungen von nationalen Behörden an die Kommission	149	445
			cc) Verweisungen nach dem EWR-Abkommen	152	446
		d)	Verfahrensabschluss	155	447
		e)	Rechtsschutz	158	448
III.	Kartellverbot			162	450
	1.	Grundlagen		162	450
	2.	Internationaler Anwendungsbereich		164	451
		a)	Verhältnis zu Drittstaaten	164	451
		b)	Verhältnis zum nationalen Recht der Mitgliedstaaten	169	453
	3.	Die Anwendbarkeit von Art. 101 AEUV auf Gemeinschaftsunternehmen		170	453
		a)	Grundlagen	170	453
		b)	Teilfunktions-GU	175	455
			aa) Der Tatbestand des Kartellverbots	175	455
			bb) Die Möglichkeit der Freistellung	180	457
		c)	Nebenabreden	186	459
D. Deutsches Kartellrecht				187	459
I. Überblick				187	459
II. Zusammenschlusskontrolle				188	459
	1.	Grundlagen		188	459
		a)	Entwicklung des Kontrollregimes	188	459
		b)	Systematik	190	461
	2.	Internationaler Anwendungsbereich		193	462
		a)	Verhältnis zur EU-Zusammenschlusskontrolle	193	462
		b)	Auswirkungsprinzip und Anmeldeerfordernis	194	462
			aa) Grundlagen	194	462

Inhaltsverzeichnis

	Rz.	Seite

bb) Vollzug im Inland 197 464
cc) Vollzug im Ausland 198 465
c) Parallele Verfahren im Ausland 204 466
3. Anmeldepflichtige Zusammenschlüsse 206 467
   a) Der Zusammenschlussbegriff 207 467
      aa) Grundlagen................................... 207 467
      bb) Die Grundtatbestände 211 468
         (1) Vermögenserwerb 211 468
         (2) Kontrollerwerb................................ 214 470
         (3) Anteilserwerb................................. 219 471
         (4) Erwerb eines wettbewerblich erheblichen Einflusses 222 472
      cc) Sonderkonstellationen........................ 224 473
         (1) Mehrfachzusammenschlüsse 224 473
         (2) Gemeinschaftsunternehmen 226 474
         (3) Bankenklausel................................. 231 476
   b) Umsatzanforderungen 232 476
      aa) Allgemein..................................... 232 476
      bb) Die „beteiligten Unternehmen" 233 477
      cc) Umsatzschwellen 235 477
      dd) Umsatzberechnung........................... 236 478
   c) Ausnahmen nach den sog. Toleranzklauseln................................. 237 478
      aa) De-minimis-Klausel........................... 238 478
      bb) Bagatellmarktklausel.......................... 239 479
III. Materielle Untersagungsvoraussetzungen........................ 242 480
  1. Allgemein... 242 480
  2. Marktabgrenzung..................................... 244 480
   a) Sachlich relevanter Markt........................... 245 480
   b) Räumlich relevanter Markt.......................... 246 481
  3. Begründung oder Verstärkung einer marktbeherrschenden Stellung.......................... 247 481
   a) Die Kriterien zur Ermittlung einer marktbeherrschenden Stellung 248 482
   b) Die Formen marktbeherrschender Stellungen... 250 482
   c) Kausalität... 254 483
   d) Verhältnis zur europäischen Zusammenschlusskontrolle 255 483
  4. Die Abwägungsklausel................................. 256 483
IV. Verfahren 257 484
  1. Allgemein... 257 484
  2. Die Anmeldung....................................... 258 484

				Rz.	Seite
			a) Adressaten der Anmeldepflicht	258	484
			b) Inhaltliche Anforderungen an die Anmeldung	261	485
		3.	Gang des Verfahrens	266	486
		4.	Bedingungen und Auflagen	269	487
		5.	Ministererlaubnis	270	487
		6.	Rechtsschutz	273	488
			a) Voraussetzungen und Verfahren	273	488
			b) Eilrechtsschutz	276	489
	V.	Kartellverbot		278	489
		1.	Grundlagen	278	489
		2.	Internationaler Anwendungsbereich	280	490
			a) Verhältnis zum unionsrechtlichen Kartellverbot	280	490
			b) Verhältnis zu Drittstaaten	282	490
		3.	Die Anwendbarkeit von § 1 GWB auf Gemeinschaftsunternehmen	285	491
		4.	Wettbewerbsverbot	287	492

Kapitel 4 Grenzüberschreitende Strukturmaßnahmen 1 495

§ 12 Grenzüberschreitende Sitzverlegung 1 495

A.	Einleitung			1	498
B.	Fallgruppen			4	499
C.	Kapitalgesellschaften			6	500
	I.	Verlegung des Verwaltungssitzes in das Ausland		7	500
		1.	Keine staatsvertraglichen Verbindungen zum Zuzugsstaat	7	500
		2.	EU/EWR-Staat ist Zuzugsstaat	13	502
		3.	Staatsvertraglich verbundener Staat ist Zuzugsstaat	17	504
	II.	Verlegung des Satzungssitzes in das Ausland		20	505
		1.	Keine staatsvertraglichen Verbindungen zum Zuzugsstaat	20	505
		2.	EU-/EWR-Staat ist Zuzugsstaat	22	506
		3.	Staatsvertraglich verbundener Staat ist Zuzugsstaat	25	507
	III.	Verlegung des Verwaltungssitzes nach Deutschland		26	507
		1.	Keine staatsvertraglichen Verbindungen zum Wegzugsstaat	26	507
		2.	EU-/EWR-Staat ist Wegzugsstaat	31	509
		3.	Staatsvertraglich verbundener Staat ist Wegzugsstaat	36	511

Inhaltsverzeichnis

Rz. Seite

		IV.	Verlegung des Satzungssitzes nach Deutschland 37 511
		1.	Keine staatsvertraglichen Verbindungen zum Wegzugsstaat 37 511
		2.	EU-/EWR-Staat ist Wegzugsstaat 40 512
		3.	Staatsvertraglich verbundener Staat ist Wegzugsstaat 42 514
		V.	Sitzverlegung zwischen Drittstaaten 43 514

D. Personengesellschaften 44 514
   I. Anknüpfung 45 515
   II. Niederlassungsfreiheit und EU-Auslandsgesellschaften 46 515
   III. Deutsche Personengesellschaften 47 515

E. Societas Europaea und Societas Privata Europaea 52 518

§ 13 Grenzüberschreitende Umwandlung 1 519

A. Einleitung 1 521

B. Internationales Umwandlungsrecht 5 523
   I. Umwandlungsgesetz 5 523
   II. Gesellschaftsrechtliche Qualifikation 6 524
   III. Einzelheiten 7 524
      1. Einzeltheorien versus Vereinigungstheorie 7 524
      2. Voraussetzungen 8 525
      3. Verfahren 10 526
      4. Wirkungen 14 528

C. Deutsches Umwandlungsrecht 20 530
   I. Satzungssitz im Inland 22 531
   II. Grenzüberschreitende Umwandlungen und Sitzerfordernis 23 531
      1. Beschränkung auf rein inländische Umwandlungen 25 532
      2. Zulässigkeit grenzüberschreitender Umwandlungen 29 533
      3. Folgen für die Praxis 34 535
   III. Grenzüberschreitende Umwandlungen mit EU-/EWR-Gesellschaften 35 535
      1. Verschmelzungen zwischen Kapitalgesellschaften 36 536
         a) Verschmelzungsfähige Gesellschaften 37 536
         b) Arbeitnehmerbeteiligung 38 536
         c) Verschmelzungsplan 39 537
         d) Einreichung 42 538

			Rz.	Seite

		e)	Verschmelzungsbericht	43	538
		f)	Verschmelzungsprüfung	45	538
		g)	Schlussbilanzen und Unternehmensbewertungen	46	539
		h)	Gesellschafterbeschlüsse	47	539
		i)	Registeranmeldung und Rechtsmäßigkeitskontrolle	48	540
		j)	Wirksamkeitszeitpunkt	50	540
	2.	Sonstige Umwandlungen		51	541
		a)	Sevic	52	541
		b)	Folgen	55	542
		c)	Praxisempfehlung	62	545

D. Alternativen ... 63 ... 546
   I. Gesamtrechtsnachfolge ... 64 ... 546
   II. Anteilstausch ... 69 ... 547
   III. Unternehmenseinbringung ... 71 ... 548
   IV. Grenzüberschreitende Verschmelzung nach Umstrukturierung ... 74 ... 549

E. Eingliederung ... 75 ... 549

Kapitel 5 Internationale Joint Ventures ... 1 ... 551

§ 14 Internationales Privatrecht des Joint Venture ... 1 ... 551

A. Einleitung ... 1 ... 552

B. Anknüpfung ... 2 ... 553

C. Zielgesellschaft ... 3 ... 553

D. Joint Venture Vertrag (Gesellschaftervereinbarung) ... 4 ... 554
   I. Qualifikation ... 4 ... 554
      1. Inhalt und maßgebliches Statut ... 4 ... 554
         a) Gesellschaftsstatut ... 6 ... 555
         b) Eigenes Statut ... 9 ... 556
      2. Vertragsstatut oder Gesellschaftsstatut ... 10 ... 556
         a) Gesellschaftsvertrag ... 11 ... 556
         b) Organisation ... 13 ... 557
   II. Rechtswahl ... 15 ... 557
   III. Fehlende Rechtswahl ... 16 ... 558
      1. Besondere Vertragsarten und charakteristische Leistung ... 17 ... 558
      2. Engste Verbindung ... 19 ... 558
         a) Zielgesellschaft ... 21 ... 559

Inhaltsverzeichnis

	Rz.	Seite

        b) Aktivitätszentrum .... 29....... 562
        c) Sonstige Hinweise .... 31....... 562
        d) Kumulation von Sachnormen .... 34....... 563
    IV. Reichweite .... 36....... 564
    V. Form .... 37....... 564
    VI. Eingriffsrecht.. 39....... 565

E. Zusatzverträge .... 40....... 565
    I. Wählbare Rechte .... 41....... 565
    II. Stillschweigende Rechtswahl................................... 42....... 566
    III. Fehlende Rechtswahl .... 45....... 566
        1. Akzessorische Anknüpfung................................ 47....... 567
        2. Abwägung... 50....... 568

Kapitel 6 Europäische Gesellschaftsformen .... 1....... 571

§ 15 Europäische Gesellschaft (SE) .... 1....... 571

A. Einleitung... 1....... 574

B. Motive... 5....... 576
    I. Europäisches Rechtskleid .... 6....... 576
    II. Gestaltung der Mitbestimmung .... 13....... 578
    III. Wahl des Leitungssystems..................................... 22....... 581
    IV. Grenzüberschreitende Sitzverlegung..................... 28....... 584
    V. Vereinfachung der Konzernstruktur...................... 29....... 585

C. Rechtsquellen.. 30....... 585

D. Einsatzmöglichkeiten bei Unternehmenszusammenschlüssen... 36....... 588
    I. Einleitung... 36....... 588
    II. Verschmelzung... 40....... 590
        1. Einleitung.. 40....... 590
        2. Verschmelzungsfähige Gesellschaften .... 42....... 591
        3. Verschmelzungsplan .... 43....... 591
        4. Schlussbilanzen und Unternehmensbewertungen ... 47....... 593
        5. Verschmelzungsbericht...................................... 48....... 593
        6. Verschmelzungsprüfung .... 49....... 594
        7. Einreichung und Bekanntmachung .... 50....... 594
        8. Arbeitnehmerbeteiligung................................... 51....... 594
        9. Hauptversammlungsbeschlüsse........................ 52....... 595
        10. Registeranmeldung und Rechtmäßigkeitskontrolle.. 54....... 596
        11. Eintragung und Rechtsfolgen........................... 57....... 598
    III. Holding-SE... 59....... 598
        1. Einleitung.. 59....... 598

			Rz.	Seite
	2.	Beteiligungsfähige Gesellschaften	63	600
	3.	Gründungsplan	64	600
	4.	Prüfung	69	602
	5.	Einreichung und Bekanntmachung	70	602
	6.	Arbeitnehmerbeteiligung	71	603
	7.	Gesellschafterbeschlüsse	72	603
	8.	Einbringung der Geschäftsanteile	74	604
	9.	Registeranmeldung	78	606
	10.	Eintragung und Rechtsfolgen	79	606
E.	Unternehmenskauf bei der SE		81	607
	I.	Share Deal	81	607
	II.	Asset Deal	85	608

§ 16 Europäische wirtschaftliche Interessenvereinigung (EWIV) 1 609

A. Share Deal 1 609

B. Asset Deal 6 611

§ 17 Europäische Privatgesellschaft (SPE) 1 613

Kapitel 7 Prozessuale Fragen; Einschaltung von Beratern 1 617

§ 18 Prozessuale Fragen 1 617

A. Gerichtsstandsklauseln 1 617
  I. Allgemeines 1 617
  II. Prorogation nach dem EuGVVO 11 619
  III. Prorogation nach autonomem Recht 18 621
  IV. Kriterien für die Auswahl des Gerichtsstands 20 621
    1. Ausländisches Prozessrecht 21 621
    2. Klagezustellung und Vollstreckung 22 622
  V. Wahl eines bestimmten Spruchkörpers 24 622

B Schiedsklauseln 34 624
  I. Allgemeines 34 624
  II. Institutionelle Schiedsgerichtsbarkeit 48 627
  III. Ad-hoc-Schiedsgerichte 51 628

C. Empfangs- und Zustellungsbevollmächtigte 64 630

§ 19 Rechtsfragen der Einschaltung von Rechtsanwälten, Steuerberatern und Wirtschaftsprüfern 1 633

A. Rechtsanwälte 1 633
  I. Anknüpfung der Mandatsvereinbarung 1 633

Inhaltsverzeichnis

			Rz.	Seite
	II.	Umfang des Statuts der Mandatsvereinbarung	10	636
	III.	Anknüpfung von Legal Opinions	13	636
	IV.	Haftungsfragen	15	637
B.	Steuerberater		17	637
C.	Wirtschaftsprüfer		18	637
	I.	Vertragliche Ansprüche	18	637
	II.	Haftung für Pflichtprüfungen	20	638
D.	Deliktische Haftung		23	639
E.	Vorvertragliche Haftung, Sachwalterhaftung		28	640

Stichwortverzeichnis 643

Allgemeines Literaturverzeichnis

American Jurisprudence Second
Band 17A, Rochester NY 1991, mit Cumulative Supplement 1995;
Band 67, Rochester NY 1985, mit Cumulative Supplement 1995

Anwaltkommentar BGB
Band 1 (Allgemeiner Teil mit EGBGB), 2005
(zit.: *Bearbeiter* in: AnwKomm-BGB)

Assmann/Schütze
Handbuch des Kapitalanlagerechts, 3. Auflage 2007
(zit.: *Bearbeiter* in: Assmann/Schütze)

Bamberger/Roth
BGB: Kommentar, 2. Auflage, Band 1 (§§ 1–610; CISG), 2007, Band 3
(§§ 1297–2385; EGBGB), 2008 (zit.: *Bearbeiter* in: Bamberger/Roth)

von Bar
Internationales Privatrecht, Band 2 (Besonderer Teil), 1991

Baumbach/Hopt
HGB: Kommentar, 34. Auflage 2010 (zit.: *Bearbeiter* in: Baumbach/Hopt)

Baumbach/Hueck
GmbHG: Kommentar, 19. Auflage 2010
(zit.: *Bearbeiter* in: Baumbach/Hueck)

Baums/Thoma
Takeover laws in Europe, 2002 (zit.: *Bearbeiter* in: Baums/Thoma)

Behrens
Die Gesellschaft mit beschränkter Haftung im internationalen und
europäischen Recht, 2. Auflage 1997
(zit.: *Bearbeiter* in: Behrens)

Beisel/Andreas
Beck'sches Mandatshandbuch Due Diligence, 2. Auflage 2010
(zit.: *Bearbeiter* in: Beisel/Andreas)

Beisel/Klumpp
Der Unternehmenskauf, 6. Auflage 2009 (zit.: *Bearbeiter* in: Beisel/Klumpp)

Berens/Brauner/Strauch
Due Diligence bei Unternehmensakquisitionen, 5. Auflage 2008
(zit.: *Bearbeiter* in: Berens/Brauner/Strauch)

Bradgate
Commercial Law, 3. Auflage London 2000

Allgemeines Literaturverzeichnis

Brugger
Unternehmenserwerb – Acquisition of Business Enterprises, Wien 1990
Bucher
Schweizerisches Obligationenrecht: Allgemeiner Teil ohne Deliktsrecht, 2. Auflage Zürich 1988
Cox/Hazen
Cox and Hazen on Corporations, 2. Auflage New York NY 2003 (zit.: Corporations)
Deloitte
Unternehmenskauf im Ausland, 3. Auflage 2009 (zit.: *Bearbeiter* in: Deloitte)
Droste
Mergers & Acquisitions in Germany, 1995
Dürig
Der grenzüberschreitende Unternehmenskauf, 1998
Ebenroth/Boujong/Joost/Strohn
HGB: Kommentar, Band 1 (§§ 1–342e), 2. Auflage 2008 (zit.: *Bearbeiter* in: Ebenroth/Boujong/Joost/Strohn)
Eidenmüller
Ausländische Kapitalgesellschaften im deutschen Recht, 2004 (zit.: *Bearbeiter* in: Eidenmüller)
Eilers/Koffka/Mackensen
Private Equity, 2009 (zit. *Bearbeiter* in: Eilers/Koffka/Mackensen)
Elsing/van Alstine
US-amerikanisches Handels- und Wirtschaftsrecht, 2. Auflage 1999
Erman
BGB: Kommentar, 12. Auflage 2008, Band 1 (§§ 1–758; AGG; UKlaG); Band 2 (§§ 759–2385; ProdHaftG; ErbbauG; HausratsVO; VAHRG; LPartG; WEG; EGBGB) (zit.: *Bearbeiter* in: Erman)
Farnsworth/Young/Sanger
Contracts: cases and materials, 6. Auflage New York NY 2001 (zit.: Contracts)
Ferid
Internationales Privatrecht, 3. Auflage 1986
Ferrari/Kieninger/Mankowski/Otte/Saenger/Staudinger
Internationales Vertragsrecht, 2007 (zit.: *Bearbeiter* in: Ferrari/u.a., Internationales Vertragsrecht)

Fischer, L.
Internationaler Unternehmenskauf und -zusammenschluss im Steuerrecht, 1992

Fleischer
Handbuch des Vorstandsrechts, 2006 (zit.: *Bearbeiter* in: Fleischer, Handbuch des Vorstandsrechts)

Frankenstein
Internationales Privatrecht, Band 2 (Grenzrecht), 1929

Geimer
Internationales Zivilprozessrecht, 6. Auflage 2009

Gernhuber
Handbuch des Schuldrechts in Einzeldarstellungen, Band 6 (Kaufrecht), 2006 (zit.: *Bearbeiter* in: Gernhuber)

Girsberger/Heini/Keller/Kren Kostkiewicz/Siehr/Vischer/Volken
Zürcher Kommentar zum IPRG, 2. Auflage Zürich 2004 (zit.: *Bearbeiter* in: Girsberger/u.a.)

GmbH-Handbuch
hrsg. v. Centrale für GmbH, Dr. Otto Schmidt Verlag, 15. Auflage, Loseblatt (Stand: 1/2010) (zit.: *Bearbeiter* in: GmbH-Handbuch)

Goette/Habersack
Das MoMiG in Wissenschaft und Praxis, 2009 (zit.: *Bearbeiter* in: Goette/Habersack)

Grasmann
System des internationalen Gesellschaftsrechts, 1970

Grenfell
Handbuch für den internationalen Unternehmenskauf, 2. Auflage 1989

Großkommentar zum Aktiengesetz
hrsg. v. Hopt/Wiedemann, Band 1 (Einleitung; §§ 1–53), 4. Auflage 2004 (zit.: *Bearbeiter* in: Großkomm-AktG)

Heckschen/Heidinger
Die GmbH in der Gestaltungs- und Beratungspraxis, 2. Auflage 2009 (zit.: *Bearbeiter* in: Heckschen/Heidinger)

Herber/Czerwenka
Internationales Kaufrecht: Kommentar, 1991

Heymann
HGB: Kommentar, Band 2 (§§ 105–237), 2. Auflage 1996 (zit.: *Bearbeiter* in: Heymann)

Hirte/Bücker
  Grenzüberschreitende Gesellschaften, 2. Auflage 2006 (zit.: *Bearbeiter* in: Hirte/Bücker)

von Hoffmann/Thorn
  Internationales Privatrecht einschließlich der Grundzüge des internationalen Zivilverfahrensrechts, 9. Auflage 2007

Hölters
  Handbuch Unternehmenskauf, 7. Auflage 2010 (zit.: *Bearbeiter* in: Hölters)

Holzapfel/Pöllath
  Unternehmenskauf in Recht und Praxis, 14. Auflage 2010

Honsell/Vogt/Schnyder
  Kommentar zum Schweizerischen Privatrecht, Internationales Privatrecht, Basel 1996 (zit.: *Bearbeiter* in: Honsell/Vogt/Schnyder)

Hopt
  Vertrags- und Formularbuch zum Handels-, Gesellschafts- und Bankrecht, 3. Auflage 2007 (zit.: *Bearbeiter* in: Hopt)

Hüffer
  AktG: Kommentar, 9. Auflage 2010

International Bar Association
  Due Diligence, Disclosures and Warranties in the Corporate Acquisitions Practice, 2. Auflage London 1992 (zit.: *Bearbeiter* in: International Bar Association)

Jayme/Hausmann
  Internationales Privat- und Verfahrensrecht, 15. Auflage 2010

Jung, W.
  Praxis des Unternehmenskaufs, 2. Auflage 1993

Juris Praxiskommentar BGB
  hrsg. v. Herberger/Martinek/Rüßmann/Weth, Band 6 (Internationales Privatrecht), 5. Auflage 2010 (zit.: *Bearbeiter* in: jurisPK-BGB)

Kegel
  Internationales Privatrecht, 7. Auflage 1995

Kegel/Schurig
  Internationales Privatrecht, 9. Auflage 2004

Keidel/Krafka/Willer
  Handbuch der Rechtspraxis, Band 7 (Registerrecht), 8. Auflage 2010

Kindler
Geschäftsanteilsabtretungen im Ausland – Die kollisionsrechtliche Anknüpfung des Beurkundungserfordernisses nach § 15 Abs. 3 GmbHG, 2010 (zit.: Geschäftsanteilsabtretungen im Ausland)

Kindler
Einführung in das neue IPR des Wirtschaftsverkehrs, 2009 (zit.: IPR des Wirtschaftsverkehrs)

Knott/Mielke
Unternehmenskauf, 3. Auflage 2008 (zit.: *Bearbeiter* in: Knott/Mielke)

Kölner Kommentar zum AktG
   hrsg. v. Zöllner/Noack, Band 1 (§§ 1–147), 1. Auflage 1985; Band 1 (§§ 1–75), 2. Auflage 1988; Band 1: Teillieferung 2 (§§ 1–53), 3. Auflage 2010; Band 8.1: Teillieferung 2 (Art. 32–42 SE-VO), 3. Auflage 2010; Band 8.2: Teillieferung 1 (Art. 43–70 SE-VO; §§ 1–33 SEBG), 3. Auflage 2010
   (zit.: *Bearbeiter* in: KölnKomm-AktG)

Korth
Kauf – Verkauf von Unternehmen und Beteiligungen, 1993

Kronke/Melis/Schnyder
Handbuch Internationales Wirtschaftsrecht, 2005 (zit.: *Bearbeiter* in: Kronke/Melis/Schnyder)

Kropff
Aktiengesetz: Textausgabe des Aktiengesetzes vom 6.9.1965 und des Einführungsgesetzes zum Aktiengesetz vom 6.9.1965 mit Begründung des Regierungsentwurfs, Bericht des Rechtsausschusses des Deutschen Bundestags, Verweisungen und Sachverzeichnis, 1965

Kropholler
Internationales Privatrecht, 6. Auflage 2006 (zit.: Internationales Privatrecht)

Louven
M&A: Unternehmenskauf, 2009 (zit.: M&A)

Lüderitz
Internationales Privatrecht, 2. Auflage 1992

Lutter
Holding-Handbuch: Recht, Management, Steuern, 4. Auflage 2004 (zit.: Bearbeiter in: Lutter, Holding-Handbuch)

Lutter/Hommelhoff
GmbHG: Kommentar, 17. Auflage 2009 (zit.: *Bearbeiter* in: Lutter/Hommelhoff)

Malacrida/Watter
   Mergers, Acquisitions & Corporate Restructuring, Basel 2007
Martinek/Semler/Habermeier/Flohr
   Handbuch des Vertriebsrechts, 3. Auflage 2010 (zit.: *Bearbeiter* in:
   Martinek/Semler/Habermeier)
McKendrick
   Contract Law: text, cases and materials, 3. Auflage Oxford 2008
   (zit.: Contract Law)
Merkt
   Internationaler Unternehmenskauf, 2. Auflage 2003 (zit.: Vorauflage)
Merkt/Göthel
   US-amerikanisches Gesellschaftsrecht, 2. Auflage 2006
   (zit.: US-amerikanisches Gesellschaftsrecht)
Meyer-Landrut/Miller/Niehus
   GmbHG: Kommentar, 1987 (zit.: *Bearbeiter* in: Meyer-Landrut/Miller/
   Niehus)
Michalski
   GmbHG: Kommentar, Band 1 (Systematische Darstellungen; §§ 1–34),
   2. Auflage 2010 (zit.: *Bearbeiter* in: Michalski)
Münchener Handbuch des Gesellschaftsrechts
   hrsg. v. Priester/Mayer, 3. Auflage, Band 1 (GbR; oHG; PartG; EWIV),
   2009; Band 3 (GmbH), 2009; Band 4 (AG), 2007
   (zit.: *Bearbeiter* in: MünchHdb-GesR)
Münchener Kommentar zum AktG
   hrsg. v. Goette/Habersack, Band 2 (§§ 76–117; MitbestG; DrittelbG),
   3. Auflage 2008; Band 5 (§§ 278–328; SpruchG), 3. Auflage 2010;
   hrsg. v. Kropff/Semler/Goette/Habersack, Band 9/2 (§§ 329–410;
   SE-VO; SEBG; Europäische Niederlassungsfreiheit; Richtlinien zum
   Gesellschaftsrecht), 2. Auflage 2006 (zit.: *Bearbeiter* in: MünchKomm-AktG)
Münchener Kommentar zum BGB
   hrsg. v. Rixecker/Säcker, 5. Auflage, Band 2 (Schuldrecht: Allgemeiner
   Teil), 2007; Band 3 (Schuldrecht: Besonderer Teil I), 2007; Band 4
   (Schuldrecht: Besonderer Teil II), 2009; Band 5 (Schuldrecht: Besonderer
   Teil III), 2009; Band 10 (Internationales Privatrecht), 2010; Band 11
   (Internationales Handels- und Gesellschaftsrecht), 2010
   (zit.: *Bearbeiter* in: MünchKomm-BGB)
Münchener Kommentar zum GmbHG
   hrsg. v. Fleischer/Goette, Band 1 (§§ 1–34), 2010
   (zit.: *Bearbeiter* in: MünchKomm-GmbHG)

Münchener Kommentar zum HGB
 hrsg. v. K. Schmidt, Band 1 (§§ 1–104a), 3. Auflage 2010;
 Band 4 (§§ 238–342e), 2. Auflage 2008; Band 6 (§§ 373–406; CISG),
 2. Auflage 2007 (zit.: *Bearbeiter* in: MünchKomm-HGB)
Münchener Kommentar zur ZPO
 hrsg. v. Rauscher/Wax/Wenzel, 3. Auflage, Band 3 (§§ 946–1086;
 EGZPO; GVG; EGGVG; UKlaG; Internationales Zivilprozessrecht),
 2008; hrsg. v. Rauscher, Band 4 (FamFG), 2010
 (zit.: *Bearbeiter* in: MünchKomm-ZPO)
Münchener Vertragshandbuch
 hrsg. v. Schütze/Weipert, 6. Auflage, Band 2 (Wirtschaftsrecht I), 2009;
 Band 4 (Wirtschaftsrecht III), 2007
 (zit.: *Bearbeiter* in: Münchener Vertragshandbuch)
Musielak
 ZPO: Kommentar, 7. Auflage 2009 (zit.: *Bearbeiter* in: Musielak)
Palandt
 BGB: Kommentar, 69. Auflage 2010 (zit.: *Bearbeiter* in: Palandt)
Picot
 Handbuch Mergers & Acquisitions, 4. Auflage 2008
 (zit.: *Bearbeiter* in: Picot, M&A)
Picot
 Unternehmenskauf und Restrukturierung, 3. Auflage 2004
 (zit.: *Bearbeiter* in: Picot, Unternehmenskauf)
Polster-Grüll/Zöchling/Kranebitter
 Handbuch Mergers & Aquisitions, Wien 2007 (zit.: *Bearbeiter* in: Polster-
 Grüll/Zöchling/Kranebitter)
Prütting/Wegen/Weinreich
 BGB: Kommentar, 5. Auflage 2010 (zit.: *Bearbeiter* in: Prütting/Wegen/
 Weinreich)
Rädler/Pöllath
 Handbuch der Unternehmensakquisition, 1982
Reed/Lajoux/Nesvold
 The Art of M&A: A Merger, Acquisition, Buyout Guide, 4. Auflage New
 York NY 2007
Reimann/Zimmermann
 The Oxford Handbook of Comparative Law, 2006
 (zit.: *Bearbeiter* in: Reimann/Zimmermann)

Reithmann/Martiny
Internationales Vertragsrecht, 7. Auflage 2010 (zit.: *Bearbeiter* in: Reithmann/Martiny)

Robinson
The Mergers & Acquisitions Review, 3. Auflage London 2009

Rödder/Hötzel/Mueller-Thuns
Unternehmenskauf, Unternehmensverkauf: zivil- und steuerrechtliche Gestaltungspraxis, 2003 (zit.: *Bearbeiter* in: Rödder/Hötzel/Mueller-Thuns)

Röhricht/von Westphalen
HGB: Kommentar, 3. Auflage 2008 (zit.: *Bearbeiter* in: Röhricht/von Westphalen)

Roth/Altmeppen
GmbHG: Kommentar, 6. Auflage 2009 (zit.: *Bearbeiter* in: Roth/Altmeppen)

Rotthege/Wassermann
Mandatspraxis Unternehmenskauf, 2002

Rubino-Sammartano
Warranties in Cross-Border Acquisitions, London 1994 (zit.: *Bearbeiter* in: Rubino-Sammartano)

Sandrock
Handbuch der internationalen Vertragsgestaltung, 1980 (zit.: *Bearbeiter* in: Sandrock)

Schimansky/Bunte/Lwowski
Bankrecht-Handbuch, 3. Auflage 2007 (zit.: *Bearbeiter* in: Schimansky/Bunte/Lwowski)

Schmidt, K.
Gesellschaftsrecht, 4. Auflage 2001 (zit.: Gesellschaftsrecht)

Schmidt, K.
Handelsrecht, 5. Auflage 1999 (zit.: Handelsrecht)

Schmidt, K./Lutter
AktG: Kommentar, Band 1 (§§ 1–149 AktG), 2. Auflage 2010 (zit.: *Bearbeiter* in: Schmidt/Lutter)

Scholz
GmbHG: Kommentar, 10. Auflage, Band 1 (§§ 1–34), 2006; Band 2 (§§ 35–52), 2007; Band 3 (§§ 53–85; Nachtrag MoMiG), 2010 (zit.: *Bearbeiter* in: Scholz)

Schröder/Wenner
Internationales Vertragsrecht, 2. Auflage 1998

Schulze/Dörner/Ebert/Hoeren/Kemper/Saenger/Schreiber/Schulte-Nölke/ Staudinger
BGB: Kommentar, 6. Auflage 2009 (zit.: *Bearbeiter* in: Schulze u.a.)
Schwimann
Grundriß des internationalen Privatrechts, Wien 1982
Seibt
Beck'sches Formularbuch Mergers & Acquisitions, 2008 (zit.: *Bearbeiter* in: Seibt, M&A)
Semler/Volhard
Arbeitshandbuch für Unternehmensübernahmen, Band 1 (Unternehmensübernahme: Vorbereitung, Durchführung, Folgen; Ausgewählte Drittländer), 2001 (zit.: *Bearbeiter* in: Semler/Volhard, Unternehmensübernahmen)
Soergel
BGB: Kommentar, Band 10 (Einführungsgesetz), 12. Auflage 1996; Band 13 (Schuldrechtliche Nebengesetze 2: CISG), 13. Auflage 2000 (zit.: *Bearbeiter* in: Soergel)
Spahlinger/Wegen
Internationales Gesellschaftsrecht in der Praxis, 2005 (zit.: *Bearbeiter* in: Spahlinger/Wegen)
Spindler/Stilz
AktG: Kommentar, 2. Auflage 2010, Band 1 (§§ 1–149); Band 2 (§§ 150–410; IntGesR; SpruchG; SE-VO) (zit.: *Bearbeiter* in: Spindler/Stilz)
Staub
HGB: Großkommentar, 5. Auflage 2009, Band 1 (Einleitung; §§ 1–47b); Band 3 (§§ 105–160) (zit.: *Bearbeiter* in: Staub)
Staudinger
BGB: Kommentar, Buch 2 (Einleitung zum Schuldrecht; §§ 241–243: Treu und Glauben), Neubearbeitung 2005; Buch 2 (§§ 433–487; Leasing: Kaufrecht und Leasingrecht), Neubearbeitung 2004; EGBGB/IPR (Einleitung zu Art. 27 ff. EGBGB; Art. 27–37 EGBGB), Bearbeitung 2002; Internationales Gesellschaftsrecht, Neubearbeitung 1998; Internationales Wirtschaftsrecht, Neubearbeitung 2010; Buch 2 (Wiener UN-Kaufrecht: CISG), Neubearbeitung 2005 (zit.: *Bearbeiter* in: Staudinger)
Stone
West's Legal Forms, Band 4A (Business Organizations), 3. Auflage St. Paul MN Ergänzungslieferung 2009; Band 27B (Specialized Forms), 4. Auflage St. Paul MN Ergänzungslieferung 2009 (zit.: *Bearbeiter* in: Stone)

Süß/Wachter
: Handbuch des internationalen GmbH-Rechts, 2006 (zit.: *Bearbeiter* in: Süß/Wachter)

Thomas/Putzo
: ZPO: Kommentar, 31. Auflage 2010 (zit.: *Bearbeiter* in: Thomas/Putzo)

Triebel
: Mergers & Acquisitions: Strategie – Steuern – Recht, 2004 (zit.: *Bearbeiter* in: Triebel)

Turcon/Zimmer
: Grundlagen des US-amerikanischen Gesellschafts-, Wirtschafts-, Steuer- und Fremdenrechts, 1994 (zit.: *Bearbeiter* in: Turcon/Zimmer)

Ulmer/Habersack/Winter
: GmbHG: Großkommentar, Band 1 (Einleitung; §§ 1–28), 2005; Band 2 (§§ 29–52), 2006; Band 3 (§§ 53–87), 2008; Ergänzungsband MoMiG, 2010 (zit.: Erg.-Band) (zit.: *Bearbeiter* in: Ulmer/Habersack/Winter)

Vischer/Huber/Oser
: Internationales Vertragsrecht, 2. Auflage Bern 2000

Vischer/von Planta
: Internationales Privatrecht, 2. Auflage Basel 1982

Wiedemann
: Gesellschaftsrecht, Band 1, 1980

Willemsen/Hohenstatt/Schweibert/Seibt
: Umstrukturierung und Übertragung von Unternehmen, 3. Auflage 2008 (zit.: *Bearbeiter* in: Willemsen/Hohenstatt/Schweibert/Seibt, Umstrukturierung)

Wirtz
: Handbuch Mergers & Acquisitions Management, 2006 (zit.: *Bearbeiter* in: Wirtz, M&A)

Wolff
: Das Internationale Privatrecht Deutschlands, 3. Auflage 1954

Wollny
: Unternehmens- und Praxisübertragungen, 6. Auflage 2005

Zöller
: ZPO: Kommentar, 27. Auflage 2009 (zit.: *Bearbeiter* in: Zöller)

Zweigert/Kötz
: Einführung in die Rechtsvergleichung auf dem Gebiete des Privatrechts, 3. Auflage 1996

Kapitel 1 Praxis des internationalen Unternehmenskaufs

§ 1 Einleitung

Übersicht

A. Formen grenzüberschreitender Ausdehnung 1	II. Materielles Recht 7
B. Besonderheiten des internationalen Unternehmenskaufs 3	III. Rechtskulturen 8
	IV. Zur vorliegenden Darstellung 10
	C. Gestaltungsformen 13
I. Bestimmung des anwendbaren Rechts 3	I. Share Deal und Asset Deal 13
	II. Auswahlkriterien 18

Literatur: *Casna*, International Joint Ventures – The Legal and Tax Issues, London 1991; *Detzer/Ullrich*, Gestaltung von Verträgen mit ausländischen Handelsvertretern und Vertragshändlern, 2000; *Eilers*, Die Umwandlung als neue Form des Unternehmenskaufes, WiB 1995, 449; *Ebenroth*, Das Verhältnis zwischen joint venture-Vertrag, Gesellschaftssatzung und Investitionsvertrag, JZ 1987, 265; *Fischer*, Die Gründung von Joint Ventures in Entwicklungsländern – Dargestellt am Beispiel Indien, ZVglRWiss 86 (1987), 314; *Göthel*, Internationales Privatrecht des Joint Ventures, RIW 1999, 566; *Göthel*, Joint Ventures im Internationalen Privatrecht – Ein Vergleich der Rechte Deutschlands und der USA, 1999 (zit.: Joint Ventures); *L. Huber*, Das Joint Venture im internationalen Privatrecht, Basel 1992; *Jacobs*, Internationale Unternehmensbesteuerung, 6. Auflage 2007; *Kessler/Kröner/Köhler*, Konzernsteuerrecht: national – international, 2. Auflage 2008 (zit.: *Bearbeiter* in: Kessler/Kröner/Köhler); *Langefeld-Wirth*, Rechtsfragen des internationalen Gemeinschaftsunternehmens – Joint Venture, RIW 1990, 1; *Langefeld-Wirth*, Joint Ventures im internationalen Wirtschaftsverkehr, 1990; *Lutter*, Die Gründung einer Tochtergesellschaft im Ausland, 3. Auflage 1995 (zit.: Tochtergesellschaft im Ausland); *Merkt*, Internationaler Unternehmenskauf durch Beteiligungskauf, in: Festgabe Sandrock, 1995, S. 135; *Mörsdorf*, Share Deals in Norwegen, RIW 2010, 19; *Niemeier*, Steuerfragen bei Auslandsakquisitionen – ein Überblick, RIW 2005, 436; *Schön*, Freie Wahl zwischen Zweigniederlassung und Tochtergesellschaft – ein Grundsatz des Europäischen Unternehmensrechts, EWS 2000, 281; *Schnyder*, Kollisionsrechtliche Fragen zu (grenzüberschreitenden) Übernahmen, in: Centre d´études juridiques européennes de la Faculté de droit de Genève (CEJE), Erwerb von Beteiligungen am Beispiel der öffentlichen Übernahmeangebote: Kolloquium, Lausanne 1990, S. 624; *Schwetlik*, Handelsrechtlicher step-up bei Einbringungen in Organgesellschaften, GmbHR 2009, 1307; *Stumpf/Ullrich*, Internationales Handelsvertreterrecht, Teil 1: Verträge mit ausländischen Handelsvertretern – Hinweise für den Abschluss von Vertreterverträgen, 6. Auflage 1987; *Wächtershäuser*, Das Gesellschaftsrecht des internationalen Joint Ventures, 1992.

A. Formen grenzüberschreitender Ausdehnung

Wenn ein Unternehmen seine Geschäftstätigkeit über die nationalen Grenzen hinaus ausdehnen möchte, bieten sich unterschiedliche Möglichkeiten. Zu unterscheiden ist zwischen jenen Gestaltungsformen, bei denen das Unternehmen **keine eigene unternehmerische Tätigkeit** im Ausland entfaltet (bspw. beim bloßen Export und Vertrieb oder bei der Produktion unter Einschaltung eines unabhängigen ausländischen Vertriebs- oder Produktionspartners), und allen Formen, in denen **eigene unternehmerische Aktivität** im Ausland ent- 1

§ 1 Einleitung

faltet wird. Zu diesem letztgenannten Bereich zählen einerseits die unternehmerische Tätigkeit durch unselbständige Produktions- und Vertriebsorganisationen,[1] etwa in Gestalt von **Niederlassungen**, Betrieben oder durch Einsatz von Handelsvertretern,[2] und andererseits die Einschaltung selbständiger **Tochterunternehmen** im betreffenden Ausland, namentlich in der Form von Personen- oder Kapitalgesellschaften. Solche Tochtergesellschaften können allein oder zusammen mit einem oder mehreren Partnern (etwa als Joint Venture, dazu unten § 14)[3] geführt werden. Wird eine Tochtergesellschaft eingeschaltet, wird man wiederum unterscheiden können zwischen dem **Erwerb** einer bestehenden Gesellschaft (Unternehmenskauf) und der **Neugründung** einer (Tochter-) Gesellschaft mit anschließender Einbringung des Betriebs (sog. *Einbringungsmodell*).[4]

2 Ob eine existierende Gesellschaft erworben oder eine neue Gesellschaft gegründet wird, hängt im internationalen Zusammenhang – wie im nationalen – regelmäßig von mehreren Faktoren ab. Zugunsten des **Einbringungsmodells** wird in der Praxis bisweilen geltend gemacht, es weise weniger grenzüberschreitende Elemente auf und könne damit einfacher und kostengünstiger als der **grenzüberschreitende Erwerb** gestaltet werden.[5] Andererseits wirft auch das Einbringungsmodell spezifische Fragen der internationalen Kautelarpraxis auf. Außerdem wird die Neugründung aus diesem oder jenem Grund nicht immer möglich oder auch nur praktikabel sein.

B. Besonderheiten des internationalen Unternehmenskaufs

I. Bestimmung des anwendbaren Rechts

3 Im Folgenden steht der **Erwerb** oder Kauf einer bestehenden Gesellschaft oder eines bestehenden Unternehmens im Vordergrund. Dabei werden zwangsläufig zahlreiche Fragen mitbehandelt, die sich in der internationalen Beratungspraxis bei der Neugründung einer Gesellschaft im Ausland ergeben. Ebenso geht es auch immer wieder um Fragen, die sich außerhalb von Unternehmenskäufen, etwa bei der internen Umstrukturierung internationaler Konzerne stellen.

---

1) Zum internationalen Vertriebsrecht *Lakkis* in: Martinek/Semler/Habermeier/Flohr, § 55 Rz. 1 ff.
2) Dazu *Stumpf/Ullrich*, passim; *Detzer/Ullrich*, passim.
3) Zum internationalen Joint Venture s. a. *Göthel,* Joint Ventures, passim; *Göthel,* RIW 1999, 566; *Göthel* in: Reithmann/Martiny, Rz. 4561 ff.; *Assmann* in: Großkomm-AktG, Einl. Rz. 646 ff.; *Casna*, passim; *Ebenroth*, JZ 1987, 265; *Fischer*, ZVglRWiss 86 (1987), 314; *L. Huber*, passim; *Langefeld-Wirth*, passim; *Langefeld-Wirth*, RIW 1990, 1; *Wächtershäuser*, passim.
4) Vgl. dazu *Lutter*, Tochtergesellschaft im Ausland, passim; *Schön*, EWS 2000, 281.
5) Zu den verschiedenen Modellen insbesondere aus steuerrechtlicher Sicht *Eilers/Ortmann* in: Picot, M&A, S. 110 ff.; *Eilers* in: Eilers/Koffka/Mackensen, IV. passim; *Ehlermann/Nakhai* in: Deloitte, S. 1 ff.; *Holzapfel/Pöllath*, Rz. 250 ff.; *Jacobs*, Internationale Unternehmensbesteuerung, 6. Teil Kap. 6 B. I. 3. a, S. 1222 ff.; *Gröger* in: Hölters, Teil IV Rz. 45 ff.

B. Besonderheiten des internationalen Unternehmenskaufs

Der internationale oder grenzüberschreitende Unternehmenskauf zeichnet sich gegenüber dem nationalen Unternehmenskauf unter rein rechtlichen Aspekten durch zwei Besonderheiten aus: Als erste Besonderheit stellt sich zunächst die Frage nach dem maßgeblichen nationalen Recht. Anders formuliert: Jede Frage, die beim nationalen Unternehmenskauf rechtlich zu regeln ist, führt im internationalen Kontext zwangsläufig zu der vorgelagerten Frage nach dem **anzuwendenden nationalen Recht**. So, wie im nationalen Zusammenhang die Einzelheiten der Vertragserfüllung, Gewährleistung oder Verjährung vertraglich geregelt werden, stellt sich beim internationalen Unternehmenskauf zunächst die Frage, welches nationale Recht über die Erfüllung, Gewährleistung und Verjährung entscheidet. 4

Nun ist immer wieder der Einwand zu hören, gerade beim Unternehmenskauf sei es kaum bedeutend, das materielle Vertragsrecht zu bestimmen. Denn die Vertragsparteien regelten praktisch alle Fragen vertraglich und lösten sich damit weitestgehend vom maßgeblichen Recht – welches auch immer dies sein mag. Die Frage nach dem anwendbaren Recht sei daher bestenfalls theoretisch interessant, weshalb sich der Unternehmenskauf mit Auslandsbezug nicht vom rein nationalen Unternehmenskauf unterscheide. 5

Dieser Einwand übersieht die vielfachen Fragen und Regelungsbereiche beim Unternehmenskauf, die sich vertraglich nicht gestalten lassen. Einerseits ist bekanntlich die vertragsautonome **Gestaltungsfreiheit** (Privatautonomie) dort, wo sie gewährt wird, begrenzt, wenngleich die **Grenzen** beim Unternehmenskauf vergleichsweise weit gezogen sind. Sie sind aber von Rechtsordnung zu Rechtsordnung unterschiedlich. Andererseits – und dies ist der entscheidende Punkt – gibt es ganze Felder, in denen Privatautonomie und darüber hinaus auch Parteiautonomie, d. h. **Rechtswahlfreiheit** (als international-privatrechtliches Seitenstück der Privatautonomie), nur in engsten Grenzen oder **überhaupt nicht** gewährt wird. Genannt seien exemplarisch das Internationale Gesellschaftsrecht (unten § 6 Rz. 1 ff.), das Internationale Sachenrecht (unten § 6 Rz. 75 ff.), das Internationale Arbeitsrecht (unten § 10) und das Internationale Kartellrecht (unten § 11), also Bereiche, die bei fast jedem grenzüberschreitenden Unternehmenskauf berührt werden. Es geht mithin bei der Bestimmung des maßgeblichen Rechts im Kern um die Frage, wie weit die Befugnis zu privat- oder parteiautonomer Gestaltung des Vertragsverhältnisses überhaupt reicht. Die Frage nach dem anwendbaren Recht ist deshalb nicht bloß theoretisch bedeutsam. Vielmehr setzt dieses Recht den Rahmen und formuliert die Vorgaben für die Vertragsgestaltung. 6

II. Materielles Recht

Die zweite Besonderheit des internationalen Unternehmenskaufs ist materiellrechtlicher Natur: Für zahlreiche Fragen des grenzüberschreitenden Unternehmenskaufs gelten **spezifische materiellrechtliche Bestimmungen**, man denke 7

§ 1 Einleitung

nur an das Kartellrecht (dazu unten § 11) oder an das Außenwirtschaftsrecht (dazu unten § 2 Rz. 123 ff.).

III. Rechtskulturen

8 Darüber hinaus ergeben sich materiellrechtliche Besonderheiten aus dem regelmäßigen aufeinander stoßen von zwei unterschiedlichen Rechts- und insbesondere **Vertragskulturen**. Das bringt zwangsläufig Reibungen mit sich, die teilweise im rechtlichen Bereich, nicht selten aber auch an der Schnittstelle zur (Verhandlungs-)Psychologie liegen. Um nur ein besonders bekanntes Phänomen zu nennen, sei auf die sehr unterschiedlichen Gepflogenheiten bei der Ausführlichkeit von Verträgen hingewiesen. Während kontinentaleuropäische Vertragsjuristen traditionell die knappe und abstrakte Form bevorzugen, neigen ihre anglo-amerikanischen Kollegen zur Ausführlichkeit und Vollständigkeit. Dies führt aus Sicht des Kontinentaleuropäers bisweilen zu beinahe absurd langen Klauseln mit endlosen Begriffsdefinitionen (siehe unten § 3 Rz. 35 ff.).

9 Es lassen sich **weitere Beispiele** nennen. So waren die aus dem anglo-amerikanischen Recht des Unternehmenskaufs stammenden Institute der **Due Diligence** (unten § 2 Rz. 30 ff.), des **Closing** (unten § 2 Rz. 204 ff.), der **Legal Opinion** (unten § 2 Rz. 248 ff.) oder des **Disclosure Letter** (unten § 2 Rz. 171 ff.) bei uns zunächst unbekannt und fanden Eingang in das kontinentale Recht des Unternehmenskaufs erst unter dem Einfluss der US-amerikanischen Kautelarpraxis. Es muss nicht betont werden, wie wichtig es ist, mit der fremden Rechts- und Vertragskultur und mit den fremden Rechtsinstituten vertraut zu sein, um in den Vertragsverhandlungen sowie bei der Ausarbeitung und dem Abschluss des Vertrags angemessen agieren zu können. Insoweit besteht erheblicher Informationsbedarf. Denn vielfach wird in der Praxis und in der Praktikerliteratur den Besonderheiten des internationalen Unternehmenskaufs nicht die erforderliche Aufmerksamkeit geschenkt.

IV. Zur vorliegenden Darstellung

10 Die **folgende Darstellung** legt den Schwerpunkt zunächst auf den **Ablauf** eines grenzüberschreitenden Unternehmenskaufs, die **Vertragsgestaltung** und Vertragskultur sowie die Verhandlungskultur. Dann werden die **internationalprivatrechtlichen Aspekte** des grenzüberschreitenden Unternehmenskaufs behandelt, aber auch zahlreiche **materiellrechtliche Fragen**. Darüber hinaus werden kollisionsrechtliche und materiellrechtliche Gesichtspunkte grenzüberschreitender **Umstrukturierungen** angesprochen. Gleiches gilt für die besonderen Bereiche des **Arbeits- und Kartellrechts**. Schließlich geht es unter anderem um die **europäischen Gesellschaftsformen** i. R. eines Unternehmenskaufs.

11 Nicht selten bezeichnet man mit dem Begriff des internationalen Unternehmenskaufs über die soeben angeschnittenen Bereiche und Aspekte hinaus das

B. Besonderheiten des internationalen Unternehmenskaufs

materielle ausländische Unternehmenskaufrecht. So wird besonders in der US-amerikanischen Literatur unter dem Titel *International Mergers & Acquisitions* sehr häufig eine Sammlung von Länderberichten über Recht und Praxis des Unternehmenskaufs in einzelnen wirtschaftlich wichtigen Ländern geboten, ohne hierbei die international-privatrechtlichen Fragestellungen im Blick zu haben. Solche **Länderberichte** zum materiellen Unternehmenskaufrecht können hier – schon aus Raumgründen – **nicht** gegeben werden. Insoweit ist daher auf die einschlägige Literatur zu verweisen.[6]

Für die weitere Darstellung bedarf es einer begrifflichen Klarstellung: Unter einem internationalen oder grenzüberschreitenden Unternehmenskauf soll nicht jeder Unternehmenskauf verstanden werden, der in irgendeinem Punkt Auslandsbezug aufweist. Vielmehr soll es grundsätzlich nur um solche Unternehmenskäufe gehen, bei denen der Sachverhalt **Auslandsbezug** in mindestens einem jener Punkte aufweist, auf die es für die kollisionsrechtliche Anknüpfung ankommt. Der hier allein relevante Auslandsbezug wird sich also im Wesentlichen daraus ergeben, dass die Beteiligten national unterschiedlich zuzuordnen sind, also etwa Satzungssitz, Verwaltungssitz oder Niederlassung des Zielunternehmens (also des Unternehmens, das den Kaufgegenstand bildet), seine Organe und Anteilseigner oder die Parteien des Kaufvertrags. Der Auslandsbezug kann sich ferner daraus ergeben, dass verschiedene Märkte (etwa

12

---

6) S. etwa *Grenfell*, (Länderberichte über Australien, Belgien, Dänemark, Deutschland, Finnland, Frankreich, Großbritannien, Hongkong, Indonesien, Italien, Irland, Japan, Kanada, Korea, Malaysia, Neuseeland, Niederlande, Norwegen, Österreich, Portugal, Schweden, Schweiz, Singapur, Spanien, Taiwan, Thailand und USA); *Robinson*, The Mergers & Acquisitions Review [Länderberichte über Argentinien, Australien, Belgien, Bolivarische Republik Venezuela, Bolivien, Brasilien, Bulgarien, Costa Rica, Dänemark, Ecuador, England, Estland, Finnland, Frankreich, Griechenland, Großbritannien, Guernsey, Hongkong, Indien, Indonesien, Irland, Israel, Italien, Japan, Kaimaninseln, Kanada, Kolumbien, Korea, Kroatien, Lettland, Liechtenstein, Litauen, Luxemburg, Mexiko, Niederlande, Neuseeland, Nigeria, Norwegen, Österreich, Pakistan, Panama, Peru, Polen, Portugal, Rumänien, Russland, Schweden, Schweiz, Serbien, Singapur, Slowakei, Slowenien, Spanien, Südafrika, Taiwan, Tschechische Republik, Türkei, Ukraine, Ungarn, USA und Vereinigte Republik Tansania); *Semler/Volhard*, Unternehmensübernahmen (Länderberichte über Bulgarien, Indonesien, Korea, Kroatien, Malaysia, Philippinen, Polen, Rumänien, Russische Föderation, Singapur, Slowakei, Slowenien, Taiwan, Thailand, Tschechien, Ungarn, USA, Vietnam und Volksrepublik China); *Wollny*, Unternehmens- und Praxisübertragungen (Länderberichte über Belgien, Dänemark, Finnland, Frankreich, Griechenland, Großbritannien, Italien, Japan, Kanada, Luxemburg, Niederlande, Norwegen, Österreich, Portugal, Schweden, Schweiz, Spanien und USA); *Deloitte*, Unternehmenskauf im Ausland (Länderberichte über steuerliche Rahmenbedingungen in Belgien, Brasilien, Dänemark, Frankreich, Großbritannien, Hongkong, Indien, Italien, Japan, Niederlande, Österreich, Polen, Russische Föderation, Südafrika, USA und Volksrepublik China); *Mörsdorf*, RIW 2010, 19 (Norwegen); s. a. die weiteren länderspezifischen Literaturangaben bei *Merkt/Göthel* in: Reithmann/Martiny, vor Rz. 4391.

§ 1 Einleitung

Börsen) berührt werden oder Handlungsplätze planmäßig oder zufällig ins Ausland verlegt werden.[7]

C. Gestaltungsformen

I. Share Deal und Asset Deal

13 Der internationale oder grenzüberschreitende Unternehmenskauf ist, wie auch der nationale,[8] grundsätzlich auf zwei Wegen möglich.[9]

- Zum einen kann der Rechtsträger des Unternehmens verkauft werden, und zwar je nach Rechtsform durch **Veräußerung der Anteile** (etwa bei Aktiengesellschaft und GmbH) oder der Beteiligungen (bei Personengesellschaften). Ist Rechtsträger z. B. eine GmbH, wird das Unternehmen durch Veräußerung der Geschäftsanteile an der GmbH verkauft (Anteilskauf). Der erforderliche Anteil, um eine Kapitalgesellschaft zu beherrschen, wird durch die gesetzlichen Mehrheitserfordernisse bei den wichtigsten Beschlussgegenständen der Gesellschafterversammlung bestimmt. Ob also beim internationalen Unternehmenskauf der Beteiligungserwerb bei der Kapitalgesellschaft zum Unternehmenserwerb führt, hängt vom maßgeblichen materiellen Recht ab.[10]

- Zum anderen kann das Unternehmen als solches verkauft werden, nämlich durch bloße **Veräußerung aller Wirtschaftsgüter** des Unternehmens, also ohne seinen Rechtsträger (Verkauf von Aktiva und Passiva oder bloßer Verkauf aller Aktiva).

14 Inzwischen hat sich national wie international die anglo-amerikanische Terminologie durchgesetzt, in der man den **Beteiligungskauf** als **Share Deal** und den **Kauf von Wirtschaftsgütern** des Unternehmens als **Asset Deal** bezeichnet.[11] Diese Dichotomie des Unternehmenskaufs ist weltweit einer großen Zahl von Rechtsordnungen eigen.[12]

15 Der Unternehmenskauf im Wege des **Asset Deal** umfasst üblicherweise, sofern nichts anderes vereinbart ist, den Verkauf aller in dem Unternehmen zusammengefassten, ihm dienenden und im Eigentum seines Trägers stehenden Sa-

---

7) Vgl. *Schnyder* in: CEJE, Erwerb von Beteiligungen am Beispiel der öffentlichen Übernahmeangebote, S. 624, 625.
8) Zu den Gestaltungsformen nach materiellem deutschem Recht etwa *Klumpp* in: Beisel/Klumpp, Kap. 4 Rz. 1 ff.; *Semler* in: Hölters, Teil VII Rz. 1 ff., 76 ff.; *Holzapfel/Pöllath*, Rz. 230 ff.; *W. Jung*, S. 137 ff.; *Picot* in: Picot, Unternehmenskauf, Teil I Rz. 49 ff.; *Wollny*, S. 210 ff.
9) Vgl. *Merkt/Göthel* in: Reithmann/Martiny, Rz. 4391 ff.
10) *Merkt* in: FG Sandrock, S. 135, 136 f.
11) *Merkt/Göthel* in: Reithmann/Martiny, Rz. 4391 f.; *K. Schmidt*, Handelsrecht, S. 145 f.; *Holzapfel/Pöllath*, Rz. 231 ff.; *Picot* in: Picot, M&A, S. 209 f.
12) S. dazu die Länderberichte in der in Fn. 6 genannten Literatur.

chen (z. B. Grundstücke, Warenlager, Inventar etc.), die Rechte aus Miet-, Pacht- und Leasing- sowie sonstigen Verträgen hinsichtlich derartiger Sachen, die in dem Betrieb des Unternehmens entstandenen Forderungen, sonstige, dem Unternehmen dienende Rechte (etwa Marken), regelmäßig auch die Firma (das Namensrecht) und endlich, was das Wichtigste sein kann, die sonstigen, in dem Unternehmen enthaltenen unkörperlichen Vermögenswerte, wie Organisation, Kundenkreis, Geschäftsbeziehungen, Goodwill, technisches und kaufmännisches Know-how, Marktanteile, Ressourcen und, falls mitverkauft, auch Geschäftsgeheimnisse, Herstellungsverfahren und dergleichen sowie Vertriebs- und Geschäftschancen als auch strategische Wachstumsmöglichkeiten. In welchem Wert- oder Mengenverhältnis die einzelnen Positionen stehen, ist naturgemäß von Fall zu Fall sehr unterschiedlich.

Die Veräußerung der Wirtschaftsgüter führt zur Trennung des bisherigen Rechtsträgers von dem Unternehmen. Die Übertragung erfolgt im Wege der **Einzelrechtsnachfolge** nach den jeweils für die Bestandteile (Wirtschaftsgüter) des Unternehmens maßgeblichen Vorschriften, wenn das maßgebliche Recht – wie etwa das deutsche – insoweit keine Verfügung über das Unternehmen als Ganzes zulässt (unten § 6 Rz. 107 f.). So werden Immobilien entsprechend den grundstücksrechtlichen Vorschriften veräußert, Rechte, bewegliche Sachen und sonstige wirtschaftliche Werte entsprechend den für sie geltenden Vorschriften.[13] 16

Asset Deal und Share Deal können auch **miteinander gekoppelt** werden. Während im nationalen Kontext eine bekannte Akquisitionstechnik in der sog. *Buchwertaufstockung* besteht (Share Deal mit nachfolgendem internen Asset Deal oder interner Einbringung oder Verschmelzung, auch *step up* genannt),[14] mag im internationalen Zusammenhang etwa der Verkauf eines Unternehmens(-teils) durch eine deutsche GmbH an eine englische *private limited company* vorbereitet werden durch Ausgründung (im Wege der Sacheinlage, Veräußerung oder Ausgliederung) des betreffenden Betriebs(-teils) in eine neue Gesellschaft und anschließende Übertragung der Beteiligung der GmbH an der neuen Gesellschaft auf die *private limited company*.[15] 17

II. Auswahlkriterien

Ob ein Share Deal oder ein Asset Deal in der Praxis bevorzugt wird und ob es insbesondere vorteilhaft ist, eine Zwischenholding zu verwenden, hängt von den Umständen des Einzelfalls unter Beachtung tatsächlicher, rechtlicher, 18

---

13) *Merkt* in: FG Sandrock, S. 135, 137.
14) Näher *Eilers/Rödding* in: Picot, Unternehmenskauf, Teil V Rz. 87 ff.; *Eilers*, WiB 1995, 449; s. a. *Schwetlik*, GmbHR 2009, 1307.
15) Beispiel nach *Rädler/Pöllath*, S. 261.

§ 1 Einleitung

steuerlicher und sonstiger wirtschaftlicher Gesichtspunkte ab. Häufig werden folgende Überlegungen in die Entscheidungsfindung einfließen:

19 • **Steuerliche Erwägungen:** Regelmäßig hängt die Wahl zwischen Share Deal und Asset Deal ganz wesentlich von steuerlichen Gesichtspunkten ab. Entscheidend wird oftmals sein, welches die zweckmäßigste Struktur ist, um langfristig ein Maximum an versteuertem Gewinn bei dem zu erwerbenden Unternehmen oder beim Käufer zu erzielen oder um eine Abschreibung des Investments zu erreichen.[16] Beim Kauf eines ausländischen Unternehmens können für die Wahl zwischen Share Deal und Asset Deal unter anderem folgende steuerliche Fragen bedeutsam sein:

– Bei welcher Transaktionsstruktur sind die steuerlichen Transaktionskosten (etwa Grunderwerbsteuer oder ausländische Stempel- oder Eintragungsteuer) geringer?

– Welche laufenden Steuern fallen bei der gewählten Struktur im Fall der Belassung der Gewinne im Ausland und im Fall der Übertragung ins Inland an?

– Sind bei der gewählten Gestaltung Finanzierungskosten (Zinsaufwand) des Käufers für den Erwerb des ausländischen Unternehmens möglichst steuermindernd abzugsfähig, also vom Gewinn vor Steuern abziehbar?

– Lässt sich der Kaufpreis für den Käufer in steuermindernde Abschreibungen transformieren (so regelmäßig beim Asset Deal) oder nicht (so regelmäßig beim Share Deal)?

– Sind Verluste des ausländischen Unternehmens im Ausland und/oder im Inland steuerlich abzugsfähig?

– Wie werden bei der gewählten Struktur die laufenden Geschäftsbeziehungen zwischen dem ausländischen Unternehmen und dem inländischen Unternehmenserwerber steuerlich behandelt?[17]

20 • **Vertragsverhältnisse:**

– Beim **Share Deal** gehen die Vertragsverhältnisse des Zielunternehmens regelmäßig ohne weiteres (mittelbar) auf den Käufer über. Denn die Stellung des Zielunternehmens als Vertragspartner und damit das jeweilige Vertragsverhältnis bleiben unberührt, wenn die Beteiligung am Zielunternehmen veräußert wird. Etwas anderes gilt nur dann, wenn ein Vertragsverhältnis ein Sonderkündigungsrecht für den Vertragspartner im Fall eines Kontrollwechsels auf der Ebene der Gesellschafter der

---

16) *Eilers/Rödding* in: Picot, Unternehmenskauf, Teil V Rz. 1 ff.; *Eilers*, WiB 1995, 449; *Holzapfel/Pöllath*, Rz. 235 ff.; *Korth*, S. 53 ff.; *Rädler/Pöllath*, S. 303 ff.; zu den steuerlichen Aspekten s. a. die Beiträge bei *L. Fischer*, passim.

17) Näher *Ehlermann/Nakhai* in: Deloitte, S. 1 ff.; *L. Fischer*, passim; *Holzapfel/Pöllath*, Rz. 235 ff.; *Köhler* in: Kessler/Kröner/Köhler, § 7 Rz. 43 ff.; *Jacobs*, 6. Teil Kap. 6 B. I. 3. a), S. 1222 ff.; *Niemeier*, RIW 2005, 436.

C. Gestaltungsformen

Zielgesellschaft enthält (Change of Control-Klausel). In diesem Fall kann der Käufer nur dann sicher sein, dass die Zielgesellschaft nach Abschluss der Transaktion weiterhin Inhaberin von Rechten und Pflichten aus diesem Vertragsverhältnis ist, wenn er die Zustimmung des Vertragspartners erhalten hat (näher dazu unten § 2 Rz. 151).

– Beim **Asset Deal** muss dagegen jedes Vertragsverhältnis einzeln übertragen werden. Hierzu ist die Zustimmung des jeweiligen Vertragspartners erforderlich. Um zu verhindern, dass der Vertragspartner seine Zustimmung von wirtschaftlichen Nachbesserungen abhängig macht, versucht man in der Praxis bisweilen, einen stillschweigenden Vertragsübergang herbeizuführen, indem der Vertragspartner nach Abschluss der Transaktion schlicht vom Wechsel des Unternehmensinhabers unterrichtet wird. Der Käufer wird jedoch bei wichtigen Verträgen auf eine ausdrückliche Zustimmung des Vertragspartners bestehen wollen, sodass das Einholen einer solchen Zustimmung im Unternehmenskaufvertrag festgelegt wird. Erfolgt keine Zustimmung des Vertragspartners, finden sich häufig Klauseln, nach denen sich die Parteien des Unternehmenskaufs darauf einigen, dass der Verkäufer im Außenverhältnis weiterhin Vertragspartner bleibt, jedoch im Innenverhältnis den Vertrag für den Käufer fortführt. Dies verpflichtet den Verkäufer, die nicht übergegangenen Verträge über den Vollzug der Transaktion hinaus für den Käufer zu verwalten. Bei besonders wichtigen Verträgen mag der Käufer jedoch wünschen, selbst Vertragspartner zu werden, sodass die Zustimmung der Vertragspartner solcher Verträge zu einer aufschiebenden Bedingung des Kaufvertrags gemacht wird.

- **Arbeitsverhältnisse:** Der Share Deal lässt die Arbeitsverhältnisse der Zielgesellschaft grundsätzlich unberührt. Eine einzelne Übertragung der Arbeitsverhältnisse ist nicht erforderlich; die Zielgesellschaft bleibt Arbeitgeberin. Auch beim Asset Deal ist eine einzelne Übertragung der Arbeitsverhältnisse nicht erforderlich, wenn das maßgebliche Recht eine den § 613a BGB entsprechende Überleitungsvorschrift kennt. Im Fall eines Betriebsübergangs nach § 613a BGB ist jedoch zu bedenken, dass Arbeitnehmer einem Übergang ihres Arbeitsverhältnisses widersprechen können. Sind Widersprüche besonders wichtiger oder zwingend notwendiger Mitarbeiter zu erwarten, mag die Wahl eines Asset Deal nicht die richtige Gestaltungsmöglichkeit sein.

- **Genehmigungen:** Verfügt das zu veräußernde Unternehmen über öffentlich-rechtliche Genehmigungen, gehen diese nach deutschem Recht sowohl beim Share Deal als auch beim Asset Deal grundsätzlich mit über, wenn sie anlagebezogen sind.[18] Ist die Genehmigung jedoch personenbezogen, ist

21

22

---

18) *Beisel* in: Beisel/Klumpp, Kap. 8 Rz. 6 f.; *Mielke* in: Knott/Mielke, Rz. 295; *Picot* in: Picot, M&A, S. 259 f.

§ 1 Einleitung

beim Asset Deal darauf zu achten, ob diese neu beantragt werden muss und ob es Hindernisse gibt, die einer neuen Erteilung entgegenstehen.[19]

23 • **Verbindlichkeiten:** Beim Erwerb über einen Share Deal verbleiben alle Verbindlichkeiten bei der Zielgesellschaft, sodass der Erwerber (mittelbar) für die Verbindlichkeiten haftet. Beim Asset Deal kann sich der Erwerber dagegen darauf beschränken, nur die Aktiva und ggf. zusätzlich bestimmte Verbindlichkeiten zu übernehmen (sog. „*cherry picking*"). Dies gilt jedoch nicht uneingeschränkt. Liegen die Voraussetzungen eines Sondertatbestands vor, wie etwa § 613a BGB (Betriebsübergang), § 75 AO (betriebliche Steuern) oder § 25 Abs. 1 HGB (Haftung wegen Firmenfortführung), geht die Haftung auf den Käufer über.

24 • **Transaktionskosten:** Share Deal und Asset Deal können unterschiedliche Transaktionskosten, namentlich Beratungs- und Abschlusskosten hervorrufen. So ist die rechtliche Beratung eines Asset Deal häufig aufwändiger als die eines Share Deal. Dagegen fallen nach deutschem Recht Beurkundungskosten beim Asset Deal regelmäßig nur an, wenn ein Grundstück weiterveräußert wird (§ 311b BGB), während beim Share Deal der praktisch häufig vorkommende Erwerb von Geschäftsanteilen an einer GmbH stets Beurkundungskosten auslöst (§ 15 Abs. 3 und 4 GmbHG).[20]

25 • **Vertragsgestaltung:** Die vertragliche Gestaltung ist beim Asset Deal häufig komplizierter und umfangreicher als beim Share Deal. Beim Share Deal sind Kaufgegenstand regelmäßig nur die Anteile an der Zielgesellschaft. Diese lassen sich ohne größeren Aufwand beschreiben und übertragen. Dagegen erfordert der Asset Deal die Übertragung jedes einzelnen Vermögensgegenstands im Wege der Einzelrechtsnachfolge. Der deutsche sachenrechtliche Bestimmtheitsgrundsatz macht es erforderlich, jeden Vermögensgegenstand einzeln aufzuführen oder die Vermögensgegenstände so zusammen zu fassen, dass sie zweifelsfrei individualisierbar sind.[21] Die Vertragsparteien müssen darauf achten, keine zu übertragenden Vermögensgegenstände auszulassen. Für „*vergessene*" Vermögensgegenstände ist eine Auffangklausel vorzusehen, wonach der Verkäufer verpflichtet wird, solche Gegenstände nachträglich zu übereignen.

---

19) Bei einem Share Deal bleibt eine personenbezogene Genehmigung wirksam, soweit diese an die Gesellschaft als Unternehmensträger und nicht an die dahinterstehende natürliche Person anknüpft, *Mielke* in: Knott/Mielke, Rz. 294.

20) Näher zu den Beurkundungserfordernissen nach deutschem Recht *Beisel* in: Beisel/Klumpp, Kap. 1 Rz. 84 ff.

21) Zur Zulässigkeit von Zusammenfassungen *Holzapfel/Pöllath*, Rz. 1212; Oechsler in: MünchKomm-BGB, Anh. §§ 929–936 BGB Rz. 5 ff.; *Wiegand* in: Staudinger, BGB, Anh. zu §§ 929 ff. BGB Rz. 95 ff.

§ 2 Ablauf und Vertragsgestaltung

Übersicht

A. Vorbemerkung 1
B. Dominanz der anglo-
   amerikanischen Rechtskultur 6
C. Überblick und Verfahrensarten 9
  I. Exklusivverhandlungen 10
  II. Bieterverfahren 11
D. Vertraulichkeitsvereinbarung 17
E. Absichtserklärung
   (Letter of Intent) 22
  I. Funktion im Ablauf der Ver-
     handlungen 22
  II. Inhalt 25
  III. Praktische Bedeutung 26
  IV. Bindende Verpflichtungen im
      Letter of Intent 27
F. Due Diligence 30
  I. Begriff und Herkunft 30
  II. Arten 34
    1. Unterscheidung nach
       durchführender Partei 35
    2. Unterscheidung nach
       Bereichen 40
  III. Funktionen und Zeitpunkt 48
    1. Funktionen 48
    2. Zeitpunkt 53
  IV. Checklisten und Datenräume 57
    1. Checklisten 57
    2. Datenräume 62
  V. Praktische Hinweise und
     Erfassungsbögen 69
    1. Zeit und Personal 69
    2. Kopien 71
    3. Registrierung von
       Dokumenten 72
    4. Erfassungsbögen 73
       a) Gesellschaft am Beispiel
          der GmbH 74
       b) Darlehensvertrag/
          Loan Agreement 74
       c) Anstellungsvertrag/
          Employment
          Agreement 74
       d) Versicherungsvertrag/
          Insurance Agreement 74
       e) Miet- und Leasingvertrag/
          Lease Agreement 74
  VI. Due Diligence Bericht 75
  VII. Pflichten der Geschäftsleiter der
       Zielgesellschaft 82
    1. GmbH 83
    2. Aktiengesellschaft 86
    3. Praxisfolgen 88
  VIII. Haftungsfragen 89
    1. Prüfungspflichten 90
       a) Kaufrechtliche
          Prüfungspflicht? 90
       b) Gesellschaftsrechtliche
          Prüfungspflicht 92
    2. Gewährleistung 94
       a) Kenntnis des Käufers 94
       b) Due Diligence als
          Verkehrssitte? 99
    3. Due Diligence und
       Garantiehaftung 105
    4. Due Diligence und vor-
       vertragliche Haftung 109
    5. Due Diligence und
       Kenntniszurechnung 112
    6. Due Diligence und
       Offenlegungspflichten
       sowie -verbote 114
G. Vertragsgestaltung 119
  I. Vollzugsbedingungen 120
    1. Staatliche Genehmigungen 121
       a) Überblick 121
       b) Außenwirtschaftsrecht 123
         aa) Einleitung 124
         bb) Voraussetzungen 125
         cc) Prüfverfahren 130
         dd) Folgen einer
             Untersagung 135
         ee) Auswirkungen auf die
             Vertragsgestaltung 137
       c) Fusionskontrolle 141

§ 2 Ablauf und Vertragsgestaltung

2. Gremienvorbehalte 142
3. Keine wesentlich nachteilige Änderung (MAC-Klausel) 143
4. Zustimmungen von Vertragspartnern 149
5. Sonstiges 152
II. Kaufpreis 156
III. Verkäufergarantien 165
   1. Allgemeines 165
      a) Vertragstechnik 166
      b) Disclosure Letter 171
      c) Rechtsfolgen von Verstößen 175
   2. Ausgewählte Garantien 185
      a) Werthaltigkeit von Forderungen gegen Dritte 187
      b) Exterritoriale Wirkung ausländischer Gesetze 192
      c) Grundsatz der Kapitalerhaltung 194
      d) Abdeckung des Zeitraums seit dem relevanten Bilanzstichtag 195

      e) Vollständigkeit der Offenlegung und Kenntniszurechnung 198
      f) Steuerklauseln 200
IV. Closing 204
   1. US-amerikanischer Ursprung 205
   2. Deutsches Recht 210
   3. Internationale Praxis 213
   4. Closing Protokoll 215
   5. Rechtsfolgen bei Scheitern 216
V. Rechtswahlklauseln und Vertragssprache 217
VI. Streitentscheidung 224
VII. Formfragen 231
   1. Grundsätze und Auslandsbeurkundung 231
   2. Praktische Erleichterung der Beurkundung 237
   3. Vertragssprache 240
H. Legitimationsnachweis 241
I. Legal Opinions 248

Literatur: *Assmann/Schneider*, WpHG: Kommentar, 5. Auflage 2009 (zit.: *Bearbeiter* in: Assmann/Schneider); *Bachmann*, Kapitalmarktrechtliche Probleme bei der Zusammenführung von Unternehmen, ZHR 172 (2008), 597; *BaFin*, Emittentenleitfaden, Mai 2009, abrufbar unter: http://www.bafin.de; *Baum*, Die Wissenszurechnung, 1999; *Baums*, Ergebnisabhängige Preisvereinbarungen in Unternehmenskaufverträgen („earn-outs"), DB 1993, 1273; *Berens/Strauch*, Due Diligence bei Unternehmensakquisitionen, WPg 2002, 511; *Berger/Filgut*, Material-Adverse-Change-Klauseln in Wertpapiererwerbs- und Übernahmeangeboten, WM 2005, 253; *Bergjan*, Die Haftung aus culpa in contrahendo beim Letter of Intent nach neuem Schuldrecht, ZIP 2004, 395; *Bihr*, Due Diligence – Geschäftsführungsorgane im Spannungsfeld zwischen Gesellschafts- und Gesellschafterinteressen, BB 1998, 1198; *Bindseil*, Internationaler Urkundenverkehr: Eine Darstellung des Systems unter besonderer Berücksichtigung der Zuständigkeiten diplomatischer/ konsularischer Auslandsvertretungen, DNotZ 1992, 275; *Bitter*, Vollstreckbarerklärung und Zwangsvollstreckung ausländischer Titel in der Europäischen Union, 2009; *Böttcher*, Organpflichten beim Unternehmenskauf, NZG 2007, 481; *Böttcher*, Due Diligence beim Unternehmenskauf als Verkehrssitte, ZGS 2007, 20; *Brockmeier*, Punitive damages, multiple damages und deutscher ordre public: unter besonderer Berücksichtigung des RICO-Act, 1999; *Bruski*, Kaufpreisbemessung und Kaufpreisanpassung im Unternehmenskaufvertrag, BB-Special 7/2005, S. 19; *Bumiller/Harders*, FamFG: Kommentar, 9. Auflage 2009; *Cannivé*, Die Legal Vendor Due Diligence – Marktstandard oder Modeerscheinung?, ZIP 2009, 254; *Demharter*, GBO: Kommentar, 27. Auflage 2010; *Eggenberger*, Gesellschaftsrechtliche Voraussetzungen und Folgen einer due-diligence Prüfung, 2001; *Ehricke*, Die Funktion des Artikel VIII Abschnitt 2b des IWF-Vertrages in der internationalen Schuldenkrise, RIW 1991, 365; *Elfring*, Legal Due Diligence Reports, JuS-Beilage 5/2007, 3; *Engelhardt*, Gesellschafterbeschluss zur Durchführung einer Due Diligence – Zugleich Besprechung von LG Köln, Urteil vom 26.3.2008 – 90 O 11/08, GmbHR 2009, 237; *Evans*, Due Diligence: The English Way, ICCLR 1995, 195; *Feldhaus*, Der Verkauf

§ 2 Ablauf und Vertragsgestaltung

von Unternehmensteilen einer Aktiengesellschaft und die Notwendigkeit einer außerordentlichen Hauptversammlung, BB 2009, 562; *Fleischer*, Zulässigkeit und Grenzen von Break-Fee-Vereinbarungen im Aktien- und Kapitalmarktrecht, AG 2009, 345; *Fleischer/ Körber*, Due diligence und Gewährleistung beim Unternehmenskauf, BB 2001, 841; *Friedman*, Contracts and Conveyances of Real Property, Volume 2, 7. Auflage New York 2005; *Fromholzer*, Consideration: US-amerikanisches Recht im Vergleich zum deutschen, 1997; *Fuchs*, WpHG: Kommentar, 2009 (zit.: *Bearbeiter* in: Fuchs); *Gaul*, Schuldrechtsmodernisierung und Unternehmenskauf, ZHR 166 (2002), 35; *Goette*, Auslandsbeurkundungen im Kapitalgesellschaftsrecht, in: Festschrift Boujong, 1996, S. 131; *Götze*, Auskunftserteilung durch GmbH-Geschäftsführer im Rahmen der Due Diligence beim Beteiligungserwerb, ZGR 1999, 202; *Grabowski/Harrer*, Wesentliche Elemente von Zusicherungen und/oder Garantien beim Unternehmenskauf, DStR 1993, 20; *Grossmann/ Mönnich*, Warranty & Indemnity Insurance: Die Versicherbarkeit von Garantierisiken aus Unternehmenskaufverträgen, NZG 2003, 708; *Gruson/Hutter/Kutschera*, Legal Opinions in International Transactions, 4. Auflage London 2003; *Harbarth*, Dual Headed Companies: Unternehmenszusammenschlüsse unter Fortbestand rechtlich selbständiger Obergesellschaften, AG 2004, 573; *Harrer*, Die Bedeutung der Due Diligence bei der Vorbereitung eines Unternehmenskaufs, DStR 1993, 1673; *Hasselbach*, Die Weitergabe von Insiderinformationen bei M&A-Transaktionen mit börsennotierten Aktiengesellschaften – Unter Berücksichtigung des Gesetzes zur Verbesserung des Anlegerschutzes vom 28.10.2004, NZG 2004, 1087; *Hasselbach/Reichel*, Abfindungsansprüche bei vertragsüberlebenden Spruchverfahren, NZG 2005, 377; *Hauschka*, Ermessensentscheidungen bei der Unternehmensführung, GmbHR 2007, 11; *Hazen*, The Law of Securities Regulation, überarbeitete 5. Auflage St. Paul MN 2006; *Hemeling*, Gesellschaftsrechtliche Fragen der Due Diligence beim Unternehmenskauf, ZHR 169 (2005), 274; *Hilgard*, Break-up Fees beim Unternehmenskauf, BB 2008, 286; *Hilgard*, Cash-free/Debt-free-Klauseln beim Unternehmenskauf: Anpassung des Kaufpreises an Liquidität und Verschuldung des Unternehmens, DB 2007, 559; *Hill/King*, How Do German Contracts Do as Much with Fewer Words?, 79 Chicago-Kent Law Review (2004), 889; *Hocke/Berwald/ Maurer/Friedrich*, Außenwirtschaftsrecht, Loseblattsammlung (Stand: 6/2010) (zit. *Bearbeiter* in: Hocke/Berwald/Maurer/Friedrich); *Hörmann*, Die Due Diligence beim Unternehmenskauf, in: Festschrift P+P Pöllath + Partners, 2008, S. 135; *Hopt*, MAC-Klauseln im Finanz- und Übernahmerecht, in: Festschrift K. Schmidt, 2009, S. 681; *Hopt*, Grundsatz- und Praxisprobleme nach dem Wertpapierhandelsgesetz – insbesondere Insidergeschäfte und Ad-hoc-Publizität –, ZHR 159 (1995), 135; *Huber*, Die Praxis des Unternehmenskaufs im System des Kaufrechts, AcP 202 (2002), 179; *J. Hüffer*, Vorstandspflichten beim Zustimmungsvorbehalt für M&A-Transaktionen, in: Festschrift Hüffer, 2010, S. 365; *Hügel*, Beck'scher Online-Kommentar: GBO, Edition 8, [Stand: 1/2010] (zit. *Bearbeiter* in: Hügel); *Ihlau/Gödecke*, Earn-Out-Klauseln als Instrument für die erfolgreiche Umsetzung von Unternehmenstransaktionen, BB 2010, 687; *Käpplinger*, Die Rechte von GmbH-Minderheitsgesellschaftern in M&A Verkaufsprozessen, in: Festschrift Schwark, 2009, S. 209; *Kiesewetter/Spengler*, Hauptversammlungszuständigkeit bei Veräußerung und Erwerb von Gesellschaftsvermögen im Rahmen von M&A-Transaktionen, Der Konzern 2009, 451; *Kindl*, Unternehmenskauf und Schuldrechtsmodernisierung, WM 2003, 409; *Kindler*, Keine Geltung des Ortsstatuts für Geschäftsanteilsabtretungen im Ausland, BB 2010, 74; *King*, Die Bilanzgarantie beim Unternehmenskauf, 2010; *King/Segain*, Cross-Border Negotiated Deals: Why Culture Matters, ECFR 2007, 126; *Kirchhoff*, Das Verbot von Wertsicherungsklauseln in neuen Preisklauselgesetz, DNotZ 2007, 913; *Kirchhoff*, Der Umfang des Verbots von Wertsicherungsklauseln, DNotZ 2007, 11; *Klees*, Zur Kapitalverkehrsfreiheit, EWiR 2005, 597; *Klode*, Punitive Damages – Ein aktueller Beitrag zum US-amerikanischen Strafschadensersatz, NJOZ 2009, 1762; *Kneip/Jänisch*, Tax Due Diligence, 2. Auflage 2010; *Knöpfle*, Falsche Angaben zum Bierumsatz bei Gaststättenkauf, EWiR 1990, 873; Kölner Kommentar zum WpHG, 2007 (zit.: *Bearbeiter* in: KölnKomm-WpHG); *Körber*, Geschäftsleitung der Zielgesellschaft und due diligence bei Paketerwerb und Unternehmenskauf, NZG 2002,

§ 2 Ablauf und Vertragsgestaltung

263; *Kösters*, Letter of Intent – Erscheinungsformen und Gestaltungshinweise, NZG 1999, 623; *Koller*, Wissenszurechnung, Kosten und Risiken, JZ 1998, 75; *Krause*, Die Novellierung des Außenwirtschaftsgesetzes und ihre Auswirkungen auf die M&A-Transaktionen mit ausländischen Investoren, BB 2009, 1082; *Krolop*, Stellungnahme zu dem Gesetzentwurf der Bundesregierung für ein Dreizehntes Gesetz zur Änderung des Außenwirtschaftsgesetzes und der Außenwirtschaftsverordnung, BT-Drucks. 16/10730, 22.1.2009; *Krolop*, Schutz vor Staatsfonds und anderen ausländischen Kapitalmarktakteuren unter Ausblendung des Kapitalmarktrechts?, ZRP 2008, 40; *Kuntz*, Die Auslegung von Material Adverse Change (MAC)-Klauseln in Unternehmenskaufverträgen, DStR 2009, 377; *Lange*, „Material Adverse Effect" und „Material Adverse Change"-Klauseln in amerikanischen Unternehmenskaufverträgen, NZG 2005, 454; *Leffson*, Bilanzanalyse, 3. Auflage 1984; *Liekefett*, Due Diligence bei M&A Transaktionen, 2005; *Lionnet/ Lionnet*, Handbuch der internationalen und nationalen Schiedsgerichtsbarkeit, 3. Auflage, 2005; *Lögering*, Der richtige Umgang mit unechten Fremdwährungsschulden, RIW 2009, 625; *Loges*, Der Einfluß der „Due Diligence" auf die Rechtsstellung des Käufers eines Unternehmens, BB 1997, 965; *Loser*, Vertrauenshaftung im schweizerischen Schuldrecht, Bern 2006 (zit.: Vertrauenshaftung); *Louven/Böckmann*, Ausgewählte Rechtsprobleme bei M&A-Auktionen, ZIP 2004, 445; *Lundmark*, Common law-Vereinbarungen – Wortreiche Verträge, RIW 2001, 187; *Lutter*, Die Business Judgment Rule und ihre praktische Anwendung, ZIP 2007, 841; *Lutter*, Der Letter of Intent, 3. Auflage 1998 (zit.: Letter of Intent); *Lutter*, Due diligence des Erwerbers beim Kauf einer Beteiligung, ZIP 1997, 613; *Maier-Reimer*, Englische Vertragssprache bei Geltung deutschen Rechts: Probleme in der Kautelarpraxis und mögliche Therapien mit Risiken und Nebenwirkungen, AnwBl. 2010, 13; *Maier-Reimer*, Fremdwährungsverbindlichkeiten, NJW 1985, 2049; *Maier-Reimer*, Vertragssprache und Sprache des anwendbaren Rechts, NJW 2010, 2545; *Martini*, Zu Gast bei Freunden?: Staatsfonds als Herausforderung an das europäische und internationale Recht, DöV 2008, 314; *Mecke/Lerch*, BeurkG: Kommentar, 2. Auflage 1991; *Merkt*, Angloamerikanisierung und Privatisierung der Vertragspraxis versus Europäisches Vertragsrecht, ZHR 171 (2007), 490; *Merkt*, Grundsatz- und Praxisprobleme der Amerikanisierungstendenzen im Recht des Unternehmenskaufs, in: Festschrift Sandrock, 2000, S. 657; *Merkt*, Rechtliche Bedeutung der „due diligence" beim Unternehmenskauf, WiB 1996, 145; *Merkt*, Abwehr der Zustellung von „punitive damages"-Klagen, 1995 (zit.: Abwehr); *Merkt*, Due Diligence und Gewährleistung beim Unternehmenskauf, BB 1995, 1041; *Mertens*, Die Information des Erwerbers einer wesentlichen Unternehmensbeteiligung an einer Aktiengesellschaft durch deren Vorstand, AG 1997, 541; *Metz*, Grundzüge der W&I-Insurance beim Unternehmenskauf, NJW 2010, 813; *Meyer/Kiesewetter*, Rechtliche Rahmenbedingungen des Beteiligungsaufbaus im Vorfeld von Unternehmensübernahmen, WM 2009, 340; *Mielke/Molz*, Anspruch des veräußerungswilligen Gesellschafters auf Durchführung einer due diligence durch den Erwerbsinteressenten?, DB 2008, 1955; *Mielke/Welling*, Kartellrechtliche Zulässigkeit von Conduct of Business-Klauseln in Unternehmenskaufverträgen, BB 2007, 277; *Mörsdorf-Schulte*, Funktion und Dogmatik US-amerikanischer punitive damages, 1999; *Müller*, Einfluss der due diligence auf die Gewährleistungsrechte des Käufers beim Unternehmenskauf, NJW 2004, 2196; *Müller*, Gestattung der Due Diligence durch den Vorstand der Aktiengesellschaft, NJW 2000, 3452; *Müller/Hempel*, Änderungen des Außenwirtschaftsrechts zur Kontrolle ausländischer Investoren, NJW 2009, 1638; *Oppenländer*, Grenzen der Auskunftserteilung durch Geschäftsführer und Gesellschafter beim Verkauf von GmbH-Geschäftsanteilen, GmbHR 2000, 535; *Peter/Graser*, Zu kurz gegriffen: Due Diligence-Kosten als Anschaffungsnebenkosten beim Beteiligungserwerb, DStR 2009, 2032; *Picot*, Unternehmenskauf und Sachmängelhaftung: Rechtsfortbildung durch den BGH?, DB 2009, 2587; *Picot/ Duggal*, Unternehmenskauf: Schutz vor wesentlich nachteiligen Veränderungen der Grundlage der Transaktion durch sog. MAC-Klauseln, DB 2003, 2635; *Powell/Rohan*, Powell on Real Property, Band 6A, New York 1995 (zit.: Bearbeiter in: Powell/Rohan); *Reinhard*, Philip Morris v. Williams – eine neue Leitentscheidung des US-Supreme Court zu den punitive damages im US-amerikanischen Recht, IPRax 2008, 49; *Reinhardt/*

§ 2 Ablauf und Vertragsgestaltung

Pelster, Stärkere Kontrolle von ausländischen Investitionen – Zu den Änderungen von AWG und AWV, NZG 2009, 441; *Reithmann*, Substitution bei Anwendung der Formvorschriften des GmbH-Gesetzes, NJW 2003, 385; *Roschmann/Frey*, Geheimhaltungsverpflichtungen der Vorstandsmitglieder von Aktiengesellschaften bei Unternehmenskäufen, AG 1996, 449; *von Rosenberg/Hilf/Kleppe*, Protektion statt offener Märkte?: Die Änderungen des Außenwirtschaftsrechts in der Transaktionspraxis, DB 2009, 831; *Schäfer/ Hamann*, Kapitalmarktgesetze: Kommentar, 2. Auflage, Loseblattsammlung (Stand: 11/ 2009) (zit.: *Bearbeiter* in: Schäfer/Hamann, KMG); *Schäfer/Voland*, Die Kontrolle ausländischer Investitionen auf dem Prüfstand des Verfassungs-, Europa- und Welthandelsrechts, EWS 2008, 166; *Schalast*, Staatsfonds: Debatte und Regulierung in Deutschland, M&A Review 2009, 107; *Scheifele/Thaeter*, Unternehmenskauf, Joint Venture und Firmengründung in der tschechischen Republik, 2. Auflage 1994; *Schervier*, Beurkundung GmbH-rechtlicher Vorgänge im Ausland, NJW 1992, 593; *Schlößer*, Material Adverse Change-Klauseln in US-amerikanischen Unternehmenskaufverträgen, RIW 2006, 889; *Schmidt-Diemitz*, Pakethandel und das Weitergabeverbot von Insiderwissen, DB 1996, 1809; *Schroeder*, Darf der Vorstand der Aktiengesellschaft dem Aktienkäufer eine Due Diligence gestatten?, DB 1997, 2161; *Schubert*, Punitive Damages – Das englische Recht als Vorbild für das deutsche Schadensrecht? JR 2008, 138; *Schwark/Zimmer*, Kapitalmarktrechts-Kommentar, 4. Auflage 2010 (zit.: *Bearbeiter* in: Schwark/Zimmer, KMRK); *Schweitzer*, Private Legal Transplants in Negotiated Deals, ECFR 2007, 79; *Seibt/ Reiche*, Unternehmens- und Beteiligungskauf nach der Schuldrechtsreform (Teil I), DStR 2002, 1135; *Seibt/Wollenschläger*, Haftungsrisiken für Manager wegen fehlgeschlagener Post Merger Integration, DB 2009, 1579; *Seibt/Wollenschläger*, Unternehmenstransaktionen mit Auslandsbezug nach der Reform des Außenwirtschaftsrechts, ZIP 2009, 833; *Sieger/ Hasselbach*, Break Free-Vereinbarung bei Unternehmenskäufen, BB 2000, 625; *Sieja*, Due Diligence und ihre Auswirkung auf Gewährleistungsansprüche, NWB 2009, 2974; *Sornarajah*, The International Law on Foreign Investment, 3. Auflage Cambridge 2010; *Staudinger*, Schadensersatzrecht – Wettbewerb der Ideen und Rechtsordnungen, NJW 2006, 2433; *Stengel/Scholderer*, Aufklärungspflichten beim Beteiligungs- und Unternehmenskauf, NJW 1994, 158; *Stoljarski/Wedde*, Russland: Ausländische Investitionen in strategischen Branchen, RIW 2009, 587; *Stümper/Walter*, Erfordernis von Steuerklauseln in Anteilskauf- und anderen Übertragungsverträgen, GmbHR 2008, 31; *Traugott*, Informationsflüsse nach Transaktionsabschluss bei Aktiengesellschaften, BB 2001, 2277; *Traugott/Strümpell*, Die Novelle des Außenwirtschaftsgesetzes – Neue Regeln für den Erwerb deutscher Unternehmen durch ausländische Investoren, AG 2009, 186; *Triebel*, Anglo-amerikanischer Einfluß auf Unternehmenskaufverträge in Deutschland – eine Gefahr für die Rechtsklarheit?, RIW 1998, 1; *Triebel/Balthasar*, Auslegung englischer Vertragstexte unter deutschem Vertragsstatut – Fallstricke des Art. 32 I Nr. 1 EGBGB, NJW 2004, 2189; *Triebel/Hölzle*, Schuldrechtsreform und Unternehmenskaufverträge, BB 2002, 521; *Ulmer*, Haftungsfreistellung bis zur Grenze grober Fahrlässigkeit bei unternehmerischen Fehlentscheidungen von Vorstand und Aufsichtsrat?, DB 2004, 859; *Vaupel/Uhl*, Insiderrechtliche Aspekte bei der Übernahme börsennotierter Unternehmen, WM 2003, 2126; *Vischer*, Due Diligence bei Unternehmenskäufen, SJZ 2000, 229; *Vogt*, Die Due Diligence – ein zentrales Element bei der Durchführung von Mergers & Acquisitions, DStR 2001, 2027; *Wagner*, Prävention und Verhaltenssteuerung durch Privatrecht – Anmaßung oder legitime Aufgabe?, AcP 206 (2006), 352; *Wegen*, Due Diligence-Checkliste für den Erwerb einer deutschen Gesellschaft, WiB 1994, 291; *Weiser*, Die Earnout-Methode zur Überwindung divergierender Werteinschätzungen im Rahmen von M&A-Transaktionen, M&A Review 2004, 512; *Weitnauer*, Der Unternehmenskauf nach neuem Kaufrecht, NJW 2002, 2511; *Weller*, Ausländische Staatsfonds zwischen Fusionskontrolle, Außenwirtschaftsrecht und Grundfreiheiten, ZIP 2008, 857; *Werner*, Sorgfaltspflichten des Geschäftsführers bei Unternehmensakquisitionen: Due Diligence, Informationspflichten und Haftungsrisiken, GmbHR 2007, 678; *Werner*, Haftungsrisiken bei Unternehmensakquisitionen – die Pflicht des Vorstands zur Due Diligence, ZIP 2000, 989; *Willemsen/Annuß*, Neue Betriebsübergangsrichtlinie – Anpassungsbedarf im

§ 2 Ablauf und Vertragsgestaltung

deutschen Recht?, NJW 1999, 2073; *Wolf/Kaiser*, Die Mängelhaftung bei Unternehmenskauf nach neuem Recht, DB 2002, 411; *Wunderlich*, Die kaufrechtliche Haftung beim asset deal nach dem SchuldRModG, WM 2002, 981; *Ziegler*, Due Diligence im Spannungsfeld zur Geheimhaltungspflicht von Geschäftsführern und Gesellschaftern, DStR 2000, 249; *Ziemons*, Die Weitergabe von Unternehmensinterna an Dritte durch den Vorstand einer Aktiengesellschaft, AG 1999, 492; *Zumbansen/Lachner*, Die Geheimhaltungspflicht des Vorstands bei der Due Diligence: Neubewertung im globalisierten Geschäftsverkehr, BB 2006, 613.

A. Vorbemerkung

1 Jedes Unternehmen, mag es auch noch so weltweit tätig sein, hat letzten Endes seinen Sitz, sein geographisches Zentrum in einem bestimmten Land und damit seine juristische Verankerung in einem bestimmten Rechtssystem; rechtlich gesehen ist es ein **nationales – in Ausnahmefällen ein supranationales – Unternehmen** und kein internationales. Unternehmen mit tatsächlichem oder nur scheinbarem Doppelsitz in verschiedenen Staaten sind weltweit die Ausnahme und müssen diesen Doppelsitz noch dazu durch allerlei Kunstgriffe etablieren, die darüber hinweghelfen, dass es sich letztlich eben doch um zwei rechtlich getrennte Unternehmen mit je einem nationalen Sitz handelt. Dazu dienen etwa wechselseitige Beteiligungen, Stimmbindungsverträge, das Aneinanderkoppeln von Aktien, die dann nur gemeinsam ge- und verkauft werden können, oder komplizierte Satzungsregelungen, durch die identische Mitwirkungsmöglichkeiten und identische finanzielle Rechte aller Aktionäre sichergestellt werden sollen, ganz gleich, an welcher nationalen (Teil-)Gesellschaft sie beteiligt sind. Unter dem Stichwort *„synthetische Unternehmenszusammenschlüsse"* – häufig auch bezeichnet als *dual headed companies* oder *dual listed companies* – haben sich dazu insbesondere angelsächsische Juristen in den 90er-Jahren des vorigen Jahrhunderts Einiges einfallen lassen.[1]

2 Ebenso wenig wie im rechtlichen Sinne internationale Unternehmen existieren, gibt es ein internationales Sach- oder Kollisionsrecht des Unternehmenskaufs, sei es aufgrund europäischer Richtlinien, rechtsvereinheitlichender Konventionen oder zwischenstaatlicher Verträge, sei es in Form eines internationalen kaufmännischen Gewohnheitsrechts. Der zwingend nationale Charakter eines jeden Unternehmens führt daher dazu, dass letztlich auch **jeder Unternehmenskauf** ein nationaler ist und den Regeln eines bestimmten **nationalen Rechts** folgt, etwa desjenigen, das am Sitz des zu erwerbenden Unternehmens gilt. Der internationale Charakter einer solchen Transaktion ergibt sich allein daraus, dass die Beteiligten – Käufer und Verkäufer – aus unterschiedlichen Staaten kommen oder die Transaktion sich gleichzeitig auf mehrere, in unterschiedlichen Staaten ansässige Unternehmen erstreckt, etwa mehrere Tochtergesellschaften eines Konzerns. Insofern mag man sich fragen, wo die Beson-

---

1) Näher dazu *Harbarth*, AG 2004, 573.

A. Vorbemerkung

derheiten des internationalen Unternehmenskaufs liegen: Sollte es nicht genügen, sein eigenes, nationales Recht – in unserem Falle also das deutsche Recht des Unternehmenskaufs – zu kennen, um damit auch bei Transaktionen mit internationaler Beteiligung bestehen zu können?

Gerade in der Praxis zeigt sich jedoch, dass diese Frage nicht einfach bejaht werden kann. Sicherlich ist die Kenntnis des eigenen nationalen Rechts unabdingbare Voraussetzung, um auch Verträge mit internationaler Komponente entwerfen und aushandeln zu können. Indes ergibt sich an der Schnittstelle zwischen dem nationalen Recht, das für den Vertrag selbst gelten mag, und dem Recht der ausländischen Parteien, die daran beteiligt sind, eine interessante und oft nicht leicht beherrschbare Mixtur, eine Art Brackwasser der Rechtsordnungen, in dem die rechtlichen Vorstellungen und Gewohnheiten, die Mentalität und die Terminologie ausländischer Parteien auf das nationale Recht einwirken, es beeinflussen und verändern. Dies ist bei internationalen Transaktionen nichts Ungewöhnliches, tritt aber beim Unternehmenskauf mit besonderer Schärfe hervor, bis zu einem Punkt, an dem man ohne allzu große Übertreibung sagen kann, dass das deutsche Recht des Unternehmenskaufs in wesentlichen Aspekten, auch rein national angewendet, geradezu geprägt und determiniert ist durch die rechtlichen Institute und Begriffe, mit denen es sich bei internationalen Unternehmenskäufen gleichsam infiziert hat. 3

Dabei mag die in Deutschland traditionell fehlende Kultur des Unternehmenskaufs eine Rolle spielen. Zwar sind Unternehmen zweifellos auch in Deutschland gekauft und verkauft worden, solange es Unternehmen gibt. Gleichwohl hat dies im deutschen Recht zunächst nur ganz geringfügige Spuren hinterlassen, die im Wesentlichen nicht auf den Unternehmenskauf selbst, sondern lediglich auf die Folgen einer Unternehmensübertragung zielen. Dies gilt etwa für § 25 HGB oder § 95 Abs. 1 Nr. 4 lit. d GVG, wobei hinter den etwas treuherzigen Formulierungen des Gesetzgebers die Vorstellung von einer Unternehmensübertragung als Mittel zur Nachfolgeregelung des in den Ruhestand tretenden Einzelkaufmanns deutlich wird. Zu nennen ist auch der im Jahre 1972 eingefügte § 613a BGB, der die Folgen für die Rechte und Pflichten aus Arbeitsverhältnissen im Fall des Betriebsübergangs regelt.[2] 4

Mit dem Kauf oder Verkauf eines Unternehmens als normaler Vermögenstransaktion haben diese Vorschriften zunächst wenig zu tun. Immerhin hatte das Reichsgericht zwar schon im Jahre 1928 entschieden, dass der Kauf sämtlicher Anteile an einer Kapitalgesellschaft zugleich den wirtschaftlichen Zweck habe, das Unternehmen selbst zu kaufen, mit der Folge, dass es für Gewährleistungsfragen nicht bei den Regeln des reinen Rechtskaufs bleibt,[3] die nach der 5

---

[2] Eingefügt durch § 122 BetrVG vom 15.1.1972 mit Wirkung ab dem 19.1.1972, BGBl. I 1972, 13; dazu *Müller-Glöge* in: MünchKomm-BGB, § 613a BGB Rz. 1.
[3] RGZ 120, 283.

bis zum 31.12.2001 geltenden Fassung des BGB deutlich von den Regeln des Sachkaufs abwichen (vgl. § 437 BGB a. F. einerseits, § 459 BGB a. F. andererseits; anders nunmehr §§ 453, 433 ff. BGB n. F.). Abgesehen von dem Hinweis auf diese Rechtsprechung enthält aber etwa ein *Palandt* aus der Mitte der Sechzigerjahre des vorigen Jahrhunderts zu diesem Thema buchstäblich nichts, nicht einmal das Stichwort „*Unternehmenskauf*" im Register.[4]

B. Dominanz der anglo-amerikanischen Rechtskultur

6 Aufgrund der eben gemachten Ausführungen kann es nicht überraschen, dass die Art und Weise, wie Unternehmenskäufe in Deutschland ablaufen, ganz wesentlich den internationalen und hier vor allem den angelsächsischen Vorbildern folgt, und zwar inzwischen auch bei rein innerdeutschen Vorgängen. Die hierzu weiter beitragenden Gründe werden an anderer Stelle näher beleuchtet (siehe unten § 3 Rz. 2 ff.).

7 Hierbei beeinflussen die anglo-amerikanischen Vorbilder nicht nur den **Unternehmenskaufvertrag** selbst, wie etwa dessen Struktur, Aufbau und Terminologie, sondern gleichfalls die verschiedenen Phasen der **Vertragsvorbereitung und -durchführung**. Die internationale und deutsche sowie darüber hinausgehend sogar weite Teile der ausländischen Vertragspraxis weichen mittlerweile nicht mehr wesentlich von derjenigen in Großbritannien und den USA ab.[5] Hierauf wird daher nachfolgend an verschiedenen Stellen einzugehen sein (siehe allgemein dazu unten § 3 Rz. 14 ff.; siehe darüber hinaus etwa speziell zum Letter of Intent unten Rz. 22 ff., zur Due Diligence unten Rz. 30 ff., zum Closing unten Rz. 204 ff. und zur Legal Opinion unten Rz. 248 ff.).

8 Diese Besonderheiten des anglo-amerikanischen Rechts und der internationalen Vertragspraxis verlangen von den mit internationalen Unternehmenskäufen befassten deutschen **Rechtsberatern**, eine besondere Rolle einzunehmen. Anders als bei rein nationalen Transaktionen haben sie die Verantwortung eines **sprachlichen, konzeptionellen** und **kulturellen Vermittlers**. Dies gilt nicht nur gegenüber den deutschen Beteiligten, sondern ebenso gegenüber den ausländischen Parteien einer Transaktion. Dem deutschen Juristen kommt also nicht nur die Aufgabe zu, den deutschen Beteiligten die internationale Praxis zu vermitteln, sondern auch bei den ausländischen Beteiligten Verständnis für deutsche Ansichten zu wecken. Die Art und Weise, wie ein deutscher Jurist diese Rolle wahrnimmt, kann entscheidend sein für den Erfolg oder Misserfolg einer Transaktion (näher dazu unten § 3 Rz. 51 ff.).

---

4) S. etwa *Palandt*, BGB, 24. Aufl. (1965), Vor § 459 BGB Vorb. 3.
5) S. für die deutsche Praxis etwa die Musterformulare in *Beisel/Klumpp*, Kap. 20; *Knott/Mielke*, Rz. 513 ff.; *Seibt*, M&A; *Louven*, M&A.

C. Überblick und Verfahrensarten

Für die Veräußerung eines Unternehmens haben sich im internationalen wie nationalen Bereich vornehmlich zwei Verfahrensarten herausgebildet. Dies ist zum einen die häufig, aber nicht notwendig von Beginn an beschränkte Konzentration des Verkäufers auf einen einzigen Kaufinteressenten bis zum Abschluss des Kaufvertrags (Exklusivverhandlung). Daneben getreten ist das (kontrollierte) Auktions- oder Bieterverfahren, bei dem mehrere Kaufinteressenten im Wettbewerb zueinander stehen und die Unterzeichnung des Kaufvertrags anstreben. Schließlich lässt sich als weitere Verfahrensart für den Kauf börsennotierter Unternehmen der Erwerb über ein öffentliches Übernahmeangebot nennen, der im deutschen Recht den Vorschriften des WpÜG unterliegt.[6]

I. Exklusivverhandlungen

Wie die Bezeichnung schon erkennen lässt, ist das Verfahren der Exklusivverhandlung dadurch gekennzeichnet, dass der Verkäufer von Beginn an **grundsätzlich** nur mit **einem Kaufinteressenten** verhandelt.[7] Der Ablauf lässt sich stark vereinfacht wie folgt beschreiben: Die Exklusivverhandlungen beginnen üblicherweise mit ersten Vorgesprächen, in denen wirtschaftliche Aspekte und Finanzzahlen der Zielgesellschaft und der Transaktion im Vordergrund stehen. Der Kaufinteressent wird in diesem Stadium grobe Informationen über das Unternehmen erhalten, um sich ein erstes Bild machen zu können. In weiteren Gesprächen werden erste wesentliche Eckpunkte der Transaktion besprochen und unverbindlich festgelegt, wie etwa der Kaufpreis und die Transaktionsstruktur (unter anderem: Share Deal oder Asset Deal). Verlaufen diese Gespräche positiv, können die Ergebnisse in eine Absichtsvereinbarung (Letter of Intent) fließen. Die hierin regelmäßig enthaltene Vertraulichkeitsvereinbarung bildet die Voraussetzung dafür, den Kaufinteressenten die Bücher des zu erwerbenden Unternehmens prüfen zu lassen (Due Diligence). Parallel hierzu, spätestens aber nach Abschluss der Due Diligence, legt eine der Parteien den ersten Entwurf des Kaufvertrags vor, der die Grundlage für die Verhandlungen bis zum Vertragsschluss bildet. Wer den ersten Entwurf liefern darf, ist ebenfalls erfahrungsgemäß Gegenstand eines Letter of Intent.

II. Bieterverfahren

Beim (kontrollierten) Bieterverfahren (*limited* oder *controlled auction*) betreten von Beginn an **mehrere Kaufinteressenten** die Bühne, ohne jedoch von-

---

6) Zum Verfahrensablauf *Mielke* in: Knott/Mielke, Rz. 392 ff.; *Holzapfel/Pöllath*, Rz. 372 ff.
7) Dazu *Berens/Mertes/Strauch* in: Berens/Brauner/Strauch, S. 23, 30 f.

§ 2 Ablauf und Vertragsgestaltung

einander zu wissen.[8] Ziel des Verkäufers ist es, zwischen diesen Kaufinteressenten einen Wettbewerb um das beste Angebot auszulösen, insbesondere den höchsten Kaufpreis. Der Ablauf lässt sich stark vereinfacht wie folgt beschreiben:[9]

12 Der Startschuss fällt regelmäßig damit, dass der Verkäufer eine **Investmentbank** (oder einen M&A-Berater) beauftragt. Diese Berater haben die Aufgabe, den gesamten Veräußerungsprozess zu steuern und den Verkäufer in wirtschaftlichen wie finanziellen Fragen zu beraten. Nach ersten Gesprächen mit dem Verkäufer erstellt die Investmentbank ein **Informationsmemorandum** (Verkaufsprospekt, *information memorandum, offering memorandum*). Hierin werden die wesentlichen Informationen über die Zielgesellschaft und die Transaktion mitgeteilt, also etwa über den Transaktionshintergrund und die Transaktionsstruktur (bspw. Share Deal oder Asset Deal), Finanzkennzahlen, „*Investment-Highlights*" (Verkaufsargumente), das Marktumfeld der Zielgesellschaft sowie Strategie, Ziele und Zukunftsaussichten des Unternehmens, aber auch mit dem Unternehmen und der Transaktion verknüpfte rechtliche und wirtschaftliche Risiken.[10] Gelegentlich stellt der Verkäufer eine eigene Prüfung des Unternehmens voran (**Vendor Due Diligence**), um sich ein genaues eigenes Bild über die Zielgesellschaft und mögliche Transaktionsrisiken machen zu können (siehe unten Rz. 36 f.). Eine solche Prüfung versetzt den Verkäufer zudem in die Lage, auf Einwände der Kaufinteressenten vorbereitet zu sein. Je nach gewünschter Tiefe kann eine solche Due Diligence die Ausmaße der Due Diligence der Kaufinteressenten ohne weiteres übersteigen.

13 Sodann lässt regelmäßig die Investmentbank das Informationsmemorandum einem ausgewählten Kreis von möglichen Kaufinteressenten zukommen. Die **Auswahl der Kaufinteressenten** erfolgt aufgrund vorheriger Marktanalyse durch den Verkäufer zusammen mit der Investmentbank. Alternativ kann der Übergabe des Informationsmemorandums ein Informationsbrief vorgeschaltet werden, der kurze anonymisierte Informationen über das Zielunternehmen enthält (sog. *teaser*). Der Verkäufer wird die Übergabe des Informationsmemorandums regelmäßig nur zulassen, wenn der Kaufinteressent zuvor eine **Vertraulichkeitsvereinbarung** unterzeichnet hat. Wird keine solche Vereinbarung abgeschlossen, werden alle Informationen regelmäßig nur in anonymisierter Form gegeben werden. Zusammen mit dem Informationsmemorandum wird der Kaufinteressent in einem sog. *procedure letter* über den Verkaufsprozess

---

8) Zu Haftungsfragen beim Bieterverfahren *Holzapfel/Pöllath*, Rz. 127 ff.
9) Zum Ablauf ebenfalls *Hölters* in: Hölters, Teil I Rz. 149 ff.; *Holzapfel/Pöllath*, Rz. 126; *Picot* in: Picot, Unternehmenskauf, Teil I Rz. 9 ff.; *Picot* in: Picot, M&A, S. 30 ff.; *Raddatz/Nawroth* in: Eilers/Koffka/Mackensen, I. 2. Rz. 1 ff.
10) Zu Haftungsfragen bei Informationsmemoranden *Seibt* in: Seibt, M&A, B. III, S. 39 f.; *Seibt/Reiche*, DStR 2002, 1135, 1139; *Holzapfel/Pöllath*, Rz. 128; *Louven/Böckmann*, ZIP 2004, 445, 446 ff.; *Triebel/Hölzle*, BB 2002, 521, 533 f.

aufgeklärt und außerdem aufgefordert, innerhalb einer bestimmten Frist ein unverbindliches Kaufangebot *(indicative offer)* abzugeben.

In der nächsten Phase analysiert der Verkäufer zusammen mit seinen Beratern 14 die eingegangenen unverbindlichen Angebote und entscheidet, mit welchen Kaufinteressenten das Bieterverfahren fortgesetzt werden soll (in der Regel fünf bis zehn Interessenten). Diesen Interessenten werden nun die Bücher der Zielgesellschaft für eine **Due Diligence** geöffnet. Während der Due Diligence-Phase erhalten die verbliebenen Kaufinteressenten vom Verkäufer regelmäßig den ersten **Kaufvertragsentwurf** verbunden mit der Bitte, diesen innerhalb einer bestimmten Frist zu kommentieren und den eigenen Vorstellungen anzupassen, also eine sog. *mark up-Version* des Verkäuferentwurfs zu erstellen. Gleichzeitig wird bis Fristablauf um die Abgabe der endgültigen Angebote *(binding offers)* gebeten.

Auf der Grundlage der **endgültigen Angebote** und der kommentierten Ver- 15 tragsentwürfe wählt der Verkäufer mit Hilfe seiner Berater diejenigen Kaufinteressenten aus (regelmäßig höchstens zwei bis drei), mit denen konkrete **Verhandlungen** aufgenommen werden sollen. Entscheidet sich der Verkäufer dafür, zunächst nur mit einem Kaufinteressenten zu verhandeln, sichert er ihm häufig für einen bestimmten Zeitraum Exklusivität zu und verpflichtet sich damit, während dieser Phase nicht mit anderen Kaufinteressenten zu verhandeln. Während der Vertragsverhandlungen (sei es mit mehreren oder nur einem Kaufinteressenten) können die Verhandlungspartner eine Absichtserklärung (**Letter of Intent**) unterzeichnen (dazu unten Rz. 22 ff.). In diesem Fall wird die mögliche Einräumung von Exklusivität häufig darin geregelt.

Verhandelt der Verkäufer parallel mit mehreren Kaufinteressenten, werden sich 16 die Vertragsverhandlungen früher oder später auf einen Interessenten beschränken. Wann dieser Zeitpunkt kommt, hängt vom Gang der Verhandlungen ab. Laufen die Verhandlungen mit mehreren Kaufinteressenten gut, kann das Bieterverfahren zwischen ihnen theoretisch bis zur letzten Sekunde vor Unterzeichnung des Kaufvertrags mit einem Bieter andauern. Wird allerdings schon zu einem früheren Zeitpunkt deutlich, dass weitere Verhandlungsrunden fruchtlos verlaufen werden, wird einer der Verhandlungspartner die Gespräche schon aus Zeit- und Kostengründen früher beenden.

D. Vertraulichkeitsvereinbarung

Bevor der Verkäufer und die Zielgesellschaft dem Kaufinteressenten vertrauli- 17 che Informationen über die Zielgesellschaft offenlegen, hat dieser regelmäßig eine Vertraulichkeitserklärung oder -vereinbarung *(confidentiality undertaking, confidentiality agreement, non disclosure agreement (NDA))* zu unterzeichnen.[11]

---

11) Dazu auch *Picot* in: Picot, Unternehmenskauf, Teil I Rz. 39 ff.

Diese Vereinbarung ist je nach Ablauf des Verkaufsprozesses Teil eines Letter of Intent oder eine hiervon gesonderte Vereinbarung. Sie kann entweder in Brieform oder in Vertragsform ausgestaltet sein. Selbstverständlich muss aus Sicht des Verkäufers in jedem Fall der **bindende Charakter** der Vertraulichkeitserklärung klar hervortreten und diese wegen der notorisch schwierigen Schadensermittlung bei Verletzung von Vertraulichkeitsverpflichtungen möglichst mit einer **Vertragsstrafe** bewehrt werden. Rechtswahlklausel und Streitentscheidungsregelung sind damit ebenfalls erforderlich. Ist die Zielgesellschaft börsennotiert, ist die Weitergabe von vertraulichen Informationen nur im Einklang mit den jeweils anwendbaren insiderrechtlichen Vorschriften gestattet (siehe für das deutsche Recht § 14 WpHG und unten Rz. 87 und 118).[12]

18 In Bezug auf die **Rechtswahl** ist ein besonderer Aspekt des englischen und des US-amerikanischen Rechts zu berücksichtigen. Danach ist ein Vertrag nur dann bindend, wenn der Verpflichtung der einen Seite eine *consideration*, also eine Gegenleistung oder das Versprechen einer Gegenleistung der anderen Seite gegenübersteht.[13] Ohne *consideration* tritt eine Bindung nur bei Beachtung besonderer Formvorschriften (Siegelung des Vertrags) ein.[14] Unterliegt eine Vertraulichkeitsvereinbarung also etwa dem englischen Recht, kann sie auch in denjenigen Teilen, die als bindend gedacht und gewünscht sind, gleichwohl unverbindlich sein, weil es nämlich an der *consideration* fehlt.[15] Die Frage nach der *consideration* stellt sich also in diesem Zusammenhang mit besonderer Schärfe.

19 Aus der angelsächsischen Vertragspraxis sind Beispiele von Vertraulichkeitsvereinbarungen bekannt, deren Umfang schon an den eines normalen deutschen GmbH-Kaufvertrags heranreicht. Gerade beim Umgang mit deutschen Mittelständlern ist, ungeachtet aller notwendigen Präzision und Ausführlichkeit, vor Übertreibungen in dieser Hinsicht zu warnen. Ansonsten läuft man Gefahr, den Vertragspartner zu überfordern und damit das Verhandlungsklima unnötig zu belasten. Wer sich als Rechtsberater zugleich in der Rolle des kulturellen Vermittlers sieht, wird ein Gleichgewicht zwischen verständlichen Bedürfnissen einer ausländischen Partei und verständlichen Besorgnissen der deutschen Seite anstreben.

---

12) Zum deutschen Recht *Mielke* in: Knott/Mielke, Rz. 53 ff; *Pawlik* in: KölnKomm-WpHG, § 14 WpHG Rz. 57; *Schwark/Kruse* in: Schwark/Zimmer, KMRK, § 14 WpHG Rz. 39 ff.; *Hasselbach*, NZG 2004, 1087; *Meyer/Kiesewetter*, WM 2009, 340, 342; *Vaupel/Uhl*, WM 2003, 2126, 2134 f.; s. im Übrigen zu weiteren Offenlegungsverboten unten Rz. 86 f.

13) *Currie v. Misa* (1875) LR 10 Ex 153, 162; *McKendrick*, Contract Law, S. 151 ff.; *Zweigert/Kötz*, S. 384; *Triebel*, RIW 1998, 1, 2; zur Entwicklung der *consideration doctrine* im US-amerikanischen Recht ausführlich *Fromholzer*, S. 8 ff.

14) *McKendrick*, Contract Law, S. 264 ff.; *Zweigert/Kötz*, S. 367, 384.

15) *Kösters*, NZG 1999, 623, 624.

D. Vertraulichkeitsvereinbarung

Im Folgenden seien englische Formulierungshilfen für eine verkäuferfreundliche Vertraulichkeitserklärung vorgestellt, die entweder Teil eines Letter of Intent oder eine gesonderte Vertraulichkeitsvereinbarung bilden können.[16]

„Confidentiality Undertaking

by

[Name des Kaufinteressenten]

1. In this Confidentiality Undertaking, 'Confidential Information' means the fact that you are contemplating a sale of *[Name der Zielgesellschaft]* (the 'Target'), the existence of this Confidentiality Undertaking, any documents provided to us designated as confidential, and any other information concerning the Target which is disclosed to us by you or any of your advisors except insofar as it is or becomes public knowledge (other than as a result of a violation of this Confidentiality Undertaking or the law by us or any person to whom we have disclosed Confidential Information) or lawfully was or becomes known to us from another source and is not subject to a confidentiality obligation.

2. In consideration of your agreeing to provide us with Confidential Information we undertake to keep Confidential Information secret and to take all required and necessary measures therefor, to use Confidential Information only for the purpose of evaluating and negotiating the acquisition of the Target, not to make copies of any documents provided to us and to protect such documents against unauthorised access.

3. We may disclose Confidential Information only to such of our officers, employees and professional advisers as are directly involved in the evaluation and negotiations concerning the acquisition of the Target, subject to their signing of this Confidentiality Undertaking in their personal capacity. We shall promptly notify you of the full names and addresses of all such persons and shall furnish you with copies of the undertakings signed by them.

4. The aforesaid restrictions shall not apply to disclosures insofar as they are ordered by a court or administrative body or are otherwise legally required. We shall inform you of any such order or legal requirement for disclosure as soon as we have obtained knowledge thereof and prior to making such disclosure. Further, if requested, we shall furnish you prior to such disclosure with a legal opinion confirming that such disclosure is required.

5. We shall, at your request, (i) forthwith return all documents provided to us by you which contain Confidential Information, (ii) destroy all notes or copies made by us in respect of Confidential Information, (iii) expunge all Confidential Information from any computer, word processor or similar device into which it was programmed, (iv) ensure that any person to whom we have disclosed Confidential Information complies with the obligations of this paragraph, and (iv) confirm to you in writing that we have complied with the obligations of this paragraph. The confidentiality undertakings under this Confidentiality Under-

---

16) Die Wirksamkeit der einzelnen Klauseln hängt vom anwendbaren Recht ab und ist daher für jeden Einzelfall zu prüfen. Für ein deutsches Muster einer Vertraulichkeitsvereinbarung s. *Fabritius* in: Hopt, I. Teil 2. Kap. K. 2., S. 171 ff.; für eine solche Vereinbarung zwischen einer börsennotierten Aktiengesellschaft und einem Erwerbsinteressenten s. *Seibt* in: Seibt, M&A, B. I. 1, S. 19.

§ 2 Ablauf und Vertragsgestaltung

taking will continue even after the Confidential Information has been returned or destroyed.

6. We agree to pay a contractual penalty in the amount of *[Betrag]* for each violation of this Confidentiality Undertaking wilfully or negligently committed by us or any person to whom we have disclosed Confidential Information. In the event of a continuing violation of this Confidentiality Undertaking, we agree to pay for each such continuing violation an additional contractual penalty of *[Betrag]* for each month or part thereof in which the violation continues. The contractual penalty is immediately due for payment. The right to claim damages shall remain unaffected hereby; a contractual penalty shall not be charged against a right of damages.

7. Our obligations under this Confidentiality Undertaking will terminate on *[Datum]*."

21 Zu empfehlen sind ergänzend eine Rechtswahlklausel, eine Gerichtsstands- oder Schiedsklausel, eine Schriftformklausel sowie eine salvatorische Klausel.[17]

E. Absichtserklärung (Letter of Intent)

I. Funktion im Ablauf der Verhandlungen

22 Der Letter of Intent (Absichtserklärung) ist keine Besonderheit des internationalen Unternehmenskaufs oder überhaupt des Unternehmenskaufs. Weil jedoch derartige Transaktionen komplex sind und die damit verbundenen Verhandlungen lang dauern, kommt er hier wohl häufiger vor als bei anderen Geschäften.[18] Komplexität und Länge des Zeitablaufs lassen es besonders geraten erscheinen, Zwischenetappen des Verhandlungsprozesses festzuhalten, bereits vereinbarte Eckwerte einem möglichen späteren Streit zu entziehen und einen Fahrplan für die nächsten Etappen festzulegen.

23 Für den Letter of Intent oder jedenfalls vergleichbare Erklärungen finden sich auch andere Bezeichnungen, wie etwa **„memorandum of understanding"**,[19]

---

17) Zur Wirkung von salvatorischen Erhaltens- und Ersetzungsklauseln im deutschen Recht s. BGH, ZIP 2003, 126 = NJW 2003, 347 (Salvatorische Klauseln enthalten lediglich eine Bestimmung über die Verteilung der Darlegungs- und Beweislast i. R. d. § 139 BGB und verschieben diese von der Partei, die das teilnichtige Geschäft aufrechterhalten will, auf die Partei, die den ganzen Vertrag verwerfen will; eine solche Klausel bewirke nicht, dass die von dem Nichtigkeitsgrund nicht unmittelbar erfassten Teile des Geschäfts unter allen Umständen als wirksam behandelt werden); s. a. BGH, WM 2010, 946 = ZIP 2010, 925 (Salvatorische Erhaltungsklausel schließt zwar Gesamtnichtigkeit nicht aus, führt aber zur einer Umkehrung der Vermutung des § 139 BGB in ihr Gegenteil). Will man eine über die bloße Beweislastumkehr des BGH hinausgehende Wirkung erzielen, also sichergehen, dass die vom Nichtigkeitsgrund nicht erfassten Teile des Vertrags ohne weiteres als wirksam behandelt werden, empfiehlt es sich, dies im Vertrag deutlich vorzusehen.

18) Grundlegend zum Letter of Intent: *Lutter*, Letter of Intent.

19) So auch *Holzapfel/Pöllath*, Rz. 14, allerdings soll danach eine solche Vereinbarung tendenziell einen größeren Verbindlichkeitscharakter haben.

E. Absichtserklärung (Letter of Intent)

„term sheet" oder „heads of terms".[20] Häufig werden diese Bezeichnungen gleichbedeutend verwendet. Für die Bedeutung und Rechtswirkungen des Dokuments selbst ist die jeweilige Bezeichnung jedoch kaum oder nicht entscheidend. Relevant sind vielmehr dessen Inhalt und der Grad seiner Rechtsverbindlichkeit.[21]

Je nach Lage der Dinge kann ein Letter of Intent ganz verschiedene **Funktionen** haben.[22] Teilweise scheint sein Hauptzweck darin zu liegen, den Verhandlungsführern eines Großunternehmens die interne Berichterstattung und Erfolgsmeldung zu erleichtern. In anderen Fällen dient er für zu informierende oder zustimmungspflichtige Organe der Beteiligten als Informations- oder Entscheidungsgrundlage.[23] Mitunter legt er Details des künftigen Vertrags schon so umfassend und verbindlich fest, dass man bereits – über die reine Absichtserklärung hinaus – von einem Vorvertrag sprechen kann. In aller Regel wird der Letter of Intent jedoch gezeichnet, wenn wesentliche kaufmännische Entscheidungen getroffen, aber bislang weder juristisch im Einzelnen ausformuliert noch rechtsverbindlich niedergelegt werden können oder sollen (zu den psychologischen Wirkungen siehe unten Rz. 26). Er bezeichnet damit das Ende eines Transaktions- oder Verhandlungsabschnitts und den Beginn eines nächsten, wie bspw. den Übergang von Vorgesprächen in die Phase der Due Diligence. 24

II. Inhalt

Der Inhalt eines Letter of Intent hängt naturgemäß stark ab von der einzelnen Transaktion. Entscheidend ist auch, in welchem Verfahrensstadium sich die Transaktion befindet und inwieweit die Parteien verbindliche Regelungen wünschen. Einige **typische mögliche Regelungsinhalte** zeigt die folgende Aufzählung: 25

- Zusammenfassung der bisherigen **Ergebnisse** und Bekundung der **Erwerbsabsicht**;
- Informationen zur **Transaktionsstruktur,** bspw. Festlegung auf den Erwerb im Wege eines Share Deal oder eines Asset Deal;
- Festlegung der für die Transaktion erforderlichen **Verträge** (Kaufvertrag und sonstige Verträge) und möglicher erster Eckpunkte dieser Verträge, so im Fall des Kaufvertrags bspw. erste und häufig nur in Stichworten genannte Informationen zu Gewährleistungen und aufschiebenden Bedingungen,

---

20) In diesem Sinne auch *Mielke* in: Knott/Mielke, Rz. 22; *Picot* in: Picot, Unternehmenskauf, Teil I Rz. 31; *Kösters,* NZG 1999, 623.
21) *Picot* in: Picot, Unternehmenskauf, Teil I Rz. 32.
22) *Beisel* in: Beisel/Andreas, § 1 Rz. 12 f.
23) *Holzapfel/Pöllath,* Rz. 13.

§ 2 Ablauf und Vertragsgestaltung

ferner Informationen zur Kostentragung, zur Rechtswahl sowie zum Schieds- oder Gerichtsstand;

- Grundlagen der Modalitäten der **Kaufpreiszahlung** sowie der **Kaufpreisberechnung**, wie etwa Vereinbarung eines festen oder variablen Kaufpreises und möglicherweise eine Abrede über ergebnisabhängige Kaufpreisanpassungen (Besserungsabrede, Earn-out) (siehe unten Rz. 156 ff.);
- Regelungen zur Durchführung der **Due Diligence**, wie etwa Dauer, Bereiche, Festlegung, ob physischer oder virtueller Datenraum (siehe unten Rz. 62 ff.);
- Bestimmung des weiteren **Zeitplans** und des beabsichtigten Zeitpunkts des Kaufvertragsschlusses;
- eine **Vertraulichkeitsabrede** mit dem Inhalt der Verpflichtung des Verkäufers zur Herausgabe bestimmter geheimer Informationen und der Verpflichtung des Kaufinteressenten, derartige Informationen vertraulich zu behandeln und erhaltene Unterlagen in vereinbarten Fällen zurückzugeben (sofern nicht in einer gesonderten Vereinbarung geregelt) (siehe oben Rz. 17. ff.);
- Einräumung einer **Exklusivitätsphase**, also Verankerung der Verpflichtung des Verkäufers, während eines bestimmten Zeitraums keine Gespräche mit einem anderen Verhandlungspartner zu führen (sofern nicht in einer gesonderten Vereinbarung geregelt);
- Verpflichtung des Kaufinteressenten, während eines bestimmten Zeitraums während und nach Scheitern der Verhandlungen **keine Abwerbeversuche** bei Mitarbeitern des zum Verkauf stehenden Unternehmens zu starten;
- Regelung zur **Kostentragung** für die Verhandlungen und den Abschluss des Letter of Intent sowie darüber hinaus möglicherweise schon für die Verhandlungen und den Abschluss aller übrigen Dokumente i. R. d. Transaktion, insbesondere des Kaufvertrags;
- ggf. Vereinbarung einer Schadenspauschale oder Vertragsstrafe für den Fall des Scheiterns der Verhandlungen (sog. **Break-up Fee-Vereinbarung**);[24]
- Ausmaß der **Bindungswirkung** des Letter of Intent;
- **Rechtswahl** sowie Schieds- oder Gerichtsstandsvereinbarung.

III. Praktische Bedeutung

26 Der **grundsätzlich nicht bindende Charakter** eines Letter of Intent sollte nicht zu dem Schluss verleiten, dem Inhalt komme keine große Bedeutung zu.

---

24) Näher hierzu *Hilgard*, BB 2008, 286; *Fleischer*, AG 2009, 345; *Sieger/Hasselbach*, BB 2000, 625; *Mielke* in: Knott/Mielke, Rz. 19; *Holzapfel/Pöllath*, Rz. 14.

E. Absichtserklärung (Letter of Intent)

Zunächst enthält auch ein im Grundsatz unverbindlicher Letter of Intent regelmäßig bindende Verpflichtungen (siehe dazu Rz. 27 ff.). Außerdem können zumindest nach deutschem Recht auch vor Abschluss eines bindenden Vertrags Schadensersatzpflichten durch treuwidriges Verhalten begründet werden (Verletzung eines vorvertraglichen Schuldverhältnisses bei treuwidrigem Abbruch von Vertragsverhandlungen ohne triftigen Grund, § 311 Abs. 2, § 241 Abs. 2, § 280 Abs. 1 BGB), sofern die Parteien die Haftung nicht ausdrücklich ausschließen.[25] Entscheidend kommt hinzu, dass man unabhängig von den rechtlichen Gegebenheiten die **praktische und psychologische Schwierigkeit** nicht unterschätzen sollte, die sich ergibt, wenn man im Zuge der weiteren Vertragsverhandlungen versucht, Vereinbarungen durchzusetzen, die im Letter of Intent nicht oder in anderer Weise angelegt waren.[26] Wer dies versucht, ist moralisch und psychologisch in der Hinterhand und wird regelmäßig für einen Verhandlungserfolg in derartigen Fragen einen sehr viel höheren Preis zu entrichten haben. Einem zu sehr an rein rechtlichen Gegebenheiten orientierten Juristen ist deshalb dringend zu empfehlen, auch den nicht einklagbaren Aspekten eines Letter of Intent größte Aufmerksamkeit und Sorgfalt zu widmen.

IV. Bindende Verpflichtungen im Letter of Intent

Haben sich die Parteien dazu entschlossen, einen lediglich unverbindlichen Letter of Intent abzuschließen, folgt daraus nicht, dass verbindliche Regelungen vollständig fehlen.[27] Vielmehr finden sich regelmäßig einige **rechtlich bindende** und durchsetzbare **Verpflichtungen**.[28] Häufig sind dies die Folgenden der oben aufgeführten typischen Regelungsinhalte eines Letter of Intent (siehe oben Rz. 25):

- Vertraulichkeitsabrede;[29]
- Einräumung einer Exklusivitätsphase;[30]
- Verbot von Abwerbeversuchen;
- Regelung der Kostentragung für den Letter of Intent und darüber hinaus möglicherweise schon für die Verhandlungen und den Abschluss aller übrigen Dokumente i. R. d. Transaktion, insbesondere des Kaufvertrags;
- Ausmaß der Bindungswirkung des Letters of Intent;
- Rechtswahl sowie Schieds- oder Gerichtsstandsvereinbarung.

---

25) *Picot* in: Picot, Unternehmenskauf, Teil I Rz. 33 ff.; *Kramer* in: MünchKomm-BGB, Vor § 145 BGB Rz. 48; *Holzapfel/Pöllath*, Rz. 12 m. w. N.; *Bergjan*, ZIP 2004, 395; *Kösters*, NZG 1999, 623, 624.
26) Ebenso *Reed/Lajoux/Nesvold*, S. 462 f.
27) *Kramer* in: MünchKomm-BGB, Vor § 145 BGB Rz. 48.
28) *Holzapfel/Pöllath*, Rz. 14; *Kösters*, NZG 1999, 623.
29) *Kösters*, NZG 1999, 623, 624 f.; *Mielke* in: Knott/Mielke, Rz. 21.
30) *Mielke* in: Knott/Mielke, Rz. 20.

28 Enthält ein Letter of Intent bindende Verpflichtungen, empfiehlt es sich ganz besonders, bereits in dieses Dokument eine Streitentscheidungsklausel, häufig eine Schiedsgerichtsklausel, aufzunehmen, auch wenn dies angesichts des ansonsten weitgehend unverbindlichen Charakters des Letter of Intent zunächst übertrieben erscheinen mag. Zu bedenken ist jedoch, dass bindende Verpflichtungen nur dann wirkungsvoll sind, wenn sie sich leicht und ohne formelle Schwierigkeiten durchsetzen lassen. Und nicht zu vergessen: Durch eine diesbezügliche Regelung schafft man auch in diesem Punkt schon ein Präjudiz für den endgültigen Vertrag. Aus demselben Grund sollte die Frage der Rechtswahl nicht übersehen werden.[31] Auch sollte bedacht werden, beide Klauseln wiederum selbst als verbindlich zu vereinbaren.

29 Auch bei einem Letter of Intent ist der Aspekt der *consideration* von Bedeutung, wenn die Vereinbarung dem englischen oder US-amerikanischem Recht unterliegt (siehe oben Rz. 18).

F. Due Diligence
I. Begriff und Herkunft

30 Dem Abschluss eines Unternehmenskaufvertrags geht regelmäßig eine gründliche Untersuchung der wirtschaftlichen und rechtlichen Gegebenheiten der Zielgesellschaft voraus.[32] Für diese Untersuchung hat sich der aus dem US-amerikanischen Rechtskreis stammende Ausdruck Due Diligence eingebürgert. Er bedeutet an sich nichts anderes als „gebotene Sorgfalt"[33] und ist eine Verkürzung des Begriffs *due diligence investigation* (mit gebotener Sorgfalt durchgeführte Untersuchung). In der deutschen Sprache wird Due Diligence gelegentlich auch mit der Formulierung umschrieben, **Einsicht in die Bücher** der Zielgesellschaft zu nehmen.[34]

31 Obgleich der Begriff Due Diligence dem **Common Law** entstammt,[35] hat sich das für den Unternehmenskauf bedeutsame Konzept insbesondere aus dem **US-amerikanischen Wertpapierrecht** entwickelt.[36] Dabei war die Due Diligence ursprünglich lediglich als Exkulpationsmöglichkeit i. R. einer Emissions-

---

31) *Kösters*, NZG 1999, 623, 625.
32) *Merkt*, BB 1995, 1041.
33) *Berens/Strauch* in: Berens/Brauner/Strauch, S. 1; *Mielke* in: Knott/Mielke, Rz. 24; *Picot* in: Picot, Unternehmenskauf, Teil I Rz. 47; *Koffka* in: Eilers/Koffka/Mackensen, I. 3. Rz. 1 ff.
34) Zur Definition des Begriffs der Due Diligence *Beisel* in: Beisel/Andreas, § 1 Rz. 1 ff.; *Berens/Strauch* in: Berens/Brauner/Strauch, S. 1, 10 ff.; *Fleischer/Körber*, BB 2001, 841; *Reed/Lajoux/Nesvold*, S. 381.
35) *Lajoux/Elson* in: Wirtz, M&A, S. 501, 503; *Mielke/Molz*, DB 2008, 1955.
36) Zur Entwicklung der Due Diligence ausführlich auch *Beisel* in: Beisel/Andreas, § 1 Rz. 17 ff.; *Berens/Strauch* in: Berens/Brauner/Strauch, S. 1, 2 ff.; *Liekefett*, S. 26 ff.

F. Due Diligence

prospekthaftung von Bedeutung. Section 11(a) des Securities Act von 1933[37] sieht eine Prospekthaftung für die Personen vor, die an der Ausgabe von Wertpapieren beteiligt sind (Emittent, die Unterzeichner des *registration statement*, das Übernahmekonsortium, testierende Abschlussprüfer und andere Experten).[38] Aufgrund einer umfassenden Beweislastumkehr zugunsten des Klägers kann sich der Beklagte nur sehr eingeschränkt entlasten. Nach Section 11(b)(3) des Securities Act ist dies nur möglich, wenn er nachweist,

„he had, after reasonable investigation, reasonable grounds to believe and did believe, at the time such part of the registration statement became effective, that the statements therein were true and that there was no omission to state a material fact required to be stated therein or necessary to make the statements therein not misleading".

Die **Exkulpationsmöglichkeit** wurde in der Folge als *„due diligence defense"* oder *„reasonable investigation defense"* bezeichnet.[39]

Beim sich anschließenden Handel mit Wertpapieren unter dem Securities Exchange Act von 1934[40] kommt der Due Diligence dagegen keine haftungsbefreiende Wirkung für den Verkäufer, sondern vielmehr eine präventive Funktion für den Käufer zu, um Risiken im Geschäftsverkehr zu entdecken und zu begrenzen. Problematisch für den Anteilserwerber ist nämlich das eingeschränkte gesetzliche Gewährleistungsrecht. Der Erwerb von Wertpapieren nach dem Securities Exchange Act unterliegt dem im **anglo-amerikanischen Kaufrecht** allgemein und damit auch bei sonstigen Anteilserwerben vorherrschenden Prinzip des **„caveat emptor"** *(„Der Käufer muss achtgeben")*.[41] Dieses zwingt den Käufer, den Kaufgegenstand vor Vertragsschluss sorgfältig zu prüfen, weil der Verkäufer grundsätzlich nicht verpflichtet ist, auf etwaige Mängel des Objekts hinzuweisen *(„Augen auf, Kauf ist Kauf")*. Vorvertragliche Treuepflichten, wie sie das deutsche Recht kennt, sind dem anglo-amerikanischen

32

---

37) Zum Securities Act von 1933 *Cox/Hazen*, Corporations, S. 720 ff.; *Hazen*, S. 22.
38) Dazu ausführlich *Hazen*, S. 293 ff.; auch *Cox/Hazen*, Corporations, S. 734 f.; *Merkt/Göthel*, US-amerikanisches Gesellschaftsrecht, Rz. 293 ff.
39) Grundlegend *Escott v. BarChris Construction Corp.*, 283 F.Supp. 643 (S.D.N.Y. 1968); ausführlich zur *due diligence defense Hazen*, S. 299 ff.; *Cox/Hazen*, Corporations, S. 735.
40) Zum Securities Exchange Act von 1934 *Hazen*, S. 22 ff., 335 ff. Anspruchsgrundlage für die Informationshaftung ist die von der Securities and Exchange Commission (SEC) im Jahre 1942 erlassenen Rule 10b-5; dazu ausführlich *Cox/Hazen*, Corporations, S. 292 ff.; *Hazen*, S. 474 ff.; *Merkt/Göthel*, US-amerikanisches Gesellschaftsrecht, Rz. 981 ff.
41) Grundlegend für die Etablierung des *caveat emptor* Grundsatzes in England *Chandelor v. Lopus* (1603) Cro. Jac. 4, 79 E.R. 3; grundlegend für das US-amerikanische Recht *Laidlaw v. Organ*, 15 U.S. 178 (1817); dazu auch *McKendrick*, Contract Law, S. 347 ff.; *Bradgate*, Commercial Law, S. 272 ff.; *Fleischer/Körber*, BB 2001, 841, 842; *Merkt*, BB 1995, 1041; *Haarbeck/König* in: Berens/Brauner/Strauch, S. 691, 697 ff.; *Mielke* in: Knott/Mielke, Rz. 24; *Körber*, NZG 2002, 263, 264; rechtsvergleichend *Huber* in: Reimann/Zimmermann, S. 937, 955 ff.

Recht weitgehend fremd.[42] Im Rahmen eines **jeden Unternehmenskaufs** haftet der Verkäufer lediglich für Angaben im Zusammenhang mit dem Verkauf sowie für den Vertragsinhalt. Eine weiter gehende Gewährleistung für das der Veräußerung zugrundeliegende Unternehmen ist gesetzlich nicht vorgesehen.

33 Die Mängelrechte des Erwerbers sind damit auf das vertraglich vereinbarte Gewährleistungsregime begrenzt. Dies zwingt dazu, mögliche Risiken in Bezug auf das Zielobjekt selbst zu erkennen und ein tragfähiges **vertragliches Gewährleistungsrecht** mit dem Verkäufer zu vereinbaren. Um vorhandene Informationsasymmetrien abzubauen sowie Informationsbedürfnisse beim Erwerber zu befriedigen, wurde eine entsprechend ausgestaltete Prüfungsphase in den Akquisitionsprozess eingezogen. Diese Phase ist heute weithin als Due Diligence bekannt. Die Due Diligence ist heute nicht mehr für den internationalen Unternehmenskauf spezifisch, sondern über die internationale Praxis auch in rein deutsche Transaktionen eingedrungen und hieraus nicht mehr wegzudenken.

II. Arten

34 Bei einer Due Diligence lassen sich verschiedene Arten unterscheiden. Die Unterscheidung lässt sich einmal nach der durchführenden Partei treffen, also danach, ob der Regelfall einer Due Diligence durch den Kaufinteressenten vorliegt oder eine Due Diligence durch den Verkäufer. Darüber hinaus lässt sich nach den verschiedenen Bereichen unterscheiden, die eine Due Diligence abdecken kann.

1. Unterscheidung nach durchführender Partei

35 Im Rahmen von Unternehmenskäufen lässt sich zunächst trennen zwischen der Due Diligence durch den Käufer sowie der durch den Verkäufer selbst (Vendor Due Diligence). Die **Unternehmensprüfung durch den Käufer** (Buyer Due Diligence) ist gängige Praxis und nahezu jedem Unternehmenskauf vorgeschaltet, wenn auch mit unterschiedlicher Intensität.[43] Sie erfolgt regelmäßig in einem möglichst **frühen Verhandlungsstadium** und vor Abgabe eines bindenden Kaufangebots.

36 Davon zu unterscheiden ist die **Vendor Due Diligence**, die insbesondere bei Bieterverfahren vorkommt.[44] Sie erfolgt durch den **Verkäufer** und seine Bera-

---

42) In diesem Sinne auch *Looschelders/Olzen* in: Staudinger, § 242 BGB Rz. 1122. Zu vorvertraglichen Pflichten im US-amerikanischen Recht *Farnsworth/Young/Sanger*, Contracts, S. 223 ff.

43) *Cannivé*, ZIP 2009, 254, 255; zur steuerlichen Behandlung der Kosten einer Due Diligence des Käufers s. *Peter/Graser*, DStR 2009, 2032.

44) Dazu ausführlich *Nawe/Nagel* in: Berens/Brauner/Strauch, S. 753; *Cannivé*, ZIP 2009, 254; *Mielke* in: Knott/Mielke, Rz. 34 ff.

F. Due Diligence

ter mit dem vornehmlichen Ziel, potentielle Risiken bei der Zielgesellschaft zu entfalten, um diese im besten Fall vor Beginn des Verkaufsprozesses beseitigen zu können. Des Weiteren kann die Vendor Due Diligence dazu anhalten, weitgehend früh alle Informationen und Dokumente über die Zielgesellschaft geordnet zusammenzustellen, um den Kaufinteressenten von Beginn an einen geordneten und möglichst vollständigen Datenraum präsentieren zu können.[45] Dies dient dem weiteren Ziel, den Käufer bei seiner Due Diligence zu entlasten. Dies kann den Erwerbsprozess beschleunigen und für den Käufer kostengünstiger werden lassen.[46]

Die Vendor Due Diligence mündet regelmäßig wie jede Due Diligence in einem Bericht *(report)*, der dem Kaufinteressenten zunächst zu reinen Informationszwecken übergeben wird. In diesem Fall wird der Verkäufer seine Haftung in einem vom Käufer gegenzuzeichnenden Begleitschreiben ausschließen (**Non-Reliance Letter**).[47] Verlangt der Käufer dagegen vom Verkäufer oder dessen Beratern, die Haftung für die Richtigkeit des Due Diligence Berichts zu übernehmen, hilft ein Non-Reliance Letter nicht weiter. Der Verkäufer und seine Berater mögen sich dann mit einer – wenngleich eingeschränkten – Haftungsübernahme einverstanden erklären und die Einzelheiten der Haftungsübernahme und ihrer Beschränkungen (insbesondere des Verschuldensgrads und der Haftungshöhe) in einem sog. **Reliance Letter** niederlegen.[48] Dieser Fall kann etwa eintreten, wenn die den Erwerb finanzierenden Banken die Ergebnisse der Vendor Due Diligence für ihre Entscheidung über die Kreditvergabe verwenden wollen. Eine vergleichbare Situation kann eintreten, wenn die finanzierenden Banken auch oder alternativ die Ergebnisse des Due Diligence Berichts des Käufers verwenden wollen und daher von dessen Berater einen Reliance Letter verlangen. 37

Sowohl beim Non-Reliance Letter als auch beim Reliance Letter finden sich außerdem regelmäßig Regelungen, welche die vertrauliche Behandlung des Inhalts des Due Diligence Berichts gewährleisten sollen. Außerdem wird ausdrücklich festgehalten, dass mit der Übergabe des Due Diligence Berichts kein Beratungsverhältnis zur empfangenden Bank begründet wird.[49] Schließlich sollte man gerade bei internationalen Transaktionen das anwendbare Recht festlegen und eine Schieds- oder Gerichtsstandsklausel aufnehmen. 38

---

45) Zur Verbesserung der Datenraumqualität *Cannivé*, ZIP 2009, 254, 255.
46) Ausführlich zu diesen Motiven, aber auch zu Nachteilen einer Vendor Due Diligence *Nawe/Nagel* in: Berens/Brauner/Strauch, S. 753, 759 ff.; *Cannivé*, ZIP 2009, 254, 255 ff.; s. a. *Andreas* in: Beisel/Andreas, § 2 Rz. 25 ff.; *Mielke* in: Knott/Mielke, Rz. 34 f.
47) Dazu *Cannivé*, ZIP 2009, 254, 259.
48) *Cannivé*, ZIP 2009, 254, 259.
49) *Cannivé*, ZIP 2009, 254, 259.

§ 2 Ablauf und Vertragsgestaltung

39   Ein **Non-Reliance Letter** der Rechtsberater des Käufers gegenüber einem finanzierenden Kreditinstitut könnte bspw. wie folgt formuliert werden:

„Project *[Projektname]*

Dear Sirs,

1. Introduction

We refer to our due diligence report dated *[Datum]* (the 'Report') addressed to *[Mandant]* in connection with the envisaged acquisition of all shares in *[Name der Zielgesellschaft]* (the 'Transaction').

We understand that you wish to be provided with a copy of the Report. This letter sets out the terms upon which we will agree to release the Report to you and explains certain matters in relation to the Report.

2. Terms

You accept that in providing you with a copy of the Report or otherwise communicating with you concerning the Report you may not rely on the Report or any such communication and you will be bound by and accept the provisions of this letter and accept that we have no other responsibility or liability to you, whether in contract, tort (including negligence) or otherwise, other than liability for intentional acts.

You agree not to pass the whole or any part of the Report to any other person, by any means of delivery, without our prior written consent. We may, at our discretion, withhold consent or give our consent subject to receiving a letter in a form acceptable to us signed by the party seeking access to the Report. Whether or not we have given our consent, we will not accept any liability or responsibility to any third party who may gain access to the Report.

You may make copies of the Report available to those of your employees involved in considering the Transaction provided that you take all reasonable steps to ensure that they understand that:

(a) the Report is confidential and may not be disclosed to any other parties without our prior written consent;

(b) they may use the Report only for the purposes of considering the Transaction; and

(c) we accept no duty of care to them in respect of any use they may make of the Report.

You understand that the Report is being prepared solely for the use of the original addressee specified in the Report for limited purposes which may not meet your requirements or objectives.

If you wish to receive a copy of the Report on the terms set out above, please record your agreement to the terms of this letter by signing the enclosed copy of this letter in the space provided and returning it to us, marked for the attention of *[Name des verantwortlichen Rechtsberaters]*.

You agree that delivery of the Report to you and/or any communication with *[Name der Anwaltssozietät]* in connection therewith does not constitute or create a lawyer-client relationship or a contract for advice between *[Name der Anwaltssozietät]* and you.

F. Due Diligence

3. General

If any term or provision of this letter is or becomes invalid, illegal or unenforceable, the remainder shall survive unaffected.

This letter shall be governed by German law, and any dispute arising from it shall be subject to the exclusive jurisdiction of the courts in *[Ort]*, Germany.

4. Acknowledgement and Acceptance

Please record your agreement to the terms of this letter by signing the enclosed copy of this letter and returning it to us. Upon receipt of the countersigned copy of this letter, we will furnish you with a copy of the Report.

Yours faithfully,"

2. Unterscheidung nach Bereichen

Neben der Unterscheidung nach der durchführenden Partei, kann man die Due Diligence nach den verschiedenen Bereichen unterscheiden, in denen der Käufer (oder bei einer Vendor Due Diligence der Verkäufer) ein Unternehmen durchleuchten kann: 40

- **Rechtliche Due Diligence**: Die rechtliche Due Diligence *(legal due diligence)*[50)] fällt in den Aufgabenbereich der beratenden Anwälte sowie ggf. der Rechtsabteilung des Käufers oder – im Fall einer Vendor Due Diligence – des Verkäufers. Sie befasst sich mit der umfassenden rechtlichen Prüfung des zu erwerbenden Unternehmens. Untersucht werden nicht nur – jedenfalls im Fall eines Share Deal – die Gesellschaftsverfassung und Beteiligungsstruktur der Zielgesellschaft, sondern auch Verträge, welche die finanziellen Angelegenheiten der Gesellschaft betreffen, wie etwa Bürgschaften, Garantieverpflichtungen und Sicherheitsleistungen aller Art. Abgedeckt werden des Weiteren die geschäftsbezogenen Verträge (wie etwa Lieferanten- und Kundenverträge) sowie immobilienrechtliche Angelegenheiten. Weitere Bereiche sind etwa das Umweltrecht, der gewerbliche Rechtsschutz, Personalangelegenheiten, Rechtsstreitigkeiten, Kartellrecht und öffentliche Subventionen. 41

- **Steuerliche Due Diligence**: Die steuerliche Due Diligence *(tax due diligence)*[51)] liegt häufig in der Hand von Steuerberatern und ggf. im Steuerrecht beratender Rechtsanwälte. Sie durchleuchtet die steuerliche Lage der Gesellschaft mit dem Ziel, steuerliche Risiken aufzudecken. Gleichzeitig dient sie dazu, die Transaktionsstruktur unter steuerlichen Gesichtspunkten optimieren zu helfen. Ihre Ergebnisse können daher ganz entscheidend 42

---

50) Ausführlich *Fritzsche/Stalmann* in: Berens/Brauner/Strauch, S. 447 ff.; *Fleischer/Körber*, BB 2001, 841; *Holzapfel/Pöllath*, Rz. 22; *Koffka* in: Eilers/Koffka/Mackensen, I. 3. Rz. 10; *Mielke* in: Knott/Mielke, Rz. 41; *Picot* in: Picot, Unternehmenskauf, Teil I Rz. 48.

51) Ausführlich *Kneip/Jänisch*, Tax Due Diligence, passim; *Welbers* in: Berens/Brauner/Strauch, S. 421 ff.; *Fleischer/Körber*, BB 2001, 841; *Holzapfel/Pöllath*, Rz. 23; *Mielke* in: Knott/Mielke, Rz. 40.

§ 2 Ablauf und Vertragsgestaltung

in die vertragliche Gestaltung der Transaktion einfließen. International mögliche Steuergestaltungen können eine zunächst rein national beabsichtigte Transaktion zu einer internationalen verwandeln, so etwa, wenn sich steuerliche Vorteile durch Einschaltung einer ausländischen Gesellschaft als Akquisitionsvehikel (*acquisition vehicle*) ausnutzen lassen.

43 • **Finanzielle Due Diligence**: Für die finanzielle Due Diligence (*financial due diligence*)[52] sind Wirtschaftsprüfer verantwortlich. Sie hat zum Ziel, die finanzielle Situation der Zielgesellschaft außerhalb von rechtlichen Gesichtspunkten zu durchleuchten. Gegenstand sind nicht nur die Bankbeziehungen der Gesellschaft, sondern auch das Geschäft des Unternehmens, das Rechnungswesen und die Unternehmensplanung. Die Untersuchung bezieht sich häufig auf die letzten drei bis fünf Geschäftsjahre. Das Ergebnis der *financial due diligence* ist eine umfassende Darstellung der Vermögens-, Finanz- und Ertragslage der Zielgesellschaft einschließlich einer Zukunftsprognose.[53]

44 • **Kaufmännische oder geschäftliche Due Diligence**: Die kaufmännische oder geschäftliche Due Diligence (*commercial due diligence*)[54] hat zum Ziel, die geschäftlichen Angelegenheiten des Unternehmens zu untersuchen, wie etwa dessen Marktposition, das Produkt- und Dienstleistungsangebot, die zukünftigen Entwicklungsmöglichkeiten sowie die Lieferanten- und Kundenbeziehungen.[55] Verantwortlich für die *commercial due diligence* sind entweder Mitarbeiter des Kaufinteressenten selbst oder von ihm beauftragte Berater.

45 • **Umweltbezogene Due Diligence**: Die *environmental due diligence*[56] konzentriert sich auf die umweltbezogene Situation der Zielgesellschaft, insbesondere die Entdeckung von Umweltschutzproblemen und Risiken. Es geht um Themen wie Umweltgenehmigungen, Altlasten, Emissionen und Immissionen. Die umweltbezogene Due Diligence des Käufers liegt regelmäßig in den Händen eines vom Kaufinteressenten beauftragten Ingenieurbüros. Diese Fachleute sind zwar regelmäßig auch mit den rechtlichen As-

---

52) Ausführlich *Bredy/Strack* in: Berens/Brauner/Strauch, S. 359 ff.; *Brauner/Lescher* in: Berens/Brauner/Strauch, S. 383 ff.; *Fleischer/Körber*, BB 2001, 841; *Holzapfel/Pöllath*, Rz. 24; *Koffka* in: Eilers/Koffka/Mackensen, I. 3. Rz. 11; *Mielke* in: Knott/Mielke, Rz. 39.
53) *Holzapfel/Pöllath*, Rz. 24; ausführlich *Störck/Kunder* in: Beisel/Andreas, §§ 33–37.
54) Ausführlich, aber unter Verwendung der Bezeichnung „Market Due Diligence", *Lauszus/Hosenfeld/Hock* in: Berens/Brauner/Strauch, S. 477 ff.; *Fleischer/Körber*, BB 2001, 841; *Holzapfel/Pöllath*, Rz. 25; *Koffka* in: Eilers/Koffka/Mackensen, I. 3. Rz. 12; *Mielke* in: Knott/Mielke, Rz. 38.
55) Ausführlich *Groh/Römer* in: Beisel/Andreas, §§ 38–40.
56) Ausführlich *Betko/Reiml/Schubert* in: Berens/Brauner/Strauch, S. 549 ff.; dazu auch *Andreas* in: Beisel/Andreas, § 42 Rz. 6 ff.; *Fleischer/Körber*, BB 2001, 841; *Holzapfel/Pöllath*, Rz. 26; *Koffka* in: Eilers/Koffka/Mackensen, I. 3. Rz. 13; *Mielke* in: Knott/Mielke, Rz. 43.

pekten einer *environmental due diligence* vertraut. Dennoch ist dem Kaufinteressenten zu empfehlen, eine enge Zusammenarbeit zwischen Umweltberatern und Rechtsberatern sicherzustellen, um auch auf die rechtlichen Fragen fachgerechte Antworten zu erhalten.

- Darüber hinaus können in eine Due Diligence die Bereiche Versicherungsschutz (**insurance due diligence**)[57], Unternehmenskultur (**cultural due diligence**),[58] technische Aspekte (**technical due diligence**)[59], Informationstechnologie (**IT due diligence**)[60], geistiges Eigentum (**intellectual property due diligence**)[61] sowie Bewertung des Managements und der leitenden Angestellten, aber auch anderer Arbeitnehmer (**human resources due diligence**)[62] einfließen. 46

Welche der vorgenannten Bereiche in die Unternehmensprüfung aufgenommen werden, hängt vom Einzelfall und der gewünschten Prüfungsintensität ab. Um keine Missverständnisse aufkommen zu lassen, ist jedem Berater zu empfehlen, den Umfang der Due Diligence vor deren Beginn mit dem Mandanten genau abzusprechen. Auf der Seite des Mandanten ist es wichtig, dass der Projektleiter der Transaktion, der häufig einer seiner leitenden Angestellten sein wird, die Fäden der einzelnen Due Diligence-Prüfungen zusammenzieht und durch laufende Überwachung aller Bereiche eine insgesamt effiziente Due Diligence erreicht. 47

III. Funktionen und Zeitpunkt

1. Funktionen

Die Due Diligence des Käufers hat mehrere **Funktionen**.[63] Die *erste Funktion* besteht darin herauszufinden, ob das Kaufobjekt tatsächlich seinen Vorstellungen entspricht. Insoweit ist sie eine Maßnahme der **Informationsbeschaffung** 48

---

57) *Fleischer/Körber*, BB 2001, 841, 842; *Holzapfel/Pöllath*, Rz. 30.
58) Ausführlich *Högemann* in: Berens/Brauner/Strauch, S. 523 ff.; *Andreas* in: Beisel/Andreas, § 42 Rz. 14 ff.; *Holzapfel/Pöllath*, Rz. 27.
59) Dazu *Andreas* in: Beisel/Andreas, § 42 Rz. 10 f.; *Fleischer/Körber*, BB 2001, 841; *Holzapfel/Pöllath*, Rz. 28.
60) Ausführlich *Koch/Menke* in: Berens/Brauner/Strauch, S. 599 ff.
61) Ausführlich *Benner/Knauer/Wömpener* in: Berens/Brauner/Strauch, S. 631 ff.
62) Ausführlich *Aldering/Högemann* in: Berens/Brauner/Strauch, S. 497 ff.; *Andreas* in: Beisel/Andreas, § 42 Rz. 14 ff.; *Fleischer/Körber*, BB 2001, 841 f.; *Holzapfel/Pöllath*, Rz. 29; *Mielke* in: Knott/Mielke, Rz. 42.
63) Vgl. hierzu auch *Merkt*, WiB 1996, 145, 147; *Fleischer/Körber*, BB 2001, 841, 842; *Holzapfel/Pöllath*, Rz. 19; *Mielke* in: Knott/Mielke, Rz. 27; *Picot* in: Picot, Unternehmenskauf, Teil I Rz. 48; *Koffka* in: Eilers/Koffka/Mackensen, I. 3. Rz. 4 ff.

und -verifizierung.⁶⁴⁾ Wenn allerdings die Due Diligence wegen der wettbewerbssensiblen Offenlegung vertraulicher Informationen erst dann durchgeführt wird, wenn beide Seiten mit einiger Gewissheit von einem Vertragsschluss ausgehen, ist es eher unwahrscheinlich, dass der Kauf als Ergebnis der Due Diligence scheitert.

49 Die *zweite Funktion* liegt darin, den **Wert** des Kaufobjekts und damit den Kaufpreis zu ermitteln.⁶⁵⁾

50 Die *dritte Funktion* besteht darin, jene Fragen und Fragenkomplexe zu ermitteln, in denen der Erwerber vertragliche Gewährleistungen, **Garantien** oder Freistellungen verlangen muss.⁶⁶⁾ Ein Grund kann namentlich sein, dass die Due Diligence zu keiner hinreichenden Klarheit und damit zu keiner zuverlässigen Einschätzung der Käuferrisiken geführt hat. Möglich ist aber auch, dass zwar bestimmte Risiken klar erkennbar sind, jedoch nicht beseitigt werden können. Es besteht damit ein unmittelbarer Zusammenhang oder auch eine **Wechselwirkung** zwischen der **Due Diligence** einerseits und den Verkäufergarantien oder -gewährleistungen sowie Freistellungsregelungen andererseits. Allerdings sind Gewährleistungen und Garantien regelmäßig zeitlich und betragsmäßig begrenzt. Dies gilt häufig – wenn auch großzügiger – ebenso für die Freistellungsregelungen. Die Due Diligence soll daher gleichfalls dazu dienen, die darüber hinausreichenden finanziellen Risiken – namentlich in besonders problematischen Bereichen wie der Haftung für Umweltschäden – für den Käufer erkennbar und kalkulierbar zu machen.⁶⁷⁾

51 Allerdings wird man hier **relativieren** müssen. Es trifft grundsätzlich zu, dass gerade dort, wo – trotz Due Diligence – vieles unklar geblieben ist, verstärkt Garantien gegeben werden. Umgekehrt erübrigen sich Garantien für Sachverhalte, über welche die Prüfung ein klares Bild ergibt, das sich sodann im Kaufpreis niederschlägt. Daraus folgt, dass Garantien naturgemäß eine besondere Rolle in Bezug auf zukünftige Entwicklungen oder auf solche Umstände spielen, die der Veräußerer nicht oder nur unvollständig aufdecken will. Andererseits zeigt die Praxis, dass nicht selten eine gründliche Due Diligence des Käufers mit einem umfassenden Garantieverlangen einhergeht, weil der Käufer besonders gewissenhaft ist und der Verkäufer aufgrund der Marktlage einfach nachgeben muss. Umgekehrt mag der Kaufinteressent für ein besonders attraktives Unternehmen hinnehmen müssen, dass der Verkäufer ihm nur eine sehr

---

64) *Merkt*, WiB 1996, 145, 147; *Fleischer/Körber*, BB 2001, 841, 842; *Koffka* in: Eilers/Koffka/Mackensen, I. 3. Rz. 4 f.; *Mielke* in: Knott/Mielke, Rz. 27; *Hörmann* in: FS P+P Pöllath + Partners, S. 135, 141.

65) *Merkt*, WiB 1996, 145, 147; *Fleischer/Körber*, BB 2001, 841, 842; *Mielke* in: Knott/Mielke, Rz. 27; *Hörmann* in: FS P+P Pöllath + Partners, S. 135, 142.

66) *Merkt*, WiB 1996, 145, 147; *Fleischer/Körber*, BB 2001, 841, 842; *Koffka* in: Eilers/Koffka/Mackensen, I. 3. Rz. 6 f.; *Mielke* in: Knott/Mielke, Rz. 27.

67) Dazu *Evans*, ICCLR 1995, 195 ff.; *Hörmann* in: FS P+P Pöllath + Partners, S. 135, 141.

beschränkte Due Diligence erlaubt und obendrein keine oder nur relativ wenig Garantien zu geben bereit ist.

Schließlich liegt die *vierte Funktion* der Due Diligence darin, das Offenlegungsverfahren aus **Beweisgründen** und zur Vermeidung von späteren Auseinandersetzungen zu formalisieren und zu dokumentieren.[68]   52

2. Zeitpunkt

In zeitlicher Sicht ist zu beachten, dass die Due Diligence bei außerbörslichen Unternehmenskäufen nahezu immer **vor Abschluss** des Kaufvertrags erfolgt. Nur dann kann sie die soeben angesprochenen Funktionen erfüllen. Man bezeichnet sie daher auch als *pre-acquisition-audit*.[69] Da die Due Diligence wegen des Umfangs der Prüfung oft über einen gewissen Zeitraum und in einem gestuften Verfahren stattfindet, spricht man ebenso von der *due diligence procedure*.[70] Möglich ist bspw. eine Dreiteilung: In einer ersten Phase werden lediglich erste wenige Dokumente vorgelegt *(preliminary due diligence)*. Erzielen die Parteien in den Vertragsverhandlungen die gewünschten Fortschritte, folgt die eigentliche und umfangreiche Due Diligence. In einer sich anschließenden dritten Phase wird dem Kaufinteressenten Einblick in besonders sensible und vertrauliche Dokumente gewährt *(confirmatory due diligence)*. Der Übergang in diese dritte Stufe findet statt, wenn der Vertragsschluss kaum mehr in Frage steht.[71]   53

Natürlich kann der Erwerber anstelle oder ergänzend zu der Due Diligence vor Vertragsschluss eine Prüfung nach Vertragsschluss oder erst nach Übertragung des Unternehmens durchführen *(post-acquisition-audit)*.[72] Hierbei ist zu unterscheiden: 54

- Eine **Prüfung nach Vertragsschluss** (Signing), aber vor Übertragung des Unternehmens (Closing), kommt insbesondere dann **ergänzend** vor, wenn der Käufer Garantien auf den Zeitpunkt des Closing abgegeben hat, die Parteien sich jedoch darüber einig sind, dass zwischen Vertragsschluss und Closing auftretende Veränderungen, die sich auf die Gewährleistungsaussagen auswirken, einschränkend zu berücksichtigen sind (zum damit zusammenhängenden Disclosure Letter siehe unten Rz. 171 ff.). Solche Auswirkungen wird der Käufer regelmäßig i. R. einer weiteren, beschränkten Due Diligence überprüfen wollen. Denkbar ist zwar auch, dass eine Due   55

---

68) *Merkt*, WiB 1996, 145, 147; *Fleischer/Körber*, BB 2001, 841, 842; *Koffka* in: Eilers/Koffka/Mackensen, I. 3. Rz. 9; *Mielke* in: Knott/Mielke, Rz. 27; *Hörmann* in: FS P+P Pöllath + Partners, S. 135, 142 f.
69) *Picot* in: Picot, Unternehmenskauf, Teil I Rz. 47.
70) *Scheifele/Thaeter*, S. 131; *Vischer*, SJZ 2000, 229, 230.
71) S. zu dieser Dreiteilung auch *Koffka* in: Eilers/Koffka/Mackensen, I. 3. Rz 23.
72) *Picot* in: Picot, Unternehmenskauf, Teil I Rz. 47.

Diligence zwischen Vertragsschluss und Closing **anstelle** einer Due Diligence vor Signing erfolgt. Hier wird häufig als aufschiebende Bedingung für das Closing vereinbart werden, dass die Due Diligence für den Käufer zufriedenstellend verlaufen sein muss; dann ist vor allem aus Verkäufersicht zu empfehlen, den Begriff „*zufriedenstellend*" genau zu definieren, damit dem Käufer nicht allzu leicht ermöglicht wird, vom Vertrag Abstand zu nehmen. Diese Form der Due Diligence kommt jedoch selten vor. Denn sie zwingt den Käufer, Vertragsverhandlungen ohne genaue Kenntnis vom Kaufobjekt zu führen. Außerdem wäre die Transaktionssicherheit lange Zeit belastet. Erst zu einem sehr späten Zeitpunkt würde nämlich feststehen, ob die Unternehmensprüfung für den Käufer so positiv verlaufen ist, dass ihr Ergebnis für ihn kein Transaktionshindernis darstellt.

56 • In der Praxis verbreitet ist dagegen eine **ergänzende Prüfung nach Vollzug** der Transaktion, schon um etwaige Gewährleistungs- und Freistellungsansprüche zu sichern. Eine weitere und langfristig wichtige Funktion liegt darin, sich ein noch umfassenderes Bild über das nun eigene Unternehmen zu machen. Ist der Käufer ein Konzern und strategischer Investor, wird das Ziel sein, hierdurch die wirtschaftliche und rechtliche Integration in die Konzernstruktur des Käufers vorzubereiten.[73] Ein weiterer Zweck ist häufig, die erhofften Synergieeffekte der Transaktion zu prüfen.

IV. Checklisten und Datenräume
1. Checklisten

57 Am Anfang der Prüfung eines Unternehmens durch Einsicht in dessen Dokumente steht die sog. **Due Diligence-Anforderungsliste** (Checkliste, *due diligence request list*). Sie führt häufig in standardisierter Form alle wesentlichen Prüfungspunkte sowie alle Dokumente und Unterlagen auf, welche der Kaufinteressent vom Verkäufer und der Geschäftsleitung der Zielgesellschaft erbittet. Diese Listen können angesichts der Komplexität eines Unternehmenskaufs sehr umfangreich sein.[74]

58 Art und Weise ebenso wie der Gegenstand einer Due Diligence hängen naturgemäß weitgehend von den Umständen des Einzelfalls ab. Geht es um einen Anteilskauf (**Share Deal**), werden andere und zusätzliche Fragen im Vordergrund stehen als bei einem Kauf der einzelnen Wirtschaftsgüter des Unterneh-

---

73) Zu Haftungsrisiken für Manager bei fehlgeschlagener Integration s. *Seibt/Wollenschläger*, DB 2009, 1579.
74) Beispiele für Checklisten finden sich bei *Harrer*, DStR 1993, 1673; *Fabritius* in: Hopt, I. Teil 2. Kap. K. 1., S. 159 ff.; *W. Jung*, S. 342; *Picot* in: Picot, Unternehmenskauf, Teil I Rz. 47; *Wegen*, WiB 1994, 291; *Andreas* in: Beisel/Andreas, S. 685 ff. (in deutscher und englischer Sprache); *Seibt* in: Seibt, M&A, B. VI. 2 – B. VI. 6, S. 54 ff.; für die englische Praxis *Evans*, ICCLR 1995, 195 ff.; für die US-amerikanische Praxis *Reed/Lajoux/Nesvold*, S. 429 ff.

F. Due Diligence

mens (**Asset Deal**). So mag es häufig nicht erforderlich sein, bei einem Asset Deal eingehend das Zustandekommen der jetzigen Gesellschafterstruktur der Zielgesellschaft zu untersuchen. Sollte es in der Vergangenheit mangelhafte Anteilsübertragungen gegeben haben, braucht dies den Käufer eines deutschen Unternehmens im Hinblick auf den öffentlichen Glauben des Handelsregisters an die Vertretungsbefugnis des Geschäftsführers (§ 15 HGB), der letztlich den Asset Deal unterschreiben wird, nicht zu kümmern.

Daher sollte man die vielfältig **abgedruckten Checklisten nicht blind übernehmen**, sondern zunächst kritisch daraufhin durcharbeiten, was für die konkrete Transaktion wirklich relevant ist und worauf man verzichten kann, etwa wegen der geringen Größe des Kaufobjekts oder des geringen Transaktionsvolumens und des hierdurch begrenzten Risikos. Eine lange und unspezifische Liste ist allein schon deswegen zu vermeiden, um nicht unnötig beim Verkäufer oder der Geschäftsleitung der Zielgesellschaft Verstimmung hervorzurufen. Denn eine solche Liste gewissenhaft abzuarbeiten, ist zeitintensiv und mühevoll, sodass Verkäufer und Zielgesellschaft berechtigterweise erwarten dürfen, dass sich der Käufer ebenso Mühe gegeben hat, als er die Liste erstellt hat. Idealerweise sollte der Verkäufer die ihm überreichte Checkliste den Verantwortlichen des Zielobjekts vorab zur Verfügung stellen, damit diese die gewünschten Unterlagen so weit wie möglich schon im Vorfeld zusammenstellen können; so lässt sich viel wertvolle Zeit sparen. 59

Nicht immer wird es dem Käufer möglich sein, seine Checkliste gleich zu Beginn zur Grundlage des Due Diligence-Verfahrens zu machen. Besonders bei einem **Bieterverfahren**, bei dem das Unternehmen mehreren Interessenten angeboten wird, diktiert häufig der Verkäufer den Umfang der Offenlegungen, schon um Chancengleichheit unter den verschiedenen Bewerbern zu gewährleisten. Aus Käufersicht ist ein derartiges Vorgehen des Verkäufers naturgemäß unbefriedigend. Denn die Vorstellung davon, welche Unterlagen und Informationen wichtig sind und welche nicht, mag beim Verkäufer eine ganz andere sein als beim Kaufinteressenten. Auch sind nicht für alle Kaufinteressenten dieselben Informationen gleich wichtig. 60

Verkäufern, die den Weg der eingeschränkten Offenlegung wählen, ist deshalb dringend zu raten, sich in die Situation des potentiellen Käufers zu versetzen und dessen Interessen soweit wie irgend möglich entgegenzukommen. Ein Verkäufer sollte also nicht seine scheinbare Machtposition, die Unterlagen für die Due Diligence bestimmen zu können, missbrauchen, um legitime Informationsbedürfnisse zu beschneiden. Ein solches Verfahren rächt sich zumeist im Zuge der weiteren Vertragsverhandlungen. Entweder wird der Käufer angesichts unzureichender Untersuchungsmöglichkeiten auf besonders weitgehende Gewährleistungsrechte, also einen umfangreichen Garantiekatalog beharren, oder er wird – wenn ein solcher Katalog bspw. i. R. eines Bieterverfahrens nicht durchsetzbar ist – entsprechende Risikoabschläge in den Kaufpreis einkalkulie- 61

§ 2 Ablauf und Vertragsgestaltung

ren. Es erweist sich daher häufig als wirtschaftlich kurzsichtig und kontraproduktiv, Wünsche eines Kaufinteressenten i. R. d. Due Diligence übermäßig zu beschneiden.

2. Datenräume

62 Regelmäßig werden alle **Dokumente**, die der Kaufinteressent i. R. d. Due Diligence sehen und prüfen darf, an einer zentralen Stelle, in einem sog. **Datenraum, bereitgestellt.**[75] Nur selten werden die Dokumente dem Käufer und seinen Beratern unter Verzicht auf einen Datenraum vollständig in Kopie zugesandt.

63 Früher gab es nur physische Datenräume. Heute haben sich sog. virtuelle oder digitale Datenräume (*virtual data room* oder *digital data room*) dazugesellt. **Physische Datenräume** werden entweder in den Räumen der Zielgesellschaft oder in den Räumen der Berater des Verkäufers eingerichtet. Gelegentlich finden sie sich auch in eigens für die Due Diligence angemieteten Räumlichkeiten. Der Verkäufer wird die Einrichtung eines Datenraums auf dem Gelände der Zielgesellschaft vermeiden wollen, wenn deren Mitarbeiter noch nicht von der bevorstehenden Veräußerung erfahren und Gerüchte vermieden werden sollen. Die räumlichen und zeitlichen Arbeitsbedingungen in physischen Datenräumen sind häufig wenig erfreulich. Die Vielzahl von Beratern des Kaufinteressenten muss sich regelmäßig einen Raum mit vielen Arbeitsplätzen teilen, dessen Öffnungszeiten selten über neun Stunden hinausgehen. Die Benutzung des Datenraums wird in schriftlichen Benutzungsregeln niedergelegt (Datenraumregeln, *data room rules*).[76]

64 **Virtuelle Datenräume** sind eine neuere Erscheinung und insbesondere bei internationalen Transaktionen verbreitet. Sie sind nur über das Internet zugänglich. Mittlerweile haben sich verschiedene Anbieter etabliert, die solche Datenräume einrichten und während der Due Diligence betreuen. Sämtliche Dokumente, die der Verkäufer dem Kaufinteressenten bereitstellen möchte, werden eingescannt und in verschiedenen virtuellen Ordnern des Datenraums abgelegt. Jeder Benutzer erhält ein Passwort, sodass der Verkäufer den Zugang zum virtuellen Datenraum einschränken und überprüfen kann.

65 Der **Vorteil** eines virtuellen Datenraums wird insbesondere bei internationalen Transaktionen sichtbar. Er ermöglicht dem **Kaufinteressenten** und seinen Beratern die Due Diligence, soweit Dokumente zu prüfen sind, ohne Reisetätigkeit durchzuführen. Des Weiteren können sie auf die Dokumente an sieben Tagen rund um die Uhr zugreifen und sich damit ihre Zeit frei einteilen. Für den Kaufinteressenten ist es außerdem angenehm, die Dokumente im eigenen

---

75) Dazu auch *Holzapfel/Pöllath*, Rz. 33; *Mielke* in: Knott/Mielke, Rz. 32.
76) S. das Muster bei *Seibt* in: Seibt, M&A, B. VI. 1, S. 50 ff.

F. Due Diligence

Büro ansehen und prüfen zu können. Damit ist eine reibungslose und direkte Zusammenarbeit mit dem eigenen Sekretariat möglich. Auch die Fachliteratur ist für die Prüfung von Rechtsfragen leicht zugänglich.

Diesen Vorteilen steht allerdings regelmäßig dadurch ein **Nachteil** für den Kaufinteressenten gegenüber, dass sich die bereitgestellten Dokumente grundsätzlich nicht ausdrucken lassen. Ein virtueller Datenraum bleibt damit unübersichtlich, weil sich nicht mehrere Dokumente gleichzeitig betrachten lassen. Dies wird besonders lästig, wenn das Hochladen von Dokumenten lange dauert und nur durch zahlreiche Bestätigungsvorgänge möglich ist. 66

Die **Wahl** zwischen physischem und virtuellem Datenraum trifft regelmäßig nicht der Kaufinteressent. Vielmehr fällt sie dem **Verkäufer** zu, der seine Entscheidung nach freiem Ermessen trifft, wobei häufig Kostengesichtspunkte eine Rolle spielen. Der Käufer ist dann schlicht gezwungen, die Entscheidung des Verkäufers hinzunehmen. Dies ist häufig bei **Auktionsverfahren** der Fall, weil dort **virtuelle Datenräume** bei Verkäufern besonders beliebt sind. Ein virtueller Datenraum ermöglicht einem Verkäufer nämlich ohne größeren Aufwand, mehrere Bieter parallel zur Due Diligence zuzulassen. Der Verkäufer muss hierzu nicht mehrere physische Datenräume öffnen. Er kann zudem aufgrund der elektronischen Nutzung eines virtuellen Datenraums besser die Zugriffe auf die einzelnen Dokumente überwachen und verfolgen, als dies bei einem physischen Datenraum möglich ist. Schließlich können bei Bieterverfahren die Kosten für physische Datenräume (Anfertigen mehrerer Kopien der Dokumente, Miete und Überwachung jedes Datenraums) schnell höher liegen als für einen virtuellen Datenraum. 67

Hat das Zielunternehmen besonders vertraulich zu behandelnde und sensible Dokumente, wie dies etwa bei einer Bank als Zielunternehmen regelmäßig gegeben ist,[77] werden solche Dokumente häufig in einem separaten Datenraum (**roter Datenraum**) bereitgestellt. Dieser Datenraum wird im Gegensatz zum regulären Datenraum (**grüner Datenraum**) nicht für Mitarbeiter des Kaufinteressenten geöffnet, sondern nur für solche Berater des Kaufinteressenten, die berufsrechtlich zur Verschwiegenheit verpflichtet sind, also etwa Rechtsanwälte, Steuerberater und Wirtschaftsprüfer.[78] Sie werden regelmäßig verpflichtet, über die offengelegten Dokumente nur in zusammengefasster und anonymisierter Form zu berichten. Häufig wird die Berichtsmöglichkeit sogar darauf beschränkt, den Kaufinteressenten nur über wirtschaftliche und rechtliche Risiken informieren zu dürfen, sodass also der Inhalt selbst nicht, auch nicht verkürzt, weitergegeben werden darf. 68

---

77) Hierzu *Kremer* in: Seibt, M&A, I. I. 5, S. 907 f.
78) *Mielke* in: Knott/Mielke, Rz. 33.

V. Praktische Hinweise und Erfassungsbögen

1. Zeit und Personal

69 Selbst unter günstigsten Umständen steht für die Durchführung einer Due Diligence regelmäßig nur **begrenzte Zeit** und **begrenztes Personal** zur Verfügung. Dies gilt vor allem dann, wenn auf Seiten der Zielgesellschaft keine Unruhe unter die Belegschaft gebracht werden soll, sodass die Due Diligence mehr oder weniger heimlich und unter Einbeziehung eines nur begrenzten Personenkreises durchgeführt werden kann. Es ist daher für den potentiellen Käufer besonders wichtig, sich gut vorzubereiten. Dabei handelt es sich um geradezu banale Dinge, die aber häufig übersehen werden.

70 Findet die Due Diligence in einem physischen Datenraum statt, sollten sich die Mitglieder des Untersuchungsteams, also die Berater und Mitarbeiter des Kaufinteressenten, technisch so ausrüsten, dass sie eine größtmögliche Menge von Daten in kürzestmöglicher Zeit erfassen können. In erster Linie ist an Handdiktiergeräte und Laptops zu denken. Scanner oder Kopierer mitzubringen ist nicht erforderlich, da ein Kopieren von Unterlagen häufig nicht gestattet ist.

2. Kopien

71 Erbittet der Kaufinteressent Kopien von Dokumenten, ist dem Verkäufer wie dem Zielunternehmen zu raten, solche Anfragen **möglichst großzügig** zu handhaben. Denn Kopien ersparen allen Beteiligten viel Zeit und Frustration sowie darüber hinaus lästige Rückfragen des Kaufinteressenten, mit denen sich letztlich die Zielgesellschaft befassen muss. Welchen Sinn soll es etwa haben, Kopien von Unterlagen nicht anfertigen zu dürfen, die beim Handelsregister, beim Patentamt oder beim Grundbuch ohnehin eingesehen werden können, allerdings nur nach erhöhtem Aufwand durch zusätzliche Anträge, Gebühren und womöglich Reisen, sofern sie nicht online abrufbar sind? Warum sollen Miet- oder Arbeitsverträge durch das Due Diligence-Team mühsam abgeschrieben oder abdiktiert werden, wenn eine Kopie, die letztlich denselben Zweck erfüllt, in Sekunden angefertigt wäre? Selbstverständlich muss die einem Dritten geschuldete Vertraulichkeit, möglicherweise sogar geschützt durch eine Vertragsstrafenregelung, gewahrt bleiben – ein besonderes Problem beim Verkauf einer Bank wegen des Bankgeheimnisses.[79] Darüber hinaus aber sollte eine von gesundem Selbstvertrauen getragene Offenheit herrschen, die nicht nur der Verhandlungsatmosphäre gut tut, sondern sich regelmäßig durch verminderte Anforderungen an die Gewährleistungsverpflichtungen des Verkäufers auszahlt.

---

79) *Kremer* in: Seibt, M&A, I. I. 5, S. 907 f.

F. Due Diligence

3. Registrierung von Dokumenten

Aus Sicht der Zielgesellschaft ist allerdings darauf zu achten, sämtliche zur Verfügung gestellten Unterlagen detailliert und vollständig zu registrieren. Zusätzlich ist gesondert zu vermerken, ob es gestattet wurde, Kopien anzufertigen. Nur so lässt sich bei einem Scheitern der Vertragsverhandlungen kontrollieren, ob alle Unterlagen zurückgegeben wurden (wobei naturgemäß nicht kontrollierbar ist, welche Kopien der Kaufinteressent sich noch einmal selbst angefertigt und zurückbehalten hat). Nur so lässt sich auch bei etwaigem Streit über Gewährleistungsansprüche feststellen, welche Kenntnisse der Käufer vor Vertragsabschluss hatte oder zumindest bei sorgfältiger Prüfung der Unterlagen hätte haben können (zur Relevanz der Kenntnis siehe unten Rz. 94 ff.). 72

4. Erfassungsbögen

Gerade wenn es um die Erfassung mehr oder weniger standardisierter Verträge geht – bspw. Gesellschaftsverträge, Anstellungsverträge, Kreditvereinbarungen mit Banken sowie Miet- und Leasingverträge –, erweist es sich für die Mitglieder des Untersuchungsteams als hilfreich, wenn ihnen **vorab** ein **Schema** an die Hand gegeben wird, mit dem die für die Due Diligence interessanten Charakteristika der jeweiligen Vertragstypen abgefragt und erfasst werden (Erfassungsbogen). Das entsprechende Raster lässt sich dann vervielfältigen und erleichtert es, jeden einzelnen Vertrag dieses Typs durchzugehen und seine relevanten Merkmale schnell zu erfassen. Die Verwendung eines Erfassungsbogens stellt zudem sicher, dass alle Mitglieder des Teams die Informationen aus den untersuchten Verträgen jedenfalls insoweit vollständig und in vergleichbarer Form aufnehmen. 73

Beispiele für solche Erfassungsbögen sind im Folgenden für die Aufnahme von Gesellschaften, Darlehensverträgen, Anstellungsverträgen, Versicherungsverträgen sowie Miet- und Leasingverträgen wiedergegeben. 74

a) Gesellschaft am Beispiel der GmbH

Informationen aus dem Handelsregister/ Information from the Commercial Register	
Auszug vom/Excerpt dated	
Firma/Name of company	
Handelsregister (Gericht, Eintragungsnummer)/Commercial register (court, registration number)	
Gründungsdatum/Date of foundation	
Sitz/Seat	
Unternehmensgegenstand/Object of company's business	

§ 2 Ablauf und Vertragsgestaltung

Stammkapital/Stated capital	
Zweigniederlassungen/Branch offices	
Geschäftsführer und Vertretungsmacht/ Managing directors and powers of representation	
Prokuristen/Authorized representatives	
Letzte Satzungsänderung/Most recent amendment of the articles of association	
Unternehmensverträge/Inter-company agreements	
Umwandlungsmaßnahmen/ Transformation measures	
Kapitalmaßnahmen/Capital measures	
Sonstiges/Other	

Stammdaten aus der Satzung/Information from the Articles of Association	
Satzung in der Fassung vom/Articles of association dated	
Geschäftsjahr/Business year	
Vinkulierungen/Transfer restrictions	
Aufsichtsrat/Supervisory board	
Beirat/Advisory board	
Mehrheitserfordernisse (wichtig bei Erwerb von weniger als 100 % der Anteile)/ Majority requirements	
Sonstiges/Other	

Informationen aus den Gesellschafterlisten/ Information from the Shareholders' Lists		
Gesellschafterliste vom/Shareholders' List dated	Name/Firma Name	Nennbeträge und Nummern der Geschäftsanteile/Nominal Amounts and Numbers of the Shares
1.	1. 2.	1. 2.
2.	1. 2.	1. 2.

F. Due Diligence

b) Darlehensvertrag/Loan Agreement

Vertragsparteien/Parties	
Datum des Vertragsschlusses/Signing date	
Datum von Verlängerungen/Änderungen/Date of extensions/amendments	
Zweck/Purpose	
Betrag/Höchstbetrag in EUR/Amount/maximum amount in EUR	
Zinssatz fest/variabel sowie Angaben in Prozent/Interest rate fixed/floating and information of percentage	
Laufzeit/Term	
Tilgungsmodalitäten/Redemption terms	
Sicherheiten/Collaterals	
Abtretbarkeit/Assignability	
Kündbarkeit/Terminability	
Anwendbares Recht/Applicable law	
Sonstiges (z. B. Change of Control-Klausel)/Other (e.g. change of control clause)	

c) Anstellungsvertrag/Employment Agreement

Vertragsparteien/Parties	
Vertragsgegenstand, insbesondere Position des Angestellten/Subject matter, especially position of the employee	
Datum des Vertragsschlusses/Signing date	
Datum von Verlängerungen/Änderungen/Date of extensions/amendments	
Laufzeit/Term	
Eingeräumte Vertretungsbefugnis/Power of representation granted	
Vergütungsregelungen/Remuneration terms	
Urlaub/Vacation	
Gehaltsfortzahlung im Krankheitsfall/Payment of salary in case of illness	
Pensionszusagen/Pension commitments	
Versicherungszusagen/Insurance commitments	

Göthel

§ 2 Ablauf und Vertragsgestaltung

Abtretbarkeit/Assignability	
Kündbarkeit/Terminabilty	
Anwendbares Recht/Applicable law	
Sonstiges (z. B. Change of Control-Klausel)/Other (e.g. change of control clause)	

d) Versicherungsvertrag/Insurance Agreement

Vertragsparteien/Parties	
Vertragsgegenstand, insbesondere versichertes Risiko/Subject matter, especially insured risk	
Datum des Vertragsschlusses/Signing date	
Datum von Verlängerungen/Änderungen/Date of extensions/amendments	
Laufzeit/Term	
Versicherungssumme/Insurance amount	
Policen-Nr./Policy number	
Jahresprämie/Annual premium	
Abtretbarkeit/Assignability	
Kündbarkeit/Terminability	
Anwendbares Recht/Applicable law	
Sonstiges (z. B. Change of Control-Klausel)/Other (e.g. change of control clause)	

e) Miet- und Leasingvertrag/Lease Agreement

Vertragsparteien/Parties	
Vertragsgegenstand, insbesondere Mietobjekt/Subject matter, especially rent object	
Datum des Vertragsschlusses/Signing date	
Datum von Verlängerungen/Änderungen/Date of extensions/amendments	
Laufzeit/Term	
Miethöhe/Amount of rent	
Abtretbarkeit/Assignability	
Kündbarkeit/Terminability	
Anwendbares Recht/Applicable law	
Sonstiges (z. B. Change of Control-Klausel)/Other (e.g. change of control clause)	

VI. Due Diligence Bericht

Das Ergebnis der Due Diligence ist zumeist ein Due Diligence Bericht *(due diligence report)* oder – wenn mehrere Untersuchungsteams verschiedene Aspekte des Unternehmens in Augenschein genommen haben, etwa Juristen, Wirtschaftsprüfer und technische Sachverständige – ggf. mehrere Due Diligence Berichte. Als Rechtsberater empfiehlt es sich, schon zu Beginn der Due Diligence mit dem Mandanten Inhalt, Umfang, Art und Sprache des Berichts festzulegen. Häufig wird kein **umfassender Bericht** gewünscht, der üblicherweise weitgehend vollständig die rechtliche Situation der Zielgesellschaft beschreibt. Vielmehr ist es für die meisten Mandanten schon aus Kostengründen ausreichend, lediglich über die rechtlichen Risiken informiert zu werden und die beschreibenden Elemente der Prüfung lediglich in stark verkürzter Form zu erhalten. Ein solcher Bericht wird häufig in Form von Tabellen oder Bulletpoints erstellt *(red-flag-report, key-issues-list)*.

Soweit man als Jurist einen solchen Bericht zu erstellen hat, sollte man sich seiner Funktion und auch der potentiellen Haftungsrisiken genau bewusst sein:

Die Durchführung einer Due Diligence und deren Umsetzung in schriftlicher Form ist keine lästige Routinetätigkeit, die man irgendwelchen Referendaren, wissenschaftlichen Mitarbeitern oder gar studentischen Hilfskräften anvertrauen kann, sondern eine außerordentlich **verantwortungsvolle Aufgabe**. Sie ist schließlich die Grundlage des künftigen Vertrags und der gesamten Transaktion, sowohl hinsichtlich der Kaufpreisfindung als auch der Gewährleistungsregelungen – mit entsprechenden Haftungsfolgen, wenn sie mangelhaft erledigt wird.[80] Demgemäß sollte die Sorgfalt nicht nur bei der Untersuchung selbst, sondern auch bei ihrer Umsetzung in Form des Due Diligence Berichts gelten. Alle bei der Untersuchung festgestellten Punkte, die für die Einschätzung des Unternehmens von Bedeutung sein könnten, alle Abweichungen von der Norm, alle zweifelhaften und potentiell mit Risiken behafteten Vorgänge sollten klar angesprochen werden. Sie sollten ergänzt werden mit Vorschlägen, wie sie im Kaufvertrag so weit wie möglich durch Gewährleistungen und/oder Freistellungsregeln abgedeckt werden können. Auch sollte das weitere Vorgehen vorgeschlagen werden, so etwa wenn sich das Risiko durch Handlungen des Verkäufers vor Abschluss der Transaktion beseitigen oder wenigstens reduzieren lässt. Ein guter Due Diligence Bericht erschöpft sich also nicht darin, bloß Dokumente und Risiken zu beschreiben, sondern gibt klare Handlungsempfehlungen. Nur so fühlt sich der Mandant gut beraten.

Sowohl der Information des Mandanten, als auch dem Schutz des den Bericht erstellenden Anwalts vor Haftpflichtansprüchen dient es, wenn einleitend ge-

---

80) Näher hierzu *Picot* in: Berens/Brauner/Strauch, S. 299 ff.; *Beisel* in: Beisel/Andreas, § 7 Rz. 24 ff.; *Berens/Schmitting/Strauch* in: Berens/Brauner/Strauch, S. 71, 85 ff.

§ 2 Ablauf und Vertragsgestaltung

nau definiert wird, auf welchen Informationsquellen und Erkenntnisgrundlagen der Bericht fußt, also etwa welche Dokumente untersucht wurden, welche Auskunftspersonen befragt werden konnten, wie lange der Datenraum zugänglich war und ob Unterlagen fotokopiert werden durften. Auch ein Hinweis darauf, in welchem Umfang die erteilten Auskünfte als wahrheitsgemäß unterstellt und nicht durch eigene Recherchen hinterfragt wurden, ist empfehlenswert.

79 Aufgabe des den Bericht verfassenden Juristen ist es, sich in die **Lage des Käufers** zu **versetzen**: Was könnte für ihn von Interesse sein, seine Kaufentscheidung oder sein Kaufpreisangebot beeinflussen? Womit rechnet er wahrscheinlich nicht, etwa aus der Sicht seines andersartigen Rechtskreises? Selbstverständlich sollte man sich dabei vor Übertreibungen und Dramatisierungen hüten. Fragen, die der Verkäufer oder das betroffene Unternehmen nicht oder nicht befriedigend beantworten konnte, müssen aber im Due Diligence Bericht auftauchen. Dabei empfiehlt es sich, problematische oder offen gebliebene Punkte in Form einer dem eigentlichen Bericht vorangestellten Zusammenfassung *(executive summary)* hervorzuheben, damit der Leser sie nicht übersieht.

80 Gerade wegen des Zusammenhangs zwischen Due Diligence und Gewährleistungsregelung mag es sich aus **Sicht des Verkäufers** empfehlen, den **Due Diligence Bericht** zum **Bestandteil des Kaufvertrags** selbst zu machen, etwa mit der Maßgabe, dass alle darin offen gelegten Umstände nicht zu Gewährleistungsansprüchen führen können. Darüber hinaus mag sich ein Verkäufer nicht auf die im Due Diligence Bericht genannten Umstände beschränken wollen, sondern die **Gewährleistung** für sämtliche in der Due Diligence offengelegten Umstände **ausschließen** wollen. In einem Vertrag könnten diese Gesichtspunkte etwa wie folgt formuliert werden:

"The Purchaser shall not be entitled to make any claims for the breach of a Seller Guarantee to the extent the underlying facts or circumstances of such claim were actually known (positive Kenntnis) or could have been known (fahrlässige Unkenntnis) by the Purchaser. Prior to the completion of this Agreement, the Purchaser has been given the opportunity to examine the condition of the Company and its business from a commercial, financial and legal perspective, including especially the documents listed in Annex *[Nr.]* and disclosed in the data room (the ,Disclosed Documents').

All facts and circumstances that could reasonably be concluded from the Disclosed Documents are deemed to be known by the Purchaser."

Alternativ zum vorangegangenen letzten Satz:

"The Purchaser and its advisors have prepared written reports of their findings in the data room (the ,Due Diligence Reports'). All facts and circumstances set forth in the Due Diligence Reports are deemed to be known by the Purchaser. In case of a dispute between the Parties if the Purchaser had knowledge of facts or circumstances, the Purchaser shall hand out to the Seller the Due Diligence Reports."

F. Due Diligence

Der **Käufer** wird kaum mit einem solchen Haftungsausschluss einverstanden sein. Er wird vor allem nicht seine Ergebnisse aus der Due Diligence dem Verkäufer gegenüber offenlegen wollen, sodass der Due Diligence Bericht kaum als Anlage zum Kaufvertrag genommen werden dürfte. Daher wird in der Musterklausel auch ein anderer Weg vorgeschlagen, bei dem der Käufer lediglich verpflichtet wird, den Bericht im Streitfall auszuhändigen. Sollte der Bericht allerdings ausnahmsweise zur Anlage des Kaufvertrags werden und der Vertrag beurkundet werden müssen, empfiehlt es sich, den Bericht als Bezugsurkunde aufzunehmen, damit die Vertreter der Vertragsparteien nicht durch umständliche Verlesungen zu sehr belastet werden (vgl. unten Rz. 239). Gleiches gilt, wenn der Datenraumindex zur Anlage des Kaufvertrags wird, sofern es nicht möglich ist, auf die Verlesung zu verzichten (vgl. unten Rz. 237). Gerade ausländische Mandanten haben wenig Verständnis für das deutsche Beurkundungsverfahren. 81

VII. Pflichten der Geschäftsleiter der Zielgesellschaft

Die Durchführung einer Due Diligence wirft besondere Fragen für die Geschäftsleiter der Zielgesellschaft auf. Jedenfalls bei Kapitalgesellschaften unterliegen sie strengen **Vertraulichkeitsverpflichtungen** und sind daher gehindert, Unternehmensinterna gegenüber Dritten offen zu legen. Dies vor allem dann, wenn diese Dritten – wie bei Unternehmenskäufen durch strategische Investoren nicht selten – im engeren oder weiteren Sinne zur Konkurrenz der Zielgesellschaft gehören. Die Vertraulichkeitsverpflichtung kollidiert schnell mit dem Wunsch eines Allein- oder Mehrheitsgesellschafters, das Unternehmen oder seine Anteile hieran zu veräußern und dem Kaufinteressenten deshalb einen möglichst umfassenden Einblick in die Bücher zu ermöglichen. Dies ist zwar kein Sonderproblem des internationalen Unternehmenskaufs, doch tritt der Konflikt hier wegen der häufig großen kulturellen Unterschiede besonders deutlich hervor. 82

1. GmbH

Die Geschäftsführung einer GmbH ist als Teil ihrer **Treupflicht** gehalten, gegenüber Außenstehenden über vertrauliche Angaben und Geheimnisse der Gesellschaft Stillschweigen zu bewahren.[81] Diese nicht gesetzlich verankerte Pflicht ergibt sich jedenfalls aus der Strafvorschrift des § 85 GmbHG.[82] Allerdings haben die Gesellschafter einer GmbH gemäß § 51a GmbHG ein umfas- 83

---

81) So auch *Oppenländer*, GmbHR 2000, 535, 536 m. w. N.; *Kleindiek* in: Lutter/Hommelhoff, § 43 GmbHG Rz. 13; *Zöllner/Noack* in: Baumbach/Hueck, § 35 GmbHG Rz. 40; ebenso *Paefgen* in: Ulmer/Habersack/Winter, § 43 GmbHG Rz. 74 m. w. N., allerdings unter Verwendung einer differenzierenden dogmatischen Einordnung.
82) *Knott* in: Knott/Mielke, Rz. 51; *Schneider* in: Scholz, § 43 GmbHG Rz. 144.

§ 2 Ablauf und Vertragsgestaltung

sendes Auskunfts- und Einsichtsrecht. Ihren Gesellschaftern gegenüber hat die GmbH keine Geheimnisse.[83] Damit kann die Informationsweitergabe der Geschäftsführung an Dritte zugunsten der Geschäftsführung so gedeutet werden, dass sie im Auftrag eines Gesellschafters erfolgt und damit letztlich nur dessen eigenen **Auskunftsanspruch** gemäß § 51a GmbHG erfüllt.

84 Allerdings unterliegt auch ein Gesellschafter aufgrund seiner Treuepflicht gegenüber seinen Mitgesellschaftern einer Verschwiegenheitspflicht gegenüber Dritten.[84] Daher muss die Geschäftsführung die Auskunft gegenüber einem Gesellschafter verweigern, wenn es konkrete Hinweise darauf gibt, dass dieser die vertraulichen Informationen treuwidrig weitergeben wird, und das Geheimhaltungsinteresse der Gesellschaft das Offenlegungsinteresse des Gesellschafters überwiegt.[85] Der Auskunftsanspruch ist namentlich nicht durchsetzbar, wenn die Auskunft zum Schaden des Unternehmens verwendet werden könnte, etwa um mit dem Unternehmen in den Wettbewerb zu treten, und die Gesellschafterversammlung den Anspruch verweigert (§ 51a Abs. 2 GmbHG). Dies wird bspw. dann akut, wenn der Kaufinteressent zugleich Wettbewerber des zu verkaufenden Unternehmens ist und der Gesellschafter Informationen über neue technische Entwicklungen oder strategische Planungen erfahren und weitergeben will.

85 Allerdings unterliegt die Geschäftsführung einer GmbH einem grundsätzlichen **Weisungsrecht** der Gesellschafter (§ 37 Abs. 1 GmbHG). Dieses Recht steht zwar nicht einzelnen Gesellschaftern zu, aber der **Gesellschafterversammlung**. Die einfache Mehrheit der abgegebenen Stimmen genügt für eine Weisung, eine Due Diligence und die damit verbundene Informationsweitergabe zuzulassen.[86] Forderungen nach einer qualifizierten Mehrheit[87] oder gar Einstimmigkeit[88] können nicht überzeugen, weil ohne entsprechende Satzungsregelung nicht ersichtlich ist, aus welchen Gründen von der Grundnorm des § 47

---

83) *Fleischer/Körber* in: Berens/Brauner/Strauch, S. 273, 288; näher zum Auskunfts- und Einsichtsrecht *Zöllner* in: Baumbach/Hueck, § 51a GmbHG Rz. 4 ff.
84) *Lutter*, ZIP 1997, 613, 615; *Oppenländer*, GmbHR 2000, 535, 537.
85) *Koffka* in: Eilers/Koffka/Mackensen, I. 3. Rz. 17; *Fleischer/Körber* in: Berens/Brauner/Strauch, S. 273, 289.
86) *Engelhardt*, GmbHR 2009, 237, 242; *Fleischer/Körber* in: Berens/Brauner/Strauch, S. 273, 291; *Käpplinger* in: FS Schwark, S. 209, 211 f.; *Knott* in: Knott/Mielke, Rz. 52; *Paefgen* in: Ulmer/Habersack/Winter, § 43 GmbHG Rz. 80; *Körber*, NZG 2002, 263, 268; *Götze*, ZGR 1999, 202, 229 f.
87) So *Oppenländer*, GmbHR 2000, 535, 540.
88) So LG Köln, GmbHR 2009, 261, 262; *Kleindiek* in: Lutter/Hommelhoff, § 43 GmbHG Rz. 14; *Altmeppen* in: Roth/Altmeppen, § 43 GmbHG Rz. 25; *Schneider* in: Scholz, § 43 GmbHG Rz. 148; *Zöllner/Noack* in: Baumbach/Hueck, § 35 GmbHG Rz. 40; *Schulze-Osterloh/Servatius* in: Baumbach/Hueck, § 85 GmbHG Rz. 11; *Lutter*, ZIP 1997, 613, 616.

F. Due Diligence

Abs. 1 GmbHG abgewichen werden soll.[89] Den Weisungen der Gesellschafterversammlung hat die Geschäftsführung zu folgen und daher dem Kaufinteressenten die Due Diligence zu ermöglichen (vgl. auch § 51a Abs. 2 Satz 2 GmbHG für den umgekehrten Fall der Informationsverweigerung). Allerdings wird man hierzu den Abschluss einer Vertraulichkeitsvereinbarung zum Schutz der Zielgesellschaft verlangen müssen (zur Vertraulichkeitsvereinbarung siehe oben Rz. 17 ff.).[90]

2. Aktiengesellschaft

Der Vorstand einer Aktiengesellschaft als Zielgesellschaft ist gemäß § 93 Abs. 1 Satz 3 AktG ausdrücklich verpflichtet, über vertrauliche Angaben und Geheimnisse **Stillschweigen** zu bewahren. Ein Verstoß hiergegen begründet einen Anspruch auf Schadensersatz (§ 93 Abs. 2 AktG) und ist strafbar (§ 404 AktG). Aktionäre haben im Gegensatz zu Gesellschaftern einer GmbH außerhalb des Konzernrechts nur in der Hauptversammlung Informationsrechte (§ 131 Abs. 1 AktG) und kein Weisungsrecht. Die Entscheidung, bei der Zielgesellschaft eine Due Diligence zuzulassen, trifft der Vorstand durch Beschluss nach § 77 Abs. 1 AktG. Die wohl überwiegende Ansicht verlangt Einstimmigkeit.[91] Bei seiner Entscheidung hat der Vorstand nach h. A. alle Vor- und Nachteile einer Offenlegung von Informationen abzuwägen.[92] Er hat nach pflichtgemäßem Ermessen i. R. d. Business Judgment Rule zu entscheiden (§§ 76, 93 Abs. 1 Satz 2 AktG).[93] Hierbei hat er das **objektive Gesellschaftsinteresse** zu wahren. Für die Entscheidung, eine Due Diligence zuzulassen, darf dieses nicht dem Offenlegungsinteresse des veräußerungswilligen Aktionärs entgegenstehen.[94] Der Vorstand hat zu prüfen, ob und inwieweit die Weitergabe von Geschäftsgeheimnissen erforderlich und ihre Vertraulichkeit durch

86

---

89) Im Einzelnen *Engelhardt*, GmbHR 2009, 237.
90) Ebenso *Käpplinger* in: FS Schwark, S. 209, 212.
91) Vgl. *Fleischer/Körber* in: Berens/Brauner/Strauch, S. 273, 281.
92) *Koffka* in: Eilers/Koffka/Mackensen, I. 3. Rz. 16; *Fleischer/Körber* in: Berens/Brauner/Strauch, S. 273, 281 ff.; *Fleischer* in: Spindler/Stilz, § 93 AktG Rz. 170 f.; *Körber* in: Fleischer, Handbuch des Vorstandsrechts, § 10 Rz. 23 f.; *Spindler* in: MünchKomm-AktG, § 93 AktG Rz. 120; *Schwark/Kruse* in: Schwark/Zimmer, KMRK, § 14 WpHG Rz. 58; *Holzapfel/Pöllath*, Rz. 46; *Liekefett*, S. 113 ff.; *Zumbansen/Lachner*, BB 2006, 613, 614 ff.; *Körber*, NZG 2002, 263, 269 f.; *Müller*, NJW 2000, 3452, 3453 f.; *Ziegler*, DStR 2000, 249, 253; *Bihr*, BB 1998, 1198, 1199; *Schroeder*, DB 1997, 2161, 2162 f.; *Mertens*, AG 1997, 541, 546; *Roschmann/Frey*, AG 1996, 449, 452; strenger *Lutter*, ZIP 1997, 613, 617, und *Ziemons*, AG 1999, 492, 495.
93) *Fleischer* in: Spindler/Stilz, § 93 AktG Rz. 170; *Körber* in: Fleischer, Handbuch des Vorstandsrechts, § 10 Rz. 23; *Körber*, NZG 2002, 263, 269.
94) *Fleischer/Körber* in: Berens/Brauner/Strauch, S. 273, 281; *Holzapfel/Pöllath*, Rz. 44.

entsprechende Vertraulichkeitsvereinbarungen mit dem Kaufinteressenten zu schützen ist.[95]

87 Ist die Zielgesellschaft **börsennotiert**, hat der Vorstand außerdem die **Insiderregeln** der §§ 13, 14 WpHG zu beachten. Nach § 14 Abs. 1 Nr. 2 WpHG ist es verboten, einem anderen eine Insiderinformation unbefugt mitzuteilen oder zugänglich zu machen. Der Emittentenleitfaden der BaFin sieht das Merkmal „*unbefugt*" jedoch nicht als erfüllt an, wenn i. R. einer Due Diligence-Prüfung Insiderinformationen weitergegeben werden, soweit dies zur Absicherung einer konkreten Erwerbsabsicht bei einem Paket- oder Kontrollerwerb erforderlich ist.[96] Die ganz überwiegende Literatur ist gleicher Ansicht.[97] Denn häufig liegt es im Interesse der Zielgesellschaft, mit dem möglichen Erwerber schon vor dem tatsächlichen Erwerb zusammenzuarbeiten, um ihre eigenständigen unternehmerischen Interessen ihm gegenüber früh vertreten und mit seinen Interessen in Einklang bringen zu können.[98]

3. Praxisfolgen

88 In der Praxis spielen diese Probleme eine **untergeordnete Rolle**. Der Geschäftsleitung des betroffenen Unternehmens ist zumeist sehr bewusst, dass sie ihre Funktion, die Interessen der Gesellschaft zu wahren, nur so lange wahrnehmen kann, wie sie noch Geschäftsleitung ist. Ein Mehrheits- oder Alleingesellschafter wird diesen Gesichtspunkt unschwer zur Geltung bringen können. Dies gilt gerade für die GmbH, bei der es regelmäßig nicht des mitunter mühsamen Umwegs über einen Aufsichtsratsbeschluss bedarf, um die Geschäftsführung auszuwechseln. In jedem Fall ist der Geschäftsleitung zu empfehlen, sich gegen Vorwürfe von der einen oder anderen Seite mit Hilfe eigener rechtlicher Beratung abzusichern.

VIII. Haftungsfragen

89 Obwohl die Due Diligence heute **fester Bestandteil** der alltäglichen Arbeit von Unternehmensjuristen und Wirtschaftsanwälten ist, sind ihre rechtliche Bedeutung allgemein sowie besonders die Auswirkungen der mit ihr verbundenen Offenlegung auf die Kenntnis des Käufers sowie auf die Gewährleistung und

---

95) *Knott* in: Knott/Mielke, Rz. 50.
96) *BaFin,* Emittentenleitfaden, S. 41.
97) *Hasselbach*, NZG 2004, 1087, 1088; *Fleischer/Körber* in: Berens/Brauner/Strauch, S. 273, 279; *Koffka* in: Eilers/Koffka/Mackensen, I. 3. Rz. 17; *Knott* in: Knott/Mielke, Rz. 57; *Spindler* in: MünchKomm-AktG, § 93 AktG Rz. 122; *Assmann* in: Assmann/Schneider, § 14 WpHG Rz. 113, 154; *Hemeling*, ZHR 169 (2005), 274, 283; *Mennicke* in: Fuchs, § 14 WpHG Rz. 303 ff.; *Schwark/Kruse* in: Schwark/Zimmer, KMRK, § 14 WpHG Rz. 57; *Liekefett*, S. 168 ff.; einschränkend *Bachmann*, ZHR 172 (2008), 597, 623 ff.; *Schäfer* in: Schäfer/Hamann, KMG, § 14 WpHG Rz. 74 ff.
98) *Hasselbach*, NZG 2004, 1087, 1089; *BaFin,* Emittentenleitfaden, S. 41.

F. Due Diligence

Verkäuferhaftung noch weitgehend **ungeklärt**.[99] Dies könnte daran liegen, dass gerichtliche Auseinandersetzungen im Zusammenhang mit Unternehmenskäufen und speziell mit der Due Diligence praktisch selten vorkommen und spätere Streitigkeiten vornehmlich außergerichtlich beigelegt werden, etwa durch vertrauliche Schlichtungsmaßnahmen oder Schiedsverfahren.[100] Allerdings wäre es fahrlässig, deshalb die rechtliche Dimension der Due Diligence zu vernachlässigen. Vielmehr muss ihre kauf- und haftungsrechtliche Relevanz wegen ihrer überragenden **praktischen Bedeutung** bereits im kautelarischen Rahmen erfasst werden.

1. Prüfungspflichten
a) Kaufrechtliche Prüfungspflicht?

Bekanntlich trifft den Käufer nach deutschem Kaufrecht grundsätzlich **keine** **Prüfungspflicht**.[101] Dies ergibt sich aus den kaufrechtlichen Gewährleistungsregelungen. Die Gewährleistung hängt nicht davon ab, dass der Käufer das Kaufobjekt vor Vertragsschluss geprüft hat. Insoweit trifft den Käufer nicht einmal der Einwand des Mitverschuldens. Denn § 254 BGB ist im Bereich der kaufrechtlichen Gewährleistung wegen der Sonderregelung des § 442 BGB insoweit unanwendbar.[102] Auch eine kaufrechtliche Verkehrssitte, eine Due Diligence durchzuführen, ist zu verneinen (unten Rz. 99 ff.). 90

Soweit die Haftung des Verkäufers aus **culpa in contrahendo** (Haftung wegen Verletzung eines vorvertraglichen Schuldverhältnisses gemäß §§ 280 Abs. 1, 311 Abs. 2 BGB) herangezogen wird, wie dies etwa bei der Verletzung von Offenlegungspflichten der Fall sein kann (siehe unten Rz. 114 ff.), könnte immerhin ein Mitverschulden des Käufers bei schuldhaft unterlassener oder nach- 91

---

99) *Merkt*, BB 1995, 1041; *Merkt*, WiB 1996, 145; *Wegen*, WiB 1994, 291; vgl. hierzu *Berens/Strauch*, WPg 2002, 511.
100) *Wegen*, WiB 1994, 291.
101) Soweit der Kauf für beide Parteien jedoch ein Handelsgeschäft ist, trifft den Käufer nach § 377 Abs. 1 HGB zwar eine Untersuchungs- und Rügeobliegenheit. Allerdings ist § 377 HGB nach umstrittener Ansicht nicht auf Unternehmenskäufe anwendbar; so *Berens/Schmitting/Strauch* in: Berens/Brauner/Strauch, S. 71, 111; *Hörmann* in: FS P+P Pöllath + Partners, S. 135, 146; a. A. *Beisel* in: Beisel/Klumpp, Kap. 2 Rz. 9; *Picot* in: Berens/Brauner/Strauch, S. 299, 335. Einhellig wird allerdings zu Recht von einer untergeordneten Bedeutung des § 377 HGB für den Unternehmenskauf ausgegangen, da die Untersuchungsobliegenheit erst nach der Ablieferung der Kaufsache besteht und der Käufer zu diesem Zeitpunkt bereits regelmäßig durch seine vorvertragliche Due Diligence das Unternehmen soweit wie möglich durchleuchtet haben wird.
102) So die h. M.: BGH, NJW 1978, 2240; *Heinrichs* in: Palandt, § 254 BGB Rz. 2; *Matusche-Beckmann* in: Staudinger, § 442 BGB Rz. 45; *Westermann* in: MünchKomm-BGB, § 442 BGB Rz. 12; *Semler* in: Hölters, Teil VII Rz. 57; *Fleischer/Körber*, BB 2001, 841, 848; vgl. für das Schweizer Recht *Vischer*, SJZ 2000, 229; a. A. noch BGH, NJW 1960, 720, 721.

lässiger Prüfung des Unternehmens in Betracht kommen.[103)] Allerdings ist die Rechtsprechung hier äußerst zurückhaltend.[104)] So steht der Verkäuferhaftung nicht entgegen, dass der Käufer es unterlässt, ihm übergebene Bilanzen durch seine Revisionsabteilung prüfen zu lassen, und er sogar im Einvernehmen mit dem Veräußerer das Erfordernis einer Ausgliederungsbilanz aus dem Entwurf des Kaufvertrags gestrichen hat.[105)] Ebenso wenig führt es zur Minderung des Schadensersatzanspruchs, dass der Käufer die ihm übergebenen Bilanzen nicht durch seinen Steuerberater prüfen lässt.[106)] Es vermindert auch nicht den Schadensersatzanspruch, dass der Käufer zwar zunächst nach den Umsatzzahlen des Unternehmens fragt, später aber nicht mehr auf einer Antwort beharrt.[107)] Übergibt der Verkäufer dem Käufer eine Aufstellung der Abschlussangaben (Bilanz, Status), aus welcher der Käufer eine Unternehmensbewertung entwickeln kann, so darf der Käufer auf die Richtigkeit der Aufstellung vertrauen und braucht sie nicht zu prüfen.[108)]

b) Gesellschaftsrechtliche Prüfungspflicht

92 Von der Frage einer möglichen kaufrechtlichen Pflicht zur Due Diligence ist die Frage zu unterscheiden, ob die Geschäftsleitung einer erwerbenden deutschen Gesellschaft aufgrund ihrer Sorgfaltspflichten gegenüber dieser Gesellschaft eine Unternehmensprüfung durchzuführen hat. Eine verbreitete Auffassung bejaht eine solche Pflicht.[109)] Die Geschäftsleitung hat die Sorgfalt eines ordentlichen und gewissenhaften Geschäftsleiters anzuwenden (§ 93 Abs. 1 Satz 1 AktG, § 43 Abs. 1 GmbHG). Hieraus wird abgeleitet, sie sei vor einem Unternehmenskauf **regelmäßig verpflichtet**, die Zielgesellschaft umfassend zu prüfen, um die Kaufentscheidung sorgfältig vorbereiten und die damit verbun-

---

103) Zum Verhältnis zwischen der Haftung wegen vorvertraglicher Pflichtverletzung und Gewährleistungsrecht sowie Anwendungsfällen der culpa in contrahendo s. u. Rz. 109 ff.; *Holzapfel/Pöllath*, Rz. 635 ff.
104) Ebenso *Fleischer/Körber*, BB 2001, 841, 848 f.
105) BGH, NJW 1977, 1536; beachte aber OLG Hamburg, ZIP 1994, 944 = WM, 1994, 1378: Eine Haftung des Verkäufers einer Unternehmensbeteiligung aus culpa in contrahendo folgt nicht in jedem Fall schon allein aus der Übergabe eines fehlerhaften und unter Umständen sogar nichtigen Jahresabschlusses. Sie hängt vielmehr auch dann von den Umständen des Einzelfalls ab; insbesondere bleibt es dem Käufer überlassen, sich durch Nachfragen weitere gewünschte Angaben zu verschaffen.
106) BGH, DB 1974, 231.
107) BGH, NJW 1970, 653, 656 = BB, 1970 230.
108) BGH, NJW 1977, 1536, 1537.
109) *Fleischer* in: Spindler/Stilz, § 93 AktG Rz. 87; *Spindler* in: MünchKomm-AktG, § 93 AktG Rz. 59, 86; *Fleischer/Körber*, BB 2001, 841, 846; *Böttcher*, NZG 2007, 481, 482 f.; *Werner*, GmbHR 2007, 678, 679 m w. N.; *Hauschka*, GmbHR 2007, 11, 16; Ulmer, DB 2004, 859, 860.

F. Due Diligence

denen Risiken begrenzen zu können.[110] Gestützt wird diese Ansicht auch durch die Business Judgment Rule, welche eine Entscheidung auf der „*Grundlage angemessener Information*" verlangt, damit keine Pflichtverletzung vorliegt (§ 93 Abs. 1 Satz 2 AktG). In **Ausnahmefällen** könne eine solche Pflicht jedoch entfallen, wenn sich bspw. eine kurzfristige und im Unternehmensinteresse liegende Geschäftschance ergibt und eine vorherige Prüfung des Zielobjekts nicht möglich ist.[111] Entscheidend ist damit der **konkrete Einzelfall**.[112] Je größer allerdings die Risiken des Kaufs erscheinen, desto zwingender wird es, eine Due Diligence durchzuführen. Deutlich wird dies in einer neueren Entscheidung des *OLG Oldenburg*[113], in der es um den besonderen Fall des Erwerbs eines Unternehmens aus der Insolvenz ging. In den Gründen heißt es:

> „Bei den vorhandenen Ungereimtheiten und Unsicherheiten in den vorhandenen betriebswirtschaftlichen Daten des vorherigen Klinikträgers, der Verlustlage beim vorausgegangenen Klinikbetreiber, einer eindeutig negativen Prognose nach den eigenen Ermittlungen der Geschäftsführer im November 1999 und dem hier vorhandenen Erwerb aus einer Insolvenz wäre jedenfalls vor der abschließenden Kaufentscheidung seitens der Bekl. eine umfassende Überprüfung der betriebswirtschaftlichen Daten, der genauen Ursachen der jahrelangen Verluste und eine eingehende, realistische Analyse des Umsatz- und Gewinnpotenzials (nach den Standards einer commercial und financial due diligence) unter Einsatz unbeteiligter, objektiver Fachleute (z. B. von Wirtschaftsprüfern) erforderlich gewesen, um eine hinreichend abgesicherte Grundlage für die zu treffende unternehmerische Entscheidung zu haben und die vorhandenen Risiken zumindest in einem gewissen, mit zumutbarem Aufwand erreichbarem Umfang zu begrenzen."[114]

Verletzt die Geschäftsleitung diese Pflicht, haftet sie gegenüber der Gesellschaft im Fall einer GmbH nach § 43 Abs. 2 GmbHG, im Fall einer Aktiengesellschaft nach § 93 Abs. 2 Satz 1 AktG für den entstandenen Schaden.[115]

93

---

110) *Lutter*, ZIP 2007, 841, 844; *Fleischer/Körber* in: Berens/Brauner/Strauch, S. 273, 292; *Fleischer* in: Spindler/Stilz, § 93 AktG Rz. 79; *Elfring*, JuS-Beilage 5/2007, S. 3, 10; *Hemeling*, ZHR 169 (2005), 274, 276 f.; *Werner*, GmbHR 2007, 678, 679.
111) *Elfring*, JuS-Beilage 5/2007, S. 3, 10; *Böttcher*, NZG 2007, 481, 483 f.; *Hemeling*, ZHR 169 (2005), 274, 277.
112) So auch *Fleischer* in: Spindler/Stilz, § 93 AktG Rz. 87.
113) OLG Oldenburg, NZG 2007, 434 = GmbHR 2006, 1263.
114) OLG Oldenburg, NZG 2007, 434, 436 f. = GmbHR 2006, 1263; s. aus der Rechtsprechung auch schon BGHZ 69, 207, 213 ff.
115) *Elfring*, JuS-Beilage 5/2007, S. 3, 10; *Hemeling*, ZHR 169 (2005), 274, 277; speziell zur Haftung des Vorstands in der AG: *Fleischer* in: Spindler/Stilz, § 93 AktG Rz. 176 ff.; *Spindler* in: MünchKomm-AktG, § 93 AktG Rz. 126 ff.

2. Gewährleistung
a) Kenntnis des Käufers

94 Obgleich der Käufer keine kaufrechtliche Prüfungspflicht hat (oben Rz. 90 ff.), kann es sich auf die Gewährleistungsrechte auswirken, wenn er – wie beim Unternehmenskauf praktisch immer der Fall – dennoch eine Prüfung vornimmt. Denn Gewährleistungsansprüche sind gemäß § 442 Abs. 1 Satz 1 BGB **ausgeschlossen**, wenn der Käufer den **Mangel** bei **Vertragsschluss kannte** (siehe zur grob fahrlässigen Unkenntnis unten Rz. 103). Die Offenlegung von Mängeln vor Abschluss des Kaufvertrags schließt Gewährleistungs- und sonstige Schadensersatzansprüche wegen dieser Mängel aus. Dabei macht es keinen Unterschied, ob sich diese Mängel erst aufgrund einer Prüfung durch den Käufer herausgestellt haben oder ob der Verkäufer seinerseits den Käufer auf die Mängel aufmerksam gemacht hat. Entscheidend für den Gewährleistungsausschluss ist jedoch, dass der Käufer den Mangel an sich kennt, nicht nur die zugrundeliegenden Umstände. Der Käufer muss also von den ihm bekannten Umständen einen positiven Schluss auf den Mangel gezogen haben.[116] Ein bloßer Verdacht reicht nicht.[117] Dies gilt aber nur, wenn der Käufer die Kenntnis bis zum Vertragsschluss erlangt; erlangt der Käufer zwischen Vertragsschluss und Übertragung (Closing) Kenntnis, ist dies unschädlich (anders noch § 464 BGB a. F.).[118] Insgesamt ist also die überraschende Folge: Die unterlassene Prüfung schadet dem Käufer unter Umständen weniger als die vorgenommene Prüfung.[119]

95 Für die Due Diligence folgt daraus zunächst: Je gründlicher der Käufer prüft und je mehr Mängel er dabei herausfindet, umso eher muss er mit einer **Beschränkung** seiner Gewährleistungs- oder Schadensersatzansprüche rechnen. Dies wiederum bedeutet, dass die Due Diligence gewährleistungsrechtlich nur Sinn macht, wenn sie erstens hinreichend gründlich durchgeführt wird und wenn zweitens, und dies ist besonders wichtig, bei der Ausarbeitung des Kaufvertrags die Ergebnisse der Due Diligence berücksichtigt werden. In jenen Punkten, in denen die Gewährleistung oder der Schadensersatz infolge der Offenlegung des Mangels ausgeschlossen ist, sollte eine **Garantiehaftung** in Form einer Beschaffenheitsgarantie (§ 443 Abs. 1 BGB) oder eines selbständigen Garantieversprechens gemäß § 311 Abs. 1 BGB (zur Unterscheidung unten

---

116) *Westermann* in: MünchKomm-BGB, § 442 BGB Rz. 5.
117) RG Recht 1907, Nr. 275; s. a. BGH, NJW 1961, 1860; BGH, NJW 1991, 2700 = EWiR § 434 BGB 1/91, 879; *Faust* in: Bamberger/Roth, § 442 BGB Rz. 17; *Grunewald* in: Erman, § 442 BGB Rz. 4.
118) *Picot* in: Berens/Brauner/Strauch, S. 299, 318; *Holzapfel/Pöllath*, Rz. 648; *Seibt/Reiche*, DStR 2002, 1135, 1141.
119) *Fleischer/Körber*, BB 2001, 841, 847; *Holzapfel/Pöllath*, Rz. 43.

F. Due Diligence

Rz. 107), jeweils unter Ausschluss des § 442 Abs. 1 BGB, in Bezug auf mögliche Schäden oder Nachteile erwogen werden.[120]

Bisweilen versucht der Käufer nach angelsächsischem Vorbild, die Beeinträchtigung der **Gewährleistung** infolge der Kenntnis allein dadurch zu **beschränken**, dass die **bekannten Umstände** im Vertrag selbst oder in seinen Anlagen abschließend **enumeriert** werden *(disclosure schedule)*. Nur diese Umstände sollen dann von der Kenntnis umfasst sein. Kenntnis über weitere Mängel und Umstände soll danach insoweit nicht zum Wegfall der Gewährleistung nach § 442 Abs. 1 Satz 1 BGB führen. 96

Für die allgemeine Gewährleistungshaftung oder Haftung wegen unterlassener Information wird eine solche **reine Aufzählung** von Umständen in der Literatur für **rechtlich unbeachtlich** gehalten.[121] Der Käufer könne nicht einen Anspruch aus unterlassener Information erheben, wenn er den Umstand tatsächlich gekannt habe. Dem stehe § 442 Abs. 1 BGB entgegen, sofern dieser nicht abbedungen wurde. 97

Aus diesem Grund werden sich Wirksamkeit und Reichweite solcher gewährleistungserweiternder Vereinbarungen richtigerweise danach richten, ob § 442 Abs. 1 BGB vertraglich **abbedungen** werden kann und abbedungen wurde. Die Abdingbarkeit wird allgemein bejaht, wohingegen ein einseitiger Vorbehalt des Käufers nicht genügt.[122] Eine reine Aufzählung der bekannten und offengelegten Mängel und Umstände im Vertrag oder seinen Anlagen wird deshalb daraufhin zu prüfen sein, ob die Parteien damit die Folgen des § 442 Abs. 1 BGB auf jene aufgeführten Mängel und Umstände beschränken wollten. Im Übrigen ist ggf. zu erwägen, ob die Auflistung der Mängel und Umstände, die der Käufer kennt und die er mithin dem Verkäufer i. R. d. Gewährleistung nicht entgegenhalten kann, eine konkludent erklärte **selbständige Gewährleistungsgarantie** des Verkäufers für andere, d. h. nicht aufgeführte Mängel bedeutet. 98

b) Due Diligence als Verkehrssitte?

Es besteht kein Zweifel, dass die kaufvorbereitende Due Diligence-Untersuchung in der deutschen Unternehmenskaufpraxis mittlerweile regelmäßig durchgeführt und als wichtig angesehen wird. Dies gilt auch bei rein innerdeutschen Unternehmenskäufen ohne jeden Auslandsbezug.[123] Man wird sagen können, dass ein Unternehmenskauf ohne Due Diligence in dieser oder jener 99

---

120) Vgl. auch *Picot* in: Picot, Unternehmenskauf, Teil I Rz. 100.
121) Holzapfel/Pöllath, Rz. 43.
122) Vgl. *Weidenkaff* in: Palandt, § 442 BGB Rz. 4; *Matusche-Beckmann* in: Staudinger, § 442 BGB Rz. 61; *Westermann* in: MünchKomm-BGB, § 442 BGB Rz. 22.
123) *Merkt*, WiB 1996, 145, 148; *Picot* in: Berens/Brauner/Strauch, S. 299, 301; *Hörmann* in: FS P+P Pöllath + Partners, S. 135, 136; *Harrer*, DStR 1993, 1673; *Vorbrugg* in: International Bar Association, S. 205.

Form praktisch nicht vorkommt. Freilich ist umstritten, ob sich insoweit schon eine **Verkehrssitte** herausgebildet hat, sodass der Käufer schon bloß bei fehlender Due Diligence grob fahrlässig i. S. d. § 442 Abs. 1 Satz 2 BGB handelt.[124]

100 Anerkanntermaßen können besondere Umstände im Einzelfall nach **Treu und Glauben** eine **Untersuchungspflicht** begründen, deren Vernachlässigung den Tatbestand der groben Fahrlässigkeit erfüllen kann.[125] Grob fahrlässig handelt danach etwa ein Käufer, wenn der Mangel offensichtlich ist und er ihn ohne weiteres erkennen kann, aber dennoch keine Prüfung vornimmt.[126] Gleiches gilt, wenn es beim Kauf von Sachen der betreffenden Art eine Verkehrssitte gibt, nach der eine Untersuchung durch den Käufer erfolgt.[127] Wird die Untersuchung unterlassen oder entspricht ihre Durchführung nicht der Verkehrssitte, dann **entfällt** der **Gewährleistungsanspruch**. Dabei ist dem Käufer der Einwand des Mitverschuldens des Verkäufers verwehrt.[128] Zur Verkehrssitte gehört die vorvertragliche Prüfung des Kaufobjekts etwa beim Immobilienkauf.[129]

101 Beim **Unternehmenskauf** gestaltet sich die Situation dagegen **schwieriger**. Das LG Frankfurt am Main hat zwar in einer Entscheidung aus dem Jahre 1997 ausgeführt, eine detaillierte Prüfung des Zielobjekts in betriebswirtschaftlicher und juristischer Hinsicht i. R. einer Due Diligence bereits im vorvertraglichen Stadium sei „*als allgemein üblich*" anzusehen.[130] Auch das oben zitierte Urteil des OLG Oldenburg zeigt, dass jedenfalls i. R. d. Sorgfaltspflicht von Geschäftsleitern in bestimmten Fällen eine Due Diligence erwartet wird (siehe oben Rz. 92). Diese Urteile lassen jedoch nicht auf eine für alle Unternehmenskäufe geltende Verkehrssitte und damit auf eine ständige und hinreichend verfestigte Übung schließen.

---

124) Gegen das Bestehen einer Verkehrssitte: *Fleischer/Körber*, BB 2001, 841, 846; *Westermann* in: MünchKomm-BGB, § 453 BGB Rz. 60; *Andreas/Beisel* in: Beisel/Andreas, § 5 Rz. 25 ff.; *Müller*, NJW 2004, 2196, 2197 f.; *Beisel* in: Beisel/Klumpp, Kap. 2 Rz. 10; *Ellenberger* in: Palandt, § 133 BGB Rz. 21; *Werner*, ZIP 2000, 989, 990; ebenso für die Rechtslage in der Schweiz *Vischer*, SJZ 2000, 229, 235; dafür *Böttcher*, ZGS 2007, 20, 25; *Berens/Schmitting/Strauch* in: Berens/Brauner/Strauch, S. 71, 106; *Elfring*, JuS Beilage 5/2007, S. 3, 11 f.; *Vogt*, DStR 2001, 2027, 2031 befürwortend bei professionellen Unternehmenskäufen *Semler* in: Hölters, Teil VII Rz. 55; grundsätzlich befürwortend bei Großunternehmen *Sieja*, NWB 2009, 2974, 2978; in der Tendenz bejahend *Holzapfel/Pöllath*, Rz. 649.
125) *Matusche-Beckmann* in: Staudinger, § 442 BGB Rz. 26.
126) *Picot* in: Picot, M&A, S. 206, 249.
127) *Matusche-Beckmann* in: Staudinger, § 442 BGB Rz. 30.
128) In diesem Sinne auch *Matusche-Beckmann* in: Staudinger, § 442 BGB Rz. 47.
129) *Grunewald* in: Erman, § 442 BGB Rz. 12; *Matusche-Beckmann* in: Staudinger, § 442 BGB Rz. 30.
130) LG Frankfurt/M., ZIP 1998, 641, 644.

F. Due Diligence

Gegen eine **Verkehrssitte** spricht zunächst, dass anders als etwa für die Abschlussprüfung einer Gesellschaft (noch) keine für die Due Diligence verbindlichen oder zumindest allgemein akzeptierten Bestimmungen über den Umfang der Prüfung und insbesondere über die zu prüfenden rechtlichen und tatsächlichen Umstände bestehen. Entscheidend ist der jeweilige Einzelfall.[131] Dem wird teilweise entgegengehalten, dass sich bspw. die vorgeschlagenen Checklisten und Muster für die Prüfung von Unternehmen kaum voneinander unterschieden, sodass sich offensichtlich ein bestimmter Standard herausgebildet habe.[132] Jedoch ist zu berücksichtigen, dass solche Checklisten und Muster zum einen trotz ihres ähnlichen äußeren Erscheinungsbilds sehr unterschiedlich sind und zum anderen lediglich versuchen, sämtliche Risiken abzudecken, ohne hierbei auf den Einzelfall abzustellen.[133] Was hiervon tatsächlich in der Unternehmensprüfung selbst verwendet wird, hängt von vielen Faktoren ab, bspw. der Transaktionsstruktur, der zur Verfügung stehenden Zeit oder dem Verhältnis zwischen Kaufpreis und gerechtfertigtem Aufwand für die Due Diligence. Schließlich streitet auch die grundsätzlich bestehende gesellschaftsrechtliche Pflicht der Geschäftsleitung der erwerbenden Gesellschaft, eine Due Diligence durchzuführen, nicht für eine Verkehrssitte im Kaufrecht. Der Geschäftsleiter des Käufers erfüllt mit dem Auftrag, eine Due Diligence durchführen zu lassen, seine Sorgfaltspflichten gegenüber der eigenen Gesellschaft. Ein rechtlich schützenswertes Vertrauen des Verkäufers lässt sich hieraus nicht ableiten, zumal die §§ 93 AktG und 43 GmbHG nach allgemeiner Auffassung nicht außenstehende Interessen schützen sollen.[134]

102

Unternimmt der Kaufinteressent trotz fehlender Pflicht eine Due Diligence, stellt sich die Frage, wann sein Gewährleistungsanspruch gemäß § 442 Abs. 1 Satz 2 BGB wegen **grob fahrlässiger Unkenntnis** ausgeschlossen sein kann (siehe zur Kenntnis oben Rz. 94 ff.). Hierzu werden unterschiedliche Ansichten vertreten.[135] Teilweise werden einige Stimmen in der Literatur[136] und der

103

---

131) *Fleischer/Körber*, BB 2001, 841, 846; *Andreas/Beisel* in: Beisel/Andreas, § 5 Rz. 26; *Picot* in: Picot, Unternehmenskauf, Teil I Rz. 91; *Westermann* in: MünchKomm-BGB, § 453 BGB Rz. 58; *Eggenberger*, S. 249 f.
132) *Elfring*, JuS Beilage 5/2007, S. 3, 11.
133) In diesem Sinne auch *Beisel* in: Beisel/Klumpp, Kap. 2 Rz. 10; *Eggenberger*, S. 249 f.; *Picot* in: Berens/Brauner/Strauch, S. 299, 337.
134) *Fleischer/Körber*, BB 2001, 841, 846; *Müller*, NJW 2004, 2196, 2198; *Andreas/Beisel* in: Beisel/Andreas, § 5 Rz. 27; zum Schutzzweck der §§ 93 AktG und 43 GmbHG s. BGHZ 125, 366, 375; *Fleischer* in: Spindler/Stilz, § 93 AktG Rz. 264 f.; *Spindler* in: MünchKomm-AktG, § 93 AktG Rz. 1; *Kleindiek* in: Lutter/Hommelhoff, § 43 GmbHG Rz. 1.
135) Für einen gedrängten Überblick über den Streitstand *Fleischer/Körber*, BB 2001, 841, 848; *Andreas/Beisel* in: Beisel/Andreas, § 5 Rz. 18 f.; *Picot* in: Berens/Brauner/Strauch, S. 299, 320 f.

Rechtsprechung[137] so interpretiert, dass ein Käufer, der ein Unternehmen unsorgfältig oder unvollständig prüft, möglicherweise grob fahrlässig handelt.[138] Diese Auffassung würde jedoch zu einem Wertungswiderspruch führen. Es wird der Käufer, der freiwillig eine Due Diligence durchführt, schlechter gestellt als derjenige, der auf die freiwillige Due Diligence verzichtet. Entscheidend kann daher nicht sein, ob der eine Due Diligence durchführende Käufer hierbei einen Mangel grob fahrlässig verkennt. Vielmehr ist darauf abzustellen, ob der Käufer den übersehenen Mangel **auch ohne nähere Prüfung der Zielgesellschaft hätte erkennen müssen.**[139] Hiermit wird auch angemessen berücksichtigt, dass eine Due Diligence oftmals unter großem Zeitdruck stattfindet. Der Käufer und seine Berater müssen zahlreiche Dokumente in kurzer Zeit durchsehen und bewerten. Es würde zu einer unvertretbaren Ungleichbehandlung führen, wenn dem einen Käufer trotz zu unterstellender großer Anstrengung hierbei Mängel unbekannt bleiben und ihm seine Gewährleistungsrechte vollständig aus der Hand geschlagen würden, während der keine Due Diligence durchführende Käufer solche Mängel ohne Weiteres geltend machen dürfte.

104 **Sieht man** entgegen der hier vertretenen Auffassung eine umfassende Due Diligence als **Verkehrssitte** an, ergeben sich für den Käufer aus der Bestimmung des § 442 Abs. 1 BGB, abweichend vom Grundsatz des deutschen Kaufrechts, **Untersuchungspflichten.** Deren Umfang hängt davon ab, was i. R. einer Due Diligence zu verlangen wäre. Allgemein lässt sich dies nicht feststellen, weil jeder Einzelfall anders ist. Bei Unternehmen, deren Träger eine Kapitalgesellschaft ist, dürfte bspw. die finanzielle Due Diligence häufig eine interne Bilanzanalyse (Prüfung des Jahresabschlusses sowie Hinzuziehung von Kostenrechnung und Kalkulation, kurzfristige Erfolgsrechnung, Betriebsstatistik, ggf. Berichte der Außendienstmitarbeiter sowie Gutachten zur Markt- und Konkur-

---

136) *Loges*, BB 1997, 965, 968; *Seibt/Reiche*, DStR 2002, 1135, 1141; *Triebel/Hölzle*, BB 2002, 521, 526; *Gaul*, ZHR 166 (2002), 35, 64; *Wunderlich*, WM 2002, 981, 982; *Mueller-Thuns* in: Rödder/Hötzel/Mueller-Thuns, § 3 Rz. 53, der aber in Rz. 54 eine klare Einschränkung vornimmt.

137) OLG Celle, BB 1957, 910; OLG Köln, NJW 1973, 903.

138) In diesem Sinne *Picot* in: Berens/Brauner/Strauch, S. 299, 320; *Picot* in: Picot, Unternehmenskauf, Teil I Rz. 91; *Andreas/Beisel* in: Beisel/Andreas, § 5 Rz. 18; einschränkend *Fleischer/Körber*, BB 2001, 841, 848. Ob die angeführte Rechtsprechung sowie Literaturfundstellen allerdings tatsächlich so zu verstehen sind, ist fragwürdig. Die zitierte Rechtsprechung befasst sich nicht mit Unternehmensakquisitionen und kann daher nicht ohne nähere Begründung übertragen werden. Auch die angeführte Literatur deutet die Möglichkeit einer groben Fahrlässigkeit aufgrund einer unvollständigen oder fehlerhaften Due Diligence lediglich an.

139) *Fleischer/Körber*, BB 2001, 841, 848; *Andreas/Beisel* in: Beisel/Andreas, § 5 Rz. 19; *Müller*, NJW 2004, 2196, 2199; *Mueller-Thuns* in: Rödder/Hötzel/Mueller-Thuns, § 3 Rz. 52 und 54; *Picot* in: Berens/Brauner/Strauch, S. 299, 321; noch weitergehend *Knott* in: Knott/Mielke, Rz. 129; enger *Westermann* in: MünchKomm-BGB, § 453 BGB Rz. 59.

F. Due Diligence

renzsituation usw.) beinhalten. Beschränkt sich nun der Käufer – was gerade bei kleineren Unternehmen vorkommen könnte – auf die bloße externe Bilanzanalyse (Prüfung lediglich des Jahresabschlusses)[140] und weicht somit etwa der tatsächliche Umfang versteckter Verbindlichkeiten, das technische und organisatorische Know-how oder die technologische Reife der Produkte von dem im Vertrag insoweit Vorgesehenen oder Vorausgesetzten ab, könnte der Gewährleistungsanspruch möglicherweise wegen § 442 Abs. 1 Satz 2 BGB vollständig entfallen. Denn eine interne Bilanzanalyse hätte hier Klarheit geschaffen. Ob den Verkäufer dabei ein Mitverschulden trifft, würde keine Rolle spielen, soweit er nicht arglistig gehandelt oder eine Beschaffenheitsgarantie übernommen hat (§ 442 Abs. 1 Satz 2 BGB).[141] Dabei darf nicht übersehen werden, dass es oftmals äußerst schwierig sein wird, den Aufwand einer erschöpfenden Prüfung und namentlich die Kosten für Gutachten externer Unternehmensberater gegen die **wirtschaftlichen Risiken** einer beschränkten Prüfung abzuwiegen.[142]

3. Due Diligence und Garantiehaftung

Es ist bereits angeklungen, dass die Due Diligence besonders wichtig ist, um ein adäquates **Gewährleistungs- und Haftungsregime** für den Unternehmenskaufvertrag auszuarbeiten. Zu einem solchen autonomen, d. h. von der gesetzlichen Gewährleistung weitestgehend losgelösten vertraglichen Haftungsregime, hat nicht zuletzt der BGH wiederholt ausdrücklich geraten.[143]

Dabei sollte die deutsche Praxis ganz dem US-amerikanischen Vorbild folgend die **Due Diligence-Prüfung** des Unternehmens mit der Gestaltung der **Gewährleistungsregelungen** im Vertrag **verzahnen**. Ausgangspunkt muss eine umfassende Due Diligence-Prüfung (Informationssammlung und -dokumentation sowie rechtliche Auswertung) durch den Kaufinteressenten sein. Der auf dieser Grundlage erstellte Due Diligence Bericht, dessen Umfang vom Einzelfall abhängt (siehe oben Rz. 75 ff.), lässt regelmäßig sehr genau erkennen, wo die **gewährleistungsrechtlichen Probleme** liegen, insbesondere in welchen Punkten

105

106

---

140) Zur Bilanzanalyse unverändert grundlegend *Leffson*, passim.
141) § 254 BGB wird nach h. M. durch die Sonderregelung des § 442 BGB verdrängt; für Nachweise s. o. Rz. 90 (Fn. 102).
142) Wohin die Entwicklung gehen kann, zeigt die US-amerikanische Entscheidung in *Whirlpool Financial Corporation v. GN Holdings, Inc.*, 67 F.3d 605 (7th Cir. 1995): Die Pflicht zur Due Diligence erstreckt sich auf alle öffentlich zugänglichen Informationen, die über das zu erwerbende Unternehmen im Internet verfügbar sind. Danach können Unternehmenskäufer, die entsprechende Informationen nicht zur Kenntnis nehmen, ihre Gewährleistungsansprüche verlieren. Das Unterlassen entsprechender Recherchen oder das Nichtermitteln dieser Informationen kann aber auch dazu führen, dass Unternehmensberater, Wirtschaftsprüfer oder Rechtsanwälte, die den Käufer beraten, haftbar werden.
143) BGHZ 65, 246, 252 = GmbHR 1976, 63 unter Bezug auf RGZ 146, 120; BGH, NJW 1977, 1538, 1539 = WM 1977, 712.

der Käufer noch weitere Informationen und – vor allem falls solche nicht erhältlich sind – Gewährleistung braucht und in welchen Punkten der Verkäufer keine Gewährleistung übernehmen kann. Die Due Diligence-Prüfung dient also nicht bloß dazu, alle rechtlichen und tatsächlichen Verhältnisse des Unternehmens offenzulegen sowie den Kaufgegenstand zu beschreiben und damit den Zustand der Zielgesellschaft zu bestimmen. Vielmehr kann aus der Due Diligence zugleich das **Gewährleistungsprogramm** gewonnen werden. Es kommt also zu einem Dreiklang aus jenen Punkten, die der Erwerber prüfen sollte, jenen Punkten, die der Veräußerer offenlegen sollte, um seine Haftung zu vermeiden, und jenen Punkten, in denen Garantien zu vereinbaren sind.

107 In rechtstechnischer Sicht bieten sich für die vertragliche Gestaltung der Gewährleistung verschiedene Möglichkeiten an. Die Parteien können eine **Beschaffenheit vereinbaren** (§ 434 Abs. 1 Satz 1 BGB), der Verkäufer kann eine **Beschaffenheit garantieren** (§ 443 Abs. 1 BGB) oder er kann **selbständige Garantieversprechen** gemäß § 311 Abs. 1 BGB abgeben.[144] **Vorzugswürdig** ist die Abgabe von **selbständigen Garantieversprechen**. Hiermit machen die Parteien schon terminologisch deutlich, nicht lediglich eine Modifikation der gesetzlichen Gewährleistungsregelungen des BGB, sondern ein autonomes und von der gesetzlichen Regelung unabhängiges Gewährleistungsregime vereinbart zu haben, das die gesetzliche Regelung ersetzt und verdrängt.[145] Außerdem entgehen sie damit dem gesetzlich nicht definierten Begriff der Beschaffenheit, unter den sich nach einer Mindermeinung wirtschaftliche Kennzahlen eines Unternehmens, wie etwa Umsatz, Ertrag und Vermögenslage, nicht fassen lassen und damit nicht Gegenstand einer Beschaffenheitsvereinbarung oder Beschaffenheitsgarantie sein können.[146] Auch andere rechtliche Fragen können sie so abschließend in der einen oder anderen Weise für sich regeln, wie etwa, ob die Mangelhaftigkeit eines zum Unternehmen gehörenden Einzelgegenstands ausreicht, um einen Mangel des Unternehmens insgesamt zu bejahen.[147] Schließlich lässt sich bei internationalen Unternehmenskäufen regelmäßig ohnehin das deutsche Gewährleistungsrecht nicht durchsetzen, weil dies dem ausländischen Vertragspartner fremd ist. Hier ist der einzig gangbare Weg, ein

---

144) *von Hoyenberg* in: Münchener Vertragshandbuch, Bd. 2, IV. 3, 4 Anm. 101 ff.
145) *Knott* in: Knott/Mielke, Rz. 112; *Holzapfel/Pöllath*, Rz. 641 ff., 676; *Vorbrugg* in: International Bar Association, S. 205, 215.
146) So etwa *Huber*, AcP 202 (2002), 179, 228; *Kindl*, WM 2003, 409, 411; *Weitnauer*, NJW 2002, 2511, 2513 f.; *Semler* in: Hölters, Teil VII Rz. 243; anders dagegen die h. M., wie etwa *Holzapfel/Pöllath*, Rz. 619; *Westermann* in: MünchKomm-BGB, § 453 BGB Rz. 31; *Beckmann* in: Staudinger, § 453 BGB Rz. 28 ff.; *Seibt/Reiche*, DStR 2002, 1135, 1137 f.; *Triebel/Hölzle*, BB 2002, 521, 525; *Wolf/Kaiser*, DB 2002, 411, 414.
147) Bei fehlender Regelung abl. BGH, ZIP 2009, 2063, 2064 f. = DB 2009, 2259; dazu *Picot*, DB 2009, 2587 sowie *Weller*, EWiR 2010, 15; zum Streitstand *Emmerich* in: MünchKomm-BGB, § 311 BGB Rz. 138 ff.; bejahend etwa *Matusche-Beckmann* in: Staudinger, § 434 BGB Rz. 145; *Grunewald* in: Erman, § 434 BGB Rz. 43.

F. Due Diligence

eigenes Gewährleistungsregime mit selbständigen Garantieversprechen zu vereinbaren, die einen Rückgriff auf das deutsche Gewährleistungsrecht entbehrlich machen.

Dabei sind hinsichtlich selbständiger Garantieversprechen insbesondere folgende Punkte unbedingt zu berücksichtigen und ausdrücklich zu regeln (siehe näher dazu auch unten Rz. 165 ff.):[148] 108

- Welche Gesichtspunkte sollen garantiert werden, welchen **Inhalt** soll also der Garantiekatalog im Einzelnen haben?
- Soll das **Vorhandensein** positiver oder das **Fehlen** negativer Faktoren vereinbart werden?
- Soll die Haftung des Verkäufers tatsächlich vollkommen **verschuldensunabhängig** sein?

  Gegebenenfalls: Welcher Grad des Verschuldens soll haftungsauslösend sein?

  Soll Kenntnis oder verschuldete Unkenntnis des Käufers haftungsmindernd oder -ausschließend wirken?
- Welche **Verjährungsfrist** soll gelten?

  Wann soll sie beginnen?

  In welchen Fällen soll sie gehemmt werden?
- Welche **Rechtsfolgen** soll die Abweichung von Garantieversprechen auslösen?

  Soll der Käufer den Kaufpreis mindern dürfen (nach welcher Berechnungsmethode?), oder

  soll er zurücktreten können (mit welchen Folgen in Bezug auf die in der Zwischenzeit eingetretenen Veränderungen, Verluste, Gewinne des Unternehmens?) oder

  soll Schadensersatz geleistet werden (ausschließlich oder neben anderen Folgen und nach welcher Berechnungsmethode?)?
- Wenn **Schadensersatz** geleistet werden soll, wie sollen die weiteren Einzelheiten des Schadensersatzes aussehen?

  Muss jeder einzelne Schadensersatzanspruch wegen einer Garantieverletzung eine bestimmte Mindesthöhe erreichen (sog. *de minimis-Regelung*)?

  Muss die Summe aller Schadensersatzansprüche eine bestimmte Mindesthöhe erreichen (sog. *Basket-Regelung*)?

  Wenn die Mindesthöhe erreicht ist, kann der Käufer für die gesamte Summe einschließlich des Betrags unterhalb der Mindesthöhe Schadensersatz

---

148) Näher dazu *von Hoyenberg* in: Münchener Vertragshandbuch, Bd. 2, IV. 3, 4 Anm. 101 ff.; *Vorbrugg* in: International Bar Association, S. 205, 215 ff.

verlangen (Mindesthöhe als sog. Freigrenze) oder nur für den überschießenden Teil (Mindesthöhe als sog. Freibetrag)?

Wird ein Betrag als Haftungshöchstgrenze (sog. *cap*) gewählt und wenn ja, in welcher Höhe?

- In welchem Verhältnis sollen die **vereinbarten** Garantiezusagen zur **gesetzlichen** Gewährleistung stehen?

Soll Letztere vollständig verdrängt werden oder

etwa nur für nicht (ausdrücklich) geregelte Mängel oder

in allen Fällen subsidiär gelten? Je ausführlicher das autonome Gewährleistungsregime ist, desto eher empfiehlt sich die Exklusivität dieses Regimes, um Störungen zu vermeiden.[149]

4. Due Diligence und vorvertragliche Haftung

109 Dies führt zu einem weiteren haftungsrechtlichen Aspekt, nämlich der Frage nach der generellen Bedeutung der Due Diligence für die Haftung im vorvertraglichen Bereich. Die Due Diligence führt regelmäßig zu einem sehr engen und intensiven Kontakt zwischen Käufer und Verkäufer, namentlich natürlich zwischen Käufer und zu erwerbendem Unternehmen. Der Käufer erlangt in erheblichem Umfang sensible und vertrauliche Informationen. Um diesem zunächst rein faktischen Vertrauensverhältnis ein gewisses rechtliches Fundament zu geben, kommt es üblicherweise zu **vorvertraglichen Vereinbarungen**, Absichtserklärungen und Ähnlichem, die – abhängig vom Parteiwillen – ein **vorvertragliches Schuldverhältnis** i. S. d. §§ 311 Abs. 2, 241 Abs. 2 BGB begründen können (siehe zur Vertraulichkeitsvereinbarung oben Rz. 17 ff.; zum Letter of Intent oben Rz. 22 ff.). Hierbei gilt: Je umfangreicher die gesamte Transaktion ist, desto wichtiger sind klare, individuelle Vereinbarungen über die vorvertragliche Phase und alle damit verbundenen haftungsrechtlichen Fragen. Dies umfasst bei internationalen Unternehmenskäufen insbesondere eine Rechtswahl für die vorvertragliche Phase, damit die Frage des anwendbaren Rechts nicht zusätzlich zu inhaltlichen Fragen Gegenstand eines etwa später entstehenden Streits wird. Die Frage kann wichtig werden, da bspw. die USA beim Abbruch von Vertragsverhandlungen eine weitergehende Haftung als das deutsche Recht kennen, während das schweizerische Recht für diesen Fall überhaupt keine Haftung vorsieht.[150]

---

149) *Vorbrugg* in: International Bar Association, S. 218.
150) Eine Haftung ist im schweizerischen Recht zwar gesetzlich nicht kodifiziert, allerdings kann das Führen von Vertragsverhandlungen ohne einen Abschlusswillen Schadensersatzansprüche begründen, s. dazu *Bucher*, S. 281 f.; *Loser*, Vertrauenshaftung, S. 380 ff. Zur Haftung nach US-amerikanischem Recht *Farnsworth/Young/Sanger*, Contracts, S. 233 ff.

F. Due Diligence

Wichtig ist gerade für jene Situationen, in denen **individuelle Vereinbarungen** **110** **fehlen**, festzustellen, ob und in welchem Umfang die bloße Tatsache einer Due Diligence vorvertragliche Rechtsbeziehungen mit entsprechenden Ansprüchen begründet. Gemäß § 311 Abs. 2 Nr. 1 BGB entsteht ein **Schuldverhältnis** durch die Aufnahme von Vertragsverhandlungen. Dies liegt noch nicht zwingend vor, wenn der Käufer eine Due Diligence durchführt. § 311 Abs. 2 Nr. 2 BGB sieht jedoch vor, dass ein Schuldverhältnis ebenso durch die Anbahnung eines Vertrags entsteht, bei dem eine Partei der anderen ermöglicht, auf ihre Rechtsgüter einzuwirken oder sie ihr anvertraut. Auch ohne formelle Vereinbarung kann eine Due Diligence daher allein wegen der engen und vertraulichen Beziehung der Parteien, die deutlich über das normale Maß vorvertraglicher Beziehungen von Kaufvertragsparteien hinausgeht, sehr schnell zu einem Schuldverhältnis i. S. d. § 241 Abs. 2 BGB mit entsprechenden Verhaltenspflichten führen, die im Fall ihrer Verletzung Schadensersatzansprüche nach § 280 Abs. 1 BGB auslösen.

Hieran schließt sich nahtlos die Frage an, welche **Bedeutung** die **Due Diligen-** **111** **ce** i. R. d. Ansprüche wegen Verletzung eines **vorvertraglichen Schuldverhältnisses** (§§ 280 Abs. 1, 311 Abs. 2 BGB) hat. Vor der Schuldrechtsreform war ein wesentlicher Anwendungsbereich der Haftung aus culpa in contrahendo, Lücken des kaufrechtlichen Gewährleistungsrechts zu füllen. Danach haftete der Verkäufer insbesondere für **unrichtige Auskünfte** und **Angaben** über **wertbildende Faktoren**, wie etwa die bisherige Vermögens- und Ertragslage des Unternehmens, weil solche Angaben nicht zum Fehlerbegriff oder zu den zusicherungsfähigen Eigenschaften zählten und mithin nicht von der Gewährleistung gedeckt waren.[151)] Definiert man mit der h. A. den Beschaffenheitsbegriff des § 434 BGB dagegen weit, um auch solche wie die eben genannten wertbildenden Faktoren eines Unternehmens zu erfassen, bleibt nach verbreiteter Meinung insoweit für eine vorvertragliche Haftung kein Raum.[152)] Unberührt hiervon bleibt jedoch der Anwendungsbereich der culpa in contrahendo für die Verletzung **sonstiger Aufklärungs- und Informationspflichten**, den ungerechtfertigten Abbruch von Vertragsverhandlungen oder die Verletzung von

---

151) Vgl. BGH, NJW 1977, 1536; BGH, NJW-RR 1989, 306; BGH, DB 1990, 1911 = NJW 1990, 1658 (unrichtige Angaben über bisherige Umsätze und Ergebnisse), dazu *Knöpfle*, EWiR 1990, 873; BGH, NJW 1980, 2408 = ZIP 1980, 549; BGH, NJW-RR 1988, 744 = WM 1988, 124 (tatsächliche Herstellungskosten für bestimmte Produkte); vgl. *Fleischer/ Körber*, BB 2001, 841, 843, zur Haftung aus culpa in contrahendo (noch zum alten Recht, bevor dieses Rechtsinstitut i. R. d. Schuldrechtsreform in das BGB aufgenommen wurde).
152) OLG Köln, ZIP 2009, 2063, 2065 f. (Eine Anwendung für Aufklärungspflichtverletzungen hinsichtlich solcher Fehler des Unternehmens, die in der Beschaffenheit seiner sächlichen Subsatz liegen, sei neben der Mängelgewährleistung abzulehnen; die §§ 434 ff. BGB seien insoweit leges speciales), und dazu *Picot*, DB 2009, 2587; *Weller*, EWiR 2010, 15; zum Streitstand *Emmerich* in: MünchKomm-BGB, § 311 BGB Rz. 138 ff.

Geheimhaltungspflichten.[153)] Gleiches gilt, wenn der Verkäufer inhaltlich fehlerhafte Unterlagen in den Datenraum einstellt.[154)]

5. Due Diligence und Kenntniszurechnung

112 Des Weiteren gewinnt die Due Diligence Bedeutung für das Problem der **Kenntniszurechnung**. Je stärker die Parteien i. R. d. Kaufvorbereitung die Hilfe **Dritter** (etwa Anwälte, Wirtschaftsprüfer, Steuer- und Unternehmensberater) in Anspruch nehmen, umso wichtiger wird die Frage, ob das Wissen dieser Dritten der jeweiligen Partei zugerechnet werden kann. Bekanntlich wird den Parteien das Kennen oder Kennenmüssen ihrer Hilfspersonen und insbesondere ihrer Berater und leitenden Mitarbeiter zugerechnet (§ 278 BGB oder § 166 BGB).[155)]

113 Für die Praxis der Due Diligence bedeutet dies, dass die **lückenlose Kommunikation** zwischen der jeweiligen Vertragspartei, ihren Beratern und den leitenden Mitarbeitern der Zielgesellschaft sehr wichtig ist. Ferner stellt sich die Frage nach der Haftungsbegrenzung, und zwar nicht zuletzt für das Verhältnis der jeweiligen Partei zu ihren Beratern. Denn diese können sich bei persönlicher Inanspruchnahme eventuell auf eine vereinbarte Freizeichnung berufen.

6. Due Diligence und Offenlegungspflichten sowie -verbote

114 Der Unternehmensverkäufer haftet für unterlassene oder unvollständige Auskünfte aus der Verletzung eines vorvertraglichen Schuldverhältnisses (§§ 280, 311 Abs. 2 BGB) oder von Gewährleistungsregeln nur, soweit ihn besondere **Offenlegungs-, Aufklärungs- oder Informationspflichten** treffen, namentlich, wenn der Käufer die Offenlegung nach der Verkehrsauffassung erwarten darf. Nach ständiger Rechtsprechung des BGH hat der Verkäufer bei Verhandlungen über einen Unternehmenskauf den Kaufinteressenten grundsätzlich auch ungefragt über solche Umstände aufzuklären, die den Vertragszweck des Kaufinteressenten vereiteln können und daher für seinen Entschluss von wesentlicher Bedeutung sind, sofern der Kaufinteressent die Mitteilung nach der Verkehrsauffassung erwarten darf.[156)]

115 Teilweise wird vertreten, der Verkäufer reduziere oder erfülle seine Aufklärungspflichten schon grundsätzlich dadurch, dass er dem Kaufinteressenten

---

153) *Seibt/Reiche*, DStR 2002, 1181, 1185; *Holzapfel/Pöllath*, Rz. 635 ff.; *Gaul*, ZHR 166 (2002), 35, 65; *Wunderlich*, WM 2002, 981, 985.
154) *Triebel/Hölzle*, BB 2002, 521, 533.
155) Zur Wissenszurechnung nach diesen Vorschriften und alternativ nach § 164 Abs. 3 BGB s. *Baum*, Die Wissenszurechnung, S. 39 ff.; *Koller*, JZ 1998, 75; anders für die Kenntnis lediglich intern tätiger Berater BGH, WM 1974, 312, 313; BGH, NJW-RR 1997, 270.
156) BGH, NZG 2002, 298, 300 = NJW 2002, 1042 = ZIP 2002, 440; BGH, NJW 2001, 2163, 2164 = ZIP 2001, 918.

F. Due Diligence

ermögliche, eine **Due Diligence** durchzuführen und ihm hierbei die von ihm gewünschten Informationen gebe und ihn die erbetenen Unterlagen einsehen lasse.[157] Gegen diese Ansicht wird eingewandt, ein Kaufinteressent, der eine Due Diligence durchführe, zeige gerade im Gegenteil, dass er ein gesteigertes Interesse daran habe, umfassend aufgeklärt zu werden. Er wolle sich hierdurch zusätzlich schützen, nicht aber seine Rechtsposition verschlechtern.[158] Letztlich dürfte der Einzelfall entscheiden. Mit einer Due Diligence als solcher erfüllt der Verkäufer nicht pauschal seine Aufklärungspflichten. Entscheidend ist, ob er dem Käufer die Informationen gegeben hat, die für den Kaufentschluss von wesentlicher Bedeutung sind. Hierbei sind die Grenzen des BGH zu beachten. So kann im besonderen Fall die allgemeine Information, das Zielunternehmen sei in der geführten Form ein Verlustgeschäft, genügen, wenn der Käufer alle sonst erfragten Informationen erhalten hat und selbst sachkundig ist. In einer Entscheidung des obersten deutschen Zivilgerichts heißt es hierzu:

> „Unter diesen Umständen war die Kl. nicht gehalten, dem Bekl. ungefragt die Verluste der vergangenen Jahre im Einzelnen darzustellen. Der Bekl. war ein Inhaber eines Getränkegroßhandels hinreichend sach- und branchenkundig. Von ihm war zu erwarten, dass er sich auf den Hinweis der Kl., es habe sich um ein Verlustgeschäft gehandelt, von ihren Verhandlungsgehilfen Bilanzen, Gewinn- und Verlustrechnungen, betriebswirtschaftliche Auswertungen oder ähnliche aussagekräftige Unterlagen hätte vorlegen lassen, wenn dies für ihn von Interesse gewesen wäre."[159]

Dem Kaufinteressenten ist zu empfehlen, in seiner Anforderungsliste eine Klausel aufzunehmen, wonach die Liste nicht abschließend ist und weitere Informationen und Dokumente wichtig sein können.[160] Damit zeigt der Kaufinteressent entgegen der eben genannten einschränkenden Ansicht, durch die Liste nicht auf etwaige weitergehende Informationspflichten des Verkäufers verzichten zu wollen. 116

Allerdings sind neben den Offenlegungspflichten auch **Offenlegungsverbote** zu berücksichtigen. So wurde bereits oben ausgeführt, dass der Vorstand einer **Aktiengesellschaft** als Zielgesellschaft gemäß § 93 Abs. 1 Satz 3 AktG ausdrücklich verpflichtet ist, über vertrauliche Angaben und Geheimnisse Stillschweigen zu bewahren. Ein Verstoß hiergegen ist strafbar (§ 404 AktG).[161] Möchte der Vorstand Informationen offenlegen, hat er alle Vor- und Nachteile einer Offenlegung abzuwägen und hierbei das objektive Gesellschaftsinteresse 117

---

157) *Holzapfel/Pöllath*, Rz. 638; *Werner*, ZIP 2000, 989, 990; *Loges*, BB 1997, 965, 969.
158) *Fleischer/Körber*, BB 2001, 841, 848; *Müller*, NJW 2004, 2196, 2198 f.; *Knott* in: Knott/Mielke, Rz. 130; *Beisel* in: Beisel/Klumpp, Kap. 2 Rz. 14; *Stengel/Scholderer*, NJW 1994, 158, 164; *Picot* in: Berens/Brauner/Strauch, S. 299, 327 f.
159) BGH, NZG 2002, 298, 300 = NJW 2002, 1042 = ZIP 2002, 440.
160) *Seibt* in: Seibt, M&A, B. VI. 2 Anm. 4, S. 69.
161) Vgl. *Knott* in: Knott/Mielke, Rz. 50.

zu wahren (siehe oben Rz. 82 ff., dort auch zur Rechtslage bei der **GmbH**). Im Ergebnis kann dies die Möglichkeiten einer Due Diligence einschränken.

118 Schließlich hat der Vorstand die **Insiderregeln** der §§ 13, 14 WpHG zu beachten, falls die Zielgesellschaft **börsennotiert** ist. Danach darf der Vorstand gemäß § 14 Abs. 1 Nr. 2 WpHG nicht einem anderen eine Insiderinformation unbefugt mitteilen oder zugänglich machen. Der Emittentenleitfaden der BaFin und die ganz überwiegende Literatur sehen das Merkmal „*unbefugt*" jedoch nicht als erfüllt an, wenn i. R. einer Due Diligence-Prüfung Insiderinformationen weitergegeben werden und dies erforderlich ist, um eine konkrete Erwerbsabsicht bei einem Paket- oder Kontrollerwerb abzusichern (siehe oben Rz. 87).[162] Daran anschließend kann sich die Frage ergeben, ob ein auf der Grundlage solcher Informationen erfolgender Share Deal dennoch ein verbotenes **Insidergeschäft** sein kann. Hier ist nach richtiger Ansicht der BaFin zu differenzieren: Der Paketerwerb als solcher ist kein Insidergeschäft, wenn der Erwerber den Plan zum Erwerb unabhängig von den Informationen hatte und der Erwerb durch die Informationen nur bestärkt oder aufgegeben wird. Hingegen ist der Tatbestand des Insidergeschäfts erfüllt, wenn der Paketerwerber in Kenntnis der durch die Due Diligence erlangten Insidertatsachen später weitere Anteile erwirbt (sog. *alongside purchases*).[163]

G. Vertragsgestaltung

119 Wie der internationale Unternehmenskauf insgesamt wird auch dessen Vertragsgestaltung stark von der anglo-amerikanischen Rechtskultur geprägt.[164] Auf die Besonderheiten der Präambel, der Definitionen, der Überschriften sowie der Länge und Ausführlichkeit von Unternehmenskaufverträgen wird an anderer Stelle eingegangen (siehe unten § 3 Rz. 28 ff.), sodass sie hier nicht mehr darzustellen sind.[165] Im Folgenden soll vielmehr ein Überblick über ver-

---

162) *Hasselbach*, NZG 2004, 1087, 1088; *Fleischer/Körber* in: Berens/Brauner/Strauch, S. 273, 279; *Koffka* in: Eilers/Koffka/Mackensen, I. 3. Rz. 17; *Knott* in: Knott/Mielke, Rz. 57; *Spindler* in: MünchKomm-AktG, § 93 AktG Rz. 122; *Assmann* in: Assmann/Schneider, § 14 WpHG Rz. 113, 154; *Hemeling*, ZHR 169 (2005), 274, 283; *Mennicke* in: Fuchs, § 14 WpHG Rz. 303 ff.; *Schwark/Kruse* in: Schwark/Zimmer, KMRK, § 14 WpHG Rz. 57; einschränkend *Bachmann*, ZHR 172 (2008), 597, 623 ff.; *Schäfer* in: Schäfer/Hamann, KMG, § 14 WpHG Rz. 74 ff.

163) *BaFin*, Emittentenleitfaden, S. 37 f.; *Assmann* in: Assmann/Schneider, § 14 WpHG Rz. 45; *Hopt*, ZHR 159 (1995), 135, 155 f. (Fn. 88); *Schäfer* in: Schäfer/Hamann, KMG, § 14 WpHG Rz. 69 und 71 ff.; *Schmidt-Diemitz*, DB 1996, 1809, 1812; zu den Auskunftspflichten und Auskunftsrechten des Vorstands einer AG nach Transaktionsabschluss vgl. *Traugott*, BB 2001, 2277.

164) Allgemein dazu *Merkt*, ZHR 171 (2007), 490; *Triebel*, RIW 1998, 1; *King/Segain*, ECFR 2007, 126; den Gegensatz herausarbeitend *Hill/King*, Chi.-Kent L. Rev. 79 (2004), 889.

165) Für einen allgemeinen Vergleich zwischen deutschen und US-amerikanischen Verträgen s. *Hill/King*, Chi.-Kent L. Rev. 79 (2004), 889; s. a. zu den Besonderheiten von Verträgen aus dem Common Law *Lundmark*, RIW 2001, 187.

G. Vertragsgestaltung

schiedene weitere wesentliche Merkmale von Unternehmenskaufverträgen gegeben werden, wie sie bei internationalen, aber auch nationalen Transaktionen immer wieder zu finden sind und vielfach im angelsächsischen Raum ihren Ursprung haben. Der Zielrichtung dieses Werks entsprechend, kann nicht auf sämtliche Gesichtspunkte der Vertragsgestaltung eingegangen werden. Im Zentrum stehen daher die Besonderheiten des internationalen Unternehmenskaufs, die allerdings bei nationalen Unternehmenskäufen ebenfalls vielfach auftauchen.

I. Vollzugsbedingungen

Hinter dem bei internationalen Unternehmenskäufen wie auch sonst in angelsächsisch geprägten Verträgen häufig auftauchenden „**conditions precedent**" verbirgt sich zunächst einmal nichts anderes als die uns wohl vertraute **aufschiebende Bedingung**. Dass der englischsprachige Begriff verwendet wird, dient, so scheint es, nicht dazu, die aus einem fremden System importierte Rechtsfigur besonders genau zu kennzeichnen, sondern ist modischer Zierrat. Dieser Eindruck täuscht jedoch dann, wenn die *condition precedent* im Ablauf der Vertragsdurchführung eine etwas andere Funktion hat als die klassische aufschiebende Bedingung. Ist in diesem Fall die *condition precedent* erfüllt, ist damit nicht automatisch das Geschäft dinglich vollzogen; vielmehr sind jetzt erst die Voraussetzungen geschaffen, diesen Vollzug durch einen gesonderten Akt, das sog. Closing (siehe unten Rz. 204 ff.) vorzunehmen. Bedingt ist also durch eine *condition precedent* regelmäßig die Verpflichtung der Parteien, das Geschäft dinglich zu vollenden, nicht die Vollendung selbst. In diesem Fall spricht man auch von **Vollzugsbedingungen** *(closing condition)*. **Im Folgenden** werden alle Begriffe **synonym verwendet**. Welche Art von Bedingung im Einzelfall vorliegt, hängt vom konkreten Vertrag ab. Einige mögliche Bedingungsinhalte seien nachfolgend vorgestellt.

120

1. Staatliche Genehmigungen
a) Überblick

Aufschiebende Bedingungen finden sich bei internationalen Unternehmenskäufen häufig, vor allem, wenn Dritte – insbesondere staatliche Behörden – der Transaktion zustimmen müssen. Hierbei ist bspw. an die in manchen Ländern immer noch existierende **Devisenkontrollgesetzgebung** zu denken, die es erforderlich machen kann, Investitionen in oder aus Drittländern von der Nationalbank oder einer anderen Kontrollbehörde genehmigen zu lassen.[166] Aus

121

---

[166] Über die nationale Devisengesetzgebung sowie deren Änderung informieren die jährlichen Länderberichte des Internationalen Währungsfonds (IWF), s. *International Monetary Fund*, Annual Report on Exchange Arrangements and Exchange Restrictions; vgl. auch *Martiny* in: MünchKomm-BGB, Anh. II zu Art. 9 Rom I-VO Rz. 29.

Göthel 69

§ 2 Ablauf und Vertragsgestaltung

deutscher Sicht ist dabei zu beachten, dass ein Verstoß gegen Devisenkontrollbestimmungen eines Mitgliedslandes des Abkommens über den Internationalen Währungsfonds[167] den Vertrag auch nach deutschem Recht unwirksam machen kann.[168] Insofern ist es auch für einen deutschen Verkäufer und dessen Berater wichtig, die ausländische Devisengesetzgebung einzuhalten.

122 In denselben Zusammenhang gehören die nach wie vor bestehenden Bestimmungen über die Genehmigung von **Direktinvestitionen durch Ausländer**. Sie finden sich z. B. in verschiedenen Staaten Mittel- und Osteuropas sowie in zahlreichen Ländern der Dritten Welt, aber auch in Kanada und Australien.[169] Hier wie auch bei den Devisenkontrollbestimmungen ist es häufig nötig, einen fertig abgeschlossenen Vertrag vorlegen zu können, um die Genehmigung zu erhalten. Dies macht es erforderlich, den Vertrag unter der aufschiebenden Bedingung abzuschließen, dass diese Genehmigung erteilt wird.

b) Außenwirtschaftsrecht

123 Darüber hinaus kann es aufgrund der Bestimmungen des deutschen Außenwirtschaftsrechts erforderlich sein, einen internationalen Unternehmenskaufvertrag unter eine Bedingung zu stellen.

aa) Einleitung

124 Der Kern des deutschen Außenwirtschaftsrechts ist im **Außenwirtschaftsgesetz** und der **Außenwirtschaftsverordnung** niedergelegt. Gegenstand des Gesetzes ist es, den Außenwirtschaftsverkehr in ausgewählten Fällen einzuschränken (vgl. § 1 Abs. 1 AWG). Das deutsche Außenwirtschaftsrecht hat nun mit dem Dreizehnten Gesetz zur Änderung des Außenwirtschaftsgesetzes und der Außenwirtschaftsverordnung eine wichtige Änderung erfahren, die sich auf die internationale Transaktionspraxis ausgewirkt hat.[170] Ziel des Änderungsgesetzes ist es, den Erwerb von deutschen Unternehmen durch gemeinschaftsfremde Erwerber im Einzelfall prüfen und untersagen zu können, wenn der **Erwerb die öffentliche Ordnung oder Sicherheit der Bundesrepublik Deutschland** gefährdet. Das Gesetz erweitert damit die bislang bestehenden und wesentlich engeren Prüfungsmöglichkeiten von Rechtsgeschäften und Handlungen im Außenwirtschaftsverkehr nach den §§ 5 ff. AWG. Der Geset-

---

167) Übereinkommen über den Internationalen Währungsfonds (IWFÜ) v. 22.7.1944 i. d. F. v. 30.4.1976, BGBl. II 1978, 13 ff., 34 f., 3. Änderung v. 28.6.1990, BGBl. II 1991, 814 (Bretton Woods-Abkommen); ausführlich dazu *Martiny* in: MünchKomm-BGB, Anh. II zu Art. 9 Rom I-VO Rz. 9 ff.
168) Art. VIII Abschnitt 2 (b) S. 1 IWFÜ; dazu *Ebke* in: Staudinger, Anh. Art. 34 EGBGB Rz. 10 ff.; *Grundmann* in: MünchKomm-BGB, § 245 BGB Rz. 27; *Ehrike*, RIW 1991, 365.
169) Vgl. *Sornarajah*, S. 97 ff.
170) Gesetz v. 18.4.2009, in Kraft getreten am 24.4.2009, BGBl. I 2009, 770.

G. Vertragsgestaltung

zesentwurf wurde ausführlich in der Literatur diskutiert und kritisiert, insbesondere seine Vereinbarkeit mit europäischem Recht stark bezweifelt.[171] Letztlich konnten die Kritiker den Gesetzgeber nicht daran hindern, im deutschen Recht hoheitliche Eingriffsbefugnisse zu verankern, wie sie in vergleichbarer Form schon seit längerem im Ausland bekannt sind.[172] Im Folgenden soll auf diese praxisrelevante Neuheit des Außenwirtschaftsrechts näher eingegangen werden.

bb) Voraussetzungen

Das Bundesministerium für Wirtschaft und Technologie (BMWi) kann nunmehr den Erwerb eines gebietsansässigen Unternehmens oder einer unmittelbaren oder mittelbaren Beteiligung an einem solchen Unternehmen durch einen Gemeinschaftsfremden darauf prüfen, ob der Erwerb die öffentliche Ordnung oder Sicherheit der Bundesrepublik Deutschland gefährdet (§ 7 Abs. 2 Nr. 6 AWG i. V. m. § 53 Abs. 1 Satz 1 AWV). 125

Das Merkmal des **Erwerbs** verlangt, dass der Erwerber ein gebietsansässiges und damit deutsches Unternehmen oder eine Beteiligung daran erwirbt (§ 53 Abs. 1 Satz 1 AWV).[173] Ferner muss der Erwerber nach dem Erwerb an dem Zielunternehmen unmittelbar oder mittelbar einen Stimmrechtsanteil von mindestens 25 % halten (§ 53 Abs. 1 Satz 2 AWV). Bei der Berechnung des Stimmrechtsanteils sind die Anteile anderer Unternehmen am Zielunternehmen dem Erwerber zuzurechnen, wenn der Erwerber mindestens 25 % der Stimmrechte an den anderen Unternehmen hält. Die Stimmrechte eines Dritten werden zugerechnet, wenn der Erwerber mit diesem Dritten eine Stimmrechtsvereinbarung abgeschlossen hat (§ 53 Abs. 1 Satz 3 und 4 AWV). Da § 53 Abs. 1 Satz 1 AWV ausdrücklich auch den mittelbaren Erwerb von Beteiligungen an deutschen Unternehmen erfasst, können internationale Transaktionen, an denen deutsche Gesellschaften lediglich als Tochter- oder Enkelgesellschaften der ausländischen Zielgesellschaft beteiligt sind, in den Anwendungsbereich des AWG fallen.[174] Dies ist i. R. d. Transaktionsverfahrens und der Vertragsgestaltung zu berücksichtigen. 126

---

171) Hierzu *Krolop*, ZRP 2008, 40, 42 ff.; *Martini*, DöV 2008, 314, 317 ff.; *Schäfer/Voland*, EWS 2008, 166, 168 ff.; *Schalast*, M&A Review 2009, 107, 112 ff.; *Weller*, ZIP 2008, 857, 861 ff. (ordnungspolitische, verfassungs-, europa- und/oder völkerrechtliche Bedenken).

172) Zum Beispiel in den USA, Großbritannien, Frankreich oder Italien, in den USA namentlich der Foreign Investment and National Security Act of 2007, Pub.L. 110-49, 121 Stat. 246, sowie der Exon-Florio Amendment to the Omnibus Trade and Competitiveness Act of 1988, 50 U.S.C. Appendix 2170. Zu ausländischen Regelungen eingehend etwa *Krolop*, BT-Drucks. 16/10730, S. 41 ff. Die Russische Föderation hat im Jahr 2008 ein solches Instrumentarium geschaffen, hierzu *Stoljarski/Wedde*, RIW 2009, 587.

173) Zum Merkmal der Gebietsansässigkeit s. § 4 Abs. 1 Nr. 5 AWG.

174) Vgl. *Krause*, BB 2009, 1082, 1086; *Traugott/Strümpell*, AG 2009, 186, 191.

§ 2 Ablauf und Vertragsgestaltung

127 Die Art des Erwerbs ist unbeachtlich. Der Prüfungsmöglichkeit wird der Erwerb von Beteiligungen (**Share Deal**) ebenso unterworfen wie der Erwerb eines Unternehmens durch Veräußerung der einzelnen Vermögensgegenstände (**Asset Deal**) oder durch Verschmelzung.[175] Unerheblich ist auch, welchem Recht der zugrundeliegende schuldrechtliche Vertrag unterliegt. Er muss also nicht deutschem Recht unterfallen, damit das BMWi eine Prüfung einleiten kann. Die Normen des Außenwirtschaftsrechts sind vielmehr Eingriffsnormen i. S. d. Art. 9 Rom I-VO, die unabhängig vom Vertragsstatut gesondert angeknüpft werden. Durch die Wahl ausländischen Rechts lässt sich das deutsche Außenwirtschaftsrecht nicht abwählen (siehe unten § 5 Rz. 61, § 8 Rz. 46 f.).[176]

128 Der **Erwerber** muss das persönliche Merkmal eines „**Gemeinschaftsfremden**" erfüllen. Dieses Merkmal wird negativ definiert, indem es erfüllt ist, wenn der Erwerber nicht gemeinschaftsansässig ist. Jede natürliche oder juristische Person, aber auch eine Personenvereinigung kann gemeinschaftsfremd sein. Bei einer natürlichen Person ist dies gegeben, wenn sie nicht ihren Wohnsitz in einem Mitgliedstaat der Europäischen Union hat. Eine juristische Person oder Personenvereinigung ist gemeinschaftsfremd, wenn sie nicht ihren satzungsmäßigen Sitz, ihre Hauptverwaltung oder eine dauerhafte Niederlassung in einem Mitgliedstaat der Europäischen Union hat.[177] Zweigniederlassungen und Betriebstätten eines gemeinschaftsfremden Erwerbers gelten nicht als gemeinschaftsansässig (§ 53 Abs. 1 Satz 5 AWV). Damit soll sichergestellt werden, dass relevante Erwerbe von gemeinschaftsfremden Erwerbern nicht aufgrund einer Zweigniederlassung oder Betriebsstätte aus dem Anwendungsbereich des § 53 AWV herausfallen. Erwerber aus den Mitgliedstaaten der Europäischen Freihandelsassoziation (EFTA), also Island, Liechtenstein, Norwegen und die Schweiz, stehen gemeinschaftsansässigen Erwerbern gleich (§ 53 Abs. 1 Satz 7 AWV). Gleiches wird für Erwerber von den Kanalinseln (Alderney, Herm, Guernsey, Jersey und Sark) und der Isle of Man vertreten.[178] Gemeinschaftsfremd bleiben aber Erwerber aus den überseeischen Ländern und Hoheitsgebieten nach Anhang II zum AEU-Vertrag, also etwa von den Kaimaninseln, den

---

175) *Seibt/Wollenschläger*, ZIP 2009, 833, 836; *von Rosenberg/Hilf/Kleppe*, DB 2009, 831, 833; *Schalast*, M&A Review 2009, 107 112; *Friedrich* in: Hocke/Berwald/Maurer/Friedrich, § 52 AWV Rz. 22 ff. Die Erfassung nicht nur des Share Deal, sondern auch des Asset Deal, ergibt sich aus dem Wortlaut von § 7 Abs. 2 Nr. 6 AWG, der ausdrücklich den Erwerb „gebietsansässiger Unternehmen oder von Anteilen an solchen Unternehmen" nennt. Der Asset Deal muss sich aber qualitativ als Erwerb eines Unternehmens oder einer Beteiligung an einem solchen darstellen und nicht als bloßer Kauf von Einzelgegenständen, vgl. *Seibt/Wollenschläger*, ZIP 2009, 833, 836.

176) *Friedrich* in: Hocke/Berwald/Maurer/Friedrich, § 52 AWV Rz. 45; *Seibt/Wollenschläger*, ZIP 2009, 833, 836.

177) § 4 Abs. 1 Nr. 5 und 8 AWG i. V. m. Art. 4 Nr. 2 der Verordnung (EWG) 2913/92 des Rates vom 12.10.1992 zur Festlegung des Zollkodex der Gemeinschaften.

178) So etwa *von Rosenberg/Hilf/Kleppe*, DB 2009, 831, 832; *Krause*, BB 2009, 1082, 1086.

G. Vertragsgestaltung

Britischen Jungferninseln und den Bermuda Inseln.[179] Gibt es Anzeichen für eine missbräuchliche Gestaltung des Erwerbs oder ein Umgehungsgeschäft, um einer Prüfung der Transaktion auszuweichen, kann auch der Erwerb durch ein gemeinschaftsansässiges Unternehmen geprüft werden, wenn ein Gemeinschaftsfremder daran mindestens 25 % der Stimmrechte hält. (§ 53 Abs. 1 Satz 6 AWV).

Das BMWi kann den Erwerb untersagen, wenn er die **öffentliche Ordnung oder Sicherheit** der Bundesrepublik Deutschland gefährdet (§ 53 Abs. 2 Satz 4 AWV). Nach dem Willen des Gesetzgebers entspricht das Kriterium der öffentlichen Ordnung oder Sicherheit den Vorgaben der Art. 46 Abs. 1 und Art. 58 Abs. 1 EGV (heute Art. 52 Abs. 1 und Art. 65 Abs. 1 AEUV).[180] Daher findet sich in § 7 Abs. 2 Nr. 6 Halbs. 2 AWG die Rechtsprechung des EuGH wieder, wonach eine Berufung auf die öffentliche Ordnung oder Sicherheit nur möglich ist, wenn eine tatsächliche und hinreichend schwere Gefährdung vorliegt, die ein Grundinteresse der Zivilgesellschaft berührt.[181] Anhand der vom EuGH entwickelten Kriterien ist für jeden Einzelfall zu prüfen, ob die öffentliche Ordnung oder Sicherheit gefährdet ist.[182] Hierbei gibt es **keine Beschränkung auf bestimmte Industriesektoren oder Wirtschaftsbereiche**, in denen die Zielgesellschaft tätig sein muss. Eine solche Einschränkung hat bislang weder der EuGH noch der deutsche Gesetzgeber im Änderungsgesetz vorgenommen.[183] Theoretisch sind also sämtliche Wirtschaftsbereiche erfasst. Der Gesetzgeber sieht in Anlehnung an die Rechtsprechung des EuGH jedenfalls die öffentliche Sicherheit bei Fragen der Sicherstellung der Versorgung im Krisenfall in den Bereichen Telekommunikation und Elektrizität sowie der Gewährleistung von Dienstleitungen von strategischer Bedeutung als betroffen an.[184] Als weitere Bereiche werden die Versorgung im Krisenfall in anderen

129

---

179) Vgl. *von Rosenberg/Hilf/Kleppe*, DB 2009, 831, 832.
180) Begr. des Regierungsentwurfs, BT-Drucks. 16/10730, S. 11; s. a. *Krause*, BB 2009, 1082, 1083.
181) S. EuGH, Rs. C-54/99, *Association Église de scientologie de Paris*, Slg. 2000, I-1335 = EWS 2000, 171; EuGH, Rs. C-367/98, *Goldene Aktien I*, Slg. 2002, I-4731 = DB 2002, 1259; EuGH, Rs. C-483/99, *Goldene Aktien II*, Slg. 2002, I-4781 = ZIP 2002, 1085; EuGH, Rs. C-503/99, *Goldene Aktien III*, Slg. 2002, I-4809 = ZIP 2002, 1090 = NJW 2002, 2303; EuGH, Rs. C-463/00, *Goldene Aktien IV*, Slg. 2003, I-4581 = ZIP 2003, 991 = NJW 2003, 2663; EuGH, Rs. C-98/01, *Goldene Aktien V*, Slg. 2003, I-4641 = ZIP 2003, 995 = NJW 2003, 2666; EuGH, Rs. C-174/04, *Goldene Aktien VI*, Slg. 2005, I-4933 = ZIP 2005, 1225, dazu *Klees*, EWiR 2005, 597; EuGH, Rs. C-282/04, *Goldene Aktien VII*, Slg. 2006, I-9141 = BB 2006, 2260; EuGH, Rs. C-112/05, *VW-Gesetz*, Slg. 2007, I-8995 = ZIP 2007, 2068 = NJW 2007, 3481; EuGH Rs. C-463/04 u. 464/04, *Federconsumatori*, Slg. 2007, I-10419 = ZIP 2008, 21.
182) Begr. des Regierungsentwurfs, BT-Drucks. 16/10730, S. 11.
183) Kritisch *Martini*, DöV 2008, 314, 319; *Seibt/Wollenschläger*, ZIP 2009, 833, 835; *Schalast*, M&A Review 2009, 107, 112.
184) Begr. des Regierungsentwurfs, BT-Drucks. 16/10730, S. 11.

§ 2 Ablauf und Vertragsgestaltung

Energie- und Kommunikationsbereichen genannt, wie etwa Erdöl und Erdgas sowie postalische Universaldienste.[185] Als Dienstleistungen von möglicher strategischer Bedeutung gelten bspw. Finanzdienstleistungen, Medien, Transportwesen und Logistik, Wasserversorgung, Hochtechnologe und das Gesundheitswesen.[186]

cc) Prüfverfahren

130 Das Verfahren zur Prüfung von Erwerben ist gemäß § 53 AWV **zweistufig** aufgebaut. Einer sog. Aufgreiffrist folgt eine Untersagungsfrist.

131 Zunächst sieht § 53 Abs. 1 AWV eine **dreimonatige Aufgreiffrist** vor, in der sich das BMWi entscheiden kann, ob es den Erwerb unter dem Gesichtspunkt einer Gefährdung der öffentlichen Ordnung oder Sicherheit prüfen will. Die Frist beginnt gemäß § 53 Abs. 1 Satz 1 AWV mit dem Abschluss des schuldrechtlichen Vertrags über den Erwerb der Stimmrechte[187] oder im Fall eines öffentlichen Angebots mit der Veröffentlichung der Entscheidung zur Abgabe des Angebots (§ 10 Abs. 1 Satz 1 WpÜG) oder der Veröffentlichung der Kontrollerlangung (§ 35 Abs. 1 Satz 1 WpÜG). Die Aufgreiffrist beginnt unabhängig von einer Anzeige durch eine der Parteien des Erwerbs. Das Gesetz sieht **keine** solche **Melde- oder Anzeigepflicht** vor. Auch bedarf der Unternehmenserwerb keiner vorherigen Genehmigung. Es liegt vielmehr im Verantwortungsbereich des BMWi, von relevanten Erwerben Kenntnis zu erlangen. Hierbei wird das BMWi von der BaFin sowie dem Bundeskartellamt unterstützt (siehe § 7 Abs. 1 Satz 2 WpÜG und § 50c Abs. 3 GWB).

132 Hat das BMWi den Erwerber darüber unterrichtet, den Erwerb prüfen zu wollen, ist der Erwerber verpflichtet, dem BMWi die vollständigen Unterlagen über den Erwerb zu übermitteln (§ 53 Abs. 2 Satz 1 AWV). Die zu übermittelnden Unterlagen bestimmt das BMWi durch Bekanntmachung im Bundesanzeiger (§ 53 Abs. 2 Satz 2 BMWi).[188] Nach Eingang der vollständigen Unter-

---

185) *Seibt/Wollenschläger*, ZIP 2009, 833, 839.
186) Vgl. *von Rosenberg/Hilf/Kleppe*, DB 2009, 831, 835.
187) Die Formulierung „schuldrechtlicher Vertrag über den Erwerb der Stimmrechte" ist nicht abschließend zu verstehen. Denn § 53 Abs. 1 Satz 1 AWV bezieht sich ausdrücklich nicht nur auf den Erwerb einer Beteiligung an einem Unternehmen (Share Deal), sondern auch auf den Erwerb eines Unternehmens durch Erwerb seiner Vermögensgegenstände (Asset Deal). Für einen Asset Deal sieht die Vorschrift zwar keinen Fristbeginn vor, weil im Fall eines Asset Deal kein Vertrag über Stimmrechte abgeschlossen wird. Allerdings ist die Formulierung aus systematischen und teleologischen Gründen einschränkend auszulegen. Für den Fristbeginn ist bei Asset Deals auf den Abschluss des schuldrechtlichen Vertrags über den Erwerb der Vermögensgegenstände abzustellen.
188) Für den Umfang der Unterlagen verweist die Gesetzesbegründung auf die Meldepflichten von Rüstungsunternehmen nach § 52 Abs. 2 AWV, S. 14; vgl. hierzu *Bundesministerium für Wirtschaft und Technologie*, Runderlass Außenwirtschaft Nr. 13/2004, BAnz. Nr. 164 v. 1.9.2004, S. 19565.

G. Vertragsgestaltung

lagen beginnt mit der **Untersagungsfrist** die zweite Stufe des Prüfverfahrens. Innerhalb dieser **zweimonatigen Frist** kann das BMWi den Erwerb untersagen oder Anordnungen erlassen, soweit dies erforderlich ist, um die öffentliche Ordnung oder Sicherheit der Bundesrepublik Deutschland zu gewährleisten (§ 53 Abs. 2 Satz 4 AWV). Dies geschieht jeweils durch selbständigen Verwaltungsakt. Das BMWi hat der Bundesregierung über das Ergebnis seiner Prüfung zu berichten. Einer Untersagung oder dem Erlass von Anordnungen muss die Bundesregierung zustimmen (§ 53 Abs. 2 Satz 5 AWV).

Möchte der Erwerber das Prüfverfahren beschleunigen, wird richtigerweise vertreten, er dürfe **freiwillig** die vollständigen Unterlagen vorlegen und gleichzeitig eine Prüfung nach § 53 Abs. 2 AWV anregen.[189] In diesem Fall beginnt zwar die zweimonatige Untersagungsfrist ebenfalls erst, sobald die Unterlagen vollständig eingereicht sind. Der Erwerber kann auf diese Weise aber die dreimonatige Aufgreiffrist verkürzen. 133

Darüber hinaus ermöglicht § 53 Abs. 3 AWV dem Erwerber, einen schriftlichen Antrag auf Erteilung einer Bescheinigung über die Unbedenklichkeit des Erwerbs zu stellen. Eine solche **Unbedenklichkeitsbescheinigung** wird erlassen, wenn dem Erwerb keine Bedenken für die öffentliche Ordnung oder Sicherheit der Bundesrepublik Deutschland entgegenstehen. Zugunsten des Erwerbers gilt die Bescheinigung als erteilt, wenn das BMWi nicht innerhalb eines Monats nach Eingang des Antrags ein Prüfverfahren eröffnet hat. Der Erwerber kann den Antrag auf Erteilung einer Unbedenklichkeitsbescheinigung schon sehr früh stellen. Die Gesetzesbegründung nennt jedenfalls die Möglichkeit, dies vor Beginn der Prüffrist des § 53 Abs. 1 Satz 1 AWV zu tun.[190] Richtig ist, einen solchen Antrag zuzulassen, sobald der Erwerber den geplanten Erwerb, sich selbst und sein Geschäftsfeld in Grundzügen darstellen kann. Denn ab diesem Zeitpunkt kann der Erwerber die Anforderungen des § 53 Abs. 3 Satz 1 AWV erfüllen.[191] Der Erwerber kann damit den Antrag schon einige Zeit vor Vertragsschluss stellen und damit Transaktionssicherheit erreichen. Für die Gestaltung internationaler Unternehmenskäufe ist dies ein wichtiger Gesichtspunkt. An den **Inhalt des Antrags** stellt das BMWi keine hohen Anforderungen: Es sind der geplante Erwerb, der Erwerber und dessen Geschäftsfeld lediglich in den Gründungszügen darzustellen (§ 53 Abs. 3 Satz 1 AWV). Vollständige Unterlagen über den Erwerb sind nur einzureichen, wenn ein förmliches Prüfverfahren eröffnet wird.[192] 134

---

189) *von Rosenberg/Hilf/Kleppe*, DB 2009, 831, 833; *Traugott/Strümpell*, AG 2009, 186, 189; *Krause*, BB 2009, 1082, 1084 ff.; skeptisch dagegen *Müller/Hempel*, NJW 2009, 1638, 1641.
190) Begr. des Regierungsentwurfs, BT-Drucks. 16/10730, S. 15.
191) Ebenso *Traugott/Strümpell*, AG 2009, 186, 189.
192) Runderlass Außenwirtschaft Nr. 5/2009: Umfang der Meldepflicht gemäß § 53 Abs. 2 der Außenwirtschaftsverordnung Ziff. 7, BAnz Nr. 62 v. 24.4.2009, S. 1514.

dd) Folgen einer Untersagung

135 Nach § 31 Abs. 3 AWG steht der Eintritt der Rechtswirkungen des schuldrechtlichen Erwerbsgeschäfts während des gesamten Prüfverfahrens unter der auflösenden Bedingung, dass das BMWi den Erwerb innerhalb der Frist untersagt. Das schuldrechtliche Rechtsgeschäft ist also wirksam (**schwebende Wirksamkeit**), allerdings entfallen seine Rechtswirkungen bei Eintritt der auflösenden Bedingung, also der **Untersagung**. Im Fall der Untersagung endet die schwebende Wirksamkeit und das Rechtsgeschäft wird endgültig unwirksam. Da es kein Vollzugsverbot wie im Kartellrecht gibt, dürfen die Parteien das Rechtsgeschäft trotz schwebender Wirksamkeit dinglich vollziehen. Dies zwingt sie allerdings dann, wenn der Erwerb untersagt wird, die Transaktion gemäß § 812 Abs. 1 Satz 2 Fall 1 BGB rückabzuwickeln.[193]

136 § 53 Abs. 4 AWV ermächtigt das BMWi, erforderliche Maßnahmen anzuordnen, um eine Untersagung durchzusetzen. Es darf insbesondere die Ausübung der Stimmrechte an dem erworbenen Unternehmen, die dem gemeinschaftsfremden Erwerber gehören oder ihm zuzurechnen sind, untersagen oder einschränken. Es darf auch einen Treuhänder bestellen, um einen vollzogenen Erwerb rückabwickeln zu lassen.

ee) Auswirkungen auf die Vertragsgestaltung

137 Die Novelle des Außenwirtschaftsrechts hat sich erheblich auf die internationale Transaktionspraxis ausgewirkt. Die Bundesregierung geht zwar davon aus, dass lediglich eine „*geringe Anzahl an Investitionsvorhaben von Amts wegen geprüft werden*" wird und „*vorrangig fusionskontrollpflichtige Erwerbe von großen Unternehmen*" betroffen sein werden.[194] Dennoch prüfen auch die Beteiligten von internationalen Transaktionen mit geringerem Volumen stets, ob der Anwendungsbereich des § 53 AWV eröffnet ist und das BMWi den Erwerb daher möglicherweise prüfen wird. Nur so lässt sich Transaktionssicherheit erreichen.

138 Ob und inwieweit sich die Novelle des Außenwirtschaftsrechts auf die Vertragsgestaltung auswirkt, hängt vom **Einzelfall** ab und genauer vom Risiko einer Untersagung des Erwerbs.[195] Besteht nahezu kein oder nur ein **geringes Risiko**, können vertragliche Regelungen hierzu entbehrlich sein.[196] Dies wird man bspw. annehmen können, wenn die Zielgesellschaft in einer Branche und dort lediglich in einem Umfang tätig ist, wonach der Erwerb keinerlei Gefährdung für die öffentliche Ordnung oder Sicherheit bedeutet. Aber auch in die-

---

193) Begr. des Regierungsentwurfs, BT-Drucks. 16/10730, S. 13; zu weiteren Ansprüchen s. *Seibt/Wollenschläger*, ZIP 2009, 833, 841.
194) Begr. des Regierungsentwurfs, BT-Drucks. 16/10730, S. 11 f.
195) Ebenso *von Rosenberg/Hilf/Kleppe*, DB 2009, 831, 834 ff.
196) Vgl. *Reinhardt/Pelster*, NZG 2009, 441, 444; *von Rosenberg/Hilf/Kleppe*, DB 2009, 831, 834 ff.

G. Vertragsgestaltung

sem Fall kann es allein aus Vorsichtsgründen empfehlenswert sein, den Vollzug der Transaktion unter die aufschiebende Bedingung oder Vollzugsbedingung einer Unbedenklichkeitsbescheinigung zu stellen (sofern diese nicht bereits vor Vertragsschluss erlangt werden kann). Auch kann es sich empfehlen, vertragliche Regelungen für eine unerwartete Untersagung zu treffen, also etwa die Einzelheiten einer Rückabwicklung, Mitwirkungspflichten und Kostentragungen zu regeln.[197] In jedem Fall ist sicherzustellen, dass diese Regelungen auch im Fall einer Untersagungsverfügung wirksam bleiben und nicht von der Unwirksamkeitsfolge des § 31 Abs. 3 AWG erfasst werden. Diese Regelungen sind daher vorsichtshalber in einer separaten Vereinbarung aufzunehmen, weil sonst die Gefahr besteht, dass auch sie von der Unwirksamkeit des schuldrechtlichen Vertrags erfasst werden.[198]

Ist das **Risiko** einer Prüfung und Untersagung greifbar **höher** oder nicht abschätzbar, kann dies auf die Vertragsgestaltung nicht ohne Wirkung bleiben. Dies gilt insbesondere dann, wenn die Zielgesellschaft in einem der oben genannten Bereiche (siehe oben Rz. 129) tätig ist. In diesem Fall empfiehlt es sich, eine aufschiebende Bedingung oder **Vollzugsbedingung** für den dinglichen Vollzug der Transaktion zu vereinbaren.[199] Die Regelung einer solchen Vollzugsbedingung könnte bspw. wie folgt lauten: 139

„The obligation to carry out the Closing shall be subject to the fulfilment of the following condition:

(i) the Federal Ministry of Economics and Technology (Bundesministerium für Wirtschaft und Technologie, BMWi) has cleared the transaction by issuance of a clearance certificate (Unbedenklichkeitsbescheinigung) in accordance with Section 53 (3) sentence 1 of the German Foreign Trade Regulation (Außenwirtschaftsverordnung, AWV); or

(ii) the BMWi fails to open a review proceeding (Prüfverfahren) and therefore, a clearance certificate is deemed to be issued pursuant to Section 53 (3) sentence 2 AWV; or

(iii) the BMWi fails to decide within the period of three months set forth in Section 53 (1) AWV to review the transaction; or

(iv) the BMWi has ordered the review of the transaction pursuant to Section 53 (2) AWV, but has not prohibited the transaction or issued an order in accordance with Section 53 (2) sentence 3 AWV within two months after receipt of the complete documentation."

Eine solche Regelung sollte flankiert werden von vertraglichen Regelungen für den Fall der Untersagung der Transaktion (siehe oben Rz. 138). Daneben werden die Parteien häufig darin übereinkommen, dass der Erwerber einen Antrag 140

---

197) Ebenso *von Rosenberg/Hilf/Kleppe*, DB 2009, 831, 835; *Traugott/Strümpell*, AG 2009, 186, 192.
198) Vgl. *Krause*, BB 2009, 1082, 1087.
199) Ebenso *von Rosenberg/Hilf/Kleppe*, DB 2009, 831, 835.

auf Erteilung einer Unbedenklichkeitsbescheinigung stellt oder freiwillig das Prüfverfahren einleitet.[200] In diesem Fall empfiehlt es sich, die Mitwirkungs- und Verhaltenspflichten der Parteien zu regeln, sofern nicht bereits vor Vertragsschluss durch Erhalt einer Unbedenklichkeitsbescheinigung oder einem erfolgreichem Abschluss des Prüfverfahrens Rechtssicherheit entstanden ist.

c) Fusionskontrolle

141 Bei größeren Transaktionen ist die Freigabe der Transaktion durch die zuständigen Kartellbehörden regelmäßig eine aufschiebende Bedingung oder Vollzugsbedingung des Unternehmenskaufvertrags. Gegenstand einer solchen Bedingung kann die Freigabe der Transaktion durch die Kartellbehörde im Land der Zielgesellschaft, die Europäische Kommission oder die Kartellbehörden in solchen Drittländern sein, in denen sich der Unternehmenskauf auswirkt. Eine Bedingung im Vertrag selbst ist regelmäßig deshalb erforderlich, weil es nicht schon vorher möglich sein wird, wirklich abschließende, verbindliche Klärungen zu erhalten (dazu ausführlich unten § 11 Rz. 17 ff.).

2. Gremienvorbehalte

142 Wie bei rein nationalen Transaktionen sind auch bei internationalen Unternehmenskäufen häufig die Zustimmungen von Gremien der Vertragsparteien und/oder der Zielgesellschaft erforderlich. So können Transaktionen nach den Regelungswerken der beteiligten Gesellschaften unter die Zustimmung eines **Aufsichtsrats** oder einer **Gesellschafterversammlung** gestellt sein.[201] Häufig haben solche Zustimmungsvorbehalte nur interne Wirkung und berühren nicht die Wirksamkeit des Unternehmenskaufvertrags selbst.[202] Dennoch ist ihre Erteilung insbesondere dann Gegenstand einer Vertragsbedingung, wenn sie sich nicht mehr vor Vertragsunterzeichnung einholen lässt. Aus taktischen Gründen versuchen manche Käufer, die Zustimmung eines ihrer Gremien zu einer aufschiebenden Bedingung zu machen. So hält sich der Käufer die Möglichkeit offen, von der Transaktion Abstand zu nehmen, indem er schlicht mit einer fehlenden Gremienzustimmung argumentiert. Da eine solche Bedingung erkennbar die Transaktionssicherheit belastet, wird sich der Verkäufer hierauf

---

200) Ebenso *Reinhardt/Pelster*, NZG 2009, 441, 444.
201) Zur Zuständigkeit der Hauptversammlung des Verkäufers bei Veräußerung von Gesellschaftsvermögen einer deutschen Aktiengesellschaft s. *Kiesewetter/Spengler*, Der Konzern 2009, 451; *Feldhaus*, BB 2009, 562; zu den Vorstandspflichten bei bestehendem Zustimmungsvorbehalt s. *J. Hüffer* in: FS Hüffer, S. 365; nach LG Frankfurt, GWR 2010, 89 = ZIP 2010, 429, führt die Erwerb, der zu einer wesentlichen Veränderung der Kapitalstruktur der erwerbenden AG führen kann, zu einer ungeschriebenen Zuständigkeit der Hauptversammlung der erwerbenden AG; s. im Übrigen zu geschriebenen und ungeschriebenen Zuständigkeiten der Gesellschafterversammlungen unten § 6 Rz. 109.
202) Anders aber etwa im deutschen Recht § 179a Abs. 1 AktG.

G. Vertragsgestaltung

regelmäßig nicht einlassen wollen. Im Übrigen gelten keine Besonderheiten im Vergleich zu rein nationalen Unternehmenskäufen.

3. Keine wesentlich nachteilige Änderung (MAC-Klausel)

Bei internationalen Unternehmenskaufverträgen finden sich häufig sog. MAC-Klauseln (MAC steht für „material adverse change").[203] Solche Klauseln sollen Regelungen für den Fall treffen, dass zwischen Vertragsschluss (Signing) und Vollzug (Closing) eine wesentlich nachteilige Änderung der Zielgesellschaft eintritt. Eine MAC-Klausel wird häufig technisch umgesetzt als negative aufschiebende Bedingung oder negative Vollzugsbedingung.[204] Die Bedingung wird dann derart formuliert, dass **keine wesentlich nachteilige Änderung** bis zum Tag des Closing oder des Eintritts aller anderen aufschiebenden Bedingungen eingetreten sein darf. Möglich ist aber auch, dass die MAC-Klausel als Rechtsfolge lediglich Schadensersatz oder eine Minderung des Kaufpreises vorsieht und damit nicht als Bedingung für den Vollzug des Geschäfts ausgestaltet ist.

143

MAC-Klauseln sind im US-amerikanischen Raum verbreitet und von dort in die internationale Transaktionspraxis und damit auch nach Deutschland gekommen. Während allerdings deutsche Rechtsprechung hierzu noch nicht ersichtlich ist, haben sich US-amerikanische Gerichte gerade in der jüngeren Zeit häufig mit diesen Klauseln beschäftigen müssen.[205]

144

MAC-Klauseln weisen das Risiko für eine wesentlich nachteilige Änderung bei der Zielgesellschaft für den Zeitraum **zwischen Signing und Closing** dem Verkäufer zu und greifen damit in die Regelungsbereiche der Gefahr und Lastentragung nach § 446 BGB sowie der Störung der Geschäftsgrundlage gemäß § 313 BGB ein. Mit einer MAC-Klausel stellen die Parteien die Voraussetzungen und Folgen einer wesentlich nachteiligen Änderung auf eine eigene Vertragsgrundlage und schließen die Anwendbarkeit der genannten Vorschriften des BGB regelmäßig aus, um Kollisionen zu vermeiden.[206] Eine solche Vorge-

145

---

203) Zu den Besonderheiten der Zulässigkeit von MAC-Klauseln bei öffentlichen Erwerbsangeboten nach dem WpÜG s. *Hopt* in: FS K. Schmidt, S. 681; *Berger/Filgut*, WM 2005, 253; für einen Vergleich zwischen der US-amerikanischen und der deutschen Praxis s. *Schweitzer*, ECFR 2007, 79, 113.
204) S. zu anderen Gestaltungsmöglichkeiten *Picot/Duggal*, DB 2003, 2635, 2640 f.
205) Grundlegend ist die Entscheidung des Delaware Chancery Court *IBP, Inc. v. Tyson Foods, Inc. and Lasso Acquisition Corporation*, 789 A.2d 14 (Del.Ch. 2001); s. im Übrigen *Frontier Oil Corp. v. Holly Corp.* 2005 WL 1039027 (Del.Ch. 2005); *Hexion Speciality Chemicals v. Huntsman Corporation*, C.A. No. 3841-VCL (Del. Ch. Sept. 29, 2008); *Pan Am Corp. v. Delta Air Lines, Inc.* 175 B.R. 438 (S.D.N.Y. 1994); *Great Lakes Chemical Corp. v. Pharmacia Corp.*, 788 A.2d 544 (Del.Ch. 2001); s. hierzu aus der deutschen Literatur *Kuntz*, DStR 2009, 377; *Lange*, NZG 2005, 454; *Schlößer*, RIW 2006, 889.
206) S. zu den Nachteilen des § 313 BGB gegenüber einer eigenständigen MAC-Klausel *Picot/Duggal*, DB 2003, 2635; *Kuntz*, DStR 2009, 377, 379.

hensweise werden ausländische Vertragsparteien häufig verlangen, um sich nicht auf die ihnen unbekannten deutschen Rechtsvorschriften verlassen zu müssen.

146 Der Wunsch nach einer MAC-Klausel wird naturgemäß stets vom Kaufinteressenten in die Vertragsverhandlungen eingebracht.[207] Kommt der erste Vertragsentwurf vom Verkäufer, wird der Entwurf nur ausnahmsweise eine MAC-Klausel enthalten. Dies mag aus taktischen Gründen angezeigt sein, um schon kommunizierte Erwartungen des Kaufinteressenten zu erfüllen. Selbst wenn der Verkäufer von sich aus eine MAC-Klausel vorschlägt, wird ihr Inhalt selten auf das Einverständnis des Kaufinteressenten treffen. Dem **Verkäufer** wird nämlich daran gelegen sein, die *„wesentlich nachteilige Änderung"* **möglichst eng** und anhand objektiv feststellbarer Kriterien zu definieren und damit etwa abzustellen auf den Verfall der Margen, den Absprung wichtiger Kunden, das Auftreten erheblicher technischer Probleme oder die Verringerung der Umsätze oder des EBITDA der Zielgesellschaft um einen bestimmten Prozentsatz. Auch wird der Verkäufer die *„wesentlich nachteilige Änderung"* auf Bereiche beschränken wollen, die er beeinflussen oder kontrollieren kann und die damit nicht in der Sphäre eines Dritten liegen.

147 Der **Käufer** wird dagegen eine **möglichst weite** und unbestimmte Formulierung bevorzugen, um alle denkbaren Fälle einer wesentlich nachteiligen Änderung erfassen zu können. Er wird daher eine Formulierung bevorzugen, bei der alle Veränderungen, Umstände oder Ereignisse erfasst sind, die zu einer wesentlichen Verschlechterung der Vermögens-, Finanz- oder Ertragslage der Zielgesellschaft geführt haben oder führen können. Eine solche weite und damit käuferfreundliche Klausel könnte wie folgt lauten:

„The obligation to carry out the closing shall be subject to the fulfilment of the condition that no change, circumstance, event or effect has occurred with respect to the business of the company which has, or may reasonably be expected to have, either alone or together with other changes, circumstances, events or effects, a material adverse effect on the assets and liabilities (Vermögenslage), the financial condition (Finanzlage) or the results of operation (Ertragslage), or the business operations or prospects of the company."

148 Beabsichtigt der Kaufinteressent den Unternehmenserwerb **fremd zu finanzieren**, wird er sich häufig seinerseits von dem finanzierenden Kreditinstitut dem Verlangen nach einer MAC-Klausel im **Darlehensvertrag** ausgesetzt sehen. In diesem Fall ist es für den Käufer wichtig, darauf zu achten, die MAC-Klausel im Kaufvertrag mit derjenigen im Finanzierungsvertrag inhaltlich **abzustimmen**. Sonst läuft er Gefahr, den Unternehmenskauf mit eigenen Mitteln finanzieren zu müssen, wenn sich das finanzierende Kreditinstitut zu Recht auf einen MAC-Fall berufen sollte, die wesentlich nachteilige Änderung dem Käufer je-

---

207) Näher *Reed/Lajoux/Nesvold*, S. 483 f.

doch nach der MAC-Klausel des Kaufvertrags nicht ermöglicht, vom Kaufvertrag Abstand zu nehmen.[208]

4. Zustimmungen von Vertragspartnern

Aufschiebende Bedingungen oder Vollzugsbedingungen können auch erforderlich sein, weil die Zustimmungen von Vertragspartnern der Zielgesellschaft zur Transaktion eingeholt werden müssen oder sollen. Bei einem **Asset Deal** liegt dies auf der Hand: Die Übertragung des Geschäftsbetriebs wird stets verbunden sein mit einer Übertragung laufender Verträge. Hierzu muss der jeweils andere Vertragsteil zustimmen. Anders ist dies nur im Arbeitsrecht, weil dort der Übergang der Arbeitsverhältnisse gemäß § 613a BGB jedenfalls in Deutschland und aufgrund der Betriebsübergangsrichtlinie[209] in den übrigen Ländern der Europäischen Union grundsätzlich sichergestellt ist.

149

Nun wird in einem laufenden Unternehmen nicht jeder Vertrag so bedeutend sein, dass sein Übergang **Bedingung** für das Wirksamwerden des gesamten Unternehmenskaufs ist. Hier wird man sich zumeist mit **Übergangsregelungen** behelfen können, aufgrund derer der bisherige Vertragspartner einen nicht sofort übergehenden Vertrag zunächst für Rechnung des künftigen neuen Vertragspartners fortführt und womöglich auch der künftige Vertragspartner bevollmächtigt wird, den bisherigen Vertragspartner gegenüber dem Dritten zu vertreten. In den meisten Fällen mag also das in dieser Vorgehensweise liegende Risiko hinnehmbar sein, dass eine Vertragsübertragung letztlich doch noch am Widerspruch des Dritten scheitern könnte. Anders ist dies aber bei Verträgen mit Schlüsselfunktionen. Zu denken ist etwa an Mietverträge für wesentliche Betriebsgebäude, Marken- und sonstige Lizenzverträge, wesentliche Vertriebsverträge und ähnliches. Bei Mietverträgen stellt sich ein besonderes Problem dann, wenn – wie häufig – die Untervermietung oder Gebrauchsüberlassung an Dritte von der ausdrücklichen vorherigen Zustimmung des Vermieters abhängig gemacht wird. Die vorstehend skizzierte Übergangsregelung würde die Vereinbarung klar verletzen und könnte schlimmstenfalls sogar zu einer fristlosen Kündigung des Mietvertrags durch den Vermieter Anlass geben.

150

Aber auch beim **Share Deal** können sich diesbezügliche Fragen stellen, nämlich dann, wenn in besonders wichtigen Verträgen sog. **Change of Control-Klauseln** enthalten sind. Dies sind Regelungen, die es dem einen Vertragsteil ermöglichen, einen Vertrag zu kündigen, wenn auf Seiten des anderen Ver-

151

---

208) *Schrader* in: Eilers/Koffka/Mackensen, I. 4. Rz. 17; *Schrader* in: Seibt, M&A, C. II. 2 Anm. 68, S. 266.
209) Richtlinie 77/187/EWG des Rates vom 14.2.1977 zur Angleichung der Rechtsvorschriften der Mitgliedstaaten über die Wahrung von Ansprüchen der Arbeitnehmer beim Übergang von Unternehmen, Betrieben oder Betriebsteilen (Betriebsübergangsrichtlinie), ABl. EU L 61/26 v. 5.3.1977; geändert durch die Richtlinie 98/50/EG des Rates v. 29.6.1998, ABl. EU L 201/88 v. 17.7.1998; vgl. dazu *Willemsen/Annuß*, NJW 1999, 2073.

§ 2 Ablauf und Vertragsgestaltung

tragsteils ein Gesellschafterwechsel stattfindet, der diesen Vertragsteil damit in den Herrschaftsbereich eines bisher unbeteiligten Dritten bringt. Derartige Klauseln mögen sich gegen die Beteiligung von Konkurrenzunternehmen richten, denen ansonsten Zugang zu betrieblichen Geheimnissen (etwa Vertriebsstrukturen) eröffnet würde, aber auch gegen ausländische Einflüsse in besonders sensiblen Wirtschaftsbereichen, etwa der Wehrtechnik. Als Berater sollte man derartige potentielle Probleme schon im Vorwege identifizieren und das Risiko bewerten, dass eine Change of Control-Klausel erfüllt werden könnte. Denn je nach der Wichtigkeit des betroffenen Vertrags könnte ein solcher Vorgang die gesamte Transaktion gefährden. Allerdings werden die Parteien die erforderlichen Klärungen mit Dritten kaum vornehmen wollen, bevor der Kaufvertrag selbst abgeschlossen ist. Denn sonst steht zu befürchten, dass trotz aller Vertraulichkeitsvorkehrungen am Markt die Absicht bekannt wird, das Unternehmen zu verkaufen. Dass daraus nachhaltige Schäden für das Unternehmen entstehen können, muss nicht näher erläutert werden. Der Weg führt also auch hier über eine *condition precedent*.

5. Sonstiges

152 In den Zusammenhang der aufschiebenden Bedingungen gehören schließlich auch die Folgen eines Eigentümerwechsels – sei es auf der Gesellschafterebene, sei es unmittelbar – für dem Unternehmen eingeräumte Investitionsbeihilfen und sonstige **staatliche Fördermittel**. Zu den Förderkonditionen kann bspw. gehören, dass höchstens ein bestimmter Prozentsatz der Anteile innerhalb eines festgelegten Zeitraums veräußert werden darf und ansonsten die Fördermittel zurückgezahlt werden müssen, Zinsbeihilfen entfallen oder ähnliche negative Folgen eintreten. Nicht immer ist es schon im Vorfeld möglich, alle diese Punkte befriedigend abzuklären, sodass es sich empfiehlt, eine entsprechende aufschiebende Bedingung vorzusehen.

153 Ganz ausnahmsweise begegnet man schließlich auch dem Verlangen des Käufers, die volle Wirksamkeit des Vertrags davon abhängig zu machen, dass **Finanzierungsfragen** oder **steuerliche Klärungen** befriedigend gelöst werden. Für den Verkäufer ist dies in der Regel nicht akzeptabel. Denn es handelt sich um Angelegenheiten allein des Käufers, für deren Regelung er auch allein zu sorgen hat. Sie zur aufschiebenden Bedingung zu erklären, bedeutet nichts anderes, als dass sich der Verkäufer einseitig bindet, bis der Käufer seine Hausaufgaben gemacht hat. Dem Käufer verschafft sie zudem eine leichte Ausstiegsmöglichkeit aus der Transaktion. Eine solche Regelung erscheint daher wenig ausgewogen und ist bei wirtschaftlich starken Verkäufern nicht durchsetzbar.

154 Da durch die Vereinbarung von aufschiebenden Bedingungen zwangsläufig Vertragsschluss und Vertragsdurchführung zeitlich auseinanderfallen, wird der Käufer bestrebt sein, seine Verpflichtung zur Vertragsdurchführung weiter da-

G. Vertragsgestaltung

von abhängig zu machen, dass im maßgeblichen Zeitpunkt die vertraglichen Garantieversprechen oder **Gewährleistungsaussagen** *(representations and warranties)* noch uneingeschränkt zutreffen. Aus Sicht des Verkäufers erscheint ein solches Verlangen hingegen übertrieben – soll der gesamte Unternehmenskauf daran scheitern, dass sich irgendeine Detailaussage in der langen Liste der Garantien als unrichtig erwiesen hat? In der Regel wird man hier Kompromisse finden können, deren Inhalt freilich je nach Verhandlungsgeschick und wirtschaftlicher Stärke der Parteien sehr unterschiedlich ausfallen kann. So können sich die Parteien darauf einigen, dass nur ausgewählte Garantien auch zum Zeitpunkt des Closing zutreffen müssen. Des Weiteren können die Parteien vorsehen, dass Garantien zwar zum Zeitpunkt des Closing richtig sein müssen, der Verkäufer jedoch in der Zwischenzeit aufgetretene Veränderungen in einem zwischen den Parteien abgestimmten *disclosure letter* offenlegen darf, sodass solche Veränderungen die Vertragsdurchführung nicht hindern (siehe unten Rz. 171 ff.). Gegebenenfalls können sich die Parteien alternativ auf eine MAC-Klausel einigen (siehe oben Rz. 143 ff.).

Generell sollte man darauf achten, die *conditions precedent* nicht ausufern zu 155 lassen, um die Bindungswirkung des Vertrags nicht völlig zu unterlaufen. Dies gilt besonders für den Verkäufer. Ist die Tatsache des Vertragsschlusses erst einmal bekannt geworden, entsteht ein faktischer Zwang, den Verkauf durchzuführen. Sonst droht dem Unternehmen schwerer Schaden. Tritt eine solche Situation ein, gerät der Verkäufer unter Druck und kann schließlich gezwungen sein, auf die zu seinen Gunsten vereinbarten aufschiebenden Bedingungen – soweit sie der Parteiherrschaft unterliegen – zu verzichten, damit der Vertrag auch wirklich durchgeführt wird, mit allen wirtschaftlichen Nachteilen, die dies bedeuten kann.

II. Kaufpreis

Die Bestimmung und Gestaltung des Kaufpreises in internationalen Unternehmenskaufverträgen unterscheidet sich grundsätzlich nicht von rein nationalen Transaktionen. Entscheidend sind in beiden Fällen die Ziele der Parteien und deren Branchenzugehörigkeit. So verfolgen bspw. Private Equity-Investoren branchentypische Ziele, die sich in der Kaufpreisfindung und vertraglichen Gestaltung unabhängig von der nationalen Herkunft des Private Equity-Investors niederschlagen.[210] Im Folgenden seien einige Grundzüge der Kaufpreisgestaltung dargestellt. 156

Bei internationalen wie nationalen Unternehmenskäufen lassen sich üblicherweise **zwei Grundmuster** der Kaufpreisgestaltung unterscheiden. Bei dem ersten Modell wird bereits zum Signing ein **fester Kaufpreis** vereinbart. Dieser 157

---

210) Näher dazu *Schrader* in: Eilers/Koffka/Mackensen, I.4.; *Holzapfel/Pöllath*, Rz. 514 ff.

§ 2 Ablauf und Vertragsgestaltung

wird zwar regelmäßig erst zum Closing fällig, seine Höhe bleibt jedoch unverändert (Modell des *locked box*).[211] Ermittelt wird der Kaufpreis in diesem Fall üblicherweise auf der Grundlage des letzten Jahresabschlusses oder einer nachfolgenden Zwischenbilanz.

158 Beim zweiten Modell wird zum Signing nur ein vorläufiger Kaufpreis ermittelt, und zum Closing ist auch nur dieser vorläufige Kaufpreis zu zahlen. Zusätzlich erstellt allerdings regelmäßig nach dem Closing der Käufer zum Closing einen Stichtagsabschluss (Stichtagsbilanz, Closing-Bilanz, *closing accounts*), den die Parteien des Kaufvertrags in einem vertraglich festgelegten Verfahren ggf. mit einem Schiedsgutachter überprüfen können. Bei diesem Modell lassen sich damit Veränderungen der Zielgesellschaft, welche für deren Bewertung und damit die Kaufpreisfindung relevant sind, bis zum Closing und damit bis zu dem Zeitpunkt berücksichtigen, zu dem der Käufer tatsächlich das Unternehmen vom Verkäufer übernimmt. Auf der Grundlage des Stichtagsabschlusses wird der **vorläufige Kaufpreis angepasst** (*purchase price adjustment*) und mündet in den **endgültigen Kaufpreis**.[212]

159 Eine bekannte Spielart der Kaufpreisanpassung ist die Anpassung um die Netto-Finanzverbindlichkeiten. Hierbei ist es bei internationalen Transaktionen üblich, die Zielgesellschaft zunächst über das **Discounted Cash Flow-Verfahren** (DCF-Verfahren) zu bewerten.[213] Der Unternehmenswert wird ermittelt, indem die Cash-flows, also die erwarteten zukünftigen Zahlungen an die Kapitalgeber, bewertet und abgezinst werden.[214] Beim DCF-Verfahren wird der Unternehmenswert grundsätzlich finanzierungsneutral ermittelt, indem nicht zwischen Fremd- und Eigenkapital unterschieden wird; die Höhe der Barmittel wird nicht berücksichtigt (**cash free-debt free-Bewertung**).[215] Ermittelt wird der sog. Enterprise Value (Unternehmenswert) der Zielgesellschaft. Dieser Wert ist die Basis, um sich auf den vorläufigen Kaufpreis zu einigen. Der anschließend aufgestellte Stichtagsabschluss ist die Grundlage, um den vorläufigen Kaufpreis um die Netto-Finanzverbindlichkeiten anzupassen. Hierbei werden die Fremdverbindlichkeiten (Schulden) abgezogen und die ausschüttungsfähige Liquidität (Barmittel) hinzugerechnet. Ermittelt wird der sog.

---

211) *Schrader* in: Seibt, M&A, C. II. 3 Anm. 20, S. 300 f.; *Schrader* in: Eilers/Koffka/Mackensen, I. 4. Rz. 8 f.
212) *Klumpp* in: Beisel/Klumpp, Kap. 11 Rz. 1 f.; *Schrader* in: Eilers/Koffka/Mackensen, I. 4. Rz. 3 ff.
213) Dazu *Hommel/Grass* in: Picot, M&A, S. 375 ff.; *Theysohn-Wadle* in: Beisel/Klumpp, Kap. 3 Rz. 79 ff.; *Matzen* in: Knott/Mielke, Rz. 72; *Raddatz/Nawroth* in: Eilers/Koffka/Mackensen, I. 1. Rz. 17; *Schrader* in: Seibt, M&A, C. II. 1 Anm. 25, S. 187 ff.
214) S. näher dazu IDW S 1, abgedr. in: WPg Supplement 3/2008, S. 68 ff.
215) Dazu *Hilgard*, DB 2007, 559.

G. Vertragsgestaltung

Equity Value (Eigenkapitalwert) der Zielgesellschaft.[216] Begleitet wird diese Kaufpreisanpassung häufig von der Berücksichtigung von Veränderungen im Netto-Umlaufvermögen (**Working Capital**) der Zielgesellschaft. Das Working Capital ermittelt sich grundsätzlich aus dem Saldo aus Vorräten und kurzfristigen Forderungen gegenüber Kunden auf der einen Seite sowie kurzfristigen Verbindlichkeiten gegenüber Lieferanten auf der anderen Seite.[217]

Im Rahmen dieser Darstellung ist es nicht möglich, weitere Einzelheiten zur Kaufpreisbestimmung und seinen Anpassungsmöglichkeiten zu entfalten. Angemerkt sei jedoch noch, dass insgesamt entscheidend ist, im Kaufvertrag genau die einzelnen Positionen festzulegen und zu definieren, die bei Anpassung des Kaufpreises zu berücksichtigen sind. Nur so lassen sich weitestgehend Missverständnisse zwischen den Parteien von vornherein vermeiden. 160

Der vereinbarte Kaufpreis kann durch einen variablen Bestandteil ergänzt werden (sog. **Earn-out** oder Besserungsabrede). Dies ist eine Art Zusatzvergütung für den Verkäufer, zu der sich der Käufer nicht schon bei Vertragsschluss verpflichten will. Vielmehr soll die Höhe der Zusatzvergütung davon abhängen, wie sich der Geschäftsbetrieb der Zielgesellschaft weiter entwickelt. Der Earn-out dient häufig dazu, widersprüchliche Preisvorstellungen zu überbrücken. Allerdings ist es schwierig, hierzu einvernehmlich vertragliche Regelungen zu finden. So gibt bspw. ein Earn-out, der sich auf einen nach dem Closing beginnenden Zeitraum bezieht, dem Käufer Gestaltungsmöglichkeiten, den Earn-out so gering wie möglich zu halten. Der Verkäufer kann hierauf nicht ohne weiteres einwirken, da er nicht mehr Herr des Unternehmens ist. Er muss sich daher vertraglich schützen, indem die Parteien bspw. vereinbaren, die Zielgesellschaft dürfe wesentliches und notwendiges Anlagevermögen nicht veräußern.[218] 161

Bei internationalen Transaktionen kann sich die Frage stellen, in welcher **Währung** der Kaufpreis zu leisten ist. Dabei ist zwischen der Schuldwährung und der Zahlungswährung zu differenzieren.[219] Die Schuldwährung bestimmt die Währung, in welcher der Schuldner nach dem Vertrag zu leisten hat. Demgegenüber legt die Zahlungswährung fest, ob der Schuldner in einer anderen als der Schuldwährung zu leisten berechtigt oder sogar verpflichtet ist.[220] Nach § 244 Abs. 1 BGB ist der Schuldner bei der Vereinbarung einer anderen Währung als Euro im Inland berechtigt, in Euro zu zahlen, es sei denn, die ausschließliche Zahlung in der Fremdwährung ist ausdrücklich vereinbart (sog. 162

---

216) Näheres zum Ganzen *Schrader* in: Eilers/Koffka/Mackensen, I. 4. Rz. 3; *Bruski*, BB-Special 7/2005, S. 19.
217) Näheres dazu *Schrader* in: Eilers/Koffka/Mackensen, I. 4. Rz. 4 f.
218) S. näher zum Earn-Out *Baums*, DB 1993, 1273; *Weiser*, M&A Review 2004, 512; *Holzapfel/Pöllath*, Rz. 867 f.; *Ihlau/Gödecke*, BB 2010, 687.
219) *Martiny* in: MünchKomm-BGB, Anh. I zu Art. 9 Rom I-VO Rz. 3.
220) Zum Ganzen auch *Freitag* in: Reithmann/Martiny, Rz. 589.

unechte Fremdwährungsschuld).[221] Umstritten ist dabei, ob die Ersetzungsbefugnis des § 244 Abs. 1 BGB lediglich anwendbar ist, wenn das Schuldverhältnis dem deutschen Recht unterliegt, oder ob die Vorschrift eine einseitige Kollisionsnorm ist.[222]

163 Haben sich die Parteien im Unternehmenskaufvertrag auf eine andere Währung als Euro verständigt, ist es für die deutsche Partei wichtig, sich gegen das Risiko von nachteiligen Wechselkursveränderungen zu schützen.[223] Die **Wechselkurssicherung** ist insbesondere dann sinnvoll, wenn der Kaufpreis über einen längeren Zeitraum gestundet oder in Raten zu zahlen ist.[224] Eine solche Sicherung kann durch eine Wertsicherungsklausel erreicht werden.[225] Wertsicherungsklauseln sind Vereinbarungen, die einen Mechanismus enthalten, aufgrund dessen sich der geschuldete Geldbetrag ändern kann, ohne dass die Geldschuld dabei ihre Eigenschaft als Geldschuld verliert.[226] Wertsicherungsklauseln sollten so genau wie möglich formuliert werden. Darüber hinaus ist das Indexierungsverbot des § 1 Preisklauselgesetz (PreisklG) zu beachten.[227] Dieses untersagt, den Betrag von Geldschulden unmittelbar und selbsttätig durch den Preis oder Wert von anderen Gütern oder Leistungen zu bestimmen, die mit den vereinbarten Gütern oder Leistungen nicht vergleichbar sind. Wertsicherungsklauseln, die eine Geldschuld vom Kurs einer anderen Währung abhängig machen (sog. *Valutawertklauseln*), fallen nicht unter das Indexierungsverbot.[228] Umstritten ist, ob § 1 PreisklG als Eingriffsnorm i. S. v. Art. 9 Rom I-VO zu qualifizieren ist.[229] Allerdings hat die Vorschrift gerade im internationalen Verkehr lediglich einen eingeschränkten Anwendungsbereich. So

---

221) Zur Differenzierung zwischen echter und unechter Fremdwährungsschuld *Martiny* in: MünchKomm-BGB, Anh. I zu Art. 9 Rom I-VO Rz. 18; *Heinrichs* in: Palandt, § 245 BGB Rz. 17 ff.; zu den Auswirkungen der unechten Fremdwährungsschuld *Lögering*, RIW 2009, 625.
222) Dazu *Martiny* in: MünchKomm-BGB, Anh. I zu Art. 9 Rom I-VO Rz. 25 f.; *Magnus* in: Staudinger, Art. 32 EGBGB Rz. 137; *Maier-Reimer*, NJW 1985, 2049, 2050 f.
223) *Klumpp* in: Beisel/Klumpp, Kap. 11 Rz. 20 f.; *Semler* in: Hölters, Teil VII Rz. 179.
224) *Picot* in: Picot, Unternehmenskauf, Teil I Rz. 69; *Klumpp* in: Beisel/Klumpp, Kap. 11 Rz. 22.
225) Ausführlich zu Kurs- und Wertsicherungsklauseln *Martiny* in: MünchKomm-BGB, Anh. I zu Art. 9 Rom I-VO Rz. 30 ff.
226) *Kirchhoff*, DNotZ 2007, 11, 12.
227) Preisklauselgesetz v. 7.9.2007, BGBl. I 2007, 2248, welches das Preisangaben- und Preisklauselgesetz (PaPkG) ersetzt hat. Das PaPkG hatte zuvor das in § 3 WährG normierte Verbot abgelöst. S. dazu auch *Freitag* in: Reithmann/Martiny, Rz. 590; *Heinrichs* in: Palandt, Anh. zu § 245 BGB Rz. 1 ff.; *Kirchhoff*, DNotZ 2007, 913; *Klumpp* in: Beisel/Klumpp, Kap. 11 Rz. 22 f.; noch zum alten Recht *Semler* in: Hölters, Teil VII Rz. 179; *Grundmann* in: MünchKomm-BGB, § 245 BGB Rz. 68 ff.
228) *Kirchhoff*, DNotZ 2007, 913, 918.
229) Näher dazu *Freitag* in: Reithmann/Martiny, Rz. 590.

G. Vertragsgestaltung

ist das Indexierungsverbot zwischen inländischen Unternehmern und Gebietsfremden nicht anwendbar (§ 6 PreisklG).[230]

Wie bei rein nationalen Transaktionen ist es möglich, dass der Käufer das Unternehmen nicht selbst erwirbt, sondern über ein **Akquisitionsvehikel**. In diesem Fall ist dem Verkäufer dringend zu empfehlen, seine gesamten Zahlungsansprüche abzusichern. Denn das Akquisitionsvehikel selbst wird über kein nennenswertes Vermögen verfügen (bis auf das erworbene Unternehmen nach Closing). Der Verkäufer kann bspw. versuchen zu erreichen, dass eine finanzstarke Muttergesellschaft des Akquisitionsvehikels die Erfüllung der Zahlungsverpflichtungen, insbesondere des Kaufpreises, durch die Käuferin garantiert. Attraktiver ist für den Verkäufer eine Bankgarantie. Hierauf wird sich der Käufer wegen der damit verbundenen Kosten ungern einlassen wollen. In der Praxis taucht sie daher seltener auf. 164

III. Verkäufergarantien

1. Allgemeines

Inzwischen ist es auch bei rein nationalen Unternehmenskäufen gängige Praxis, sich vertraglich von den gesetzlichen Gewährleistungsregeln zu lösen und diese durch ein eigenständiges Gewährleistungsregime zu ersetzen. Dies geschieht bei Geltung des deutschen Rechts durch **selbständige Garantieversprechen** i. S. d. § 311 Abs. 1 BGB (siehe auch oben Rz. 107 f.).[231] Die Vertragspraxis hat eine Fülle spezifischer Garantiezusagen entwickelt, mit denen versucht wird, die Risiken des Käufers möglichst lückenlos abzudecken. Wiederum handelt es sich um eine Vertragstechnik, die zunächst im angelsächsischen Rechtskreis entwickelt und dann in Deutschland übernommen wurde. Dies indiziert die nicht nur modisch bedingte Verwendung des englischsprachigen Begriffs *representations and warranties*. 165

a) Vertragstechnik

Es kann nicht Aufgabe dieser Darstellung sein, sämtliche in Betracht kommenden Gewährleistungsaussagen im Einzelnen zu untersuchen. Hingewiesen 166

---

230) Der Begriff des „Gebietsfremden" ist in § 4 Abs. 1 Nr. 7 AWG definiert. Darunter fallen natürliche Personen mit Wohnsitz oder gewöhnlichem Aufenthalt in fremden Wirtschaftsgebieten, juristische Personen und Personenhandelsgesellschaften mit Sitz oder Ort der Leitung in fremden Wirtschaftsgebieten. Zweigniederlassungen Gebietsansässiger in fremden Wirtschaftsgebieten gelten als Gebietsfremde, wenn sie dort ihre Leitung haben und für sie eine gesonderte Buchführung besteht. Betriebsstätten Gebietsansässiger in fremden Wirtschaftsgebieten gelten als Gebietsfremde, wenn sie dort ihre Verwaltung haben.

231) Zu den Möglichkeiten einer Gewährleistungsversicherung für Verkäufer und Käufer s. *Grossmann/Mönnich*, NZG 2003, 708; *Hasselbach/Reichel*, NZG 2005, 377; *Hundertmark/Paul* in: Eilers/Koffka/Mackensen, VI. 2. Rz. 14 ff.; *Metz*, NJW 2010, 813.

§ 2 Ablauf und Vertragsgestaltung

werden soll nur auf einige Besonderheiten im internationalen Verkehr. Dabei sei zuerst auf einige **Charakteristika** der Vertragstechnik eingegangen: Üblicherweise enthalten englische oder US-amerikanische Entwürfe für Unternehmenskaufverträge eine selbst für fortgeschrittene deutsche Begriffe unübersehbare Anzahl von *representations and warranties*. Diese sind durch zwei Elemente gekennzeichnet: die Absolutheit der Aussagen (*„Die Gesellschaft hat nie gegen ein auf sie anwendbares Gesetz verstoßen."* – *„Sämtliche Außenstände sind innerhalb vereinbarter Zahlungsziele einbringlich."* – *„Alle Maschinen und Anlagen sind in vollkommen einwandfreiem Zustand."*) und die zahllosen Überschneidungen und Wiederholungen. Beides sind bewusst eingesetzte Mittel, freilich mit unterschiedlichen Stoßrichtungen:

167 Die **Absolutheit der Aussagen** soll den Verkäufer zwingen, sich ernsthaft und gründlich mit dem durch die Gewährleistungsaussage betroffenen Bereich auseinanderzusetzen und wirklich alle in Betracht kommenden Probleme offen zu legen. Die absolut formulierte Aussage dient also zunächst einmal dazu, *„auf den Busch zu klopfen"* und Informationen hervorzulocken, die vielleicht i. R. einer Due Diligence nicht gegeben oder nicht entdeckt wurden, oder jedenfalls die Feststellungen der Due Diligence noch einmal zu bestätigen.

168 Die Technik der **Überschneidungen und Wiederholungen** hingegen dient der lückenlosen Absicherung des Käufers, sowohl gegenüber (im Ergebnis daher oft nur scheinbaren) Verhandlungserfolgen des Verkäufers, dem es gelingen mag, einzelne Garantiezusagen, kaum aber das gesamte Paket, gestrichen zu bekommen, als auch gegenüber der Unvollkommenheit der eigenen Risikophantasie. Besonders beliebt sind bei Käufern deshalb die Auffanggarantien (*catch all-warranties*), möglichst noch unsystematisch in einem Wust anderer Aussagen versteckt und nicht etwa auffällig am Schluss platziert, wo sie eigentlich hingehören würden. Durch sie soll der Verkäufer garantieren, sämtliche für die Kaufentscheidung, Kaufpreisfindung und Vertragsgestaltung maßgeblichen Umstände offen gelegt zu haben. Entsprechend groß wird (oder sollte) der Widerstand des Verkäufers gegen derartige Formulierungen sein.

169 Das Verhandeln über Gewährleistungsaussagen derart umfassenden Charakters gehört zu den schwierigsten Aspekten eines Unternehmenskaufvertrags. Der schiere **Umfang** der normalerweise in anglo-amerikanischen Verträgen enthaltenen Kataloge erfordert ungeheure Mühe und Zeit, jede einzelne problematisch erscheinende Aussage zu identifizieren, zu diskutieren und womöglich neu zu formulieren, wenn eine Streichung nicht durchsetzbar ist. Dies zerrt an den Nerven aller Beteiligten und lässt beim Käufer womöglich den Eindruck entstehen, der Verkäufer habe etwas zu verbergen oder kenne das eigene Unternehmen nicht gut genug, um dafür einstehen zu wollen. Umgekehrt mag sich beim Verkäufer der Eindruck einstellen, dem Käufer gehe es darum, durch die Hintertür der Gewährleistung den auf den ersten Blick günstig erscheinenden Kaufpreis nachträglich zu drücken. Dies insbesondere dann, wenn der

G. Vertragsgestaltung

Kaufpreis nicht sofort in voller Höhe gezahlt wird, sondern ein Teil als Sicherheitseinbehalt auf einem Sperrkonto (Treuhandkonto, *escrow account*) verbleibt oder sonstwie dem Zugriff des Verkäufers entzogen ist.

Hier ist wiederum der international erfahrene Jurist gefragt, bei aller selbstverständlichen Vertretung der Interessen seiner Partei doch auch die kulturelle Vermittlerfunktion nicht zu vergessen. Ansonsten können Vertragsverhandlungen sehr leicht an mehr oder weniger theoretischen Meinungsverschiedenheiten über mehr oder weniger theoretische Gewährleistungsaussagen scheitern.

Bei der technischen Umsetzung der *representations and warranties* kann es sich 170 empfehlen, diese wegen ihres Umfangs und weil sie erfahrungsgemäß im Laufe von Verhandlungen recht häufig geändert werden nicht in den eigentlichen Vertragstext selbst aufzunehmen, sondern in einer separaten Anlage zum Vertrag. Die Änderungen dieser Anlage haben dann nicht jeweils einen vollständigen Neuumbruch des gesamten Vertragstextes zur Folge. Im Vertrag selbst ist dann lediglich auf diese Anlage zu verweisen. Bei einem dem deutschen Recht unterliegenden Vertrag könnte die Verweisung bspw. wie folgt lauten:

„The Seller hereby guarantees to the Purchaser by way of an independent promise of guaranty pursuant to Section 311 (1) BGB (selbständiges Garantieversprechen i. S. d. § 311 Abs. 1 BGB) that the statements set out in Annex *[Nr.]* are true and accurate as of the date of this Agreement."

In der nationalen und internationalen Praxis finden sich beide Techniken.

b) Disclosure Letter

Hat man sich einmal auf die übliche angelsächsische Technik der absoluten 171 Gewährleistungsaussagen eingelassen, stellt sich die Frage, wie die erforderlichen **Einschränkungen** dieser Aussagen – es ist doch hier und da gegen Gesetze verstoßen worden, es gibt doch schadhafte Maschinen – im Vertrag untergebracht werden können. Üblich ist, diese durch **Anhänge und Anlagen** einzubeziehen, in denen dann die Einschränkungen niedergelegt sind. Dieses Verfahren hat allerdings zwei Nachteile: Die Anlagen müssen bei Beurkundungszwang mit verlesen werden, was außerordentlich zeitraubend sein kann (siehe aber zu Ausnahmemöglichkeiten unten Rz. 237 ff.). Sie sind auch relativ unflexibel, da in den Vertrag integriert, und bereiten deshalb Schwierigkeiten, wenn sie in letzter Minute aufgrund neuer Entwicklungen (ein Firmenwagen erleidet in der Nacht vor der Beurkundung einen Unfall) geändert werden müssen.

Einfacher ist demgegenüber, ein sog. **Offenlegungsschreiben** (Disclosure Let- 172 ter) zu verwenden. Dazu bedarf es im Vertrag lediglich einer Klausel dahingehend, dass alle Umstände *nicht* als Verstoß gegen die Gewährleistungsaussagen gewertet werden, die in einem zwischen den Parteien abgestimmten, bei Vertragsschluss übergebenen Offenlegungsschreiben dargestellt sind. Dieses Ver-

§ 2 Ablauf und Vertragsgestaltung

fahren macht Änderungen bis in die letzte Minute leichter. Allerdings muss strikt darauf geachtet werden, dass wirklich nur ein abgestimmter Disclosure Letter akzeptabel ist. Dem Verkäufer darf nicht ermöglicht werden, den Käufer mit Offenlegungen bis in die letzte Minute hinein zuzuschütten und damit Sinn und Zweck jeder Gewährleistungsaussage ad absurdum zu führen.

173 Der Disclosure Letter wird in der Regel so aufgebaut sein, dass jeweils konkret unter Bezugnahme auf einzelne Garantiezusagen die dagegen stehenden Umstände aufgezählt und durch dem Brief beigefügte Anlagen belegt werden. Selbstverständlich kann die Technik des Disclosure Letter mit der Technik der Offenlegung in Anlagen verbunden werden. In diesem Fall entfällt zwar nicht die Beurkundungspflicht für die Anlagen, allerdings lässt sich mit dem Disclosure Letter auf Änderungen kurz vor Vertragsschluss leichter reagieren als durch Änderung der Anlagen.

174 Besonders geeignet ist dieses Verfahren, wenn der Zeitpunkt der Vertragsunterzeichnung nicht identisch ist mit dem der Vertragsdurchführung, also der Anteils- oder Vermögensübertragung (Closing), etwa weil noch der Ablauf der Monatsfrist des § 40 Abs. 1 Satz 1 GWB für die Fusionskontrolle abgewartet werden muss. Bei dieser Struktur wird der Käufer regelmäßig verlangen, dass alle oder wenigstens bestimmte Garantieversprechen nicht nur am Tag der Vertragsunterzeichnung, sondern auch am Tag der Durchführung richtig sein müssen. Damit wird es erforderlich, in der Zwischenzeit aufgetretene Veränderungen, die sich auf die Gewährleistungsaussagen auswirken, einschränkend zu berücksichtigen. Ein zweiter, beim Closing zu übergebender, gleichfalls im Inhalt zwischen den Parteien abgestimmter Disclosure Letter ist hier die einfachste Lösung.

c) Rechtsfolgen von Verstößen

175 Bei jedem Unternehmenskauf ist für die Parteien besonders wichtig, wie die Rechtsfolgen eines Verstoßes gegen Gewährleistungsaussagen oder Garantieversprechen geregelt werden. Üblicherweise, insbesondere bei internationalen Transaktionen, werden sich die Parteien auch insoweit nicht auf die gesetzlichen Vorschriften beschränken können, sondern die Rechtsfolgen im Einzelnen in den Vertrag selbst aufnehmen.

176 Eine nachträgliche **Rückgängigmachung** des Unternehmenskaufs dürfte regelmäßig ausscheiden. Für den Verkäufer ist es auch bei schweren Gewährleistungsverstößen kaum akzeptabel, das womöglich monate- oder jahrelang anders geführte Unternehmen wieder zurückzuerhalten und dafür den Kaufpreis erstatten zu müssen. Die zwischenzeitlich durchgeführten Veränderungen, insbesondere die möglicherweise erfolgte Integration des Unternehmens in den Konzern des Käufers, machen eine solche Rückabwicklung unpraktikabel und teilweise sogar fast unmöglich.

G. Vertragsgestaltung

Die Gewährleistung wird also in erster Linie darin bestehen, den **Kaufpreis her-** 177
abzusetzen oder den Verkäufer auf eine **Ausgleichszahlung** an das verkaufte
Unternehmen zu verpflichten. Als Maßstab für die Zahlungsverpflichtung des
Verkäufers bietet sich der Betrag an, um den der Wert eines nicht vertragsgerechten Vermögensgegenstandes des verkauften Unternehmens hinter dem vertraglich zugesicherten Wert zurückbleibt. Zahlt der Verkäufer einen entsprechenden Geldbetrag in das Unternehmen ein, steht der Käufer praktisch so, wie er gestanden hätte, wenn die Gewährleistungsaussage richtig gewesen wäre. Allerdings wird der Käufer bestrebt sein, sich wahlweise das Recht vorzubehalten, Zahlung an sich selbst zu verlangen. Dies kann insbesondere dann relevant werden, wenn das verkaufte Unternehmen in der Zwischenzeit insolvent geworden ist, sodass eine Zahlung des Verkäufers ansonsten nur der Insolvenzmasse zugutekäme.

Die Gewährleistungshaftung bewegt sich damit in Richtung auf den **Schadens-** 178
ersatz in Form der Naturalrestitution oder Geldzahlung. Dieser kann aber naturgemäß sehr viel weitergehende Folgen haben als der bloße Wertersatz für einen Qualitätsmangel. Zu denken ist etwa an den Ersatz für entgangenen Gewinn, die Folgen von Betriebsstilllegungen oder ein allgemeiner geminderter Unternehmenswert. Hier wird jeder Verkäufer bestrebt sein, sowohl die Höhe als auch die anwendbaren Rechtsgrundlagen für Schadensersatzansprüche einzuschränken.

Aus der Sicht des Verkäufers sollte der Vertrag die Rechtsfolgen einer Garan- 179
tieverletzung abschließend regeln. **Gesetzliche Schadensersatzansprüche** sollten also im zulässigen Umfang **ausgeschlossen** werden, und zwar sowohl deliktische als auch vertragliche Ansprüche (etwa Verletzung eines vorvertraglichen Schuldverhältnisses gemäß §§ 280, 311 Abs. 2 BGB, Verletzung einer Pflicht aus dem Schuldverhältnis, insbesondere nach §§ 280, 282, 241 BGB). **Gleiches** gilt für die gesetzlichen **Gewährleistungsvorschriften** der §§ 437 ff. BGB. Darüber hinaus sollte der Verkäufer bestrebt sein, Mangelfolgeschäden auszuschließen, wie etwa solche aus Betriebsunterbrechungen. Denn hiergegen können sich der Käufer oder der betroffene Betrieb unschwer versichern, während der Verkäufer derartigen Folgen regelmäßig ungeschützt ausgesetzt wäre.

Die Vereinbarung einer Haftungshöchstgrenze (*cap*) – entweder ausgedrückt 180
als Betrag oder als Prozentsatz des Kaufpreises – ist für den Verkäufer ebenfalls wünschenswert. Gleiches gilt für die Vereinbarung einer sog. *de minimis-Regelung*, also eines Mindestbetrags, den ein Gewährleistungsanspruch erreichen muss, bevor die Haftung des Verkäufers einsetzt. Diese sollte aus Sicht des Verkäufers ergänzt werden um eine Regelung, dass die Summe aller Schadensersatzansprüche ebenfalls eine bestimmte Mindesthöhe erreichen muss (sog. *basket*). Dabei gibt es sowohl die Gestaltung, dass alles, was in den *basket* fällt, folgenlos bleibt (sog. *Freibetrag*), als auch diejenige, dass sich der Inhalt des *basket* kumuliert und dann bei Erreichen der vereinbarten Schwelle insgesamt

§ 2 Ablauf und Vertragsgestaltung

geltend gemacht werden kann (sog. *Freigrenze*). Im einen Fall handelt es sich also um einen echten Selbstbehalt, im anderen nur um einen Auslöser *(trigger)*. All diese Regelungen sind in der internationalen Transaktionspraxis üblich. Verhandlungsgegenstand ist häufig nur deren Höhe.

181 Wichtig aus der Sicht des Verkäufers ist auch die Möglichkeit, positive und negative Abweichungen des Ist-Zustands von den Gewährleistungsaussagen miteinander **verrechnen** zu können. Wenn sich etwa die Steuerrückstellungen als zu niedrig erweisen, andererseits aber solche Außenstände bezahlt werden, die in der Bilanz bereits abgeschrieben waren, sollten diese beiden Effekte miteinander kompensiert werden.

182 Eine beim internationalen Unternehmenskauf besonders wichtige Frage betrifft den Umfang des durch Gewährleistungsaussagen **begünstigten Personenkreises**. Besonders in US-amerikanischen Vertragsentwürfen liest man immer wieder, dass nicht nur der (amerikanische) Käufer selbst, sondern auch dessen Geschäftsleiter und Mitarbeiter einen Anspruch darauf haben sollen, von den Folgen unrichtiger Gewährleistungsaussagen einschließlich aller durch ein Gericht festgesetzten Verpflichtungen gegenüber Dritten freigehalten zu werden. Damit ist zweierlei verbunden: Zum einen wird der Kreis potentieller Anspruchsteller gegen den Verkäufer ins Unabsehbare ausgedehnt. Dies ist gerade bei amerikanischen Parteien keine besonders gemütliche Vorstellung. Zum anderen wird eine vertragliche Verpflichtung übernommen, sämtliche durch ein Gericht festgesetzte Schadensersatzleistungen zu erstatten. Dies kann gegenüber amerikanischen Parteien die Verpflichtung einschließen, ihnen auch *punitive damages („Strafschadensersatz")* zu erstatten, die sie an Dritte leisten mussten, während solche unserem Recht fremden Sanktionen ansonsten in Deutschland auf dem Vollstreckungswege nicht durchsetzbar wären.[232] Der deutsche Verkäufer sollte sich der aus einer solchen Klausel drohenden Gefahr sehr genau bewusst sein.

183 Wiederum zum Thema „*Vermittlungsfunktion des juristischen Beraters*" gehört die Frage der **Verjährung**. Hier sind die gesetzlichen Leitbilder von Land zu Land extrem unterschiedlich. Während in Deutschland grundsätzlich auch beim Unternehmenskauf die regelmäßige zweijährige Verjährungsfrist des § 438 Abs. 1 Nr. 3 BGB zum Tragen kommt, belaufen sich bspw. die Fristen in bestimmten Einzelstaaten der USA auf sechs Jahre.[233] Ein amerikanischer

---

232) BGHZ 118, 312 = ZIP 1992, 1256; in diesem Sinne wohl auch BGH, NJW 2003, 3620, 3621 = ZIP 2004, 37; allgemein zu *punitive damages* aus der deutschen Literatur *Wagner*, AcP 206 (2006), 352, 471 ff.; *Mörsdorf-Schulte*, passim; *Brockmeier*, passim; *Klode*, NJOZ 2009, 1762; *Schubert*, JR 2008, 138; *Merkt*, Abwehr; *Reinhard*, IPRax 2008, 49; *Staudinger*, NJW 2006, 2433, 2436 ff.

233) So namentlich in New York, s. Section 213 (2) Civil Practice Law and Rules; anders aber etwa in Kalifornien, wo die Verjährungsfrist für vertragliche Ansprüche grundsätzlich vier Jahre beträgt, s. Section 337 (1) Code of Civil Procedure.

G. Vertragsgestaltung

Käufer wird deshalb möglicherweise gar nicht die Notwendigkeit und das Bedürfnis sehen, die Verjährungsfrist vertraglich zu regeln. Der deutsche Berater wird also hierauf besonders hinweisen und einen für die Vorstellungen beider Seiten akzeptablen Kompromiss suchen müssen, wobei die Länge der Gewährleistungsfristen sicherlich von der Komplexität des gekauften Unternehmens, der Möglichkeit zur vorherigen Due Diligence und ähnlichen Faktoren beeinflusst wird.

In der Praxis liegen die vertraglich vereinbarten Verjährungsfristen häufig zwischen einem und drei Jahren. Für die Garantien über die gesellschaftsrechtlichen Verhältnisse der Zielgesellschaft und die Veräußerungsberechtigung des Verkäufers wird dagegen regelmäßig eine längere Verjährungsfrist vereinbart. Gleiches gilt für die Umwelt- und Steuergarantien. 184

2. Ausgewählte Garantien

In Unternehmenskaufverträgen tauchen häufig – allerdings abhängig von der Transaktionsart sowie in unterschiedlicher Schärfe und keinesfalls zwingend immer – Garantien in folgenden Bereichen auf: 185

- Gesellschaftsrechtliche Verhältnisse;
- Veräußerungsberechtigung des Verkäufers;
- Jahresabschlüsse;
- Vermögensgegenstände; Forderungen;
- gewerbliche Schutzrechte; Informationstechnologie;
- Grundstücke und Gebäude;
- Arbeitnehmer;
- wichtigste Kunden und Zulieferer;
- Steuern;
- Versicherungen;
- Produkthaftung;
- Konten;
- Subventionen;
- Genehmigungen;
- wesentliche Verträge;
- Rechtsstreitigkeiten;
- Einhaltung von Rechtsvorschriften;
- Ordnungsgemäße Geschäftsführung;
- Umwelt;
- offengelegte Informationen und deren Richtigkeit.

§ 2 Ablauf und Vertragsgestaltung

186 Im Rahmen dieser Darstellung kann nicht auf den gesamten Katalog von Gewährleistungs- oder Garantiezusagen eingegangen werden, der sich in internationalen Unternehmenskaufverträgen und häufig auch in rein innerdeutschen Verträgen findet. Insoweit bestehen ohnehin kaum rechtliche Besonderheiten gerade des internationalen Unternehmenskaufs. Einige wenige Einzelfragen seien aber herausgegriffen, die beim internationalen Unternehmenskauf besonders häufig relevant werden und in dem schon mehrfach angesprochenen rechtskulturellen Spannungsfeld zu Problemen werden können.

a) Werthaltigkeit von Forderungen gegen Dritte

187 Gewährleistungsaussagen über Forderungen finden sich häufig. Der Verkäufer mag bereit sein, i. R. einer **üblichen Bilanzgarantie** zu garantieren, dass die Zielgesellschaft ihre Forderungen gegen Dritte korrekt bilanziert und ausreichende Rückstellungen und Wertberichtigungen vorgenommen hat.[234] Näherer Überlegung bedarf jedoch die Frage, was geschehen soll, wenn sich diese Zuversicht des Verkäufers als falsch herausstellt.

188 Die **Interessengegensätze** der Parteien liegen hier klar zutage: Der Käufer als neuer Betreiber des Unternehmens mag oft wenig daran interessiert sein, es mit einem Kunden oder potentiellen Kunden zu verderben, indem er rechtliche Streitigkeiten über offene Forderungen führt. Stattdessen wird er lieber auf seinen Gewährleistungsanspruch gegen den Verkäufer zurückgreifen. Dagegen ist dieser nicht mehr im Geschäft mit diesem Kunden tätig und daher eher daran interessiert, gegen diesen säumigen Schuldner mit aller Härte vorzugehen und dadurch seine eigene Gewährleistungshaftung zu minimieren. Hier ist bei der Vertragsgestaltung eine sorgfältige Balance der beiderseitigen Interessen erforderlich. Dies ist etwa dahingehend möglich, dass im Grundsatz die eine oder die andere Partei – zumeist der Käufer – bestimmt, welche Maßnahmen gegen einen Dritten zu ergreifen sind; widerspricht die andere Partei dieser Bestimmung, so sollte eine neutrale Instanz – also etwa das vereinbarte Schiedsgericht – darüber befinden, ob die Entscheidung der zuständigen Partei objektiv sachgerecht war. Kommerzielle Überlegungen, wie etwa die Aufrechterhaltung der Geschäftsbeziehungen zu dem Dritten, sollten dann außer Betracht bleiben. Allein anhand des Kriteriums der objektiven Sachgerechtheit ist zu bestimmen, welche Gewährleistungsfolgen eintreten.

189 Praktisch gesprochen heißt dies: Lehnt der Käufer gerichtliche Maßnahmen gegen einen Schuldner ab und begründet dies damit, dessen Einwendungen gegen diese Forderung seien überzeugend und das Prozessrisiko sei zu hoch, verlangt aber der Verkäufer gleichwohl gerichtliche Schritte, so wäre es Sache des Schiedsgerichts zu entscheiden, ob die Einschätzung des Käufers sachlich be-

---

234) Grundlegend zur Bilanzgarantie *King*, Die Bilanzgarantie beim Unternehmenskauf.

gründet war. Gewährleistungsfolgen würden nur eintreten, wenn das Schiedsgericht diese Frage bejaht.

Eine solche Regelung ist naturgemäß kompliziert und nicht immer befriedigend, weil es notwendig ist, ein hypothetisches Prozessergebnis zu ermitteln. Ein einfacherer Weg ist möglich, wenn man den Interessen des Verkäufers größeres Gewicht gibt. Er kann dann das Recht bekommen, solche Forderungen gegen Dritte abgetreten zu erhalten, die der Käufer für uneinbringlich hält, wenn er bereit ist, dem Käufer insoweit Schadensersatz zu leisten. Der Verkäufer kann diese Forderungen dann auf eigenes Risiko geltend machen. Das Problem der Gefahr, die Geschäftsverbindung zu beschädigen, wird dadurch aber natürlich nur gemildert, nicht beseitigt. 190

Eine viel **weiter gehende Garantie** ist es, wenn der Verkäufer zusagt, Forderungen seien **durchsetzbar** und würden befriedigt werden, soweit keine Berichtigungen in den Jahresabschlüssen erfolgt sind. Eine solche Einstandsgarantie wird ein Verkäufer nur selten bereit sein abzugeben. Eine Verhandlungslösung kann darin liegen, die Garantie zu qualifizieren, indem der Verkäufer sie nur *„nach bestem Wissen"* abgibt. 191

b) Exterritoriale Wirkung ausländischer Gesetze

Insbesondere wenn Unternehmen an US-amerikanische Käufer veräußert werden, wird der Verkäufer immer wieder mit der Forderung konfrontiert, er solle zusagen, das Unternehmen verstoße nicht gegen bestimmte US-amerikanische Gesetze, insbesondere nicht gegen den *Foreign Corrupt Practices Act*,[235] der es verbietet, Bestechungsgelder im Ausland zu zahlen, oder nicht gegen das Verbot des Handels mit Staaten, die aus der Sicht der USA als Feindstaaten angesehen werden.[236] Der *Foreign Corrupt Practices Act* hat zwar inzwischen nicht mehr dieselbe Brisanz wie früher, weil aufgrund des Gesetzes zur Bekämpfung internationaler Bestechung[237] auch in Deutschland die Korruption in- und ausländischer Amtsträger faktisch gleichgestellt ist. Dennoch sollte sich ein deutscher Verkäufer unbedingt sehr genau darüber informieren, was die in Rede stehenden amerikanischen Gesetze jeweils besagen. Nur so kann er das in den gewünschten Aussagen liegende Risiko vernünftig abschätzen. 192

US-amerikanische Käufer sehen Verstöße gegen diese Gesetze keineswegs als Kavaliersdelikte an, sondern nehmen sie sehr ernst, nicht nur wegen der bei einem Verstoß drohenden Sanktionen, sondern auch wegen der negativen Publizität, die gerade in diesem halb-politischen Bereich verheerende Schäden aus- 193

---

235) Foreign Corrupt Practices Act, Pub. L. 95-213, Title I, 19. Dec. 1977, 91 Stat. 1494–1498, 15 U.S.C. §§ 78a ff. und dazu *Piehl*, S. 96 ff.; *Grau/Meshulam/Blechschmidt*, BB 2010, 652; s. für Großbritanien den Bribary Act 2010, 2010 c. 23, verabschiedet am 8.4.2010 (Royal Assent).
236) Trading with the Enemy Act, Pub. L. 65-91, 6.10.1917, 40 Stat. 415, 12 U.S.C. § 95a.
237) Gesetz zur Bekämpfung internationaler Bestechung v. 10.9.1998, BGBl. I 1998, 2327.

§ 2 Ablauf und Vertragsgestaltung

lösen kann. Das Argument, ein deutsches Unternehmen unterliege überhaupt nicht den amerikanischen Gesetzen, wird dabei wenig Wirkung zeigen, weil es – abgesehen von dem exterritorialen Geltungsanspruch mancher US-amerikanischer Gesetze – gar nicht ausschließlich um juristische Fragen geht. Ein amerikanisches Unternehmen kann es sich eben schlicht nicht leisten, eine ausländische Gesellschaft zu erwerben, die ein US-Handelsembargo ignoriert hat, auch wenn dieses Embargo für sie formell gar nicht galt und die fraglichen Aktivitäten auf Geheiß der neuen Muttergesellschaft sofort eingestellt werden.

c) **Grundsatz der Kapitalerhaltung**

194 Der Grundsatz der Kapitalerhaltung bei Kapitalgesellschaften (§§ 57, 62 AktG und §§ 30, 31 GmbHG) ist einmal mehr ein typisches Institut des deutschen (oder kontinental-europäischen) Rechts, für das angelsächsisch geprägte Unternehmenskäufer kein Verständnis mitbringen. Umso wichtiger ist es aus der Sicht des beratenden deutschen Juristen, die entsprechenden Vorschriften zu erläutern und auf entsprechenden Gewährleistungsaussagen des Verkäufers zu bestehen. Dies gilt aus unterschiedlichen Gründen natürlich nicht nur bei Kapitalgesellschaften, sondern auch beim Erwerb eines Kommanditanteils (§§ 173 Abs. 1, 172 Abs. 4 Satz 1 HGB).

d) **Abdeckung des Zeitraums seit dem relevanten Bilanzstichtag**

195 Die in Unternehmenskaufverträgen fast ausnahmslos anzutreffenden Garantien auf den oder die letzten Jahresabschlüsse der Zielgesellschaft (Bilanzgarantien) sind regelmäßig auf einen mehr oder weniger lange zurückliegenden (letzten) Bilanzstichtag bezogen. Die Garantie wird damit nicht auf die aktuelle Vermögens- und Finanzanlage abgegeben. Das darin liegende Risiko ist für den Käufer umso größer, je mehr Zeit seit dem letzten Bilanzstichtag vergangen ist. Angesichts der gerade für Ausländer teilweise unverständlichen Angewohnheit mittelständischer deutscher Unternehmen, die Erstellung ihrer Jahresabschlüsse möglichst hinauszuzögern, kann dies – gerade bei Unternehmenskäufen in der ersten Jahreshälfte – ein erklecklicher Zeitraum sein.

196 Hier müssen zunächst spezielle Gewährleistungsaussagen helfen. Diese gehen dahin, dass der Geschäftsbetrieb des Unternehmens seit dem **letzten Bilanzstichtag bis zum Signing** i. R. d. **gewöhnlichen Geschäftsgangs** und (im Wesentlichen) wie in der Vergangenheit geführt worden ist. Ergänzt wird diese Garantie regelmäßig durch Regelbeispiele für nicht erfolgte Geschäftshandlungen (bspw. keine Veräußerung von Anlagevermögen außerhalb des gewöhnlichen Geschäftsgangs). In einem käuferfreundlichen Vertrag könnte zusätzlich zugesichert werden, dass keine Umstände eingetreten sind, die eine erhebliche negative Auswirkung auf den Geschäftsbetrieb des Unternehmens, seinen Wert und seine künftigen geschäftlichen Aussichten gehabt haben oder haben kön-

G. Vertragsgestaltung

nen (vergleichbar mit der oben genannten MAC-Klausel (oben Rz. 143 ff.), hier allerdings eben nur für den Zeitraum bis zum Signing).

Darüber hinaus ist der Käufer daran interessiert, dass der Verkäufer das Unternehmen im nachfolgenden Zeitraum **zwischen Signing und Closing** weiter im gewöhnlichen Geschäftsgang führt. Daher findet sich regelmäßig eine entsprechende Verpflichtung des Verkäufers in Unternehmenskaufverträgen, wenngleich in unterschiedlicher Schärfe (sog. **Going Concern-Klausel**). Sie ist allerdings richtigerweise vertragstechnisch nicht als Garantie aufzunehmen, sondern i. R. d. Verhaltenspflichten (sog. *covenants*)[238] der Verkäuferin. Die inhaltliche Ausgestaltung dieser Verhaltenspflicht muss bei fusionskontrollrelevanten Transaktionen stets mit dem kartellrechtlichen Vollzugsverbot vereinbar sein.[239]

197

e) Vollständigkeit der Offenlegung und Kenntniszurechnung

Besondere Schwierigkeiten ergeben sich oft bei den sehr weit und umfassend formulierten Klauseln, durch die der Verkäufer erklären soll, er habe dem Käufer **alle relevanten Umstände offen gelegt**. Jede Weigerung des Verkäufers, die Vollständigkeit der von ihm erteilten Informationen in dieser Weise zuzusagen, stößt beim Käufer leicht auf Unverständnis und Misstrauen. Andererseits wird sich der Verkäufer gerade dann, wenn er selbst nicht Geschäftsleiter des Unternehmens, sondern nur Gesellschafter ist, mit derartigen absoluten Aussagen schwer tun. Häufig wird die Lösung darin bestehen, dass alle oder bestimmte Aussagen qualifiziert werden, indem der Verkäufer diese *„nach bestem Wissen"* abgibt.[240]

198

Eine derartige Formel wirft allerdings ebenso viele **Fragen** auf, wie sie beantwortet: Bedeutet sie, dass der Verkäufer verpflichtet ist, sich zunächst einmal – etwa bei der Geschäftsleitung der Zielgesellschaft – zu informieren? Welchen Umfang hat eine solche Informationspflicht? Auf die Kenntnis welcher konkreten Personen des Verkäufers ist abzustellen? Wessen Kenntnis wird ihm ggf. zugerechnet? Hier empfiehlt es sich vor allem aus Sicht des Verkäufers dringend, in den Vertrag klare Regelungen aufzunehmen, etwa dahingehend, dass er nicht verpflichtet ist, eigene Erkundigungen einzuziehen, oder dass sich diese Erkundigungen nur auf bestimmte, genau festgelegte Maßnahmen oder die Befragung genau identifizierter Personen beschränken. Auch sollte der Kreis der Personen, deren Kenntnis dem Verkäufer zugerechnet wird, durch Nennung dieser Personen genau bestimmt werden.[241] Ferner ist zu definieren,

199

---

238) Dazu *Schrader* in: Eilers/Koffka/Mackensen, I. 4. Rz. 25 ff.
239) Näher dazu *Mielke/Welling*, BB 2007, 277; *Schrader* in: Seibt, M&A, C. II. 1 Anm. 113, S. 203 f.
240) So auch das Muster bei *Knott* in: Knott/Mielke, Rz. 596.
241) Näher dazu *Knott* in: Knott/Mielke, Rz. 837 ff.

ob mit „*bestem Wissen*" nur die positive Kenntnis oder auch die grob fahrlässige oder gar schlicht fahrlässige Unkenntnis (Kennenmüssen, § 122 Abs. 2 BGB) erfasst ist. Eine eher verkäuferfreundliche Klausel könnte bei einer Beteiligungsveräußerung bspw. wie folgt lauten:

> „In this Agreement the knowledge of the Seller (the ‚Seller's Knowledge') shall solely encompass the actual knowledge (positive Kenntnis) as of the date of the signing of this Agreement of the individuals listed in Annex *[Nr.]* without any obligation by the Seller or the individuals listed in such Annex *[Nr.]* to make enquiry with the managing directors of the target company."

f) Steuerklauseln

200 Rechtliche Besonderheiten, die sich gerade aus dem internationalen Charakter eines Unternehmenskaufs ergeben, sind bei den auf steuerliche Fragen bezogenen Garantien nicht erkennbar. Umso notwendiger ist aber die kulturelle Vermittlung. Denn auf kaum einem Rechtsgebiet ist der Erfindungsreichtum der Juristen und damit die Vielfalt der Erscheinungsformen größer als auf dem des Steuerrechts. Entsprechend groß ist die Gefahr, aus Unkenntnis dieser Unterschiede Fehler zu machen.

201 Eine Besonderheit nicht so sehr des deutschen Steuerrechts, sondern des Steuerverfahrensrechts ist, dass **steuerliche Außenprüfungen** oft erst nach vielen Jahren und Steuerfestsetzungen unter Vorbehalt erfolgen. Beides hat zur Folge, dass Steuernachforderungen noch viele Jahre später erhoben werden können. Wiederum ist es für den deutschen Berater eine Selbstverständlichkeit, für den möglicherweise ausländischen Erstautor eines Vertragsentwurfs aber nicht, diesen Umstand bei der Verjährungsklausel zu berücksichtigen: Während für andere Gewährleistungsaussagen eine Frist von zwei oder drei Jahren beginnend mit dem Closing ausreichend sein mag, gilt dies für steuerliche Zusicherungen nicht. Hier wird man regelmäßig auf einen Zeitraum abstellen, der frühestens mit der endgültigen Steuerfestsetzung aufgrund der steuerlichen Außenprüfung oder des daran anschließenden Finanzgerichtsverfahrens beginnt. Dieser Zeitraum wird dann allerdings recht kurz sein und liegt häufig bei sechs Monaten.

202 Dass in diesem Zusammenhang beiderseitige **Mitwirkungs- und Auskunftspflichten**, aber auch -rechte vereinbart werden sollten, ist keine Besonderheit des internationalen Unternehmenskaufs. Indes wird man gerade von US-amerikanischen Käufern immer wieder mit der Vorstellung konfrontiert, für Steuererklärungen, Steuerfestsetzungen und ggf. deren Anfechtung, soweit sie sich auf Zeiträume vor dem Unternehmenskauf beziehen, bleibe der Verkäufer verantwortlich. Dies gelte nicht nur in dem Sinne, dass er für etwaige daraus resultierende Schäden aufzukommen habe, sondern auch rein technisch in der Weise, dass er die entsprechenden Verfahrensschritte einzuleiten und zu führen habe. Je nach Struktur der Transaktion ist dies natürlich keineswegs der Fall, etwa wenn ein Share Deal stattfindet, bei dem selbstverständlich die Gesellschaft vor wie nach

dem Übernahmestichtag dafür verantwortlich ist, ihre steuerlichen Angelegenheiten zu erledigen, nicht hingegen ihr (früherer oder jetziger) Gesellschafter. Durch entsprechende Formulierungen sollte daher zwar klargestellt werden, welche Auskunfts- und Mitwirkungsrechte sowie -pflichten den Verkäufer treffen, allerdings auch, dass die Gesellschaft (oder der neue Gesellschafter) für Maßnahmen gegenüber den Finanzbehörden verantwortlich ist.

Schließlich sollte auch bei Steuerklauseln darauf geachtet werden, dass in der „Endabrechnung" über die Haftung des Käufers positive wie negative Aspekte miteinander verrechnet werden können. Mehr Steuern in einem Bereich sollten ohne weiteres gegen Steuererstattungen in einem anderen verrechenbar sein. Auch ist darauf zu achten, dass Änderungen der Steuerfestsetzung häufig nur in einer Phasenverschiebung bestehen, so etwa, wenn Abschreibungen über einen längeren als den ursprünglich vorgesehenen Zeitraum erstreckt werden. Hier wäre es unangemessen, die in einem bestimmten Jahr dadurch anfallenden Mehrsteuern insgesamt als Schaden anzusehen, den der Verkäufer zu ersetzen hat. Schaden ist vielmehr in erster Linie der Zinseffekt, der sich aus der langsameren Abschreibung ergibt. Zusätzliche Berechnungsprobleme entstehen allerdings dann, wenn sich die Steuersätze während des maßgeblichen Zeitraums ändern. Dieselbe Problematik ergibt sich, wenn das Bestehen steuerlich anerkannter Verlustvorträge zugesagt wird.[242] 203

IV. Closing

Das deutsche Recht kennt ein dem Closing vergleichbares Verfahren beim Unternehmenskauf nicht. Allerdings stellt sich auch in der deutschen Praxis nicht nur die Frage, wann das schuldrechtliche Geschäft wirksam abgeschlossen wurde, sondern wann alle Voraussetzungen für den Übergang des Unternehmens auf den Käufer erfüllt sind und dann der tatsächliche Übergang erfolgt. Hierfür hat sich auch in Deutschland in jüngerer Zeit der Begriff Closing eingebürgert.[243] 204

1. US-amerikanischer Ursprung

Der Begriff Closing kommt aus dem US-amerikanischen Recht.[244] Closing bedeutet zunächst ganz allgemein *„Schluss"* oder *„Abschluss"*. Als Rechtsterminus 205

---

242) Näheres zu Steuerklauseln bei *Stümper/Walter*, GmbHR 2008, 31; *Knott* in: Knott/Mielke, Rz. 868 f.; *Eilers* in: Eilers/Koffka/Mackensen, IV. 4. Rz. 71 f.
243) OLG Koblenz, WM 1991, 2075 = GmbHR 1992, 49 = WuB IV A § 433 BGB 1.92 *(Knoche)*; *Klumpp* in: Beisel/Klumpp, Kap. 9 Rz. 103 ff.; *Knott* in: Knott/Mielke, Rz. 100 ff.; *von Rosenberg* in: Eilers/Koffka/Mackensen, I. 8. Rz. 1 ff.; *Holzapfel/Pöllath*, Rz. 57; *Grabowski/Harrer*, DStR 1993, 20.
244) Vgl. auch *Merkt* in: FS Sandrock, S. 657, 680 ff.; *Knott* in: Knott/Mielke, Rz. 101; *Holzapfel/Pöllath*, Rz. 57; *Picot* in: Picot, M&A, S. 262; *Triebel*, RIW 1998, 1, 4; zum Closing aus US-amerikanischer Sicht *Reed/Lajoux/Nesvold*, S. 613 ff.

§ 2 Ablauf und Vertragsgestaltung

tauchte der Begriff im US-amerikanischen Recht zunächst beim **Immobilienkauf** auf. Allerdings bedeutet Closing hier nicht etwa Vertragsschluss. Der eigentliche schriftliche Vertragsschluss *(execution)*, also die Unterzeichnung (Signing) des Vertrags, liegt zeitlich vor dem Closing. Das Closing umfasst die in zeitlicher Sicht letzten oder „*abschließenden*" Schritte beim Immobilienkauf. Gemeint ist der Moment, zu dem die Gegenleistung erbracht wird, zu dem etwaige Immobiliarsicherheiten gestellt werden, um die Kaufpreisforderung zu sichern, und zu dem die Urkunde *(deed)* übergeben wird, die das Immobiliarrecht verbrieft. In seiner ursprünglichen Bedeutung bezeichnet Closing mithin die Abwicklung des Immobilienkaufs.

206 Der Zeitpunkt des Closing wird von den Parteien vereinbart. Die Figur des Closing erlaubt, **Vertragsschluss** und **Vertragsabwicklung zeitlich zu trennen**. In dem dadurch geschaffenen Zeitraum kann einerseits der Kaufpreis oder die Sicherheit für den Kaufpreis (Bankgarantien für möglicherweise gestundeten Kaufpreis oder für Haftungsfreistellungen) beschafft werden, andererseits kann die Kaufsache (weitergehend) geprüft und etwaige Genehmigungen und Zustimmungen können eingeholt werden.[245]

207 Vom Immobilienkauf ausgehend wurde der Begriff im US-amerikanischen Recht auf den **Asset Deal** übertragen. Hier hat sich als überaus praktisch erwiesen, den Vertrag zeitlich zu strecken.[246]

208 Einerseits sind die Parteien durch den Vertragsabschluss vertraglich gebunden. So ist der Verkäufer regelmäßig durch eine Going Concern-Klausel verpflichtet, die Geschäfte des Unternehmens vom Signing bis zum Closing nur in dem vertraglich vereinbarten Rahmen zu führen. Andererseits wird die Übernahme selbst noch davon abhängig gemacht, dass bestimmte Bedingungen beim Closing erfüllt sind (**Vollzugsbedingungen**) (siehe oben Rz. 120 ff.). Das können inhaltlich bestimmte oder nur formale Bedingungen sein. Beispiele sind der Erhalt der Kartellfreigabe oder dass das Unternehmen durch bestimmte Maßnahmen aus dem Konzern des Verkäufers herausgelöst wurde, etwa durch Kündigung eines Beherrschungs- und Gewinnabführungsvertrags. Was zu geschehen hat, wenn sich vor dem oder beim Closing herausstellt, dass die Bedingungen **nicht erfüllt** sind, regeln die Parteien im Vertrag. Hier sind je nach Stärke der Verhandlungsposition unterschiedliche Stufen von der Kaufpreisreduzierung bis hin zum freien Rücktrittsrecht ohne jede Schadensersatz- oder Kompensationspflicht möglich. Selbst im letzteren Fall geht der Vertrag über eine bloße Paraphierung hinaus, weil in der Zeit zwischen Signing und Closing ein Vertragsverhältnis mit entsprechenden Nebenpflichten (Vertraulichkeit!)

---

245) *Backman* in: Powell/Rohan, § 883, S. 8; *Friedman*, Vol. 2, Kap. 11; vgl. auch *Elsing/van Alstine*, S. 165 ff; *Knott* in: Knott/Mielke, Rz. 100 ff.
246) Vgl. auch *Sutter* in: Turcon/Zimmer, S. 58 ff.

G. Vertragsgestaltung

besteht und diese Pflichten auch über einen Rücktritt hinaus häufig vertraglich weitergelten.[247]

Eine weitere wichtige Funktion des Closing besteht darin, die gegenseitigen Leistungspflichten zu **verzahnen**. Durch die Vereinbarung eines bestimmten Datums für die Erbringung der beiderseitigen Leistungen wird erreicht, dass keine Seite in Vorleistung treten muss, ohne zu wissen, ob und was die andere Seite leisten wird. Das Closing minimiert insbesondere das Risiko des Eintritts unvorhergesehener **Beeinträchtigungen** des Kaufobjekts (Gerichtsverfahren, Umweltbelastungen etc.). Nach anglo-amerikanischer Vorstellung erfolgen die **Handlungen** beim Closing geradezu akkreditivartig durch **wechselseitige Übergabe von Dokumenten**, wobei Aktienurkunden, sonstige Übertragungsnachweise, aber auch unterzeichnete Nebenvereinbarungen wie Dienstverträge für Geschäftsführer und Schiedsgerichtsverfahren, über den Tisch gereicht werden. 209

2. Deutsches Recht

Bei Kaufverträgen über deutsche Unternehmen passt die US-amerikanische Vorstellung nicht recht, etwa bei einer Beteiligungsveräußerung das Unternehmen durch das Überreichen von Aktienurkunden zu übergeben. Denn Aktienurkunden werden kaum je physisch übergeben, und beim Verkauf einer GmbH werden ohnehin keine Anteilsurkunden übergeben (auch dies ist übrigens häufig gegenüber ausländischen Käufern erklärungsbedürftig). Wir sind es zwar gewohnt, schuldrechtliches und dingliches Geschäft aufgrund des Abstraktionsprinzips rechtlich klar zu trennen. Allerdings ist es üblich, beide Geschäfte gleichzeitig abzuschließen und Letzteres, soweit erforderlich, unter aufschiebende Bedingungen zu stellen, deren Eintritt dann ohne ein besonderes Closing zur Vertragserfüllung führt. 210

Eine rechtliche Notwendigkeit für ein gesondertes Closing besteht also aus unserer Sicht nicht. Dennoch haben in den letzten Jahren der Begriff und die Technik des Closing **Eingang in die deutsche Praxis** des Unternehmenskaufs gefunden. Allerdings wird der Begriff in der deutschen Rechtsprechung und Literatur teilweise auf die Bedeutung eines Übergangsstichtags reduziert.[248] 211

Diese Gleichsetzung von **Closing** und **Stichtag** ist wenig glücklich, weil beides zeitlich durchaus auseinander fallen kann.[249] Zurückführen lässt sich diese Be- 212

---

247) Etwas anders *Holzapfel/Pöllath*, Rz. 54.
248) So formuliert das OLG Koblenz, WM 1991, 2075 = GmbHR 1992, 49 = WuB IV A § 433 BGB 1.92 *(Knoche)*: „Wird ein künftiger erst nach Vertragsschluss liegender Übergangsstichtag (Closing) vereinbart, sind Regelungen für den Fall nachteiliger Veränderungen des Kaufgegenstands zwischen Vertragsschluss und closing erforderlich."; aus der Literatur etwa *Theysohn-Wadle* in: Beisel/Klumpp, Kap. 3 Rz. 23; *Klumpp* in: Beisel/Klumpp, Kap. 9 Rz. 103; *Grabowski/Harrer*, DStR 1993, 20; *Rotthege/Wassermann*, Rz. 669.
249) *von Rosenberg* in: Eilers/Koffka/Mackensen, I. 8. Rz. 1 ff.; *Knott* in: Knott/Mielke, Rz. 100 ff.; *Holzapfel/Pöllath*, Rz. 65; *Picot* in: Picot, M&A, S. 262.

§ 2 Ablauf und Vertragsgestaltung

deutungsverengung und das damit einhergehende eingeschränkte Verständnis für ein Closing möglicherweise auf die im deutschen Recht seit jeher erfolgende Trennung zwischen schuldrechtlichem Abschluss des Kaufvertrags und dinglicher Übertragung des Unternehmens. Sie ergibt sich nicht erst aus der vertraglichen Vereinbarung, sondern aus dem gesetzlich niedergelegten **Abstraktionsprinzip**, das klar und deutlich zwischen dem Kaufvertrag einerseits und seiner Erfüllung durch die Verfügungen andererseits unterscheidet.[250] Dieses Prinzip ist im anglo-amerikanischen Recht ebenso wie in den meisten anderen Rechtsordnungen unbekannt. Bei jedem deutschen Juristen ist es allerdings fest verankert, und dies mag dazu führen, dass deutsche Juristen allzu leicht die hiermit verbundene Trennung mit derjenigen zwischen Signing und Closing gleichsetzen und hierbei die weitergehende Bedeutung des Closing (siehe oben Rz. 205 ff.) übersehen.

3. Internationale Praxis

213 Bei internationalen Unternehmenskäufen erweist sich ein Closing zunehmend als **unentbehrlich**.[251] Auch in rein nationalen Transaktionen findet es sich häufig. Rein praktisch ist es eine sinnvolle Institution, jedenfalls bei komplexen Vorgängen mit zahlreichen ineinander greifenden und womöglich jeweils unterschiedlich bedingten Verträgen. Mit der Rechtsfigur des Closing kann der eigentliche Vertragsschluss entlastet werden, indem bestimmte Teile der Vertragsabwicklung und -erfüllung nicht schon zu diesem Zeitpunkt, sondern erst später stattfinden. Außerdem zwingt das Closing dazu, alle zum Vollzug der Transaktion notwendigen Einzelpunkte sauber zu erfassen und darüber Rechenschaft abzulegen, dass jede der für sie geltenden Voraussetzungen erfüllt ist. Das erhöht die Sicherheit, dass auch tatsächlich alles bedacht und erledigt wurde. Zugleich wird durch das Closing ein eindeutiges Datum für den Stichtag der Vertragserfüllung festgelegt, während es bei Erfüllung im Wege des bloßen Bedingungseintritts mitunter schwierig ist, dieses Datum eindeutig zu bestimmen. Speziell in Unternehmenskaufverträgen mit US-amerikanischen Vertragspartnern sollten daher deutsche Vertragspartner der von den US-amerikanischen Partnern entsprechend den dortigen Gepflogenheiten üblicherweise verlangten Vereinbarung eines Closing nicht kritisch gegenüberstehen, sondern als eine Möglichkeit der Vertragsgestaltung begreifen und nutzen.

214 Allerdings ist vor Übertreibungen zu warnen. Ein allzu formalisiertes Closing-Verfahren kann zum Selbstzweck werden. Bei Nebenvereinbarungen ist außerdem darauf zu achten, dass sie mitunter schon im Stadium der bloß schuldrechtlichen Verpflichtung (also zwischen Signing und Closing) relevant sein

---

250) Vgl. *Holzapfel/Pöllath*, Rz. 68.
251) *Holzapfel/Pöllath*, Rz. 62.

G. Vertragsgestaltung

können, so insbesondere Schiedsgerichtsvereinbarungen. Sie sollten deshalb nicht erst beim Closing abgeschlossen werden.

4. Closing Protokoll

Die Handlungen der Vertragsparteien am Tag des Closing werden in der Praxis 215 regelmäßig in einem Closing Protokoll (oder Closing Memorandum) niedergelegt. In dem Dokument wird also bspw. festgehalten, dass der Verkäufer einen Disclosure Letter übergeben hat, der Käufer den Kaufpreis gezahlt hat oder die Parteien den dinglichen Übertragungsvertrag unterzeichnet haben. Das Closing Protokoll unterzeichnen die Beteiligen erst **nach Abschluss aller Handlungen** und damit zum Abschluss des Closing. Sein Zweck besteht nicht nur darin zu dokumentieren, dass und wann die Closing Handlungen vorgenommen wurden. Es dient vielmehr durch die Unterzeichnung aller Beteiligten vor allem **Beweiszwecken**.[252]

5. Rechtsfolgen bei Scheitern

Im Unternehmenskaufvertrag sollte vereinbart werden, welche Rechtsfolgen 216 eintreten, wenn es nicht zu einem Closing der Transaktion kommt. Ein solcher Fall kann entweder eintreten, weil die Vollzugsbedingungen nicht vollständig erfüllt werden (so wird bspw. die erwartete Kartellfreigabe versagt) oder weil Closing Handlungen nicht vollzogen werden (bspw. erfolgt keine Kaufpreiszahlung, weil die Finanzierung überraschend gescheitert ist). Für diese Fälle sieht der Unternehmenskaufvertrag üblicherweise **vertragliche Rücktrittsrechte** vor. Die Einzelheiten der Rücktrittsvoraussetzungen und der Folgen eines Rücktritts sind während der Vertragsverhandlungen zu klären. So kann bspw. vereinbart werden, dass Rücktritte keine negativen Folgen für eine der Parteien, wie etwa Schadensersatzzahlungen, nach sich ziehen. Denkbar ist aber auch eine Vereinbarung, wonach die Partei, welche den Rücktritt verschuldet hat, gegenüber der anderen Partei **schadensersatzpflichtig** wird. Auch kann unabhängig von einem Verschuldenserfordernis vereinbart werden, dass der Eintritt bestimmter Vollzugsbedingungen in den Risikobereich einer Partei fällt und daher der Nichteintritt einen Schadensersatzanspruch für die andere Partei auslöst. Zu denken ist auch an die Vereinbarung einer pauschalen Schadensersatzpflicht oder einer Vertragsstrafe. In der internationalen Transaktionspraxis tauchen solche Zahlungsverpflichtungen häufig unter dem Begriff der Break-up Fee auf.[253]

---

252) Ebenso *von Rosenberg* in: Eilers/Koffka/Mackensen, I. 8. Rz. 14.
253) Näher dazu *Hilgard*, BB 2008, 286; *Fleischer*, AG 2009, 345.

§ 2 Ablauf und Vertragsgestaltung

V. Rechtswahlklauseln und Vertragssprache

217 Bei Verträgen mit Auslandsbezug ist es **uneingeschränkt empfehlenswert**, im Vertrag das **anwendbare Recht zu wählen**. Für den juristischen Berater stellt sich bei Verhandlungen über einen internationalen Unternehmenskauf – wie im Übrigen bei vielen halbwegs komplexen internationalen Verträgen – das Problem, dass über die Frage des anwendbaren Rechts häufig erst gegen Schluss der Verhandlungen entschieden wird. Entweder messen die kaufmännischen Verhandlungsführer diesem Punkt keine besonders große Bedeutung bei, oder sie wollen die Verhandlungen über wirtschaftlich wichtige Fragen nicht mit aus ihrer Sicht juristisch-technischen Fragen befrachten. Juristisch gesehen verhandelt man also eine ganze Weile gleichsam im luftleeren Raum. Dies ist ein weiterer Grund dafür, den Vertrag möglichst vollständig und *„selbsttragend"* zu formulieren, sodass es auf das anwendbare Recht so wenig wie möglich ankommt (siehe zur Rechtswahl auch unten § 4 Rz. 45 ff.). Dies bedeutet allerdings nicht, dieser Frage insgesamt ausweichen und auf eine Rechtswahlklausel verzichten zu können. Eine Rechtswahl ist vielmehr unerlässlich, um die vielfältigen Probleme und Streitfragen zu vermeiden, die sich bei einer objektiven Anknüpfung des Unternehmenskaufs nach den Regeln des Internationalen Privatrechts ergeben.

218 Für den **dinglichen Teil** des Unternehmenskaufs sind einer Rechtswahl bekanntlich **Grenzen** gesetzt. So gilt beim Asset Deal für die Übertragung des Eigentums an körperlichen Mobilien zwingend die *lex rei sitae* (oder, wie der angelsächsische Sprachgebrauch es will, die *lex situs*), also das Recht am Ort der Belegenheit der Sache (unten § 6 Rz. 78). Gleiches gilt für Immobilien (unten § 6 Rz. 90). Dagegen ist beim Share Deal bspw. darauf zu achten, dass das Gesellschaftsstatut der Zielgesellschaft über die Frage entscheidet, ob der Anteil fungibel ist und welche Voraussetzungen für die Übertragung erfüllt sein müssen (näher dazu unten § 6 Rz. 64 ff.). Insgesamt sollte man sich jedoch darüber im Klaren sein, dass die Systeme des Internationalen Privatrechts unterschiedlich sein können und daher verschiedene Anknüpfungspunkte vorsehen können. Es besteht also Nachfrage- und ggf. Aufklärungsbedarf gegenüber ausländischen Mandanten und Vertragspartnern.

219 Für den **schuldrechtlichen Teil** der Transaktion besteht dagegen **weitestgehend Wahlfreiheit** (dazu unten § 4 Rz. 33, 41). Indes stellt sich aus Sicht der Praxis die Frage, ob es sinnvoll ist, ein anderes Rechtssystem zu vereinbaren, als für das oder die dinglichen Geschäfte gilt. Welche Folgen etwaige Disparitäten dieser beiden Rechtssysteme nach sich ziehen könnten, ist im Vorwege kaum zu beurteilen. Angenommen, das schuldrechtliche Geschäft unterliegt einem Recht, welches das Abstraktionsprinzip nicht kennt, während das dingliche Geschäft sich nach deutschem Recht richtet: Welche Folgen soll nun ein Mangel des schuldrechtlichen Geschäfts haben? Soll hier plötzlich deutsches Bereicherungsrecht auch auf der schuldrechtlichen Seite durchgreifen, weil die

G. Vertragsgestaltung

ausländische (Schuld-)Rechtsordnung im Zweifel für diese ihr unbekannte Situation keine Lösung bereithält? Dies widerspräche zwar dem europäischen und damit deutschen Recht, weil nach Art. 12 Abs. 1 lit. e Rom I-VO die Folgen der Nichtigkeit eines Vertrags und damit eine ungerechtfertige Bereicherung dem Vertragsstatut unterliegen.[254] Allerdings wird deutlich, dass sich Ungereimtheiten und Unsicherheiten ergeben können, die sich möglicherweise vermeiden lassen, indem man das Recht der Zielgesellschaft für den Kaufvertrag wählt.

Ein rein praktischer Gesichtspunkt kommt hinzu. Der ausländische Käufer wird sich im Zweifel ohnehin in dem Recht beraten lassen müssen, das im Lande des Kaufobjekts gilt. Ihm sollte es deshalb nicht schwer fallen, diese Beratung auch in Bezug auf das schuldrechtliche Geschäft zu erhalten. Umgekehrt hat der inländische Verkäufer regelmäßig keinen Anlass, sich mit dem Recht im Lande des Käufers zu befassen. Wollte er einen diesem Recht unterliegenden schuldrechtlichen Kaufvertrag juristisch verantwortlich überprüfen lassen, wäre damit ein ganz erheblicher und im Grunde durch nichts zu rechtfertigender Mehraufwand verbunden. Dem sollte die ausländische Vertragspartei Rechnung tragen und sich auch für den schuldrechtlichen Vertrag auf das im Lande des Kaufgegenstands geltende Recht einlassen. 220

Zu warnen ist jedenfalls vor dem vielleicht probat erscheinenden Ausweg, ein „neutrales" Recht zu vereinbaren, das keinen besonderen Bezug zum Sitz der Parteien oder zur Belegenheit des Kaufgegenstands hat. Eine solche Lösung kann nur zu Problemen führen, zumal wenn beide Seiten mit dem gewählten „neutralen" Recht nicht vertraut sind. Böse Überraschungen sind vorprogrammiert (dazu unten § 4 Rz. 86 ff.). 221

Schließlich ist zu empfehlen, i. R. d. vertraglichen Rechtswahl sicherheitshalber das **UN-Kaufrecht** ausdrücklich abzuwählen. Dies gilt jedenfalls beim Asset Deal, bei dem umstritten ist, ob das UN-Kaufrecht anwendbar ist (siehe unten § 4 Rz. 17 ff.). Beim Share Deal erscheint eine solche Abwahl weniger erforderlich (siehe unten § 4 Rz. 11 ff.). Eine Formulierung verbunden mit einer Rechtswahlklausel zugunsten deutschen Rechts könnte bspw. wie folgt lauten (siehe ausführlich dazu unten § 4 Rz. 24 ff.): 222

> „This Agreement shall be governed by and construed in accordance with German law, excluding the United Nations Convention on Contracts for the International Sale of Goods (CISG)."

In der internationalen Transaktionspraxis ist die **englische Sprache** ganz herrschend. Dies gilt auch dann, wenn der Vertrag einem nicht-englischsprachigen Rechtsraum unterworfen wird. In diesem Fall ist es wichtig sicherzustellen, dass die jeweiligen nationalen Rechtsinstitute oder Rechtsbegriffe bei ihrer 223

---

254) Hierzu *Martiny* in: Reithmann/Martiny, Rz. 305, 456.

englischen Umschreibung möglichst genau wiedergegeben werden. Nur so lassen sich später abweichende Interpretationen und Missverständnisse ausschließen.[255] Teilweise wird empfohlen, eine Vertragsklausel vorzusehen, wonach für die Auslegung der englischsprachigen Begriffe des Vertrags das deutsche Recht maßgeblich sein soll.[256] Eine solche Klausel wird aber wenig helfen, wenn bspw. der englischsprachige Begriff als Übersetzung für mehrere deutsche Rechtsinstitute stehen kann.[257] Die vorzugswürdige Lösung ist daher, die Bezeichnungen der jeweiligen nationalen Rechtsinstitute und Rechtsbegriffe in einem **Klammerzusatz** in der **Landessprache** hinter die englische Umschreibung zu setzen und/oder auf die einschlägige deutsche Vorschrift zu verweisen. In den Schlussbestimmungen des Vertrags ist zu empfehlen, zusätzlich zu erklären:

„Where a [German] term has been inserted in brackets, it alone (and not the English term to which it relates) shall be authoritative for the purpose of the interpretation of the relevant English term or English description of the [German] term in this Agreement."

VI. Streitentscheidung

224 Rechtswahlklauseln können im Allgemeinen nicht isoliert von der Frage beurteilt werden, wo und durch wen ein etwaiger Streit der Parteien zu entscheiden wäre. Häufig ergibt sich hier geradezu ein Tauschgeschäft: Die Bereitschaft, auf ein an sich unerwünschtes anwendbares Recht einzugehen, wird als Preis dafür entrichtet, dass man sich einer unerwünschten Gerichtsbarkeit entzieht und stattdessen ein neutrales Schiedsgericht oder gar die Gerichte des eigenen Landes vereinbart. Zwar wird man jeden Einzelfall gesondert betrachten und beurteilen müssen. Allerdings dürfte es regelmäßig wichtiger sein, ein gut qualifiziertes, objektives Entscheidungsgremium für Streitfälle zu haben, als eine bestimmte Rechtsordnung, zumal wenn man – wie schon mehrfach empfohlen – den Vertrag ausführlich und umfassend formuliert, sodass er grundsätzlich aus sich heraus lebensfähig ist, also ohne Zuhilfenahme des Gesetzesrechts.

225 Bei komplexen internationalen Transaktionen erweisen sich die **staatlichen Gerichte** grundsätzlich als wenig geeignet, eine schnelle, sachgerechte und möglicherweise kostengünstige Streitentscheidung herbeizuführen.[258] Dies beginnt mit der Möglichkeit der Gerichte, sich fremdsprachige Unterlagen in Übersetzung vorlegen zu lassen (§ 142 Abs. 3 ZPO, § 173 VwGO). Bei

---

255) Näher dazu *Maier-Reimer*, AnwBl 2010, 13; *Maier-Reimer*, NJW 2010, 2545.
256) So empfehlen *Triebel/Balthasar*, NJW 2004, 2189, 2196: „This agreement and its terms shall be construed according to German law. If the English legal meaning differs from the German legal meaning of this agreement and its terms, the German meaning shall prevail."
257) Ebenso *Maier-Reimer*, AnwBl 2010, 13, 20.
258) Zu den Vorteilen eines Schiedsverfahrens *Klumpp* in: Beisel/Klumpp, Kap. 18 Rz. 5 ff.; *Lionnet/Lionnet*, S. 76 ff.; auch *Salger* in: Triebel, Rz. 1132 ff.

G. Vertragsgestaltung

Schiedsgerichten lässt sich die Verfahrenssprache dagegen eher wählen. Schwerer wiegt aber das meist nur gering ausgeprägte wirtschaftliche Verständnis vieler Richter, jedenfalls auf dem europäischen Kontinent, gerade auch für internationale Zusammenhänge. Noch viel weniger wird man von einem Berufsrichter, der sein Leben in einem geschlossenen deutschen System von Schulbank, Hörsaal und Richterbank verbracht hat, ein Gespür für die besondere Problematik des Zusammentreffens unterschiedlicher Rechtskulturen erwarten können. Dies hat sich allerdings mit dem Einzug jüngerer Richter, die teilweise zuvor als Rechtsanwälte in internationalen Anwaltssozietäten tätig waren, etwas gemildert. Für ein Schiedsverfahren kann aber außerdem sprechen, dass eine größere Vertraulichkeit gewährleistet ist als bei einem öffentlichen staatlichen Gerichtsverfahren.[259] Schließlich kann für ein Schiedsgericht die leichtere internationale Vollstreckbarkeit im Vergleich zu Entscheidungen der staatlichen Gerichte streiten.[260]

Außer bei wirklich kleinen Transaktionen wird deshalb regelmäßig ein Schiedsgericht vereinbart werden. Welche Form man dabei wählt, ob man ein **institutionelles Schiedsgericht** wie das der International Chamber of Commerce (ICC), der Deutschen Institution für Schiedsgerichtsbarkeit (DIS), der Handelskammer Stockholm oder der Bundeskammer der gewerblichen Wirtschaft in Wien vorzieht oder ein **Ad-hoc-Schiedsgericht**, sei es nach Standardregeln wie denen der United Nations Commission on International Trade Law (UNCITRAL) zusammengesetzt, sei es aufgrund freier Vereinbarung, ist weitgehend Geschmackssache. Die praktische Erfahrung zeigt allerdings häufig, dass für Unternehmenskäufe durchschnittlicher Größe ein Verfahren wie das der ICC schwerfällig und kostspielig ist. Hier verdienen Ad-hoc-Schiedsgerichte den Vorzug, wobei das Regelwerk der UNCITRAL oder der DIS eine gute Verfahrensgrundlage bildet (dazu unten § 18 Rz. 51 ff.). 226

Den **Schiedsgerichtsort** sollte man nicht in erster Linie nach der touristischen Attraktivität aussuchen, wie dies mitunter zu geschehen scheint. Entscheidender Gesichtspunkt ist vielmehr, welche gerichtlichen Überprüfungsmöglichkeiten bestehen und wie die juristische „*Infrastruktur*" vor Ort aussieht, insbesondere hinsichtlich des Vorhandenseins geeigneter, möglichst mehrsprachiger und erfahrener Schiedsrichter. Diese Kriterien lassen vor allem Zürich, Stockholm und Wien nach wie vor als höchst geeignete Schiedsgerichtsorte erscheinen. 227

Einigen sich die Parteien auf ein institutionelles Schiedsgericht, sollte die von der jeweiligen Institution empfohlene **Schiedsklausel** verwendet werden. So 228

---

259) *Lionnet/Lionnet*, S. 77.
260) *Salger* in: Triebel, Rz. 1138; *Lionnet/Lionnet*, S. 76; *Mielke* in: Knott/Mielke, Rz. 485.

§ 2 Ablauf und Vertragsgestaltung

lautet bspw. die von der **DIS** empfohlene Klausel auf Englisch und auf Deutsch folgendermaßen:[261)]

„All disputes arising in connection with the contract (... description of the contract ...) or its validity shall be finally settled in accordance with the Arbitration Rules of the German Institution of Arbitration e. V. (DIS) without recourse to the ordinary courts of law."

„Alle Streitigkeiten, die sich im Zusammenhang mit dem Vertrag oder über seine Gültigkeit ergeben, werden nach der Schiedsgerichtsordnung der Deutschen Institution für Schiedsgerichtsbarkeit e. V. (DIS) unter Ausschluss des ordentlichen Rechtsweges endgültig entschieden."

229 Die **ICC** empfiehlt zur Wahl ihrer Regeln folgende Standardschiedsklausel:[262)]

„All disputes arising out of or in connection with the present contract shall be finally settled under the Rules of Arbitration of the International Chamber of Commerce by one or more arbitrators appointed in accordance with the said Rules."

„Alle aus oder in Zusammenhang mit dem gegenwärtigen Vertrag sich ergebenden Streitigkeiten werden nach der Schiedsgerichtsordnung der Internationalen Handelskammer von einem oder mehreren gemäß dieser Ordnung ernannten Schiedsrichtern endgültig entschieden."

230 Auch bei Vereinbarung der UNCITRAL-Schiedsordnung sollte die von der **UNCITRAL** empfohlene Klausel verwendet werden, die wie folgt lautet:[263)]

„Any dispute, controversy or claim arising out of or relating to this contract, or the breach, termination or invalidity thereof, shall be settled by arbitration in accordance with the UNCITRAL Arbitration Rules."

„Jede Streitigkeit, Meinungsverschiedenheit oder jeder Anspruch, die sich aus diesem Vertrag ergeben oder sich auf diesen Vertrag, seine Verletzung, seine Auflösung oder seine Nichtigkeit beziehen, sind durch ein Schiedsverfahren nach der UNCITRAL-Schiedsgerichtsordnung."

VII. Formfragen

1. Grundsätze und Auslandsbeurkundung

231 Die Frage, welche Formvorschriften auf einen Unternehmenskaufvertrag anwendbar sind und ob ein dem deutschen Beurkundungserfordernis unterliegender Vertrag wirksam durch einen ausländischen Notar beurkundet werden kann, wird an anderer Stelle ausführlich erörtert (siehe unten § 7 Rz. 1 ff.). Daher sollen an dieser Stelle einige Hinweise genügen.

232 Formfragen werden im Internationalen Privatrecht grundsätzlich **separat vom Vertrag** angeknüpft. Es ist zu unterscheiden zwischen Verpflichtungs- und Verfügungsgeschäft. Beim Verpflichtungsgeschäft unterliegen Formfragen re-

---

261) S. DIS-Schiedsgerichtsordnung 1998, abrufbar unter http://www.dis-arb.de.
262) S. Schiedsgerichtsordnung der ICC, abrufbar unter http://www.iccwbo.org.
263) Abrufbar unter http://www.uncitral.org.

G. Vertragsgestaltung

gelmäßig dem Vertragsstatut oder alternativ dem Ortsstatut (Art. 11 Abs. 1 Rom I-VO).[264] Auch Formfragen des Verfügungsgeschäfts werden gesondert angeknüpft, und zwar über Art. 11 EGBGB.[265] Die Anknüpfung der Formanforderungen bei der Veräußerung von Geschäftsanteilen an einer deutschen GmbH ist allerdings umstritten (siehe unten § 7 Rz. 13 ff.).

In der Praxis taucht bei den Parteien häufig der Wunsch auf, bei einer dem deutschen Recht unterliegenden Veräußerung von Geschäftsanteilen an einer deutschen GmbH die Beurkundungspflicht nach § 15 Abs. 3 und 4 GmbHG durch eine **Beurkundung im Ausland** zu erfüllen. Dann ist es zunächst erforderlich zu prüfen, ob diese Frage überhaupt gestellt werden muss oder es nicht genügt, eine mildere Form einzuhalten (dazu unten § 7 Rz. 25 ff.). Ist eine notarielle Beurkundung nach § 15 Abs. 3 und 4 GmbHG erforderlich, genügt eine Auslandsbeurkundung dann, wenn sie einer deutschen Beurkundung gleichwertig ist. Hierbei geht es genauer gesagt darum, ob sich die von § 15 Abs. 3 und 4 GmbHG geforderte *„notarielle Form"* und damit die Beurkundung nach dem Verfahren des Beurkundungsgesetzes durch eine Beurkundung erfüllen lässt, die ein ausländischer Notar außerhalb des räumlichen Geltungsbereichs des deutschen Wirkungsstatuts vornimmt. 233

Nach der Rechtsprechung des BGH genügt eine Auslandsbeurkundung jedenfalls dann, wenn sich i. R. d. Substitution die **Gleichwertigkeit** sowohl der ausländischen Urkundsperson als auch des Beurkundungsvorgangs ergibt.[266] Dies ist stets im Einzelfall zu prüfen. Gleichwertigkeit ist gegeben, wenn die ausländische Urkundsperson nach Vorbildung und Stellung im Rechtsleben eine der Tätigkeit des deutschen Notars **entsprechende Funktion** ausübt und für die Errichtung der Urkunde ein **Verfahrensrecht** zu beachten hat, das den tragenden Grundsätzen des deutschen Beurkundungsrechts entspricht. Die durch das Gesetz zur Modernisierung des GmbH-Rechts und zur Bekämpfung von Missbräuchen (MoMiG)[267] eingeführte Pflicht deutscher Notare, nach der Beurkundung der Anteilsübertragung eine aktualisierte Gesellschafterliste beim Handelsregister einzureichen, hat allerdings allgemein für Auslandsbeurkundungen die Diskussion für das Verfügungsgeschäft neu entfacht. Außerdem hat die Reform des schweizerischen Obligationenrechts und die hiermit einge- 234

---

264) *Merkt/Göthel* in: Reithmann/Martiny, Rz. 4423 ff., 4482 f.
265) *Merkt/Göthel* in: Reithmann/Martiny, Rz. 4426, 4484; *Winter/Seibt* in: Scholz, § 15 GmbHG Rz. 82; a. A. *Kindler*, Geschäftsanteilsabtretungen im Ausland, passim; *Kindler*, BB 2010, 74, 75 ff.
266) BGHZ 80, 76 = ZIP 1981, 402; dazu *Merkt/Göthel* in: Reithmann/Martiny, Rz. 4428; *Schrader* in: Seibt, M&A, C. II. 1 Anm. 2, S. 177; *Beisel* in: Beisel/Klumpp, Kap. 7 Rz. 52 f.; *Behrens* in: Ulmer/Habersack/Winter, Einl. Rz. B 141; *Holzapfel/Pöllath*, Rz. 1016; *Wetzler* in: Hölters, Teil XIII Rz. 239; krit. zur Gleichwertigkeit *Goette* in: FS Boujong, S. 131; *Schervier*, NJW 1992, 593 m. w. N.
267) BGBl. I 2008, 2026.

§ 2 Ablauf und Vertragsgestaltung

führte erleichternde Schriftform anstelle einer öffentlichen Beurkundung für die Abtretung von Anteilen an einer schweizerischen GmbH und die Verpflichtung hierzu (Art. 785 Abs. 1 OR) die Diskussion entbrannt, ob Beurkundungen in der Schweiz noch gleichwertig sein können. Im Übrigen muss bei Beurkundungen durch schweizerische Notare die Gleichwertigkeit je nach Kanton geprüft werden (siehe zum Ganzen unten § 7 Rz. 30 ff.).

235 Werden Anteile an einer **ausländischen Gesellschaft** erworben und ist die Formwirksamkeit des Verpflichtungs- oder Verfügungsgeschäfts nach deutschem Sachrecht zu beurteilen, stellt sich die Frage, ob für dessen Form der Grundsatz des deutschen Rechts (Formfreiheit) oder die für die deutsche GmbH geltende Ausnahme (Beurkundung gemäß § 15 Abs. 3 und 4 GmbHG) greift. Gesicherte Rechtsprechung fehlt (ausführlich dazu unten § 7 Rz. 39 ff.).

236 Unterliegt der Kaufvertrag bei einem **Asset Deal** den deutschen Formvorschriften, ist § 311b Abs. 1 BGB zu beachten, sofern ein Grundstück mitveräußert wird. § 311b Abs. 3 BGB ist nach richtiger Ansicht unanwendbar (siehe unten § 7 Rz. 53). Bei Veräußerung eines in Deutschland belegenen Grundstücks gilt Art. 11 Abs. 4 EGBGB für das Verfügungsgeschäft. Nach h. A. können nur deutsche Notare die Auflassung beurkunden (näher zum Ganzen unten § 7 Rz. 50 ff.).

2. Praktische Erleichterung der Beurkundung

237 Besteht ein Beurkundungszwang, wie etwa beim Erwerb von Geschäftsanteilen an einer deutschen GmbH im Wege des Share Deal oder dem Erwerb eines Grundstücks i. R. eines Asset Deal, kann die Verlesung eines Vertrags von angelsächsischem Umfang praktische Probleme aufwerfen. Dies gilt vor allem deswegen, weil ein solcher Vertrag regelmäßig nicht nur aus dem schon sehr detaillierten Vertragstext selbst, sondern noch aus zahlreichen Anlagen und Nebenvereinbarungen, Listen von Vermögensgütern, Jahresabschlüssen sowie Patent- oder Markenanmeldungen besteht. Hier kann die Beurkundung für alle Beteiligten zur Tortur werden und ist kaum geeignet, das ohnehin geringe Verständnis einer ausländischen Vertragspartei für das deutsche Beurkundungswesen zu fördern. Eine gewisse Erleichterung schafft § 14 BeurkG, der unter anderem für „*Bilanzen, Inventare, Nachlassverzeichnisse oder sonstige Bestandsverzeichnisse über Sachen, Rechte und Rechtsverhältnisse*" einen **Verzicht auf die Verlesung** ermöglicht.

238 Alternativ könnte man zwar erwägen, schlicht auf die Beurkundung des **schuldrechtlichen Kaufvertrags** zu verzichten und dessen damit gegebene **schwebende Unwirksamkeit** durch Beurkundung des dinglichen Geschäfts zu heilen (§ 15 Abs. 4 Satz 2 GmbHG und § 311b Abs. 1 Satz 2 BGB). Dieser Weg ist allerdings risikoreich. Denn das schuldrechtliche Verpflichtungsgeschäft wird bspw. im Fall einer Veräußerung von Geschäftsanteilen an einer GmbH nur in-

G. Vertragsgestaltung

soweit geheilt, als es die Übertragung der Geschäftsanteile betrifft. Andere, möglicherweise ebenfalls beurkundungsbedürftige Verpflichtungen bleiben hingegen schwebend unwirksam.[268] Dies gilt etwa für die Vereinbarung von Andienungsrechten und -pflichten (Put- und Call-Optionen) auf weitere Geschäftsanteile.[269] Bevor in diesem Fall der Weg über die Heilung gemäß § 15 Abs. 4 Satz 2 GmbHG beschritten wird, ist der Vertrag daher sorgfältig auf etwa doch darüber hinaus beurkundungsbedürftige Aspekte zu prüfen. Zudem hat in der Phase der schwebenden Unwirksamkeit keine der Parteien einen durchsetzbaren Anspruch auf Vertragserfüllung gegen die andere Partei. Die Transaktionssicherheit leidet also erheblich.

Der sicherere und übliche Weg ist, neben dem soeben erwähnten § 14 BeurkG mit einer **Bezugsurkunde** zu arbeiten. Dies ist eine von der Urkunde des schuldrechtlichen Kaufvertrags getrennte Urkunde, die der Notar in der üblichen Form beurkundet, allerdings regelmäßig nicht mit den Vertragspartnern selbst, sondern mit einer dritten Person (häufig einer Notariatsangestellten) als Stellvertreterin der Parteien. Der Notar behält dabei zwar die Mühe des Verlesens, erspart aber den Parteien die Mühe des Zuhörens. Denn auf die so erstellte Urkunde lässt sich bei der Beurkundung des Hauptvertrags unter Verzicht auf die erneute Verlesung schlicht Bezug nehmen (§ 13a Abs. 1 Satz 1 BeurkG). Daneben kann man erwägen, die ansonsten erforderliche stundenlange Verlesung in kleinere Einheiten aufzuteilen. Hierdurch gewinnt man zeitliche Flexibilität und erleichtert die praktische Abwicklung des Vertragsschlusses. Dies gilt gerade dann, wenn Beteiligte aus dem Ausland anreisen und nur begrenzt Zeit haben.

3. Vertragssprache

Einen formellen Aspekt hat auch die Frage der Vertragssprache: Soweit Verträge – ggf. auszugsweise – zum Handelsregister oder (bei einem Asset Deal möglicherweise zum Grundbuch) **einzureichen** sind, kann eine rein fremdsprachliche Beurkundung zu Schwierigkeiten führen. Regelmäßig wird man eine **beglaubigte Übersetzung** beibringen müssen. Dies bedeutet zusätzliche Kosten und Zeitverlust. Außerdem stellt sich die interessante Frage, welche Fassung bei Abweichungen zwischen fremdsprachigem Original und beglaubigter Übersetzung gültig sein soll. Aus der Sicht des Handelsregisters oder Grundbuchs dürfte dies die deutsche Übersetzung sein. Eine klarstellende Formulierung im Vertrag ist ratsam, wobei diese jedoch an rechtliche Grenzen stoßen dürfte, wenn es um Konstitutivakte etwa innerhalb einer Gesellschaft geht. Denn die Gesellschaft kann nur in dem sie beherrschenden Rechtssystem existieren und daher erscheint es unerlässlich, die Begrifflichkeiten dieses Rechtssystems zu

---

268) In diesem Sinne auch *Winter/Löbbe* in: Ulmer/Habersack/Winter, § 15 GmbHG Rz. 97.
269) Dazu auch *Winter/Löbbe* in: Ulmer/Habersack/Winter, § 15 GmbHG Rz. 59 f.

verwenden. Eine Lösung, diese Fragen zu bewältigen, ist, diejenigen Textpassagen, die möglicherweise zum Handelsregister oder Grundbuch einzureichen sind, von vornherein **zweisprachig** (am besten im zweispaltigen Seitenaufbau) zu beurkunden. An geeigneter Stelle ist allerdings festzuhalten, dass für derartige Passagen die deutsche Fassung maßgeblich ist.

H. Legitimationsnachweis

241 Bei internationalen Unternehmenskäufen taucht regelmäßig die häufig schwierig zu beantwortende Frage des **Legitimations- oder Vertretungsnachweises** der Vertreter ausländischer Gesellschaften auf, seien es **Organmitglieder** oder **rechtsgeschäftlich bevollmächtigte Vertreter**. Einen solchen Nachweis wird zum einem der jeweils andere Vertragspartner verlangen. Zum anderen ist ein solcher Nachweis auch bei Handelsregisteranmeldungen oder Anmeldungen beim Grundbuchamt erforderlich. Schließlich verlangt der deutsche Notar in Erfüllung seiner Prüfungspflicht nach den §§ 10, 12 und 17 BeurkG[270] von einer am Vertrag beteiligten Rechtsperson regelmäßig einen Nachweis darüber, dass die juristische Person tatsächlich existiert und die als ihr Vertreter auftretende (natürliche) Person vertretungsbefugt ist. Die Praxis mit Gerichten, Behörden und Notaren zeigt, dass ausländische Nachweise regelmäßig nicht älter als zwölf Wochen sein sollten; bei inländischen Nachweisen legt die Praxis einen kürzeren Zeitraum von etwa sechs Wochen zugrunde. Teilweise werden auch noch kürzere Zeiträume gefordert, sofern Dokumente online erhältlich sind. Es empfiehlt sich daher stets, diese Fragen rechtzeitig mit den beteiligten Gerichten, Behörden und Notaren zu klären.

242 Das in unserem Recht ausgeprägte Handelsregisterwesen ist vielen Ländern unbekannt. Daher ist man auf mehr oder weniger tragfähige Hilfskonstruktionen angewiesen.[271] Dies gilt insbesondere für **US-amerikanische Gesellschaften**. Als akzeptabler Weg hat sich in der Praxis Folgendes herausgestellt: Die Existenz der Gesellschaft lässt sich durch ein Zertifikat belegen, das der jeweilige *secretary of state* des Einzelstaats der Gründung ausstellt. Die Vertretungsbefugnis der für die Gesellschaft handelnden Personen (bspw. aufgrund eines Beschlusses des *board of directors* oder Kraft der *articles of association* oder der

---

270) Vgl. *Mecke/Lerch*, § 17 BeurkG Rz. 10.
271) Für eine Übersicht über die gesetzliche Vertretung bei ausgewählten ausländischen Handelsgesellschaften und über deren Nachweismöglichkeit im ausländischen Recht s. *Hausmann* in: Reithmann/Martiny, Rz. 5238–5370; *Schaub* in: Ebenroth/Boujong/Joost/Strohn, Anh. § 12 HGB Rz. 76 ff.; für einen Fall aus der Praxis s. OLG München, ZIP 2010, 1182 = GmbHR 2010, 532 (Ist in einem dem deutschen Handelsregister vergleichbaren Register – hier japanisches Handelsregister – für eine dort ansässige Gesellschaft eine Person als „vertretungsberechtigt" ausgewiesen, kann das Register grundsätzlich davon ausgehen, dass diese allein vertretungsberechtigt ist. Weiterer Ermittlungen zu etwaigen Beschränkungen der Vertretungsmacht bedarf es regelmäßig nicht, sofern nicht konkrete Anhaltspunkte bestehen.).

H. Legitimationsnachweis

bylaws) bescheinigt dann der Gesellschaftssekretär *(secretary)*, der seine Bescheinigung überdies mit dem Gesellschaftssiegel *(corporate seal)* versieht. Seine Unterschrift beglaubigt ein amerikanischer *notary public*. Denkbar ist eine zusätzliche Bescheinigungen dieses *notary public* über die Vertretungsbefugnis. Der *notary public* ist zwar bekanntlich nicht mit dem deutschen Notar vergleichbar, sodass eine solche Bescheinigung nur wenige Registerrichter beeindrucken wird. Allerdings liegt es im Ermessen des einzelnen Registerrichters, die **inhaltliche Richtigkeit** einer solchen Bescheinigung zu beurteilen.[272]

Schwieriger liegen die Dinge bei Trusts und ähnlichen Rechtsfiguren, deren Rechts- und Handlungsfähigkeit für einen deutschen Registerrichter nicht ohne weiteres erkennbar ist. Statt sich hier auf lange und fruchtlose Auseinandersetzungen einzulassen, kann es sich empfehlen, einen Treuhänder zwischenzuschalten. Dieser trägt dann allerdings selbst das Risiko der Legitimation seines Treugebers. 243

Neben der Frage der inhaltlichen Richtigkeit eines Vertretungsnachweises zu einer ausländischen Gesellschaft stellt sich regelmäßig die Frage, welche **Formanforderungen** im Ausland erstellte Vertretungsnachweise oder Vollmachten erfüllen müssen, um im inländischen Rechtsverkehr gegenüber dem Registergericht oder dem Grundbuchamt verwendet werden zu können. Handelsregistervollmachten und dazugehörige Vertretungsnachweise bedürfen gemäß § 12 Abs. 1 Satz 2 HGB der **öffentlich beglaubigten Form** (§ 129 BGB i. V. m. §§ 39 ff. BeurkG). Gleiches gilt für entsprechende Vollmachten und Vertretungsnachweise gegenüber dem Grundbuchamt (§ 29 Abs. 1 GBO).[273] Die erforderlichen Beglaubigungen können grundsätzlich auch im Ausland vorgenommen werden. Denn es geht nicht um die inhaltliche Richtigkeit der Urkunde, sondern um die leicht feststellbare Identität des Erklärenden. Die erforderliche Gleichwertigkeit der ausländischen zur inländischen Beglaubigung ist damit regelmäßig gegeben.[274] In der Praxis sollte dies allerdings stets im Vorfeld mit dem zuständigen Handelsregister oder Grundbuchamt abgestimmt werden. 244

Welche Anforderungen darüber hinaus sowie für sonstige in einer Transaktion verwendete Vollmachten und Vertretungsnachweise verlangt werden, insbesondere, um als **echt** angesehen werden zu können, hängt vom pflichtgemäßen 245

---

272) Vgl. §§ 26, 29, 37 Abs. 1 FamFG für das Registergericht; *Zeiser* in: Hügel, Internationale Bezüge Rz. 97 mit Verweis auf Rz. 15 ff. für das Grundbuchrecht (Amtsermittlungsgrundsatz und Ermessensentscheidung).
273) Vgl. OLG Hamm, NJW-RR 1995, 469, 470; *Demharter*, § 29 GBO Rz. 10, § 32 GBO Rz. 8.
274) OLG Naumburg, NZG 2001, 853 = GmbHR 2001, 569; *Reithmann*, NJW 2003, 385, 386; *Koch* in: Staub, § 12 HGB Rz. 76; *Schaub* in: Ebenroth/Boujong/Joost/Strohn, Anh. § 12 HGB Rz. 51; zu den Erfordernissen im Fall einer englischen *limited company* s. LG Berlin, NZG 2004, 1014 = DB 2004, 2628.

§ 2 Ablauf und Vertragsgestaltung

Ermessen des einzelnen Handelsregisters und Grundbuchamts ab.[275] Es gibt keine Vermutung für die Echtheit von ausländischen Urkunden.[276] Daher empfiehlt es sich für die Praxis auch hier, bereits im Vorfeld der Anmeldung die verlangten Formanforderungen mit der zuständigen Stelle abzuklären. Eine über die öffentliche Beglaubigung hinausgehende **Legalisation** (vgl. § 438 Abs. 2 ZPO), d. h. eine Bestätigung der Vollmacht oder des Vertretungsnachweises durch die diplomatische oder konsularische Vertretung der Bundesrepublik Deutschland in demjenigen Land, aus dem die Urkunde stammt,[277] ist aufgrund des Ermessens des Handelsregisters und des Grundbuchamts nicht zwingend.[278] Sie dürfte aber häufig verlangt werden, wenn nicht eine der im nächsten Absatz beschriebenen Erleichterungen eingreift. Im Verhältnis zu folgenden Staaten ist bspw. grundsätzlich eine Legalisation erforderlich:[279]

- Ägypten
- Bahrain
- Brasilien
- Chile
- China (ohne Hongkong und Macao)

- Costa Rica
- Guatemala
- Jamaika
- Kanada
- Peru

- Saudi-Arabien
- Singapur
- Syrien
- Tunesien
- Vereinigte Arabische Emirate

246 Wegen der Umständlichkeit des Legalisationsverfahrens haben zahlreiche Staaten das Haager Übereinkommen zur Befreiung ausländischer öffentlicher Urkunden von der Legalisation vom 5.10.1961 geschlossen. Es ist für die Bundesrepublik Deutschland am 13.2.1966 in Kraft getreten.[280] Dadurch ist das Ver-

---

275) §§ 29, 30 FamFG und dazu *Bumiller/Harders*, § 30 FamFG Rz. 27 (keine Vermutung der Echtheit, sondern es gilt der Grundsatz der freien Beweiswürdigung unter Verweis auf BayObLG, FGPrax 2002, 111); *Keidel/Krafka/Willer*, Rz. 152; *Schaub* in: Ebenroth/Boujong/Joost/Strohn, Anh. § 12 HGB Rz. 48; BayObLG, FGPrax 2002, 111; LG Berlin, NZG 2004, 1014, 1016 = DB 2004, 2628 (zum Nachweis der ordnungsgemäßen Vertretung einer englischen *limited company*); s. a. *Koch* in: Staub, § 12 HGB Rz. 77; für das Grundbuchrecht s. *Zeiser* in: Hügel, Internationale Bezüge Rz. 240.

276) § 437 ZPO gilt nur für inländische Urkunden; *Koch* in: Staub, § 12 HGB, Rz. 77; *Schaub* in: Ebenroth/Boujong/Joost/Strohn, Anh. § 12 HGB Rz. 48.

277) *Huber* in: Musielak, § 438 ZPO Rz. 2; ausführlich zum Legalisationsverfahren *Bindseil*, DNotZ 1992, 275, 276 ff.

278) LG Berlin, NZG 2004, 1014, 1016 = DB 2004, 2628 (zum Fehlen einer Apostille); *Schaub* in: Ebenroth/Boujong/Joost/Strohn, Anh. § 12 HGB Rz. 49; *Zeiser* in: Hügel, Internationale Bezüge Rz. 240.

279) Für umfangreiche Listen mit weiteren Ländern und die Anforderungen an ausländische Notarurkunden s. etwa *Zeiser* in: Hügel, Internationale Bezüge Rz. 262.1; *Schaub* in: Ebenroth/Boujong/Joost/Strohn, Anh. § 12 HGB Rz. 73.

280) BGBl. II 1965, 876. Der Vertragstext ist bspw. abgedr. bei *Jayme/Hausmann*, Nr. 250. Dort findet sich in Fn. 1 eine Auflistung aller Staaten, für die das Übereinkommen gilt.

H. Legitimationsnachweis

fahren insofern vereinfacht worden, als **statt** einer **Legalisation** lediglich eine einfache Überbeglaubigung (**Apostille**) ausreichend ist. Ausgestellt wird die Apostille von der zuständigen Behörde des Staats, in dem die Urkunde errichtet worden ist. Die Apostille wird auf der Urkunde selbst oder auf einem mit ihr verbundenen Blatt angebracht. Sie genügt bspw. regelmäßig im Verhältnis zu folgenden Staaten:[281]

- Andorra
- Antigua und Barbuda
- Argentinien
- Australien
- Bahamas
- Barbados
- China (nur Hongkong und Macao)
- Finnland
- Griechenland
- Großbritannien und Nordirland
- Irland
- Island
- Japan
- Liechtenstein
- Luxemburg
- Malta
- Marshallinseln
- Mauritius
- Mexiko
- Monaco
- Neuseeland
- Niederlande (auch Niederländische Antillen)
- Norwegen
- Panama
- Polen
- Portugal
- Russische Föderation
- Schweden
- Schweiz
- Spanien
- Südafrika
- Türkei
- Ungarn
- USA
- Zypern

Durch bilaterale Abkommen ist teilweise sogar **gänzlich** vom Erfordernis der Legalisation **befreit** worden; in diesem Fall ist auch keine Apostille erforderlich. Das gilt in der Bundesrepublik Deutschland etwa für notarielle Urkunden aus folgenden Ländern: 247

- Belgien[282]
- Dänemark[283]
- Frankreich[284]
- Italien[285]
- Österreich[286]

---

281) Für umfangreiche Listen mit weiteren Ländern und die Anforderungen an ausländische Notarurkunden s. etwa Zeiser in: Hügel, Internationale Bezüge Rz. 262.1; *Schaub* in: Ebenroth/Boujong/Joost/Strohn, Anh. § 12 HGB Rz. 73.
282) Abkommen zwischen der Bundesrepublik Deutschland und dem Königreich Belgien über die Befreiung öffentlicher Urkunden von der Legalisation v. 13.5.1975, BGBl. II 1980, 813.
283) Deutsch-Dänisches Beglaubigungsabkommen v. 17.6.1936, RGBl. II 1936, 213.
284) Abkommen zwischen der Bundesrepublik Deutschland und der Französischen Republik über die Befreiung öffentlicher Urkunden von der Legalisation v. 13.9.1971, BGBl. II 1974, 1100.
285) Vertrag zwischen der Bundesrepublik Deutschland und der Italienischen Republik über den Verzicht auf die Legalisation von Urkunden v. 7.6.1969, BGBl. II 1974, 1609.

§ 2 Ablauf und Vertragsgestaltung

I. Legal Opinions

248 Die kurzen **Rechtsgutachten** unter der englischen Bezeichnung „*legal opinions*" sind eine dem deutschen Rechtswesen ursprünglich fremde Institution.[287] Sie entstammen dem US-amerikanischen Recht und sind inzwischen beim internationalen Unternehmenskauf – wie bei vielen anderen internationalen Transaktionen – zum normalen Bestandteil der Dokumentation geworden ist. In einer *legal opinion* erklärt der Rechtsberater einer Partei gegenüber seinem Mandanten oder gegenüber der anderen Partei (sog. *third-party opinion*), wie er bestimmte rechtliche Angelegenheiten beurteilt. Aus der Sicht eines deutschen Juristen ist zunächst überraschend, dass es ggf. die Gegenseite ist, gegenüber der man sich zu Rechtsfragen äußern soll, noch dazu mit der Folge einer Haftung, falls die Äußerung falsch ist. Verträgt sich dies mit dem Grundsatz, nur einer Partei verpflichtet sein zu dürfen? Dies tut es in der Tat. Denn durch Abgabe einer *legal opinion* entsteht kein Mandatsverhältnis zur Gegenpartei. Vielmehr erklärt man die Aussagen in der *legal opinion* im Auftrag des eigenen Mandanten. Dies ist zwar vielleicht ungewöhnlich, aber ohne weiteres möglich.

249 Bei der Abgabe von *legal opinions* ist indes höchste **Vorsicht geboten**. Nicht ohne Grund existieren in großen internationalen Kanzleien besondere Ausschüsse *(legal opinion committees)*, die sich mit der Formulierung sowie Überprüfung von *legal opinions*, insbesondere den erforderlichen Annahmen *(assumptions)* und Einschränkungen *(qualifications)* befassen. Und nicht zufällig gilt für viele internationale Kanzleien in diesem Bereich – abweichend von aller sonstigen anwaltlichen Arbeit – ein strenges Vier-Augen-Prinzip. Aus der Sicht des Adressaten ist die *legal opinion* ja eine Art Versicherungspolice gegen rechtliche Überraschungen. Notfalls will man den Anwalt (oder dessen Haftpflichtversicherung) in Anspruch nehmen können. Da der wesentliche Zweck der *legal opinion* also ist, einen Haftungstatbestand zu schaffen, wird der Verfasser gut daran tun, die geprüften und der *legal opinion* zugrunde gelegten Dokumente genau aufzuführen und seine Aussagen so weit wie möglich einzuschränken. Daher lesen sich solche Dokumente oft eher wie ein Katalog von Annahmen und Einschränkungen als wie eine Stellungnahme mit positiven Aussagen.

250 Beim internationalen Unternehmenskauf wird sich die *legal opinion* regelmäßig vor allem auf Fragen der Vertretungs- und/oder Geschäftsführungsbefugnis beziehen, ferner auf die Durchsetzbarkeit der vertraglich übernommenen Verpflichtungen der eigenen Partei sowie die Wirksamkeit von Rechtswahl- und Gerichtsstandsklauseln. Hierfür haben sich standardisierte Formulierungen eingebürgert, ebenso wie standardisierte Annahmen und Einschränkungen.

---

286) Beglaubigungsvertrag zwischen dem Deutschen Reiche und der Republik Österreich v. 21.6.1923 (Deutsch-österreichischer Beglaubigungsvertrag), RGBl. II 1924, 61.
287) Grundlegend *Gruson/Hutter/Kutschera*, Legal Opinions in International Transactions.

I. Legal Opinions

So wird ein deutscher Anwalt die Durchsetzbarkeit von Verpflichtungen im Allgemeinen nur unter dem Vorbehalt bejahen, dass eine an sich rechtlich gegebene Verpflichtung nach Treu und Glauben eingeschränkt oder zeitlich gestreckt werden kann und dass die Durchsetzbarkeit im Fall einer Insolvenz scheitert. In Bezug auf Gerichtsstandsklauseln und die Vollstreckbarkeit ausländischer Entscheidungen in Deutschland ist die Einhaltung der anwendbaren internationalen Abkommen und das Fehlen von Verstößen gegen den deutschen *ordre public* zu nennen.[288] Ein *ordre public*-Vorbehalt ist auch erforderlich, soweit es darum geht zu beurteilen, ob eine Rechtswahlklausel wirksam ist, die ausländisches Recht für anwendbar erklärt (vgl. unten § 5 Rz. 65 ff.). 251

Hier sollte auch klarstellend zum Ausdruck gebracht werden, ob die *legal opinion* abgebende Anwalt den einem ausländischen Recht unterliegenden Vertrag darauf überprüft hat, ob er Bestimmungen enthält, die tatsächlich dem deutschen *ordre public* zuwiderlaufen könnten. In der Regel wird eine solche Aussage kaum möglich sein. Denn den genauen Inhalt des Vertrags kann, da seine Auslegung fremdem Recht unterliegt, ein deutscher Jurist nicht vollständig beurteilen. Es empfiehlt sich also, insoweit zurückhaltend zu sein und lieber durch eine entsprechende Einschränkung der *legal opinion* sozusagen die Aussage zu verweigern. 252

Besonders wichtig ist die in *legal opinions* regelmäßig anzutreffende Beschränkung, wonach ihr Inhalt nur für den spezifisch benannten **Adressaten** bestimmt ist und dieser Adressat den Inhalt nicht ohne Zustimmung des Verfassers an Dritte weitergeben darf. Hierdurch soll eine uferlose, in ihrem Haftungsrisiko kaum überschaubare Verbreitung der *legal opinion* ausgeschlossen werden. Dies ist besonders wichtig gegenüber US-amerikanischen Adressaten, da amerikanische Gerichte dazu tendieren, Ansprüche gegen alle möglichen – aber auch unmöglichen – Beteiligten anzuerkennen. Aus demselben Grund empfiehlt es sich, bei der Abgabe von *legal opinions* gegenüber amerikanischen Parteien für etwaige Streitigkeiten einen ausschließlichen deutschen Gerichtsstand zu vereinbaren. 253

---

288) S. grundsätzlich zur Anerkennung und Vollstreckung ausländischer Entscheidungen in Deutschland *Geimer*, Rz. 2751 ff.; s. a. *Bitter*, passim.

§ 3 Anglo-Amerikanisierung der Vertragspraxis

Übersicht

A. Grundlagen und Perspektiven 1
I. Ursachen 1
  1. Hoher Anteil anglo-amerikanischer Vertragspartner 2
  2. Einfluss internationaler Finanzmärkte 3
  3. Schwache Rolle der Rechtsdogmatik 4
  4. Vernachlässigung des Unternehmenskaufs im kontinentalen Recht 5
  5. Bedeutung der englischen Sprache 7
  6. Internationale Dominanz der anglo-amerikanischen Juristenausbildung 8
II. Konsequenzen 9
  1. Branchenabhängiger Einfluss 9
  2. Einfluss auf den gesamten Vertrag 10
  3. Reaktionen auf die Anglo-Amerikanisierung 12
III. Weitere Entwicklung: Internationalisierung und Privatisierung der Vertragspraxis 14
  1. Befund 14
  2. Die neue Qualität 16

B. Phänomenologie 18
I. Vorbemerkung 18
II. Einzelheiten 24
  1. Einzelfallgeleitetes Case Law ... 25
  2. Vertragsaufbau 26
     a) Präambel 28
     b) Definitionen 30
     c) Überschriften 34
     d) Länge und Ausführlichkeit 35
  3. Auslegung und Sprache 43
     a) Kryptischer Charakter des Common Law of Contracts 43
     b) Auslegungsgrundsätze 44
     c) Juristensprache 46
  4. Representations and Warranties 47
  5. Schadensersatz als grundsätzlich einziger Rechtsbehelf 48
  6. Vermeidung von Prozessen 49
  7. Fazit 50
III. Zum Verfahren der Vertragsverhandlungen 51
  1. Rolle der Rechtsberater 51
  2. Zusammenarbeit mit ausländischen Juristen 58

Literatur: *Bachmann,* Private Ordnung, 2006; *BaFin,* Tätigkeitsbericht 2008; *Berger,* Lex mercatoria in der internationalen Wirtschaftsgerichtsbarkeit: Der Fall „Compania Valenciana", IPRax 1993, 281; *Berger,* Formalisierte oder „schleichende" Kodifizierung des transnationalen Wirtschaftsrechts – Zu den methodischen und praktischen Grundlagen der lex mercatoria, 1996 (zit.: Kodifizierung); *Berger,* The Creeping Codification of the lex Mercatoria, 1999 (zit.: Codification); *Berger/Filgut,* Material-Adverse-Change-Klauseln in Wertpapiererwerbs- und Übernahmeangeboten, WM 2005, 253; *Bischoff,* Vorfeldvereinbarungen im deutsch-amerikanischen Rechtsverkehr, RIW 2002, 609; *Blaurock,* Übernationales Recht des Internationalen Handels, ZEuP 1993, 247; *Bullinger,* Von presseferner zu pressenaher Rundfunkfreiheit, JZ 2006, 1137; *Burgi,* Kommunales Privatisierungsfolgenrecht: Vergabe, Regulierung und Finanzierung, NVwZ 2001, 601; *Callies,* Grenzüberschreitende Verbraucherverträge, 2006; *Chitty,* Chitty on Contracts, Vol. I, 27. Auflage London 1994 (zit.: Bearbeiter in: Chitty on Contracts); *Dauner-Lieb,* Auf dem Weg zu einem europäischen Schuldrecht?, NJW 2004, 1431; *Dauner-Lieb/Thiessen,* Garantiebeschränkungen in Unternehmenskaufverträgen nach der Schuldrechtsreform, ZIP 2002, 108; *David,* Clio and the Economics of QWERTY, Am. Econ.

§ 3 Anglo-Amerikanisierung der Vertragspraxis

Rev. 75 (1985), 332; *David*, Why are Institutions the „Carriers of History"?: Path dependence and the evolution of conventions, organizations and institutions, Structural Change and Economic Dynamics 5 (1994), 205; *De Foucaud*, Civil Law and Common Law in Paris as in New York, Int. Bus. Law. 25 (1997), 15; *Döser*, Einführung in die Gestaltung internationaler Wirtschaftsverträge, JuS 2000, 246; *Döser*, Einführung in die Gestaltung internationaler Wirtschaftsverträge, JuS 2001, 40; *Döser*, Anglo-Amerikanische Vertragsstrukturen in deutschen Vertriebs-, Lizenz und sonstigen Vertikalverträgen, NJW 2000, 1451; *Drolshammer*, A Timely Turn to the Lawyer? – Globalisierung und die Anglo-Amerikanisierung von Recht und Rechtsberufen – Essays, Zürich/St. Gallen 2009; *Eidenmüller*, Rechtskauf und Unternehmenskauf, ZGS 2002, 290; *Elfring*, Legal Due Diligence Reports, JuS-Beilage 5/2007, S. 3; *Elsing*, Konflikte der Rechtskulturen bei der Beilegung internationaler Streitfälle, ZVglRWiss 106 (2007), 123; *Elsing*, Internationale Schiedsgerichte als Mittler zwischen den prozessualen Rechtskulturen, BB-Beilage 7 zu Heft 46/2002, 19; *Evans*, Due Diligence: The English Way, ICCLR 1995, 195; *Faust*, Garantie und Haftungsbeschränkung in § 444 BGB, ZGS 2002, 271; *Garner*, The Elements of Legal Style, Oxford 2. Auflage 2002; *Gaul*, Schuldrechtsmodernisierung und Unternehmenskauf, ZHR 166 (2002), 35; *Gronsted/Jörgens*, Die Gewährleistungshaftung bei Unternehmensverkäufen nach dem neuen Schuldrecht, ZIP 2002, 52; *Hansen/Friis*, M&A – Synthetic Merger Structure, 1999; *Hellwig*, Zum Einfluss der Globalisierung auf das Recht und auf das Verhalten von Beratern und Organen von Unternehmen, in: Festschrift Horn, 2006, S. 377; *von Heydebreck*, Bedeutung anglo-amerikanischer Vertragswerke für die Kreditwirtschaft, WM 1999, 1760; *Honsell*, Amerikanische Rechtskultur, in: Festschrift Zäch, 1999, S. 39; *Huber*, Anspruch und Ausgleich – Theorie einer Vorteils- und Nachteilsausgleichung im Schuldrecht, AcP 201 (2001), 102; *Jaeger*, Williston on Contracts, Vol. 4, St. Paul MN 4. Auflage 2008; *Jahn*, Der Letter of Intent, 2000; *Kessel*, Grundlagen vertraglicher Gewährleistungsgestaltungen beim Erwerb von „shares" in England, RIW 1997, 285; *Köhler*, Cross Border Leasing: Nutzen und Gefahren für die Kommune, in: Der bayerische Bürgermeister 2003, 377; *Köndgen*, Privatisierung des Rechts, AcP 206 (2006), 477; *Koenig/Müller*, Der strafrechtliche Subventionstatbestand des § 264 VII StGB am Beispiel langfristiger staatlicher Ausfuhrgewährleistungen (sog. Hermes-Deckungen), NStZ 2005, 607; *Kötz*, Der Einfluss des Common Law auf die internationale Vertragspraxis, in: Festschrift Heldrich, 2005, S. 771; *Kötz*, Europäisches Vertragsrecht, 1996; *Kondring*, „Der Vertrag ist das Recht der Parteien" – Zur Verwirklichung des Parteiwillens durch nachträgliche Teilrechtswahl, IPRax 2006, 425; *Kübler*, Die einheitliche Leitung paritätischer fusionsähnlicher Unternehmensverbindungen („dual headed structures"), 2005; *Langbein*, Comparative Civil Procedure and the Style of Complex Contracts, Am. Jur. Comp. L. 35 (1987), 381; *Langbein*, Zivilprozessvergleich und der Stil komplexer Vertragswerke, ZVglRWiss 86 (1987), 141; *Lange*, „Material Adverse Effect" und „Material Adverse Change"-Klauseln in amerikanischen Unternehmenskaufverträgen, NZG 2005, 454; *Laudenklos/Pegatzky*, US-Leasingfinanzierungen – innovative Finanzierungsformen oder zweifelhafte Geschäfte?, NVwZ 2002, 1299; *Lehne*, Auf dem Weg zu einem Europäischen Vertragsrecht, ZEuP 2007, 1; *Lorenz*, Das deutsche materielle Recht des Unternehmenskaufs nach der Schuldrechtsreform, 2003; *Lundmark*, Common law-Vereinbarungen – Wortreiche Verträge, RIW 2001, 187; *Lutter*, Der Letter of Intent, 1998; *Martinek*, Moderne Vertragstypen, Band I: Leasing und Factoring, 1991 (zit.: Moderne Vertragstypen I); *Martinek*, Moderne Vertragstypen, Band II: Franchising, Know-how-Verträge, Management und Consulting-Verträge, 1992 (zit.: Moderne Vertragstypen II); *Martinek*, Moderne Vertragstypen, Band III: Computerverträge, Kreditkartenverträge, Poolverträge, Joint-Venture-Verträge, Turnkey-Verträge, Timesharing-Verträge, Just-in-time-Verträge, 1994 (zit.: Moderne Vertragstypen III); *Mattli/Büthe*, Global Private Governance: Lessons from a National Model of Setting Standards in Accounting, Law & Contemp. Probs. 68 (2005), 225; *McCloskey*, Recognizing Verbal Clutter: Four Steps to Shorter Documents, NYSBA Journal, November 1998, 8; *Meder*, Die Krise des Nationalstaates und ihre Folgen für das Kodifikationsprinzip, JZ 2006, 477; *Mellinkoff*, The Language of the Law, Boston 1963; *Merkt*, Angloamerikanisierung und Privatisierung der

A. Grundlagen und Perspektiven

Vertragspraxis versus Europäisches Vertragsrecht, ZHR 171 (2007), 490; *Merkt*, Grundsatz- und Praxisprobleme der Amerikanisierungstendenzen im Recht des Unternehmenskaufs, in: Festschrift Sandrock, 2000, S. 657; *Merkt*, Rechtliche Bedeutung der „due diligence" beim Unternehmenskauf, WiB 1996, 145; *Merkt*, Due Diligence und Gewährleistung beim Unternehmenskauf, BB 1995, 1041; *Michaels/Jansen*, Private Law and the State, RabelsZ 71 (2007), 345; *Müller*, Unternehmenskauf, Garantie und Schuldrechtsreform – ein Sturm im Wasserglas?, NJW 2002, 1026; *Neat*, Mystification of the Law, Int. Bus. Law. 25 (1997), 5; *Nelson/Winter*, An Evolutionary Theory of Economic Change, Cambridge MA 1982; *Niepel/Niepel*, Aufbau und Risiken des kommunalen Leasein/Lease-out in Deutschland – Beratungsbedarf durch rechts- und steuerberatende Berufe, DStR 2002, 601; *North*, Institutions, Institutional Change and Economic Performance, Cambridge 1990; *Peters*, Privatisierung, Globalisierung und die Resistenz des Verfassungsstaates, ARSP-B Nr. 105 (2006), 100; *Picot/Duggal*, Unternehmenskauf: Schutz vor wesentlich nachteiligen Veränderungen der Grundlagen der Transaktion durch sog. MAC-Klauseln, DB 2003, 2635; *Quaas*, Aktuelle Rechtsfragen des Benutzungsgebührenrechts unter besonderer Berücksichtigung der Privatisierung kommunaler Infrastruktureinrichtungen, NVwZ 2002, 144; *Sandrock*, Über das Ansehen des deutschen Zivilrechts in der Welt, ZVglRWiss 100 (2001), 3; *Schlößer*, Material Adverse Change-Klauseln in US-amerikanischen Unternehmenskaufverträgen, RIW 2006, 889; *Schmidt*, Cross-Border Mergers and Corporate Governance – An Empirical Analysis from 1988 to 1999, Betriebswirtschaftliche Diskussionsbeiträge, Beitrag Nr. 36/99, Martin-Luther-Universität Halle-Wittenberg, 1999 (zit.: Cross-Border-Mergers); *Seeger*, Contractual Trust Arrangements auf dem Prüfstand, DB 2007, 697; *Seibt/Raschke/Reiche*, Rechtsfragen der Haftungsbegrenzung bei Garantien (§ 444 BGB n. F.) und M&A-Transaktionen, NZG 2002, 256; *Smeets/Schwarz/Sander*, Ausgewählte Risiken und Probleme bei US-Leasingfinanzierungen, NVwZ 2003, 1061; *Stein*, Lex Mercatoria – Realität und Theorie, 1995; *Stürner*, Die Rezeption US-amerikanischen Rechts in der Bundesrepublik Deutschland, in: Festschrift Rebmann, 1989, S. 839; *Thiessen*, Garantierte Rechtssicherheit beim Unternehmenskauf?, ZRP 2003, 272; *Triebel*, Anglo-amerikanischer Einfluss auf Unternehmenskaufverträge in Deutschland – eine Gefahr für die Rechtsklarheit?, RIW 1998, 1; *Triebel/Hölzle*, Schuldrechtsreform und Unternehmenskaufverträge, BB 2002, 521; *Triebel/Hodgson/Kellenter/Müller*, Englisches Handels- und Wirtschaftsrecht, 1995; *von Westphalen*, Von den Vorzügen des deutschen Rechts gegenüber anglo-amerikanischen Vertragsmustern, ZVglRWiss 102 (2003), 53; *von Westphalen*, „Garantien" bei Lieferung von Maschinen und Anlagen – Todesstoß für Haftungsbegrenzungen durch §§ 444, 639 BGB?, ZIP 2002, 545; *von Westphalen*, Der Leasingvertrag, 1998 (zit.: Leasingvertrag); *Wiegand*, The Reception of American Law in Europe, Am. Jur. Comp. L. 39 (1991), 229; *Wiegand*, Die Rezeption Amerikanischen Rechts, in: Festgabe zum Schweizerischen Juristentag, 1988, S. 229; *Wolf/Kaiser*, Die Mängelhaftung beim Unternehmenskauf nach neuem Recht, DB 2002, 411.

A. Grundlagen und Perspektiven

I. Ursachen

Bekanntlich hat die anglo-amerikanische Vertragspraxis weit über die Grenzen Englands und der USA hinaus ganz erhebliche praktische Bedeutung für den Bereich der Verträge zwischen Unternehmen erlangt.[1] Dafür lassen sich unterschiedliche Ursachen nennen:

1

---

1) Hierzu und zum Folgenden *Sandrock*, ZVglRWiss 100 (2001), 3; *Merkt*, ZHR 171 (2007), 490; *Elsing*, ZVglRWiss 106 (2007), 123 sowie die Beiträge in *Drolshammer*.

§ 3 Anglo-Amerikanisierung der Vertragspraxis

1. Hoher Anteil anglo-amerikanischer Vertragspartner

2 Besonders für den Unternehmenskauf, aber natürlich auch sonst für Verträge zwischen Unternehmen gilt, dass unter den ausländischen Vertragspartnern der Anteil US-amerikanischer und britischer Unternehmen besonders groß ist.[2] Bei der Durchsetzung eigener Vorstellungen kommt ihnen dabei der Gewohnheitsgrundsatz zugute, dass der Käufer berechtigt ist, den ersten Vertragsentwurf vorzulegen. Englische oder US-amerikanische Kaufinteressenten senden zudem nicht selten Investmentbanker als Emissäre voraus, die den Verhandlungs- und Vertragsboden nach ihren anglo-amerikanischen Vorstellungen vorbereiten.[3]

2. Einfluss internationaler Finanzmärkte

3 Das führt zu einer zweiten Ursache der Anglo-Amerikanisierung: Der Einfluss der internationalen Finanzmärkte. Dieser Einfluss ergibt sich schlicht daraus, dass Verträge zwischen Unternehmen in der Regel finanziert werden müssen, sei es durch Bankkredite, sei es durch Schuldverschreibungen. Ab einer bestimmten Größenordnung kann dieser **Finanzierungsbedarf nur auf den internationalen Märkten** gedeckt werden, und d. h. in erster Linie in London oder New York. Die Anforderungen der dortigen Märkte und Marktteilnehmer beeinflussen naturgemäß auch die Gestaltung der finanzierten Verträge. Nicht zuletzt erwarten diese Marktteilnehmer, dass das Vertragswerk bestimmten, ihnen vertrauten Regeln und Gepflogenheiten folgt. Nur bei Einhaltung dieser Standards lässt sich der Finanzierungsbedarf am Markt decken.[4]

3. Schwache Rolle der Rechtsdogmatik

4 Indessen wäre es gewiss zu einfach, wenn man das offensichtliche Vordringen der anglo-amerikanischen Vertragspraxis allein mit der Marktmacht erklären wollte, die seinen Protagonisten zur Verfügung steht. Auch ganz unabhängig von derartigen gleichsam sachfremden Einflüssen weist das **anglo-amerikanische Recht** gegenüber den Zivilrechtsordnungen des Kontinents **Wettbewerbsvorteile** auf. Dies beginnt beim Fehlen – oder besser gesagt: bei der Irrelevanz – einer ausgefeilten Dogmatik. Zwar sind Rechtswissenschaftler des Common Law insoweit nicht weniger kreativ und scharfsinnig als ihre Kollegen, doch ist eine vertiefte Beschäftigung mit Dogmatik im Allgemeinen nicht

---

2) Statistisch lässt sich dies naturgemäß kaum erfassen. Immerhin ergibt sich aus dem Tätigkeitsbericht der BaFin für das Jahr 2008, dass im Zeitraum v. 2003 bis Mai 2007 die mit Abstand größte Gruppe von Bietergesellschaften entweder ihren eigenen Sitz oder den Sitz ihrer Muttergesellschaft im anglo-amerikanischen Ausland hatte, Tätigkeitsbericht 2008 Unternehmensübernahmen, S. 180.
3) *Triebel*, RIW 1998, 1.
4) *Merkt*, ZHR 171 (2007), 490, 501.

A. Grundlagen und Perspektiven

erforderlich, um mit Verträgen und Rechtsfiguren des Common Law arbeiten zu können. Das dortige Recht ist eben nicht „*im Elfenbeinturm*", aufgrund dogmatischer Erwägungen in wissenschaftlichem Diskurs entstanden, **sondern in der Praxis**. Die Dogmatik ist ihm gleichsam nachträglich unterfüttert worden, vergleichbar der Grammatik einer lebenden Sprache. Dies macht es für Beteiligte aus unterschiedlichen Ländern und Rechtskulturen einfacher, auf der Grundlage der anglo-amerikanischen Vertragspraxis zu arbeiten oder seine typischen Denk- und Gestaltungsweisen in einen zivilrechtlichen Kontext zu übertragen.[5]

4. Vernachlässigung des Unternehmenskaufs im kontinentalen Recht

Wiederum speziell für den Bereich des Unternehmenskaufs und der Finanzierungsverträge liegt eine weitere Ursache für die Dominanz der anglo-amerikanischen Vertragspraxis in Kontinentaleuropa im objektiven Recht. Zwar hat in Europa und in Deutschland die anwaltliche und unternehmensseitige Beschäftigung mit diesen Vertragstypen in den letzten Jahren deutlich zugenommen. Das objektive Recht wird jedoch von den beteiligten Kreisen vielfach als unzureichend und unterentwickelt empfunden. So hat die Unternehmensübertragung im deutschen Recht etwa nur ganz geringfügige Spuren hinterlassen, die im Wesentlichen nicht auf den Unternehmenskauf selbst, sondern lediglich auf die Folgen einer Unternehmensübertragung zielen, wobei diesen Regelungen erkennbar die Vorstellung des Gesetzgebers von einer Unternehmensübertragung als Nachfolgeregelung im Mittelstand zugrunde liegt. [6] Mit dem Kauf oder Verkauf eines Unternehmens als normaler Vermögenstransaktion hat das wenig zu tun. Und bezeichnenderweise enthält etwa der *Palandt* aus der Mitte der sechziger Jahre zu diesem Thema buchstäblich nichts, nicht einmal das Stichwort „*Unternehmenskauf*".

Recht plastisch illustrieren lässt sich die mangelnde Sensibilität des Gesetzgebers, aber auch in Teilen der Wissenschaft, für die Bedürfnisse der Praxis der Verträge zwischen Unternehmen anhand der unvergessenen Episode bei der Einführung des neuen § 444 BGB im Zuge der Schuldrechtsreform.[7] Diese Vorschrift verbietet die Beschränkung oder den Ausschluss der Haftung für solche Fälle, in denen der Verkäufer eine Garantie für die Beschaffenheit einer Sache übernommen hat. Mit dieser Bestimmung hatte der Gesetzgeber – ohne es zu bemerken! – das in der Praxis des Unternehmenskaufs entwickelte und sachgerechte Haftungssystem in Frage gestellt. In Unternehmenskaufverträgen wird – US-amerikanischer Praxis folgend – in den meisten Fällen die gesetzliche Haftung für Sachmängel des verkauften Unternehmens vollständig ausge-

---

5) *Merkt*, ZHR 171 (2007), 490, 501 f.
6) Etwa § 25 HGB oder § 95 Abs. 1 Nr. 4 lit. d GVG.
7) Dazu *Dauner-Lieb*, NJW 2004, 1431, 1433.

schlossen. Stattdessen übernimmt der Verkäufer **Garantien** für bestimmte Umstände – z. B. Betriebsgenehmigungen oder die Vollständigkeit der offen gelegten Schuldpositionen –, die bei der vor Unternehmenskäufen üblichen Bestandsaufnahme (**Due Diligence**) ermittelt wurden. Zugleich wird die Haftung dafür – in der Regel summenmäßig – beschränkt. In Fachkreisen war zunächst heftig umstritten, ob diese übliche Haftungsbeschränkung nach der neuen Fassung des § 444 BGB noch möglich ist.[8] Die Verunsicherung der Praxis kulminierte in der Überlegung, die Schwierigkeiten, die durch § 444 BGB hervorgerufen werden, durch eine Flucht in das ausländische Recht zu umgehen.[9] Von Seiten der Wissenschaft indessen wurde vereinzelt der Versuch unternommen, die Verunsicherung mit Hinweis herunterzuspielen, es handele sich lediglich um ein Scheinproblem.[10] Bereinigt wurde diese Kalamität zwischenzeitlich durch ein „*Gesetz zur Beseitigung der Rechtsunsicherheit beim Unternehmenskauf*".[11]

5. Bedeutung der englischen Sprache

7 Schließlich leistet die englische Sprache als *lingua franca* des Unternehmens- und Wirtschaftsrechts ihren wesentlichen Beitrag.[12] Entgegen verschiedentlich geäußerter Zweifel an der Bedeutung der englischen Sprache für die Anglo-Amerikanisierung der Vertragspraxis ist es keineswegs lediglich eine Formfrage, ob man einen Vertrag in Deutsch oder Englisch abfasst.[13] Es lässt sich nicht ernsthaft leugnen, dass die Rechtssprache untrennbar mit dem Recht verbunden ist.[14] Daraus resultiert die Gefahr, dass mit dem englischen Ausdruck auch der anglo-amerikanische **Begriffsinhalt** übernommen wird. Dies kann zu erheblichen Problemen führen, wenn das importierende Recht für den importierten Begriffsinhalt keine normative Grundlage und kein systematisches Gefüge hat, in das sich der Begriff einpassen lässt.[15] Andererseits fördert es die

---

8) Aus dem kaum noch zu überschauenden Schrifttum etwa *von Westphalen*, ZIP 2001, 1179; *Dauner-Lieb/Thiessen*, ZIP 2002, 108, 114; *Gaul*, ZHR 166 (2002), 62; *Faust*, ZGS 2002, 271, 274; *Eidenmüller*, ZGS 2002, 296; *Gronstedt/Jörgens*, ZIP 2002, 52, 56; *Huber*, AcP 201 (2001), 179, 238 ff.; *Müller*, NJW 2002, 1026, 1027; *Seibt/Raschke/Reiche*, NZG 2002, 256; *Triebel/Hölzle*, BB 2002, 521, 530; *Wolf/Kaiser*, DB 2002, 411.
9) Stellungnahme des Deutschen Anwaltvereins durch den Ausschuss Zivilrecht zum Entwurf eines Gesetzes zur Änderung des Bürgerlichen Gesetzbuches (Gesetz zur Beseitigung der Rechtsunsicherheit beim Unternehmenskauf der CDU/CSU-Bundestagsfraktion v. 3.6.2003, BT-Drucks. 15/1096), August 2003, Rz. 1, 3.
10) *Lorenz* in: FS Heldrich, S. 306, 322 f.
11) BT-Drucks. 15/1069; dazu *Thiessen* ZRP 2003, 272.
12) *Döser*, JuS 2000, 246, 247.
13) So aber in der Tendenz *Kötz* in: FS Heldrich, S. 771, 778.
14) Zur Notwendigkeit der Kongruenz von Recht, Rechtstechnik und Sprache *von Westphalen*, ZVglRWiss 102 (2003), 53, 67 ff.
15) *Hellwig* in: FS Horn, S. 377, 379.

A. Grundlagen und Perspektiven

Lösung des englischsprachigen Vertrages von der fremden rechtlichen Umgebung. Konzepte wie etwa die **Due Diligence** (siehe dazu oben § 2 Rz. 30 ff.)[16] oder das **Closing** (siehe dazu oben § 2 Rz. 215 ff.)[17] sind eben weit mehr als Synonyme für die Untersuchung des Kaufgegenstands oder den Zeitpunkt des Vertragsvollzuges, was sich schon daraus ergibt, dass beide Übersetzungsversuche sehr unzulänglich und vielleicht sogar für den Unkundigen irreführend sind. Weitere Beispiele lassen sich anschließen: So ist nach allgemeinem Rechtsverständnis bei uns die **Absichtserklärung**, wenn nicht weiteres hinzukommt, unverbindlich. Hingegen wird bei einem unter Kaufleuten erklärten **Letter of Intent** nach englischem Recht Bindungswille vermutet.[18] Ob die *heads of agreement*[19] oder das Memorandum of Understanding[20] einer deutschen Punktation gleichkommen, ist unklar.[21] Immerhin gilt für die Punktation § 154 Abs. 1 BGB: Solange die Parteien sich nicht auf alle Punkte geeinigt haben, ist eine solche Verständigung unverbindlich.[22] *Conditions precedent* sind nur auf den ersten Blick gleichbedeutend mit **aufschiebender Bedingung**. Bei näherem Hinsehen zeigt sich nämlich, dass mit dem Eintritt der *condition precedent* nicht automatisch der **dingliche Vollzug** in Kraft tritt, sondern dass lediglich die Voraussetzungen dafür geschaffen sind. Man sieht: Mit der bloßen Verwendung englischer Rechtsterminologie sind wichtige Konsequenzen verbunden.[23] Nicht ohne Grund wertet das Kollisionsrecht seit jeher die **Wahl der Sprache** als Indiz für die Wahl des Vertragsstatuts.[24]

6. Internationale Dominanz der anglo-amerikanischen Juristenausbildung

Nicht vergessen werden darf schließlich, dass die anglo-amerikanische Rechtskultur und damit auch ihre Vertragspraxis über den Weg der Ausbildung ganzer Juristengenerationen an englischen und US-amerikanischen *law schools* Zutritt zum Kontinent erlangt.[25] Deutsche Anwältinnen und Anwälte, die einen *Master of Laws* erworben haben, stehen der anglo-amerikanischen Praxis erfahrungsgemäß sehr offen und positiv gegenüber. Sie sind besonders empfänglich für die Art und Weise, in der man in der anglo-amerikanischen Praxis Verträge

8

---

16) Dazu etwa *Merkt*, WiB 1996, 145; *Merkt*, BB 1995, 1041; *Merkt*, Vorauflage, S. 286 ff.; *Elfring*, JuS-Beilage 5/2007, 3; *Berens/Brauner/Strauch*, passim.
17) Dazu etwa *Merkt* in: FS Sandrock, S. 657, 680 ff.
18) *Snelling v. John G. Snelling Ltd.* [1973] 1 Q.B. 87; *Turriff Construction Ltd. v. Regalia Knitting Mills* (1971) 222 E.G. 169; zum deutschen Recht *Lutter*, Letter of Intent.
19) *Triebel/Hodgson/Kellenter/Müller*, Rz. 68.
20) *Jahn*, S. 24 ff.
21) *Kramer* in: MünchKomm-BGB, § 154 BGB Rz. 10.
22) OLG München, RIW 2001, 864; *Bischoff*, RIW 2002, 609.
23) *Triebel*, RIW 1998, 1, 2.
24) Statt vieler *Martiny* in: Reithmann/Martiny, Rz. 126 m. w. N.
25) Dazu *Drolshammer*, S. 299; *Sandrock*, ZVglRWiss 101 (2001), 3, 25 ff.

§ 3 Anglo-Amerikanisierung der Vertragspraxis

zwischen Unternehmen verhandelt und formuliert.[26] Umgekehrt haben englische Anwälte, wie Statistiken belegen, von den mit der Öffnung der EU-Dienstleistungsmärkte verbundenen Möglichkeiten mehr Gebrauch gemacht als ihre Kolleginnen und Kollegen in anderen Mitgliedstaaten. Durch das General Agreement on Trade and Services (GATS) von 1994 ist darüber hinaus der europäische Anwaltsmarkt für **außereuropäische Kanzleien** geöffnet worden. Das haben in Deutschland wie in Europa vor allem US-amerikanische *law firms* ausgenutzt. Hinzu kommt, dass die größten Kanzleien in Deutschland und auf dem übrigen Kontinent heute unter englischer oder amerikanischer Leitung stehen.[27] All dies trägt dazu bei, dass das Erscheinungsbild und das Denken der Anwaltschaft als dem zentralen *player* beim Vertrag zwischen Unternehmen wenigstens in den Zentren und bei den größeren Kanzleien mehr und mehr anglo-amerikanisch geprägt ist.[28]

II. Konsequenzen
1. Branchenabhängiger Einfluss

9 Fragt man sich, nachdem man die Ursachen der Anglo-Amerikanisierung unserer Vertragspraxis beleuchtet hat, nach den konkreten Folgen dieser Entwicklung, so wird man allerdings zunächst zwischen unterschiedlichen Verträgen und Bereichen der Vertragspraxis differenzieren müssen. Diese Differenzierung ist nicht trennscharf und auch gewiss nicht statisch. Dennoch lässt sich nicht feststellen, dass die Amerikanisierung unterschiedslos und in gleicher Intensität alle Bereiche der Vertragspraxis erfasst. Zunächst wird man zwischen den Verträgen großer Unternehmen einerseits und den Verträgen des Mittelstands andererseits unterscheiden können. Bei Verträgen zwischen **großen Unternehmen** ist wegen der größeren Wahrscheinlichkeit der Involvierung anglo-amerikanischer Vertragspartner und großer internationaler Anwaltskanzleien auch der Einfluss der anglo-amerikanischen Praxis größer. Aber auch im **Mittelstand** wird dieser Einfluss stärker. So lässt sich selbst bei rein innerdeutschen Unternehmenskäufen beobachten, dass die Art und Weise ihrer Vorbereitung und Abwicklung ganz wesentlich den anglo-amerikanischen Vorbildern folgt.[29] Ein weiterer Parameter – dies wurde bereits erwähnt – ist die Einbeziehung von ausländischen **Finanzierungsgebern**. Schließlich spielt auch eine Rolle, inwieweit zwingendes nationales Recht auf den Vertrag einwirkt. In **hoch regulierten** Branchen fällt die Lösung vom nationalen Recht und die Übernahme anglo-amerikanischer Vertragspraxis naturgemäß schwerer. Das gilt selbstver-

---

26) *Merkt* in: FS Sandrock, S. 657, 684; *Stürner* in: FS Rebmann, S. 839, 843; *Wiegand*, Am. J. Comp. L. 39 (1991), 229, 232 f.; *Wiegand* in: FG Schweizerischer Juristentag, S. 229, 236.
27) Näher *Drolshammer*, S. 455.
28) *Hellwig* in: FS Horn, S. 377, 379.
29) *Merkt*, ZHR 171 (2007), 490.

ständlich in gesteigertem Maße für Verträge mit der öffentlichen Hand oder von ihr getragenen bzw. kontrollierten Unternehmen. Indessen hat die *cross border leasing*-Welle[30] der jüngeren Vergangenheit gezeigt, dass deutsche Kommunen dann, wenn der sog. *Barwertvorteil*, also der an die Kommune fließende Erlös aus dem Leasinggeschäft mit dem englischen oder amerikanischen Investor verlockend genug erscheint, ohne Zögern zum Abschluss typischer angloamerikanischer Verträge bereit sind, die dann in aller Regel sogar New Yorker Recht unterstellt werden.[31]

2. Einfluss auf den gesamten Vertrag

Dort, wo anglo-amerikanischer Einfluss festzustellen ist, erstreckt er sich regelmäßig auf den gesamten Vertrag. Das beginnt beim Vertragstyp einschließlich der Bestimmung des vertragstypischen Pflichten- und Rechteprogramms. Seit langem bekannt und vertraut ist uns die Palette von **Vertragstypen** US-amerikanischer Provenienz, die Eingang in unsere Vertragspraxis und auch unser Recht gefunden haben,[32] so etwa Franchising, Leasing, Factoring, Poolverträge, Joint-Ventures, Turnkey-Verträge, Timesharing oder Just-in-time-Verträge.[33] Der Strom dieser Importe reißt nicht ab. Aus neuerer Zeit zu nennen wären etwa aus dem Bereich der betrieblichen Altersvorsorge die sog. *contractual trust arrangements*, mit denen Unternehmensvermögen auf externe Träger mit dem Ziel ausgelagert wird, dieses Vermögen im Fall der Insolvenz ungeschmälert den anspruchsberechtigten Anwärtern und Rentnern zur Verfügung zu stellen.[34] Für den Bereich der **Unternehmensverbindungen** zu nennen wären mannigfache Formen von *synthetic mergers*, also synthetischen Unternehmensverbindungen bzw. -übernahmen, die bei Erhaltung der gesellschaftsrechtlichen Individualität der beteiligten Parteien das Ergebnis einer Unterneh-

---

30) *Cross border leasing* ist ein Steuersparmodell, das es dem ausländischen Leasinggeber erlaubt, einen Teil der Steuerersparnis mit dem Leasingnehmer, i. d. R. einer deutschen Kommune, zu teilen. Da die US-Finanzverwaltung darin eine unzulässige Steuerumgehung sieht, hat sie im Jahre 2005 angeordnet, dass *cross border leasing* die US-amerikanische Seite nicht mehr zu Abschreibungen berechtigt, was der *cross border leasing*-Praxis in Deutschland praktisch die Grundlage entzogen hat, s. *Internal Revenue Service*, Coordinated Issue – Losses Claimed and Income to be Reported from Sale In/Lease Out (SILO), June 29, 2005, UIL 9300.38-00, abrufbar unter: www.irs.gov/businesses/article/0,,id=140247,00.html.
31) Zum *cross border leasing* mit Beteiligung deutscher Kommunen *Köhler* in: Der bayerische Bürgermeister 2003, 377; *Niepel/Niepel*, DStR 2002, 601; *Burgi*, NVwZ 2001, 601; *Koenig/ Müller*, NStZ 2005, 607; *Laudenklos/Pegatzky*, NVwZ 2002, 1299; *Quaas*, NVwZ 2002, 144; *Smeets/Schwarz/Sander*, NVwZ 2003, 1061.
32) *Stürne* in: FS Rebmann, S. 839, 854.
33) Siehe etwa *von Westphalen*, Leasingsvertrag; *Martinek*, Moderne Vertragstypen I; *Martinek*, Moderne Vertragstypen II; *Martinek*, Moderne Vertragstypen III.
34) Dazu *Seeger*, DB 2007, 697.

mensverbindung – wie wir sagen würden: schuldrechtlich – zu simulieren versuchen.[35]

11 Der Einfluss der anglo-amerikanischen Praxis erstreckt sich weiter auf **Struktur, Aufbau** und **Terminologie** des Vertrages ebenso wie auf einzelne Elemente der Vertragsvorbereitung und -durchführung bis hin zu einzelnen Vertragsklauseln. Als Beispiel genannt seien *material adverse change*-Klauseln, die auch bei uns inzwischen immer häufiger Verwendung finden und dem Käufer das Recht einräumen, im Fall der Verschlechterung des Kaufgegenstands im Zeitraum zwischen Abschluss und Erfüllung des Vertrages Schadensersatz zu verlangen oder zurückzutreten (siehe dazu oben § 2 Rz. 143 ff.).[36] Schließlich wirkt die Amerikanisierung bis in den **Stil** der Verträge hinein. Sie werden länger und detaillierter, aber auch umständlicher und unhandlicher.

3. Reaktionen auf die Anglo-Amerikanisierung

12 Und so überrascht es nicht, wenn inzwischen Rechtspraktiker von hüben wie drüben zu dem Schluss gelangen, dass in der anwaltlichen Berufspraxis der Unterschied zwischen Common Law und *civil law* kaum noch wahrgenommen wird.[37] Es erstaunt auch nicht, dass diese Anglo-Amerikanisierung in Europa verschiedentlich auf harsche Kritik gestoßen ist, wobei nicht zu übersehen ist, dass es sich vor allem um **akademische Kritik** handelt. So wurde die Anglo-Amerikanisierung unserer Vertragspraxis als erheblicher Nachteil und Verlust von Rechts- und Vertragskultur gesehen,[38] sie wurde als problematische bzw. missglückte Rezeption und als Zeichen mangelnder Vitalität der eigenen Rechtskultur gebrandmarkt[39] und es war sogar die Rede von der Adaption einer imperialismusverdächtigen Rechtskultur, die weit hinter der Europäischen Tradition zurückbleibe.[40]

13 Indessen nützt das Lamento wenig, denn Entwicklungen wie die der Anglo-Amerikanisierung der Unternehmenspraxis verlaufen **pfadabhängig**. Als pfadabhängig bezeichnet die Evolutionsökonomie einen Prozess, bei dem Ereignis-

---

35) Dazu etwa *Hansen/Friis*; *Schmidt*, Cross-Border-Mergers; *Malacrida/Watter*, S. 85; als eine Variante des synthetischen Zusammenschlusses wird der fusionsähnliche Gleichordnungskonzern behandelt bei *Kübler*.
36) Dazu *Schlößer*, RIW 2007, 889; *Picot/Duggal*, DB 2003, 2635; *Berger/Filgut*, WM 2005, 253; *Lange*, NZG 2005, 454.
37) Aus der Sicht eines Londoner solicitor: „There is no difference between civil law and common law which matters", *Neate*, Int. Bus. Law. 25 (1997), 5, 7; aus der Sicht eines Pariser avocat: "The differences of common law and civil law no longer create communication problems which are detrimental to the effectiveness of our representation of clients", *de Foucaud*, Int. Bus. Law. 25 (1997), 15.
38) *von Westphalen*, ZVglRWiss 102 (2003), 53.
39) *Stürner* in: FS Rebmann, S. 839, 858.
40) *Honsell* in: FS Zäch, S. 39, 52, 56.

se, die zeitlich früher liegen, die Auftretenswahrscheinlichkeit von zeitlich späteren Ereignissen beeinflussen, insbesondere beschränken. Wenn der Pfad als Entscheidung in Situationen unter Zwängen oder Kosten, Ressourcen und Belohnungen betrachtet wird, kommt es zur **Selbstverstärkung** des gewählten Pfades. Entscheidend ist dabei die Höhe der Investitionen in die einmal gewählte Entscheidung (Startkosten), sodann möglicher Kostensenkung durch Lerneffekte und schließlich Synergieeffekte aus gleichlaufenden Änderungen in der Umwelt ebenso wie in der Binnenorganisation selbst.[41] Wie sieht es bei der Anglo-Amerikanisierung der Vertragspraxis aus? Die Startkosten in Gestalt der Rechtsberatungskosten vor allem durch US-amerikanische Anwälte waren gewiss hoch. Indessen hat sich durch den Lerneffekt in der Rechtsberatungspraxis in Europa inzwischen eine ganz erhebliche Kostensenkung eingestellt. **Muster anglo-amerikanischer Verträge** finden heutzutage allenthalben große Verbreitung. Und schließlich stellen sich ganz erhebliche Synergieeffekte ein, weil wir es mit einer Praxis zu tun haben, die nicht nur in einzelnen Ländern und nicht nur in Europa, sondern weltweit Verbreitung gefunden hat. Die ernüchternde Schlussfolgerung lautet, dass es selbst eine **inhaltlich überlegene** Vertragspraxis äußerst schwer haben dürfte, sich gegen die eingefahrene anglo-amerikanische Praxis durchzusetzen.

III. Weitere Entwicklung: Internationalisierung und Privatisierung der Vertragspraxis

1. Befund

Indessen ist die Entwicklung nicht bei der Anglo-Amerikanisierung der Vertragspraxis stehen geblieben. Vielmehr beobachten wir inzwischen ein Phänomen, das mit den Begriffen der Internationalisierung und Privatisierung der Verträge zwischen Unternehmen beschrieben werden kann.[42] Seinen Ausgang nahm dieses Phänomen im Bereich der **Finanzdienstleistungsverträge**. Hier entwickelt sich eine von den nationalen Rechtsordnungen weitgehend losgelöste *offshore*-Praxis. Man könnte von einer **Selbsthilfe der Unternehmen** sprechen, die sich mit international einheitlichen **Standardklauseln** und **Standardverträgen** eine detaillierte und passgenaue Ordnung schaffen, wie sie besser und authentischer kein staatlicher Gesetzgeber und kein staatliches Gericht schaffen könnte.

---

41) Zur Pfadabhängigkeit s. etwa *David*, Am. Econ. Rev. 75 (1985), 332; *David*, Structural Change and Economic Dynamics 5 (1994), 205; *Nelson/Winter*, passim; *North*, passim.

42) *v. Heydebreck*, WM 1999, 1760; *Hellwig* in: FS Horn, S. 377. Allgemein zum Phänomen des *private ordering* aus neuerer Zeit etwa *Köndgen*, AcP 206 (2006), 477; *Bachmann*, Private Ordnung; *Michaels/Jansen*, RabelsZ 71 (2007), 345; aus öffentlich-rechtlicher Perspektive *Bullinger*, JZ 2006, 1137, 1141; *Meder*, JZ 2006, 477; *Peters*, ARSP-B Nr. 105 (2006), 100.

§ 3 Anglo-Amerikanisierung der Vertragspraxis

15 Die Entwicklung geht aber weiter, denn längst bilden sich in dieser keineswegs mehr auf den Bereich der Finanzdienstleistungen beschränkten Vertragspraxis Rechtssätze des internationalen Wirtschaftsrechts heraus und es werden tagtäglich unendlich viele Lösungen für Rechtsfragen gefunden, formuliert und durchgesetzt. Da diese Ordnung weithin ohne Rekurs auf **staatliche Normgebung** oder staatliche Gerichtsbarkeit auskommt, verdient sie das Prädikat der **Privatisierung**.[43] Flankiert wird die Privatisierung durch internationale Organisationen, etwa der OECD, die der Praxis durch die Formulierung von Standards Hilfestellung leisten.[44] Dass diese internationalisierte Vertragspraxis stark anglo-amerikanisch fermentiert ist, dass hier das anglo-amerikanische Modell mit allen seinen Vor- und Nachteilen fortlebt, ist den vorhin dargelegten Charakteristika dieser Praxis zuzuschreiben: eine autarke Vertragspraxis, die durch detaillierte, ja enzyklopädische Verträge ohne kodifiziertes Ersatzrecht auskommt. Ganz wesentlich unterstützt wird diese Privatisierung natürlich durch die internationale **Wirtschaftsschiedsgerichtsbarkeit**, die sozusagen das verfahrensrechtliche Seitenstück dieser Entwicklung bildet und ihrerseits nicht unerheblich zur Autarkie der privatisierten Unternehmensrechtspraxis beiträgt.[45]

2. Die neue Qualität

16 Man mag in dieser Entwicklung eine Fortsetzung dessen sehen, was vielfach mit dem Begriff der *lex mercatoria* bezeichnet wird.[46] Indessen übertrifft das hier skizzierte Phänomen die bekannte Herausbildung internationaler Handelsbräuche in Breite und Tiefe in mehrfacher Hinsicht. Es geht nicht nur um den Bereich des Handelsverkehrs bzw. des Handelskaufs im klassischen Sinn, sondern um praktisch alle Verträge, die Unternehmen miteinander schließen, einschließlich der organisationsrechtlichen Vereinbarungen. Es geht nicht nur um einzelne, inhaltlich recht weite und unbestimmte Generalklauseln oder um einzelne Verhaltensstandards, denen die innere Systematik fehlt, sondern es geht branchenweit um ganze Verträge einschließlich ihrer Vorbereitung, Durchführung und Abwicklung. Es geht nicht nur um die Ergänzung des lückenhaften oder nicht sachgerechten staatlichen Rechts durch punktuelle Regeln, sondern es geht um die umfassende und vollständige **Ersetzung staatlichen Rechts** i. R. d. Herausbildung dessen, was verschiedentlich bereits als *global private go-*

---

43) Für den Bereich der Verbraucherverträge s. *Callies*, passim.
44) Als ein Beispiel aus einer unüberschaubaren Vielzahl solcher Standards genannt seien hier die Richtlinien der OECD für *Cooperation and Cost Sharing-Agreements* in der Unternehmensgruppe; dazu *Döser*, JuS 2001, 40.
45) Dazu *Elsing*, BB 2002, Beilage 7 zu Heft 46, S. 19, 22 f.
46) Zur *lex mercatoria* etwa *Berger*, IPRax 1993, 281; *Berger*, Kodifizierung; *Berger*, Codification; *Blaurock*, ZEuP 1993, 247; *Stein*, passim.

B. Phänomenologie

vernance[47] bezeichnet wird. Und es geht schließlich nicht nur um grenzüberschreitende bzw. internationale Verträge, sondern zunehmend um rein **inländische** Sachverhalte, mit einem Wort: es geht um eine neue **Qualität** der Privatisierung des Rechts der Verträge zwischen Unternehmen.

Natürlich wirft die Privatisierung der Vertragspraxis eine Reihe ebenso grundlegender wie praktischer Fragen auf, etwa nach der **Rechtsqualität** der zugrunde gelegten Grundsätze, nach ihrer Legitimation und nach der Kontrolle und Durchsetzbarkeit im Streitfall.[48] Unklar ist vielfach auch das komplexe **Verhältnis zum staatlichen Recht**, auf das vielfältig zurückgegriffen werden muss.[49] Die wissenschaftliche Diskussion zum *private ordering* befindet sich in den Anfängen. 17

B. Phänomenologie
I. Vorbemerkung

Die Art und Weise, wie Unternehmenskäufe in Deutschland ablaufen, folgt ganz wesentlich den internationalen und hier vor allem den angelsächsischen Vorbildern, und zwar heutzutage auch bei rein inländischen Verträgen ohne Auslandsbezug. Mehrere Aspekte tragen dazu entscheidend bei: Erstens, der Einfluss der internationalen Finanz- und Kapitalmärkte, zweitens, die Dominanz der US-amerikanischen Beratungskultur bei der Vertragsvorbereitung und dem Abschluss, und drittens, die – behauptete – Überlegenheit des Common Law gegenüber den kontinental-europäischen Zivilrechtsordnungen bei der Regelung transnationaler Sachverhalte, wobei diese letztgenannte Feststellung sicherlich nicht überall Zustimmung findet. 18

Der Einfluss der internationalen Finanz- und Kapitalmärkte ergibt sich schlicht daraus, dass Unternehmenskäufe in der Regel **finanziert** werden müssen, sei es durch Bankkredite, sei es durch die Ausgabe von Schuldverschreibungen. Ab einer bestimmten Größenordnung kann dieser Finanzierungsbedarf nur auf den internationalen Märkten gedeckt werden, und d. h. selbst aus Sicht eines deutschen Unternehmers nach wie vor: In erster Linie in **London** oder **New York**. Die Anforderungen der dortigen Märkte und Marktteilnehmer beeinflussen naturgemäß auch die Gestaltung des Unternehmenskaufs, auf den sich die Finanzierung beziehen soll. Nicht zuletzt erwarten diese Marktteilnehmer, dass das Vertragswerk bestimmten, ihnen **vertrauten** Regeln und Gepflogenheiten folgt. Nur bei Einhaltung derartiger Standards lässt sich der Finanzierungsbedarf am Markt decken, und diese Standards sind nun einmal die des weltweit vorherrschenden Common Law. 19

---

47) Dazu *Mattli/Büthe*, Law & Contemp. Probs. 68 (2005), 225 m. w. N.
48) Dazu *Köndgen*, AcP 206 (2006), 478, 508 ff.; *Michaels/Jansen*, RabelsZ 71 (2007), 345 m. w. N.
49) Davon zeugen die Anfragen internationaler Schiedsgerichte, in denen es um die Klärung der Bedeutung nationalrechtlicher Begriffe oder direkt um die Begutachtung nach nationalem Recht geht.

20 Ein deutscher Jurist würde es sich aber zu einfach machen, wenn er das offensichtliche Vordringen des Common Law allein mit der Marktmacht erklären wollte, die seinen Protagonisten zur Verfügung steht. Auch ganz unabhängig von derartigen gleichsam unsachlichen Einflüssen weist das Common Law gegenüber den Zivilrechtsordnungen des europäischen Kontinents **Wettbewerbsvorteile** auf, wo es um die Regelung transnationaler Sachverhalte geht. Dies beginnt mit dem Fehlen – oder besser gesagt der Irrelevanz – einer ausgefeilten Dogmatik; zwar sind Rechtswissenschaftler des Common Law insoweit nicht weniger kreativ und scharfsinnig als ihre Kollegen auf dem Kontinent, doch ist eine vertiefte Beschäftigung mit der Dogmatik im Allgemeinen nicht erforderlich, um mit Verträgen und Rechtsfiguren des Common Law arbeiten zu können – es ist eben nicht am Reißbrett, aufgrund dogmatischer Erwägungen und Analysen entstanden, sondern in der Praxis; die Dogmatik ist ihm gleichsam nachträglich übergestülpt wie die Grammatik einer lebendigen Sprache. Dies macht es für Beteiligte aus unterschiedlichen Ländern und Rechtskulturen einfacher, auf der Basis des Common Law zu arbeiten oder seine typischen Denk- und Gestaltungsweisen in einen zivilrechtlichen Kontext zu übertragen.

21 Hinzu kommt ein weiterer, für deutsche Juristen wenig schmeichelhafter Aspekt. Ihre angelsächsischen Kollegen können häufig nicht nur auf einen durch eine Vielzahl kompliziertester Transaktionen bereicherten Erfahrungshintergrund zurückgreifen, sondern sind in ganz anderer Weise zu **praktischer Problemlösung** und präziser Vertragsgestaltung erzogen, als dies bei einem durchschnittlichen Absolventen einer durchschnittlichen rechtswissenschaftlichen Fakultät in Deutschland der Fall ist. Auch dies ist ein Wettbewerbsvorteil, den die international tätigen Anwaltskanzleien durch kostenintensive interne Ausbildungsmaßnahmen kompensieren müssen; zum Glück zeigen sich inzwischen Tendenzen, dem Defizit an Praxisbezogenheit durch eine Umgestaltung des juristischen Studiums und der Rechtsanwaltsausbildung in Deutschland zu begegnen.

22 Gegenüber den sich hier auswirkenden Marktkräften nützt es gar nichts, über einen angeblichen Verlust an deutscher Rechtskultur zu lamentieren oder gar protektionistische Maßnahmen zu fordern; dergleichen sorgt nur dafür, dass Deutschland als Unternehmensstandort an Attraktivität verliert und damit international weiter ins Hintertreffen gerät. Stattdessen sollten die in diesem Bereich tätigen deutschen Juristen bereit sein, die positiven Einflüsse des Common Law auf unsere Rechtsordnung zu akzeptieren und sich den damit verbundenen Herausforderungen zu stellen. Aufhalten können sie diesen Prozess ohnehin nicht.

23 Der Einfluss der anglo-amerikanischen Vorbilder erstreckt sich auf die Strukturen, den Aufbau und die Terminologie von Unternehmenskaufverträgen ebenso wie auf einzelne Elemente der Vertragsvorbereitung und -durchführung, bei denen die deutsche Vertragspraxis sich nicht mehr wesentlich von

derjenigen in Großbritannien oder den USA unterscheidet. Dabei ist der Umstand, dass diese Elemente aus fremden Rechtskreisen und -kulturen stammen, von mehr als akademischem Interesse: Es handelt sich, genau betrachtet, um **Fremdkörper**, die nicht ohne weiteres in das deutsche Recht integrierbar sind. Das Spannungsverhältnis, das hier entsteht, bedarf besonderer Beobachtung durch die mit einem internationalen Unternehmenskauf befassten Juristen.

II. Einzelheiten

Die anglo-amerikanische Vertragspraxis weicht bekanntlich in mehrfacher Sicht markant von der klassischen kontinentalrechtlichen und speziell deutschen Vertragspraxis ab.[50)]   24

1. Einzelfallgeleitetes Case Law

An erster Stelle zu nennen ist der Unterschied zwischen den **Regelungstechniken**. Das kontinentale Recht benutzt den abstrahierend-generalisierenden Gesetzesstil. Es verzichtet auf kasuistische Normen.[51)] Das Common Law in England und Amerika hingegen ist einzelfallgeleitetes Fallrecht. Das macht es den Parteien schwer, die maßgeblichen Rechtsnormen aufzuspüren oder gar zu kennen.[52)] Zwar gibt es sowohl in den USA als auch in England vertragsrechtliche Gesetze, doch sind dies mehr Kompilationen des richterlichen Fallrechts.[53)] Zudem beschränken sie sich auf spezielle Vertragstypen oder Branchen, wie etwa das Verbraucherschutzrecht der US-amerikanischen *Consumer Protection Laws*,[54)] das – um es in der Diktion der Europäischen Kommission zu sagen – „*sektoral*"[55)] auf den Bereich der Finanzdienstleistungen begrenzt ist. Es fehlt an einem umfassenden und geschlossenen Regelungssystem mit Rechtssätzen für das gesamte Regelungsprogramm des Vertrages. Insbesondere gibt es keinen **Allgemeinen Teil**, den der kontinentale Jurist ohne expliziten Verweis in sein Vertragswerk einbeziehen kann. Angloamerikanisches Gesetzes- und Richterrecht hat darüber hinaus keine dem kontinentalen Recht entsprechenden nach-   25

---

50) Dazu bereits *Döser*, NJW 2000, 1451; *Döser*, JuS 2000, 246; *Lundmark*, RIW 2001, 187; *Merkt* in: FS Sandrock, S. 657; *Triebel*, RIW 1998, 1; *von Westphalen*, ZVglRWiss 102 (2003), 53, 54.
51) *von Westphalen*, ZVglRWiss 102 (2003), 53, 54.
52) *Langbein*, ZVglRWiss 86 (1987), 141; *Lundmark*, RIW 2001, 187, 191; *Kondring*, IPRax 2006, 425.
53) *Triebel*, RIW 1998, 1, 4.
54) S. etwa den Fair Debt Collection Practices Act (FDCPA) v. 1978 (15 U.S.C. § 1692), den Fair Credit Reporting Act (FCRA) (15 U.S.C. § 1681), den Truth in Lending Act (TILA) v. 1968 (15 U.S.C. § 1601), den Fair Credit Billing Act (FCBA) (15 U.S.C. § 1601) und den Gramm-Leach-Bliley Financial Services Modernization Act (15 U.S.C. § 6801).
55) Vgl. *Lehne*, ZEuP 2007, 1, 3.

§ 3 Anglo-Amerikanisierung der Vertragspraxis

giebigen Vertragsvorschriften oder „typisierte" Vertragsformen entwickelt, die dort als Reserveordnung einspringen, wo die Parteien selbst säumig waren.[56]

2. Vertragsaufbau

26 Spuren des angelsächsischen Einflusses finden sich typischerweise schon im Aufbau internationaler Unternehmenskaufverträge. Nicht selten wird man als deutscher Berater bestrebt sein, den Erwartungen eines ausländischen Mandanten oder Verhandlungspartners auch und gerade insoweit entgegenzukommen, als man die diesem vertrauten Formen und Formeln in einen deutschen Kontext übernimmt.

27 Dabei handelt es sich nur zum Teil um eine Art juristische Mimikry ohne tiefere Bedeutung; in vieler Hinsicht lässt sich nämlich von der angelsächsischen Vertragstechnik durchaus auch für Zwecke rein deutscher Verträge etwas lernen. Einige zunächst gewöhnungsbedürftige Besonderheiten seien hier kurz dargestellt:

a) Präambel

28 Kein englischer oder amerikanischer Vertrag kommt ohne eine mehr oder weniger ausgefeilte Präambel aus, im englischen als *recitals* bezeichnet und meist mit dem schönen Wort *whereas* eingeleitet. Im deutschen Recht sind wir es gewohnt, uns insoweit erheblich kürzer zu fassen und auf eine Präambel entweder ganz zu verzichten oder sie auf eine knappe Charakterisierung des Vertragshintergrundes zu beschränken. Gerade bei der Arbeit mit Parteien unterschiedlicher geographischer und kultureller Herkunft kann es aber durchaus sinnvoll sein, die gegenseitigen **Absichten und Erwartungen** etwas ausführlicher darzustellen, zumal bei einem komplexen Vertragswerk wie einem Unternehmenskauf unter Umständen die Gefahr besteht, unter der Vielzahl komplizierter Einzelbestimmungen das eigentliche Ziel des gesamten Unterfangens überhaupt nirgends zu formulieren und damit letztlich vielleicht sogar aus den Augen zu verlieren.

29 Auch kann die Präambel wertvolle **Auslegungshinweise** für die ihr folgenden, detaillierteren Vertragsbestimmungen liefern, etwa wenn es darum geht, den Umfang des berechtigten Interesses an einem Konkurrenzverbot zu bestimmen: Die künftigen Absichten der Parteien, wie sie i. R. d. Vertragsverhandlungen offengelegt wurden, ergeben sich in aller Regel aus der Präambel und lassen unschwer den Schluss auf das zu, was beiderseits auch als künftig geschützter Geschäftsbetrieb der einen oder anderen Seite gewollt war.

b) Definitionen

30 Eine weitere, für die angelsächsische Vertragstechnik typische und im deutschen Rechtskreis nicht in gleicher Weise verbreitete Besonderheit ist die Ver-

---

56) *Triebel*, RIW 1998, 1, 5; *Kötz* in: FS Heldrich, S. 771, 774.

wendung von Definitionen. Die englische Rechtssprache gewinnt nicht zuletzt hieraus ihre Präzision. Auch beim Arbeiten mit rein deutschen Sachverhalten wird man, einmal auf den Geschmack gekommen, sehr schnell merken, wie viel genauer und zugleich einfacher man sich ausdrücken kann, wenn man häufig wiederholte Begriffe einmal definiert und dadurch in ihrer genau festgelegten Bedeutung jederzeit abrufbar macht. Allerdings haben wir es im Deutschen mit einer kleinen Schwierigkeit zu tun, die die englische Sprache nicht kennt: Während man dort einen definierten Begriff zumeist schlicht dadurch kennzeichnen kann, dass man ihn groß schreibt und damit von den im Übrigen kleingeschriebenen Substantiven abhebt, funktioniert dies im Deutschen naturgemäß nicht. Wir müssen daher auf die Verwendung von Blockbuchstaben, Fettdruck oder Kursivschrift ausweichen.

Definitionen können auf zwei verschiedene Arten in einen Vertrag eingeführt werden: Entweder durch einen in sich **geschlossenen Definitionsteil**, eine Art Glossar, oder Einfügung der Definition an derjenigen Textstelle des Vertrages, an der erstmals der zu definierende Begriff auftaucht. Ersteres ist, wenn der Eindruck nicht täuscht, die in England vorherrschende Methode, letzteres diejenige in den USA. Beides hat Vor- und Nachteile in der Praxis: Die in den Text **eingestreuten Definitionen** sind aus dem Zusammenhang heraus leichter zu verstehen; gerade bei umfangreicheren, mit einer Vielzahl von Definitionen aufwartenden Verträgen kann aber das Aufsuchen eines definierten Begriffs dadurch recht zeitraubend und umständlich werden. Man begegnet daher in der amerikanischen Vertragspraxis häufig dem Hilfsmittel, ein Verweisungsregister der definierten Begriffe anzufügen, aber auch das ist umständlich und damit ebenfalls nicht recht befriedigend, weil es ein zweifaches Nachschlagen erforderlich macht. Für die Praxis verdient daher im Allgemeinen die englische Methode den Vorzug, die im Übrigen natürlich auch Ausnahmen zulässt, etwa bei zu definierenden Begriffen, die nur an einer einzigen Stelle des Vertrages im Zusammenhang weniger Sätze oder Paragraphen verwendet werden: Hier ist eine in den Text selbst eingeschobene Definition zweckmäßiger und wird auch in der englischen Vertragstechnik benutzt. Dasselbe gilt bei Begriffen, die sich ob ihrer Komplexität nur schwer außerhalb des Textzusammenhangs definieren lassen, etwa bei Formeln zur Berechnung bestimmter Wertgrößen. Auch in solchen Fällen empfiehlt es sich aber, den definierten Begriff in die Liste der Definitionen aufzunehmen und dann dort auf die entsprechende Textstelle zu verweisen, an der sich die Definition befindet. In jedem Fall sollte man in der Handhabung nicht allzu dogmatisch vorgehen, sondern sich von dem Bestreben nach Klarheit und Einfachheit leiten lassen.

Traditionell stehen Definitionen nach der englischen Methode am Anfang des Vertrages. Auch dies kann jedoch bei umfangreichen Vertragswerken mühsam sein, wenn die entsprechende Stelle des Vertrages nicht ganz leicht zu finden ist, vor allen Dingen aber, wenn im Laufe von Vertragsverhandlungen – wie dies unvermeidlich ist – die Definitionen mehrfach überarbeitet, ergänzt oder auch durch Streichungen wieder verkürzt werden. Dies führt dann jeweils zu einem völligen Neuumbruch des gesamten Vertragstextes. Praktischer ist es deshalb, die Definitionen in einem eigenen Anhang unterzubringen, dessen Veränderungen auf den übrigen Vertragstext keine Auswirkungen haben. Bei umfangreichen Vertragswerken, insbesondere solchen, die sich aus mehreren Einzelverträgen zusammensetzen, kann es im Übrigen sogar ratsam sein, eine eigene, für alle diese Verträge geltende Definitionsvereinbarung zu schließen, auf welche die Einzelverträge dann nur jeweils Bezug nehmen bzw. die sie, soweit erforderlich, ergänzen.

33 Noch ein Wort zum Inhalt der Definitionen. Wie bei allen im Grundsatz guten Dingen kann man es auch hiermit übertreiben. Definitionen können dermaßen **kompliziert** und ineinander verschachtelt werden, dass sie das Verständnis nicht erleichtern, sondern erschweren. Man kann sich des Eindrucks nicht ganz erwehren, dass dies mitunter sogar bewusst als Mittel eingesetzt wird, um den wirklichen Inhalt eines Vertrages vor einer eher unbedarften oder nicht kompetent beratenen Partei zu verbergen. Hier ist gerade für deutsche Juristen im Umgang mit ausländischen Partnern Vorsicht geboten, zumal wenn sie die Handhabung von Definitionen nicht gewohnt und daher geneigt sind, diese als mehr oder weniger überflüssige angelsächsische Marotte abzutun. Nicht selten findet sich dann aber im „*Kleingedruckten*" einer Definition eine versteckte Bedingung oder Ausnahme, die den Sinn einer Vertragsbestimmung geradezu in ihr Gegenteil verkehren kann.

c) Überschriften

34 Auch die Überschriften von Vertragsbestimmungen werden übrigens manchmal in ähnlicher Weise zur Irreführung eingesetzt, indem dann im dritten oder vierten Unterabsatz einer Bestimmung plötzlich ein Thema angesprochen wird, das mit dem von der Überschrift angekündigten nur noch vage zu tun hat. Die in anglo-amerikanischen Verträgen übliche Klausel, wonach Überschriften nicht zur Auslegung herangezogen werden dürfen, tut ein Übriges. Gegen solche Tricks hilft nur Sorgfalt noch bis in den letzten Halbsatz, mag dies auch bei der wuchernden Formulierungsfülle solcher Verträge mitunter schwer fallen.

d) Länge und Ausführlichkeit

35 Damit sind wir bei dem aus der Sicht eines deutschen Juristen wohl auffälligsten Merkmal angelsächsischer Verträge angelangt, nämlich ihrer Länge und Ausführlichkeit und dem Grad der Detailliertheit.[57] Wo wir es gewohnt sind, uns knapp und abstrakt auszudrücken, neigen angelsächsische Juristen dazu,

---

[57] Näher *Kondring*, IPRax 2006, 325; *Lundmark*, RIW 2001, 187; *Merkt* in: FS Sandrock, S. 657, 661 f.; *Triebel*, RIW 1998, 1, 4 f.

B. Phänomenologie

einen Gegenstand auch sprachlich von allen Seiten zu beleuchten und abzuklopfen, damit jedes spätere Missverständnis darüber, was gemeint gewesen sein könnte, ausgeschlossen ist. Ein und derselbe Komplex wird anhand von sechs, acht teilweise überlappenden Einzelbegriffen eingegrenzt und dann möglichst noch mit einer allgemeineren Auffangbestimmung erfasst, die uns fragen lässt, wozu denn all die Einzelbegriffe überhaupt nötig waren.

Zunächst werden US-amerikanische Verträge normalerweise mit einer mehr oder weniger ausgefeilten Präambel (*recitals*) eingeleitet. Im deutschen Recht ist man es demgegenüber gewohnt, sich erheblich kürzer zu fassen und auf eine Präambel entweder ganz zu verzichten oder sie auf eine knappe Charakterisierung des Vertragshintergrundes zu beschränken. 36

Charakteristisch für die anglo-amerikanische Kautelarpraxis ist außerdem die umfängliche Verwendung von Definitionen. Im US-amerikanischen Kontext gelten solche Definitionen nicht nur als praktisch, sondern auch als erforderlich, denn dem positiven Recht mangelt es vielfach an klaren Begriffsbestimmungen, auf die man im kontinentalen, durchweg kodifizierten Recht sehr häufig problemlos zurückgreifen kann. 37

Der Grund für diese Vorgehensweise liegt natürlich nicht in einer mangelnden Fähigkeit zum abstrakten Denken und Formulieren, auch nicht am Fehlen kodifizierten Rechts, sondern in den ganz anders gearteten **Auslegungsgrundsätzen** dieses Rechtskreises, die der **wörtlichen Auslegung** immer noch eine vorrangige Bedeutung einräumen. Was nicht im Vertrag steht, ist eben auch nicht vereinbart und nicht gemeint; demzufolge muss alles hineingeschrieben werden, was auch in noch so fern liegendem Zusammenhang relevant werden könnte. Dies ist man im deutschen Recht nicht gewöhnt; vielmehr sind wir geneigt, uns auf die am tatsächlichen oder mutmaßlichen **Parteiwillen** orientierte Auslegung auch missratener Vertragsbestimmungen durch die Gerichte zu verlassen. So angenehm dies einerseits ist, so gefährlich kann es andererseits sein, indem es nämlich zur Bequemlichkeit und Schlampigkeit bei der Formulierung verführt. Gerade bei internationalen Verträgen ist man demgegenüber gut beraten, so ausführlich und genau wie möglich zu formulieren, so dass der Vertrag im wesentlichen aus sich selbst heraus lebt und nicht einer ergänzenden oder korrigierenden Interpretation durch ein Gericht oder gar der Lückenfüllung durch Gesetzesrecht bedarf. 38

Ausführlichkeit trägt zum einen dazu bei, dass die nicht juristisch gebildeten Beteiligten trotz ihrer unterschiedlichen Erfahrungshintergründe genau wissen, was jede Partei an Rechten und Pflichten übernimmt; zum anderen wird im Streitfall – der ja häufig durch ein nicht bestimmten nationalen Rechtsordnungen oder Interpretationsprinzipien verpflichtetes internationales Schiedsgericht entschieden wird – die Auslegung erleichtert. 39

Auch hier schadet es deshalb nicht, wenn man sich als deutscher Jurist – freilich unter Vermeidung von Exzessen – den Erwartungen und Gepflogenheiten 40 der ausländischen Vertragspartner anbequemt. Dabei sei ein kurzer Exkurs zu einem rein praktischen Problem gestattet, das sich aus dem unter Umständen geltenden **Beurkundungszwang**, etwa beim Erwerb von GmbH-Anteilen im Wege des Share Deal, ergibt: Die Verlesung eines Vertrages von angelsächsischem Umfang, vor allem wenn er nicht nur aus dem schon sehr detaillierten Vertragstext selbst, sondern auch noch aus zahlreichen Anlagen und Nebenvereinbarungen, Listen von Vermögensgütern, Jahresabschlüssen, Patent- oder Markenanmeldungen besteht, kann für alle Beteiligten zur Tortur werden und ist kaum geeignet, das ohnehin geringe Verständnis einer ausländischen Vertragspartei für das deutsche Beurkundungswesen zu fördern. Eine gewisse Erleichterung will hier § 14 BeurkG schaffen, der unter anderem für „*Bilanzen, Inventare, Nachlassverzeichnisse oder sonstige Bestandsverzeichnisse über Sachen, Rechte und Rechtsverhältnisse*" einen Verzicht auf die Verlesung ermöglicht; in der Praxis der deutschen Notare scheint sich diese Vorschrift aber – vielleicht aus Sorge vor möglichen Nichtigkeitsfolgen bei zu extensiver Auslegung – nicht recht durchgesetzt zu haben. Stattdessen bieten sich im Prinzip zwei Wege an:

41 • **Zum einen** kann man erwägen, auf die Beurkundung des schuldrechtlichen Kaufvertrages ganz zu verzichten und dessen damit gegebene schwebende Unwirksamkeit durch Beurkundung des dinglichen Übertragungsaktes zu heilen (§ 15 Abs. 4 GmbHG). Dieser Weg ist allerdings nicht ohne Risiken: Geheilt wird nämlich nur das schuldrechtliche Verpflichtungsgeschäft, soweit es die Übertragung der GmbH-Anteile betrifft.[58] Andere, möglicherweise ebenfalls beurkundungsbedürftige Verpflichtungen bleiben hingegen schwebend unwirksam. Dies gilt etwa für die Vereinbarung von Call-Optionen auf weitere Geschäftsanteile. Bevor der Weg über die Heilung gemäß § 15 Abs. 4 GmbHG beschritten wird, bedarf der Vertrag daher sorgfältiger Analyse in Bezug auf etwa doch darüber hinaus beurkundungsbedürftige Aspekte.

42 • **Zum anderen**, und dies ist der sicherere Weg, besteht die Möglichkeit der Herstellung einer sog. *Bezugsurkunde*. Dabei handelt es sich um ein separates Schriftstück, das ganz normal durch den Notar beurkundet wird, aber mit einer dritten Person (z. B. einem Büromitarbeiter) und nicht den Vertragsparteien selbst als dem Erschienenen, dessen Erklärung beurkundet wird. Dem Notar kann dabei zwar die Mühe des Verlesens nicht erspart werden, wohl aber den Parteien die Mühe des Zuhörens, denn auf die so erstellte Urkunde – etwa mit den erwähnten Listen von Vermögensgegenständen – kann bei der Beurkundung des Hauptvertrages schlicht Bezug genommen werden, unter Verzicht auf die erneute Verlesung (§ 13a Abs. 1 Satz 1 BeurkG). Dieses Verfahren empfiehlt sich auch für den Fall, dass

---

58) *Hueck/Fastrich* in: Baumbach/Hueck, § 15 GmbHG Rz. 36.

eine gesonderte Definitionsvereinbarung abgeschlossen wird, die dadurch gleichsam vor die Klammer gezogen werden kann. Im Übrigen hat sich in der Praxis bewährt, die ansonsten erforderliche stundenlange Verlesung in zwei oder mehr kleinere Einheiten aufzuteilen. Dadurch gewinnt man zugleich zeitliche Flexibilität und erleichtert damit die praktische Abwicklung des Vertragsschlusses, gerade wenn Beteiligte aus dem Ausland anreisen und nur begrenzt Zeit zur Verfügung steht, um den Anforderungen deutscher Formzwänge zu genügen.

3. Auslegung und Sprache
a) Kryptischer Charakter des Common Law of Contracts

Ebenfalls zur Umfänglichkeit amerikanischer Verträge zwischen Unternehmen tragen Besonderheiten des anglo-amerikanischen Vertragsrechts bei. Hier ist zunächst das allgemeine Vertragsrecht des Common Law und insbesondere seine Auslegungsregeln zu nennen.[59] Anders als im kontinentalen und namentlich deutschen Recht hat sich die anglo-amerikanische Praxis der Verträge zwischen Unternehmen in einem Rechtssystem entwickelt, dem es weiten teils an gesetzlich **kodifizierten Regelungen** des dispositiven Rechts fehlt. Die fehlende Möglichkeit der – ausdrücklichen oder stillschweigenden – Bezugnahme auf das positive Recht macht es stärker als im deutschen Recht erforderlich, Verträge möglichst umfassend und **aus sich selbst heraus** verständlich auszuhandeln und zu formulieren. Ferner fehlt es dem anglo-amerikanischen Recht an positiv-rechtlichen Generalklauseln, die in ihrer interpretatorischen Entfaltung durch Rechtsprechung und Literatur dem Autor eines Vertrages die Arbeit erheblich vereinfachen können. Das Bedürfnis der US-amerikanischen Praxis nach autonomen Verträgen ist schon aus diesen Gründen deutlicher ausgeprägt als auf dem Kontinent. Als Beispiele genannt seien etwa umfangreiche Vereinbarungen über Aufrechnung (*set-off*) und Zurückbehaltungsrecht (*right of retention*). Im anglo-amerikanischen Recht bedarf es insoweit komplizierter individualvertraglicher Vereinbarungen, die zumeist prozessualer und nicht materiellrechtlicher Natur sind. In den kontinentalen Rechtsordnungen sind beide Institute hinreichend gesetzlich geregelt, was eine vertragliche Vereinbarung regelmäßig überflüssig macht. Gleiches gilt für die Abtretung (*assignment*), die auf dem Kontinent durchwegs abstrakt und liberal geregelt ist, während mangels klarer positivrechtlicher Bestimmungen im US-amerikanischen Recht ausdrückliche Klauseln üblich sind.

---

59) Näher *Döser*, NJW 2000, 1451, 1452; *Döser*, JuS 2000, 246, 249; *Merkt* in: FS Sandrock, S. 657, 662 f.; *von Westphalen*, ZvglRWiss 102 (2003), 53, 57 ff.; *Kötz* in: FS Heldrich, S. 771, 775.

b) Auslegungsgrundsätze

44 Ferner ist zu beobachten, dass die Vertragsauslegung im anglo-amerikanischen Recht stärker dem Wortlaut verhaftet bleibt als auf dem Kontinent. Soweit der Wortlaut der vertraglichen Vereinbarungen eine klare Bedeutung hat, ist diese Bedeutung maßgebend, gleichviel, was sonstige Kriterien nahe legen *(plain meaning rule)*. Nach der *parol evidence rule* (auch: *four corners rule*) wird ein schriftlicher Vertrag in der Regel als vollständig angesehen. Ergänzender mündlicher Beweis *(parol evidence)* wird zum Nachweis des (zwischen den vier Ecken – *four corners* – des Vertragsdokuments niedergelegten) Vertragsinhalts prinzipiell nicht zugelassen. Ebenso wenig darf die vorvertragliche Korrespondenz der Parteien oder – im Wege des Zeugenbeweises – das i. R. d. Vertragsverhandlungen mündlich Erklärte zur Auslegung herangezogen werden *(entire agreement clause)*. Die Parteien sind daher im Interesse der Rechtsklarheit und -sicherheit gehalten, in den schriftlichen Vertrag sämtliche Regelungen ausführlich, vollständig und unzweideutig aufzunehmen.[60] Im kontinentaleuropäischen Recht ist die vergleichbare Regel viel schwächer ausgebildet.[61]

45 Ein weiterer Grund ergibt sich aus der generellen Neigung von Common Law-Juristen, Vertragsklauseln eng auszulegen. Nach der sog. *ejusdem generis*-Regel werden vertragliche Klauseln, die bestimmte Tatbestände enumerativ auflisten, nur auf solche nicht aufgelisteten Tatbestände erstreckt, die zum Typ bzw. zur Art der genannten Tatbestände gehören. Um diese Regel auszuschalten, verwendet der anglo-amerikanische Kautelarpraktiker bei Aufzählungen stereotyp die Formel „*without affecting the generality of the foregoing*", was nach deutschem Recht mangels entsprechender Auslegungsregel keinen Sinn macht. Im Übrigen geht das Common Law grundsätzlich davon aus, dass die Nichtaufnahme sonstiger Tatbestände von den Parteien beabsichtigt war und diese Absicht zu respektieren ist.[62] Diese restriktive Haltung gegenüber der Anwendung vertraglicher Bestimmungen auf nicht im Vertrag genannte Tatbestände zwingt die Kautelarpraxis bei Enumerationen dazu, alle erdenklichen Tatbestände ausdrücklich aufzunehmen. Das gilt insbesondere für Haftungsfragen. Hier empfiehlt sich aus der Sicht der Common Law-Vertragspraxis, sämtliche Haftungs- bzw. Haftungsausschlusstatbestände minutiös im Vertrag aufzuführen.

c) Juristensprache

46 Der Hang zu Länge und Breite lässt sich bis in die Wahl der Wörter und Begriffe hinein verfolgen. Dabei geht es nicht lediglich um das allgemeine, offenbar

---

60) Für das englische Recht *Guest* in: Chitty on Contracts, § 12-081–§ 12-090; für das US-amerikanische Recht *Jaeger*, Sec. 631 ff.
61) Vgl. *Zweigert/Kötz*, S. 402 ff.; *Kötz*, Europäisches Vertragsrecht, S. 173 ff.
62) Für das englische Recht *Guest* in: Chitty on Contracts, § 12-074–§ 12-076; für das US-amerikanische Recht *American Jurisprudence Second*, Bd. 17A (Contracts), § 368.

B. Phänomenologie

in allen Rechtsordnungen bekannte Phänomen der unschönen, weitschweifigen und hölzernen Juristensprache,[63] sondern um ein Spezifikum des Rechtsenglischen. Jedem im internationalen Recht Tätigen sind Formulierungen wie *„goods and chattels"*, *„fit and proper"* oder *„save and except"* geläufig. Man könnte vermuten, dass diese Redundanzen auf die soeben dargelegten Auslegungsgrundsätze zurückzuführen sind. Die **Dopplung** wäre dann erforderlich, um das Gemeinte sozusagen von allen Seiten zu bezeichnen und damit jeden noch so leisen Zweifel auszuschließen. Doch der wahre Grund für diese Dopplungen wurzelt nicht im Vertragsrecht, sondern in der **frühen Rechtsgeschichte**: Vor der Eroberung Englands durch die Normannen im Jahre 1066 war neben dem Latein die englische Sprache im Rechtsleben vorherrschend. Mit den normannischen Eindringlingen trat die französische Sprache hinzu. Da aber nur die Wenigsten mit beiden (Rechts-) Sprachen hinreichend vertraut waren, entwickelten die mittelalterlichen Juristen jene Dopplungen, deren erste *(goods, fit, save)* dem Englischen und deren zweite *(chattels, proper, except)* dem Französischen entstammt. Bei der Formulierung *„give, devise and bequeath"* stammen die erste und die dritte Bezeichnung aus dem Englischen, die zweite hingegen aus dem Französischen. Auch *„peace and quiet"* verbindet Französisch mit Latein, während *„will and testament"* Englisch mit Latein kombiniert.[64] Die über Jahrhunderte und Kontinente eingefahrene Kautelarpraxis ist allerdings äußerst widerstandsfähig und sieht natürlich keine Veranlassung, sich von diesen unnötigen und in der Masse für den Vertragsumfang durchaus erheblichen Verdopplungen zu trennen.

4. Representations and Warranties

Sodann erklärt sich die Ausführlichkeit speziell von Unternehmenskaufverträgen mit den Eigenheiten des Gewährleistungsrechts. Nach englischem und US-amerikanischem Recht haftet der Unternehmensveräußerer grundsätzlich nicht für Mängel des Unternehmens. Vielmehr ist es Sache des Käufers, beim Kauf auf etwaige Mängel zu achten *(caveat emptor)*. Vor nicht erkannten Mängeln kann sich der Käufer nur durch entsprechende Gewährleistungsvereinbarungen *(representations, warranties)* schützen.[65] Der Käufer ist infolge der *caveat emptor*-Regel darauf angewiesen, dass alle *representations* und *warranties* möglichst eindeutig und vollständig in den Vertrag aufgenommen werden.

---

63) Hier ist aber gerade für die US-amerikanische Praxis ein wachsendes Problembewusstsein festzustellen. So unternimmt die New York State Bar seit einigen Jahren Bemühungen, um in der Anwaltschaft für einen knapperen und verständlicheren Stil zu werben, vgl. die „Writing Clinic" bei *Susan McCloskey*, New York State Bar Journal November 1998, 8 ff.; ferner *Garner*, passim.
64) Ausführlich zum Nebeneinander der drei Rechtssprachen *Mellinkoff*, passim.
65) Näher *Merkt*, BB 1995, 1041; *Merkt*, WiB 1996, 145; speziell für das englische Recht des Unternehmenskaufs *Evans*, ICCLR 1995, 195 und *Kessel*, RIW 1997, 285.

Abstraktionen und Generalisierungen verbieten sich. Dies führt zu umfangreichen Gewährleistungs- und Haftungsklauseln und zu ebenso umfangreichen Vertragsanhängen.

5. Schadensersatz als grundsätzlich einziger Rechtsbehelf

48 Ein weiterer Grund für die Länge amerikanischer Verträge ergibt sich aus dem Grundsatz des Common Law, wonach eine Vertragspartei ihren vertraglichen Erfüllungsanspruch, die sog. *specific performance*, grundsätzlich nicht gerichtlich durchsetzen kann. Gerichtlich durchsetzbar ist nur ein **Schadensersatzanspruch wegen Nichterfüllung**. Lediglich in einzelnen gesetzlich vorgesehenen Fällen oder dann, wenn wegen besonderer Umstände des Einzelfalls Schadensersatz den Interessen der Parteien nicht gerecht würde, wird eine Ausnahme zugelassen. Daher versucht man, im Vertrag so exakt und detailliert wie möglich festzuschreiben und zu beziffern, welcher Schaden im Falle der Nichterfüllung zu ersetzen ist.[66]

6. Vermeidung von Prozessen

49 Eine letzte Ursache für den besonderen Umfang US-amerikanischer Verträge zwischen Unternehmen liegt schließlich im Amerikanischen Prozessrecht. US-amerikanische, aber auch englische Unternehmen scheuen Auseinandersetzungen vor staatlichen Gerichten mehr als Unternehmen auf dem Kontinent. Prozesse gelten im anglo-amerikanischen Bereich als besonders kostspielig, zeitaufwendig und – nicht zuletzt wegen der Jury aus Laien und dem Phänomen des *coaching* von Zeugen – als **unberechenbar**.[67] Durch möglichst präzise, detaillierte und umfassende Verträge, in denen für alle Eventualitäten vorgesorgt wird, sucht man sich vor dem Gang zum Gericht zu schützen oder doch dem Gericht die Hände so weit wie möglich zu binden.[68]

7. Fazit

50 Fasst man diese Beobachtungen zum Charakter der anglo-amerikanischen Vertragspraxis zusammen, so ist der Befund recht eindeutig: Wir haben es mit einer Vertragspraxis zu tun, die gegenüber dem positiven Recht eine relativ autarke Position erlangt hat. Die Vertragspraxis war von Anbeginn an gezwungen, sich aus sich selbst heraus zu entwickeln und aus sich selbst heraus zu leben. Dahinter steht eine Rechtskultur, in der **Individualismus** und **Formalismus** stärker ausgeprägt sind als bei uns. Dabei meint Individualismus, dass die Parteien primär auf ihre eigenen Kräfte vertrauen, dass sie ihr Schicksal selbst in

---

66) *Lundmark*, RIW 2001, 187, 188; *Döser*, JuS 2000, 246, 251.
67) *Langbein*, Am. J. Comp. L. 35 (1987), 381.
68) *Merkt* in: FS Sandrock, S. 657, 661; *Triebel*, RIW 1998, 1, 5; *Kötz* in: FS Heldrich, S. 771, 773.

B. Phänomenologie

die Hand nehmen und den Inhalt ihres Vertrages selbst durch umfassende Vereinbarungen vollständig festlegen. Gerade weil aber die Parteien dem Staat und der Obrigkeit, also auch dem Richter nur eine eingeschränkte Rolle bei der Ermittlung des Vertragsinhalts zubilligen wollen, muss das Vertragsrecht formalistisch sein und **ex-post-Eingriffe** in den Vertrag bei einem späteren Rechtsstreit, etwa im Wege der richterlichen Interpretation oder der ergänzenden Vertragsauslegung, durch enge Auslegungsgrundsätze minimieren.[69] Diese Isolierung des Vertrages gegen externe Einflüsse macht die anglo-amerikanische Vertragspraxis äußerst robust und hilft ihr, auch in einer fremden Umgebung gut zu funktionieren.

III. Zum Verfahren der Vertragsverhandlungen
1. Rolle der Rechtsberater

Die Rolle der Rechtsberater bei der Verhandlung von Unternehmenskaufverträgen verdient besondere Beleuchtung. Mehr noch als bei anderen Verträgen kann die Art und Weise, wie sie diese Rolle wahrnehmen, über Erfolg oder Misserfolg einer Transaktion entscheiden. Mehr noch als bei anderen internationalen Transaktionen haben sie die Verantwortung eines sprachlichen, konzeptionellen und kulturellen Vermittlers. 51

Im sprachlichen Bereich liegt dies auf der Hand. Die international dominierende Verhandlungs- und Vertragssprache Englisch wird sehr häufig auch beim internationalen Unternehmenskauf mit deutscher Beteiligung verwandt. Selbst bei einem gut Englisch sprechenden deutschen Mandanten wird der beratende Anwalt dabei regelmäßig die Aufgabe haben, über das reine Vokabelverständnis hinaus auf die dahinterstehenden, oft von unseren Begriffen stark **abweichenden Vorstellungen** hinzuweisen, etwa wenn Allerweltsbegriffe wie *guarantee* oder *mortgage* verwendet werden, die jeder zu verstehen glaubt, ohne darauf zu achten, dass sie im technischen Gebrauch ganz andere Bedeutungen transportieren als ihre scheinbaren deutschsprachigen Äquivalente. 52

Hier berührt sich die sprachliche Vermittlerfunktion mit der konzeptionellen. Damit ist die Aufgabe gemeint, den Beteiligten aus unterschiedlichen Rechtssystemen klarzumachen, wo das ihnen jeweils fremde System Besonderheiten aufweist, die für die Transaktion von großer Bedeutung sein könnten, ohne dass die übrigen Beteiligten sich dessen immer bewusst sind. Beispiele aus dem deutschen Recht, die bei ausländischen Vertragsparteien oder ihren ausländischen Rechtsberatern immer wieder zu Erstaunen oder Verwunderung führen, sind das Abstraktionsprinzip, die unabhängige Stellung des Vorstandes der Aktiengesellschaft oder die nur sehr unvollkommen beschränkbare Vertretungsmacht des GmbH-Geschäftsführers. Wer es versäumt, seinen ausländischen 53

---

69) *Kötz* in: FS Heldrich, S. 771, 776; *Lundmark*, RIW 2001, 187, 191.

§ 3 Anglo-Amerikanisierung der Vertragspraxis

Mandanten im Zuge von Vertragsverhandlungen auf derartige Besonderheiten hinzuweisen, mögen sie ihm selbst auch noch so normal und selbstverständlich vorkommen, darf sich über Haftpflichtfolgen nicht wundern. Hier ist ein hohes Maß an Sensibilität für die Unterschiede der rechtlichen Systeme und Gepflogenheiten gefordert.

54 Am wichtigsten ist die Funktion des juristischen Beraters beim internationalen Unternehmenskauf aber vielleicht in einem Bereich, der zwar keine Haftpflichtfolgen, dafür aber um so schwerwiegendere Konsequenzen für den Unternehmenskauf selbst nach sich ziehen kann. Erfahrungsgemäß erweisen sich internationale Akquisitionen häufig nicht deshalb als Fehlschlag, weil die wirtschaftlichen Erwartungen der Beteiligten unrealistisch waren, sondern weil **kulturelle Missverständnisse** zu Fehlern bei der Führung des erworbenen Unternehmens durch den ausländischen Käufer oder beim Umgang der Unternehmensleitung mit der neuen ausländischen Muttergesellschaft und damit letztlich zum Scheitern aller Integrationsbemühungen führen. Noch mehr Unternehmenskäufe dürften freilich schon im Vorfeld scheitern, weil sich bereits während der Verhandlungen kulturelle Unterschiede ergeben, die unüberbrückbar zu sein scheinen. Ein deutscher Mittelständler, der sich etwa den Anforderungen eines ausländischen Käufers nach wirtschaftlichem, rechtlichem und finanziellem Striptease i. R. d. Due Diligence ausgesetzt und mit Vertragsentwürfen von Brockhaus-Stärke konfrontiert sieht, die er schon in ihrer Systematik gar nicht versteht, wird nicht selten kopfscheu werden und lieber auf eine vielleicht sogar lukrative Transaktion verzichten, als sich mit derlei fremden Dingen auseinanderzusetzen.

55 In einer solchen Situation sollte es der rechtliche Berater zu seinen Aufgaben zählen, auf beiden Seiten für Verständnis zu werben, die Gründe für die unterschiedlichen Vorstellungswelten plausibel zu machen und insgesamt die Verhandlungsphase auch als **Lern- und Gewöhnungsprozess** für die Parteien zu nutzen. Gewiss ist es besser, wenn ein Unternehmenskauf schon in diesem Zeitpunkt an wirklich unüberbrückbaren kulturellen Unterschieden scheitert, so es die denn gibt, als dass diese Unterschiede erst später auftreten, wenn die Folgen eines Scheiterns katastrophale Ausmaße annehmen. Noch besser aber ist es naturgemäß, ein Scheitern überhaupt zu vermeiden und einer Transaktion, jedenfalls wenn sie wirtschaftlich sinnvoll erscheint, durch kulturelle Vermittlerdienste zum Erfolg zu verhelfen.

56 Konkret bedeutet dies z. B., einen deutschen Mandanten intensiv auf die juristischen Anforderungen vorzubereiten, mit denen er konfrontiert werden wird, ihm die Gründe für das unterschiedliche Vorgehen, den unterschiedlichen Vertragsduktus zu erläutern, ihm Wege zur Verminderung der damit verbundenen Risiken zu zeigen. Für den deutschen Berater eines ausländischen Käufers wird es umgekehrt darauf ankommen, den Mandanten mit den ganz anderen Gegebenheiten des deutschen Rechts vertraut zu machen, aus unserer Sicht über-

B. Phänomenologie

flüssiges Beiwerk aus Vertragsentwürfen zu entfernen, Anforderungslisten für die Due Diligence auf das wirklich erforderliche Maß zu reduzieren.

Dies ist keine bequeme, aber eine reizvolle und verantwortungsvolle Aufgabe. Sie wahrzunehmen erfordert Kenntnisse der jeweils anderen Rechtsnatur und -praxis ebenso wie Einfühlungsvermögen in die psychologischen Gegebenheiten auf beiden Seiten. Im Folgenden wird auf diese Problematik an konkreten Einzelpunkten immer wieder einzugehen sein. 57

2. Zusammenarbeit mit ausländischen Juristen

Dabei trifft der deutsche Jurist, sei es, dass er die deutsche, sei es dass er die ausländische Vertragspartei berät, regelmäßig auf einen ausländischen Berufskollegen als Gegenüber oder als Mitstreiter auf der eigenen Seite. Ausländische Unternehmen, insbesondere amerikanische und britische, sind sehr viel stärker als deutsche geneigt, ihre heimatlichen Rechtsberater auch in internationale Transaktionen einzubeziehen, ungeachtet der Tatsache, dass sie von dem dabei letztlich zur Anwendung kommenden ausländischen Recht nichts verstehen. Aus der Sicht dieser Unternehmen sind rechtlich geschulter Common Sense und breite Erfahrung nicht weniger wichtig als technische Kenntnisse eines bestimmten Rechtssystems. In solcher Situation kommt es auf die eben angesprochene **Vermittlerfunktion** des deutschen Juristen genauso an wie gegenüber der ausländischen Vertragspartei selbst, nicht zuletzt, weil die Erfahrungen ausländischer Kollegen oftmals allein auf nationalen Transaktionen beruhen und ihre Vorstellungswelt ausschließlich von der eigenen Rechtskultur geprägt ist. 58

Die Zusammenarbeit mit ausländischen Anwälten beim Unternehmenskauf stellt aber auch im Übrigen besondere Anforderungen, denen etwa ein traditionelles deutsches Anwaltsbüro nicht ohne weiteres gewachsen ist. Diese Tatsache hat ganz wesentlich zu den dramatischen Veränderungen beigetragen, die während der letzten Jahre innerhalb der deutschen Anwaltschaft zu beobachten waren. Das betrifft relativ vordergründige Dinge wie Personalstärke und Spezialisierung – es dürfte heute auch für deutsche Anwälte, die in diesem Marktsegment tätig sind, eine Selbstverständlichkeit sein, dass das traditionelle Leitbild des Anwalts, der alles kann und alles weiß, ausgedient hat, auch wenn es weiterhin in der BGH-Rechtsprechung zur Berufshaftpflicht zu finden ist. Es betrifft aber, sehr viel weitergehend, auch die Übernahme einer ganz anderen, in Deutschland immer noch nicht überall akzeptierten **Beratungskultur**. Während es in den USA und in Großbritannien selbstverständlich ist, dass Juristen von Anfang an zum Verhandlungsteam für einen Unternehmenskauf gehören, wird die Beteiligung von Juristen in Deutschland sogar häufig bewusst auf einen möglichst späten Zeitpunkt zurückgedrängt, aus vordergründigen Kostenüberlegungen oder aus Furcht vor der angeblich destruktiven Rolle, die Juristen bei kaufmännischen Vertragsverhandlungen spielen. So falsch dies in seiner 59

Allgemeinheit ist – zu einem Gutteil haben es sich die deutschen Juristen sicherlich selbst zuzuschreiben, wenn Kaufleute, immerhin ihre Auftraggeber, so über sie denken. Auch die sehr viel stärkere Rolle der **Rechtsabteilungen** in Deutschland spielt in diesem Zusammenhang eine Rolle: Während etwa in den USA die Funktion des General Counsel häufig darauf beschränkt ist, den außen stehenden Berater auszuwählen und sein primärer Ansprechpartner zu sein, haben deutsche Rechtsabteilungen nicht selten den Ehrgeiz – oder werden von der Unternehmensleitung aus Kostengründen gedrängt –, eine Transaktion weitgehend selbst durchzuführen und außen stehende Berater allenfalls zu Spezialfragen oder zum abschließenden „*Darüberschauen*" hinzuzuziehen, letzteres eine besonders undankbare Aufgabe.

60 Inzwischen sind zahlreiche deutsche Anwälte selbst Mitglieder international tätiger, meist englisch oder amerikanisch geprägter Anwaltskanzleien, deren in der Heimat gepflegte Arbeitsweise auch das Leben ihrer deutschen Büros bestimmt. Anwälte in den verbliebenen rein deutschen Spitzenkanzleien müssen sich diesen Verhaltensweisen anpassen, um wettbewerbsfähig zu bleiben. Dies beginnt mit den Arbeitszeiten und der Verfügbarkeit auch außerhalb der normalen Bürozeit oder gar einer 35-Stunden-Woche. Für einen englischen oder amerikanischen Anwalt ist es eine Selbstverständlichkeit, von Anfang an private Telefonnummern auszutauschen und – den tatsächlichen oder auch nur scheinbaren Anforderungen einer Transaktion entsprechend – auch spät abends oder am Wochenende zur Verfügung zu stehen; die bei internationalen Verhandlungen häufig zu berücksichtigenden Unterschiede der Zeitzonen tun ein Übriges, die Arbeitszeiten auszudehnen. Dabei mag mancher Zeitdruck und manches nächtliche Konferenzgespräch unnötig und übertrieben sein, aber darauf kommt es für den Erfolg der Zusammenarbeit nicht an. Entscheidend ist, ob der deutsche Anwalt dem **Erwartungshorizont** gerecht wird, nicht, ob dieser Erwartungshorizont objektiv gerechtfertigt ist.

61 Dasselbe gilt für schlichte Personalstärke. Ein einziger erfahrener deutscher Anwalt mag erheblich produktiver sein als ein halbes Dutzend Berufsanfänger, die eine englische Großkanzlei oder deren deutscher Ableger auf eine Transaktion ansetzt; der Papierflut, die ein solches Team auf ihn loslässt, wird er gleichwohl nicht gewachsen sein. **Personelle Verstärkung** und **Teamarbeit** sind daher Stichworte, denen jeder an internationalen Unternehmenstransaktionen beteiligte deutsche Anwalt sich stellen muss. Dass die international tätigen deutschen Anwälte dies erkannt haben, zeigen die vielen nationalen und transnationalen Fusionen von Anwaltskanzleien seit Ende der 80er Jahre des vorigen Jahrhunderts.

62 Der damit verbundene Wandel betrifft insbesondere die Zahl und die Rolle der angestellten Rechtsanwälte. Die auf dem Gebiet internationaler Unternehmenstransaktionen tätigen Kanzleien haben verstanden, dass es unsinnig ist, hoch qualifizierte und teure Partner mit Aufgaben zu betrauen, die in anderen

B. Phänomenologie

Ländern von Angestellten, womöglich gar „Halbjuristen" (*paralegals*) erledigt werden. Zugleich wächst die Bereitschaft, auch angestellte Rechtsanwälte eigenverantwortlich eine Transaktion oder einzelne ihrer Aspekte bearbeiten zu lassen. Die Herausforderung besteht freilich darin, dafür zu sorgen, dass die Qualität der Arbeit unter einer solchen Verlagerung nicht leidet.

Deutlich dazu gelernt haben die deutschen Anwälte mittlerweile in punkto Spezialisierung. Herrschte noch vor wenigen Jahren der Typus des Allround-Kämpfers vor, der eigenhändig nicht nur den Unternehmenskaufvertrag aushandelte, Geschäftsführerdienstverträge entwarf und Markenanmeldungen vornahm, sondern auch noch die kartell- und steuerrechtlichen Folgen des Unternehmenskaufs bearbeitete, so ist heute – insbesondere unter jüngeren Anwälten – die Beschränkung auf einige mehr oder weniger begrenzte **Spezialgebiete** zur Selbstverständlichkeit geworden. Parallel dazu hat sich die Bereitschaft zur Teamarbeit verstärkt, wie sie von ausländischen Mandanten ganz selbstverständlich erwartet wird. Aber auch bei deutschen Mandanten hat hier längst ein Prozess des Umdenkens eingesetzt; an die Stelle der früher oft zu hörenden Besorgnis, man werde als Mandant von einem Anwalt zum nächsten weitergereicht und habe keinen verlässlichen Ansprechpartner innerhalb der Kanzlei mehr, ist der Wunsch getreten, sich auf jedem einzelnen Rechtsgebiet des besten verfügbaren Sachverstandes zu bedienen. 63

Eine Voraussetzung für diese insgesamt positivere Grundeinstellung bleibt allerdings, dass die deutschen Anwälte es mit der Spezialisierung auch nicht übertreiben und die Auswüchse vermeiden, die in manchen anderen Ländern zu beobachten sind. Wenn die Abstimmung zwischen den einzelnen Spezialisten zu zeitaufwendig wird, geht der ursprünglich mit der Spezialisierung verbundene Effizienzgewinn wieder verloren; auch unter Kostengesichtspunkten ist eine kritische Selbstkontrolle erforderlich: Wenn etwa zu jeder Besprechung gleich ein ganzes Team von Anwälten anrücken muss, weil jeder nur einen kleinen Teilaspekt der Transaktion beurteilen kann, wiegen die sich hier summierenden Stundensätze den Vorteil der höheren Sachkenntnis schnell auf. Es gehört wiederum zu den anwaltlichen Vermittlungsaufgaben, dies dem ausländischen Kollegen oder Mandanten klarzumachen. 64

Weniger Erklärungsbedarf gibt es für deutsche Anwälte in den letzten Jahren bei der Höhe ihrer **Stundensätze**. Bedingt durch die rasche Verteuerung anwaltlicher Dienstleistungen in Großbritannien und den USA sind deutsche Anwälte im internationalen Vergleich noch immer vergleichsweise günstig. Es bleibt abzuwarten, ob sich hier unter dem Einfluss der inzwischen in Deutschland tätigen internationalen Kanzleien ein Anpassungsprozess ergibt. Dass übrigens für Dienstleistungen im Zusammenhang mit einem Unternehmenskauf die Abrechnung nach dem RVG-System der wertbezogenen Gebühren nicht in Betracht kommt, dürfte selbstverständlich sein. 65

66 In diesem Zusammenhang sei auch der **Abrechnungsrhythmus** angesprochen. Deutsche Anwälte sind es vielfach gewohnt, erst am Schluss einer Transaktion über alle von ihnen erbrachten Leistungen abzurechnen. Die Gepflogenheiten im Ausland gehen hingegen zu einer regelmäßigen, meist **monatlichen** oder vierteljährlichen Abrechnung anhand der jeweils aufgewandten Zeit. Dies erleichtert es dem Auftraggeber, die Kosten unter Kontrolle zu halten und die Effizienz der anwaltlichen Tätigkeit zu beurteilen. Umgekehrt wird es dem Anwalt so leichter fallen, die Höhe seiner Abrechnungen zu rechtfertigen und den Arbeitsaufwand zeitnah zu begründen. Ein verlässliches, leicht zu handhabendes Zeiterfassungssystem ist daher von wesentlicher Bedeutung für die reibungslose Zusammenarbeit mit ausländischen Anwälten.

Kapitel 2 Internationales Privatrecht des internationalen Unternehmenskaufs

§ 4 Bestimmung des Vertragsstatuts

Übersicht

A. Einführung ... 1	b) Ausschluss des Internationalen Privatrechts? ... 61
B. Einheitskaufrecht ... 10	c) Formulierungsvorschläge ... 69
I. Share Deal ... 11	4. Rechtswahlklauseln in fremder Sprache ... 71
II. Asset Deal ... 15	a) Allgemeines ... 71
1. Gesonderte Verträge ... 16	b) Rechtswahlklauseln in englischer Sprache ... 73
2. Einheitlicher Vertrag ... 17	c) Auslegungsklauseln (Construction Clauses) ... 75
3. Rechtswahl ... 24	
III. Praktische Hinweise ... 28	
C. Internationales Schuldvertragsrecht ... 33	
I. Share Deal ... 33	5. Staaten mit gespaltenem Privatrecht ... 80
1. Grundsatz ... 33	6. Auslandsberührung ... 82
2. Einfluss des Art. 1 Abs. 2 Rom I-VO ... 37	7. Wahl eines neutralen Rechts ... 86
3. Trennung von Verpflichtungs- und Verfügungsgeschäft ... 40	8. Wahl außerstaatlichen Rechts, Versteinerungsklauseln ... 92
II. Asset Deal ... 41	9. Teilweise Rechtswahl ... 97
1. Grundsatz ... 41	10. Nachträgliche Rechtswahl, Rechtswahl im Prozess ... 101
2. Einfluss des Art. 1 Abs. 2 lit. d Rom I-VO ... 43	III. Stillschweigende Rechtswahl ... 104
3. Trennung vom Verpflichtungs- und Verfügungsgeschäft ... 44	E. Fehlende Rechtswahl ... 111
D. Rechtswahl ... 45	I. Einleitung ... 111
I. Bedeutung ... 46	II. Share Deal ... 114
II. Ausdrückliche Rechtswahl ... 50	1. Grundsatz ... 114
1. Grundsatz ... 50	2. Anteilstausch ... 117
2. Kriterien für die Rechtswahl ... 54	III. Asset Deal ... 122
3. Rechtswahlklausel ... 57	1. Grundsatz ... 122
a) Allgemeines ... 57	2. Forderungen ... 124
	3. Immobiliarsachenrechte ... 127
	IV. Ausweichklausel ... 129
	F. Sachnormverweisung ... 133

Literatur: *Campos Nave/Steckenborn*, Die Rom I-Verordnung, NWB 2009, 3430; *von Caemmerer/Schlechtriem*, Kommentar zum Einheitlichen UN-Kaufrecht, 1990 (zit.: *Bearbeiter* in: von Caemmerer/Schlechtriem); *Clausnitzer/Woopen*, Internationale Vertragsgestaltung – Die neue EG-Verordnung für grenzüberschreitende Verträge (Rom I-VO), BB 2008, 1798; *Diedrich*, Rechtswahlfreiheit und Vertragsstatut – eine Zwischenbilanz angesichts der ROM I-Verordnung, RIW 2009, 378; *Ebenroth/Wilken*, Kollisionsrechtliche Einordnung transnationaler Unternehmensübernahmen, ZVglRWiss 90

(1991), 235; *Eschelbach*, Das Internationale Gesellschaftsrecht in der notariellen Praxis, MittRhNotK 1993, 173; *Ferrari/Kieninger/Mankowski/Otte/Saenger/Staudinger*, Internationales Vertragsrecht, 2007 (zit.: *Bearbeiter* in: Internationales Vertragsrecht); *Ferrari*, Specific Topics of the CISG in the Light of Judicial Application and Scholarly Writing, 1995; *Fikentscher*, Probleme des internationalen Gesellschaftsrechts, MDR 1957, 71; *Fischer/Fischer*, Spanisches Handels- und Wirtschaftsrecht, 2. Auflage 1995; *Flessner*, Die internationale Forderungsabtretung nach der Rom I-Verordnung, IPRax 2009, 35; *Garro/Zuppi*, Compraventa internacional de mercaderías, 1990; *Göthel*, Internationales Vertragsrecht der USA, ZVglRWiss 99 (2000), 338; *Göthel*, Joint Ventures im Internationalen Privatrecht – Ein Vergleich der Rechte Deutschlands und der USA, 1999 (zit.: Joint Ventures); *Hazen*, The Law of Securities Regulation, überarbeitete 5. Auflage St. Paul 2006; *Honnold*, Uniform Law for International Sales under the 1980 United Nations Convention, 4. Auflage 2009; *Hopt*, Emission, Prospekthaftung und Anleihetreuhand im internationalen Recht, in: Festschrift W. Lorenz, 1991, S. 413; *Huber/Mullis*, The CISG – A new textbook for students and practitioners, 2007 (zit.: *Bearbeiter* in: Huber/Mullis); *Jayme*, Forum non conveniens und anwendbares Recht, IPRax 1984, 303; *Kadner Graziano*, Das auf außervertragliche Schuldverhältnisse anzuwendende Recht nach Inkrafttreten der Rom II-Verordnung, RabelsZ 73 (2009), 1; *Karollus*, UN-Kaufrecht, 1991; *Kondring*, Nichtstaatliches Recht als Vertragsstatut vor staatlichen Gerichten, oder: Privatkodifikationen in der Abseitsfalle? Anm. zu BGer. v. 20.12.2005 – 4C.1/2005, IPRax 2007, 241; *Kreuzer*, Zur Anknüpfung der Sachwalterhaftung, IPRax 1988, 16; *Leible/Lehmann*, Die Verordnung über das auf vertragliche Schuldverhältnisse anzuwendende Recht („Rom I"), RIW 2008, 528; *E. Lorenz*, Die Auslegung schlüssiger und ausdrücklicher Rechtswahlerklärungen im internationalen Schuldvertragsrecht, RIW 1992, 697; *W. Lorenz*, Internationaler Filmverleih – Forum Selection, Choice of Law, Unconscionability, IPRax 1989, 22; *W. Lorenz*, Vom alten zum neuen internationalen Schuldvertragsrecht, IPRax 1987, 269; *Lüderitz*, Wechsel der Anknüpfung bei bestehendem Schuldvertrag, in: Festschrift Keller, 1989, S. 459; *Magnus*, Die Rom I-Verordnung, IPRax 2010, 27; *Magold*, Die Parteiautonomie im internationalen und interlokalen Vertragsrecht der Vereinigten Staaten von Amerika, 1987; *Mallmann*, Rechtswahlklauseln unter Ausschluss des IPR, NJW 2008, 2953; *Mankowski*, Die Rom I-Verordnung – Änderungen im europäischen IPR für Schuldverträge, IHR 2008, 133; *Mankowski*, Überlegungen zur sach- und interessengerechten Rechtswahl für Verträge des internationalen Wirtschaftsverkehrs, RIW 2003, 2; *Mansel*, Kollisions- und zuständigkeitsrechtlicher Gleichlauf der vertraglichen und deliktischen Haftung, ZVglRWiss 86 (1987), 1; *Martiny*, Neues deutsches internationales Vertragsrecht, RIW 2009, 737; *Martiny*, Europäisches Internationales Vertragsrecht in Erwartung der Rom I-Verordnung, ZEuP 2008, 79; *Mengel*, Erhöhter völkerrechtlicher Schutz durch Stabilisierungsklauseln in Investitionsverträgen zwischen Drittstaaten und privaten Investoren, RIW 1983, 739; *Merkt*, Internationaler Unternehmenskauf durch Beteiligungskauf, in: Festgabe Sandrock, 1995, S. 135; *Merkt*, Internationaler Unternehmenskauf durch Erwerb der Wirtschaftsgüter, RIW 1995, 533; *Merkt*, Internationaler Unternehmenskauf und Einheitskaufrecht, ZVglRWiss 93 (1994), 353; *Merkt*, Investitionsschutz durch Stabilisierungsklauseln, 1990 (zit.: Investitionsschutz); *Mertens/Rehbinder*, Internationales Kaufrecht – Kommentar zu den Einheitlichen Kaufgesetzen, 1975; *Meyer-Sparenberg*, Internationalprivatrechtliche Probleme bei Unternehmenskäufen, WiB 1995, 849; *Niggemann*, Eingriffsnormen auf dem Vormarsch, IPRax 2009, 444; *Niggemann*, Gestaltungsformen und Rechtsfragen bei Gegengeschäften, RIW 1987, 169; *Oschmann*, Calvo-Doktrin und Calvo-Klauseln, 1993; *Pfeiffer*, Neues Internationales Vertragsrecht – Zur Rom I-Verordnung, EuZW 2008, 622; *Picot/Land*, Der internationale Unternehmenskauf, DB 1998, 1601; *Piltz*, Neue Entwicklungen im UN-Kaufrecht, NJW 2009, 2258; *Piltz*, Internationales Kaufrecht, 2. Auflage 2008; *Piltz*, Der Anwendungsbereich des UN-Kaufrechts, AnwBl. 1991, 57; *Prinzing*, Internationale Gerichtsstandsvereinbarung nach § 38 ZPO (Anm. zu OLG Bamberg, Urt. v. 22.9.1988 – 1 U 302/87), IPRax 1990, 83; *Rehbinder*, Urheberrecht, 15. Auflage 2008; *Reinhart*, UN-Kaufrecht, Kommentar, 1991; *Reinhart*, Zur nachträglichen Ände-

A. Einführung

rung des Vertragsstatuts nach Art. 27 Abs. 2 EGBGB durch Parteivereinbarung im Prozeß (Anm. zu OLG Köln, Urt. v. 22.2.1994 – 22 U 202/93), IPRax 1995, 365; *Rugullis*, Die Rechtswahl nach Art. 27 Abs. 1 EGBGB – Sachnorm- oder Gesamtverweisung?, ZVglRWiss 106 (2007), 217; *Salger*, Governing Law, Jurisdiction and Arbitration, in: Droste, Mergers & Acquisitions in Germany, 1995, S. 313; *Sandrock*, „Versteinerungsklauseln" in Rechtswahlvereinbarungen für internationale Handelsverträge, in: Festschrift Riesenfeld, 1983, S. 211; *Schack*, Rechtswahl im Prozeß?, NJW 1984, 2736; *Schlechtriem*, Einheitliches Kaufrecht und nationales Obligationenrecht, 1987 (zit.: *Bearbeiter* in: Schlechtriem); *Schlechtriem*, Einheitliches UN-Kaufrecht, 1981 (zit.: Einheitliches UN-Kaufrecht); *Schlechtriem/Schwenzer*, Kommentar zum Einheitlichen UN-Kaufrecht, 5. Auflage, 2008 (zit.: Bearbeiter in: Schlechtriem/Schwenzer); *Schmyder*, Kollisionsrechtliche Fragen zu (grenzüberschreitenden) Übernahmen, in: Centre d´études juridiques européennes de la Faculté de droit de Genève (CEJE), Erwerb von Beteiligungen am Beispiel der öffentlichen Übernahmeangebote: Kolloquium, Lausanne 1990, S. 624; *Schröder*, Vom Sinn der Verweisung im internationalen Schuldvertragsrecht, IPRax 1987, 90; *Schröder*, Auslegung und Rechtswahl, IPRax 1985, 131; *Siehr*, Vertrauensschutz im IPR, in: Festschrift Canaris, Band II, 2007, S. 815; *Siehr*, Die Parteiautonomie im Internationalen Privatrecht, in: Festschrift Keller, 1989, S. 484; *Spellenberg*, Atypischer Grundstücksvertrag, Teilrechtswahl und nicht ausgeübte Vollmacht (zu OLG München, 10.3.1988 – 24 U 474/87), IPRax 1990, 295; *Stadler*, Grundzüge des Internationalen Vertragsrechts, Jura 1997, 505; *Steinle*, Konkludente Rechtswahl und objektive Anknüpfung nach altem und neuem deutschen Internationalen Vertragsrecht, ZVglRWiss 93 (1994), 300; *Stoll*, Vereinbarungen zwischen Staat und ausländischem Investor, 1982; *Stötter*, Internationales Einheitskaufrecht, 1975; *Thorn*, Entwicklungen des Internationalen Privatrechts 2000-2001, IPRax 2002, 349; *Triebel/Petzold*, Grenzen der lex mercatoria in der internationalen Schiedsgerichtsbarkeit, RIW 1988, 245; *Vida*, Keine Anwendung des UN-Kaufrechtsübereinkommens bei Übertragung des Geschäftsanteils einer GmbH (zu SchiedsG bei der Ungarischen Wirtschaftskammer, Schiedsspruch v. 20.12.1993 – Az Vb 92205 -), IPRax 1995, 52; *Wagner*, Der Grundsatz der Rechtswahl und das mangels Rechtswahl anwendbare Recht (Rom I-Verordnung), IPRax 2008, 377.

A. Einführung

Ausgangspunkt für die Vertragsgestaltung im Bereich des internationalen Unternehmenskaufs ist die **Bestimmung des Rechts**, dem der Vertrag unterliegt. Denn diesem Recht sind für sämtliche im Vertrag nicht geregelten Punkte die maßgeblichen Bestimmungen zu entnehmen. Und die Praxis zeigt, dass Parteien auch bei großer Sorgfalt in der Phase der Vertragsformulierung oftmals Detailfragen ungeregelt lassen, sei es, weil der Bedarf an einer entsprechenden Vereinbarung unterschätzt oder schlicht übersehen wurde, sei es, weil eine Einigung nicht oder nur unter unverhältnismäßigem Aufwand möglich gewesen wäre. 1

Aber auch dann, wenn die Parteien ihren Vertrag durch ausführliche und möglichst lückenlose Regelungen vom anwendbaren Recht unabhängig machen wollen, sollte die Frage nach dem maßgeblichen Recht entgegen einer in der Vertragspraxis bisweilen zu beobachtenden Neigung[1] nicht vernachlässigt werden. Denn nur anhand des maßgeblichen Rechts lässt sich hinreichend klar 2

---

1) Darauf verweist zutreffend *Meyer-Sparenberg*, WiB 1995, 849, 850.

erkennen, inwieweit das Vertragsrecht **dispositiv** oder **zwingend** ist und welche Bestimmungen außerhalb des Vertragsrechts auf den Vertrag einwirken. Erst das maßgebliche Vertragsrecht zeigt also, welchen Gestaltungsspielraum die Parteien haben, welche Punkte vertraglich zu regeln sind oder überhaupt geregelt werden können und welchen Umfang und Inhalt die Regelung haben kann oder sollte. Wer die Augen vor der Frage nach dem maßgeblichen Recht verschließt, läuft also Gefahr, dass die Gesamtkalkulation, die sich regelmäßig an einer Vielzahl von Vertragsklauseln orientiert, außer Kontrolle gerät.

3 Die Frage, welches nationale Privatrecht für einen bestimmten Unternehmenskauf maßgeblich ist, beantwortet sich nach den Bestimmungen des **Internationalen Privatrechts (IPR)**. Es wird wegen seiner Funktion, Kollisionen von Privatrechtsnormen zu lösen, auch Kollisionsrecht genannt. Allerdings sind die Normen des Internationalen Privatrechts (sog. *Kollisionsnormen* oder *Kollisionsregeln*) entgegen der leicht irreführenden Bezeichnung grundsätzlich kein internationales oder supranationales Recht.[2] Vielmehr kennt grundsätzlich jede nationale Privatrechtsordnung ihr eigenes Internationales Privatrecht. Kollisionsrecht ist also regelmäßig nationales oder staatliches, von Land zu Land verschiedenes Recht.

4 Im deutschen Recht war das Internationale Privatrecht bis zur Einführung der europäischen Rom-Verordnungen – soweit gesetzlich geregelt – im Wesentlichen in den Vorschriften des Einführungsgesetzes zum BGB (EGBGB) verankert.[3] Die besonderen Vorschriften des Internationalen Vertragsrechts (Art. 27–37 EGBGB a. F.) waren auf europäischer Ebene allerdings bereits stark vereinheitlicht, weil sie auf dem **EG-Übereinkommen** über das auf vertragliche Schuldverhältnisse anzuwendende Recht vom 19.6.1980 (EVÜ) beruhten.[4]

---

[2] *Campos Nave/Steckenborn*, NWB 2009, 3430.
[3] *Merkt* in: FG Sandrock, S. 135; für eine Synopse von Rom I-VO/Rom II-VO/EGBGB s. *Kindler*, IPR des Wirtschaftsverkehrs, S. 347 ff. sowie für eine Synopse Rom I-VO/EVÜ/EGBGB *Clausnitzer/Woopen*, BB 2008, 1798, 1807 f.
[4] Römisches EWG-Übereinkommen über das auf vertragliche Schuldverhältnisse anzuwendende Recht v. 19.6.1980, ABl Nr. L 266/1; ausführlich zum EVÜ *Martiny* in: Reithmann/Martiny, Rz. 4 ff.; das Übereinkommen wurde umgesetzt durch das Gesetz zur Neuregelung des internationalen Privatrechts v. 25.7.1986 mit Wirkung zum 1.9.1986, BGBl II, 809.

A. Einführung

Nunmehr ist das Internationale Vertragsrecht seit dem 17.12.2009 durch die 5
Rom I-Verordnung weiter harmonisiert worden.[5] Im Rahmen ihres Anwendungsbereichs hat die Verordnung das nationale Kollisionsrecht ersetzt, sodass die vormals einschlägigen Regelungen (Art. 27–37 EGBGB) entfallen sind.[6] Einer Transformation in das nationale Recht bedurfte die Rom I-Verordnung hierzu nicht, weil sie als europäische Verordnung im Geltungsbereich der Mitgliedstaaten direkt anwendbar ist.[7] Die Rom I-Verordnung trat in den Mitgliedstaaten ohne weiteres grundsätzlich an die Stelle des EVÜ (Art. 24 Rom I-VO).[8] Folgerichtig hat der deutsche Gesetzgeber das nationale Kollisionsrecht, insbesondere durch die Aufhebung der Art. 27–37 EGBGB, an die neue Rechtslage angepasst.[9] Auch das Kollisionsrecht im Bereich der außervertraglichen Schuldverhältnisse ist nunmehr seit dem Jahre 2009 weitgehend vereinheitlicht, und zwar durch die Rom II-Verordnung.[10] Diese Verordnung ist allerdings für den Unternehmenskauf von untergeordneter Bedeutung.

Da jedes nationale Recht also grundsätzlich über ein eigenes Internationales 6
Privatrecht verfügt, stellt sich bei der Frage nach dem anzuwendenden Recht zwangsläufig die vorgeschaltete Frage, nach welchem Internationalen Privatrecht das maßgebliche materielle Recht bestimmt werden muss, mit anderen Worten: ob für den deutsch-US-amerikanischen Unternehmenskauf das maßgebliche materielle Recht nach deutschem oder US-amerikanischem Internationalem Privatrecht (oder einem dritten Internationalen Privatrecht) zu bestimmen ist. Wird ein staatliches Gericht mit der Frage nach dem anzuwendenden Kollisionsrecht i. R. eines konkreten Streitfalls befasst, fällt die Ant-

---

5) Verordnung (EG) Nr. 593/2008 des Europäischen Parlamentes und des Rates v. 17.6.2008 über das auf vertragliche Schuldverhältnisse anzuwendende Recht (Rom I), ABl. EU Nr. L 177/6 v. 4.7.2008; zur Entstehung der Rom I-VO *Martiny* in: Reithmann/Martiny, Rz. 35; *Martiny* in: MünchKomm-BGB, Vor Art. 1 Rom I-VO Rz. 12 ff.; *Martiny*, ZEuP 2008, 79; *Magnus*, IPRax 2010, 27; *Leible/Lehmann*, RIW 2008, 528 f.; auch *Brödermann/Wegen* in: Prütting/Wegen/Weinreich, Vor IntSchVR Rz. 1 ff.; *Campos Nave/Steckenborn*, NWB 2009, 3430; *Clausnitzer/Woopen*, BB 2008, 1798; *Pfeiffer*, EuZW 2008, 622; *Mankowski*, IHR 2008, 133; *Wagner*, IPRax 2008, 377 f.
6) *Martiny*, RIW 2009, 737, 740; *Pfeiffer*, EuZW 2008, 622; *Campos Nave/Steckenborn*, NWB 2009, 3430, 3432.
7) *Magnus*, IPRax 2010, 27, 28; *Martiny*, RIW 2009, 737, 740; *Pfeiffer*, EuZW 2008, 622; *Clausnitzer/Woopen*, BB 2008, 1798.
8) *Magnus*, IPRax 2010, 27, 30; *Martiny*, RIW 2009, 737, 738 f.; *Clausnitzer/Woopen*, BB 2008, 1798, 1807; *Diedrich*, RIW 2009, 378 f.
9) Gesetz zur Anpassung der Vorschriften des Internationalen Privatrechts an die Verordnung (EG) Nr. 593/2008 v. 25.6.2009, BGBl. I 2009, 1574; dazu auch *Martiny*, RIW 2009, 737; *Magnus*, IPRax 2010, 27, 43.
10) Verordnung (EG) Nr. 864/2007 des Europäischen Parlaments und des Rates v. 11.7.2007 über das auf außervertragliche Schuldverhältnisse anzuwendende Recht (Rom II), ABl. EU Nr. L 199/40 v. 31.7.2007; dazu ausführlich *Kadner Graziano*, RabelsZ 73 (2009), 1.

§ 4 Bestimmung des Vertragsstatuts

wort vergleichsweise leicht: Jedes Gericht wendet das Internationale Privatrecht an seinem Sitz („**lex fori**") an. Deutsche Gerichte wenden mithin das deutsche Internationale Privatrecht, US-amerikanische Gerichte die US-amerikanischen Kollisionsrechte an.

7 Schwieriger ist die Antwort im außergerichtlichen und namentlich in dem beim Unternehmenskauf besonders interessierenden **kautelarischen Bereich**. Denn ohne *lex fori* fehlt sozusagen der Fixpunkt, der für die Bestimmung des anzuwendenden Kollisionsrechts benötigt wird. Die Antwort lässt sich daher nur relativ, d. h. aus der Sicht des deutschen oder des US-amerikanischen Juristen (eigentlich: Gerichts) geben. Der deutsche Kautelarjurist wird sich also primär am europäischen und deutschen IPR, d. h. im Wesentlichen an den Rom-Verordnungen sowie dem EGBGB orientieren. Genau genommen ist es erforderlich, um die vorgelagerte Frage nach dem anzuwendenden Internationalen Privatrecht zu beantworten, zunächst die ihrerseits vor-vorgelagerte Frage zu klären, vor welchem Gericht mit einem Prozess zu rechnen ist, wenngleich natürlich der Gedanke an einen Prozess für den Kautelarjuristen beim Unternehmenskauf zu den – oftmals erfolgreich verdrängten – Alpträumen zählt. In der Praxis wird man allerdings vielfach relativ klar überschauen können, welche Gerichtsstände in Betracht kommen und welches Internationale Privatrecht mithin zugrunde zu legen ist.

8 In Bezug auf die **Auslegung** trifft die Rom I-Verordnung keine ausdrückliche Regelung. Jedoch wird die Verordnung autonom, also losgelöst von den Regeln eines nationalen Rechts, auszulegen sein. Dabei kann umfangreich an die Auslegung des EVÜ, aber auch der Art. 27–37 EGBGB a. F. angeknüpft werden.[11] Denn bei Letzterem war schon stets zu berücksichtigen, dass die ihnen zugrunde liegenden Regelungen des EVÜ in den Vertragsstaaten einheitlich ausgelegt und angewandt werden sollten.[12]

9 Ganz generell ist zu beachten, dass das für den internationalen Unternehmenskauf (Share Deal wie Asset Deal) maßgebende Internationale Privatrecht nicht vollständig, sondern nur **zum Teil** in der Rom I-Verordnung und im EGBGB kodifiziert ist.[13]

B. Einheitskaufrecht

10 Für die Frage, ob der Kauf eines Unternehmens unter das vereinheitlichte Kaufrecht, namentlich das **UN-Kaufrecht** (Wiener UN-Übereinkommen über

---

11) Zum Ganzen *Martiny* in: Reithmann/Martiny, Rz. 37 f.; *Martiny* in: MünchKomm-BGB, Vor Art. 1 Rom I-VO Rz. 12 ff.; einschränkend *Magnus*, IPRax 2010, 27, 28.
12) Vgl. *Salger* in: Droste, S. 313, 314.
13) *Salger* in: Droste, S. 313, 314.

B. Einheitskaufrecht

Verträge über den internationalen Warenkauf, CISG) fällt,[14)] ist zwischen Share Deal und Asset Deal zu differenzieren.[15)]

I. Share Deal

Auszugehen ist von dem Grundsatz, dass der Kauf von Rechten, namentlich von Forderungen, Urheberrechten oder gewerblichen Schutzrechten nicht in den **sachlichen Anwendungsbereich** des UN-Kaufrechts fällt.[16)] Erfasst werden nur Waren und damit bewegliche körperliche Sachen. Dass Rechte keine Waren i. S. d. UN-Kaufrechts sind, ergibt sich damit im Wege der Auslegung. Ein Gesellschaftsanteil (Geschäftsanteil, Aktie) ist keine Sache, sondern ein **Mitgliedschafts- oder Beteiligungsrecht**. Deshalb fällt der Kauf der Beteiligung an einer Gesellschaft **nicht** unter das UN-Kaufrecht.[17)] 11

Es fragt sich, ob etwas anderes für den **Kauf aller oder nahezu aller Anteile** gilt. Während in manchen Rechtsordnungen – so etwa im US-amerikanischen Recht[18)] – auch ein solcher Kauf als Share Deal und nicht etwa als Asset Deal qualifiziert wird, behandelt man ihn z. B. nach materiellem deutschen Recht zumindest in gewährleistungsrechtlicher Sicht als Sachkauf und nicht als 12

---

14) UN-Kaufrecht (United Nations Convention on Contracts for the International Sale of Goods, CISG) v. 11.4.1980, BGBl. II 1989, 586, 588 sowie in den Kommentierungen bei *Magnus* in: Staudinger, CISG, passim; *Schlechtriem/Schwenzer*, passim; *Soergel*, CISG, passim; *Herber/Czerwenka*, passim; *Reinhart*, passim; *Saenger* in: Bamberger/Roth, CISG, passim; MünchKomm-BGB, CISG, passim; MünchKomm-HGB, CISG, passim; *Ferrari/u. a.*, Internationales Vertragsrecht, CISG, passim.

15) *Merkt*, ZVglRWiss 93 (1994), 353; *Merkt/Göthel* in: Reithmann/Martiny, Rz. 4401 f., 4460 ff.; *Martiny* in: MünchKomm-BGB, Art. 4 Rom I-VO Rz. 164 f.; *Grunewald* in: Gernhuber, § 4 IV Rz. 24.

16) *Merkt/Göthel* in: Reithmann/Martiny, Rz. 4401; *Martiny* in: MünchKomm-BGB, Art. 4 Rom I-VO Rz. 164; *Magnus* in: Staudinger, Art. 1 CISG Rz. 56; *Westermann* in: MünchKomm-BGB, Art. 1 CISG Rz. 6; *Benicke* in: MünchKomm-HGB, Art. 2 CISG Rz. 14 f.; *Huber* in: Huber/Mullis, S. 42; *Honnold*, Art. 2 CISG Rz. 56; *Grunewald* in: Gernhuber, § 4 IV Rz. 23; *Piltz*, AnwBl. 1991, 59.

17) Schiedsgericht der ungarischen Wirtschaftskammer, berichtet bei *Vida*, IPRax 1995, 52 f.: Vereinbarung zwischen einer ungarischen und einer deutschen Partei über den Verkauf eines Gesellschaftsanteils. UN-Kaufrecht nicht anwendbar, da der Anteil keine bewegliche Sache ist, obgleich im ungarischen Gesetz über Wirtschaftsgesellschaften insoweit von Eigentum gesprochen wird. Gegen die Anwendbarkeit des UN-Kaufrechts auch *Merkt/Göthel* in: Reithmann/Martiny, Rz. 4401; *Lüderitz/Fenge* in: Soergel, Art. 1 CISG Rz. 21; *Magnus* in: Staudinger, Art. 1 CISG Rz. 51; *Ferrari* in: Schlechtriem/Schwenzer, Art. 1 CISG Rz. 36; *Grunewald* in: Gernhuber, § 4 IV Rz. 23 f.; anders – ohne Begründung – *Baker* in: International Bar Association, S. 118, 126 Fn. 3 sowie *Brugger*, S. 74 Fn. 141, der – ebenfalls ohne Begründung – meint, es sei unklar, ob der Beteiligungskauf dem UN-Kaufrecht unterliege.

18) Vgl. die Entscheidung des US Supreme Court in *Landreth Timber Co. v. Landreth*, 471 U.S. 681 (1985), mit der das Gericht die sog. *sale of a business doctrine* ablehnte, die den Erwerb aller Anteile als Kauf der Kontrolle und damit des Unternehmens qualifiziert; dazu auch *Hazen*, S. 56 f.; *Merkt/Göthel*, US-amerikanisches Gesellschaftsrecht, Rz. 983.

Rechtskauf (siehe unten § 5 Rz. 37).[19] Voraussetzung ist, dass der Erwerber eine beherrschende Stellung erlangt.[20] Soweit diese Problematik im Einheitskaufrecht überhaupt erkannt wird, geht man allerdings gleichwohl davon aus, dass auch dieser Kauf nicht unter das Einheitskaufrecht fällt.[21]

13 Auch soweit die Beteiligung – wie etwa bei der Aktiengesellschaft deutschen Rechts möglich – verbrieft ist, unterliegt der Kauf des verbriefenden Papiers als einer beweglichen körperlichen Sache nicht dem UN-Kaufrecht, das nach seinem Art. 2 lit. d generell nicht auf den Kauf von **Wertpapieren** anwendbar ist. Der Begriff Wertpapiere umfasst insbesondere die Aktie.[22]

14 Explizit ergeben sich die vorgenannten Ergebnisse aus dem englischen Text des UN-Kaufrechts. Dort sind in Art. 2 lit. d vom sachlichen Anwendungsbereich ausgeschlossen „*... stock, shares, investment securities, negotiable instruments or money*".[23]

II. Asset Deal

15 Der Unternehmenskauf im Wege des Asset Deal umfasst üblicherweise, sofern nichts anderes vereinbart ist, den Verkauf aller in dem Unternehmen zusammengefassten Sachen, Rechte und sonstigen Werte, wobei von Fall zu Fall sehr unterschiedlich ist, in welchem Wert- oder Mengenverhältnis die einzelnen Positionen stehen (vgl. oben § 1 Rz. 15).

1. Gesonderte Verträge

16 Beim Asset Deal muss unterschieden werden: Sind der warenkaufrechtliche Teil und der andere Teil (Verkauf von Immobilien, Immaterialgütern, Rechten) in jeweils **gesonderten Verträgen** vereinbart, was die Ausnahme sein wird, gilt für den **warenkaufrechtlichen Teil** ohne weiteres das UN-Kaufrecht.[24] Denn das UN-Kaufrecht fragt nur nach dem Kaufobjekt (Ware), nicht aber

---

19) *Beisel* in: Beisel/Klumpp, Kap. 7 Rz. 8; *Holzapfel/Pöllath*, Rz. 632 ff.
20) Dazu *Knott* in: Knott/Mielke, Rz. 135; *Holzapfel/Pöllath*, Rz. 632 ff., m. w. N. aus der Rechtsprechung. Hingegen unterliegt der Anteilskauf nach h. A. selbst dann nicht der Formvorschrift des § 311b Abs. 1 BGB (§ 313 BGB a. F.), wenn das Vermögen der Gesellschaft praktisch nur aus einem Grundstück besteht, BGHZ 86, 367; allgemein *K. Schmidt*, Handelsrecht, S. 147.
21) *Merkt/Göthel* in: Reithmann/Martiny, Rz. 4401; *Honnold*, Art. 2 CISG Rz. 56.5; *Westermann* in: MünchKomm-BGB, Art. 1 CISG Rz. 6.
22) *Merkt/Göthel* in: Reithmann/Martiny, Rz. 4402; *Martiny* in: MünchKomm-BGB, Art. 3 CISG Rz. 51; *Magnus* in: Staudinger, Art. 2 CISG Rz. 40; *Ferrari* in: Schlechtriem/Schwenzer, Art. 1 CISG Rz. 35; *Piltz*, Internationales Kaufrecht, § 2 Rz. 50; *Herber/Czerwenka*, Art. 2 CISG Rz. 11; *Reinhart*, Art. 2 CISG Rz. 6; *Saenger* in: Bamberger/Roth, Art. 2 CISG Rz. 9; *Saenger* in: Ferrari/u. a., Internationales Vertragsrecht, Art. 2 CISG Rz. 10; *Honnold*, Art. 2 CISG Rz. 53.
23) Dazu *Honnold*, Art. 2 CISG Rz. 53.
24) *Merkt/Göthel* in: Reithmann/Martiny, Rz. 4460.

B. Einheitskaufrecht

nach dem Grund für den Kauf (Handel oder Unternehmensveräußerung). Weder genügt dabei allerdings, dass eine Teilung rechtlich wie tatsächlich lediglich möglich ist, noch kommt es darauf an, dass der andere (nicht warenkaufrechtliche) Teil gemessen am Ganzen von geringem Umfang ist.[25] Erforderlich ist vielmehr, dass die Parteien eine Teilung auch wirklich vorgenommen haben oder wenigstens, dass beide Teile nach der Vorstellung der Parteien getrennt sind. Das Wert- oder Mengenverhältnis ist für diese Frage grundsätzlich bedeutungslos.

2. Einheitlicher Vertrag

Liegt hingegen ein **einheitlicher Vertrag** vor, so ist zunächst festzustellen, dass eine ausdrückliche Regelung für eine solche Fallgestaltung fehlt. In der Literatur gehen die Ansichten auseinander. Verbreitet ist die Auffassung, das **UN-Kaufrecht** sei auf den Asset Deal **unanwendbar**. Dies wird unterschiedlich begründet.[26] 17

So wird geltend gemacht, das UN-Kaufrecht sei nur auf Sachgesamtheiten[27], nicht aber auf solche Gesamtheiten anwendbar, die – wie das Unternehmensvermögen – neben beweglichen Sachen (Waren i. S. d. UN-Kaufrechts) aus Immobilien, Immaterialgütern und Rechten zusammengesetzt sind.[28] 18

Andere verweisen darauf, dass bei der Veräußerung beweglicher und unbeweglicher Sachen die beweglichen Sachen regelmäßig in ihrer Bedeutung zurückträten, weshalb der gesamte Vertrag nicht dem Einheitskaufrecht unterliege. Entsprechendes gelte für den Unternehmenskauf, denn hier würden **immaterielle Werte** (wie etwa die Beziehung zu den Kunden) im Vordergrund stehen oder sich im Firmenwert widerspiegeln, der beim Unternehmenskauf eine wesentliche Rolle spiele.[29] 19

Nicht anders sei der Fall zu beurteilen, wenn in nicht unerheblichem Umfang[30] oder – bei der gebotenen Gesamtbetrachtung – überwiegend[31] **Immobilien** zu dem verkauften Unternehmen gehörten. Verschiedentlich wird die 20

---

25) So aber wohl *Piltz*, Internationales Kaufrecht, § 2 Rz. 56 f.; *Magnus* in: Staudinger, Art. 1 CISG Rz. 51.
26) Dazu näher *Merkt*, ZVglRWiss 93 (1994), 363 ff.
27) *Ferrari* in: Schlechtriem/Schwenzer, Art. 1 CISG Rz. 34.
28) *Magnus* in: Staudinger, Art. 1 CISG Rz. 51; *Saenger* in: Bamberger/Roth, Art. 1 CISG Rz. 6; *Saenger* in: Ferrari/u. a., Internationales Vertragsrecht, Art. 1 CISG Rz. 6; wohl auch *Westermann* in: MünchKomm-BGB, Art. 1 CISG Rz. 6.
29) *Magnus* in: Staudinger, Art. 1 CISG Rz. 51; *Beisel* in: Beisel/Klumpp, Kap. 7 Rz. 8; im Ergebnis folgend *Honnold*, Art. 2 CISG Rz. 56.5; *Meyer-Sparenberg*, WiB 1995, 849, 850.
30) *Herber* in: von Caemmerer/Schlechtriem, Art. 1 CISG Rz. 24.
31) *Magnus* in: Staudinger, Art. 1 CISG Rz. 51; *Grunewald* in: Gernhuber, § 4 IV Rz. 24; eine quantifizierende Betrachtung grundsätzlich verneinend *Beisel* in: Beisel/Klumpp, Kap. 7 Rz. 8.

Unanwendbarkeit des Einheitskaufrechts zusätzlich damit begründet, ein Unternehmen sei eine unkörperliche Sache und falle daher nicht unter den Warenbegriff.[32]

21 Schließlich fehle dem Unternehmen die erforderliche **Marktgängigkeit**.[33] Wenngleich das Einheitskaufrecht nicht zwischen Handelskauf und bürgerlichrechtlichem Kauf unterscheide, ziele es jedoch primär darauf ab, den internationalen Handel zu vereinheitlichen. Daher sei eine ohnehin wohl nur als Analogie mögliche Anwendung des Einheitskaufrechts nicht zu vertreten.[34]

22 Nach a. A. wird es immerhin für möglich gehalten, das UN-Kaufrecht auf den Asset Deal anzuwenden.[35] Diese Auffassung wird vor allem in der US-amerikanischen Praktikerliteratur geteilt.[36] Man begründet sie bisweilen damit, das UN-Kaufrecht schließe in Art. 2 bestimmte Gegenstände vom sachlichen Anwendungsbereich aus und Gesamtheiten, wie etwa die *assets* eines Unternehmens, seien dort nicht aufgeführt.[37]

23 Für deutsche Praktiker mag diese Sicht überraschend sein, doch ist sie speziell vor dem Hintergrund des autonomen US-amerikanischen Kaufrechts verständlich. Denn nach einer im US-amerikanischen Recht verbreiteten Auffassung ist das Warenkaufrecht des Uniform Commercial Code (Art. 2 UCC) jedenfalls dann auch auf den Asset Deal anwendbar, wenn bei einer **Gesamtbetrachtung** des Unternehmensvermögens der Anteil der Waren überwiegt. Umgekehrt ist Art. 2 UCC unanwendbar, wenn der sonstige Teil überwiegt.[38] Eine solche quantifizierende Betrachtungsweise lässt sich ohne weiteres auf das Einheitskaufrecht übertragen.[39]

3. Rechtswahl

24 Vor diesem Hintergrund sollten Parteien, die nicht an der Anwendung des UN-Kaufrechts interessiert sind, die Anwendbarkeit **zur Sicherheit** vertraglich **ausschließen**, jedenfalls dann, wenn jene Bestandteile des Unternehmens men-

---

32) *Ferrari* in: Schlechtriem/Schwenzer, Art. 1 CISG Rz. 36.
33) *Beisel* in: Beisel/Klumpp, Kap. 7 Rz. 8.
34) So für das Haager Kaufrecht *Mertens/Rehbinder*, Art. 1/2 EKG Rz. 23.
35) *Martiny* in: MünchKomm-BGB, Art. 4 Rom I-VO Rz. 165; *Magnus* in: Staudinger, Art. 1 CISG Rz. 51; *Grunewald* in: Gernhuber, § 4 IV Rz. 24; *Salger* in: Droste, S. 313, 318; *Merkt*, ZVglRWiss 93 (1994), 353; *Ferrari*, S. 130 Fn. 448; zweifelnd hingegen *Brugger*, S. 74 Fn. 141; insgesamt abl. *Ferrari* in: Schlechtriem/Schwenzer, Art. 1 CISG Rz. 37.
36) *Jones/Lutton* in: Rubino-Sammartano, S. 357, 390; *Baker* in: International Bar Association, S. 118, 126 Fn. 3.
37) *Salger* in: Droste, S. 313, 318; *Jones/Lutton* in: Rubino-Sammartano, S. 357, 390.
38) American Jurisprudence Second, Bd. 67, „Sales" § 50 m. w. N. aus der Rechtsprechung.
39) So auch *Magnus* in: Staudinger, Art. 1 CISG Rz. 51; einschränkend – aber ohne stichhaltige Begründung – *Beisel* in: Beisel/Klumpp, Kap. 7 Rz. 8.

gen- oder wertmäßig überwiegen, die Waren i. S. d. Einheitskaufrechts darstellen (etwa Warenlager).[40] Dabei kann das UN-Kaufrecht in der Rechtswahlklausel bezeichnet werden, etwa in folgender Weise:

> „Dieser Vertrag unterliegt dem deutschen Recht unter Ausschluss der Bestimmungen des Wiener UN-Übereinkommens vom 11. April 1980 über Verträge über den internationalen Warenkauf."[41]

Knapper, umfassender und eleganter ist hingegen der Ausschluss des vereinheitlichten Kaufrechts durch die positive Formulierung, der Vertrag solle dem **„deutschen unvereinheitlichten Recht"** unterliegen. Denn damit ist alles gesagt. Zweckdienlich ist auch folgende Formulierung: 25

> „Dieser Vertrag unterliegt den Bestimmungen des deutschen Rechts, die für Verträge zwischen Parteien mit Niederlassung in Deutschland gelten".[42]

Umgekehrt können die Parteien, denen an der Anwendung des UN-Kaufrechts liegt, dieses durch **Rechtswahl berufen**. Zwar ist lediglich die Abwahl des UN-Kaufrechts explizit geregelt (Art. 6 CISG), allerdings besteht Einigkeit, dass auch die Wahl des UN-Kaufrechts möglich ist.[43] Freilich ist damit – dies wird oftmals übersehen – noch nicht gesagt, dass das jeweilige Kollisionsrecht den Parteien die Wahl des Einheitskaufrechts gestattet.[44] Indessen dürfte diese Frage für praktisch alle diejenigen Rechtsordnungen zu bejahen sein, die den Grundsatz der Parteiautonomie (Rechtswahlfreiheit) kennen. 26

Allerdings ist zu beachten, dass die Parteien, wenn sie den Anwendungsbereich des UN-Kaufrechts durch eine solche Berufung ausdehnen, nach h. A. keine kollisionsrechtliche, sondern nur eine **materiellrechtliche Rechtswahl** treffen 27

---

40) *Merkt*, ZVglRWiss 93 (1994), 353, 371; zum Ausschluss des UN-Kaufrechts auch *Piltz*, NJW 2009, 2258, 2260; *Benicke* in: MünchKomm-HGB, Art. 6 CISG Rz. 2 ff.
41) Klauselbeispiele unter Rz. 31, sowie bei *Merkt*, ZVglRWiss 93 (1994), 353, 372.
42) Näher *Merkt*, ZVglRWiss 93 (1994), 353, 371.
43) *Merkt/Göthel* in: Reithmann/Martiny, Rz. 4462; *Martiny* in: MünchKomm-BGB, Art. 6 CISG Rz. 84; *Magnus* in: Staudinger, Art. 6 CISG Rz. 62; *Ferrari* in: Schlechtriem/Schwenzer, Art. 6 CISG Rz. 39 ff.; *Piltz* in: Schlechtriem, S. 47; *Schlechtriem*, Einheitliches UN-Kaufrecht, S. 22; *Reinhart*, Art. 6 CISG Rz. 9, der darauf verweist, dass diese Möglichkeit bereits von den Redaktoren gesehen worden ist; *Lüderitz/Fenge* in: Soergel, Art. 6 CISG Rz. 1. Übersehen wird dies von *Beisel* in: Beisel/Klumpp, Kap. 7 Rz. 8, die ein praktisches Bedürfnis für die Anwendung des Einheitskaufrechts auf den internationalen Unternehmenskauf bejahen, die Unanwendbarkeit aber – unzutreffend – verneinen.
44) Zutreffend weisen *Garro/Zuppi*, S. 95, darauf hin, dass die Zulässigkeit der Wahl des UN-Kaufrechts außerhalb seines Anwendungsbereichs unter der Bedingung steht, dass das maßgebliche IPR die Wahl eines anderen als des eigenen materiellen Rechts gestattet.

können.[45] Die Frage nach der Zulässigkeit einer kollisionsrechtlichen Rechtswahl zugunsten des UN-Kaufrechts lässt sich allerdings richtigerweise nicht für alle Kollisionsrechte pauschal beantworten, sondern nur nach Maßgabe des anzuwendenden Kollisionsrechts.[46] Ist lediglich eine materiellrechtliche Wahl zulässig, kann das UN-Kaufrecht nicht schlechthin als Vertragsstatut, sondern nur als Bestandteil jenes Rechts maßgebend werden, dem der Vertrag nach dem anwendbaren Internationalen Privatrecht unterliegt. Zwingende Normen dieses Rechts bleiben danach beachtlich.[47] **Subsidiär** zum UN-Kaufrecht sollte ein **autonomes Recht** gewählt werden für sämtliche Fragen, die im UN-Kaufrecht nicht geregelt sind.

III. Praktische Hinweise

28 Da der **Share Deal** *ex lege* nicht in den sachlichen Anwendungsbereich des UN-Kaufrechts fällt, erübrigt sich eine vertragliche Abwahl, sofern den Parteien – wie im Normalfall – daran gelegen ist, dass das UN-Kaufrecht nicht anwendbar ist. In der Praxis wird das UN-Kaufrecht dennoch aus Sicherheitsgründen **ganz überwiegend abgewählt**.

29 Hingegen neigt vor allem die US-amerikanische Vertragspraxis der Ansicht zu, dass das UN-Kaufrecht auf den **Asset Deal** anwendbar sein kann. Daher ist in diesem Fall zu empfehlen, das UN-Kaufrecht ausdrücklich abzuwählen, falls die Parteien es nicht wollen.

30 Es kann in diesem Zusammenhang nicht oft genug betont werden, dass das **UN-Kaufrecht Bestandteil des deutschen Kaufrechts** ist. Das deutsche Kaufrecht unterteilt sich in ein solches für rein innerstaatliche Kaufverträge (§§ 433 ff. BGB) und in ein solches für internationale Kaufverträge. Wählen die Parteien für ihren internationalen Kaufvertrag *„das deutsche Recht"*, dann haben sie in vielen Fällen – zu ihrer großen Überraschung! – das UN-Kaufrecht gewählt. Daher muss, wer das UN-Kaufrecht ausschließen will, mehr tun, als lediglich das deutsche Recht wählen. Er muss zugleich das UN-Kaufrecht aus-

---

45) *Merkt/Göthel* in: Reithmann/Martiny, Rz. 4462; *Martiny* in: MünchKomm-BGB, Art. 6 CISG Rz. 84; *Saenger* in: Bamberger/Roth, Art. 6 CISG Rz. 4c; *Saenger* in: Ferrari/u. a., Internationales Vertragsrecht, Art. 6 CISG Rz. 7; *Mankowski*, RIW 2003, 2, 10 f.; *Reinhart*, Art. 6 CISG Rz. 9; zum Streitstand *Magnus* in: Staudinger, Art. 6 CISG Rz. 64; *Ferrari* in: Schlechtriem/Schwenzer, Art. 6 CISG Rz. 40; anders *Karollus*, S. 39 unter Berufung auf die österreichische Regierungsvorlage zur UN-Kaufrechtskonvention, S. 94 der Beilagen zu den Stenographischen Protokollen des Nationalrates, XVII. Gesetzgebungsperiode, Erläuternde Bemerkungen, S. 45 ff., 52. Zum Unterschied zwischen materiellrechtlicher und kollisionsrechtlicher Rechtswahl vgl. *v. Bar*, Rz. 420.

46) Ebenso *Karollus*, S. 39; ähnlich schon für das EKG *Stötter*, Art. 4 EKG Anm. 3.

47) *Merkt/Göthel* in: Reithmann/Martiny, Rz. 4462; *Reinhart*, Art. 6 CISG Rz. 9; *Magnus* in: Staudinger, Art. 6 CISG Rz. 62; *Ferrari* in: Schlechtriem/Schwenzer, Art. 6 CISG Rz. 41; *Herber/Czerwenka*, Art. 6 CISG Rz. 19; *Honnold*, Art. 6 CISG Rz. 84.

C. Internationales Schuldvertragsrecht

drücklich abwählen. Die Nachsicht der Rechtsprechung gegenüber insoweit unwissenden Parteien und Rechtsberatern nimmt inzwischen spürbar ab.

Für die **Abwahl** des UN-Kaufrechts sind etwa folgende Formulierungen denkbar: 31

Deutsche Fassungen:

„Dieser Vertrag unterliegt dem deutschen Recht. Das Wiener UN-Übereinkommen vom 11. April 1980 über Verträge über den internationalen Warenkauf ist ausgeschlossen."

„Dieser Vertrag einschließlich aller Anlagen und Zusatz- sowie Nebenvereinbarungen unterliegt dem unvereinheitlichten deutschen Recht."

„Dieser Vertrag unterliegt den Bestimmungen des deutschen Rechts, die für Verträge zwischen Parteien mit Niederlassungen in Deutschland gelten."

Englische Fassung:

„This Agreement shall be governed by and construed under the laws of the state of New York. The United Nations Convention on Contracts for the International Sale of Goods shall not apply."

Für die **Wahl** des UN-Kaufrechts bieten sich bspw. folgende Formulierungen an: 32

Deutsche Fassung:

„Dieser Vertrag einschließlich seiner Anlagen unterliegt den Bestimmungen deutschen Rechts, einschließlich des Wiener UN-Übereinkommens vom 11. April 1980 über Verträge über den internationalen Warenkauf."

Englische Fassung:

„This Agreement shall be governed by and construed under the laws of Germany, including the United Nations Convention on Contracts for the International Sale of Goods of 1980."

C. Internationales Schuldvertragsrecht

I. Share Deal

1. Grundsatz

Der Kauf von Beteiligungen oder Mitgliedschaftsrechten an Gesellschaften ist weder auf europäischer Ebene noch im deutschen Internationalen Privatrecht gesondert geregelt, sondern unterliegt grundsätzlich den allgemeinen Kollisionsnormen. Das **Vertragsstatut** ist also nach den Art. 3 ff. Rom I-VO (früher Art. 27 ff. EGBGB) zu bestimmen.[48] Die Rom I-Verordnung gilt für alle 33

---

48) *Merkt/Göthel* in: Reithmann/Martiny, Rz. 4403; vgl. zum früheren Recht *Lutter/Drygala* in: KölnKomm-AktG, Anh. § 68 AktG Rz. 42; *Hohloch* in: Erman, Art. 28 EGBGB Rz. 32; *Ebenroth/Wilken*, ZVglRWiss 90 (1991), 235, 241 f.

Kaufverträge, die nach dem 17.12.2009 geschlossen worden sind.[49] Für die Bestimmung des Vertragsstatuts von Verträgen, deren Abschluss an oder vor diesem Datum liegt, sind weiterhin die Art. 27 ff. EGBGB a. F. anwendbar.[50]

34 Da die Vorschriften der Art. 3 ff. Rom I-VO grundsätzlich nicht nach **Rechts- und Sachkauf** differenzieren (siehe aber Art. 4 Abs. 1 lit. a Rom I-VO für den Kauf beweglicher Sachen und Art. 4 Abs. 1 lit. b Rom I-VO für den Börsenkauf), kann in **kollisionsrechtlicher Sicht** regelmäßig dahinstehen, ob der Kauf sämtlicher Anteile an einer Gesellschaft reiner Rechtskauf ist.

35 Anders verhält es sich in **materiellrechtlicher Sicht**. Beim Unternehmenskauf erfolgt die Abgrenzung zwischen Anteils- oder Rechtskauf einerseits und Sachkauf andererseits in den unterschiedlichen Rechtsordnungen nicht einheitlich. So wird der Kauf sämtlicher Anteile am Unternehmensträger nach US-amerikanischem Bundeskapitalmarktrecht *(federal securities laws)* vielfach als Anteilskauf eingeordnet (siehe dazu bereits oben Rz. 12),[51] während er nach deutschem Recht in gewährleistungsrechtlicher Sicht wie ein Sachkauf behandelt wird und einer weitreichenderen Gewährleistung unterliegt als der bloße Beteiligungskauf (siehe oben Rz. 12 und unten § 5 Rz. 37).[52]

36 Daher empfiehlt sich, bei der Wahl eines fremden Rechts regelmäßig zu prüfen, ob das gewählte Recht die Einordnung des Geschäfts als Rechts- oder Sachkauf nachvollzieht, welche die Parteien ihrem Vertrag zugrunde gelegt haben. Nur so lässt sich verhindern, dass die Rechtswahl unter Umständen zu einer partiellen oder vollständigen Umqualifizierung des Vertragstyps führt und eine umfangreiche vertragliche Gewährleistungsvereinbarung ins Leere läuft, weil sie auf der Grundlage des falschen Vertragstyps getroffen wurde.

2. Einfluss des Art. 1 Abs. 2 Rom I-VO

37 Die Anwendung der Art. 3 ff. Rom I-VO wird für die Verpflichtung zur Übertragung von Urkunden, welche die Beteiligung verbriefen, bspw. Aktienzertifikate, nicht etwa durch **Art. 1 Abs. 2 lit. d Rom I-VO** (früher Art. 37 Satz 1 Nr. 1 EGBGB) ausgeschlossen. Nicht anwendbar sind die Art. 3 ff. Rom I-VO danach nämlich nur auf Verpflichtungen aus Wechseln, Schecks, Eigenwechseln und anderen handelbaren Wertpapieren, sofern die Verpflichtungen aus diesen

---

49) Zwar trat die Rom I-VO schon zum 17.12.2009 in Kraft (Art. 29 Abs. 2 Rom I-VO), aber sie wird lediglich auf Verträge angewandt, die nach dem 17.12.2009, also ab dem 18.12.2009, geschlossen werden (Art. 28 Rom I-VO). Dazu auch *Magnus*, IPRax 2010, 27, 31 f.; *Pfeiffer*, EuZW 2008, 622; *Martiny*, RIW 2009, 737, 752; *Leible/Lehmann*, RIW 2008, 528, 531; *Campos Nave/Steckenborn*, NWB 2009, 3430, 3432.

50) *Campos Nave/Steckenborn*, NWB 2009, 3430, 3432; *Martiny* in: MünchKomm-BGB, Art. 28 Rom I-VO Rz. 4.

51) *Landreth Timber Co. v. Landreth*, 471 U.S. 681 (1985).

52) Vgl. *Beisel* in: Beisel/Klumpp, Kap. 7 Rz. 8; *Holzapfel/Pöllath*, Rz. 632 ff.

anderen Wertpapieren aus deren Handelbarkeit entstehen.[53] Dies ist bei Urkunden, die gesellschaftsrechtliche Mitgliedschaftsrechte verbriefen, regelmäßig nicht der Fall.[54]

Ebenso wenig steht der Anwendung der Art. 3 ff. Rom I-VO auf den Share Deal entgegen, dass sie gemäß **Art. 1 Abs. 2 lit. f Rom I-VO** (früher Art. 37 Satz 1 Nr. 2 EGBGB) nicht für Fragen betreffend das Gesellschaftsrecht und das Recht der juristischen Personen gelten.[55] Denn der Ausschluss gilt nur für jene Rechtsakte, die für die Errichtung einer Gesellschaft erforderlich sind oder ihre innere Verfassung oder Auflösung regeln, d. h. für die unter das Gesellschaftsrecht fallenden Rechtshandlungen. Hierunter sind alle Verträge, Verwaltungsakte und Registrierungen zu verstehen, welche für die Errichtung und Führung der Gesellschaft erforderlich sind, ferner jene Akte, die ihre innere Organisation und Struktur sowie schließlich ihre Auflösung regeln.[56]

Positiv formuliert sind vielmehr alle solchen **Rechtshandlungen schuldrechtlicher Natur**, deren Ziel – wie beim Unternehmenskauf im Wege des Share Deal – die Begründung von Verpflichtungen zwischen interessierten Parteien im Hinblick auf die Gesellschaft ist. Sie unterliegen daher den Art. 3 ff. Rom I-VO.[57]

3. Trennung von Verpflichtungs- und Verfügungsgeschäft

Die gesonderte Unterwerfung des Anteilskaufvertrags unter das Vertragsstatut koppelt das Verpflichtungsgeschäft – wie auch sonst – vom Erfüllungsgeschäft ab, also der Übertragung oder Abtretung der Anteile.[58]

38

39

40

---

53) Dazu ausführlich *Martiny* in: MünchKomm-BGB, Art. 1 Rom I-VO Rz. 26 ff.
54) *Merkt/Göthel* in: Reithmann/Martiny, Rz. 4404.
55) *Brödermann/Wegen* in: Prütting/Wegen/Weinreich, Art. 1 Rom I Rz. 21.
56) Im Einzelnen *Martiny* in: MünchKomm-BGB, Art. 1 Rom I-VO Rz. 61 ff.; zum früheren Recht *Hohloch* in: Erman, Art. 37 EGBGB Rz. 4; *Großfeld* in: Staudinger, IntGesR Rz. 14 f.
57) *Martiny* in: Reithmann/Martiny, Rz. 60; noch zum früheren Recht *Hohloch* in: Erman, Art. 37 EGBGB Rz. 5.
58) BGH, RIW 1987, 148 = IPRax 1988, 27 m. Anm. *Hohloch* (noch zum EGBGB vor Übernahme des EVÜ) betreffend den Verkauf von Aktien an belgischer AG; OLG Karlsruhe, IPRspr. 1983 Nr. 20 zur Übertragung von Anteilsrechten an französischer AG; schon RG, JW 1928, 2013 = IPRspr. 1928 Nr. 13 zum Kauf von Anteilen an einer estnischen GmbH. Aus der Literatur *Merkt/Göthel* in: Reithmann/Martiny, Rz. 4405; *Fikentscher*, MDR 1957, 71; *Grasmann*, Rz. 1015 ff., mit Nachweisen zu fremden Kollisionsrechtsordnungen; *Wiedemann*, S. 816; *Kegel/Schurig*, § 17 II 2; *Kreuzer*, IPRax 1988, 16, 18; *Kindler* in: MünchKomm BGB, IntGesR Rz. 613; *Lüderitz* in: Soergel, Art. 10 EGBGB Anh. Rz. 42; *Ebenroth/Wilken*, ZVglRWiss 90 (1991), 235, 241; *Salger* in: Droste, S. 313, 317; *Großfeld* in: Staudinger, IntGesR Rz. 342; *Eschelbach*, MittRhNotK 1993, 173, 180; für das Schweizer IPR: *Vischer* in: Girsberger/u. a., Art. 155 IPRG Rz. 25.

II. Asset Deal

1. Grundsatz

41 Wird das Unternehmen als solches verkauft, nämlich durch **Veräußerung aller Wirtschaftsgüter**, dann folgt der schuldrechtliche Übernahmevertrag mangels besonderer Kollisionsregeln wiederum den allgemeinen Regeln der Art. 3 ff. Rom I-VO. Dabei ergeben sich hier – anders als beim UN-Kaufrecht (siehe oben Rz. 15 ff.) – keine Schwierigkeiten daraus, dass der Asset Deal der Kauf einer aus Sachen (Grundstücke, Warenlager, Inventar, Fuhrpark etc.), Rechten (Miet-, Pacht-, und Leasingverträge, Forderungen, Immaterialgüterrechte, Firma etc.) und sonstigen unkörperlichen Vermögenswerten (Organisation, Goodwill, Kundenstamm, Geschäftsbeziehungen, Geschäftschancen, Knowhow, Marktanteile, Ressourcen, unter Umständen Geschäftsgeheimnisse, Herstellungsverfahren u. Ä.) bestehenden Gesamtheit ist. Denn die Art. 3 ff. Rom I-VO gelten generell für Schuldverträge (Art. 1 Abs. 1 Rom I-VO),[59] mithin für den Kauf aller Arten von Kaufgegenständen. Sie sind nicht auf den Warenkauf beschränkt.[60]

42 In **praktischer Sicht** empfiehlt es sich, den Kaufvertrag im Wege der Rechtswahl dem Recht am Ort der Belegenheit der Wirtschaftsgüter oder des wesentlichen Teils der Wirtschaftsgüter zu unterwerfen. Denn damit werden Schwierigkeiten aus der Abweichung von Verpflichtungs- und Verfügungsstatut vermieden.[61]

2. Einfluss des Art. 1 Abs. 2 lit. d Rom I-VO

43 Anders als beim Share Deal kann der Ausschlusstatbestand des **Art. 1 Abs. 2 lit. d Rom I-VO** (früher Art. 37 Satz 1 Nr. 1 EGBGB) beim Asset Deal bedeutsam werden. Denn die Art. 3 ff. Rom I-VO sind danach nicht anwendbar auf Verpflichtungen aus Wechseln, Schecks, Eigenwechseln und anderen handelbaren Wertpapieren, sofern die Verpflichtungen aus diesen anderen Wertpapieren aus deren Handelbarkeit entstehen. Allerdings gilt dies bei der Übertragung der betreffenden Wertpapiere **nicht** für das **Kausalgeschäft**, hier also den Unternehmenskauf in Gestalt des Asset Deal. Gehören solche Wertpapiere zum Unternehmensvermögen, gelten auch insoweit für die Bestimmung des maßgeblichen Rechts des Unternehmenskaufvertrags die Art. 3 ff. Rom I-VO.

---

59) Dazu *Martiny* in: Reithmann/Martiny, Rz. 42; *Martiny*, RIW 2009, 737, 738; zum früheren Recht *Merkt*, RIW 1995, 533.
60) Speziell etwa für Immaterialgüterrechte *Martiny* in: MünchKomm-BGB, Art. 4 Rom I-VO Rz. 200 ff. m. w. N.; für Urheberrechte *Rehbinder*, Rz. 981.
61) *Salger* in: Droste, S. 313, 317.

3. Trennung vom Verpflichtungs- und Verfügungsgeschäft

Wie beim Share Deal folgt für den Asset Deal aus der gesonderten Unterwerfung des Kaufvertrags unter das Vertragsstatut, dass das Verpflichtungsgeschäft – wie auch sonst – vom Erfüllungsgeschäft, also der eigentlichen Übertragung des Unternehmens oder seiner einzelnen Bestandteile, abgekoppelt wird. 44

D. Rechtswahl

Im Mittelpunkt der Bestimmung des anzuwendenden Rechts steht beim Unternehmenskauf wie auch sonst im Internationalen Vertragsrecht die Vereinbarung, mit der die Parteien das **anzuwendende Recht** bei Abschluss des Vertrags wählen.[62] 45

I. Bedeutung

Wie bereits angedeutet, ist die Wahl des maßgeblichen Vertragsrechts bei Unternehmenskäufen mit Auslandsbezug von erheblicher Bedeutung. Das belegt einerseits die Praxis, in der sorgfältig ausgearbeitete Unternehmenskaufverträge mit Auslandsbezug nahezu immer **Rechtswahlklauseln** enthalten.[63] Andererseits ergibt es sich aus den Schwierigkeiten und **Risiken**, die mit der Bestimmung des maßgeblichen Rechts bei nicht hinreichend eindeutiger oder fehlender Wahl verbunden sind. Die Kollisionsnormen der verschiedenen in Betracht kommenden Rechtsordnungen verweisen nicht selten auf unterschiedliche Rechte mit allen hiermit verbundenen Problemen der Rück- oder Weiterverweisung auf ein anderes Recht. Der allgemeine Grundsatz des europäischen Rechts, wonach Verweisungen im Internationalen Vertragsrecht grundsätzlich Sachnormverweisungen sind (Art. 20 Rom I-VO)[64], gilt keineswegs in sämtlichen Rechtsordnungen. 46

Das zugrunde liegende Sachrecht ist besonders dann für den Unternehmenskauf von großer Bedeutung, wenn ein teilweise vorformulierter Vertragstext (**Vertragsmuster**) oder Textbausteine (etwa für Fragen der Unternehmens- oder Beteiligungsbewertung oder der Gewährleistung) verwendet werden. Denn es kann gravierende wirtschaftliche Folgen für beide Vertragsparteien haben, wenn wider Erwarten ein anderes als das ursprünglich zugrunde gelegte Recht anzuwenden ist. 47

---

62) Vgl. *Pfeiffer*, EuZW 2008, 622, 624; *Merkt/Göthel* in: Reithmann/Martiny, Rz. 4406, 4464; *Merkt* in: FG Sandrock, S. 135, 138; *Merkt*, RIW 1995, 533; *Brödermann/Wegen* in: Prütting/Wegen/Weinreich, Art. 3 Rom I Rz. 1.
63) *Meyer-Sparenberg*, WiB 1995, 849.
64) Dazu *Martiny* in: Reithmann/Martiny, Rz. 218.

48 Dies gilt auch für die auf beiden Vertragsseiten eingeschalteten Rechtsberater und Wirtschaftsprüfer. Sie können ihr **Haftungsrisiko** oftmals nur dann hinreichend zuverlässig genau abschätzen, wenn das maßgebliche Recht feststeht, auf dessen Grundlage der Unternehmenskauf stattfindet. Dabei ist allerdings darauf hinzuweisen, dass das Innenverhältnis der Berater und Prüfer zu den Vertragsparteien keineswegs automatisch dem Recht des Unternehmenskaufs unterliegt, sondern vielmehr gesondert zu bestimmen ist (vgl. näher dazu unten § 19 Rz. 1 ff.).

49 Im Ergebnis ist somit für den Unternehmenskauf mit Auslandsberührung eine ausdrückliche und eindeutige Rechtswahl durch die Vertragsparteien sehr wichtig. Daher sollte unter allen Umständen eine Rechtswahlvereinbarung getroffen werden, die sich möglichst lückenlos auf den gesamten Vertrag erstreckt.

II. Ausdrückliche Rechtswahl

1. Grundsatz

50 Nach europäischem Internationalen Privatrecht können die Parteien des Unternehmenskaufvertrags das für ihren Vertrag maßgebliche Recht (Vertragsstatut) durch **ausdrückliche** Bezeichnung im Vertrag selbst wählen (Art. 3 Abs. 1 Rom I-VO; früher Art. 27 Abs. 1 EGBGB).[65] Wählen die Parteien das maßgebliche Recht, so beurteilen sich die vertraglichen Beziehungen zwischen ihnen nach diesem Recht. Dabei handelt es sich grundsätzlich um eine kollisionsrechtliche Rechtswahl: Die Parteien berufen regelmäßig das **gesamte zwingende Recht** der gewählten Rechtsordnung unter gleichzeitiger Abwahl der zwingenden Bestimmungen aller anderen in Betracht kommenden Rechtsordnungen (im Unterschied zur bloß materiellrechtlichen Rechtswahl, die das zwingende Recht der eigentlich maßgeblichen Rechtsordnung unberührt lässt).[66]

51 Dieser Grundsatz der sog. **Parteiautonomie** gilt in einer großen Zahl westlicher Länder.[67] Bedeutsame Ausnahmen sind der arabische Raum und die Länder Lateinamerikas *(Calvo-Doktrin)*.[68] Hier ist die Parteiautonomie vielfach entweder auf das Recht des Forums beschränkt (das Recht des Staats X gestattet nur die Wahl seines eigenen Rechts, eine andere Wahl ist unwirksam)

---

65) Ausführlich dazu *Martiny* in: Reithmann/Martiny, Rz. 85 ff.; auch *Brödermann/Wegen* in: Prütting/Wegen/Weinreich, Art. 3 Rom I Rz. 7; *Clausnitzer/Woopen*, BB 2008, 1798, 1799; *Mankowski*, IHR 2008, 133, 134 f.

66) *Martiny* in: Reithmann/Martiny, Rz. 87; *Martiny* in: MünchKomm-BGB, Art. 3 Rom I-VO Rz. 14 ff.; *v. Bar*, Rz. 420.

67) *Göthel*, ZVglRWiss 99 (2000), 338, 346 f.; *Triebel/Petzold*, RIW 1988, 245, 246; *Schröder/Wenner*, S. 9; *Picot/Land*, DB 1998, 1601; vgl. auch die Übersicht in: *Sandrock/Steinschulte* in: Sandrock, S. 138 ff.

68) Dazu *Oschmann*, S. 217 ff.; *Schröder/Wenner*, S. 10 ff.

D. Rechtswahl

oder vollkommen unbekannt.[69] In diesen Fällen ist also bei einer Rechtswahl möglicherweise damit zu rechnen, dass sie partiell oder vollständig unwirksam ist.

Die Rechtswahl selbst ist ein sog. **kollisionsrechtlicher Verweisungsvertrag**, dessen Zustandekommen Art. 3 Abs. 5 Rom I-VO (früher Art. 27 Abs. 4 EGBGB) regelt.[70] Das Zustandekommen unterliegt dem in der Rechtswahlvereinbarung bezeichneten Recht (siehe Art. 10 Abs. 1 Rom I-VO), nicht etwa der *lex fori*.[71]

52

Die **Form** der Rechtswahlvereinbarung beurteilt sich aufgrund des Verweises in Art. 3 Abs. 5 Rom I-VO nach Art. 11 Rom I-VO. Die Rechtswahlvereinbarung bedarf also nicht notwendig der Form des Hauptvertrags.[72]

53

2. Kriterien für die Rechtswahl

Nicht selten steht für die Parteien von Anfang an außer Zweifel, welche **Rechtsordnung** in Betracht kommt, sodass sich längere Überlegungen oder gar Verhandlungen über das zu wählende Recht erübrigen. Oftmals aber stehen sich Verkäufer- und Käuferrecht gegenüber, und eine Entscheidung ist unumgänglich.

54

Bei der Wahl des Vertragsstatuts sollten allein **sachliche Kriterien** den Ausschlag geben. In Betracht ziehen sollten die Parteien zunächst nur solche Rechtsordnungen, die ihnen in Bezug auf das Unternehmenskaufrecht und alle sonstigen einschlägigen Regelungen hinlänglich vertraut sind. Daraus folgt mittelbar, Rechtsordnungen zu meiden, die im Bereich des Unternehmenskaufs wenig entwickelt sind.

55

Sodann sollten jene Rechtsordnungen in die engere Wahl gezogen werden, zu denen der Vertrag eine gewisse **sachliche Nähe** aufweist. Diese Nähe kann sich aus dem Sitz des Unternehmens oder seiner wesentlichen Betriebsstätten oder aus der Niederlassung einer oder beider Vertragsparteien ergeben. Fällt die Wahl auf ein anderes als das Recht am Sitz des zu veräußernden Unternehmens, so ist immer darauf zu achten, dass sich eine ganze Reihe wichtiger Fragen, etwa im Bereich der Vertragserfüllung, der Haftung, des Arbeitsrechts, des Kartellrechts oder des öffentlichen Rechts (Steuerrecht, Genehmigungen), nach dem Recht am Sitz des Unternehmens oder des Betriebs und mithin nach

56

---

69) Vgl. *Merkt*, Investitionsschutz, S. 191.
70) Dazu *Martiny* in: Reithmann/Martiny, Rz. 88 ff.; *Brödermann/Wegen* in: Prütting/Wegen/Weinreich, Art. 3 Rom I Rz. 28; *Wagner*, IPRax 2008, 377, 380.
71) *Martiny* in: MünchKomm-BGB, Art. 3 Rom I-VO Rz. 104 m. w. N.
72) *Martiny* in: MünchKomm-BGB, Art. 3 Rom I-VO Rz. 109; zum früheren Recht BGHZ 53, 189, 191; BGHZ 57, 337, 338 f.; BGHZ 73, 391.

einem anderen Recht als dem Vertragsstatut beurteilt. Die damit möglicherweise verbundenen Reibungen sind in die Kalkulation einzubeziehen.

3. Rechtswahlklausel
a) Allgemeines

57 Eine Rechtswahlklausel sollte **klar und eindeutig** formuliert sein. Sie sollte Bestandteil des Vertrags sein, für den das Recht gewählt wird. Sie ist also in den Vertrag zu inkorporieren, vorzugsweise am Ende des Vertrags als eine der Klauseln unter dem Punkt „*Verschiedenes*" oder „*Schlussbestimmungen*". Grundsätzlich sollte der gesamte Vertrag (einschließlich der Anlagen und Nebenabreden, möglicherweise auch einschließlich zukünftiger Zusätze) dem gewählten Recht unterworfen werden.[73]

58 Für die sprachliche Fassung der Klausel in deutscher Sprache kann man sich an der Formulierung in **Art. 3 Abs. 1 Satz 1 Rom I-VO** orientieren. Dort heißt es: „*Der Vertrag unterliegt dem von den Parteien gewählten Recht.*" Eine Rechtswahlklausel könnte also lauten:

„Der Vertrag einschließlich der Anlagen und Nebenabreden unterliegt ausschließlich dem deutschen Recht" oder „... dem Recht der Bundesrepublik Deutschland."

59 (weitere Formulierungsvorschläge siehe unten Rz. 69 f., in deutscher und englischer Sprache; zu Fragen der Vertragssprache vgl. unten § 5 Rz. 9 ff.; zum Einheitskaufrecht vgl. oben Rz. 10 ff., zu Gerichtsstandsklauseln siehe unten § 18 Rz. 1 ff., zu Schiedsklauseln oben § 2 Rz. 228 ff. und unten § 18 Rz. 34 ff.).[74]

60 Grundsätzlich nicht erforderlich ist es, in der **Rechtswahlklausel** ihre sachliche **Reichweite** näher zu bestimmen. Welche Fragen und Aspekte die Klausel erfasst, ergibt sich im Wesentlichen nämlich bereits aus den gesetzlichen Regelungen in Art. 10 und 12 Abs. 1 Rom I-VO (unten § 5). Von diesem Grundsatz mögen die Parteien allerdings in bestimmten Fällen abweichen, etwa bei der sog. *Teilrechtswahl* (siehe unten Rz. 97 ff.).

---

[73] Zum kollisionsrechtlichen Verhältnis zwischen mehreren, in Verbindung zueinander stehenden Verträgen, *Martiny* in: Reithmann/Martiny, Rz. 174 ff.

[74] Vgl. auch die Formulierungsvorschläge in: *Schröder/Wenner*, S. 47 ff.; zur Auslegung von Rechtswahlklauseln vgl. BGH, JZ 2000, 1115 (mit Anm. *Sandrock*).

D. Rechtswahl

b) Ausschluss des Internationalen Privatrechts?

In der Praxis des grenzüberschreitenden Unternehmenskaufs finden sich mittlerweile verstärkt Rechtswahlklauseln, in denen das Internationale Privatrecht ausgeschlossen wird.[75] Solche Klauseln lauten bspw.: 61

„Der Vertrag unterliegt deutschem Recht unter Ausschluss des Internationalen Privatrechts." oder:

„This Agreement shall be governed by and construed in accordance with English Law with exclusion of English choice of law principles."

Diese Entwicklung geht auf die anglo-amerikanische Vertragspraxis zurück.[76] Allerdings sind solche Klauseln **weder erforderlich noch empfehlenswert**. 62

So wird allein aus dem Wortlaut der eben aufgeführten deutschsprachigen Beispielklausel nicht klar, ob die Parteien das Kollisionsrecht des Forums oder des gewählten Rechts ausschließen wollen. Im Allgemeinen sind solche Klauseln zwar dahingehend auszulegen, dass die Parteien lediglich die **Sachnormen des berufenen Rechts wählen** und damit nur **dessen Kollisionsrecht ausschließen** wollen.[77] Für diese Auslegung spricht auch, dass der Ausschluss des Internationalen Privatrechts des Forums rechtlich nicht möglich ist. Das deutsche Internationale Privatrecht ist von Amts wegen zu beachten.[78] Es ist daher nicht anzunehmen, dass die Parteien es ausschließen wollten. Dennoch bleiben die Klauseln missverständlich. Dies gilt erst Recht, wenn die Rechtswahl mit dem Recht am Forum übereinstimmt, also die englischsprachige Beispielklausel etwa mit einer Gerichtsstandsvereinbarung zugunsten eines englischen Gerichts verbunden wird und damit den englischen Richter vor die Frage stellt, ob die Parteien ihm wirklich sein englisches Kollisionsrecht aus der Hand schlagen wollen. 63

Missverständlich kann eine solche Rechtswahlklausel auch aus einem anderen Grund sein. Sie könnte zu dem Schluss verleiten, die Parteien wollten das Kollisionsrecht des Forums (auch) abbedingen, um solche Rechtsbereiche einer Rechtswahl zugänglich zu machen, in denen das Internationale Privatrecht keine Rechtswahl zulässt (bspw. Fragen, die dem Gesellschaftsstatut oder Sachenrechtstatut zu zuordnen sind).[79] 64

Kommt ein Gericht zu dem Schluss, die Klausel sei missverständlich, birgt dies die Gefahr, dass es die Klausel insgesamt für unwirksam erachtet. Die in Unternehmenskaufverträgen übliche salvatorische Klausel kann dem zwar entgegenwirken; dennoch sollte man dieses Risiko nicht unnötig schaffen. Unabhängig 65

---

75) Für den umgekehrten Fall der Wahl des anwendbaren Kollisionsrechts und deren Zulässigkeit *Siehr* in: FS Canaris, S. 815, 822 f.; abl. *Rugullis*, ZVglRWiss 106 (2007), 217.
76) So auch *Mankowski*, RIW 2003, 2, 7 f.
77) *Martiny* in: Reithmann/Martiny, Rz. 217.
78) BGH, NJW 1993, 2305; BGH, NJW 1995, 2097; *Martiny* in: MünchKomm-BGB, Art. 20 Rom I-VO Rz. 6; *Mankowski*, RIW 2003, 2, 8.
79) *Mallmann*, NJW 2008, 2953, 2955.

davon ist eine solche Klausel auch überflüssig, jedenfalls wenn das Gericht das anwendbare Recht ausgehend von der Rom I-Verordnung bestimmt. Denn nach Art. 20 Rom I-VO sind Verweisungen der Verordnung und damit auch aufgrund einer Rechtswahl gemäß Art. 3 Rom I-VO als Sachnormverweisungen zu verstehen. Gleiches gilt nach Art. 4 Abs. 2 EGBGB für sonstige Rechtswahlvereinbarungen. Die Einordnung als Sachnormverweisung gilt unabhängig davon, ob die Parteien das Recht des Forums oder ein fremdes Recht wählen.

66 Der einzig denkbare Anwendungsfall einer solchen Klausel ist daher, wenn die Parteien einen Gerichtsstand außerhalb des Geltungsbereichs der Rom I-Verordnung wählen und das am Gerichtsort geltende Kollisionsrecht eine Rechtswahl nicht als Sachnorm-, sondern als Gesamtverweisung begreift, sofern die Parteien nicht etwas anderes bestimmen. Ein solcher Fall dürfte jedoch kaum vorkommen, da auch ausländische Kollisionsrechte Rechtswahlvereinbarungen der Parteien regelmäßig als Sachnormverweisungen begreifen werden.[80]

67 Sollte es trotz dieser Gründe gegenüber dem Verhandlungspartner nicht durchsetzbar sein, auf den Ausschluss des Kollisionsrechts des gewählten Rechts zu verzichten, sollte dieser **Ausschluss** jedenfalls **eindeutig** gefasst sein und deutlich machen, dass nicht das Kollisionsrecht des Forums gemeint ist. Eine solche Klausel könnte dann wie folgt lauten:

> „Der Vertrag unterliegt englischem Recht. Das Internationale Privatrecht des gewählten englischen Rechts soll nicht anwendbar sein."
>
> „This Agreement shall be governed by English law excluding the conflict of law rules of the chosen English law."[81]

68 Es ließe sich auch schlicht formulieren:

> „Der Vertrag unterliegt dem Sachrecht [oder materiellen Recht] des Staats New York, USA."
>
> „This Agreement shall be governed by the substantive laws of the State of New York."

c) Formulierungsvorschläge

69 Die der Rom I-Verordnung wie auch im Recht vieler anderer Staaten (bedeutsame Ausnahmen finden sich in Lateinamerika und im arabischen Raum) gewährte Freiheit, das anwendbare Recht zu wählen, sollten die Parteien des Unternehmenskaufs nutzen. **Deutschsprachige Rechtswahlklauseln** (zum Ausschluss des Einheitskaufrechts vgl. oben Rz. 24 f.) können bspw. wie folgt lauten:

> „Dieser Vertrag unterliegt dem deutschen Recht. Das Wiener UN-Übereinkommen vom 11.4.1980 über Verträge über den internationalen Warenkauf ist ausgeschlossen."

---

80) S. etwa zur US-amerikanischen Rechtslage *Göthel*, ZVglRWiss 99 (2000), 338, 368.
81) S. *Mankowski*, RIW 2003, 2, 8.

D. Rechtswahl

„Dieser Vertrag einschließlich aller Anlagen und Zusatz- sowie Nebenvereinbarungen unterliegt dem unvereinheitlichten Recht der Bundesrepublik Deutschland."

„Für sämtliche Rechtsbeziehungen, die sich für die Parteien und ihre Rechtsnachfolger aus diesem Vertrag und sämtlichen Nebengeschäften zu diesem Vertrag ergeben, gilt das unvereinheitlichte Recht der Bundesrepublik Deutschland."

Englischsprachige Klauseln (zu den Besonderheiten sogleich Rz. 71 ff.) können etwa wie folgt formuliert werden: 70

„This Agreement is to be governed by and construed under the laws of the State of New York. The United Nations Convention on Contracts for the International Sale of Goods of 1980 shall not apply."

„The rights and duties of the parties under this Agreement shall be governed by and construed under the laws of the State of California."

„Any claim, dispute or controversy arising out of the terms of this Contract or in connection with this Contract shall be resolved in accordance with the laws of the State of New York."

4. Rechtswahlklauseln in fremder Sprache

a) Allgemeines

Wird die Klausel in fremder Sprache abgefasst, ist besondere **Vorsicht** geboten. Einerseits ist es bei Rechtswahlklauseln – wie auch bei anderen Klauseln – nicht unbedenklich, eine deutsche Klausel ohne weiteres in eine fremde Sprache zu übersetzen. Denn in fremden Sprachen werden identische rechtliche Sachverhalte oftmals unterschiedlich ausgedrückt. Die unbeholfene wörtliche Übersetzung einer deutschen Klausel hat möglicherweise ungeahnt sinnentstellende Bedeutung. Andererseits haben in fremden Sprachen übliche Klauseln aus deutscher Sicht oftmals eine andere Bedeutung als erwartet. Ein anschauliches Beispiel sind die sog. *construction clauses* des anglo-amerikanischen Vertragsrechts (unten Rz. 75 ff.). 71

Angesichts der Vielzahl denkbarer Fragen und Probleme lässt sich hier nur die allgemeine Empfehlung für die Praxis aussprechen, bei der zwei- oder mehrsprachigen Vertragsgestaltung hinreichenden Sachverstand einzuschalten. Dabei sollte man sich keinesfalls auf juristische Fachübersetzer oder gar auf Fachwörterbücher verlassen. Unabdingbar ist es, erfahrene mehrsprachige Vertragsjuristen hinzuziehen.[82] 72

---

82) Auch *Martiny* in: Reithmann/Martiny, Rz. 253, der auf eine Überprüfung durch das europäische System IATE (Inter Active Terminology for Europe) des Übersetzungszentrums der EU in Luxemburg verweist.

b) Rechtswahlklauseln in englischer Sprache

73 Verbreitete Fassungen für eine Rechtswahlklausel in englischer Sprache lauten (siehe auch oben Rz. 70):

„This Agreement shall be subject to, and governed by, the laws of the State of New York."

„Any claim, dispute or controversy arising out of the terms of this Contract shall be resolved in accordance with the laws of the State of New York."

74 Diese Fassungen sind insbesondere für den Unternehmenskauf – Asset Deal wie Share Deal – geeignet (zur Wahl oder Abwahl des UN-Kaufrechts siehe oben Rz. 31 f. und zur – aus deutscher Sicht redundant erscheinenden – Formulierung *„claim, dispute or controversy"* vgl. unten § 18 Rz. 55).[83]

c) Auslegungsklauseln (Construction Clauses)

75 In der anglo-amerikanischen Vertragspraxis werden Rechtswahlklauseln vielfach auch als Auslegungsklauseln abgefasst. Vereinbart wird danach, der Vertrag sei nach den Bestimmungen etwa des New Yorker Rechts auszulegen. In englischer Fassung lauten solche Klauseln bspw. wie folgt:

„This Contract shall be interpreted under the laws of the State of New York."

„This Agreement shall be construed pursuant to (oder: in accordance with) the laws of the State of California."

76 Man bezeichnet solche Klauseln als *construction clauses* (Auslegungsklauseln). Aus Sicht des **US-amerikanischen Praktikers** handelt es sich in beiden Fällen um **vollwertige Rechtswahlklauseln**.[84]

77 Dementsprechend werden *construction clauses* in Musterverträgen als Rechtswahlklauseln empfohlen.[85] Ob allerdings solche reinen *construction clauses* auch aus Sicht des **deutschen Rechts** eine ausdrückliche Rechtswahl darstellen, wird in der Rechtsprechung uneinheitlich beantwortet. Bisweilen wurde die Auffassung vertreten, damit werde lediglich das für die **Auslegung** des Vertrags maßgebliche Recht bestimmt. Fehle es ansonsten an einer ausdrücklichen Rechtswahl, bleibe zu prüfen, ob die Wahl des Auslegungsstatuts i. V. m. weiteren Faktoren zumindest eine **stillschweigende Wahl** des Vertragsstatuts ergebe. Dabei könne die ausdrückliche Wahl eines bestimmten Rechts für die

---

[83] Vgl. *Lieberman* in: Stone, Business Organisations, Div. VII ("Corporations") § 54.11.

[84] Anders OLG München, IPRax 1989, 42, 44; vgl. auch *Spellenberg* in: MünchKomm-BGB, Art. 12 Rom I-VO Rz. 33; *W. Lorenz*, IPRax 1989, 22, 24: Während durch „interpretation" ermittelt wird, was die Parteien in tatsächlicher Hinsicht gewollt haben, steht „construction" für die Umsetzung des solchermaßen festgestellten Sachverhalts in eine Rechtsfolge; so auch die herrschende US-amerikanische Rechtsprechung, Nachweise bei *Magold*, S. 291.

[85] Vgl. etwa *Gillman* in: Stone, Specialized Forms, § 14.292 („Franchise Agreement"): „This Agreement ... shall be interpreted and construed under the laws of ...".

D. Rechtswahl

Auslegung des Vertrags in der *construction clause* einen Anhaltspunkt bieten.[86] Doch bleibt danach ein gewisses Risiko, dass gleichwohl ein anderes Recht als Vertragsstatut zum Zuge kommt.

Um dieses Risiko auszuschließen, empfiehlt es sich für die Praxis, eine *construction clause* immer um eine Wendung zu ergänzen, die eine **ausdrückliche Rechtswahl** darstellt.[87] Auf eine entsprechende **Ergänzung** sollte jedenfalls eine deutsche Vertragspartei gegenüber einer US-amerikanischen Vertragspartei immer bestehen. In dieser Weise ergänzt, kann eine solche Klausel etwa lauten:

„This Agreement is to be governed by and construed under the laws of the State of New York."

„The rights and duties of the parties under this Agreement shall be governed by and construed under the laws of the State of California."

Dadurch wird aus der bloßen Auslegungsklausel eine **kombinierte Auslegungs- und Rechtswahlklausel**. Auch solche Klauseln sind in der US-amerikanischen Praxis sehr verbreitet, weshalb der Wunsch der deutschen Vertragspartei nach Ergänzung der *construction clause* regelmäßig auf keine Widerstände stoßen dürfte. Unschädlich ist hierbei, dass die Vereinbarung eines für die Vertragsauslegung maßgeblichen Rechts neben der Berufung eines Vertragsstatuts aus Sicht des europäischen Rechts überflüssig ist (vgl. Art. 12 Abs. 1 lit. a Rom I-VO; früher Art. 32 Abs. 1 Nr. 1 EGBGB).

5. Staaten mit gespaltenem Privatrecht

Eine Reihe von Staaten hat kein einheitliches Recht oder Privatrecht. So ist etwa das Privatrecht in den USA von Einzelstaat zu Einzelstaat verschieden.

---

86) Die Klausel „This agreement shall be construed under the laws of the state Iowa" ist eine *construction clause*, die keine ausdrückliche Rechtswahlvereinbarung darstellt; eine stillschweigende Rechtswahl kann ihr i. V. m. anderen Umständen (hier: englische Vertragssprache und US-Dollar als Zahlungsmittel) entnommen werden, OLG München, IPRax 1984, 319; zust. *Jayme*, IPRax 1984, 303, unter Bestätigung der Vorinstanz LG München, IPRax 1984, 318. Die Vereinbarung, ein Vertrag „shall be construed in accordance with a given law", ist nach der zugrunde zu legenden anglo-amerikanischen Terminologie gleichbedeutend mit „shall be governed by that law as a whole"; beide Formulierungen unterstellen den Vertrag insgesamt (nicht nur hinsichtlich seiner Auslegung) diesem Recht; anders OLG München, IPRax 1989, 42; zust. *Martiny* in: MünchKomm-BGB, Art. 3 Rom I-VO Rz. 57; noch weiter geht *Schröder*, IPRax 1985, 131, der die *construction clause* – wie die US-amerikanische Vertragspraxis dies tut – als ausdrückliche Wahl des Vertragsstatuts versteht. Für das Verhältnis zu England und den USA ebenfalls zust. *Martiny* in: Reithmann/Martiny, Rz. 125.
87) So auch *Meyer-Sparenberg*, WiB 1995, 849.

Auch Mexiko, Kanada, Australien und das Vereinigte Königreich (England und Schottland) sind Staaten mit gespaltenem Privatrecht.[88]

81 Nach europäischem Internationalen Privatrecht gilt: Umfasst ein Staat mehrere Gebietseinheiten, von denen jede für vertragliche Schuldverhältnisse ihre eigenen Rechtsvorschriften hat, so gilt für die Bestimmung des Vertragsstatuts jede Gebietseinheit als Staat (Art. 22 Abs. 1 Rom I-VO; früher Art. 35 Abs. 2 EGBGB).[89] Dies ist bei der Rechtswahl zu berücksichtigen. Daher ist die betreffende **Einzelrechtsordnung** genau zu **bezeichnen**. Es ist also nicht das US-amerikanische Recht, sondern etwa das Recht von New York oder Kalifornien zu wählen. Haben die Parteien lediglich das Recht eines Gesamtstaats gewählt, ist im Wege der Auslegung zu ermitteln, ob und welche Einzelrechtsordnung gemeint war.[90] Ob es sich um einen Staat mit gespaltener Privatrechtsordnung für die beim Unternehmenskauf relevanten Rechtsgebiete handelt, ist in Zweifelsfällen vorab zu prüfen.

6. Auslandsberührung

82 Bisweilen ergibt sich die Frage, ob auch ein minimaler Auslandsbezug des Vertrags die Möglichkeit einer kollisionsrechtlichen Rechtswahl eröffnet oder ob die Auslandsberührung eine gewisse Intensität haben muss. Immerhin können sich die Parteien durch die Rechtswahl über die zwingenden Bestimmungen des an sich – d. h. mangels Wahl – maßgeblichen Rechts hinwegsetzen. Indessen ist zu bedenken, dass die Parteien mit der Rechtswahl ihren Vertrag den zwingenden Bestimmungen des gewählten Rechts unterwerfen. Der Vertrag wird also nur einem neuen zwingenden Recht unterworfen, er wird niemals von jedem zwingenden Recht befreit. Daher ist das geltende europäische Internationale Privatrecht in Form der Rom I-Verordnung nach ganz h. A. liberal: Als Auslandsberührung genügt die Wahl eines fremden Rechts als solche.[91] Mögen also alle Vertragsparteien und das gesamte Vertragsverhältnis keinerlei Auslandsbezug aufweisen, so folgt nach h. A. – wenngleich dies zirkulär erscheint – **hinreichender Auslandsbezug** schon aus der bloßen **Wahl des ausländischen Rechts**.[92]

---

88) Vgl. die Übersicht bei *Sandrock/Steinschulte* in: Sandrock, S. 204 ff., 234 ff., 244 ff. (USA, Kanada, Australien); in Spanien, wo in bestimmten Bereichen des Privatrechts regionale Rechtsspaltung gilt (sog. Foralrechte), sind die handels- und wirtschaftsrechtlichen Regelungen landesweit einheitlich, vgl. *Fischer/Fischer*, S. 27 ff.

89) Dazu *Martiny* in: Reithmann/Martiny, Rz. 220 f.; *Leible/Lehmann*, RIW 2008, 528, 543; *Clausnitzer/Woopen*, BB 2008, 1798, 1806.

90) *Clausnitzer/Woopen*, BB 2008, 1798, 1807; *Martiny* in: MünchKomm-BGB, Art. 22 Rom I-VO Rz. 6.

91) *Martiny* in: Reithmann/Martiny, Rz. 135; *Martiny* in: MünchKomm-BGB, Art. 3 Rom I-VO Rz. 20.

92) *Martiny* in: MünchKomm-BGB, Art. 3 Rom I-VO Rz. 21.

D. Rechtswahl

Allerdings beschränkt das europäische Internationale Schuldrecht die Parteiautonomie bei Fällen mit Bezug zu einem einzigen Land (der durch die Wahl fremden Rechts vermittelte Auslandsbezug bleibt dabei außer Betracht). Gemäß Art. 3 Abs. 3 Rom I-VO (früher Art. 27 Abs. 3 EGBGB) gelten bei solchen **Binnensachverhalten** nämlich die zwingenden Bestimmungen des Landes, zu dem der Fall seinen einzigen Bezug hat, und zwar zusätzlich zu den Bestimmungen des gewählten ausländischen Vertragsstatuts.[93] Außerdem können die Parteien bei reinen **Binnenmarktsachverhalten** nicht durch die Wahl des Rechts eines Drittstaats von zwingendem Unionsrecht abweichen (Art. 3 Abs. 4 Rom I-VO; sog. *Binnenmarktklausel*).[94]   83

Dabei meinen Art. 3 Abs. 3 und 4 Rom I-VO im Unterschied zu Art. 9 Rom I-VO (früher Art. 34 EGBGB) nicht nur die international, sondern auch die lediglich intern oder „einfach" zwingenden **Bestimmungen**, also jene Vorschriften, die nicht im nationalen Recht, sondern nur international (durch kollisionsrechtliche Rechtswahl) abdingbar sind (zu Art. 9 Rom I-VO näher unten § 5 Rz. 59 ff.).[95]   84

Wegen der dargestellten **Kumulation** zwingender Vorschriften dürfte es praktisch nur in den seltensten Fällen sinnvoll sein, fremdes Recht bei reinen Inlandssachverhalten zu wählen. Im Übrigen sollte die Wahl eines fremden Rechts wirklich nur dann erwogen werden, wenn der Inhalt der relevanten vertragsrechtlichen und sonst einschlägigen Bestimmungen dieses Rechts hinlänglich bekannt ist.   85

7. Wahl eines neutralen Rechts

Mit der Problematik der eben dargestellten hinreichenden Auslandsbeziehung in gewisser Weise verwandt ist die Frage, ob die Parteien kollisionsrechtlich ein neutrales Recht wählen dürfen.[96] Das Bedürfnis für eine solche Wahl ergibt sich vielfach dann, wenn die Parteien aus unterschiedlichen Ländern kommen und jede Partei auf dem ihr vertrauten Recht beharrt. Grundsätzlich ist es natürlich ein gewisser formaler Vorteil, wenn das „*eigene*" Recht anwendbar ist. Andererseits ergibt sich aus dem „*eigenen*" Recht nicht ohne weiteres auch ein greifbarer materieller Vorteil.[97]   86

---

93) *Göthel* in: Reithmann/Martiny, Rz. 4613; *Brödermann/Wegen* in: Prütting/Wegen/Weinreich, Art. 3 Rom I Rz. 25; *Leible/Lehmann*, RIW 2008, 528, 534; *Clausnitzer/Woopen*, BB 2008, 1798, 1799.
94) Dazu *Göthel* in: Reithmann/Martiny, Rz. 4613; *Magnus*, IPRax 2010, 27, 33 f.; *Pfeiffer*, EuZW 2008, 622, 624 f.; *Leible/Lehmann*, RIW 2008, 528, 534; *Wagner*, IPRax 2008, 377, 380; *Clausnitzer/Woopen*, BB 2008, 1798, 1799.
95) *Martiny* in: Reithmann/Martiny, Rz. 134; *Brödermann/Wegen* in: Prütting/Wegen/Weinreich, Art. 3 Rom I Rz. 25; *Niggemann*, IPRax 2009, 444, 450.
96) Dazu *Martiny* in: MünchKomm-BGB, Art. 3 Rom I-VO Rz. 22.
97) *Meyer-Sparenberg*, WiB 1995, 849, 850.

87 Daher wird es in der Praxis bisweilen als klassische Verhandlungsmasse angesehen, auf das „*eigene*" Recht zu verzichten, wenn sich im Gegenzug eine vorteilhafte vertragliche Vereinbarung „*erkaufen*" lässt. Allerdings ist hier zu warnen. Denn wie hoch der tatsächliche „*Preis*" für den Verzicht auf das eigene Recht ist, lässt sich oftmals nur schwer einschätzen, zumal in den seltensten Fällen der gesamte Vertrag auf der Grundlage des fremden Rechts im Vorhinein geprüft werden dürfte (und kann). Ein neutrales Recht zu wählen ist also nur eine **Verlegenheitslösung** und sollte lediglich dort ernsthaft erwogen werden, wo man hinlänglich weiß, worauf man sich einlässt.

88 Wenn diese Voraussetzungen erfüllt sind, stellt sich sodann die Frage nach der **Zulässigkeit** der Wahl eines neutralen Rechts. Die ganz h. A. gestattet eine solche Wahl. Die Parteien sind bei der Wahl ihres Vertragsstatuts also nicht auf jene Rechtsordnungen beschränkt, die zu ihnen oder ihrem Vertrag in irgendeiner objektiven Beziehung stehen.[98]

89 Schließlich ist kurz auf die Frage einzugehen, welche Rechtsordnungen überhaupt als geeignete neutrale Rechte in Betracht kommen. Diese Frage fällt für das Vertragsrecht allgemein, aber besonders für den Unternehmenskauf schwer. Es fehlt an vergleichenden Untersuchungen über die **Qualität der Rechtsordnungen** in Bezug auf den Unternehmenskauf, wobei ohnehin fraglich ist, ob nicht bspw. die Käuferfreundlichkeit eines Rechts durch entsprechenden Mangel an Verkäuferfreundlichkeit kompensiert wird, sodass sich generalisierende Aussagen verbieten. Ganz allgemein wird man einen Vorteil darin erkennen können, dass eine Rechtsordnung hoch entwickelt ist und auf zahlreiche Detailfragen eine Antwort bereithält.

90 Speziell für den Bereich des Unternehmenskaufs lassen sich durchaus erhebliche Unterschiede feststellen, was schon daraus resultiert, dass es national sehr unterschiedlich weit entwickelte Märkte für Unternehmenskäufe gibt. Eine hoch entwickelte Privatrechtsordnung nimmt erfahrungsgemäß gesteigerte Rücksicht auf die spezifischen Interessen der beteiligten Parteien. Sie wird regelmäßig von einer funktionstüchtigen Rechtsprechung flankiert. Dies trägt zusätzlich zur Berechenbarkeit bei. Die bloße Berechenbarkeit erlaubt ungeachtet des Inhalts der betreffenden Regelungen kautelarische Vorsorge. Umgekehrt ist eine Rechtsordnung, die in puncto Vertrags- oder Unternehmenskaufrecht wenig entwickelt ist, für die Parteien mit Risiken und Unabwägbarkeiten verbunden, weshalb von einer Wahl tendenziell abzuraten ist.[99]

---

98) Zum früheren Recht OLG München, IPRspr. 1985 Nr. 35 = IPRax 1986, 178 (mit Anm. *Jayme*): Vereinbaren eine deutsche und eine türkische Vertragspartei die Anwendung schweizerischen Rechts, so ist die Wahl dieses neutralen Rechts zulässig; vgl. auch *Göthel* in: Reithmann/Martiny, Rz. 4612; *Göthel*, Joint Ventures, S. 74 f.; *Martiny* in: Reithmann/Martiny, Rz. 93 m. w. N.; *Mankowski*, RIW 2003, 2, 4; *Schröder/Wenner*, S. 19 f.
99) *Picot/Land*, DB 1998, 1601.

D. Rechtswahl

Legt man diese Kriterien zugrunde, so wird man – mit allen gebotenen Vorbehalten – sagen können, dass sich im Laufe der Zeit international von den europäischen Rechtsordnungen das Recht der **Schweiz**,[100] sowie in den USA das Recht von **New York** und von Kalifornien einen guten Ruf erworben haben. Im Verhältnis zu Vertragspartnern aus Ländern der dritten Welt werden je nach Zugehörigkeit bisweilen das Recht des ehemaligen englischen oder französischen Mutterlands bevorzugt.[101] 91

8. Wahl außerstaatlichen Rechts, Versteinerungsklauseln

Aus der Praxis internationaler Handelsschiedsgerichte sind Rechtswahlvereinbarungen bekannt, mit denen Verträge nichtstaatlichem Recht unterworfen werden. So berufen die Parteien bisweilen allgemeine Rechtsgrundsätze (**general principles of law**), **Grundsätze des Völkerrechts** oder die **lex mercatoria** als maßgebliches Vertragsstatut. Verschiedentlich wird auch vereinbart, Streitigkeiten sollen ausschließlich nach Billigkeitsgrundsätzen (**principles of equity**) entschieden werden. Das Ziel ist, den Vertrag zu „*entnationalisieren*", also den Fesseln eines nationalen Rechts zu entziehen. Solche Klauseln mögen berechtigt sein, wenn private Vertragsparteien in Verträgen mit staatlichen Stellen (Abbau von Rohstoffvorkommen, Energiegewinnung etc.) bei der Wahl eines nationalen Rechts in Verlegenheit geraten, weil sich die staatliche Seite aus Gründen der Souveränität nicht fremdem Privatrecht unterwerfen will. Auch besteht hier die latente Gefahr, dass das Recht des Staats, der Vertragspartei ist, nach Vertragsschluss zugunsten dieser Partei geändert wird. Die Zulässigkeit und Wirkung solcher Klauseln ist Gegenstand umfangreicher literarischer und schiedsgerichtlicher Kontroverse.[102] Nach der h. A. dürfen die Parteien auf außerstaatliches Recht nur materiellrechtlich verweisen, es also nur 92

---

100) Vgl. OLG München, IPRspr. 1985 Nr. 35 = IPRax 1986, 178 (mit Anm. *Jayme*): Wahl eines neutralen Rechts ist auch ohne sachlichen Anknüpfungspunkt immer dann anzuerkennen, wenn die gewählte neutrale Rechtsordnung wesentliche Grundsätze der nächstliegenden Rechtsordnungen gleichfalls beinhaltet, wenn vor allem wegen der starken internationalen Anerkennung der gewählten Rechtsordnung dem Gedanken der Neutralität in besonderer Weise Rechnung getragen werden soll, wie dies beim neutralen schweizerischen Recht der Fall ist.
101) Zu diesem Komplex auch *Sandrock/Steinschulte* in: Sandrock, S. 13 ff.
102) Zum früheren Recht *Hohloch* in: Erman, Art. 27 EGBGB Rz. 9; *Merkt*, Investitionsschutz, passim; *Göthel*, Joint Ventures, S. 74 ff.; zu den einzelnen Rechtsgrundsätzen vgl. *Schröder/Wenner*, S. 25 ff.

sachrechtlich inkorporieren.[103] Damit ist jedenfalls vor staatlichen Gerichten die kollisionsrechtliche Parteiautonomie auf staatliches Recht beschränkt.[104]

93 In Unternehmenskaufverträgen zwischen **Privaten** ist von der Wahl nichtstaatlichen Rechts dringend abzuraten.[105] Denn die damit verbundenen Unabwägbarkeiten sind nicht zuletzt wegen der Lückenhaftigkeit dieser *„Rechtsordnungen"* zu groß, zumal immer damit zu rechnen ist, dass ein staatliches Gericht oder ein Schiedsgericht eine solche Wahl und den damit regelmäßig intendierten Ausschluss jeglichen staatlichen Rechts für unwirksam erachtet und stattdessen – partiell oder in toto – ein staatliches Recht heranzieht.[106] Schon um dieser Gefahr vorzubeugen, sollte man sich von vornherein auf ein bestimmtes staatliches Recht einigen.

94 Ähnliches gilt für sog. **Versteinerungs- oder Stabilisierungsklauseln**, mit denen die Parteien die gewählte Rechtsordnung in dem Zustand berufen, in dem sie sich in einem bestimmten Zeitpunkt befindet, d. h. unter Ausschluss aller späteren Rechtsänderungen.[107] Damit möchte man der Gefahr vorbeugen, dass die staatliche Vertragspartei das maßgebliche Recht einseitig ändert.[108]

95 Versteinerungsklauseln sind in Verträgen zwischen **Privaten** – anders als in Verträgen mit staatlichen Stellen – nicht zu empfehlen.[109] Die Parteien sind nämlich nach h. M. nicht befugt, zwingende Normen des Vertragsstatuts abzubedingen.[110]

---

103) Nach Erwägungsgrund 13 der Rom I-VO sind die Parteien nicht gehindert, in ihrem Vertrag auf ein nichtstaatliches Regelwerk oder ein internationales Übereinkommen Bezug zu nehmen. Näher zu dieser Problematik *Martiny* in: Reithmann/Martiny, Rz. 100 ff.; *Magnus*, IPRax 2010, 27, 33; *Mankowski*, IHR 2008, 133, 136; *Leible/Lehmann*, RIW 2008, 528, 533 f.; *Pfeiffer*, EuZW 2008, 622, 624; *Brödermann/Wegen* in: Prütting/Wegen/Weinreich, Art. 3 Rom I Rz. 4; *Wagner*, IPRax 2008, 377, 379 f.; einen Überblick zulässiger Rechtswahlvereinbarungen nach der Rom I-VO bietet *Diedrich*, RIW 2009, 378, 384.
104) *Göthel* in: Reithmann/Martiny, Rz. 4612; *Leible/Lehmann*, RIW 2008, 528, 533.
105) So auch *Meyer-Sparenberg*, WiB 1995, 849; *Salger* in: Droste, S. 313, 316.
106) So wohl auch *Hohloch* in: Erman, Art. 27 EGBGB Rz. 9.
107) *Martiny* in: MünchKomm-BGB, Art. 3 Rom I-VO Rz. 25 f.
108) Diese Gefahr veranschaulicht der Fall *Settebello Ltd. v. Banco Totta and Acores*, (1985) 1 W.L.R. 1050, und dazu *Merkt*, Investitionsschutz, S. 23 ff.: Vertrag zwischen portugiesischem Staatsunternehmen und englischem Privatunternehmen, Vertragsstatut portugiesisches Recht; vertragliches Rücktrittsrecht des englischen Unternehmens nach Vertragsschluss wegen Verzugs des Staatsunternehmens durch staatliche Verordnung zugunsten des in Krise befindlichen Staatsunternehmens für zwei Jahre „ausgesetzt". Der englische *Court of Appeals* hielt die nachträgliche Änderung des Vertragsstatuts für beachtlich. Dazu auch *Martiny* in: Reithmann/Martiny, Rz. 106 ff.
109) *Salger* in: Droste, S. 313, 316.
110) *Sandrock* in: FS Riesenfeld, S. 211; zum Streit auch *Göthel*, Joint Ventures, S. 87 ff.

D. Rechtswahl

Soweit Unternehmen aus der Trägerschaft **staatlicher Stellen** oder Organisationen erworben werden, etwa i. R. v. Privatisierungsmaßnahmen, sei hier auf das Spezialschrifttum verwiesen.[111] 96

9. Teilweise Rechtswahl

Wie bereits ausgeführt, sollte grundsätzlich der **gesamte Vertrag** (einschließlich der Anlagen und Nebenabreden, möglicherweise auch einschließlich zukünftiger Zusätze) dem gewählten Recht unterworfen werden (oben Rz. 57). Dies gebietet der sachliche Zusammenhang, in dem die einzelnen Teile eines so komplexen Gebildes stehen, wie es ein Unternehmenskaufvertrag ist.[112] 97

Andererseits gestattet das europäische Internationale Privatrecht den Parteien – auch des Unternehmenskaufvertrags –, eine Rechtswahl nur für einen **Teil des Vertrags** vorzunehmen (Art. 3 Abs. 1 Satz 3 Rom I-VO; früher Art. 27 Abs. 1 Satz 3 EGBGB).[113] Dadurch wird jener Teil des Vertrags vom sonstigen Vertragsstatut **abgespalten** (sog. *dépeçage*). Dabei kann sich die Rechtswahl entweder auf einen Teil des Vertrags beschränken (der Rest unterliegt dann dem mangels Rechtswahl anzuwendenden Recht), oder die Parteien berufen für verschiedene Vertragsteile unterschiedliche Rechtsordnungen.[114] Die Grenze dieser Befugnis verläuft dort, wo ein zusammenhängender Aspekt durch die Unterwerfung unter verschiedene Rechtsordnungen ohne Sinn oder in widersprüchlicher Weise auseinander gerissen würde, wenn etwa die Auflösung eines Unternehmenskaufs zwei verschiedenen Rechtsordnungen (eine für die Käufer- und eine für die Verkäuferpflichten) unterworfen würde.[115] Denn die Teilfragen müssen abspaltbar sein und damit eine gewisse Selbständigkeit aufweisen.[116] 98

Natürlich müssen sich die Parteien des Unternehmenskaufs immer die Frage stellen, ob eine Teilverweisung **Sinn** macht. Dies wird nur ausnahmsweise der Fall sein. In der Praxis ist die Teilrechtswahl denn auch die seltene Ausnahme.[117] Speziell für den Unternehmenskauf ist hiervon grundsätzlich abzura- 99

---

111) *Mengel*, RIW 1983, 739; *Merkt*, Investitionsschutz, passim; *Sandrock* in: FS Riesenfeld, S. 211; *Stoll*, passim.
112) Für eine Vermutung zugunsten des Willens der Parteien, den Vertrag einer einheitlichen Rechtsordnung zu unterwerfen etwa BGH, IPRspr. 1989 Nr. 3 = NJW-RR 1990, 248; *Hohloch* in: Erman, Art. 27 EGBGB Rz. 19.
113) Dazu *Martiny* in: Reithmann/Martiny, Rz. 94 ff.; *Martiny* in: MünchKomm-BGB, Art. 3 Rom I-VO Rz. 67 ff.; *Göthel* in: Reithmann/Martiny, Rz. 4617; *Brödermann/Wegen* in: Prütting/Wegen/Weinreich, Art. 3 Rom I Rz. 19; *Wagner*, IPRax 2008, 377, 379; *Leible/Lehmann*, RIW 2008, 528, 532.
114) *Göthel* in: Reithmann/Martiny, Rz. 4617; *Kondring*, IPRax 2007, 241, 244.
115) Beispiel nach *Ferid*, Rz. 6–26; auch *Martiny* in: MünchKomm-BGB, Art. 3 Rom I-VO Rz. 70 f.
116) *Martiny* in: MünchKomm-BGB, Art. 3 Rom I-VO Rz. 70.
117) Beispiele aus dem allgemeinen Vertragsrecht bei *Hohloch* in: Erman, Art. 27 EGBGB Rz. 20.

ten.[118] Insbesondere ist davor zu warnen, Pattsituationen durch Teilverweisung lösen zu wollen. So sollten unter keinen Umständen die Käuferpflichten einem anderen Recht als die Verkäuferpflichten unterworfen werden („**kleine Vertragsspaltung**"). Da nämlich beide Pflichtenkomplexe miteinander verwoben sind und auch voneinander abhängen, können sich in der Praxis schon bei der vertragsgemäßen Abwicklung schnell erhebliche Komplikationen ergeben, von Leistungsstörungen oder Gewährleistungsfragen ganz zu schweigen.[119]

100 Die Parteien sollten eine Teilverweisung auch dann nicht erwägen, wenn ein Unternehmen mit mehreren Tochterunternehmen in **verschiedenen Staaten** veräußert wird. Wählt man etwa für jedes Tochterunternehmen ein eigenes Recht, lassen sich einzelne Teilfragen möglicherweise nicht mehr eindeutig abgrenzen. Dies kann die Verweisung unwirksam machen und die Vertragserfüllung unnötig erschweren.[120]

10. Nachträgliche Rechtswahl, Rechtswahl im Prozess

101 Die Parteien können, müssen aber nicht bei Vertragsschluss das maßgebliche Recht wählen. Es steht ihnen frei, das Vertragsstatut bereits **vor Vertragsschluss** oder aber erst zu einem **späteren Zeitpunkt** zu vereinbaren. Ferner können sie eine einmal getroffene Wahl zu jeder Zeit einvernehmlich ändern oder aufheben.[121] Art. 3 Abs. 2 Rom I-VO sieht dementsprechend vor, dass die Parteien **jederzeit** vereinbaren können, dass der Vertrag einem anderen Recht unterliegen soll als dem, das zuvor aufgrund einer früheren Rechtswahl oder aufgrund anderer Vorschriften der Verordnung für ihn maßgebend war. Die Formgültigkeit des Vertrags nach Art. 11 Rom I-VO und Rechte Dritter werden hierdurch nicht berührt.[122]

102 Eine nachträgliche Rechtswahl wirkt – nach allerdings nicht unbestrittener Ansicht – im Zweifel **ex tunc**, hingegen nur bei Vorliegen konkreter Anhaltspunkte lediglich **ex nunc**.[123] Denn es kann den Parteien nicht ohne weiteres unterstellt werden, ihren Vertrag sukzessiv zwei unterschiedlichen Rechtsordnungen

---

118) *Salger* in: Droste, S. 313, 318; *Meyer-Sparenberg*, WiB 1995, 849, 850.
119) Näher *Sandrock/Steinschulte* in: Sandrock, S. 43 f.; gegen die Zulässigkeit dieser Spaltung *Hohloch* in: Erman, Art. 27 EGBGB Rz. 21.
120) *Meyer-Sparenberg*, WiB 1995, 849, 850.
121) *Martiny* in: Reithmann/Martiny, Rz. 130; *Wagner*, IPRax 2008, 377, 380; zum früheren Recht *Hohloch* in: Erman, Art. 27 EGBGB Rz. 22 ff.; *Schröder/Wenner*, S. 43, 67 ff.
122) Dazu ausführlich *Martiny* in: Reithmann/Martiny, Rz. 132 f.; *Brödermann/Wegen* in: Prütting/Wegen/Weinreich, Art. 3 Rom I Rz. 23.
123) Ebenso BGH, IPRax 1998, 479; *Martiny* in: Reithmann/Martiny, Rz. 130; *Thorn* in: Palandt, Art. 3 Rom I-VO Rz. 11; *Thorn*, IPRax 2002, 349, 361; *Schröder/Wenner*, S. 42 f.; *Lüderitz* in: FS Keller, S. 459, 462; *Siehr* in: FS Keller, S. 484, 496; *Reinhart*, IPRax 1995, 365, 367; *Stadler*, Jura 1997, 505, 509; anders – im Zweifel ex nunc – OLG Frankfurt a. M., IPRax 1992, 317; *W. Lorenz*, IPRax 1987, 273.

D. Rechtswahl

unterwerfen zu wollen. Außerdem wird eine Abgrenzung bei solchen Sachverhalten kaum möglich sein, die vor der Rechtswahl begonnen, aber bei der Rechtswahl noch nicht beendet sind. In Art. 116 Abs. 3 schweizerisches IPR-Gesetz ist dieser Grundsatz ausdrücklich geregelt:

> „Die Rechtswahl kann jederzeit getroffen oder geändert werden. Wird sie nach Vertragsabschluss getroffen oder geändert, so wirkt sie auf den Zeitpunkt des Vertragsabschlusses zurück. Die Rechte Dritter sind vorbehalten."

Die Rechtswahl kann für den rechtshängigen **Prozess** auch noch bis zum Schluss der mündlichen Verhandlung der letzten Tatsacheninstanz getroffen oder geändert werden. Dieser Grundsatz hilft Parteien, die das Rechtswahlproblem zunächst verkannt haben.[124]   103

III. Stillschweigende Rechtswahl

Die vorangehenden Darlegungen haben deutlich werden lassen, dass beim internationalen Unternehmenskauf eine **ausdrückliche Rechtswahl** immer **anzuraten** ist. Für eine Behandlung der stillschweigenden Rechtswahl, die nur dann zu erwägen ist, wenn es an einer ausdrücklichen Wahl fehlt, sollte daher idealerweise gar kein Bedürfnis bestehen.[125] Andererseits ist nicht zu übersehen, dass gerade bei mittleren und kleineren Unternehmenskäufen die Notwendigkeit der Rechtswahl immer wieder verkannt wird.   104

Die **stillschweigende** – auch konkludente oder schlüssige – **Rechtswahl** wird den Parteien im europäischen Internationalen Privatrecht ausdrücklich **gestattet** (Art. 3 Abs. 1 Satz 2 Fall 2 Rom I-VO).[126] Sie ist subsidiär zur ausdrücklichen Wahl. Ob eine stillschweigende Wahl vorliegt, erfordert sämtliche Umstände des konkreten Falls zu würdigen. Zu berücksichtigen sind dabei namentlich der Vertragsinhalt, die Modalitäten des Vertragsschlusses und das Verhalten der Vertragsparteien. Entscheidend sind Verteilung und Schwere der einzelnen Indizien. Die für ein bestimmtes Recht sprechenden Gesichtspunkte müssen so gewichtig sein, dass sich aus ihnen auf ein **Erklärungsbewusstsein** der Parteien oder auf einen realen Parteiwillen schließen lässt, diese Rechtsordnung berufen zu wollen.[127] Die stillschweigende Rechtswahl muss sich eindeutig aus den Vertragsbestimmungen oder aus den Umständen des Falls ergeben.[128]   105

---

124) *Salger* in: Droste, S. 313, 315; *Martiny* in: MünchKomm-BGB, Art. 3 Rom I-VO Rz. 78.
125) So konsequenterweise auch *Meyer-Sparenberg*, WiB 1995, 849, der auf die stillschweigende Rechtswahl nicht näher eingeht.
126) Ausführlich *Martiny* in: MünchKomm-BGB, Art. 3 Rom I-VO Rz. 45 ff.; *Magnus*, IPRax 2010, 27, 33; *Göthel* in: Reithmann/Martiny, Rz. 4614.
127) BGH, NJW 1991, 1292, 1293; *Göthel* in: Reithmann/Martiny, Rz. 4614; *Martiny* in: Reithmann/Martiny, Rz. 113 f.; *Leible/Lehmann*, RIW 2008, 528, 532; *Wagner*, IPRax 2008, 377, 378 f.; *Spellenberg*, IPRax 1990, 296.
128) *Magnus*, IPRax 2010, 27, 33; *Brödermann/Wegen* in: Prütting/Wegen/Weinreich, Art. 3 Rom I Rz. 8; *Wagner*, IPRax 2008, 377, 378 f.

§ 4 Bestimmung des Vertragsstatuts

106 Indizien für eine stillschweigende Wahl, die besonders beim Unternehmenskauf bedeutsam sein können, sind z. B.:[129)]

- Die Vereinbarung eines gemeinsamen Gerichtsstands (*qui eligit iudicem, eligit ius*) (zur Gerichtsstandsvereinbarung näher unten § 18 Rz. 1 ff.);[130)]
- die Vereinbarung eines institutionellen Schiedsgerichts mit ständigem Sitz (*qui eligit arbitrum, eligit ius*) (zur Schiedsvereinbarung näher unten § 18 Rz. 34 ff.);[131)]
- die Bezugnahme auf Rechtsvorschriften einer bestimmten Rechtsordnung in der Vertragsurkunde oder die Verwendung juristisch-technischer Klauseln, die erkennbar auf eine bestimmte Rechtsordnung zugeschnitten sind;[132)]
- die Vereinbarung der Auslegung des Vertrags nach einem bestimmten nationalen Recht (sog. *Auslegungsklausel* oder *construction clause*, näher oben Rz. 75 ff.);
- die bestehende Vertragspraxis zwischen den Parteien;[133)]
- das Verhalten der Parteien im Prozess (Parteien beziehen sich übereinstimmend auf ein bestimmtes nationales Recht).[134)]

---

129) Nachweise bei *Martiny* in: Reithmann/Martiny, Rz. 115 ff.; *Martiny* in: MünchKomm-BGB, Art. 3 Rom I-VO Rz. 48 ff.; *Thorn* in: Palandt, Art. 3 Rom I-VO Rz. 7; zum früheren Recht *Hohloch* in: Erman, Art. 27 EGBGB Rz. 13 ff.; vgl. auch *Salger* in: Droste, S. 313, 320 ff.
130) Nach Erwägungsgrund 12 der Rom I-VO soll die Vereinbarung eines Gerichtsstands ein zu berücksichtigender Faktor bei der Feststellung einer stillschweigenden Rechtswahl sein; dazu *Göthel* in: Reithmann/Martiny, Rz. 4615; *Brödermann/Wegen* in: Prütting/Wegen/Weinreich, Art. 3 Rom I Rz. 11; *Wagner*, IPRax 2008, 377, 379. Nach *Mankowski*, IHR 2008, 133, 135, *Leible/Lehmann*, RIW 2008, 528, 532, und wohl auch *Magnus*, IPRax 2010, 27, 33 soll allerdings nur einer ausschließlichen Gerichtsstandsvereinbarung Indizwirkung zukommen, nicht jedoch einer fakultativen oder optionalen. Zur Bedeutung einer Gerichtsstandsvereinbarung auch OLG Bamberg, RIW 1989, 221 = IPRax 1990, 105; dazu *Prinzing*, IPRax 1990, 83; *Martiny* in: Reithmann/Martiny, Rz. 116 f.
131) BGH, IPRspr. 1964/65 Nr. 38 = AWD 1964, 395; BGH, IPRspr. 1968/69 Nr. 254 = AWD 1970, 31; dazu auch *Martiny* in: Reithmann/Martiny, Rz. 118 ff.; *Steinle*, ZVglRWiss 93 (1994), 300, 310 f.; *Thorn* in: Palandt, Art. 3 Rom I-VO Rz. 7; *Hohloch* in: Erman, Art. 27 EGBGB Rz. 15.
132) BGH, IPRspr. 2003 Nr. 30 = NJW 2003, 2605; OLG Köln, RIW 1993, 414; auch LG Hamburg, RIW 1993, 144; *Martiny* in: Reithmann/Martiny, Rz. 125.
133) BGH, IPRspr. 1996 Nr. 38 = NJW 1997, 1150; BGH, IPRspr. 2000 Nr. 133 = NJW 2001, 1936; *Hohloch* in: Erman, Art. 27 EGBGB Rz. 18; *Martiny* in: Reithmann/Martiny, Rz. 129; einschränkend *Steinle*, ZVglRWiss 93 (1994), 300, 312.
134) BGH, NJW-RR 1990, 248; OLG Celle, RIW 1990, 320; *Martiny* in: Reithmann/Martiny, Rz. 121 ff.; *Hohloch* in: Erman, Art. 27 EGBGB Rz. 17; *E. Lorenz*, RIW 1992, 697, 703; einschränkend *Magnus*, IPRax 2010, 27, 33.

E. Fehlende Rechtswahl

Dem **Prozessverhalten** messen deutsche Gerichte naturgemäß dann großes Gewicht bei, wenn es auf den Willen der Parteien hindeutet, deutsches Recht zu berufen.[135)]Allerdings hängt die Wirksamkeit der stillschweigenden Wahl durch übereinstimmendes Prozessverhalten bei anwaltlich vertretenen Parteien von der entsprechenden Vollmacht der Prozessvertreter ab.[136)]   107

Ferner kann die **Verbindung** eines Vertrags mit einem anderen Vertrag, dessen Statut feststeht, auf die Maßgeblichkeit dieses Statuts für beide Verträge hindeuten.[137)]   108

Keine oder nur sehr geringe Indizwirkung kommt demgegenüber der **Vertragssprache**[138)], dem **Abschlussort**[139)] des Vertrags oder der für die **Zahlungspflichten** vereinbarten Währung zu.[140)] Auch der Erfüllungsort hat bereits infolge der Reform des deutschen Internationalen Privatrechts im Jahre 1986 als Indiz an Bedeutung verloren.[141)]   109

Fehlen hinreichende Anhaltspunkte für eine stillschweigende Rechtswahl, ist der Vertrag wie auch sonst objektiv anzuknüpfen (**Art. 4 Rom I-VO**).[142)]   110

E. Fehlende Rechtswahl

I. Einleitung

Fehlt es an einer Rechtswahlvereinbarung, ist das maßgebliche Recht anhand der „**objektiven Anknüpfung**" (im Gegensatz zur „*subjektiven Anknüpfung*" gemäß dem Parteienwillen) zu bestimmen.[143)]   111

Bis zur Rom I-Verordnung unterwarf das deutsche Internationale Privatrecht einen Schuldvertrag bei der objektiven Anknüpfung generell dem Recht des   112

---

135) Umfassende Nachweise bei *Martiny* in: Reithmann/Martiny, Rz. 121; *Thorn* in: Palandt, Art. 3 Rom I-VO Rz. 8.
136) *Martiny* in: MünchKomm-BGB, Art. 3 Rom I-VO Rz. 54; bereits zum früheren Recht *Magnus* in: Staudinger, Art. 27 EGBGB Rz. 74; *Schack*, NJW 1984, 2736, 2739; *Mansel*, ZVglRWiss 86 (1987), 1, 13.
137) *Thorn* in: Palandt, Art. 3 Rom I-VO Rz. 7.
138) Dazu LG Hamburg, IPRspr. 1999 Nr. 30 = RIW 1999, 391; *Magnus* in: Staudinger, Art. 27 EGBGB Rz. 85; *Martiny* in: Reithmann/Martiny, Rz. 126.
139) BGH, NJW 2001, 1936; *Thorn* in: Palandt, Art. 3 Rom I-VO Rz. 7.
140) Anders OLG München, RIW 1997, 507: Wird die einem deklaratorischen Schuldanerkenntnis zugrunde liegende Abrede bewusst in ein Land verlegt, dessen Rechtskreis auch alle handelnden Personen angehören, richtet sich das Anerkenntnis regelmäßig nach dem Recht dieses Landes.
141) Dazu *Martiny* in: MünchKomm-BGB, Art. 3 Rom I-VO Rz. 65; *Thorn* in: Palandt, Art. 3 Rom I-VO Rz. 7; *Schröder*, IPRax 1987, 90, 91; *Hohloch* in: Erman, Art. 27 EGBGB Rz. 18.
142) KG, NJW 1957, 347 = RabelZ 23 (1958), 280, 281.
143) Dazu ausführlich *Martiny* in: Reithmann/Martiny, Rz. 143 ff.; *Mankowski*, IHR 2008, 133, 136 ff.; *Leible/Lehmann*, RIW 2008, 528, 534 ff.; *Pfeiffer*, EuZW 2008, 622, 625 f.; *Brödermann/Wegen* in: Prütting/Wegen/Weinreich, Art. 4 Rom I Rz. 3.

Staats, mit dem der Vertrag die engste Verbindung aufwies (Art. 28 Abs. 1 Satz 1 EGBGB a. F.).[144] Die engste Verbindung wurde widerlegbar zu dem Staat vermutet, in dem diejenige Partei, welche die charakteristische Leistung zu erbringen hat, ihren gewöhnlichen Aufenthalt oder ihre Hauptverwaltung hat.

113 Die Rom I-Verordnung verwendet ein **differenziertes Anknüpfungsregime**.[145] Kann ein Vertrag einer der in Art. 4 Abs. 1 Rom I-VO aufgeführten **Vertragsarten** zugeordnet werden, unterliegt er dem danach maßgeblichen Recht.[146] Ist eine solche Zuordnung nicht möglich oder sind die Bestandteile eines Vertrags durch mehr als eine der genannten Vertragsarten abgedeckt, unterliegt der Vertrag regelmäßig dem Recht des Staats, in dem diejenige Partei, welche die **charakteristische Leistung** zu erbringen hat, ihren gewöhnlichen Aufenthaltsort hat (Art. 4 Abs. 2 i. V. m. Art. 19 Rom I-VO). Bei Gesellschaften, Vereinen und juristischen Personen ist der gewöhnliche Aufenthaltsort der Ort ihrer Hauptverwaltung.[147] Bei natürlichen Personen, die i. R. d. Ausübung ihrer beruflichen Tätigkeit handeln, ist der gewöhnliche Aufenthaltsort der Ort ihrer Hauptniederlassung (Art. 19 Abs. 1 Rom I-VO).[148] Entscheidend ist der Zeitpunkt des Vertragsschlusses (Art. 19 Abs. 3 Rom I-VO). Ergibt sich aus der Gesamtheit der Umstände, dass der Vertrag eine **offensichtlich engere Verbindung** zu einem anderen als dem nach Art. 4 Abs. 1 oder 2 Rom I-VO bestimmten Staat aufweist, ist das Recht dieses anderen Staats anzuwenden (Art. 4 Abs. 3 Rom I-VO).[149] Lässt sich nach Art. 4 Abs. 1 oder 2 Rom I-VO das anwendbare Recht überhaupt nicht bestimmen, gilt das Recht des Staats, zu dem der Vertrag die **engste Verbindung** aufweist (Art. 4 Abs. 4 Rom I-VO).[150] Diese Bestimmungen bedürfen sowohl für den Share Deal als auch für den Asset Deal der näheren Erläuterung.

---

144) *Wagner*, IPRax 2008, 377, 380 f.
145) Ausführlich *Magnus*, IPRax 2010, 27, 34 ff.
146) So Erwägungsgrund 19 der Rom I-VO; dazu auch *Leible/Lehmann*, RIW 2008, 528, 534 f.; *Brödermann/Wegen* in: Prütting/Wegen/Weinreich, Art. 4 Rom I Rz. 8 ff.; *Clausnitzer/Woopen*, BB 2008, 1798, 1799 f.
147) Zum Begriff „Hauptverwaltung" vgl. *Martiny* in: MünchKomm-BGB, Art. 19 Rom I-VO Rz. 4 ff.
148) Zum Begriff „Hauptniederlassung" vgl. *Martiny* in: MünchKomm-BGB, Art. 19 Rom I-VO Rz. 7 ff.
149) Zur Ausweichklausel des Art. 4 Abs. 3 Rom I-VO *Martiny* in: MünchKomm-BGB, Art. 4 Rom I-VO Rz. 244 ff.; *Magnus*, IPRax 2010, 27, 37; *Mankowski*, IHR 2008, 133, 137 f.
150) *Martiny* in: MünchKomm-BGB, Art. 4 Rom I-VO Rz. 268 ff.; *Brödermann/Wegen* in: Prütting/Wegen/Weinreich, Art. 4 Rom I Rz. 22; *Wagner*, IPRax 2008, 377, 381.

E. Fehlende Rechtswahl

II. Share Deal
1. Grundsatz

Der Share Deal ist kein Kauf beweglicher Sachen i. S. d. Art. 4 Abs. 1 lit. a Rom I-VO und fällt auch sonst regelmäßig nicht unter Art. 4 Abs. 1 Rom I-VO (siehe aber für den Börsenkauf unten § 9 Rz. 27 ff.).[151] Daher ist der Anteilskaufvertrag nach Art. 4 Abs. 2 Rom I-VO anzuknüpfen. Er unterliegt danach dem Recht des Staats, in dem der **Verkäufer** als Erbringer der **charakteristischen Leistung** zum Zeitpunkt des Vertragsschlusses seinen **gewöhnlichen Aufenthaltsort** hat.[152] Der gewöhnliche Aufenthaltsort einer Gesellschaft oder juristischen Person ist der Ort ihrer Hauptverwaltung (Art. 19 Abs. 1 Satz 1 Rom I-VO).[153] Maßgeblich ist der effektive Verwaltungssitz.[154] Ist der Verkäufer eine natürliche Person, die i. R. d. Ausübung ihrer beruflichen Tätigkeit handelt, ist der Ort ihrer Hauptniederlassung der gewöhnliche Aufenthaltsort (Art. 19 Abs. 1 Satz 2 Rom I-VO).[155] Wird der Vertrag i. R. d. Betriebs einer Zweigniederlassung, Agentur oder sonstigen Niederlassung geschlossen oder ist eine solche Niederlassung für die Erfüllung des Vertrags verantwortlich, steht der Ort des gewöhnlichen Aufenthalts dem Ort dieser Niederlassung gleich (Art. 19 Abs. 2 Rom I-VO).[156]

114

Die Anknüpfung an den gewöhnlichen Aufenthaltsort des Verkäufers hat ihren Grund darin, dass der Verkäufer beim Share Deal die charakteristische (oder vertragstypische) Leistung erbringt, also diejenige Leistung, durch die sich der konkrete Anteilskauf von anderen Verträgen unterscheidet. Festzuhalten ist also, dass sich der Share Deal mangels Rechtswahl regelmäßig nach dem Recht am gewöhnlichen Aufenthaltsort des Verkäufers richtet.[157]

115

---

151) *Merkt/Göthel* in: Reithmann/Martiny, Rz. 4407.
152) So auch *Martiny* in: MünchKomm-BGB, Art. 4 Rom I-VO Rz. 164; *Hopt* in: FS W. Lorenz, S. 413, 414; für das schweizerische Kollisionsrecht *Schnyder* in: CEJE, Erwerb von Beteiligungen am Beispiel der öffentlichen Übernahmeangebote, S. 624, 631.
153) *Magnus*, IPRax 2010, 27, 35; *Clausnitzer/Woopen*, BB 2008, 1798, 1806.
154) Dazu *Mankowski*, IHR 2008, 133, 139; *Martiny* in: Reithmann/Martiny, Rz. 209; *Brödermann/Wegen* in: Prütting/Wegen/Weinreich, Art. 19 Rom I Rz. 3.
155) Dazu *Martiny* in: Reithmann/Martiny, Rz. 210 ff.; *Wetzler* in: Hölters, Teil XV Rz. 43; *Brödermann/Wegen* in: Prütting/Wegen/Weinreich, Art. 19 Rom I Rz. 4; *Clausnitzer/ Woopen*, BB 2008, 1798, 1806. Zum früheren Recht BGH, RIW 1987, 148 = IPRax 1988, 27: Verkauf von Aktien an belgischer AG durch belgische Staatsangehörigen mit Sitz in Belgien: Schwerpunkt des Vertrags in Belgien, daher belgisches Vertragsstatut; *Beisel* in: Beisel/Klumpp, Kap. 7 Rz. 32.
156) *Leible/Lehmann*, RIW 2008, 528, 535; *Clausnitzer/Woopen*, BB 2008, 1798, 1806.
157) *Martiny* in: MünchKomm-BGB, Art. 4 Rom I-VO Rz. 164; für das schweizerische Kollisionsrecht *Schnyder* in: CEJE, Erwerb von Beteiligungen am Beispiel der öffentlichen Übernahmeangebote, S. 624, 631.

116 Beim Erwerb von Aktien eines börsennotierten Unternehmens über die Börse sowie bei einem öffentlichen Erwerbs- oder Übernahmeangebot gelten besondere Regelungen (siehe unten § 9).

2. Anteilstausch

117 Schwierigkeiten ergeben sich nach den obigen Ausführungen (Rz. 114 f.) beim **Anteilstausch**. Denn hier erbringen beide Vertragsparteien unbare Leistungen. Eine charakteristische Leistung, der man Vorrang vor der anderen Leistung einräumen könnte, lässt sich auf den ersten Blick nicht bestimmen.

118 Es sind zwei Situationen zu unterscheiden: Bildet die Leistung einer Vertragspartei die eigentliche **Hauptleistung**, werden also die Anteile von der anderen Vertragspartei nur anstelle eines baren Kaufpreises geleistet, bildet die Hauptleistung die charakteristische Leistung i. S. v. Art. 4 Abs. 2 Rom I-VO.[158] Die Hauptleistung wird sich möglicherweise durch ihr Gewicht oder ihre Bedeutung für beide Vertragsparteien bestimmen lassen.[159] Geht es also etwa bei dem Vertrag darum, ein Unternehmen zu übertragen, indem eine Kontrollmehrheit an seinem Rechtsträger veräußert wird, und „zahlt" der Erwerber dafür mit Anteilen an einer anderen Gesellschaft, kann die Kontrollmehrheit die charakteristische Leistung darstellen.

119 Stehen sich hingegen – zweite Situation – auf beiden Seiten des Vertrags Anteile als vertraglich zu erbringende Leistung **gleichrangig** gegenüber, hilft die Vermutungsregel des Art. 4 Abs. 2 Rom I-VO nicht weiter. In diesem Fall ist der Vertrag nicht in Einzelverpflichtungen aufzuspalten, sondern auf seine engste Verbindung abzustellen (Art. 4 Abs. 4 Rom I-VO).[160]

120 Hier werden **alle Umstände des Vertrags** in Betracht gezogen mit dem Ziel, jene Rechtsordnung zu ermitteln, auf welche die Mehrzahl der Indizien hinweist. Das Verfahren ähnelt der Bestimmung des stillschweigenden Parteiwillens.[161] Die Anforderungen sind aber natürlich niedriger, da ansonsten von einer stillschweigenden Rechtswahl auszugehen wäre. Mit dieser Maßgabe kann auf die Ausführungen zur stillschweigenden Rechtswahl verwiesen werden (oben Rz. 104 ff.).

---

158) Allgemein zur objektiven Anknüpfung beim Tausch *Martiny* in: MünchKomm-BGB, Art. 4 Rom I-VO Rz. 302.
159) Nach Erwägungsgrund 19 S. 3 der Rom I-VO soll die charakteristische Leistung des Vertrags nach ihrem Schwerpunkt bestimmt werden. Dazu auch *Clausnitzer/Woopen*, BB 2008, 1798, 1800.
160) *Martiny* in: MünchKomm-BGB, Art. 4 Rom I-VO Rz. 159. Nach früherem Recht war die Vermutungsregel des Art. 28 Abs. 2 EGBGB a. F. nicht anzuwenden (Art. 28 Abs. 2 Satz 3 EGBGB a. F.) und das Vertragsstatut war nach der Generalklausel des Art. 28 Abs. 1 EGBGB a. F. zu ermitteln.
161) Vgl. *Niggemann*, RIW 1987, 169, zum vergleichbaren Problem bei Kompensationsgeschäften.

E. Fehlende Rechtswahl

Ein starkes Indiz ist die **gemeinsame Zuordnung** der Vertragsparteien zu einer Rechtsordnung (gewöhnlicher Aufenthaltsort im selben Staat).[162] Wird der Vertrag unter Mitwirkung eines Notars abgeschlossen, kann darin ein Indiz für das Recht liegen, nach dem der Notar tätig wird.[163]   121

III. Asset Deal

1. Grundsatz

Beim Asset Deal unterliegt der Unternehmenskaufvertrag bei fehlender ausdrücklicher oder stillschweigender Rechtswahl grundsätzlich dem Recht am Ort des veräußernden Rechtsträgers des Unternehmens (Zielgesellschaft) als Erbringer der charakteristischen Leistung (**Art. 4 Abs. 2 Rom I-VO**). Dies ist regelmäßig der Ort der **Hauptverwaltung** (Art. 19 Abs. 1 Satz 1 Rom I-VO). Die **Zielgesellschaft** ist der Verkäufer der Vermögenswerte, aus denen sich das Unternehmen zusammensetzt. Wie beim Share Deal unterliegt der gesamte Kauf in Bezug auf sämtliche Bestandteile des Unternehmens einem **einheitlichen Schuldstatut**.   122

Eine Anknüpfung nach Art. 4 Abs. 1 Rom I-VO wird ganz überwiegend nicht möglich sein.[164] Der Unternehmenskaufvertrag erfasst häufig alle oder nahezu alle Wirtschaftsgüter eines Unternehmens. Daher kann er zum einen nur ganz selten lediglich einem einzigen der in Art. 4 Abs. 1 Rom I-VO genannten Vertragstypen zugeordnet werden (so bspw. nicht beim gleichzeitigen Verkauf von Mobilien und Immobilien), und zum anderen werden sich zahlreiche Bestandteile des Vertrags gar keinem der genannten Vertragstypen zuordnen lassen (bspw. der Verkauf von Verträgen, Forderungen, Warenzeichen, Firmen, Organisationen, Kundenkreisen, Geschäftsbeziehungen, Goodwill und Knowhow). Aus diesen Gründen greift die nächste Anknüpfungsstufe des Art. 4 Abs. 2 Rom I-VO, wenn nicht ausnahmsweise wegen einer engeren Verbindung nach Art. 4 Abs. 3 Rom I-VO anzuknüpfen ist.   123

2. Forderungen

Eine spezielle Regelung ist zu beachten, soweit zum verkauften Unternehmensvermögen Forderungen gehören. Nach Art. 14 Abs. 1 Rom I-VO ist für die Verpflichtungen zwischen dem bisherigen und dem neuen Gläubiger, also für das Grundgeschäft (bspw. ein Forderungskauf), das Recht maßgeblich, dem der Vertrag zwischen ihnen unterliegt.[165] Mit dieser Regelung wird lediglich klargestellt,   124

---

162) *Martiny* in: MünchKomm-BGB, Art. 4 Rom I-VO Rz. 283, 294.
163) OLG Köln, IPRspr. 1993 Nr. 29; anders *Schröder/Wenner*, S. 65.
164) *Merkt/Göthel* in: Reithmann/Martiny, Rz. 4465.
165) Dazu ausführlich *Flessner*, IPRax 2009, 35; *Martiny* in: Reithmann/Martiny, Rz. 383 ff.; auch *Müller* in: Prütting/Wegen/Weinreich, Art. 14 Rom I Rz. 2; *Leible/Lehmann*, RIW 2008, 528, 540.

dass der **Forderungskauf** nicht dem Forderungsstatut (Recht der abgetretenen Forderung), sondern seinem **eigenen Recht** untersteht. Gemäß Art. 14 Abs. 2 Rom I-VO gilt jedoch für die **Übertragbarkeit** und die **Wirkungen der Übertragungen** das Recht der abgetretenen Forderung. Dahinter steht der Gedanke, dass sich der Inhalt des Schuldverhältnisses durch die Abtretung nicht ändern und daher auch das maßgebliche Recht unverändert bleiben soll.[166]

125 Das Recht, nach dem sich die Verpflichtung zur Forderungsabtretung bestimmt, ist wie auch sonst nach den **Art. 3 ff. Rom I-VO** zu ermitteln.[167] Soweit also beim Unternehmenskauf Forderungen mitverkauft werden, gilt dasselbe Recht, das für den Kauf in Bezug auf die sonstigen Unternehmensbestandteile maßgeblich ist.

126 Hingegen beurteilen sich wie ausgeführt die Voraussetzungen der **Abtretung** einer Forderung nach dem Recht, dem die jeweilige Forderung unterliegt (Art. 14 Abs. 2 Rom I-VO).[168] Verkauft also bspw. ein Deutscher i. R. eines Asset Deal auch Forderungen an einen französischen Käufer und wählen die Parteien für den Kaufvertrag deutsches Recht, gilt für eine zu den Vermögensgegenständen gehörende, dem englischen Recht unterliegende Forderung gegen einen Engländer Folgendes: Die Haftung des Verkäufers für die Verität der Forderung und die Bonität des Schuldners richtet sich nach deutschem **Vertragsstatut**. Ob der Engländer durch Zahlung an den Verkäufer oder den Erwerber von seiner Verpflichtung frei wird, richtet sich hingegen nach englischem **Forderungsstatut**.[169]

3. Immobiliarsachenrechte

127 Eine besondere Regelung ist ebenso für die objektive Anknüpfung der Verpflichtung zur Übertragung von Immobilien und Immobiliarsachenrechten zu beachten. Nach Art. 4 Abs. 1 lit. c Rom I-VO (früher als Vermutung ausgestaltet: Art. 28 Abs. 3 EGBGB a. F.) unterliegt der Kaufvertrag über ein dingliches Recht an einem Grundstück oder ein Grundstücksnutzungsrecht dem Recht des Staats, in dem das Grundstück belegen ist („**lex rei sitae**").[170] Eine Rechtswahl nach Art. 3 Rom I-VO ist allerdings auch hier ohne weiteres zulässig.

---

166) Vgl. *Martiny* in: MünchKomm-BGB, Art. 14 Rom I-VO Rz. 4 – Inhaltlich identisch die Regelung im schweizerischen Recht, Art. 145 Abs. 1 schweizerisches IPR-Gesetz.
167) *Müller* in: Prütting/Wegen/Weinreich, Art. 14 Rom I Rz. 2; *Martiny* in: MünchKomm-BGB, Art. 14 Rom I-VO Rz. 19.
168) Ausführlich *Martiny* in: Reithmann/Martiny, Rz. 387 ff.; *Müller* in: Prütting/Wegen/Weinreich, Art. 14 Rom I Rz. 3; *Leible/Lehmann*, RIW 2008, 528, 540 f.; *Meyer-Sparenberg*, WiB 1995, 849, 851.
169) Beispiel nach *Salger* in: Droste, S. 313, 326.
170) *Martiny* in: Reithmann/Martiny, Rz. 147, 1491 ff.; *Martiny*, ZEuP 2008, 79, 90; *Brödermann/Wegen* in: Prütting/Wegen/Weinreich, Art. 4 Rom I Rz. 12; *Wagner*, IPRax 2008, 377, 383; *Salger* in: Droste, S. 313, 322 f.

E. Fehlende Rechtswahl

Bildet das Grundstück nur einen Teil der *assets* des Unternehmens und folgt 128
der Kaufvertrag über Art. 4 Abs. 2 Rom I-VO insgesamt einem anderen als
dem Recht der Grundstücksbelegenheit, unterliegt der Kaufvertrag auch hinsichtlich des Grundstücks diesem anderen Recht. Die Möglichkeit einer – im
früheren Recht vorhandenen – **Vertragsspaltung** besteht nach der Rom I-Verordnung **nicht** mehr. Fällt der Vertrag nicht vollständig unter einen der in
Art. 4 Abs. 1 Rom I-VO aufgeführten Vertragsarten, unterliegt der gesamte
Vertrag dem nach Art. 4 Abs. 2 bis 4 Rom I-VO berufenen Recht. Dennoch
empfiehlt sich stets eine Rechtswahl.[171]

IV. Ausweichklausel

Gemäß der Ausweichklausel in Art. 4 Abs. 3 Rom I-VO (früher Art. 28 Abs. 5 129
EGBGB) gilt abweichend zum nach Art. 4 Abs. 1 oder Abs. 2 Rom I-VO berufenen Recht das Recht eines anderen Staats, wenn sich aus der Gesamtheit der
Umstände ergibt, dass der Vertrag eine **offensichtlich engere Verbindung** zu
diesem anderen Staat aufweist.[172]

Praktische Anwendungsfälle, in denen die Grundanknüpfung mit Art. 4 Abs. 3 130
Rom I-VO durchbrochen werden kann, sind etwa die sog. **akzessorische Anknüpfung** eines Vertragsverhältnisses an das Statut eines anderen Vertrags, der
inhaltlich eng mit dem ersten Vertrag verknüpft ist.[173] Es ist hier an zusammengesetzte Verträge zu denken, die von den Parteien inhaltlich zu einem einheitlichen Ganzen verknüpft werden, ferner an angelehnte Verträge, die in Bezug auf einen Hauptvertrag Hilfsfunktionen erfüllen, sodann an Sicherungsverträge, an Verträge zur Ausfüllung von Rahmenverträgen oder zur Vorbereitung
von Hauptverträgen.[174] In allen diesen Fällen führt die objektive Anknüpfung
vielfach zum Statut des betreffenden Hauptvertrags.

Zu denken ist auch an den Fall, dass beide Parteien in der Bundesrepublik 131
Deutschland ihren gewöhnlichen Aufenthaltsort haben, aber das Unternehmen
der Zielgesellschaft im Wesentlichen aus einer Immobilie im Ausland besteht.

---

171) Vgl. *Salger* in: Droste, S. 313, 323.
172) *Martiny* in: Reithmann/Martiny, Rz. 171 ff., mit praktischen Anwendungsfällen; dazu
auch *Brödermann/Wegen* in: Prütting/Wegen/Weinreich, Art. 4 Rom I Rz. 20 f.; *Leible/
Lehmann*, RIW 2008, 528, 536; *Clausnitzer/Woopen*, BB 2008, 1798, 1800.
173) Nach Erwägungsgrund 20 der Rom I-VO soll unter anderem berücksichtigt werden, ob
der betreffende Vertrag in einer sehr engen Verbindung zu einem oder mehreren anderen
Verträgen steht. Zur akzessorischen Anknüpfung auch *Martiny* in: MünchKomm-BGB,
Art. 4 Rom I-VO Rz. 252 ff.
174) BAG, DB 1968, 713: Angelehnte Verträge (hier: Ruhegelvereinbarung i. R. eines
Arbeitsvertrags) sind regelmäßig nach dem – gewählten – Recht des Hauptvertrags zu beurteilen, denn aus dem für den Hauptvertrag vereinbarten Recht lässt sich mangels gegenteiliger Anhaltspunkte der Schluss ziehen, dass im Interesse einer einheitlichen Rechtsordnung für alle Vertragsbeziehungen der mutmaßliche Parteiwille auch für den angelehnten Vertrag auf die Anwendung des gleichen Rechts gerichtet ist.

Hier könnte in Abweichung von Art. 4 Abs. 1 lit. c Rom I-VO das deutsche Recht als Vertragsstatut für den Unternehmenskauf in Betracht kommen. Umgekehrt könnte die **Belegenheit** des gesamten Unternehmensvermögens im Inland trotz auswärtigem gewöhnlichen Aufenthaltsort des Verkäufers in Abweichung von Art. 4 Abs. 2 Rom I-VO zum deutschen Recht führen (vgl. Art. 4 Abs. 3 Rom I-VO).[175]

132 Ebenfalls nach Art. 4 Abs. 3 Rom I-VO mag der Fall zu behandeln sein, dass beide Vertragsparteien die Geltung eines bestimmten Rechts als selbstverständlich angenommen haben (Geltung dieses Rechts als Bestandteil der Geschäftsgrundlage). Hier gebietet bereits der **Vertrauensschutz**, von der Zuweisungsregel in Art. 4 Abs. 2 Rom I-VO abzuweichen.[176]

F. Sachnormverweisung

133 Die Verweisung auf das Vertragsstatut ist eine Verweisung auf das **materielle Recht** (Sachvorschriften, Sachrecht) der betreffenden Rechtsordnung (Art. 20 Rom I-VO).[177] Das Kollisionsrecht dieser Rechtsordnung bleibt außer Betracht. Für die Verweisung kraft Rechtswahl der Parteien folgt dies daraus, dass es den Parteien um das materielle (Kauf-, Schuld- etc.) Recht geht. Sie wollen nicht den Unabwägbarkeiten ausgesetzt sein, die mit einer möglichen Weiter- oder Rückverweisung nach dem Internationalen Privatrecht der gewählten Rechtsordnung verbunden sind. Hinzu kommt, dass sie (und nicht selten auch ihre Rechtsberater) die mit der Alternative zwischen Gesamt- und Sachnormverweisung verbundenen Probleme regelmäßig gar nicht erkennen und die Rechtswahl automatisch als eine Wahl des materiellen Rechts begreifen (siehe aber zu Rechtswahlklauseln, mit denen das Kollisionsrecht ausdrücklich abgewählt wird, oben Rz. 61 ff.).[178]

---

175) Dazu auch *Salger* in: Droste, S. 313, 323.
176) So zum früheren Recht *Kegel/Schurig*, § 18 I 1d.
177) Dazu *Martiny* in: Reithmann/Martiny, Rz. 217 ff.; *Brödermann/Wegen* in: Prütting/Wegen/Weinreich, Art. 20 Rom I Rz. 1.
178) Näher *Hohloch* in: Erman, Art. 35 EGBGB Rz. 2, auch zu den Ausnahmen vom Grundsatz der Sachnormverweisung.

§ 5 Umfang des Vertragsstatuts

Übersicht

A. Grundsatz 1	III. Erlöschen 42
I. Zustandekommen 2	IV. Nichtigkeitsfolgen 44
II. Materielle Wirksamkeit 5	V. Abänderung 47
III. Auslegung, Vertragssprache 7	VI. Währung, Zinsen 49
1. Auslegung und Vertragstyp 7	1. Währung 49
2. Vertragssprache 9	2. Zinsen 51
IV. Vertragsinhalt, Erfüllung 20	VII. Beweisfragen 55
B. Weitere Vertragsabwicklung 32	C. Allgemeine Schranken 58
I. Bewertungsgrundsätze 32	I. Eingriffsnormen 59
II. Leistungsstörungen, Verletzung eines vorvertraglichen Schuldverhältnisses, Vertragsstrafe 34	II. Ordre public 65

Literatur: *Berger,* Der Zinsanspruch im Internationalen Wirtschaftsrecht, RabelsZ 61 (1997), 313; *Clausnitzer/Woopen,* Internationale Vertragsgestaltung – Die neue EG-Verordnung für grenzüberschreitende Verträge (Rom I-VO), BB 2008, 1798; *Dauner-Lieb/Thiessen,* Garantiebeschränkungen in Unternehmenskaufverträgen nach der Schuldrechtsreform, ZIP 2002, 108; *Ebke,* Risikoeinschätzung und Haftung des Wirtschaftsprüfers und vereidigten Buchprüfer – international –, WPK-Mitt. Sonderheft 1996, 17; *Ebke,* Internationales Devisenrecht, 1991; *Freitag,* Die kollisionsrechtliche Behandlung ausländischer Eingriffsnormen nach Art. 9 Abs. 3 Rom I-VO, IPRax 2009, 109; *Göthel,* Grenzüberschreitende Reichweite ausländischen Kapitalmarktrechts, IPRax 2001, 411; *Gronstedt/Jörgens,* Die Gewährleistungshaftung bei Unternehmensverkäufen nach dem neuen Schuldrecht, ZIP 2002, 52; *Großfeld,* Recht der Unternehmensbewertung, 5. Auflage 2009 (zit.: Unternehmensbewertung); *Grunewald,* Rechts- und Sachmängelhaftung beim Kauf von Unternehmensanteilen, NZG 2003, 372; *Hahn/Häde,* Währungsrecht, 2. Auflage 2010; *Kadner Graziano,* Das auf außervertragliche Schuldverhältnisse anzuwendende Recht nach Inkrafttreten der Rom II-Verordnung, RabelsZ 73 (2009), 1; *Leible/Lehmann,* Die Verordnung über das auf vertragliche Schuldverhältnisse anzuwendende Recht („Rom I"), RIW 2008, 528; *E. Lorenz,* Die Auslegung schlüssiger und ausdrücklicher Rechtswahlerklärungen im internationalen Schuldvertragsrecht, RIW 1992, 697; *Lüttringhaus,* Das internationale Privatrecht der culpa in contrahendo nach den EG-Verordnungen „Rom I" und „Rom II", RIW 2008, 193; *Magnus,* Die Rom I-Verordnung, IPRax 2010, 27; *Maier-Reimer,* Fremdwährungsverbindlichkeiten, NJW 1985, 2049; *Mankowski,* Die Rom I-Verordnung – Änderungen im europäischen IPR für Schuldverträge, IHR 2008, 133; *Martiny,* Neues deutsches internationales Vertragsrecht, RIW 2009, 737; *Martiny,* Europäisches Internationales Vertragsrecht in Erwartung der Rom I-Verordnung, ZEuP 2008, 79; *Merkt,* Abwehr der Zustellung von „punitive damages"-Klagen, 1995 (zit.: Abwehr); *Merkt,* Internationaler Unternehmenskauf durch Beteiligungskauf, in: Festgabe Sandrock, 1995, S. 135; *Meyer-Sparenberg,* Internationalprivatrechtliche Probleme bei Unternehmenskäufen, WiB 1995, 849; *Pfeiffer,* Neues Internationales Vertragsrecht – Zur Rom I-Verordnung, EuZW 2008, 622; *Piltz,* Die Unternehmensbewertung in der Rechtsprechung, 3. Auflage 1994 (zit.: Unternehmensbewertung); *Salger,* Governing Law, Jurisdiction and Arbitration, in: Droste, Mergers & Acquisitions in Germany, 1995, S. 313; *Sandrock,* Verzugszinsen vor internationalen Schiedsgerichten: insbesondere Konflikte zwischen Schuld- und Währungsstatut, JbPraxSchG 3 (1989), 64; *K. Schmidt,* Ehegatten-Miteigentum oder „Eigenheim-Gesellschaft"? – Rechtszuordnungsprobleme bei gemeinschaftlichem Grundeigentum, AcP 182 (1982), 481; *Schütze,*

§ 5 Umfang des Vertragsstatuts

Allgemeine Geschäftsbedingungen bei Auslandsgeschäften, DB 1978, 2301; *Wagner*, Der Grundsatz der Rechtswahl und das mangels Rechtswahl anwendbare Recht (Rom I-Verordnung), IPRax 2008, 377.

A. Grundsatz

1 Der Umfang des Vertragsstatuts, d. h. der Kreis aller Fragen, die sich nach diesem Statut beurteilen, bestimmt sich sowohl beim Share Deal als auch beim Asset Deal – wie auch bei sonstigen Kaufverträgen – nach den allgemeinen Grundsätzen, namentlich nach den Vorschriften der **Art. 10 und 12 Rom I-VO** (früher Art. 31 und 32 EGBGB).[1]

I. Zustandekommen

2 Dem Vertragsstatut ist zunächst zu entnehmen, ob der Vertrag überhaupt zustande gekommen ist (Art. 10 Abs. 1 Rom I-VO).[2] Dies gilt sowohl für den eigentlichen Unternehmenskaufvertrag als auch für die – formell sinnvollerweise in diesen **Hauptvertrag** integrierte – Rechtswahlvereinbarung, die materiell ein eigener, vom Hauptvertrag gesonderter „**Verweisungsvertrag**" ist (Art. 3 Abs. 5 i. V. m. Art. 10 Abs. 1 Rom I-VO).[3]

3 Unter „*Zustandekommen des Vertrags*" i. S. v. Art. 10 Abs. 1 Rom I-VO sind alle Fragen und Aspekte des äußeren Tatbestands des Vertragsschlusses zu verstehen, d. h. das zum **Vertragsschluss** führende oder den Vertragsschluss modifizierende Verhalten der Parteien.[4] Dazu zählen Angebot und Annahme einschließlich der Ablehnung des Angebots, ebenso das Gegenangebot, die Vorbereitung und die Vorstufen des Angebots, ferner die an die Rechtsverbindlichkeit des Angebots oder der Annahme zu stellenden Anforderungen, namentlich die Fragen der Abgabe der Erklärung und ihres wirksamen Zugangs sowie etwaige Gegenleistungserfordernisse (*consideration* des Common Law), sowie die Frage, zu welchem Zeitpunkt Angebot und Annahme wirksam werden. Auch die Bedeutung des Schweigens einer Partei im Zusammenhang mit dem Zustandekommen des Vertrags beurteilt sich gemäß Art. 10 Abs. 1 Rom I-VO nach dem Vertragsstatut.[5]

---

1) *Merkt/Göthel* in: Reithmann/Martiny, Rz. 4411; *Salger* in: Droste, S. 313, 324 ff.; *Meyer-Sparenberg*, WiB 1995, 849; *Dürig*, S. 53.
2) *Clausnitzer/Woopen*, BB 2008, 1798, 1805; *Spellenberg* in: MünchKomm-BGB, Art. 10 Rom I-VO Rz. 6.
3) Zum Zustandekommen des Verweisungsvertrags *Martiny* in: Reithmann/Martiny, Rz. 263 ff.; *Brödermann/Wegen* in: Prütting/Wegen/Weinreich, Art. 3 Rom I Rz. 28.
4) *Spellenberg* in: MünchKomm-BGB, Art. 10 Rom I-VO Rz. 22; *Thorn* in: Palandt, Art. 10 Rom I-VO Rz. 3; zum früheren Recht *Hohloch* in: Erman, Art. 31 EGBGB Rz. 6.
5) *Martiny* in: Reithmann/Martiny, Rz. 268 ff.; *Thorn* in: Palandt, Art. 10 Rom I-VO Rz. 5; zum früheren Recht *Hohloch* in: Erman, Art. 31 EGBGB Rz. 6.

A. Grundsatz

Das Vertragsstatut regelt insbesondere, ob die Erklärung einer am Unternehmensverkauf interessierten Partei als **Verkaufsangebot** oder als unverbindliche Aufforderung zur Abgabe von Kaufangeboten (**invitatio ad offerendum**) anzusehen ist. Gleiches gilt für die Frage, ob ein Kaufinteressent ein lediglich unverbindliches oder bereits bindendes Angebot abgegeben hat. Zu solchen Erklärungen kann es vor allem bei sog. *Bieterverfahren* (dazu oben § 2 Rz. 11 ff.) kommen, um die Geheimhaltung vertraulicher Unternehmensdaten hinreichend zu sichern oder aufheben zu können. 4

II. Materielle Wirksamkeit

Ebenfalls nach dem Vertragsstatut beurteilt sich die „*Wirksamkeit des Vertrags*" (Art. 10 Abs. 1 Rom I-VO). Unter „*Wirksamkeit*" ist dabei – im Unterschied zu dem auf den äußeren Tatbestand bezogenen „*Zustandekommen*" – die **materielle Wirksamkeit** zu verstehen. Dazu gehört der gesamte innere Vertragsabschlussstatbestand, d. h. die innere Wirksamkeit der Einigung zwischen den Vertragsparteien einschließlich etwaiger Willensmängel und ihrer Wirkungen und Folgen, namentlich die Anfechtung,[6] ferner Dissens, Bedingungen, Wirkungen des Verstoßes gegen das Gesetz oder die guten Sitten sowie die Folgen mangelnder oder beschränkter Geschäftsfähigkeit. Gleiches gilt für die Möglichkeit, den Vertrag umzudeuten, um die Wirksamkeit eines ansonsten unwirksamen Vertrags herbeizuführen.[7] Das über Art. 10 Abs. 1 Rom I-VO berufene Recht gilt auch dann, wenn es um die Rechtsgültigkeit nur einzelner Vertragsklauseln geht.[8] 5

Ergänzend zu den Bestimmungen des Vertragsstatuts kann sich jede Vertragspartei für den Einwand, sie habe dem Vertrag nicht zugestimmt, auf das **Recht am Ort ihres gewöhnlichen Aufenthalts** berufen (Art. 10 Abs. 2 Rom I-VO).[9] Die Vorschrift gilt allerdings nur für die Frage, ob überhaupt eine rechtsgeschäftliche Erklärung abgegeben wurde, nicht für deren Gültigkeit. Letzteres beurteilt sich allein nach dem Vertragsstatut.[10] Die Berufung auf das 6

---

6) Rechtsvergleichend zur Anfechtung *Martiny* in: Reithmann/Martiny, Rz. 302 (Deutschland, England, USA).
7) Ausführlich dazu *Spellenberg* in: MünchKomm-BGB, Art. 10 Rom I-VO Rz. 21 ff.; *Thorn* in: Palandt, Art. 10 Rom I-VO Rz. 5; zum früheren Recht *Hohloch* in: Erman, Art. 31 EGBGB Rz. 7.
8) *Martiny* in: Reithmann/Martiny, Rz. 301.
9) *Clausnitzer/Woopen*, BB 2008, 1798, 1805; *Spellenberg* in: MünchKomm-BGB, Art. 10 Rom I-VO Rz. 218.
10) *Spellenberg* in: MünchKomm-BGB, Art. 10 Rom I-VO Rz. 4 f.; zum früheren Recht *Hohloch* in: Erman, Art. 31 EGBGB Rz. 10 ff. Unzutreffend demgegenüber OLG Frankfurt a. M., NJW-RR 1989, 1018, dazu EWiR 1989, 995 (*Huff*), und LG Aachen, NJW 1991, 2221, die das Recht am Ort des gewöhnlichen Aufenthalts auch zur Überprüfung der Wirksamkeit heranziehen.

Recht am gewöhnlichen Aufenthalt ist nur dann gestattet, wenn die Anwendung des Vertragsstatuts unbillig wäre.[11]

III. Auslegung, Vertragssprache

1. Auslegung und Vertragstyp

7 Dem Vertragsstatut unterliegt gemäß **Art. 12 Abs. 1 lit. a Rom I-VO** die Auslegung des Vertrags. Denn Auslegungsregeln haben in den meisten Rechtsordnungen materiellrechtlichen, nicht etwa prozessualen Gehalt.[12]

8 Soweit die Bestimmung des Vertragstyps eine Auslegung des Vertrags erforderlich macht, ist das Vertragsstatut anzuwenden. Seine Auslegungsregeln sind also maßgeblich, wenn es im Einzelfall darum geht, ob die Vorschriften über den **Share Deal** oder den **Asset Deal** anwendbar sind. Diese Frage wird vor allem dann praktisch, wenn es um die Form oder die Gewährleistung geht. So unterfällt etwa im deutschen Recht der Asset Deal dem Formzwang des § 311b BGB, sofern zum Unternehmensvermögen das Eigentum an einem Grundstück gehört.[13] Werden dagegen **Anteile am Rechtsträger** desselben Unternehmens verkauft, ist § 311b BGB unanwendbar. Sehr umstritten ist, ob dies auch dann gilt, wenn alle oder die wesentlichen Anteile verkauft werden und insbesondere, wenn das Vermögen praktisch nur aus dem Grundstück besteht.[14]

2. Vertragssprache

9 Schwierigkeiten können sich ergeben, wenn **Vertragsstatut** und **Vertragssprache** nicht übereinstimmen. Denn es steht den Parteien frei, ihren Vertrag französischem Recht zu unterwerfen und gleichwohl in deutscher oder englischer Sprache abzufassen. Auch wenn das Vertragsstatut objektiv bestimmt wird (also bei fehlender Rechtswahl), können Vertragsstatut und Vertragssprache voneinander abweichen.

10 Grundsätzlich empfiehlt sich, Vertragssprache und Vertragsstatut aufeinander **abzustimmen**. Hierzu könnte und sollte jedenfalls dann die Vertragssprache ausdrücklich vereinbart werden, wenn i. R. d. Vertragsverhandlungen unter-

---

11) Ausführlich zu den Zumutbarkeitsmaßstäben *Spellenberg* in: MünchKomm-BGB, Art. 10 Rom I-VO Rz. 242 ff.; *Thorn* in: Palandt, Art. 10 Rom I-VO Rz. 4; zum früheren Recht *Hohloch* in: Erman, Art. 31 EGBGB Rz. 10 ff.

12) Zur Auslegung des Verweisungsvertrags *E. Lorenz*, RIW 1992, 697.

13) BGH, BB 1979, 598: Auch ein Vertrag, der eine Unternehmensübertragung zum Gegenstand hat, unterliegt dem Formzwang des § 311b BGB wenn ein Grundstück mitübertragen wird und nach dem Willen der Parteien der Grundstücksveräußerungsvertrag und die übrigen auf die Übertragung des Unternehmens gerichteten Vereinbarungen voneinander abhängig sein und ein einheitliches Geschäft bilden sollen.

14) Die h. M. ist auch in diesen Fällen grundsätzlich gegen die Anwendung von § 311b BGB, BGHZ 86, 367; anders nur, wenn die Gesellschaft allein zur Umgehung des Formzwangs gegründet wurde; näher *K. Schmidt*, AcP 182 (1982), 481, 510.

A. Grundsatz

schiedliche Sprachen verwendet werden. Wird ein Unternehmenskaufvertrag, der englischem Recht unterliegt, in englischer Sprache abgefasst, dann entfallen Kosten und Risiken einer Übersetzung juristischer Termini aus der Vertrags- oder Verhandlungssprache in die Sprache des Vertragsstatuts.

Haben sich die Parteien auf eine Vertragssprache geeinigt und benutzt eine Partei eine andere Sprache, so kann sich die andere Partei darauf berufen, die Erklärung **nicht verstanden** zu haben, es sei denn, sie ist dieser Sprache mächtig.[15] 11

Aus der Wählbarkeit der Vertragssprache ergeben sich gewisse Gestaltungsmöglichkeiten: Können sich die Parteien nicht auf die Sprache einer der Parteien einigen, sollten sie **Englisch** oder eine andere, beiden Seiten vertraute Sprache als Verhandlungs- und Vertragssprache wählen. Wer Verträge mit Parteien schließt, die auf einer wenig geläufige Sprache bestehen (Beispiel: Golfregion), sollte wenigstens eine von der Gegenseite neben der maßgeblichen Fassung autorisierte englische Fassung verlangen.[16] 12

Lässt sich eine Vertragspartei auf eine ihr fremde Sprache ein, stellt sich die Frage, welche Partei die **finanziellen Lasten** und interpretativen Risiken des Verständnisses (sog. „**Sprachrisiko**") übernimmt. Diese Frage unterliegt nach h. A. der Rechtsordnung, die über Zustandekommen und Wirksamkeit des Vertrags befindet, also nach europäischem Internationalen Privatrecht dem Vertragsstatut (Art. 10 Abs. 1 Rom I-VO).[17] 13

Nach deutschem Recht trägt grundsätzlich jene Partei das **Sprachrisiko**, die sich auf die fremde Sprache eingelassen hat.[18] Das gilt auch für Vertragsanlagen, die in einer – von der Vertragssprache abweichenden – Sprache abgefasst sind, deren eine Partei nicht (hinlänglich) mächtig ist.[19] 14

Die **Sprachkundigkeit** (oder den Anschein der Sprachkundigkeit!) muss die Partei gegen sich gelten lassen, die sich bei den Vertragsverhandlungen oder 15

---

15) *Schütze*, DB 1978, 2305; allgemein zur Sprachunkenntnis des Erklärungsempfängers *Spellenberg* in: MünchKomm-BGB, Art. 10 Rom I-VO Rz. 57 ff.
16) *Schröder/Wenner*, S. 64.
17) *Thorn* in: Palandt, Art. 10 Rom I-VO Rz. 3; zum Sprachrisiko auch *Spellenberg* in: MünchKomm-BGB, Art. 10 Rom I-VO Rz. 39 ff.
18) BGHZ 87, 112, 114 f. = NJW 1983, 1489 = RIW 1983, 454 = WM 1983, 527: „Wählen die Parteien – wie hier – die deutsche Sprache als Verhandlungs- und Vertragssprache, so akzeptiert der ausländische Partner damit den gesamten deutschsprachigen Vertragsinhalt ... . Alsdann ist es ihm zuzumuten, sich vor Abschluss des Vertrags selbst die erforderliche Übersetzung zu beschaffen. Anderenfalls muss er den nicht zur Kenntnis genommenen Text der Geschäftsbedingungen gegen sich gelten lassen."
19) OLG München, NJW 1974, 2181 (italienische Anlage zum deutschen Vertrag).

bei Vertragsschluss eines (anscheinend) sprachkundigen Bevollmächtigten bedient.[20]

16 Wegen der erheblichen Risiken, die damit verbunden sind, eine fremde Sprache bei Unternehmenskaufverträgen zu verwenden, kann die **rechtsberatende Praxis** an dieser Stelle nicht eindringlich genug davor **gewarnt** werden, Verträge in fremder Sprache abzuschließen, ohne zuvor kompetente ausländische Fachjuristen hinzugezogen zu haben. Grob fahrlässig ist es, mit mangelhaften Kenntnissen etwa des Englischen oder Französischen den von dem englischen oder französischen Vertragspartner vorgelegten Vertragsentwurf zu akzeptieren. Hier helfen auch Übersetzungen von Fachübersetzern erfahrungsgemäß nicht weiter. Es ist vielmehr ein sowohl sprach- als auch rechtskundiger Fachjurist hinzuziehen oder aber darauf zu bestehen, den Vertrag ausschließlich in deutscher Sprache abzuschließen.

17 Weichen Vertragsstatut und Vertragssprache voneinander ab, ist der jeweilige **Wortgebrauch** der fremden Sprache zu berücksichtigen, wenn die zutreffende Bedeutung der fremdsprachlichen Klauseln ausgelegt wird.[21] Denn nur hierdurch wird sich regelmäßig jene **Wortbedeutung** ermitteln lassen, von welcher die Vertragsparteien bei Vertragsabschluss ausgegangen sind. Dies gilt besonders, wenn fremdsprachliche Klauseln oder Fachbegriffe bestimmte Rechtsvorstellungen einer vom Vertragsstatut abweichenden Rechtsordnung inkorporieren. Etwas anderes gilt aber dann, wenn sich die Parteien übereinstimmend auf Rechtsvorstellungen des Vertragsstatuts beziehen, also bspw. zusätzlich einen Fachbegriff in die Sprache des Vertragsstatuts übersetzen (siehe auch oben § 2 Rz. 23). Dann ist der Begriff allein im Lichte des Vertragsstatuts auszulegen.[22]

18 Der BGH hat sich wie folgt zu der Frage geäußert, ob die Präambel „*each of them acting in their private capacity as well*" international üblicherweise auch eine persönliche Haftungsübernahme umfasst:

> „Nach internationaler oder anglo-amerikanischer Praxis, auf die hier ungeachtet der niederländischen bzw. deutschen Staatsangehörigkeit der Parteien die englische Sprache des Vertrages und ... hinweisen könnten ..., könnte Präambeln eines Vertrages im Zusammenhang des Vertragstextes eine andere Bedeutung zukommen, als dies nach deutscher Auffassung der Fall ist."[23]

19 Ist auf einen Patentlizenzvertrag, den US-amerikanische Juristen in englischer Sprache verfasst haben, deutsches Recht anzuwenden, so ist nach Ansicht des

---

20) OLG Bremen, IPRspr. 1973, Nr. 8 = AWD 1974, 104 = WM 1973, 1228; dazu auch *Spellenberg* in: MünchKomm-BGB, Art. 10 Rom I-VO Rz. 72.
21) LG Hamburg, IPRspr. 1954–55 Nr. 34 = MDR 1954, 422: Maklervertrag deutschem Recht unterstellt. Der in englischer Sprache verfasste Vertrag wurde aber nach englischem Recht ausgelegt.
22) Ebenso *Martiny* in: Reithmann/Martiny, Rz. 310.
23) BGH, NJW 1987, 591.

A. Grundsatz

OLG Hamburg bei der Auslegung nichtsdestoweniger der Sprachgebrauch des Rechts der USA zu berücksichtigen. Stellt die Kündigungsregelung in einem solchen Vertrag auf die Voraussetzung *„files a voluntary petition in bankruptcy"* und/oder *„suffers the appointment of a receiver"* ab, so kommt es für die Frage, ob die Durchführung des Vergleichsverfahrens eine dieser Voraussetzungen erfüllt, auch auf den Sprachgebrauch im Bankruptcy Act an.[24]

IV. Vertragsinhalt, Erfüllung

Nach dem Vertragsstatut beurteilen sich auch der **Inhalt** des Unternehmenskaufvertrags und insbesondere der Inhalt der einzelnen Leistungspflichten der Parteien (Art. 12 Abs. 1 Rom I-VO). Dazu zählen die Bestimmung des Gegenstands der Leistung, des Schuldners und des Gläubigers einer bestimmten vertraglichen Leistungspflicht und schließlich der Leistungszeit und des Leistungsorts.[25] Erfasst werden **Haupt-** und **Nebenleistungspflichten**,[26] insbesondere auch **Mitwirkungspflichten**, etwa i. R. kartellrechtlicher Anmeldeverfahren.[27] 20

Zur Bestimmung des Vertragsinhalts zählt ferner, soweit es sich nicht um eine Frage der Vertragsauslegung handelt (dazu oben Rz. 7 ff.), die Bestimmung des **Vertragstyps** (Share Deal oder Asset Deal)[28] sowie die Einordnung des Vertrags als **kausales** oder **abstraktes Rechtsgeschäft**.[29] 21

In diesen Gesamtkomplex fallen namentlich: 22

- die rechtsgegenständliche und wirtschaftliche Bestimmung und Abgrenzung des **Kaufgegenstands** und die Bestimmung des Übergangsstichtags (neudeutsch vielfach missverständlich als **Closing** bezeichnet) (zum Closing näher oben § 2 Rz. 204 ff.);

- die Ermittlung und Vereinbarung des **Kaufpreises** sowie die Abwicklung und Absicherung seiner Zahlung, die Verteilung steuerlicher Belastungen, eventuelle Garantiezusagen und Gewährleistungen, etwa in Bezug auf das Eigenkapital oder den Wert bestimmter Vermögensbestandteile;

---

24) OLG Hamburg, 27 GRUR Int. 1990, 388.
25) *Martiny* in: Reithmann/Martiny, Rz. 311.
26) Zu Haupt- und Nebenleistungspflichten *Spellenberg* in: MünchKomm-BGB, Art. 12 Rom I-VO Rz. 50 ff.
27) Dazu *v. Hoyenberg* in: Münchener Vertragshandbuch, Band 2, IV 3,4, Anm. 129 ff. – Davon zu trennen ist die Anknüpfung von Mitwirkungspflichten Dritter. Ihre Mitwirkung unterfällt dem Vertragsstatut regelmäßig nur, soweit sie Vertragspartei sind.
28) *Merkt/Göthel* in: Reithmann/Martiny, Rz. 4412.
29) *Martiny* in: Reithmann/Martiny, Rz. 311; zum früheren Recht *Hohloch* in: Erman, Art. 32 EGBGB Rz. 7.

§ 5 Umfang des Vertragsstatuts

- beim Share Deal die Abgrenzung von Gewinn und Verlust, die Erfassung der **Vermögensgegenstände** und der **immateriellen Werte** außerhalb des Gesellschaftsvermögens und die Erfassung des wirtschaftlichen Kaufgegenstands;
- beim Asset Deal die den Anforderungen eines etwa geltenden Bestimmtheitsgebots entsprechende Bestimmung der **Unternehmensbestandteile** – wenngleich nicht nach dem Vertragsstatut, sondern nach dem Recht am Belegenheitsort des betreffenden Vermögensgegenstands zu beurteilen ist, ob ein Bestimmtheitsgrundsatz gilt und welchen Inhalt er hat (unten § 6 Rz. 78 ff.) –, die Vereinbarung über die Übernahme immaterieller Werte und Verbindlichkeiten sowie den Eintritt in Verträge und sonstige Rechtsverhältnisse, die Abgrenzung nicht übergehender Rechte und Pflichten, ein etwaiger Höchstrahmen bei der Übernahme von Verbindlichkeiten sowie die periodische Abgrenzung übergehender Verbindlichkeiten.[30]

23 Wählen die Parteien bei einem Asset Deal das Schuldstatut, unterliegt im Zweifel die Verpflichtung, alle Einzelbestandteile zu übereignen und zu übertragen, aus denen sich das Unternehmen zusammensetzt, **einheitlich** dem gewählten Recht.

24 Speziell beim Asset Deal bestimmt sich nach dem Vertragsstatut nicht nur die Verpflichtung, die mit dem Unternehmen zu übertragenden Sachen und Rechte zu übereignen und zu übertragen, sondern vor allem die Verpflichtung, den Käufer oder seine Leute in den Tätigkeitsbereich einzusetzen, also die Pflicht, den Käufer in die Lage zu versetzen, das Unternehmen so fortzuführen, wie er es beim Verkäufer vorfand (Übertragung des Unternehmens als **Wirkungseinheit**).[31]

25 Speziell beim Share Deal beurteilt sich nach dem Vertragsstatut auch die Verpflichtung zur Übereignung einer **Urkunde**, welche die Beteiligung verbrieft, etwa eines Aktienzertifikats.[32]

26 Freilich dürfte das Vertragsstatut beim Unternehmenskauf in dem Bereich der Bestimmung des Vertragsinhalts und der Leistungspflichten praktisch die geringste Bedeutung haben. Denn es handelt sich um den Kernbereich der Fragen, die in jedem Unternehmenskaufvertrag typischerweise relativ ausführlich geregelt sind.

27 Nach dem Vertragsstatut bestimmt sich aber auch, ob und in welchem Umfang der Grundsatz von **Treu und Glauben** gilt.[33]

---

30) Zu allen diesen Fragen des materiellen Unternehmenskaufrechts vgl. etwa *von Hoyenberg* in: Münchener Vertragshandbuch, Band 2, IV 3,4, Anm. 40 ff.
31) Dazu *K. Schmidt*, Handelsrecht, S. 148.
32) *Martiny* in: Reithmann/Martiny, Rz. 168; *Wagner*, IPRax 2008, 377, 386; *Merkt* in: FG Sandrock, S. 135.
33) *Spellenberg* in: MünchKomm-BGB, Art. 12 Rom I-VO Rz. 54; *Thorn* in: Palandt, Art. 12 Rom I-VO Rz. 5; zum früheren Recht *Hohloch* in: Erman, Art. 32 EGBGB Rz. 7.

B. Weitere Vertragsabwicklung

Ferner richten sich nach dem Vertragsstatut auch Zulässigkeit und Wirkung von aufschiebenden und auflösenden **Bedingungen**, unter welche die Haupt- und Nebenleistungspflichten gestellt sind, so etwa die Zustimmung oder Ablehnung des Beirats oder Aufsichtsrats einer Partei. Wird etwa der Unternehmenskaufvertrag unter die aufschiebende Bedingung einer Freigabe durch die Kartellbehörde gestellt,[34)] unterliegen die Zulässigkeit und die Wirkung dieser Bedingung ganz unabhängig von dem anwendbaren Kartellrecht dem Vertragsstatut. 28

Auch etwaige **Rücktrittsvorbehalte** – bspw. weil sich die Parteien ihre Entscheidung darüber offen halten wollen, ob sie gegen eine kartellbehördliche Untersagungsverfügung Rechtsmittel einlegen werden – unterliegen dem Vertragsstatut.[35)] 29

Für die Art und Weise der Vertragserfüllung sieht Art. 12 Abs. 2 Rom I-VO die „**Berücksichtigung**" der am **Erfüllungsort** geltenden Vorschriften vor.[36)] Das Vertragsstatut ist mithin um diese Vorschriften zu ergänzen, soweit sich aus ihnen die Rechte und Pflichten einschränken oder erweitern, welche die Parteien im Zusammenhang mit der Erfüllung haben.[37)] Dabei bedeutet „*Berücksichtigung*" nach umstrittener Auffassung nicht etwa einen grundsätzlichen Anwendungsvorrang, sondern Anwendung in Fällen, in denen es infolge der örtlichen Verknüpfung geboten erscheint, das Ortsrecht anzuwenden.[38)] 30

Ob Art. 12 Abs. 2 Rom I-VO auch für Erfüllungshindernisse aus **Devisen- und Bewirtschaftungsvorschriften** gilt, ist umstritten.[39)] 31

B. Weitere Vertragsabwicklung

I. Bewertungsgrundsätze

Die **Bewertungsgrundsätze** für die Bewertung der Anteile oder der Wirtschaftsgüter des Unternehmens sind dem Vertragsstatut zu entnehmen.[40)] Anders als etwa bei der gesellschaftsrechtlichen Abfindung des ausscheidenden 32

---

34) Dazu *Schrader* in: Seibt, M&A, C. II. 1, S. 193 ff.; *von Hoyenberg* in: Münchener Vertragshandbuch, Band 2, IV 3, 4, Anm. 129 ff.
35) Zum Rücktrittsvorbehalt *Seibt* in: Seibt, M&A, K. II. 3, S. 1076 f.
36) Dazu *Brödermann/Wegen* in: Prütting/Wegen/Weinreich, Art. 12 Rom I Rz. 26 ff.; *Spellenberg* in: MünchKomm-BGB, Art. 12 Rom I-VO Rz. 175 ff.
37) BGH, NJW-RR 2006, 1694; *Martiny* in: Reithmann/Martiny, Rz. 362; *Thorn* in: Palandt, Art. 12 Rom I-VO Rz. 5.
38) *Spellenberg* in: MünchKomm-BGB, Art. 12 Rom I-VO Rz. 184 ff.; strenger *Martiny* in: Reithmann/Martiny, Rz. 362; zum früheren Recht *Hohloch* in: Erman, Art. 32 EGBGB Rz. 8; *Kegel/Schurig*, § 17 V.
39) Bejahend: *Kegel/Schurig*, § 17 V; *Lüderitz*, Rz. 296; verneinend: RegE eines Gesetzes zur Neuregelung des Internationalen Privatrechts, BT-Drucks. 10/504, S. 82; *Hohloch* in: Erman, Art. 32 EGBGB Rz. 8.
40) Grundlegend zum materiellen Bewertungsrecht *Piltz*, Unternehmensbewertung, passim.

Gesellschafters[41] treten beim Unternehmenskauf Verkehrsschutzinteressen in den Hintergrund, zumal das Gesellschaftsstatut als Alternative zum Vertragsstatut ohnehin nur beim Share Deal in Frage käme. Die Anwendung des Vertragsstatuts und die damit eröffnete Möglichkeit der Teilrechtswahl entspricht im Übrigen der bisweilen geübten Praxis, fremde Bewertungsgrundsätze zu vereinbaren (z. B. deutsches Vertragsstatut mit Bewertung nach US-amerikanischen Grundsätzen).[42]

33 Von der Bewertung zu trennen sind die **Rechnungslegung** und die **Abschlussprüfung**. Sie unterliegen dem **Gesellschaftsstatut** der geprüften Gesellschaft. Das Gesellschaftsstatut entscheidet also darüber, ob, wann und wie Rechnung zu legen und die Rechnungslegung zu prüfen ist. Es befindet ferner darüber, wer als Abschlussprüfer zu bestellen ist und wie die Bestellung zu erfolgen hat.[43]

II. Leistungsstörungen, Verletzung eines vorvertraglichen Schuldverhältnisses, Vertragsstrafe

34 Dem Vertragsstatut unterliegen die Folgen der vollständigen oder teilweisen **Nichterfüllung der Leistungspflichten** einschließlich der Schadensbemessung (Art. 12 Abs. 1 lit. c Rom I-VO).[44] Hierzu zählen:

- die Unmöglichkeit *(force majeur, frustration of contract)*,
- der Verzug,
- die positive Forderungsverletzung,
- die Schlechterfüllung,
- der Wegfall der Geschäftsgrundlage.

35 Für den gesamten Bereich der Maßnahmen, die der Gläubiger bei mangelhafter Erfüllung zu treffen hat (etwa Prüfungspflicht, Anzeige- oder Rügepflicht und Zurückweisung) ist allerdings neben dem Vertragsstatut das **Recht am Erfüllungsort** zu berücksichtigen (Art. 12 Abs. 2 Rom I-VO).

36 Speziell beim Share Deal beurteilt sich nach dem Vertragsstatut, welche **Folgen** eintreten, wenn der Verkäufer seine Verpflichtung, die Beteiligung zu übertragen, nicht erfüllen kann, etwa weil deren Übertragbarkeit nach dem Gesell-

---

41) In diesem Fall für die Maßgeblichkeit der Bewertungsgrundsätze des Gesellschaftsstatuts *Großfeld* in: Staudinger, IntGesR Rz. 369 m. w. N.; *Großfeld*, Unternehmensbewertung, Rz. 1161.
42) *Merkt/Göthel* in: Reithmann/Martiny, Rz. 4415.
43) *Großfeld* in: Staudinger, IntGesR Rz. 367; *Ebke*, WPK-Mitt. Sonderheft 1996, S. 17, 32.
44) *Martiny* in: Reithmann/Martiny, Rz. 320; *Spellenberg* in: MünchKomm-BGB, Art. 12 Rom I-VO Rz. 74 ff.; zum früheren Recht *Hohloch* in: Erman, Art. 32 EGBGB Rz. 9 ff.

schaftsvertrag oder nach dem Gesellschaftsstatut (dazu unten § 6 Rz. 65 ff.) ausgeschlossen ist.[45)]

Zum Bereich der Leistungsstörungen ist ebenso die **Gewährleistung** zu rechnen. Dabei entscheidet das Vertragsstatut zunächst darüber, ob die Gewährleistungsregeln des Sachkaufs oder des Rechtskaufs maßgeblich sind. Seit Inkrafttreten der Schuldrechtsreform am 1.1.2002 sind die Vorschriften über den Kauf von Sachen auf den Kauf von Rechten und „**sonstigen Gegenständen**" entsprechend anzuwenden (§ 453 Abs. 1 BGB). Gemäß der Begründung des Regierungsentwurfs sind Unternehmen als „sonstige Gegenstände" anzusehen. Damit soll das Gewährleistungsrecht beim Sachkauf entsprechend auf den Unternehmenskauf anwendbar sein.[46)] Gleichwohl unterliegt der Share Deal nach überwiegender Ansicht nur dann den Grundsätzen der Gewährleistung beim Unternehmenskauf und nicht der weniger weitreichenden Gewährleistung beim bloßen Beteiligungskauf, wenn der Käufer eine beherrschende Stellung einnimmt.[47)] Nur in diesem Fall kann beim Share Deal ein Mangel des Unternehmens auch einen Mangel der Geschäftsanteile begründen.[48)] 37

Hingegen ist nach **US-amerikanischem Recht** das Bundeskapitalmarktrecht *(federal securities laws)* mit seinen Bestimmungen über die Haftung des Veräußerers auf den Share Deal auch dann anzuwenden, wenn alle oder nahezu alle Anteile erworben werden und es sich unter wirtschaftlichen Gesichtspunkten um den „**Sach**"**-Kauf** des Unternehmens *(sale of a business)* handelt.[49)] 38

Dem Vertragsstatut unterliegen im gesamten Bereich der Leistungsstörungen sowohl die **Voraussetzungen** als auch die **Rechtsfolgen** der einzelnen Leistungsstörungstatbestände. Dazu zählen neben der Schuldbefreiung und der Vertragsanpassung auch der Schadensersatz[50)] und die Vertragsauflösung sowie 39

---

45) *Grasmann*, Rz. 1015, 1018.
46) Begründung RegE SchuRMoG, BT-Drucks. 14/6040, S. 242. Ebenfalls zur Rechtslage beim Unternehmenskauf nach der Schuldrechtsreform vgl. *Merkt/Göthel* in: Reithmann/Martiny, Rz. 4412; *Knott* in: Knott/Mielke, Rz. 113 ff.; *Gronstedt/Jörgens*, ZIP 2002, 52; *Dauner-Lieb/Thiessen*, ZIP 2002, 108.
47) *Merkt/Göthel* in: Reithmann/Martiny, Rz. 4412. Zum Unterschied zwischen den Gewährleistungen *Weidenkaff* in: Palandt, § 453 BGB Rz. 7 und 23; *Holzapfel/Pöllath*, Rz. 627 ff. Allerdings wird unterschiedlich beurteilt, wann eine beherrschende Stellung und damit die Schwelle zum Unternehmenskauf überschritten ist. Genannt werden als erforderliche Beteiligungsquoten Werte zwischen der einfachen Mehrheit und 100 %, s. *Grunewald*, NZG 2003, 372, 373 m. w. N., sowie *Holzapfel/Pöllath*, Rz. 633.
48) *Holzapfel/Pöllath*, Rz. 632; *Knott* in: Knott/Mielke, Rz. 135.
49) Vgl. die Entscheidungen des US Supreme Court in *Landreth Timber Co. v. Landreth*, 471 U.S. 681 (1985) und *Gould v. Ruefenacht*, 471 U.S. 701 (1985); s. dazu bereits oben § 4 Rz. 12.
50) Bei exorbitant hohen Schadensersatzbeträgen, insbesondere in Gestalt sog. *punitive* oder *multiple damages* nach US-amerikanischem Recht, dazu *Merkt*, Abwehr, S. 64 ff., ist allerdings immer die Vereinbarkeit mit dem *ordre public* des Forums zu prüfen (Art. 21 Rom I-VO).

der Rücktritt und die Rückabwicklung des Vertrags.[51] Dies gilt insbesondere auch für ein vertraglich vereinbartes Rücktrittsrecht oder eine vertraglich vereinbarte Rückabwicklung (etwa bei Eintritt der auflösenden Bedingung oder bei Rücktrittserklärung),[52] und zwar auch dann, wenn die Rückabwicklung behördlich eingeordnet wird (etwa durch das Kartellamt aufgrund kartellrechtlicher Bestimmungen, die einer anderen Rechtsordnung als dem Vertragsstatut entstammen können, dazu unten § 11 Rz. 162 ff., 278 ff.).

40 Schließlich werden Ansprüche der Vertragsparteien untereinander wegen Verletzung eines **vorvertraglichen Schuldverhältnisses** (§§ 280, 311 Abs. 2 BGB, *culpa in contrahendo*) zwar gesondert, aber **akzessorisch** an das Vertragsstatut angeknüpft (Art. 12 Abs. 1 Rom II-VO).[53]

41 Dem Vertragsstatut unterfallen – beim Share Deal wie beim Asset Deal – auch **Vertragsstrafenvereinbarungen**.[54]

III. Erlöschen

42 Sodann unterliegen dem Vertragsstatut die verschiedenen Arten des **Erlöschens** der Verpflichtungen sowie die **Verjährung** und die **Rechtsverluste**, die sich aus einem Fristablauf ergeben (Art. 12 Abs. 1 lit. d Rom I-VO).[55] Hierzu zählt zunächst das Erlöschen der Verpflichtungen durch Erfüllung i. S. d. Art. 12 Abs. 1 lit. b Rom I-VO, aber auch durch Erfüllungssurrogate, namentlich durch Aufrechnung, Erlass oder Kündigung.[56] Die Verjährung unterliegt in allen ihren Einzelaspekten dem Vertragsstatut, also hinsichtlich Beginn, Dauer, Unterbrechung und Hemmung.[57]

43 Soweit sich der Rechtsverlust aus dem Ablauf einer **Frist** nach dem Vertragsstatut beurteilt, gehört dazu auch die vertraglich vereinbarte Frist. Sodann ist

---

51) Zum Ganzen *Martiny* in: Reithmann/Martiny, Rz. 320 ff.
52) Zur Rückabwicklung beim Unternehmenskauf *von Hoyenberg* in: Münchener Vertragshandbuch, Band 2, IV 3, 4, Anm. 108.
53) Ausführlich dazu *Lüttringhaus*, RIW 2008, 193; *Magnus*, IPRax 2010, 27, 28 f.; *Martiny* in: Reithmann/Martiny, Rz. 476; *Mankowski*, IHR 2008, 133 f.; *Kadner Graziano*, RabelsZ 73 (2009), 1, 63 ff.; *Leible/Lehmann*, RIW 2008, 528, 530; *Martiny*, ZeuP 2008, 79, 85. S. a. Art. 1 Abs. 2 lit. i Rom. I-VO, wonach Schuldverhältnisse aus Verhandlungen vor Abschluss des Vertrags ausdrücklich vom Anwendungsbereich der Rom I-VO ausgenommen sind. Nach früherem Recht wurde das gleiche Ergebnis durch eine Analogie zu Art. 31 Abs. 1 und Art. 32 Abs. 1 Nr. 3 und 5 EGBGB erzielt; dazu *Hohloch* in: Erman, Art. 32 EGBGB Rz. 20 f. (noch zur Haftung aus culpa in contrahendo).
54) *Martiny* in: Reithmann/Martiny, Rz. 339; *Spellenberg* in: MünchKomm-BGB, Art. 12 Rom I-VO Rz. 88 f.; zum früheren Recht *Hohloch* in: Erman, Art. 32 EGBGB Rz. 12.
55) Dazu *Spellenberg* in: MünchKomm-BGB, Art. 12 Rom I-VO Rz. 99 ff.
56) Zu den verschiedenen Erlöschensgründen *Martiny* in: Reithmann/Martiny, Rz. 346 ff.
57) BGH, IPRspr. 1960-61 Nr. 23 = NJW 1960, 1720; *Martiny* in: Reithmann/Martiny, Rz. 372.

ebenso die **Verwirkung** eines vertraglichen Rechts dem Vertragsstatut unterworfen.[58]

IV. Nichtigkeitsfolgen

Dem Vertragsstatut unterliegen schließlich auch die Folgen der **Nichtigkeit** 44 des Vertrags (Art. 12 Abs. 1 lit. e Rom I-VO).[59] Dies ist die logische Folge daraus, dass das Vertragsstatut bereits über die Wirksamkeit des Vertrags entscheidet (Art. 10 Abs. 1 Rom I-VO). Das Vertragsstatut regelt insbesondere die Folgen der Unwirksamkeit wegen Gesetzesverstoßes, ferner die Folgen der Unzulässigkeit oder Unwirksamkeit einzelner Vertragsklauseln.

Für die Rechtsfolgen der **Formnichtigkeit** ist zu differenzieren: Die Formgültigkeit selbst beurteilt sich nach dem durch Art. 11 Rom I-VO berufenen 45 Recht (dazu unten § 7 Rz. 3 ff.).[60] Danach beurteilen sich insbesondere auch die Rechtsfolgen der Formnichtigkeit. Ist infolge des Formverstoßes lediglich ein Teil des Vertrags unwirksam, richtet sich indessen die Folge der Teilnichtigkeit des Verpflichtungsgeschäfts für den Rest des Vertrags nicht nach dem Formstatut, sondern nach dem Vertragsstatut. Ebenfalls nach dem Vertragsstatut beurteilt sich die Umdeutung eines formnichtigen Vertrags.[61]

Die **Rückabwicklung** und namentlich die Frage, ob sie auf vertraglicher oder 46 außervertraglicher Grundlage erfolgt, richtet sich ebenso nach dem Vertragsstatut.[62] Die Rom I-Verordnung ist insoweit gegenüber der Rom II-Verordnung die *lex specialis*.[63]

V. Abänderung

Sodann beurteilen sich **Abänderung** und **Umgestaltung** des Vertrags grundsätzlich nach dem Vertragsstatut.[64] Die Parteien können zwar hierfür ein eigenes 47 Recht wählen. Hiervon ist allerdings aus praktischen Gründen regelmäßig abzuraten.

Davon zu unterscheiden ist die **Ersetzung** des alten Vertrags durch einen selbständigen neuen Vertrag. Hier unterliegt jeder Vertrag seinem eigenen, nach 48

---

58) OLG Frankfurt a. M., IPRspr. 1981 Nr. 20 = RIW 1982, 914; *Martiny* in: Reithmann/Martiny, Rz. 375; *Thorn* in: Palandt, Art. 12 Rom I-VO Rz. 8; zum früheren Recht *Kegel/Schurig*, § 17 VI.
59) Dazu *Spellenberg* in: MünchKomm-BGB, Art. 12 Rom I-VO Rz. 167 ff.
60) *Merkt/Göthel* in: Reithmann/Martiny, Rz. 4434.
61) BGH, RIW 1985, 154; dazu auch *Spellenberg* in: MünchKomm-BGB, Art. 10 Rom I-VO Rz. 98 sowie Art. 12 Rom I-VO Rz. 170; *Thorn* in: Palandt, Art. 10 Rom I-VO Rz. 3; zum früheren Recht *Hausmann* in: Staudinger, Art. 31 EGBGB Rz. 28; *Hohloch* in: Erman, Art. 32 EGBGB Rz. 15.
62) *Hausmann* in: Staudinger, Art. 31 EGBGB Rz. 28; *Hohloch* in: Erman, Art. 32 EGBGB Rz. 15.
63) *Martiny* in: Reithmann/Martiny, Rz. 305, 456.
64) *Spellenberg* in: MünchKomm-BGB, Art. 12 Rom I-VO Rz. 172.

Art. 3 ff. Rom I-VO zu bestimmenden Recht.[65)] Ob der alte Vertrag durch die neue Vereinbarung untergegangen ist, unterliegt dem bisherigen Vertragsstatut.[66)] Freilich wird bei objektiver Anknüpfung das alte mit dem neuen Vertragsstatut oftmals identisch sein.

VI. Währung, Zinsen

1. Währung

49 Nach dem Vertragsstatut (einschließlich seiner Devisenvorschriften)[67)] richtet sich auch, in welcher Währung eine vertraglich vereinbarte Zahlung geschuldet ist.[68)] Dieses sog. **Währungsstatut (lex pecuniae, lex monetae)** können die Parteien aber auch nachträglich durch Teilrechtswahl einem gesonderten Recht unterwerfen.[69)] Das Vertragsstatut entscheidet insbesondere darüber, ob die Parteien Zahlung in einer anderen Währung als der des Vertragsstatuts vereinbaren dürfen.[70)] Nach deutschem Sachrecht kann die Schuldwährung im internationalen Handel grundsätzlich frei vereinbart werden.[71)]

50 Ebenso unterliegen nach h. A. die Zulässigkeit und die Wirkung von **Wertsicherungsklauseln** (Indexklauseln, Preisgleitklauseln) dem Vertragsstatut (zu Wertsicherungsklauseln siehe bereits oben § 2 Rz. 163).[72)]

2. Zinsen

51 Bei Zinsen ist zwischen **vertraglich** vereinbarten Zinsen einerseits sowie außervertraglichen **Fälligkeits- und Verzugszinsen** andererseits zu unterscheiden. Vertragliche Vereinbarungen über Zinsen unterliegen als Bestandteile des Ver-

---

65) OLG Hamburg, IPRspr. 1998 Nr. 175 = IPRax 1999, 168, 170; *Martiny* in: Reithmann/Martiny, Rz. 377; *Thorn* in: Palandt, Art. 10 Rom I-VO Rz. 3.
66) *Spellenberg* in: MünchKomm-BGB, Art. 12 Rom I-VO Rz. 173.
67) *Ebke*, S. 312 ff.
68) OLG Bamberg, IPRspr. 1988 Nr. 163 = IPRax 1990, 105; *Martiny* in: Reithmann/Martiny, Rz. 316; *Schmidt* in: Staudinger, § 244 BGB Rz. 15.
69) *Martiny* in: MünchKomm-BGB, Anh. I zu Art. 9 Rom I-VO Rz. 6; *Hahn/Häde*, § 2 Rz. 13 ff.; *Maier-Reimer*, NJW 1985, 2049, 2055; *Thorn* in: Palandt, Art. 12 Rom I-VO Rz. 6.
70) *Martiny* in: MünchKomm-BGB, Anh. I zu Art. 9 Rom I-VO Rz. 16; *Thorn* in: Palandt, Art. 12 Rom I-VO Rz. 6.
71) *Martiny* in: Reithmann/Martiny, Rz. 316; *Magnus* in: Staudinger, Art. 32 EGBGB Rz. 132; nach früherem Recht war die Vereinbarung einer fremden Währung nach deutschem Recht nur zwischen Gebietsansässigen und Gebietsfremden erlaubt (§ 49 Abs. 1 AWG a. F.). Zwischen Gebietsansässigen war eine solche Vereinbarung grundsätzlich unzulässig (§ 3 Satz 1 WährG a. F.), konnte allerdings durch die Deutsche Bundesbank genehmigt werden (§ 3 i. V. m. § 49 Abs. 2 AWG a. F.); dazu *Schmidt* in: Staudinger, § 244 BGB Rz. 41.
72) *Martiny* in: MünchKomm-BGB, Anh. I zu Art. 9 Rom I-VO Rz. 30 ff.; *Merkt/Göthel* in: Reithmann/Martiny, Rz. 4413; näher zu Wertsicherungsklauseln *Hahn/Häde*, § 6.

B. Weitere Vertragsabwicklung

trags dem Vertragsstatut. Sonstige Verzugs- und Fälligkeitszinsen beurteilt die h. A. allerdings ebenfalls nach dem Vertragsstatut.[73]

Dabei ist zu beachten, dass sich aus dem Auseinanderfallen von Vertragsstatut 52 und dem Recht, dem der Gläubiger wirtschaftlich tatsächlich ausgesetzt ist, Ungerechtigkeiten ergeben können: Ist Vertragsstatut das Recht eines Landes mit hoher **Inflationsrate** und sieht dieses Recht einen der Inflationsrate entsprechend hohen Zinssatz vor, dann profitiert jener Gläubiger, der den wirtschaftlichen Bedingungen eines Landes mit niedrigerer Inflationsrate ausgesetzt ist. Dies sollte bei der Vertragsgestaltung beachtet werden.[74]

Auch **Prozesszinsen** unterliegen nach h. A. dem Vertragsstatut.[75] 53

Nach dem Statut, dem der Zinsanspruch unterliegt, beurteilt sich schließlich, 54 ob **Zinseszinsen** gewährt werden.[76] Eine ausländische Regelung, die Zinseszinsen vorsieht, verstößt nicht gegen den deutschen *ordre public*.[77]

VII. Beweisfragen

Beweisfragen unterliegen nach den allgemeinen Regeln des internationalen Zi- 55 vilverfahrensrechts grundsätzlich dem Recht am Sitz des Gerichts (**lex fori**).[78]

Von diesem Prinzip gibt es wichtige Ausnahmen. **Vermutungs- und Beweis-** 56 **lastverteilungsregeln** unterliegen dem Vertragsstatut, soweit solche Regeln für das Vertragsverhältnis entweder speziell aufgestellt sind oder als allgemeine Grundsätze auch für Vertragsverhältnisse und Rückabwicklungsverhältnisse gelten (Art. 18 Abs. 1 Rom I-VO). Erfasst werden allerdings nur gesetzliche Vermutungen und Fiktionen, nicht hingegen tatsächliche Vermutungen.[79]

Neben den durch die *lex fori* zugelassenen Beweismitteln sind die **Beweismittel** 57 zulässig, die das Formstatut (Art. 11 Rom I-VO; dazu näher unten § 7 Rz. 3 ff.) vorsieht, sofern der Vertrag danach formwirksam ist und die *lex fori*

---

73) *Martiny* in: Reithmann/Martiny, Rz. 335 m. w. N. zu a. A. Übersicht zu den unterschiedlichen gesetzlichen Zinssätzen in England, Frankreich und New York bei *Sandrock*, JbPraxSchG 3 (1989), 64. In Italien beträgt der Zinssatz 10 % (Art. 1284 Codice Civile).

74) Anders etwa das türkische Recht, das einen wesentlich niedrigeren Zinssatz für Fremdwährungsverbindlichkeiten vorsieht, *Martiny* in: Reithmann/Martiny, Rz. 335.

75) *Martiny* in: Reithmann/Martiny, Rz. 336, mit Nachweisen zur Gegenansicht (lex fori).

76) *Martiny* in: Reithmann/Martiny, Rz. 336.

77) OLG Hamburg, RIW 1991, 52 = IPRspr. 1990 Nr. 236. Zum Zinsanspruch im internationalen Wirtschaftsverkehr auch *Berger*, RabelsZ 61 (1997), 313.

78) *Brödermann/Wegen* in: Prütting/Wegen/Weinreich, Art. 18 Rom I Rz. 9; *Thorn* in: Palandt, Art. 18 Rom I-VO Rz. 1; *Hohloch* in: Erman, Einl. Art. 3 EGBGB Rz. 48.

79) Zum Ganzen *Martiny* in: Reithmann/Martiny, Rz. 340 ff.; *Brödermann/Wegen* in: Prütting/Wegen/Weinreich, Art. 18 Rom I Rz. 1 ff.; *Thorn* in: Palandt, Art. 18 Rom I-VO Rz. 2 ff.; *Clausnitzer/Woopen*, BB 2008, 1798, 1806; zum früheren Recht auch *Hohloch* in: Erman, Art. 32 EGBGB Rz. 17.

nicht entgegensteht (Art. 18 Abs. 2 Rom I-VO).[80] So kann bspw. nach deutschem Verfahrensrecht eine Partei nicht als Zeuge vernommen werden. Nach der *lex fori* beurteilen sich schließlich auch die Anforderungen, die an den Urkunds- oder Anscheinsbeweis zu stellen sind.[81]

C. Allgemeine Schranken

58 Die Anwendbarkeit des für den Unternehmenskauf maßgeblichen Vertragsstatuts findet zwei grundsätzliche Einschränkungen: Erstens setzen sich bestimmte international **zwingende Rechtsvorschriften (Eingriffsnormen)** auch gegen das Vertragsstatut durch (unten Rz. 59 ff.). Zweitens begrenzt der „ordre public" die Anwendung der Rechtsvorschriften eines Vertragsstatuts (unten Rz. 65 ff.).

I. Eingriffsnormen

59 Mit Art. 9 Rom I-VO (früher Art. 34 EGBGB) gibt es – erstmalig – eine unionsweit einheitliche Regelung für die Behandlung von in- und ausländischen Eingriffsnormen.[82] Eine Eingriffsnorm ist eine zwingende Vorschrift, deren Einhaltung von einem Staat als so entscheidend für die Wahrung seines öffentlichen Interesses, insbesondere seiner politischen, sozialen oder wirtschaftlichen Organisation, angesehen wird, dass sie ungeachtet des anwendbaren Vertragsstatuts auf alle Sachverhalte anzuwenden ist (Art. 9 Abs. 1 Rom I-VO).[83] Weil solche Normen mithin in jeden Sachverhalt ungeachtet des Vertragsstatuts *„eingreifen"*, nennt man sie **Eingriffsnormen**. Da sie nach Art. 9 Rom I-VO vom Vertragsstatut gesondert angeknüpft werden, spricht man insoweit von einer **„Sonderanknüpfung"**.

---

80) Dazu auch *Pfeiffer*, EuZW 2008, 622, 624; *Martiny* in: Reithmann/Martiny, Rz. 344 f.; *Brödermann/Wegen* in: Prütting/Wegen/Weinreich, Art. 18 Rom I Rz. 9 f.; *Thorn* in: Palandt, Art. 18 Rom I-VO Rz. 5; zum früheren Recht *Hohloch* in: Erman, Art. 32 EGBGB Rz. 18.
81) *Thorn* in: Palandt, Art. 18 Rom I-VO Rz. 4.
82) Art. 34 EGBGB regelte demgegenüber lediglich die Anwendung deutscher Eingriffsnormen, wenngleich das EVÜ auch eine Regelung für ausländische Eingriffsnormen vorsah, die Deutschland jedoch nicht übernommen hatte. Dazu auch *Freitag* in: Reithmann/Martiny, Rz. 496; *Martiny*, RIW 2009, 737, 746.
83) Zur Definition von Eingriffsnormen nach Art. 9 Abs. 1 Rom I-VO *Magnus*, IPRax 2010, 27, 41; *Freitag* in: Reithmann/Martiny, Rz. 510 ff.; *Freitag*, IPRax 2009, 109, 112; *Remien* in: Prütting/Wegen/Weinreich, Art. 9 Rom I Rz. 2; *Mankowski*, IHR 2008, 133, 146 f.; *Pfeiffer*, EuZW 2008, 622, 628; *Clausnitzer/Woopen*, BB 2008, 1798, 1805.

C. Allgemeine Schranken

Eingriffsnorm ist allerdings keineswegs schon jede Norm, die nach nationalem Recht nicht abbedungen werden kann.[84] Vielmehr muss die Geltung für grenzüberschreitende Fälle unabhängig vom anwendbaren Recht **ausdrücklich angeordnet** oder dem Zweck der Vorschrift eindeutig zu entnehmen sein, oder es muss eine Bestimmung sein, die in erster Linie aus staats-, wirtschafts- oder sozialpolitischem Interesse einen Sachverhalt unabhängig vom Vertragsstatut in jedem Fall **zwingend regelt**.[85] Dies ist keine Besonderheit des europäischen Rechts, sondern findet sich entsprechend in zahlreichen anderen Rechtsordnungen. Wichtig ist aus der Sicht der Kautelarpraxis, dass die Vertragsparteien vor diesen Vorschriften nicht dadurch fliehen können, dass sie ein fremdes Recht wählen.

60

Klassische **Beispiele** für solche Normen sind Ein- und Ausfuhrbestimmungen wie etwa die Normen des deutschen Außenwirtschaftsrechts (dazu § 2 Rz. 123 ff.),[86] Devisen- und Währungsvorschriften[87] (zu Devisenkontrollgesetzen siehe auch oben § 2 Rz. 121 f.), Bestimmungen über Marktordnung und Wettbewerb[88] (zum Kartellrecht siehe unten § 11 Rz. 1 ff.), Vorschriften des Kapitalmarktrechts und insbesondere des Anlegerschutzes,[89] Bestimmungen des Boden- und Grundstücksverkehrsrechts,[90] gewerbe- und berufsrechtliche Bestimmungen sowie Vorschriften des Arbeitsrechts.[91]

61

Nach der Rom I-Verordnung können sowohl die Eingriffsnormen der *lex fori* als auch forumfremde Eingriffsnormen zu beachten sein. Für **Eingriffsrecht der lex fori** bestimmt Art. 9 Abs. 2 Rom I-VO, dass die Verordnung dessen Anwendung und damit bei Anrufung eines deutschen Gerichts die Anwendung deutscher Eingriffsnormen unberührt lässt. Um eine deutsche Eingriffsnorm anzuwenden, ist es in diesem Fall daher gleichgültig, ob der Unternehmenskaufvertrag deutschem oder ausländischem Recht unterliegt. Nach Art. 9

62

---

84) Darin unterscheidet sich Art. 9 Rom I-VO von Art. 3 Abs. 3 Rom I-VO, der die nicht dispositiven (zwingenden) Vorschriften eines Staats durchsetzt, wenn der Sachverhalt zu keinem anderen Staat Verbindungen aufweist, dazu näher oben unter § 4 Rz. 83 f. Vgl. dazu auch *Martiny* in: MünchKomm-BGB, Art. 9 Rom I-VO Rz. 7 ff.; *Freitag* in: Reithmann/Martiny, Rz. 521 f.
85) *Martiny* in: MünchKomm-BGB, Art. 9 Rom I-VO Rz. 8 ff.
86) *Martiny* in: MünchKomm-BGB, Art. 9 Rom I-VO Rz. 61 ff.
87) Ausführlich zum Währungsrecht *Martiny* in: MünchKomm-BGB, Anh. I zu Art. 9 Rom I-VO, sowie zum Devisenrecht *Martiny* in: MünchKomm-BGB, Anh. II zu Art. 9 Rom I-VO.
88) *Martiny* in: MünchKomm-BGB, Art. 9 Rom I-VO Rz. 72 f.
89) Vgl. hierzu *Göthel*, IPRax 2001, 411; auch *Martiny* in: MünchKomm-BGB, Art. 9 Rom I-VO Rz. 74 ff.
90) *Martiny* in: MünchKomm-BGB, Art. 9 Rom I-VO Rz. 94.
91) Eine umfangreiche Auflistung von Eingriffsnormen des deutschen Rechts findet sich auch bei *Freitag* in: Reithmann/Martiny, Rz. 521 ff.; vgl. zum früheren Recht auch *Hohloch* in: Erman, Art. 34 EGBGB Rz. 14 ff.; *Salger* in: Droste, S. 313, 330.

Abs. 1 Rom I-VO ist vielmehr entscheidend, ob die Eingriffsnorm den Sachverhalt ohne Rücksicht auf das Vertragsstatut regeln will.

63 Für Eingriffsnormen außerhalb der *lex fori* und damit **ausländisches Eingriffsrecht** kannte das deutsche Internationale Privatrecht bislang keine Regelung, um solche Normen anzuwenden. Dennoch wurde ausländisches Eingriffsrecht unter umstrittenen Voraussetzungen für anwendbar gehalten.[92] Nach Art. 9 Abs. 3 Rom I-VO ist ausländisches Eingriffsrecht zwar ebenfalls anwendbar, aber beschränkt auf Eingriffsnormen des Staats, in dem der Vertrag zu erfüllen ist oder erfüllt worden ist (**Erfüllungsstaat**), und dann auch nur, soweit diese Normen die Vertragserfüllung unrechtmäßig werden lassen. Im Rahmen einer wertenden Betrachtung sind Art und Zweck dieser Normen sowie die Folgen zu berücksichtigen, die sich ergeben, wenn die Norm angewendet wird oder nicht.[93]

64 Eingriffsnormen, die der Sonderanknüpfung unterliegen, ändern nichts an der Maßgeblichkeit des Vertragsstatuts, sondern **überlagern** lediglich das Vertragsstatut oder treten **kumulativ** dazu. Im Einzelfall gilt also die jeweils strengere Regelung.

II. Ordre public

65 Nach Art. 21 Rom I-VO (Art. 6 EGBGB) ist eine Bestimmung des ausländischen Vertragsstatuts nicht anzuwenden, wenn dies mit der öffentlichen Ordnung (*„ordre public"*) des Rechts des angerufenen Gerichtes offensichtlich **unvereinbar** wäre. Auch diese Regelung ist im Grundsatz in nahezu allen anderen Rechtsordnungen bekannt.

66 Im Gegensatz zu Art. 9 Rom I-VO, der die Anwendung von Eingriffsrecht ungeachtet des sonst maßgeblichen Rechts zwingend vorschreibt, erfüllt der *ordre public*-Vorbehalt in Art. 21 Rom I-VO vor allem eine **Abwehrfunktion**. Der Vorbehalt schießt Bestimmungen, die im Ergebnis mit wesentlichen Rechtsgrundsätzen der *lex fori* unvereinbar sind, von der Anwendung auf den Unternehmenskauf aus, ohne dass damit für diesen Regelungskomplex zwingend das Recht der *lex fori* berufen ist. Das Recht des angerufenen Gerichts lässt sich lediglich als nicht zwingende Ersatzregelung heranziehen.[94]

67 Im Übrigen ist bei der Anwendung des Prüfungsmaßstabs, ob das berufene Recht mit wesentlichen Grundsätzen der *lex fori* unvereinbar ist, äußerste **Zu-**

---

92) S. für einen Überblick über den Streitstand *Göthel*, IPRax 2001, 411, 416 f.
93) Ausführlich zur Anwendung forumfremder Eingriffsnormen *Freitag* in: Reithmann/Martiny, Rz. 631 ff.; *Freitag*, IPRax 2009, 109; auch *Magnus*, IPRax 2010, 27, 41 f.; *Mankowski*, IHR 2008, 133, 148 f.; *Pfeiffer*, EuZW 2008, 622, 628; *Leible/Lehmann*, RIW 2008, 528, 542 f.; *Clausnitzer/Woopen*, BB 2008, 1798, 1805; *Remien* in: Prütting/Wegen/Weinreich, Art. 9 Rom I Rz. 7 ff.
94) Vgl. *Sonnenberger* in: MünchKomm-BGB, Art. 21 Rom I-VO, Rz. 1 ff.

rückhaltung geboten.⁹⁵⁾ Wenig Anwendungsraum bleibt erfahrungsgemäß in jenen Bereichen des Wirtschaftsverkehrs, in denen sich in aller Regel gleich starke und geschäftlich erfahrene Partner gegenüberstehen. Im Bereich des Unternehmenskaufs dürfte Art. 21 Rom I-VO daher wohl nur in ganz krassen Ausnahmefällen anzuwenden sein, etwa bei ausländischen Bestimmungen, die in grundrechtlich geschützte Vermögenspositionen einer Vertragspartei in einer Weise und einem Umfang eingreifen, der aus Sicht der *lex fori* schlechterdings nicht hinnehmbar ist. Dabei sollte grundsätzlich beachtet werden, dass die Anwendung des Vorbehalts desto weniger in Betracht kommt, je geringer die Bezüge sind, die der konkrete Sachverhalt zum Inland aufweist.⁹⁶⁾

Der Verstoß gegen den *ordre public* der *lex fori* führt zur **Nichtanwendung** der fraglichen Bestimmung des fremden Vertragsstatuts, lässt aber im Übrigen die Anwendung des Vertragsstatuts unberührt. 68

---

95) Nach Erwägungsgrund 37 der Rom I-VO soll die Vorbehaltsklausel („ordre public") lediglich unter „außergewöhnlichen Umständen" zur Anwendung kommen; dazu auch *Mörsdorf-Schulte* in: Prütting/Wegen/Weinreich, Art. 21 Rom I Rz. 3; *Leible/Lehmann*, RIW 2008, 528, 543.
96) Näher *Merkt*, Abwehr, S. 138 ff.

§ 6 Fragen des Gesellschaftsstatuts und sonstige Fragen außerhalb des Vertragsstatuts

Übersicht

A. Share Deal 1
I. Internationales Gesellschaftsrecht 1
 1. Sitztheorie versus Gründungstheorie 1
 2. Deutsches Internationales Gesellschaftsrecht im Überblick 7
 3. Sitztheorie 9
 4. Niederlassungsfreiheit und Gründungstheorie 17
  a) Daily Mail 19
  b) Centros 22
  c) Überseering 26
  d) Inspire Art 28
  e) Cartesio 32
  f) Folgen 37
  aa) Gründungstheorie 37
  bb) Beschränkungen der Niederlassungsfreiheit 43
  cc) EWR-Vertragsstaaten 48
 5. Staatsverträge 49
 6. Gesamt- und Sachnormverweisungen 53
 7. Umgehungsversuche 57
II. Reichweite des Gesellschaftsstatuts.... 62
 1. Allgemeines 62
 2. Anteilsübertragung 64
 3. Mitteilungs- und Bekanntmachungspflichten 72

III. Grund für Abspaltung vom Vertragsstatut 73
B. Asset Deal 75
I. Übertragung der Wirtschaftsgüter 75
 1. Grundsatz 75
 2. Mobilien 78
 3. Wertpapiere 82
 4. Fuhrpark 89
 5. Grundstücke 90
  a) Belegenheitsrecht 90
  b) Steuerliche Unbedenklichkeitsbescheinigungen 91
 6. Rechte 94
  a) Forderungen 94
  b) Schuld- und Vertragsübernahme 96
  c) Arbeitsverhältnisse 99
  d) Firma 100
  e) Immaterialgüterrechte 101
 7. Sonstige unkörperliche Vermögenswerte 105
II. Universal- oder Singularsukzession 107
III. Zustimmungserfordernisse 109
IV. Praktische Hinweise 112
C. Beherrschungs- und Gewinnabführungsverträge, Gleichordnungsverträge 115

Literatur: *Altmeppen*, Schutz vor „europäischen" Kapitalgesellschaften, NJW 2004, 97; *Altmeppen*, Änderungen der Kapitalersatz- und Insolvenzverschleppungshaftung aus „deutsch-europäischer" Sicht, NJW 2005, 1911; *Altmeppen/Wilhelm*, Gegen die Hysterie um die Niederlassungsfreiheit der Scheinauslandsgesellschaften, DB 2004, 1083; *Assmann/Schneider*, Wertpapierhandelsgesetz: Kommentar, 5. Auflage 2009 (zit.: *Bearbeiter* in: Assmann/Schneider); *Baum*, Marktzugang und Unternehmenserwerb in Japan, 1995; *Baumbach/Hefermehl/Casper*, Wechselgesetz/Scheckgesetz, Recht der kartengestützten Zahlungen, Kommentar, 23. Auflage 2008; *Bayer*, Auswirkungen der Niederlassungsfreiheit nach den EuGH-Entscheidungen Inspire Art und Überseering auf die deutsche Unternehmensmitbestimmung, AG 2004, 534; *Bayer*, Die EuGH-Entscheidung „Inspire Art" und die deutsche GmbH im Wettbewerb der europäischen Rechtsordnungen, BB 2003, 2357; *Bayer*, Der grenzüberschreitende Beherrschungsvertrag, 1988; *Bayer/Schmidt*, Grenzüberschreitende Sitzverlegung und grenzüberschreitende Restrukturierungen nach MoMiG, Cartesio und Trabrennbahn, ZHR 173 (2009), 735; *Behme*,

§ 6 Fragen des Gesellschaftsstatuts und sonstige Fragen außerhalb des Vertragsstatuts

Der Weg deutscher Aktiengesellschaften ins Ausland – Goldene Brücke statt Stolperpfad, BB 2008, 70; *Behme/Nohlen*, Anm. zu EuGH, Urt. v. 16.12.2008 – Rs. C-210/06 (Cartesio: EuGH lehnt freie Verwaltungssitzverlegung ab), BB 2009, 13; *Behr*, Ausländische Inhaberaktien und § 1006 BGB: Ein Beitrag zum Anwendungsbereich gesetzlicher Eigentumsvermutungen, in: Festgabe Sandrock, 1995, S. 159; *Behrens*, Gemeinschaftsrechtliche Grenzen der Anwendung inländischen Gesellschaftsrechts auf Auslandsgesellschaften nach Inspire Art, IPRax 2004, 20; *Behrens*, Das Internationale Gesellschaftsrecht nach dem Überseering-Urteil des EuGH und den Schlussanträgen zu Inspire Art, IPRax 2003, 193; *Behrens*, Das Internationale Gesellschaftsrecht nach dem Centros-Urteil des EuGH (Anm. zu EuGH, Urt. v. 9.3.1999 – Rs C-212/97 und BayObLG, v. Besch. v. 26.8.1998 – 3Z BR 78/98), IPRax 1999, 323; *Behrens*, Die Gesellschaft mit beschränkter Haftung im internationalen und europäischen Recht, 2. Auflage 1997 (zit.: *Bearbeiter* in: Behrens); *Behrens*, Die grenzüberschreitende Sitzverlegung von Gesellschaften in der EWG (Anm. zu EuGH, 27.9.1988 – Rs. 81/87), IPRax 1989, 354; *Beitzke*, Anerkennung und Sitzverlegung von Gesellschaften und juristischen Personen im EWG-Bereich, ZHR 127 (1965), 1; *Benkert/Haritz/Schmidt-Ott*, Die Verlegung der Geschäftsleitung einer ausländischen Kapitalgesellschaft in das Inland – zivilrechtliche und steuerrechtliche Konsequenzen, IStR 1995, 242; *Berndt*, Die Rechtsfähigkeit US-amerikanischer Kapitalgesellschaften im Inland, JZ 1996, 187; *Bernstein*, Erwerb und Rückerwerb von GmbH-Anteilen im deutsch-amerikanischen Rechtsverkehr, ZHR 140 (1976), 414; *Binz/Mayer*, Die Rechtsstellung von Kapitalgesellschaften aus Nicht-EU/EWR/USA-Staaten mit Hauptverwaltungssitz in Deutschland, BB 2005, 2361; *Birk*, Das Arbeitskollisionsrecht der Bundesrepublik Deutschland, RdA 1984, 129; *Bödefeld*, Zur Unbedenklichkeitsbescheinigung bei Grundstücksgeschäften mit ausländischen Kapitalgesellschaften, IStR 1995, 365; *Böhringer*, Die Grundbuchsperre des § 22 GrEstG und ihre Ausnahmen, Rpfleger 2000, 99; *Boruttau*, Grunderwerbssteuergesetz, Kommentar, 16. Auflage 2007 (zit.: *Bearbeiter* in: Boruttau); *Brakalova/Barth*, Nationale Beschränkungen des Wegzugs von Gesellschaften innerhalb der EU bleiben zulässig (Anm. zu EuGH, Urt. v. 16.12.2008 – Rs. C-210/06, DB 2009), 213; *Braun*, Internationales Gesellschaftsrecht und grunderwerbssteuerliche Unbedenklichkeit, RIW 1995, 499; *Bruski*, Der einheitliche Ländererlaß über Grundstücksgeschäfte mit Briefkastengesellschaften, IStR 1994, 473; *Bungert*, Konsequenzen der Centros-Entscheidung des EuGH für die Sitzanknüpfung des deutschen internationalen Gesellschaftsrechts (Anm. zu EuGH, Urt. v. 9.3.1999 – Rs C-212/97), DB 1999, 1841; *Bungert*, Zum Nachweis des effektiven Verwaltungssitzes der ausländischen Kapitalgesellschaft: Die Briefkastengesellschaft als Vorurteil (Anm. zu: OLG Hamm, Urt. v. 4.10.1996 – 29 U 108/95 – und KG, Beschl. v. 11.2.1997 – 1 W 3412/96), IPRax 1998, 339; *Bungert*, Rechtsfähigkeit ausländischer Kapitalgesellschaften und Beweislast (Anm. zu OLG Hamm, Beschl. v. 18.8.1994, DB 1995, 137), DB 1995, 963; *Bungert*, Zur Rechtsfähigkeit US-amerikanischer Kapitalgesellschaften ohne geschäftlichen Schwerpunkt in den USA (Anm. zu OLG Düsseldorf, Urt. v. 15.12.1994, WM 1995, 508), WM 1995, 2125; *Campos Nave*, Das Ende der gegenwärtigen Wegzugsbesteuerung – Der zweite Blick auf Cartesio, BB 2009, 870; *Campos Nave*, Die Liberalisierung der Wegzugsfreiheit in Europa, BB 2008, 1410; *Clausnitzer*, Die Novelle des Internationales Gesellschaftsrechts – Auswirkungen auf das deutsche Firmenrecht, NZG 2008, 321; *Clausnitzer*, Deutsches Firmenrecht versus Europäisches Gemeinschaftsrecht – Der Entwurf eines Gesetzes zum Internationalen Gesellschaftsrecht und aktuelle Rechtsprechung zur europarechtkonformen Auslegung des Firmenrechts, DNotZ 2008, 484; *Dammann*, Amerikanische Gesellschaften mit Sitz in Deutschland (Anm. zu BGH, 29.1.2003 – VIII ZR 155/02), RabelsZ 68 (2004), 607; *Däubler/Heuschmid*, Cartesio und MoMiG – Sitzverlegung ins Ausland und Unternehmensmitbestimmung, NZG 2009, 493; *Drouven/Mödl*, US-Gesellschaften mit Hauptverwaltungssitz in Deutschland im deutschen Recht, NZG 2007, 7; *Ebenroth*, Neuere Entwicklungen im deutschen internationalen Gesellschaftsrecht, JZ 1988, 18; *Ebenroth/Bippus*, Die Sitztheorie als Theorie effektiver Verknüpfungen der Gesellschaft, JZ 1988, 677; *Ebenroth/Bippus*, Die Anerkennungsproblematik im Internationalen Gesellschaftsrecht. Am Beispiel des Freundschafts-, Handels- und Schiffahrtsvertrages zwischen der Bundesrepublik Deutschland und den Vereinigten Staaten von Amerika vom 29.10.1954, NJW 1988, 2137; *Ebenroth/ Kemner/Willburger*, Die Auswirkungen des genuine-link-Grundsatzes auf die Anerkennung US-amerikanischer Gesellschaften in Deutschland, ZIP 1995, 972; *Ebenroth/ Offenloch*, Kollisionsrechtliche Untersuchung grenzüberschreitender Ausgliederungen, RIW 1997, 1; *Ebenroth/Willburger*, „Delaware-Corporation", keine Anerkennung ohne Aktivitäten im Gründungsstaat, EWiR 1995, 583; *Ebke*, The European Conflict-of-Corporate-Laws Revolution: Überseering, Inspire Art and Beyond, The International Lawyer 2004, 813; *Ebke*, Das Internationale Gesellschaftsrecht und der Bundesgerichtshof, in: 50 Jahre Bundesgerichtshof, Festgabe aus der Wissenschaft, Bd. 2, 2000, S. 799; *Ebke*, Das Schicksal der Sitztheorie nach dem Centros-Urteil des EuGH, JZ 1999, 656; *Edwards*, Case-Law of the European Court of Justice on Freedom of Establishment after Centros, EBOR 2000, 147; *Eidenmüller*, Mobilität und Restrukturierung von Unternehmen im Binnenmarkt, JZ 2004, 24; *Eidenmüller*, Wettbewerb der Gesellschaftsrechte in Europa (Anm. zu EuGH, Urt. v. 5.11.2002 – Rs. C-208/00 – Überseering BV gegen Nordic Construction Company Baumanagement GmbH), ZIP 2002, 2233; *Eidenmüller/Rehm*, Niederlassungsfreiheit versus Schutz des inländischen Rechtsverkehrs: Konturen des Europäischen Internationalen Gesellschaftsrechts, ZGR 2004, 159; *Eidenmüller/Rehm*, Gesellschafts- und zivilrechtliche Folgeprobleme der Sitztheorie, ZGR 1997, 89; *Fikentscher*, Probleme des internationalen Gesellschaftsrechts, MDR 1957, 71; *Fingerhuth/Rumpf*, MoMiG und die grenzüberschreitende Sitzverlegung – Die Sitztheorie ein (lebendes) Fossil?, IPRax 2008, 90; *G. Fischer*, Die Neuregelung des Kollisionsrechts der ungerechtfertigten Bereicherung der Geschäftsführung ohne Auftrag im IPR-Reformgesetz von 1999, IPRax 2002, 1; *Fleischer/Schmolke*, Die Rechtsprechung zum deutschen internationalen Gesellschaftsrecht seit 1991, JZ 2008, 233; *Flessner*, Die internationale Forderungsabtretung nach der Rom I-Verordnung, IPRax 2009, 35; *Forsthoff*, EuGH fördert Vielfalt im Gesellschaftsrecht. Traditionelle deutsche Sitztheorie verstößt gegen Niederlassungsfreiheit, DB 2002, 2471; *Forsthoff*, Rechts- und Parteifähigkeit ausländischer Gesellschaften mit Verwaltungssitz in Deutschland? Die Sitztheorie vor dem EuGH (Anm. zu BGH, Besch. v. 30.3.2000 – VII ZR 370/98), DB 2000, 1109; *Franz*, Internationales Gesellschaftsrecht und deutsche Kapitalgesellschaften im In- bzw. Ausland, BB 2009, 1250; *Franz/Laeger*, Die Mobilität deutscher Kapitalgesellschaften nach Umsetzung des MoMiG unter Einbeziehung des Referentenentwurfes zum internationalen Gesellschaftsrecht, BB 2008, 678; *Freitag*, Der Wettbewerb der Rechtsordnungen im Internationalen Gesellschaftsrecht, EuZW 1999, 267; *Frenzel*, Immer noch keine Wegzugsfreiheit für Gesellschaften im Europäischen Binnenmarkt – die Cartesio-Entscheidung des EuGH, EWS 2009, 158; *Frobenius*, „Cartesio": Partielle Wegzugsfreiheit für Gesellschaften in Europa, DStR 2009, 487; *Frühbeck*, Vergleichender Überblick über das Recht der Kapitalgesellschaften in Spanien, DStR 1992, 1206; *Geyrhalter/Gänßler*, Perspektiven nach „Überseering" – wie geht es weiter?, NZG 2003, 409; *Girsberger*, Übernahme und Übergang von Schulden im schweizerischen und deutschen IPR, ZVglRWiss 88 (1989), 31; *Goette*, Anm. zu EuGH, Urt. v. 16.12.2008 – Rs. C-210/06 (Niederlassungsfreiheit zwingt Nationalstaaten nicht zur Erlaubnis des uneingeschränkten Wegzugs von Unternehmen in einen anderen EU-Staat; Cartesio), DStR 2009, 128; *Goette*, Zu den Folgen der Anerkennung ausländischer Gesellschaften mit tatsächlichem Sitz im Inland für die Haftung ihrer Gesellschafter und Organe, ZIP 2006, 541; *Goette*, Wo steht der BGH nach „Centros" und „Inspire Art"?, DStR 2005, 197; *Görk*, Das EuGH-Urteil in Sachen „Centros" vom 9.3.1999: Kein Freibrief für Briefkastengesellschaften! (Anm. zu EuGH, Urt. v. 9.3.1999 – Rs. C-212/97), GmbHR 1999, 793; *Göthel*, Internationales Gesellschaftsrecht in den USA: Die Internal Affairs Rule wankt nicht, RIW 2000, 904; *Göthel*, Internationales Privatrecht des Joint Ventures, RIW 1999, 566; *Göthel*, Joint Ventures im Internationalen Privatrecht – Ein Vergleich der Rechte Deutschlands und der USA, 1999 (zit.: Joint Ventures); *Gottschalk*, Beschränkungen für schweizerische Aktiengesellschaften mit Sitz in Deutschland, ZIP 2009, 948; *Grohmann/Gruschinske*, Beschränkungen des Wegzugs von Gesellschaften innerhalb der EU – die Rechtssache Cartesio, EuZW 2008,

463; *Großfeld/Erlinghagen*, Internationales Unternehmensrecht und deutsche unternehmerische Mitbestimmung, JZ 1993, 217; *Großfeld/Jasper*, Identitätswahrende Sitzverlegung und Fusion von Kapitalgesellschaften in die Bundesrepublik, RabelsZ 53 (1989), 52; *Handelsrechtsausschuss des DAV*, Stellungnahme zum Referentenentwurf eines Gesetzes zur Modernisierung des GmbH-Rechts und zur Bekämpfung von Missbräuchen (MoMiG), NZG 2007, 211; *Hanisch*, Inländische Konkurseröffnung, Aktienkapital der Gemeinschuldnerin in Luxemburg, Anfechtung der Übertragung der Aktien auf Dritte, EWiR 1994, 1213; *Hansen*, From C 212 to L 212 – Centros Revisited, EBOR 2001, 141; *Heidenhain*, Ausländische Kapitalgesellschaften mit Verwaltungssitz in Deutschland (Anm. zu BGH, NZG 2002, 1009 und Anm. zu EuGH, Urt. v. 5.11.2002 – Rs. C-208/00), NZG 2002, 1141; *Hellgardt/Illmer*, Wiederauferstehung der Sitztheorie?, NZG 2009, 94; *Hennrichs/Pöschke/von der Laage/Klavina*, Die Niederlassungsfreiheit der Gesellschaften in Europa – Eine Analyse der Rechtsprechung des EuGH und ein Plädoyer für eine Neuorientierung, WM 2009, 2009; *Hirte*, Die „Große GmbH-Reform" – Ein Überblick über das Gesetz zur Modernisierung des GmbH-Rechts und zur Bekämpfung von Missbräuchen (MoMiG), NZG 2008, 761; *Hoffmann*, Die stille Bestattung der Sitztheorie durch den Gesetzgeber, ZIP 2007, 1581; *Hofmeister*, Grundlagen und Entwicklungen des Internationalen Gesellschaftsrechts, WM 2007, 868; *Hohloch*, Keine Anerkennung einer „Delaware-Corporation" ohne Aktivitäten im Gründungsstaat, JuS 1995, 1037; *Horn*, Deutsches und europäisches Gesellschaftsrecht und die EuGH-Rechtsprechung zur Niederlassungsfreiheit – Inspire Art, NJW 2004, 893; *Ishizumi*, Acquiring Japanese Companies, 1988; *Junker*, Internationales Arbeitsrecht im Konzern, 1992 (zit.: Internationales Arbeitsrecht); *P. Jung*, Anwendung der Gründungstheorie auf Gesellschaften schweizerischen Rechts?, NZG 2008, 681; *Kaligin*, Das internationale Gesellschaftsrecht der Bundesrepublik Deutschland, DB 1985, 1449; *Kallmeyer*, Tragweite des Überseering-Urteils des EuGH vom 5.11.2002 zur grenzüberschreitenden Sitzverlegung, DB 2002, 2521; *Kaulen*, Zur Bestimmung des Anknüpfungsmoments unter der Gründungstheorie, IPRax 2008, 389; *Kersting*, Rechtswahlfreiheit im Europäischen Gesellschaftsrecht nach Überseering – Ein Richtlinienvorschlag, NZG 2003, 9; *Kieninger*, Niederlassungsfreiheit als Rechtswahlfreiheit (Anm. zu EuGH, Urt. v. 9.3.1999 – Rs C-232/97), ZGR 1999, 724; *Kindler*, „Cadbury-Schweppes": Eine Nachlese zum internationalen Gesellschaftsrecht, IPRax 2010, 272; *Kindler*, Internationales Gesellschaftsrecht 2009: MoMiG, Trabrennbahn, Cartesio und die Folgen, IPRax 2009, 189; *Kindler*, Ende der Diskussion über die sog. Wegzugsfreiheit, NZG 2009, 130; *Kindler*, Grundzüge des neuen Kapitalgesellschaftsrechts. Das Gesetz zur Modernisierung des GmbH-Rechts und zur Bekämpfung von Missbräuchen (MoMiG), NJW 2008, 3249; *Kindler*, GmbH-Reform und internationales Gesellschaftsrecht, AG 2007, 721; *Kindler*, Anm. zu BGH, Urt. v. 29.1.2003 – VIII ZR 155/02 (Nach Überseering: Partei- und Prozessfähigkeit einer in den USA gegründeten Gesellschaft mit Verwaltungssitz in der Bundesrepublik Deutschland), BB 2003, 812; *Kindler*, „Inspire Art" – Aus Luxemburg nichts Neues zum internationalen Gesellschaftsrecht, NZG 2003, 1086; *Kindler*, Niederlassungsfreiheit für Scheinauslandsgesellschaften? Die „Centros"-Entscheidung des EuGH und das internationale Privatrecht (Anm. zu EuGH, Urt. v. 9.3.1999 – Rs C-212/97), NJW 1999, 1993; *Kindler*, Internationale Zuständigkeit und anwendbares Recht im italienischen IPR-Gesetz von 1995, RabelsZ 61 (1997), 227; *Kleinert*, Konzernbesteuerung: Einbeziehung der Gewinne beherrschter ausländischer Gesellschaften in die Steuerbemessungsgrundlage der Muttergesellschaft (Anm. zu EuGH, Urt. v. 12.9.2006 – Rs. C-196/04 – Cadbury Schweppes), GmbHR 2006, 1049; *Knof/Mock*, Anm. zu EuGH, Urt. v. 16.12.2008 – Rs. C-210/06 (Vereinbarkeit von Wegzugsbeschränkungen mit der Niederlassungsfreiheit; „Cartesio"), ZIP 2009, 30; *Knof/Mock*, Das MoMiG und die Auslandsinsolvenz haftungsbeschränkter Gesellschaften. Herausforderung oder Sisyphismus des modernen Gesetzgebers?, GmbHR 2007, 852; *Kobelt*, Internationale Option deutscher Kapitalgesellschaften nach MoMiG, „Cartesio" und Trabrennbahn – zur Einschränkung der Sitztheorie, GmbHR 2009, 808; *Koch*, Auswirkung des Betriebsinhaberwechsels auf Arbeitnehmer im englischen und deutschen Recht, RIW 1984, 592; *Koch/Eickmann*,

§ 6 Fragen des Gesellschaftsstatuts und sonstige Fragen außerhalb des Vertragsstatuts

Gründungs- oder Sitztheorie? Eine „never ending story"?, AG 2009, 73; *König/Bormann*, Die Reform des Rechts der Gesellschaften mit beschränkter Haftung, DNotZ 2008, 652; *Körber/Kliebisch*, Das neue GmbH-Recht, JuS 2008, 1041; *Köster*, Die Kodifizierung des Internationalen Gesellschaftsrechts – Bedeutung für die Unternehmensmitbestimmung, ZRP 2008, 214; *Kübler*, Regelungsprobleme des grenzüberschreitenden Wertpapierhandels, WM 1986, 1305; *Lange*, Anm. zu EuGH, Urt. v. 9.3.1999 – Rs. C-212/97, DNotZ 1999, 599; *Lehner*, Die steuerliche Ansässigkeit von Kapitalgesellschaften – Insbesondere zur doppelten Ansässigkeit, RIW 1988, 201; *Leible*, Niederlassungsfreiheit und Sitzverlegungsrichtlinie, ZGR 2004, 531; *Leible*, Anm. zu EuGH, Urt. v. 9.3.1999 – Rs C-212/97 – (Eintragung der Zweigniederlassung einer in einem anderen Mitgliedstaat ansässigen und rechtmäßig gegründeten Gesellschaft, die dort keine Geschäftstätigkeit entfaltet), NZG 1999, 300; *Leible/Hoffmann*, Cartesio – fortgeltende Sitztheorie, grenzüberschreitender Formwechsel und Verbot materiellrechtlicher Wegzugsbeschränkungen, BB 2009, 58; *Leible/Hoffmann*, „Überseering" und das deutsche Gesellschaftskollisionsrecht, ZIP 2003, 925; *Leible/Hoffmann*, Vom „Nullum" zur Personengesellschaft. Die Metamorphose der Scheinauslandsgesellschaft im deutschen Recht (Anm. zu BGH, Urt. v. 1.7.2002 – II ZR 380/00), DB 2002, 2203; *Leible/Hoffmann*, Überseering und das (vermeintliche) Ende der Sitztheorie (Anm. zu EuGH, Urt. v. 5.11.2002 – Rs. C-208/00 – Überseering), RIW 2002, 925; *Lieder/Kliebisch*, Anm. zu BGH, Beschl. v. 8.10.2009 – IX ZR 227/06 (Geltung der Sitztheorie für Gesellschaften aus EU-Drittstaaten), EWiR 2010, 117; *Lieder/Kliebisch*, Nichts Neues im Internationalen Gesellschaftsrecht: Anwendbarkeit der Sitztheorie auf Gesellschaften aus Drittstaaten?, BB 2009, 338; *Lips/Randel/Werwigk*, Das neue GmbH-Recht – ein Überblick, DStR 2008, 2220; *St. Lorenz*, Zur Abgrenzung von Wertpapierrechtsstatut und Wertpapiersachstatut im internationalen Wertpapierrecht, NJW 1995, 176; *Lutter*, „Überseering" und die Folgen, BB 2003, 7; *Mankowski*, US-Gesellschaft, Partei- und Prozessfähigkeit, Gründungstheorie, RIW 2003, 661; *Maul/Schmidt*, Inspire Art – Quo vadis Sitztheorie?, BB 2003, 2297; *Meilicke*, Sitztheorie versus Niederlassungsfreiheit? (Anm. zu BGH, Vorlagebeschl. v. 30.3.2000 – VII ZR 370/98), GmbHR 2000, 693; *Meilicke*, Anm. zu EuGH, Urt. v. 9.3.1999 – Rs. C-212/97, DB 1999, 627; *Merkt*, Das Centros-Urteil des Europäischen Gerichtshofs – Konsequenzen für den nationalen Gesetzgeber, VGR 2000, 111; *Merkt*, Das Europäische internationale Gesellschaftsrecht und die Idee des „Wettbewerbs der Gesetzgeber" (Hein Kötz zum 60. Geburtstag), RabelsZ 59 (1995), 545; *Meyer-Sparenberg*, Internationalprivatrechtliche Probleme bei Unternehmenskäufen, WiB 1995, 849; *Michalski*, Grundzüge des internationalen Gesellschaftsrechts, NZG 1998, 762; *Morawitz*, Das internationale Wechselrecht. Eine systematische Untersuchung der auf dem Gebiet des Wechselrechts auftretenden Fragen, 1991; *Mülsch/Nohlen*, Die ausländische Kapitalgesellschaft und Co. KG mit Verwaltungssitz im EG-Ausland, ZIP 2008, 1358; Münchener Handbuch zum Arbeitsrecht, Band 1, 3. Auflage 2009 (zit.: *Bearbeiter* in: MünchHdb-ArbR); *Paal*, Deutsch-amerikanischer Freundschaftsvertrag und genuine link: Ein ungeschriebenes Tatbestandsmerkmal auf dem Prüfstand, RIW 2005, 735; *Paefgen*, „Cartesio": Niederlassungsfreiheit minderer Güte, WM 2009, 529; *Paefgen*, Deutsche Corporations im System des Gesellschaftskollisionsrechts (Anm. zu BGH, Urt. v. 29.1.2003 – VIII ZR 155/02), DZWIR 2003, 441; *Paefgen*, Gezeitenwechsel im Gesellschaftskollisionsrecht (Anm. zu EuGH, Urt. v. 5.11.2002 – Rs. C-208/00 – Überseering), WM 2003, 561; *Peters*, Verlegung des tatsächlichen Verwaltungssitzes der GmbH ins Ausland, GmbHR 2008, 245; *Preuß*, Die Wahl des Satzungssitzes im geltenden Gesellschaftsrecht und nach dem MoMiG-Entwurf, GmbHR 2007, 57; *Rehbinder*, Urheberrecht, 15. Auflage 2008 (zit.: Urheberrecht); *L. Richter*, Der identitätswahrende Wegzug deutscher Gesellschaften ins EU-/EWR-Ausland auf dem Vormarsch, IStR 2008, 719; *Riegger*, Centros – Überseering – Inspire Art: Folgen für die Praxis, ZGR 2004, 510; *G. H. Roth*, Vorgaben der Niederlassungsfreiheit für das Kapitalgesellschaftsrecht, 2010; *G. H. Roth*, Die deutsche Initiative zur Kodifizierung der Gründungstheorie, in: Festschrift Westermann, 2008, S. 1345; *W. H. Roth*, Internationales Gesellschaftsrecht nach Überseering, IPRax 2003, 117; *Rotheimer*, Referentenentwurf zum Internationalen Gesellschaftsrecht, NZG 2008, 181;

§ 6 Fragen des Gesellschaftsstatuts und sonstige Fragen außerhalb des Vertragsstatuts

Salger, Governing Law, Jurisdiction and Arbitration, in: Droste, Mergers & Acquisitions in Germany, 1995, S. 313; *Sandrock*, Sitzrecht contra Savigny?, BB 2004, 897; *Sandrock*, Centros: ein Etappensieg für die Überlagerungstheorie, BB 1999, 1337; *Sandrock*, Die Konkretisierung der Überlagerungstheorie in einigen zentralen Einzelfragen, in: Festschrift Beitzke, 1979, S. 669; *Sandrock/Austmann*, Das Internationale Gesellschaftsrecht nach der Daily Mail-Entscheidung des Europäischen Gerichtshofs: Quo vadis?, RIW 1989, 249; *Schanze/Jüttner*, Die Entscheidung für Pluralität: Kollisionsrecht und Gesellschaftsrecht nach der EuGH-Entscheidung „Inspire Art", AG 2003, 661; *Schlechtriem*, Zur Abdingbarkeit von Art. 93 Abs. 1 WG (Anm. zu BGH, Urt. v. 11.4.1988 – II ZR 272/87), IPRax 1989, 155; *K. Schmidt*, Verlust der Mitte durch „Inspire Art"? – Verwerfungen im Unternehmensrecht durch Schreckensreaktionen in der Literatur, ZHR 168 (2004), 493; *C. Schneider*, Internationales Gesellschaftsrecht vor der Kodifizierung, BB 2008, 566; *Schnorr von Carolsfeld*, Bemerkungen zum Aktienrecht, DNotZ 1963, 404; *Schricker/Katzenberger*, Urheberrecht, Kommentar, 2. Auflage 1999; *Schuck*, Grundstücksgeschäfte ausländischer Domizilgesellschaften (Anm. zum Erlaß der Senatsverwaltung für Finanzen Berlin vom 15.4.1997), BB 1998, 616; *Schuck*, Anm. zu OLG Hamm, Beschl. v. 18.8.1994 – 15 W 209/94, BB 1995, 446; *Schuck*, Wirksamkeit und Vollzug von Immobilienerwerben ausländischer Gesellschaften in der Praxis (Stellungnahme zum Erlaß des Finanzministeriums Brandenburg vom 19.4.1994), BB 1994, 1538; *Sedemund*, Cadbury/Schweppes: Britische Regelungen zur Hinzurechnungsbesteuerung nur im Falle rein künstlicher Gestaltungen europarechtskonform, BB 2006, 2118; *Sethe/Winzer*, Der Umzug von Gesellschaften in Europa nach dem Cartesio-Urteil, WM 2009, 536; *Sonnenberger*, Vorschläge und Berichte zur Reform des europäischen und deutschen internationalen Gesellschaftsrechts, 2007 (zit.: *Bearbeiter* in: Sonnenberger); *Sonnenberger/Bauer*, Vorschlag des Deutschen Rates für Internationales Privatrecht für eine Regelung des Internationalen Gesellschaftsrechts auf europäischer / nationaler Ebene, RIW 2006, Beilage 1 zu Heft 4, S. 1; *Sonnenberger/Großerichter*, Konfliktlinien zwischen internationalem Gesellschaftsrecht und Niederlassungsfreiheit. Im Blickpunkt: Die Centros-Entscheidung des EuGH als gesetzgeberische Herausforderung, RIW 1999, 721; *Spindler/Berner*, Der Gläubigerschutz im Gesellschaftsrecht nach Inspire Art, RIW 2004, 7; *Stork*, Die geplante Kodifizierung des Internationalen Gesellschaftsrechts, GewArch 2008, 240; *Straub*, Zwei Wechselfälle der Parteiautonomie (Anm. zu BGH, Urt. v. 5.10.1993 – XI ZR 200/92 und BGH, Urt. v. 21.9.1993 – XI ZR 206/92), IPRax 1994, 432; *Tebben*, Die Reform der GmbH – das MoMiG in der notariellen Praxis, RNotZ 2008, 441; *Teichmann*, Grenzüberschreitender Wegzug von Gesellschaften (Anm. zu EuGH, Urt. v. 16.12.2008 – Cartesio), LMK 2009, 275584; *Teichmann*, Cartesio: Die Freiheit zum formwechselnden Wegzug, ZIP 2009, 393; *Teichmann*, Binnenmarktkonformes Gesellschaftsrecht, 2006; *Terlau*, Das internationale Vertragsrecht der Gesellschaft bürgerlichen Rechts, 1999; *Thorn*, Das Centros-Urteil des EuGH im Spiegel der deutschen Rechtsprechung, IPRax 2001, 102; *Thüsing*, Deutsche Unternehmensmitbestimmung und europäische Niederlassungsfreiheit, ZIP 2004, 381; *Timmerman*, ECLR – Sitzverlegung von Kapitalgesellschaften nach niederländischem Recht und die 14. EU-Richtlinie, ZGR 1999, 147; *Ullrich/Lejeune*, Der internationale Softwarevertrag nach deutschem und ausländischem Recht, 2. Auflage 2006 (zit.: *Bearbeiter* in: Ullrich/Lejeune); *Ulmer*, Gläubigerschutz bei Scheinauslandsgesellschaften – Zum Verhältnis zwischen gläubigerschützenden nationalen Gesellschafts-, Delikts-, und Insolvenzrecht und der EG-Niederlassungsfreiheit, NJW 2004, 1201; *Ulmer*, Schutzinstrumente gegen die Gefahren aus der Geschäftstätigkeit inländischer Zweigniederlassungen von Kapitalgesellschaften mit fiktivem Auslandssitz, JZ 1999, 662; *Unteregge*, Grenzen der Parteiautonomie im internationalen Urheberrecht, in: Festgabe Sandrock, 1995, S. 167; *Wachter*, Die GmbH nach MoMiG im internationalen Rechtsverkehr, GmbHR 2008, Sonderheft Oktober 2008, S. 80; *Wachter*, Anm. zu OLG Hamm, Urt. v. 26.5.2006 – 30 U 166/05 (Rechts- und Parteifähigkeit einer schweizerischen Aktiengesellschaft), BB 2006, 2489; *Wagner/Timm*, Der Referentenentwurf eines Gesetzes zum Internationalen Privatrecht der Gesellschaften, Vereine und juristischen Personen, IPRax 2008, 81; *Walden*, Das Kollisionsrecht der Personengesellschaften im deutschen, europäischen und US-amerikanischen Recht, 2001; *Walden,* Niederlassungsfreiheit, Sitztheorie und der Vorlagebeschluss des VII. Zivilsenats des BGH vom 30.3.2000, EWS 2001, 256; *Weller,* Die Rechtsquellendogmatik des Gesellschaftskollisionsrechts, IPRax 2009, 202; *Weller,* Internationales Unternehmensrecht 2010, ZGR 2010, 679; *Weller,* Scheinauslandsgesellschaften nach Centros, Überseering und Inspire Art: Ein neues Anwendungsfeld für die Existenzvernichtungshaftung, IPRax 2003, 207; *Weng,* Die Rechtssache Cartesio. Das Ende Daily Mails? (Anm. zu EuGH Urt. v. 22.5.2008 – Rs. C-210/06), EWS 2008, 264; *Wilke,* Die Gründungstheorie in der Rechtsprechung der obersten Gerichte in Deutschland, der Schweiz und Österreich, IWB 16/2005, 787; *Witt,* Modernisierung der Gesellschaftsrechte in Europa – Einige Sonderwege und manche gemeinsame Pfade, ZGR 2009, 872; *Wöhlert,* Anm. zu BGH, Beschl. v. 8.10.2009 – IX ZR 227/06 (Haftungsbeschränkung der Gesellschafter bei im Ausland gegründeter Gesellschaft mit deutschem Sitz), GWR 2009, 417; *Wymeersch,* ECLR – Die Sitzverlegung nach belgischem Recht, ZGR 1999, 126; *Zimmer,* Nach „Inspire Art": Grenzenlose Gestaltungsfreiheit für deutsche Unternehmen, NJW 2003, 3585; *Zimmer,* Internationales Gesellschaftsrecht, 1996; *Zimmer/Naendrup,* Das Cartesio-Urteil des EuGH: Rück- oder Fortschritt für das Internationale Gesellschaftsrecht, NJW 2009, 545.

A. Share Deal

I. Internationales Gesellschaftsrecht

1. Sitztheorie versus Gründungstheorie

Eine ganze Reihe von gesellschaftsrechtlichen Fragen, die für den Share Deal von großer Bedeutung sind, beurteilt sich nicht nach dem Vertragsstatut, sondern nach dem Personalstatut, also dem Gesellschaftsstatut der Zielgesellschaft (**lex societatis**).[1] Damit ist das Recht gemeint, das die **Verhältnisse der Gesellschaft** (insbesondere der Gesellschafter untereinander sowie zwischen der Gesellschaft, ihren Organen und ihren Gesellschaftern) von der Gründung bis zur Beendigung regelt (zum Regelungsumfang des Personalstatuts siehe unten Rz. 62 ff.).[2]

1

Das Personalstatut ermittelt sich über die Anknüpfungsregeln des Internationalen Gesellschaftsrechts. Dies gilt nach deutschem Recht ohne weiteres, wenn die Zielgesellschaft als **Kapitalgesellschaft** zu qualifizieren ist. Für **Personengesellschaften** gelten diese Regeln ebenfalls, wenn sie eine **nach außen hervortretende Organisation** haben und am Rechtsverkehr teilnehmen.[3] In diesem

2

---

1) *Meyer-Sparenberg,* WiB 1995, 849, 853; nicht verwechselt werden sollte – wie *Beisel* in: Beisel/Klumpp, Kap. 7 Rz. 10, dies bedauerlicherweise tut der kollisionsrechtliche Begriff „Gesellschaftsstatut" mit dem materiellrechtlichen Begriff „Gesellschaftsstatuten" (Gesellschaftsvertrag oder Satzung der Gesellschaft): Der erste Begriff bezeichnet die Rechtsordnung, nach welcher der Gesellschaftsvertrag bzw. die Statuten rechtlich zu beurteilen sind. Zum Regelungsumfang des Personalstatuts vgl. *Michalski,* NZG 1998, 762.

2) Vgl. *Kindler* in: MünchKomm-BGB, IntGesR Rz. 543 ff.; *Michalski,* NZG 1998, 762; *Großfeld* in: Staudinger, IntGesR Rz. 17.

3) BGH, IPRspr. 1952/53 Nr. 20, S. 56; BGH, LM § 105 HGB, Nr. 7, 536; OLG Karlsruhe, NZG 2001, 748, 749; OLG Düsseldorf, IPRspr. 1987 Nr. 9; *Terlau,* S. 118 ff.; *Thorn* in: Palandt, Anh. zu Art. 12 EGBGB Rz. 22; vgl. auch *Ebke* in: FS 50 Jahre BGH, S. 799, 813 ff.; näher zum Merkmal der Organisation *Göthel,* Joint Ventures, S. 68 ff.; a. A. *Walden,* S. 110 ff., der Kapital- und Personengesellschaften unterschiedlich anknüpfen will; für Rechtswahlfreiheit auch *Hoffmann* in: AnwKomm-BGB, Anh. zu Art. 12 EGBGB Rz. 154.

Fall wird die Gesellschaft kollisionsrechtlich wie eine juristische Person behandelt. Nur wenn ausnahmsweise keine solche Organisation vorhanden ist, bestimmt sich das Statut nach den Regeln des Internationalen Schuldvertragsrechts[4] und damit nach der Rom I-Verordnung.[5]

3 Seit jeher ist allerdings umstritten, wie man die *lex societatis* ermittelt. Vorbehaltlich **staatsvertraglicher Regelungen** stehen sich mit der Sitztheorie und der Gründungstheorie im Wesentlichen zwei Ansichten gegenüber.[6] Dies gilt im Inland wie im Ausland. Nach der **Sitztheorie** unterliegt eine Gesellschaft dem Recht ihres tatsächlichen Verwaltungssitzes (Sitztheorie). Der Anknüpfung an diesen effektiven Sitz folgen viele kontinentaleuropäische Länder, insbesondere Frankreich, Belgien[7], Luxemburg, Spanien, Portugal, Österreich[8], Bulgarien sowie Liechtenstein.[9] Die österreichische Rechtsprechung hat die Sitztheorie allerdings zumindest in Fällen der Gründung von Zweigniederlassungen ausländischer EU-Gesellschaften eingeschränkt.[10]

4 Die **Gründungstheorie** will dagegen an dasjenige Recht anknüpfen, in dem die Gesellschaft gegründet wurde oder – so andere Vertreter – ihren Satzungssitz hat.[11] Sie gilt vor allem im anglo-amerikanischen Raum, insbesondere in den USA,[12] in England und in Irland. Sie gilt aber bspw. auch in Kanada, der Volksrepublik China, der Russischen Föderation und einigen kontinentaleuro-

---

4) BGH, IPRspr. 1952/53 Nr. 20, S. 56; BGH, LM § 105 HGB, Nr. 7, 536; OLG Karlsruhe, NZG 1998, 500; OLG Düsseldorf, IPRspr. 1987 Nr. 9; *Großfeld* in: Staudinger, IntGesR Rz. 746 und 772; *Magnus* in: Staudinger, Art. 28 EGBGB Rz. 626; *Kindler* in: MünchKomm-BGB, IntGesR Rz. 282 ff.; *Thorn* in: Palandt, Anh. zu Art. 12 EGBGB Rz. 22; ebenso das schweizerische Recht in Art. 150 IPRG; s. dazu *Vischer/Huber/Oser*, Rz. 628 ff.

5) Näher hierzu *Göthel* in: Reithmann/Martiny, Rz. 4601 ff.

6) Einen Überblick über weitere Lehren, insbesondere die Überlagerungstheorie von *Sandrock*, die Differenzierungstheorie von *Grasmann* sowie die Kombinationslehre von *Zimmer* gibt *Kindler* in: MünchKomm-BGB, IntGesR Rz. 387 ff.; auch *Leible* in: Michalski, Syst. Darst. 2 Rz. 11 ff.

7) *Wymeerrsch*, ZGR 1999, 126.

8) *Wilke*, IWB 16/2005, 787, 791 f.

9) Nachweise bei *Großfeld* in: Staudinger, IntGesR Rz. 153 ff.; *Kindler* in: MünchKomm-BGB, IntGesR Rz. 511.

10) OGH, RIW 2000, 378: Die die Niederlassungsfreiheit auslegende Entscheidung des EuGH sichert Gesellschaften, die nach dem Recht eines Mitgliedstaats rechtswirksam gegründet wurden, die Freiheit, Zweigniederlassungen auch dann zu gründen, wenn sie im Staat ihrer Gründung selbst nur ihren statutarischen Sitz haben, jedoch keine Geschäftstätigkeit ausüben. Der EuGH wendet damit im Zusammenhang mit der sekundären Niederlassungsfreiheit die Gründungstheorie an. Die in § 10 IPRG vertretene Sitztheorie steht mit der durch Art. 54 Abs. 1 i. V. m. 49 AEUV (vormals Art. 48 Abs. 1 i. V. m. Art. 43 EGV) eingeräumten sekundären Niederlassungsfreiheit im Widerspruch.

11) Vgl. *Zimmer* in: Schmidt/Lutter, IntGesR Rz. 8; *Kaulen*, IPRax 2008, 389, 391 f. m. w. N.; *Kindler* in: MünchKomm-BGB, IntGesR Rz. 427; zur Gründungstheorie *Behrens* in: Behrens, Rz. IPR 20 ff.

12) Näher *Merkt/Göthel*, US-amerikanisches Gesellschaftsrecht, Rz. 184 ff.; *Göthel*, RIW 2000, 904.

päischen Ländern, etwa in den Niederlanden,[13] Dänemark, Rumänien, der Schweiz,[14] Ungarn und wohl auch in Finnland.[15]

In manchen Ländern gilt eine **Mischung** aus Sitz- und Gründungstheorie: So unterliegen nach italienischem Recht Gesellschaften, die im Ausland gegründet sind, italienischem Recht, wenn sie ihren Verwaltungssitz oder ihren Geschäftsschwerpunkt in Italien haben (Sitzrecht). Hingegen sind Gesellschaften, die nach italienischem Recht gegründet sind, auch dann italienischem Recht unterworfen, wenn ihr Geschäftsschwerpunkt im Ausland liegt (Gründungsrecht).[16] 5

In manchen Einzelstaaten der **USA**, darunter Kalifornien und New York, werden Gesellschaften, die nach auswärtigem Recht (z. B. dem liberalen Recht von Delaware) gegründet sind, dem eigenen – etwa kalifornischen oder New Yorker – Recht unterworfen, sofern sie im eigenen Staat nennenswerte Geschäftsaktivitäten entfalten (sog. „**outreach statutes**"). Auch dies führt im Ergebnis für das Gesellschaftsstatut zu einem Normenmix aus Gründungs- und Sitzrecht.[17] 6

2. Deutsches Internationales Gesellschaftsrecht im Überblick

Das deutsche Internationale Gesellschaftsrecht ist bislang **nicht kodifiziert**. Das Bundesministerium der Justiz hat zwar Anfang 2008 einen Entwurf für ein „Gesetz zum Internationalen Privatrecht der Gesellschaften, Vereine und juristischen Personen" vorgelegt, wonach Gesellschaften dem Recht des Staats unterliegen sollen, in dem sie registriert und damit grundsätzlich gegründet sind; bei fehlender Registrierung soll das Recht gelten, nach dem die Gesellschaft organisiert ist.[18] Dieser Entwurf ist allerdings noch nicht Gesetz geworden. Im Übrigen ist das Internationale Gesellschaftsrecht zwar in Art. 1 Abs. 2 lit. d Rom I-VO er- 7

---

13) *Timmerman*, ZGR 1999, 147, 148.
14) Vgl. Art. 154 ff. IPRG; dazu *Wilke*, IWB 16/2005, 787, 791, mit Nachweisen aus der Rechtsprechung des Schweizerischen Bundesgerichts.
15) *Merkt*, RabelsZ 59 (1995), 545, 560; nach Angaben in der Literatur auch in Japan, vgl. *Großfeld*, in: Staudinger, IntGesR Rz. 159; für einen Überblick über Staaten, die der Gründungstheorie folgen, s. *Kindler* in: MünchKomm-BGB, IntGesR Rz. 509 f.; *Spahlinger/Wegen* in: Spahlinger/Wegen, Rz. 1462 f.
16) Art. 2505, 2509 Codice Civile vom 16.3.1942 und dazu *Großfeld* in: Staudinger, IntGesR Rz. 154, sowie *Kindler*, RabelsZ 61 (1997), 227, 281 ff.
17) Näher dazu *Merkt/Göthel*, US-amerikanisches Gesellschaftsrecht, Rz. 193 ff.; *Göthel*, RIW 2000, 904, 907 f.; *Kersting*, NZG 2003, 9, 10.
18) Referentenentwurf vom 7.1.2008; hierzu etwa *Clausnitzer*, NZG 2008, 321; *Clausnitzer*, DNotZ 2008, 484; *Hausmann* in: Reithmann/Martiny, Rz. 5077 ff.; *Franz*, BB 2009, 1250, 1255 ff.; *Franz/Laeger*, BB 2008, 678; *Kaulen*, IPRax 2008, 389, 390 f.; *Leible* in: Michalski, Syst. Darst. 2 Rz. 16 ff.; *Rotheimer*, NZG 2008, 181; *Wagner/Timm*, IPRax 2008, 81. Der Entwurf gründet auf einem Vorschlag des Deutschen Rates für Internationales Privatrecht, s. dazu *Sonnenberger/Bauer*, RIW 2006, Beilage 1 zu Heft 4, 1; *Sonnenberger*, passim; zu den Auswirkungen auf die Unternehmensmitbestimmung *Köster*, ZRP 2008, 214; kritische Würdigung des Referentenentwurfs *Schneider*, BB 2008, 566; *Stork*, GewArch 2008, 240; krit. gegenüber einer Vereinfachung der Anknüpfung von Gesellschaften durch Kodifikation der Gründungstheorie *Weller*, ZGR 2010, 679, 700 f.

wähnt, aber ausschließlich negativ. Dort steht gerade geschrieben, dass die Vorschriften der Verordnung auf „Fragen betreffend das Gesellschaftsrecht, das Vereinsrecht und das Recht der juristischen Personen" nicht anwendbar sind. Eine vergleichbare Regelung findet sich in Art. 1 Abs. 2 lit. d Rom II-VO.

8 Bis vor einiger Zeit stand die Bundesrepublik Deutschland mit der Rechtsprechung und h. Lit. uneingeschränkt auf dem Boden der Sitztheorie.[19] Lediglich eine Mindermeinung vertrat für das deutsche Recht die Gründungstheorie.[20] Die Entwicklung der Rechtsprechung des EuGH zur Niederlassungsfreiheit nach Art. 49, 54 AEUV (vormals Art. 43, 48 EGV) hat den Geltungsanspruch der Sitztheorie jedoch stark erschüttert und der Gründungstheorie für Sachverhalte innerhalb der Europäischen Union nach vorn verholfen. Gleiches gilt bei Beteiligung von Gesellschaften aus einem EWR-Vertragsstaat. Damit ergibt sich derzeit für das deutsche Internationale Gesellschaftsrecht eine **Dreiteilung** der Anknüpfung:

- Im Grundsatz ist von der im **autonomen Kollisionsrecht** geltenden **Sitztheorie** auszugehen. Es ist damit an den tatsächlichen Verwaltungssitz anzuknüpfen (hierzu Rz. 12 ff.).

- Abweichend von der autonomen Sitztheorie wird im Geltungsbereich der **Niederlassungsfreiheit** mit der **Gründungstheorie** das Recht des Gründungsstaats berufen (hierzu Rz. 17 ff.). Die Niederlassungsfreiheit überlagert auch etwaige abweichende staatsvertragliche Regelungen über die Anerkennung von Gesellschaften.

- Unterfällt eine Gesellschaft zwar nicht der Niederlassungsfreiheit, kann die autonome Sitztheorie dennoch verdrängt werden, und zwar durch **staatsvertragliche Regelungen** über die Anerkennung von Gesellschaften (hierzu unter Rz. 49 ff.).

3. Sitztheorie

9 Außerhalb des Anwendungsbereichs der Niederlassungsfreiheit und staatsvertraglicher Regelungen ist nach der im autonomen Internationalen Privatrecht geltenden Sitztheorie anzuknüpfen.[21] Diese Grundanknüpfung hat der BGH

---

19) Siehe für Nachweise zur Sitztheorie unten Rz. 9.
20) Etwa *Beitzke*, ZHR 127 (1965), 1; *Behrens* in: Ulmer/Habersack/Winter, Einl. B Rz. 37 f. m. w. N.; weitere Nachweise auch bei *Thorn* in: Palandt, Anh. zu Art. 12 EGBGB Rz. 2.
21) Ständige Rspr., BGHZ 53, 181, 183; BGHZ 78, 318, 334 = ZIP 1981, 31 *(Hanisch)* = IPRspr. 1980 Nr. 41; BGHZ 97, 269 = ZIP 1986, 643 = NJW 1986, 2194 = WM 1986, 641 = JZ 1986, 651 = MDR 1986, 743 = DB 1986, 2019 = RIW/AWD 1986, 822 = LM Nr. 40 zu § 50 ZPO = GmbHR 1986, 351 = BB 1986, 2153 = JuS 1986, 1001 (mit Anm. *Hohloch*) = IPRspr. 1986 Nr. 19; dazu *Großfeld*, EWiR 1986, 627; OLG Hamburg, ZIP 2007, 1108; *Thorn* in: Palandt, Anh. zu Art. 12 EGBGB Rz. 2; *Großfeld* in: Staudinger, IntGesR Rz. 72; *Hohloch* in: Erman, Anh. II zu Art. 37 EGBGB Rz. 32; *Kindler* in: MünchKomm-BGB, IntGesR Rz. 358; *Göthel*, Joint Ventures, S. 110 ff.; *Göthel*, RIW 1999, 566 f.

A. Share Deal

jüngst in seiner *Trabrennbahn*-Entscheidung bestätigt.[22] Dort befand er hinsichtlich einer schweizerischen Aktiengesellschaft mit Verwaltungssitz in Deutschland, diese unterliege nach den „allgemeinen Regeln des deutschen internationalen Privatrechts" dem Recht an ihrem Verwaltungssitz. Der Senat sah sich nicht veranlasst, seine bisherige Rechtsprechung aufzugeben und damit vor allem dem Willensbildungsprozess des Gesetzgebers bei seinen Reformüberlegungen (siehe oben Rz. 7) vorzugreifen.[23] Hierbei sah der BGH durchaus die anderen Stimmen, die insbesondere nach den Leitentscheidungen des EuGH auch außerhalb der Niederlassungsfreiheit die Gründungstheorie zugrunde legen wollen, um eine einheitliche Anknüpfung zu erreichen.[24]

Zwar wird diskutiert, ob der deutsche Gesetzgeber mit der Neufassung der § 4a GmbHG und § 5 AktG durch das Gesetz zur Modernisierung des GmbH-Rechts und zur Bekämpfung von Missbräuchen (MoMiG) die Gründungstheorie zumindest für solche Kapitalgesellschaften normiert hat, die einen inländischen Satzungssitz, aber einen ausländischen Verwaltungssitz haben (einseitige Kollisionsnormen).[25] Diese Ansicht ist jedoch mit der wohl

---

22) BGHZ 178, 192 = AG 2009, 84 = BB 2009, 14 = DB 2008, 2825 = DNotZ 2009, 385 (m. Anm. *Thölke*) = DStR 2009, 59 (m. Anm. *Goette*) = EuZW 2009, 59 = GmbHR 2009, 138 = IPRax 2009, 259 = NJW 2009, 289 (m. Anm. *Kieninger*) = RIW 2009, 79 = WM 2009, 20; dazu *Gottschalk*, ZIP 2009, 948; *Hellgardt/Illmer*, NZG 2009, 94; *Kindler*, IPRax 2009, 189, 190; *Koch/Eickmann*, AG 2009, 73; *Lieder/Kliebisch*, BB 2009, 338; anders noch die Vorinstanz OLG Hamm, ZIP 2006, 1822 (Gründungstheorie); dazu *Jung*, NZG 2008, 681; *Wachter*, BB 2006, 2489; ebenso deutlich BGH, ZIP 2009, 2385 = ZInsO 2009, 2154 (in der Republik Singapur gegründete Gesellschaft unterliegt der Sitztheorie und damit im konkreten Fall dem deutschen Sitzrecht); dazu *Wöhlert*, GWR 2009, 417, und *Lieder/Kliebisch*, EWiR 2010, 117 (Urteilsanm.).
23) BGHZ 178, 192, 198; dazu auch *Koch/Eickmann*, AG 2009, 73.
24) BGHZ 178, 192, 197 f., mit Verweis auf *Eidenmüller*, ZIP 2002, 2233, 2244; *Behrens* in: Ulmer/Habersack/Winter, Einl. B Rz. 36; *Rehm* in: Eidenmüller, § 2 Rz. 87; *Leible/Hoffmann*, ZIP 2003, 925, 930; *Paefgen*, WM 2003, 561, 570.
25) In diesem Sinne wohl OLG Düsseldorf, NZG 2009, 678, 679 = EWiR 2009, 573 (m. Anm. *Lamsa*); auch *Bayer/Schmidt*, ZHR 173 (2009), 735, 749 ff.; *Behrens* in: Ulmer/Habersack/Winter, Erg.-Band, § 4a, GmbHG Rz. 8; *Behme*, BB 2008, 70, 72; *Behme/Nohlen*, BB 2009, 13 f.; *Handelsrechtsausschuss des DAV*, NZG 2007, 211, 212; *Fingerhuth/Rumpf*, IPRax 2008, 90, 92; *Goette*, DStR 2009, 128, 129; *Hoffmann*, ZIP 2007, 1581, 1585 ff.; *Knof/Mock*, GmbHR 2007, 852, 856; *Kobelt*, GmbHR 2009, 808, 811; *Körber/Kliebisch*, JuS 2008, 1041, 1044; *Leible* in: Michalski, Syst. Darst. 2 Rz. 8; *Leible/Hoffmann*, BB 2009, 58, 62; *Mayer* in: MünchKomm-GmbHG, § 4a GmbHG Rz. 74; *Mülsch/Nohlen*, ZIP 2008, 1358, 1360 f.; *Paefgen*, WM 2009, 529, 530 f.; *Roth* in: FS Westermann, S. 1345, 1351; *Tebben*, RNotZ 2008, 441, 447; *Thorn* in: Palandt, Anh. zu Art. 12 EGBGB Rz. 1, der allerdings nur von einer Übernahme der Gründungstheorie auf sachrechtlicher Ebene spricht.

h. M. abzulehnen.²⁶⁾ Der Gesetzgeber hat mit den genannten Änderungen die sachrechtlichen Voraussetzungen für deutsche Kapitalgesellschaften geschaffen, einen ausländischen Verwaltungssitz zu nehmen. Die geltenden Regeln des Internationalen Gesellschaftsrechts hat er damit nicht geändert. Das Reformvorhaben, die Gründungstheorie gesetzlich zu verankern, ist bislang vielmehr im Entwurfsstadium steckengeblieben; seine Umsetzung würde diesen Meinungsstreit lösen. Die Mindermeinung verwischt die bekannte Unterscheidung zwischen Sach- und Kollisionsnorm, ohne sich auf einen Hinweis des Gesetzgebers stützen zu können, den bislang allgemein als reine Sachnormen anerkannten Vorschriften der § 4a GmbHG und § 5 AktG einen kollisionsrechtlichen Einschlag geben zu wollen. Weder dem Wortlaut noch der Gesetzesbegründung zu diesen Normen sind kollisionsrechtliche Hinweise zu entnehmen. Solche Hinweise wären aber zu erwarten gewesen, wenn der Gesetzgeber den einschneidenden Wechsel von Sach- zu Kollisionsnormen gewollt hätte.²⁷⁾

11 Anstatt der Sitztheorie gilt ausnahmsweise die Gründungstheorie, wenn eine Gesellschaft überhaupt keinen tatsächlichen Verwaltungssitz hat; durch das Internationale Privatrecht soll sie nicht rechtlos gestellt werden.²⁸⁾

12 Nach der Sitztheorie kommt es darauf an, wo der **tatsächliche Verwaltungssitz** der Gesellschaft liegt (effektiver Sitz, *siège social*, *siège réelle*, *centre d'administration*, *place of central administration*). Dieser effektive Verwaltungssitz ist vom Satzungssitz zu trennen, also dem in der Satzung bezeichneten Sitzort.²⁹⁾ Das Recht des Forumstaats entscheidet, wie der Verwaltungssitz zu definieren ist. Bei Verfahren vor deutschen Gerichten gilt daher deutsches Recht.³⁰⁾ Nach dem BGH ist der Verwaltungssitz

„der Tätigkeitsort der Geschäftsführung und der dazu berufenen Vertretungsorgane, also der Ort, wo die grundlegenden Entscheidungen der Unternehmensleitung effektiv in laufende Geschäftsführungsakte umgesetzt werden."³¹⁾

---

26) Ebenso BGHZ 178, 192, 198, *Trabrennbahn*; *Brakalova/Barth*, DB 2009, 213, 216; *Franz*, BB 2009, 1250, 1251; *Franz/Laeger*, BB 2008, 678, 681 ff.; *Hellgardt/Illmer*, NZG 2009, 94; *Hirte*, NZG 2008, 761, 766; *Kindler*, IPRax 2009, 189, 197 ff.; *Kindler*, NJW 2008, 3249, 3251; *Kindler*, AG 2007, 721, 725 f.; *Koch/Eickmann*, AG 2009, 73, 75; *König/Bormann*, DNotZ 2008, 652, 658 f.; *Lieder/Kliebisch*, BB 2009, 338, 343; *Lips/Randel/Werwigk*, DStR 2008, 2220, 2223; *Peters*, GmbHR 2008, 245, 249; *Preuß*, GmbHR 2007, 57, 62; *Wachter*, GmbHR 2008, Sonderheft Oktober 2008, 80, 81; *Weller* in: MünchKomm-GmbHG, Einl. Rz. 384; *Weng*, EWS 2008, 264, 267.
27) Ebenso BGHZ 178, 192, 198; *Kindler*, IPRax 2009, 189, 198.
28) OLG Frankfurt a. M., IPRax 2001, 132.
29) BayObLGZ 35 (1985), 272; *Hüffer*, § 1 AktG Rz. 33; *Meyer-Sparenberg*, WiB 1995, 849, 853.
30) *Kindler* in: MünchKomm-BGB, IntGesR Rz. 458.
31) BGHZ 97, 269, 272, im Anschluss an *Sandrock* in: FS Beitzke, S. 669, 683; so auch BFH, IPRspr. 1995 Nr. 2, S. 36; *Hofmeister*, WM 2007, 868, 869.

A. Share Deal

Der Sitz der tatsächlichen Verwaltung bestimmt sich „durch einen Umstand rein tatsächlicher Art", sodass der Wille der Gründer oder Gesellschafter unerheblich ist. Daher können sie nicht vertraglich einen anderen Sitz vereinbaren.[32]

Ausschlaggebend ist der Ort der geschäftlichen Tätigkeit, der Ort, an dem die Hauptverwaltung tatsächlich weilt (*principal place of business*). Das ist dort, wo die Geschäftsführung und die Vertretungsorgane erkennbar nach außen tätig sind. Der Ort der inneren Willensbildung ist nicht ausschlaggebend. Maßgeblich ist nur der Ort, an dem die Beschlüsse umgesetzt werden.[33] Wo die Umsetzungen letztlich wirken, ist unwichtig.[34] Sollte der Verwaltungssitz in mehreren Staaten liegen, entscheidet der Sitz des wichtigsten Teils der Hauptverwaltung. Ein doppelter Verwaltungssitz ist ausgeschlossen, weil er das Gesellschaftsstatut spalten und zu Normenhäufungen führen würde.[35] 13

Für die Bestimmung des effektiven Verwaltungssitzes sind alle **Umstände des Einzelfalls** zu berücksichtigen, insbesondere die Tagungs- und Entscheidungsorte der Unternehmensleitung (Vorstand, Geschäftsführung, Aufsichtsrat) und der Gesellschafterversammlungen (Hauptversammlungen).[36] Verwaltungstätigkeiten von nachgeordneter Bedeutung, wie etwa die Buchhaltung oder die Erledigung von Personal- oder Steuerangelegenheiten, sind regelmäßig jedenfalls dann unzureichend, wenn sie nicht kumulativ an demselben Ort erledigt werden.[37] Bei einer nach ausländischem Recht gegründeten Gesellschaft besteht eine Vermutung dafür, dass sie ihren tatsächlichen Verwaltungssitz im betreffenden Ausland hat.[38] 14

Hat die Gesellschaft ihren tatsächlichen Verwaltungssitz außerhalb ihres Gründungsstaats, ist sie nach der neueren Rechtsprechung des BGH als rechtsfähige Personengesellschaft deutschen Rechts zu behandeln, nämlich als offene Handelsgesellschaft oder Gesellschaft bürgerlichen Rechts (sog. **modifizierte Sitztheorie**).[39] Dies setzt aber eine Mehrpersonengesellschaft voraus. Hat die ausländische Gesellschaft nur einen Gesellschafter, wird dieser „Gesellschafter" als 15

---

32) BGH, IPRspr. 1956/57 Nr. 17, S. 60; s. a. OLG Hamm, RIW 1995, 152, 153.
33) OLG Hamburg, IPRspr. 1974 Nr. 11A, S. 47; *Bungert*, IPRax 1998, 339, 340; *Großfeld* in: Staudinger, IntGesR Rz. 227.
34) Zum Vorstehenden ausführlich *v. Bar*, Rz. 621; *Großfeld* in: Staudinger, IntGesR Rz. 226 ff.; *Kindler* in: MünchKomm-BGB, IntGesR Rz. 456 ff.
35) *Großfeld* in: Staudinger, IntGesR Rz. 235.
36) *Ebenroth/Bippus*, JZ 1988, 677; *Göthel*, Joint Ventures, S. 114 f.; *Göthel*, RIW 1999, 566, 567.
37) LG Essen, NJW 1995, 1500: Nach dem Recht der Isle of Man gegründete *private company ltd. by shares* ist nach deutschem Recht nur dann parteifähig, wenn ihr tatsächlicher Verwaltungssitz auf der Isle of Man liegt, wofür die Gesellschaft die Beweislast trägt.
38) BGHZ 97, 269 = ZIP 1986, 643 = DB 1986, 2019, und dazu *Bungert*, DB 1995, 963.
39) BGHZ 178, 192, 199, *Trabrennbahn*; BGHZ 151, 204; BGH, DStR 2002, 1678; OLG Hamburg, NZG 2007, 597, 599; *Hellgardt/Illmer*, NZG 2009, 94; *Leible/Hoffmann*, DB 2002, 2203 ff.; *Weller*, IPRax 2009, 202, 207 f.

Kaufmann – sofern ein Handelsgewerbe betrieben wird – oder als natürliche Person eingeordnet.[40)]

16 Auch bei verbundenen oder **konzernierten Unternehmen** ist für jede Einzelgesellschaft ein gesondertes Gesellschaftsstatut am effektiven Sitz ihrer jeweiligen Verwaltung zu bestimmen. Mutter- und Tochtergesellschaft können mithin unterschiedliche Verwaltungssitze und damit zugleich unterschiedliche Gesellschaftsstatute haben.[41)]

4. Niederlassungsfreiheit und Gründungstheorie

17 Nach ständiger Rechtsprechung umfasst die Niederlassungsfreiheit, die **Art. 49 AEUV** (vormals Art. 43 EGV) den Staatsangehörigen eines Mitgliedstaats zuerkennt, das Recht, nach denjenigen Bestimmungen selbständige Erwerbstätigkeiten aufzunehmen und auszuüben sowie Unternehmen zu errichten und Unternehmertätigkeit auszuüben, die im Niederlassungsstaat für dessen eigene Angehörige gelten. Außerdem stellt **Art. 54 AEUV** (vormals Art. 48 EGV) die nach dem Recht eines Mitgliedstaats gegründeten Gesellschaften, die ihren satzungsmäßigen Sitz, ihre Hauptverwaltung oder ihre Hauptniederlassung innerhalb der Union haben, den natürlichen Personen gleich, die Angehörige der Mitgliedstaaten sind.

18 Das europäische Recht, namentlich der AEUV, geben dagegen nicht vor, nach welchen Regeln Gesellschaften im Internationalen Gesellschaftsrecht anzuknüpfen sind. Auch der EuGH hat keine unmittelbaren Vorgaben gemacht. Er hat allerdings mit seinen Leitentscheidungen in den Rechtssachen *Daily Mail*, *Centros*, *Überseering*, *Inspire Art* und *Cartesio* i. R. d. Niederlassungsfreiheit die Anknüpfung an das Sitzrecht ausgeleuchtet und stark zurückgedrängt (zur hier nicht aufgeführten Entscheidung des EuGH in der Rechtssache *Sevic* siehe unten § 13 Rz. 52 ff.). Der Gründungstheorie hat er zu einem enormen Auftrieb verholfen. Die wesentlichen Elemente dieser Entscheidungen seien daher im Folgenden nachgezeichnet, bevor anschließend auf die Folgen für die Anknüpfung eingegangen wird.

a) Daily Mail

19 Die erste wichtige Entscheidung des EuGH zur Niederlassungsfreiheit von Gesellschaften erging im Jahre 1988.[42)] Ihr lag ein Sachverhalt zugrunde, bei

---

40) OLG Hamburg, NZG 2007, 597, 599.
41) *Thorn* in: Palandt, Anh. zu Art. 12 EGBGB Rz. 3; *Ebenroth*, JZ 1988, 18, 23; davon zu trennen ist die Frage, welchem Recht das Rechtsverhältnis der verbundenen Unternehmen untereinander unterliegt; für das Recht der herrschenden Gesellschaft *Wiedemann*, S. 799 ff.; ausführlich hierzu *Kindler* in: MünchKomm-BGB, IntGesR Rz. 459 f., 756 ff.
42) EuGH, Rs. 81/87, *The Queen/H.M. Treasury and Commissioners of Inland Revenues, ex parte Daily Mail and General Trust PLC*, Slg. 1988, 5483 = IPRax 1989, 381 = NJW 1989, 2186 = JZ 1989, 384 (m. Anm. *Großfeld/Luttermann*) = RIW 1989, 304; dazu *Behrens*, IPRax 1989, 354; *Behrens*, IPRax 2003, 193, 201; *Bayer*, BB 2003, 2357, 2359 f.; *Leible* in: Michalski, Syst. Darst. 2 Rz. 23; *Sandrock/Austmann*, RIW 1989, 249.

A. Share Deal

welchem eine englische Gesellschaft ihren dortigen Geschäftssitz in die Niederlande verlegen wollte. Das englische Finanzministerium verweigerte die erforderliche Zustimmung. Diese Verweigerung war Gegenstand des vorliegenden Verfahrens.

Im Ergebnis befand der EuGH, die Verweigerung der Genehmigung habe die **Niederlassungsfreiheit nicht beschränkt.** Er führte aus, Gesellschaften hätten jenseits der nationalen Rechtsordnung ihrer Gründung und Existenz keine Realität. Und weiter heißt es: 20

> „Hinsichtlich dessen, was für die Gründung einer Gesellschaft an Verknüpfung mit dem nationalen Gebiet erforderlich ist, wie hinsichtlich der Möglichkeit einer nach einem nationalen Recht gegründeten Gesellschaft, diese Verknüpfung nachträglich zu ändern, bestehen erhebliche Unterschiede im Recht der Mitgliedstaaten. ... In einigen Staaten muss nicht nur der satzungsmäßige, sondern auch der wahre Sitz, also die Hauptverwaltung der Gesellschaft, im Hoheitsgebiet liegen; die Verlegung der Geschäftsleitung aus diesem Gebiet hinaus setzt somit die Liquidierung der Gesellschaft mit allen Folgen voraus, die eine solche Liquidierung auf gesellschafts- und steuerrechtlichem Gebiet mit sich bringt. Andere Staaten gestehen den Gesellschaften das Recht zu, ihre Geschäftsleitung ins Ausland zu verlegen, aber einige, unter ihnen das Vereinigte Königreich, beschränken dieses Recht; die rechtlichen Folgen der Verlegung insbesondere auf steuerlichem Gebiet sind in jedem Mitgliedstaat anders. ...
>
> Nach alledem betrachtet der EWG-Vertrag die Unterschiede, die die Rechtsordnungen der Mitgliedstaaten hinsichtlich der für ihre Gesellschaften erforderlichen Anknüpfung sowie der Möglichkeit und ggf. der Modalitäten einer Verlegung des satzungsmäßigen oder wahren Sitzes einer Gesellschaft nationalen Rechts von einem Mitgliedstaat in einen anderen aufweisen, als Probleme, die durch die Bestimmungen über die Niederlassungsfreiheit nicht gelöst sind, sondern einer Lösung im Wege der Rechtsetzung oder des Vertragsschlusses bedürfen; eine solche wurde jedoch noch nicht gefunden.
>
> Somit gewähren die Art. 52 und 58 EWGV [heute Art. 49, 54 AEU-Vertrag] den Gesellschaften nationalen Rechts kein Recht, den Sitz ihrer Geschäftsleitung unter Bewahrung ihrer Eigenschaft als Gesellschaften des Mitgliedstaats ihrer Gründung in einen anderen Mitgliedstaat zu verlegen."[43]

Nach nicht unbestrittener, aber h. A. wurde die Entscheidung des EuGH so interpretiert, dass die Sitztheorie mit dem EGV (heute AEUV) und der dort gewährten Niederlassungsfreiheit vereinbar ist.[44] 21

b) Centros

Gut zehn Jahre später erging das Urteil des EuGH in der Rechtssache *Centros*.[45] Zugrunde lag ein Sachverhalt, bei dem ein dänisches Ehepaar in 22

---

43) EuGH, Rs. 81/87, *The Queen/H.M. Treasury and Commissioners of Inland Revenues, ex parte Daily Mail and General Trust PLC*, Slg. 1988, 5483 = IPRax 1989, 381, 382.
44) Nachweise zum Diskussionsstand in Deutschland bei *Hausmann* in: Reithmann/Martiny, Rz. 5044; *Thorn* in: Palandt, Anh. zu Art. 12 EGBGB Rz. 6 ff.; *Großfeld* in: Staudinger, IntGesR Rz. 26 ff.; *Bayer*, BB 2003, 2357, 2359 f.

Großbritannien eine private limited company, die *Centros Ltd.*, in Großbritannien gegründet und eintragen lassen hatte. Die Gesellschaft war ausschließlich in Dänemark tätig und hatte dort ihren Verwaltungssitz. Die Wahl dieser Gesellschaftsform erfolgte, um die dänischen Mindestkapitalvorschriften zu umgehen. Kurze Zeit später meldete das Ehepaar eine Zweigniederlassung in Dänemark an. Die dänische Registerbehörde lehnte es ab, die Niederlassung in das Handelsregister einzutragen. Sie sah in dem Vorgehen eine Umgehung der dänischen Vorschriften über die Einzahlung des Mindestkapitals und argumentierte, tatsächlich werde nicht beabsichtigt, eine Zweig-, sondern eine Hauptniederlassung zu errichten.

23 Der EuGH widersprach und sah die ablehnende Haltung der dänischen Behörde als mit der Niederlassungsfreiheit aus Art. 52, 58 EGV a. F. (heute Art. 49, 54 AEUV) unvereinbar an. Nach Ansicht des EuGH folgt aus der Niederlassungsfreiheit unmittelbar das Recht, eine Gesellschaft nach dem Recht eines Mitgliedstaats zu errichten und in anderen Mitgliedstaaten **Zweigniederlassungen** zu gründen (sog. **sekundäre Niederlassungsfreiheit**). Dies gelte auch dann, wenn eine Gesellschaft in dem Mitgliedstaat ihrer Gründung nicht geschäftlich tätig sei und ausschließlich in dem Mitgliedstaat ihrer Zweigniederlassung ihre geschäftliche Tätigkeit ausübe. Zum behaupteten Missbrauch dieser Vorgehensweise heißt es in dem Urteil:

> „Im Ausgangsfall sind die nationalen Vorschriften, denen sich die Betr. entziehen wollten, Vorschriften über die Errichtung von Gesellschaften, aber nicht Vorschriften über die Ausübung bestimmter beruflicher Tätigkeiten. Ziel der Vertragsvorschriften über die Niederlassungsfreiheit ist es jedoch gerade, es den nach dem Recht eines Mitgliedstaats errichteten Gesellschaften, die ihren satzungsmäßigen Sitz, ihre Hauptverwaltung oder ihre Hauptniederlassung innerhalb der Gemeinschaft habe, zu erlauben, mittels einer Agentur, Zweigniederlassung oder Tochtergesellschaft in anderen Mitgliedstaaten tätig zu werden.
>
> Damit kann es für sich allein keine missbräuchliche Ausnutzung des Niederlassungsrechts darstellen, wenn ein Staatsangehöriger eines Mitgliedstaats, der eine Gesellschaft gründen möchte, diese in dem Mitgliedstaat errichtet, dessen gesellschaftsrechtliche Vorschriften ihm die größte Freiheit lassen, und in anderen Mitgliedstaaten Zweigniederlassungen gründet. ...
>
> Dass eine Gesellschaft in dem Mitgliedstaat, in dem sie ihren Sitz hat, keine Geschäftstätigkeiten entfaltet und ihre Tätigkeit ausschließlich im Mitgliedstaat der Zweigniederlassung ausübt, belegt ... noch kein missbräuchliches und betrügeri-

---

45) EuGH, Rs. C-212/97, *Centros Ltd/Erhvervsog Selskabsstyrelsen*, Slg. 1999, I-1459 = AG 1999, 226 = NJW 1999, 2027; vgl. dazu *Bayer*, BB 2003, 2357, 2360 f.; *Behrens*, IPRax 2003, 193, 201 f.; *Fleischer/Schmolke*, JZ 2008, 233; *Freitag*, EuZW 1999, 267; *Hausmann* in: Reithmann/Martiny, Rz. 5045 ff.; *Hofmeister*, WM 2007, 868, 870; *Leible* in: Michalski, Syst. Darst. 2 Rz. 24 f.; *Merkt*, VGR 2000, 111 m. w. N.; zur Umsetzung der *Centros*-Entscheidung in der deutschen Rechtsprechung *Thorn*, IPRax 2001, 102; zu den möglichen Auswirkungen der Entscheidung vgl. *Ulmer*, JZ 1999, 662; für einen Überblick über die EuGH-Rechtsprechung unmittelbar nach *Centros* vgl. *Edwards*, EBOR 2000, 147; zu *Centros* aus dänischer Sicht *Hansen*, EBOR 2001, 141.

A. Share Deal

sches Verhalten, dass es dem letzteren Mitgliedstaat erlauben würde, auf diese Gesellschaft die Gemeinschaftsvorschriften über die Niederlassungsfreiheit nicht anzuwenden."[46]

Die **Grenze** sieht der EuGH erst bei einem darüber hinausgehenden **miss-** **bräuchlichen oder betrügerischen Verhalten** als überschritten an.[47]

Durch das *Centros*-Urteil entbrannte die Diskussion um die Vereinbarkeit der Sitztheorie mit dem EGV (heute AEUV) neu, ohne dass Einigkeit über dessen Tragweite erzielt werden konnte. Teilweise wurde vom Ende der Sitztheorie gesprochen,[48] andere sahen die Sitztheorie zwar verstärktem Druck ausgesetzt, es aber nicht als erforderlich an, sie durch *Centros* zwangsläufig völlig zu verwerfen.[49] Wieder andere nahmen an, *Centros* habe nur Bedeutung für die Mitgliedstaaten, die der Gründungstheorie anhängen, während sich nichts ändere für die Mitgliedstaaten, die der Sitztheorie folgen.[50]

24

25

c) Überseering

Die Entscheidung des EuGH in der Rechtssache *Überseering* aus dem Jahre 2002 folgte auf eine Vorlage des BGH.[51] In dem zugrunde liegenden Sachverhalt hatte die nach niederländischem Recht gegründete *Überseering B.V.* ihren tatsächlichen Verwaltungssitz nach Deutschland verlegt, und zwar indem deutsche Staatsangehörige sämtliche Anteile an der Gesellschaft erwarben. In einem von der Gesellschaft in Deutschland eingeleiteten Rechtsstreit hatten die deutschen Gerichte der Gesellschaft auf der Grundlage der Sitztheorie die Rechts- und Parteifähigkeit abgesprochen.[52] Der BGH legte dem EuGH die Frage vor, ob dieses Ergebnis mit

26

---

46) EuGH, Rs. C-212/97, *Centros Ltd/Erhvervsog Selskabsstyrelsen*, Slg. 1999, I-1459 Rz. 26 f., 29 = NJW 1999, 2027, 2028 f.
47) Näher dazu *Eidenmüller* in: Eidenmüller, § 3 Rz. 73 ff.
48) So bspw. *Kieninger*, ZGR 1999, 724, 745; *Leible*, NZG 1999, 300 (Urteilsanm.); *Meilicke*, DB 1999, 627 (Urteilsanm.); *Sandrock*, BB 1999, 1337, 1341.
49) *Behrens*, IPRax 1999, 323, 331; *Bungert*, DB 1999, 1841, 1844; *Sonnenberger/Großerichter*, RIW 1999, 721.
50) *Ebke*, JZ 1999, 656; *Görk*, GmbHR 1999, 793, 395; *Kindler*, NJW 1999, 1993, 1996; *Lange*, DNotZ 1999, 599, 607 (Urteilsanm.).
51) EuGH, Rs. C-208/00, *Überseering BV/Nordic Construction Company Baumanagement GmbH (NCC)*, Slg. 2002, I-9919 = EuZW 2002, 754 (m. Anm. *Wernicke*) = NJW 2002, 3614; dazu ausführl. *Ebke*, The International Lawyer 2004, 813, 815 ff.; auch *Bayer*, BB 2003, 2357, 2361; *Behrens*, IPRax 2003, 193; *Binz/Mayer*, BB 2005, 2361 f.; *Fleischer/Schmolke*, JZ 2008, 233 f.; *Geyrhalter/Gänßler*, NZG 2003, 409; *Hausmann* in: Reithmann/Martiny, Rz. 5049 ff.; *Hofmeister*, WM 2007, 868, 870; *Kallmeyer*, DB 2002, 2521; *Kersting*, NZG 2003, 9; *Leible* in: Michalski, Syst. Darst. 2 Rz. 27 ff.; *Leible/Hoffmann*, ZIP 2003, 925; *Lutter*, BB 2003, 7; *Roth*, IPRax 2003, 117; zur Vorlage an den EuGH s. BGH, GmbHR 2000, 715 = EuZW 2000, 412 = LM H.9/2000 § 50 ZPO Nr. 51; vgl. auch die Besprechungen dieser Vorlage *Forsthoff*, DB 2000, 1109; *Meilicke*, GmbHR 2000, 693; *Walden*, EWS 2001, 256; zu den Schlussanträgen des Generalanwalts s. EuGH, ZIP 2002, 75 (m. Anm. *Eidenmüller*) = DB 2001, 2642 = NZG 2002, 16.
52) OLG Düsseldorf, JZ 2000, 203 (m. Anm. *Ebke*).

der Niederlassungsfreiheit aus Art. 43, 48 EGV a. F. (heute Art. 49, 54 AEUV) vereinbar ist. Das Gericht verneinte dies. Die zweite Vorlagefrage, ob die Niederlassungsfreiheit verlange, die Rechts- und Parteifähigkeit der Gesellschaft nach dem Gründungsrecht zu beurteilen, bejahten die Richter. Im Einzelnen führten sie aus:

„*Überseering*, die in den Niederlanden wirksam gegründet worden ist und dort ihren satzungsmäßigen Sitz hat, genießt aufgrund der Art. 43 und 48 EG das Recht, als Gesellschaft niederländischen Rechts in Deutschland von ihrer Niederlassungsfreiheit Gebrauch zu machen. Insoweit ist es unbeachtlich, dass nach der Gründung dieser Gesellschaft deren gesamtes Kapital von in Deutschland ansässigen deutschen Staatsangehörigen erworben wurde, denn dieser Umstand hat offenbar nicht zum Verlust der Rechtspersönlichkeit geführt, die ihr die niederländische Rechtsordnung zuerkennt.

Ihre Existenz hängt sogar untrennbar mit ihrer Eigenschaft als Gesellschaft niederländischen Rechts zusammen, da eine Gesellschaft ... jenseits der nationalen Rechtsordnung, die ihre Gründung und ihre Existenz regelt keine Realität hat (in diesem Sinne EuGH ... Daily Mail and General Trust). Das Erfordernis, dieselbe Gesellschaft in Deutschland neu zu gründen, kommt daher der Negierung der Niederlassungsfreiheit gleich.

Unter diesen Umständen stellt es eine mit den Art. 43 und 48 EG grundsätzlich nicht vereinbare Beschränkung der Niederlassungsfreiheit dar, wenn ein Mitgliedstaat sich unter anderem deshalb weigert, die Rechtsfähigkeit einer Gesellschaft, die nach dem Recht eines anderen Mitgliedstaats gegründet worden ist und dort ihren satzungsmäßigen Sitz hat, anzuerkennen, weil die Gesellschaft im Anschluss an den Erwerb sämtlicher Geschäftsanteile durch in seinem Hoheitsgebiet wohnende eigene Staatsangehörige, ihren tatsächlichen Verwaltungssitz in sein Hoheitsgebiet verlegt haben soll, mit der Folge, dass die Gesellschaft im Aufnahmemitgliedstaat nicht zu dem Zweck parteifähig ist, ihre Ansprüche aus einem Vertrag geltend zu machen, es sei denn, dass sie sich nach dem Recht dieses Aufnahmestaats neu gründet."[53]

Hieraus folge, „dass in dem Fall, dass eine Gesellschaft, die nach dem Recht des Mitgliedstaats gegründet worden ist, in dessen Hoheitsgebiet sie ihren satzungsmäßigen Sitz hat, in einem anderen Mitgliedstaat von ihrer Niederlassungsfreiheit Gebrauch macht, dieser andere Mitgliedstaat nach den Art. 43 und 48 EG verpflichtet ist, die Rechtsfähigkeit und damit die Parteifähigkeit zu achten, die diese Gesellschaft nach dem Recht ihres Gründungsstaats besitzt."[54]

27 Seit dieser Entscheidung hat sich die Ansicht durchgesetzt, dass der **Zuzugsstaat** bei wirksam gegründeten und fortbestehenden **EU-Auslandsgesellschaften** verpflichtet ist, die durch das Gründungsrecht verliehene **Rechts- und Parteifähigkeit anzuerkennen**.[55] Inwieweit das Gründungsrecht darüber hinaus im Lichte der Niederlassungsfreiheit anzuwenden ist, entschied der EuGH noch nicht.

---

53) EuGH, Rs. C-208/00, *Überseering BV/Nordic Construction Company Baumanagement GmbH (NCC)*, Slg. 2002, I-9919 Rz. 80 – 82 = NZG 2002, 1164, 1169.

54) EuGH, Rs. C-208/00, *Überseering BV/Nordic Construction Company Baumanagement GmbH (NCC)*, Slg. 2002, I-9919 Rz. 95 = NZG 2002, 1164, 1170.

55) *Bayer*, BB 2003, 2357, 2361; *Behme*, BB 2008, 70, 71; *Heidenhain*, NZG 2002, 1141; *Goette*, ZIP 2006, 541 f.; *Geyrhalter/Gänßler*, NZG 2003, 409, 411; *Koch/Eickmann*, AG 2009, 73, 74; *Leible*, ZGR 2004, 531, 532 f.; *Roth*, IPRax 2003, 117.

A. Share Deal

d) Inspire Art

Der Entscheidung *Inspire Art* lag ein der Rechtssache *Centros* vergleichbarer 28
Sachverhalt zugrunde.[56] Die *Inspire Art Ltd.* war eine nach englischem Recht
gegründete Gesellschaft. Sie beantragte in den Niederlanden die Eintragung
einer Zweigniederlassung, die letztlich Hauptniederlassung der Gesellschaft
sein sollte. Aufgrund dieses Sachverhalts war die Gesellschaft verpflichtet, nach
niederländischem Recht im Rechtsverkehr den Zusatz „formal ausländische
Gesellschaft" zu führen. Außerdem musste sie bestimmte Anforderungen an
das Mindestkapital erfüllen, um eine persönliche Haftung für die Geschäftsführer zu vermeiden.

Der EuGH befand, diese niederländischen Sonderregeln für ausländische Gesell- 29
schaften verstießen gegen die (sekundäre) Niederlassungsfreiheit der Art. 43, 48
EGV (heute Art. 49, 54 AEUV). Er stellte fest:

> „Die Art. 43 und 48 EG stehen einer Regelung eines Mitgliedstaats wie der
> WFBV [Wet op de formeel buitenlandse vennootschappen vom 17.12.1997, Gesetz über formal ausländische Gesellschaften] entgegen, die die Ausübung der
> Freiheit zur Errichtung einer Zweigniederlassung in diesem Staat durch eine
> nach dem Recht eines anderen Mitgliedstaats gegründete Gesellschaft von bestimmten Voraussetzungen abhängig macht, die im innerstaatlichen Recht für
> die Gründung von Gesellschaften bezüglich des Mindestkapitals und der Haftung der Geschäftsführer vorgesehen sind. Die Gründe, aus denen die Gesellschaft in dem anderen Mitgliedstaat errichtet wurde, sowie der Umstand, dass sie
> ihre Tätigkeit ausschließlich oder nahezu ausschließlich im Mitgliedstaat der
> Niederlassung ausübt, nehmen ihr nicht das Recht, sich auf die durch den EG-Vertrag garantierte Niederlassungsfreiheit zu berufen, es sei denn, im konkreten
> Fall wird ein Missbrauch nachgewiesen."[57]

Der EuGH folgte auch nicht dem vorgebrachten Rechtfertigungsgrund der 30
niederländischen Regierung, die niederländischen Mindestkapitalvorschriften
müssten zum Schutz der Gläubiger angewandt werden. Potentielle Gläubiger
der Gesellschaft, so das Gericht, seien dadurch gewarnt, dass die Gesellschaft
als solche ausländischen Rechts auftrete und damit folgerichtig anderen Vorschriften als den niederländischen Vorschriften über das Mindestkapital und
die Haftung der Geschäftsführer unterliege.[58]

---

56) EuGH, Rs. C-167/01, *Kamer van Koophandel en Fabrieken voor Amsterdam/Inspire Art Ltd*, Slg. 2003, I-10155 = NJW 2003, 3331= NZG 2003, 676 = EuZW 2003, 687; dazu ausführlich *Ebke*, The International Lawyer 2004, 813, 830 ff.; auch *Altmeppen/Wilhelm*, DB 2004, 1083; *Bayer*, BB 2003, 2357; *Behrens*, IPRax 2004, 20; *Fleischer/Schmolke*, JZ 2008, 233, 234; *Hausmann* in: Reithmann/Martiny, Rz. 5052 ff.; *Hofmeister*, WM 2007, 868, 870; *Horn*, NJW 2004, 893; *Kindler*, NZG 2003, 1086; *Leible* in: Michalski, Syst. Darst. 2 Rz. 31 f.; *Maul/Schmidt*, BB 2003, 2297; *Schanze/Jüttner*, AG 2003, 661; *K. Schmidt*, ZHR 168 (2004), 493; *Spindler/Berner*, RIW 2004, 7; *Zimmer*, NJW 2003, 3585.
57) EuGH, Rs. C-167/01, *Kamer van Koophandel en Fabrieken voor Amsterdam/Inspire Art Ltd*, Slg. 2003, I-10155 = EuZW 2003, 687 (2. Leitsatz).
58) EuGH, Rs. C-167/01, *Kamer van Koophandel en Fabrieken voor Amsterdam/Inspire Art Ltd*, Slg. 2003, I-10155 Rz. 135 = EuZW 2003, 687, 695.

31 Über die Entscheidung in der Rechtssache *Überseering* hinaus hat der EuGH somit deutlich gemacht, dass die Niederlassungsfreiheit nicht nur die **Anerkennung** der Rechts- und Parteifähigkeit einer **EU-Auslandsgesellschaft** verlangt, sondern auch weiterer gesellschaftsrechtlicher Regelungen des Gründungsrechts der betreffenden Gesellschaft, im konkreten Fall die Vorschriften über das **Mindestkapital** und die **Geschäftsleiterhaftung**. Der Anwendung des Sitzrechts und damit der Sitztheorie wurde für diese Fragen insoweit eine Absage erteilt.

e) Cartesio

32 Der jüngsten und mit Spannung erwarteten Entscheidung des EuGH in der Sache *Cartesio* aus dem Jahre 2008 lag ein dem *Daily Mail*-Urteil vergleichbarer Sachverhalt zugrunde.[59] Das Gericht hatte darüber zu befinden, ob die gesellschaftsrechtliche Niederlassungsfreiheit einer Gesellschaft gegenüber ihrem Gründungsstaat das Recht gebe, identitätswahrend mit ihrem Verwaltungssitz in einen anderen Staat zu ziehen. Eine im ungarischen Handelsregister eingetragene Kommanditgesellschaft beabsichtigte, ihren Geschäftssitz nach Italien zu verlegen und diese Adresse im ungarischen Handelsregister eintragen zu lassen. Der Antrag wurde abgelehnt, weil nach ungarischem Recht eine in Ungarn gegründete Gesellschaft ihren Status als ungarische Gesellschaft verliert, wenn sie ihren tatsächlichen Verwaltungssitz in das Ausland verlegt. Erforderlich sei es, die Gesellschaft in Ungarn aufzulösen und in Italien neu zu gründen.

33 Der EuGH entschied anders als es der Generalanwalt in seinen Schlussanträgen vortrug. Dieser hatte erklärt, die Niederlassungsfreiheit werde verletzt, weil grenzüberschreitende Sitzverlegungen ungünstiger behandelt würden als inländische Sitzverlegungen.[60] Der EuGH befand dagegen, die **Niederlassungsfreiheit greife erst**, wenn der **Gründungsstaat** den **identitätswahrenden Wegzug gestattet**. Das Gericht führte aus:

> „In Ermangelung einer einheitlichen gemeinschaftsrechtlichen Definition der Gesellschaften, denen die Niederlassungsfreiheit zugute kommt, anhand einer

---

59) EuGH, Rs. C-210/06, *Cartesio Oktató és Szolgáltató bt* = NZG 2009, 61 = DStR 2009, 121 (m. Anm. *Goette*) = JZ 2009, 409 (mit Anm. *Wilhelmi*) = NJW 2009, 569 = EuZW 2009, 75 (mit Anm. *Pießkalla*); dazu *Hausmann* in: Reithmann/Martiny, Rz. 5056 ff.; *Kindler*, NZG 2009, 130; *Kindler*, IPRax 2009, 189, 190 ff.; *Leible* in: Michalski, Syst. Darst. 2 Rz. 35; *Däubler/Heuschmid*, NZG 2009, 493; *Koch/Eickmann*, AG 2009, 73, 74; *Thorn* in: Palandt, Anh. zu Art. 12 EGBGB Rz. 7; *Teichmann*, ZIP 2009, 393; *Teichmann*, LMK 2009, 275584; krit. *Knof/Mock*, ZIP 2009, 30; *Campos Nave*, BB 2008, 1410, 1413; *Frenzel*, EWS 2009, 158; *Frobenius*, DStR 2009, 487; *Grohmann/Gruschinske*, EuZW 2008, 463, 464; *Hennrichs/Pöschke/v. d. Laage/Klavina*, WM 2009, 2009, 2012 f.; *Leible/Hoffmann*, BB 2009, 58; *Müller* in: Spindler/Stilz, IntGesR Rz. 14; *Paefgen*, WM 2009, 529, 533 f.; *Sethe/Winzer*, WM 2009, 536, 537 ff.; *Zimmer/Naendrup*, NJW 2009, 545, 546 f.; zu den steuerrechtlichen Auswirkungen *Campos Nave*, BB 2009, 870.
60) EuGH GA (Generalanwalt Poiares Maduro), Schlussanträge v. 22.5.2008 – Rs. C-210/06, ZIP 2008, 1067 (mit Anm. *Ringe*); dazu auch *Campos Nave*, BB 2008, 1410, 1411 ff.; *Grohmann/Gruschinske*, EuZW 2008, 463; *Hausmann* in: Reithmann/Martiny, Rz. 5056; *Richter*, IStR 2008, 719.

A. Share Deal

einheitlichen Anknüpfung, nach der sich das auf eine Gesellschaft anwendbare Recht bestimmt, ist die Frage, ob Art. 43 EG auf eine Gesellschaft anwendbar ist, die sich auf die dort verankerte Niederlassungsfreiheit beruft, ebenso wie im Übrigen die Frage, ob eine natürliche Person ein Staatsangehöriger eines Mitgliedstaats ist und sich aus diesem Grund auf diese Freiheit berufen kann, daher gemäß Art. 48 EG eine Vorfrage, die beim gegenwärtigen Stand des Gemeinschaftsrechts nur nach dem geltenden nationalen Recht beantwortet werden kann. Nur wenn die Prüfung ergibt, dass dieser Gesellschaft in Anbetracht der in Art. 48 EG genannten Voraussetzungen tatsächlich die Niederlassungsfreiheit zugutekommt, stellt sich die Frage, ob sich die Gesellschaft einer Beschränkung dieser Freiheit i. S. d. Art. 43 EG gegenübersieht.

Ein Mitgliedstaat kann somit sowohl die Anknüpfung bestimmen, die eine Gesellschaft aufweisen muss, um als nach seinem innerstaatlichen Recht gegründet angesehen werden und damit in den Genuss der Niederlassungsfreiheit gelangen zu können, als auch die Anknüpfung, die für den Erhalt dieser Eigenschaft verlangt wird. Diese Befugnis umfasst die Möglichkeit für diesen Mitgliedstaat, es einer Gesellschaft seines nationalen Rechts nicht zu gestatten, diese Eigenschaft zu behalten, wenn sie sich durch die Verlegung ihres Sitzes in einen anderen Mitgliedstaat dort neu organisieren möchte und damit die Anknüpfung löst, die das nationale Recht des Gründungsmitgliedstaats vorsieht."[61]

Nach teilweiser Ansicht hat der EuGH mit seiner Entscheidung lediglich **kollisionsrechtliche Beschränkungen** und damit die Anwendung der Sitztheorie auf die eigenen Gesellschaften für zulässig erachtet, nicht jedoch **materiellrechtliche Hindernisse**.[62] Das materielle Recht dürfe keine Beschränkungen aufbauen, wenn der Zuzugsstaat die Berufung seines Sitzrechts ablehne und auf das Gründungsrecht zurückverweise. In diesem Fall liege kein Statutenwechsel vor und jegliche materiellrechtliche Beschränkung sei dann mit der Niederlassungsfreiheit unvereinbar. 34

Dem Urteil des EuGH lässt sich allerdings nicht entnehmen, dass nur kollisionsrechtliche Beschränkungen zulässig sein sollen.[63] Hiergegen spricht zunächst der zugrundeliegende Sachverhalt, der materiellrechtliche Beschränkungen des ungarischen Rechts zum Gegenstand hatte. Zwar wurde die Sitzverweisung durch das italienische Recht angenommen, sodass möglicherweise aus der Sicht von *Leible/Hoffmann* nur deswegen die materiellrechtlichen Hindernisse des ungarischen Rechts zulässig gewesen sind. Allerdings finden sich in den Entscheidungsgründen keine Hinweise dafür, dass bei Rückverweisung auf das Gründungsrecht das materielle Recht anders zu beurteilen ist als bei Annahme der Verweisung durch den Zuzugsstaat. Gegen diese Ansicht spricht auch der vierte Leitsatz des EuGH, wonach Rechtsvorschriften eines Mitgliedstaats der Niederlassungsfreiheit nicht entgegenstehen, die es einer nationalen Gesellschaft ver- 35

---

61) EuGH, Rs. C-210/06, *Cartesio Oktató és Szolgáltató bt*, NZG 2009, 61, 67 Rz. 109 f.
62) So *Leible/Hoffmann*, BB 2009, 58, 61, allerdings selbstkritisch zur Frage, ob das Urteil so interpretiert werden könne; *Leible* in: Michalski, Syst. Darst. 2 Rz. 40.
63) Dagegen auch *Weller* in: MünchKomm-GmbHG, Einl. Rz. 361; *Kindler* in: MünchKomm-BGB, IntGesR Rz. 130; *Hausmann* in: Reithmann/Martiny, Rz. 5147.

wehren, ihren Sitz in einen anderen Mitgliedstaat zu verlegen und dabei ihr nationales Rechtsumfeld zu behalten. Der EuGH verwendet den umfassenden Begriff „Rechtsvorschriften", der Kollisions- und Sachnormen umfasst. Schließlich heißt es in den Entscheidungsgründen, es sei eine „Vorfrage" des „national geltenden Recht[s]", welche Voraussetzungen eine Gesellschaft erfüllen muss, um als Gesellschaft des Gründungsstaats existieren zu können.[64] Der EuGH gestattet dem Gründungsstaat ausdrücklich, der Gesellschaft die Eigenschaft als eine solche des Gründungsstaats zu entziehen, wenn sie ihren tatsächlichen Sitz in einen anderen Mitgliedstaat verlegen will und damit die erforderliche Verbindung löst, die das „nationale Recht des Gründungsmitgliedstaats vorsieht".[65] Der EuGH bezieht sich hier schon aufgrund des zu entscheidenden Sachverhalts auf materiellrechtliche ebenso wie auf kollisionsrechtliche Beschränkungen. Hinweise darauf, dass diese materiellrechtlichen Beschränkungen bei einer Rückverweisung auf das Gründungsrecht nicht anwendbar sein sollen, sind nicht erkennbar.

36 Hingewiesen sei darauf, dass diese Auslegungsfrage, ob materiellrechtliche Wegzugsbeschränkungen zulässig sind, aus deutscher Sicht nur bei **deutschen Personengesellschaften** relevant wird. Für **deutsche Kapitalgesellschaften** gelten die durch das MoMiG geänderten § 4a GmbHG und § 5 AktG, die einen ausländischen Verwaltungssitz gestatten (dazu unten § 12 Rz. 9). Dagegen kann eine Personengesellschaft nach geltendem materiellen Recht keinen ausländischen Verwaltungssitz haben (siehe dazu § 12 Rz. 47 ff.).

f) Folgen

aa) Gründungstheorie

37 Mit der dargestellten Rechtsprechung des EuGH zur Niederlassungsfreiheit von Gesellschaften hat dieser den Mitgliedstaaten zwar nicht vorgegeben, innerhalb der Europäischen Union das auf Gesellschaften anwendbare Recht mit der Gründungstheorie zu bestimmen (siehe oben unter Rz. 33). Der **deutschen Rechtsprechung** ist allerdings zu entnehmen, dass sie sich dafür ausspricht, für **EU-Auslandsgesellschaften,** die unter dem Schutz der Niederlassungsfreiheit stehen, grundsätzlich einheitlich das **Gründungsrecht** zu berufen, wenn **Deutschland Zuzugsstaat** ist. Der EuGH hatte in seiner *Überseering*-Entscheidung ausgeführt, die nach dem Gründungsrecht verliehene Rechts- und Parteifähigkeit sei in anderen Mitgliedstaaten zu achten. Dieser Vorgabe ist der BGH in seinem *Überseering*-Urteil uneingeschränkt gefolgt:

> „Die Kl. muss in die Lage versetzt werden, nach einer Verlegung ihres Verwaltungssitzes in die Bundesrepublik Deutschland ihre vertraglichen Rechte als niederländische BV geltend machen zu können. Das erfordert es, die Kl. nach deutschem internationalen Gesellschaftsrecht hinsichtlich ihrer Rechtsfähigkeit dem

---

64) EuGH, Rs. C-210/06, *Cartesio Oktató és Szolgáltató bt*, NZG 2009, 61, 67 Rz. 109; dazu auch *Kindler*, NZG 2009, 130, 131.
65) EuGH, Rs. C-210/06, *Cartesio Oktató és Szolgáltató bt*, NZG 2009, 61, 67 Rz. 110.

Recht des Staates zu unterstellen, in dem sie gegründet worden ist. Eine Gesellschaft, die unter dem Schutz der im EG-Vertrag garantierten Niederlassungsfreiheit steht, ist berechtigt, ihre vertraglichen Rechte in jedem Mitgliedstaat geltend zu machen, wenn sie nach der Rechtsordnung des Staates, in dem sie gegründet worden ist und in dem sie nach einer Verlegung ihres Verwaltungssitzes in einen anderen Mitgliedstaat weiterhin ihren satzungsmäßigen Sitz hat, hinsichtlich des geltend gemachten Rechts rechtsfähig ist."[66]

Auch die nachfolgende Entscheidung des EuGH in der Rechtssache *Inspire Art*, wonach Vorschriften des Sitzrechts über das Mindestkapital und die Haftung der Geschäftsleiter nicht auf EU-Auslandsgesellschaften angewendet werden dürfen, hat der BGH umgesetzt. So hat er in einer Entscheidung aus dem Jahre 2005 ausgeführt: 38

„Nach der Rechtsprechung des EuGH ist die in einem Vertragsstaat nach dessen Vorschriften wirksam gegründete Gesellschaft in einem anderen Vertragsstaat – unabhängig von dem Ort ihres tatsächlichen Verwaltungssitzes – in der Rechtsform anzuerkennen, in der sie gegründet wurde. Aus der Anerkennung der Rechtsfähigkeit einer solchen Gesellschaft folgt zugleich, dass deren Personalstatut auch in Bezug auf die Haftung für in ihrem Namen begründete rechtsgeschäftliche Verbindlichkeiten einschließlich der Frage nach einer etwaigen diesbezüglichen persönlichen Haftung ihrer Gesellschafter oder Geschäftsführer gegenüber den Gesellschaftsgläubigern maßgeblich ist."[67]

Der BGH hat damit das Haftungsregime als einen Bereich eingeordnet, der dem Gründungsrecht zu entnehmen ist. Die sich damit abzeichnende Anknüpfung des gesamten Personalstatuts an das Gründungsrecht zeigt sich deutlich in einer Entscheidung des OLG Nürnberg, in der es heißt: 39

„Das Gesellschaftsstatut juristischer Personen, die wie die Klägerin nach dem Recht eines anderen EG-Mitgliedstaats gegründet wurden, aber im Inland ihren tatsächlichen Verwaltungssitz haben, bestimmt sich im Rahmen der durch Art. 43 und 48 EGV garantierten Niederlassungsfreiheit nach dem Recht des Gründungsstaates. Dies ist aufgrund der Entscheidungen des EuGH in Sachen „Überseering" und „Inspire Art" auch in der nationalen Rechtsprechung zwischenzeitlich anerkannt."[68]

Der BGH hat diese Anknüpfung in seiner *Trabrennbahn*-Entscheidung nochmal bestätigt: 40

„Auf Grund der Rechtsprechung des EuGH in den Entscheidungen „Centros", „Überseering" und „Inspire Art" hat sich der BGH für diejenigen Auslandsgesellschaften, die in einem Mitgliedstaat der Europäischen Union oder des EWR oder in einem mit diesen auf Grund eines Staatsvertrags in Bezug auf die Nieder-

---

66) BGHZ 154, 185, 189 f.; dazu *Leible/Hoffmann*, ZIP 2003, 925; bestätigt durch BGHZ 164, 148, 151 sowie BGHZ 178, 192, 196.
67) BGH, DStR 2005, 839, 840.
68) OLG Nürnberg, NZG 2008, 76 f., unter Verweis auf BGH, NZG 2002, 431; BGH, NZG 2004, 431; BGH, NZG 2005, 508; vgl. für weitere Rechtsprechung der Oberlandesgerichte OLG Hamm, NJW-RR 2006, 1631; OLG München, DB 2007, 2032; OLG Thüringen, RIW 2007, 864; ebenso *Thorn* in: Palandt, Anh. zu Art. 12 EGBGB Rz. 7; *Eidenmüller*, JZ 2004, 24.

lassungsfreiheit gleichgestellten Staat gegründet worden sind, der so genannten Gründungstheorie angeschlossen."[69]

41 In seinen Entscheidungen in den Rechtssachen „**Daily Mail**" und „**Cartesio**" hat der EuGH allerdings gezeigt, dass ein Gründungsstaat seine Gesellschaften trotz bestehender Niederlassungsfreiheit nicht ohne Weiteres in das EU-Ausland ziehen lassen muss. Denn die Niederlassungsfreiheit greift wie ausgeführt erst dann ein, wenn die wegziehende Gesellschaft die Voraussetzungen nach dem Gründungsrecht erfüllt, die erforderlich sind, um nach dortigem Recht den Gründungsstatus beibehalten zu können. Die **Niederlassungsfreiheit ermöglicht** damit zwar den uneingeschränkten **Zuzug**, garantiert aber **nicht** die **Wegzugsmöglichkeit**. Der **Wegzugsstaat** kann daher nach umstrittener Ansicht **materiellrechtliche** ebenso wie **kollisionsrechtliche Schranken** aufbauen (siehe oben Rz. 35). Damit darf er (wie bspw. das deutsche Recht auf nach ihr gegründete Gesellschaften) die Sitztheorie anwenden und so eine kollisionsrechtliche Wegzugssperre aufstellen. Verlegt eine Gesellschaft aus einem solchen Mitgliedstaat mit Wegzugsbeschränkungen (Wegzugsstaat) ihren tatsächlichen Verwaltungssitz in einen anderen Mitgliedstaat (Zuzugsstaat), versagt schon der Wegzugsstaat selbst der Gesellschaft die Anerkennung und lässt sie nicht in den Genuss der Niederlassungsfreiheit kommen. Damit soll auch der **Zuzugsstaat** nicht verpflichtet sein, die aus seiner Sicht EU-Auslandsgesellschaft ihrem Gründungsrecht zu unterwerfen. Der Zuzugsstaat kann eine solche Gesellschaft nach seiner **traditionellen Anknüpfungsmethode** beurteilen. Ist dies wie in Deutschland die Sitztheorie, kann er die Gesellschaft also nach ihrem Sitzrecht und damit seinem eigenen Recht beurteilen.[70] Zu diesem Ergebnis, die Gesellschaft ihrem Sitzrecht zu unterwerfen, kommt man bei

---

69) BGHZ 178, 192, Rz. 19 = NZG 2009, 68, 69.
70) *Behrens* in: Ulmer/Habersack/Winter, Erg.-Band § 4a GmbHG Rz. 12, *Hausmann* in: Reithmann/Martiny, Rz. 5095; *Leible* in: Michalski, Syst. Darst. 2 Rz. 45 (Sitztheorie freilich nur bei kollisionsrechtlichen Wegzugsbeschränkungen, also wenn der Gründungsstaat die Sitztheorie anwendet, weil *Leible* materiellrechtliche Wegzugsbeschränkungen nicht als mit der Niederlassungsfreiheit vereinbar ansieht, dazu oben Rz. 34); *Mayer* in: MünchKomm-GmbHG, § 4a GmbHG Rz. 26 (*Leible* und *Mayer* wollen die Gründungstheorie erst dann nicht anwenden und damit bei der traditionellen Sitztheorie bleiben, wenn der Gründungsstaat [Wegzugsstaat] die Verweisung auf sein Gründungsrecht nicht annimmt und auf den deutschen Sitzstaat [Zuzugsstaat] zurückverweist. Diese Ansicht setzt jedoch denklogisch voraus, dass zunächst mit der Gründungstheorie tatsächlich angeknüpft wird, was wiederum aber nur dann bei EU-Auslandsgesellschaften erfolgen soll, wenn dies aufgrund der Niederlassungsfreiheit geboten ist. Und letzteres soll ja gerade dann zu verneinen sein, wenn der Wegzugsstaat der Sitztheorie folgt. Hier entsteht ein Teufelskreis, der es besser erscheinen lässt, die Anwendung der Gründungstheorie im Wegzugsstaat als Vorfrage für die Anwendung der Gründungstheorie auch im Zuzugsstaat zu begreifen.); *Paefgen*, WM 2003, 561, 568; *Weller* in: MünchKomm-GmbHG, Einl. Rz. 365 (anders als nach *Leible* gilt richtigerweise für *Weller* die Sitztheorie bei kollisionsrechtlichen wie bei materiellrechtlichen Wegzugsbeschränkungen, da der Wegzugsstaat solche Beschränkungen aufstellen dürfe, s. o. Rz. 35); *Weller*, IPRax 2003, 207, 205 ff.; *Kindler* in: MünchKomm-BGB, IntGesR Rz. 428 a. E.

A. Share Deal

einem Wegzugsstaat, der die Sitztheorie anwendet, freilich auch dann, wenn man mit der Gründungstheorie im Wege der Gesamtverweisung auf den Wegzugsstaat verweist und dieser durch seine Anknüpfung an das Sitzrecht auf das Recht des Zuzugsstaats zurückverweist (Art. 4 Abs. 1 Satz 2 EGBGB).

Für den Schutz der Niederlassungsfreiheit und damit die Anknüpfung an das Gründungsrecht dürfte **nicht erforderlich** sein, dass die EU-Auslandsgesellschaft nicht nur in der EU gegründet worden ist, sondern **zusätzlich** in einem EU-Mitgliedstaat ihren **tatsächlichen Verwaltungssitz** hat. Art. 54 AEUV (vormals Art. 48 EGV) begründet die Niederlassungsfreiheit für in einem Mitgliedstaat gegründete Gesellschaften schon dann, wenn diese entweder ihren Satzungssitz, ihre Hauptverwaltung oder ihre Hauptniederlassung innerhalb der Union haben. Ausreichend dürfte daher sein, wenn zusätzlich zur Gründung in der Europäischen Union der Satzungssitz der Gesellschaft in der Union liegt. In diesem Fall kann der tatsächliche Verwaltungssitz außerhalb der Union liegen.[71] Der EuGH hat diese Frage allerdings bislang nicht beantwortet.[72]

42

bb) Beschränkungen der Niederlassungsfreiheit

Beschränkungen der Niederlassungsfreiheit sind zwar im Einzelfall möglich, allerdings nur **gerechtfertigt**, wenn vier **Voraussetzungen** erfüllt sind: Sie müssen in nicht diskriminierender Weise angewandt werden, sie müssen zwingenden Gründen des Allgemeininteresses entsprechen, sie müssen zur Erreichung des verfolgten Zieles geeignet sein, und sie dürfen nicht über das hinausgehen, was zur Erreichung dieses Ziels erforderlich ist.[73] In welchen Bereichen das Sitzrecht hierauf gestützt durch Sonderanknüpfung das Gründungsrecht überlagern kann, wird unterschiedlich beurteilt.[74]

43

---

71) In diesem Sinne *Leible/Hoffmann*, RIW 2002, 925, 932; *Hausmann* in: Reithmann/Martiny, Rz. 5062.
72) In diese Richtung deutet allerdings die *Centros*-Entscheidung, EuGH, Rs. C-212/97, *Centros Ltd/Erhvervsog Selskabsstyrelsen*, Slg. 1999, I-1459 Rz. 20 = NJW 1999, 2027, 2028, auf die sich *Leible/Hoffmann*, RIW 2002, 925, 932, berufen (zu dieser Entscheidung s. o. Rz. 22 ff.).
73) EuGH, Rs. C-167/01, *Kamer van Koophandel en Fabrieken voor Amsterdam/Inspire Art Ltd*, Slg. 2003, I-10155 Rz. 133 = EuZW 2003, 687, 695; EuGH, Rs. C-212/97, *Centros Ltd/Erhvervsog Selskabsstyrelsen*, Slg. 1999, I-1459 Rz. 34 = NJW 1999, 2027, 2029 Rz. 34; näher dazu *Hausmann* in: Reithmann/Martiny, Rz. 5067 ff.; *Hofmeister*, WM 2007, 868, 871.
74) *Behrens* in: Ulmer/Habersack/Winter, Einl. B Rz. 44 ff.; *Thorn* in: Palandt, Anh. zu Art. 12 EGBGB Rz. 8; zur Unternehmensmitbestimmung *Bayer*, AG 2004, 534; *Eidenmüller*, JZ 2004, 24, 28 f.; *Horn*, NJW 2004, 893, 899 f.; *Köster*, ZRP 2008, 214; *Paefgen*, WM 2009, 529, 536; *Thüsing*, ZIP 2004, 381, 382 ff.; zur Existenzvernichtungshaftung *Goette*, DStR 2005, 197, 200 f.; *Weller*, IPRax 2003, 207, 209 f.; zur Anwendung deliktsrechtlicher und insolvenzrechtlicher Vorschriften *Goette*, ZIP 2006, 541.

44 Vorsicht ist geboten bei der Gründung von **reinen Briefkastengesellschaften**, bei denen möglicherweise Beschränkungen der Niederlassungsfreiheit als gerechtfertigt eingestuft werden. Dies zeigt die Entscheidung des EuGH in der Rechtssache „**Cadbury-Schweppes**", bei der das Gericht allerdings eine steuerliche Gestaltung zu beurteilen hatte.[75] In dem zugrundeliegenden Sachverhalt hatte die britische Muttergesellschaft eine ausländische Tochtergesellschaft in Irland gegründet, um in den Genuss des dort besonders niedrigen Steuersatzes zu kommen. Der EuGH bestätigte zwar seine Auffassung aus den Entscheidungen *Cartesio* und *Inspire Art*, wonach ein Unionsangehöriger die Niederlassungsfreiheit nicht schon dann missbräuchlich ausnutzt, wenn er eine Gesellschaft in einem Mitgliedstaat mit dem Ziel gründet, in den Genuss vorteilhafterer Rechtsvorschriften zu kommen.[76] Allerdings könne eine nationale Maßnahme, welche die Niederlassungsfreiheit beschränkt, dann gerechtfertigt sein, wenn sie sich

> „speziell auf rein künstliche Gestaltungen bezieht, die darauf ausgerichtet sind, der Anwendung der Rechtsvorschriften des betreffenden Mitgliedstaats zu entgehen".[77]

Das Ziel der Niederlassungsfreiheit bestehe darin,

> „es den Staatsangehörigen eines Mitgliedstaats zu erlauben, in einem anderen Mitgliedstaat eine Zweitniederlassung zu gründen, um dort ihren Tätigkeiten nachzugehen, und so die gegenseitige wirtschaftliche und soziale Durchdringung auf dem Gebiet der selbständigen Erwerbstätigkeit innerhalb der Gemeinschaft zu fördern. Zu diesem Zweck will die Niederlassungsfreiheit es den Staatsangehörigen der Gemeinschaft ermöglichen, in stabiler und kontinuierlicher Weise am Wirtschaftsleben eines anderen Mitgliedstaats als desjenigen ihrer Herkunft teilzunehmen und daraus Nutzen zu ziehen.
>
> In Anbetracht dieses Zieles der Eingliederung in den Aufnahmemitgliedstaat impliziert der Niederlassungsbegriff im Sinne der Bestimmungen des Vertrages über die Niederlassungsfreiheit die tatsächliche Ausübung einer wirtschaftlichen Tätigkeit mittels einer festen Einrichtung in diesem Staat auf unbestimmte Zeit. Daher setzt sie eine tatsächliche Ansiedlung der betreffenden Gesellschaft im Aufnahmemitgliedstaat und die Ausübung einer wirklichen wirtschaftlichen Tätigkeit in diesem voraus."[78]

---

75) EuGH, Rs. C-196/04, *Cadbury-Schweppes*, Slg. 2006, I-7995 = NZG 2006, 835; dazu *Kindler*, IPRax 2010, 272; *Kindler* in: MünchKomm-BGB, IntGesR Rz. 128 f.; *Kleinert*, GmbHR 2006, 1049, 1055; *G. H. Roth*, S. 12 ff.; *Sedemund*, BB 2006, 2118, 2119.

76) EuGH, Rs. C-196/04, *Cadbury-Schweppes*, Slg. 2006, I-7995 = NZG 2006, 835, 837 Rz. 37.

77) EuGH, Rs. C-196/04, *Cadbury-Schweppes*, Slg. 2006, I-7995 = NZG 2006, 835, 838 Rz. 51.

78) EuGH, Rs. C-196/04, *Cadbury-Schweppes*, Slg. 2006, I-7995 = NZG 2006, 835, 838 Rz. 53 f.

A. Share Deal

Ob nun eine **„rein künstliche Gestaltung"** vorliegt, muss nicht nur durch ein 45
subjektives Element (hier das Streben nach einem Steuervorteil), sondern auch
durch objektive Anhaltspunkte belegt werden, wie etwa

> „das Ausmaß des greifbaren Vorhandenseins der beherrschten ausländischen Gesellschaft in Form von Geschäftsräumen, Personal und Ausrüstungsgegenständen ... .
>
> Führt die Prüfung solcher Anhaltspunkte zu der Feststellung, dass die beherrschte ausländische Gesellschaft nur mit einer fiktiven Ansiedlung zusammenhängt, die keine wirkliche wirtschaftliche Tätigkeit im Hoheitsgebiet des Aufnahmemitgliedstaats entfaltet, so ist die Gründung dieser beherrschten ausländischen Gesellschaft als eine rein künstliche Gestaltung anzusehen. Dergleichen könnte insbesondere bei einer Tochtergesellschaft der Fall sein, die eine „Briefkastenfirma" oder eine „Strohfirma ist."[79)]

Angemerkt sei allerdings, dass sich der zugrundeliegende Sachverhalt von denjenigen 46
der Entscheidungen des EuGH in den Rechtssachen *Centros*, *Überseering* und *Inspire Art* unterscheidet.[80)] Handlungen und Verpflichteter der Niederlassungsfreiheit sind **verschieden**. Der Unterschied bei den **Handlungen** liegt darin, dass es bei den letztgenannten Entscheidungen *Centros*, *Überseering* und *Inspire Art* um die Frage ging, ob eine Gesellschaft ihre Niederlassungsfreiheit dadurch ausüben kann, dass sie in einem anderen Mitgliedstaat wirtschaftlich tätig wird (Freiheit zu wirtschaftlicher Tätigkeit). In der Rechtssache *Cadbury-Schweppes* war dagegen zu beurteilen, ob sich die Gesellschaft auf ihre Niederlassungsfreiheit dann berufen kann, wenn sie in einem anderen Mitgliedstaat eine Tochtergesellschaft gründen will (Freiheit zur Gesellschaftsgründung). Der Unterschied bei den **Verpflichteten** der Niederlassungsfreiheit liegt darin, dass sich die jeweiligen Gesellschaften bei den Entscheidungen *Centros*, *Überseering* und *Inspire Art* gegenüber demjenigen Staat auf ihre Niederlassungsfreiheit beriefen, in dem sie die zu schützenden Handlungen, namentlich die wirtschaftlichen Tätigkeiten, vornahmen (Verpflichteter ist der betroffene Staat). Im Unterschied dazu berief sich die Gesellschaft in der Rechtssache *Cadbury-Schweppes* gegenüber demjenigen Staat auf ihre Niederlassungsfreiheit, in dem die zu schützende Handlung (Gesellschaftsgründung) nicht erfolgte (Verpflichteter ist der nicht betroffene Staat). Freilich ging es in beiden Fallgestaltungen um die Anerkennung der Niederlassungsfreiheit in demjenigen Staat, in dem der Ort der wirtschaftlichen Tätigkeit lag.[81)]

Aus diesen Unterschieden mag man folgern, dass sich der EuGH mit der Entscheidung 47
Cadbury-Schweppes nicht notwendig gegen reine Briefkastengesellschaften bei Sachverhalten ausgesprochen hat, die den Urteilen *Centros*, *Über-*

---

79) EuGH, Rs. C-196/04, *Cadbury-Schweppes*, Slg. 2006, I-7995 = NZG 2006, 835, 839 Rz. 67 f.
80) Hierauf weist zutreffend hin G. H. *Roth*, S. 12 f. und 22 f.
81) G. H. *Roth*, S. 13.

seering und *Inspire Art* zugrunde lagen. Dies mag insbesondere deshalb gelten, weil der EuGH in den Entscheidungen *Centros* und *Inspire Art* die jeweiligen Briefkastengesellschaften ausdrücklich unter den Schutz der Niederlassungsfreiheit stellte (siehe oben Rz. 23 und 29).[82] Das Urteil *Cadburry-Schweppes* lässt sich aber auch als „erhebliche Einschränkung" der bisherigen Rechtsprechung verstehen.[83] Aufgrund dieser unsicheren Rechtslage ist daher der **Praxis** zu empfehlen, bei der Gründung von Briefkastengesellschaften in jedem Einzelfall stets die Anhaltspunkte, die der EuGH in der Rechtssache *Cadbury-Schweppes* für die Beurteilung von solchen Gesellschaften genannt hat, in die Prüfung und Beratung mit einzubeziehen.

cc) EWR-Vertragsstaaten

48 Das Gründungsrecht ist nicht nur auf EU-Auslandsgesellschaften anwendbar, sondern auch auf Gesellschaften aus dem **Europäischen Wirtschaftsraum** (EWR) also Island, Liechtenstein und Norwegen. Dies hat der BGH unter Berufung auf die in Art. 31, 34 des EWR-Übereinkommens verankerte Niederlassungsfreiheit entschieden (im konkreten Fall für eine Gesellschaft aus Liechtenstein).[84]

5. Staatsverträge

49 Schließlich sind bei der Bestimmung des Gesellschaftsstatuts vielfach bi- oder multilaterale **internationale Übereinkommen** zu beachten, **sofern nicht** der Geltungsbereich der **Niederlassungsfreiheit** berührt ist (dazu oben Rz. 17 ff.).[85]

---

82) EuGH, Rs. C-212/97, *Centros Ltd/Erhvervsog Selskabsstyrelsen*, Slg. 1999, I-1459, Rz. 29 = AG 1999, 226 = NJW 1999, 2027; EuGH, Rs. C-167/01, *Kamer van Koophandel en Fabrieken voor Amsterdam/Inspire Art Ltd*, Slg. 2003, I-10155, Rz. 139 = NJW 2003, 3331= NZG 2003, 676 = EuZW 2003, 687.

83) So etwa Generalstaatsanwalt *Maduro* in seinen Schlussanträgen vom 22.5.2008 in der Rechtssache *Cartesio*, NZG 2008, 498, 503 Rz. 29; ebenso *Kindler* in: MünchKomm-BGB, IntGesR Rz. 129; *G. H. Roth*, S. 13 f.

84) BGHZ 164, 148 = EuZW 2005, 733 = NJW 2005, 3351 = DNotZ 2006, 143 (mit Anm. *Thölke*); anders noch BGHZ 97, 269 = ZIP 1986, 643 = NJW 1986, 2194 = WM 1986, 641 = JZ 1986, 651 = MDR 1986, 743 = DB 1986, 2019 = RIW/AWD 1986, 822 = LM Nr. 40 zu § 50 ZPO = GmbHR 1986, 351 = BB 1986, 2153 = JuS 1986, 1001 (mit Anm. *Hohloch*) = IPRspr. 1986 Nr. 19 (Verlegung des Verwaltungssitzes [hier: einer Einzelpersonenanstalt liechtensteinischen Rechts] vom Ausland [hier: Liechtenstein] in das Inland mit Beibehaltung der Rechtsfähigkeit nur unter Neugründung möglich, die den Vorschriften des GmbHG entspricht); anders auch noch OLG Frankfurt a. M., NJW 1964, 2355 = AWD 1965, 175 = GmbHR 1965, 69 (mit Anm. *Kötz*) = IPRspr. 1964/65 Nr. 22 (eine nach liechtensteinischem Recht gegründete juristische Person kann in Deutschland nur dann als rechtsfähig angesehen werden, wenn die Verwaltung tatsächlich von Liechtenstein aus geführt wird. Dass ein liechtensteinischer Anwalt zum Repräsentanten bestellt worden ist, genügt nicht).

85) *Kindler* in: MünchKomm-BGB, IntGesR Rz. 327; *Leible* in: Michalski, Syst. Darst. 2 Rz. 59; *Rehm* in: Eidenmüller, § 2 Rz. 12 (EGV geht zweiseitigen Staatsverträgen vor); *Weller*, ZGR 2010, 679, 696.

A. Share Deal

Die Bundesrepublik Deutschland hat weltweit mit zahlreichen Staaten solche Verträge geschlossen.[86] Während die große Mehrzahl dieser Verträge (Freundschafts-, Handels- und Schifffahrtsverträge, Niederlassungs- und Schifffahrtsverträge, Abkommen über die Förderung und den gegenseitigen Schutz von Kapitalanlagen) die nach autonomem deutschen Recht ohnehin geltende Sitztheorie bestätigt und mithin lediglich deklaratorischen Charakter hat,[87] weichen einige Übereinkommen vom autonomen Recht ab. So gilt nach h. A. und insbesondere nach Ansicht des BGH im Verhältnis der Bundesrepublik Deutschland zu den USA auf der Grundlage des deutsch-amerikanischen **Freundschafts-, Handels- und Schifffahrtsvertrags** vom 29.10.1954[88] die Gründungstheorie.[89] In Art. XXV Abs. 5 des Vertrags heißt es:

> „Der Ausdruck ‚Gesellschaften' in diesem Vertrag bedeutet Handelsgesellschaften, Teilhabergesellschaften sowie sonstige Gesellschaften, Vereinigungen und juristische Personen; dabei ist es unerheblich, ob ihre Haftung beschränkt oder nicht beschränkt und ob ihre Tätigkeit auf Gewinn oder nicht auf Gewinn gerichtet ist. Gesellschaften, die gemäß den Gesetzen und sonstigen Vorschriften des einen Vertragsteils in dessen Gebiet errichtet sind, gelten als Gesellschaften dieses Vertragsteils; ihr rechtlicher Status wird in dem Gebiet des anderen Vertragsteils anerkannt."

Auch im Verhältnis der Bundesrepublik Deutschland zu Spanien gilt auf der Grundlage des deutsch-spanischen Niederlassungsvertrags vom 23.4.1970 (Art. XV Abs. 2)[90] nach ebenfalls wohl h. A. die Gründungstheorie.[91]

---

86) Für eine Auflistung dieser Verträge s. *Kindler* in: MünchKomm-BGB, IntGesR Rz. 328 f.; *Rehm* in: Eidenmüller, § 2 Rz. 13 ff.

87) Übersicht bei *Kindler* in: MünchKomm-BGB, IntGesR Rz. 330.

88) Deutsch-amerikanischer Freundschafts-, Handels- und Schifffahrtsvertrags vom 29.10.1954, BGBl. II 1956, 487, in Kraft seit dem 14.7.1956, BGBl. II 1956, 1557; dazu *Kindler* in: MünchKomm-BGB, IntGesR Rz. 333 ff.; *Leible* in: Michalski, Syst. Darst. 2 Rz. 63 ff.

89) BGH, NZG 2005, 44; BGHZ 153, 353, 355 f.; BGH, NJW-RR 2002, 1359, 1360; BGH, ZIP 2004, 1549; OLG Zweibrücken, NJW 1987, 2168 = IPRspr. 1986 Nr. 22; OLG Düsseldorf, ZIP 1995, 1009 = NJW-RR 1995, 1124 = WM 1995, 808 = JuS 1995, 1037 (mit Anm. *Hohloch*); dazu *Ebenroth/Willburger*, EWiR 1995, 583 f.; vgl. auch BFH, GmbHR 1992, 315; implizit LG Hagen, IPRspr. 1982 Nr. 9 = IPRax 1983, 35; IPG 1980-81 Nr. 12 (Köln); ausführlich dazu *Dammann*, RabelsZ 68 (2004), 607; auch *Kaulen*, IPRax 2008, 389; *Drouven/Mödl*, NZG 2007, 7; *Binz/Mayer*, BB 2005, 2361, 2362; *Ebenroth/Bippus*, NJW 1988, 2137; *Großfeld/Erlinghagen*, JZ 1993, 217, 224 ff.; *Thorn* in: Palandt, Anh. zu Art. 12 EGBGB Rz. 23 m. w. N. aus der Literatur. Anders *Lehner*, RIW 1988, 208, ihm folgend *Kegel/Schurig*, § 17 II 5 c, und *Berndt*, JZ 1996, 187, die der Bestimmung des Abkommens keine Kollisionsregel zugunsten der Gründungstheorie entnehmen wollen, sondern lediglich eine Vorschrift des Fremdenrechts, die festlegt, wann ausländerrechtliche Regelungen des Staatsvertrags eingreifen und wann insbesondere Ausländer wie Inländer behandelt werden müssen.

90) Deutsch-spanischer Niederlassungsvertrag vom 23.4.1970, BGBl. II 1972, 1041, in Kraft seit dem 26.11.1972, BGBl. II 1972, 1556.

51 Allerdings kommt es dabei nach einer im Vordringen begriffenen Ansicht nicht allein darauf an, dass die Gesellschaft nach den Vorschriften des Gründungsrechts gegründet worden ist. Darüber hinaus soll jedenfalls bei Gesellschaften, die nach einem „liberalen bis laxen" Gründungsrecht gegründet sind, eine **tatsächliche Beziehung** („**genuine link**") der Gesellschaft zu ihrem Gründungsstaat bestehen müssen,[92)] im Fall der USA aber nicht notwendig zum Gründungseinzelstaat.[93)] Der BGH hat diese Frage offen gelassen.[94)] Mit dem Erfordernis eines *genuine link* soll Rechtsmissbrauch verhindert werden.[95)] Fehlt die Verknüpfung, bleibt es nach dieser Auffassung bei der Geltung der Sitztheorie, sodass die Gesellschaft im Sitzstaat regelmäßig keine Rechtsfähigkeit hat. So wird eine US-amerikanische Kapitalgesellschaft ohne *genuine link* in die USA nach deutschem Recht in haftungsrechtlicher Sicht wie eine offene Handelsgesellschaft oder Gesellschaft bürgerlichen Rechts behandelt.[96)] Allerdings stellt man an den *genuine link* nur geringe Anforderungen. Es ist nach Ansicht des BGH kein tatsächlicher Verwaltungssitz der Gesellschaft im Gründungsstaat erforderlich.[97)] Es genügt vielmehr regelmäßig bereits, eine auch nur geringe wirtschaftliche Tätigkeit im Gründungsstaat auszuüben.[98)] Dafür kann nach

---

91) *Lüderitz* in: Soergel, Anh. Art. 10 EGBGB Rz. 13; *Großfeld/Jasper*, RabelsZ 53 (1989), 52, 55; *Kindler* in: MünchKomm-BGB, IntGesR Rz. 328; zweifelnd in Bezug auf die Maßgeblichkeit der Gründungs- statt der Sitztheorie nach diesem Vertrag *v. Bar*, Rz. 629.

92) OLG Düsseldorf, ZIP 1995, 1009, 1012; *Ebenroth/Willburger*, EWiR 1995, 583 (Urteilsanm.); *Ebenroth/Kemner/Willburger*, ZIP 1995, 972, 973 (Urteilsanm.); *Ebenroth/Offenloch*, RIW 1997, 1, 2; einschränkend für die USA Binz/Mayer, BB 2005, 2361, 2367.

93) *Thorn* in: Palandt, Anh. zu Art. 12 EGBGB Rz. 23 m. w. N. aus der Literatur.

94) BGH, NZG 2005, 44 = DStR 2004, 2113 (mit Anm. *Goette*) = DNotZ 2005, 141 (mit Anm. *Thölke*). Unterschiedlich wird die Frage beurteilt, wie das Schweigen des BGH zu beurteilen ist. Die einen schließen aufgrund des zugrundeliegenden Sachverhalts, dass der BGH die Einschränkung nicht für angemessen hält, so etwa *Rehm* in: Eidenmüller, § 2 Rz. 29; *Paal*, RIW 2005, 735, 739 f.; die anderen gehen von einer Akzeptanz durch den BGH aus, so etwa *Kindler*, BB 2003, 812.

95) *Mankowski*, EWiR 2003, 661, 662.

96) Einen *genuine link* verlangt namentlich das OLG Düsseldorf, ZIP 1995, 1009 = NJW-RR 1995, 1124 = JuS 1995, 1037 (mit Anm. *Hohloch*) = WM 1995, 808; dazu *Nasall*, WuB IV B Art. 37 EGBGB: Gesellschaft nach dem Recht von Delaware gegründet, Adresse der Gesellschaft in Delaware ließ sich nicht verifizieren, Geschäftstätigkeit nur von Deutschland aus: „Einer im Bundesstaat Delaware gegründeten ‚Corporation' ist entgegen Art. XXV Abs. 5 Satz 2 des deutsch-amerikanischen Freundschafts-, Handels- und Schiffahrtsvertrags vom 29.10.1954 in der Bundesrepublik die Anerkennung zu versagen, wenn die Gesellschaft keine tatsächlichen, effektiven Beziehungen zum amerikanischen Gründungsstaat (sog. ‚genuine link') und sämtliche Aktivitäten in der Bundesrepublik entfaltet. Es handelt sich dann um eine rechtsmissbräuchliche Umgehungsgründung zu dem Zweck, unter Ausnutzung der ‚liberalen bis laxen' Rechtsordnung des US-Bundesstaates Delaware im deutschen Inland sämtliche gesellschaftlichen und geschäftlichen Aktivitäten zu entfalten (sog. ‚pseudo-foreign corporation')."

97) BGH, NZG 2005, 44; vgl. *Mankowski*, EWiR 2003, 661, 662.

98) Vgl. *Ebenroth/Kemner/Willburger*, ZIP 1995, 972, 975; *Paefgen*, DZWIR 2003, 441, 443.

A. Share Deal

Ansicht des BGH bereits eine geringe werbende Tätigkeit im Gründungsstaat ausreichen.[99)]

Die Einschränkung der staatsvertraglichen Anerkennung durch ein ungeschriebenes *genuine link*-Erfordernis ist **bedenklich**. Sie stützt sich auf das Völkerrecht, dessen Anwendung im Verhältnis zu Privatpersonen allerdings problematisch ist. Zudem dürfte sich ein möglicher Rechtsmissbrauch sehr viel sachgerechter anders bekämpfen lassen: Das Sitzrecht überlagert punktuell die einzelne Vorschrift des Gründungsrechts oder das Außenverhältnis der Gesellschaft zu Dritten[100)] anstatt das Gründungsrecht pauschal zu ersetzen und damit allgemein die nach ausländischem Recht verliehene Rechtsfähigkeit zu versagen.[101)] Gegenüber dem *genuine link*-Erfordernis ist daher allergrößte **Zurückhaltung** geboten. Gleichwohl wird die Kautelarpraxis mit der Rechtsprechung und der fehlenden Stellungnahme durch den BGH einstweilen leben und vorsichtshalber auf das Bestehen eines *genuine link* achten müssen.

6. Gesamt- und Sachnormverweisungen

Verweisungen im deutschen Internationalen Privatrecht sind grundsätzlich **Gesamtverweisungen**. Es gilt Art. 4 Abs. 1 Satz 1 EGBGB. Danach wird auf die gesamte Rechtsordnung und damit auch das Internationale Privatrecht des berufenen Rechts verwiesen, sofern dies nicht dem Sinn der Verweisung widerspricht. Eine etwaige Rück- oder Weiterverweisung ist also zu beachten.

Dies gilt schon seit jeher, wenn für eine Gesellschaft, die nicht aus der EU stammt, mit der **Sitztheorie** auf deren effektiven Verwaltungssitz verwiesen wird.[102)] Nach bestrittener Auffassung gilt dies auch, wenn das deutsche Recht bei EU-Auslandsgesellschaften zur Wahrung der **Niederlassungsfreiheit** das Gründungsrecht beruft.[103)] Eine andere Meinungsgruppe will hingegen durch eine Sachnormverweisung direkt das materielle Gründungsrecht anwenden.[104)]

---

99) BGH, NZG 2005, 44, 45.
100) Allein dies besagt die Lehre von der *pseudo-foreign corporation*, vgl. *Merkt/Göthel*, US-amerikanisches Gesellschaftsrecht, Rz. 193 ff., 268; *Bungert*, DB 1995, 963, 966.
101) *Bungert*, WM 1995, 2125.
102) BGH, RIW/AWD 1985, 154, 155 f.; OLG Frankfurt a. M., RIW 1990, 583, 584; OLG Hamburg, RIW 1988, 816, 817; OLG Hamm, RIW 1995, 152, 153; *Kindler* in: Münch-Komm-BGB, IntGesR Rz. 506.
103) *Kindler* in: MünchKomm-BGB, IntGesR Rz. 507; *Eidenmüller*, ZIP 2002, 2233, 2241; *Roth*, IPRax 2003, 117, 120; *Paefgen*, WM 2003, 561, 568 (differenzierend); die Differenzierung zwischen Gesamt- und Sachnormverweisung i. R. d. „europarechtlichen Gründungstheorie" als unpassend ansehend *Leible/Hoffmann*, RIW 2002, 925, 930 f.; wohl auch *Hausmann* in: Reithmann/Martiny, Rz. 5095.
104) *Thorn* in: Palandt, Anh. zu Art. 12 EGBGB Rz. 4 (im Bereich der Niederlassungsfreiheit sei die Frage einer Rück- oder Weiterverweisung aufgrund der Maßgeblichkeit des Gründungsrechts obsolet); *Brödermann/Wegen* in: Prütting/Wegen/Weinreich, IntGesR Rz. 17; *Forsthoff*, DB 2002, 2471, 2473.

55 Eine **Rückverweisung** tritt bspw. ein bei einer nach deutschem Recht gegründeten GmbH, deren effektiver Verwaltungssitz sich in der Schweiz befindet. In diesem Fall verweist das deutsche Recht (Sitztheorie) auf das schweizerische Recht, und zwar unter Einschluss des dortigen Kollisionsrechts (Gesamtverweisung). Das schweizerische Internationale Gesellschaftsrecht folgt der Gründungstheorie und verweist daher auf das Gründungsrecht, also auf das deutsche Recht zurück. Das deutsche Recht nimmt die Verweisung an (Art. 4 Abs. 1 Satz 2 EGBGB). Die nach deutschem Recht gegründete GmbH wird als wirksame GmbH behandelt, der im Ausland liegende Verwaltungssitz ist aufgrund der sachrechtlichen Zulässigkeit eines ausländischen Verwaltungssitzes seit dem MoMiG zulässig (§ 4a GmbHG, für die Aktiengesellschaft § 5 AktG).[105]

56 Verweisungen aufgrund von **Staatsverträgen** (siehe oben Rz. 49 ff.) führen nach ihrem Sinn und Zweck dagegen nach einhelliger Ansicht direkt zum materiellen Recht (**Sachnormverweisung**). Rück- oder Weiterverweisungen sind unbeachtlich, weil die vertragsschließenden Staaten ihr Kollisionsrecht gerade vereinheitlichen wollten.[106] Im Anwendungsbereich des deutsch-amerikanischen Freundschafts-, Handels- und Schifffahrtsvertrags wird daher bei US-amerikanischen Gesellschaften direkt das **einzelstaatliche Gründungsrecht** berufen.[107]

7. Umgehungsversuche

57 Bisweilen wird empfohlen, sich für die inländischen Aktivitäten im Zusammenhang mit einem grenzüberschreitenden Unternehmenskauf einer im **Ausland** gegründeten Gesellschaft als **Akquisitionsvehikel** zu bedienen. Hiermit sollen die im Vergleich zu manchen anderen Ländern strengen deutschen Vorschriften namentlich über die Kapitalaufbringung und -erhaltung umgangen werden. Gewisser Beliebtheit erfreuen sich dabei nach englischem Recht gegründete *private limited companies*.[108] Bei einer solchen Fallgestaltung ist zu unterscheiden:

---

105) *Kindler*, IPR des Wirtschaftsverkehrs, S. 182. Bis zum Inkrafttreten des Gesetzes zur Modernisierung des GmbH-Rechts und zur Bekämpfung von Missbräuchen (MoMiG) bestimmten § 4a Abs. 2 GmbHG a. F. und die Parallelnorm des § 5 Abs. 2 AktG a. F., dass als Satzungsort regelmäßig der Ort zu bestimmen sei, an dem die Gesellschaft einen Betrieb hat, sich die Geschäftsleitung befindet oder die Verwaltung geführt wird. Mit der Streichung dieser Vorschriften will der Gesetzgeber Gesellschaften ermöglichen, einen Verwaltungssitz zu wählen, der nicht notwendigerweise mit dem Satzungssitz übereinstimmt. Gefordert ist jetzt nur noch ein inländischer (Satzungs-) Sitz, s. näher dazu BT-Drucks. 16/6140, S. 68 f.
106) *Thorn* in: Palandt, Art. 4 EGBGB Rz. 11.
107) BGHZ 153, 353, 355 ff.; *Thorn* in: Palandt, Anh. zu Art. 12 EGBGB Rz. 23.
108) Näher zu *private limited companies* s. ausführlich *Ebert/Levedag* in: Süß/Wachter, S. 573, 600 ff.; zur Behandlung einer private limited company mit tatsächlichem Verwaltungssitz in Deutschland *Riegger*, ZGR 2004, 510; zur Reform des Kapitalgesellschaftsrechts in Großbritannien (Companies Act 2006) *Witt*, ZGR 2009, 872, 886 ff.

A. Share Deal

Folgt das deutsche Internationale Gesellschaftsrecht im konkreten Fall der **58**
Sitztheorie, weil weder staatsvertragliche Bestimmungen eingreifen noch eine
durch die Niederlassungsfreiheit geschützte EU- oder EWR-Auslandsgesellschaft vorliegt, kann einer solchen Empfehlung nicht ohne weiteres gefolgt
werden. Verkannt wird, dass eine solche nach ausländischem Recht gegründete
Gesellschaft, sollte sie ihren effektiven Verwaltungssitz in Deutschland haben,
aufgrund der Sitztheorie in Deutschland möglicherweise nicht in der Rechtsform ihrer Gründung als rechtsfähig behandelt wird. Dies kann in der Praxis zu
unangenehmen Überraschungen führen. Es ergeben sich nämlich einerseits erhebliche gesellschafts- und zivilrechtliche Anpassungsprobleme und andererseits, und dies ist für die Praxis weitaus gravierender, erhebliche **Haftungsrisiken**, etwa wenn die Gesellschafter unvermittelt persönlich und unbeschränkt
haftbar werden. So wird eine Gesellschaft mit effektivem Verwaltungssitz im
Inland, die nach ausländischem Recht als Kapitalgesellschaft mit eigener
Rechtspersönlichkeit gegründet ist, mangels Eintragung in das Handelsregister
(§ 41 Abs. 1 Satz 1 AktG, § 11 Abs. 1 GmbHG) weder als Aktiengesellschaft
noch als GmbH behandelt werden, sondern als offene Handelsgesellschaft oder
als Gesellschaft bürgerlichen Rechts, je nachdem, ob sie ein Grundhandelsgewerbe in vollkaufmännischer Weise betreibt.[109] Hat die Gesellschaft nur einen
Gesellschafter, wird er bei Betreiben eines Handelsgewerbes als Kaufmann oder
sonst als natürliche Person eingeordnet. Die Gesellschafter haften als Folge
dessen persönlich und gesamtschuldnerisch für die Gesellschaftsverbindlichkeiten und ihnen wird der Schutz der zwischengeschalteten juristischen Person
entzogen (siehe dazu auch oben Rz. 9 ff.).[110]

Folgt das deutsche Internationale Gesellschaftsrecht dagegen aufgrund einer **59**
staatsvertraglichen Regelung der **Gründungtheorie**, kann eine ausländische
Gesellschaft als Akquisitionsvehikel verwendet werden. Aufgrund der staatsvertraglichen Regelung in Deutschland wird sie grundsätzlich anerkannt (siehe
dazu und zum umstrittenen Erfordernis eines *genuine link* oben Rz. 51 f.).

Soll als Akquisitionsvehikel eine **EU- oder EWR-Auslandsgesellschaft** ver- **60**
wendet werden, ist für die Anknüpfung nach deutschem Recht zu unterscheiden. Folgt der **Gründungsstaat** der Gründungstheorie und hat er auch in seinem materiellen Recht **keine Wegzugsbeschränkungen** vorgesehen, lässt sich
eine solche Gesellschaft grundsätzlich als Akquisitionsvehikel einsetzen (siehe
oben Rz. 37 ff.).[111] In diesem Fall verweist das deutsche Recht über die Gründungstheorie auf das Recht des Gründungsstaats, welches die Verweisung an-

---

109) BGHZ 178, 192, 199, *Trabrennbahn*.
110) Einzelheiten bei *Eidenmüller/Rehm*, ZGR 1997, 89 ff., 91.
111) S. o. Rz. 34 auch zur abweichenden Ansicht, die sich gegen die Zulässigkeit materiellrechtlicher Wegzugsbeschränkungen ausspricht und daher die Sitztheorie im deutschen
Recht nur anwendet, wenn der Wegzugsstaat seinerseits die Sitztheorie anwendet und
damit eine kollisionsrechtliche Wegzugssperre aufgebaut hat.

nimmt. Dies gilt bspw. für die schon genannte *private limited company* des englischen Rechts, das der Gründungstheorie folgt.[112] In diesem Fall wäre es unerheblich, wenn die Gesellschaft sämtliche geschäftlichen Aktivitäten in Deutschland betreibt, weil ihre nach englischem Recht gegebene und fortbestehende Rechtsfähigkeit sowie die dortigen Kapital- und Haftungsvorschriften aufgrund der Rechtsprechung des EuGH zur Niederlassungsfreiheit auch in Deutschland anzuerkennen sind (siehe oben Rz. 42). Allerdings ist ggf. die Rechtsprechung des EuGH in der Rechtssache *Cadburry-Schweppes* zu Briefkastengesellschaften zu berücksichtigen (siehe unten Rz. 44 ff.). Außerdem ist zu beachten, dass die Niederlassungsfreiheit nach umstrittener Auffassung eine „Mobilitätskomponente" verlangt (siehe unten § 12 Rz. 33).

61 Anders liegt der Fall, wenn der **ausländische EU-/EWR-Gründungsstaat Wegzugssperren** aufgebaut hat. In diesem Fall wird nach der deutschen Sitztheorie das Recht am Ort des effektiven Verwaltungssitzes und damit das deutsche Recht berufen, nicht das Gründungsrecht (siehe oben Rz. 41). Denn die Niederlassungsfreiheit zwingt den Sitzstaat nur dann dazu, eine EU-/EWR-Auslandsgesellschaft anzuerkennen, wenn diese in ihrem Gründungsstaat wirksam gegründet ist und fortbesteht.[113] Welche Voraussetzungen für eine wirksame Gründung und einen wirksamen Fortbestand seiner Gesellschaften erforderlich sind, kann der Gründungsstaat selbst und unbeeinflusst von der Niederlassungsfreiheit bestimmen (siehe oben Rz. 41).[114] Sollte er daher etwa einen inländischen Verwaltungssitz verlangen und bei Fehlen eines solchen die Gesellschaft als nicht wirksam entstanden ansehen, würden wie bei sonstiger Geltung der Sitztheorie gegenüber Drittstaaten die oben genannten Haftungsrisiken eintreten (siehe oben Rz. 58).

II. Reichweite des Gesellschaftsstatuts
1. Allgemeines

62 In Deutschland herrscht nach wie vor traditionell die **Einheitslehre**. Danach unterfallen alle gesellschaftsrechtlichen Fragen regelmäßig dem durch die Gründungstheorie oder Sitztheorie bestimmten Personalstatut der Gesellschaft, weil eine Gesellschaft nur gut arbeiten kann, wenn die Einheit ihrer

---

112) Grundlegend *Gasque v. Commissioner of Inland Revenue* [1940] K.B. 80; dazu auch *Behrens* in: Ulmer/Habersack/Winter, Einl. B Rz. 38; *Großfeld* in: Staudinger, IntGesR Rz. 31.
113) EuGH, Rs. C-210/06, *Cartesio Oktató és Szolgáltató bt*, NZG 2009, 61, 67 Rz. 109 f.; *Teichmann*, ZIP 2009, 393, 401; *Hennrichs/Pöschke/v. d. Laage/Klavina*, WM 2009, 2009, 2011 f.
114) EuGH, Rs. C-210/06, *Cartesio Oktató és Szolgáltató bt*, NZG 2009, 61, 67 Rz. 107 ff.; *Franz/Laeger*, BB 2008, 678, 683; *Kindler*, IPRax 2009, 189, 191; *Kindler*, NZG 2009, 130, 131; *Paefgen*, WM 2009, 529, 530; *Sethe/Winzer*, WM 2009, 536, 537 f.; *Teichmann*, ZIP 2009, 393 f.

A. Share Deal

Rechtsstellung gesichert ist.[115] Einschränkungen des Gründungsrechts von Gesellschaften aus der Europäischen Union durch abweichendes Sitzrecht können sich ausnahmsweise ergeben, sofern die Niederlassungsfreiheit nicht verletzt wird (siehe oben Rz. 38 ff.).[116] Allerdings ist auch bei EWR-/EU-Auslandsgesellschaften grundsätzlich davon auszugehen, dass die Anknüpfung an das Gründungsrecht das gesamte Gesellschaftsstatut betrifft (siehe oben Rz. 38).[117]

Die *lex societatis* bestimmt, „unter welchen Voraussetzungen die juristische Person entsteht, lebt und vergeht".[118] Sie entscheidet daher regelmäßig über alle Fragen, welche die inneren und äußeren Verhältnisse der Gesellschaft betreffen. Im Einzelnen gehören dazu ihre Entstehung, ihre Rechtsfähigkeit und innere Verfassung, die internen Beziehungen zwischen der Gesellschaft und ihren Mitgliedern sowie deren Beziehungen untereinander, die Vertretung nach außen und die Haftung, die Rechnungslegung und die Abschlussprüfung, die Auflösung, Abwicklung und Beendigung der Gesellschaft sowie die gesellschaftsrechtlichen Auswirkungen der Eröffnung eines Insolvenzverfahrens.[119] Umstritten ist, inwieweit für die inneren Verhältnisse eine materiellrechtliche Verweisung durch die Parteien möglich ist.[120]

63

2. Anteilsübertragung

Dem Gesellschaftsstatut unterliegt auch die eigentliche **Übertragung** oder **Abtretung der Beteiligung** und damit die vom Verkäufer geschuldete Verfügungs-

64

---

115) BGHZ 78, 318, 334 = NJW 1981, 522, 525; *Behrens* in: Ulmer/Habersack/Winter, Einl. B Rz. 58; *von Bar*, Rz. 622; *Großfeld* in: Staudinger, IntGesR Rz. 16 und 249 f.; *Hofmeister*, WM 2007, 868; hiervon geht auch der Referentenentwurf des Bundesministeriums der Justiz für ein „Gesetz zum Internationalen Privatrecht der Gesellschaften, Vereine und juristischen Personen" vom 7.1.2008 aus (s. dessen Art. 10 Abs. 2 EGBGB-E) (vgl. zum Entwurf oben Rz. 7).
116) Näher dazu *Kindler* in: MünchKomm-BGB, IntGesR Rz. 430 ff.
117) So etwa *Ulmer*, NJW 2004, 1201, 1205 ff.; *Behrens* in: Ulmer/Habersack/Winter, Einl. B Rz. 60; *Behrens*, IPRax 2004, 20, 25 f.; *Müller* in: Spindler/Stilz, IntGesR Rz. 16; *Spahlinger* in: Spahlinger/Wegen, Rz. 21 ff.; *Sandrock*, BB 2004, 897 ff.; *Thorn* in: Palandt, Anh. zu Art. 12 EGBGB Rz. 7; *Zimmer*, NJW 2003, 3585, 3591; andeutend *Eidenmüller/Rehm*, ZGR 2004, 159, 165; einschränkend *Hohloch* in: Erman, Anh. II zu Art. 37 EGBGB Rz. 45; a. A. *Altmeppen*, NJW 2004, 97, 99 ff.; *Altmeppen*, NJW 2005, 1911, 1913; *Altmeppen/Wilhelm*, DB 2004, 1083, 1085 ff.; *Teichmann*, S. 526.
118) BGHZ 25, 134, 144; *Hofmeister*, WM 2007, 868.
119) RGZ 73, 366, 367; *Kaligin*, DB 1985, 1449, 1451; *Wetzler* in: Hölters, Teil XV Rz. 81; zu den Einzelheiten *Kindler* in: MünchKomm-BGB, IntGesR Rz. 543 ff.; *Hirte* in: Hirte/Bücker, § 1 Rz. 44 ff.
120) Näher dazu *Göthel*, RIW 1999, 566, 567 f.; *Großfeld* in: Staudinger, IntGesR Rz. 758 und 389 ff.

§ 6 Fragen des Gesellschaftsstatuts und sonstige Fragen außerhalb des Vertragsstatuts

handlung.[121] So entschied der BGH für eine schweizerische Aktiengesellschaft, für deren Rechtsverhältnisse und damit auch für den Erwerb und den Verlust der Mitgliedschaft in ihr sei nach deutschem Recht an den Sitz der Hauptverwaltung anzuknüpfen.[122] In diesem Sinne befand auch schon das Reichsgericht.[123]

65 Das Gesellschaftsstatut bestimmt namentlich, ob der Anteil oder das Mitgliedschaftsrecht überhaupt **fungibel** ist, und wenn ja, welche Erfordernisse für die Übertragung zu beachten sind.[124] Es beurteilt darüber hinaus, ob und welche Wertpapiere (z. B. Inhaber- oder Namenspapiere) die in Ansehung der Anteile ausgestellten Dokumente darstellen und auf welche Weise diese Papiere übertragen werden.[125] Es entscheidet auch darüber, ob über das verbriefte Recht durch Verfügung über das verbriefende Wertpapier verfügt wird (**Wertpapierrechtsstatut**).[126]

66 Ist insoweit erforderlich, über das **Wertpapier** selbst gesondert zu **verfügen**, entscheidet über die Wirksamkeit der Übereignung allerdings nicht das Gesellschaftsstatut, sondern das Recht an jenem Ort, an dem sich das Papier befindet

---

121) *Schnorr v. Carolsfeld*, DNotZ 1963, 404, 421; *Wiedemann*, S. 816; *Wetzler* in: Hölters, Teil XV Rz. 82; *Kindler* in: MünchKomm-BGB, IntGesR Rz. 611 f.; *Lüderitz* in: Soergel, Anh. Art. 10 EGBGB Rz. 42; *Großfeld* in: Staudinger, IntGesR Rz. 341; *Kegel/Schurig*, § 17 II 2; *Thorn* in: Palandt, Anh. zu Art. 12 EGBGB Rz. 15 f.; *von Bar*, Rz. 573, 644; *Behr* in: FG Sandrock, S. 159, 160; anders *Fikentscher*, MDR 1957, 71, 73, dagegen zutreffend *Wiedemann*, S. 816.

122) BGH, NJW 1994, 939, 940 = FamRZ 1994, 510 = DStR 1994, 514 = ZEV 1994, 113 (mit Anm. *Ebenroth/Lorz*); ebenso OLG Karlsruhe, IPRspr. 1983 Nr. 20 (Unabhängig vom Vertragsstatut des zugrunde liegenden schuldrechtlichen Geschäfts richtet sich die Übertragung von Anteilsrechten an einer ausländischen juristischen Person [hier: französische AG] nach deren Personalstatut]; OLG Celle, ZIP 1984, 594, 600 = WM 1984, 494, 500 (Für die Übertragung von Anteilsrechten an juristischen Personen [hier: nach schweizerischem Recht gegründete AG mit Sitz in der Schweiz] ist deren Personalstatut maßgebend).

123) RG, JW 1928, 2013 = IPRspr. 1928 Nr. 13 (Kauf von Anteilen an einer estnischen GmbH. Für den Verkauf der Anteile gilt das Recht am Erfüllungsort [hier: Deutschland], während die Abtretung nach dem estnischen Gesellschaftsstatut erfolgt); RG, IPRsp. 1934 Nr. 11 (Ist nach dem anzuwendenden ausländischen [hier: niederländischen] Sitzrecht der AG eine Inhaberaktie beim Eigentumsübergang wie eine bewegliche Sache zu behandeln, so ist nach den allgemeinen Grundsätzen des IPR für die Eigentumsübertragung das Belegenheitsrecht maßgeblich).

124) *Lutter/Drygala* in: KölnKomm-AktG, Anh. § 68 AktG Rz. 41.

125) *Schnorr v. Carolsfeld*, DNotZ 1963, 404, 421; *Wiedemann*, S. 816; *Kegel/Schurig*, § 17 II 2, § 19 II; *Lüderitz* in: Soergel, Anh. II Art. 38 EGBGB Rz. 15; *Lutter/Drygala* in: KölnKomm-AktG, Anh. § 68 AktG Rz. 37 ff.; *St. Lorenz*, NJW 1995, 176, 177; *Behr* in: FG Sandrock, S. 159, 160.

126) *Wendehorst* in: MünchKomm-BGB, Nach Art. 43 EGBGB Rz. 195.

A. Share Deal

(*lex cartae sitae*, **Wertpapiersachstatut**).[127] Zu diesem Recht gelangt man nicht erst im Wege einer (Teil-) Weiter- oder Rückverweisung des Gesellschaftsstatuts.[128] Nach richtiger Ansicht führt die Verweisung der *lex fori* (Art. 43 Abs. 1 EGBGB) vielmehr direkt auf das **Recht am Lageort** der Urkunde.[129]

Für den **gutgläubigen Erwerb** ist zu unterscheiden: Der gutgläubige Erwerb der Beteiligung beurteilt sich nach dem Gesellschaftsstatut,[130] der gutgläubige Erwerb des verbriefenden Papiers nach dem Recht am Ort seiner Belegenheit.[131] Nach einer Literaturansicht soll bei der Namensaktie wegen der stärkeren Bindung an die Gesellschaft für die ggf. erforderliche gesonderte Übereignung des Aktienzertifikats nicht das Belegenheitsrecht, sondern das Gesellschaftsstatut maßgeblich sein.[132]

Ebenfalls nach dem Gesellschaftsstatut richten sich etwaige allgemeine **Übertragungsbeschränkungen** oder -verbote. Sieht bspw. der Gesellschaftsvertrag der Zielgesellschaft vor, der Anteil könne nur mit Zustimmung der Gesellschafter übertragen werden, beurteilen sich Zulässigkeit und Wirksamkeit dieser Übertragungsbeschränkung nach dem Gesellschaftsstatut. Schreibt das Gesellschaftsstatut – wie etwa das spanische Recht[133] – für die Übertragung einer

---

127) BGH, ZIP 1994, 371 = NJW 1994, 939, 940 = FamRZ 1994, 510 = DStR 1994, 514 = ZEV 1994, 113 (mit Anm. *Ebenroth/Lorz*); dazu *H. Koch*, EWiR 1994, 1185; OLG Köln, ZIP 1994, 1459 = IPRax 1996, 340; dazu *Hanisch*, EWiR 1994, 1213: „Auf die Übertragung der 400 Inhaberaktien findet luxemburgisches Recht Anwendung, da sich die Aktien unstreitig in Luxemburg befinden. Im internationalen Sachenrecht gilt kraft Gewohnheitsrecht grundsätzlich das Recht am Lageort (lex rei sitae), und zwar sowohl für bewegliche Sachen wie Wertpapiere." Vgl. auch RG, IPRspr. 1934 Nr. 11. Aus der Literatur *Bernstein*, ZHR 140 (1976), 414; *Wiedemann*, S. 816; *Kübler*, WM 1986, 1305; *Kegel/Schurig*, § 17 II 2; *Großfeld* in: Staudinger, IntGesR Rz. 341; *St. Lorenz*, NJW 1995, 176, 177; *Behr* in: FG Sandrock, S. 159, 161; a. A. *Schnorr v. Carolsfeld*, DNotZ 1963, 404, 421 (Gesellschaftsstatut).
128) Anders wohl BGH, ZIP 1994, 371 = ZEV 1994, 113 (mit Anm. *Ebenroth/Lorz*): „Für die Frage, ob das Eigentum an Inhaberaktien einer Schweizer und einer liechtensteinischen AG übergegangen ist, verweist das deutsche IPR zunächst auf das Schweizer und das liechtensteinische Recht (Recht am jeweiligen Hauptverwaltungssitz)." Ähnlich RG, IPRspr. 1934 Nr. 11: Erst das niederländische Sitzrecht der AG führt im Wege der Weiterverweisung für die Frage des Eigentumsübergangs bei einer Inhaberaktie auf das Recht am Ort der Belegenheit der Aktienurkunde. Ebenso wie der BGH und das RG *Schnorr v. Carolsfeld*, DNotZ 1963, 404, 421, der das Belegenheitsrecht nicht anwenden will, wenn das Gesellschaftsstatut auf das Belegenheitsrecht (weiter- oder zurück-)verweist; so wohl auch *Behr* in: FG Sandrock, S. 159, 161.
129) So auch *St. Lorenz*, NJW 1995, 176, 177.
130) *Großfeld* in: Staudinger, IntGesR Rz. 343.
131) *Lutter/Drygala* in: KölnKomm-AktG, Anh. § 68 AktG Rz. 39; *St. Lorenz*, NJW 1995, 176, 177.
132) *Schnorr v. Carolsfeld*, DNotZ 1963, 404, 421; so auch noch *Lutter* in: KölnKomm-AktG, 2. Aufl., Anh. § 68 AktG Rz. 31, mittlerweile allerdings auch abl. *Lutter/Drygala* in: KölnKomm-AktG, Anh. § 68 AktG Rz. 40.
133) Zur Übertragung von Aktien *Frühbeck*, DStR 1992, 1206, 1210.

Inhaberaktie die Einschaltung eines Handelsmaklers oder Notars zwingend vor und schließt es die Übertragung durch bloße Einigung und Übergabe aus, dann soll die Übertragung des Inhaberanteils an einer spanischen *sociedad anónima* in Deutschland gemäß den §§ 929 ff. BGB nach in der deutschen Literatur vertretener Auffassung unwirksam sein. Die Beschränkung des spanischen Rechts ist demnach zu beachten, weil sie bereits die Übertragbarkeit betrifft.[134]

69 Verlangt der Gesellschaftsvertrag der Zielgesellschaft von jedem Gesellschafter, Inländer zu sein, richten sich die **Folgen des Beteiligungsverkaufs** an einen Ausländer nach dem Gesellschaftsstatut.[135] Gesellschaftsvertragliche Übertragungsbeschränkungen und -verbote können folglich nicht durch Wahl eines fremden Vertragsstatuts umgangen werden. Gleiches gilt für gesetzliche Beschränkungen und -verbote des Gesellschaftsstatuts.[136]

70 Ist der Erwerb nach dem Gesellschaftsstatut der Zielgesellschaft zulässig, stellt sich die hiervon zu unterscheidende Frage, ob der Erwerb auch nach dem Recht zulässig ist, dem der **Käufer** unterliegt. Verbietet sein Personal- oder Gesellschaftsstatut bspw., sich als Gesellschafter an einer ausländischen Gesellschaft zu beteiligen, scheitert ein wirksamer Beteiligungserwerb, auch wenn er nach dem Gesellschaftsstatut der Zielgesellschaft zulässig ist.[137]

71 Die obigen Ausführungen zeigen, wie wichtig es für die **Praxis** ist, bei einem Share Deal bereits im Stadium der Vorbereitung und des Abschlusses des Kaufvertrags zu berücksichtigen, dass sich die eigentliche Übertragung der Anteile zwingend nach dem Gesellschaftsstatut der Gesellschaft richtet, deren Anteile übertragen werden. Daher empfiehlt es sich, alle unmittelbar mit der Anteilsübertragung verbundenen Fragen im vorvertraglichen Stadium anhand des maßgeblichen Gesellschaftsstatuts zu klären. Dies gilt auch und insbesondere für eventuelle Kosten der Anteilsübertragung (Formstatut).

3. Mitteilungs- und Bekanntmachungspflichten

72 Nach dem Gesellschaftsstatut richten sich des Weiteren etwaige gesellschaftsrechtliche **Mitteilungs- und Bekanntmachungspflichten** (sowie die Folgen ihrer Verletzung),[138] z. B. die Pflicht, den Erwerb eines bestimmten Prozent-

---

134) *Schütze* in: Assmann/Schütze, § 8 Rz. 66 f.
135) *Beisel* in: Beisel/Klumpp, Kap. 7 Rz. 10.
136) Siehe auch *Kindler* in: MünchKomm-BGB, IntGesR Rz. 572.
137) *Großfeld* in: Staudinger, IntGesR Rz. 306; *Kindler* in: MünchKomm-BGB, IntGesR Rz. 573 f.; dazu auch *Zimmer*, S. 267 ff.
138) Allerdings vorbehaltlich deliktischer Ansprüche, die dem Deliktsstatut unterliegen; dazu *Thorn* in: Palandt, Art. 40 EGBGB Rz. 1 ff., und *Hohloch* in: Erman, Art. 40 EGBGB Rz. 22 ff.

A. Share Deal

satzes der Anteile oder der Stimmrechte sowie eine Mehrheitsbeteiligung der Gesellschaft mitzuteilen und bekannt zu machen.[139]

III. Grund für Abspaltung vom Vertragsstatut

Der Grund dafür, dass alle diese Fragen, aber auch Fragen zur grenzüberschreitenden Umwandlung (siehe dazu unten § 13 Rz. 1 ff.) und zu Abwehrmaßnahmen (siehe dazu unten § 9 Rz. 9), nicht dem Vertrags-, sondern dem **Gesellschaftsstatut** unterstellt werden, liegt im Wesentlichen darin, dass es nicht hinzunehmen wäre, wenn ein fremdes – im Wege der Rechtswahl durch die Parteien berufenes – Vertragsstatut in diesen Fragen zu anderen Ergebnissen gelangte als das Gesellschaftsstatut. Immerhin geht es um Fragen von einiger **organisationsrechtlicher Bedeutung,** zu deren Beantwortung gewiss kein Recht eher berufen ist als das Gesellschaftsstatut. Nach ihm ist die Gesellschaft ja auch strukturiert. Mögen die am Share Deal beteiligten Parteien also ihr Kaufrecht wählen. Die Auswirkungen des Kaufvertrags auf das Verhältnis der Gesellschafter untereinander sind schon zur Wahrung der Interessen der Gesellschafter sowie aus Gründen der Rechtssicherheit und -klarheit nach dem Gesellschaftsstatut zu beurteilen.

73

Wichtig für die Praxis ist in Bezug auf die in diesem Abschnitt aufgezählten Fragen, dass das Gesellschaftsstatut der direkten Wahl entzogen ist, sofern die Sitztheorie anwendbar ist (siehe oben Rz. 9 ff.). Im Internationalen Gesellschaftsrecht gibt es in diesem Fall keine **Parteiautonomie.**[140] Anders ist die Situation nur im Geltungsbereich der Gründungstheorie (siehe oben Rz. 17 ff.). Denn sie ermöglicht den Gründern, das auf die Gesellschaft anwendbare Recht durch Wahl des Gründungsorts zu bestimmen. Keine Rechtswahlmöglichkeit gibt es wiederum, soweit für die Übertragung von verbriefenden Papieren das Belegenheitsrecht maßgeblich ist.[141]

74

---

139) Das deutsche Aktienrecht sieht eine solche Mitteilungspflicht in den §§ 20, 21 AktG vor. Erheblich weitergehende Mitteilungspflichten statuieren die kapitalmarktrechtlichen Vorschriften §§ 21, 22 WpHG für Veränderungen des Stimmrechtsanteils an einem Emittenten, für den die Bundesrepublik Deutschland der Herkunftsstaat ist (vgl. zum Begriff § 2 Abs. 6 WpHG; dazu *Assmann* in: Assmann/Schneider, § 2 WpHG Rz. 162 ff.). Zur kollisionsrechtlichen Anknüpfung dieser Vorschriften s. § 9 Rz. 38 ff.
140) OLG Düsseldorf, ZIP 1995, 1009 = NJW-RR 1995, 1124 = WM 1995, 808; dazu *Ebenroth/Willburger,* EWiR 1995, 583, und *Hohloch,* JuS 1995, 1037.
141) OLG Köln, ZIP 1994, 1459 = IPRax 1996, 340; dazu *Hanisch,* EWiR 1994, 1213.

B. Asset Deal
I. Übertragung der Wirtschaftsgüter
1. Grundsatz

75 Wie beim Share Deal beurteilt sich auch beim Asset Deal die Übertragung nicht nach dem Schuldstatut des Unternehmenskaufvertrags.[142] Allerdings ist für die Übertragung auch nicht etwa – wie das Gesellschaftsstatut beim Share Deal – ein einheitliches Übertragungsstatut maßgeblich. Vielmehr richtet sich die Übertragung der einzelnen Wirtschaftsgüter des Unternehmens (Übereignung von Sachen, Abtretung von Rechten) nach dem für das **jeweilige Verfügungsgeschäft** maßgeblichen Recht.[143]

76 Zu beachten ist, dass die Parteien das für die eigentliche Übertragung der Wirtschaftsgüter maßgebliche Recht nicht frei vereinbaren können. Anders als im Bereich des Internationalen Schuldrechts ist im Bereich der Verfügungsgeschäfte der Grundsatz der **Parteiautonomie** jedenfalls nach ganz h. A. grundsätzlich unbekannt. Vordringlich sei das Interesse an Verkehrssicherheit.[144] Eine Rechtswahl im Kaufvertrag ist für die eigentliche Übertragung mithin wirkungslos.

77 Daher ist in der **Praxis** beim Asset Deal bereits im Stadium der Vorbereitung und des Abschlusses des Kaufvertrags zu berücksichtigen, dass sich die eigentliche Übertragung der einzelnen Wirtschaftsgüter grundsätzlich zwingend nach dem Recht am **Ort der Belegenheit** dieser Wirtschaftsgüter beurteilt. Deshalb ist rechtzeitig zu prüfen, ob und unter welchen Voraussetzungen (Kosten) nach dem Belegenheitsrecht die Übertragung der Wirtschaftsgüter möglich ist.

2. Mobilien

78 Die Übertragung des Eigentums an körperlichen Mobilien wie Warenlager und Inventar einschließlich des Zubehörs unterliegt gemäß Art. 43 Abs. 1 EGBGB dem Recht an ihrem jeweiligen Lageort (**Belegenheitsgrundsatz**, *lex rei sitae*). Die Vorschrift wurde durch das IPR-Gesetz[145] in das EGBGB eingefügt und normiert damit den gewohnheitsrechtlichen Grundsatz des deutschen Internationalen Sachenrechts. Befinden sich alle zum Unternehmen gehörenden Mobilien an einem Ort, gilt insoweit das dortige Recht. Befinden sie sich in ver-

---

142) *Meyer-Sparenberg*, WiB 1995, 849, 851.
143) *Wetzler* in: Hölters, Teil XV Rz. 97; *Meyer-Sparenberg*, WiB 1995, 849, 851.
144) *Wetzler* in: Hölters, Teil XV Rz. 99; *Kegel/Schurig*, § 19 I; *Wendehorst* in: MünchKomm-BGB, Art. 43 EGBGB Rz. 4; *Hohloch* in: Erman, Art. 43 EGBGB Rz. 6 jeweils m. w. N.; *Salger* in: Droste, S. 313, 325; teilweise anders etwa *Kropholler*, Internationales Privatrecht, § 54 II; vgl. auch Art. 104 Abs. 1 schweizerisches IPR-Gesetz, der den Parteien eine beschränkte Parteiautonomie für das Sachenrecht gewährt.
145) Gesetz zum Internationalen Privatrecht für außervertragliche Schuldverhältnisse und für Sachen (IPR-Gesetz) vom 21.5.1999, BGBl. I, 1026; dazu *Fischer*, IPRax 2002, 1.

B. Asset Deal

schiedenen Ländern, spaltet sich das Erfüllungsstatut. Nach dem Recht am Lageort beurteilt sich insbesondere, welche Anforderungen an die Bestimmtheit der Mobilien gestellt werden, ob es also etwa ausreicht, Sammel- oder Gattungsbezeichnungen zu verwenden oder sich auf eine bloß räumliche Umschreibung zu beschränken.[146]

Das Belegenheitsrecht gilt zudem – jedenfalls im Grundsatz – für **Sicherungsrechte** an beweglichen Sachen (näher dazu unten § 8 Rz. 12 ff.).[147]   79

Werden Mobilien im Zuge des Unternehmenskaufs von einem Staat in einen anderen verbracht, stellt sich die Frage, welches Belegenheitsrecht maßgebend ist. Mit dem **Grenzübertritt** wechselt das Belegenheitsrecht. Man spricht vom **Statutenwechsel**. Die Übertragung richtet sich nach dem Altstatut, sofern die nach ihm für die Übertragung erforderlichen Tatbestandselemente vollständig erfüllt sind. Ist der Tatbestand nicht vollständig erfüllt, bevor die Sache in den Geltungsbereich des Neustatuts gelangt, richtet sich die Übertragung ausschließlich und vollständig nach dem Neustatut.[148] Unter Umständen werden nach dem Altstatut bereits erfüllte Tatbestandselemente berücksichtigt.[149] Wird die Sache in das Inland verbracht, ist Art. 43 Abs. 3 EGBGB zu beachten.   80

Ist ein bestimmtes **dingliches Recht** im Altstaat wirksam begründet worden, bleibt zu prüfen, ob dieses Recht im Neustaat mit identischem Inhalt fortbestehen bleibt. Das Neustatut übernimmt zwar die Sache in der sachenrechtlichen Ausgestaltung, die es nach den Bestimmungen des Altstatuts erlangt hat. Allerdings sind die Grenzen des Neustatuts zu beachten. Denn nach Art. 43 Abs. 2 EGBGB können bestehende dingliche Rechte nicht im Widerspruch zum Neustatut ausgeübt werden. Kennt das Neustatut das betreffende sachenrechtliche Institut nicht (etwa registerlose Sicherungsrechte), entscheidet es, ob die sachenrechtliche Ausgestaltung in modifizierter Form fort gilt oder ob das betreffende Sachenrecht untergeht.[150]   81

3. Wertpapiere

Umfasst das Unternehmensvermögen Wertpapiere (Schecks, Wechsel, Obligationen, Warenpapiere, Aktienzertifikate etc.), unterliegt die Verfügung über die Urkunden gemäß Art. 43 Abs. 1 EGBGB dem Recht am Lageort (**Wertpapiersachstatut**, *lex cartae sitae*).[151]   82

---

146) *Meyer-Sparenberg*, WiB 1995, 849, 851.
147) *Wendehorst* in: MünchKomm-BGB, Art. 43 EGBGB Rz. 84 ff.
148) *Ebenroth/Offenloch*, RIW 1997, 1, 3; *Thorn* in: Palandt, Art. 43 EGBGB Rz. 6; ausführlich hierzu *Wendehorst* in: MünchKomm-BGB, Art. 43 EGBGB Rz. 119 ff.
149) *Thorn* in: Palandt, Art. 43 EGBGB Rz. 6.
150) *Ebenroth/Offenloch*, RIW 1997, 1, 3; *Thorn* in: Palandt, Art. 43 EGBGB Rz. 5 f.; ausführlich hierzu *Wendehorst* in: MünchKomm-BGB, Art. 43 EGBGB Rz. 132 ff.
151) *Kegel/Schurig*, § 19 II.

83 Hingegen unterliegt die Übertragung des in der Urkunde verbrieften Rechts einem eigenen Statut (**Wertpapier*rechts*statut**). Bei verbrieften Forderungen (z. B. Schecks, Wechsel, Obligationen) ist Wertpapierrechtsstatut das betreffende Schuldstatut, bei Sachenrechten (etwa Warenpapieren) das Sachstatut (Belegenheitsrecht) und bei Mitgliedschaftsrechten (z. B. Aktien) das Gesellschaftsstatut. Das Wertpapierrechtsstatut entscheidet insbesondere, ob die Verfügung über das verbriefte Recht durch Verfügung über das verbriefende Wertpapier erfolgt.[152]

84 Besondere Regelungen gelten allerdings für **handelbare Wertpapiere**. Sie fallen nicht in den Anwendungsbereich der Rom I-Verordnung (Art. 1 Abs. 2 lit. d Rom I-VO). Ausgenommen von der Rom I-Verordnung sind zunächst ausdrücklich sämtliche **Wechsel, Schecks und Eigenwechsel**. Denn für solche Papiere gelten andere internationale Abkommen, denen die Bundesrepublik Deutschland beigetreten ist. Zu nennen sind die Genfer Abkommen vom 7.6.1930 über das einheitliche Wechsel- und Scheckrecht[153] und das Genfer Abkommen vom 19.3.1931 über Bestimmungen auf dem Gebiet des internationalen Wechsel- und Scheckprivatrechts.[154]

85 Das insoweit maßgebliche Recht bestimmt sich nach den Kollisionsregeln der Art. 91–98 WG und der Art. 60–66 ScheckG. So bestimmen Art. 93 WG und Art. 63 ScheckG das für die Wirkungen der Wechsel- und Scheckerklärung maßgebende Recht.[155] Beim Wechsel ist dies für die Verpflichtungserklärungen das Recht am Zahlungsort, für die übrigen Wechselerklärungen das Recht am Zeichnungsort. Beim Scheck ist maßgeblich das Recht am Zeichnungsort. Allerdings dürfen die Parteien nach h. A. ein abweichendes Recht vertraglich **vereinbaren**.[156]

86 Darüber hinaus sind vom Anwendungsbereich der Rom I-Verordnung **schuldrechtliche Verpflichtungen aus anderen handelbaren Wertpapieren** (Inhaber- und Orderpapiere) ausgenommen, allerdings nur soweit diese Verpflichtungen aus der Handelbarkeit (Umlauffunktion) rühren (Art. 1 Abs. 2 lit. d Rom I-VO). Damit sind die genuin wertpapierrechtlichen Funktionen solcher Papiere gemeint, d. h. alle schuldrechtlichen Verpflichtungen aus dem Wertpa-

---

152) *Wendehorst* in: MünchKomm-BGB, Art. 43 EGBGB Rz. 195; *Meyer-Sparenberg*, WiB 1995, 849, 851.
153) Genfer Abkommen vom 7.6.1930 über das einheitliche Wechsel- und Scheckrecht, RGBl. II 1933, 377, 444.
154) Genfer Abkommen vom 19.3.1931 über Bestimmungen auf dem Gebiet des internationalen Wechsel- und Scheckprivatrechts, RGBl. II 1933, 537, 594.
155) Einzelheiten bei *Baumbach/Hefermehl/Casper*, Vor Art. 91 WG und die Kommentierung zu Art. 91 ff. WG; allgemein zum internationalen Wechselrecht auch *Morawitz*, passim.
156) BGHZ 104, 145 = ZIP 1988, 833 = NJW 1988, 1979 = IPRax 1989, 170; dazu *Schlechtriem*, IPRax 1989, 155.

B. Asset Deal

pier, die im Interesse seiner Verkehrsfähigkeit besonders ausgestaltet sind.[157] Dabei geht es etwa um schuldrechtliche Verpflichtungen, die bei Übertragung des Papiers zustande kommen, oder den weitgehenden Ausschluss von Einwendungen. So bspw. beim Orderkonnossement die Verpflichtung, die Güter an den Indossatar herauszugeben, ferner um die Legitimation, den gutgläubigen Erwerb und die Haftung.[158] Gleiches gilt für den Lagerschein und den Ladeschein.[159]

Für diese Verpflichtungen bleibt es bei der Geltung der vor der IPR-Reform im Jahre 1986 geltenden **ungeschriebenen Grundsätze** des **Internationalen Schuldrechts**.[160] Freilich stimmt dieses Recht in vielen Grundzügen mit dem Recht der Rom I-Verordnung überein.[161] Es ist auch zulässig, die allgemeinen Grundsätze der Rom I-Verordnung heranzuziehen.[162] 87

Streng von diesen Verpflichtungen zu trennen sind die zugrunde liegenden **Kausalgeschäfte**, also etwa der Unternehmenskaufvertrag. Auch soweit er zur Übertragung von Wertpapieren verpflichtet, unterliegt er der Rom I-Verordnung.[163] 88

4. Fuhrpark

Für den Fuhrpark gelten – wie für Verkehrs- und Transportmittel generell – zum Teil **Sonderregeln**, weil der Grundsatz des Lagerechts insoweit vielfach als ungeeignet angesehen wird.[164] 89

5. Grundstücke

a) Belegenheitsrecht

Nach dem Recht am Ort der Belegenheit beurteilt sich außerdem die Übertragung des Eigentums an zum Unternehmen gehörenden Grundstücken, ein- 90

---

157) So für Art. 37 Nr. 1 EGBGB a. F. die Begründung RegE eines Gesetzes zur Neuregelung des Internationalen Privatrechts, BT-Drucks. 10/504, S. 84; BGH, ZIP 1993, 1706 = NJW 1994, 187 (Orderkonnossement); dazu *Martinek*, EWiR 1993, 1181; BGHZ 99, 207 = NJW 1987, 1145 (mit Anm. *Wechsel*); dazu *Geimer*, EWiR 1987, 405.
158) Vgl. etwa BGHZ 99, 207, 209 = NJW 1987, 1145 = IPRax 1988, 26 (mit krit. Anm. *Basedow*) zur Gültigkeit der Rechtswahlklausel in einem Konnossement.
159) *Hohloch* in: Erman, Art. 37 EGBGB Rz. 3.
160) Siehe etwa BGHZ 99, 207 = NJW 1987, 1145; *Martiny* in: Reithmann/Martiny, Rz. 55.
161) Vgl. etwa BGH, ZIP 1993, 1706 = NJW 1994, 187 = IPRax 1994, 452; dazu *Straub*, IPRax 1994, 432: wirksame Abbedingung von Art. 93 Abs. 1 WG.
162) *Martiny* in: Reithmann/Martiny, Rz. 55; zum früheren Recht *Leible* in: AnwKomm-BGB, Art. 37 EGBGB Rz. 4.
163) Vgl. *Hohloch* in: Erman, Art. 37 EGBGB Rz. 3; *Martiny* in: Reithmann/Martiny, Rz. 55.
164) Einzelheiten bei *Wendehorst* in: MünchKomm-BGB, Art. 45 EGBGB. Vgl. auch Art. 45 Abs. 1 Satz 1 EGBGB: „Rechte an Luft-, Wasser- und Schienenfahrzeugen unterliegen dem Recht des Herkunftstaats."

schließlich des Grundstückszubehörs. Gleiches gilt für beschränkte Rechte an Grundstücken, wie etwa Sicherungs- und Nutzungsrechte oder Erbbaurechte (**Art. 43 Abs. 1 EGBGB**).[165)]

b) Steuerliche Unbedenklichkeitsbescheinigungen

91 Will eine ausländische Gesellschaft i. R. eines Asset Deal ein in der Bundesrepublik Deutschland befindliches Grundstück erwerben, benötigt sie für die Eintragung in das Grundbuch – wie jeder andere in- oder ausländische Erwerber – die grunderwerbsteuerrechtliche **Unbedenklichkeitsbescheinigung** des zuständigen Finanzamts (§ 22 Abs. 1 i. V. m. § 17 GrEStG). Das Finanzamt hat die Bescheinigung zu erteilen, wenn die Grunderwerbsteuer entrichtet, sichergestellt oder gestundet worden ist oder wenn Steuerfreiheit gegeben ist (§ 22 Abs. 2 Satz 1 GrEStG). Es darf die Bescheinigung in anderen Fällen erteilen, wenn nach seinem Ermessen die Steuerforderung nicht gefährdet ist (§ 22 Abs. 2 Satz 2 GrEStG). Im Ergebnis bewirkt eine fehlende Unbedenklichkeitsbescheinigung eine Grundbuchsperre,[166)] auch wenn sie keine Wirksamkeitsvoraussetzung der dinglichen Rechtsänderung ist.[167)] Sichergestellt werden soll lediglich der Eingang der Grunderwerbsteuer.

92 Eine Zeitlang verweigerte die Finanzverwaltung die **Erteilung** der Bescheinigung verschiedentlich aus anderen als den gesetzlich genannten steuerlichen Gründen. Auf der Grundlage eines gleichlautenden Ländererlasses, der bundesweit Geltung erlangte,[168)] lehnten es die Finanzämter ab, die Bescheinigung zu erteilen, wenn die Erwerberin eine ausländische Kapitalgesellschaft war.[169)] Der Erlass richtete sich gegen solche nach ausländischem Recht gegründete Gesellschaften, die zu dem Zweck eingesetzt werden, die Vermögens- und Einkommensverhältnisse von Steuerinländern zu verschleiern (vgl. § 42 AO).[170)] Allerdings griff er nach seiner Formulierung weit darüber hinaus: Trete eine ausländische Gesellschaft bei einem Grundstücksgeschäft im Inland in Erscheinung, könne regelmäßig auch von einem inländischen tatsächlichen Verwaltungssitz ausgegangen werden, d. h., sie müsste – gemäß der damals nach deutschem Recht uneingeschränkt geltenden Sitztheorie – in einem inländi-

---

165) *Wendehorst* in: MünchKomm-BGB, Art. 43 EGBGB Rz. 57 ff.
166) Vgl. *Böhringer*, Rpfleger 2000, 99.
167) BGH, DNotZ 1952, 216.
168) Veröffentlicht in BB 1994, 927; vgl. dazu die Anmerkungen von *Schuck*, BB 1994, 1538.
169) Gleichlautender Erlass der Finanzministerien der Länder zur „Erteilung der Unbedenklichkeitsbescheinigung bei Grundstücksgeschäften mit Domizilgesellschaften", Bayern: Erl. v. 9.5.1994, 37-S 4600-5/8-26764; Brandenburg: Erl. v. 19.4.1994 – 32-S 46090-2/94, BB 1994, 927; Rheinland-Pfalz: Erl. v. 26.4.1994 – S 4600 A-446, DStR 1994, 905 = DNotI-Report 1994, 6 (mit Anm. *Schuck*); Baden-Württemberg: Erl. v. 25.5.1994 – S 4600/4, DB 1994, 1163.
170) Dazu *Bödefeld*, IStR 1995, 365.

B. Asset Deal

schen Handelsregister eingetragen sein (sog. **Domizilgesellschaften**). Werde dieser Nachweis nicht erbracht, sei der Kaufvertrag mangels Rechtsfähigkeit der Gesellschaft unwirksam. Es liege dann kein grunderwerbsteuerlich relevanter Vorgang vor. Für einige Länder schrieb der Erlass eine Anfrage der Grunderwerbsteuerstelle bei der Informationszentrale Ausland (IZA) des Bundesamtes für Finanzen in Bonn vor.[171] Die negative Stellungnahme der IZA verhinderte die Erteilung der Unbedenklichkeitsbescheinigung und damit die Grundbucheintragung, wenn nicht der Nachweis eines Verwaltungssitzes der Gesellschaft im Gründungsstaat gelang.[172]

In der Literatur und beim BFH stieß dieser Erlass zu Recht auf entschiedene **Kritik**.[173] Der BFH erklärte die Praxis der Finanzämter i. R. eines Verfahrens auf Erlass einer einstweiligen Anordnung für unzulässig. Die Entscheidung, ob der Erwerber aufgrund wirksamer Auflassung als Eigentümer in das Grundbuch einzutragen ist, stehe allein dem **Grundbuchamt** zu. In diese Entscheidungskompetenz dürfe die Finanzbehörde nicht eingreifen. Sie dürfe insbesondere nicht „die Unwirksamkeit der bürgerrechtlichen Erklärungen" annehmen. Gleichwohl hielten die Finanzbehörden zunächst an ihrer Praxis fest, bis die hierauf bezogenen Erlasse unter ausdrücklicher Bezugnahme auf die Entscheidung des BFH aufgehoben wurden.[174] Im Ergebnis dürfen damit die Finanzbehörden nicht mehr prüfen, ob Gesellschaften ausländischen Rechts wirksam gegründet wurden und ob sie als im Inland rechtsfähig behandelt werden können.[175]

93

6. Rechte

a) Forderungen

Bei der Übertragung von Rechten ist einerseits zwischen der **Verpflichtung** und andererseits der **Erfüllung** dieser Verpflichtung, also der Abtretung zu unterscheiden. Die Verpflichtung und damit der Verkauf folgt ihrem eigenen Recht, das sich nach den allgemeinen Bestimmungen des Internationalen Schuldrechts aus der Rom I-Verordnung bestimmt. Für den **Verkauf** von For-

94

---

171) Vgl. die dem Erlass beigefügte Länderliste, darin unter anderem die Bahamas, die Cayman Inseln, England, die Kanalinseln, Liechtenstein, Luxemburg, Monaco, die Niederländischen Antillen, Panama, die Schweiz und einige US-Einzelstaaten, darunter Delaware und Wyoming.
172) *Bruski*, IStR 1994, 473, 474.
173) BFH, IStR 1995, 393 = RIW 1996, 85 (mit Anm. *Braun*); *Schuck*, BB 1998, 616; *Benkert/Haritz/Schmidt-Ott*, IStR 1995, 242; *Bödefeld*, IStR 1995, 365; *Braun*, RIW 1995, 499; *Bruski*, IStR 1994, 473; *Bungert*, DB 1995, 963, 965; *Schuck*, BB 1994, 1538; *Schuck*, BB 1995, 446 (Urteilsanm.).
174) Siehe etwa SenVerw. v. 21.3.2000 – S 46000 – 103 – 392, DStR 2000, 778; FM Bayern v. 6.10.1999 36 – S 4600 – 5/80 – 30 971, BeckVerw. 126084.
175) *Viskorf* in: Boruttau, § 22 GrEStG Rz. 28.

derungen, die zum Unternehmensvermögen gehören, bestimmt Art. 14 Abs. 1 Rom I-VO, dass sich das Verhältnis zwischen bisherigem und neuem Gläubiger nach dem **Vertragsstatut** und damit dem Recht des Unternehmenskaufvertrags richtet. Das Forderungsstatut ist daher insoweit nicht anwendbar. Es greift nur in den in Art. 14 Abs. 2 Rom I-VO genannten Fällen. Dem Vertragsstatut ist insbesondere der Umfang der Einstandspflicht für die Verität der Forderung und die Bonität des Schuldners zu entnehmen. Der Rechtsgrund der Forderung ist davon völlig unabhängig.

95 Bei der **Übertragung** ist zu unterscheiden. Forderungen werden gemäß Art. 14 Abs. 1 Rom I-VO nach dem **Recht** übertragen, dem das zugrundeliegende **Verpflichtungsgeschäft** unterliegt (siehe Erwägungsgrund 38 der Rom I-VO). Maßgeblich ist also das Statut des Unternehmenskaufvertrags. Dagegen beurteilen sich bspw. die **Übertragbarkeit** der Forderung sowie das Verhältnis zwischen **Zessionar und Schuldner** nach dem Recht, dem die übertragene Forderung unterliegt (**Forderungsstatut**, Art. 14 Abs. 2 Rom I-VO).[176] Hierzu zählen etwa die Voraussetzungen, unter denen die Übertragung dem Schuldner entgegengehalten werden kann, also die Art und Weise der Übertragung, z. B., ob und in welcher Weise der Schuldner zu benachrichtigen ist, sowie die Möglichkeit der befreienden Leistung durch den Schuldner.[177] Die Anknüpfung, um Mehrfachabtretungen rechtlich zu beurteilen, ist umstritten.[178]

b) Schuld- und Vertragsübernahme

96 In gleicher Weise wie bei der Übertragung von Rechten ist bei der Übernahme von Pflichten (**Schuldübernahme**) zu unterscheiden. Umfasst also die Unternehmensübernahme auch eine Schuldübernahme, so folgt die kaufvertragliche Verpflichtung des Übernehmers gegenüber dem Altschuldner dem Vertragsstatut des Kaufvertrags (Art. 3 ff. Rom I-VO). Die eigentliche Übernahme folgt ihrem eigenen Statut.[179] Es gilt Folgendes:

97 Die **privative Schuldübernahme** unterliegt grundsätzlich dem Recht der übernommenen Schuld, und zwar gleichviel, ob sie zwischen Gläubiger und Übernehmer (extern, § 414 BGB) oder Altschuldner und Übernehmer (intern, § 415 BGB) vereinbart wird. Hingegen wird das Rechtsverhältnis zwischen Altschuldner und Übernehmer selbständig an das Statut des Vertrags angeknüpft, aufgrund dessen die Schuldübernahme erfolgt. Ebenso unterliegt bei der externen Schuldübernahme das Rechtsverhältnis zwischen Gläubiger und Überneh-

---

176) Hierzu auch *Flessner*, IPRax 2009, 35.
177) Ausführlich *Martiny* in: Reithmann/Martiny, Rz. 387 ff.
178) Zum Streitstand *Martiny* in: Reithmann/Martiny Rz. 393, mit Nachweisen aus Rspr. und Literatur.
179) *Hohloch* in: Erman, Art. 33 EGBGB Rz. 12 f.

B. Asset Deal

mer seinem eigenen Schuldstatut.[180] Die **kumulative Schuldübernahme** (Schuldbeitritt) kann vertraglich einem Recht unterstellt werden. Bei fehlender Wahl beurteilt sie sich regelmäßig nach dem Recht am gewöhnlichen Aufenthalt oder der Niederlassung des Beitretenden (Art. 4 Abs. 2 Rom I-VO entsprechend). Ergibt sich jedoch, dass der Schuldbeitritt mit der übernommenen Schuld eng verbunden ist, kann im Einzelfall das Statut der Schuld gelten (Art. 4 Abs. 3 Rom I-VO entsprechend).[181]

Die – rechtsgeschäftliche wie die gesetzliche – **Vertragsübernahme** richtet sich, sofern eine Rechtswahl fehlt, nach dem Recht, dem der übernommene Vertrag unterliegt (Übernahmestatut). Es entscheidet darüber, ob eine Vertragsübernahme möglich und wirksam ist.[182] Es befindet auch darüber, ob die Zustimmung des Vertragspartners für die Übernahme erforderlich ist (siehe dazu oben § 2 Rz. 149 ff.). Davon zu trennen ist wiederum das zugrunde liegende Kausalgeschäft, das die Verpflichtung zur Übernahme enthält. Dies ist bei der Vertragsübernahme i. R. eines Unternehmenskaufs also der Unternehmenskaufvertrag. Für ihn ist das Schuldstatut gemäß den oben dargestellten Regeln gesondert zu bestimmen (siehe oben § 4), sodass damit auch das Kausalgeschäft der Vertragsübernahme dieser gesonderten Anknüpfung folgt.[183]

98

c) Arbeitsverhältnisse

Ob der mit dem Asset Deal oftmals verbundene Betriebsinhaberwechsel dazu führt, dass die Arbeitsverhältnisse mit dem neuen Betriebsinhaber fortgesetzt werden (§ 613a BGB), beurteilt die ganz h. A. nach dem Recht, dem der jeweilige Arbeitsvertrag unterliegt (**Arbeitsvertragsstatut**, Art. 8 Rom I-VO).[184] Allerdings ist § 613a BGB als zwingende Bestimmung „rechtswahlfest".[185] Dies bedeutet, die Vorschrift ist als Bestandteil der deutschen Rechtsordnung – ungeachtet eines etwa gewählten Arbeitsvertragsstatuts – immer dann anzuwenden, wenn der gewöhnliche **Arbeitsort** in der Bundesrepublik Deutschland

99

---

180) *Girsberger*, ZVglRWiss 88 (1989), 31, 38; *Martiny* in: Reithmann/Martiny, Rz. 419.
181) OLG Rostock, IPRspr. 1996 Nr. 161; *Martiny* in: Reithmann/Martiny, Rz. 420; *Hohloch* in: Erman, Art. 33 EGBGB Rz. 13.
182) *Martiny* in: Reithmann/Martiny, Rz. 421.
183) Vgl. *Hohloch* in: Erman, Art. 33 EGBGB Rz. 13.
184) BAG, ZIP 1993, 850, 853; vgl. auch LAG Köln, RIW 1992, 933; *Martiny* in: MünchKomm-BGB, Art. 8 Rom I-VO Rz. 88; *Spickhoff* in: Bamberger/Roth, Art. 30 EGBGB Rz. 11; *Magnus* in: Staudinger, Art. 30 EGBGB Rz. 218; anders (Recht am Ort des Betriebssitzes): *Birk* in: MünchHdb-ArbR, § 20 Rz. 185; *Birk*, RdA 1984, 133; *Koch*, RIW 1984, 592, 594; *Junker*, Internationales Arbeitsrecht, S. 235; zur Haftung nach § 613a BGB s. a. unten § 10 Rz. 1 ff.
185) *Thorn* in: Palandt, Art. 8 Rom I-VO Rz. 9.

§ 6 Fragen des Gesellschaftsstatuts und sonstige Fragen außerhalb des Vertragsstatuts

liegt (Art. 8 Abs. 1 Satz 2, Abs. 2 Rom I-VO). Indessen ist § 613a BGB keine Eingriffsnorm i. S. d. Art. 9 Abs. 1 Rom I-VO.[186]

d) Firma

100 Die Übertragung der Firma richtet sich nach dem **Personalstatut** jener Person, die **Träger der Firma** ist, also beim Asset Deal nach dem Gesellschaftsstatut des veräußernden Unternehmensträgers (zur Haftung aus Firmenübernahme siehe unten § 8 Rz. 32 ff.).[187]

e) Immaterialgüterrechte

101 Die Übertragung von Immaterialgüterrechten (Urheberrechte sowie gewerbliche Schutzrechte wie Patente, Marken und Lizenzen etc.) unterliegt nicht dem Statut des Unternehmenskaufvertrags, sondern nach der von der h. A. vertretenen **Spaltungstheorie** dem Recht des **jeweiligen Schutzlandes** (Schutzlandprinzip). Berufen ist das Recht des Staats, für dessen Gebiet Immaterialgüterschutz beansprucht wird (Immaterialgüterstatut, *lex loci protectionis*).[188] Die Rechtsprechung kommt überwiegend zu den gleichen Ergebnissen.[189] Nach a. A. ist das Vertragsstatut dagegen über die schuldrechtliche Vereinbarung hinaus auch auf die urheberrechtliche Verfügung anzuwenden (sog. **Einheitstheorie**).[190]

102 Die Anknüpfung an das Schutzland hat inzwischen auch der Gesetzgeber anerkannt. Nach Art. 8 Abs. 1 Rom II-VO ist auf außervertragliche Schuldverhältnisse aus einer Verletzung von Rechten des geistigen Eigentums das Recht des Staats anzuwenden, für den der Schutz beansprucht wird. Eine Abwahl dieses Rechts ist nicht möglich (Art. 8 Abs. 3 Rom II-VO).[191] Die Berufung des

---

186) *Vgl.* zum früheren Recht BAG, ZIP 1993, 850, 853; dazu *Martiny*, EWiR 1993, 673; *Magnus* in: Staudinger, Art. 30 EGBGB Rz. 218.

187) *Kegel/Schurig*, § 17 IV. 1. a), 3.; *Großfeld* in: Staudinger, IntGesR Rz. 319.

188) Näher *Obergfell* in: Reithmann/Martiny, Rz. 1811, mit Verweis auf Rz. 1793 f. und Rz. 1798 (für gewerbliche Schutzrechte) und Rz. 1812 ff. (für Urheberrechte), dort auch zum Einfluss von Art. 8 Rom II-VO auf die Anknüpfung; *Rehbinder*, Urheberrecht, Rz. 969; *Lejeune* in: Ullrich/Lejeune, Teil I Rz. 560; *Unteregge* in: FG Sandrock, S. 167; *Schricker/Katzenberger*, Vor §§ 120 ff. UrhG Rz. 91 f.

189) BGH, IPRsp. 1964/65 Nr. 180 = AWD 1965, 455 (Auf die Übertragung eines eingetragenen Warenzeichens wird französisches Recht, auf das zugrunde liegende Verpflichtungsgeschäft deutsches Recht angewendet); BGHZ 64, 183, 191 (August Vierzehn); OLG München, GRUR Int. 1960, 75 (Entstehen und Erlöschen von urheberrechtlichen Befugnissen, die im Inland nach Maßgabe des inländischen Rechts auszuüben sind, richten sich nach inländischem Recht auch dann, wenn der Vertrag über die Einräumung dieser Befugnisse von Ausländern [hier: Franzosen] im Ausland [hier: Frankreich] geschlossen worden ist).

190) OLG München, GRUR 1953, 302.

191) Ausführlich hierzu *Obergfell* in: Reithmann/Martiny, Rz. 1791 ff.

B. Asset Deal

Rechts des Schutzlandes leitet sich nach wohl umstrittener Ansicht aus dem Grundsatz der Territorialität ab.[192] Das **Territorialitätsprinzip** besagt, dass Immaterialgüterrechte in ihrer Geltung räumlich auf das Gebiet des Staats begrenzt sind, der sie individuell verleiht oder unter bestimmten Voraussetzungen anerkennt.[193] Dieses Recht können die Parteien nicht abwählen.[194] Das **Immaterialgüterstatut** gilt umfassend und damit für die Entstehung, den Inhalt, die Schranken, die Wirkung, die Übertragbarkeit und das Erlöschen des Rechts.[195] Es gilt namentlich in Bezug auf die Verteidigung und Durchsetzung von Ausschließlichkeitsrechten gegenüber Dritten.[196]

Zwar können die Parteien eines Unternehmenskaufvertrags untereinander ein anderes Recht als dasjenige des Schutzlandes vereinbaren, sofern nicht Art. 8 Abs. 3 Rom II-VO eingreift. Indessen erstreckt sich eine solche **Vereinbarung** nur auf die schuldrechtlichen Rechte und Pflichten, bspw. die Verpflichtung zur Leistung von Lizenzgebühren oder die Laufzeit der Vereinbarung.[197] 103

Auf die *lex loci protectionis* wird im Wege eine **Gesamtverweisung** verwiesen, soweit nicht die Anknüpfung über eine der Rom-Verordnungen erfolgt (dann Sachnormverweisung, siehe Art. 20 Rom I-VO und Art. 24 Rom II-VO). Verweist die *lex loci protectionis* daher ihrerseits auf ein anderes Recht, ist dies aus deutscher Sicht beachtlich (Art. 4 Abs. 1 EGBGB).[198] 104

7. Sonstige unkörperliche Vermögenswerte

Die Übertragung sonstiger unkörperlicher Vermögenswerte (Organisation, Goodwill, Kundenstamm, Geschäftsbeziehungen, Geschäftschancen, Know-how, Marktanteile, Ressourcen, Geschäftsgeheimnisse, Herstellungsverfahren etc.) erschöpft sich regelmäßig in **Realakten**. So wird die Organisation oder der Kundenstamm durch Einweisung oder Aushändigung von Dateien, Listen oder Karteien übertragen. Für die Übertragung von Goodwill, Geschäftsbeziehungen oder Geschäftschancen veranlasst der Verkäufer des Unternehmens üb- 105

---

192) *Hiestand* in: Reithmann/Martiny, Rz. 1872; krit. *Obergfell* in: Reithmann/Martiny, Rz. 1798; *Drexl* in: MünchKomm-BGB, IntImmGR Rz. 14.
193) *Hiestand* in: Reithmann/Martiny, Rz. 1872; *Drexl* in: MünchKomm-BGB, IntImmGR Rz. 7.
194) *Lejeune* in: Ullrich/Lejeune, Teil I Rz. 565 f.
195) *Hiestand* in: Reithmann/Martiny, Rz. 1875 ff.; s. a. *Obergfell* in: Reithmann/Martiny, Rz. 1803.
196) BGH, GRUR Int. 1970, 138 (Warenzeichenrecht); OLG Düsseldorf, GRUR Int. 1968, 100 (Patent); OLG Hamburg, GRUR 1979, 235 = GRUR Int. 1979, 235 (gekürzte Fassung) (Urheberrecht); *Lejeune* in: Ullrich/Lejeune, Teil I Rz. 560.
197) *Drexl* in: MünchKomm-BGB, IntImmGR Rz. 199 f.; *Lejeune* in: Ullrich/Lejeune, Teil I Rz. 567 ff.; zur Abgrenzung zwischen Vertragsstatut und Immaterialgüterstatut s. *Hiestand* in: Reithmann/Martiny, Rz. 1872 ff.
198) *Drexl* in: MünchKomm-BGB, IntImmGR Rz. 212 ff.

licherweise das Notwendige, indem er mit den Geschäftspartnern in Kontakt tritt. Geschäftsgeheimnisse oder Herstellungsverfahren werden übertragen, indem der Verkäufer dem Käufer die entsprechenden Unterlagen aushändigt oder in anderer Weise die Informationen offenlegt. Für die Übertragung bedarf es also vielfach keines Rechtsakts und mithin keines „maßgeblichen Rechts".

106 Soweit für die Übertragung gleichwohl ein maßgebliches Recht bestimmt werden muss, kommen unterschiedliche Anknüpfungen in Betracht: Je stärker sich die genannten Vermögenswerte auf ein bestimmtes **Gebiet** beziehen (Marktanteile, Kundenstamm, Organisation), desto eher wird man die Übertragung entsprechend dem Territorialitätsgrundsatz des Immaterialgüterrechts dem Recht des betreffenden Landes unterwerfen. Sofern der jeweilige Vermögenswert besonders eng mit einer körperlichen **Sache** verbunden ist (Geschäftsgeheimnisse, Herstellungsverfahren, Dateien, Karteien), wird auch eine Anknüpfung an den Belegenheitsort der Sache in Frage kommen. Ansonsten bietet sich eine **akzessorische Anknüpfung** der Übertragung an das Schuldstatut an: Maßgeblich ist dann auch für die Übertragung das nach Art. 3 ff. Rom I-VO ermittelte Recht, bei fehlender Rechtswahl das Recht am Ort des gewöhnlichen Aufenthalts des Verkäufers (Art. 4 Abs. 2 i. V. m. Art. 19 Abs. 1 Rom I-VO).

II. Universal- oder Singularsukzession

107 Das für die Verfügungsgeschäfte maßgebliche Recht ist nicht nur für die eigentliche Übertragung maßgeblich, sondern dieses Recht – und nicht etwa das Schuldstatut – entscheidet auch, ob das Unternehmen im einfachen und kostengünstigen Weg der **Universalsukzession** (Gesamtrechtsnachfolge) *uno actu* oder im Wege der sog. *partiellen Universalsukzession* übertragen werden kann oder ob – wie in der großen Mehrzahl der Rechtsordnungen und namentlich im deutschen Recht – jedes einzelne Wirtschaftsgut im aufwendigen und kostspieligen Weg der **Singularsukzession** (Einzelrechtsnachfolge, Spezialitätsgrundsatz) übertragen werden muss.[199] Denn die Frage der Universal- oder Singularsukzession ist eine solche des Sachenrechts. Es entscheidet daher das Recht am **Belegenheitsort der Sache**. Befindet sich das Vermögen in unterschiedlichen Staaten, kommt eine Universalsukzession nur für jene Gegenstände in Betracht, deren Belegenheitsrecht dies vorsieht. Alle anderen Vermögensgegenstände müssen im Wege der Singularsukzession übertragen werden.

108 Zu unterscheiden ist die eben beschriebene sachenrechtliche Frage nach dem **Vollzug** der Gesamt- oder Einzelrechtsnachfolge von der Frage nach ihrer **Anordnung**. Ob eine Gesamtrechtsnachfolge angeordnet wird, entscheidet bspw. bei gesellschaftsrechtlichen Vorgängen wie einer Verschmelzung oder Spaltung nach umstrittener Ansicht allein das Personalstatut der übertragenden Gesell-

---

[199] Zum deutschen Sachrecht s. *Holzapfel/Pöllath*, Rz. 939 ff.; *Knott* in: Knott/Mielke, Rz. 1330.

III. Zustimmungserfordernisse

Ebenfalls nicht nach dem Schuldstatut beurteilt sich die Frage, ob und welche Zustimmungserfordernisse auf Seiten des Rechtsträgers des zu **verkaufenden Unternehmens** zu beachten sind. So ist etwa bei einer **deutschen Aktiengesellschaft** für die Übertragung des ganzen oder wesentlichen Gesellschaftsvermögens die Zustimmung der Hauptversammlung für das Außenverhältnis erforderlich (§ 179a Abs. 1 Satz 1 AktG).[200] Die Vorschrift wird bei einer GmbH analog angewendet.[201]

109

Ebenso sieht das **einzelstaatliche Gesellschaftsrecht der USA** ein Zustimmungserfordernis der Gesellschafter für die Veräußerung von „*all or substantially all of the assets*" vor (exemplarisch § 271 (a) Delaware General Corporation Law, § 909 (a) N.Y.Bus.Corp.L.).[202] Und auch das **japanische Recht** soll nach Angaben in der Literatur für die Übertragung des gesamten oder des wesentlichen Vermögens einer Kapitalgesellschaft die Zustimmung der Gesellschafter verlangen.[203]

110

Solche Zustimmungserfordernisse unterliegen wegen ihrer sachlichen Zugehörigkeit zum Kreis innergesellschaftlicher Fragen dem **Gesellschaftsstatut**.[204] Dieses Recht entscheidet auch, was unter der Veräußerung des wesentlichen Gesellschaftsvermögens zu verstehen ist und welche Folgen die Missachtung der erforderlichen Zustimmung hat.

111

IV. Praktische Hinweise

Wegen des Grundsatzes der Singularsukzession beim Asset Deal ist es oftmals unumgänglich, das Unternehmen im Wege einzelner Übertragungsgeschäfte nach unterschiedlichen Rechtsordnungen zu übertragen. Soweit dies möglich ist, sollten die einzelnen Übertragungsgeschäfte durch gesonderte Urkunden dokumentiert werden (zur Berechnung von Notargebühren unten § 7 Rz. 57 ff.).

112

Dabei empfiehlt es sich dringend, wegen der in vielen Rechtsordnungen gesteigerten Anforderungen an die Form solcher Urkunden, Juristen einzuschalten,

113

---

200) Auch außerhalb von § 179a AktG kann ein Hauptversammlungsbeschluss im Innenverhältnis erforderlich sein, BGHZ 83, 122, 133 f., *Holzmüller*; BGHZ 159, 30 und BGH, ZIP 2004, 993, *Gelatine*-Entscheidungen.
201) Siehe dazu *Ulmer* in: Ulmer/Habersack/Winter, § 53 GmbHG Rz. 165 ff.; *Hoffmann* in: Michalski, § 53 GmbHG Rz. 159; *Zöllner* in: Baumbach/Hueck, § 53 GmbHG Rz. 26 jeweils m. w. N.
202) Näher dazu *Merkt/Göthel*, US-amerikanisches Gesellschaftsrecht, Rz. 1173 f.
203) *Baum*, S. 165 ff.; *Ishizumi*, S. 180 f.
204) *Ebenroth/Offenloch*, RIW 1997, 1, 2.

§ 6 Fragen des Gesellschaftsstatuts und sonstige Fragen außerhalb des Vertragsstatuts

die mit den betreffenden Bestimmungen und der Kautelarpraxis vertraut sind. Zudem sind die Übertragungsgeschäfte mit dem Kaufvertrag abzustimmen.[205]

114 Bisweilen lassen sich gewisse Unsicherheiten in Bezug auf die Wirksamkeit des Übertragungsakts nicht restlos ausräumen. Hier kann es sich zunächst empfehlen, zur Sicherheit die strengere Form zu wählen. Ferner kann es für die Parteien ratsam sein, sich im Kaufvertrag zu verpflichten, im Falle der Unwirksamkeit der Übertragung alle fehlenden erforderlichen Schritte zur wirksamen Übertragung zu unternehmen oder – falls erforderlich – bereits erfolgte Schritte zu wiederholen. Schließlich lassen sich für diesen Fall bereits im Voraus bestimmte Personen – etwa der hinzugezogene Rechtsberater oder Notar – zur Vornahme entsprechender Handlungen und zur Abgabe von Erklärungen bevollmächtigen. Für das Innenverhältnis können die Parteien unter Umständen vereinbaren, sich auch bei Scheitern der Übertragung untereinander so zu behandeln, als sei die Übertragung wirksam erfolgt. Dies findet sich häufig bei der Regelung von Vertragsübernahmen (siehe dazu oben § 1 Rz. 20). Für Belastungen im Außenverhältnis (Steuern, Haftung etc.) können die Parteien Freistellungsverpflichtungen vereinbaren.[206]

C. Beherrschungs- und Gewinnabführungsverträge, Gleichordnungsverträge

115 Nicht selten werden im Zusammenhang mit internationalen Unternehmenskäufen (grenzüberschreitende) Unternehmensverträge in Form von **Beherrschungs- und Gewinnabführungsverträgen** geschlossen, bei denen sich die vorgelagerte Frage nach dem insoweit maßgeblichen Recht stellt. Man könnte diese Frage offen lassen, wenn das anwendbare Recht wählbar wäre. Indessen wird es wegen der organisationsrechtlichen Natur dieser Verträge mehrheitlich **abgelehnt**, sie an den **Parteiwillen** anzuknüpfen.[207] Nach h. A. ist sogar Wirksamkeitsvoraussetzung, dass ausdrücklich deutsches Recht vereinbart wird. Hierdurch soll verhindert werden, dass über ausländische Kollisionsrechte möglicherweise ein anderes Vertragsstatut berufen wird.[208]

116 Für die objektive Anknüpfung solcher Verträge ist zu differenzieren: Grundsätzlich ist an das **Statut der abhängigen Gesellschaft** anzuknüpfen. Denn regelmäßig geht es um Normen zum Schutz von Gesellschaftern und Gläubigern der unterworfenen Gesellschaft. Diesen Normen soll zur Geltung verholfen werden.[209] Dies gilt aus deutscher Sicht etwa für Zustimmungserfordernisse

---

205) So auch *Meyer-Sparenberg*, WiB 1995, 849, 851.
206) Vgl. *Meyer-Sparenberg*, WiB 1995, 849, 851.
207) *Ebenroth/Offenloch*, RIW 1997, 1, 5 m. w. N.
208) *Großfeld* in: Staudinger, IntGesR Rz. 575.
209) *Kindler* in: MünchKomm-BGB, IntGesR Rz. 756 ff., dort auch zu abweichenden Ansätzen sowie der methodischen Begründung der Kollisionsregel; *Ebenroth/Offenloch*, RIW 1997, 1, 4.

C. Beherrschungs- und Gewinnabführungsverträge, Gleichordnungsverträge

(§ 293 Abs. 1 AktG), die Eintragung im Handelsregister (§ 294 AktG), den Ausgleichsanspruch (§ 304 AktG) sowie die Barabfindung (§ 305 AktG).

Soweit es indessen um Normen zum spezifischen Schutz der Gesellschafter und Gläubiger der Obergesellschaft geht, kommt das Gesellschaftsstatut der **Obergesellschaft** zum Zuge. So richtet sich etwa die Frage einer Zustimmung ihrer Gesellschafter nach dem Gesellschaftsstatut der Obergesellschaft und nicht deshalb nach § 293 Abs. 2 AktG, weil die abhängige Gesellschaft ein deutsches Gesellschaftsstatut hat. Im Ergebnis kann es damit zu einem Normenmix aus Vorschriften der beiden Gesellschaftsstatute kommen.[210] 117

Anders verhält es sich bei **Gleichordnungsverträgen**, also Verträgen von zwei rechtlich selbständigen Unternehmen über den Zusammenschluss unter eine einheitliche Leitung. Sofern es sich um schuldrechtliche Verträge handelt, gelten die allgemeinen Grundsätze des Internationalen Schuldvertragsrechts (im deutschen und europäischen Recht Art. 3 ff. Rom I-VO). Eine **Rechtswahl** ist damit zulässig. Gesondert angeknüpft werden allerdings Vorschriften der Gesellschaftsstatute der beiden beteiligten Gesellschaften, soweit diese Vorschriften den Schutz der Gesellschafter und der Gläubiger bezwecken.[211] Entsteht nach dem Gleichordnungsvertrag eine eigenständige Leitungsgesellschaft, ist das für diese Gesellschaft berufene Recht anwendbar.[212] 118

---

210) Näher *Ebenroth/Offenloch*, RIW 1997, 1, 5 f., dort auch Näheres zu der Zulässigkeit grenzüberschreitender Unternehmensverträge aus der Sicht des materiellen deutschen Konzernrechts; dazu ebenfalls *Bayer*, passim; *Großfeld* in: Staudinger, IntGesR Rz. 567 ff.; *Kindler* in: MünchKomm-BGB, IntGesR Rz. 774 ff.
211) *Großfeld* in: Staudinger, IntGesR Rz. 560; *Kindler* in: MünchKomm-BGB, IntGesR Rz. 797; näher *Ebenroth/Offenloch*, RIW 1997, 1, 7.
212) *Kindler* in: MünchKomm-BGB, IntGesR Rz. 796.

§ 7 Form und Zustandekommen

Übersicht

- A. Form 1
- I. Share Deal 2
  1. Grundsatz 3
     - a) Verpflichtungsgeschäft 3
     - b) Verfügungsgeschäft 8
  2. Geschäftsanteile an einer deutschen GmbH 9
     - a) Verpflichtungsgeschäft 10
     - b) Verfügungsgeschäft 13
     - aa) Überblick 13
     - bb) Geschäfts- oder Ortsform 17
       - (1) Qualifikation als Formvorschrift 17
       - (2) Alternative Ortsform 20
       - (3) Gesellschafterliste 21
       - (4) Reform des schweizerischen Obligationenrechts 23
     - cc) Praxisempfehlung 24
  3. Gleichwertigkeit von Auslandsbeurkundungen 25
     - a) Einleitung............................. 25
     - b) Gleichwertigkeit 30
     - c) Einzelfälle 33
     - d) Schweizerisches Obligationenrecht 35
     - e) Gesellschafterliste 36
     - f) Praxisempfehlung 37
  4. Ausländische Geschäftsanteile 39
     - a) Grundsatz 39
     - b) Anwendbarkeit von § 15 Abs. 3 und 4 GmbHG 40
     - c) Praxisempfehlung............... 47
- II. Asset Deal.. 50
  1. Verpflichtungsgeschäft 51
  2. Verfügungsgeschäft................... 55
     - a) Allgemeines und Auflassungen 55
     - b) Gewerbliche Schutzrechte 60
- III. Regelungsbereich des Formstatuts 61
  1. Grundsatz 61
  2. Nebenabreden (Side Letters) ... 62
- B. Zustandekommen 64
- I. Rechtsfähigkeit 64
  1. Allgemeine Rechtsfähigkeit...... 64
  2. Beteiligungs- und Grundbuchfähigkeit 67
  3. Wechsel- und Scheckfähigkeit 73
- II. Geschäftsfähigkeit............................ 74
- III. Partei- und Prozessfähigkeit........... 75
- IV. Stellvertretung 78
  1. Gesetzliche Vertretung............. 78
  2. Rechtsgeschäftliche Vertretung 81
- V. Vorvereinbarungen.......................... 84
- VI. Aufklärungspflichten 87
  1. Asset Deal.................................. 88
  2. Share Deal................................. 90

Literatur: *Abrell*, Die Schweiz ermöglicht privatschriftliche Verfügungen über Geschäftsanteile, NZG 2007, 60; *von Bar*, Rezension: Markus Kieser, Die Typenvermischung über die Grenze. Ein Beitrag zum internationalen Gesellschafts- und Insolvenzrecht, JZ 1989, 186; *Bausback*, Der dingliche Erwerb inländischer Grundstücke durch ausländische Gesellschaften. Zusammenwirken von deutschem Kollisionsrecht, ausländischem materiellen Recht und dem formalisierten Beweisverfahren der GBO, dargestellt unter besonderer Berücksichtigung des US-amerikanischen Rechts, DNotZ 1996, 254; *Benecke*, Auslandsbeurkundung im GmbH-Recht: Anknüpfung und Substitution, RIW 2002, 280; *Bokelmann*, Beurkundung von Gesellschaftsakten durch einen ausländischen Notar, NJW 1975, 1625; *Bokelmann*, Kann eine ausländische Kapitalgesellschaft Komplementärin einer deutschen Kommanditgesellschaft sein?, BB 1972, 1426; *Bokelmann*, GmbH-Gesellschafterversammlungen im Ausland und Beurkundung durch ausländische Notare, NJW 1972, 1729; *Böttcher/Blasche*, Die Übertragung von Geschäftsanteilen deutscher

§ 7 Form und Zustandekommen

GmbHs in der Schweiz vor dem Hintergrund der Revision des Schweizer Obligationenrechts, NZG 2006, 766; *Böttcher/Grewe*, Die Anwendbarkeit des § 311b Abs. 3 BGB beim Unternehmenskauf, NZG 2005, 950; *Braun*, Die Abtretung von Geschäftsanteilen einer GmbH im Ausland: Wirksam oder nicht?, DNotZ 2009, 585; *Bredthauer*, Zur Wirksamkeit gesellschaftsrechtlicher Beurkundungen im Kanton Zürich, BB 1986, 1864; *Bungert*, Der internationale Anwendungsbereich von § 15 Abs. 3 und 4 GmbHG (Anm. zu OLG München, Urt. v. 5.3.1993 – 23 U 5958/92), DZWiR 1993, 494; *Depping*, Zur Beurkundungspflicht bei der Übertragung von Anteilen an ausländischen Kapitalgesellschaften, GmbHR 1994, 386; *Döbereiner*, Rechtsgeschäfte über inländische Grundstücke mit Auslandsberührung. Keine Auflassung vor einem ausländischen Notar, ZNotP 2001, 465; *Dutta*, Form follows function? Formfragen bei Schuldverträgen über ausländische Gesellschaftsanteile (Zugleich Anm. zu BGH, Urt. v. 4.11.2004 – III ZR 172/03), RIW 2005, 98; *Ebenroth/Offenloch*, Kollisionsrechtliche Untersuchung grenzüberschreitender Ausgliederungen, RIW 1997, 1; *Ebenroth/Wilken*, Entwicklungstendenzen im deutschen Internationalen Gesellschaftsrecht (Teil I), JZ 1991, 1014; *Ebenroth/Wilken*, Kollisionsrechtliche Einordnung transnationaler Unternehmensübernahmen, ZVglRWiss 90 (1991), 235; *Ebke*, Die ausländische Kapitalgesellschaft & Co. KG und das europäische Gemeinschaftsrecht (Anm. zu BayObLGZ 1986, 61), ZGR 16 (1987), 245; *Engel*, Die Auslandsbeurkundung nach MoMiG und Schweizer GmbH-Reform, DStR 2008, 1593; *Fetsch*, IPR-Bezüge bei GmbH-Geschäftsanteils- und Unternehmenskaufverträgen, internationale Gerichtsstandsvereinbarungen (Teil 2), RNotZ 2007, 532; *Furgler*, Die Anknüpfung der Vertragsform im IPR, 1985; *Geimer*, Auslandsbeurkundungen im Gesellschaftsrecht (Anm. zu BGH, Urt. v. 16.2.1981 – II ZB 8/80), DNotZ 1981, 406; *Gerber*, Anm. zu LG Frankfurt a. M., Urt. v. 7.10.2009 – 3-13 O 46/09 (Gesellschaftsrecht: Geschäftsanteil: Formwirksamkeit der Beurkundung einer Übertragung und Verpfändung in der Schweiz), GmbHR 2010, 97; *Geyrhalter*, Internationale Cross Border-Transaktionen, RIW 2002, 386; *Giuliano/Lagarde*, Bericht über das Übereinkommen über das auf vertragliche Schuldverhältnisse anzuwendende Recht, BT-Drucks. 10/503, S. 33; *Goette*, Auslandsbeurkundungen im Kapitalgesellschaftsrecht, in: Festschrift Boujong, 1996, S. 131; *Goette*, Auslandsbeurkundungen im Kapitalgesellschaftsrecht, DStR 1996, 709; *Großfeld*, Die „ausländische juristische Person & Co. KG", IPRax 1986, 351; *Großfeld/Berndt*, Die Übertragung von deutschen GmbH-Anteilen im Ausland, RIW 1996, 625; *Großfeld/Strotmann*, Ausländische juristische Person aus Nicht-EG-Staat als Komplementär eines deutschen GmbH, IPRax 1990, 298; *Günther*, Ausländische Gesellschaft, Anteilsabtretung, Formbedürftigkeit, Gesellschaftsstatut, Rechtswahl, EWiR 1993, 691; *Hartmann*, Kostengesetze, Kommentar, 38. Auflage 2008; *Heckschen*, Die Formbedürftigkeit der Veräußerung des gesamten Vermögens im Wege des „asset deal", NZG 2006, 772; *Heckschen*, Auslandsbeurkundung und Richtigkeitsgewähr, DB 1990, 161; *Heinz*, Beurkundung von Erklärungen zur Auflassung deutscher Grundstücke durch bestellte Notare im Ausland (Anm. zu LG Ellwangen, Beschl. v. 26.11.1999 – 1 T 205/99), RIW 2001, 928; *Janßen/Robertz*, Die Formwirksamkeit des internationalen GmbH-Unternehmenskaufs, GmbHR 2003, 433; *Jenckel*, Das Insiderproblem im Schnittpunkt von Gesellschafts- und Kapitalmarktrecht in materiell- und kollisionsrechtlicher Sicht, 1980; *Junker*, Internationales Arbeitsrecht: Vertragsstatut, Haftung, Arbeitnehmervertretung. Dargestellt am Beispiel deutsch-niederländischer Fälle, RdA 1990, 212; *Kaligin*, Das internationale Gesellschaftsrecht der Bundesrepublik Deutschland, DB 1985, 1449; *Kau/Wiehe*, Registrierung einer California Corporation als Gesellschafterin einer deutschen GmbH, RIW 1991, 32; *Kegel*, The Conflict-of-Laws Machine – Zusammenhang im Allgemeinen Teil des IPR, Contribution à la technique du droit international privé, IPRax 1996, 309; *Kiem*, Das Beurkundungserfordernis beim Unternehmenskauf im Wege des Asset Deals. Zur Anwendung des § 311b III BGB auf Gesamtvermögensübertragungsvorgänge juristischer Personen, NJW 2006, 2363; *Kindler*, Keine Geltung des Ortsstatuts für Geschäftsanteilsabtretungen im Ausland (Anm. zu LG Frankfurt, Entsch. v. 7.10.2009 – 3-13 O 46/09), BB 2010, 74; *Klöckner*, Erfordernis der notariellen Beurkundung gem. § 311b Abs. 3 BGB beim Asset-Deal?, DB 2008, 1083; *König/Götte/Bormann*, Das Formstatut für die ding-

§ 7 Form und Zustandekommen

liche Abtretung von GmbH-Geschäftsanteilen nach geltendem und künftigem Recht, NZG 2009, 881; *Korintenberg*, KostO, Kommentar, 18. Auflage 2010 (zit.: *Bearbeiter* in: Korintenberg); *Kowalski/Bormann*, Beteiligung einer ausländischen juristischen Person als Komplementärin in einer deutschen KG (Anm. zu AG Bad Oeynhausen, Beschl. v. 15.3.2005 – 16 AR 15/05), GmbHR 2005, 1045; *Kronke*, Schweizerische AG & Co. KG – Jüngste Variante der „ausländischen Kapitalgesellschaft & Co." (Anm. zu OLG Saarbrücken, Beschl. v. 21.4.1989 – 5 W 60/88, RIW 1990, 831), RIW 1990, 799; *Kropholler*, Auslandsbeurkundungen im Gesellschaftsrecht, ZHR 140 (1976), 394; *Kuntze*, Zum internationalen Beurkundungsrecht, DB 1975, 193; *Löber*, Beurkundung von Gesellschafterbeschlüssen einer deutschen GmbH vor spanischen Notaren, RIW 1989, 94; *Lutter*, Der Letter of Intent, 3. Auflage 1998 (zit.: Letter of Intent); *Lüttringhaus*, Das internationale Privatrecht der culpa in contrahendo nach den EG-Verordnungen „Rom I" und „Rom II", RIW 2008, 193; *Maier-Reimer*, Veräußerung von GmbH-Anteilen vor Schweizer Notaren, BB 1974, 1230; *Mankowski*, Änderungen bei der Auslandsbeurkundung von Anteilsübertragungen durch das MoMiG oder durch die Rom I-VO?, NZG 2010, 201; *Mankowski*, Anm. zu OLG München, Urt. v. 19.11.1997 – 7 U 2511/97 (Formwirksame Beurkundung einer Übertragung von GmbH-Anteilen eines deutschen Mobilfunkanbieters durch einen Notar in Basel), EWiR 1998, 309; *Mann*, Zur Auslegung des Art. 11 EGBGB. Zugleich eine erneute Bemerkung zur Urkunde ausländischer Notare im deutschen Rechtsverkehr, ZHR 138 (1974), 448; *Merkt*, Internationaler Unternehmenskauf durch Erwerb der Wirtschaftsgüter, RIW 1995, 533; *Merkt*, Vertragsform beim Kauf von Anteilen an einer ausländischen Gesellschaft (Anm. zu OLG Celle, Urt. v. 20.11.1991 – 20 U 26/91 und OLG München, Urt. v. 5.3.1993 – 23 U 5958/92), ZIP 1994, 1417; *Müller-Chen*, Übertragung und Verpfändung deutscher GmbH-Geschäftsanteile in der Schweiz nach Inkrafttreten der schweizerischen GmbH-Revision, IPRax 2008, 45; *Peters*, Ist die Beurkundung von GmbH-Geschäftsanteilsübertragungen in der Schweiz Rechtsgeschichte? (Anm. zu LG Frankfurt, Urt. v. 7.10.2009 – 3-13 O 46/09), DB 2010, 97; *van Randenborgh/Kallmeyer*, Pro und Contra: Beurkundung gesellschaftsrechtlicher Rechtsgeschäfte durch ausländische Notare?, GmbHR 1996, 908; *Reichert/Weller*, Der GmbH-Geschäftsanteil – Übertragung und Vinkulierung, 2006 (zit.: GmbH-Geschäftsanteil); *Reichert/Weller*, Geschäftsanteilsübertragung mit Auslandsberührung (Teil 1), DStR 2005, 250, (Teil 2), DStR 2005, 292; *Reithmann*, Mitwirkung des ausländischen Notars bei der Geschäftsanteilsabtretung nach dem MoMiG. Form des Verpflichtungs- und des Verfügungsgeschäfts, GmbHR 2009, 699; *Reithmann*, Formerfordernisse bei Verträgen über Beteiligungen an ausländischen Gesellschaften und über Grundstücke im Ausland, NZG 2005, 873; *Reithmann*, Vertretungsmacht bei niederländischer Gesellschaft, Prüfung durch das Registergericht, EWiR 1995, 225; *Reithmann*, Die Form ausländischer Vollmachten, DNotZ 1956, 469; *A. Reuter*, Keine Auslandsbeurkundung im Gesellschaftsrecht?, BB 1998, 116; *Riedel*, Erklärung der Auflassung vor einem ausländischen Notar?, DNotZ 1955, 521; *Rohs/Wedewer*, KostO, Kommentar, Loseblattsammlung, Stand: 2010 (zit.: *Bearbeiter* in: Rohs/Wedewer); *Rothoeft*, Von der Ortsform zur Geschäftsform? Zur Tragweite des Satzes locus regit actum, in: Festschrift Esser, 1975, S. 113; *Saenger/Scheuch*, Auslandsbeurkundung bei der GmbH – Konsequenzen aus MoMiG und Reform des Schweizer Obligationenrechts, BB 2008, 65; *Schäfer*, Das Vollmachtsstatut im deutschen IPR – einige neuere Ansätze in kritischer Würdigung, RIW 1996, 189; *Schervier*, Beurkundung GmbH-rechtlicher Vorgänge im Ausland, NJW 1992, 593; *Schlechtriem*, IPR Gesellschaftsstatut und organschaftliche Vertretungsmacht, Beschränkungen, EWiR 1991, 1167; *Schlößer*, GmbH-International: Die Auswirkungen der Schweizer GmbH-Reform 2007 auf die Übertragung von Geschäftsanteilen einer deutschen GmbH in der Schweiz, GmbHR 2007, 301; *H. Schmidt*, Internationale Zuständigkeit deutscher Notare für die Beurkundung von Rechtsgeschäften, DB 1976, 2202; *Schütze*, Die Beurkundung der Übertragung von Geschäftsanteilen einer österreichischen GmbH durch einen deutschen Notar, DB 1992, 1970; *Sonnenberger*, Vorschläge und Berichte zur Reform des europäischen und deutschen internationalen Gesellschaftsrechts, 2007 (zit.: *Bearbeiter* in: Sonnenberger); *Schwimann*, Grundzüge des internationalen Gesellschaftsrechts (Teil I), GesRZ 1981, 142; *Schwimann*, Die Beurteilung der Form in Zivilrechtsfällen mit Auslandsberührung, NZ 1981, 65; *Seibold/Groner*, Die Vollmacht in internationalen M&A- und Finanzierungstransaktionen, NZG 2009, 126; *Spellenberg*, Zur Ersetzbarkeit deutscher notarieller Formen im Ausland, in: Festschrift Schütze, 1999, S. 887; *Stölzle*, Bedarf die Abtretung von Anteilen einer österreichischen Gesellschaft m.b.H im Auslande der Notariatsform?, NZ 1960, 161; *Trendelenburg*, Die Beurkundung von Anteilskaufverträgen und gesellschaftsrechtlichen Maßnahmen nach der Reform des Schweizer Obligationenrechts, GmbHR 2008, 644; *Ulrich/Böhle*, Die Auslandsbeurkundung im M&A-Geschäft, GmbHR 2007, 566; *Wagner*, Abtretung von Geschäftsanteilen einer österreichischen GmbH, DNotZ 1985, 80; *Weller*, Die Übertragung von GmbH-Geschäftsanteilen im Ausland: Auswirkungen von MoMiG und Schweizer GmbH-Reform, Der Konzern 2008, 253; *Weller*, Nochmals: Zur formwirksamen GmbH-Anteilsabtretung in der Schweiz (Erwiderung auf Pilger, BB 2005, 1285), BB 2005, 1807; *Werner*, Der Asset Deal und die Notwendigkeit seiner notariellen Beurkundung. Zu Anwendung und Reichweite des § 311 Abs. 3 BGB, GmbHR 2008, 1135; *Werner*, GmbH-International: Die Ltd. & Co. KG – eine Alternative zur GmbH & Co. KG?, GmbHR 2005, 288; *Werner*, Anm. zu BGH, Urt. v. 29.9.1999 – VIII ZR 232/98 (Zulässigkeit der Auslandsbeurkundung zur Übertragung von GmbH-Anteilen durch Schweizer Notar), EWiR 2000, 487; *Winkler*, Beurkundung gesellschaftlicher Akte im Ausland, NJW 1974, 1032; *Winkler*, GmbH-Gesellschafterversammlungen im Ausland und Beurkundung durch ausländische Notare, NJW 1973, 222; *Winkler*, Beurkundungen im Ausland bei Geltung deutschen Rechts, NJW 1972, 981; *Wolfsteiner*, Auslandsbeurkundung der Abtretung von Geschäftsanteilen an einer deutschen GmbH, DNotZ 1978, 532; *Wrede*, Nochmals: Zur Beurkundungspflicht bei der Übertragung von Anteilen an einer ausländischen Kapitalgesellschaft, GmbHR 1995, 365; *Zimmer*, Nach „Inspire Art": Grenzenlose Gestaltungsfreiheit für deutsche Unternehmen, NJW 2003, 3585.

A. Form

1 Im Zusammenhang mit Unternehmenskaufverträgen stellt sich regelmäßig sowohl für das Verpflichtungs- als auch für das Verfügungsgeschäft (Abtretung der Anteile, Übereignung der Wirtschaftsgüter) die Frage nach der **Form des Rechtsgeschäfts**. Die kollisionsrechtliche Behandlung dieses Bereichs in Rechtsprechung und Literatur leidet jedenfalls beim Share Deal vielfach daran, dass schlechthin von der Form „*gesellschaftsrechtlicher Vorgänge*" gesprochen wird. Dabei wird nicht hinreichend unterschieden zwischen einerseits den hier interessierenden Rechtsgeschäften Kauf und Übertragung von Gesellschaftsanteilen sowie andererseits sonstigen gesellschaftsrechtlichen Rechtsgeschäften, welche auf die Verfassung der Gesellschaft einwirken (bspw. Gesellschaftsgründung, Gesellschafterbeschlüsse (insbesondere Satzungsänderungen), Unternehmensverträge und Umwandlungen).[1] Die sachliche Berechtigung einer solchen Differenzierung lässt sich heute aber nicht mehr ernsthaft in Frage stellen.[2]

---

1) Zum Streitstand der Anknüpfung der Form solcher gesellschaftsverfassungsrechtlichen Rechtsgeschäfte s. *Kindler* in: MünchKomm-BGB, IntGesR Rz. 557; *Reithmann* in: Reithmann/Martiny, Rz. 786 ff.
2) Zutreffend *Behrens* in: Ulmer/Habersack/Winter, Einl. B Rz. 135; *Wetzler* in: Hölters, Teil XV Rz. 228; vgl. auch *Kindler* in: MünchKomm-BGB, IntGesR Rz. 556 ff.

A. Form

I. Share Deal

Bei der Anknüpfung der Form eines Share Deal können sich verschiedene Fragen stellen. Zunächst ist grundsätzlich zwischen Verpflichtungs- und Verfügungsgeschäft zu unterscheiden (dazu sogleich Rz. 3 ff.). Die Besonderheiten bei der Veräußerung von Anteilen an einer deutschen GmbH sind ergänzend zu berücksichtigen (dazu unten Rz. 9 ff.). Hinzu kommt die Frage, ob eine Beurkundung im Ausland einer Beurkundung in Deutschland gleichwertig ist, wenn deutsches Recht Formstatut ist (dazu unten Rz. 25 ff.). Schließlich ist auf die Anwendbarkeit des deutschen Formrechts beim Erwerb von Geschäftsanteilen an einer ausländischen Gesellschaft einzugehen (dazu unten Rz. 39 ff.).

1. Grundsatz

a) Verpflichtungsgeschäft

Beim Verpflichtungsgeschäft eines Share Deal richtet sich die Form – wie auch die Form sonstiger Rechtsgeschäfte – nach dem **Formstatut**. Dieses bestimmt sich für schuldrechtliche Verträge nach Art. 11 Rom I-VO. Maßgeblich ist das auf den Vertrag anwendbare Recht (Vertragsform, **Vertragsstatut**, Wirkungsstatut, Geschäftsstatut) oder alternativ das Ortsrecht, also das Recht am Ort des Vertragsschlusses (Ortsform, Ortsstatut; Art. 11 Abs. 1 Rom I-VO; siehe näher zur abweichenden Ansicht bei der deutschen GmbH unten Rz. 11).[3] Dabei ist unter Vertragsstatut jenes Recht zu verstehen, dem der Vertrag nach der Rom I-VO unterliegt. Es gilt damit das nach den Art. 3 ff. Rom I-VO ermittelte Vertragsstatut des Share Deal.[4]

Bei einem **Distanzvertrag**, also einem Vertrag, bei dessen Abschluss die Parteien in verschiedenen Staaten sind, gelten zudem neben dem Vertragsstatut alternativ die Rechte eines jeden Staats, in dem sich eine der Vertragsparteien oder ihr Vertreter zum Zeitpunkt des Vertragsschlusses aufhält (Ortsstatut) oder eine der Vertragsparteien ihren gewöhnlichen Aufenthalt hat (**Art. 11 Abs. 2 Rom I-VO**).

Art. 11 Abs. 1 und 2 Rom I-VO eröffnen also **Alternativen**: Ist etwa im Fall des Art. 11 Abs. 1 Rom I-VO der Share Deal nach dem Vertragsstatut formell unwirksam, bleibt zu klären, ob er wenigstens nach dem Ortsstatut formgültig ist. Umgekehrt ist Formunwirksamkeit nach dem Ortsrecht unschädlich, wenn die Parteien der Formvorschrift des Vertragsstatuts entsprochen haben. Vertragsstatut und Ortsrecht gelten gleichberechtigt nebeneinander.[5] Das Orts-

---

[3] S. etwa *Mankowski*, NZG 2010, 201, 205; *Merkt/Göthel* in: Reithmann/Martiny, Rz. 4423; *Reithmann*, GmbHR 2009, 699, 700.

[4] *Spellenberg* in: MünchKomm-BGB, Art. 11 Rom I-VO Rz. 4, 39; *Thorn* in: Palandt, Art. 11 Rom I-VO Rz. 4 f.

[5] *Furgler*, S. 87 ff.; *Hohloch* in: Erman, Art. 11 EGBGB Rz. 8; *Spellenberg* in: MünchKomm-BGB, Art. 11 Rom I-VO Rz. 17 sowie Art. 11 EGBGB Rz. 69.

recht kann aber nur dann gelten, wenn dieses Recht ein vergleichbares Rechtsgeschäft kennt. Denn sonst kann dieses Recht keine Formregel bereithalten, auf welche sich die Parteien berufen können (Normen- oder Formleere).[6] In diesem Fall gilt allein das Vertragsstatut.

6 Da der Verordnungsgeber selbst die Ortsform genügen lässt, liegt eine Umgehung der gesetzlichen Formerfordernisse des Vertragsstatuts selbst dann nicht vor, wenn der Abschlussort gerade wegen der Formerleichterung[7] oder wegen Kostenersparnis ins Ausland verlegt wird.[8] Der Sinn der Alternativanknüpfung liegt auf der Hand: Der Verordnungsgeber will wie der deutsche Gesetzgeber mit Art. 11 EGBGB die Formwirksamkeit von Verträgen und sonstigen Rechtsgeschäften begünstigen (**Günstigkeitsprinzip**, *favor validitatis*).

7 Aus der Maßgeblichkeit des Vertragsstatuts folgt zugleich, dass die Parteien dann, wenn sie – wie beim Share Deal – das Vertragsstatut wählen können, das Formstatut ebenfalls **wählen** können. Sie können nach umstrittener Ansicht ein drittes Recht als ausschließliches Formstatut berufen oder die alternative Geltung des Orts- oder des Vertragsstatuts ausschließen, sodass nur das eine allein gilt. Dies folgt aus Art. 3 Abs. 1 Satz 3 Rom I-VO.[9] Zulässig ist nach richtiger – allerdings umstrittener – Ansicht insbesondere, dass die Parteien die Form für das Verpflichtungsgeschäft durch **Teilrechtswahl** einem Recht unterstellen, welches für das Rechtsgeschäft im Unterschied zum Vertragsstatut keine oder eine einfachere Form verlangt.[10]

---

6) BGH, NZG 2005, 41, 42; RGZ 120, 225, 229 (Die Übertragung der Geschäftsanteile an einer deutschen GmbH in privatschriftlicher Form hätte genügt, wenn nach schweizerischem Ortsrecht ein GmbH-Anteil durch einfachen schriftlichen Vertrag wirksam hätte übertragen werden können; dies war aber deshalb nicht möglich, weil das schweizerische Recht die Rechtsform der GmbH noch nicht kannte.); *Spellenberg* in: MünchKomm-BGB, Art. 11 EGBGB Rz. 137 (für Art. 11 Abs. 1 EGBGB).

7) OLG Frankfurt a. M., OLGZ 67, 374, 377.

8) RGZ 62, 379, 381; OLG Stuttgart, Rpfleger 1982, 137 (Die Anwendung einer liechtensteinischen Sachnorm ist weder eine Gesetzesumgehung noch ein ordre public-Verstoß. Das Gesetz lässt mit Art. 11 Abs. 1 Satz 2 EGBGB [heute: Art. 11 Abs. 1 Satz 1 Fall 2 EGBGB] ausdrücklich auch weniger strenge Formvorschriften zu, die den Zweck deutscher Vorschriften nicht erreichen.); OLG Düsseldorf, RIW 1989, 225; ebenso *Semler* in: Hölters, Teil VII Rz. 127; *Thorn* in: Palandt, Art. 11 EGBGB Rz. 16 m. w. N.; *Spellenberg* in: MünchKomm-BGB, Art. 11 Rom I-VO Rz. 19; *Hohloch* in: Erman, Art. 11 EGBGB Rz. 25; *Mörsdorf-Schulte* in: Prütting/Wegen/Weinreich, Art. 11 EGBGB Rz. 12, jeweils m. w. N.

9) So zu Art. 11 Abs. 1 EGBGB: BGHZ 57, 337, 340 = NJW 1972, 385 (für Grundstückskauf); *Spellenberg* in: MünchKomm-BGB, Art. 11 EGBGB Rz. 68; a. A. *Mäsch* in: Bamberger/Roth, Art. 11 EGBGB Rz. 10; *Reithmann*, GmbHR 2009, 699 f.

10) *Thorn* in: Palandt, Art. 11 Rom I-VO Rz. 4; *Spellenberg* in: MünchKomm-BGB, Art. 11 EGBGB Rz. 68; *Janßen/Robertz*, GmbHR 2003, 433, 439 f.; BGH, NZG 2005, 41, 43 (*obiter dictum* zur Veräußerung von Geschäftsanteilen an einer polnischen GmbH); BGHZ 57, 337 = NJW 1972, 385, 386 (zum Grundstückskauf); krit. *Winter/Löbbe* in: Ulmer/Habersack/Winter, § 15 GmbHG Rz. 89; a. A. *Winkler v. Mohrenfels* in: Staudinger, Art. 11 EGBGB Rz. 210.

A. Form

b) Verfügungsgeschäft

Das Verfügungsgeschäft selbst unterliegt zwar dem Gesellschaftsstatut, allerdings wird die Form nach h. A. über **Art. 11 Abs. 1 EGBGB** gesondert angeknüpft.[11] Art. 11 Rom I-VO ist nicht anwendbar, da die Verordnung grundsätzlich keine Verfügungsgeschäfte erfasst (vgl. Art. 1 Abs. 1 Rom I-VO).[12] Wirkungs- oder Geschäftsstatut i. S. d. Art. 11 Abs. 1 Fall 1 EGBGB ist das **Gesellschaftsstatut**. Nach überwiegender Ansicht reicht es auch, wenn die Parteien die Ortsform einhalten (Art. 11 Abs. 1 Fall 2 EGBGB), sofern das Ortsrecht ein vergleichbares Rechtsgeschäft kennt.[13] Sonst liegt ein Fall der Normenleere vor (siehe oben Rz. 5).[14] Die Rechtsprechung hat die **Ortsform** in der Vergangenheit zugelassen;[15] auch der BGH tendiert in diese Richtung.[16] Der Wunsch, Kosten zu sparen oder sich der Geschäftsform zu entziehen, kann es grundsätzlich nicht rechtfertigen, die Ortsform zu versagen (siehe schon oben Rz. 6).[17]

8

2. Geschäftsanteile an einer deutschen GmbH

Probleme, das Formstatut zu bestimmen, ergeben sich regelmäßig dann, wenn das Wirkungs- oder das Ortsstatut besonders **formstreng** sind. Klassisch und seit langem umstritten ist der Fall des Kaufs und der Übertragung von Ge-

9

---

11) Mit umfassender Begr. und Nachw. aus Rechtsprechung und Literatur *Winter/Seibt* in: Scholz, § 15 GmbHG Rz. 82; s. zum Streitstand speziell bei der GmbH unten Rz. 13 ff.

12) S. aber für die Übertragung von Forderungen Art. 14 Rom I-VO; auch *Mankowski*, NZG 2010, 201, 206.

13) *Hohloch* in: Erman, Art. 11 EGBGB Rz. 3, 27; *Spellenberg* in: MünchKomm-BGB, Art. 11 EGBGB Rz. 114 f.; *Thorn* in: Palandt, Art. 11 EGBGB Rz. 12; *Winkler v. Mohrenfels* in: Staudinger, Art. 11 EGBGB Rz. 301; *Engel*, DStR 2008, 1593, 1594; *Goette* in: FS Boujong, S. 131, 138, 143; *Leible* in: Michalski, Syst. Darst. 2 Rz. 99; *Reichert/Weller* in: MünchKomm-GmbHG, § 15 GmbHG Rz. 158; *Reichert/Weller*, DStR 2005, 250, 253 ff.; *Saenger/Scheuch*, BB 2008, 65, 67 ff.

14) Dazu *Winkler v. Mohrenfels* in: Staudinger, Art. 11 EGBGB Rz. 189 f.

15) OLG Frankfurt a. M., RIW 1981, 552 = DB 1981, 1456 = DNotZ 1982, 186 = IPRax 1983, 79 (LS), mit krit. Anm. *Firsching* (Ortsform genügt für eine in der Schweiz vorgenommene Übertragung eines Anteils an einer deutschen GmbH. „Die Abtretung berührt nämlich unmittelbar die Interessen Dritter nicht ... Im Übrigen könnten, sofern die Übertragung eines Anteils für andere Gesellschafter nachteilig wäre, solche Nachteile auch nicht dadurch verhindert werden, dass die Abtretung vor einem deutschen Notar vorgenommen würde.").

16) Vgl. BGHZ 80, 76, 78 = ZIP 1981, 402 = RIW 1981, 342 = DB 1981, 983 = GmbHR 1981, 582 = WM 1982, 950 („Es spricht viel für die Richtigkeit der Ansicht des Oberlandesgerichts Stuttgart, Art. 11 Abs. 1 Satz 2 EGBGB [heute: Art. 11 Abs. 1 Fall 2 EGBGB] gelte generell, also auch für gesellschaftsrechtliche Vorgänge [hier: durch Notariat Zürcher Altstadt beurkundete Satzungsänderung einer deutschen GmbH]. Doch braucht der Senat die streitige Rechtsfrage nicht zu entscheiden."); krit. dazu *Geimer*, DNotZ 1981, 406; ebenfalls in diese Richtung BGH, NZG 2005, 41, 42.

17) OLG Frankfurt a. M., RIW 1981, 552 = DB 1981, 1456 = DNotZ 1982, 186 = IPRax 1983, 79 (LS), mit krit. Anm. *Firsching* (im Fall der deutschen GmbH, s. a. unten Rz. 15 Fn. 34).

schäftsanteilen an einer deutschen GmbH.[18] Denn bekanntlich verlangt das deutsche Recht gemäß § 15 Abs. 3 und 4 GmbHG sowohl für das Verpflichtungsgeschäft als auch für das eigentliche Verfügungsgeschäft die **notarielle Beurkundung**. Gleiches gilt übrigens nach österreichischem Recht (§ 76 Abs. 2 Satz 1 und 2 öst. GmbHG).[19] Auch das italienische Recht sieht für die Übertragung der Anteile an einer *società a responsabilità limitata* zwingend die Errichtung entweder einer notariellen Urkunde *(atto publico)* oder einer beglaubigten Urkunde *(scrittura privata autentica)* vor.[20] Hingegen lässt sich der Anteil an einer *société à responsabilité limitée* nach französischem Recht privatschriftlich übertragen.[21] Gleiches gilt nach der Reform des schweizerischen Obligationenrechts auch für die schweizerische GmbH (Art. 785 Abs. 1 OR). Durch den im Zuge dieser Reform abgeschafften Beurkundungszwang haben gleichzeitig die deutschen Diskussionen über Fragen des Formstatuts neuen Auftrieb erhalten. Die gleiche Wirkung ist durch das MoMiG und die damit einhergehende gestiegene Bedeutung der Gesellschafterliste zu verzeichnen.

a) **Verpflichtungsgeschäft**

10 Nach in Deutschland **h. A.** gilt für das Verpflichtungsgeschäft **Art. 11 Abs. 1 Rom I-VO** uneingeschränkt. Damit genügt es die **Geschäfts- oder Ortsform** einzuhalten.[22] Diese Ansicht hat sich zu Art. 11 Abs. 1 EGBGB a. F. ent-

---

18) *Merkt*, ZIP 1994, 1417; *Depping*, GmbHR 1994, 386; *Reuter*, BB 1998, 116; *Behrens* in: Ulmer/Habersack/Winter, Einl. B Rz. 137 ff.; *Semler* in: Hölters, Teil VII Rz. 127 ff.; *Großfeld/Berndt*, RIW 1996, 625 ff.; für einen Überblick über die Bedeutung des § 15 GmbHG vgl. *Benecke*, RIW 2002, 280; *Geyrhalter*, RIW 2002, 386.

19) *Beer* in: Süß/Wachter, Länderbericht Österreich Rz. 146.

20) *Depping*, GmbHR 1994, 386, 387 Fn. 10, mit Verweis auf das italienische Geldwäschegesetz, Nr. 310 v. 12.8.1993; auch *Bauer/Pesaresi* in: Süß/Wachter, Länderbericht Italien Rz. 107 ff.

21) Einen Überblick über die unterschiedlichen Regelungen des ausländischen Rechts geben *Behrens u. a.* in: Behrens, S. 89 ff.; außerdem die Länderberichte bei Süß/Wachter, S. 355 ff.

22) BGH, NZG 2005, 41, 42 = RIW 2005, 144 *(obiter dictum)*; OLG Stuttgart, NZG 2001, 41; OLG München, DB 1998, 125, 126; OLG Frankfurt a. M., WM 1981, 946; BayObLGZ 1977, 242, 244 ff.; bereits RGZ 88, 227, 231; 160, 225, 231; *Abrell*, NZG 2007, 60; *Behrens* in: Ulmer/Habersack/Winter, Einl. B Rz. 137; *Böttcher/Blasche*, NZG 2006, 766; *Dutta*, RIW 2005, 98, 100; *Hueck/Fastrich* in: Baumbach/Hueck, § 15 GmbHG Rz. 22; *Leible* in: Michalski, Syst. Darst. 2 Rz. 99; *Müller-Chen*, IPRax 2008, 45; *Reichert/Weller*, DStR 2005, 250, 292; *Saenger/Scheuch*, BB 2008, 65, 66 ff.; *Spahlinger/Wegen* in: Spahlinger/Wegen, Rz. 673; *Weller*, Der Konzern 2008, 253, 255; für das österreichische Recht s. aber öst. OGH, IPRax 1990, 252, 253 (Die in § 76 Abs. 2 Satz 1 öst. GmbHG vorgeschriebene Notariatsform ist eine Eingriffsnorm, die ohne Rücksicht auf das Vertragsstatut anzuwenden ist.). S. a. den Vorschlag bei *Merkt*, ZIP 1994, 1417, 1423 (allerdings unzutreffend wiedergegeben bei *Wrede*, GmbHR 1995, 365, 366 Fn. 13): Zu erwägen sei im Interesse der Wirksamkeitsbegünstigung, unter dem Geschäftsstatut i. S. d. Art. 11 Abs. 1 EGBGB alternativ das Schuldvertragsstatut und das Personalstatut der Gesellschaft zu verstehen. Dann wäre der Vertrag formgültig, wenn er den Formerfordernissen des Rechts am Ort des Vertragsschlusses oder den Vorschriften des Vertragsstatuts oder des Personalstatuts der Gesellschaft entspräche; diesem Vorschlag zugeneigt BGH, NZG 2005, 41, 43 (jedenfalls für den Fall einer ausländischen Gesellschaft).

A. Form

wickelt und dürfte sich für Art. 11 Abs. 1 und Abs. 2 Rom I-VO fortsetzen.[23] Der Rückgriff auf das Ortsstatut scheidet wie allgemein nur bei sog. *Normen- oder Formleere* aus, also wenn dieses Statut ein Rechtsgeschäft der fraglichen Art nicht kennt und deshalb keine Form hierfür bereitstellt (siehe oben Rz. 5). Dies dürfte aber beim Share Deal über Anteile an einer GmbH praktisch kaum vorkommen.[24] Nach dieser h. A. könnten daher Parteien eines Kaufvertrags über Anteile an einer deutschen GmbH diesen wirksam im Ausland schließen, wenn sie die dort verlangte Form einhalten (bspw. die mildere schriftliche Form in der Schweiz gemäß Art. 785 Abs. 1 OR).

Nach der **Gegenansicht** ist der **Beurkundungszwang** des § 15 Abs. 4 GmbHG **11** dagegen eine **materiell-inhaltliche Vorschrift des Gesellschaftsstatuts** und kein bloßes Formerfordernis i. S. v. Art. 11 Abs. 1 Rom I-VO. Die Vorschrift wird also kollisionsrechtlich nicht als Formschrift qualifiziert. Sie ist nach dieser Auffassung nicht über den *„Umweg"* der für Formfragen geltenden Kollisionsnorm des Art. 11 Abs. 1 Rom I-VO zu berufen (verbunden mit der Gefahr, durch ein milderes Ortsstatut verdrängt zu werden), sondern allein und direkt über die Regeln des Internationalen Gesellschaftsrechts.[25] Danach wäre bei einer deutschen GmbH unabhängig vom Vertrags- und Ortsstatut die Beurkundungspflicht einzuhalten, wenn sie Teil des berufenen Gesellschaftsstatuts ist.[26] Diese Auffassung greift damit in erheblicher Weise in das den Parteien gewährte Recht ein, das Formstatut i. R. d. Art. 11 Abs. 1 Rom I-VO beinflussen zu dürfen.

Trotz der h. A. ist der **Praxis** zu empfehlen, sich nicht auf die alternative Orts- **12** form zu verlassen, sondern jedenfalls die Formvorschriften des **Vertragsstatuts** einzuhalten, weil und solange gesicherte Rechtsprechung des BGH zur Zulässigkeit der alternativen Ortsform fehlt.[27] Haben die Parteien das Verpflichtungsgeschäft einem anderen Recht als dem Gesellschaftsstatut unterstellt (sei es vollständig oder nur für die Form, dazu oben Rz. 7), kann es zudem angezeigt sein, **vorsichtshalber auch** die Formerfordernisse des **Gesellschaftssta-**

---

23) S. bereits *Leible* in: Michalski, Syst. Darst. 2 Rz. 99; *Merkt/Göthel* in: Reithmann/Martiny, Rz. 4425; *Mankowski*, NZG 2010, 201, 205.
24) S. aber noch RGZ 160, 225, 229.
25) *Kindler* in: MünchKomm-BGB, IntGesR Rz. 558 f.; *Großfeld/Berndt*, RIW 1996, 625, 630; *Großfeld* in: Staudinger, IntGesR Rz. 492; s. a. *Westermann* in: Scholz, Einl. Rz. 135, wonach es bei einer deutschen GmbH „dem Parteiwillen gewöhnlich entsprechen wird", dass das Vertragsstatut dem Gesellschaftsstatut entspricht; *Mann*, ZHR 138 (1974), 448, 451, der statt des Vertragsstatuts jedenfalls für die Veräußerung von GmbH-Geschäftsanteilen das Gesellschaftsstatut zum Wirkungsstatut machen will; *Winkler*, NJW 1972, 981, 982.
26) *Großfeld/Berndt*, RIW 1996, 625, 630; *Großfeld* in: Staudinger, IntGesR Rz. 498; *Kindler* in: MünchKomm-BGB, IntGesR Rz. 558; zu dieser Ansicht auch sogleich ausführlicher unten beim Verfügungsgeschäft Rz. 16.
27) Ebenso *Reichert/Weller*, DStR 2005, 292; *Janssen/Robertz*, GmbHR 2003, 433, 438.

tuts einzuhalten. Hierdurch lässt sich das Risiko einer Unwirksamkeit des Verpflichtungsgeschäfts vermeiden. Wollen sich die Parteien dennoch zunächst auf die Alternativität der Ortsform oder allein die Formerfordernisse des Vertragsstatuts verlassen, sollten sie erwägen, sich vorsichtshalber im Unternehmenskaufvertrag wechselseitig (oder allein den Käufer) unwiderruflich zu bevollmächtigen, das Verpflichtungsgeschäft nach inländischem Gesellschaftsstatut zu wiederholen. Eine von diesen Empfehlungen zu unterscheidende Frage ist es, ob die Parteien durch eine Beurkundung im Ausland die Formerfordernisse des Vertrags- oder Gesellschaftsstatuts erfüllen können (dazu unten Rz. 25 ff.).

b) Verfügungsgeschäft

aa) Überblick

13 Während sich beim Verpflichtungsgeschäft zumindest eine deutliche h. M. ausmachen lässt, die gemäß Art. 11 Abs. 1 und Abs. 2 Rom I-VO für das Verpflichtungsgeschäft über Geschäftsanteile an einer GmbH das Vertragsstatut oder das Ortsstatut zulässt, besteht in Rechtsprechung wie Schrifttum heftiger Streit bei der Frage, wie der Beurkundungszwang nach § 15 Abs. 3 GmbHG kollisionsrechtlich zu qualifizieren ist.[28]

14 Einigkeit besteht darüber, dass **Art. 11 Abs. 1 Rom I-VO nicht** maßgeblich sein kann, weil die Verordnung grundsätzlich nicht auf Verfügungsgeschäfte anwendbar ist (vgl. Art. 1 Abs. 1 Rom I-VO).[29] Einig ist man sich auch darüber, dass das Verfügungsgeschäft selbst dem Gesellschaftsstatut unterliegt. Diskutiert wird aber, ob dies auch alternativlos für § 15 Abs. 3 GmbHG gilt. Es geht wie beim Verpflichtungsgeschäft um die Frage, ob der darin angeordnete Beurkundungszwang als Formvorschrift oder als materiell-inhaltliche Vorschrift des Gesellschaftsrechts einzuordnen ist.

15 Die wohl **h. A.** spricht sich für eine Formvorschrift aus und knüpft damit die Form für Verfügungen über Anteile an einer deutschen GmbH über **Art. 11**

---

28) Streitstand bei *Thorn* in: Palandt, Art. 11 EGBGB Rz. 10; *Hohloch* in: Erman, Art. 11 EGBGB Rz. 19 f.; *Spellenberg* in: MünchKomm-BGB, Art. 11 EGBGB Rz. 172 ff.; *Kindler* in: MünchKomm-BGB, IntGesR Rz. 558; *Großfeld* in: Staudinger, IntGesR Rz. 492 ff.; *Westermann* in: Scholz, Einl. Rz. 113 f.; *Behrens* in: Ulmer/Habersack/Winter, Einl. B Rz. 137 f.; *Assmann* in: Großkomm-AktG, Einl. Rz. 607 ff.; *Schervier*, NJW 1992, 593; *Goette*, DStR 1996, 709.

29) S. aber für die Übertragung von Forderungen Art. 14 Rom I-VO.

A. Form

Abs. 1 EGBGB gesondert an.[30] **Wirkungs- oder Geschäftsstatut** i. S. d. Art. 11 Abs. 1 Fall 1 EGBGB ist danach das **Gesellschaftsstatut**. Nach überwiegender Ansicht innerhalb dieser Gruppe reicht es auch, wenn die Parteien die Ortsform einhalten (Art. 11 Abs. 1 Fall 2 EGBGB).[31] Die Rechtsprechung hat die **Ortsform** in der Vergangenheit zugelassen;[32] auch der BGH geht in diese Richtung.[33] Der Wunsch, Kosten zu sparen oder sich der strengeren Geschäftsform zu entziehen, kann die Versagung der Ortsform grundsätzlich

---

30) BGH, NZG 2005, 41, 42; RGZ 88, 227, 231; BayObLG, NJW 1978, 500 = RIW/AWD 1978, 59 = GmbHR 1978, 39 = DB 1977, 2320 = Rpfleger 1978, 58 = IPRspr. 1977 Nr. 76; OLG Frankfurt a. M., RIW 1981, 552 = DB 1981, 1456 = DNotZ 1982, 186 = IPRax 1983, 79 (LS), mit krit. Anm. *Firsching*; LG Koblenz, IPRspr. 1970, Nr. 144; OLG München, DB 1998, 125, 126 = EWiR 1998, 309 *(Mankowski)*; OLG Stuttgart, NZG 2001, 40; *Winter/Seibt* in: Scholz, § 15 GmbHG Rz. 82 m. w. N.; *Behrens* in: Ulmer/Habersack/Winter, Einl. B Rz. 137; *Mankowski*, NZG 2010, 201; *Reichert/Weller*, GmbH-Geschäftsanteil, § 15 GmbHG Rz. 158; *Reichert/Weller*, DStR 2005, 250, 254; *Weller*, Der Konzern 2008, 253, 255; *Spellenberg* in: MünchKomm-BGB, Art. 11 EGBGB Rz. 174.

31) RGZ 160, 225, 229 (Die Übertragung der Geschäftsanteile an einer deutschen GmbH in privatschriftlicher Form hätte genügt, wenn nach schweizerischem Ortsrecht ein GmbH-Anteil durch einfachen schriftlichen Vertrag wirksam hätte übertragen werden können; dies war aber deshalb nicht möglich, weil das schweizerische Recht die Rechtsform der GmbH noch nicht kannte); RGZ 88, 227, 231; BayObLG, NJW 1978, 500 = RIW/AWD 1978, 59 = GmbHR 1978, 39 = DB 1977, 2320 = Rpfleger 1978, 58 = IPRspr. 1977 Nr. 76; OLG Frankfurt a. M., RIW 1981, 552 = DB 1981, 1456 = DNotZ 1982, 186 = IPRax 1983, 79 (LS), mit krit. Anm. *Firsching* („Die Abtretung berührt nämlich unmittelbar die Interessen Dritter nicht.... . Im Übrigen könnten, sofern die Übertragung eines Anteils für andere Gesellschafter nachteilig wäre, solche Nachteile auch nicht dadurch verhindert werden, dass die Abtretung vor einem deutschen Notar vorgenommen würde."); LG Koblenz, IPRspr. 1970 Nr. 144; *Maier-Reimer*, BB 1974, 1230, 1233; *Bokelmann*, NJW 1975, 1625, 1627; *Semler* in: Hölters, Teil VII Rz. 130; *Hueck/Fastrich* in: Baumbach/Hueck, § 15 GmbHG Rz. 22; *Westermann* in: Scholz, Einl. Rz. 134 f.; *Winter/Seibt* in: Scholz, § 15 GmbHG Rz. 82 f.; *Winter/Löbbe* in: Ulmer/Habersack/Winter, § 15 GmbHG Rz. 138; *Spellenberg* in: MünchKomm-BGB, Art. 11 EGBGB Rz. 174; *Kegel* in: Soergel, Art. 11 EGBGB Rz. 17, 19 und 35; *Hohloch* in: Erman, Art. 11 EGBGB Rz. 19 f.; *Kropholler*, Internationales Privatrecht, S. 316; *Thorn* in: Palandt, Art. 11 EGBGB Rz. 13 m. w. N.; *Reichert/Weller*, DStR 2005, 250, 253 ff.; *Reichert/Weller* in: MünchKomm-GmbHG, § 15 GmbHG Rz. 142 und 158; *Weller*, BB 2005, 1807; nach **a. A.** ist der Beurkundungszwang zwar als Formvorschrift zu qualifizieren, allerdings ist die alternative Berufung der Ortsform ausgeschlossen, so etwa LG Stuttgart, IPRspr. 1976 Nr. 5 A.; AG Köln, GmbHR 1991, 24; *Schervier*, NJW 1992, 593, 598; *Bredthauer*, BB 1986, 1864, 1865; *Mann*, ZHR 138 (1974), 453, 451 ff.; *H. Schmidt*, DB 1976, 2202, 2203; *Kuntze*, DB 1975, 193, 194 f.; Bedenken gegen die Anwendung der Ortsform äußern auch *Bayer* in: Lutter/Hommelhoff, § 15 GmbHG Rz. 28; diff. *Rothoeft* in: FS Esser, S. 113; *Wolfsteiner*, DNotZ 1978, 532.

32) S. Hinweis in voriger Fn.

33) Vgl. BGHZ 80, 76, 78 (allgemein für gesellschaftsrechtliche Vorgänge: auch hier spreche „viel für die Richtigkeit" der Anknüpfung an die Ortsform, s. a. oben Rz. 8 Fn. 16).

nicht rechtfertigen.[34)] Allerdings muss das Ortsrecht ein vergleichbares Rechtsgeschäft kennen. Sonst liegt ein Fall der Normenleere vor (siehe oben Rz. 5).

16 Nach der **abweichenden Ansicht** gehört § 15 Abs. 3 GmbHG wie beim Verpflichtungsgeschäft § 15 Abs. 4 GmbHG dagegen dem Gesellschaftsstatut an (dazu oben Rz. 11). Die Vorschrift wird also wiederum allein und direkt über die Regeln des **Internationalen Gesellschaftsrechts** berufen.[35)] Damit kann sie auch nicht durch ein milderes Ortsstatut verdrängt werden. Dem Beurkundungszwang wird sogar der Charakter als Eingriffsnorm zugeschrieben.[36)] Diese Ansicht ist insbesondere aus den nachfolgenden Gründen abzulehnen.

bb) Geschäfts- oder Ortsform

(1) Qualifikation als Formvorschrift

17 Die Auffassung, die § 15 Abs. 3 GmbHG gesellschaftsrechtlich qualifiziert, begründet dies mit der vorrangigen Funktion des Beurkundungszwangs sicherzustellen, dass Anteile an einer GmbH nicht Gegenstand des freien Handelsverkehrs werden. Der Gesetzgeber habe der Norm eine rechtsformprägende,

---

34) BayObLG, NJW 1978, 500 = RIW/AWD 1978, 59 = GmbHR 1978, 39 = Rpfleger 1978, 58 („Eine Anwendung von Art. 11 Abs. 1 Satz 2 EGBGB wäre nur ausgeschlossen, wenn durch die Zulassung der ausländischen Ortsform gegen die guten Sitten oder den Zweck eines deutschen Gesetzes verstoßen würde ... Davon kann bei der Beurkundung der Übertragung eines Geschäftsanteiles an einer deutschen GmbH zwischen ausschließlich in Österreich ansässigen Beteiligten durch einen österreichischen Notar keine Rede sein."); OLG Frankfurt a. M., RIW 1981, 552 = DB 1981, 1456 = DNotZ 1982, 186 = IPRax 1983, 79 (LS), mit krit. Anm. *Firsching* („Es läge aber auch kein Verstoß gegen die guten Sitten vor, wenn das Rechtsgeschäft [Abtretung eines Anteils an einer deutschen GmbH] allein deshalb in der Schweiz [Notariat Zürich] vorgenommen wäre, weil die nach Schweizer Recht anfallenden Gebühren wesentlich niedriger sind als diejenigen nach deutschem Recht. Der Senat erachtet es für legitim, unter mehreren zulässigen Möglichkeiten die kostengünstigere zu wählen."); OLG Stuttgart, Rpfleger 1982, 137; *Hohloch* in: Erman, Art. 11 EGBGB Rz. 25; *Mörsdorf-Schulte* in: Prütting/Wegen/Weinreich, Art. 11 EGBGB Rz. 12, jeweils m. w. N.; nach a. A. soll dagegen trotz grundsätzlicher Gestattung der Ortsform die bewusste Formerzielung oder „-erschleichung" bei strengerem Geschäftsstatut zur Formunwirksamkeit führen, so *Geimer*, DNotZ 1981, 406, 410; *Kropholler*, ZHR 140 (1976), 394, 397; *Reithmann*, DNotZ 1956, 469, 476; *Wolfsteiner*, DNotZ 1978, 532, 536.

35) LG Stuttgart, IPRspr. 1976 Nr. 5 A.; LG Koblenz, IPRspr. 1970 Nr. 144; *Kindler* in: MünchKomm-BGB, IntGesR Rz. 558 f.; *Kindler*, Geschäftsanteilsabtretungen im Ausland, S. 23, 38; *Kindler*, BB 2010, 74, 75; *Eidenmüller* in: Sonnenberger, Rz. 491; *Großfeld/ Berndt*, RIW 1996, 625, 630; wohl ebenfalls *Großfeld* in: Staudinger, IntGesR Rz. 492 (Ausschluss des Ortsrechts über Art. 11 Abs. 4 EGBGB [Art. 11 Abs. 5 EGBGB a. F.] analog); *van Randenbough/Kallmeyer*, GmbHR 1996, 908, 911; *König/Götte/Bormann*, NZG 2009, 881, 882 f.; *Rehm* in: Eidenmüller, § 4 Rz. 49; *Reithmann*, NZG 2005, 873 f.; *Winkler*, NJW 1973, 222; *Winkler*, NJW 1974, 1032.

36) *Kindler* in: MünchKomm-BGB, IntGesR Rz. 560; *Kindler*, BB 2010, 74, 76 f.; näher *Kindler*, Geschäftsanteilsabtretungen im Ausland, S. 20 ff. und 36 ff.; dagegen ausdrücklich *Mankowski*, NZG 2010, 201, 205.

A. Form

typenschützende Funktion gegeben, die einem Kernbereich unentziehbarer Strukturelemente vergleichbar sei.[37]

Diese Funktion, *„leichten und spekulativen Handel"* mit GmbH-Geschäftsanteilen zu verhindern,[38] mag man akzeptieren, auch wenn Gründe dafür vorgebracht werden, sie als überholt anzusehen.[39] Aber selbst dann indiziert die Beurkundungspflicht **keine besondere organisationsrechtliche Bedeutung** des Übertragungsvorgangs.[40] Bestand und Verfassung der Gesellschaft bleiben von der Übertragung unberührt.[41] Das Geschäft greift nicht in einer Weise in die Struktur der Gesellschaft ein, die ein hervorgehobenes Interesse des Gesellschaftsstatuts an einer gesellschaftsrechtlichen Qualifikation des Beurkundungszwangs zu begründen vermag.[42]

18

Zudem kann man nicht unberücksichtigt lassen, dass auch dann zwischen sachrechtlicher Bedeutung und kollisionsrechtlicher Qualifikation einer Norm zu trennen ist, wenn die Norm wie im Fall des § 15 Abs. 3 GmbHG sachrechtlich eine über die üblichen Formzwecke der Beweissicherung, des Übereilungsschutzes und der Beratung hinausgehende Bedeutung hat. Als **„Formerfordernisse"** i. S. v. Art. 11 Abs. 1 EGBGB sind allgemein alle Vorschriften anzusehen, die Art und Weise der Äußerung einer Willenserklärung regeln.[43] Darunter fällt auch § 15 Abs. 3 GmbHG. Hätte der deutsche Gesetzgeber der Vorschrift kollisionsrechtlich eine andere Wertung geben oder aber wenigstens die Ortsform als Alternative ausschließen wollen, hätte er dies zum Ausdruck gebracht und eine dem Art. 11 Abs. 4 EGBGB vergleichbare Sonderregelung geschaffen. Stattdessen hat er aber in Art. 11 Abs. 1 EGBGB bewusst einen Grundsatz für Formerfordernisse verankert, der den Parteien Geschäfts- und

19

---

37) *Großfeld/Berndt*, RIW 1996, 625, 630; *Kindler* in: MünchKomm-BGB, IntGesR Rz. 558; *König/Götte/Bormann*, NZG 2009, 881, 883; *van Randenbough/Kallmeyer*, GmbHR 1996, 908, 911.

38) So BGHZ 13, 49, 51; BGHZ 75, 353; auch *Kindler*, BB 2010, 74, 75; *König/Götte/Bormann*, NZG 2009, 881, 883.

39) Dazu *Winter/Seibt* in: Scholz, § 15 GmbHG Rz. 5.

40) *Behrens* in: Ulmer/Habersack/Winter, Einl. B Rz. 137; *Kropholler*, ZHR 140 (1976), 394, 404 f.; *Bredthauer*, BB 1986, 1864, 1865; *Hohloch* in: Erman, Art. 11 EGBGB Rz. 27.

41) *Reichert/Weller*, GmbH-Geschäftsanteil, § 15 GmbHG Rz. 145 f.; *Behrens* in: Ulmer/Habersack/Winter, Einl. B Rz. 137; *Kindler* in: MünchKomm-BGB, IntGesR Rz. 558.

42) *Behrens* in: Ulmer/Habersack/Winter, Einl. B Rz. 137; so aber *Großfeld/Berndt*, RIW 1996, 625, 630.

43) *Mäsch* in: Bamberger/Roth, Art. 11 EGBGB Rz. 20; *Hohloch* in: Erman, Art. 11 EGBGB Rz. 13; *Reichert/Weller* in: MünchKomm-GmbHG, § 15 GmbHG Rz. 162; s. a. den Bericht von *Giuliano/Lagarde* zum EVÜ, BT-Drucks. 10/503, S. 61: „ Es ist ... zulässig, jedes äußere Verhalten, das dem Autor einer rechtlich erheblichen Willenserklärung vorgeschrieben wird und ohne das diese Willenserklärung nicht voll wirksam ist, als eine Form i. S. d. Art. 9 anzusehen."

Ortsstatut alternativ anbietet und nur bei Verfügungen über Sachen das Ortsstatut ausgeschlossen.[44]

(2) Alternative Ortsform

20 Daher gibt es bei Qualifikation des § 15 Abs. 3 GmbHG als Formvorschrift keinen Grund, die alternative Ortsform zu unterbinden. Die Alternativität entspricht dem Willen des Gesetzgebers, der die Geschäftsform und die Ortsform als gleich eng mit einem internationalen Sachverhalt verbunden ansieht und damit beide Rechtsordnungen als gleichermaßen berufen einstuft.[45] Hiergegen spricht auch nicht die Belehrungspflicht des Notars. Auf die Belehrung können die Parteien verzichten.[46] Hiervon ist bei Beurkundung im Ausland nach dem BGH immer auszugehen, weil dort die erforderliche Belehrung nicht erfolgen könne.[47] Zudem macht eine fehlende Belehrung das Geschäft nach zutreffender Ansicht nicht unwirksam.[48] Der Ausschluss der Ortsform durch eine gesellschaftsrechtliche Qualifikation von § 15 Abs. 3 GmbHG greift damit erheblich in das den Parteien gewährte Recht ein, das Formstatut i. R. d. Art. 11 Abs. 1 EGBGB beeinflussen zu dürfen.

(3) Gesellschafterliste

21 Die durch das Gesetz zur Modernisierung des GmbH-Rechts und zur Bekämpfung von Missbräuchen (**MoMiG**)[49] eingeführte Pflicht deutscher Notare, nach der Beurkundung eine aktualisierte Gesellschafterliste beim Handelsregister einzureichen (§ 40 Abs. 2 GmbHG), ändert nichts daran, § 15 Abs. 3 GmbHG als Formvorschrift zu qualifizieren.[50] Die **Einreichungspflicht** betrifft **nicht** die **Beurkundung** selbst.[51] Sie ist streng von der Beurkundungspflicht zu **trennen**.[52] Die Beurkundungspflicht schreibt eine Form für die

---

44) *Mankowski*, NZG 2010, 201, 206; *Winter/Seibt* in: Scholz, § 15 GmbHG Rz. 82; *Spellenberg* in: MünchKomm-BGB, Art. 11 EGBGB Rz. 172.
45) *Spellenberg* in: MünchKomm-BGB, Art. 11 EGBGB Rz. 5.
46) *Mankowski*, NZG 2010, 201, 203.
47) BGHZ 80, 76, 78 = ZIP 1981, 402 = RIW 1981, 342 = DB 1981, 983 = GmbHR 1981, 582 = WM 1982, 950; krit. dazu *Geimer*, DNotZ 1981, 406.
48) Nachweise zum Streitstand bei *Kegel* in: Soergel, Art. 11 EGBGB Rz. 35 Fn. 14; dazu auch *Leible* in: Michalski, Syst. Darst. 2 Rz. 104; *Spellenberg* in: MünchKomm-BGB, Art. 11 EGBGB Rz. 93.
49) BGBl. I 2008, 2026 v. 28.10.2008.
50) Wohl auch *Hueck/Fastrich* in: Baumbach/Hueck, § 15 GmbHG Rz. 22; anders aber *Kindler* in: MünchKomm-BGB, IntGesR Rz. 559; *Kindler*, Geschäftsanteilsabtretungen im Ausland, S. 23 ff.; *König/Götte/Bormann*, NZG 2009, 881, 884 ff.
51) *Merkt/Göthel* in: Reithmann/Martiny, Rz. 4430; *Saenger/Scheuch*, BB 2008, 65, 67; *Schlößer*, GmbHR 2007, 301, 303; *Rodewald* in: GmbH-Handbuch, Rz. 978.1.
52) Dazu *Altmeppen* in: Roth/Altmeppen, § 15 GmbHG Rz. 5; *Bayer* in: Lutter/Hommelhoff, § 15 GmbHG Rz. 34 ff.

A. Form

Anteilsübertragung vor und ist erfüllt, sobald der Notar seine Urkunde geschlossen hat.[53] Zu diesem Zeitpunkt ist die Anteilsübertragung wirksam, auch wenn der Veräußerer gemäß § 16 Abs. 1 GmbHG solange gegenüber der Gesellschaft als Anteilsinhaber gilt (Fiktion), bis die neue Liste im Handelsregister aufgenommen ist. Die Aufnahme der Gesellschafterliste ist nicht materiell Teil des Verfügungsgeschäfts.[54] Richtig ist zwar, dass die Gesellschafterliste durch das MoMiG Grundlage eines gutgläubigen Erwerbs geworden ist (§ 16 Abs. 3 GmbHG) und ihre Bedeutung damit stark gestiegen ist.[55] Daraus lässt sich aber nicht folgern, dass „unabhängig vom Ort der Vornahme des Rechtsgeschäfts eine notarielle Beurkundung der Abtretungsvereinbarung erforderlich ist".[56]

Denn die gesetzlich angeordnete Pflicht des Notars, nach abgeschlossener Beurkundung eine Gesellschafterliste einzureichen, ist weder bei nationalen noch bei internationalen Sachverhalten gleichzeitig als eine Anordnung anzusehen, die Übertragung von Geschäftsanteilen zwingend von einem Notar beurkunden zu lassen. *Mankowski* erklärt dazu:

„Wenn ein Notar mitgewirkt hat, treffen prinzipiell ihn die Pflichten. Dass unter allen Umständen ein Notar mitwirken muss, ist dagegen nirgends in § 40 Abs. 2 GmbHG festgeschrieben. Vielmehr muss sich die Pflicht, einen Notar heranzuziehen, aus anderen Tatbeständen ergeben. § 40 Abs. 2 GmbHG jedenfalls stellt sie nicht auf, sondern setzt sie genau umgekehrt voraus."[57]

---

53) *Bayer* in: Lutter/Hommelhoff, § 15 GmbHG Rz. 34; *Hueck/Fastrich* in: Baumbach/Hueck, § 15 GmbHG Rz. 28.
54) *Hueck/Fastrich* in: Baumbach/Hueck, § 16 GmbHG Rz. 2.
55) Näher dazu *Bayer* in: Lutter/Hommelhoff, § 16 GmbHG Rz. 49 ff.; *Hueck/Fastrich* in: Baumbach/Hueck, § 16 GmbHG Rz. 26 ff.; *Winter/Seibt* in: Scholz, § 16 GmbHG Rz. 51 f.; *Seibt* in: Scholz, Nachtrag MoMiG § 16 GmbHG Rz. 57 ff.; *Rodewald* in: GmbH-Handbuch, Rz. 1019 ff.
56) So aber *Kindler* in: MünchKomm-BGB, IntGesR Rz. 559.
57) *Mankowski*, NZG 2010, 201, 204 mit zahlreichen weiteren Argumenten. Im Übrigen zeigt der Bericht von *Giuliano/Lagarde* zum EVÜ allgemein, dass außerhalb der Beurkundung liegende Handlungen für die kollisionsrechtliche Qualifikation einer Vorschrift als Formvorschrift irrelevant ist: „Es ist ... zulässig, jedes äußere Verhalten, das dem Autor einer rechtlich erheblichen Willenserklärung vorgeschrieben wird und ohne das diese Willenserklärung nicht voll wirksam ist, als eine Form i. S. d. Art. 9 anzusehen. [Diese Definition] umfasst ferner nicht die besonderen Erfordernisse, die einzuhalten sind, damit ein Rechtsgeschäft gegenüber Dritten wirksam ist, z. B. im englischen Recht die Verpflichtung zur Mitteilung jeder gesetzlichen Abtretung eines nicht dinglichen Rechts.", BT-Drucks. 10/503, S. 61. Für die Pflicht zur Einreichung der Gesellschafterliste, die in ihren Wirkungen längst nicht so weit geht wie das ebengenannte Beispiel bei *Giuliano/Lagarde*, gilt dies auch; diese Pflicht lässt die Qualifikation von § 15 Abs. 3 GmbHG als Formvorschrift unberührt.

(4) Reform des schweizerischen Obligationenrechts

23 Knüpft man mit der h. M. § 15 Abs. 3 GmbHG als Formfrage über Art. 11 Abs. 1 EGBGB an und bejaht die Alternativität zwischen Geschäfts- und Ortsform, ist die Ortsform auch dann erfüllt, wenn sie **bloß Schriftform** verlangt und die Parteien dem folgen. Wie bereits ausgeführt, kann der Wunsch der Parteien, sich einer strengeren Geschäftsform zu entziehen, grundsätzlich nicht rechtfertigen, die Ortsform zu versagen (siehe schon oben Rz. 6). Dies gilt auch für in der Schweiz geschlossene Übertragungsverträge. Bekanntlich hat die Reform des schweizerischen Obligationenrechts das Erfordernis einer öffentlichen Beurkundung bei der Abtretung von Anteilen an einer schweizerischen GmbH und der Verpflichtung hierzu abgeschafft. Nunmehr genügt für beide Rechtsgeschäfte die Schriftform (Art. 785 Abs. 1 OR).[58] Wenn die Parteien diese Form bei einem Verfügungsgeschäft über Anteile an einer deutschen GmbH in der Schweiz einhalten, ist die **Ortsform nach Art. 11 Abs. 1 Fall 2 EGBGB gewahrt**. Die Änderung des schweizerischen Obligationenrechts hat zu keiner Normen- oder Formleere geführt, welche die Ortsform ausschließt[59] (davon zu unterscheiden ist die Frage, ob eine in der Schweiz erfolgte Beurkundung einer deutschen gleichwertig ist, dazu unten Rz. 35). Denn die Schweiz kennt mit der Übertragung von Anteilen an einer schweizerischen GmbH ein vergleichbares Rechtsgeschäft und stellt hierfür eine Formregel bereit. Dass diese Formregel *„schwächer"* ist als ihr deutsches Gegenstück, nimmt das deutsche Recht wegen Art. 11 Abs. 1 EGBGB in Kauf.

cc) Praxisempfehlung

24 Auch wenn die besseren Gründe dafür sprechen, neben der Form des Gesellschaftsstatuts die des Vornahmeorts gelten zu lassen, ist der Praxis zu empfehlen, sehr **vorsichtig** zu sein. Vor dem Hintergrund der aktuellen Diskussion und der fehlenden ausdrücklichen Rechtsprechung des BGH ist es ratsam, die Formvorschriften des **Gesellschaftsstatuts** als Geschäftsstatut einzuhalten. Auf die ggf. mildere Ortsform sollte man sich nicht verlassen, um nicht die Unwirksamkeit der Anteilsübertragung zu riskieren. Wollen sich die Parteien dennoch zunächst auf die Alternativität der Ortsform verlassen, sollten sie erwägen, sich vorsichtshalber wechselseitig (oder allein den Käufer) unwiderruflich zu bevollmächtigen, die Anteilsübertragung nach inländischem Gesellschaftsstatut zu wiederholen. Eine hiervon zu unterscheidende Frage ist es, ob die Parteien durch eine Beurkundung im Ausland die Formerfordernisse des

---

[58] Obligationenrecht (GmbH-Recht sowie Anpassungen im Aktien-, Genossenschafts-, Handelsregister- und Firmenrecht) v. 16.12.2005, BBl. 2005, 7289. Dazu *Bayer* in: Lutter/Hommelhoff, § 15 GmbHG Rz. 28; *Winter/Seibt* in: Scholz, § 15 GmbHG Rz. 87; *Engel*, DStR 2008, 1593; *Trendelenburg*, GmbHR 2008, 644; *Weller*, Der Konzern 2008, 253.

[59] *Mankowski*, NZG 2010, 201, 207; *Reichert/Weller* in: MünchKomm-GmbHG, § 15 GmbHG Rz. 155.

A. Form

Gesellschaftsstatuts erfüllen können (zu dieser Frage der Gleichwertigkeit sogleich Rz. 25 ff.).

3. Gleichwertigkeit von Auslandsbeurkundungen
a) Einleitung

In der Praxis taucht bei den Parteien häufig der Wunsch auf, bei einer dem deutschen Recht unterliegenden Veräußerung von Geschäftsanteilen an einer deutschen GmbH die Beurkundungspflicht nach § 15 Abs. 3 und 4 GmbHG durch eine Beurkundung im Ausland zu erfüllen. Hierdurch möchte man die Beurkundungskosten verringern.[60] Schnell wird dann die Frage gestellt, ob die ausländische Beurkundung einer deutschen gleichwertig ist, ob also etwa der schweizerische Notar nach Vorbildung und Stellung im Rechtsleben eine der Tätigkeit des deutschen Notars entsprechende Funktion ausübt und für die Errichtung der Urkunde ein Verfahrensrecht zu beachten hat, das den tragenden Grundsätzen des deutschen Beurkundungsrechts entspricht. Bevor man aber zu dieser Frage kommt, ist es erforderlich zu prüfen, ob diese Frage überhaupt gestellt werden muss. 25

Teilt man die Auffassung, wonach für das Verpflichtungsgeschäft einer Anteilsveräußerung das Vertragsstatut und das Ortsstatut alternativ gelten (Art. 11 Abs. 1 Rom I-VO) und dies ebenso für das Verfügungsgeschäft der Fall ist (Art. 11 Abs. 1 EGBGB), kommt es eigentlich nicht darauf an, ob die Form der im Ausland erfolgten Geschäftsvornahme der deutschen Geschäftsform gleichwertig ist. Entsprechendes gilt übrigens im umgekehrten Fall, wenn die Übertragung von Anteilen an einer ausländischen Gesellschaft mit ausländischem Gesellschaftsstatut im Inland (Ortsstatut) vorgenommen werden soll. Gerade diese Vergleiche will der Gesetzgeber den Parteien durch Art. 11 Abs. 1 Rom I-VO und Art. 11 Abs. 1 EGBGB ersparen.[61] Erforderlich ist lediglich, dass am Vornahmeort keine Formleere herrscht und die Parteien die Ortsform einhalten. 26

Die **Frage der Gleichwertigkeit** der Form stellt sich vielmehr regelmäßig nur dann, wenn man den oben beschriebenen abweichenden Auffassungen folgt (siehe oben Rz. 11 und Rz. 16) und bspw. für die Form beim Verpflichtungs- 27

---

60) Zu den Vor- und Nachteilen *Holzapfel/Pöllath*, Rz. 1015. Für große Transaktionen sind Kostengesichtspunkte in den Hintergrund getreten, weil seit Mitte 2004 der Geschäftswert in Deutschland gem. § 18 Abs. 1 Satz 2 KostO auf 60 Mio. € begrenzt ist; so auch *Schrader* in: Seibt, M&A, C. II. 1 Anm. 2.
61) BayObLGZ 1977, 212 = NJW 1978, 500 = DNotZ 1978, 170 = IPRspr. 1977 Nr. 76; *Spellenberg* in: MünchKomm-BGB, Art. 11 EGBGB Rz. 174; *Thorn* in: Palandt, Art. 11 EGBGB Rz. 14; *Hohloch* in: Erman, Art. 11 EGBGB Rz. 27; *Bokelmann*, NJW 1972, 1729, 1731; *Bokelmann*, NJW 1975, 1625; teilweise abweichend *Rothoeft* in: FS Esser, S. 113. Unzutreffend AG Hamburg, IPRspr. 1980 Nr. 193 (allerdings zur Formwirksamkeit eines Ehevertrags).

§ 7 Form und Zustandekommen

und Verfügungsgeschäft über Anteile an einer deutschen GmbH allein das Gesellschaftsstatut gelten lässt. Gleiches gilt, wenn man aus sonstigen Gründen die Formanforderungen des Geschäftsstatuts erfüllen will. Nur dann ist die Frage zu beantworten, ob die Geschäftsvornahmen im Ausland, bspw. die Beurkundung nach den dortigen Formvorschriften, den Formanforderungen des deutschen Geschäfts- oder Gesellschaftsstatuts gleichwertig sind.[62] Allgemein formuliert stellt sich die Frage **nur dann**, wenn für die **Form** das **Geschäftsstatut** maßgeblich ist oder sein soll, die dortigen Anforderungen an die Form aber **außerhalb des räumlichen Geltungsbereichs dieses Statuts** erfüllt werden sollen.

28 Dennoch scheut sich die Rechtsprechung, die ja – wie dargestellt – durchaus die alternative Ortsform zulässt, nicht selten zu prüfen, ob die Formvorschriften des auswärtigen Ortsstatuts erfüllt sind. Die Gerichte lassen diese Frage dann ausdrücklich offen, und es kommt *de facto* zu einer Beschränkung auf das Geschäftsstatut und der damit erforderlichen – methodisch verfehlten – Prüfung, ob der ausländische Beurkundungsvorgang dem deutschen Geschäftsstatut gleichwertig ist. Dies ist freilich verständlich. Denn die Frage zu klären, ob die Form des Ortsstatuts beachtet worden ist, fordert nicht selten, einen Gutachter hinzuzuziehen, während die Feststellung, dass eine ausländische Beurkundung der deutschen gleichkommt, regelmäßig aus eigener Anschauung beantwortet wird.[63]

29 Ebenso wird teilweise in der Literatur die Frage, ob Orts- und Geschäftsform gleichwertig sind, – vielfach in Verkennung der Rechtslage – von jenen Stimmen erörtert, die für Kauf und Abtretung sowohl Geschäfts- als auch Ortsform zulassen.[64]

b) **Gleichwertigkeit**

30 In der deutschen Praxis geht es bei der Frage der Gleichwertigkeit im Kern darum, ob sich die von § 15 Abs. 3 und 4 GmbHG geforderte *„notarielle Form"* und damit die Beurkundung nach dem Verfahren des Beurkundungsgesetzes durch eine Beurkundung erfüllen lässt, die ein **ausländischer Notar** außerhalb des räumlichen Geltungsbereichs des deutschen Wirkungsstatuts vornimmt. Die Frage wird unterschiedlich beantwortet.[65]

31 Nach der Rechtsprechung des BGH und anderen Gerichten genügt die Auslandsbeurkundung jedenfalls dann, wenn sich i. R. d. **Substitution** die **Gleich-**

---

[62] Konsequent daher *Bayer* in: Lutter/Hommelhoff, § 15 GmbHG Rz. 27 f.
[63] Exemplarisch LG Köln, DB 1989, 2214 (Verschmelzungsvertrag).
[64] Etwa *Semler* in: Hölters, Teil VII Rz. 130 a. E.; wohl auch *von Hoyenberg* in: Münchener Vertragshandbuch, IV. 3, 4 Anm. 30.
[65] Meinungsstand bei *Armbrüster* in: Armbrüster/Preuss/Renner, § 1 BeurkG Rz. 73; *Thorn* in: Palandt, Art. 11 EGBGB Rz. 9 f.

A. Form

wertigkeit sowohl der ausländischen Urkundsperson als auch des Beurkundungsvorgangs ergibt.[66] Gleichwertigkeit ist gegeben, wenn die ausländische Urkundsperson nach Vorbildung und Stellung im Rechtsleben eine der Tätigkeit des deutschen Notars **entsprechende Funktion** ausübt und für die Errichtung der Urkunde ein **Verfahrensrecht** zu beachten hat, das den tragenden Grundsätzen des deutschen Beurkundungsrechts entspricht.[67]

Eine der deutschen Form gleichwertige Auslandsbeurkundung setzt insbesondere voraus, dass die ausländische Beurkundungsperson nach Aufgabe, Pflichten und Ausbildung der eines deutschen Notars vergleichbar und dadurch gewährleistet ist, dass der mit den Formvorschriften verfolgte gesetzgeberische Zweck erreicht wird. Dieser Zweck ist bei den Beurkundungspflichten des § 15 Abs. 3 und 4 GmbHG neben der Beweisfunktion besonders in der vom Gesetzgeber gewollten Erschwerung der Übertragung von Gesellschaftsanteilen zu sehen.[68] Der Notar muss weder vertiefte Kenntnisse des deutschen Gesellschaftsrechts haben noch die Parteien belehren (§ 17 BeurkG). Denn die Parteien verzichten durch die Reise in das Ausland auf die Belehrung nach deutschem Recht, und zudem erfüllt § 15 Abs. 3 und 4 GmbHG keine Warnfunktion.[69] 32

c) Einzelfälle

In der Literatur wird Gleichwertigkeit – teilweise speziell für die Abtretung von Geschäftsanteilen an einer GmbH, teilweise für gesellschaftsrechtliche Geschäfte, teilweise aber auch pauschal – grundsätzlich **bejaht** für Notare in Österreich, in England und in den Niederlanden, ebenso für Notare im Bereich des sog. *lateinischen Notariats der romanischen Länder* (Belgien, Frankreich, 33

---

66) BGH, DStR 2000, 601, dazu EWiR 2000, 487 *(Werner)*; BGH, ZIP 1989, 1052, 1055 = WM 1989, 1221 („Unabhängig davon, ob zur Wahrung der Form des § 15 Abs. 3 GmbHG gemäß Art. 11 Abs. 1 EGBGB die Ortsform genügt, ist jedenfalls bei der Beurkundung durch einen Schweizer Notar [Notariat Zürich Altstadt] auch das in deutschen Gesetzesvorschriften aufgestellte Formerfordernis der notariellen Beurkundung erfüllt." Die Gleichwertigkeit wird in diesem Fall ausdrücklich bejaht.); OLG München, BB 1998, 119, dazu EWiR 1998, 309 *(Mankowski)*; LG Kiel, BB 1998, 120 (für Verschmelzungsvertrag); LG Köln, IPG 1971 Nr. 41 (Übernahmeerklärung für eine Stammeinlage); LG München, DNotZ 1976, 501, mit Anm. *Brambring* (differenzierend); LG Stuttgart, IPRspr. 1976 Nr. 5 A.; aus der Literatur *Beisel* in: Beisel/Klumpp, Kap. 7 Rz. 52 f.; *Behrens* in: Ulmer/Habersack/Winter, Einl. B Rz. 141; *Holzapfel/Pöllath*, Rz. 1016; *Wetzler* in: Hölters, Teil XV Rz. 239; krit. zur Gleichwertigkeit *Bredthauer*, BB 1986, 1864; *Heckschen*, DB 1990, 161; *Goette* in: FS Boujong, S. 131; *Schervier*, NJW 1992, 593 m. w. N.
67) BGHZ 80, 76, 78 = NJW 1981, 1160.
68) BGHZ 80, 76; OLG Stuttgart, NZG 2001, 40, 43, mit Anm. *Bauer*; *Thorn* in: Palandt, Art. 11 EGBGB Rz. 10.
69) BGHZ 80, 76, 79; *Reichert/Weller*, DStR 2005, 250, 252; *Reichert/Weller* in: MünchKomm-GmbHG, § 15 GmbHG Rz. 144; *Winter/Seibt* in: Scholz, § 15 GmbHG Rz. 85; s. a. *Großfeld/Berndt*, RIW 1996, 625, 630.

Italien, Spanien).[70] Gleiches gilt für israelische Notare.[71] **Umstritten** ist die Gleichwertigkeit allerdings für die lateinamerikanischen Länder.[72] Hingegen ist der US-amerikanische *notary public* entgegen der ähnlichen Bezeichnung ebenso wie das dänische *Notarial Kontoret* mit dem deutschen Notar unstreitig **nicht vergleichbar.**[73]

34 Bei der in der Praxis besonders bedeutsamen Auslandsbeurkundung durch **schweizerische Notare** muss die Gleichwertigkeit **je nach Kanton** geprüft werden. Anerkannt ist die Gleichwertigkeit namentlich für Zürich-Altstadt und Basel-Stadt.[74] Teilweise bejaht der BGH auch pauschal die Gleichwertigkeit für schweizerische Beurkundungen.[75] Allerdings ist noch unklar, ob der von schweizerischen Notaren bei Beurkundungen mit Bezug zum deutschen Recht üblicherweise verlangte vollständige Ausschluss der Notarhaftung die ansons-

---

70) *Löber*, RIW 1989, 94 (speziell für Spanien); *Schütze*, DB 1992, 1970, 1971 (Niederlande und Österreich); einschränkend *Bayer* in: Lutter/Hommelhoff, § 15 GmbHG Rz. 27; *Armbrüster* in: Armbrüster/Preuss/Renner, § 1 BeurkG Rz. 71; s. im Übrigen die Nachweise bei *Hohloch* in: Erman, Art. 11 EGBGB Rz. 20 (speziell für gesellschaftsrechtliche Geschäfte); *Winter/Seibt* in: Scholz, § 15 GmbHG Rz. 86; beachte aber LG München, DNotZ 1976, 501, mit Anm. *Brambring* (differenzierend für Österreich).

71) *Armbrüster* in: Armbrüster/Preuss/Renner, § 1 BeurkG Rz. 70; Nachweise bei *Hohloch* in: Erman, Art. 11 EGBGB Rz. 20.

72) Gleichwertigkeit bejahend *Jasper* in: MünchHdb-GesR, Bd. 3, § 24 Rz. 99 (speziell für GmbH-Anteilsübertragungen und Satzungsänderungen); zweifelnd *Armbrüster* in: Armbrüster/Preuss/Renner, § 1 BeurkG Rz. 71.

73) *Leible* in: Michalski, Syst. Darst. 2 Rz. 106; *Spellenberg* in: MünchKomm-BGB, Art. 11 EGBGB Rz. 89; *Hohloch* in: Erman, Art. 11 EGBGB Rz. 20; *Großfeld* in: Staudinger, IntGesR Rz. 472; *Müller* in: Sandrock, Rz. 718 ff.; zum notary public OLG Stuttgart, GmbHR 2000, 721; *Armbrüster* in: Armbrüster/Preuss/Renner, § 1 BeurkG Rz. 70.

74) BGH, ZIP 1989, 1052, 1055 („Unabhängig davon, ob zur Wahrung der Form des § 15 Abs. 3 GmbHG gem. Art. 11 Abs. 1 EGBGB die Ortsform genügt, ist jedenfalls bei der Beurkundung durch einen Schweizer Notar [Notariat Zürich-Altstadt] auch das in deutschen Gesetzesvorschriften aufgestellte materiellen Formerfordernis der notariellen Beurkundung erfüllt."); OLG München, BB 1998, 119, dazu EWiR 1998, 309 (*Mankowski*) – Die Beurkundung durch einen Notar in Basel-Stadt erfüllt das Formerfordernis des § 15 Abs. 4 GmbHG –; Nachweise auch bei *Hohloch* in: Erman, Art. 11 EGBGB Rz. 20 (speziell für gesellschaftsrechtliche Geschäfte); *Spellenberg* in: MünchKomm-BGB, Art. 11 EGBGB Rz. 89; ältere Entscheidungen, die jedoch vor der Entscheidung des BGH zur Gleichwertigkeit ergingen (s. o. unter Rz. 31) und damit wenig verlässlich sind, nennen auch Bern, Luzern und Zug; so etwa LG Stuttgart, IPRspr. 1976 Nr. 5 A (Die Beurkundung eines Vertrags über die Abtretung von Geschäftsanteilen an einer deutschen GmbH durch einen schweizerischen Notar [Kanton Zug] genügt dem Erfordernis der notariellen Beurkundung nach deutschem Recht, da Gleichwertigkeit bejaht werden kann.).

75) BGH, DStR 2000, 601 = EWiR 2000, 487, mit Anm. *Werner* (Das Formerfordernis des § 15 Abs. 3 GmbHG kann grundsätzlich auch durch eine von einem schweizerischen Notar vorgenommene Beurkundung erfüllt werden.); BGH, ZIP 1989, 1052, 1055 = WM 1989, 1221; ebenso LG Stuttgart, IPRspr. 1976 Nr. 5 A; zu beiden oben Rz. 31 Fn. 66. In der Literatur bejaht die Gleichwertigkeit schweizerischer Beurkundungen pauschal *Schütze*, DB 1992, 1970, 1971.

ten bestehende Gleichwertigkeit beseitigen kann.[76)] Umstritten ist auch, wie sich die Reform des schweizerischen Obligationenrechts auf die Gleichwertigkeit auswirkt (dazu sogleich Rz. 35). Unabhängig von einem bestimmten Land stellt sich zudem die Frage, wie sich die Aufwertung der Gesellschafterliste durch das MoMiG auf die Gleichwertigkeit auswirkt (dazu Rz. 36 ff.).

d) Schweizerisches Obligationenrecht

In der Literatur wird diskutiert, ob die **Reform des schweizerischen Obligationenrechts** und die hiermit eingeführte erleichternde Schriftform anstelle einer öffentlichen Beurkundung für die Abtretung von Anteilen an einer schweizerischen GmbH und die Verpflichtung hierzu (Art. 785 Abs. 1 OR) die Gleichwertigkeit gefährden kann.[77)] Die h. A. sieht Beurkundungen in der Schweiz weiterhin als gleichwertig an, auch wenn die dortigen Notare zukünftig die notwendige Übung und Kenntnis für die Veräußerung von deutschen GmbH-Anteilen verlieren könnten.[78)] Dem ist zuzustimmen, insbesondere weil der Notar keine Belehrungsfunktion erfüllen muss, wenn die Parteien durch ihre Reise in die Schweiz konkludent hierauf verzichten.[79)] Außerdem sind Kenntnisse des deutschen Gesellschaftsrechts für die Gleichwertigkeit nicht entscheidend.[80)] Maßgeblich ist, dass der Notar weiterhin ein Verfahren einhält, dass den tragenden Grundsätzen des deutschen Beurkundungsrechts entspricht.[81)] 35

e) Gesellschafterliste

Außerdem hat die durch das Gesetz zur Modernisierung des GmbH-Rechts und zur Bekämpfung von Missbräuchen (**MoMiG**)[82)] eingeführte Pflicht deutscher Notare, nach der Beurkundung der Anteilsübertragung eine aktualisierte **Gesellschafterliste** beim Handelsregister einzureichen, die Diskussion für das 36

---

76) Bejahend *Kronke/Mazza* in: Kronke/Melis/Schnyder, Teil K Rz. 147; *Reithmann*, GmbHR 2009, 699, 701; dahin tendierend *Holzapfel/Pöllath*, Rz. 1020; *Schervier*, NJW 1992, 593; trotzdem zur Gleichwertigkeit tendierend *Armbrüster* in: Armbrüster/Preuss/Renner, § 1 BeurkG Rz. 73.

77) Obligationenrecht (GmbH-Recht sowie Anpassungen im Aktien-, Genossenschafts-, Handelsregister- und Firmenrecht) v. 16.12.2005, BBl. 2005, 7289.

78) *Böttcher/Blasche*, NZG 2006, 766, 771; *Engel*, DStR 2008, 1593 ff.; *Winter/Seibt* in: Scholz, § 15 GmbHG Rz. 87; *Peters*, DB 2010, 97, 98; *Saenger/Scheuch*, BB 2008, 65, 68; *Schlößer*, GmbHR 2007, 301, 303; *Weller*, Der Konzern 2008, 253 ff.; einschränkend *Trendelenburg*, GmbHR 2008, 644, 647 f.; *Bayer* in: Lutter/Hommelhoff, § 15 GmbHG Rz. 28.

79) Vgl. *Spellenberg* in: MünchKomm-BGB, Art. 11 EGBGB Rz. 93.

80) *Spellenberg* in: MünchKomm-BGB, Art. 11 EGBGB Rz. 93; a. A. *Braun*, DNotZ 2009, 585, 591.

81) Vgl. *Spellenberg* in: MünchKomm-BGB, Art. 11 EGBGB Rz. 91.

82) BGBl. I 2008, 2026 v. 28.10.2008.

Verfügungsgeschäft neu entfacht. Im Ergebnis sind aber weiterhin ausländische Beurkundungen als ausreichend anzusehen, wenn sie die oben genannten Kriterien der Gleichwertigkeit erfüllen (siehe oben Rz. 30 ff.).[83] Denn die Einreichungspflicht betrifft nicht die Beurkundung selbst, sondern eine erst anschließend vorzunehmende Handlung des Notars (siehe oben Rz. 21).[84] Für das **Verpflichtungsgeschäft** gilt dieses Ergebnis ohnehin, da die aktualisierte Gesellschafterliste erst nach der weiteren Stufe der Anteilsübertragung einzureichen ist.[85]

f) Praxisempfehlung

37 Zwar sind in der Praxis zahlreiche Fälle aus jüngerer Zeit bekannt, in denen schweizerische Notare auch nach Erlass des MoMiG erfolgreich Gesellschafterlisten bei deutschen Registergerichten eingereicht haben. Es gibt aber auch gegenteilige Fälle. Daher wird die Praxis die weitere Entwicklung und Rechtsprechung beobachten müssen. Dies gilt nicht nur hinsichtlich der Auswirkungen des MoMiG, sondern auch hinsichtlich der Reform des schweizerischen Obligationenrechts. Um unliebsame Überraschung auszuschließen, ist es zudem empfehlenswert, mit dem Registergericht bereits vor einer gewünschten ausländischen Beurkundung zu klären, ob es eine vom beurkundenden ausländischen Notar eingereichte Gesellschafterliste überhaupt akzeptieren wird. Eine positive Klärung hilft aber natürlich nicht über die Frage hinweg, ob die die Beurkundung im Ausland gleichwertig ist und damit der Unternehmenskaufvertrag wirksam geschlossen werden kann.

38 Bis zu ober- oder höchstrichterlichen Entscheidungen wird insgesamt eine **erhebliche Rechtsunsicherheit** zur Frage der Gleichwertigkeit verbleiben. Es ist daher zu empfehlen, bis zu solchen Urteilen Verpflichtungs- und Verfügungsgeschäfte über Geschäftsanteile an einer deutschen GmbH nicht im Ausland beurkunden zu lassen, wenn deutsches Recht Wirkungsstatut ist und man dessen Formerfordernisse erfüllen möchte (siehe zu der Ansicht, welche

---

83) Ebenso *Altmeppen* in: Roth/Altmeppen, § 15 GmbHG Rz. 88; *Bayer* in: Lutter/Hommelhoff, § 15 GmbHG Rz. 27; *Hueck/Fastrich* in: Baumbach/Hueck, § 15 GmbHG Rz. 22; *Leible* in: Michalski, Syst. Darst. 2 Rz. 103 ff.; *Reithmann*, GmbHR 2009, 699, 701 (sofern ausländischer Notar für die Richtigkeit persönlich haftet und Versicherungsschutz besteht); a. A. *Kindler* in: MünchKomm-BGB, IntGesR Rz. 563; *Braun*, DNotZ 2009, 585; *Gerber*, GmbHR 2010, 97, 98 f.; zweifelnd LG Frankfurt, BB 2009, 2500 (mit Anm. *Krause*) = GmbHR 2010, 96 (mit Anm. *Gerber*) = NJW 2010, 683 (mit Anm. *Pilger*) (In einem *obiter dictum* des Gerichts heißt es, den Verpflichtungen des § 40 Abs. 2 GmbHG werde „ein Baseler Notar wegen Fehlens von Amtsbefugnissen in Deutschland nicht nachkommen können." Daher sei nunmehr „eine andere Einschätzung nicht nur möglich, sondern sogar wahrscheinlich"); dazu auch *Kindler*, BB 2010, 74.

84) *Saenger/Scheuch*, BB 2008, 65, 67; *Schlößer*, GmbHR 2007, 301, 303; *Mankowski*, NZG 2010, 201, 202 f.

85) S. a. *Gerber*, GmbHR 2010, 97, 98 f.

A. Form

die Formerfordernisse bei Geschäften über Anteile an einer deutschen GmbH zwingend dem Gesellschaftsstatut entnimmt oben Rz. 11 und Rz. 16; nach h. A. gilt dagegen beim Verpflichtungsgeschäft als Wirkungsstatut das Vertragsstatut und beim Verfügungsgeschäft das Gesellschaftsstatut, siehe oben Rz. 10 und Rz. 15). Sonst riskiert man die Unwirksamkeit der Geschäfte. Soll die Beurkundung dennoch im Ausland erfolgen, sollten die Parteien erwägen, sich vorsichtshalber wechselseitig (oder allein den Käufer) unwiderruflich zu bevollmächtigen, die Rechtsgeschäfte nach inländischem Wirkungsstatut zu wiederholen.

4. Ausländische Geschäftsanteile

a) Grundsatz

Beim Erwerb der Anteile an einer **ausländischen Gesellschaft** ist das Formstatut wie bei deutschen Gesellschaften gesondert anzuknüpfen. Für das **Verpflichtungsgeschäft** gilt daher Art. 11 Abs. 1 und Abs. 2 Rom I-VO, sodass grundsätzlich das **Vertragsstatut** und alternativ das **Ortsstatut** berufen werden (siehe oben Rz. 3 ff.). Für das **Verfügungsgeschäft** gilt wie bei deutschen Gesellschaften nach umstrittener Ansicht über Art. 11 Abs. 1 und Abs. 2 EGBGB das Gesellschaftsstatut und alternativ das Ortsstatut (siehe oben Rz. 8).[86]   39

b) Anwendbarkeit von § 15 Abs. 3 und 4 GmbHG

Ist die **Formwirksamkeit** des Verpflichtungs- oder Verfügungsgeschäfts **nach deutschem Sachrecht** zu beurteilen (bspw. weil beim Kaufvertrag sowohl Vertrags- als auch Ortsstatut deutsches Recht sind oder sich die Parteien beim Verfügungsgeschäft für einen schriftlichen Abschluss in Deutschland entschieden haben, um der Beurkundungspflicht des ausländischen Gesellschaftsstatuts zu entgehen), stellt sich die Frage, ob für dessen Form der Grundsatz des deutschen Rechts (**Formfreiheit**) **oder** die für die deutsche GmbH geltende Ausnahme (**Beurkundung** gemäß § 15 Abs. 3 und 4 GmbHG) gilt. Die   40

---

86) So und näher dazu *Reichert/Weller*, DStR 2005, 292, 293 f.; gegen das Ortsstatut *Großfeld* in: Staudinger, IntGesR Rz. 500 (Gesellschaftsstatut entscheidet, ob es die Ortsform genügen lässt); *Reithmann*, NZG 2005, 873; abwägend *Bayer* in: Lutter/Hommelhoff, § 15 GmbHG Rz. 28.

§ 7 Form und Zustandekommen

deutsche Rechtsprechung ist bislang zu unterschiedlichen Ergebnissen gelangt.[87)]

41 Die Lösung des Problems ist in jüngerer Zeit und namentlich in der soeben genannten Rechtsprechung darin gesucht worden, das materielle Recht auszulegen. So hat man verschiedentlich die These aufgestellt, § 15 Abs. 3 und 4 GmbHG seien **einschränkend** dahin auszulegen, dass sie nur die deutsche GmbH erfassten.[88)]

42 Dieser **Lösungsversuch** ist methodisch verfehlt und daher **abzulehnen**.[89)] Er verkennt die Aufgabenverteilung zwischen Sach- und Kollisionsrecht. Den internationalen Anwendungsbereich von Sachnormen zu bestimmen ist genuine Aufgabe des Kollisionsrechts. Er lässt sich weder aus der *„Funktion"*[90)] noch aus dem *„Normzweck"*[91)] der Sachnorm ableiten. Diese Aufgabenzuweisung an die Kollisionsnormen durchbricht der Gesetzgeber **nur ausnahmsweise**, indem er unmittelbar in der materiellen Regelung den internationalen Anwendungsbereich bestimmt.[92)] Man spricht dann auch von **autolimitierenden** oder **autolimitierten Sachnormen**. Ein Beispiel aus neuerer Zeit ist die Vorschrift des § 1 WpÜG, mit der bestimmt wird, wann deutsches Übernahmerecht berufen ist (siehe dazu unten § 9 Rz. 3 ff.).

---

87) OLG Celle, NJW-RR 1992, 1126 (Der Bestimmung des § 15 GmbHG lässt sich nicht entnehmen, dass sie nur in Bezug auf deutsche GmbH-Anteile schützen wolle. Daher ist § 15 GmbHG anwendbar auf GmbH polnischen Rechts); OLG München, ZIP 1993, 508 (Nach dem Normzweck ist § 15 GmbHG nicht auf eine *limited company* kanadischen Rechts anwendbar, denn Schutz vor der Gefahr spekulativen Handels mit GmbH-Anteilen ist nur bei deutschen Gesellschaften geboten.); KG, IPRspr. 1932 Nr. 18 (Form der in Deutschland unter deutschen Parteien begründeten Verpflichtung zur Abtretung von Anteilen an polnischer GmbH richtet sich nach polnischem Recht. § 15 GmbHG gilt nur für die deutsche GmbH. Ausländisches Gesetz, das Verpflichtung zur Abtretung von GmbH-Anteilen formlos erlaubt, verstößt nicht gegen Zweck von § 15 GmbHG, der nur verhindern will, dass Anteile an einer deutschen GmbH Gegenstand des Handelsverkehrs werden.); zur Rechtsprechung *Merkt*, ZIP 1994, 1417; *Depping*, GmbHR 1994, 386; *Bungert*, DZWiR 1993, 494; *Wrede*, GmbHR 1995, 365. Der BGH tendiert in einem *obiter dictum* dazu, auf das Verpflichtungsgeschäft § 15 Abs. 4 GmbHG anzuwenden, BGH, NZG 2005, 41, 42 f.; zust. *Dutta*, RIW 2005, 98; allein für das Gesellschaftsstatut *Großfeld* in: Staudinger, IntGesR Rz. 500 ff.; *Kindler* in: MünchKomm-BGB, IntGesR Rz. 560 m. w. N.

88) Neben der soeben zitierten Entscheidung des OLG München s. etwa *Bungert*, DZWiR 1993, 494; *Bayer* in: Lutter/Hommelhoff, § 15 GmbHG Rz. 16; *Wrede*, GmbHR 1995, 365; *Großfeld/Berndt*, RIW 1996, 625 ff., 628 ff.; *Großfeld* in: Staudinger, IntGesR Rz. 500 ff.

89) So schon *Merkt*, ZIP 1994, 1417, 1419 f. und Vorauflage, Rz. 409 ff.; zust. *Dutta*, RIW 2005, 98 f.; *Leible* in: Michalski, Syst. Darst. 2 Rz. 100; *Reichert/Weller* in: MünchKomm-GmbHG, § 15 GmbHG Rz. 174.

90) So aber das OLG Celle, NJW-RR 1992, 1126 = GmbHR 1992, 815.

91) So das OLG München, ZIP 1993, 508 = NJW-RR 1993, 998 = GmbHR 1993, 654, dazu EWiR 1993, 691 *(Günther)*.

92) Dazu *Kropholler*, Internationales Privatrecht, S. 108; *Kegel*, IPRax 1996, 309, 313.

A. Form

Gefährlich ist es nun, diesen Kreis explizit autolimitierender Sachnormen durch Auslegung einzelner materiellrechtlicher Vorschriften zu erweitern. Denn dies führt zu erheblicher **Rechtsunsicherheit**, wie sich geradezu exemplarisch an Entscheidungen des OLG Celle[93] und des OLG München[94] zeigen lässt. Weder dieser Rechtsprechung noch den ihr methodisch folgenden Stimmen in der Literatur ist es bislang gelungen, nachvollziehbare Kriterien für die internationale Reichweite des § 15 Abs. 4 GmbHG aufzuzeigen. Zu den negativen Folgen dieses Ansatzes gehört, dass sich die Zahl der Regeln, um den internationalen Anwendungsbereich sachrechtlicher Normen zu bestimmen, auf diese Weise explosionsartig vermehren würde. Denn ein erheblicher Teil dieser Vorschriften ließe sich durch Auslegung – mal so, mal so – für Sachverhalte mit Auslandsbezug anwendbar oder unanwendbar erklären. Neben das Kollisionsrecht einerseits und die ausdrücklich autolimitierenden Sachnormen andererseits träte eine dritte, kaum überschau- oder berechenbare Gruppe von Regeln über die internationale Reichweite privatrechtlicher Normen.[95] So könnte man etwa in derselben Weise, in der man § 15 Abs. 3 und 4 GmbHG auf die deutsche GmbH beschränken will, die Bestimmung des § 433 BGB auf „*inländische*" Verträge beschränken, d. h. auf Verträge, deren charakteristische Leistung von einer Partei mit gewöhnlichem Aufenthalt im Inland zu erbringen ist. Das aber ist mit unserer geltenden Sach- und Kollisionsrechtsordnung **unvereinbar**.[96]

43

Für § 15 Abs. 3 und 4 GmbHG gilt daher: Ein räumlich beschränkter „*Anwendungswille*" kann diesen Regelungen nicht entnommen werden. Weder der Wortlaut noch die Entstehungsgeschichte geben dafür etwas her. Vielmehr deutet alles darauf hin, dass sich der Gesetzgeber des GmbHG über das Kollisionsrecht der Form bei der Anteilsübertragung keine Gedanken gemacht hat.[97]

44

---

93) OLG Celle, NJW-RR 1992, 1126 = GmbHR 1992, 815.
94) OLG München, ZIP 1993, 508 = NJW-RR 1993, 998 = GmbHR 1993, 654, dazu EWiR 1993, 691 *(Günther)*.
95) Näher dazu und zu einer verwandten Strömung im US-amerikanischen Kollisionsrecht *Merkt*, ZIP 1994, 1417, 1420.
96) Es wäre überdies ein regelungstechnischer Rückschritt in das 19. Jahrhundert. Denn hinter die sog. allseitigen Kollisionsnormen würden zusätzlich sog. einseitige Normen geschaltet, die den Anwendungsbereich nur für das eigene (inländische) Recht festlegten, wie es der Prototyp der Kollisionsnorm im ursprünglichen EGBGB von 1900 tat, dazu *Kegel/Schurig*, § 6 I. 2.
97) Zu einer ähnlich gelagerten Problematik im BetrVG vgl. *Junker*, RdA 1990, 212, 218. Verfehlt erscheint es schließlich, wie *Wrede*, GmbHR 1995, 365, 367, den internationalen Anwendungsbereich von § 15 Abs. 4 GmbHG zunächst durch Auslegung dieser Norm bestimmen zu wollen und dabei zu dem Schluss zu gelangen, § 15 Abs. 4 GmbHG solle nach der Intention des Gesetzgebers nicht auf ausländische Gesellschaften anwendbar sein, um sodann die Vorschrift für ausländische Gesellschaften durch Analogie (!) anwendbar zu machen.

§ 7 Form und Zustandekommen

45 Nach alledem kann die methodisch zutreffende **Lösung** *de lege lata* nur über das **Kollisionsrecht** führen. Für den Einzelfall wird man klären müssen, welchem Gesellschaftstyp des deutschen Rechts die **ausländische Gesellschaft** aufgrund ihrer **Struktur gleicht**.[98] Diesen kollisionsrechtlichen Arbeitsschritt bezeichnet man als **Substitution**.[99] Dabei ist eine gewisse Großzügigkeit angebracht.[100] Nur wenn die **Vergleichbarkeit** bejaht werden kann, ist § 15 Abs. 3 und/oder Abs. 4 GmbHG anwendbar.[101] Ist danach bei einem Verpflichtungsgeschäft § 15 Abs. 4 GmbHG zwar nach dem Vertragsstatut anwendbar, der Vertrag jedoch nach dem Gesellschaftsstatut formfrei abschließbar, tendiert der BGH allerdings richtigerweise dazu, alternativ das mildere Gesellschaftsstatut zu berufen.[102]

46 Besonders hinzuweisen ist auf das österreichische Recht. Nach einer Entscheidung des OGH gilt die in § 76 Abs. 2 Satz 1 öst. GmbHG vorgeschriebene Notariatsform in jedem Fall und insbesondere auch für das Verpflichtungsgeschäft, da diese Vorschrift als **Eingriffsnorm** eingestuft wird (zum Begriff siehe oben § 5 Rz. 59 ff.).[103]

---

98) Ebenso *Leible* in: Michalski, Syst. Darst. 2 Rz. 100; *Reichert/Weller*, DStR 2005, 292, 294; *Reichert/Weller* in: MünchKomm-GmbHG, § 15 GmbHG Rz. 174 und 176; *Dutta*, RIW 2005, 98, 99; hingegen kommt es nicht darauf an, ob sich die ausländische Gesellschaft von anderen Gesellschaftsformen des fremden Rechts in gleicher Weise unterscheidet wie die GmbH von der AG; für Beispiele von vergleichbaren Gesellschaftstypen s. *Fetsch*, RNotZ 2007, 532, 536; *Bayer* in: Lutter/Hommelhoff, Anh. I zu § 4a GmbHG Rz. 9.

99) Die Substitution führt auch in anderen Fällen zu richtigen Ergebnissen, etwa bei § 311b BGB, der deshalb nach zutreffender und ganz überwiegender Ansicht auf den Verkauf ausländischer Grundstücke anwendbar ist (s. etwa BGHZ 73, 391, 394), weil die Substitution ergibt, dass ausländische und inländische Grundstücke vergleichbar sind, so auch *Kegel* in: Soergel, Art. 11 EGBGB Rz. 16 mit Nachweisen zum Streitstand in Fn. 11; vgl. hierzu auch *Benecke*, RIW 2002, 280.

100) *Merkt*, ZIP 1994, 1417, 1420.

101) Da etwa die *limited company* kanadischen Rechts der deutschen GmbH in vielfacher Hinsicht (z. B. Funktion und Struktur, Gläubiger- und Minderheitenschutz, Rechnungslegung, Publizität) gleicht, ist § 15 GmbHG anwendbar, *Merkt*, ZIP 1994, 1417, 1421 f.; zust. *Kegel* in: Soergel, Art. 11 EGBGB Rz. 17; *Bayer* in: Lutter/Hommelhoff, Anh. I zu § 4a GmbHG Rz. 9 und § 15 GmbHG Rz. 33.

102) BGH, NZG 2005, 41, 43 (*obiter dictum*); so schon *Merkt*, ZIP 1994, 1417, 1423 f.; dem folgend *Leible* in: Michalski, Syst. Darst. 2 Rz. 100; *Reichert/Weller* in: MünchKomm-GmbHG, § 15 GmbHG Rz. 179.

103) OGH, IPRax 1990, 252. Der OGH berief sich auf *Stölzle*, NZ 1960, 161 f., und *Schwimann*, NZ 1981, 65, 67, sowie *Schwimann*, GesRZ 1981, 142, 148; vgl. zur Abtretung von GmbH-Anteilen nach österreichischem Recht auch *Wagner*, DNotZ 1985, 80; dem OGH zust. und ebenso für § 15 Abs. 3 GmbHG vertretend *Kindler* in: MünchKomm-BGB, IntGesR Rz. 560; *Kindler*, BB 2010, 74, 76 f.; *Kindler*, Geschäftsanteilsabtretungen im Ausland, S. 20 ff. und 36 ff.; abl. dagegen die h. M., s. etwa *Altmeppen* in: Roth/Altmeppen, § 15 GmbHG Rz. 89; *Leible* in: Michalski, Syst. Darst. 2 Rz. 100; *Reichert/Weller* in: MünchKomm-GmbHG, § 15 GmbHG Rz. 173 f.; *Reichert/Weller*, DStR 2005, 292, 293; *Wrede*, GmbHR 1995, 365, 366; wohl auch *Winter/Seibt* in: Scholz, § 15 GmbHG Rz. 82.

A. Form

c) Praxisempfehlung

Die **Vertragsgestaltung** des **Verpflichtungsgeschäfts** sollte der Rechtsun- 47
sicherheit begegnen, die aus der widersprüchlichen und durch den BGH nicht
abgesicherten Rechtsprechung folgt. Die Parteien können bspw. entweder den
ganzen Kaufvertrag durch Rechtswahl einem ausländischen Vertragsstatut
unterstellen oder – wenngleich umstritten – im Vertrag ausdrücklich regeln,
dass sich die Formerfordernisse für den Kaufvertrag ausschließlich nach dem
Gesellschaftsstatut und nicht nach dem Vertragsstatut richten (**Teilrechtswahl,**
dazu oben Rz. 7). Eine solche Teilrechtswahl könnte folgendermaßen lauten:

> „This Agreement shall be governed by and construed in accordance with German law, excluding the United Nations Convention on Contracts for the International Sale of Goods (CISG). However, German law shall not apply with regard to the form of the Agreement which shall be governed by the law of the target company."

Dann ist es nicht erforderlich, die möglicherweise alternativ einschlägige 48
strengere deutsche Ortsform einzuhalten. Unterliegt der Vertrag dagegen dem
deutschen Recht (Geschäftsstatut), kann es sich empfehlen, den Vertrag im
Ausland unter Einhaltung der dortigen, möglichst milderen Formvorschriften
abzuschließen (Ortsstatut).

Beim **Verfügungsgeschäft** ist die alternative deutsche Ortsform ebenfalls un- 49
beachtlich, wenn die Parteien die Formerfordernisse des ausländischen Gesellschaftsstatuts als anderes Formstatut einhalten. Kommen diese Vorschläge
nicht in Betracht, sodass es auf das deutsche Recht als Formstatut ankommt,
ist zu prüfen, ob vorsichtshalber ein deutscher Notar die Geschäfte beurkunden soll.

II. Asset Deal

Wie beim Share Deal ist auch beim Asset Deal für die gesonderte Anknüpfung 50
der Form der Veräußerung zwischen Verpflichtungs- und Verfügungsgeschäft
zu unterscheiden.

1. Verpflichtungsgeschäft

Für das Verpflichtungsgeschäft und damit den eigentlichen Kaufvertrag be- 51
stimmt sich das Formstatut nach **Art. 11 Abs. 1 und 2 Rom I-VO**; bei Grundstücksgeschäften ist zusätzlich Art. 11 Abs. 5 Rom I-VO zu beachten. Damit
gilt zunächst regelmäßig über Art. 11 Abs. 1 Rom I-VO das auf den Vertrag
anwendbare Recht (Vertragsform, **Vertragsstatut,** Wirkungsstatut, Geschäftsstatut) oder alternativ das Ortsrecht, d. h. das Recht am Ort des Vertragsschlusses (Ortsform, **Ortsstatut**); bei Distanzverträgen ist zusätzlich Art. 11
Abs. 2 Rom I-VO als Alternative zu berücksichtigen. Zulässig ist nach umstrittener Ansicht wiederum, wenn die Parteien durch eine **Teilrechtswahl** ein
im Verhältnis zum Vertragsstatut liberaleres Recht berufen (vgl. dazu oben

Rz. 7).[104] Bei ausländischen Grundstücken ist aber zudem **Art. 11 Abs. 5 Rom I-VO** zu beachten, wonach abweichend vom Vertrags- und Ortsstatut zwingend die Form des Rechts am Belegenheitsort berufen sein kann.[105]

52 Zu bedenken ist, dass manche Rechtsordnungen bestimmte Arten des Verpflichtungsgeschäfts i. R. eines Asset Deal **besonderen Formanforderungen** unterwerfen. So verlangt das deutsche Recht, eine Verpflichtung zur Abtretung von Geschäftsanteilen an einer GmbH zu beurkunden (§ 15 Abs. 4 Satz 1 GmbHG). Ebenso ist bekanntlich nach deutschem Recht die Verpflichtung beurkundungspflichtig, ein Grundstück zu übertragen oder zu erwerben (**§ 311b Abs. 1 BGB**). Gleiches gilt für einen Miteigentumsanteil an einem Grundstück sowie für die Bestellung oder den Erwerb eines Erbbaurechts (§ 11 Abs. 2 ErbbauRG).[106] Dies erfasst auch Verpflichtungen über im Ausland belegene Grundstücke, wenn § 311b Abs. 1 BGB über Art. 11 Abs. 1 oder 2 Rom I-VO anwendbar ist.[107]

53 Umstritten ist, ob für einen den deutschen Formvorschriften unterliegenden Kaufvertrag eine Beurkundungspflicht nach **§ 311b Abs. 3 BGB** greifen kann, wenn der Verkäufer durch den Asset Deal seine **gesamten Vermögensgegenstände** veräußert. Dies ist nach richtiger Ansicht zu verneinen, wenn die Vermögensgegenstände wie beim Asset Deal üblich einzeln oder durch Sammelbezeichnungen aufgeführt werden und damit keine pauschale Veräußerung *(„in Bausch und Bogen")* erfolgt.[108]

---

104) BGHZ 57, 337 (Parteien können die Regelung des Art. 11 Abs. 1 Satz 2 EGBGB [heute: Art. 11 Abs. 1 Fall 2 Rom I-VO] [Ortsform] für schuldrechtliche Verträge [hier: Grundstückskaufvorvertrag] ausschließen); *Thorn* in: Palandt, Art. 11 Rom I-VO Rz. 4; *Spellenberg* in: MünchKomm-BGB, Art. 11 EGBGB Rz. 68.

105) Näher dazu *Spellenberg* in: MünchKomm-BGB, Art. 11 Rom I-VO Rz. 31 ff.; § 311b BGB ist nach wohl h. M. keine solche zwingende Vorschrift, so *Spellenberg* in: MünchKomm-BGB, Art. 11 Rom I-VO Rz. 36; wohl a. A. *Limmer* in: Reithmann/Martiny, Rz. 1552 ff.

106) *Grüneberg* in: Palandt, § 311b BGB Rz. 3.

107) BGHZ 53, 189; 57, 337; BGH, NJW 1972, 715 (m. Anm. *Löwe*); OLGR Köln 2001, 69; OLG Düsseldorf, NJW 1981, 529; OLG München, NJW-RR 1989, 663; *Limmer* in: Reithmann/Martiny, Rz. 1559.

108) Zu diesem Streit s. *Böttcher/Grewe*, NZG 2005, 950; *Heckschen*, NZG 2006, 772; *Kiem*, NJW 2006, 2363; *Klöckner*, DB 2008, 1083; *Werner*, GmbHR 2008, 1135, 1136 ff.; s. aber die Fallgestaltung bei OLG Hamm, NZG 2010, 1189 (Asset Deal und dennoch Veräußerung „in Bausch und Bogen").

A. Form

Ist deutsches Recht sowohl Vertrags- als auch Ortsstatut, sind diese Formvorschriften zu beachten,[109] auch wenn sie sich – wie üblich – nur auf Teile des zu veräußernden Unternehmensvermögens beziehen. Die Beurkundungspflicht erfasst dann den **gesamten Kaufvertrag**.[110] Eine Beurkundung im Ausland kann die deutschen Formerfordernisse erfüllen, wenn sie mit einer deutschen Beurkundung **gleichwertig** ist (vgl. dazu oben Rz. 25 ff.).[111] Verlangt deutsches Recht eine Beurkundung und ist es aber lediglich Vertrags- oder Ortsstatut, kommt es darauf an, ob das betreffende auswärtige Statut einen formlosen Vertragsschluss gestattet. In diesem Fall kann die möglicherweise strengere deutsche Form für das Verpflichtungsgeschäft wirksam vermieden werden.[112] 54

2. Verfügungsgeschäft
a) Allgemeines und Auflassungen

Für die Verfügungsgeschäfte ist das Formstatut über **Art. 11 EGBGB** zu bestimmen. Art. 11 Rom I-VO ist nicht anwendbar, da die Verordnung grundsätzlich keine Verfügungsgeschäfte erfasst (vgl. Art. 1 Abs. 1 Rom I-VO).[113] 55

Wird i. R. d. Asset Deal ein in Deutschland belegenes Grundstück veräußert, gilt **Art. 11 Abs. 4 EGBGB**. Danach unterliegt die Auflassung ausschließlich dem Geschäftsrecht (hier *lex rei sitae*) und damit der deutschen Vorschrift des § 925 BGB. Das **Ortsstatut** ist also **ausgeschlossen**. Hiervon zu unterscheiden ist die Frage, ob eine Beurkundung im Ausland einer Beurkundung in Deutschland **gleichwertig** ist. Die h. A. spricht sich dagegen aus.[114] Danach 56

---

109) BGHZ 73, 391 (Haben die Parteien ihren Kaufvertrag über ein spanisches Grundstück durch Rechtswahl dem deutschen Recht unterstellt, so gilt für die Form § 313 BGB a. F. [heute: § 311b BGB]); OLG München, NJW-RR 1989, 665 (Ist das deutsche Recht Ortsstatut und stillschweigend gewähltes Vertragsstatut, ist die Formvorschrift für Grundstückkaufverträge nicht ausgeschlossen. Die Formvorschrift gilt auch beim Verkauf einer ausländischen Immobilie. Ob ein formnichtiger Kaufvertrag vollzogen und damit gemäß § 313 Satz 2 BGB [heute: § 311b Abs. 2 BGB] geheilt werden kann, entscheidet [hier: spanisches] Belegenheitsrecht.].
110) *Werner*, GmbHR 2008, 1135, 1136; *Kanzleiter* in: MünchKomm-BGB, § 311b BGB Rz. 50.
111) *Holzapfel/Pöllath*, Rz. 1016.
112) S. etwa für Grundstücksgeschäfte *Thorn* in: Palandt, Art. 11 Rom I-VO Rz. 16; *Spellenberg* in: MünchKomm-BGB, Art. 11 Rom I-VO Rz. 31 ff.; *Ulrich/Böhle*, GmbHR 2007, 566, 571.
113) S. aber für die Übertragung von Forderungen Art. 14 Rom I-VO.
114) So BGH, WM 1968, 1171; OLG Köln, DNotZ 1972, 489; KG, OLGZ 1986, LG Ellwangen, RIW 2001, 945; *Hertel* in: Staudinger, Vorbem. §§ 127a, 128 BeurkG Rz. 3 ff.; *Holzapfel/Pöllath*, Rz. 1019; *Kanzleiter* in: MünchKomm-BGB, § 925 BGB Rz. 13; *Limmer* in: Reithmann/Martiny, Rz. 1555; *Thorn* in: Palandt, Art. 11 EGBGB Rz. 10; *Döbereiner*, ZNotP 2001, 465 ff.; *Winkler*, NJW 1972, 981, 985; krit. *Spellenberg* in: FS Schütze, S. 887, 897; *Hohloch* in: Erman, Art. 11 EGBGB Rz. 34; *Bausback*, DNotZ 1996, 254; *Heinz*, RIW 2001, 928; *Kropholler*, ZHR 140 (1976), 394, 410; *Riedel*, DNotZ 1955, 521.

können **nur deutsche Notare** die Auflassung eines inländischen Grundstücks beurkunden. Jedoch können nach § 12 Nr. 1 KonsG deutsche **Konsularbeamte** im Ausland wirksam Auflassungserklärungen entgegennehmen.[115]

57 In der Praxis ist zu beachten, dass wegen der zwingenden Beurkundung der Auflassung im Inland durch eine (günstigere) Beurkundung des Verpflichtungsgeschäfts im Ausland möglicherweise weniger als erwartet gewonnen wird. Denn es ist **umstritten**, ob eine **Beurkundung des Verpflichtungsgeschäfts im Ausland** in gleicher Weise wie eine inländische Beurkundung zu einem **Kostenvorteil** für die Beurkundung eines Verfügungsgeschäfts im Inland führen kann und darf. Dies hängt entscheidend von der Antwort auf die Frage ab, ob die Ermäßigungsregel des § 38 Abs. 2 Nr. 6a KostO bei einer Auslandsbeurkundung des Verpflichtungsgeschäfts anwendbar ist. Nach dieser Regel kann nur die Hälfte der vollen Gebühr, also eine 5/10 Gebühr, erhoben werden, wenn das zugrunde liegende Rechtsgeschäft bereits beurkundet ist. Verneint man dies, bleibt es bei der 20/10 Gebühr des § 36 Abs. 2 KostO.

58 Teile der Literatur und der Rechtsprechung sehen die Auslandsbeurkundung als unzureichend an, weil unter Beurkundung nur die „*Beurkundung*" nach dem Beurkundungsgesetz zu verstehen sei. Dies soll sich aus dem Normzweck ergeben, nach dem die Gebührenermäßigung deswegen eintreten soll, weil die vorhergehende Beurkundung des Verpflichtungsgeschäfts dem Notar die Arbeit erleichtere. Bei ausländischer Beurkundung erleichtere sich die Arbeit im Allgemeinen jedoch nicht, sondern sei im Gegenteil erschwert.[116] In der neueren Rechtsprechung scheint sich hingegen die Ansicht durchzusetzen, nach der auch bei einer Auslandsbeurkundung die Ermäßigung des § 38 Abs. 2 Nr. 6a KostO eingreift und dementsprechend nur eine 5/10 Gebühr berechnet werden darf.[117] Dieser Ansicht ist zuzustimmen. Weder der Wortsinn noch der Zusammenhang oder der Zweck der Vorschrift rechtfertigen es, § 38 Abs. 2 Nr. 6a KostO restriktiv dahin auszulegen, die Ermäßigung nur bei inländischer Vorbeurkundung gelten zu lassen.[118]

59 Jedenfalls ist darauf zu achten, dass wenn bei einem Asset Deal nur die Auflassung vor einem deutschen Notar beurkundet wird, die Notargebühren nur auf der Grundlage des **Werts der Immobilien** und nicht des Gesamtwerts

---

115) Konsulargesetz BGBl. I, 2317 v. 11.9.1974; Berufskonsularbeamte ohne Befähigung zum Richteramt und Honorarkonsularbeamte aber nur, wenn ihnen diese Befugnis übertragen wurde (§§ 19 Abs. 2, 24 KonsG).
116) BayObLG, DNotZ 1978, 58; OLG Hamm, MittBayNot 1998, 201; *Rohs* in: Rohs/Wedewer, § 38 KostO Rz. 44; *Schwarz* in: Korintenberg, § 38 KostO Rz. 50a.
117) OLG Köln, FGPrax 2002, 88; OLG Karlsruhe, JurBüro 1998, 155; OLG Jena, NJW-RR 1998, 645; OLG Celle, JurBüro 1997, 207; OLG Zweibrücken, DNotZ 1997, 245 f.; OLG Düsseldorf, DNotZ 1991, 410 = DB 1990, 730; OLG Stuttgart, DNotZ 1991, 411; KG, DNotZ 1938, 463; *Hartmann*, § 38 KostO Rz. 24.
118) OLG Köln, FGPrax 2002, 88 f.

A. Form

des Unternehmens berechnet werden. Möglicherweise empfiehlt es sich, wenn der zugrunde liegende Kaufvertrag im Ausland beurkundet werden soll, die Vertragsurkunden für den Immobilienteil und für den sonstigen Teil zu trennen.

b) Gewerbliche Schutzrechte

Die Übertragung gewerblicher Schutzrechte (Patente, Geschmacks-, Gebrauchsmuster, Marken) ist nach deutschem Recht zwar **nicht formbedürftig**.[119] Jedoch kann der Erwerber Rechte aus dem übertragenen Schutzrecht (anders nur beim Geschmacksmuster und bei der Marke) erst geltend machen, wenn die Übertragung dem Patentamt nachgewiesen und in der Patent-, Musteroder Zeichenrolle vermerkt ist (vgl. § 30 Abs. 3 Satz 2 PatG; § 8 Abs. 4 GebrMG).[120] Für den **Nachweis des Rechtsübergangs** gegenüber dem Patentamt ist es erforderlich, aber auch regelmäßig ausreichend, unbeglaubigte Kopien der relevanten Urkunden vorzulegen, wie etwa der Umschreibungsbewilligung des bisherigen Rechtsinhabers.[121]

60

III. Regelungsbereich des Formstatuts

1. Grundsatz

Dem Formstatut ist nicht nur die maßgebliche Form des Rechtsgeschäfts, sondern auch die Folge der Nichtbeachtung dieser Form (etwa **Formnichtigkeit**) und die Möglichkeit der Heilung zu entnehmen. Sind die Folgen im Wirkungs- und Ortsrecht unterschiedlich geregelt, gelten nach zutreffender Ansicht die **Folgen des milderen Rechts**.[122] Ist infolge des Formverstoßes lediglich ein Teil des Vertrags unwirksam, richtet sich allerdings die Folge der Teilnichtigkeit des Verpflichtungsgeschäfts für den Rest des Vertrags nicht nach dem Formstatut, sondern nach dem Schuldstatut.[123]

61

---

119) Vgl. § 15 Abs. 1 Satz 2 PatG; § 29 Abs. 1 GeschmMG; § 22 Abs. 1 GebrMG; § 27 Abs. 1 MarkenG.
120) Einzelne prozessuale Rechte können allerdings schon mit Stellung des ordnungsgemäßen Umschreibungsantrags ausgeübt werden, s. BPatG, GRUR 2002, 234.
121) Richtlinien des Deutschen Patent- und Markenamts für die Umschreibung von Schutzrechten und Schutzrechtsanmeldungen in der Patentrolle, der Gebrauchsmusterrolle, dem Markenregister, dem Musterregister und der Topographierolle v. 15.11.1996, geändert am 1.1.2002.
122) OLG Celle, NJW 1963, 2235; *Hohloch* in: Erman, Art. 11 EGBGB Rz. 10; *Spellenberg* in: MünchKomm-BGB, Art. 11 EGBGB Rz. 72 ff.; *Winkler von Mohrenfels* in: Staudinger, Art. 11 EGBGB Rz. 198.
123) *Merkt/Göthel* in: Reithmann/Martiny, Rz. 4434.

2. Nebenabreden (Side Letters)

62 Im Rahmen eines Unternehmenskaufs kann es vorkommen, dass mehr oder minder geheime oder vertrauliche **Nebenabreden** zum eigentlichen Kaufvertrag getroffen werden (sog. *side letters*).[124] Bilden diese Nebenabreden – wie üblich – eine inhaltliche oder sachliche Einheit mit dem Kaufvertrag und ist der Kaufvertrag formgebunden, führt die Nichtbeachtung dieser Form für den *side letter* nach deutschem Recht zur **Formnichtigkeit** des **gesamten Kaufvertrags**. Dies gilt auch dann, wenn der eigentliche Kaufvertrag den Formanforderungen genügt.[125]

63 Wer dieser Gefahr entgehen will, sollte den *side letter* und den Kaufvertrag nach den Formvorschriften **desselben Rechts** errichten. Ob die Parteien dem Risiko der Formnichtigkeit dadurch entgehen können, dass sie für den *side letter* ein separates, liberaleres Formstatut wählen, erscheint angesichts fehlender Präjudizien höchst zweifelhaft.

B. Zustandekommen
I. Rechtsfähigkeit
1. Allgemeine Rechtsfähigkeit

64 Die Rechtsfähigkeit der am Unternehmenskauf beteiligten Personen oder Rechtsträger beurteilt sich nach ihrem jeweiligen **Personalstatut** (zur Bestimmung des Personal- oder Gesellschaftsstatuts bei Gesellschaften siehe oben § 6 Rz. 1 ff.).[126] Gesellschaften mit ausländischem Personalstatut besitzen aus deutscher Sicht mithin Rechtsfähigkeit, wenn sie nach ihrem Personalstatut rechtsfähig sind. Ob ein entsprechendes Gebilde nach deutschem Recht rechtsfähig wäre, ist unerheblich.[127]

65 Speziell im **deutsch-US-amerikanischen Rechtsverkehr** ist zu beachten, dass nach US-amerikanischem (einzelstaatlichem) Recht wirksam gegründete Gesellschaften mit eigener Rechtspersönlichkeit aus der Sicht des deutschen Rechts nach richtiger, allerdings in jüngerer Zeit bestrittener Auffassung auch dann grundsätzlich rechtsfähig sind, wenn sie keine tatsächliche Beziehung

---

[124] Dazu *Semler* in: Hölters, Teil VII Rz. 113; *von Hoyenberg* in: Münchener Vertragshandbuch, IV. 3, 4 Anm. 26, 28; *Holzapfel/Pöllath*, Rz. 1014.
[125] BGH, WM 1983, 565 (Beratervertrag im *side letter* zum Kaufvertrag über GmbH-Anteile).
[126] Zur Rechtsfähigkeit von Gesellschaften *Kindler* in: MünchKomm-BGB, IntGesR Rz. 564 ff.; *Großfeld* in: Staudinger, IntGesR Rz. 265 ff. jeweils m. N.; zur Rechtsfähigkeit von natürlichen Personen *Birk* in: MünchKomm-BGB, Art. 7 EGBGB Rz. 2 ff.
[127] *Großfeld* in: Staudinger, IntGesR Rz. 265; *Hausmann* in: Reithmann/Martiny, Rz. 5162.

B. Zustandekommen

(**genuine link**) zum Gründungseinzelstaat oder auch zu den USA unterhalten. (näher oben § 6 Rz. 51 f.).[128]

Das Personalstatut bestimmt auch den **Umfang** der Rechtsfähigkeit.[129] Schwierigkeiten können sich aber ergeben, wenn der Umfang der Rechtsfähigkeit einer Gesellschaft nach ihrem Personalstatut geringer ist als für vergleichbare inländische Gesellschaften. Ist bspw. eine ausländische Aktiengesellschaft in ihrer Rechtsfähigkeit durch ihren statutarischen Gesellschaftszweck beschränkt, vertraut aber der inländische Rechtsverkehr gleichzeitig darauf, dass diese Gesellschaft in ihrer Rechtsfähigkeit ebenso unbeschränkt ist wie eine deutsche Aktiengesellschaft, kann es im Interesse des **Verkehrsschutzes** nicht allein auf das Personalstatut ankommen. In diesem Fall gelten vielmehr im Interesse des Verkehrsschutzes die auf natürliche Personen anwendbaren Vorschriften **Art. 13 Rom I-VO und Art. 12 Satz 1 EGBGB entsprechend**. Es ist neben dem Personalstatut auch das Recht im Staat der Vornahme des Rechtsgeschäfts zu berücksichtigen. Wenn nämlich die ausländische Gesellschaft im Inland am Rechts- und Geschäftsverkehr teilnimmt, wäre es unbillig, wenn sie sich auf eine nach ausländischem Personalstatut beschränkte Rechtsfähigkeit berufen könnte und der inländische Rechtsverkehr diese Beschränkung weder kannte noch infolge Fahrlässigkeit nicht kannte bzw. kennen musste. Daher kann sich die ausländische Rechtsperson bei Rechtsgeschäften im Inland, für die eine **vergleichbare inländische Rechtsperson** rechtsfähig wäre, nur auf solche Beschränkungen ihrer Rechtsfähigkeit berufen, welche der Vertragsgegner kennt oder infolge Fahrlässigkeit nicht kennt bzw. kennen muss.[130] Dadurch wird der inländische Rechtsverkehr insbesondere vor den Beschränkungen der Rechtsfähigkeit geschützt, die sich für US-amerikanische Gesellschaften nach der „**ultra vires**"-Lehre des Common Law ergeben.[131]

66

2. Beteiligungs- und Grundbuchfähigkeit

Neben dieser allgemeinen Rechtsfähigkeit kennen viele Rechtsordnungen eine **besondere Rechtsfähigkeit** zum Erwerb besonderer Rechte oder zur Übernahme bestimmter Pflichten. Im Zusammenhang mit dem internationalen Unternehmenskauf geht es insbesondere um die Fähigkeiten, Gesellschaftsanteile und Immobilien zu erwerben.

67

---

128) Zum Nachweis der Rechtsfähigkeit einer US-amerikanischen Gesellschaft vgl. *Kau/Wiehe*, RIW 1991, 32.
129) *Kindler* in: MünchKomm-BGB, IntGesR Rz. 564.
130) Näher *Kindler* in: MünchKomm-BGB, IntGesR Rz. 566; *Großfeld* in: Staudinger, IntGesR Rz. 268 ff., jeweils m. N.
131) *Kindler* in: MünchKomm-BGB, IntGesR Rz. 567 ff.; *Großfeld* in: Staudinger, IntGesR Rz. 273; allerdings hat die *ultra vires*-Lehre ihre praktische Bedeutung heutzutage weitgehend eingebüßt, s. dazu *Merkt/Göthel*, US-amerikanisches Gesellschaftsrecht, Rz. 307 ff.

§ 7 Form und Zustandekommen

68 Die Fähigkeit, Gesellschaftsanteile zu erwerben und damit zu halten (**Beteiligungsfähigkeit**), berührt sowohl das Recht der Anteilsinhaber als auch das Recht der Gesellschaft, an der die Beteiligung besteht. Daher entscheiden beide Rechtsordnungen gemeinsam, also kumulativ über die Beteiligungsfähigkeit.[132] Nach herrschender deutscher Sicht kann sich dementsprechend eine ausländische nicht rechtsfähige Gesellschaft nicht an einer offenen Handelsgesellschaft deutschen Rechts beteiligen. Sie kann sich allerdings an einer deutschen Aktiengesellschaft beteiligen. In einem zweiten Prüfungsschritt ist dann zu prüfen, ob das ausländische Personalstatut dies ebenfalls gestattet.[133] Lässt sich dies bejahen, ist die Beteiligungsfähigkeit gegeben.

69 Kontrovers beurteilt wird die spezielle Frage, ob eine **ausländische Gesellschaft Komplementärin einer Kommanditgesellschaft** deutschen Rechts sein kann. Die bislang ergangene Rechtsprechung hält dies für zulässig.[134] Ein nicht unerheblicher Teil der Literatur ist a. A.[135] Im Bereich der Niederlassungsfreiheit und damit der Gründungstheorie wird eine solche *„Typenvermischung über die Grenze"* dagegen auch von dieser abweichenden Literaturansicht für zulässig erachtet.[136]

70 Von der Beteiligungsfähigkeit zu unterscheiden ist die Frage, nach welcher Rechtsordnung sich der **Inhalt des Beteiligungsrechts** beurteilt. Insoweit ent-

---

132) H. A., etwa *Kindler* in: MünchKomm-BGB, IntGesR Rz. 572 ff.; *Ebenroth/Offenloch*, RIW 1997, 1, 5; *Großfeld* in: Staudinger, IntGesR Rz. 304 ff.; anders *Bokelmann*, BB 1972, 1426, 1427 und *Grasmann*, Rz. 889 f.: Allein das Recht des Staats, in dem sich die beteiligende Gesellschaft ihre Wirkung, d. h. ihre Organbefugnis entfalten soll, entscheidet (Wirkungsstatut).

133) *Kindler* in: MünchKomm-BGB, IntGesR Rz. 573.

134) BayObLGZ 1986, 61 – Landshuter Druckhaus Ltd. II = NJW 1986, 3029 = DB 1986, 1325 = RIW 1986, 548 = WM 1986, 968 = IPRax 1986, 368; dazu *Großfeld*, IPRax 1986, 351: Beteiligung einer *private limited company* englischen Rechts als Komplementärin einer deutschen KG zulässig und wirksam; auch OLG Frankfurt a. M., ZIP 2008, 1286, 1287; OLG Frankfurt a. M., NZG 2006, 830; LG Bielefeld, NZG 2006, 504; OLG Saarbrücken, NJW 1990, 647 = DB 1989, 1076 = RIW 1990, 818 = DNotZ 1990, 194 = JZ 1989, 904 = IPRax 1990, 324; abl. dazu *Großfeld/Strotmann*, IPRax 1990, 298: Auch eine ausländische juristische Person aus einem Nicht-EG-Staat (hier: AG schweizerischen Rechts) kann sich als Komplementärin an einer deutschen KG beteiligen; LG Stuttgart, BB 1993, 1541: „Es erscheint der Kammer im Anschluss an das Bayerische Oberste Landesgericht und das OLG Saarbrücken als verfehlt, die Zulassung der GmbH & Co. KG in einem Teilbereich in der Weise rückgängig machen zu wollen, dass ausländische Kapitalgesellschaften zwar grundsätzlich automatisch als Rechtsträger in Deutschland anerkannt werden ..., ihnen aber die ‚besondere Rechtsfähigkeit', Komplementär in einer deutschen Kommanditgesellschaft zu sein ..., abgesprochen wird."; s. aus der Literatur z. B. *Hopt* in: Baumbach/Hopt, Anh. nach § 177a HGB Rz. 11; *Kowalski/Bormann*, GmbHR 2005, 1045; *Werner*, GmbHR 2005, 288.

135) *Kindler* in: MünchKomm-BGB, IntGesR Rz. 576 f.; *Ebenroth/Wilken*, JZ 1991, 1014, 1020 f.; *von Bar*, JZ 1989, 186; *Kaligin*, DB 1985, 1449, 1452; *Ebke*, ZGR 16 (1987), 245; *Kronke*, RIW 1990, 799; *Großfeld* in: Staudinger, IntGesR Rz. 303 ff.

136) *Kindler* in: MünchKomm-BGB, IntGesR Rz. 577; *Zimmer*, NJW 2003, 3585, 3587 f.

B. Zustandekommen

scheidet allein das Gesellschaftsstatut der Gesellschaft, an der die Beteiligung besteht.[137)]

Damit eine ausländische Gesellschaft als Eigentümerin oder sonst dinglich Berechtigte in das deutsche Grundbuch eingetragen werden kann (**Grundbuchfähigkeit**), muss sie nicht nur nach ihrem Personalstatut rechtsfähig sein, sondern auch nach deutschem Recht als Recht am Belegenheitsort.[138)] 71

Das positive deutsche Recht sieht zwar in Art. 86 Satz 2 EGBGB eine Rechtsgrundlage vor, um allgemein den Erwerb von Rechten durch ausländische Rechtspersonen zu **beschränken** und genehmigungspflichtig zu machen. Doch gilt dies nicht für Ausländer und ausländische juristische Personen aus Mitgliedstaaten der Europäischen Union (Art. 86 Satz 3 EGBGB). Zudem sind zurzeit solche Beschränkungen – soweit ersichtlich – nicht in Kraft (vgl. zu den ausländerrechtlichen Beschränkungen auch unten § 8 Rz. 48 ff.).[139)] 72

3. Wechsel- und Scheckfähigkeit

Die Wechselfähigkeit von Gesellschaften richtet sich gemäß Art. 91 WG nach ihrem **Personalstatut**. Gleiches gilt gemäß Art. 60 ScheckG für die Scheckfähigkeit.[140)] 73

II. Geschäftsfähigkeit

Auch die Geschäftsfähigkeit der juristischen Person unterliegt ihrem **Personalstatut**. Dies gilt namentlich für die Frage, welches Organ die Gesellschaft in welchem Umfang berechtigen und verpflichten kann (zur Stellvertretung siehe unten Rz. 78 ff.).[141)] Für die Geschäftsfähigkeit der Gesellschaft gelten allerdings wie bei der Rechtsfähigkeit Art. 13 Rom I-VO und Art. 12 Satz 1 EGBGB analog: Die ausländische Rechtsperson kann sich bei Rechtsgeschäften im Inland, für die eine vergleichbare inländische Rechtsperson geschäftsfähig wäre, nur auf solche Beschränkungen ihrer Geschäftsfähigkeit berufen, welche der Vertragspartner kennt oder infolge Fahrlässigkeit nicht kennt bzw. kennen muss.[142)] 74

---

137) *Ebenroth/Offenloch*, RIW 1997, 1, 5.
138) *Kindler* in: MünchKomm-BGB, IntGesR Rz. 581; *Großfeld* in: Staudinger, IntGesR Rz. 299; *Kegel/Schurig*, § 17 II. 2.
139) Vgl. *Säcker* in: MünchKomm-BGB, Art. 86 EGBGB Rz. 2 mit den dort in Art. 55 EGBGB Rz. 2 angegebenen landesrechtlichen Vorschriften, die keinerlei Erwerbsbeschränkungen des dargelegten Inhalts enthalten.
140) *Kindler* in: MünchKomm-BGB, IntGesR Rz. 578; *Großfeld* in: Staudinger, IntGesR Rz. 312 f.
141) *Kindler* in: MünchKomm-BGB, IntGesR Rz. 582 ff.; *Großfeld* in: Staudinger, IntGesR Rz. 278 ff., jeweils m. N.
142) Näher *Kindler* in: MünchKomm-BGB, IntGesR Rz. 584; *Großfeld* in: Staudinger, IntGesR Rz. 281, jeweils m. N.

§ 7 Form und Zustandekommen

III. Partei- und Prozessfähigkeit

75 Die Partei- und Prozessfähigkeit beurteilt sich nach einer ungeschriebenen Kollisionsnorm des internationalen Zivilverfahrensrechts ebenfalls nach dem **Personalstatut**.[143] Dabei hängt die Parteifähigkeit nicht von der Rechtsfähigkeit ab. Ebenso ist die Prozessfähigkeit unabhängig von der Geschäftsfähigkeit. Damit kann bspw. die nach ihrem Personalstatut nicht rechtsfähige Gesellschaft, sofern das Personalstatut dies vorsieht, aus der Sicht des deutschen Rechts parteifähig sein.[144]

76 Bei **Beschränkungen** der Partei- und Prozessfähigkeit von Gesellschaften können – im Wege der doppelten Analogie – Art. 13 Rom I-VO oder 12 Satz 1 EGBGB gelten.[145]

77 Probleme, die sich bei der Frage der Partei- und Prozessfähigkeit ergeben, lassen sich für die Praxis des Unternehmenskaufs möglicherweise umgehen, indem eine Schiedsabrede unter unwiderruflichem Verzicht auf den Einwand des Mangels der Partei- oder Prozessfähigkeit getroffen wird (dazu näher unten § 18 Rz. 41). Allerdings kann die rechtliche Wirksamkeit eines solchen Verzichts nicht pauschal, sondern nur für die betreffende Schiedsordnung beurteilt werden.

IV. Stellvertretung

1. Gesetzliche Vertretung

78 Die gesetzliche oder organschaftliche Vertretung der Gesellschaft beurteilt sich nach dem **Gesellschaftsstatut**.[146] Das Gesellschaftsstatut entscheidet insbesondere über die **Bestellung** von Organen und über die **Vertretungsmacht** von Organen (siehe zur erforderlichen Form von Legitimations- und Vertretungsnachweisen in Deutschland oben § 2 Rz. 241 ff.).[147] Diese Ansicht wird in der

---

143) OLG Zweibrücken, NJW 1987, 2168: Parteifähigkeit einer Anwaltssozietät mit Sitz in New York nach dem Recht von New York bejaht; *Kindler* in: MünchKomm-BGB, IntGesR Rz. 587 f.; *Großfeld* in: Staudinger, IntGesR Rz. 289 ff., jeweils m. N.
144) OLG Koblenz, RIW 1986, 137.
145) *Kindler* in: MünchKomm-BGB, IntGesR Rz. 587; *Großfeld* in: Staudinger, IntGesR Rz. 293, 296.
146) *Hausmann* in: Reithmann/Martiny, Rz. 5174. Auf die Stellvertretung unanwendbar ist hingegen das Internationale Schuldrecht der Rom I-VO und damit die Art. 3 ff. Rom I-VO, vgl. den Ausschluss in Art. 1 Abs. 2 lit. g Rom I-VO. Denn die Stellvertretung gehört nach der Systematik des deutschen Rechts zur allgemeinen Rechtsgeschäftslehre und nicht zum Schuldrecht. Dieser Ausschluss gilt aber nur für das Verhältnis des Vertretenen zu Dritten. Hingegen bleibt es für die schuldrechtlichen (vertraglichen) Beziehungen zwischen Vertretenem und Stellvertreter bei den Art. 3 ff. Rom I-VO; *Kindler* in: MünchKomm-BGB, IntGesR Rz. 582; *Hohloch* in: Erman, Art. 37 EGBGB Rz. 6 f.
147) *Kindler* in: MünchKomm-BGB, IntGesR Rz. 582 f. Eine Länderübersicht über die Vertretung von Handelsgesellschaften und ihren Nachweis in wichtigen ausländischen Rechtsordnungen bietet *Hausmann* in: Reithmann/Martiny, Rz. 5238 ff.

B. Zustandekommen

Rechtsprechung konsequent vertreten.[148] Sodann entscheidet das Gesellschaftsstatut über die **Beschränkung** der Vertretungsmacht der Organmitglieder – etwa infolge Insolvenz – und über die Möglichkeit, Mängel in der Vertretungsmacht zu beheben.[149]

Nach dem Gesellschaftsstatut beurteilt sich ferner der **Umfang der Vertretungsmacht**, namentlich die Frage, ob der gesetzliche Vertreter einer Gesellschaft zum Selbstkontrahieren berechtigt ist. Auf das Wirkungsstatut (Recht am Ort der tatsächlichen Vornahme des Geschäfts, sog. *Wirkungsland*) kommt es hingegen nicht an.[150] Das Gesellschaftsstatut entscheidet auch, wer bei der Vertretung ohne Vertretungsmacht das Geschäft genehmigen kann.[151] Davon zu unterscheiden ist die **Genehmigungsfähigkeit** eines ohne Vertretungsmacht geschlossenen Geschäfts. Insoweit gilt das **Wirkungsstatut** des Geschäfts.[152] Dies gilt ebenso für die **Rechtswirkungen** des Rechtsgeschäfts für die vertretene Gesellschaft, das der Vertreter ohne oder unter Überschreitung der Vertretungsmacht abgeschlossen hat.[153]

79

In anderen Ländern ist es bisweilen üblich, die Vertretungsmacht von Mitgliedern der Leitungsorgane von Kapitalgesellschaften einzuschränken, indem diese Mitglieder an die Schriftform oder an die Mitwirkung anderer Organe ge-

80

---

148) BGH, NJW 1992, 618 = JZ 1992, 579 (mit Anm. *v. Bar*) = IPRspr. 1991 Nr. 28, dazu EWiR 1991, 1167 *(Schlechtriem)* (Die Berechtigung des Geschäftsführers einer deutschen GmbH zum Selbstkontrahieren richtet sich nach deutschem Recht, die Genehmigungsfähigkeit des unter Verstoß gegen § 181 BGB abgeschlossenen Geschäfts wird hingegen nach französischem Geschäftsrecht beurteilt.); OLG Düsseldorf, DB 1995, 418 = MittRhNotK 1995, 113 = RIW 1995, 325 = IPRax 1995, 396 (mit Anm. *Großfeld/ Wilde*), dazu EWiR 1995, 225 *(Reithmann)* (Umfang und Beschränkungen der Vertretungsmacht des Vorstands [Geschäftsführers] einer *Besloten Vennootschap B. V.*, [GmbH niederländischen Rechts] mit Sitz in den Niederlanden richten sich auch dann nach niederländischem Recht, wenn dieser durch notarielle Urkunde eines deutschen Notars den von der B. V. gehaltenen Geschäftsanteil an einer GmbH mit Sitz im Inland auf eine andere niederländische B. V. überträgt und dabei auch diese Gesellschaft als Vorstand vertritt.); AG Duisburg, MittRhNotK 1995, 114 (Ob der organschaftliche Vertreter einer Gesellschaft mit ausländischem Gesellschaftsstatut [hier: Geschäftsführer einer niederländischen Kapitalgesellschaft] die erforderliche Vertretungsbefugnis zur Bestellung eines Geschäftsführers einer inländischen Tochtergesellschaft der ausländischen Gesellschaft hat, richtet sich nach dem Personalstatut der ausländischen Gesellschaft.).
149) *Kindler* in: MünchKomm-BGB, IntGesR Rz. 584; *Großfeld* in: Staudinger, IntGesR Rz. 280 f.
150) A. A. wohl *Kindler* in: MünchKomm-BGB, IntGesR Rz. 585.
151) *Hausmann* in: Reithmann/Martiny, Rz. 5538 m. w. N.
152) Vgl. auch BGH, NJW 1992, 618 = JZ 1992, 579 (mit Anm. *v. Bar*) = IPRspr. 1991 Nr. 28, dazu EWiR 1991, 1167 *(Schlechtriem)*, vgl. oben Rz. 78 Fn. 148; OLG Düsseldorf, DB 1995, 418 = MittRhNotK 1995, 113 = RIW 1995, 325 = IPRax 1995, 396 (mit Anm. *Großfeld/Wilde*), dazu EWiR 1995, 225 *(Reithmann)*; ebenfalls zur Genehmigungsfähigkeit *Hausmann* in: Reithmann/Martiny, Rz. 5538.
153) *Kindler* in: MünchKomm-BGB, IntGesR Rz. 585.

bunden werden. Dies verstößt nicht gegen den deutschen *ordre public*.[154] Zum **Schutz des Rechtsverkehrs** gelten aber Art. 13 Rom I-VO und Art. 12 Satz 1 EGBGB analog: Bleibt der Umfang der Vertretungsmacht der Organe einer ausländischen Gesellschaft hinter den entsprechenden Grundsätzen des Rechts am Ort der Vornahme des Rechtsgeschäfts (Vornahmestatut, Wirkungsstatut) zurück, ist die Berufung auf diese Beschränkung nur zulässig, wenn der andere Vertragsteil diese Beschränkung bei Vertragsschluss kannte oder infolge von Fahrlässigkeit nicht kannte bzw. kennen musste.[155]

2. Rechtsgeschäftliche Vertretung

81 Von der gesetzlichen oder organschaftlichen Vertretung zu trennen ist die Vertretung durch **Hilfspersonen** aufgrund besonderer, vertraglich vereinbarter Vollmacht (Prokura, Handlungsvollmacht, andere Vollmachten). Sie unterliegt nicht dem Gesellschaftsstatut, sondern dem **Vollmachtsstatut**.[156] Dies ist grundsätzlich das Recht an dem Ort, an dem der Vollmachtnehmer nach dem Willen des Vollmachtgebers von der Vollmacht Gebrauch macht (realer Gebrauchsort; sog. **Wirkungsland**).[157] Dieser Grundsatz gilt insbesondere für die Anwaltsvollmacht und für die Prozessvollmacht.[158] Soll von der Vollmacht in **mehreren Ländern** Gebrauch gemacht werden, so wird sie in jedem Land nach dortigem Recht beurteilt.[159] Die Vollmacht zur Verfügung über **Grundstücke** oder **Immobiliarsachenrechte** beurteilt sich nach dem Recht des Landes, in dem das Grundstück liegt.[160]

82 Das Vollmachtsstatut kann aber abweichend vom Recht des Wirkungslandes im Wege der **Rechtswahl** bestimmt werden, sofern diese Wahl für den Dritten zweifelsfrei erkennbar ist (etwa aus der Vollmachtsurkunde oder durch Mitteilung, vgl. auch § 49 Abs. 1 öst. IPRG).[161]

---

154) KG, IPRspr. 1929, Nr. 14, 34, 36 f.; *Kindler* in: MünchKomm-BGB, IntGesR Rz. 584; *Großfeld* in: Staudinger, IntGesR Rz. 280.
155) *Großfeld* in: Staudinger, IntGesR Rz. 280 f.
156) Ausführlich zum Vollmachtsstatut *Seibold/Groner*, NZG 2009, 126; auch *Kindler* in: MünchKomm-BGB, IntGesR Rz. 582 ff.
157) RGZ 78, 55, 60; BGH, NJW 1990, 3088; für eine Anknüpfung an das Recht des Satzungssitzes des Vollmachtgebers *Seibold/Groner*, NZG 2009, 126, 128 f.
158) *Hohloch* in: Erman, Art. 37 EGBGB Anh. I Rz. 17.
159) BGH, WM 1958, 557, 559; *Hausmann* in: Reithmann/Martiny, Rz. 5444; *Mäsch* in: Bamberger/Roth, Anh. zu Art. 10 EGBGB Rz. 108.
160) RGZ 149, 93, 94; BGH, NJW 1963, 46, 47; *v. Bar*, Rz. 591; *Hohloch* in: Erman, Art. 37 EGBGB Anh. I Rz. 17; *Spellenberg* in: MünchKomm-BGB, Vor Art. 11 EGBGB Rz. 76.
161) *Hausmann* in: Reithmann/Martiny, Rz. 5446 f.; *Seibold/Groner*, NZG 2009, 126, 129. Zu den weiteren Einzelheiten der Bestimmung des Vollmachtstatuts *Schäfer*, RIW 1996, 189; *Hohloch* in: Erman, Art. 37 EGBGB Anh. I Rz. 10 ff.

B. Zustandekommen

Für die **Form** der Vollmacht gilt **Art. 11 Abs. 1 EGBGB**. Danach ist die Vollmacht zunächst formwirksam, wenn sie dem Vollmachtsstatut genügt. Dies ist bei objektiver Anknüpfung wie soeben beschrieben das Recht am tatsächlichen **Gebrauchsort**, nicht etwa das Statut des Rechtsgeschäfts, zu dessen Abschluss die Bevollmächtigung erteilt worden ist, oder das Statut, welchem das der Vollmacht zugrunde liegende Rechtsverhältnis (bspw. Auftragsverhältnis) unterworfen ist.[162] Wird eine Vollmacht daher in Deutschland verwendet und ist kein abweichendes Recht gewählt, muss sie den deutschen Formvorschriften genügen; es gilt damit gemäß § 167 Abs. 2 BGB grundsätzlich Formfreiheit.[163] Die Vollmacht ist aber auch wirksam, wenn sie **alternativ** dem Recht am **Ort der Vollmachtserteilung** genügt.[164] Nach h. A. gelten die Ausschlüsse der Ortsform aus Art. 11 Abs. 5 Rom I-VO und Art. 11 Abs. 4 EGBGB für Vollmachten zum Abschluss von Grundstückskaufverträgen und entsprechenden Verfügungsgeschäften nicht[165] (siehe zur erforderlichen Form von Legitimations- und Vertretungsnachweisen in Deutschland oben § 2 Rz. 241 ff.). 83

V. Vorvereinbarungen

Dem eigentlichen Unternehmenskaufvertrag gehen regelmäßig vorbereitende Schritte voraus, die rechtlich von sehr unterschiedlicher Qualität sein können. So können Zwischenergebnisse von Verhandlungen niedergelegt werden, die keine rechtlichen Wirkungen auslösen sollen. Häufig werden aber auch Vorvereinbarungen abgeschlossen, deren rechtliche Bindungswirkungen vom Einzelfall abhängen. So verpflichtet etwa eine bloße Absichtserklärung (Letter of Intent) regelmäßig nicht dazu, später Verträge einzugehen; sie kann jedoch hiervon abweichend insgesamt verbindlich sein und hat jedenfalls regelmäßig auch verbindliche Elemente (bspw. über die Wahrung der Vertraulichkeit) (zum Letter of Intent siehe oben § 2 Rz. 22 ff.). Weitere Beispiele für Vorvereinbarungen sind Optionen, Vorkaufsrechte, Vorverträge, Rahmenverträge *(mother agreements, framework agreements)*, Vertraulichkeitsvereinbarungen (siehe dazu oben § 2 Rz. 17 ff.) und Vereinbarungen über die Nichtverhandlung mit Dritten (Exklusivitätsvereinbarungen).[166] 84

Das auf eine Vorvereinbarung anwendbare Recht bestimmt sich nach den allgemeinen Grundsätzen der **Art. 3 ff. Rom I-VO**. Danach können die Parteien 85

---

162) So aber *Spellenberg* in: MünchKomm-BGB, Vor Art. 11 EGBGB Rz. 164.
163) Zu Ausnahmen *Schramm* in: MünchKomm-BGB, § 167 BGB Rz. 16 ff.; *Hausmann* in: Reithmann/Martiny, Rz. 5497.
164) *Hohloch* in: Erman, Art. 37 EGBGB Anh. I Rz. 20; *Hausmann* in: Reithmann/Martiny, Rz. 5496 ff.
165) *Hausmann* in: Reithmann/Martiny, Rz. 5498 ff. m. w. N.; dagegen *Spellenberg* in: MünchKomm-BGB, Vor Art. 11 EGBGB Rz. 165.
166) S. überblicksartig *Holzapfel/Pöllath*, Rz. 11 ff.; *Seibt* in: Seibt, M&A, B., S. 19 ff.; *Semler* in: Hölters, Teil VII Rz. 31 ff.

das maßgebliche Recht unabhängig vom beabsichtigten Unternehmenskaufvertrag **wählen**.[167] Eine abweichende Wahl dürfte aber nur ausnahmsweise vorteilhaft sein und sollte vermieden werden, wenn widersprüchliche Ergebnisse der berufenen materiellen Rechte denkbar sind.

86 Wird das Statut der Vorvereinbarung aufgrund **fehlender Rechtswahl** nach Art. 4 Rom I-VO bestimmt, kann es schwierig werden, eine charakteristische Leistung zu festzustellen (Art. 4 Abs. 2 Rom I-VO), wenn beide Parteien andere als Geldleistungspflichten eingegangen sind. Hier bietet sich an, i. R. d. Art. 4 Abs. 4 Rom I-VO das auf den beabsichtigten Unternehmenskaufvertrag anwendbare Recht zu berufen und damit bei fehlender Rechtswahl auf dessen charakteristische Leistung vorzugreifen. Lässt sich dagegen eine charakteristische Leistung in der Vorvereinbarung ausmachen, ist das Anknüpfungsergebnis an Art. 4 Abs. 3 Rom I-VO zu messen. Insgesamt dürfte aufgrund des häufig bestehenden **engen sachlichen Zusammenhangs** zwischen beiden Vereinbarungen die Vorvereinbarung regelmäßig wie der beabsichtigte Kaufvertrag anzuknüpfen sein.[168] Hieran kann es aber etwa fehlen, wenn die in den Vereinbarungen niedergelegten Verpflichtungen wesentlich vom Kaufvertrag abweichen oder weil ein engerer Zusammenhang zu anderen Verträgen derselben Parteien besteht.

VI. Aufklärungspflichten

87 Aufklärungs-, Offenlegungs- und Informationspflichten spielen eine wesentliche Rolle i. R. d. **Due Diligence** des Käufers, d. h. der regelmäßig vor Abschluss des Kaufvertrags erfolgenden Prüfung des Unternehmens (ausführlich dazu oben § 2 Rz. 30 ff.). Dabei versucht der Kaufinteressent im vorvertraglichen Stadium möglichst umfassende Informationen über die Gesellschaft und insbesondere über verborgene Risiken und Belastungen zu gewinnen, um insbesondere die Vermögens- und Ertragslage des Unternehmens zutreffend einschätzen zu können (zu den Zwecken der Due Diligence siehe oben § 2 Rz. 48 ff.). Insoweit geht es also regelmäßig um Aufklärungspflichten, die in der **Phase der Vertragsanbahnung** zu erfüllen sind (zur Verkäuferhaftung bei fehlerhaften Angaben i. R. d. Due Diligence nach deutschem Recht siehe oben § 2 Rz. 109 ff.).

1. Asset Deal

88 Die in der Phase der Vertragsanbahnung zu erfüllenden Aufklärungs-, Offenlegungs- und Informationspflichten beim Asset Deal unterliegen nicht ohne weiteres dem Vertragsstatut des Unternehmenskaufvertrags. Sie können zum

---

167) Vgl. *Lutter*, Letter of Intent, S. 147.
168) *Martiny* in: Reithmann/Martiny, Rz. 180.

B. Zustandekommen

einen in einer **Vorvereinbarung** niedergelegt sein und folgen dann deren Anknüpfung (dazu oben Rz. 84 ff.). **Im Übrigen** sind solche vorvertraglichen Pflichten über Art. 12 Rom II-VO **gesondert anzuknüpfen**.[169] Die in Art. 12 Abs. 1 Rom II-VO angeordnete akzessorische Anknüpfung führt freilich zurück zur Rom I-VO und damit zurück zum Vertragsstatut des Unternehmenskaufvertrags.[170]

Davon zu trennen sind Ansprüche aus der Verletzung von Pflichten, die durch Schutzgesetze i. S. v. § 823 Abs. 2 BGB statuiert sind. Insoweit gilt über Art. 4 Rom II-VO das **Deliktsstatut** (Grundsatz: Recht am Erfolgsort).[171] 89

2. Share Deal

Problematischer ist die Anknüpfung von Aufklärungs-, Offenlegungs- und Informationspflichten beim Share Deal. Denn hier geht es einerseits wie beim Asset Deal um **allgemeine Aufklärungspflichten** einander sonst fremder Kaufvertragsparteien, die dem Kauf- oder Schuldrecht entspringen (zur Haftung nach deutschem Recht siehe oben § 2 Rz. 109 ff., 114 f.),[172] und andererseits um **besondere Aufklärungspflichten**, denen in erster Linie Geschäftsführer und Gesellschafter gegenüber den veräußernden (Mit-)Gesellschaftern unterliegen. Es geht also sowohl um allgemein kaufrechtliche als auch um spezifisch gesellschaftsrechtliche Aufklärungspflichten.[173] Vertreten wird, die Aufklärungs-, Offenlegungs- und Informationspflichten vollständig entweder dem Vertrags-[174] oder dem Gesellschaftsstatut[175] zu unterwerfen. Sachgerechter dürfte es indessen sein, zwischen beiden Pflichtengruppen auch kollisionsrechtlich zu unterscheiden: Die **kaufrechtlichen Pflichten** beurteilen sich nach dem **akzessorisch angeknüpften Vertragsstatut** (Art. 12 Abs. 1 Rom II-VO), die **gesellschaftsrechtlichen Pflichten** nach dem **Gesellschaftsstatut**. 90

---

169) Näher *Lüttringhaus*, RIW 2008, 193; s. a. Art. 1 Abs. 2 lit. i Rom I-VO, wonach Schuldverhältnisse aus Verhandlungen vor Abschluss eines Vertrags ausdrücklich vom Anwendungsbereich der Rom I-VO ausgenommen sind.
170) Im Ergebnis zum früheren Recht ebenso schon *Merkt*, RIW 1995, 533, 537.
171) *Ebenroth/Wilken*, ZVglRWiss 90 (1991), 235, 243; *Kindler* in: MünchKomm-BGB, IntGesR Rz. 701 f.
172) Zu den Aufklärungspflichten des Verkäufers *Holzapfel/Pöllath*, Rz. 635 ff.
173) *Grasmann*, Rz. 1016.
174) So sollen nach *Spellenberg* in: MünchKomm-BGB, Art. 32 EGBGB Rz. 22, Nebenpflichten, Schutzpflichten und ähnliches gegenüber Dritten nach dem Geschäftsstatut zu beurteilen sein. Das Geschäftsstatut bestimme alles, was zu dem Rechtsgeschäft gehöre; *Jenckel*, S. 151 ff.
175) So *Großfeld* in: Staudinger, IntGesR Rz. 342 und *Kindler* in: MünchKomm-BGB, IntGesR Rz. 613 (s. aber auch Rz. 700 ff.), die pauschal die Treue- und Aufklärungspflichten der Gesellschaftsführer und der Gesellschafter gegenüber dem Erwerber dem Gesellschaftsstatut unterwerfen wollen.

Wie beim Asset Deal gilt allerdings auch hier, dass Pflichten aus einer Vorvereinbarung deren Anknüpfung folgen (siehe oben Rz. 84 ff., 88).

91 Diese differenzierende Lösung führt auch beim **börslichen Beteiligungskauf** (dazu unten § 9 Rz. 27 ff.) zu angemessenen Ergebnissen. Denn es wäre wenig überzeugend, den Verkauf von Anteilen zwischen zwei im eigenen Namen handelnden Kreditinstituten (im Wege des Kommissions- oder Festpreisgeschäfts für die jeweils hinter ihnen stehenden Parteien) hinsichtlich der Beratungs- und Aufklärungspflichten[176] dem Gesellschaftsstatut zu unterwerfen, zu dem die Kreditinstitute im Zweifel keinen Bezug haben.

92 Für Ansprüche aus der Verletzung von Pflichten, die durch Schutzgesetze i. S. v. § 823 Abs. 2 BGB statuiert sind, gilt wie beim Asset Deal über Art. 4 Rom II-VO das **Deliktsstatut** (siehe oben Rz. 88).

---

[176] Näher zu diesen Pflichten *Roth* in: Assmann/Schütze, § 11 Rz. 1 ff.

§ 8 Einzelfragen

Überblick

A. Nebenvertragliche Aspekte 1
I. Aufbewahrungspflichten für Geschäftsbücher 1
II. Verschwiegenheits- und Geheimhaltungspflichten 2
III. Personal- und Realsicherheiten 3
   1. Allgemeines 3
   2. Personalsicherheiten 5
   3. Realsicherheiten 11
     a) Mobiliarsicherheiten 12
     b) Immobiliarsicherheiten 17
IV. Finanzierung des Kaufpreises 20
V. Versicherungsverträge 23
B. Haftungsfragen 25
I. Gesetzliche Haftung des Unternehmenserwerbers 25
   1. Anteilsübernahme 25
   2. Vermögens- oder Unternehmensübernahme 26
   3. Firmenfortführung 32
   4. Steuerhaftung 36
   5. Haftung für Sozialversicherungspflichten 39
II. Haftungsfragen bei mehreren Käufern oder Verkäufern 43
C. Verwaltungsrecht, ausländische Erwerber und Geschäftsleiter 45
I. Verwaltungsrecht 45
II. Ausländische Erwerber 48
III. Ausländische Geschäftsleiter 52

Literatur: *von Bar,* Kollisionsrechtliches zum Schuldbeitritt und zum Schuldnerwechsel (Anm. zu österr. OGH, 9.11.1989 – 7 Ob 635/89), IPRax 1991, 197; *Bartl,* Bestellung eines Ausländers zum Geschäftsführer einer GmbH unter registerrechtlichen Aspekten, BB 1977, 571; *Baumgartner/Hauser,* Erwerb von Beteiligungen an Gesellschaften mit Immobilienbesitz durch Ausländer, SZW/RSDA 1999, 86; *Beemelmans,* Das Statut der cessio legis, der action directe und der action oblique, RabelsZ 29 (1965), 511; *Berger,* Internationale Bankgarantien, DZWiR 1993, 1; *Bertram,* Sozialversicherungsrechtliche Folgen der Auslandstätigkeit von Arbeitnehmern – insbesondere bei Entsendung innerhalb Europas (EU), IStR 1996, 443; *Bieneck,* Handbuch des Außenwirtschaftsrechts mit Kriegswaffenkontrollrecht, 2. Auflage 2005 (zit.: *Bearbeiter* in: Bieneck); *Bohlscheid,* Ausländer als Gesellschafter und Geschäftsführer einer deutschen GmbH, RNotZ 2005, 505; *Boujong,* Das GmbH-Recht in den Jahren 2000 bis 2002, NZG 2003, 497; *Bruch,* Erwerberhaftung kraft Gesetzes bei Unternehmens- und Vermögensveräußerung, 1962; *Brugger,* § 1409 AGBG und IPR-Probleme des internationalen Unternehmenskaufes, ZfRV 1993, 94; *Busch/Müller,* Das Internationale Privatrecht des Gläubigerschutzes bei Vermögens- bzw. Unternehmensübertragung, ZVglRWiss 94 (1995), 157; *Cooke,* Private Equity: Law and Practice, 3. Auflage London 2008; *Davies,* Gower and Davies, Principles of Modern Company Law, 8. Auflage London 2008; *Drobnig/Becker/Remien,* Verschmelzung und Koordinierung von Verbänden, 1991; *Ebenroth/Offenloch,* Kollisionsrechtliche Untersuchung grenzüberschreitender Ausgliederungen, RIW 1997, 1; *Eichenhofer,* Internationales Sozialrecht, 1994; *Erdmann,* NZG 2002, 503; Erfurter Kommentar zum Arbeitsrecht, 10. Auflage 2010 (zit. *Bearbeiter* in: ErfKomm); *Eschelbach,* Das Internationale Gesellschaftsrecht in der notariellen Praxis, MittRhNotK 1993, 173; *Ferran,* Principles of Corporate Finance Law, Oxford 2008; *Geimer,* Kurzkommentar zu BGH, Urt. v. 25.9.1996, VIII ZR 76/95, EWiR 1997, 209; *Girsberger,* Übernahme und Übergang von Schulden im schweizerischen und deutschen IPR, ZVglRWiss 88 (1989), 31; *Hadding,* Sicherungsrechte beim Unternehmenskauf, ZGR 11 (1982), 476; *Hanisch,* Bürgschaft mit Auslandsbezug, IPRax 1987, 47; *Hasse,* Die Einheitlichen Richtlinien für auf Anfordern zahlbare Garantien der Internationalen Handelskammer – Uniform Rules for Demand Guarantees (URDG), WM 1993, 1985; *Hepting,* Kollisionsnormen im Internationalen Sozialrecht: „Entsendung" und „Ausstrahlung" beim Kinder- und Er-

§ 8 Einzelfragen

ziehungsgeld (Anm. zu BSG, Urt. v. 22.6.1989 – 4 REg 4/88), IPRax 1990, 222; *Heßeler*, Der „Ausländer als Geschäftsführer" – das Ende der Diskussion durch das MoMiG?!, GmbHR 2009, 759; *von Hoffmann*, Zur kollisionsrechtlichen Anknüpfung der Haftung bei Vermögensübernahme (§ 419 BGB) und Firmenfortführung (§ 25 HGB), IPRax 1989, 175; *von Hoffmann*, Deliktischer Schadensersatz im internationalen Währungsrecht – zugleich ein Beitrag zum Währungsrecht der Wertschulden, in: Festschrift Firsching, 1985, S. 125; *ICC Deutschland*, ICC Einheitliche Richtlinien für auf Anfordern zahlbare Garantien, 2010 (zit.: *ICC Deutschland*, URDG 758); *Jerman*, Unternehmenskauf in der Tschechischen Republik, WiRO 1994, 37; *Klein*, Abgabenordnung, Kommentar, 10. Auflage 2009 (zit.: *Bearbeiter* in: Klein); *Koch/Scholtz*, Abgabenordnung, Kommentar, 5. Auflage 1996 (zit.: *Bearbeiter* in: Koch/Scholtz); *Löwisch*, Die neue Mindestlohngesetzgebung, RdA 2009, 215; *Mankowski*, Kurzkommentar zu OLG Düsseldorf, Urt. v. 4.5.1995 – 6 U 93/94, EWiR 1996, 29; *Melchior*, Ausländer als GmbH-Geschäftsführer, DB 1997, 413; *Merkt/Dunckel*, Anknüpfung der Haftung aus Vermögensübernahme bzw. Firmenfortführung bei Unternehmenskauf, RIW 1996, 533; *Meyer-Sparenberg*, Internationalprivatrechtliche Probleme bei Unternehmenskäufen, WiB 1995, 849; *Miller*, Unzulässige Prüfung der Aufenthaltsgenehmigung, DB 1983, 977; *Nußbaum*, Grundzüge des internationalen Privatrechts: unter besonderer Berücksichtigung des amerikanischen Rechts, 1952; *Pahlke/Koenig*, Abgabenordnung, Kommentar, 2. Auflage 2009 (zit.: *Bearbeiter* in: Pahlke/Koenig); *Picot/Land*, Der internationale Unternehmenskauf, DB 1998, 1601; *Proctor*, Financial assistance: new proposals and new perspectives?, Company Lawyer 2007, 3; *Reuter*, Schuldübernahme und Bürgschaft im internationalen Gesellschaftsrecht, 1939; *Ries*, Der ausländische Geschäftsführer, NZG 2010, 298; *Sandrock*, German and European drafts on choice of law rule applicable to delictual liability: the direct claim against the insurer, TSAR 1999, 734; *Sandrock*, Handbuch der Internationalen Vertragsgestaltung, Band 1, 1980 (zit.: *Bearbeiter* in: Sandrock); *Schiedermayr*, Der ausländische Geschäftsführer einer GmbH, in: Festschrift Bezzenberger, 2000, S. 393; *Schmidt-Hermesdorf*, Internationale Personengesellschaft im internationalen Arbeitsrecht, Gestaltungsform zu Vermeidung deutschen Mitbestimmungsrechts?, RIW 1988, 938; *Schnelle*, Die kollisionsrechtliche Anknüpfung der Haftung auf Vermögensübernahme im deutschen IPR, RIW 1997, 281; *Schwab*, Das neue Arbeitnehmer-Entsendegesetz, NZA-RR 2010, 225; *Schwind*, Das IPR des Haftungsüberganges bei Vermögensübertragung, in: Festschrift von Caemmerer, 1978, S. 757; *Singhal*, Financing of leveraged buy-outs, Company Lawyer 2008, 355; *Stumpf*, Einheitliche Richtlinien für Vertragsgarantien (Bankgarantien) der Internationalen Handelskammer, RIW 1979, 1; *Tal*, Das Verbot der Financial Assistance im englischen Gesellschaftsrecht, GmbHR 2007, 254; *Thießen*, Covenants in Kreditverträgen: Alternative oder Ergänzung zum Insolvenzrecht?, ZBB 1996, 19; *Tiedemann*, Die Haftung aus Vermögensübernahme im internationalen Recht, 1995; *Tipke/Kruse*, Abgabenordnung, Kommentar, Loseblatt (Stand: Juni 2010) (zit.: *Bearbeiter* in: Tipke/Kruse); *Trost*, Problemlösung beim Bankgarantiegeschäft durch Umstrukturierung des Geschäftstypus, RIW 1981, 659; *Wachter*, Ausländer als GmbH-Gesellschafter und -Geschäftsführer, ZIP 1999, 1577; *Wachter*, Kommentar zu OLG Dresden, Urt. v. 5.11.2002 – 2 U 1433/02, GmbHR 2003, 538; *von Westphalen*, Die neuen einheitlichen Richtlinien für Demand Guarantees, DB 1992, 2017; *von Westphalen*, Ausgewählte Fragen zur Interpretation der Einheitlichen Richtlinien für auf Anfordern zahlbare Garantien, RIW 1992, 961; *Winkler*, Sozialgesetzbuch IV, Kommentar, 2007 (zit.: *Bearbeiter* in: Winkler); *Witt*, Modernisierung der Gesellschaftsrechte in Europa – Einige Sonderwege und manche gemeinsame Pfade, ZGR 2009, 872; *Wittig*, Financial Covenants im inländischen Kreditgeschäft, WM 1996, 1381; *Wolf*, Die Patronatserklärung, 2005; *Wolf*, Das Statut der harten Patronatserklärung, IPRax 2000, 477.

A. Nebenvertragliche Aspekte

I. Aufbewahrungspflichten für Geschäftsbücher

Bei der Frage nach dem Recht, das für die Pflichten zur Aufbewahrung von Geschäftsbüchern maßgeblich ist, wird man nach der **Rechtsnatur** dieser Pflichten differenzieren müssen: Sofern es vertragliche Pflichten sind, deren Ursprung der Unternehmenskaufvertrag ist, unterliegen sie dem nach Art. 3 ff. Rom I-VO bestimmten Vertragsstatut. Sind es indessen gesellschaftsrechtliche Pflichten, unterliegen sie dem Gesellschaftsstatut. Schließlich können solche Aufbewahrungspflichten deliktischer Natur sein. Dann beurteilen sie sich nach dem Deliktsrecht, d. h. grundsätzlich nach dem Recht des Staats, in dem der Schaden eingetreten ist (Erfolgsort). Haben die Parteien ihren gewöhnlichen Aufenthalt in demselben Staat, gilt dessen Recht. Bei offensichtlich engerer Verbindung zu einem anderen Staat, gilt das Recht dieses Staats (Art. 4 Rom II-VO).[1]

1

II. Verschwiegenheits- und Geheimhaltungspflichten

Bei der Frage nach dem für Verschwiegenheits- und Geheimhaltungspflichten maßgeblichen Recht wird man, wie auch bei den Aufbewahrungspflichten (dazu soeben Rz. 1), nach der **Rechtsnatur** dieser Pflichten zu differenzieren haben: Für vertragliche Pflichten, deren Ursprung der Unternehmenskaufvertrag ist, gilt das nach Art. 3 ff. Rom I-VO bestimmte Vertragsstatut. Bei Pflichten gesellschaftsrechtlicher Natur ist das Gesellschaftsstatut maßgeblich. Sind es deliktische Pflichten, ist das Deliktsstatut berufen und damit grundsätzlich das Recht des Erfolgsorts (Art. 4 Abs. 1 Rom II-VO).

2

III. Personal- und Realsicherheiten

1. Allgemeines

Sicherheiten können beim Unternehmenskauf vor allem in zweierlei Hinsicht bedeutsam sein: Einerseits können sich aus bestehenden dinglichen Sicherheiten Veräußerungs- oder Übertragungsbeschränkungen ergeben. Andererseits kommen Sicherheiten in Betracht, um die beiderseitigen vertraglichen Pflichten abzusichern, insbesondere die Kaufpreiszahlung.[2]

3

In jedem Fall ist beim grenzüberschreitenden Unternehmenskauf zu klären, welchem Recht solche Sicherheiten unterliegen, zumal die Möglichkeit der Parteien, das anwendbare Recht zu wählen, stark eingeschränkt ist. Eine Rechtswahlklausel kann sich für solche Sicherheiten als völlig wertlos erweisen. Zu

4

---

1) Vgl. *Junker* in: MünchKomm-BGB, Art. 4 Rom II-VO Rz. 18 ff.
2) *Meyer-Sparenberg*, WiB 1995, 849, 854; zum materiellen deutschen Recht vgl. *Hadding*, ZGR 11 (1982), 476 f.

unterscheiden sind wie im Sachenrecht auch in kollisionsrechtlicher Sicht Personal- und Realsicherheiten.

2. Personalsicherheiten

5 Eine **Bürgschaft** unterliegt nicht automatisch dem Recht der zu sichernden Forderung. Sie wird vielmehr **selbständig** angeknüpft. Es gelten die Art. 3 ff. Rom I-VO. Die Parteien können das Bürgschaftsstatut also ausdrücklich oder stillschweigend wählen. Fehlt eine solche Wahl, beurteilt sich die Bürgschaft nach dem Recht am gewöhnlichen Aufenthaltsort des Bürgen (Art. 4 Abs. 2 Rom I-VO).[3] Wenn die Bürgschaft allerdings so sehr im Zusammenhang mit anderen Rechtsgeschäften steht, kann das Recht am gewöhnlichen Aufenthalt des Bürgen zurücktreten (Art. 4 Abs. 3 Rom I-VO).[4]

6 Nach dem **Bürgschaftsstatut** beurteilen sich Dauer und Umfang der Bürgenhaftung, ferner das Bestehen einer Einrede der Vorausklage und die Akzessorietät der Haftung, insbesondere wie sich die Tilgung der Hauptschuld auf die Bürgschaftsschuld auswirkt, ob also bspw. der Anspruch des Gläubigers gegen den Schuldner gesetzlich auf den Bürgen übergeht (über Art. 15 Rom I-VO).[5] Das Bürgschaftsstatut entscheidet schließlich darüber, ob der Bürge seine Leistung verweigern kann, sofern ihm der Gläubiger seine Ansprüche nicht abtritt (Art. 15 Rom I-VO analog).[6] Die Anforderungen an die **Form** der Bürgschaft unterliegen dem selbständig anzuknüpfenden Formstatut (Art. 11 Rom I-VO).

7 Entsprechende Grundsätze gelten für das **selbständige Garantieversprechen**: Die Parteien können das maßgebliche Garantiestatut ausdrücklich oder stillschweigend wählen (Art. 3 Rom I-VO). Bei fehlender Wahl gilt grundsätzlich das Recht am gewöhnlichen Aufenthalt des Garantiegebers (Art. 4 Abs. 2 Rom I-VO); die offensichtlich engere Verbindung zu einem anderen Staat ist gemäß Art. 4 Abs. 3 Rom I-VO beachtlich.[7]

8 Die **Internationale Handelskammer** (ICC) hat im Jahre 1978 „*Einheitliche Richtlinien für Vertragsgarantien*" herausgegeben, welche die Parteien vereinbaren können.[8] Ferner hat die ICC im Jahre 2010 ihre überarbeiteten „*Einheitlichen Richtlinien für auf Anfordern zahlbare Garantien*" veröffentlicht, wonach

---

3) *Martiny* in: Reithmann/Martiny, Rz. 1183.
4) *Martiny* in: MünchKomm-BGB, Art. 4 Rom I-VO Rz. 181.
5) *Martiny* in: MünchKomm-BGB, Art. 4 Rom I-VO Rz. 182 ff.
6) *Martiny* in: Reithmann/Martiny, Rz. 1189; *Hohloch* in: Erman, Art. 28 EGBGB Rz. 51; vgl. auch *Hanisch*, IPRax 1987, 47.
7) Zum Umfang des Garantiestatuts *Martiny* in: Reithmann/Martiny, Rz. 1197.
8) ICC-Publikation Nr. 325; dazu: Muster für Vertragsgarantien 1983, ICC-Publikation Nr. 406; *Stumpf*, RIW 1979, 1; *Trost*, RIW 1981, 659.

A. Nebenvertragliche Aspekte

die Garantie bei fehlender Wahl dem Recht am Ort der Filiale oder Niederlassung des Garanten unterliegt (Art. 34 lit. a der Richtlinien).[9]

Bei Bankgarantien deutscher **Banken** gilt über Nr. 6 Abs. 1 der AGB-Banken regelmäßig das vereinbarte deutsche Recht. Im Zweifel gilt bei objektiver Anknüpfung das Recht am Ort der Hauptverwaltung oder Zweigniederlassung der Bank und damit ebenfalls deutsches Recht (Art. 4 Abs. 2, Art. 19 Abs. 1 und 2 Rom I-VO).[10]

Patronatserklärungen *(comfort letters)* sind ebenfalls der Rechtswahl zugänglich (Art. 3 Rom I-VO). Bei fehlender Wahl unterliegen sie regelmäßig dem Recht am Ort der Hauptverwaltung des Patrons (Art. 4 Abs. 2, 19 Abs. 1 Rom I-VO).[11]

3. Realsicherheiten

Bei der Bestimmung des für Realsicherheiten maßgeblichen Rechts ist zwischen Mobiliar- und Immobiliarsicherheiten zu unterscheiden.

a) Mobiliarsicherheiten

Gesetzliche wie vertragliche **Mobiliarsicherheiten** unterliegen gemäß Art. 43 Abs. 1 EGBGB grundsätzlich dem Recht am Ort der Belegenheit der Sache *(lex rei sitae*; **Belegenheitsrecht**).[12] Nur ausnahmsweise kann über Art. 46 EGBGB das Recht eines Staats berufen sein, zu dem eine wesentlich engere Verbindung besteht. Eine abweichende Rechtswahl ist ausgeschlossen, weil nach ganz h. A. dem Internationalen Sachenrecht der Grundsatz der Parteiautonomie mit Rücksicht auf den **Verkehrsschutz** fremd ist.[13] Daher ist in der Praxis vor Abschluss von Sicherungsvereinbarungen zu prüfen, ob das maßgebliche Recht am Belegenheitsort des Sicherungsgegenstands die zu vereinbarende Sicherheit nach Inhalt und Umfang zulässt.

---

9) ICC-Publikation Nr. 758, abgedr. als Muster bei *ICC Deutschland*, URDG 758. Diese überarbeitete Fassung der Richtlinien ersetzt damit ICC-Publikation Nr. 458, abgedr. bei *Blesch* in: Hopt, IV. L. 4; dazu *Berger*, DZWiR 1993, 1; *Hasse*, WM 1993, 1985; *v. Westphalen*, DB 1992, 2017; *v. Westphalen*, RIW 1992, 961.

10) So auch BGH, ZIP 1996, 1291, 1292; OLG Frankfurt a. M., RIW 1985, 407; OLG Stuttgart, RIW 1980, 729; OLG Hamburg, RIW 1978, 615; *Martiny* in: MünchKomm-BGB, Art. 4 Rom I-VO Rz. 188; *Martiny* in: Reithmann/Martiny, Rz. 1195; *Hohloch* in: Erman, Art. 28 EGBGB Rz. 52; *Bunte* in: Schimansky/Bunte/Lwowski, § 11 Rz. 4.

11) *Wolf*, IPRax 2000, 477, 482; *Magnus* in: Staudinger, Art. 28 EGBGB Rz. 510; *Martiny* in: MünchKomm-BGB, Art. 4 Rom I-VO Rz. 196; eingehend und rechtsvergleichend zur Patronatserklärung *Wolf*, passim.

12) Besonderheiten gelten nach Art. 45 EGBGB für Luft-, Wasser- und Schienenfahrzeuge; Einzelheiten bei *Wendehorst* in: MünchKomm-BGB, Art. 45 EGBGB.

13) *Kropholler*, Internationales Privatrecht, S. 558; zu den Gründen *Wendehorst* in: MünchKomm-BGB, Art. 43 EGBGB Rz. 4.

13 Das Recht, nach dem sich die **gesicherte Forderung** beurteilt (Schuldstatut), ist keineswegs automatisch identisch mit dem Recht, dem die Sicherheit selbst unterliegt.[14] Denn das schuldrechtliche Verhältnis zwischen Sicherungsgeber und Sicherungsnehmer ist streng von der sachenrechtlichen Seite zu unterscheiden. Die gesicherte Forderung unterliegt vielmehr dem selbständig zu bestimmenden **Schuldstatut** (Art. 3 ff. Rom I-VO).[15]

14 Gleiches gilt für etwaige **schuldrechtliche Sicherungsverträge**.[16] Für die Praxis empfiehlt es sich, solche Sicherungsabreden nur in begründeten Ausnahmefällen einem anderen als dem sachnahen Belegenheitsrecht zu unterstellen. Daher werden schuld- und sachenrechtliche Sicherungsgeschäfte tatsächlich regelmäßig in einem Vertragsformular und unter derselben Rechtswahlklausel zusammengefasst.[17]

15 Schwierigkeiten ergeben sich, wenn Mobilien, an denen Sicherungsrechte bestehen, über die Grenze verbracht werden. Denn mit dem Grenzübertritt wechselt gemäß Art. 43 Abs. 2 EGBGB das Belegenheitsrecht (sog. **Statutenwechsel**). War das Sicherungsrecht vor dem Grenzübertritt **bereits vollwirksam entstanden**, wird es von der neuen Rechtsordnung anerkannt. Es darf allerdings mit der neuen Rechtsordnung nicht völlig unvereinbar ist; daher ordnet Art. 43 Abs. 2 EGBGB an, dass die bestehenden Rechte nicht im Widerspruch zur neuen Rechtsordnung ausgeübt werden können.[18] Ein Widerspruch besteht etwa dann, wenn eine Sache, an der wirksam Sicherungseigentum entstanden ist, aus Deutschland nach Österreich verbracht wird. Denn nach österreichischem Recht verlangt das Publizitätsinteresse unter allen Umständen, dass sich mit der Einräumung der Sicherheit die Besitzverhältnisse ändern. Dementsprechend ist dem österreichischen Recht ein besitzloses Sicherungsrecht vollkommen fremd.[19]

16 War das Sicherungsrecht hingegen vor dem Grenzübertritt **noch nicht vollwirksam entstanden**, dann entscheidet grundsätzlich die neue Rechtsordnung, unter welchen Voraussetzungen das Sicherungsrecht entsteht (sog. **qualifizierter Statutenwechsel**). Unter Umständen werden im Ausland bereits erfüllte

---

14) *Meyer-Sparenberg*, WiB 1995, 849, 854.
15) *Wendehorst* in: MünchKomm-BGB, Art. 43 EGBGB Rz. 84; anders BGH, ZIP 1997, 275, dazu EWiR 1997, 209 *(Geimer)*: Eine Rechtswahl für einen Vertrag, der eine Sicherungsübereignung zum Gegenstand hat, ist unzulässig.
16) *Wendehorst* in: MünchKomm-BGB, Art. 43 EGBGB Rz. 84.
17) *Meyer-Sparenberg*, WiB 1995, 849, 854.
18) *Thorn* in: Palandt, Art. 43 EGBGB Rz. 5.
19) Näher *Kropholler*, Internationales Privatrecht, S. 559 ff.

A. Nebenvertragliche Aspekte

Tatbestandsteile berücksichtigt.[20] Für Verbringungen nach Deutschland enthält Art. 43 Abs. 3 EGBGB eine Regelung.

b) Immobiliarsicherheiten

Sicherungsrechte an Grundstücken (Grundpfandrechte) unterliegen dem Recht, dem das Grundstück selbst unterliegt (**lex rei sitae**) (Art. 43 Abs. 1 EGBGB). Dies gilt für **akzessorische** (etwa Hypothek) wie für **selbständige** Sicherungsrechte (etwa Grundschuld).[21] Die Akzessorietät der Hypothek kann allerdings schwierige kollisionsrechtliche Abgrenzungs- und Anpassungsprobleme hervorrufen.[22] Deshalb empfehlen sich gerade für den grenzüberschreitenden Unternehmenskauf akzessorische Grundpfandrechte nicht.[23] Die Form der Bestellung solcher Rechte beurteilt sich ebenfalls ausschließlich nach dem Belegenheitsrecht (Art. 11 Abs. 4 EGBGB). Die Ortsform genügt also nicht.[24]

17

Etwaige **schuldrechtliche Sicherungsverträge** unterliegen ihrem eigenen Statut. Nach Art. 3 Rom I-VO ist eine Rechtswahl möglich. Es empfiehlt sich, nur in begründeten Ausnahmefällen ein anderes als das sachnahe Belegenheitsrecht zu wählen. Bei fehlender Wahl gilt Art. 4 Rom I-VO, insbesondere ggf. Art. 4 Abs. 1 lit. c Rom I-VO.

18

Der fehlende Grundsatz der Parteiautonomie fordert wie bei Mobiliarsicherheiten, dass in der Praxis vor Abschluss von Sicherungsvereinbarungen geprüft wird, ob das maßgebliche Recht am Belegenheitsort des Sicherungsgegenstands die zu vereinbarende Sicherheit nach Inhalt und Umfang zulässt.

19

IV. Finanzierung des Kaufpreises

Wird der Kaufpreis durch ein Darlehen finanziert, unterliegt der **Darlehens- oder Kreditvertrag** seinem **eigenen Schuldstatut**. Dieses bestimmt sich nach den allgemeinen Grundsätzen der Art. 3 ff. Rom I-VO. Eine Rechtswahl ist empfehlenswert. Bei fehlender Wahl gilt grundsätzlich das Recht am gewöhnlichen Aufenthaltsort des Darlehensgebers (Art. 4 Abs. 2 Rom I-VO).[25] Bei Darlehen von deutschen Banken wird regelmäßig deutsches Recht gewählt (Nr. 6 Abs. 1 der AGB-Banken).

20

---

20) *Kropholler*, Internationales Privatrecht, S. 562 ff.; *Thorn* in: Palandt, Art. 43 EGBGB Rz. 6.
21) *Thorn* in: Palandt, Art. 43 EGBGB Rz. 3. Hingegen beurteilt sich die gesicherte Forderung nach den allgemeinen Grundsätzen des Internationalen Schuldrechts, Art. 3 ff. Rom I-VO, vgl. *Wendehorst* in: MünchKomm-BGB, Art. 43 EGBGB Rz. 84.
22) Dazu *Martiny* in: Reithmann/Martiny, Rz. 400 f.
23) *Meyer-Sparenberg*, WiB 1995, 849, 854.
24) *Spellenberg* in: MünchKomm-BGB, Art. 11 EGBGB Rz. 163.
25) *Martiny* in: MünchKomm-BGB, Art. 4 Rom I-VO Rz. 170.

§ 8 Einzelfragen

21 Dem Darlehensstatut unterliegen dann auch eventuelle Kreditklauseln, mit denen der Kreditnehmer für die Laufzeit des Darlehensvertrags ein bestimmtes Verhalten zusichert (sog. **Covenants**). Solche Klauseln sind aus dem angloamerikanischen Bereich zu uns gekommen und finden sich nunmehr zunehmend im kontinentaleuropäischen und auch im rein nationalen Kreditgeschäft. **Financial Covenants** sind Klauseln, die dem Kreditnehmer vorschreiben, sein Unternehmen so zu führen, dass festgelegte finanzielle Rahmenbedingungen eingehalten werden (Bilanzrelationsklauseln). Der Wert dieser Klauseln besteht vornehmlich darin, für den Kreditgeber ein vertragliches Überwachungssystem (Frühwarnsystem) zu schaffen und ihm zu ermöglichen, im Vorfeld einer Insolvenz die Verstärkung von Sicherheiten zu verlangen, die weitere Kreditierung zu verweigern oder bereits gewährte Kredite vorzeitig fällig zu stellen, sofern die getroffene Vereinbarung verletzt wird.[26]

22 Ob und unter welchen Voraussetzungen der Kaufpreis – wie in den USA verbreitet – aus dem **Vermögen der Zielgesellschaft** gezahlt werden kann oder die **Zielgesellschaft Sicherheiten** bestellen kann (beides Hauptmerkmale eines sog. Leveraged Buy Out, LBO),[27] beurteilt sich nach dem **Gesellschaftsstatut** der Zielgesellschaft.[28] Hier sind bedeutsame Beschränkungen zu beachten. So war bis zum neuen Companies Act 2006 nach englischem Recht eine Garantie oder eine Sicherheit nichtig, die eine Gesellschaft zur Sicherung eines Darlehens zugunsten eines zukünftigen Gesellschafters gab *(financial assistance)*. Diese Beschränkungen wurden mit der Reform zwar für *private limited companies* aufgehoben, gelten aber weiterhin für *public limited companies*.[29] Auch das deutsche Recht setzt bekanntlich enge Grenzen, Fremdfinanzierungen für den Erwerb einer Gesellschaft mit ihrem eigenen Vermögen (also dem der Gesellschaft) zu sichern. Hier sind die Kapitalerhaltungsvorschriften zu beachten (§§ 57 ff. AktG und insbesondere § 71a AktG bei einer Aktiengesellschaft und

---

26) Näher dazu *Jetter/Frost/Müller-Deku/Jörgens* in: Eilers/Koffka/Mackensen, V. Rz. 32 f. und 56 ff.; *Wittig*, WM 1996, 1381 ff.; *Thießen*, ZBB 1996, 19 ff.
27) Näher zum Leveraged Buy Out *Hölters* in: Hölters, Teil I Rz. 77 ff.; *Holzapfel/Pöllath*, Rz. 517 ff.; aus US-amerikanischer Sicht *Reed/Lajoux/Nesvold*, S. 149 ff.
28) *Meyer-Sparenberg*, WiB 1995, 849, 854.
29) Der Begriff der *financial assistance* ist in Sec. 677 (1) CA 2006 näher definiert. Das Verbot der *financial assistance* gilt nach Sec. 678 bis 680 CA 2006 nur noch für *public limited companies*. Auf *private limited companies* ist das Verbot nicht mehr anzuwenden, soweit diese nicht als Tochter einer Public Limited Company den Erwerb der Anteile an der Muttergesellschaft finanziell unterstützen, vgl. Sec. 678 (1) CA 2006. Näher zum Ganzen *Proctor*, Company Lawyer 2007, 3; *Ferran*, Corporate Finance Law, S. 267 ff.; *Davies*, Modern Company Law, Rz. 13-26 ff.; *Tal*, GmbHR 2007, 254; auch *Witt*, ZGR 2009, 872, 892 f.; zur Rechtslage vor der Reform vgl. *Cooke*, Private Equity, Rz. 5–20 ff.; zur Finanzierung von LBOs nach dem CA 2006 *Singhal*, Company Lawyer 2008, 355.

§§ 30, 31 GmbHG bei einer GmbH sowie entsprechend bei einer GmbH & Co. KG).[30]

V. Versicherungsverträge

Werden im Zusammenhang mit dem internationalen Unternehmenskauf Versicherungsverträge abgeschlossen, so bestimmt sich das für diese Verträge maßgebliche Recht grundsätzlich über **Art. 7 Rom I-VO**. Die Vorschrift führt die bisherigen Anknüpfungsregeln zusammen, welche auf die Art. 27 ff. EGBGB a. F. und die auf europäischen Richtlinien beruhenden Art. 7 ff. EGVVG verteilt waren.[31] Die Regelung erfasst grundsätzlich alle Versicherungsverträge, insbesondere Direktversicherungen. Nach Art. 7 Abs. 1 Rom I-VO sind Versicherungsverträge für Großrisiken unabhängig vom Belegenheitsort des Risikos erfasst sowie alle anderen Versicherungsverträge, die Risiken im Gebiet der Mitgliedstaaten decken. Die Parteien können das anwendbare Recht wählen; es gelten aber Einschränkungen (Art. 7 Abs. 2 und 3 Rom I-VO). Bei fehlender Wahl gilt bei Verträgen über Großrisiken grundsätzlich das Recht des Staats, in dem der Versicherer seinen gewöhnlichen Aufenthalt hat. Bei anderen Versicherungsverträgen gilt das Recht am Ort des Risikos (Art. 7 Abs. 2 und 3 Rom I-VO).

23

Der Umfang des Versicherungsstatuts ergibt sich aus den allgemeinen Regelungen in Art. 10 und 12 Rom I-VO. Nach dem Versicherungsstatut beurteilt sich unter anderem, ob und in welchem Umfang mit der Veräußerung der einzelnen Vermögensbestandteile beim Asset Deal Rechte und Pflichten aus einem für diese Vermögensbestandteile bestehenden Versicherungsvertrag übergehen.[32]

24

B. Haftungsfragen
I. Gesetzliche Haftung des Unternehmenserwerbers
1. Anteilsübernahme

Nach dem materiellen Recht vieler Staaten löst die Übernahme eines Anteils an einer Gesellschaft unterschiedliche **Haftungsfolgen** aus. Aus dem deutschen Recht seien beispielhaft genannt die Haftung des eintretenden und des ausscheidenden Gesellschafters einer oHG (§§ 128 bis 130 HGB und § 160 HGB) sowie die Haftung des Veräußerers und des Erwerbers eines Geschäftsanteils an einer GmbH (§ 16 Abs. 2 GmbHG). Solche Haftungsfolgen unterliegen wegen ihres gesellschaftsrechtlichen Charakters dem **Gesellschaftsstatut** der

25

---

30) Näher dazu *Holzapfel/Pöllath*, Rz. 534 ff. mit Hinweisen zu Transaktionsstrukturen in der Praxis.
31) Näher dazu *Schnyder* in: Reithmann/Martiny, Rz. 4721 ff.
32) Ein solcher Übergang ist im deutschen Recht bekanntlich in § 95 Abs. 1 VVG vorgesehen; für Österreich s. § 69 Abs. 1 öst. VersVG; vgl. zum anwendbaren Recht für Ansprüche gegen den Versicherer *Sandrock*, TSAR 1999, 734.

Gesellschaft, deren Anteil veräußert wird. Eine Rechtswahl ist insoweit nicht möglich.

2. Vermögens- oder Unternehmensübernahme

26 Die in verschiedenen Rechtsordnungen, darunter die österreichische und die schweizerische,[33] bekannte Haftung aus Vermögens- oder Unternehmensübernahme unterliegt nicht dem Statut des zugrunde liegenden Unternehmenskaufs (Vertragsstatut), sondern dem **Statut der Übertragung** oder Verfügung.[34]

27 Beim Share Deal ist das Statut der eigentlichen Beteiligungsübertragung oder -abtretung und damit das **Gesellschaftsstatut** des Unternehmensträgers maßgeblich. Beim Asset Deal ist grundsätzlich das Statut für die Übertragung des Vermögens oder des Unternehmens zugrunde zu legen. Damit gilt regelmäßig das Recht am Ort der Belegenheit des Vermögens oder Unternehmens (**lex rei sitae**) zum Zeitpunkt der Übernahme.[35] Eine **Rechtswahl** zwischen dem jeweiligen Gläubiger und dem Vermögensübernehmer wird für zulässig erachtet; sie kann auch stillschweigend und nachträglich erfolgen.[36]

28 Das Verfügungs- oder Übertragungsstatut ist berufen, weil die Haftung im materiellen Recht an den Übergang des Vermögens oder Unternehmens geknüpft ist und nicht bereits an das diesem zugrunde liegende Rechtsgeschäft.[37] Daher besteht kollisionsrechtlich der engere **Sachzusammenhang** zwischen Haftung und Übertragungsstatut.[38] Unzutreffend ist es außerdem, die Haftung aus der

---

33) Für das österreichische Recht s. § 1409 ABGB und § 38 UGB; dazu *Brugger*, ZfRV 1993, 94; *Merkt/Dunckel*, RIW 1996, 533, 534 f.; *Wahl* in: Polster-Grüll/Zöchling/Kranebitter, S. 487, 498 ff.; *Roth/Fitz*, Rz. 766 ff., 785; für das schweizerische Recht s. Art. 181 OR; dazu *Vischer/Huber/Oser*, Rz. 1084 ff.; *Merkt/Dunckel*, RIW 1996, 533, 535. Weitere rechtsvergleichende Hinweise auch bei *Bruch*, passim; *Busch/Müller*, ZVglRWiss 94 (1995), 157, 169 f.; *Drobnig/Becker/Remien*, S. 72 ff.; *Tiedemann*, passim. Im deutschen Recht wurde die Haftung für Vermögensübernahmen aus § 419 BGB bekanntlich i. R. d. Insolvenzrechtsreform für Vermögensübernahmen ab dem 1.1.1999 gestrichen, s. Art. 33 Nr. 16 EGInsO v. 5.10.1994, BGBl. I 1994, 2911, 2925.

34) *von Hoffmann* in: Soergel, Art. 33 EGBGB Rz. 50 f.; *Schwind* in: FS von Caemmerer, S. 757; *von Bar*, Rz. 616.

35) *Cour de justice Genf*, Sem. judicaire 1982, 54, 59; *Wolff*, S. 154; *Bruch*, S. 190; *v. Bar*, Rz. 616; *Hausmann* in: Staudinger, Art. 33 EGBGB Rz. 113; *Schwind* in: FS von Caemmerer, S. 757, 760; *v. Hoffmann* in: Soergel, Art. 33 EGBGB Rz. 50 f.; *Kegel/Schurig*, § 18 VII. 3.; *Martiny* in: MünchKomm-BGB, Art. 15 Rom I-VO Rz. 32.

36) OLG Koblenz, IPRax 1989, 175 (mit Anm. *v. Hoffmann*); *Hausmann* in: Staudinger, Art. 33 EGBGB Rz. 110; *von Hoffmann* in: Soergel, Art. 33 EGBGB Rz. 50; *Martiny* in: MünchKomm-BGB, Art. 15 Rom I-VO Rz. 30; *Busch/Müller*, ZVglRWiss 94 (1995), 157, 161; *Picot/Land*, DB 1998, 1601, 1604.

37) Wenngleich in zeitlicher Sicht der Schuldbeitritt auf den Zeitpunkt des Abschlusses des Verpflichtungsgeschäfts rückbezogen wird, BGH, ZIP 1985, 356.

38) *Schwind* in: FS von Caemmerer, S. 757 ff.; *Schwimann*, S. 146; *Brugger*, ZfRV 1993, 94.

B. Haftungsfragen

Übernahme dem Schuldstatut der Rechtsbeziehung zwischen dem bisherigen Vermögensinhaber und dem Gläubiger zu unterwerfen.[39] Denn die neue Rechtsbeziehung zwischen Gläubiger und Vermögensübernehmer gründet nicht auf dem Vertrag zwischen dem bisherigen Vermögensinhaber und seinem Gläubiger, sondern entsteht *ex lege*.[40]

Probleme ergeben sich, wenn die einzelnen Bestandteile des **Unternehmensvermögens in verschiedenen Ländern** belegen sind. Nach dem soeben dargelegten Grundsatz würden verschiedene Rechtsordnungen über die Haftung aus Vermögensübernahme entscheiden. Möglich wäre, dass nach einem der betreffenden Belegenheitsrechte eine Haftung bejaht wird, nach einem anderen hingegen nur eingeschränkt gilt oder verneint wird, etwa bei der Veräußerung eines Unternehmens mit Vermögensteilen in Österreich (Haftung bereits für Veräußerung des Einzelunternehmens, § 1409 ABGB), Deutschland (keine Haftung für Vermögensübernahmen nach dem 1.1.1999 aufgrund der Streichung des § 419 BGB) und der Schweiz (Haftung für Übernahme des Vermögens oder eines Geschäfts, Art. 181 OR). Um zu verhindern, dass die Gläubiger des Unternehmensverkäufers die günstige (haftungsbejahende) Rechtsordnung wählen oder einander widersprechende Regelungen miteinander kollidieren, werden verschiedene Lösungen angeboten. 29

Verschiedene Stimmen befürworten eine **kollisionsrechtliche Lösung** und damit eine Änderung der Kollisionsnorm.[41] Danach soll sich die Haftung nicht für jeden Vermögensbestandteil nach dem jeweiligen Übertragungsstatut, sondern für das gesamte Unternehmensvermögen nach einem möglichst einheitlichen Statut beurteilen, etwa dem Schuldstatut der Unternehmens- oder Vermögensübernahme[42], dem Recht am Sitz der übertragenden oder der übernehmenden Partei[43] oder dem Recht am Belegenheitsort des überwie- 30

---

39) So aber OLG Koblenz, IPRax 1989, 175 (noch zum alten Recht) (mit krit. Anm. *von Hoffmann*): Beide Parteien berufen sich für die Frage der Haftung des Vermögensübernehmers aus § 419 BGB und § 25 HGB unabhängig von dem Ort ihres Firmensitzes (Niederlande bzw. Deutschland) zur Begründung ihres jeweiligen Rechtsstandpunkts ausdrücklich und ausschließlich auf die Anwendung deutscher Rechtsnormen. Darin sieht der Senat den übereinstimmenden stillschweigenden Willen der Parteien zur Anwendung deutschen Rechts, das auch dann anwendbar wäre, wenn hilfsweise objektiv angeknüpft würde; zust. *Drobnig/Becker/Remien*, S. 73.
40) *von Hoffmann*, IPRax 1989, 175.
41) Überblick bei *Brugger*, ZfRV 1993, 94; *Merkt/Dunckel*, RIW 1996, 533; *Tiedemann*, S. 52 ff.; *Busch/Müller*, ZvglRW 94 (1995), 157.
42) *Vischer/von Planta*, § 53 IV. 2.; *Girsberger*, ZVglRWiss 88 (1989), 31, 42.
43) Siehe auch *Vischer/Huber/Oser*, Rz. 1086 f.; *von Hoffmann*, IPRax 1989, 175; *von Hoffmann* in: FS Firsching, S. 125, 132; ihm folgend *Ebenroth/Offenloch*, RIW 1997, 1 ff., 8.

genden Vermögens.⁴⁴⁾ Nach a. A. soll das Schuldstatut der Gläubigerforderungen maßgeblich sein.⁴⁵⁾ Wieder andere wollen an den Sitz der einzelnen Gläubiger oder an die Belegenheit des Vermögensteils anknüpfen, auf den der jeweilige Gläubiger sein Bonitätsvertrauen gestützt hat.⁴⁶⁾

31 Alle diese Vorschläge setzen auf kollisionsrechtlicher Ebene an.⁴⁷⁾ Allerdings ist nicht einzusehen, warum eine Vermögensübernahme dann anders angeknüpft werden soll, wenn der Schuldner Vermögen nicht nur in einem, sondern in mehreren Ländern hat, obgleich eine praktisch wie auch dogmatisch befriedigende Lösung das Kollisionsrecht unberührt lassen kann. Die Maßgeblichkeit des Übertragungsstatuts kann beibehalten werden und die Korrektur auf die **materiellrechtliche Ebene** beschränkt werden. Hierzu ist die Übernahmehaftung **pro rata** auf das in dem jeweiligen Land befindliche Vermögen zu beschränken.⁴⁸⁾ Dies vermeidet einerseits Widersprüche zwischen unterschiedlichen Haftungsordnungen und hält andererseits die Übernahmehaftung in überschaubaren Grenzen. Überdies werden in angemessenem Umfang die Interessen sowohl des Unternehmenserwerbers als auch der Gläubiger geschützt, die realistischerweise auf eine Vermögensübernahmehaftung nur nach Maßgabe des Belegenheitsrechts vertrauen werden.⁴⁹⁾

3. Firmenfortführung

32 Die Haftung aus Firmenfortführung (etwa § 25 HGB), die beim Asset Deal eintreten kann, unterliegt nach ganz h. A. dem **Recht am Sitz des Unterneh-**

---

44) *Brugger*, ZfRV 1993, 97 f.; ähnlich wohl *Schnelle*, RIW 1997, 281, 284; so wohl auch – obiter – BGH, NJW 1981, 2642 = RIW/AWD 1981, 706 = WM 1981, 1000 („ ... müsste sich eine derartige Einstandspflicht [Haftung aus Vermögensübernahme], da es sich um ein im Ausland vorgenommenes Rechtsgeschäft [dingliche Übertragung] zwischen Ausländern handeln würde, aus den dieses Rechtsgeschäft bestimmenden ausländischen Normen ergeben.").
45) OLG Koblenz, IPRax 1989, 175 (noch zum alten Recht) mit Anm. *von Hoffmann*: Das Recht, nach dem sich die Haftung aus Vermögensübernahme richtet, kann zwischen dem Gläubiger des ursprünglichen Vermögensinhabers und dem Vermögensübernehmer im Wege der nachträglichen Rechtswahl bestimmt werden.
46) *Brugger*, ZfRV 1993, 97 f.; zu den verschiedenen Vorschlägen auch *Martiny* in: MünchKomm-BGB, Art. 15 Rom I-VO Rz. 31 ff.; *Hausmann* in: Staudinger, Art. 33 EGBGB Rz. 114.
47) Kritisch *Brugger*, ZfRV 1993, 94, 96 ff.; *Merkt/Dunckel*, RIW 1996, 533.
48) *Merkt/Dunckel*, RIW 1996, 533, 541 f.; *Merkt/Göthel* in: Reithmann/Martiny, Rz. 4490; *von Hoffmann* in: Soergel, Art. 33 EGBGB Rz. 51; *Bruch*, S. 195; *Kegel/Schurig*, § 18 VII. 3.; *Martiny* in: MünchKomm-BGB, Art. 15 Rom I-VO Rz. 33; *Hausmann* in: Staudinger, Art. 33 EGBGB Rz. 114.
49) Ausführlich zu dieser Lösung *Merkt/Dunckel*, RIW 1996, 533.

B. Haftungsfragen

mens (Sitz der Hauptverwaltung) oder dem Recht am Sitz des Betriebs.[50] Wird nur eine Zweigniederlassung in einem anderen Staat als jenem des Unternehmenssitzes übernommen, ist das Recht des Orts dieser Zweigniederlassung maßgebend.[51]

Begründen kann man dies damit, dass die Haftung hier nicht an die Übertragung des Vermögens, sondern an die Fortführung der auf das Unternehmen als solches bezogenen Firma anknüpft. Das Vertrauen des Geschäftsverkehrs bezieht sich also nicht auf ein bestimmtes Haftungssubstrat, sondern auf das Unternehmen als Träger der Firma oder auf die konkrete Zweigniederlassung, mit welcher der Gläubiger das Geschäft geschlossen hat. Da die Firmenfortführung auch ohne endgültige Übertragung, etwa im Wege der Pacht möglich ist, liefe eine Anwendung des Verfügungsstatuts überdies ins Leere.[52] 33

Streng zu **trennen** ist das Recht am tatsächlichen Sitz des übernommenen Unternehmens vom **Gesellschaftsstatut des früheren Unternehmensträgers**. 34

---

50) RGZ 60, 296 (Die Übernahme einer englischen *limited company* mit Aktiven und Passiven und unter Fortführung der Firma durch die in Manchester domizilierte Klägerin vermag eine Haftung nach § 25 Abs. 1 HGB nicht zu begründen. Denn für die Frage, ob die Klägerin durch den Geschäftsübernahmevertrag mit der Verkäuferin der *limited company* deren deutschem Gläubiger gegenüber verpflichtet ist, ist „nach anerkannten Grundsätzen des internationalen Privatrechts" englisches Recht maßgebend); RG, ZIR 22 (1912), 558 („Für die Frage ..., ob der § 25 HGB ... Platz greift, fällt entscheidend ins Gewicht, dass die Beklagte, die ihren Sitz im Gebiet des Deutschen Reiches hat, in das Handelsregister [Gesellschaftsregister] des Kaiserlichen AG zu Metz eingetragen ist. Wie nämlich § 25 Abs. 2 HGB deutlich erkennen lässt, setzt die Anwendung des § 25 HGB das Vorhandensein eines solchen Geschäfts voraus, dessen Firma im Handelsregister [eines deutschen Gerichts] eingetragen werden kann .... Ist ... der Sitz des erworbenen Geschäfts in das Gebiet des Deutschen Reiches verlegt und gleichzeitig die frühere Firma ... in das Handelsregister eines deutschen Gerichts eingetragen, so sind damit die Bedingungen für die Anwendung des § 25 HGB erfüllt."); *Wolff*, S. 154; *Frankenstein*, S. 271; *Nußbaum*, § 33 II. b); *Bruch*, S. 139 ff.; *Beemelmans*, RabelsZ 29 (1965), 511, 531; *Dürig*, S. 103 ff.; *Martiny* in: MünchKomm-BGB, Art. 15 Rom I-VO Rz. 35; *Merkt/Göthel* in: Reithmann/Martiny, Rz. 4491; *von Hoffmann*, IPRax 1989, 175; *von Bar*, IPRax 1991, 197, 199; *Tiedemann*, S. 74 f.; *Busch/Müller*, ZVglRWiss 94 (1995), 157, 169 ff.; *Schnelle*, RIW 1997, 281, 285; *Spickhoff* in: Bamberger/Roth, Art. 33 EGBGB Rz. 19; unklar *Ebenroth/Offenloch*, RIW 1997, 1 ff., 8; a. A. *Reuter*, S. 15 (Statut des dinglichen Übernahmevertrags); OLG Koblenz, RIW 1989, 61 = IPRax 1989, 175 (noch zum alten Recht) mit krit. Anm. *von Hoffmann*: Anknüpfung an das für die Forderung des Gläubigers geltende Recht.

51) EWiR 1996, 29, 30 *(Mankowski)* m. w. N.

52) *Merkt/Dunckel*, RIW 1996, 533, 542.

Dieses Gesellschaftsstatut ist für die Anknüpfung der Haftung nach § 25 Abs. 1 HGB nicht entscheidend.[53]

35 Wie bei der Vermögens- oder Unternehmensübernahme wird auch bei der Haftung aus Firmenfortführung eine **Rechtswahl** zwischen dem jeweiligen Gläubiger und dem Firmenübernehmer für zulässig erachtet, auch stillschweigend und nachträglich.[54]

4. Steuerhaftung

36 Unter Umständen kann sich eine Haftung des Unternehmenserwerbers für **Verwaltungsgebühren** oder **Steuerschulden** des Veräußerers ergeben. So sieht etwa das deutsche Recht in § 75 Abs. 1 AO im Fall der Unternehmens- oder Betriebsübereignung im Ganzen eine Haftung des Betriebsübernehmers für Betriebssteuern und Steuerabzugsbeträge vor, die im letzten Kalenderjahr vor der Übereignung entstanden sind und bis zum Ablauf von einem Jahr nach Anmeldung des Betriebs durch den Erwerber festgesetzt oder angemeldet werden.[55] Dabei beschränkt sich die Haftung auf den Bestand des übernommenen Vermögens. Eine solche Steuerhaftung kann nach dem Wortlaut der Vorschrift des § 75 Abs. 1 AO nur im Fall des Asset Deal eintreten. Beim Share Deal dürfte sie nur im Ausnahmefall des § 45 AO eintreten.

37 Für den internationalen Unternehmenskauf bedeutsam ist zunächst, dass das Steuerrecht zum **öffentlichen Recht** zählt und dass insoweit nicht die Grundsätze des Internationalen Privatrechts, sondern des Internationalen Steuerrechts als eines Teils des internationalen öffentlichen Rechts gelten. Im internationalen öffentlichen Recht herrscht der Territorialitätsgrundsatz. Hoheitliche Eingriffe in private Rechte sind nur in den Grenzen der Staatsgewalt, d. h. innerhalb des Staatsgebiets zulässig.[56] Nationales Steuerrecht regelt also grundsätzlich nur inländische Sachverhalte. Demgemäß gilt die deutsche Abga-

---

53) Vgl. auch *von Bar*, Rz. 616; unzutreffend daher OLG Düsseldorf, NJW-RR 1995, 1184; dazu EWiR 1996, 29 *(Mankowski)*: „Auf eine nach Art. XXV Abs. 5 Satz 2 des deutschamerikanischen Freundschafts-, Handels- und Schifffahrtsvertrages v. 29.10.1954 ... in Deutschland anzuerkennende Incorporation (Aktiengesellschaft) findet § 6 Abs. 1 HGB mit der Folge Anwendung, dass auf eine solche US-amerikanische Handelsgesellschaft die für deutsche Kaufleute gegebenen Vorschriften des HGB ebenso Anwendung finden wie für Handelsgesellschaften deutschen Rechts. Somit findet auch § 25 Abs. 1 HGB Anwendung." (Leitsatz des Gerichts).

54) OLG Koblenz, IPRax 1989, 175 (mit Anm. *von Hoffmann*); *von Hoffmann* in: Soergel, Art. 33 EGBGB Rz. 50; *Picot/Land*, DB 1998, 1601, 1604; *Hausmann* in: Staudinger, Art. 33 EGBGB Rz. 110.

55) Eine vergleichbare Regelung gilt in Österreich, vgl. *Brugger*, S. 38 f.

56) *Pahlke* in: Pahlke/Koenig, § 1 AO Rz. 2; *Seer* in: Tipke/Kruse, § 1 AO Rz. 5; *Kegel/Schurig*, § 23 I. 2.; *Picot/Land*, DB 1998, 1601, 1605.

B. Haftungsfragen

benordnung ausschließlich für Rechtsakte im Geltungsbereich des Grundgesetzes.[57)]

Eine Steuerhaftung gemäß § 75 Abs. 1 AO trifft den Erwerber mithin lediglich, 38 wenn das Unternehmen oder der Betrieb im **Inland** übereignet wird. Wird ein Unternehmen oder ein Betrieb zum Teil im Inland, zum Teil im Ausland übereignet, dann trifft den Erwerber eine Steuerhaftung konsequenterweise nur *pro rata* in Bezug auf das im Inland übereignete Vermögen.[58)]

5. Haftung für Sozialversicherungspflichten

Auch im Bereich des Sozialversicherungsrechts gilt das **Territorialitätsprin-** 39 **zip**.[59)] Anwendbar ist das Sozialversicherungsrecht des Staats, in dessen Gebiet der Arbeitnehmer beschäftigt wird (vgl. § 3 SGB IV). Eine Rechtswahl ist insoweit nicht möglich.[60)]

Eine Ausnahme gilt für die vorübergehende Beschäftigung von Arbeitnehmern 40 im Ausland, d. h. in einem anderen Land als demjenigen, in welchem der Arbeitnehmer normalerweise beschäftigt ist (**Entsendung**). Hier gilt nicht das betreffende ausländische Recht, sondern es bleibt bei der Geltung des jeweiligen inländischen Rechts. Man spricht von der *„Ausstrahlung"* des an sich maßgeblichen inländischen Sozialversicherungsrechts auf das ausländische Territorium, in dem der Arbeitnehmer vorübergehend beschäftigt wird (§ 4 SGB IV), oder umgekehrt bei der Entsendung in das Inland von der *„Einstrahlung"* des an sich maßgeblichen ausländischen Sozialversicherungsrechts auf das inländische Territorium (§ 5 SGB IV). Die **Ausstrahlung** begründet ein Fortgelten deutscher Rechtsvorschriften ungeachtet eventuell geltenden ausländischen Rechts, sodass eine Doppelsozialversicherungspflicht eintreten kann. Dagegen führt die **Einstrahlung** zu einer Freistellung von der deutschen Sozialversicherungspflicht und vermeidet damit eine ggf. bestehende Doppelsozialversicherungspflicht, oder sie stellt – bei fehlender Sozialversicherungspflicht im Ausland – vollständig von der Sozialversicherungspflicht frei.[61)]

Nach dem so zu bestimmenden Sozialversicherungsstatut bestimmt sich auch 41 eine etwaige Haftung des Unternehmenserwerbers für **Sozialversicherungsbeiträge**. Gleiches gilt für die Frage nach der Haftung für Ansprüche aus der

---

57) *Gersch* in: Klein, § 1 AO Rz. 17; *Seer* in: Tipke/Kruse, § 1 AO Rz. 5; *Scholtz* in: Koch/Scholtz, § 1 AO Rz. 2.
58) *Picot/Land*, DB 1998, 1601, 1605.
59) *Kegel/Schurig*, § 23 VIII.; *Hepting*, IPRax 1990, 222, 223.
60) *Eichenhofer*, Rz. 288; *Bertram*, IStR 1996, 443 ff.
61) *Wietek* in: Winkler, § 5 SGB IV Rz. 4; *Kegel/Schurig*, § 23 VIII.; *Bertram*, IStR 1996, 443 ff.; speziell zum neuen Arbeitnehmer-Entsendegesetz (AEntG) *Schwab*, NZA-RR 2010, 225; *Löwisch*, RdA 2009, 215.

betrieblichen **Altersversorgung**.[62] Das Sozialversicherungsstatut soll allerdings nach einer Entscheidung des Bundesarbeitsgerichts der Rechtswahl durch die Parteien des Arbeitsvertrags zugänglich sein: Haben die Parteien einen Arbeitsvertrag mit Auslandsberührung dem deutschen Recht unterstellt und für ein daran angelehntes Ruhegeldverhältnis keine Rechtswahl getroffen, so lässt sich – wenn keine gegenteiligen Anhaltspunkte gegeben sind – als mutmaßlicher Parteiwille annehmen, dass das Ruhegeldverhältnis ebenfalls nach dem Recht des Hauptvertrags zu beurteilen ist.[63]

42 Auch das Recht der Haftung für Ansprüche aus dem Bereich der betrieblichen **Arbeitnehmermitbestimmung** bestimmt sich nach dem Territorialitätsprinzip.[64] Dies gilt wegen des mitbestimmungsrechtlichen Charakters der Sozialpläne namentlich für die Haftung für Ansprüche aus Sozialplänen.[65]

II. Haftungsfragen bei mehreren Käufern oder Verkäufern

43 In aller Regel wird sich die vertragliche und außervertragliche Haftung bei mehreren Käufern oder Verkäufern nach demselben Recht richten. Das Innenverhältnis mehrerer Schuldner derselben Forderung unterliegt dem Recht, das im Außenverhältnis des befriedigenden Schuldners zum Gläubiger gilt (Art. 16 Rom I-VO).[66]

44 Haben von einer Käufer- oder Verkäufermehrheit manche ihren Sitz im Inland, andere hingegen im Ausland, oder ist geplant, dass inländische Parteien ihren Sitz in das Ausland verlegen, so sollte zur Sicherung der Rechtsverfolgung eine gesamtschuldnerische Haftung vereinbart und diese – soweit zulässig – deutschem Recht unterstellt werden. Im Übrigen ist an selbstschuldnerische Bankbürgschaften der inländischen Vertragsparteien oder Bürgschaften der inländischen Inhaber oder Gesellschafter ausländischer Vertragsparteien zu denken.[67]

C. Verwaltungsrecht, ausländische Erwerber und Geschäftsleiter

I. Verwaltungsrecht

45 Für öffentlich-rechtliche und namentlich verwaltungsrechtliche Erfordernisse des Unternehmenserwerbs gilt regelmäßig das **Territorialitätsprinzip**. Danach werden im Interesse der öffentlichen Ordnung fremde Staatseingriffe in private Rechte anerkannt, soweit sich der fremde Staat in den Grenzen seiner Macht

---

62) BAGE 2, 18; *Hohloch* in: Erman, Art. 30 EGBGB Rz. 27.
63) BAG, DB 1968, 713.
64) *Schmidt-Hermesdorf*, RIW 1988, 938, 943; *Koch* in: ErfKomm, § 1 BetrVG Rz. 5.
65) Ausführlich zum Sozialplan *Annuß* in: Richardi, § 112 BetrVG Rz. 49 ff.
66) Näher *Martiny* in: MünchKomm-BGB, Art. 16 Rom I-VO Rz. 3 ff.
67) *von Hoyenberg* in: Münchener Vertragshandbuch, IV. 3., 4. Anm. 118; *Schrader* in: Seibt, M&A, C. II. 1. Anm. 49.

C. Verwaltungsrecht, ausländische Erwerber und Geschäftsleiter

und damit innerhalb seines Staatsgebiets bewegt.[68] Zu beachten sind mithin die verwaltungsrechtlichen Vorschriften und Genehmigungserfordernisse des Rechts am Ort des jeweiligen Betriebs. Der Kreis der möglichen Regelungen ist groß. Im Folgenden seien einige **wichtige Bereiche** aufgeführt:[69]   46

- Gewerberecht,
- Betriebsanlagenrecht, Gerätesicherheitsrecht,
- Umweltrecht,
- Immissionsschutzrecht,
- Recht der Altlasten,
- Abfallbeseitigungsrecht,
- Recht der Umweltverträglichkeit,
- Natur- und Landschaftsschutzrecht,
- Strahlenschutzrecht,
- Bergrecht,
- Wasserrecht,
- Energierecht,
- Bauplanungs- und -ordnungsrecht sowie Straßenrecht,
- Lebensmittelrecht,
- Medienrecht,
- Außenwirtschaftsrecht,
- öffentliches Transportrecht, Güterkraftverkehrsrecht,
- Steuer- und Abgabenrecht,
- Devisenrecht,
- Kapitalverkehrsrecht,
- Kartellrecht,
- Enteignungsrecht.

Die Vorschriften in allen diesen Bereichen können **nicht** durch die **Wahl eines**   47
anderen Rechts umgangen werden.

II. Ausländische Erwerber

Der Erwerb eines Unternehmens durch Ausländer – sei es im Wege des Share   48
Deal oder des Asset Deal – kann im In- und Ausland besonderen Schranken

---

68) Näher zum Territorialitätsprinzip *Kegel/Schurig*, § 23 I. 2.
69) Vgl. auch *Steinschulte* in: Sandrock, Rz. 184 ff.; *Mielke* in: Knott/Mielke, Rz. 293 ff.

unterliegen. Beispielhaft genannt seien die Beschränkungen des deutschen **Außenwirtschaftsrechts**, insbesondere das Recht des Bundesministeriums für Wirtschaft und Technologie, den Erwerb eines deutschen Unternehmens oder einer Beteiligung daran durch einen Gemeinschaftsfremden darauf prüfen, ob der Erwerb die deutsche öffentliche Ordnung oder Sicherheit gefährdet (siehe oben § 2 Rz. 123 ff.). Vergleichbare Veräußerungsbeschränkungen gibt es auch in ausländischen Rechten.[70]

49 Verschiedentlich bedarf die Veräußerung eines Unternehmens an Ausländer der behördlichen Genehmigung, soweit zum Unternehmensvermögen **Immobiliarvermögen** zählt. Beispielsweise schreiben die Grundverkehrsgesetze verschiedener österreichischer Bundesländer vor, dass eine behördliche Genehmigung für den Liegenschaftserwerb erforderlich ist, wenn die Mehrheitsbeteiligung an einer Aktiengesellschaft oder GmbH an einen Ausländer veräußert wird.[71] Auch andere Rechtsordnungen kennen vergleichbare Beschränkungen oder Erwerbsverbote.[72]

50 Nach dem Territorialitätsprinzip sind außerdem etwaige sonstige behördliche **Genehmigungs- oder Meldepflichten** für ausländische Beteiligungserwerber zu beachten. Das gilt namentlich für staatliche Genehmigungen des Beteiligungserwerbs durch Ausländer i. R. v. Privatisierungen in Ländern mit ehemals planwirtschaftlicher Wirtschaftsverfassung.[73] Das deutsche Recht sieht demgegenüber jährliche Bestandsmeldungen an die Deutsche Bundesbank für Vermögen von Gebietsfremden vor. Danach sind Stand und Zusammensetzung des Vermögens eines gebietsansässigen Unternehmens zu melden, wenn einem Gebietsfremden 10 % oder mehr der Anteile oder Stimmrechte an dem gebietsansässigen Unternehmen zuzurechnen sind (§ 26 Abs. 3 AWG i. V. m. § 58a Abs. 1 Nr. 1 AWV).[74]

51 Dem Territorialitätsgrundsatz unterliegen schließlich **ausländerrechtliche Schranken**.[75] So kann einem Ausländer die Erlaubnis fehlen, eine **Erwerbs-**

---

70) So etwa in den USA der Defense Production Act 1950 und der Investment and National Security Act 2007; im Vereinigten Königreich Section 11 des Industry Act 1975.
71) *Brugger*, S. 66.
72) Bis zur Revision der Lex Friedrich (nunmehr Lex Koller) am 30.4.1997 galten auch im schweizerischen Recht vergleichbare Beschränkungen. Nunmehr ist Ausländern der „Erwerb von Betriebsgrundstücken und von Beteiligungen an Gesellschaften, die solche Grundstücke halten", gestattet; vgl. *Baumgartner/Hauser*, SZW/RSDA 1999, 86.
73) Für das tschechische Recht *Jerman*, WiRO 1994, 37.
74) Nach § 58a Abs. 4 Satz 1 AWV gilt allerdings eine Meldefreigrenze, wonach eine Pflicht zur Bestandsmeldung nicht besteht, wenn das gebietsansässige Unternehmen die Bilanzsumme von 3 Mio. € nicht überschreitet. Zum Ganzen auch *Haug/Häge* in: Bieneck, § 15 Rz. 38 ff.
75) *Eschelbach*, MittRheinNotK 1993, 173, 183; *Ulmer* in: Ulmer/Habersack/Winter, § 1 GmbHG Rz. 42 f., § 2 GmbHG Rz. 70.

C. Verwaltungsrecht, ausländische Erwerber und Geschäftsleiter

tätigkeit im Inland auszuüben.[76] Uneinheitlich beantwortet wird nun die Frage, ob ein Ausländer ohne eine solche Erlaubnis mittelbar **über eine Gesellschaft**, etwa eine GmbH oder Aktiengesellschaft, ein Gewerbe betreiben darf, zu dem ihm gerade die Erlaubnis fehlt. Das Aufenthaltsgesetz selbst kennt keine Vorschriften, die Ausländern untersagen, eine solche Gesellschaft zu gründen oder sich an ihr zu beteiligen. Rechtsprechung und Literatur berücksichtigen allerdings mehrheitlich ausländerrechtliche Beschränkungen über **§ 134 BGB oder § 138 BGB** und lehnen die Eintragung der Gesellschaft im Handelsregister wegen Gesetzverstoßes oder Sittenwidrigkeit des **Gesellschaftszwecks** ab.[77] Die Mindermeinung widerspricht dem, weil die h. M. die rechtlich angeordnete Funktionsverteilung zwischen Register und Verwaltungsbehörde missachte;

---

76) Näher dazu *Bohlscheid*, RNotZ 2005, 505; *Ulmer* in: Ulmer/Habersack/Winter, § 1 GmbHG Rz. 42 f.; *Heidinger* in: Heckschen/Heidinger, § 6 Rz. 87.

77) KG, EWiR 1997, 245 *(Mankowski)* (Die Eintragung einer GmbH, deren ausländischer Alleingesellschafter eine selbständige Erwerbstätigkeit mit der Aufenthaltserlaubnis untersagt ist, ist unzulässig, da der Gesellschaftsvertrag wegen der Umgehung eines gesetzlichen Verbotes nichtig ist.); OLG Celle, DB 1977, 993 = MDR 1977, 758 (Die Errichtung einer GmbH durch Ausländer, denen eine selbständige Tätigkeit in der Aufenthaltserlaubnis untersagt ist, verstößt gegen § 1 GmbHG, wenn Gesellschaftszweck der GmbH der Betrieb eines Gewerbes ist und die Gesellschaft personalistisch strukturiert und ganz auf die persönliche Mitarbeit der Gesellschafter angelegt ist.); OLG Stuttgart, OLGZ 1984, 143 = GmbHR 1984, 156 = BB 1984, 690 (Soll ein ausländischer Gründungsgesellschafter einer GmbH, dem nach seiner Aufenthaltserlaubnis eine selbständige Erwerbstätigkeit oder vergleichbare unselbständige Erwerbstätigkeit nicht gestattet ist, allein oder mit anderen, die dem gleichen Verbot unterliegen, die zu gründende GmbH kapital- und weisungsmäßig beherrschen, ist der Gesellschaftsvertrag gemäß § 134 BGB nichtig.); LG Hannover, GmbHR 1976, 111 = Nds. RPflege 1976, 32 (Die Eintragung einer GmbH, deren Gesellschafter ausschließlich Ausländer sind, denen nur eine beschränkte Aufenthaltserlaubnis erteilt ist [selbständige Erwerbstätigkeit oder vergleichbare unselbständige Erwerbstätigkeit nicht gestattet], ist auch dann unzulässig, wenn ein Inländer Geschäftsführer ist. Eine solche Gesellschaft dient jedenfalls regelmäßig einem gesetzlich nicht zulässigen Zweck, nämlich der Umgehung ausländerrechtlich zulässiger Auflagen oder Bedingungen.); LG Köln, GmbHR 1983, 48 (Das Registergericht ist berechtigt, die Eintragung einer GmbH, in der ein ausländischer mehrheitsbeteiligter Gesellschafter-Geschäftsführer durch seine Tätigkeit gegen die Einschränkungen seiner Aufenthaltsgenehmigung verstieße.); LG Krefeld, GmbHR 1983, 48 f. (Die Eintragung einer GmbH ist abzulehnen, wenn die Gesellschafter Ausländer sind, denen die Aufenthaltserlaubnis nur mit Gewerbesperrvermerk erteilt worden ist; der Gesellschaftsvertrag ist als Umgehungsgeschäft nichtig.); LG Ulm, BB 1975, Beilage Nr. 12, S. 23, Nr. 19 (mit abl. Anm. *Wessel*) (Das Gewerbeverbot für einen Ausländer kann nicht dadurch umgangen werden, dass der Ausländer eine deutsche GmbH gründet, die Mehrheit der Geschäftsanteile in seiner Hand vereinigt und den Gewerbebetrieb als alleiniger Gesellschafter betreibt.); BVerwG, GewArch 1975, 101 (Die Auflage zur Aufenthaltserlaubnis, nur unselbständig tätig sein zu dürfen, kann nicht dadurch umgangen werden, dass der Ausländer in den Mantel einer von ihm beherrschten GmbH schlüpft.); zust.: *Ulmer* in: Ulmer/Habersack/Winter, § 1 GmbHG Rz. 43 (Verstoß gegen § 138 Abs. 1 BGB, wenn Hauptzweck die Umgehung ist); ähnlich *Hueck/Fastrich* in: Baumbach/Hueck, § 1 GmbHG Rz. 16 (Sittenwidrigkeit nur, falls Ermöglichung der verbotenen Erwerbstätigkeit alleiniger oder primärer Zweck); *Bayer* in: Lutter/Hommelhoff, § 1 GmbHG Rz. 16; *Bartl*, BB 1977, 573.

ausländerrechtliche Beschränkungen berührten nicht die gesellschaftsrechtliche Beteiligungsfähigkeit.[78]

III. Ausländische Geschäftsleiter

52 In der grenzüberschreitenden Transaktionspraxis taucht regelmäßig der Wunsch auf, einen Ausländer zum Vorstandsmitglied oder Geschäftsführer zu bestellen. Die Gründe können vielfältig sein. So mag der Ausländer aufgrund seiner Qualifikationen für diese Position besonders geeignet sein. Es kann aber auch der Grund darin liegen, dass die deutsche Gesellschaft die Tochtergesellschaft einer ausländischen Konzernmutter ist und letztere durch einen ihrer Angestellten die Geschäfte der deutschen Tochtergesellschaft besonders eng führen möchte. Hierbei kommt es durchaus vor, dass sich das vorgesehene Organmitglied (weiterhin) dauerhaft im Ausland aufhalten soll.

53 Das **deutsche Gesellschaftsrecht beschränkt** die Bestellung von Ausländern zu Organmitgliedern **nicht**. Es gibt keine Anforderungen an Staatsangehörigkeit, Wohnsitz oder gewöhnlichem Aufenthalt.[79] Auch ist keine Voraussetzung, die deutsche Sprache zu beherrschen.[80] Damit kann etwa ein französischer Staatsangehöriger mit schweizerischem Wohnsitz zum Vorstandsmitglied oder Geschäftsführer bestellt werden. Auch die erforderliche Belehrung eines zukünftigen Geschäftsführers nach § 8 Abs. 3 GmbHG i. V. m. § 53 Abs. 2 BRZG oder Vorstandsmitglieds nach § 37 Abs. 2 Satz 2 AktG i. V. m. § 53 Abs. 2 BRZG ist kein Hindernis. Sie kann zum einen schriftlich und zum anderen im

---

78) LG Ulm, Rpfleger 1982, 228 (Die Eintragung einer GmbH, deren beiden ausländischen Gesellschaftern eine selbständige Erwerbstätigkeit ausländerrechtlich nicht gestattet ist, kann nicht deshalb versagt werden, weil das Unternehmen wegen Verstoßes gegen ausländerrechtliche Bestimmungen vorschriftswidrig betrieben wird. Über die gewerberechtliche Zulässigkeit des Betriebs sagt das Handelsregister nichts aus. Weder könnte der Registerrichter durch die Versagung der Eintragung einen vollkaufmännischen Betrieb verhindern, noch wird die zuständige Verwaltungsbehörde durch die Eintragung ihrerseits am Einschreiten und Stilllegen des Betriebs gehindert. Das Argument der Einheit der Rechtsordnung ist nicht geeignet, diese durch das positive Recht angeordnete Funktionsverteilung zwischen Register und Verwaltungsbehörde rückgängig zu machen.); zust. *Emmerich* in: Scholz, § 2 GmbHG Rz. 41b; *Heider* in: MünchKomm-AktG, § 2 AktG Rz. 12; *Fleischer* in: MünchKomm-GmbHG, § 1 GmbHG Rz. 53; *Heidinger* in: Heckschen/Heidinger, § 6 Rz. 95 f. (nur bei Umgehungsabsicht, die jedoch etwa dann nicht vorliegen soll, wenn noch weitere Personen neben dem Ausländer an der Gesellschaft beteiligt sind); *Roth* in: Roth/Altmeppen, § 1 GmbHG Rz. 22; *Miller*, DB 1983, 977, 979. Ähnlich *Wachter*, ZIP 1999, 1577, der jedoch nicht auf die Eintragung der Gesellschaft in das Handelsregister, sondern auf die zivilrechtliche Wirksamkeit des Gesellschaftsvertrags abstellt. Dieser soll auch bei Verstoß gegen ausländerrechtliche Bestimmungen nicht wegen Verstoßes gegen §§ 134, 138 BGB nichtig sein. Da somit eine wirksame Errichtung der Gesellschaft vorliegt, stehe dem Registergericht kein Prüfungsrecht zu.

79) *Fleischer* in: Spindler/Stilz, § 76 AktG Rz. 122; *Heidinger* in: Heckschen/Heidinger, § 6 Rz. 80; *Ulmer* in: Ulmer/Habersack/Winter, § 6 GmbHG Rz. 12; *Erdmann*, NZG 2002, 503 ff.; *Wachter* in: Goette/Habersack, Rz. 155.

80) Näher *Erdmann*, NZG 2002, 503, 504 f.

C. Verwaltungsrecht, ausländische Erwerber und Geschäftsleiter

Ausland erfolgen, sodass das vorgesehene Organmitglied hierzu nicht nach Deutschland einreisen muss.[81)] Zudem muss sie nicht auf deutsch erfolgen.

Allerdings stellt sich wie bei ausländischen Gesellschaftern die hiervon zu unterscheidende Frage, ob **ausländerrechtliche Schranken** der Bestellung eines ausländischen Geschäftsleiters entgegenstehen können. Hierbei ist namentlich (noch) umstritten, ob es dem Ausländer jederzeit möglich sein muss, nach Deutschland einreisen zu können. Diese Auseinandersetzung dürfte sich allerdings mit Inkrafttreten des Gesetzes zur Modernisierung des GmbH-Rechts und zur Bekämpfung von Missbräuchen (MoMiG)[82)] neu ordnen und entschärfen. 54

Vor Erlass des MoMiG bejahte eine beachtliche **Meinungsgruppe** das Erfordernis, jederzeit **nach Deutschland einreisen zu können**.[83)] Für eine wirksame Bestellung müsse sichergestellt sein, dass das Organmitglied seine gesetzlichen Verpflichtungen erfüllen könne. Hierzu gehörten etwa die Pflichten zur Buchführung und Rechnungslegung, zur Sicherung des Gesellschaftskapitals sowie zur Auskunftserteilung und Einsichtsgewährung.[84)] Auch wurde vorgebracht, ein Organmitglied müsse an Organsitzungen teilnehmen können und sich persönlich mit den Geschicken der Gesellschaft vor Ort befassen können.[85)] In einer Entscheidung des OLG Celle aus dem Vorjahr des MoMiG heißt es: 55

„Ungeachtet der heutigen Möglichkeiten der Kommunikation über Staatsgrenzen hinweg ist die ordnungsgemäße Wahrnehmung der gesetzlichen Aufgaben eines Geschäftsführers vom Ausland aus nicht sichergestellt. Denn es ist zur Erfüllung der Pflichten eines Geschäftsführers unerlässlich, jederzeit selbst und unmittelbar Einsicht in Bücher und Schriften des Unternehmens nehmen zu können sowie direkten persönlichen Kontakt zu Mitarbeitern und Geschäftspartnern – namentlich den Gläubigern – zu haben. Zwar kann der Geschäftsführer einzelne Aufgaben an Mitarbeiter delegieren. Die abschließende Verantwortlichkeit verbleibt jedoch bei ihm, was voraussetzt, dass er selbst persönlich tätig werden kann, ohne dies anderen überlassen zu müssen oder auch nur auf die Auskünfte Dritter angewiesen zu sein. Zudem obliegt dem Geschäftsführer die Pflicht, Dritte, an die er einen Teil seiner Pflichten delegiert, zu überwachen. Dieser Pflicht kann er vom Ausland nicht in erforderlichem Maße nachkommen."[86)]

---

81) Näher dazu *Wachter* in: Goette/Habersack, Rz. 153 f.
82) BGBl. I 2008, 2026 v. 28.10.2008.
83) OLG Celle, NZG 2007, 633, 634; OLG Hamm, GmbHR 1999, 1089, 1091; OLG Frankfurt a. M., DB 1977, 817; OLG Köln, BB 1999, 493; OLG Zweibrücken, NZG 2001, 857; LG Gießen, GmbHR 2000, 1099; LG Duisburg, Rpfleger 2002, 366; *Spindler* in: MünchKomm-AktG, § 76 AktG Rz. 104; *Heyder* in: Michalski, § 6 GmbHG Rz. 30; *Melchior*, DB 1977, 413; *Schneider* in: Scholz, § 6 GmbHG Rz. 19; teilweise wird auch eine Aufenthalts- oder Arbeitserlaubnis verlangt, s. *Goette* in: MünchKomm-GmbHG, § 6 GmbHG Rz. 21 m. N.
84) *Boujong*, NZG 2003, 497, 503; *Heidinger* in: Heckschen/Heidinger, § 6 Rz. 82.
85) *Spindler* in: MünchKomm-AktG, § 76 AktG Rz. 104.
86) OLG Celle, NZG 2007, 633, 634.

56 Die ebenso beachtliche **Gegenauffassung** sieht in einer **fehlenden Einreisemöglichkeit kein Hindernis.**[87] Anders als das OLG Celle meint sie, ein Geschäftsleiter könne aufgrund der modernen Kommunikationsmöglichkeiten und Vollmachten eine inländische Gesellschaft auch aus dem Ausland führen.[88] Außerdem sei die Eintragung des Organmitglieds nur deklaratorisch; ihr Fehlen beeinflusse nicht die wirksame Bestellung durch die Gesellschafter (bei einer GmbH) oder den Aufsichtsrat (bei einer Aktiengesellschaft).[89] Und bei dieser Bestellung sei das bestellende Organ frei. Über die gesetzlich festgeschriebenen Anforderungen hinaus habe es keine Schranken zu beachten. Entschiede es sich für ein Organmitglied ohne jederzeitige Einreisemöglichkeit, hätte es eben die daraus möglicherweise entstehenden nachteiligen Folgen zu tragen.[90] Schließlich falle die Prüfung ausländerrechtlicher Vorschriften nicht in die Kompetenz des Registergerichts.[91] Das Gericht könne – so jedenfalls Teile dieser Meinungsgruppe – bei der Gründungskontrolle überhaupt nur dann Anlass zu Ermittlungen über den ausländerrechtlichen Status eines ausländischen Geschäftsführers haben, wenn die Umstände des Einzelfalls den Verdacht der Umgehung von ausländerrechtlichen Vorschriften durch die Bestellung zum Geschäftsführer begründen und die Bestellung daher möglicherweise nach § 138 Abs. 1 BGB nichtig ist. Fehlen solche Verdachtsmomente, sei die Eintragung vorzunehmen.[92]

57 **Unstreitig** waren damit schon vor Erlass des MoMiG Fälle, in denen sich das vorgesehene ausländische Organmitglied zwar im Ausland aufhielt, aber ohne weiteres nach Deutschland einreisen konnte,[93] wie etwa **Angehörige** von Mit-

---

87) OLG München, NZG 2010, 157, 158; dazu *Ries*, NZG 2010, 298; OLG Düsseldorf, NZG 2009, 678, 679 = RNotZ 2009, 607 (mit Anm. *Lohr*); OLG Düsseldorf, GmbHR 1978, 110 = DB 1977, 1840; OLG Frankfurt a. M., NJW 1977, 1595 = DB 1977, 617 = MittRhNotK 1977, 86; OLG Dresden, GmbHR 2003, 537 f. (mit Anm. *Wachter*); OLG Zweibrücken v. 9.9.2010 – 3 W 70/10, unter ausdrücklicher Aufgabe seiner Rspr. vor Erlass des MoMiG; LG Braunschweig, DB 1983, 706; LG Aachen, RIW 1981, 856; *Altmeppen* in: Roth/Altmeppen, § 6 GmbHG Rz. 35; *Bohlscheid*, RNotZ 2005, 505, 525 f.; *Erdmann*, NZG 2002, 503, 506 f.; wohl auch *Fleischer* in: Spindler/Stilz, § 76 AktG Rz. 122; *Goette* in: MünchKomm-GmbHG, § 6 GmbHG Rz. 21; *Heßeler*, GmbHR 2009, 759; *Hueck/Fastrich* in: Baumbach/Hueck, § 6 GmbHG Rz. 9; *Kleindiek* in: Lutter/Hommelhoff, § 6 GmbHG Rz. 15; *Marsch-Barner/Diekmann* in: MünchHdb-GesR, Bd. 3, § 42 Rz. 2; *Schiedermayr* in: FS Bezzenberger, S. 393; *Ulmer* in: Ulmer/Habersack/Winter, § 6 GmbHG Rz. 15 ff.
88) *Bohlscheid*, RNotZ 2005, 505, 526 ff.; *Hueck/Fastrich* in: Baumbach/Hueck, § 6 GmbHG Rz. 9; *Ulmer* in: Ulmer/Habersack/Winter, § 6 GmbHG Rz. 16; *Wachter*, GmbHR 2003, 538, 541 f.
89) *Altmeppen* in: Roth/Altmeppen, § 6 GmbHG Rz. 35.
90) *Bohlscheid*, RNotZ 2005, 505, 525 f.
91) *Melchior*, DB 1997, 413, 415 f.; *Ulmer* in: Ulmer/Habersack/Winter, § 6 GmbHG Rz. 15.
92) *Miller*, DB 1983, 977, 978; *Ulmer* in: Ulmer/Habersack/Winter, § 6 GmbHG Rz. 17; *Wachter*, ZIP 1999, 1577, 1581 ff.
93) Ebenso *Altmeppen* in: Roth/Altmeppen, § 6 GmbHG Rz. 34; *Goette* in: MünchKomm-GmbHG, § 6 GmbHG Rz. 20.

C. Verwaltungsrecht, ausländische Erwerber und Geschäftsleiter

gliedstaaten der **Europäischen Union**, die aufgrund der Freizügigkeit in der Europäischen Union und des Freizügigkeitsgesetzes jederzeit nach Deutschland einreisen dürfen.[94] Gleiches gilt für Angehörige von solchen Drittstaaten, welche in **Anhang II der EU-Visums-Verordnung**[95] aufgeführt sind, da diese für Aufenthalte bis zu drei Monaten grundsätzlich keinen Aufenthaltstitel benötigen.[96] Nur bei anderen Ausländern kam es darauf an, ob sie einen Aufenthaltstitel (regelmäßig als Visum) haben.[97]

Das MoMiG hat nun Befürwortern einer jederzeitigen Einreisemöglichkeit die 58
Argumentationsgrundlage weggerissen. Die **vorzugswürdige Gegenmeinung** dürfte nun dominierend werden. Zunächst ist mit dem OLG München auf die neue Fassung von § 4a GmbHG hinzuweisen:

„[N]ach § 4a GmbHG kann nun eine deutsche GmbH ihren Verwaltungssitz auch in das Ausland verlegen. Damit ist dem Argument der Boden entzogen, der im Ausland ansässige Geschäftsführer könne nur unter erheblichen Schwierigkeiten Einsicht in Bücher und Unterlagen der Gesellschaft nehmen und Kontakt zu Mitarbeitern und Geschäftspartnern – namentlich Gläubigern – halten. Auch die vom Geschäftsführer höchstpersönlich wahrzunehmenden Aufgaben erfordern nicht zwingend die Einreise nach Deutschland."[98]

Für die Aktiengesellschaft und damit Vorstandsmitglieder gelten diese Ausfüh- 59
rungen wegen der Neufassung von § 5 AktG ebenso. Da Kapitalgesellschaften nunmehr ihren tatsächlichen Verwaltungssitz im Ausland nehmen dürfen, kann gerade in solchen Fällen nicht entscheidend sein, dass der Geschäftsleiter nach Deutschland einreisen kann. Vielmehr müsste dann relevant sein, ob er jederzeit in das Land des Verwaltungssitzes einreisen kann. Dies allerdings verlangt

---

94) Dazu *Bohlscheid*, RNotZ 2005, 505, 507 f.
95) Verordnung (EG) Nr. 539/2001 des Rates v. 15.3.2001 zur Aufstellung der Liste der Drittländer, deren Staatsangehörige beim Überschreiten der Außengrenzen im Besitz eines Visums sein müssen, sowie der Liste der Drittländer, deren Staatsangehörige von dieser Visumpflicht befreit sind, Abl. EG Nr. L 81/1 v. 21.3.2001.
96) Diese sind Andorra, Argentinien, Australien, Bolivien, Brasilien, Brunei, Chile, Costa Rica, Ecuador, El Salvador, Guatemala, Honduras, Israel, Japan, Kanada, Kroatien, Malaysia, Mexiko, Monaco, Neuseeland, Nicaragua, Panama, Paraguay, San Marino, Schweiz, Singapur, Slowakei, Uruguay, Vatikanstadt, Venezuela, USA, sowie die Sonderverwaltungsregionen der Volksrepublik China Hongkong und Macau. Eine komplette Staatenliste in Bezug auf die Visumpflicht ist abrufbar unter http://www.auswaertiges-amt.de/diplo/de/WillkommeninD/EinreiseUndAufenthalt/StaatenlisteVisumpflicht.html.
97) Näher *Heidinger* in: Heckschen/Heidinger, § 6 Rz. 85 ff.; s. a. OLG Hamm, ZIP 1999, 1919 (Ein Aufenthaltstitel sei selbst dann erforderlich, wenn nur der zweite Geschäftsführer Ausländer sei).
98) OLG München, NZG 2010, 157, 158; dazu zust. *Ries*, NZG 2010, 298; so schon OLG Düsseldorf, NZG 2009, 678, 679 = RNotZ 2009, 607 (mit zust. Anm. *Lohr*). Das OLG Düsseldorf hatte übrigens eine Vorlage an den BGH gem. § 28 Abs. 2, 3 FGG trotz der klaren Abweichung von der oben genannten Entscheidung des OLG Celle für nicht erforderlich gehalten, da diese Entscheidung „noch unter Geltung des alten' GmbH-Gesetzes ergangen [ist] und ... damit auf einer gegenüber der vorliegenden Entscheidung wesentlich anderen Rechtslage [beruht]", NZG 2009, 678, 679.

das deutsche Recht richtigerweise an keiner Stelle. Vielmehr finden sich in § 6 Abs. 2 GmbHG und § 76 Abs. 3 AktG grundsätzlich abschließend die gesetzlichen Eignungsvoraussetzungen für Geschäftsleiter.[99] Deutsche Nationalität und jederzeitige Einreisemöglichkeit sind dort nicht genannt. Dies entspricht auch dem Willen des Gesetzgebers, wie sich aus der Begründung des Regierungsentwurfs zur Änderung der Belehrungspflicht nach § 8 Abs. 3 GmbHG ergibt:

> „Die Klarstellung ist insbesondere auch angesichts der vorgeschlagenen Änderung des § 4a ... geboten, nach der die Geschäftstätigkeit auch ganz oder überwiegend aus dem Ausland geführt werden kann. Diese Änderung wird zu einem Anstieg der Fälle führen, in denen der zu belehrende Geschäftsführer im Ausland weilt, so dass eine klare Regelung erforderlich ist."[100]

60 In der **Praxis** sollten sich daher zukünftig keine ausländerrechtlichen Hindernisse bei der Eintragung von ausländischen Geschäftsführern und Vorstandsmitgliedern ergeben, auch wenn diese nicht aus einem *„privilegierten"* Land stammen (siehe oben Rz. 57). Allerdings sollte der ausländerrechtliche Status **vorab geprüft** werden, um Schwierigkeiten zu vermeiden und nicht zu riskieren, dass das Registergericht es ablehnt, das Organmitglied einzutragen.

---

99) *Altmeppen* in: Roth/Altmeppen, § 6 GmbHG Rz. 35; *Lohr*, RNotZ 2009, 607, 609; *Ulmer* in: Ulmer/Habersack/Winter, § 6 GmbHG Rz. 15; *Goette* in: MünchKomm-GmbHG, § 6 GmbHG Rz. 21 (Gesetzgeber hätte § 6 Abs. 2 GmbHG ergänzen müssen); vgl. *Fleischer* in: Spindler/Stilz, § 76 AktG Rz. 119 ff. für spezielle Bestellhindernisse bei Vorstandsmitgliedern einer AG, und *Goette* in: MünchKomm-GmbHG, § 6 GmbHG Rz. 23 für spezielle Bestellhindernisse bei Geschäftsführern einer GmbH.

100) Gesetzentwurf der Bundesregierung, abgedr. in ZIP 2007, Beilage zu Heft 23, S. 3; BR-Drucks. 354/07, S. 3, 11.

§ 9 Internationales Übernahme- und Kapitalmarktrecht

Übersicht

A. Öffentliches Erwerbs- oder Übernahmeangebot 1
I. Einleitung 2
II. Anknüpfungssystem des WpÜG 5
  1. Grundregel 5
  2. Einschränkungen 9
III. Übernahmevertragsstatut 12
  1. Rechtswahl 14
  2. Fehlende Rechtswahl 15
    a) Recht am Hauptbörsenplatz und am Sitz des Bieters 17
    b) Recht am Ort des Kaufangebots („Marktrecht") ... 18
    c) Hauptbörsenrecht und Sitzrecht der Zielgesellschaft 21
    d) Zutreffende Lösung: Übernahmestatut 22
  3. Aktienübertragungen 26
B. Aktienerwerb über die Börse 27
C. Insiderhandel 33
D. Kapitalmarktrechtliche Mitteilungs- und Veröffentlichungspflichten 38
E. Prospekthaftung 42

Literatur: *Ackermann*, Das internationale Privatrecht der Unternehmensübernahme: deutsches und europäisches Übernahmekollisionsrecht im Spannungsfeld zwischen internationalem Gesellschafts- und Kapitalmarktrecht, 2008; *Arndt/Voß*, VerkProspG: Kommentar, 2009 (zit.: *Bearbeiter* in: Arndt/Voß); *Assmann/Pötzsch/Schneider*, WpÜG: Kommentar, 2005 (zit.: *Bearbeiter* in: Assmann/Pötzsch/Schneider); *Assmann/Schneider*, WpHG: Kommentar, 5. Auflage 2009 (zit.: *Bearbeiter* in: Assmann/Schneider); *Assmann/Schütze*, Handbuch des Kapitalanlagerechts, 3. Auflage, 2007; *Baum/Fleckner u. a.*, Perspektiven des Wirtschaftsrechts, 2008; *Bischoff*, Internationale Börsenprospekthaftung, AG 2002, 489; *Carrier*, Selected Recent U.S. Devolopments In Cross-Border M&A, in: Gedächtnisschrift Gruson, 2009, S. 53; *Claussen*, Bank- und Börsenrecht, 4. Auflage 2008; *Diekmann*, Änderungen im Wertpapiererwerbs- und Übernahmegesetz anlässlich der Umsetzung der EU-Übernahmerichtlinie in das deutsche Recht, NJW 2007, 17; *Dürig*, Kollisionsrechtliche Anknüpfung bei öffentlichen Übernahmeangeboten – Im Blickpunkt: Pflichtangebot und Verhaltenspflichten, RIW 1999, 746; *Ebenroth/Wilken*, Kollisionsrechtliche Einordnung transnationaler Unternehmensübernahmen, ZVglRWiss 90 (1991), 235; *Ehricke/Ekkenga/Oechsler*, WpÜG: Kommentar, 2003 (zit.: *Bearbeiter* in: Ehricke/Ekkenga/Oechsler); *Ekkenga/Kuntz*, Grundzüge eines Kollisionsrechts für grenzüberschreitende Übernahmeangebote, WM 2004, 2427; *Elsner*, Das Recht der Übernahmeangebote im Vereinigten Königreich und der Bundesrepublik Deutschland, 2005; *Einsele*, Auswirkungen der Rom I-Verordnung auf Finanzdienstleistungen, WM 2009, 289; *Fleischer*, Die Richtlinie über Märkte für Finanzinstrumente und das Finanzmarkt-Richtlinie-Umsetzungsgesetz: Entstehung, Grundkonzeption, Regelungsschwerpunkte, BKR 2006, 389; *Floer*, Die internationale Reichweite der Prospekthaftung: zum Kollisionsrecht der Haftung für fehlerhafte Verkaufs- und Börsenzulassungsprospekte, 2002; *Fuchs*, WpHG: Kommentar, 2009 (zit.: *Bearbeiter* in: Fuchs); *Geibel/Süßmann*, Kommentar zum WpÜG, 2. Auflage 2008; *Göthel*, Grenzüberschreitende Reichweite ausländischen Kapitalmarktrechts, IPRax 2001, 411; *Groß*, Kapitalmarktrecht: Kommentar, 4. Auflage 2009; *Grundmann*, Die neuen Maßnahmen gegen Insider-Trading in Japan, RabelsZ 54 (1990), 282; *Haarmann/Schüppen*, Frankfurter Kommentar zum WpÜG, 3. Auflage 2008 (zit.: *Bearbeiter* in: Haarmann/Schüppen); *Hahn*, Übernahmerecht und Internationales Privatrecht, RIW 2002, 741; *von Hein*, Internationale Zuständigkeit und anwendbares Recht bei grenzüberschreitendem Kapitalanlagebetrug – zu OLG Köln, 5.4.2005 – 15 U 153/04, IPRax 2006, 460; *von Hein*, Zur

§ 9 Internationales Übernahme- und Kapitalmarktrecht

Kodifikation des europäischen Übernahmekollisionsrechts, ZGR 2005, 528; *von Hein*, Grundfragen des europäischen Übernahmekollisionsrechts, AG 2001, 213; *Hilmer*, Die Übernahmerichtlinie und ihre Umsetzung in das deutsche Recht, 2007; *Holzborn/Israel*, Die Neustrukturierung des Finanzmarktrechts durch das Finanzmarktrichtlinienumsetzungsgesetz (FRUG), NJW 2008, 791; *Hopt*, Grundsatz- und Praxisprobleme nach dem Wertpapierhandelsgesetz – insbesondere Insidergeschäfte und Ad-hoc-Publizität, ZHR 159 (1995), 135; *Hopt*, Emission, Prospekthaftung und Anleihetreuhand im internationalen Recht, in: Festschrift W. Lorenz, 1991, S. 413; *Hopt*, Vom Aktien- und Börsenrecht zum Kapitalmarktrecht? – Teil 2: Die deutsche Entwicklung im internationalen Vergleich, ZHR 141 (1977), 389; *Jenckel*, Das Insiderproblem im Schnittpunkt von Gesellschafts- und Kapitalmarktrecht in materiell- und kollisionsrechtlicher Sicht, 1980; *Josenhans*, Das neue Übernahmekollisionsrecht, ZBB 2006, 269; *Kiel*, Internationales Kapitalanlegerschutzrecht, 1994; *Just/Voß/Ritz/Zeising*, WpPG und EU-Prospektverordnung: Kommentar, 2009; *Kiesewetter*, Der Sitz der Zielgesellschaft als Anknüpfungspunkt für die Anwendung des WpÜG n. F., RIW 2006, 518; Kölner Kommentar zum KapMuG, 2008 (zit.: *Bearbeiter* in: KölnKomm-KapMuG); Kölner Kommentar zum WpHG, 2007 (zit.: *Bearbeiter* in: KölnKomm-WpHG); Kölner Kommentar zum WpÜG, 2. Auflage 2010 (zit.: *Bearbeiter* in: KölnKomm-WpÜG); *Kronke*, Capital Markets and Conflict of Laws, in: Académie de Droit International, Recueil des Cours 286 (2000), 245; *Kümpel*, Bank- und Kapitalmarktrecht, 3. Auflage 2004; *Mankowski*, Die Rom I-Verordnung – Änderungen im europäischen IPR für Schuldverträge, IHR 2008, 133; *Merkt*, Internationaler Unternehmenskauf durch Beteiligungserwerb, in: Festgabe Sandrock, 1995, S. 135; *Merkt/Binder*, Änderungen im Übernahmerecht nach Umsetzung der EG-Übernahmerichtlinie: Das deutsche Umsetzungsgesetz und verbleibende Problemfelder, BB 2006, 1285; *Meyer-Sparenberg*, Internationalprivatrechtliche Probleme bei Unternehmenskäufen, WiB 1995, 849; *Mülbert*, Umsetzungsfragen der Übernahmerichtlinie – erheblicher Änderungsbedarf bei den heutigen Vorschriften des WpÜG, NZG 2004, 633; *Oulds*, Prospekthaftung bei grenzüberschreitenden Kapitalmarkttransaktionen, WM 2008, 1573; *Pfister*, Stand der Insiderdiskussion, ZGR 1981, 318; *Ringe*, Die Neuregelung des Internationalen Kapitalmarktpublizitätsrechts durch die Neufassung der Transparenzrichtlinie, AG 2007, 809; *Schäfer/Hamann*, Kapitalmarktgesetze: Kommentar, 2. Auflage, Loseblattsammlung (Stand: 11/2009) (zit.: *Bearbeiter* in: Schäfer/Hamann, KMG); *Schauer*, Kollisionsrechtliche Fragen öffentlicher Übernahmeangebote, in: Festschrift Doralt, 2004, S. 529; *Schmidt/Weidert*, Zur Verjährung von Prospekthaftungsansprüchen bei geschlossenen Immobilienfonds, DB 1998, 2309; *Schneider*, Internationales Kapitalmarktrecht: Regelungsprobleme, Methoden und Aufgaben, AG 2001, 269; *Schnyder*, Internationales Wirtschaftsrecht – zu Begriff und Phänomenologie, in: Festschrift Buxbaum, 2000, S. 515; *Schnyder*, Kollisionsrechtliche Fragen zu (grenzüberschreitenden) Übernahmen, in: Centre d´études juridiques européennes de la Faculté de droit de Genève (CEJE), Erwerb von Beteiligungen am Beispiel der öffentlichen Übernahmeangebote: Kolloquium, Lausanne 1990, S. 624 (zit.: *Schnyder* in: CEJE); *Schwark/Zimmer*, Kapitalmarktrechts-Kommentar, 4. Auflage, 2010 (zit.: *Bearbeiter*, in: Schwark/Zimmer, KMRK); *Seibt/Heiser*, Analyse der EU-Übernahmerichtlinie und Hinweise für eine Reform des deutschen Übernahmerechts, ZGR 2006, 200; *Siems*, The Rules on Conflict of Laws in the European Takeover Directive, ECFR 2004, 458; *Spindler/Kasten*, Änderungen des WpHG durch das Finanzmarktrichtlinie-Umsetzungsgesetz (FRUG), WM 2007, 1245; *Steinmeyer/Häger*, WpÜG: Kommentar, 2. Auflage 2007; *Tschäpe/Kramer/Glück*, Die ROM II-Verordnung – Endlich ein einheitliches Kollisionsrecht für die gesetzliche Prospekthaftung?, RIW 2008, 657.

A. Öffentliches Erwerbs- oder Übernahmeangebot

1 Beim Erwerb von Aktien eines börsennotierten Unternehmens, namentlich bei einem öffentlichen Erwerbs- oder Übernahmeangebot, treffen vertragsrechtliche,

A. Öffentliches Erwerbs- oder Übernahmeangebot

gesellschaftsrechtliche und übernahmerechtliche Fragen zusammen.[1)] Eine einheitliche Kollisionsnorm gibt es nicht.[2)] Dies wirkt sich auf die Bestimmung des anwendbaren Rechts aus. Je nach Frage ist das Vertragsstatut, Gesellschaftsstatut oder das Übernahmestatut berufen. Im Folgenden werden daher aus dem Füllhorn der verschiedenen Sachverhaltsaspekte die für grenzüberschreitende Unternehmenskäufe wesentlichen Gesichtspunkte getrennt voneinander dargestellt.

I. Einleitung

Will ein Interessent eine börsennotierte Aktiengesellschaft erwerben, wird er 2 im Wege eines öffentlichen Übernahmeangebots vorgehen. Hierunter versteht man allgemein ein zeitlich befristetes öffentliches Angebot, das den Aktionären der Zielgesellschaft unterbreitet wird und darauf gerichtet ist, Aktien dieser Gesellschaft (häufig) zu einem über dem aktuellen Kurs liegenden Preis zu übernehmen. Den Verfahrensrahmen bildet in Deutschland das **Wertpapiererwerbs- und Übernahmegesetz** (WpÜG) in der Fassung, die es durch die Umsetzung der Übernahmerichtlinie[3)] erhalten hat.[4)] Neben dem einfachen Erwerbsangebot nach den §§ 10 ff. WpÜG kennt das Gesetz das stärker regulierte Übernahmeangebot, wenn der Erwerber die Kontrolle an der Zielgesellschaft und damit mindestens 30 % der Stimmrechte erwerben will (§§ 29 ff. WpÜG). Wer die Kontrolle an der

---

1) *von Hein*, AG 2001, 213, 219 ff.; ausführlich zur Anknüpfung *Schnyder* in: MünchKomm-BGB, IntKapMarktR Rz. 200 ff.
2) So allgemein für das Internationale Kapitalmarktrecht etwa *Kindler* in: MünchKomm-BGB, IntGesR Rz. 27 ff.; *Assmann* in: GroßKomm-AktG, Einl. Rz. 690; *Baums/Rieder* in: Baums/Thoma, Einl. Rz. 2.12.
3) Richtlinie 2004/25/EG des Europäischen Parlaments und des Rates v. 21.4.2004 betreffend Übernahmeangebote, ABl. EU L 142/12 v. 30.4.2004; dazu *Pötzsch* in: Assmann/Pötzsch/Schneider, Einl. Rz. 60 ff.; *Baums/Rieder* in: Baums/Thoma, Einl. Rz. 1.15 ff.; *Schüppen* in: Haarmann/Schüppen, Einl. Rz. 10 ff.; *Siems*, ECFR 2004, 458; *von Hein*, ZGR 2005, 528; *Diekmann*, NJW 2007, 17; *Josenhans*, ZBB 2006, 269. Transformiert wurde die Übernahmerichtlinie auf nationaler Ebene durch das Gesetz zur Umsetzung der Richtlinie 2004/25/EG des Europäischen Parlaments und des Rates v. 21.4.2004 betreffend Übernahmeangebote (Übernahmerichtlinie-Umsetzungsgesetz) v. 8.7.2006, BGBl. I 2006, 1426; dazu ausführlich *Hilmer*, S. 29 ff.; auch *Merkt/Binder*, BB 2006, 1285; *Baums/Rieder* in: Baums/Thoma, Einl. Rz. 1.41 ff.; *Schüppen* in: Haarmann/Schüppen, Einl. Rz. 24 ff.; *Zehetmeier-Müller/Zirngibl* in: Geibel/Süßmann, Einl. Rz. 21.
4) Zu ausländischen Rechten s. etwa *Baums/Hecker* in: Baums/Thoma, § 1 WpÜG Rz. 82 ff. und 170 ff. (rechtsvergleichende Hinweise zu USA, Großbritannien, Österreich, Schweiz); *Semler/Volhard*, Unternehmensübernahmen, Bd. 1, §§ 35 bis 50; *Hirte/Heinrich* in: KölnKomm-WpÜG, Einl. Rz. 70 ff.; ausführlich zum Recht der USA s. *Merkt/Göthel*, US-amerikanisches Gesellschaftsrecht, Rz. 1313 ff., und zur neueren Entwicklung *Carrier* in: GS Gruson, S. 53; ausführlich zu Großbritannien *Elsner*, S. 43 ff.

§ 9 Internationales Übernahme- und Kapitalmarktrecht

Zielgesellschaft ohne Übernahmeangebot erlangt hat, wird verpflichtet, ein Angebot abzugeben (Pflichtangebot, §§ 35 ff. WpÜG).[5)]

3 Die **Zwitterstellung** öffentlicher Erwerbsangebote zwischen **Kapitalmarkt- und Gesellschaftsrecht** zeigt sich deutlich in **§ 1 WpÜG**, der den internationalen, aber auch den sachlichen Anwendungsbereich des Gesetzes absteckt. Die Vorschrift ist als **einseitige Kollisionsnorm** ausgestaltet und bestimmt damit nur, wann deutsches Übernahmerecht anwendbar ist.[6)] Im Gegensatz zu einer allseitigen Kollisionsnorm lässt sich nicht ermitteln, welches Recht bei fehlender Anwendbarkeit des WpÜG berufen ist. Damit wird deutlich, dass das Übernahmerecht in starkem Maße als Teil des **Kapitalmarktrechts** angesehen wird,[7)] welches wiederum vorrangig als Teil des **(öffentlichen) Wirtschaftsrechts** qualifiziert wird.[8)] Das öffentliche Wirtschaftsrecht bezweckt, die Ziele einer bestimmten Wirtschaftsverfassung zu verwirklichen und dient damit einem öffentlichen Interesse.[9)] Folglich kann das Wirtschaftskollisionsrecht nur die eigenen Sachnormen berufen und nicht die eines fremden Staats.[10)] Das Kapitalmarktrecht dient ebenfalls einem ordnungs- und steuerungspolitischen Ziel, namentlich die Funktionsfähigkeit des Kapitalmarkts sicherzustellen, und ist insoweit Teil des öffentlichen Wirtschaftsrechts.[11)] Flankiert wird dieses Ziel allerdings von dem Zweck, den individuellen und institutionellen Anlegerschutz zu verwirklichen.[12)] Insoweit lässt sich das Kapitalmarktrecht dem **Privatrecht** zuordnen.[13)]

4 Darüber hinaus besteht kein Zweifel, dass das WpÜG zahlreiche **gesellschaftsrechtliche Themen** regelt und auch insoweit dem Privatrecht zuzuordnen ist. Beispielhaft zu nennen sind Abwehrhandlungen des Vorstands der Zielgesell-

---

5) Überblicksartig zum Pflichtangebot *Müller/Zirngibl* in: Geibel/Süßmann, Einl. Rz. 61 ff.
6) *Baums/Rieder* in: Baums/Thoma, Einl. Rz. 2.1; *Baums/Hecker* in: Baums/Thoma, § 1 WpÜG Rz. 15.; *Ekkenga/Kuntz*, WM 2004, 2427, 2430 ff.; *von Hein*, ZGR 2005, 528, 531 m. w. N.
7) *Schüppen* in: Haarmann/Schüppen, Einl. Rz. 8; *Versteegen* in: KölnKomm-WpÜG, § 1 Rz. 66.
8) Grundlegend *Hopt*, ZHR 141 (1977), 389, 431 ff.; *Göthel*, IPRax 2001, 411; *Schnyder* in: MünchKomm-BGB, IntKapMarktR Rz. 20 f.; *Versteegen* in: KölnKomm-WpÜG, § 1 Rz. 66; *Josenhans*, ZBB 2006, 269, 276 (zum Internationalen Kapitalmarktrecht).
9) *Göthel*, IPRax 2001, 411.
10) *Schnyder* in: FS Buxbaum, S. 515, 522; *Göthel*, IPRax 2001, 411, 416.
11) *Hopt*, ZHR 141 (1977), 389, 431; *Hopt*, ZHR 159 (1995), 135, 158 f.; *Göthel*, IPRax 2001, 411, 415.
12) *Hopt*, ZHR 159 (1995), 135, 159, der den Funktionenschutz des Kapitalmarkts und den Individualschutz der Anleger als zwei Seiten derselben Medaille bezeichnet; *Göthel*, IPRax 2001, 411, 415.
13) *Schnyder* in: MünchKomm-BGB, IntKapMarktR Rz. 21 ff.; *Ekkenga/Kuntz*, WM 2004, 2427, 2431 f.

A. Öffentliches Erwerbs- oder Übernahmeangebot

schaft (§§ 33–33d WpÜG) oder der übernahmerechtliche Squeeze-out (§§ 39a, 39b WpÜG) und das Andienungsrecht (§ 39c WpÜG) (vgl. § 1 Abs. 2 WpÜG, der diese Themen als *„gesellschaftsrechtliche Fragen"* qualifiziert). Auch für diese Vorschriften bestimmt § 1 WpÜG deren internationale Anwendbarkeit und wird daher insoweit auch als *„IPR der Unternehmensübernahmen"* bezeichnet.[14]

II. Anknüpfungssystem des WpÜG

1. Grundregel

Die Grundregel für den internationalen und sachlichen Anwendungsbereich des WpÜG bildet § 1 Abs. 1 WpÜG, wonach das Gesetz anzuwenden ist auf Angebote zum Erwerb von Wertpapieren, die von einer Zielgesellschaft ausgegeben wurden und zum Handel an einem organisierten Markt zugelassen sind.[15] Als organisierter Markt gelten gemäß § 2 Abs. 7 WpÜG sowohl der regulierte Markt im Inland sowie der geregelte Markt in einem anderen Staat des Europäischen Wirtschaftsraums.

5

Die Begriffe Wertpapiere und Angebote sind in § 2 Abs. 1 und 2 WpÜG legal definiert. Auch der Begriff **Zielgesellschaft** ist definiert (§ 2 Abs. 3 WpÜG). Ausdrücklich genannt sind in § 2 Abs. 3 Nr. 1 WpÜG Aktiengesellschaften und Kommanditgesellschaften auf Aktien mit Sitz im Inland; erfasst ist aber auch die Societas Europaea (SE), weil diese gemäß Art. 10 SE-VO wie eine Aktiengesellschaft behandelt wird.[16] Zielgesellschaften sind darüber hinaus Gesellschaften mit Sitz in einem anderen Staat des Europäischen Wirtschaftsraums (§ 2 Abs. 3 Nr. 2 WpÜG).

6

Die Maßgeblichkeit des **Sitzes** einer Zielgesellschaft wirft die Frage auf, ob der tatsächliche Verwaltungssitz oder der Satzungssitz gemeint ist. Das Gesetz selbst gibt hierauf keine Antwort. Auch Rechtsprechung fehlt. In der Literatur ist die Frage umstritten. Nach einer Ansicht soll i. S. d. Sitztheorie der tatsächliche Verwaltungssitz entscheidend sein (zur Sitztheorie siehe oben § 6 Rz. 9 ff.).[17] Eine neuere und im Vordringen befindliche Auffassung will auf den **Satzungssitz** und damit den häufig hiermit übereinstimmenden Grün-

7

---

14) *Versteegen* in: KölnKomm-WpÜG, § 1 Rz. 66.
15) Zum Anwendungsbereich des WpÜG auch *Diekmann*, NJW 2007, 17, 18 f.
16) *Angerer* in: Geibel/Süßmann, § 1 WpÜG Rz. 52; *Schüppen* in: Haarmann/Schüppen, § 2 WpÜG Rz. 39.
17) *Oechsler* in: Ehricke/Ekkenga/Oechsler, § 1 WpÜG Rz. 6; *Schüppen* in: Haarmann/Schüppen, § 2 WpÜG Rz. 112; *Angerer* in: Geibel/Süßmann, § 1 WpÜG Rz. 47 ff.; *Hahn*, RIW 2002, 741 f.; *von Hein*, AG 2001, 213, 231; einschränkend *Schnyder* in: MünchKomm-BGB, IntKapMarktR Rz. 208.

dungssitz abstellen.[18] Dieser Meinung ist zuzustimmen. Hierfür spricht zunächst, dass die zugrunde liegende Übernahmerichtlinie ebenfalls auf den Satzungssitz abstellt.[19] Auch die Rechtsprechung des EuGH zur Niederlassungsfreiheit und die daraus folgende Hinwendung zur Gründungstheorie (siehe oben § 6 Rz. 18 ff.) streitet jedenfalls bei EU-Auslandsgesellschaften für diese Auslegung. Schließlich definiert im deutschen Recht § 5 AktG den Sitz der Gesellschaft ebenfalls als den Satzungssitz; die auch für das WpÜG auf den Satzungssitz abstellende Ansicht erreicht somit einen Gleichlauf zwischen Aktiengesetz und WpÜG, von dem nicht abgewichen werden sollte.[20]

8 Für die Bestimmung des Übernahmestatuts nach § 1 WpÜG ist der **Sitz des Bieters** in jedem Fall **unmaßgeblich**.

2. Einschränkungen

9 Die Anknüpfung nach § 1 Abs. 1 WpÜG erfährt jedoch **Einschränkungen** durch **§ 1 Abs. 2 bis 5 WpÜG**. Die erste Einschränkung ergibt sich aus § 1 Abs. 2 WpÜG und führt im Ergebnis dazu, dass das WpÜG auf eine **Zielgesellschaft mit Sitz im Inland** nur dann uneingeschränkt anwendbar ist, wenn entweder ein einfaches Erwerbsangebot vorliegt oder im Fall der Abgabe eines Übernahme- oder Pflichtangebots die stimmberechtigten Aktien wenigstens auch (und damit nicht notwendig ausschließlich) im Inland an einem organisierten Markt (regulierter Markt) zugelassen sind. Denn nach dieser Vorschrift ist das WpÜG auf Übernahme- und Pflichtangebote, die sich auf den Erwerb von Aktien einer inländischen Zielgesellschaft (§ 2 Abs. 3 Nr. 1 WpÜG) mit ausschließlicher Börsennotierung in einem anderen Staat des Europäischen Wirtschaftsraums beziehen, nur bei gesellschaftsrechtlichen Fragen anzuwenden. Die beispielhaft in der Vorschrift selbst aufgeführten Fälle werden in § 1 WpÜG-Anwendbarkeitsverordnung konkretisiert.[21] Erfasst sind etwa Vorschriften über die Kontrolle (§§ 29, 30 WpÜG), die Abgabe eines Pflichtangebots (§§ 35 (mit Einschränkungen) bis 39 WpÜG), Abwehrhandlungen des

---

18) *Angerer* in: Geibel/Süßmann, § 1 WpÜG Rz. 47 ff.; *Schüppen* in: Haarmann/Schüppen, § 2 WpÜG Rz. 35; *Versteegen* in: KölnKomm-WpÜG, § 2 Rz. 112; *von Hein*, ZGR 2005, 528, 553 f.; *Santelmann* in: Steinmeyer/Häger, § 1 WpÜG Rz. 34; *Pötzsch* in: Assmann/Pötzsch/Schneider, § 2 WpÜG Rz. 94; *Josenhans*, ZBB 2006, 269, 276; s. a. *Mülbert*, NZG 2004, 633, 638; *Seibt/Heiser*, ZGR 2005, 200, 210 f.; *Kiesewetter*, RIW 2006, 518, 519 ff.; *Spahlinger/Wegen* in: Spahlinger/Wegen, Rz. 601; *Noack/Holzborn* in: Schwark/Zimmer, KMRK, § 2 WpÜG Rz. 20; wohl auch *Merkt/Binder*, BB 2006, 1285, 1287.
19) So *Mülbert*, NZG 2004, 633, 638; *von Hein*, ZGR 2005, 528, 553.
20) *Versteegen* in: KölnKomm-WpÜG, § 2 Rz. 112; *Pötzsch* in: Assmann/Pötzsch/Schneider, § 2 WpÜG Rz. 94.
21) Verordnung über die Anwendbarkeit von Vorschriften betreffend Angebote i. S. d. § 1 Abs. 2 und 3 des Wertpapiererwerbs- und Übernahmegesetzes (WpÜGAnwendV) v. 17.7.2006, BGBl. I 2006, 1698.

A. Öffentliches Erwerbs- oder Übernahmeangebot

Vorstands der Zielgesellschaft (§§ 33–33d WpÜG) sowie der übernahmerechtliche Squeeze-out (§§ 39a, 39b WpÜG) und das Andienungsrecht (§ 39c WpÜG).[22]

Die weiteren Einschränkungen sind § 1 Abs. 3 WpÜG zu entnehmen, und zwar für **ausländische Zielgesellschaften** i. S. d. § 2 Abs. 3 Nr. 2 WpÜG und damit solche mit Satzungssitz in einem anderen Staat des Europäischen Wirtschaftsraums. Voraussetzung für die Anwendbarkeit des WpÜG ist zunächst, dass ein Übernahme- oder Pflichtangebot vorliegt (§ 1 Abs. 3 Satz 1 Nr. 1, § 2 Abs. 1a WpÜG i. V. m. Art. 2 Abs. 1 lit. a der Übernahmerichtlinie). Auf einfache Erwerbsangebote für solche Zielgesellschaften ist das WpÜG daher insgesamt nicht anwendbar.[23] Darüber hinaus müssen die stimmberechtigten Wertpapiere der Gesellschaft ausschließlich in Deutschland notiert sein (§ 1 Abs. 3 Satz 1 Nr. 2 lit. a WpÜG). Möglich ist auch eine parallele Zulassung in einem anderen EWR-Vertragsstaat, sofern es nicht der Sitzstaat der Gesellschaft ist. Im Fall einer solchen den Anwendungsbereich des WpÜG eröffnenden Parallelnotierung ist weitere Voraussetzung, dass entweder die Zulassung zuerst in Deutschland erfolgte oder bei gleichzeitiger Zulassung sich die Zielgesellschaft für die BaFin als zuständige Aufsichtsbehörde entschieden hat (§ 1 Abs. 3 Satz 1 Nr. 2 lit. b WpÜG); die Verpflichtung zu einer solchen Entscheidung ergibt sich aus § 1 Abs. 5 WpÜG. Erfolgte die Zulassung demnach zuerst im Ausland, ist das WpÜG unanwendbar. Gleichfalls nicht anwendbar ist das WpÜG dann, wenn die Wertpapiere der ausländischen Zielgesellschaft ausschließlich an einer ausländischen Börse notiert sind.

Ist das WpÜG nach den eben beschriebenen Voraussetzungen auf eine ausländische Zielgesellschaft anwendbar, gilt dies gemäß § 1 Abs. 3 Satz 2 WpÜG nur für Fragen der Gegenleistung, des Inhalts der Angebotsunterlage und des Angebotsverfahrens. Erfasst sind damit nur solche Vorschriften des WpÜG, die der Gesetzgeber dem Kapitalmarktrecht zuordnet. Vorschriften, welche als gesellschaftsrechtlich angesehen werden, sind ausgeklammert, weil es um ausländische Zielgesellschaften geht, die ihren Sitz gerade nicht in Deutschland haben und damit nicht dem deutschen Gesellschaftsrecht unterliegen sollen. Welche Vorschriften im Einzelnen erfasst sind, ergibt sich aus § 2 der WpÜG-Anwendbarkeitsverordnung.[24]

---

22) § 1 WpÜG-Angebotsverordnung nennt die §§ 1–9, §§ 29, 30, §§ 33–33d, § 34, § 35 Abs. 1 Satz 4 i. V. m. § 10 Abs. 5 Satz 2 und 3, § 35 Abs. 2 Satz 1 hinsichtlich der Verpflichtung zur Abgabe eines Angebots, § 35 Abs. 2 Satz 2 i. V. m. § 14 Abs. 4 Satz 2 und 3, § 35 Abs. 2 Satz 3, § 35 Abs. 3, §§ 36–68 WpÜG.
23) Siehe *Angerer* in: Geibel/Süßmann, § 1 WpÜG Rz. 111.
24) § 2 WpÜG-Angebotsverordnung nennt die §§ 1–9, § 31, § 32, § 33d, § 34, § 35 Abs. 1 Satz 1 bis 3, Satz 4 i. V. m. § 10 Abs. 2, 3 Satz 3, Abs. 4, 5 Satz 1 und Abs. 6, § 35 Abs. 2 Satz 1 hinsichtlich der Verpflichtung zur Übermittlung und Veröffentlichung, § 35 Abs. 2 Satz 2 i. V. m. § 14 Abs. 2 Satz 2, Abs. 3 und 4 Satz 1, § 38, § 39 und die §§ 40–68 WpÜG.

III. Übernahmevertragsstatut

12 Das WpÜG regelt nicht alle Fragen, die sich bei öffentlichen Erwerbs- und Übernahmenangeboten stellen. Dies gilt insbesondere für die Rechtsverhältnisse, die zwischen dem Bieter und den veräußernden Wertpapierinhabern dadurch entstehen, dass die Wertpapierinhaber das Angebot annehmen. Insoweit ist auch § 1 WpÜG nicht einschlägig, um das anwendbare Recht zu ermitteln. Vielmehr sind solche Rechtsverhältnisse über die Rom I-Verordnung autonom anzuknüpfen.[25] Allerdings ist zu berücksichtigen, dass die Vorschriften des WpÜG als international zwingend und damit als Eingriffsnormen i. S. d. Art. 9 Abs. 1 Rom I-VO qualifiziert werden.[26] Sie sind damit unabhängig vom Vertragsstatut anwendbar (Art. 9 Abs. 2 Rom I-VO). Soweit das WpÜG also bspw. Mindestanforderungen für die Gegenleistung aufstellt (§ 31 WpÜG), greifen diese Regelungen in das Vertragsstatut ein.[27]

13 Mit dem Zugang der fristgerechten Annahmeerklärung beim Bieter kommt zwischen ihm und dem veräußernden Aktionär ein **Aktienkauf- oder Tauschvertrag** (je nach Gegenleistung des Bieters) zustande.[28] Anknüpfungsregeln für das auf diesen Vertrag anwendbare Recht enthält das **WpÜG nicht**. Das maßgebliche Recht bestimmt sich daher nach den allgemeinen Regeln des Internationalen Vertragsrechts und damit nach der **Rom I-Verordnung**.[29]

1. Rechtswahl

14 Aus der Maßgeblichkeit der Rom I-Verordnung folgt, dass die Parteien das anwendbare Recht gemäß **Art. 3 Rom I-VO** frei wählen können.[30] Diese Möglichkeit wird in der Praxis regelmäßig genutzt (vgl. auch unten Rz. 22). Eingeleitet wird die Rechtswahl bei einem dem WpÜG unterliegenden Erwerbsangebot freilich durch den Bieter, der gemäß § 11 Abs. 4 und 5 WpÜG i. V. m. § 2 Nr. 12 WpÜG-Angebotsverordnung verpflichtet ist anzugeben, welchem Recht die sich aus dem Angebot ergebenden Verträge zwischen ihm und den Verkäu-

---

25) Vgl. *Schüppen* in: Haarmann/Schüppen, § 1 WpÜG Rz. 22; *Schnyder* in: MünchKomm-BGB, IntKapMarktR Rz. 240; *Spahlinger/Wegen* in: Spahlinger/Wegen, Rz. 607; *von Hein*, AG 2001, 213, 224; *Kronke/Haubold* in: Kronke/Melis/Schnyder, Teil L Rz. 424.
26) *Freitag* in: Reithmann/Martiny, Rz. 608; wohl auch *Martiny* in: MünchKomm-BGB, Art. 9 Rom I-VO Rz. 74.
27) *Versteegen* in: KölnKomm-WpÜG, § 2 Rz. 112; *Schnyder* in: MünchKomm-BGB, IntKapMarktR Rz. 238.
28) *Renner* in: Haarmann/Schüppen, § 11 WpÜG Rz. 17; *Seiler* in: Assmann/Pötzsch/Schneider, § 16 WpÜG Rz. 24.
29) Vgl. *Meyer-Sparenberg*, WiB 1995, 849, 854; *Assmann* in: Großkomm-AktG, Einl. Rz. 714; *Schnyder* in: MünchKomm-BGB, IntKapMarktR Rz. 238 ff.
30) Allgemein dazu *Martiny* in: MünchKomm-BGB, Art. 3 Rom I-VO Rz. 1 ff.

A. Öffentliches Erwerbs- oder Übernahmeangebot

fern unterliegen. Der Bieter ist nicht verpflichtet, deutsches Recht zu wählen.[31] Mit der Annahme des Angebots ist die Rechtswahl erfolgt.

2. Fehlende Rechtswahl

Bei fehlender Wahl ist das anwendbare Recht über **Art. 4 Rom I-VO** zu bestimmen. Die Vorschriften des UN-Kaufrechts sind wie auch sonst beim Share Deal unanwendbar (siehe oben § 4 Rz. 11). Der Aktienkauf- oder Tauschvertrag unterfällt keinem der in Art. 4 Abs. 1 Rom I-VO genannten Vertragstypen, sodass sich das anwendbare Recht über **Art. 4 Abs. 2 Rom I-VO** bestimmen könnte (Art. 4 Abs. 1 lit. h Rom I-VO greift nicht, weil die Aktien bei einem öffentlichen Übernahmeangebot nicht über die Börse erworben werden; zum Aktienerwerb über die Börse siehe unten Rz. 27 ff.). Dann würden die jeweiligen zwischen den verschiedenen Aktionären und dem Bieter geschlossenen Verträge regelmäßig dem jeweiligen gewöhnlichen **Aufenthaltsrecht der Aktionäre als Verkäufer** unterliegen. Liegen diese Aufenthaltsorte in unterschiedlichen Ländern, würde dies zu einer **Zersplitterung der Vertragsstatute** führen. Auch kann diese Anknüpfung das **Nebeneinander** ganz unterschiedlicher Rechtsordnungen, etwa des Übernahme-, Gesellschafts- und Vertragsstatuts beim Unternehmenskauf im Wege der öffentlichen Übernahme unterstützen. Dies wird als besonders misslich empfunden, weil zusammengehörige Sachverhalte, etwa der vertragliche, der gesellschaftsrechtliche und der deliktische Gesellschafter- und Anlegerschutz auseinander gerissen werden.[32]

15

Trotz dieser Schwierigkeiten wird teilweise vertreten, über Art. 4 Abs. 2 Rom I-VO an die jeweiligen Aufenthaltsrechte der veräußernden Aktionäre anzuknüpfen; ungewünschte Zersplitterungen der Vertragsstatute könne der Bieter durch eine Rechtswahlklausel vermeiden.[33] Andere (teilweise vor Erlass des WpÜG gebildete) Ansichten wollen diese Schwierigkeiten hingegen vermeiden und unterbreiten unterschiedliche Lösungsvorschläge, die (heute rechtstechnisch über Art. 4 Abs. 3 Rom I-VO) zu einem anderen Recht führen sollen.

16

a) Recht am Hauptbörsenplatz und am Sitz des Bieters

Vorgeschlagen wird etwa, **Übernahmeangebote** einheitlich dem **Recht am Ort der Börse** zu unterwerfen, an welcher die fraglichen Anteile notiert sind, bei

17

---

31) *Renner* in: Haarmann/Schüppen, § 11 WpÜG Rz. 94; *Bosch/Meyer* in: Assmann/Pötzsch/Schneider, § 2 WpÜG-AngVO Rz. 29; wohl auch *Häger/Steinhardt* in: Steinmeyer/Häger, § 11 WpÜG Rz. 88.

32) *Ebenroth/Wilken*, ZVglRWiss 90 (1991), 235, 241; *Assmann* in: Großkomm-AktG, Einl. Rz. 712.

33) So *von Hein*, AG 2001, 213, 224; ebenso grundsätzlich für die Anknüpfung nach der charakteristischen Leistung *Merkt* in: FS Sandrock, S. 135, 144 ff.; *Merkt*, Vorauflage, Rz. 134 ff.; *Ackermann*, S. 300 f.

mehreren Börsen dem Recht am **Hauptbörsenplatz** der Zielgesellschaft.[34] Dafür spreche, dass zentraler Adressat des Übernahmeangebots nicht der einzelne Anteilsinhaber sei, dessen Identität dem Übernehmer regelmäßig unbekannt sei, sondern vielmehr der „*Markt in seiner Gesamtheit*".[35] Falls der Hauptbörsenplatz nicht hinreichend klar ermittelt werden kann, sei hilfsweise an den **zentralen Übernahmeort** anzuknüpfen, der regelmäßig am „*Sitz der Übernahmeorganisation*" liege. Etwas anderes könne nur gelten, wenn zwischen Veräußerer und Übernehmer persönlichere Kontakte bestanden, etwa bei einem Paketerwerb.[36] Für die **Durchführung der Übernahme** soll im Zweifel das Recht am **Sitz des Bieters** als dem zentralen Organisationsort maßgeblich sein; bei Feststellungsschwierigkeiten sei dieser am Hauptbörsenplatz zu vermuten.[37]

b) Recht am Ort des Kaufangebots („Marktrecht")

18 Nach a. A.[38] unterliegen Kaufverträge i. R. öffentlicher Übernahmeangebote aus Gründen der Funktionalität, der Marktrationalität sowie der Konnexität mit dem Gesellschafts- und Börsenstatut dem **Recht am Ort des Kaufangebots**. Dadurch lasse sich eine **sinnvolle Koordination** mit dem gesamten Übernahmerecht (wie etwa Informations- und Offenlegungspflichten, Behördenzuständigkeit, Kotierungsplatz) erreichen.

19 Ist die Gesellschaft nur an **einer Börse** notiert und beschränkt sich die Übernahme auf den betreffenden Börsenplatz, lasse sich der gewöhnliche Aufenthaltsort (Art. 19 Rom I-VO) des Verkäufers als Anknüpfungspunkt vernachlässigen, zumal in diesem Fall kaum mehr von der „*charakteristischen Leistung*" des Verkäufers gesprochen werden könne. Erfolgt die Übernahme in **mehreren Staaten**, sei der Übernahmevertrag anlehnend an Art. 4 Abs. 2 lit. b Satz 2 der Übernahmerichtlinie primär dem Recht jenes Staats zu unterstellen, in dem die Wertpapiere zuerst zugelassen wurden. Bei gleichzeitiger oder nahezu gleichzeitiger Zulassung soll dem Bieter im Streitfall ein Wahlrecht eingeräumt werden können.[39]

20 **Alternativ** wird etwa eine Anknüpfung an den Kapitalmarkt derart vorgeschlagen, dass das Recht am **Sitz der Zielgesellschaft** entscheidend sei.[40] Die in

---

34) *Ebenroth/Wilken*, ZVglRWiss 90 (1991), 235, 242; s. a. *Renner* in: Haarmann/Schüppen, § 11 WpÜG Rz. 95, der allerdings bei Mehrfachnotierungen an die Rechte der jeweiligen Börsen anknüpfen will und eine Rechtszersplitterung in Kauf nimmt.
35) *Ebenroth/Wilken*, ZVglRWiss 90 (1991), 235, 242.
36) *Ebenroth/Wilken*, ZVglRWiss 90 (1991), 235, 242.
37) *Ebenroth/Wilken*, ZVglRWiss 90 (1991), 235, 243 f.
38) *Schnyder* in: CEJE, S. 624, 632 f.; *Schnyder* in: MünchKomm-BGB, IntKapMarktR Rz. 244 (wohl ohne „Umweg" über das Vertragskollisionsrecht); abl. *Dürig*, S. 98.
39) *Schnyder* in: MünchKomm-BGB, IntKapMarktR Rz. 244.
40) *Hahn*, RIW 2002, 741, 744; *Dürig*, RIW 1999, 746, 748.

A. Öffentliches Erwerbs- oder Übernahmeangebot

allen diesen Fällen erzielte **Einheitlichkeit** der Anknüpfung des Kaufvertrags habe den großen Vorteil, jene Anknüpfungsaufspaltung zu vermeiden, die sich beim Kauf von Anteilen aus Streubesitz zwangsläufig ergibt, wenn man das Verkäuferrecht anwendet. Überdies werde durch die Anknüpfung an den Marktort („**Marktrecht**") der Schutz der veräußernden Beteiligungsinhaber durch ihr „*Umweltrecht*" oder besser das Recht des „*Umweltmarkts*" gewährleistet.[41]

c) Hauptbörsenrecht und Sitzrecht der Zielgesellschaft

Nach eine dritten Ansicht soll das Dilemma zwischen Marktinteressen (Anleger) und Organisationsinteressen (Zielgesellschaft) angemessen nur dadurch zu lösen sein, dass das Recht der **Hauptbörse** angewendet wird, allerdings nur, wenn es **zugleich** das **Sitzrecht der Zielgesellschaft** ist. Auf diese Weise würde einerseits das Ziel eines einheitlichen Übernahmestatuts erreicht. Andererseits würden die mit grenzüberschreitenden Übernahmeangeboten internationalprivatrechtlich betroffenen Interessen zur Geltung gebracht. Findet im Sitzland kein Börsenhandel statt, soll hilfsweise das Recht am Hauptbörsenplatz anzuwenden sein.[42]

d) Zutreffende Lösung: Übernahmestatut

Zunächst ist festzuhalten, dass die Frage der objektiven Bestimmung des anwendbaren Rechts nahezu **keine praktische Bedeutung** hat. Übernahmeangebote enthalten in fast allen Fällen Rechtswahlklauseln, sodass sich das anwendbare Recht über Art. 3 Abs. 1 Satz 1 Rom I-VO bestimmt. Dies ist auch zu empfehlen. Denn § 11 Abs. 4 und 5 WpÜG i. V. m. § 2 Nr. 12 WpÜG-Angebotsverordnung zwingt den Bieter, sich mit der Frage des anwendbaren Rechts zu beschäftigen, weil diese Vorschriften ihn verpflichten anzugeben, welchem Recht die aus dem Angebot ergebenden Verträge zwischen ihm und den Verkäufern unterliegen. Anders als bspw. beim Abschluss eines von vornherein im Einzelnen ausgehandelten Aktienkaufvertrags kann die Frage des anwendbaren Rechts nicht verdrängt oder gar vergessen werden. Ist diese Frage also zu beantworten, erfolgt dies am besten mit einer Rechtswahlklausel, weil der Bieter aufgrund des dargestellten Meinungsspektrums zur objektiven Anknüpfung das anwendbare Recht ohne Rechtswahlklausel kaum verlässlich angeben können wird.

---

41) *Schnyder* in: CEJE, S. 624, 631 ff.; eine Anknüpfung an das „Marktrecht" favorisieren ebenso *Hopt* in: FS W. Lorenz, S. 413 ff., und *Grundmann*, RabelsZ 54 (1990), 282 ff.; *Kiel*, S. 297 ff.; *Kronke/Haubold* in: Kronke/Melis/Schnyder, Teil L Rz. 424 (Recht am Ort der Börse); zurückhaltend *Ebenroth/Wilken*, ZVglRWiss 90 (1991), 235, 242 ff.
42) *Assmann* in: Großkomm-AktG, Einl. Rz. 723.

23 Den dargelegten Ansichten zur objektiven Anknüpfung ist zuzugeben, dass eine möglichst einheitliche Anknüpfung des Erwerbs- oder Übernahmeangebots wünschenswert ist. Zwar sollte und kann von der gesetzlich vorgesehenen Anknüpfung in Art. 4 Abs. 2 Rom I-VO nur dann abgewichen werden, wenn sich aufgrund der **Gesamtheit der Umstände** herausstellt, dass der Vertrag eine **offensichtlich engere Verbindung zu einem anderen als dem Recht** am gewöhnlichen Aufenthalt des Verkäufers hat (**Art. 4 Abs. 3 Rom I-VO**). Dies dürfte allerdings bei einem Erwerbs- oder Übernahmeangebot häufig zu bejahen sein.[43]

24 Ein Erwerbs- oder Übernahmeangebot richtet sich an eine Vielzahl von Anlegern, mit denen im Erfolgsfall jeweils einzelne Kaufverträge geschlossen werden. Haben diese Anleger, was in der Praxis wahrscheinlich ist, ihren gewöhnlichen Aufenthaltsort in verschiedenen Staaten, würden die verschiedenen Verträge unterschiedlichen Rechtsordnungen unterliegen, wenn man jeden Vertrag für die Bestimmung des anwendbaren Rechts isoliert betrachtete. Diese Lösung würde einen einheitlichen Lebenssachverhalt zersplittern und damit ausblenden, dass der Bieter ein inhaltlich und formal einheitliches Angebot an sämtliche Aktionäre der Zielgesellschaft abgegeben hat. Bei diesem Angebot hat sich der Bieter an die Vorschriften des berufenen Übernahmestatuts gehalten, bspw. an § 11 WpÜG. Dies ist auch für jeden Adressaten des Angebots und damit potentiellen Verkäufer erkennbar. Der Bieter kann dagegen im Zeitpunkt seines Angebots häufig nicht sicher wissen, welche verschiedenen Rechtsordnungen auf die abzuschließenden Kaufverträge anwendbar sein werden. Hierzu müsste er sämtliche Aufenthaltsorte der Aktionäre der Zielgesellschaft ermitteln. Dies würde nicht nur dazu führen, dass er bei fehlender Rechtswahl nicht in der Lage wäre, die anwendbaren Rechtsordnungen in der Angebotsunterlage anzugeben, wie dies § 11 Abs. 4 und 5 WpÜG i. V. m. § 2 Nr. 12 WpÜG-Angebotsverordnung verlangt. Es würde zudem die Planung und Durchführung des Angebots erheblich erschweren,[44] auch wenn der Bieter im Einzelfall die Befreiungsmöglichkeit des § 24 WpÜG nutzen kann. Auch eine finanzielle Mehrbelastung wäre die Folge. Gleichgewichtige Vorteile für die Zielaktionäre dadurch, dass jeder Kaufvertrag dem nach Art. 4 Abs. 2 Rom I-VO anwendbaren Recht unterliegt, bestehen nicht. Insofern weist die Gesamtheit der Umstände von Kaufverträgen, die aufgrund eines Erwerbs- oder Übernahmeangebots zustande kommen, dahin, von der Regelanknüpfung an das Aufenthaltsrecht des Verkäufers abzuweichen.

---

43) Allgemein zum Merkmal der Gesamtheit der Umstände *Martiny* in: Reithmann/Martiny, Rz. 170.
44) Siehe auch *Ackermann*, S. 299; *Schauer* in: FS Doralt, S. 529, 537.

B. Aktienerwerb über die Börse

Entscheidend für die Bestimmung des anwendbaren Rechts über Art. 4 Abs. 3 Rom I-VO ist das **Marktrecht** in der Form des **Übernahmestatuts**.[45)] Zu diesem haben die Kaufverträge eine offensichtlich engere Verbindung als zu den Aufenthaltsrechten der Verkäufer. Diese Anknüpfung schafft einen Gleichlauf zwischen Übernahme- und Übernahmevertragsstatut. Orientiert man sich an der Kollisionsnorm § 1 WpÜG, unterliegen die Kaufverträge dem deutschen Recht, wenn über diese Vorschrift das deutsche Recht als Übernahmestatut berufen ist und sich damit insbesondere das Erwerbs- oder Übernahmeangebot nach § 11 WpÜG zu richten hat (zur Anknüpfung siehe oben Rz. 5 ff.). Dies gilt unabhängig davon, ob eine Gesellschaft mit Sitz im Inland oder EU-Ausland Gegenstand des Angebots ist (zu den erfassten Gesellschaften siehe oben Rz. 6). Dies gilt auch dann, wenn der Bieter aufgrund des grenzüberschreitenden Charakters des Angebots zugleich Vorschriften eines anderen Staats einzuhalten hat (vgl. § 24 WpÜG).[46)] Entscheidend ist, welchem Recht das Angebot primär unterliegt und nicht, ob es ggf. zusätzlich die Voraussetzungen anderer Rechtsordnungen beachten muss. Sind die Aktien der Zielgesellschaft an Börsen verschiedener Staaten notiert und ist der Bieter verpflichtet, mehrere Angebotsunterlagen zu erstellen, die jeweils unterschiedlichen Rechtsordnungen unterliegen, sind die Kaufverträge den verschiedenen Übernahmestatuten zu unterwerfen, sofern dies nicht zwingendem Übernahmerecht widerspricht. Die daraus folgende Zersplitterung der Vertragsstatute ist überschaubar und damit hinnehmbar. Erhalten wird vielmehr der Gleichlauf zwischen Übernahme- und Übernahmevertragsstatut.

25

3. Aktienübertragungen

Die Erfüllung der aufgrund eines Erwerbs- oder Übernahmeangebots zustande gekommenen Kaufverträge durch **Übertragung der Aktien** an der Zielgesellschaft unterliegt nicht dem Übernahmevertragsstatut, sondern demjenigen Recht, das nach den allgemeinen Anknüpfungsregeln für Anteilsübertragungen berufen wird (siehe oben § 5 Rz. 1 ff.).[47)]

26

B. Aktienerwerb über die Börse

Beim Aktienerwerb über die Börse ist zu unterscheiden zwischen sog. **Börseninnengeschäften**, also die unmittelbar an der Börse selbst getätigten Umsatzgeschäfte, sowie sog. **Börsenaußengeschäften**, d. h. auf die Ausführung von Börseninnengeschäften gerichtete Kommissions-, Geschäftsbesorgungs- und ähnliche Verträge. Denn vor Augen halten muss man sich, dass **Effektenhänd-**

27

---

45) S. a. *Schauer* in: FS Doralt, S. 529, 539.
46) S. überblicksartig zu solchen ausländischen Vorschriften *Versteegen* in: KölnKomm WpÜG, § 24 Rz. 42 ff.; *Schneider* in: Assmann/Pötzsch/Schneider, § 24 WpÜG Rz. 23 ff.
47) S. a. *Mankowski* in: Reithmann/Martiny, Rz. 2414 ff.

ler, üblicherweise Kreditinstitute, praktisch sämtliche Effektengeschäfte tätigen und damit die Beteiligungsinhaber nicht unmittelbar und persönlich auftreten.[48]

28 Der Aktienerwerb (Effektenkauf[49], Wertpapierkauf) an der Börse unterlag schon vor der Rom I-Verordnung nach verbreiteter Auffassung wegen der Bedeutung von Börsenusancen dem **Recht am Ort der Börse (Marktrecht)** und nicht dem Verkäuferrecht.[50] Diese Ansicht hat nunmehr Einzug gehalten in **Art. 4 Abs. 1 lit. h Rom I-VO.** Danach unterliegt die Veräußerung von bestimmten Finanzinstrumenten (darunter fallen auch Aktien)[51], die innerhalb eines multilateralen Systems erfolgt, welches die Interessen einer Vielzahl Dritter nach nichtdiskretionären Regeln und nach Maßgabe eines einzigen Rechts zusammenführt oder das Zusammenführen fördert, dem Recht dieses Systems.[52] Berufen ist damit das materielle Recht des Herkunftsstaats des betreffenden Systems.[53] Multilaterale Systeme sind u. a. die geregelten Märkte i. S. d. Art. 4 Abs. 1 Nr. 14 der Finanzmarktrichtlinie (MiFID)[54] und damit die von Börsen betriebenen Systeme.[55] Hierzu zählt etwa in Deutschland der regulierte Markt i. S. d. §§ 32 ff. BörsG.

29 Der Maßgeblichkeit des Marktrechts für Börsenkäufe liegt die Überlegung zugrunde, dass die Parteien ihre Geschäfte an der Börse schnell und sicher ab-

---

48) *Franke* in: Assmann/Schütze, § 2 Rz. 47 ff.; *Kümpel*, Rz. 10.2 ff.; *Ekkenga* in: Claussen, § 6 Rz. 225 f.
49) Der Begriff Effekten bezeichnet Wertpapiere, deren Innehabung zur Geltendmachung des in ihnen verbrieften Rechts erforderlich ist. Dazu gehört etwa die Aktie, nicht jedoch der GmbH-Geschäftsanteilsschein, *Roth* in: Assmann/Schütze, § 11 Rz. 15.
50) *Hohloch in:* Erman, Art. 28 EGBGB Rz. 57; *Martiny* in: MünchKomm-BGB, 4. Aufl., Art. 28 EGBGB Rz. 139 und 377.
51) Siehe Art. 4 Abs. 1 lit. h Rom I-VO i. V. m. Art. 4 Abs. 1 Nr. 17 MiFID i. V. m. Anhang I Abschn. C Nr. 1 i. V. m. Art. 4 Abs. 1 Nr. 18 lit. a MiFID.
52) *Einsele*, WM 2009, 289, 291 f.
53) Vgl. dazu Art. 36 Abs. 4 MiFID, wonach der nach den Systemen des geregelten Markts betriebene Handel dem öffentlichen Recht des Herkunftsmitgliedstaats des geregelten Markts unterliegt; daraus ergibt sich, dass Art. 4 Abs. 1 lit. h. Rom I-VO das materielle Recht dieses Mitgliedstaats beruft; s. aber zu den weiteren Möglichkeiten, was das „Recht des Systems" sein kann, *Mankowski*, IHR 2008, 133, 138 f.
54) Richtlinie 2004/39/EG des Europäischen Parlaments und Rates v. 21.4.2004 über Märkte für Finanzinstrumente, ABl. EU L 145/1 v. 30.4.2004 (Finanzmarktrichtlinie, Markets in Financial Instruments Directive – MiFID), umgesetzt in deutsches Recht durch das Gesetz zur Umsetzung der Richtlinie über Märkte für Finanzinstrumente und der Durchführungsrichtlinie der Kommission (Finanzmarktrichtlinie-Umsetzungsgesetz – FRUG) v. 16.7.2007, BGBl. I 2007, 1330; dazu *Fuchs* in: Fuchs, Einl. Rz. 56 ff.; *Spindler/Kasten*, WM 2007, 1245; *Holzborn/Israel*, NJW 2008, 791.
55) Siehe Erwägungsgrund 18 Rom I-VO und § 2 Abs. 1 BörsG. Zu Art. 4 Abs. 1 Nr. 14 MiFiD s. a. *Fleischer*, BKR 2006, 389, 393.

B. Aktienerwerb über die Börse

schließen können sollen, ohne dass sich der Käufer um die Frage kümmern muss, wo sich der gewöhnliche Aufenthaltsort des Verkäufers als Erbringer der charakteristischen Leistung (Art. 4 Abs. 2 Rom I-VO) befindet. Überdies ist den Parteien das Recht am Börsenplatz regelmäßig bekannt, und es ist leicht feststellbar. Hinzu kommt die Bedeutung spezieller, am Börsenplatz tätiger Schiedsgerichte für Börsenstreitigkeiten. Außerdem würde die Anknüpfung über Art. 4 Abs. 2 Rom I-VO zu einer Vielzahl von Rechtsordnungen führen.[56] Schließlich sprechen für die Anknüpfung an den Börsenplatz die dort ohnehin geltenden zwingenden Bestimmungen.[57]

Angemerkt sei, dass allerdings auch die nach früherem Recht zunächst sich anbietende Anknüpfung des Effektenkaufs an der Börse über das **Verkäuferrecht** regelmäßig ebenfalls zum Marktrecht führte. Wie bereits ausgeführt, nehmen Beteiligungsinhaber Effektengeschäfte im Normalfall nicht selbst vor, sondern überlassen dies Effektenhändlern, namentlich Kreditinstituten (siehe oben Rz. 27). Nur selten verkauft dabei das Kreditinstitut im Wege einer offenen Stellvertretung als Vertreter im Namen und für Rechnung des Beteiligungsinhabers (Geschäftsbesorgung, §§ 164 ff. BGB). Vielmehr werden Beteiligungsverkäufe durch das Kreditinstitut üblicherweise im Wege des Kommissionsgeschäfts (§§ 383 ff. HGB) für Rechnung des Kunden abgewickelt (vgl. Nr. 1 (1) der Sonderbedingungen für Wertpapiergeschäfte – SBW). Alternativ werden Beteiligungskäufe durch ein Festpreisgeschäft getätigt (vgl. Nr. 9 der SBW). In beiden Fällen tritt das Kreditinstitut im eigenen Namen auf. Nicht der Beteiligungsinhaber, sondern das Kreditinstitut ist mithin Verkäufer.[58] Haben die Parteien das maßgebliche Recht nicht gewählt, würde über Art. 4 Abs. 2 i. V. m. Art. 19 Rom I-VO das Recht am Ort der Hauptverwaltung oder handelnden Niederlassung des Kreditinstituts berufen. Dieses Recht würde beim Beteiligungserwerb über die Börse häufig mit dem Recht am Börsenort identisch sein, weil das beauftragte Kreditinstitut dort seine Hauptverwaltung oder seine handelnde Niederlassung hat. 30

Die Erfüllung des aufgrund eines über die Börse geschlossenen Kaufvertrags durch **Übertragung der Aktien** unterliegt nicht dem Vertragsstatut, sondern demjenigen Recht, das nach den allgemeinen Anknüpfungsregeln für Anteilsübertragungen berufen wird (siehe oben § 5 Rz. 1 ff.).[59] 31

Die von den Börseninnengeschäften zu unterscheidenden **Börsenaußengeschäfte** und damit alle Rechtsbeziehungen zwischen dem (privatrechtlich organisierten) deutschen Kreditinstitut und dem veräußernden Anteilseigner (als 32

---

56) *Thorn* in: Palandt, Art. 4 Rom I-VO Rz. 21.
57) Vgl. etwa *Keller/Kren Kostkiewicz* in: Girsberger/u. a., Art. 117 IPRG Rz. 162.
58) Im Einzelnen *Roth* in: Assmann/Schütze, § 10 Rz. 41 ff.
59) S. a. *Mankowski* in: Reithmann/Martiny, Rz. 2414 ff.

dem Kunden des Kreditinstituts) unterliegen nach der in den Allgemeinen Geschäftsbedingungen der Banken enthaltenen Rechtswahlklausel deutschem Recht (Nr. 6 Abs. 1 der AGB-Banken);[60] ausländische Kreditinstitute verwenden vergleichbare Klauseln in ihren Geschäftsbedingungen.[61]

C. Insiderhandel

33 Der Kern des deutschen Insiderrechts findet sich in den §§ 12 ff. WpHG. Besonders zu nennen ist das in § 14 WpHG niedergelegte Verbot von Insidergeschäften. Der **internationale Anwendungsbereich** des deutschen Insiderrechts bestimmt sich nach der allgemeinen Vorschrift des **§ 1 Abs. 2 WpHG**, welche auf Art. 10 der Marktmissbrauchsrichtlinie zurückgeht.[62] Danach sind u. a. die Vorschriften über die Insiderüberwachung auch anzuwenden

„auf Handlungen und Unterlassungen, die im Ausland vorgenommen werden, sofern sie Finanzinstrumente betreffen, die an einer inländischen Börse gehandelt werden."

34 § 1 Abs. 2 WpHG ist aufgrund ihres kapitalmarktrechtlichen Charakters eine **einseitige Kollisionsnorm**, welche die **Marktortanknüpfung** festschreibt (siehe zur Anknüpfung des Kapitalmarktrechts oben Rz. 5 ff.).[63] Der Handlungsort ist insoweit nicht entscheidend.[64] Sind Finanzinstrumente lediglich in einem anderen EU-/EWR-Staat zugelassen und liegt der Handlungsort in Deutschland, soll das WpHG allerdings ebenfalls anwendbar sein.[65] Die Anordnung ist zwingend und lässt sich nicht durch die Parteien abwählen.[66]

35 Verstöße gegen Verhaltenspflichten für Insider können darüber hinaus **gesellschafts-, vertrags- oder deliktsrechtliche Ansprüche** gegen den Insider begründen.[67] Für solche Ansprüche wird die Anknüpfung an das Gesellschafts-,

---

60) *Einsele*, WM 2009, 289, 290; Entsprechendes gilt gem. Nr. 6 Abs. 1 der AGB-Sparkassen für Rechtsgeschäfte mit deutschen Sparkassen.
61) Näher *Schütze* in: Assmann/Schütze, § 8 Rz. 23 f.
62) Richtlinie 2003/6/EG des Europäischen Parlaments und des Rates v. 28.1.2003 über Insider-Geschäfte und Marktmanipulation (Marktmissbrauch), ABl. EU L 96/16 v. 12.4.2003, welche die EG-Insiderrichtlinie (89/592/EWG) ersetzt. Die Richtlinie wurde umgesetzt durch das Gesetz zur Verbesserung des Anlegerschutzes (Anlegerschutzverbesserungsgesetz – AnSVG) v. 28.10.2004, BGBl. I 2004, 2630; dazu *Assmann* in: Assmann/Schneider, Einl. Rz. 48 ff.; *Fuchs* in: Fuchs, Einl. Rz. 39 ff. Vor Erlass des WpHG wurde die kollisionsrechtliche Anknüpfung kontrovers diskutiert, s. dazu *Merkt*, Vorauflage, Rz. 550 ff.; *Schnyder* in: MünchKomm-BGB, IntKapMarktR Rz. 270 ff.
63) *Assmann* in: Assmann/Schneider, § 1 WpHG Rz. 4. Zur Marktortanknüpfung s. schon *Jenckel*, S. 159 ff.; *Pfister*, ZGR 1981, 318, 332; *Grundmann*, RabelsZ 54 (1990), 311.
64) So auch *Fuchs* in: Fuchs, § 1 WpHG Rz. 11.
65) Ausführlich zum Ganzen *Schnyder* in: MünchKomm-BGB, IntKapMarktR Rz. 272 ff.
66) *Martiny* in: MünchKomm-BGB, Art. 9 Rom I-VO Rz. 77 f.
67) Dazu *Hopt* in: Schimansky/Bunte/Lwowski, § 107 Rz. 118 ff.

D. Kapitalmarktrechtliche Mitteilungs- und Veröffentlichungspflichten

Vertrags- oder Deliktsstatut vertreten.[68] Eine a. A. will für die Auswirkungen der Verletzung von Insiderregeln (Anfechtbarkeit, Nichtigkeit des Share Deal, Schadensersatz) das Recht des betroffenen Markts berufen; im Übrigen soll für deliktsrechtliche Ansprüche das Recht am Handlungsort maßgeblich sein.[69]

In der **Schweiz** gilt für Ansprüche aus unerlaubter Handlung ähnlich wie nach Art. 4 Abs. 3 Rom II-VO eine **akzessorische Anknüpfung**: 36

„Wird durch eine unerlaubte Handlung ein zwischen Schädiger und Geschädigtem bestehendes Rechtsverhältnis verletzt, so unterstehen Ansprüche aus unerlaubter Handlung ... dem Recht, dem das vorbestehende Rechtsverhältnis unterstellt ist." (Art. 133 Abs. 3 IPRG).[70]

Ist daher bei verbotenen Insidergeschäften von Organen oder Beauftragten einer Gesellschaft schweizerisches Recht Gesellschafts- oder Vertragsstatut, so hat dieses darüber zu befinden, ob und welche Ansprüche gegen die Betreffenden aus der Verletzung von Insiderrecht bestehen.[71] Entfällt die akzessorische Anknüpfung, so bspw. bei einem Dritten, der Insiderinformationen erlangt hat und verwendet, bleibt es bei der Regelanknüpfung in Art. 133 Abs. 1 und 2 IPRG: Es gilt das Recht des gemeinsamen gewöhnlichen Aufenthalts, hilfsweise Tatortrecht.[72] 37

D. Kapitalmarktrechtliche Mitteilungs- und Veröffentlichungspflichten

Kapitalmarktrechtliche Mitteilungs- und Veröffentlichungspflichten finden sich für das deutsche Recht u. a. in den §§ 21 ff. WpHG.[73] Aufgrund ihres kapitalmarktaufsichtsrechtlichen Charakters werden sie dem (öffentlichen) Wirtschaftsrecht zugeordnet (vgl. dazu oben Rz. 3).[74] Folglich kennt das deutsche Internationale Privatrecht keine allseitige Anknüpfungsnorm, um vergleichbare Mitteilungs- und Veröffentlichungspflichten ausländischen Rechts zu berufen. Darüber hinaus gibt es auch keine neben den §§ 21 ff. WpHG stehende allgemeine einseitige Kollisionsnorm, welche die Berufungskriterien für diese deut- 38

---

68) *Spahlinger/Wegen* in: Spahlinger/Wegen, Rz. 594; für deliktische Ansprüche s. a. *Schnyder* in: MünchKomm-BGB, IntKapMarktR Rz. 289 ff.
69) *Schütze* in: Assmann/Schütze, § 8 Rz. 41.
70) *Heini* in: Girsberger/u. a., Art. 133 IPRG Rz. 13 ff.
71) *Schnyder* in: CEJE, S. 624, 640.
72) Näher *Schnyder* in: CEJE, S. 624, 641.
73) Zu ausländischen Rechtsordnungen s. *Hirte* in: KölnKomm-WpHG, § 21 Rz. 30 ff.; zur Anknüpfung der aktienrechtlichen Mitteilungspflichten aber oben § 6 Rz. 72.
74) *Schneider* in: Assmann/Schneider, Vor § 21 WpHG Rz. 50; *Dehlinger/Zimmermann* in: Fuchs, Vor §§ 21 bis 30 WpHG Rz. 3; nach *Hirte* in: KölnKomm-WpHG, § 21 Rz. 5, ist die Rechtsnatur der §§ 21 ff. WpHG zwar in erster Linie öffentlichrechtlich, zum Teil jedoch auch privatrechtlich.

schen Vorschriften festschreibt.⁷⁵⁾ Die §§ 21 ff. WpHG bestimmen ihren internationalen Anwendungsbereich vielmehr selbst.

39 Die §§ 21 und 25 WpHG begründen **Mitteilungspflichten für jedermann.** Die Vorschriften begründen damit Pflichten für inländische und ausländische Aktionäre gleichermaßen, unabhängig von Nationalität, Wohnsitz, Aufenthaltsort oder Niederlassung. Ihre Voraussetzungen können daher auch im Ausland verwirklicht werden. Sie entfalten dann extraterritoriale Wirkung.⁷⁶⁾

40 Die Mitteilungspflichten gelten bei Überschreiten der in § 21 Abs. 1 Satz 1 WpHG (ggf. i. V. m. 25 Abs. 1 Satz 1 WpHG) genannten Meldeschwellen und Vorliegen der übrigen Voraussetzungen dann, wenn sich die Stimmrechte oder Aktien auf einen Emittenten beziehen, für den die Bundesrepublik Deutschland Herkunftsstaat ist. Der **Emittent mit Herkunftsstaat Bundesrepublik Deutschland** ist in § 2 Abs. 6 WpHG definiert.⁷⁷⁾ § 21 Abs. 2 WpHG beschränkt diese Definition auf Emittenten, deren Aktien zum Handel an einem organisierten Markt (§ 2 Abs. 5 WpHG) zugelassen sind. Erfasst werden nicht nur Emittenten mit Sitz in Deutschland, deren Aktien in Deutschland, einem anderen Staat der Europäischen Union oder einem anderen Vertragsstaat des EWR-Abkommens zugelassen sind (§ 2 Abs. 6 Nr. 1 lit. a WpHG), sondern auch solche Emittenten mit entsprechenden Börsenzulassungen, die ihren Sitz außerhalb der genannten Staaten haben (Drittstaaten), sofern sie das jährliche Dokument nach § 10 WpPG bei der BaFin zu hinterlegen haben (§ 2 Abs. 6 Nr. 1 lit. b WpHG). Umstritten ist, ob als Sitz der effektive Verwaltungssitz oder der Satzungssitz entscheidend ist.⁷⁸⁾ Nicht anwendbar sind die §§ 21, 25 WpHG, wenn die Gesellschaft ihren Sitz im Inland hat, ihre Aktien jedoch an einem organisierten Markt in einem Drittstaat zugelassen sind.⁷⁹⁾

41 Die **Veröffentlichungspflichten** und **Mitteilungspflichten** für Emittenten nach § 26 WpHG beziehen sich dagegen allein auf **Inlandsemittenten** (§ 2 Abs. 7 WpHG) und verpflichten diese, Mitteilungen von Anlegern nach den §§ 21 und 25 WpHG zu veröffentlichen sowie an die BaFin und das Unternehmensregister zu übermitteln.

---

75) *Schneider* in: Assmann/Schneider, Vor § 21 WpHG Rz. 50; dazu auch *Kronke* in: FS Buxbaum, S. 363 ff.; *Schneider*, AG 2001, 269.

76) Näher *Schneider* in: Assmann/Schneider, Vor § 21 WpHG Rz. 50 ff.; *Dehlinger/Zimmermann* in: Fuchs, § 21 WpHG Rz. 13; *Opitz* in: Schäfer/Hamann, § 21 WpHG Rz. 10a; *Hirte* in: KölnKomm-WpHG, § 21 Rz. 51.

77) Dazu *Assmann* in: Assmann/Schneider, § 2 WpHG Rz. 162 ff.; *Fuchs* in: Fuchs, § 2 WpHG Rz. 152 ff.

78) Für den effektiven Verwaltungssitz *Assmann* in: Assmann/Schneider, § 2 WpHG Rz. 169; für den Satzungssitz *Fuchs* in: Fuchs, § 2 WpHG Rz. 155; *Ringe*, AG 2007, 809, 810 f.; wohl auch *Hirte* in: KölnKomm-WpHG, § 21 Rz. 97.

79) *Assmann* in: Assmann/Schneider, § 21 WpHG Rz. 84.

E. Prospekthaftung

Die Prospekthaftung kann im Zusammenhang mit dem Share Deal vor allem unter zwei Aspekten bedeutsam werden: Zum einen kann ein späterer Beteiligungserwerber Ansprüche aus früheren Prospekten geltend machen. Zum anderen sind solche Ansprüche anlässlich einer mit dem Kauf in Zusammenhang stehenden Kapitalerhöhung denkbar.[80]

42

Die kollisionsrechtliche Komplexität der Prospekthaftung hat eine wesentliche Ursache darin, dass nach materiellem Recht zwischen den unterschiedlichen **Typen der Prospekthaftung** rechtsdogmatisch zu differenzieren ist.[81] Außerdem kennt das Kollisionsrecht keine einheitliche Anknüpfungsnorm für die verschiedenen Typen der Prospekthaftung, sodass sich die Differenzierung nach materiellem Recht im Internationalen Privatrecht fortsetzt. Im Folgenden ist also zu unterscheiden:

43

Die international-privatrechtliche Anknüpfung der **Börsenprospekthaftung** (vgl. §§ 44–47 BörsG) ist umstritten. § 44 Abs. 3 BörsG hilft nicht weiter, weil dies nach umstrittener Auffassung eine Sach- und keine Kollisionsnorm ist.[82] Nach einer Ansicht ist deliktsrechtlich anzuknüpfen (Art. 4 Rom II-VO).[83] Diese Auffassung liegt nahe, wenn man die börsengesetzliche Prospekthaftung schon materiellrechtlich als deliktische Haftung und nicht als Vertrauenshaftung qualifiziert.[84] Schon hierüber gelangen einige Vertreter über den Erfolgsort (Schadensort) nach Art. 4 Abs. 1 Rom II-VO zum sog. *Marktrecht*.[85] Diese Auffassung hat allerdings die abweichende Grundanknüpfung nach Art. 4 Abs. 2 Rom II-VO sowie die Ausweichklausel nach Art. 4 Abs. 3 Rom II-VO

44

---

80) *Schnyder* in: CEJE, S. 624, 635; vgl. auch *Kiel*, passim.
81) Grundlegend *Hopt* in: FS W. Lorenz, S. 413, 416 ff.; *Assmann* in: Assmann/Schütze, § 7; *Grundmann*, RabelsZ 54 (1990), 283; eine überblicksartige Darstellung der verschiedenen materiell-rechtlichen Tatbestände der Prospekthaftung bieten *von Hein* in: Baum/Fleckner u. a., S. 371, 373 f.; *Pankoke* in: Just/Voß/Ritz/Zeising, Prospekthaftung, Vorbem. Rz. 6 ff.
82) *Hamann* in: Schäfer/Hamann, §§ 44, 45 BörsG Rz. 73 und 129; *Pankoke* in: Just/Voß/Ritz/Zeising, §§ 44 BörsG, 13 VerkProspG Rz. 54; wohl auch *Schnyder* in: MünchKomm-BGB, IntKapMarktR Rz. 104; a. A. *Schwark* in: Schwark/Zimmer, KMRK, §§ 44, 45 BörsG Rz. 41; *Kronke/Haubold* in: Kronke/Melis/Schnyder, Teil L Rz. 360; *Oulds*, WM 2008, 1573, 1575.
83) *Schütze* in: Assmann/Schütze, § 8 Rz. 17; *Floer*, S. 143 ff., 148; *Mankowski* in: Reithmann/Martiny, Rz. 2530; *Weber*, WM 2008, 1581, 1585 ff.; dahin tendierend wohl auch *Freitag* in: Reithmann/Martiny, Rz. 1276; w. N. aus der Literatur bei *von Hein* in: Baum/Fleckner u. a., S. 371, 372, sowie *Pankoke* in: Just/Voß/Ritz/Zeising, Prospekthaftung Vorbem. Rz. 19 f.; abl. und für eine Anknüpfung nach dem Herkunftslandprinzip *Tschäpe/Kramer/Glück*, RIW 2008, 657, 664 ff.
84) Näher zum Streit um die Rechtsnatur der Prospekthaftung s. *Göthel* in: KölnKomm-KapMuG, §§ 44, 45 BörsG Rz. 9 ff.
85) *Mankowski* in: Reithmann/Martiny, Rz. 2530; die Anknüpfung über Art. 4 Abs. 1 Rom II-VO abl. *Freitag* in: Reithmann/Martiny, Rz. 1276.

zu berücksichtigen.[86] Nach a. A. ist die Prospekthaftung unabhängig von ihrer materiellrechtlichen Einordnung wohl direkt an den betroffenen Markt anzuknüpfen.[87]

45 Maßgeblich ist nach wohl h. A. jedenfalls das **Recht des Markts**, an dem die Anleger investieren. Dies ist das Recht des Orts, an dem die Wertpapiere platziert oder – etwa bei der Haftung nach dem Verkaufsprospektgesetz – öffentlich angeboten wurden. Dies ist zugleich der Ort, an dem der Prospekt veröffentlicht wurde und auf den er einwirkt.[88] Die **Marktanknüpfung** ist aus verschiedenen Gründen **vorzuziehen**. Sie sorgt dafür, dass Anleger eines Markts demselben Recht unterliegen und damit gleich behandelt werden.[89] Zudem werden die Emittenten eines Markts gleich behandelt.[90] Sie vermeidet auch die Unvorhersehbarkeit des anwendbaren Haftungsrechts für den internationalen Emittenten, die bei einer sonstigen deliktsrechtlichen Anknüpfung nach Art. 4 Rom II-VO jedoch unvermeidbar werden kann.[91] Endlich verwirklicht die Anknüpfung an den Marktort am besten das Ziel des Internationalen Privatrechts, das Recht des Orts zu berufen, mit dem der Sachverhalt am engsten verbunden ist.[92]

46 Gleiches gilt für die **investmentrechtliche Prospekthaftung** nach § 127 InvG[93] sowie die Haftung nach dem **Verkaufsprospektgesetz** (§§ 13, 13a VerkProspG).[94] Sie entsprechen nach ihrem Charakter der börsenrechtlichen Prospekthaftung.[95]

---

86) Für eine Anknüpfung an das Marktrecht über Art. 4 Abs. 3 Rom II-VO *Weber*, WM 2008, 1581, 1586 f.; dahingehend auch *von Hein* in: Baum/Fleckner u. a., S. 371, 390 ff.; wohl ebenso *Schnyder* in: MünchKomm-BGB, IntKapMarktR Rz. 97 ff.;
87) *Grundmann*, RabelsZ 54 (1990), 283, 308; *Groß*, §§ 44, 45 BörsG Rz. 72; *Hopt* in: FS W. Lorenz, S. 413, 422; *Hamann* in: Schäfer/Hamann, §§ 44, 45 BörsG Rz. 75; *Bischoff*, AG 2002, 489, 494; *Kronke/Haubold* in: Kronke/Melis/Schnyder, Teil L Rz. 360 (allerdings über § 44 Abs. 3 BörsG).
88) *Hamann* in: Schäfer/Hamann, §§ 44, 45 BörsG Rz. 75; *Schnyder* in: MünchKomm-BGB, IntKapMarktR Rz. 102; *Bischoff*, AG 2002, 489, 494; *Freitag* in: Reithmann/Martiny, Rz. 1276.
89) *Hamann* in: Schäfer/Hamann, §§ 44, 45 BörsG Rz. 75; *Grundmann*, RabelsZ 54 (1990), 283, 307 f.; *Kronke*, Recueil des Cours 286 (2000), 245, 311.
90) *Bischoff*, AG 2002, 489, 493; *Kronke*, Recueil des Cours 286 (2000), 245, 311; *Schnyder* in: MünchKomm-BGB, IntKapMarktR Rz. 98.
91) Vgl. *Schnyder* in: MünchKomm-BGB, IntKapMarktR Rz. 101.
92) *Göthel* in: KölnKomm-KapMuG, §§ 44, 45 BörsG Rz. 114; *Pankoke* in: Just/Voß/Ritz/Zeising, Prospekthaftung Vorbem. Rz. 23; ähnlich *Schnyder* in: MünchKomm-BGB, IntKapMarktR Rz. 98.
93) Näher zu dieser Prospekthaftung *Göthel* in: KölnKomm-KapMuG, § 127 InvG Rz. 1 ff.
94) Näher zu dieser Prospekthaftung *Göthel* in: KölnKomm-KapMuG, § 13 und § 13a VerkProspG jeweils Rz. 1 ff.; *Kind* in: Arndt/Voß, § 13 und § 13a VerkProspG jeweils Rz. 3 ff.
95) *Grundmann*, RabelsZ 54 (1990), 283, 308 (Fn. 102).

E. Prospekthaftung

Die deutsche **bürgerlich-rechtliche Prospekthaftung** ist ein Kind der Rechtsprechung.[96] Unterschieden wird zwischen der Prospekthaftung im engeren und im weiteren Sinn.[97] Die **Prospekthaftung im weiteren Sinn** knüpft an die Inanspruchnahme besonderen persönlichen Vertrauens an, welches der Haftungsadressat seinem Vertragspartner gegenüber in Anspruch nimmt. Sie wird nach den allgemeinen Grundsätzen des Verschuldens bei Vertragsschluss (*culpa in contrahendo*) behandelt,[98] die nach dem Schuldrechtsmodernisierungsgesetz ihre Rechtsgrundlage in § 280 Abs. 1 i. V. m. §§ 311 Abs. 2, 241 Abs. 2 BGB gefunden haben. Bei der **Prospekthaftung im engeren Sinn** ist Grundlage der Haftung dagegen kein persönliches Vertrauen, sondern das typisierte Vertrauen des Anlegers darauf, dass die von den Prospektverantwortlichen im Prospekt gemachten Angaben richtig und vollständig sind.[99] Auch sie wird an das Rechtsinstitut des Verschuldens bei Vertragsschluss angelehnt.[100] Folgt man diesen materiellrechtlichen Einordnungen, liegt es nahe, die bürgerlich-rechtliche Prospekthaftung nach Art. 12 Rom II-VO anzuknüpfen. Die Vorschrift regelt die Anknüpfung des Verschuldens bei Vertragsverhandlungen und verweist auf das Vertragsstatut.[101] Dies wird teilweise mit dem Hinweis darauf abgelehnt, die Qualifikation des Verschuldens bei Vertragsverhandlungen sei europäisch-autonom vorzunehmen (siehe Erwägungsgrund 30 der Rom II-VO), und daher sei die Prospekthaftung kollisionsrechtlich auch dann als allgemeiner deliktischer Anspruch einzuordnen, wenn man sie materiellrechtlich aus dem Verschulden bei Vertragsverhandlungen herleite; es gelte Art. 4 Rom II-VO.[102]

47

Die Haftung wegen **Kapitalanlagebetrugs** gemäß § 823 Abs. 2 BGB i. V. m. § 264a StGB unterliegt dem Deliktsstatut.[103]

48

Einen Schritt weiter als das deutsche Recht ist der **schweizerische Gesetzgeber** gegangen: Art. 156 IPRG räumt dem Kläger ein Wahlrecht ein.[104] Er kann zwischen dem Gesellschaftsstatut der Gesellschaft, für deren Anteile mit dem

49

---

96) BGHZ 56, 81; 63, 382; 70, 337; 71, 284; 79, 337; 83, 222.
97) Dazu *Kind* in: Arndt/Voß, Vor §§ 13, 13a VerkProspG Rz. 3 ff.
98) *Assmann* in: Assmann/Schütze, § 7 Rz. 22.
99) BGHZ 71, 284; *Siol* in: Schimansky/Bunte/Lwowski, § 45 Rz. 31; *Schmidt/Weidert*, DB 1998, 2309, 2311; näher dazu *Göthel* in: KölnKomm-KapMuG, Anh. §§ 44, 45 BörsG Rz. 2 ff.
100) BGHZ 77, 172, 175 ff.; 79, 337, 341.
101) Allgemein zur Art. 12 Rom II-VO *Martiny* in: Reithmann/Martiny, Rz. 470 ff.
102) *Weber*, WM 2008, 1581, 1584 f.
103) OLG Köln, IPRax 2006, 479, 481 = WM 2006, 122; *v. Hein*, IPRax 2006, 460 (Urteilsanm.); *Schütze* in: Assmann/Schütze, § 8 Rz. 18; wohl auch *Spickhoff* in: Bamberger/Roth, Art. 40 EGBGB Rz. 18.
104) Die Rechtfertigung für das Wahlrecht nach dem schweizerischen Recht liegt in dem ordre-public-Charakter der Publizitätsvorschriften, *von Hein* in: Baum/Fleckner u. a., S. 371, 374 f. m. w. N.

Prospekt geworben wird, und dem Recht des Staats wählen, in dem die Emission der Anteile erfolgt ist.[105]

50 Von diesen Haftungsnormen zu unterscheiden sind Vorschriften zur Regelung des **Börsenverkehrs**, insbesondere Börsenzulassungsregeln. Insoweit gilt das Recht am Börsenort.[106]

---

105) *Kronke/Haubold* in: Kronke/Melis/Schnyder, Teil L Rz. 361; näher *Vischer* in: Girsberger/ u. a., Art. 156 IPRG Rz. 2.
106) *Schnyder* in: MünchKomm-BGB, IntKapMarktR Rz. 48 ff.

Kapitel 3 Arbeits- und Kartellrecht des internationalen Unternehmenskaufs

§ 10 Arbeitsrecht

Überblick

A. Einleitung 1
B. Grenzüberschreitender Betriebsübergang 2
   I. Anwendbarkeit des § 613a BGB 2
   II. Vorliegen eines grenzüberschreitenden Betriebsübergangs 6
      1. Abgrenzung zu einer Betriebsstilllegung 7
      2. Grenzüberschreitender Betriebs(teil)übergang trotz „identitätszerstörender Eingliederung" 9
   III. Rechtsfolgen 11
   IV. Unterrichtungspflicht und Widerspruchsrecht 15
C. Auswirkungen auf die inländischen Arbeitnehmervertretungen 20
   I. Konzernbetriebsrat 21
   II. Gesamtbetriebsrat 23
   III. Sonstige Arbeitnehmervertretungen 25
D. Beteiligungsrechte von Arbeitnehmervertretungen bei grenzüberschreitenden Sachverhalten 28
   I. Mitbestimmungsrechte des Betriebsrats (§§ 111 ff. BetrVG) 28
   II. Unterrichtung des Wirtschaftsausschusses (§§ 106, 109a BetrVG) 33
   III. Beteiligungsrechte bei grenzüberschreitender Verschmelzung 42
E. Unternehmensmitbestimmungsrechtliche Auswirkungen 45
   I. Mitbestimmungsbeibehaltungsgesetz 46
   II. Gesetz über die Mitbestimmung der Arbeitnehmer bei einer grenzüberschreitenden Verschmelzung 48
   III. SE-Beteiligungsgesetz 53

Literatur: *Bachner/Köstler/Matthießen/Trittin*, Arbeitsrecht bei Unternehmensumwandlung und Betriebsübergang, 3. Auflage 2008; *Cohnen*, Betriebsverlagerungen ins Ausland und § 613a BGB, in: Festschrift ARGE Arbeitsrecht im Deutschen Anwaltverein, 2005, S. 595; *Däubler*, Offshoring und die Hilflosigkeit des Arbeitsrechts, NJW 2005, 30; *Däubler/Kittner/Klebe*, Betriebsverfassungsgesetz, 11. Auflage 2007; *Diller/Powietzka*, Informationsrechte des Betriebsrats im (internationalen) Konzern, DB 2001, 1034; *Dzida/Hohenstatt*, Errichtung und Zusammensetzung eines Konzernbetriebsrats bei ausländischer Konzernspitze, NZA 2007, 945; Erfurter Kommentar zum Arbeitsrecht, 10. Auflage 2010 (zit.: *Bearbeiter* in: ErfKomm); *Feudner*, Grenzüberschreitende Anwendung des § 613a BGB?, NZA 1999, 1184; *Fitting/Engels/Schmidt/Trebinger/Linsenmaier*, Betriebsverfassungsgesetz, 25. Auflage 2010 (zit.: *Fitting u. a.*); *Grobys*, SE-Betriebsrat und Mitbestimmung in der Europäischen Gesellschaft, NZA 2005, 84; *Hanau*, Sicherung unternehmerischer Mitbestimmung, insbesondere durch Vereinbarung, ZGR 2001, 75; *Hausch*, Arbeitsrechtliche Pflichtangaben nach dem UmwG, RNotZ 2007, 308; *Henssler/Willemsen/Kalb*, Arbeitsrecht Kommentar, 4. Auflage 2010; *Hess/Schlochauer/Worzalla/Glock/Nicolai*, Kommentar zum Betriebsverfassungsgesetz, 7. Auflage 2008; *Hohenstatt*, Der Europäische Betriebsrat und seine Alternativen, EuZW 1995, 169; *Hohenstatt/Schramm*, Arbeitsrechtliche Angaben im Umwandlungsvertrag – eine Bestandsaufnahme, in:

§ 10 Arbeitsrecht

Festschrift ARGE Arbeitsrecht im Deutschen Anwaltverein, 2005, S. 629; *Hohenstatt/ Schramm*, Erstreikbarkeit von „tariflichen Sozialplänen"?, DB 2004, 2214; *Junker*, Internationales Arbeitsrecht im Konzern, 1992; *Kittner/Däubler/Zwanziger*, Kündigungsschutzrecht, 7. Auflage 2008; *Kreitner*, Kündigungsrechtliche Probleme beim Betriebsinhaberwechsel, 1989; Kölner Kommentar zum Umwandlungsrecht, 2009 (zit.: *Bearbeiter* in: KölnKomm-UmwG); *Löw*, Arbeitsrechtliche Regeln im Risikobegrenzungsgesetz, DB 2008, 758; *Löwisch*, Beschäftigungssicherung als Gegenstand betrieblicher und tariflicher Regelungen und von Arbeitskämpfen, DB 2005, 554; *Loritz*, Aktuelle Rechtsprobleme des Betriebsübergangs nach § 613a BGB, RdA 1987, 65; *Müller-Bonanni/Müntefering*, Grenzüberschreitende Verschmelzung ohne Arbeitnehmerbeteiligung? – Praxisfragen zum Anwendungsbereich und Beteiligungsverfahren des MgVG, NJW 2009, 2347; *Müller-Glöge*, Bestandsschutz beim Betriebsübergang nach § 613a BGB, NZA 1999, 449; Münchener Handbuch zum Arbeitsrecht, Band 1, 3. Auflage 2009 (zit.: *Bearbeiter* in: MünchHdbArbR); *Richardi*, Betriebsverfassungsgesetz, 12. Auflage 2010; *Richter*, Probleme beim grenzüberschreitenden Betriebsübergang, AuR 1992, 65; *Röder/Göpfert*, Unterrichtung des Wirtschaftsausschusses bei Unternehmenskauf und Umwandlung, BB 1997, 2105; *Röder/ Powietzka*, Gesamt- und Konzernbetriebsräte in internationalen Konzernunternehmen, DB 2004, 542; *Schupp*, Mitbestimmungsbeibehaltung bei Veränderung der Unternehmensstruktur, 2001; *Schwab*, Der Gesamtbetriebsrat – Rechtsstatus und Kompetenz, NZA-RR 2007, 505; *Simon/Dobel*, Das Risikobegrenzungsgesetz – neue Unterrichtungspflichten bei Unternehmensübernahmen, BB 2008, 1955; *Thüsing/Forst*, Europäische Betriebsräte-Richtlinie: Neuerungen und Umsetzungserfordernisse, NZA 2009, 408; *Ulmer/Habersack/ Henssler*, Mitbestimmungsrecht, 2. Auflage 2006; *Vetter*, Die Regelung der grenzüberschreitenden Verschmelzung im UmwG, AG 2006, 613; *Wiese/Kreutz/Oetker/Raab/Weber/ Franzen*, Gemeinschaftskommentar zum Betriebsverfassungsgesetz, 9. Auflage 2010 (zit.: *Bearbeiter* in: GK); *Willemsen*, Erneute Wende im Recht des Betriebsübergangs – ein „Christel Schmidt II"-Urteil des EuGH?, NZA 2009, 289; *Wisskirchen/Goebel*, Arbeitsrechtliche Aspekte der Verlagerung von Arbeitsplätzen ins Ausland (Off-Shoring), DB 2004, 1937; *Wlotzke/Wissmann/Koberski/Kleinsorge*, Mitbestimmungsrecht, 3. Auflage 2008.

A. Einleitung

1 Unternehmenskäufe, die einen grenzüberschreitenden Bezug aufweisen, werfen in der Praxis eine Reihe spezifischer arbeitsrechtlicher Fragen auf. So stellt sich bei der Veräußerung und grenzüberschreitenden Verlagerung von Betrieben bzw. Betriebsteilen die Frage nach Anwendbarkeit und Rechtsfolgen des § 613a Abs. 1 BGB (dazu unten Rz. 2 ff.). Schwierige Rechtsfragen stellen sich in diesem Zusammenhang auch mit Blick auf das „*Schicksal*" der Arbeitnehmervertretungen sowie deren Beteiligungsrechte (dazu unten Rz. 20 ff. und Rz. 28 ff.). Schließlich ist zu beachten, dass ein internationaler Unternehmenskauf für die beteiligten Rechtsträger auch in unternehmensmitbestimmungsrechtlicher Hinsicht erhebliche Auswirkungen haben kann (dazu unten Rz. 45 ff.).

B. Grenzüberschreitender Betriebsübergang

I. Anwendbarkeit des § 613a BGB

2 Im Rahmen eines internationalen Unternehmenskaufs ist es kein seltenes Phänomen, dass ein in Deutschland befindlicher Betrieb aufgrund eines **Asset Deal** an einen ausländischen Erwerber veräußert und im Zuge dessen ins Ausland verlagert wird. In einer solchen Konstellation stellt sich die Frage, ob es sich bei diesem Vorgang um einen – grenzüberschreitenden – Betriebsübergang

B. Grenzüberschreitender Betriebsübergang

handelt, der die Rechtsfolgen des § 613a BGB auslöst. Im Zusammenhang mit einem **Share Deal** stellt sich die Frage nach der Anwendbarkeit des § 613a BGB deshalb nicht, weil in diesem Fall keine sächlichen Betriebsmittel, sondern allein die Anteile an einem Rechtsträger veräußert werden. Nahezu Einigkeit herrscht dahingehend, dass für die Anwendung des § 613a BGB das für das jeweilige Arbeitsverhältnis maßgebliche **Vertragsstatut** maßgeblich ist. Aus diesem Grund wird die Anwendbarkeit von § 613a BGB ganz überwiegend bejaht, wenn ein in Deutschland gelegener Betrieb i. R. eines Asset Deal ins Ausland verlagert wird;[1)] dies gilt auch dann, wenn die Verlagerung in ein Land außerhalb der EU – bspw. die Schweiz[2)] – erfolgt.

Auf das für den zugrunde liegenden Kaufvertrag maßgebliche Recht kommt es hingegen für die Anwendbarkeit des § 613a BGB nicht an. Nur vereinzelt wird dagegen behauptet, dass § 613a BGB in diesen Konstellationen generell nicht anwendbar sei, weil das deutsche Arbeitsrecht an den Grenzen der Bundesrepublik Deutschland „halt mache"[3)] bzw. ein Übergang der Arbeitsverhältnisse mit allen Rechten und Pflichten i. S. v. § 613a BGB „ins Leere laufen würde".[4)] Demgegenüber besteht Einigkeit dahingehend, dass in der „umgekehrten" Variante – also eine Betriebsverlagerung aus dem Ausland nach Deutschland – die Anwendbarkeit von § 613a BGB regelmäßig ausscheidet.[5)] 3

Die Rechtsprechung hatte bislang nur selten Anlass, sich mit der Problematik eines grenzüberschreitenden Betriebsübergangs auseinander zu setzen. Das LAG Hamburg hatte im Jahre 1979 über die Frage zu entscheiden, ob im Fall einer Veräußerung von Schiffen an einen liberianischen Reeder die Arbeitsverhältnisse der Schiffsbesatzungen gemäß § 613a BGB auf den Erwerber übergehen. Da der liberianische Erwerber in keiner Beziehung zum Territorium der Bundesrepublik Deutschland stand, fehlte es nach Auffassung des LAG Hamburg an einem Anknüpfungspunkt für § 613a BGB, sodass eine Fortgeltung der Arbeitsverhältnisse verneint wurde.[6)] 4

---

1) Vgl. *Wank* in: MünchHdb-ArbR, § 102 Rz. 15; *Feudner*, NZA 1999, 1184, 1186 f.; *Zwanziger* in: Kittner/Däubler/Zwanziger, § 613a BGB Rz. 16; *Bachner* in: Bachner/Köstler/Matthießen/Trittin, 337; *Wisskirchen/Goebel*, DB 2004, 1937 f.; *Cohnen* in: FS ARGE Arbeitsrecht im Deutschen Anwaltsverein, S. 595, 599; *Däubler*, NJW 2005, 30, 31; LAG Baden-Württemberg, ZIP 2010, 388, n. rkr.
2) Vgl. LAG Baden-Württemberg, ZIP 2010, 388, n. rkr., mit dem Hinweis, dass sich die Anwendbarkeit des § 613a BGB aus Art. 30 EGBGB ergibt, sodass eine Zuhilfenahme der europäischen Richtlinie nicht erforderlich ist und im Übrigen auch eine dem § 613a BGB vergleichbare Regelung in § 333 des Schweizer Obligationenrechts besteht.
3) So *Loritz*, RdA 1987, 65.
4) So *Junker*, S. 239.
5) *Willemsen* in: Willemsen/Hohenstatt/Schweibert/Seibt, Umstrukturierung, B Rz. 62.
6) Vgl. ArbG Hamburg, AP Nr. 25 zu § 613a BGB sowie die anschließende Anmerkung der Schriftleitung zum Urteil des LAG Hamburg v. 22.10.1979; so wohl auch *Schaub* in: MünchKomm-BGB, § 613a BGB Rz. 14.

5 Die **Rechtsprechung des BAG** geht indes – wie auch die h. A. im Schrifttum – offenbar davon aus, dass für einen deutschen Veräußerer die Pflichten aus § 613a BGB nicht allein deshalb entfallen, weil an dem maßgeblichen Rechtsgeschäft ein ausländischer Erwerber beteiligt ist; ansonsten hätte das BAG in seiner Entscheidung vom 16.5.2003[7] die Vorschrift des § 613a BGB nicht inhaltlich prüfen müssen. In der sog. **Lyon-Entscheidung** vom 20.4.1989 hat das BAG die Frage nach der Anwendbarkeit von § 613a BGB bei der Verlagerung eines Betriebs von Berlin nach Lyon nicht ausdrücklich beantwortet. Statt dessen hat das BAG entschieden, dass der ausländische Erwerber nach § 613a Abs. 1 BGB nur in die Arbeitsverhältnisse derjenigen Arbeitnehmer eintrete, die bereit seien, die Arbeit am neuen Leistungsort – also in Lyon – zu erbringen.[8] Das Arbeitsverhältnis mit einem solchen Arbeitnehmer könne der Betriebsveräußerer ungeachtet des Kündigungsverbotes gemäß § 613a Abs. 4 BGB aus betriebsbedingten Gründen kündigen. Diese Rechtsprechung kann indes nicht überzeugen, da ein Übergang der Arbeitsverhältnisse gemäß § 613a BGB auch unabhängig davon erfolgt, ob ein Arbeitnehmer bereit ist, seine Arbeitsleistung an dem neuen Arbeitsort zu erbringen.[9] Ein Übergang des Arbeitsverhältnisses erfolgt im Fall eines Betriebsübergangs nur dann nicht, wenn der Arbeitnehmer dem Übergang nach § 613a Abs. 6 BGB ordnungsgemäß widerspricht; insofern besteht zwischen einem grenzüberschreitenden und einem *„innerstaatlichen"* Betriebsübergang kein Unterschied.

II. Vorliegen eines grenzüberschreitenden Betriebsübergangs

6 Die Frage, ob bei einem grenzüberschreitenden Sachverhalt ein Betriebsübergang i. S. v. § 613a BGB vorliegt, beantwortet sich nach denselben Kriterien wie bei einem rein *„innerstaatlichen"* Betriebsübergang.[10] Da ein grenzüberschreitender Betriebsübergang stets mit der Aufgabe des bisherigen Standorts verbunden ist, stellt sich regelmäßig die Frage nach der Abgrenzung zu einer Betriebsstilllegung, die einen Betriebsübergang begrifflich von vornherein ausschließen würde. Darüber hinaus kann das Vorliegen eines Betriebs(teil)übergangs dann zweifelhaft sein, wenn der ausländische Betriebserwerber – wie im Regelfall – die bisherigen Organisationsstrukturen nicht unverändert weiternutzt, sondern die übernommenen Betriebsmittel in eine bereits im Ausland bestehende Organisationseinheit integriert.

---

7) BAG, NZA 2003, 93; vgl. auch BAG, Urt. v. 25.5.2000 – 8 AZR 335/99.
8) BAG, AP Nr. 81 zu § 613a BGB mit zust. Anm. *Kreitner*.
9) Krit. auch *Wisskirchen/Goebel*, DB 2004, 1937, 1939; *Cohnen* in: FS ARGE Arbeitsrecht im Deutschen Anwaltsverein, S. 595, 610.
10) Vgl. dazu im Einzelnen *Willemsen* in: Willemsen/Hohenstatt/Schweibert/Seibt, Umstrukturierung, G Rz. 31 ff.

B. Grenzüberschreitender Betriebsübergang

1. Abgrenzung zu einer Betriebsstilllegung

Abzugrenzen von einem grenzüberschreitenden Betriebsübergang (und einer damit einhergehenden Betriebsverlagerung) ist die Fallgestaltung einer Betriebsstilllegung. Betriebsübergang und Betriebsstilllegung schließen sich gegenseitig aus.[11] Beruft sich ein Arbeitnehmer i. R. eines Kündigungsschutzprozesses darauf, der Betrieb sei vom bisherigen Arbeitgeber nicht stillgelegt, sondern statt dessen gemäß § 613a BGB auf einen neuen Inhaber übertragen worden, so muss der Arbeitgeber, der eine Kündigung wegen beabsichtigter Stilllegung ausgesprochen hat, ausschließen, dass es sich bei der von ihm behaupteten Stilllegung nicht in Wirklichkeit um eine Betriebsveräußerung handelt.[12] Die Abgrenzungsfrage ist unter Anwendung des vom EuGH[13] entwickelten **Sieben-Punkte-Katalogs** zu beantworten.[14]

7

In diesem Zusammenhang kommt es insbesondere darauf an, ob aufgrund der *„Art des bisherigen Betriebs"* die **Identität der wirtschaftlichen Einheit** nach einer Verlagerung ins Ausland gewahrt worden ist. Möglich erscheint dies insbesondere bei Produktionsbetrieben, die nicht zwingend an einen bestimmten Standort gebunden sind. So ist bspw. von einem Betriebsübergang auszugehen, wenn die materiellen Betriebsmittel von dem ausländischen Erwerber (bei dem es zuvor keine entsprechende Tätigkeit gab) übernommen und die laufenden Projekte übertragen werden, die Kundschaft komplett übergeht und alle wesentlichen Verträge und Lieferanten übernommen werden sowie die gesamte Fertigungslinie ohne nennenswerte Unterbrechung – gewissermaßen eins zu eins – fortgeführt wird.[15] Der Annahme eines Betriebsübergang würde es in dem geschilderten Beispielsfall auch dann nicht entgegenstehen, wenn die Betriebsparteien zuvor einen Interessenausgleich und Sozialplan in Bezug auf eine – vermeintliche – Betriebsstilllegung abgeschlossen hätten und die Belegschaft aufgrund dessen entlassen worden wäre. Die Anwendbarkeit des § 613a BGB kann auf diese Weise nämlich nicht ausgeschlossen werden. Die gleichwohl ausgesprochenen Kündigungen könnten vielmehr i. R. eines Kündigungsschutzverfahrens unter Hinweis auf **§ 613a Abs. 4 BGB** mit hinreichenden Erfolgsaussichten angegriffen werden. Demgegenüber wird man einen Betriebs-

8

---

11) BAG, NJW 1997, 3188; LAG Baden-Württemberg, ZIP 2010, 388, n. rkr.; *Willemsen* in: Willemsen/Hohenstatt/Schweibert/Seibt, Umstrukturierung, G Rz. 106 m. w. N.
12) LAG Baden-Württemberg, ZIP 2010, 388, n. rkr.
13) EuGH, Rs. C-13/95, *Ayse Süzen*, Slg 1997, I-1259-1277 = NJW 1997, 2039 = AP Nr. 14 zu RL 77/187/EWG; ihm folgend BAGE 86, 20 = NJW 1997, 3188 = AP Nr. 154 zu § 613a BGB.
14) Vgl. dazu ausführlich *Willemsen* in: Henssler/Willemsen/Kalb, § 613a BGB Rz. 94 ff.; *Müller-Glöge*, NZA 1999, 449, 450.
15) Dieses Beispiel entspricht dem Sachverhalt, der dem Urteil des LAG Baden-Württemberg v. 17.9.2009, ZIP 2010, 388, n. rkr, zugrunde lag; in diesem Fall wurden der in Deutschland gelegene Produktions- und Vertriebsbereich für Druckklappenventile für die Pharmaindustrie an eine in der Schweiz ansässige Konzernschwester übertragen.

übergang ablehnen und eine Betriebsstilllegung annehmen müssen, wenn im Ausland bspw. mit einem neuen Maschinenpark die Produktion unter Anwendung des bisherigen Know-hows zwar fortgesetzt wird, aber keinerlei Maschinen oder Produktionsanlagen von dem Veräußerer übernommen werden.[16]

2. Grenzüberschreitender Betriebs(teil)übergang trotz „identitätszerstörender Eingliederung"

9   Im Rahmen von grenzüberschreitenden Betriebsverlagerungen ist es nicht selten der Fall, dass bestehende Abteilungen nicht unter vollständiger Wahrung ihrer bisherigen Identität im Ausland weiterbetrieben, sondern in eine bereits bestehende Organisationsstruktur beim ausländischen Erwerber integriert werden. Bislang entsprach es der ständigen Rechtsprechung des BAG, dass ein Betriebs(teil)übergang gemäß § 613a BGB nicht vorliegt, wenn der Betrieb(steil) vollständig in die Organisationsstruktur eines anderen Unternehmens **eingegliedert** wird oder die bisherigen Tätigkeiten in einer deutlich größeren Organisationsstruktur durchgeführt werden.[17] Mit Urteil vom 12.2.2009 („*Klarenberg*") hat der EuGH indes entschieden, dass eine Anwendbarkeit des § 613a BGB nicht allein deshalb ausgeschlossen ist, weil sich der Erwerber entschließt, den erworbenen Betriebsteil aufzulösen und in seine eigene Struktur einzugliedern.[18] Ausreichend für eine Identitätswahrung sei vielmehr die **Beibehaltung der funktionellen Verknüpfung** zwischen den übertragenen Produktionsfaktoren, die es dem Erwerber erlaubt, diese Faktoren zu nutzen, um derselben oder einer gleichartigen wirtschaftlichen Tätigkeit nachzugehen. Nach dieser Rechtsprechung liegt ein Betriebs(teil)übergang somit auch dann vor, wenn die Betriebsmittel irgendwie in den Erwerberbetrieb integriert werden, um mit ihrer Hilfe zumindest teilweise identische Betriebszwecke zu verfolgen.[19]

10 Wie das BAG jedoch mit Urteil vom 19.12.2009[20] entschieden hat, ist ein Betriebs(teil)übergang trotz weitgehend übernommener sächlicher Betriebsmittel weiter auch dann nicht anzunehmen, wenn der Betriebserwerber aufgrund eines veränderten Betriebskonzepts diese nur noch teilweise nutzt und er erhebliche Änderungen in der Organisation und der Personalstruktur des Betriebes eingeführt hat, sodass in der Gesamtschau keine Fortführung des bisherigen Betriebs anzunehmen ist.

---

16) Vgl. dazu auch *Feudner*, NZA 1999, 1184, 1187.
17) BAG, NZA 2004, 316; BAG, NZA 2006, 794; *Willemsen*, NZA 2009, 289, 290.
18) EuGH, Rs. C-466/07, *Klarenberg*, NZA 2009, 251.
19) Hierzu krit. *Willemsen*, NZA 2009, 289, 292.
20) BAG, DB 2010, 789.

III. Rechtsfolgen

Von entscheidender Bedeutung ist schließlich die Frage, mit welchem **Inhalt** 11
die Arbeitsverhältnisse nach dem grenzüberschreitenden Betriebsübergang auf den neuen Betriebsinhaber übergehen (zu den mitbestimmungsrechtlichen Folgen eines grenzüberschreitenden Betriebsübergangs vgl. unter Rz. 45 ff.). In der Regel werden die Arbeitsverhältnisse in ihrem vom deutschen Arbeitsrecht festgelegten Inhalt bereits deshalb nicht unverändert auf einen ausländischen Arbeitgeber übergehen, da einige der bisherigen Regelungen im Ausland grundsätzlich nicht aufrecht erhalten werden können. Soweit auf dieses Problem eingegangen wird, wird überwiegend die Auffassung vertreten, dass mit der Verlagerung der Arbeitsverhältnisse ins Ausland automatisch die am neuen Betriebsort kraft Territorialitätsprinzip geltenden ausländischen öffentlich-rechtlichen Bestimmungen anwendbar sind. Zu diesem öffentlich-rechtlichen Bereich gehören insbesondere die lokalen Arbeitsschutznormen, wie z. B. Mutterschutz, Jugendarbeitsschutz, Gefahrenschutz und Arbeitszeitregelungen. Von diesen öffentlich-rechtlichen Bestimmungen ist auch der lokale Kündigungsschutz sowie der gesamte mit dem deutschen Betriebsverfassungsgesetz vergleichbare ausländische Regelungsbereich umfasst.[21] Demgegenüber sollen die privatrechtlich begründeten Rechte und Pflichten unverändert fortbestehen. So müsste der ausländische Erwerber z. B. etwaige Pensionsansprüche der Arbeitnehmer erfüllen oder die bislang geltenden Tariflöhne weiterzahlen.[22]

Eine Bindung des ausländischen Betriebserwerbers an die bisher anwendbaren 12
Tarifverträge gemäß § 3 Abs. 1 TVG würde nach der Betriebsverlegung mangels Tarifgebundenheit nicht mehr bestehen. Deshalb soll in diesem Fall eine Transformation gemäß § 613a Abs. 1 Satz 2 BGB erfolgen. Allerdings soll es grundsätzlich möglich sein, dass die gemäß § 613a Abs. 1 Satz 2 BGB fortgeltenden deutschen Tarifverträge durch die beim Betriebserwerber anwendbaren ausländischen Tarifverträge gemäß § 613a Abs. 1 Satz 3 BGB abgelöst werden, vorausgesetzt, dass sie mit den *„deutschen Tarifnormen gleichwertig sind"*.[23] Ob dem gefolgt werden kann, erscheint indes fraglich. Eine Ablösung gemäß § 613a Abs. 1 Satz 3 BGB ist nämlich nach der Rechtsprechung des BAG nur dann möglich, wenn hinsichtlich der beim Betriebserwerber geltenden Tarifverträge eine beiderseitige Tarifgebundenheit besteht.[24] Dies würde voraussetzen, dass die Arbeitnehmer des übertragenden Betriebs Mitglied der zuständigen

---

21) *Feudner*, NZA 1999, 1184; *Richter*, AuR 1992, 65; *Bachner/Köstler/Matthießen/Trittin*, S. 337.
22) *Feudner*, NZA 1999, 1184.
23) So *Feudner*, NZA 1999, 1184; ähnlich auch *Wisskirchen/Goebel*, DB 2004, 1937, 1938, die eine "funktionelle Entsprechung" verlangen.
24) BAG, NZA 2001, 1318.

ausländischen Gewerkschaft werden. Da dies allenfalls in Ausnahmekonstellationen der Fall sein wird, bliebe es somit bei einer Fortgeltung der bisherigen tariflichen Regelungen gemäß § 613a Abs. 1 Satz 2 BGB.

13 Im Hinblick auf die bestehenden **Betriebsvereinbarungen** würde eine kollektivrechtliche Bindung des Betriebserwerbers ausscheiden, da ein im Ausland ansässiger Betrieb nicht mehr dem deutschen Betriebsverfassungsgesetz unterfallen würde (sog. *Territorialitätsprinzip*).[25] Dies hat zur Folge, dass das Betriebsratsamt erlischt und somit eine Partei der Betriebsvereinbarung ersatzlos wegfällt. Die Inhalts- und Beendigungsnormen der Betriebsvereinbarung würden folglich als Inhalt des Arbeitsverhältnisses gemäß § 613a Abs. 1 Satz 2 BGB fortgelten.[26] In diesem Zusammenhang stellt sich die Frage, ob der neue Arbeitgeber nach der Betriebsverlegung die Möglichkeit hätte, die Arbeitsverträge einseitig an das neue ausländische privatrechtliche Arbeitsrecht anzupassen. Hierzu wird die Auffassung vertreten, dass der Erwerber zwar an die Beschränkungen des § 613a Abs. 1 Satz 2 BGB gebunden ist. Der Kündigungsschutz hinsichtlich einer Änderungskündigung richtet sich aber nicht mehr nach dem deutschen Kündigungsschutzgesetz, da dieses zu dem öffentlich-rechtlichen Arbeitsrecht gehört, das nach dem Territorialitätsprinzip im Ausland keine Anwendung findet. Auch im Übrigen würde die Belegschaft nach der Betriebsverlegung in **kündigungsschutzrechtlicher Hinsicht** dem Recht des Erwerberlandes unterliegen.[27] § 23 Abs. 1 KSchG erfasst nur Betriebe bzw. Betriebsteile, die in der Bundesrepublik Deutschland liegen.[28] Bilden bspw. zwei Unternehmen nach einem grenzüberschreitenden Betriebsteilübergang einen **Gemeinschaftsbetrieb**, so gilt das KSchG nur in Bezug auf den in Deutschland gelegenen Betriebsteil. Dies setzt indes voraus, dass die deutsche Betriebsstätte den **Schwellenwert** des § 23 Abs. 1 KSchG erreicht.

14 Weitgehend ungeklärt ist die Reichweite des **Kündigungsverbots des § 613a Abs. 4 BGB**. Teilweise wird vertreten, dass dieses Verbot auch für den Erwerber gelten soll.[29] Nach einem Urteil des BAG vom 20.4.1989 ist § 613a Abs. 4 BGB in dem Fall, dass der Betriebsübergang mit einer Betriebsverlagerung verbunden ist und diese zur Fortsetzung des Arbeitsverhältnisses eine Änderung der bisherigen Arbeitsbedingungen voraussetzt, restriktiv auszulegen. Ist mit einer Betriebsveräußerung eine Verlagerung verbunden, sodass die Arbeitsleistung nur mit einer Änderung des Arbeitsvertrags erfolgen kann, dann sei – so das BAG – der leistungsunwillige Arbeitnehmer demjenigen gleichzusetzen,

---

25) *Wisskirchen/Goebel*, DB 2004, 1937, 1938; *Koch* in: ErfKomm, § 1 BetrVG Rz. 5; BAGE 94, 144 = NZA 2000, 1119 = AP Nr. 8 zu § 14 AÜG.
26) *Feudner*, NZA 1999, 1184; *Wisskirchen/Goebel*, DB 2004, 1937, 1938.
27) *Kreitner*, S. 260.
28) BAGE 125, 274 = NZA 2008, 872 = AP Nr. 40 zu § 23 KSchG 1969.
29) *Richter*, AuR 1992, 65.

der dem Übergang seines Arbeitsverhältnisses widerspricht. In einem solchen Fall liege keine Umgehung des § 613a Abs. 4 BGB vor. Ob dieser Rechtsprechung weiterhin gefolgt werden kann, erscheint zweifelhaft.[30] Zwar kann der Arbeitgeber im Wege seines Direktionsrechts nicht einseitig vom Arbeitnehmer die Leistungserbringung im Ausland verlangen. In einem solchen Fall wäre aber – ebenso wie bei einer Betriebsverlagerung ohne gleichzeitigem Betriebsübergang – vorrangig eine **Änderungskündigung** auszusprechen, der das Kündigungsverbot gemäß § 613a Abs. 4 BGB nicht entgegensteht. Wie das BAG in einer Entscheidung vom 21.4.2005 festgestellt hat, ist ein Arbeitgeber in diesen Fällen nur dann zum Ausspruch einer Beendigungskündigung berechtigt, wenn der Arbeitnehmer das Änderungsangebot zuvor vorbehaltlos und endgültig abgelehnt hat; ansonsten gilt der Vorrang der Änderungskündigung.[31] Für eine vorbehaltlose und endgültige Ablehnung in diesem Sinne ist erforderlich, dass der Arbeitnehmer bei der Ablehnung des Änderungsangebots unmissverständlich zu erkennen gibt, dass er unter keinen Umständen bereit ist, zu den geänderten Arbeitsbedingungen – auch nicht unter dem Vorbehalt ihrer sozialen Rechtfertigung – zu arbeiten.

IV. Unterrichtungspflicht und Widerspruchsrecht

Die vollständige und zutreffende Unterrichtung der von dem Betriebs(teil)- 15 übergang betroffenen Arbeitnehmer gemäß § 613a Abs. 5 BGB stellt bei einem grenzüberschreitenden Sachverhalt eine **besondere Herausforderung** dar. Wie das BAG nämlich klargestellt hat, dürfen die Hinweise auf die Rechtsfolgen keine juristischen Fehler enthalten. Ebenso wenig genügt es, wenn die Unterrichtung nur „*im Kern*" zutreffend ist. Immerhin soll aber bei rechtlich komplexen Fragestellungen eine juristisch vertretbare Darstellung genügen.[32]

Fehler bzw. Auslassungen im Unterrichtungsschreiben haben zur Folge, dass 16 die einmonatige Frist zur Ausübung des Widerspruchsrechts gemäß § 613a Abs. 6 BGB nicht zu laufen beginnt. Dies kann im Einzelfall dazu führen, dass Arbeitnehmer ihr Widerspruchsrecht ggf. noch Jahre nach dem Betriebsübergang geltend machen und eine Beschäftigung beim Betriebsveräußerer verlangen. Hierzu sehen sich Arbeitnehmer insbesondere dann veranlasst, wenn der neue Arbeitgeber in wirtschaftliche Schwierigkeiten gerät und ihr Arbeitsplatz infolgedessen gefährdet ist. In dieser Konstellation kommt zwar eine **Verwirkung des Widerspruchsrechts** in Betracht. Neben dem Zeit- muss allerdings auch das für die Verwirkung erforderliche Umstandsmoment vorliegen, an dessen Voraussetzungen hohe Anforderungen gestellt werden. So lässt das BAG

---

30) Krit. auch *Wisskirchen/Goebel*, DB 2004, 1937, 1939; *Cohnen* in: FS ARGE Arbeitsrecht im Deutschen Anwaltsverein, S. 595, 610.
31) BAG, NZA 2005, 1289.
32) BAG, NZA 2008, 1354; *Preis* in: ErfKomm, § 613a BGB Rz. 85.

eine bloße Weiterarbeit beim Betriebserwerber nicht genügen; erforderlich ist hierfür vielmehr eine Disposition über den Bestand des Arbeitsverhältnisses, infolge derer entweder das Arbeitsverhältnis beendet wird (z. B. Abschluss eines Aufhebungsvertrags, widerspruchslose Hinnahme einer Kündigung) oder das Arbeitsverhältnis auf eine völlig neue Grundlage gestellt wird (z. B. Abschluss eines Altersteilzeitvertrags). Allein die widerspruchslose Fortsetzung des Arbeitsverhältnisses führt nicht zu einer Verwirkung des Widerspruchsrechts.[33]

17 Die Erklärung eines Widerspruchs wirkt auf den Zeitpunkt des Übergangs zurück, sodass das Arbeitsverhältnis ununterbrochen mit dem Veräußerer fortbestanden hat. Damit haftet allein der Betriebsveräußerer für sämtliche Verpflichtungen (z. B. Pensionsansprüche) aus dem Arbeitsverhältnis. Außerdem ist er in der Regel nach der Betriebsveräußerung nicht mehr in der Lage, die widersprechenden Arbeitnehmer weiterzubeschäftigen, sodass er zum Ausspruch betriebsbedingter Kündigungen gezwungen ist, was mit entsprechenden Sozialplanleistungen (insbesondere Abfindungen) verbunden ist. Vor diesem Hintergrund ist es von besonderer Bedeutung, in dem zugrunde liegenden **Kaufvertrag** zu regeln, welche Partei für die Folgen eines unwirksamen Unterrichtungsschreibens haftet. In der Praxis empfiehlt es sich danach zu differenzieren, ob die unzutreffende bzw. fehlende Angabe im Unterrichtungsschreiben aus der Sphäre des Betriebsveräußerers oder -erwerbers stammt. Darüber hinaus sollte in dem Unternehmenskaufvertrag eine Regelung dahingehend getroffen werden, dass im Fall eines wirksamen nachträglichen Widerspruchs die an den Erwerber gezahlten Ausgleichsleistungen für die Verbindlichkeiten aus der betrieblichen Altersversorgung an den Veräußerer zurückgezahlt werden, und zwar unabhängig davon, aus welchem Grund sich das Unterrichtungsschreiben als unwirksam erweist.

18 Widerspricht ein Arbeitnehmer wirksam dem Übergang seines Arbeitsverhältnisses gemäß § 613a Abs. 6 BGB, verbleibt sein Arbeitsverhältnis (zunächst) weiterhin bei dem Betriebsveräußerer. Dieser hat jedoch die Möglichkeit, das Arbeitsverhältnis aus betriebsbedingten Gründen zu kündigen, was im Fall eines Betriebsübergangs mangels vergleichbarer Arbeitnehmer auch ohne Durchführung einer Sozialauswahl gemäß § 1 Abs. 3 KSchG möglich ist; vor Ausspruch einer betriebsbedingten Kündigung wäre allein zu prüfen, ob in anderen Betrieben des Unternehmens anderweitige Beschäftigungsmöglichkeiten auf freien und geeigneten Arbeitsplätzen – ggf. zu geänderten Arbeitsbedingungen – bestehen.[34]

19 Widerspricht der Arbeitnehmer hingegen i. R. eines Betriebs*teil*übergangs dem Übergang seines Arbeitsverhältnisses, wäre vor Ausspruch einer betriebsbe-

---

33) BAG, NZA 2010, 89, 94 f.
34) Vgl. dazu *Oetker* in: ErfKomm, § 1 KSchG Rz. 379 ff.

C. Auswirkungen auf die inländischen Arbeitnehmervertretungen

dingten Kündigung grundsätzlich eine Sozialauswahl mit den – verbliebenen – vergleichbaren Arbeitnehmern durchzuführen. Entgegen der früheren Rechtsprechung des BAG[35] spielt der **Grund für den Widerspruch** bei der Abwägung der sozialen Auswahlkriterien keine Rolle mehr; die in § 1 Abs. 3 KSchG genannten Sozialauswahlkriterien (Alter, Betriebszugehörigkeit, Unterhaltsverpflichtungen, Schwerbehinderung) sind abschließend.[36] Bedeutung kann der Grund des Widerspruchs indes nach wie vor für die Frage erlangen, ob dem Arbeitnehmer Ansprüche aus einem Sozialplan zustehen; darin ist nämlich oftmals geregelt, dass gekündigten Arbeitnehmern keine Sozialplanleistungen zustehen, wenn sie dem Übergang ihres Arbeitsverhältnisses ohne sachlichen Grund widersprochen haben. In der Praxis dürfte allerdings bereits die räumliche Entfernung sowie das Herausfallen aus dem Anwendungsbereich des KSchG infolge des grenzüberschreitenden Betriebsübergangs einen sachlichen Grund für einen Widerspruch darstellen.

C. Auswirkungen auf die inländischen Arbeitnehmervertretungen

Ein internationaler Unternehmenskauf kann erhebliche Auswirkungen auf die bei den beteiligten Rechtsträgern gebildeten Arbeitnehmervertretungen haben. Dies gilt insbesondere in Bezug auf einen im Inland errichteten Konzern- oder Gesamtbetriebsrat.

I. Konzernbetriebsrat

Wird eine inländische Unternehmensgruppe, bei deren Obergesellschaft ein **Konzernbetriebsrat** gemäß § 54 BetrVG gebildet ist, durch einen ausländischen Erwerber übernommen, stellt sich die Frage nach dem weiteren „*Schicksal*" dieses Konzernbetriebsrats. Einigkeit besteht dahingehend, dass ein Konzernbetriebsrat erlischt, sobald die Voraussetzungen für das Bestehen eines Konzerns nicht mehr vorliegen.[37] Wie das BAG zuletzt in einem Beschluss vom 14.2.2007 entschieden hat, kann ein Konzernbetriebsrat gemäß § 54 BetrVG nur dann gebildet werden, wenn das herrschende Unternehmen seinen **Sitz im Inland** hat oder über eine im Inland ansässige **Teilkonzernspitze** (sog. *Konzern im Konzern*) verfügt. Im Fall der Übernahme durch einen Erwerber mit Sitz im Ausland kommt es somit darauf an, ob die deutsche Zwischenholding die Funktion einer Teilkonzernspitze ausübt. Dies ist dann der Fall, wenn ihr wesentliche Leitungsaufgaben in personellen, wirtschaftlichen und sozialen Angelegenheiten im Hinblick auf die ihr unterstehenden deutschen Tochtergesellschaften verbleiben. Entscheidend ist nämlich, dass bei fehlender inländischer Leitungsmacht der Konzernbetriebsrat im Inland keinen Ansprechpartner auf Ar-

---

35) BAGE 91, 129 = NZA 1999, 870 = DB 1999, 1805.
36) BAGE 123, 1 = NZA 2008, 33 = AP Nr. 94 zu § 1 KSchG 1969 Soziale Auswahl.
37) *Annuß* in: Richardi, § 54 BetrVG Rz. 49; *Fitting u. a.*, § 57 BetrVG Rz. 5.

beitgeberseite hat und er seine Beteiligungsrechte gegenüber einer im Ausland ansässigen, dem territorialen Geltungsbereich des BetrVG nicht unterfallenden Konzernobergesellschaft nicht durchsetzen kann; ein solcher Konzernbetriebsrat wäre funktionslos.[38]

22 Eine **Teilkonzernspitze** liegt dann nicht vor, wenn zwischen den deutschen Tochtergesellschaften und dem ausländischen Erwerber **Beherrschungsverträge** abgeschlossen werden. Auf diese Weise wird nämlich die durch §§ 16 Abs. 1, 17 Abs. 2, 18 Abs. 1 AktG vermittelte Konzernvermutung widerlegt. Damit verlieren zugleich auch die auf Ebene der deutschen Tochtergesellschaft gebildeten (Gesamt-)Betriebsräte ihr Entsendungsrecht in den bei der deutschen Zwischenholding gebildeten Konzernbetriebsrat.[39] Übernimmt dagegen eine deutsche Unternehmensgruppe mehrheitlich Unternehmen im Ausland, bleibt der Konzernbetriebsrat unverändert im Amt. Die Arbeitnehmervertreter bei den **ausländischen Tochtergesellschaften** nehmen nicht an der Bildung des Konzernbetriebsrats für das im Inland liegende herrschende Unternehmen teil; ihnen steht insoweit auch kein Entsendungsrecht zu.[40]

II. Gesamtbetriebsrat

23 Vergleichbare Fragestellungen ergeben sich, wenn ein ausländisches Unternehmen im Wege eines **Asset Deal** sämtliche Betriebe einer im Inland liegenden Gesellschaft erwirbt, bei der (bislang) ein **Gesamtbetriebsrat** i. S. v. § 47 BetrVG errichtet ist. In dieser Fallkonstellation kommt die überwiegende Auffassung im Schrifttum zu dem Ergebnis, dass der Gesamtbetriebsrat fortbesteht, da die Bildung eines Gesamtbetriebsrats nicht voraussetzt, dass der Sitz des Unternehmens im Inland liegt.[41] Diese Sicht der Dinge wird indes zu Recht zunehmend in Frage gestellt. Hinzukommen muss nämlich eine im Inland bestehende **überbetriebliche Organisation**, die für den Gesamtbetriebsrat als betriebsübergreifender Ansprechpartner fungieren kann.[42] Dies wäre bspw. dann der Fall, wenn das ausländische Unternehmen eine zentrale Direktion in Deutschland hat, die die typischen Arbeitgeberfunktionen wahrnimmt und die von der ausländischen Zentrale getroffenen Unternehmerentscheidungen in Deutsch-

---

38) BAG, NZA 2007, 999.
39) Vgl. dazu im Einzelnen *Dzida/Hohenstatt*, NZA 2007, 945.
40) *Fitting u. a.*, § 54 BetrVG Rz. 37; *Annuß* in: Richardi, § 54 BetrVG Rz. 34; *Kreuz* in: GK, § 54 BetrVG Rz. 42; *Glock* in: Hess/Schlochauer/Worzalla/Glock/Nicolai, § 54 BetrVG Rz. 20; a. A. *Trittin* in: Däubler/Kittner/Klebe, § 54 BetrVG Rz. 33.
41) *Fitting u. a.*, § 47 BetrVG Rz. 23; *Glock* in: Hess/Schlochauer/Worzalla/Glock/Nicolai, § 47 BetrVG Rz. 15; *Kreuz* in: GK, § 47 BetrVG Rz. 9; *Koch* in: ErfKomm, § 47 BetrVG Rz. 5; *Schwab*, NZA-RR 2007, 505.
42) *Hohenstatt/Dzida* in: Henssler/Willemsen/Kalb, § 47 BetrVG Rz. 4; *Annuß* in: Richardi, § 47 BetrVG Rz. 21; *Hohenstatt* in: Willemsen/Hohenstatt/Schweibert/Seibt, Umstrukturierung, D Rz. 148; *Röder/Powietzka*, DB 2004, 542, 544.

C. Auswirkungen auf die inländischen Arbeitnehmervertretungen

land umsetzt. In einem solchen Fall liegen nach der Rechtsprechung des BAG auch weiterhin die Voraussetzungen für die Bildung eines **Wirtschaftsausschusses** i. S. v. § 106 BetrVG vor.[43]

Ein Fortbestand des Gesamtbetriebsrats kommt schließlich nur dann in Betracht, wenn der ausländische Erwerber **sämtliche Betriebe** der deutschen Gesellschaft übernimmt und er bisher nicht über eigene Betriebe verfügt.[44] So hat das BAG in einer Entscheidung vom 5.6.2002 den Fortbestand des Gesamtbetriebsrats abgelehnt, da der Erwerber nicht sämtliche, sondern *„nur"* die ganz überwiegende Anzahl der Betriebe und Arbeitnehmer übernommen hat.[45]

24

III. Sonstige Arbeitnehmervertretungen

Auf die im Inland gebildeten **örtlichen Betriebsräte** hat der bloße Erwerb durch eine ausländische Gesellschaft keine Auswirkungen. Anknüpfungspunkt für den räumlichen Geltungsbereich des BetrVG ist nämlich der Betrieb, nicht das Unternehmen. Liegt somit der Betrieb in der Bundesrepublik, ist das BetrVG nach dem Territorialitätsprinzip auch dann anzuwenden, wenn es sich hierbei um einen ausländischen Rechtsträger handelt. Andererseits ist das BetrVG nicht anzuwenden auf die im Ausland gelegenen Betriebe bzw. Betriebsteile deutscher Unternehmen.[46] Wird der gesamte Betrieb im Zuge des Unternehmenskaufs ins Ausland verlagert (z. B. aufgrund eines grenzüberschreitenden Betriebsübergangs), fällt der Betrieb zugleich aus dem Geltungsbereich des BetrVG heraus mit der Folge, dass dann auch das Amt des örtlichen Betriebsrats erlischt.[47]

25

Hat ein internationaler Unternehmenskauf zur Folge, dass – z. B. infolge einer Verlagerung von Betriebsstätten ins Ausland – bei dem Unternehmen in der Bundesrepublik Deutschland weniger als einhundert Arbeitnehmer beschäftigt werden und damit der maßgebliche Schwellenwert des § 106 Abs. 1 BetrVG unterschritten wird, stellt sich die Frage nach dem *„Schicksal"* des auf Unternehmensebene gebildeten **Wirtschaftsausschusses**. Unter Zugrundelegung der Rechtsprechung des BAG endet in diesem Fall die Amtszeit der Mitglieder des Wirtschaftsausschusses, weil die Belegschaftsstärke des Unternehmens nicht nur vorübergehend auf weniger als 101 ständig beschäftigte Arbeitnehmer absinkt. Dies gilt auch dann, wenn die Amtszeit des Betriebsrats, der den Wirt-

26

---

43) Vgl. BAGE 26, 286 = AP Nr. 1 zu § 106 BetrVG 1972; *Willemsen/Lembke* in: Henssler/Willemsen/Kalb, § 106 BetrVG Rz. 26.
44) *Hohenstatt/Dzida* in: Henssler/Willemsen/Kalb, § 47 BetrVG Rz. 8.
45) BAGE 101, 273 = NZA 2003, 336 = AP Nr. 11 zu § 47 BetrVG 1972.
46) *Fitting u. a.*, § 1 BetrVG Rz. 12 ff.; BAG, DB 1986, 331 = AP Nr. 3 zu § 117 BetrVG 1972.
47) *Wisskirchen/Goebel*, DB 2004, 1937, 1939.

schaftsausschuss bestellt hat, noch nicht beendet ist.[48] Entsprechendes gilt, wenn der ins Ausland verlagerte Betriebsteil weiterhin zu demselben Unternehmen gehört. Die Arbeitnehmer in ausländischen Betrieben werden nämlich nicht bei der Ermittlung des Schwellenwerts mitgezählt.[49]

27 In Bezug auf einen **Europäischen Betriebsrat** kann ein internationaler Unternehmenskauf dazu führen, dass anstelle des Europäischen Betriebsräte-Gesetzes (EBRG) das entsprechende Gesetz eines anderen Mitgliedstaats Anwendung findet.[50] Bei einem einzelnen Unternehmen, das die Voraussetzungen gemäß § 3 Abs. 1 EBRG erfüllt, kommt es zu einem solchen Wechsel etwa dann, wenn es von einem anderen Unternehmen erworben wird, dessen zentrale Leitung in einem anderen Mitgliedstaat liegt. Hat der Unternehmenskauf eine „*wesentliche strukturelle Veränderung*" zur Folge, so werden nach Maßgabe der Neufassung der Richtlinie 94/45/EG über Europäische Betriebsräte Neuverhandlungen über eine Vereinbarung zur grenzüberschreitenden Unterrichtung oder Anhörung erforderlich, falls dies die Unternehmensleitung oder mindestens 100 Arbeitnehmer bzw. deren Vertreter in mindestens zwei Unternehmen oder Betrieben in mindestens zwei verschiedenen Mitgliedstaaten verlangen. Diese Pflicht zur Neuverhandlung soll sicherstellen, dass auch nach einer Veränderung der Unternehmensstruktur (z. B. Verschmelzung, Spaltung oder Erwerb von Unternehmen) eine angemessene Repräsentation aller Arbeitnehmer sichergestellt ist.[51] Sinkt aufgrund eines Unternehmensverkaufs die Anzahl der innerhalb der Mitgliedstaaten der Europäischen Union beschäftigten Arbeitnehmer unter den Schwellenwert von 1.000 (vgl. § 3 Abs. 1 EBRG), führt dies zum Wegfall des Europäischen Betriebsrats.

D. Beteiligungsrechte von Arbeitnehmervertretungen bei grenzüberschreitenden Sachverhalten

I. Mitbestimmungsrechte des Betriebsrats (§§ 111 ff. BetrVG)

28 Mitbestimmungsrechte des Betriebsrats gemäß § 111 ff. BetrVG werden im Zuge eines internationalen Unternehmenskaufs nur dann ausgelöst, wenn in diesem Zusammenhang Strukturveränderungen auf betrieblicher Ebene – mithin **Betriebsänderungen** i. S. v. § 111 Satz 3 BetrVG – geplant bzw. umgesetzt werden. Derlei Restrukturierungsmaßnahmen sind sowohl im Zusammenhang mit einem Asset Deal (z. B. beim grenzüberschreitenden Betriebsübergang) als

---

48) BAG, NZA 2005, 311; a. A. *Däubler* in: Däubler/Kittner/Klebe, § 106 BetrVG Rz. 13a, wonach der Wirtschaftsausschuss solange im Amt bleibt, wie der ihn bildende Betriebsrat bzw. Gesamtbetriebsrat weiter seine Funktion ausübt.
49) *Kania* in: ErfKomm, § 106 BetrVG Rz. 2; *Fitting u. a.*, § 106 BetrVG Rz. 14; a. A. *Däubler* in: Däubler/Kittner/Klebe, § 106 BetrVG Rz. 23.
50) *Hohenstatt*, EuZW 1995, 169, 179.
51) Vgl. dazu *Thüsing/Forst*, NZA 2009, 408.

D. Beteiligungsrechte von Arbeitnehmervertretungen

auch einem Share Deal möglich. Der Betriebsrat hat jedoch keine Möglichkeit, die Umsetzung der unternehmerischen Entscheidung i. R. d. Interessenausgleichs- und Sozialplanverhandlungen zu verhindern. Ebenso ist es Gewerkschaften verwehrt, Betriebsschließungen oder -verlagerungen unter Einsatz von Arbeitskämpfen zu verhindern.[52] Die Verhandlungen mit dem Betriebsrat sind jedoch regelmäßig mit einem erheblichen Zeitaufwand verbunden. Vor Abschluss der Interessenausgleichsverhandlungen ist der Arbeitgeber nicht berechtigt, einseitig mit der Umsetzung der betrieblichen Maßnahmen zu beginnen.

Umstritten ist, ob der Betriebsrat zur Sicherung seiner Mitwirkungsrechte dem Arbeitgeber durch einstweilige Verfügung untersagen kann, eine betriebliche Restrukturierung durchzuführen.[53] Sofern sich die Strukturveränderungen jedoch allein auf der gesellschaftsrechtlichen Ebene erschöpfen (z. B. Übertragung der Anteile an einer deutschen Gesellschaft auf einen ausländischen Erwerber), werden keine Beteiligungsrechte gemäß §§ 111 ff. BetrVG ausgelöst. Gleiches gilt, wenn der Betrieb gemäß § 613a BGB ohne jegliche betriebliche Strukturveränderungen – also ohne Verlagerung ins Ausland – an einen ausländischen Erwerber veräußert wird. Insofern bestehen im Vergleich zu rein innerstaatlichen Unternehmenskäufen keine Unterschiede. 29

Besondere Probleme können jedoch dann auftreten, wenn der **ausländische Erwerber** – z. B. aufgrund einer globalen strategischen Entscheidung – die lokale Geschäftsleitung anweist, Restrukturierungsmaßnahmen auf betrieblicher Ebene umzusetzen. In diesem Fall steht zwar außer Frage, dass mit dem zuständigen Betriebsrat – sofern der Schwellenwert von 20 Arbeitnehmern erreicht ist – Verhandlungen über Abschluss eines Interessenausgleichs und Sozialplans zu führen sind. Es stellt sich jedoch die Frage, wem in diesem Fall die Unterrichtungs- und Beratungsverpflichtungen gemäß § 111 BetrVG obliegen. In der Praxis kommt es nicht selten vor, dass Betriebsräte Informationsansprüche direkt gegen die **ausländische Konzernobergesellschaft** geltend machen. Zu Unrecht, denn die Unterrichtungs- und Beratungsrechte richten sich stets gegen den Arbeitgeber. Dies gilt auch dann, wenn die Betriebsänderung durch den Gesellschafter oder eine andere Konzernobergesellschaft geplant und beschlossen wird und diese den Arbeitgeber anweist, das unternehmerische Konzept umzusetzen.[54] Eine nach einem entsprechenden Beschluss der Gesellschafterversammlung erfolgte Beteiligung des Betriebsrats durch den Arbeitge- 30

---

52) *Hohenstatt/Schramm*, DB 2004, 2214; *Löwisch*, DB 2005, 554, 558.
53) Vgl. die Übersicht zum Meinungsstand bei *Kania* in: ErfKomm, § 111 BetrVG Rz. 24.
54) BAG, NZA 1991, 681 = AP Nr. 21 zu § 113 BetrVG 1972; *Annuß* in: Richardi, § 111 BetrVG Rz. 146; *Schweibert* in: Willemsen/Hohenstatt/Schweibert/Seibt, Umstrukturierung, C Rz. 142a; *Fitting u. a.*, § 111 BetrVG Rz. 104; a. A. *Däubler* in: Däubler/Kittner/Klebe, § 111 Rz. 130, sofern eine besonders enge Anbindung der Konzerngesellschaft besteht (z. B. Eingliederung, Vertragskonzern).

ber ist auch rechtzeitig i. S. v. § 111 Abs. 1 Satz 1 BetrVG.[55] Eine vorherige Unterrichtungspflicht seitens der Gesellschafterin oder einer anderen Konzernobergesellschaft besteht nicht.[56]

31 Auch wenn die Planung einer Betriebsänderung durch eine (ausländische) Konzernobergesellschaft erfolgt, kann sich der Arbeitgeber im Hinblick auf seine Unterrichtungspflichten nicht hinter der Konzernobergesellschaft „verstecken".[57] Ein **Beschaffungsanspruch des Betriebsrats** gegen den Arbeitgeber, diesen zu verpflichten seinerseits die Konzernobergesellschaft gerichtlich zur Herausgabe von Informationen zu zwingen, besteht jedoch nicht. Nach den allgemeinen Grundsätzen des Betriebsverfassungsrechts ist der Arbeitgeber prinzipiell nur verpflichtet, Informationen weiterzuleiten, die ihm selbst zur Verfügung stehen.[58] Auch aus § 17 Abs. 3a KSchG ergibt sich nichts anderes. Diese Vorschrift sieht vor, dass die Beteiligungsrechte des Betriebsrats gemäß § 17 KSchG im Zusammenhang mit Massenentlassungen auch dann gelten, wenn die zugrunde liegende Entscheidung von einem herrschenden Unternehmen getroffen wurde. Ein Auskunftsanspruch des Arbeitgebers gegen die Konzernobergesellschaft wird darin aber gerade nicht begründet.[59]

32 Ebenso wenig sind die in der Entscheidung des BAG[60] zum Europäischen Betriebsrat herangezogenen Erwägungen auf die Unterrichtungs- und Beratungsrechte bei Betriebsänderungen anwendbar. Diese Entscheidung betraf den Sonderfall eines konzernweiten Auskunftsanspruchs im Zusammenhang mit der Errichtung von Europäischen Betriebsräten. Daraus kann nicht allgemein gefolgert werden, dass ein deutsches Unternehmen Informationsansprüche gegen eine Konzernobergesellschaft hat, wenn es selbst nicht über die nötigen Informationen verfügt.[61] Im Übrigen gewährt auch die Richtlinie 2002/14/G zur Unterrichtung und Anhörung der Arbeitnehmer keine Informationsrechte des Betriebsrats gegenüber Konzernobergesellschaften oder einen Beschaffungsanspruch gegen den Arbeitgeber, der ihn dazu zwingen würde, falls erforderlich, auch im Rechtswege gegenüber Konzernobergesellschaften vorzugehen.

---

55) BAGE 110, 122 = NZA 2004, 931 = AP Nr. 47 zu § 113 BetrVG 1972.
56) BAG, NZA 1991, 681 = AP Nr. 21 zu § 113 BetrVG 1972.
57) Vgl. *Hohenstatt/Willemsen* in: Henssler/Willemsen/Kalb, § 111 BetrVG Rz. 61; *Däubler* in: Däubler/Kittner/Klebe, § 111 BetrVG Rz. 130.
58) *Schweibert* in: Willemsen/Hohenstatt/Schweibert/Seibt, Umstrukturierung, C Rz. 142b; *Diller/Powietzka*, DB 2001, 1034 f.
59) *Diller/Powietzka*, DB 2001, 1034 f.
60) BAG, NZA 2005, 118.
61) So bereits *Diller/Powietzka*, DB 2001, 1034, 1035.

D. Beteiligungsrechte von Arbeitnehmervertretungen

II. Unterrichtung des Wirtschaftsausschusses (§§ 106, 109a BetrVG)

Im Fall einer Unternehmensübernahme ist der Wirtschaftsausschuss gemäß 33 §§ 106, 109a BetrVG zu beteiligen. Nach der **Neuregelung des § 106 Abs. 3 Nr. 9a BetrVG** muss eine Unterrichtung des beim übernommenen Unternehmen errichteten Wirtschaftsausschusses erfolgen, wenn die Übernahme mit einem Kontrollerwerb verbunden ist. Dies ist stets dann der Fall, wenn sämtliche Anteile des Unternehmens auf einen anderen Gesellschafter übertragen werden. Nach der Gesetzesbegründung soll eine Kontrolle des Unternehmens bereits dann vorliegen, wenn nur 30 % der Stimmrechte an dem Unternehmen übertragen werden. Insoweit wird auf § 29 Abs. 2 WpÜG verwiesen, der jedoch allein auf die Übernahme von börsennotierten Aktiengesellschaften zugeschnitten ist, bei denen eine solche Beteiligungshöhe eine faktische Hauptversammlungsmehrheit verschaffen kann.

Dagegen kann bei nicht börsennotierten Gesellschaften die Kontrolle allein 34 durch Übernahme von mehr als 50 % der Anteile oder der Stimmrechte an dem Unternehmen oder anderweitig vermittelten beherrschenden Einfluss (z. B. aufgrund eines Beherrschungsvertrags) erlangt werden.[62] Eine Anteilsveräußerung, die nicht zugleich mit einem Kontrollerwerb verbunden ist, begründet somit weder eine Unterrichtungspflicht gemäß § 106 Abs. 3 Nr. 9a BetrVG noch gemäß § 106 Abs. 3 Nr. 10 BetrVG.[63]

Fraglich ist, ob der bei einer Tochtergesellschaft errichtete Wirtschaftsaus- 35 schuss beteiligt werden muss, wenn – wie in der Praxis recht häufig – allein die Anteile der (fast) **arbeitnehmerlosen Muttergesellschaft** übernommen werden. Angesichts des Wortlauts der Regelung ist eine Unterrichtung nach § 106 BetrVG in diesen Fällen **abzulehnen**. Entscheidend ist nämlich, dass es in Bezug auf das Tochterunternehmen nicht zu einem Gesellschafterwechsel kommt. Gesellschafter ist weiterhin die Muttergesellschaft. Damit liegt eine *„Übernahme des Unternehmens"* nicht vor, sodass auch keine Unterrichtungspflicht gegenüber dem Wirtschaftsausschuss besteht. Eine vergleichbare Situation liegt vor bei der Verschmelzung von zwei arbeitnehmerlosen Holdinggesellschaften: Auch in diesem Fall ist der Entwurf des Verschmelzungsvertrags nach ganz überwiegender Ansicht nicht den auf Ebene der Tochtergesellschaften errichteten Betriebsräten gemäß § 5 Abs. 3 UmwG zuzuleiten.[64] Dies entspricht im Übrigen auch der überwiegenden Auffassung zur Unterrichtung nach § 10 WpÜG.

Nach § 106 Abs. 2 Satz 2 BetrVG ist ausschließlich der Unternehmer zur Un- 36 terrichtung des Wirtschaftsausschusses verpflichtet. Die Gesellschafter, die die

---

[62] *Simon/Dobel*, BB 2008, 1955; vgl. zu dem Begriff „Kontrolle" auch § 1 Abs. 8 KWB.
[63] *Simon/Dobel*, BB 2008, 1955.
[64] Vgl. dazu *Hohenstatt/Schramm* in: FS ARGE Arbeitsrecht im Deutschen Anwaltsverein, S. 629, 639.

Anteile an dem Zielunternehmen an den ausländischen Erwerber veräußern, sind hingegen nicht „*Unternehmer*" und damit auch nicht gegenüber dem Wirtschaftsausschuss unterrichtungsverpflichtet[65]. Ein wesentliches Problem der Neuregelung besteht somit darin, dass der Unternehmer zwar einerseits unterrichtungsverpflichtet ist, andererseits aber selbst nicht Partei des Anteilskaufvertrags ist und damit nicht notwendigerweise über die erforderlichen Informationen verfügt, um der Unterrichtungspflicht gegenüber dem Wirtschaftsausschuss nachzukommen. Nach den allgemeinen Grundsätzen des Betriebsverfassungsrechts ist der Arbeitgeber nur verpflichtet, diejenigen Informationen weiterzuleiten, die ihm selbst zur Verfügung stehen.[66] Für einen **„Informationsdurchgriff"** des Wirtschaftsausschusses auf die Gesellschafter bieten auch die Neuregelungen keinen Ansatzpunkt. Von daher ist die Geschäftsführung der Zielgesellschaft darauf angewiesen, dass der potentielle ausländische Erwerber oder der Veräußerer ihr freiwillig die erforderlichen Informationen überlassen. Sofern sich der Gesellschafter nicht kooperativ zeigt, besteht für den Arbeitgeber keine Möglichkeit, die Herausgabe von Informationen gerichtlich durchzusetzen.

37 Der Arbeitgeber ist gemäß § 106 Abs. 2 BetrVG dazu verpflichtet, den Wirtschaftsausschuss **rechtzeitig und umfassend** über die wirtschaftlichen Angelegenheiten unter Vorlage der erforderlichen Unterlagen zu **unterrichten**. Im Fall einer Unternehmensübernahme gehören zu den erforderlichen Unterlagen gemäß § 106 Abs. 2 Satz 2 BetrVG insbesondere die Angaben über den potentiellen Erwerber und dessen Absichten im Hinblick auf die künftige Geschäftstätigkeit des Unternehmens sowie die sich daraus ergebenden Auswirkungen auf die Arbeitnehmer. Diese Regelung ist insbesondere deshalb missglückt, weil die Angaben über den potentiellen Erwerber sowie dessen Absichten in der Regel nicht in Form von Unterlagen vorliegen.[67]

38 In der Praxis wird von Seiten des Wirtschaftsausschusses bzw. Betriebsrats oftmals die Forderung erhoben, **Einblick in den Anteilskaufvertrag** zu nehmen. Nach der Rechtsprechung des BAG besteht auf Vorlage des Veräußerungsvertrags grundsätzlich kein Anspruch, da der Inhalt dieses Vertrags nur das Innenverhältnis der Gesellschafter betrifft. Nur wenn in dem Anteilskauf-

---

65) *Simon/Dobel*, BB 2008, 1954; *Löw*, DB 2008, 758; zur Konstellation, dass eine Betriebsänderung i. S. v. § 111 BetrVG durch den Gesellschafter geplant und beschlossen wurde und dieser den Arbeitgeber anweist, das unternehmerische Konzept umzusetzen vgl. BAG, NZA 1991, 681 = AP Nr. 21 zu § 113 BetrVG 1972; AP Nr. 47 zu § 113 BetrVG 1972; *Annuß* in: Richardi, § 111 BetrVG Rz. 146; *Schweibert* in: Willemsen/Hohenstatt/Schweibert/Seibt, Umstrukturierung, C Rz. 142a; *Fitting u. a.*, § 111 BetrVG Rz. 104; a. A. *Däubler* in: Däubler/Kittner/Klebe, § 111 BetrVG Rz. 130 soweit eine besonders enge Anbindung der Konzerngesellschaft besteht, z. B. Eingliederung, Vertragskonzern.

66) *Schweibert* in: Willemsen/Hohenstatt/Schweibert/Seibt, Umstrukturierung, C Rz. 142b; *Diller/Powietzka*, DB 2001, 1034 f.

67) Vgl. dazu *Simon/Dobel* BB 2008, 1954.

vertrag Absprachen über die künftige Geschäftsführung oder Geschäftspolitik getroffen sind, soll der Vertrag dem Wirtschaftsausschuss vorzulegen sein.[68] Dementsprechend sind auch weitere Vereinbarungen, die das Innenverhältnis der auf Gesellschafterebene beteiligten Parteien betreffen (z. B. Letter of Intent, Memorandum of Understanding, Vertraulichkeitsvereinbarung), nicht vorzulegen. Hat der Arbeitgeber den Wirtschaftsausschuss über die künftige Geschäftspolitik des Erwerbers umfassend informiert bzw. ihm mitgeteilt, dass insoweit keine Veränderungen beabsichtigt sind, kann dem nicht entgegengehalten werden, diese Angaben könnten unrichtig sein. Die Vorlage von Unterlagen nach § 106 Abs. 2 BetrVG dient nämlich nicht der Kontrolle darüber, ob die Informationen des Arbeitgebers wahrheitsgemäß sind.[69]

Soweit es um die **„Angaben über den potentiellen Erwerber"** geht, ist der Unternehmer verpflichtet, Name und Anschrift des neuen Gesellschafters mitzuteilen.[70] Ungeklärt ist hingegen, ob sich die Informationspflicht nur auf die Erwerbergesellschaft oder auch auf deren Gesellschafter erstreckt. Insbesondere in den Fällen, in denen die Entscheidung nicht von der Erwerbergesellschaft selbst, sondern von deren Gesellschafter getroffen wird, liegt es nahe, die Unterrichtungspflicht auch auf diese Instanz zu erstrecken. Schwieriger gestaltet es sich, den Wirtschaftsausschuss über die Absichten des potentiellen Erwerbers im Hinblick auf die künftige Geschäftstätigkeit des Unternehmens zu unterrichten. Diese Angaben beziehen sich z. B. auf die zukünftige strategische Ausrichtung der Zielgesellschaft, eine möglicherweise veränderte regionale bzw. unternehmerische Schwerpunktsetzung (Konzentration auf bestimmte Kerngeschäftsfelder), Veränderungen des Geschäftsmodells oder der Produktpalette. Im Vorfeld einer Unternehmensübernahme wird der Arbeitgeber hierzu in der Regel – wenn überhaupt – nur sehr vage Angaben machen können. 39

Die Unterrichtung muss grundsätzlich gegenüber dem Wirtschaftsausschuss erfolgen. In Unternehmen, in denen kein Wirtschaftsausschuss besteht, hat der Arbeitgeber den **Betriebsrat** zu beteiligen (vgl. § 109a BetrVG). Besteht weder ein Wirtschaftsausschuss noch ein Betriebsrat, entfällt die Unterrichtungspflicht insgesamt. Besteht bei einem börsennotierten Unternehmen kein Wirtschaftsausschuss, sondern nur ein Betriebsrat, sollte zu Beginn des Unterrichtungsverfahrens gemäß dem WpÜG klargestellt werden, dass damit zugleich die Unterrichtungspflichten gemäß §§ 106 Abs. 3 Nr. 9a, 109 BetrVG erfüllt werden.[71] Wird eine (fast) arbeitnehmerlose Holdinggesellschaft übernommen 40

---

68) BAG, NZA 1991, 649, 651; *Willemsen/Lembke* in: Henssler/Willemsen/Kalb, § 106 BetrVG Rz. 83; *Röder/Göpfert*, BB 1997, 2105, 2106.
69) BAG, NZA 1991, 649, 650.
70) So auch bereits BAG, NZA 1991, 649, 650; vgl. *Willemsen/Lembke* in: Henssler/Willemsen/Kalb, § 106 BetrVG Rz. 83.
71) A. A. *Simon/Dobel*, BB 2008, 1954, wonach in diesem Fall die Unterrichtungspflicht gemäß §§ 106, 109 BetrVG entfällt.

und besteht auf Ebene der Holding ein **Konzernbetriebsrat**, stellt sich die Frage, ob dieser gemäß § 109a BetrVG zu unterrichten ist. Im Ergebnis ist dies zu verneinen, da der Konzernbetriebsrat nur für Angelegenheiten zuständig ist, die den Konzern betreffen und nicht für solche Angelegenheiten, die ausschließlich unternehmensbezogen sind.

41 Eine Unterrichtungspflicht besteht gemäß § 106 Abs. 2 Satz 1 BetrVG nur, soweit dadurch keine **Betriebs- oder Geschäftsgeheimnisse** gefährdet werden.[72] Eine Gefährdung der Betriebs- oder Geschäftsgeheimnisse kann bspw. dann vorliegen, wenn es sich um ein Geheimnis handelt, das aufgrund seiner herausragenden Bedeutung für die Entwicklung und den Bestand des Unternehmens grundsätzlich geheim zu halten ist, weil durch seine Preisgabe erhebliche Schäden drohen.[73] Ein solcher Fall dürfte insbesondere dann gegeben sein, wenn die konkrete Gefahr besteht, dass der potentielle Erwerber von der Unternehmensübernahme Abstand nimmt, wenn seine Absichten bezüglich der künftigen Geschäftstätigkeit vorzeitig bekannt werden. Kommt der Arbeitgeber der Unterrichtungspflicht nicht vollständig oder verspätet nach, kommt eine Ordnungswidrigkeit gemäß § 121 Abs. 1 BetrVG in Betracht. Eine solche Ordnungswidrigkeit kann mit einer Geldbuße bis zu 10.000 € geahndet werden. Schließlich hat der Wirtschaftsausschuss bzw. der Betriebsrat keine Handhabe, den Übernahmeprozess zu verhindern bzw. zu verzögern, wenn aus seiner Sicht die Unterrichtungspflicht nicht vollständig bzw. rechtzeitig erfüllt worden ist.

III. Beteiligungsrechte bei grenzüberschreitender Verschmelzung

42 Bei grenzüberschreitenden Verschmelzungen ist ein Verschmelzungsbericht gemäß § 122e Satz 1 UmwG anzufertigen, in dem u. a. Angaben zu den **Auswirkungen der grenzüberschreitenden Verschmelzung auf die Arbeitnehmer** der an der Verschmelzung beteiligten Gesellschaft aufzunehmen sind (zur grenzüberschreitenden Verschmelzung siehe oben unter § 13 Rz. 1 ff.). Dieser Verschmelzungsbericht (und nicht der Verschmelzungsplan) ist dem **zuständigen Betriebsrat** einen Monat vor Beschlussfassung der Anteilseigner über den Verschmelzungsplan zugänglich zu machen (vgl. § 122e Satz 2 UmwG); bei Fehlen eines Betriebsrats ist der Verschmelzungsbericht den Arbeitnehmern der an der Verschmelzung beteiligten Gesellschaft zugänglich zu machen.

43 Anders als in einem inländischen Verschmelzungsvertrag ist es nicht erforderlich, im Verschmelzungsbericht zu den Folgen der Verschmelzung für Arbeitnehmervertretungen oder zu den Auswirkungen auf die Unternehmensmitbestimmung Stellung zu nehmen. Auch Angaben über nach der Verschmelzung

---

72) Vgl. hierzu im Einzelnen *Kania* in: ErfKomm, § 106 BetrVG Rz. 6 m. w. N.
73) *Fitting u. a.*, § 106 BetrVG Rz. 30; *Willemsen/Lembke* in: Henssler/Willemsen/Kalb, § 106 BetrVG Rz. 52 m. w. N.

D. Beteiligungsrechte von Arbeitnehmervertretungen

geplante Maßnahmen, welche die Arbeitnehmer betreffen, sind entbehrlich. Entgegen einzelner Stimmen des gesellschaftsrechtlichen Schrifttums[74] unterscheidet sich damit der Umfang der Berichtspflicht im Verschmelzungsbericht bei grenzüberschreitender Verschmelzung und im innerstaatlichen Verschmelzungsvertrag erheblich. Die Beschränkung auf Angaben zu den Auswirkungen der grenzüberschreitenden Verschmelzung auf die Arbeitnehmer ergibt sich bereits aus dem **Wortlaut des Gesetzes**. Dass Angaben zu den Auswirkungen der Verschmelzung auf Arbeitnehmervertreter, Unternehmensmitbestimmung und nach der Verschmelzung geplante Maßnahmen erforderlich wären, kann dem Wortlaut des § 122e Satz 1 UmwG nicht entnommen werden. Auch die **Systematik** des UmwG stützt dieses Ergebnis. Werden in § 5 Abs. 1 Nr. 9 UmwG neben den *„Angaben zu den Auswirkungen auf die Arbeitnehmer"* auch die Auswirkungen auf die Arbeitnehmervertreter und die nach der Verschmelzung geplanten Maßnahmen benannt, fehlt eine solche Erwähnung in § 122e Satz 1 UmwG. Sowohl die Entstehungsgeschichte als auch die Systematik des Art. 7 der Verschmelzungsrichtlinie 2005/56/EG unterstützen die hier vertretene enge Auslegung. Bezugspunkt der arbeitsrechtlichen Angaben sind auch im Verschmelzungsbericht bei grenzüberschreitenden Verschmelzungen stets die hieran beteiligten Rechtsträger, sodass Angaben über die Folgen der grenzüberschreitenden Verschmelzung für Arbeitnehmer Tochtergesellschaften ebenso wie gemäß § 5 Abs. 1 Nr. 9 UmwG nicht erforderlich sind.

Darzustellen ist hingegen der Übergang der dem übertragenen Rechtsträger 44 bestehenden Arbeitsverhältnisse auf den übernehmenden Rechtsträger. Ebenso wie bei § 5 Abs. 1 Nr. 9 UmwG entfällt die Berichtspflicht nicht, wenn bei den an der Umwandlung beteiligten Rechtsträgern keine Betriebsräte gebildet sind.

E. Unternehmensmitbestimmungsrechtliche Auswirkungen

Grenzüberschreitende Unternehmenstransaktionen können erhebliche Auswirkungen auf das bestehende Unternehmensmitbestimmungsregime haben, da Unternehmen ausländischer Rechtsform nicht von den deutschen Unternehmensmitbestimmungsgesetzen (insbesondere MitbestG, DrittelbG) erfasst sind, und zwar unabhängig davon, ob diese Gesellschaften ihren Sitz im In- oder Ausland haben.[75] Auch Arbeitnehmer, die in unselbständigen Niederlassungen deutscher Unternehmen im Ausland beschäftigt sind, werden bei der Ermittlung der maßgeblichen Schwellenwerte in der Regel nicht berücksichtigt.[76]

---

74) Vgl. *Vetter*, AG 2006, 613; *Hausch*, RNotZ 2007, 308.
75) Vgl. *Ulmer/Habersack* in: Ulmer/Habersack/Henssler, § 1 MitbestG Rz. 8a; *Seibt* in: Henssler/Willemsen/Kalb, § 1 MitbestG Rz. 9 m. w. N.
76) Vgl. *Henssler* in: Ulmer/Habersack/Henssler, § 3 MitbestG Rz. 36 m. w. N. sowie zu dem Sonderfall der Ausstrahlung eines in Deutschland begründeten Arbeitsverhältnisses.

I. Mitbestimmungsbeibehaltungsgesetz

46 Im Fall einer **grenzüberschreitenden Einbringung**[77] kann ein drohender Mitbestimmungsverlust bei der inländischen Gesellschaft mit Hilfe des **Mitbestimmungsbeibehaltungsgesetzes** (MitbestBeiG) vermieden werden. Das MitbestBeiG sieht im Fall einer grenzüberschreitenden Einbringung die Aufrechterhaltung des bisher einschlägigen Mitbestimmungsstatuts unter bestimmten Voraussetzungen vor. § 1 MitbestBeiG erfasst die Einbringung von Anteilen an einer innerhalb der EU ansässigen Kapitalgesellschaft sowie die grenzüberschreitende Einbringung von Betrieben oder Teilbetrieben, und zwar jeweils gegen Gewährung von Anteilen der aufnehmenden, in der EU ansässigen Kapitalgesellschaft.[78] Das MitbestBeiG greift grundsätzlich[79] dann ein, wenn die Einbringung dazu führt, dass bei einem an diesem Vorgang beteiligten oder nicht beteiligten Unternehmen die Voraussetzungen der bisherigen Mitbestimmungsform entfallen.[80] Sofern das Mitbestimmungsstatut aufgrund von § 1 MitbestBeiG aufrechterhalten wird, läuft die reguläre Amtszeit der Aufsichtsratsmitglieder grundsätzlich weiter; ein Statusverfahren findet nicht statt. Gesichert wird indes allein das **Mitbestimmungsstatut**; die Fiktion bezieht sich dagegen nicht auf die Berechnung der Arbeitnehmerzahl, soweit die Größe des Aufsichtsrats hiervon abhängt. Ebenso wenig gilt sie für das Wahlverfahren, sodass die infolge der Einbringung „*ausgeschiedenen*" Arbeitnehmer in Bezug auf den bisher für sie zuständigen Aufsichtsrat weder aktiv noch passiv wahlberechtigt sind; die entsprechenden Arbeitnehmervertreter im Aufsichtsrat verlieren ihr Amt.[81]

47 Von ihrer Zweckrichtung her ist diese Regelung mit der Mitbestimmungsbeibehaltungsvorschrift des § 325 Abs. 1 UmwG vergleichbar.[82] Gesichert wird das **konkrete Mitbestimmungsstatut**, sodass es für die Anwendung des MitbestBeiG bspw. unerheblich wäre, wenn eine bislang nach dem MitbestG mitbestimmte Gesellschaft nach der Einbringung (noch) dem Geltungsbereich des

---

77) Zu den möglichen Fallkonstellationen ausführlich *Seibt* in: Willemsen/Hohenstatt/Schweibert/Seibt, Umstrukturierung, F Rz. 128 ff.
78) Hierzu im Einzelnen *Schupp*, S. 137 ff.
79) Die Fiktionswirkung tritt nicht ein, wenn die vom UmwStG vorgesehenen steuerlichen Erleichterungen nicht in Anspruch genommen werden, § 2 Abs. 1 MitbestBeiG; vgl. dazu *Koberski* in: Wlotzke/Wissmann/Koberski/Kleinsorge, § 1 MitbestG Rz. 102.
80) Beispiel: Die Betriebe einer Tochtergesellschaft werden auf eine ausländische Kapitalgesellschaft eingebracht mit der Folge, dass im Wege der Zurechnung gem. § 5 MitbestG der maßgebliche Schwellenwert von mehr als 2.000 Arbeitnehmern bei der fast arbeitnehmerlosen Konzernspitze nicht mehr erreicht wird.
81) *Koberski* in: Wlotzke/Wissmann/Koberski/Kleinsorge, § 1 MitbestG Rz. 101.
82) Im Unterschied zu § 325 Abs. 1 UmwG erstreckt sich das MitbestBeiG jedoch auch auf die „an der Umwandlung nicht beteiligten Unternehmen".

E. Unternehmensmitbestimmungsrechtliche Auswirkungen

DrittelbG unterläge.[83)] Anders als § 325 Abs. 1 UmwG (Beibehaltung für fünf Jahre) sieht das MitbestBeiG **keine zeitliche Befristung** vor. Eine Ausnahme der Mitbestimmungsbeibehaltung ist in § 2 Abs. 2 Nr. 2 MitbestBeiG[84)] für den Fall vorgesehen, dass infolge der Einbringung die Zahl der Arbeitnehmer unter ein Viertel der für das Eingreifen der Unternehmensmitbestimmung erforderlichen Mindestzahl sinkt (Beispiel: Im Fall eines nach dem MitbestG mitbestimmten Unternehmens sinkt die Arbeitnehmerzahl infolge der Einbringung auf unter 500.); insoweit entspricht die Regelung der Vorschrift des § 325 Abs. 1 UmwG.[85)] Werden hingegen Vermögensgegenstände eines ausländischen Rechtsträgers auf eine inländische Gesellschaft qua Einzelrechtsnachfolge übertragen, ist im Regelfall davon auszugehen, dass diese Umstrukturierung für den übernehmenden Rechtsträger wegen des räumlich begrenzten Geltungsbereichs der Mitbestimmungsgesetze mitbestimmungsneutral ist.[86)]

II. Gesetz über die Mitbestimmung der Arbeitnehmer bei einer grenzüberschreitenden Verschmelzung

Die mitbestimmungsrechtlichen Folgen einer **Verschmelzung durch Gesamtrechtsnachfolge** sind seit dem 29.12.2006 im Gesetz über die Mitbestimmung der Arbeitnehmer bei einer grenzüberschreitenden Verschmelzung (**MgVG**) geregelt. In § 3 Abs. 1 Satz 1 MgVG ist klargestellt, dass dieses Gesetz in erster Linie auf **Hereinverschmelzungen** anwendbar ist. Bei Herausverschmelzungen richtet sich die Unternehmensmitbestimmung in der Zielgesellschaft nach den jeweiligen Umsetzungsvorschriften zur Verschmelzungs-Richtlinie am Sitz der übernehmenden Gesellschaft.[87)]   48

Das MgVG ist anwendbar bei grenzüberschreitenden Verschmelzungen von Kapitalgesellschaften, die nach dem Recht eines EU- bzw. EWR-Staats gegründet wurden und ihren satzungsmäßigen Sitz, ihre Hauptverwaltung oder ihre Hauptniederlassung in einem dieser Staaten haben. Eine grenzüberschreitende Verschmelzung erfolgt auf der Grundlage eines Verschmelzungsplans (vgl. § 122c UmwG); darüber hinaus haben die beteiligten Gesellschaften einen Verschmelzungsbericht zu verfassen (vgl. § 122e UmwG).   49

---

83) *Ulmer/Habersack* in: Ulmer/Habersack/Henssler, § 1 MitbestG Rz. 47; vgl. dazu auch dieselbe Problematik bei einer Mitbestimmungsbeibehaltung gem. § 325 Abs. 1 UmwG; *Hohenstatt/Schramm* in: KölnKomm-UmwG, § 325 UmwG Rz. 7 ff.
84) Zu dem weiteren Ausnahmetatbestand des § 2 Abs. 1 Ziff. 1 MitbestBeiG vgl. *Ulmer/Habersack* in: Ulmer/Habersack/Henssler, § 1 MitbestG Rz. 47.
85) *Hanau*, ZGR 2001, 75, 100; vgl. zu § 325 Abs. 1 UmwG im Einzelnen *Hohenstatt/Schramm* in: KölnKomm-UmwG, § 325 UmwG Rz. 14 ff.
86) *Seibt* in: Willemsen/Hohenstatt/Schweibert/Seibt, Umstrukturierung, F Rz. 136.
87) Vgl. *Müller-Bonanni/Müntefering*, NJW 2009, 2347, 2348 m. w. N.

50 Grundsätzlich gilt nach einer solchen grenzüberschreitenden Verschmelzung in mitbestimmungsrechtlicher Hinsicht das Recht desjenigen Staats, in dem der übernehmende Rechtsträger seinen satzungsmäßigen Sitz hat (sog. *Sitzstaatsprinzip*). Dieses Prinzip gilt indes dann nicht, wenn die in § 5 MgVG geregelten Ausnahmetatbestände erfüllt sind;[88] in diesem Fall ist ein **besonderes Verhandlungsgremium** zu bilden (BVG), mit dem Verhandlungen zwecks Festlegung des Mitbestimmungsregimes zu führen sind. Der Mindestinhalt solcher Mitbestimmungsvereinbarungen ist in § 22 MgVG geregelt.[89] Scheitern die Verhandlungen, greift die gesetzliche **Auffangregelung** ein. Danach setzt sich unter mehreren Mitbestimmungsregimen dasjenige System durch, das den höchsten Anteil an Arbeitnehmervertretern im jeweiligen Aufsichtsorgan vorsieht. Gesichert wird hierdurch jedoch nur der Anteil, nicht die absolute Zahl der Arbeitnehmervertreter.[90]

51 Im Gegensatz zu einer SE-Verschmelzung greift diese Auffanglösung aber nur dann ein, wenn mindestens ein Drittel der Arbeitnehmer (bei SE-Verschmelzung: ein Viertel) der an der Verschmelzung beteiligten Gesellschaften einem Mitbestimmungsregime unterliegt.[91] Damit unterfällt die Gesellschaft nicht mehr dem deutschen Mitbestimmungsrecht, sondern dem Sondermitbestimmungsrecht der Auffangregelung, das – neben einigen weiteren Modifikationen – im Vergleich zum deutschen Mitbestimmungsrecht *„statisch"* ausgestaltet ist. Mit Hilfe der Auffangregelung ist es also möglich, den bisherigen Mitbestimmungsstatus **„einzufrieren"**. Diese Gestaltungsmöglichkeit ist aus Unternehmenssicht insbesondere dann attraktiv, wenn z. B. angesichts geplanter Neuakquisitionen zu erwarten ist, dass der nach MitbestG maßgebliche Schwellenwert von 2.000 Arbeitnehmern zeitnah überschritten wird und deshalb an sich künftig ein paritätisch – statt eines bisher drittelparitätisch – besetzter Aufsichtsrat zu bilden wäre. Allerdings wirkt diese Rechtsfolge auch in *„umgekehrte"* Richtung: Sinkt die relevante Arbeitnehmerzahl unter den Schwellenwert von 500 Arbeitnehmern ab, bleibt das bisherige Mitbestimmungsstatut gleichwohl in Kraft.[92]

52 Das BVG kann indes auch beschließen, keine Verhandlungen aufzunehmen bzw. bereits aufgenommene Verhandlungen abzubrechen. Ein solcher Beschluss hat nach § 18 Satz 3 MgVG zur Folge, dass das Mitbestimmungsrecht des Sitzstaats – also das inländische Mitbestimmungsrecht im Geltungsbereich

---

88) Zu den damit in der Praxis auftretenden Zweifelsfragen vgl. *Müller-Bonanni/Müntefering*, NJW 2009, 2347, 2349.
89) Vgl. *Seibt* in: Willemsen/Hohenstatt/Schweibert/Seibt, Umstrukturierung, F Rz. 135a.
90) Vgl. *Hohenstatt/Dzida* in: Henssler/Willemsen/Kalb, MgVG Rz. 22.
91) Vgl. zu den weiteren Einzelheiten *Seibt* in: Willemsen/Hohenstatt/Schweibert/Seibt, Umstrukturierung, F Rz. 135a ff.
92) Vgl. *Hohenstatt/Dzida* in: Henssler/Willemsen/Kalb, MgVG Rz. 22.

E. Unternehmensmitbestimmungsrechtliche Auswirkungen

des MgVG – zur Anwendung gelangt. Daneben haben die an der Verschmelzung beteiligten Gesellschaften die Möglichkeit, zur Vermeidung langwieriger Verhandlungen für die gesetzliche Auffangregelung zu votieren (vgl. § 23 Abs. 1 Satz 1 Nr. 3 MgVG). Es kann daher in bestimmten Konstellationen aus Sicht der Unternehmensleitung vorzugswürdig erscheinen, einem Beschluss des BVG zur Nichtaufnahme der Verhandlungen zuvorzukommen, um auf diese Weise die Aufrechterhaltung der bisherigen Aufsichtsratsgröße zu vermeiden. Nach einem unternehmensseitigen Beschluss gemäß § 23 Abs. 1 MgVG könnte nämlich unter Geltung der Auffangregelung zumindest die Gesamtgröße des Aufsichtsrats durch entsprechende Anpassung der Satzung – unter Beachtung von § 95 AktG – verkleinert werden. Hierzu ist indes zwingend erforderlich, dass die Gesellschaften einen solchen Beschluss zeitlich vor Ausübung des Optierungsrechts durch das BVG fassen, was nach dem ausdrücklichen Wortlaut des § 23 Abs. 1 Satz 3 MgVG auch bereits vor Aufnahme der Verhandlungen zulässigerweise erfolgen kann.[93]

III. SE-Beteiligungsgesetz

Das **Ziel** des Gesetzes über die Beteiligung der Arbeitnehmer in einer Europäischen Gesellschaft (**SE-Beteiligungsgesetz – SEBG**) besteht darin, die bestehenden Rechte der Arbeitnehmer auf Beteiligung an unternehmerischen Entscheidungen zu sichern. Anknüpfungspunkt für die Ausgestaltung der Beteiligungsrechte in der SE (Societas Europaea) sind die bestehenden Beteiligungsrechte in denjenigen Gesellschaften, die die SE gründen (§ 1 Abs. 1 Satz 2 und 3 SEBG). Die Beteiligung der Arbeitnehmer in der SE soll vorrangig kraft Vereinbarung geregelt werden. Sofern eine solche Vereinbarung nicht zustande kommt, greifen kraft Gesetzes die Regelungen über die Beteiligungsrechte gemäß §§ 22 bis 39 SEBG ein. Die Gründung einer SE kann erst dann wirksam erfolgen, wenn zuvor eine Vereinbarung über die Beteiligung der Arbeitnehmer abgeschlossen worden ist oder ein Beschluss über die Nichtaufnahme bzw. den Abbruch der Verhandlungen vorliegt oder die Verhandlungsfrist abgelaufen ist.[94]

53

Zuständig für die Verhandlung einer Vereinbarung über die Beteiligungsrechte der Arbeitnehmer in der SE ist das **besondere Verhandlungsgremium** (BVG). Die Bildung des BVG erfolgt auf Initiative der zur operativen Leitung der beteiligten Gesellschaften befugten Unternehmensorgane (sog. *Leitungen*, § 2 Abs. 5 SEBG).[95] Die Leitungen haben in der Regel ein hohes Interesse an einer ordnungsgemäßen Durchführung des Verfahrens, weil hiervon die wirksame Ein-

54

---

93) Vgl. dazu im Einzelnen *Müller-Bonanni/Müntefering*, NJW 2009, 2347, 2351 f. m. w. N.
94) Vgl. dazu insgesamt *Hohenstatt/Dzida* in: Henssler/Willemsen/Kalb, SEBG Rz. 1 ff.
95) Vgl. dazu im Einzelnen *Grobys*, NZA 2005, 84, 86; *Koberski* in: Wlotzke/Wissmann/Koberski/Kleinsorge, EG-Recht Rz. 31.

tragung der SE abhängt.⁹⁶⁾ Danach sind die Arbeitnehmervertretungen und Sprecherausschüsse in den beteiligten Gesellschaften, den betroffenen Tochtergesellschaften und betroffenen Betrieben schriftlich zur Bildung eines BVG aufzufordern. Nach der Konstituierung besteht die Aufgabe des BVG darin, mit den Leitungen eine schriftliche Vereinbarung über die Beteiligung der Arbeitnehmer in der SE abzuschließen.

55 Sofern nach Maßgabe der abzuschließenden Vereinbarung die bestehenden Mitbestimmungsrechte gemindert werden sollen, ist hierfür eine Zweidrittelmehrheit erforderlich (§ 15 Abs. 3 SEBG). In Falle der Errichtung einer SE durch Umwandlung gilt allerdings gemäß § 21 Abs. 6 SEBG, dass die Vereinbarung keine Minderung der Mitbestimmungsrechte vorsehen darf. Eine Minderung der Mitbestimmungsrechte liegt vor, wenn der Anteil der Arbeitnehmer im Aufsichts- oder Verwaltungsorgan der SE geringer werden soll als bei der beteiligten Gesellschaft mit dem bislang höchsten Anteil (§ 15 Abs. 4 Nr. 1 SEBG); entsprechendes gilt, wenn nach der Vereinbarung das Recht beseitigt oder eingeschränkt werden soll, Mitglieder des Aufsichts- oder Verwaltungsorgans zu wählen, zu bestellen, zu empfehlen oder abzulehnen (§ 15 Abs. 4 Nr. 2 SEBG). Auch der Beschluss des BVG, keine Verhandlungen aufzunehmen bzw. diese abzubrechen, erforderte eine Zweidrittelmehrheit.

56 In Bezug auf den **Inhalt der schriftlichen Vereinbarung** über die Beteiligung der Arbeitnehmer legt § 21 SEBG bestimmte Mindestinhalte fest. Inhalt der Vereinbarung ist zum einen die Zusammensetzung des **SE-Betriebsrats**, die Anzahl seiner Mitglieder und die Sitzverteilung, einschließlich der Auswirkungen wesentlicher Änderungen der Zahl der in der SE beschäftigten Arbeitnehmer (§ 21 Abs. 1 Nr. 2 SEBG). Alternativ hierzu kann die Schaffung eines anderen gleichwertigen Verfahrens zur Unterrichtung und Anhörung der Arbeitnehmer vorgesehen werden. Zum anderen haben die Parteien die Möglichkeit, eine Vereinbarung über den **Inhalt der Unternehmensmitbestimmung** zu treffen, insbesondere die Zahl der Arbeitnehmervertreter im Aufsichts- oder Verwaltungsorgan, das Wahl- und Bestellungsverfahren der Arbeitnehmervertreter sowie deren Rechte. Für die Praxis von Bedeutung ist, dass die Zahl der Aufsichtsrats- bzw. Verwaltungsratsmitglieder abweichend von § 7 MitbestG geregelt werden kann.

57 Die **gesetzlichen Auffangregelungen** finden insbesondere dann Anwendung, wenn deren Anwendung von den Parteien vereinbart wird oder bis zum Ende des in der Regel sechsmonatigen Verhandlungszeitraums keine Vereinbarung mit dem BVG zu Stande gekommen ist (§ 22 SEBG). Danach ist ein SE-Betriebsrat zu errichten, um das Recht der Arbeitnehmer auf die „betriebliche" Mitbestimmung zu sichern (§ 23 Abs. 1 Satz 1 SEBG). Da der SE-Betriebsrat

---

96) *Hohenstatt/Dzida* in: Henssler/Willemsen/Kalb, SEBG Rz. 12.

E. Unternehmensmitbestimmungsrechtliche Auswirkungen

einem kraft Gesetzes errichteten Europäischen Betriebsrat in Bezug auf Aufgaben und Geschäftsführung ähnelt, ist neben dem SE-Betriebsrat kein Europäischer Betriebsrat zu bilden. Ein Europäischer Betriebsrat, der bei den beteiligten Gesellschaft besteht, erlischt mit der Gründung der SE (§ 47 Abs. 1 Nr. 2 SEBG).[97] Die Aufgaben und Zuständigkeiten des SE-Betriebsrat erstrecken sich auf grenzüberschreitende Angelegenheiten (§ 27 SEBG).

In Bezug auf die **Unternehmensmitbestimmung** unterliegt die SE ausschließlich dem Regime des SEBG; die nationalen Mitbestimmungsregeln finden auf die SE keine Anwendung (§ 47 Abs. 1 Nr. 1 SEBG). Ob die Regeln über die Mitbestimmung kraft Gesetzes eingreifen, hängt davon ab, auf welche Weise die SE gegründet wird. Bei einer Gründung durch formwechselnde Umwandlung in eine SE finden die gesetzlichen Regelungen bspw. Anwendung, wenn in der Gesellschaft zuvor Bestimmungen zur Unternehmensmitbestimmung galten (§ 34 Abs. 1 Nr. 1 SEBG).[98] Der **Umfang der Mitbestimmung** richtet sich nach § 35 SEBG. Erfolgt die Gründung der SE durch Umwandlung, bleibt die Regelung zur Mitbestimmung erhalten (§ 35 Abs. 1 SEBG); dies bedeutet, dass die proportionale Zusammensetzung des Aufsichts- bzw. Verwaltungsorgans unverändert bleibt. Unterlag also die Gesellschaft vor der Umwandlung dem DrittelbG und wird bei der SE ein Aufsichtsorgan gebildet, so wird dieses Aufsichtsorgan auch künftig drittelparitätisch besetzt sein. Dies hat indes nicht automatisch zur Folge, dass auch die absolute Zahl der Mitglieder des Aufsichtsorgans in der SE unverändert bleibt. Sofern eine Gesellschaft bislang – z. B. wegen Nicht-Erreichens des maßgeblichen Schwellenwerts von 500 Arbeitnehmern – mitbestimmungsfrei war, kann die Umwandlung in eine SE zur **Vermeidung der Unternehmensmitbestimmung** führen, wenn der Formwechsel erfolgt, bevor der Schwellenwert überschritten wird.[99] Bei allen anderen Gründungsformen richtet sich der Anteil der Arbeitnehmervertreter nach den höchsten Anteil an Arbeitnehmervertretern, der in den Organen der beteiligten Gesellschaften vor der Eintragung der SE bestanden hat (§ 35 Abs. 2 Satz 2 SEBG). Im Regelfall wird dies dazu führen, dass das deutsche Mitbestimmungsniveau bei der SE fortgeführt wird, weil dort regelmäßig das höchste Mitbestimmungsniveau gilt.[100] Bedeutsam ist in diesem Zusammenhang, dass das Mitbestimmungsniveau statisch fortgilt, sodass eine SE-Gründung zum „**Einfrieren**" des Mitbestimmungsniveaus genutzt werden kann.[101]

58

---

97) *Grobys*, NZA 2005, 84, 88.
98) Zu den weiteren Fallgestaltungen vgl. § 34 Abs. 1 Nr. 2 und 3 SEBG.
99) *Hohenstatt/Dzida* in: Henssler/Willemsen/Kalb, SEBG Rz. 48.
100) *Grobys*, NZA 2005, 84, 90.
101) *Seibt* in: Willemsen/Hohenstatt/Schweibert/Seibt, Umstrukturierung, F Rz. 137 f.

§ 11 Kartellrecht

Übersicht

A. Einleitung 1
B. Das Problem der Mehrfachanmeldungen 4
   I. Transaktionsstruktur und Zusammenschlussbegriff 6
   II. Umsatz- und sonstige Aufgreifschwellen 10
   III. Anmeldeverfahren und strategische Überlegungen 17
C. Europäisches Kartellrecht 25
   I. Überblick 25
   II. Zusammenschlusskontrolle 26
     1. Grundlagen 26
       a) Entstehung und Reform der FKVO 26
       b) Begleitende Rechtsakte und Verwaltungsvorschriften 29
     2. Internationaler Anwendungsbereich 32
       a) Grundlagen 32
       b) Auswirkungsprinzip und Anmeldeerfordernis 34
       c) Erweiterung des Anwendungsbereichs durch internationale Abkommen 40
       d) Verhältnis zur nationalen Fusionskontrolle (EU/EWR) 41
       e) Parallelverfahren im Ausland 45
     3. Anmeldepflichtige Zusammenschlüsse 47
       a) Zusammenschlusstatbestand 48
         aa) Grundlagen 48
         bb) Fusion 50
         cc) Kontrollerwerb 52
         dd) Gemeinschaftsunternehmen 59
         ee) Einschränkungen des Zusammenschlussbegriffs 62
       b) Umsatzanforderungen 63
         aa) Umsatzschwellenwerte 63
         bb) Beteiligte Unternehmen 66
         cc) Umsatzberechnung 70
     4. Materielle Untersagungsvoraussetzungen 72
       a) Einführung 72
       b) Marktdefinition 75
         aa) Sachlich relevanter Markt .. 77
         bb) Räumlich relevanter Markt 81
       c) Erhebliche Behinderung wirksamen Wettbewerbs 85
         aa) Überblick über den SIEC-Test 85
         bb) Horizontale Zusammenschlüsse 89
          (1) Einzelmarktbeherrschung 91
          (2) Kollektive Marktbeherrschung 100
          (3) Nicht koordinierte (unilaterale) Wirkungen ... 103
         cc) Sonstige Zusammenschlüsse 105
          (1) Vertikale Zusammenschlüsse 106
           (aa) Grundlagen 106
           (bb) Marktabschottung 109
           (cc) Erleichterung kollusiven Verhaltens 112
          (2) Konglomerate Zusammenschlüsse 113
           (aa) Grundlagen 113
           (bb) Marktabschottungseffekte 115
           (cc) Erleichterung kollusiven Verhaltens 116
         dd) Wesentlicher Teil des Gemeinsamen Marktes 117
         ee) Kausalität (Sanierungsfusionen) 118
         ff) Abwägungsklausel 119
         gg) Nebenabreden 120

5. Sonderregeln für Vollfunktions-GU 123
   a) Überblick 123
   b) Materiell-rechtliche Doppelkontrolle 126
     aa) SIEC-Test 126
     bb) Die Prüfung nach Art. 2 Abs. 4 und 5 FKVO 127
   c) Nebenabreden 132
6. Verfahren 134
   a) Informelle Vorgespräche, Anmeldung und Vollzugsverbot 134
   b) Gang des Verfahrens 139
   c) Verweisungen zwischen der Kommission und nationalen Kartellbehörden 145
     aa) Verweisungen von der Kommission an nationale Behörden 146
     bb) Verweisungen von nationalen Behörden an die Kommission 149
     cc) Verweisungen nach dem EWR-Abkommen 152
   d) Verfahrensabschluss 155
   e) Rechtsschutz 158
III. Kartellverbot 162
  1. Grundlagen 162
  2. Internationaler Anwendungsbereich 164
   a) Verhältnis zu Drittstaaten 164
   b) Verhältnis zum nationalen Recht der Mitgliedstaaten 169
  3. Die Anwendbarkeit von Art. 101 AEUV auf Gemeinschaftsunternehmen 170
   a) Grundlagen 170
   b) Teilfunktions-GU 175
     aa) Der Tatbestand des Kartellverbots 175
     bb) Die Möglichkeit der Freistellung 180
   c) Nebenabreden 186

D. Deutsches Kartellrecht 187
I. Überblick 187
II. Zusammenschlusskontrolle 188
  1. Grundlagen 188
   a) Entwicklung des Kontrollregimes 188
   b) Systematik 190
  2. Internationaler Anwendungsbereich 193
   a) Verhältnis zur EU-Zusammenschlusskontrolle 193
   b) Auswirkungsprinzip und Anmeldeerfordernis 194
     aa) Grundlagen 194
     bb) Vollzug im Inland 197
     cc) Vollzug im Ausland 198
   c) Parallele Verfahren im Ausland 204
  3. Anmeldepflichtige Zusammenschlüsse 206
   a) Der Zusammenschlussbegriff 207
     aa) Grundlagen 207
     bb) Die Grundtatbestände 211
       (1) Vermögenserwerb 211
       (2) Kontrollerwerb 214
       (3) Anteilserwerb 219
       (4) Erwerb eines wettbewerblich erheblichen Einflusses 222
     cc) Sonderkonstellationen 224
       (1) Mehrfachzusammenschlüsse 224
       (2) Gemeinschaftsunternehmen 226
       (3) Bankenklausel 231
   b) Umsatzanforderungen 232
     aa) Allgemein 232
     bb) Die „beteiligten Unternehmen" 233
     cc) Umsatzschwellen 235
     dd) Umsatzberechnung 236
   c) Ausnahmen nach den sog. Toleranzklauseln 237
     aa) De-minimis-Klausel 238
     bb) Bagatellmarktklausel 239

III. Materielle Untersagungsvoraussetzungen 242
1. Allgemein 242
2. Marktabgrenzung 244
   a) Sachlich relevanter Markt 245
   b) Räumlich relevanter Markt 246
3. Begründung oder Verstärkung einer marktbeherrschenden Stellung 247
   a) Die Kriterien zur Ermittlung einer marktbeherrschenden Stellung 248
   b) Die Formen marktbeherrschender Stellungen 250
   c) Kausalität 254
   d) Verhältnis zur europäischen Zusammenschlusskontrolle 255
4. Die Abwägungsklausel 256
IV. Verfahren 257
1. Allgemein 257
2. Die Anmeldung 258
   a) Adressaten der Anmeldepflicht 258
   b) Inhaltliche Anforderungen an die Anmeldung 261
3. Gang des Verfahrens 266
4. Bedingungen und Auflagen 269
5. Ministererlaubnis..................... 270
6. Rechtsschutz 273
   a) Voraussetzungen und Verfahren 273
   b) Eilrechtsschutz 276
V. Kartellverbot............................... 278
1. Grundlagen 278
2. Internationaler Anwendungsbereich........................... 280
   a) Verhältnis zum unionsrechtlichen Kartellverbot................................ 280
   b) Verhältnis zu Drittstaaten 282
3. Die Anwendbarkeit von § 1 GWB auf Gemeinschaftsunternehmen............... 285
4. Wettbewerbsverbot................. 287

Literatur: *D. Baetge*, Globalisierung des Wettbewerbsrechts, 2009; *J. Bätge*, Wettbewerb der Wettbewerbsordnungen?, 2009; *Basedow*, Weltkartellrecht, 1998; *Bavasso*, Boeing/McDonnell Douglas: Did the Commission Fly Too High?, ECLR 1998, 243; *Barthelmeß/Schulz*, Auslandszusammenschlüsse: Plädoyer für eine doppelte Inlandsumsatzschwelle in der deutschen Fusionskontrolle, WuW 2003, 129; *Bechtold*, GWB: Kommentar, 6. Auflage 2010; *Bechtold*, Die Entwicklung des deutschen Kartellrechts, NJW 2009, 3699; *Bechtold/Bosch/Brinker/Hirsbrunner*, EG-Kartellrecht, 2. Auflage 2009; *Beck*, Extraterritoriale Anwendung des EG-Kartellrechts: Rechtsvergleichende Anm. zum „Zellstoff"-Urteil des Europäischen Gerichtshofs, RIW 1990, 91; *Bergau*, Die Sanierungsfusion im europäischen Kartellrecht, 2004; *Bishop/Walker*, The Economics of EC Competition Law, 3. Auflage London 2010; *Böge*, Muss die EU von einem SLC-Test wechseln?, WuW 2002, 825; *Broberg*, The Concept of Control in the Merger Control Regulation, ECLR 2004, 741; *U. Denzel*, Materielle Fusionskontrolle in Europa und den USA, 2004; *Dlouhy*, Extraterritoriale Anwendung des Kartellrechts im europäischen und US-amerikanischen Recht, 2003; *Drexl*, WTO und Kartellrecht: Zum Warum und Wie dieser Verbindung in Zeiten der Globalisierung, ZWeR 2004, 191; *Ehlermann*, Die europäische Fusionskontrolle, WuW 1991, 535; *Ezrachi*, Limitations on the Extraterritorial Reach of the European Merger Regulation, ECLR 2001, 137; *Gey*, Potentieller Wettbewerb und Marktbeherrschung, 2004; *Global Competition Review*, Merger Control: The International Regulation of Merger and Joint Ventures in 64 Jurisdictions Worldwide, 14. Auflage London 2010; *Grabbe*, Nebenabreden in der Europäischen Fusionskontrolle, 2000; *Heinen*, Mehrfachanmeldungen in der Praxis, EWS 2010, 8; *Hildebrand*, The Role of Economic Analysis in the EC Competition Rules, 3. Auflage Den Haag 2009; *Immenga*, Zur extraterritorialen Anwendung der europäischen Fusionskontrolle, in: Festschrift Zäch, Zürich 1999, S. 347;

§ 11 Kartellrecht

Immenga/Mestmäcker, Wettbewerbsrecht, Band 1: Kommentar zum Europäischen Kartellrecht; Band 2: Kommentar zum Deutschen Kartellrecht, 4. Auflage 2007 (zit.: *Bearbeiter* in: Immenga/Mestmäcker); *Immenga/Mestmäcker*, GWB: Kommentar, 3. Auflage 2001 (zit.: *Bearbeiter* in: Immenga/Mestmäcker, 3. Aufl.); *Janicki*, EG-Fusionskontrolle auf dem Weg zur praktischen Umsetzung, WuW 1990, 195; *Kling/Thomas*, Kartellrecht, 2007; *Klocker/Ost*, Nach der Novelle ist vor der Novelle: Themen einer 8. GWB-Novelle, in: Festschrift Bechtold, 2006, S. 229; *Langen/Bunte*, Kommentar zum deutschen und europäischen Kartellrecht, Band 2: Europäisches Kartellrecht, 11. Auflage 2010 (zit.: *Bearbeiter* in: Langen/Bunte); *Levy*, The EU's SIEC Test Five Years On: Has It Made a Difference?, European Competition Journal 6 (2010), 211; *Linder*, Kollektive Marktbeherrschung in der Fusionskontrolle, 2005; *Loewenheim/Meessen/Riesenkampff*, Kartellrecht, 2. Auflage 2009 (zit.: *Bearbeiter* in: Loewenheim/Meessen/Riesenkampff); *Mankowski*, Das neue Internationale Kartellrecht des Art. 6 Abs. 3 der Rom II-Verordnung, RIW 2008, 177; *Martinek*, Das uneingestandene Auswirkungsprinzip des EuGH zur extraterritorialen Anwendbarkeit der EG-Wettbewerbsregeln, IPRax 1989, 347; *Meessen*, Völkerrechtliche Grundsätze des internationalen Kartellrechts, 1975; *Mestmäcker/Schweitzer*, Europäisches Wettbewerbsrecht, 2. Auflage 2004; *Möller*, Verbraucherbegriff und Verbraucherwohlfahrt im europäischen und amerikanischen Kartellrecht, 2008; *Möschel*, Recht der Wettbewerbsbeschränkungen, 1983; *Motta*, Competition Policy, Cambridge 2004; Münchener Kommentar zum Europäischen und Deutschen Wettbewerbsrecht (Kartellrecht), Band 1: Europäisches Wettbewerbsrecht, 2007 (zit.: *Bearbeiter* in: MünchKomm-EuWettbR); *Neumann/Weigand*, The International Handbook of Competition, Cheltenham 2004 (zit.: *Bearbeiter* in: Neumann/Weigand); *Podszun*, Die Bagatellmarktklausel in der deutschen Fusionskontrolle: Stolperstein für internationale Zusammenschlussvorhaben? Zugleich eine Anm. zum Beschluss des BGH in der Sache KVR 19/07 vom 25.9.2007 – Sulzer/Kelmix, GRUR Int. 2008, 204; *Podszun*, Internationales Kartellverfahrensrecht, Bern 2003; *Pohlmann*, Doppelkontrolle von Gemeinschaftsunternehmen im europäischen Kartellrecht, WuW 2003, 473; *Rengeling/Middeke/Gellermann*, Handbuch des Rechtsschutzes in der Europäischen Union, 2. Auflage 2003 (zit.: *Bearbeiter* in: Rengeling/Middeke/Gellermann); *H. Rösler*, Kartellrecht im Mediensektor – Strukturen und Perspektiven, WuW 2009, 1014; *P. Rösler*, Der Begriff der marktbeherrschenden Stellung in der europäischen Fusionskontrolle, NZG 2000, 857; *H. Roth*, Die Fusionskontrolle internationaler Unternehmenszusammenschlüsse, RabelsZ 45 (1981), 501; *W.-H. Roth*, Zum Unternehmensbegriff im europäischen Kartellrecht, in: Festschrift R. Bechtold, 2006, S. 393; *Schnyder*, Wirtschaftskollisionsrecht, 1990; *Schödermeier*, Die vermiedene Auswirkung: Anm. zum Papierstoff-Urteil des EuGH, WuW 1989, 21; *Schroeder*, Schnittstellen der Kooperations- und Oligopolanalyse im Fusionskontrollrecht, WuW 2004, 893; *Schulte*, Handbuch Fusionskontrolle, 2. Auflage 2010 (zit.: *Bearbeiter* in: Schulte); *Schwalbe/Zimmer*, Kartellrecht und Ökonomie, 2006; *Schwartz/Basedow*, Restrictions on Competition, in: Lipstein, International Encyclopedia of Comparative Law, Volume 3, Chapter 35, Dordrecht/Boston 1995; *Schwarze*, Recht und Ökonomie im Europäischen Wettbewerbsrecht, 2006 (zit.: *Bearbeiter* in: Schwarze); *Schwarze*, Die extraterritoriale Anwendbarkeit des EG-Wettbewerbsrechts: Vom Durchführungsprinzip zum Prinzip der qualifizierten Auswirkung, WuW 2001, 1190; *Soyez*, Die Verweisung an die Kommission nach Art. 4 Abs. 5 FKVO, ZWeR 2005, 416; *Stancke*, Zum Fehlen eines eigenständigen Rechtsschutzes Drittbetroffener in Kartellverfahren: Anm. zu BGH, Beschl. v. 7.4.2009, KVR 34/08 – „Versicherergemeinschaft", WuW 2010, 642; *Stroux*, US and EC Oligopoly Control, Den Haag 2004; *Terhechte*, Internationales Kartell- und Fusionskontrollverfahrensrecht, 2008 (zit.: *Bearbeiter* in: Terhechte); *Tietje*, Internationales Wirtschaftsrecht, 2009 (zit.: *Bearbeiter* in: Tietje); *Van Bael/Bellis*, Competition Law of the European Community, 5. Auflage Den Haag 2010; *Wagner*, Die „anmeldenden Unternehmen" in der deutschen Fusionskontrolle, WuW 2010, 38; *Weber*, Sanierungsfusionen in der Konzeption von SIEC- und Marktbeherrschungstest unter der Fusionskontrollverordnung, 2006; *Whish*, Competition Law, 6. Auflage Oxford 2009; *Wiedemann*, Handbuch des Kartellrechts, 2. Auflage 2008 (zit.: *Bearbeiter* in: Wiedemann,

A. Einleitung

Handbuch des Kartellrechts); *Wiring*, Pressefusionskontrolle im Rechtsvergleich, 2008; *Wrase*, Europäische Fusionskontrolle: Der Oligopoltatbestand unter besonderer Berücksichtigung der unilateralen Effekte, 2007; *Wurmnest*, Grundzüge eines europäischen Haftungsrechts, 2003 (zit.: Grundzüge); *Wurmnest*, Marktmacht und Verdrängungsmissbrauch, 2010 (zit.: Marktmacht und Verdrängungmissbrauch).

A. Einleitung

Unternehmen verfolgen ihr Geschäft immer weniger allein auf ihren Heimatmärkten, sondern sind oftmals über Staatsgrenzen hinweg aktiv. Zur Erschließung neuer Absatzmärkte werden häufig im Ausland ansässige Unternehmen übernommen. Gleichzeitig haben in den letzten Jahrzehnten immer mehr Staaten auf der Welt Gesetze gegen Wettbewerbsbeschränkungen verabschiedet. In zunehmendem Maße werden auch Behörden geschaffen, die die nationalen Kartellrechte durchsetzen. Aus Sicht der Unternehmen ist dabei problematisch, dass die nationalen Rechtsordnungen sehr unterschiedliche materielle und formelle Voraussetzungen festlegen, unter denen eine Wettbewerbsbehörde gegen einen Unternehmenskauf vorgehen kann. Bemühungen, das Kartellrecht weltweit in gewissem Umfang zu vereinheitlichen, sind bislang gescheitert.[1] Die stetige Zunahme von Gesetzen gegen Wettbewerbsbeschränkungen hat die kartellrechtliche Begleitung grenzüberschreitender Transaktionen verkompliziert, da ein internationaler Unternehmenskauf oftmals der Kontrolle mehrerer Staaten unterliegt. 1

Es ist daher von entscheidender Bedeutung, kartellrechtlichen Sachverstand sehr früh in die Planungen über einen internationalen Beteiligungs- oder Unternehmenskauf einzubeziehen, entscheiden die kartellrechtlichen Schranken doch oftmals maßgeblich über die Durchführbarkeit des geplanten Geschäfts. Aus Anwaltssicht sind hierbei in erster Linie vier Problemfelder zu beachten: 2

- Erstens ist zu klären, ob die geplante Transaktion bei einer Wettbewerbsbehörde angemeldet werden muss. Unternehmenskäufe, die der Fusionskontrolle unterliegen, dürfen im Regelfall nämlich erst dann vollzogen werden, wenn sie von der zuständigen Kartellbehörde freigegeben worden sind.

- Zweitens ist zu eruieren, ob Absprachen in Zusammenhang mit der Durchführung des Unternehmenskaufs bzw. Kooperationen i. R. v. Gemeinschaftsunternehmen im Einklang mit den Kartellverbotsvorschriften der jeweils anwendbaren Rechtsordnungen stehen. Bisweilen werden kooperative Wirkungen aus Vereinbarungen oder abgestimmten Verhaltensweisen von der jeweils zuständigen Kartellbehörde i. R. d. Fusionskontrollverfahrens mitgeprüft, bisweilen müssen die Unternehmen im Wege der Selbsteinschätzung prüfen, ob ihr Verhalten kartellrechtskonform ist.

---

1) Zu den Bestrebungen der Vereinheitlichung des Kartellrechts auf internationaler Ebene und zu den Instrumenten der Koordinierung der nationalen Rechte vgl. *Basedow*, S. 41 ff.; *Podszun*, S. 65 ff.; *D. Baetge*, S. 171 ff.

- Drittens ist zu ermitteln, ob der Unternehmenskauf in einer Art und Weise strukturiert werden kann, dass die Anmeldepflicht zumindest in einigen Staaten entfällt und der Zusammenschluss daher nur von wenigen Behörden oder gar nur einer einzigen Behörde geprüft werden muss.
- Viertens ist zu fragen, wie der Unternehmenskauf so gestaltet werden kann, dass eine Aussicht auf Freigabe (ggf. unter Auflagen) durch die jeweilige(n) Behörde(n) besteht. Kartellrechtliche Erwägungen können daher auch die Ausgestaltung des Kaufvertrags beeinflussen.

3 Der nachfolgende Abschnitt behandelt zunächst ganz allgemein das Problem der **Mehrfachanmeldungen** (B). Anschließend wird beispielhaft ein Überblick über **Grundlagen** des **europäischen Fusionskontrollrechts** (C) gegeben. Das europäische Recht hat nicht nur Bedeutung für größere Transaktionen mit einer Auswirkung auf den EU-Binnenmarkt, sondern findet auch im Verhältnis zu den Ländern des Europäischen Wirtschaftsraums (**EWR**) Anwendung. Die europäischen Wettbewerbsregeln verdrängen die nationalen Kartellgesetze jedoch nicht vollständig. Letzteren verbleibt daher ein eigenständiger Anwendungsbereich, sodass anschließend auch das **deutsche Fusionskontrollrecht** in seinen Grundzügen dargestellt wird (D).

B. Das Problem der Mehrfachanmeldungen

4 Zusammenschlüsse von Unternehmen müssen bei Überschreitung bestimmter Schwellenwerte in der Regel bei den jeweiligen nationalen Wettbewerbsbehörden und/oder (in der Europäischen Union) der Europäischen Kommission angemeldet werden. Internationale Zusammenschlüsse bringen die Problematik der Mehrfachanmeldungen *(multi-jurisdictional filings)* mit sich, da Wettbewerbsbehörden unterschiedlicher Länder für die Kontrolle zuständig sein können.[2] Weltweit gibt es mittlerweile über 100 Rechtsordnungen, die eine Fusionskontrolle vorsehen.[3] Die Fülle der wettbewerbsrechtlichen Vorschriften erfordert nicht nur die reine Rechtsprüfung, sondern oft auch eine strategische Vorgehensweise bei den Anmeldungen. Dafür sind umfangreiche Kenntnisse des Rechts und der Entscheidungspraxis in den verschiedenen nationalen Jurisdiktionen erforderlich. Die strategische Gestaltung der Anmeldeverfahren kann gerade bei notwendigen Mehrfachanmeldungen zu einem deutlich schnel-

---

2) Vgl. zur grundsätzlichen Problematik nur *Henschen* in: Schulte, Rz. 2325 ff., und *Heinen*, EWS 2010, 8 ff.

3) Einen Überblick über einzelne Rechtsregime in Form von Länderberichten vermitteln folgende Sammelbände: *Terhechte*, Internationales Kartell- und Fusionskontrollverfahrensrecht; *Global Competition Review*, Merger Control: The International Regulation of Merger and Joint Ventures in 64 Jurisdictions Worldwide. Ausgewählte Gesetze gegen Wettbewerbsbeschränkungen sind online abrufbar unter http://www.fkvo.eu. Fundstellen einzelner Rechtsakte finden sich ferner bei *Schwartz/Basedow* in: Lipstein, Chapter 35, S. 134 ff. (z. T. veraltet).

B. Das Problem der Mehrfachanmeldungen

leren Ablauf der Fusionskontrollverfahren und damit einem früheren Vollzug der Transaktion beitragen. So kann es bspw. im Hinblick auf die Beurteilung der relevanten Märkte von entscheidender Bedeutung für die Freigabe eines Zusammenschlusses sein, ob ein Unternehmenskauf bei der Europäischen Kommission oder bei nationalen Wettbewerbsbehörden anzumelden ist bzw. angemeldet wird.

Die in diesem Abschnitt nur überblicksartig dargestellten verfahrens- und materiell-rechtlichen Problemstellungen werden in den folgenden beiden Kapiteln ausführlich an den Beispielen der europäischen und der deutschen Fusionskontrolle behandelt.[4]) 5

I. Transaktionsstruktur und Zusammenschlussbegriff

Zunächst sind bei einem Unternehmenskauf aus fusionskontrollrechtlicher Sicht **Inhalt und Umfang der Anmeldepflichten** zu ermitteln. Diese richten sich in aller Regel danach, ob der Unternehmenskauf einen Zusammenschluss i. S. d. jeweiligen nationalen Rechtsordnung darstellt und ob durch ihn (rein formal) bestimmte Schwellenwerte, in den meisten Fällen bestimmte Umsatzschwellen, überschritten werden. Ob die Transaktion materiell problematisch ist oder sein kann, spielt bei der Frage der Anmeldepflicht in aller Regel keine Rolle. 6

Trotz im Einzelnen unterschiedlicher Definitionen des Zusammenschlussbegriffs werden jedenfalls der **Erwerb von Kontrolle** sowie **Verschmelzungen** in allen Rechtsordnungen als Zusammenschluss angesehen. Kontrollerwerb bedeutet in der Regel, dass das kontrollierende Unternehmen oder die gemeinsam kontrollierenden Unternehmen in entscheidender Weise Einfluss auf die Tätigkeit eines anderen Unternehmens nehmen können. Gegenstand des Kontrollerwerbs ist die Gesamtheit oder sind Teile eines oder mehrerer fremder Unternehmen. Es lassen sich in der Praxis mehrere Arten der Kontrolle unterscheiden. Ein Unternehmen kann die alleinige Kontrolle über ein anderes Unternehmen ausüben (sog. *sole control*). Es können aber auch mehrere Unternehmen aufgrund ihrer Beteiligungen oder getroffener Abreden einen gemeinsamen Einfluss auf ein anderes Unternehmen erwerben (sog. *joint control*), so dass durch einen Zusammenschluss ein Gemeinschaftsunternehmen oder *Joint Venture* entsteht. 7

Zwar stellt der **Erwerb von Anteilen oder Stimmrechten** die offensichtlichste Art des Kontrollerwerbs dar, doch muss auch bei **anderen Formen der Einflussnahme** nach einer Gesamtbetrachtung beurteilt werden, ob der Tatbestand erfüllt ist (siehe Rz. 48 ff. (EU-Recht) und Rz. 247 ff. (deutsches Recht)). Die 8

---

4) Informationen über die Rechtslage in anderen Jurisdiktionen vermitteln die in der vorherigen Fußnote genannten Sammelbände.

kontrollierende Einflussnahme kann *de jure* und *de facto* erfolgen. Im ersten Fall bildet eine Vereinbarung die Grundlage der Einflussnahme, wohingegen im zweiten Fall tatsächliche Verhältnisse zur Möglichkeit der Kontrollausübung führen. So kann bspw. auch bei einer bloßen Minderheitsbeteiligung durch faktische Hauptversammlungspräsenz ein bestimmender Einfluss ausgeübt werden. Nicht nur die positive Einflussnahme auf strategische Entscheidungen wird erfasst, sondern auch das Verhindern von Entscheidungen durch etwaige Vetorechte. Kennzeichen für eine solche negative Einflussnahme sind eine Minderheitsbeteiligung, die fehlende Möglichkeit der Entscheidungsbestimmung und das Bestehen von Blockaderechten. Weiter wird zwischen unmittelbarem und mittelbarem Kontrollerwerb, bspw. über eine Tochtergesellschaft, unterschieden.

9 Da die Fusionskontrollverfahren dazu dienen sollen, funktionierende Wettbewerbsbedingungen in den Märkten zu gewährleisten, werden sie in der Regel nur auf **dauerhafte strukturelle Veränderungen** der beteiligten Unternehmen angewendet (siehe Rz. 48 (EU-Recht)). Insbesondere Kreditinstitute und sonstige Finanzinstitute müssen dagegen die Möglichkeit haben, ihrem normalen Handelsgeschäft mit Wertpapieren nachzugehen; obwohl der Ankauf von Wertpapieren grundsätzlich einen Zusammenschluss darstellen kann, sollen die fusionskontrollrechtlichen Vorschriften oftmals nicht auf solche Anteilserwerbe angewendet werden, die nur zum Zwecke der baldigen Wiederveräußerung durchgeführt werden und bei denen kein Stimmrecht ausgeübt wird (siehe Rz. 62 (EU-Recht) und Rz. 231 (deutsches Recht)).

II. Umsatz- und sonstige Aufgreifschwellen

10 Liegt ein Zusammenschluss vor, richtet sich die Durchführung der Fusionskontrollverfahren nach bestimmten Schwellenwerten. Überwiegend beziehen sich die Schwellenwerte auf den weltweiten oder nationalen Umsatz der an dem Zusammenschluss beteiligten Unternehmen im jeweils letzten Geschäftsjahr (siehe Rz. 63 ff. (EU-Recht) und Rz. 232 ff. (deutsches Recht)).

11 Innerhalb der EU dienen die Schwellenwerte auch zur Abgrenzung der Anmeldepflichten auf nationaler oder EU-Ebene: Ein Unternehmenskauf ist nur dann bei den nationalen Wettbewerbsbehörden der EU-Mitgliedstaaten anzumelden, wenn er nicht von gemeinschaftsweiter Bedeutung ist (siehe Rz. 43). Ob dies der Fall ist, bestimmt sich nach den europäischen Umsatzschwellen (siehe Rz. 64 f.), die deutlich über den nationalen Schwellenwerten liegen.[5] Sind sie überschritten, ist ausschließlich die Europäische Kommission zur Prüfung berechtigt und die nationalen Wettbewerbsbehörden nicht mehr zuständig. Hat die Prüfung vor mindestens drei nationalen Wettbewerbsbehörden von EU-

---

[5] Für eine Übersicht der nationalen Schwellenwerte s. *Henschen* in: Schulte, Rz. 2330.

B. Das Problem der Mehrfachanmeldungen

Mitgliedstaaten zu erfolgen, steht es den Parteien jedoch offen, einen Antrag auf Verweisung an die Europäische Kommission zu stellen (siehe Rz. 150). Die Vorbereitung einer Anmeldung zur Prüfung durch die Europäische Kommission ist meist wesentlich umfangreicher als die Vorbereitung einer Prüfung durch nationale Wettbewerbsbehörden. Es können sich aber dennoch wesentliche Zeit- und Kostenersparnisse daraus ergeben, den Zusammenschluss durch die Europäische Kommission prüfen zu lassen. Sind im Einzelfall europaweite Märkte betroffen, kann das Verfahren oftmals durch die Kommission effizienter geprüft werden, wenn sie sich bereits in andem zusammenhang mit der Beschaffenheit der Märkte auseinandergesetzt hat. Auch kann die Prüfung durch die Kommission dann vorteilhaft sein, wenn zu befürchten steht, dass der Zusammenschluss bei rein nationaler Betrachtung als wettbewerbsrechtlich kritisch angesehen werden kann (z. B. bei hohen Marktanteilen in einem Land).

Bei der **Bestimmung der relevanten Umsätze** wird auf Seiten des Erwerbers 12 der vollständige Gruppenumsatz, auf Seiten des Veräußerers zumeist nur der Umsatz berücksichtigt, der auf das Zielunternehmen oder auf die zu erwerbenden Vermögensteile entfällt. Bei Berechnung der nationalen Umsätze legen die nationalen Rechtsordnungen unterschiedliche Verfahren zugrunde. In der Regel erfolgt die geografische Zuordnung der weltweiten Umsätze zu den einzelnen Ländern nicht nach dem Land, aus dem heraus verkauft wird, sondern nach dem Land, in welchem der Kundensitz liegt. Es gibt aber auch Länder, die den Gruppenumsatz nach dem Ursprungsland der Verkäufe bemessen. Bei der Berechnung ist zumeist auf die Zahlen des letzten Geschäftsjahres abzustellen.

Unterschiedlich verfahren die verschiedenen nationalen Rechtsordnungen im 13 Hinblick auf die **Umsatzberechnung von Gemeinschaftsunternehmen:** So können die Umsätze der kontrollierenden Mütter nur nach den jeweils gehaltenen Anteilen, nach „Köpfen" oder aber vollständig zu berücksichtigen sein. Unterschiede bestehen auch bei der Berücksichtigung von Erwerben und Veräußerungen zwischen Ende des letzten Geschäftsjahres und Zeitpunkt des Zusammenschlusses. Eine weitere Schwierigkeit ergibt sich aus etwaig erforderlichen Währungsumrechnungen, zu denen oftmals keine speziellen Regelungen existieren.

Neben den Umsatzwerten beziehen sich die relevanten Aufgreifschwellen in 14 einigen Jurisdiktionen auch auf den **Wert der Transaktion** bzw. auf betroffene oder vorhandene **Vermögenswerte** *(assets)* der Parteien. Ersteres ist etwa in den Vereinigten Staaten der Fall,[6] letzteres etwa in Kanada[7] und Südafrika.[8]

---

6) Näher dazu *Kovacic/Calkins/Ludwin/Bär-Bouyssière* in: Terhechte, Rz. 46.121.
7) Näher dazu *Wirtz* in: Terhechte, Rz. 47.58.
8) Näher dazu *Pautke* in: Terhechte, Rz. 67.45 mit Fn. 67.

15 Alternativ oder zusätzlich zu solchen Schwellenwerten werden in einigen Ländern auch die **Marktanteile** der beteiligten Unternehmen zur Bestimmung der Anmeldepflicht herangezogen, z. B. in Brasilien[9] und Griechenland.[10] Für die **Berechnung der Marktanteile** sind zunächst die relevanten Märkte abzugrenzen, eine trotz der grundsätzlichen Orientierung an Umsatz und Volumen der betroffenen Produkte mitunter sehr komplexe Aufgabe. Dies gilt umso mehr, als Marktanteile nicht nur für die Frage der Anmeldepflicht von Bedeutung sein können, sondern – und das in praktisch allen Rechtsordnungen – zugleich die Grundlage für die materielle Beurteilung eines Zusammenschlusses bilden. Für die Beurteilung einer Transaktion ist es daher unabdingbar, die jeweiligen Methoden der nationalen Wettbewerbsbehörden zur Marktabgrenzung zu kennen (siehe Rz. 75 ff. (EU-Recht) und Rz. 244 ff. (deutsches Recht)).

16 In Bezug auf die Feststellung der Schwellenwerte existieren in zahlreichen Rechtsordnungen unterschiedliche **Sonderregelungen für bestimmte Sektoren**, wie bspw. in den Bereichen Banken und Versicherungen, Medien und Telekommunikation oder Verkehr. In diesen Fällen können besondere Schwellenwerte oder Umsatzberechnungsmethoden gelten. Auch bestehen in einigen Ländern **Ausnahmeregelungen**, bei denen die Anmeldepflicht entfällt, insbesondere für sog. *foreign-to-foreign mergers* (Zusammenschlüsse unter Beteiligung ausländischer Unternehmen).

III. Anmeldeverfahren und strategische Überlegungen

17 Ergibt die Prüfung der auf den internationalen Unternehmenskauf anzuwendenden nationalen Vorschriften, dass eine Mehrfachanmeldung erforderlich ist, muss eine **Strategie zur Bewältigung der verschiedenen Anmeldeverfahren** entwickelt werden. Bereits bei der Vertragsgestaltung ist zu berücksichtigen, welche Anmeldeverfahren durchgeführt werden müssen. Wie ausgeführt entscheiden maßgeblich die Struktur der Transaktion und der Umfang des Zielobjekts, ob das Vorhaben anmeldepflichtig ist. Zudem darf in vielen Rechtsordnungen der Zusammenschluss vor der behördlichen Freigabe nicht vollzogen werden (siehe Rz. 137 (EU-Recht) und Rz. 197 ff.(deutsches Recht)). Daher muss der Zeitpunkt des Wirksamwerdens des Kaufvertrages entsprechend angepasst werden. Hierbei ist zu beachten, dass auch der Zeitpunkt der Freigabeentscheidungen durch die jeweiligen Wettbewerbsbehörden stark variieren kann, so dass festgelegt werden muss, ob der Vertrag erst mit der letzten Freigabeentscheidung wirksam werden soll oder aber schon nach Freigabe in den Schwerpunktländern; letzteres setzt aber voraus, dass die Auswirkungen des dann vollzogenen Teils der Transaktion räumlich begrenzt werden können.

---

9) Näher dazu *Schreiber* in: Terhechte, Rz. 48.38.
10) Näher dazu *Iliopoulos* in: Terhechte, Rz. 26.57.

B. Das Problem der Mehrfachanmeldungen

Auch muss entschieden werden, in welcher **Abfolge die Anmeldungen** durchgeführt werden sollen. Mehrfachanmeldungen sind sowohl parallel als auch gestaffelt möglich. Da die Wettbewerbsbehörden vieler Länder auf Grundlage bindender Verträge miteinander kooperieren und sich gegenseitig über die Zusammenschlüsse, die in mehreren Ländern anmeldepflichtig sind, unterrichten, muss bei beiden Varianten auf die Konsistenz der einzelnen Anmeldungen geachtet werden. Hier bietet sich häufig die Erstellung eines Briefing-Papers für die eingesetzten *Local Counsels* an. 18

Die nationalen Anmeldeverfahren unterscheiden sich sowohl im Verfahrensablauf als auch im Umfang. In der Regel besteht die Möglichkeit, mit den Wettbewerbsbehörden bereits vor der Anmeldung **informelle Vorgespräche** zu führen (siehe Rz. 138 (EU-Recht) und Rz. 198, 262 (deutsches Recht)). Diese sind nicht mit den Vorprüfverfahren zu verwechseln und setzen keine Fristen in Gang. Informelle Vorgespräche dienen der ersten Kontaktaufnahme und Sondierung, welche Informationen die Wettbewerbsbehörde für eine schnelle und effektive Prüfung für notwendig erachtet. 19

Der Zeitpunkt, in dem die Anmeldung frühestens erfolgen kann, bestimmt sich nach der **Anmeldefähigkeit des Zusammenschlusses**. Nach deutschem Recht ist ein Zusammenschluss anmeldefähig, wenn das Vorhaben in seiner endgültigen Struktur feststeht (siehe Rz. 261). Nach europäischem Recht ist die Anmeldung möglich, wenn der Vertragsschluss erfolgt ist oder die diesbezügliche Absicht der Parteien nachgewiesen werden kann, das Übernahmeangebot veröffentlicht bzw. die Übernahmeabsicht öffentlich bekannt gemacht wurde oder eine die Kontrolle begründende Beteiligung erworben wurde (siehe Rz. 135). In anderen Rechtsordnungen kann Anmeldefähigkeit ebenfalls bereits gegeben sein, wenn konkrete Pläne für den Zusammenschlusses bestehen oder ein Memorandum of Understanding oder ein Letter of Intent unterzeichnet wurde oder aber erst, wenn ein bindender Vertrag abgeschlossen wurde. 20

In verschiedenen Rechtsordnungen bestehen **Anmeldefristen**, die ab einem bestimmten Ereignis (z. B. Vertragsschluss) zu laufen beginnen. Da sich die Anmeldefristen in ihrer Länge deutlich voneinander unterscheiden, ist auch an diesem Punkt die genaue Kenntnis der nationalen Rechtsordnungen von Bedeutung. Wird die Anmeldung nicht richtig oder unvollständig eingereicht, beginnen die Prüffristen in aller Regel nicht zu laufen; zudem ist das Versäumen der Frist oftmals bußgeldbewehrt. 21

Bei der Anmeldung sind den Wettbewerbsbehörden **Informationen über die Art des Zusammenschlussvorhabens**, die beteiligten Parteien, Umsatzerlöse und Marktanteile mitzuteilen (siehe Rz. 134 (EU-Recht) und Rz. 261 (deutsches Recht)). Oft verlangen die Wettbewerbsbehörden zusätzlich Informationen über die Namen und Marktanteile der wichtigsten Wettbewerber sowie detaillierte Daten zu den betroffenen Märkten, der Angebots- und Nachfragestruktur und 22 zu Markteintritten in der jüngeren Vergangenheit, etc. Auch müssen teilweise Satzungen der beteiligten Unternehmen, Handelsregisterauszüge, Geschäftsberichte und die relevanten Verträge vorgelegt werden.

23 In den meisten Rechtsordnungen ist die **Anmeldung** eines Zusammenschlusses ab Überschreitung bestimmter Schwellenwerte **in der Regel verpflichtend**. In anderen Ländern, z. B. in Australien,[11] Neuseeland[12] und im Vereinigten Königreich,[13] ist eine Anmeldung nicht zwingend vorgeschrieben. Ab Erreichen bestimmter Schwellenwerte kann die jeweilige Wettbewerbsbehörde aber den Zusammenschluss *ex officio* aufgreifen, prüfen und ggf. untersagen bzw. wieder entflechten. Daher bietet sich zumindest dann eine freiwillige Anmeldung an, wenn die Schwellenwerte für die Behörde überschritten sind und erhebliche wettbewerbliche Bedenken gegen den Zusammenschluss bestehen.

24 Die Fusionskontrollrechtsordnungen der meisten Länder wirken wie das deutsche und europäische Recht präventiv. Das bedeutet, dass **(vorläufige) Vollzugsverbote** bestehen, die es untersagen, den Unternehmenszusammenschluss bereits vor der Freigabe umzusetzen (siehe Rz. 137 (EU-Recht) und Rz. 197 ff. (deutsches Recht)). Vollzugsverbote können entweder grundsätzlich (vorbehaltlich völkerrechtlicher Restriktionen) weltweit gelten oder sind auf den nationalen Markt beschränkt. Besteht ein Vollzugsverbot, müssen die Parteien bis zur Freigabe weiter unabhängig voneinander auf dem Markt agieren und dürfen sich auch nicht über marktrelevante Informationen austauschen. Bei Nichtbeachtung des Vollzugsverbots drohen nach deutschem und europäischem Recht empfindliche Bußgelder und schlimmstenfalls die Entflechtung (siehe Rz. 72, 137 (EU-Recht) und Rz. 263 (deutsches Recht)). In anderen Ländern ist sogar mit strafrechtlichen Sanktionen zu rechnen. Doch auch die zivilrechtlichen Konsequenzen sind nicht zu unterschätzen. So führen Verstöße gegen das Vollzugsverbot in Deutschland und anderen Ländern der EU zur (teils schwebenden) Unwirksamkeit des dem Zusammenschluss zugrunde liegenden Rechtsgeschäfts.

C. Europäisches Kartellrecht

I. Überblick

25 Das EU-Kartellrecht ist in den Unionsverträgen und darauf basierenden Sekundärrechtsakten niedergelegt. Kartellrechtliche Schranken für internationale Unternehmenskäufe ergeben sich in erster Linie aus der Fusionskontrollverordnung (FKVO) aus dem Jahre 2004.[14] Die FKVO wurde durch völkerrecht-

---

11) Näher dazu *Hellmann* in: Terhechte, Rz. 55.38.
12) Näher dazu *Taylor* in: Terhechte, Rz. 56.89.
13) Näher dazu *Ziegler/Willis* in: Terhechte, Rz. 13.39.
14) Verordnung Nr. 139/2004 des Rates v. 20.1.2004 über die Kontrolle von Unternehmenszusammenschlüssen, ABl. EU 2004 L 24/1.

liche Verträge auf die EFTA-Staaten, die dem EWR beigetreten sind, erstreckt. Wettbewerbsbeschränkende Absprachen oder Verhaltensweisen in Zusammenhang mit einem internationalen Unternehmens- oder Beteiligungskauf können ferner am Kartellverbot gemessen werden. Einen grundsätzlichen Vorrang der Fusionskontrollvorschriften vor dem Kartellverbot gibt es im Unionsrecht nicht. Vielmehr erfasst das Kartellverbot insbesondere solche Vorhaben, in denen sich das Kartell der Form eines Gemeinschaftsunternehmens bedient.

II. Zusammenschlusskontrolle

1. Grundlagen

a) Entstehung und Reform der FKVO

Die Gewährleistung eines unverfälschten Wettbewerbs ist seit der Gründung 26 der Europäischen Gemeinschaft eine Kernaufgabe derselben. Der EWG-Vertrag sah jedoch keine präventive Zusammenschlusskontrolle vor, da Sinn und Ausgestaltung eines solchen Kontrollinstruments zwischen den EWG-Gründerstaaten umstritten waren. Lange Zeit blieben daher die allgemeinen Wettbewerbsregeln, sprich das Kartellverbot (Art. 101 AEUV, vormals Art. 81 EG) und das Missbrauchsverbot (Art. 102 AEUV, vormals Art. 82 EG), die einzigen kartellrechtlichen Schranken für Unternehmenszusammenschlüsse.[15] Da die punktuelle Anwendbarkeit der primärrechtlichen Wettbewerbsregeln keinen lückenlosen Schutz gegen eine Vermachtung der Märkte bieten konnte, wurde schließlich ein europäisches Zusammenschlusskontrollregime im Wege eines Sekundärrechtsakts eingeführt.

Grundlage dieser Kontrolle war zunächst die am 21.12.1989 vom Rat verab- 27 schiedete Verordnung 4064/89 über die Kontrolle von Unternehmenszusammenschlüssen,[16] deren Vorschriften durch die Verordnung 1310/97 leicht modifiziert wurden.[17] Seit dem 1.5.2004 ist für Zusammenschlüsse mit gemeinschaftsweiter Bedeutung die Verordnung 139/2004 (**FKVO**) maßgeblich.[18] Mit dieser Reform wurden insbesondere die Aufgreifschwellen abgesenkt, um die Zahl von Mehrfachanmeldungen bei nationalen Wettbewerbsbe-

---

15) Vgl. insbesondere EuGH, Rs. 6/72, *Europemballage Corporation und Continental Can/ Kommission*, Slg. 1973, 215 Rz. 25; EuGH, verb. Rs. 142 und 156/84, *BAT und Reynolds/ Kommission*, Slg. 1987, 4566 Rz. 37.

16) Verordnung Nr. 4064/89 des Rates v. 21.12.1989 über die Kontrolle von Unternehmenszusammenschlüssen (berichtigte Fassung), ABl. EG 1990 L 257/13; dazu *Janicki*, WuW 1990, 195 ff.; *Ehlermann*, WuW 1991, 535 ff.

17) Verordnung Nr. 1310/97 des Rates v. 30.6.1997 zur Änderung der Verordnung (EWG) 4064/89 des Rates über die Kontrolle von Unternehmenszusammenschlüssen, ABl. EG 1997 L 180/1; berichtigt in ABl. EG 1998 L 3/16 und ABl. EG 1998 L 40/17.

18) Verordnung Nr. 139/2004 des Rates v. 20.1.2004 über die Kontrolle von Unternehmenszusammenschlüssen, ABl. EU 2004 L 24/1.

hörden innerhalb der Union zu minimieren. Ferner wurde ein neues, stärker ökonomisch ausgerichtetes Untersagungskriterium eingeführt.

28 Als Sekundärrechtsakte vermögen diese Verordnungen freilich die Rechtsprechung des EuGH zur Anwendbarkeit des Primärrechts (Art. 101, 102 AEUV) auf Unternehmenszusammenschlüsse nicht außer Kraft zu setzen. Da die FKVO in bestimmten Fällen jedoch die Durchführungsverordnungen, insbesondere die Verordnung 1/2003 zur Anwendung der primärrechtlichen EU-Wettbewerbsregeln (folgend: VO 1/2003)[19] für nicht anwendbar erklärt (Art. 21 Abs. 1 FKVO), hat die Kontrolle eines Unternehmenskaufs am Maßstab von Art. 102 AEUV heute praktisch keine Bedeutung mehr. Die Überprüfung des Zusammenschlusses am Maßstab von Art. 101 AEUV ist – außerhalb des Fusionskontrollverfahrens – auf bestimmte Gemeinschaftsunternehmen beschränkt (siehe dazu Rz. 162 ff.). Allerdings bleiben solche Nebenabreden am Kartellverbot zu messen, die nicht unmittelbar mit dem Zusammenschluss verbunden und für dessen Durchführung notwendig sind.

b) Begleitende Rechtsakte und Verwaltungsvorschriften

29 Die FKVO sieht den Erlass von Durchführungsbestimmungen und Leitlinien durch die Europäische Kommission (nachfolgend: Kommission) vor. Die Verordnung 802/2004 zur Durchführung der FKVO, die im Jahre 2008 überarbeitet wurde[20] (folgend: **Durchführungs-VO 802/2004**), regelt Einzelheiten der Anmeldung, Fristen und Anhörungen. Zudem legt sie die Folgen unrichtiger oder irreführender Angaben der anmeldenden Unternehmen fest. Der Durchführungs-VO 802/2004 ist das Formblatt CO beigefügt (Anhang I), das zwingend zur Anmeldung von Unternehmenszusammenschlüssen zu verwenden ist. Für Zusammenschlüsse, die wettbewerbsrechtlich unproblematisch sind, kann allerdings ein vereinfachtes Formular (Anhang II) verwendet werden. Ferner enthält die Durchführungs-VO 802/2004 das Formblatt RS (Anhang III) für

---

[19] Verordnung Nr. 1/2003 des Rates v. 16.12.2002 zur Durchführung der in den Artikeln 81 und 82 des Vertrags niedergelegten Wettbewerbsregeln, ABl. EG 2003 L 1/1; zuletzt geändert durch Verordnung Nr. 411/2004 des Rates v. 26.2.2004 zur Aufhebung der Verordnung (EWG) Nr. 3975/87 und zur Änderung der Verordnung (EWG) Nr. 3976/87 sowie der Verordnung (EG) Nr. 1/2003 hinsichtlich des Luftverkehrs zwischen der Gemeinschaft und Drittländern, ABl. EU 2004 L 68/1 sowie durch Verordnung Nr. 1419/2006 des Rates v. 25.9.2006 zur Aufhebung der Verordnung (EWG) Nr. 4056/86 über die Einzelheiten der Anwendung der Art. 85 und 86 des Vertrags auf den Seeverkehr und zur Ausweitung des Anwendungsbereichs der Verordnung (EG) Nr. 1/2003 auf Kabotage und internationale Trampdienste, ABl. EU 2006 L 269/1.

[20] Verordnung Nr. 802/2004 der Kommission v. 7.4.2004 zur Durchführung der Verordnung Nr. 139/2004 des Rates über die Kontrolle von Unternehmenszusammenschlüssen, ABl. EU 2004 L 133/1; zuletzt geändert durch Verordnung Nr. 1033/2008 der Kommission v. 20.10.2008 zur Änderung der Verordnung (EG) Nr. 802/2004 zur Durchführung der Verordnung (EG) Nr. 139/2004 des Rates über die Kontrolle von Unternehmenszusammenschlüssen, ABl. EU 2008 L 279/3.

C. Europäisches Kartellrecht

Anträge auf Verweisung der Prüfungskompetenz für das anzumeldende Vorhaben an die Kommission bzw. nationale Kartellbehörden.

Bei der Auslegung der FKVO orientiert sich die Kommission an ihren bisherigen Entscheidungen.[21] In der Praxis wird die Anwendung der FKVO allerdings in großem Umfang durch eine Reihe von **Bekanntmachungen, Leitlinien** und **Best Practice Guidelines** mitbestimmt, welche die Kommission zu bestimmten Einzelfragen der Zusammenschlusskontrolle ausgearbeitet hat. Diese Instrumente, die (auch) auf der Website der Kommission veröffentlicht werden,[22] sollen den betroffenen Unternehmen Hinweise auf die Auslegung und Anwendung der Fusionskontrollvorschriften geben. Diese Dokumente haben zwar keine Rechtsnormqualität, binden aber die Kommission, soweit die entsprechenden Vorschriften im Einklang mit höherrangigem Recht stehen. Insofern kann man von einer **quasi-normativen Funktion** dieser Veröffentlichungen sprechen.[23] 30

Von besonderer Relevanz sind derzeit folgende Veröffentlichungen: 31

- Konsolidierte Mitteilung der Kommission zu Zuständigkeitsfragen gemäß der Verordnung (EG) Nr. 139/2004 des Rates über die Kontrolle von Unternehmenszusammenschlüssen (berichtigte Fassung) (folgend: Konsolidierte Mitteilung zu Zuständigkeitsfragen),[24]

- Bekanntmachung der Kommission über ein vereinfachtes Verfahren für bestimmte Zusammenschlüsse gemäß der Verordnung (EG) Nr. 139/2004 des Rates (folgend: Bekanntmachung über ein vereinfachtes Verfahren),[25]

- Mitteilung der Kommission über die Verweisung von Fusionssachen (folgend: Mitteilung über Verweisungen),[26]

- Bekanntmachung der Kommission über die Definition des relevanten Marktes i. S. d. Wettbewerbsrechts der Gemeinschaft (folgend: Bekanntmachung über die Definition des relevanten Marktes),[27]

---

21) Vgl. die Sammlung der bisherigen Entscheidungen der Kommission, abrufbar unter http://ec.europa.eu/competition/mergers/cases.
22) http://ec.europa.eu/competition/mergers/legislation/legislation.html; für eine sehr übersichtliche Sammlung weiterer relevanter Dokumente der europäischen Zusammenschlusskontrolle s. ferner http://www.fkvo.eu.
23) *Baron* in: Langen/Bunte, Art. 2 FKVO Rz. 22.
24) ABl. EU 2009 C 43/10. Diese konsolidierte Mitteilung ersetzt die Mitteilung über den Begriff des Zusammenschlusses (ABl. EG 1998 C 66/5), die Mitteilung über den Begriff des Vollfunktionsgemeinschaftsunternehmens (ABl. EG 1998 C 66/1), die Mitteilung über den Begriff der beteiligten Unternehmen (ABl. EG 1998 C 66/14) und die Mitteilung über die Berechnung des Umsatzes (ABl. EG 1998 C 66/25).
25) ABl. EU 2005 C 56/32.
26) ABl. EU 2005 C 56/2.
27) ABl. EG 1997 C 372/5.

§ 11 Kartellrecht

- Leitlinien zur Bewertung horizontaler Zusammenschlüsse gemäß der Ratsverordnung über die Kontrolle von Unternehmenszusammenschlüssen (folgend: Leitlinien zu horizontalen Zusammenschlüssen),[28]
- Leitlinien zur Bewertung nichthorizontaler Zusammenschlüsse gemäß der Ratsverordnung über die Kontrolle von Unternehmenszusammenschlüssen (folgend: Leitlinien zu nichthorizontalen Zusammenschlüssen),[29]
- Mitteilung der Kommission über nach der Verordnung (EG) Nr. 139/2004 des Rates und der Verordnung (EG) Nr. 802/2004 der Kommission zulässige Abhilfemaßnahmen (folgend: Mitteilung über Abhilfemaßnahmen),[30]
- Bekanntmachung der Kommission über Einschränkungen des Wettbewerbs, die mit der Durchführung von Unternehmenszusammenschlüssen unmittelbar verbunden und für diese notwendig sind (folgend: Bekanntmachung über Nebenabreden),[31]
- Mitteilung der Kommission über die Regeln für die Einsicht in Kommissionsakten in Fällen einer Anwendung der Artikel 81 und 82 EG-Vertrag, Artikel 53, 54 und 57 des EWR-Abkommens und der Verordnung (EG) Nr. 139/2004 (folgend: Mitteilung über Akteneinsicht),[32]
- Best Practices on the conduct of EC merger control proceedings (folgend: Best Practices on EC merger control),[33]
- Best Practice Guidelines: The Commission's Model Texts for Divestiture Commitments and the Trustee Mandate under the EC Merger Regulation (folgend: Best Practice Guidelines for Divestiture Commitments).[34]

Soweit diese Veröffentlichungen der Kommission vor Inkrafttreten der FKVO verabschiedet wurden, gelten sie fort.

2. Internationaler Anwendungsbereich
a) Grundlagen

32 Im **Binnenbereich** hat die EU die extraterritoriale Anwendung der nationalen Fusionskontrollregime dahingehend beschränkt, dass Zusammenschlüsse mit gemeinschaftsweiter Bedeutung allein vom Gemeinschaftsrecht erfasst werden (siehe dazu Rz. 41).

---

28) ABl. EU 2004 C 31/5.
29) ABl. EU 2008 C 265/6.
30) ABl. EU 2008 C 267/1.
31) ABl. EU 2005 C 56/24.
32) ABl. EU 2005 C 325/7.
33) Abrufbar unter http://ec.europa.eu/competition/mergers/legislation/proceedings.pdf (nur in englischer Sprache).
34) Abrufbar unter http://ec.europa.eu/competition/mergers/legislation/note.pdf (nur in englischer Sprache).

C. Europäisches Kartellrecht

Anders als in vielen nationalen Rechtsordnungen[35)] gibt es im EU-Recht keine geschriebene Kollisionsnorm, der zu entnehmen ist, unter welchen Voraussetzungen das EU-Recht im Verhältnis zu **Drittstaaten** angewendet werden kann.[36)] Der Gesetzgeber hat es Rechtsprechung und Lehre überlassen, die Anknüpfungskriterien zur Bestimmung der internationalen Reichweite des EU-Kartellrechts zu entwickeln. Welche Anknüpfung zum Tragen kommt, bestimmt sich in erster Linie nach dem Schutzzweck der anzuwendenden Norm.[37)] Aufgabe des EU-Kartellrechts ist es, die wettbewerbliche Ordnung auf dem Binnenmarkt gegen privatautonome Eingriffe zu schützen. Entsprechend ist heute allgemein anerkannt, dass Wettbewerbsregeln unabhängig davon greifen müssen, wo die betreffende Handlung vorgenommen wurde (strenges Territorialprinzip) oder die beteiligten Unternehmen ihren Sitz haben (Personalitätsprinzip).[38)] Um den Wettbewerb im Gemeinsamen Markt zu schützen, ist daher für die Anwendung der europäischen Zusammenschlusskontrolle entscheidend, inwieweit der geplante Zusammenschluss Wirkungen auf dem Binnenmarkt entfaltet (Auswirkungsprinzip).[39)] Die ökonomischen Zusammenhänge des internationalen Handels bewirken jedoch, dass jede den Wettbewerb beschränkende Handlung in sehr vielen Teilen der Welt Auswirkungen oder Rückwirkungen haben kann. Um einer uferlosen Auswirkung des Kartellrechts Einhalt zu gebieten, hat das Gericht (EuG) in der Rechtssache *Gencor* entschieden, dass das EU-Recht nur dann Anwendung finden soll, wenn die Beeinträchtigung des Wettbewerbs auf dem Gemeinsamen Markt „unmittelbar, wesentlich und vorhersehbar" ist (sog. **qualifiziertes Auswirkungsprinzip**).[40)] Auf diese Weise wird dem völkerrechtlichen Grundsatz Rechnung getragen, dass eine be-

---

35) Vgl. etwa § 130 Abs. 2 GWB; Art. 2 Abs. 2 Schweizerisches Bundesgesetz über Kartelle und andere Wettbewerbsbeschränkungen; weitere Nachweise bei *Schwartz/Basedow* in: Lipstein, Chapter 35 Rz. 34 ff.

36) Daran hat auch das Inkrafttreten der sog. Rom I- und Rom II-VO nichts geändert (Verordnung Nr. 593/2008 des Europäischen Parlaments und des Rates v. 17.6.2008 über das auf vertragliche Schuldverhältnisse anzuwendende Recht (Rom I), ABl. EU 2008 L 177/6; Verordnung Nr. 864/2007 des Europäischen Parlaments und des Rates v. 11.7.2007 über das auf außervertragliche Schuldverhältnisse anzuwendende Recht (Rom II), ABl. EU 2007 L 199/40). Diese Verordnungen erfassen lediglich privatrechtliche Ansprüche in Zivil- und Handelssachen (Art. 1 Abs. 1 Rom I-VO, Art. 1 Abs. 1 Rom II-VO) und regeln nicht die behördliche Durchsetzung der EU-Fusionskontrollvorschriften.

37) *Mestmäcker/Schweitzer*, § 6 Rz. 9.

38) Vgl. nur *Meessen*, S. 108 ff.; *Schnyder*, Wirtschaftskollisionsrecht, Rz. 443 ff.; *Schwartz/Basedow* in: Lipstein, Chapter 35 Rz. 8 ff.; *Wagner-von Papp* in: Tietje, § 11 Rz. 7 ff.

39) EuG, Rs. T-102/96, *Gencor/Lonrho*, Slg. 1999, II-753 Rz. 98.

40) EuG, Rs. T-102/96, *Gencor/Lonrho*, Slg. 1999, II-753 Rz. 92 ff.; s. a. KomE, COMP/M.1741, *MCI WorldCom/Sprint*, ABl. EU 2003 L 300/1, Rz. 304; vgl. ferner *Rehbinder* in: Immenga/Mestmäcker, IntWbR A Rz. 34 ff.; *Wiedemann* in: Wiedemann, Handbuch des Kartellrechts, § 5 Rz. 7 ff. Im Einzelnen sind die Qualifikationen des Auswirkungsprinzips (Vorhersehbarkeit, Spürbarkeit, Interessenabwägung, etc.) umstritten; eingehend dazu *Wagner-von Papp* in: Tietje, § 11 Rz. 43 ff.

hördliche Kontrolle unternehmerischer Aktivitäten nur dann stattfinden darf, wenn zwischen der tätig werdenden Jurisdiktion und dem zu regelnden Sachverhalt eine hinreichend enge Verbindung besteht.[41]

b) Auswirkungsprinzip und Anmeldeerfordernis

34 Für Unternehmenskäufe mit Auslandsbezug „formalisiert" die FKVO den internationalen Anwendungsbereich der europäischen Zusammenschlusskontrolle in gewissem Umfang.[42] Die europäische Fusionskontrolle findet Anwendung, wenn ein Zusammenschluss mit gemeinschaftsweiter Bedeutung vorliegt, d. h. die **Umsatzschwellen** des Art. 1 FKVO überschritten werden. Diese Schwellen knüpfen kumulativ an den Weltumsatz und den gemeinschaftsweiten Umsatz mindestens zweier am Zusammenschluss beteiligter Unternehmen an (siehe dazu Rz. 63 ff.). Der Sitz der beteiligten Unternehmen oder ihre Produktionsstandorte sind für die Anwendbarkeit der Verordnung dagegen irrelevant.[43]

35 Die Aufgreifschwellen konkretisieren das Auswirkungsprinzip aber nicht umfassend. Sie legen lediglich fest, ab welcher Größe ein Zusammenschluss in wirtschaftlicher Hinsicht einer präventiven Kontrolle unterzogen werden muss. Das Erfordernis des Überschreitens gemeinschaftsweiter Mindestumsätze bietet zwar eine gewisse Wahrscheinlichkeit dafür, dass ein Zusammenschluss auch eine tatsächliche Auswirkung auf den europäischen Markt haben wird, zwingend ist diese Schlussfolgerung aber nicht. Gründen etwa zwei in der Union ansässige Unternehmen ein Gemeinschaftsunternehmen, das ausschließlich auf einem lokalen Auslandsmarkt tätig werden soll, so kann dieses Vorhaben aufgrund der Verbundsklausel des Art. 5 Abs. 4 FKVO für die Umsatzberechnung die Umsatzschwellen erfüllen, ohne dass eine unmittelbare und wesentliche Beeinträchtigung des Wettbewerbs auf dem Gemeinsamen Markt anzunehmen ist. Dieses Beispiel zeigt, dass das **Auswirkungsprinzip** somit eine **eigenständige Bedeutung neben der Prüfung der Aufgreifschwellen** haben muss.[44] Zusammenschlüsse, die sich nicht auf den Gemeinsamen Markt auswirken, können somit nicht nach der FKVO untersagt werden.

36 Wie sich dieser Befund auf die Anmeldepflicht und das Vollzugsverbot (Art. 4, 7 FKVO, siehe dazu Rz. 134 und 137) auswirkt, ist umstritten. Die

---

41) Allg. dazu *Meessen*, S. 19 ff.; *Dlouhy*, S. 33 ff.; *Podszun*, S. 17 ff.; *D. Baetge*, S. 270 ff.
42) *Immenga/Körber* in: Immenga/Mestmäcker, Art. 1 FKVO Rz. 56. Art. 1 FKVO wird daher auch als versteckte einseitige Kollisionsnorm angesehen; vgl. nur *Fezer/Koos* in: Staudinger, IntWirtschR Rz. 320; *Rehbinder* in: Immenga/Mestmäcker, IntWbR A Rz. 52; *Baron* in: Langen/Bunte, Art. 1 FKVO Rz. 43; ähnlich *Fezer/Koos* in: Staudinger, IntWirtschR Rz. 320.
43) Erwägungsgrund 10 FKVO.
44) *Immenga/Körber* in: Immenga/Mestmäcker, Art. 1 FKVO Rz. 57; *Rehbinder* in: Immenga/Mestmäcker, IntWbR A Rz. 52; *Wagner-von Papp* in: Tietje § 11 Rz. 37; *Kling/Thomas*, § 9 Rz. 16; *Zeise* in: Schulte, Rz. 938.

C. Europäisches Kartellrecht

Kommission geht im Prinzip davon aus, dass die Frage, ob sich ein Zusammenschluss im Einzelfall in hinreichender Form auf den Gemeinsamen Markt auswirkt, aus Gründen der Rechtsklarheit für die **Anmeldepflicht** und das **Vollzugsverbot** unerheblich ist.[45] In Fällen, in denen nur ein marginaler Bezug zum Gemeinsamen Markt vorliegt, kann aber eine Anmeldung in vereinfachter Form erfolgen (siehe dazu Rz. 138); zudem werden solche Zusammenschlüsse im Regelfall zügig freigegeben. Dagegen wird von Teilen des Schrifttums gefordert, das **Auswirkungsprinzip** als **Mindestvoraussetzung** für Anmeldepflicht und Vollzugsverbot in die FKVO hineinzulesen.[46]

Letztere Ansicht überzeugt. Auch eine vereinfachte Anmeldung belastet die Unternehmen mit Kosten. Zudem sind die Unternehmen an das Durchführungsverbot gebunden, obwohl eine präventive Kontrolle des Zusammenschlusses zum Schutz des Wettbewerbs auf dem Gemeinamen Markt bei fehlendem Binnenmarktbezug nicht erforderlich ist. Die Kommission sollte daher in einer Bekanntmachung festlegen, unter welchen Voraussetzungen Unternehmen von einer Anmeldung des Zusammenschlussvorhabens absehen dürfen.[47] 37

Solange sich die Kommission dieser einschränkenden Auslegung der Anmeldepflicht nicht ausdrücklich geöffnet hat, empfiehlt es sich für die Praxis, im Wege **informeller Vorgespräche** (siehe dazu Rz. 138) abzuklären, ob und in welcher Form der geplante Zusammenschluss angemeldet werden soll. 38

Vom Anmeldeerfordernis zu unterscheiden ist die **Reichweite der Untersagungsbefugnis** der Kommission. Das Auswirkungsprinzip berechtigt den Staat, in dessen Gebiet sich die wettbewerbsbeschränkenden Maßnahmen auswirken, alle geeigneten und erforderlichen Maßnahmen zu treffen, um die wettbewerbsschädlichen Inlandsauswirkungen zu beseitigen.[48] Das Auswirkungsprinzip will aber nicht den Export des heimischen Rechts ermöglichen. Ist es daher möglich, die Untersagung so auszugestalten, dass sie allein die Inlandsauswirkungen (und nicht die Wirkungen des Zusammenschlusses im Ausland) beseitigt, so sollte von dieser Möglichkeit Gebrauch gemacht werden.[49] 39

---

45) So hat sich die Kommission etwa im Fall *Nestlé*, in dem es um den Erwerb der gemeinsamen Kontrolle über ein neu gegründetes Gemeinschaftsunternehmen ging, aufgrund der Überschreitung der Schwellenwerte für zuständig erklärt, obwohl keine Auswirkungen auf den Markt festgestellt werden konnten, so dass der Zusammenschluss im Ergebnis freigegeben werden musste; vgl. KomE, IV/M.1689, *Nestlé/Pillsbury/Häagen-Dasz*. Ähnlich wurde entschieden in KomE, IV/M.69, *Kyowa Saitama Bank*, Rz. 6; KomE, IV/M.826, *ESPN/Star*, Rz. 12.
46) Vgl. insbesondere *Immenga* in: FS Zäch, S. 347, 355 ff.; *Immenga/Körber* in: Immenga/Mestmäcker, Art. 1 FKVO Rz. 58; differenzierter *Rehbinder* in: Immenga/Mestmäcker, IntWbR A Rz. 55 f.
47) *Immenga/Körber* in: Immenga/Mestmäcker, Art. 1 FKVO Rz. 58; ähnlich *Ezrachi*, ECLR 2001, 137, 144 ff.
48) *Bavasso*, ECLR 1998, 243, 247; *Wagner-von Papp* in: Tietje, § 11 Rz. 70.
49) *Wagner-von Papp* in: Tietje, § 11 Rz. 70; *Fezer/Koos* in: Staudinger, IntWirtschR Rz. 333.

§ 11 Kartellrecht

Auf diese Weise kann dem völkerrechtlichen Nichteinmischungsprinzip Rechnung getragen werden. Kann das Zusammenschlussvorhaben hingegen nicht in einen drittstaatsbezogenen und einen gemeinschaftsbezogenen Bereich aufgeteilt werden, so ist es in seiner Gesamtheit zu untersagen, wenn sich dessen Vollzug spürbar auf den Binnenmarkt auswirken wird.[50]

c) Erweiterung des Anwendungsbereichs durch internationale Abkommen

40 Der Anwendungsbereich der FKVO ist durch völkerrechtliche Verträge über das Auswirkungsprinzip hinaus auf weitere Staaten erweitert worden. Von Bedeutung ist das EWR-Abkommen, das mit Island, Liechtenstein und Norwegen abgeschlossen wurde und das für diese Staaten eine dem EU-Recht vergleichbare Zusammenschlusskontrolle vorschreibt.[51] Zudem besteht mit der Schweiz ein Abkommen für den Bereich des Luftverkehrs, das die europäische Fusionskontrolle auf diesen Wirtschaftszweig erstreckt.[52]

d) Verhältnis zur nationalen Fusionskontrolle (EU/EWR)

41 Unterfällt ein Unternehmenszusammenschluss der FKVO, so prüft nach dem **Grundsatz des „one-stop shop"** allein die Kommission, ob der Zusammenschluss nach europäischem Recht freigegeben werden kann (Art. 21 Abs. 2 und 3 FKVO). Für solche Zusammenschlüsse gilt das Zusammenschlusskontrollrecht der EU-Mitgliedstaaten nicht. Dementsprechend müssen sie bei den nationalen Behörden weder angezeigt noch angemeldet werden.[53] Allerdings steht es den Mitgliedstaaten frei, zum **Schutz von berechtigten Interessen** (öffentliche Sicherheit, Medienvielfalt, Aufsichtsregeln) geeignete Maßnahmen zu

---

50) *Fezer/Koos* in: Staudinger, IntWirtschR Rz. 333.
51) Art. 57 und Anhang XIV des Abkommens über den Europäischen Wirtschaftsraum, ABl. EG 1994 L 1/3. Die Schweiz hat das EWR-Abkommen nach einem ablehnenden Referendum als einziger EFTA-Staat nicht ratifiziert; vgl. Anpassungsprotokoll zum Abkommen über den Europäischen Wirtschaftsraum, ABl. EG 1994 L 1/572. Nach der Reform der europäischen Fusionskontrolle im Jahre 2004 wurde die neue FKVO auch für den EWR übernommen; vgl. die Beschlüsse Nr. 78 und 79/2004 des Gemeinsamen EWR-Ausschusses, ABl. EU 2004 L 219/13 und L 219/24.
52) Art. 11 des Abkommens zwischen der Europäischen Gemeinschaft und der Schweizerischen Eidgenossenschaft über den Luftverkehr, ABl. EU 2002 L 114/73. Details der anwendbaren Wettbewerbsregeln legt der Gemischte Luftverkehrsausschuss Gemeinschaft/Schweiz durch Beschluss fest. Dieser hat den neuen Prüfungsmaßstab der FKVO übernommen, so dass der SIEC-Test für Luftverkehrsmärkte auch im Verhältnis zur Schweiz Anwendung findet; vgl. Punkt 2 des Beschlusses Nr. 1/2008 des Gemischten Luftverkehrsausschusses Gemeinschaft/Schweiz, der durch das Abkommen zwischen der Gemeinschaft und der Schweizerischen Eidgenossenschaft über den Luftverkehr eingesetzt wurde zur Ersetzung des Anhangs des Abkommens zwischen der Europäischen Gemeinschaft und der Schweizerischen Eidgenossenschaft über den Luftverkehr, ABl. EU 2009 L 40/38.
53) Vgl. nur § 35 Abs. 3 GWB.

ergreifen (Art. 21 Abs. 4 FKVO) und in diesem Zusammenhang **parallele Prüfverfahren** durchzuführen.[54] Einschränkungen in Bezug auf die Prüfungskompetenz der Kommission bestehen ferner gemäß Art. 346 Abs. 1 lit. b AEUV (vormals Art. 296 Abs. 1 lit. b EG) für Zusammenschlüsse, die die **militärisch-sicherheitspolitischen Interessen der EU-Mitgliedstaaten** berühren.[55]

Der Grundsatz des *one-stop shop* gilt auch für den **Europäischen Wirtschaftsraum (EWR)**, dem die EFTA-Staaten Island, Norwegen und Liechtenstein beigetreten sind. Sofern ein Zusammenschluss der FKVO unterfällt, verdrängt die Zuständigkeit der Kommission gemäß Art. 57 Abs. 2 EWR-Abkommen die Zuständigkeiten der nationalen Kartellbehörden dieser Staaten. Zusammenschlüsse mit gemeinschaftsweiter Bedeutung werden somit ausschließlich durch die Kommission behandelt. Dies gilt selbst dann, wenn der Zusammenschluss sich in erster Linie auf den Märkten der dem EWR beigetretenen EFTA-Staaten auswirkt. Wirkt sich der Zusammenschluss aber schwerpunktmäßig auf dem Gebiet der EFTA-Staaten aus, so muss die Kommission mit der EFTA-Überwachungsbehörde kooperieren. Dies ist etwa der Fall, wenn 42

- der gemeinsame Umsatz der beteiligten Unternehmen im EFTA-Gebiet 25 % des Gesamtumsatzes im EWR ausmacht,[56]
- der Umsatz von mindestens zwei beteiligten Unternehmen in den EFTA-Staaten jeweils über 250 Mio. € liegt[57] oder
- der Zusammenschluss eine beherrschende Stellung begründet oder verstärkt, die sich maßgeblich im Gebiet der EFTA-Staaten auswirkt.[58]

Auf Zusammenschlüsse, die nicht in den Anwendungsbereich der FKVO fallen, bleibt **nationales Fusionskontrollrecht** anwendbar. Zusammenschlussvorhaben, deren Umsatzwerte unterhalb der FKVO-Schwellenwerte liegen oder die den Zusammenschlusstatbestand der FKVO nicht erfüllen, müssen somit bei den nationalen Behörden angemeldet werden, soweit dies nach dem jeweils anwendbaren nationalen Fussionskontrollrecht notwendig ist. 43

---

54) Mit Zustimmung der Kommission können gemäß Art. 21 Abs. 4 Unterabs. 3 FKVO auch Maßnahmen zum Schutz anderer öffentlicher Interessen ergriffen werden.

55) So können die EU-Mitgliedstaaten etwa Waffenhersteller anweisen, bestimmte Zusammenschlussvorhaben nicht oder nur ohne die Preisgabe von militärischen Geheimnissen anzumelden. Die Kommission ist dann in ihrer Kontrollkompetenz eingeschränkt; vgl. KomE, COMP/M.3596, *ThyssenKrupp/HDW*, Rz. 2. Werden auf dem Binnenmarkt die Wettbewerbsbedingungen durch die Anwendung von Art. 346 AEUV verfälscht, so kann die Kommission jedoch ein Verfahren nach Art. 348 AEUV einleiten, um gemeinsam mit dem Mitgliedstaat Abhilfemaßnahmen zu implementieren.

56) Art. 2 Abs. 1 lit. a Protokoll 24 zum EWR-Abkommen, abrufbar unter http://efta.int/legal-texts/EEA/protocols-to-the-agreement.aspx (nur in englischer Sprache).

57) Art. 2 Abs. 1 lit. b Protokoll 24 zum EWR-Abkommen.

58) Art. 2 Abs. 1 lit. c Protokoll 24 zum EWR-Abkommen.

44 Die Zuständigkeiten der Kommission und der nationalen Kartellbehörden können sich durch **Verweisungen** ändern (siehe dazu Rz. 145 ff.).

e) Parallelverfahren im Ausland

45 Bei internationalen Zusammenschlüssen wird das Vorhaben oftmals parallel sowohl durch die Kommission als auch durch Kartellbehörden in Drittstaaten geprüft, wenn sich das Vorhaben auf verschiedenen Märkten auswirkt. Die Kommission wird durch die Entscheidung einer ausländischen Behörde nicht gebunden.[59] Auch gibt es kein Verfahren der Anerkennung ausländischer Entscheidungen. Da jede Behörde nach dem Auswirkungsprinzip nur die Wirkung des Zusammenschlusses auf „ihrem" Markt betrachtet und allein „ihr" nationales Kartellrecht anwendet, bergen parallele Prüfverfahren die Gefahr **divergierender Entscheidungen**.

46 Versuche, durch multilaterale Abkommen, etwa i. R. d. WTO, schrittweise eine Konvergenz des formellen und materiellen Kartellrechts herzustellen, sind bislang nicht vorangekommen.[60] Zur Begrenzung des Konfliktpotentials, das sich aus parallelen Verfahren vor verschiedenen Behörden ergeben kann, und zur Entlastung der Unternehmen kooperieren einige Behörden bei internationalen Verfahren mit ihren Pendants in Drittstaaten vor allem auf Grundlage bilateraler **Kooperationsabkommen**. So hat die EU mit den USA etwa verschiedene Abkommen geschlossen, welche die Kommission und die US-amerikanischen Behörden (Department of Justice, Federal Trade Commission) zu bestimmten Maßnahmen der Kooperation und Koordinierung verpflichten.[61] Diese Abkommen dienen vornehmlich dem Austausch von Informationen. Einen festen Mechanismus zur Konzentration der Zuständigkeiten auf eine Behörde sehen sie nicht vor. Ihre Bedeutung liegt daher weniger in der Vermeidung von Handelskonflikten, die aufgrund unterschiedlicher wirtschaftspolitischer Interessenlagen souveräner Staaten auch gar nicht vollständig zu vermeiden sind. Vielmehr institutionalisieren diese Abkommen den Kontakt zwischen den Behörden untereinander und ermöglichen auf diese Weise vor allem den informellen Austausch über die rechtliche Behandlung des zu entscheidenden Sachverhalts.

---

59) EuG, Rs. T-210/01, *General Electric/Kommission*, Slg. 2005, II-5575 Rz. 179.

60) Eingehend zu den verschiedenen Ansätzen *Drexl*, ZWeR 2004, 191 ff.; *Wagner-von Papp* in: Tietje, § 11 Rz. 103 ff.; *D. Baetge*, S. 173 ff.; *J. Bätge*, S. 54 ff.

61) Vgl. Agreement Between the Government of the United States of America and the Commission of the European Communities Regarding the Application of Their Competition Laws, ABl. EG 1995 L 95/47 (nichtamtliche deutsche Übersetzung einer früheren Fassung des Abkommens abgedr. in: WuW 1992, 36 ff.); berichtigt durch ABl. EG 1995 L 131/38; Abkommen zwischen den Europäischen Gemeinschaften und der Regierung der Vereinigten Staaten von Amerika über die Anwendung der „Positive Comity"-Grundsätze bei der Durchsetzung ihrer Wettbewerbsregeln, ABl. EG 1998 L 173/28. Eingehend zum Inhalt dieser Abkommen *Völcker* in: Immenga/Mestmäcker, IntWbR B Rz. 7 ff.; *Parisi/Podszun* in: Terhechte, Rz. 87.1 ff.

3. Anmeldepflichtige Zusammenschlüsse

Die Anmeldepflicht des Art. 4 FKVO wird durch das Vorliegen eines Zusammenschlusses (Art. 3 FKVO) von gemeinschaftsweiter Bedeutung (Art. 1 FKVO) i. S. d. FKVO ausgelöst.

a) Zusammenschlusstatbestand

aa) Grundlagen

Die FKVO will Verhaltensweisen erfassen, die zu einer dauerhaften Veränderung der Struktur der beteiligten Unternehmen führen. Ein **Zusammenschluss** kann daher zum einen dadurch verwirklicht werden, dass zwei oder mehr bisher voneinander unabhängige Unternehmen miteinander verschmolzen werden (**Fusion**, Art. 3 Abs. 1 lit. a FKVO), und zum anderen dadurch, dass eine oder mehrere Personen, die bereits mindestens ein Unternehmen kontrollieren, die unmittelbare oder mittelbare Kontrolle über die Gesamtheit oder über Teile eines oder mehrerer anderer Unternehmen erwerben (**Kontrollerwerb**, Art. 3 Abs. 1 lit. b FKVO). Anders als das GWB (siehe dazu Rz. 211 ff.) kennt die FKVO somit nur zwei Zusammenschlusstatbestände. Bei internationalen Transaktionen ist der Kontrollerwerb aufgrund steuerrechtlicher Vorteile der Regelfall, die Fusion hingegen die Ausnahme.[62]

Der Unternehmensbegriff wird in der FKVO nicht definiert. Der EuGH legt diesen Begriff im EU-Wettbewerbsrecht ganz allgemein weit aus und versteht darunter jede „*eine wirtschaftliche Tätigkeit ausübende Einheit, unabhängig von ihrer Rechtsform und der Art ihrer Finanzierung*".[63]

Nach dem **funktionalen Unternehmensbegriff** des EuGH setzt die Unternehmenseigenschaft eine nicht nur gelegentliche oder vorübergehende **Teilnahme am Wirtschaftsverkehr** voraus, also eine Tätigkeit von gewisser Dauerhaftigkeit, die darin besteht, Güter oder Dienstleistungen auf einem bestimmten Markt anzubieten.[64] Die wirtschaftliche Betätigung ist in erster Linie vom privaten Verbrauch abzugrenzen, der von den EU-Wettbewerbsregeln nicht erfasst wird. Arbeitnehmer sind ebenfalls keine Unternehmer.[65] Da sich der AEUV an die EU-Mitgliedstaaten richtet, gelten die europäischen Wettbewerbsregeln auch für **staatliche Unternehmen**. Jede staatliche Tätigkeit, die von einem privaten Unternehmer ausgeübt werden könnte, ist daher an den

---

62) *Mestmäcker/Schweitzer*, § 24 Rz. 7.
63) Vgl. nur EuGH, Rs. C-41/90, *Höfner und Elser/Macrotron*, Slg. 1991, I-1979 Rz. 21; EuGH, Rs. C-244/94, *Fédération française des sociétés d'assurances/Ministère de l'Agriculture et de la Pêche*, Slg. 1995, I-4013 Rz. 14.
64) Vgl. nur EuGH, Rs. 118/85, *Kommission/Italien*, Slg. 1987, 2599 Rz. 7.
65) *Wiedemann* in: Wiedemann, Handbuch des Kartellrechts, § 4 Rz. 1.

EU-Wettbewerbsregeln zu messen.[66] Vom Anwendungsbereich des Kartellrechts ausgenommen werden lediglich genuin hoheitliche Handlungen sowie rein soziale oder nichtkommerzielle kulturelle Tätigkeiten.[67]

bb) Fusion

50 Der Zusammenschlusstatbestand der Fusion (Art. 3 Abs. 1 lit. a FKVO) erfasst die Verschmelzung von bisher unabhängigen Unternehmen mit der Folge, dass sie ihre Rechtspersönlichkeit verlieren. Eine Fusion kann auch dann vorliegen, wenn ein Unternehmen in einem anderen aufgeht, wobei Letzteres seine Rechtspersönlichkeit behält, während Ersteres als juristische Person untergeht.[68] Der Fusionstatbestand wird im Regelfall durch eine **rechtliche Fusion** verwirklicht, d. h. durch Aufnahme oder durch Neugründung.[69]

51 Aber auch eine **wirtschaftliche Fusion** kann den Zusammenschlusstatbestand des Art. 3 Abs. 1 lit. a FKVO erfüllen. Dies ist dann der Fall, wenn bislang unabhängige Unternehmen ihre Aktivitäten zu einer wirtschaftlichen Einheit zusammenlegen, ohne ihre Rechtspersönlichkeit aufzugeben. Die Annahme einer wirtschaftlichen Fusion soll nach Ansicht der Kommission dann vorliegen, wenn die beteiligten Unternehmen sich dauerhaft einer einheitlichen wirtschaftlichen Leitung unterstellen.[70] Weitere Indizien können ein interner Gewinn- und Verlustausgleich zwischen den Unternehmen, eine zusätzliche Kapitalverflechtung oder eine gesamtschuldnerische Haftung im Außenverhältnis sein.[71] Eine wirtschaftliche Fusion kann im Fall der Gründung eines sog. **Gleichordnungskonzerns** nach deutschem Recht (§ 18 Abs. 2 AktG) angenommen werden, bei dem durch die Einsetzung eines Gemeinschaftsorgans oder durch die Besetzung der Geschäftsführung mit denselben Personen eine einheitliche Leitung erzielt wird, soweit dies zu einer Verschmelzung der beteiligten Unternehmen zu einer echten wirtschaftlichen Einheit führt.[72] Ähnlich können die Dinge bei der Gründung bestimmter *groupements d'intérêts économiques* nach französischem Recht liegen oder bei der Zusammenführung bestimmter *partnerships* nach englischem Recht.[73]

---

66) Grundlegend EuGH, Rs. 45/85, *Verband der Sachversicherer/Kommission*, Slg. 1987, 405 Rz. 7 ff.; EuGH, Rs. C-242/95, *GT-Link/DSB*, Slg. 1997, I-4449 Rz. 41 ff.
67) Näher dazu *Mestmäcker/Schweitzer*, § 24 Rz. 4; *W.-H. Roth* in: FS Bechtold, S. 393, 394 f.
68) Konsolidierte Mitteilung zu Zuständigkeitsfragen, ABl. EU 2009 C 43/10, Rz. 9.
69) *Sedemund* in: Hölters, Teil VI Rz. 232.
70) Konsolidierte Mitteilung zu Zuständigkeitsfragen, Rz. 10.
71) Konsolidierte Mitteilung zu Zuständigkeitsfragen, Rz. 10.
72) *Immenga/Körber* in: Immenga/Mestmäcker, Art. 3 FKVO Rz. 22.
73) Konsolidierte Mitteilung zu Zuständigkeitsfragen, Rz. 10 mit Fn. 10.

cc) Kontrollerwerb

Der zweite Zusammenschlusstatbestand der FKVO ist der Kontrollerwerb 52 (Art. 3 Abs. 1 lit. b FKVO). **Kontrolle über ein oder mehrere Unternehmen** besitzt, wer mittelbar oder unmittelbar einen **bestimmenden Einfluss** über dessen bzw. deren Tätigkeit ausüben kann. Dieser Einfluss kann durch Rechte, Verträge oder andere Mittel begründet werden, die einzeln oder zusammen unter Berücksichtigung aller tatsächlichen und rechtlichen Umstände die Möglichkeit gewähren, einen bestimmenden Einfluss auf die Tätigkeit eines Unternehmens auszuüben (Art. 3 Abs. 2 FKVO). **Kontrollerwerber** können sowohl eine oder mehrere Personen sein, die bereits ein Unternehmen kontrollieren, als auch ein oder mehrere andere Unternehmen (Art. 3 Abs. 1 lit. b FKVO).

Die **Reichweite des Kontrollbegriffs** ist unter Rückgriff auf den Zweck der 53 Fusionskontrolle zu konkretisieren. Die FKVO will Verhaltensweisen erfassen, die zu einer dauerhaften Veränderung der Struktur der beteiligten Unternehmen führen.[74] Von einem bestimmenden Einfluss ist daher dann auszugehen, wenn die Verwendung der Ressourcen des Zielunternehmens sowie dessen Auftreten am Markt gesteuert werden können, etwa durch Entscheidungen über die Ausgestaltung von Geschäfts- und Finanzplänen, die Tätigung von Investitionen, die Bestellung der Geschäftsführung oder die Produkt- und Technologieentwicklung (sog. **Einfluss auf Kernbeschlussfassungen**).[75] Dieser Einfluss muss auch von gewisser **Dauer** sein.[76] Ob er tatsächlich ausgeübt wird, ist dagegen unerheblich; ausreichend ist die Möglichkeit, einen solchen bestimmenden Einfluss auszuüben.[77]

Der Tatbestand des Kontrollerwerbs umfasst sowohl die Erlangung der **alleinigen Kontrolle** (ein Unternehmen beherrscht ein oder mehrere andere Unternehmen) über ein Unternehmen als auch die Erlangung der **gemeinsamen Kontrolle** (mehrere Unternehmen beherrschen ein oder mehrere andere Unternehmen gemeinsam), unabhängig davon, ob diese Kontrolle im Wege eines Anteilserwerbs (Share Deal), eines Vermögenserwerbs (Asset Deal) oder auf sonstige Weise erworben wurde.[78] Der Übergang von alleiniger zu einer gemeinsamen Kontrolle ist ebenso von Art. 3 Abs. 1 lit. b FKVO erfasst wie der umgekehrte Fall des Übergangs von einer gemeinsamen zu einer alleinigen Kontrolle.[79] Auch die Erweiterung des Kreises der Unternehmen, die ein ande- 54

---

74) *Mestmäcker/Schweitzer*, § 24 Rz. 5; *Henschen* in: Schulte, Rz. 963.
75) Eingehend dazu *Broberg*, ECLR 2004, 741, 742 ff.; *Immenga/Körber* in: Immenga/Mestmäcker, Art. 3 FKVO Rz. 34; *Whish*, S. 823 ff.; *Wessely/Wegner* in: MünchKomm-EuWettbR, Art. 3 FKVO Rz. 25 ff.; *Henschen* in: Schulte, Rz. 971 ff.
76) *Bechtold/Bosch/Brinker/Hirsbrunner*, Art. 3 FKVO Rz. 17.
77) Konsolidierte Mitteilung zu Zuständigkeitsfragen, Rz. 16.
78) Konsolidierte Mitteilung zu Zuständigkeitsfragen, Rz. 16 ff.
79) *Sedemund* in: Hölters, Teil VI Rz. 233.

res Unternehmen kontrollieren, fällt unter diesen Zusammenschlusstatbestand, da sich auch in diesem Fall die Struktur der Unternehmensverbindung ändert.[80] Eine **Kontrolle** kann ferner sowohl **unmittelbar**, d. h. direkt, als auch **mittelbar**, d. h. über eine zwischengeschaltete Person oder ein zwischengeschaltetes Unternehmen, ausgeübt werden. Letzteres ist etwa der Fall, wenn mehrere Unternehmen ein **Gemeinschaftsunternehmen als Erwerbsvehikel** gründen oder eine Mantelgesellschaft ohne bisherige Marktaktivitäten dazu einsetzen, um die Kontrolle über ein anderes Unternehmen zu erlangen. Bei einer solchen Transaktion erlangen die hinter dem Gemeinschaftsunternehmen stehenden Mütter die Kontrolle über das Zielunternehmen, so dass bei der Umsatzberechnung auf sie und nicht auf das Erwerbsvehikel abzustellen ist.[81]

55 Ob eine bestimmte Transaktion zu einem Kontrollerwerb führt, ist im Wege einer **Gesamtschau** festzustellen, bei der alle faktischen und rechtlichen Einflussmöglichkeiten gewürdigt werden.

56 Die Erlangung **alleiniger Kontrolle** über ein Unternehmen kann typischerweise bei Mehrheitsbeteiligungen angenommen werden.[82] Dagegen stellen Minderheitsbeteiligungen regelmäßig keinen Zusammenschluss dar. Etwas anderes kann jedoch gelten, wenn eine solche Minderheitsbeteiligung mit besonderen Rechten ausgestattet ist. Wird etwa durch Begleitverträge faktisch ein bestimmender Einfluss auf die Tätigkeit des Zielunternehmens gesichert, so kann ein Zusammenschluss nach Art. 3 Abs. 1 lit. b FKVO angenommen werden.[83] Auch in Fällen der breiten Streuung des Aktienbesitzes kann der Erwerb von Minderheitsbeteiligungen den Zusammenschlusstatbestand des Kontrollerwerbs erfüllen, nämlich dann, wenn der erworbene Anteil so hoch ist, dass aufgrund der zu erwartenden Präsenzen in der Hauptversammlung regelmäßig eine gesicherte Hauptversammlungsmehrheit erreicht wird (faktische Hauptversammlungsmehrheit).[84] Der Tatbestand des Kontrollerwerbs setzt allerdings nicht zwingend eine gesellschaftsrechtliche Verbindung zwischen den Unternehmen voraus. Auch die Kontrolle durch **vertragliche Vereinbarungen** über ein Unternehmen oder eines wesentlichen Teils desselben (Beherrschungs- oder Betriebspachtverträge) werden von Art. 3 Abs. 1 lit. b FKVO erfasst.[85] Unter bestimmten Voraussetzungen kann auch der Abschluss einer bloßen Option über den Kauf oder Verkauf von Stimmrechtsanteilen eines Unternehmens als Form

---

80) Konsolidierte Mitteilung zu Zuständigkeitsfragen, Rz. 87.
81) Konsolidierte Mitteilung zu Zuständigkeitsfragen, Rz. 145 ff.
82) Konsolidierte Mitteilung zu Zuständigkeitsfragen, Rz. 54.
83) Konsolidierte Mitteilung zu Zuständigkeitsfragen, Rz. 54; s. aus der Praxis ferner KomE, IV/M.911, *Clariant/Hoechst*, Rz. 6 (satzungsmäßige Begrenzung der Stimmrechte von Einzelaktionären auf 10 %).
84) Konsolidierte Mitteilung zu Zuständigkeitsfragen, Rz. 59.
85) Konsolidierte Mitteilung zu Zuständigkeitsfragen, Rz. 145 f.

des Kontrollerwerbs auf sonstige Weise den Zusammenschlusstatbestand des Art. 3 Abs. 1 lit. b FKVO erfüllen.[86]

Von einer **gemeinsamen Kontrolle** kann dann ausgegangen werden, wenn die Anteilsinhaber bei allen wichtigen Entscheidungen, die das beherrschte Unternehmen betreffen, Übereinstimmung erzielen müssen. Auf diese Weise können strategische Entscheidungen des Unternehmens beeinflusst werden, etwa durch Vetorechte in Bezug auf die Besetzung der Unternehmensleitung, die Finanzierung oder den Geschäftsplan.[87] Eine gemeinsame Kontrolle kann durch Vereinbarung (z. B. durch eine Absprache über gemeinsame Stimmrechtsausübung) oder auf faktischer Grundlage (z. B. durch eine auf Dauer angelegte starke Interessengleichheit) ausgeübt werden.[88]

57

Keine Zusammenschlüsse i. S. v. Art. 3 Abs. 1 lit. b FKVO sind **interne Restrukturierungen** einer bereits bestehenden Unternehmensgruppe, bei der die Kontrolle nicht in andere Hände übergeht.[89] Ein solcher Fall liegt nahe, wenn vor dem Zusammenschluss ein Unternehmensverbund i. S. v. Art. 5 Abs. 4 lit. b FKVO bestand. Dementsprechend sind einfache Reorganisationsmaßnahmen, wie die Fusion einer doppelt börsennotierten Gesellschaft zu einer einzigen juristischen Person oder die Fusion von Tochtergesellschaften ohne eine Veränderung der Kontrollrechte, nicht von Art. 3 FKVO erfasst.[90]

58

dd) Gemeinschaftsunternehmen

Die Gründung von **Gemeinschaftsunternehmen** stellt in der Systematik der FKVO einen Fall des gemeinsamen Kontrollerwerbs durch mindestens zwei andere Unternehmen dar (Art. 3 Abs. 1 lit. b, Abs. 3 und 4 FKVO). Sowohl die Neugründung eines Gemeinschaftsunternehmens (Erwerb der Kontrolle über das Zielunternehmen durch zwei oder mehr Muttergesellschaften) als auch die Umwandlung eines bisher allein kontrollierten Unternehmens in ein gemeinsam kontrolliertes Unternehmen ist ein Zusammenschluss i. S. d. FKVO, unter der einschränkenden Voraussetzung, dass das **Gemeinschaftsunternehmen auf Dauer alle Funktionen einer selbständigen wirtschaftlichen Einheit** erfüllt, also **voll funktionsfähig** ist (Art. 3 Abs. 4 FKVO).

59

Ob ein Unternehmen als Vollfunktions-Gemeinschaftsunternehmen (Vollfunktions-GU) angesehen werden kann, muss in einer **Gesamtschau** beurteilt

60

---

86) Näher dazu *Henschen* in: Schulte, Rz. 1038 ff.
87) Konsolidierte Mitteilung zu Zuständigkeitsfragen, Rz. 65 ff.; s. ferner die Nachweise bei *Sedemund* in: Hölters, Teil VI Rz. 236.
88) Konsolidierte Mitteilung zu Zuständigkeitsfragen, Rz. 75 ff.
89) *Mestmäcker/Schweitzer*, § 24 Rz. 5.
90) Konsolidierte Mitteilung zu Zuständigkeitsfragen, Rz. 51.

werden.[91)] Grundsätzlich sind nur solche Unternehmen voll funktionsfähig, die alle Funktionen ausüben, die auch von den anderen auf dem Markt tätigen Unternehmen ausgeübt werden. Dies ist insbesondere dann der Fall, wenn das Gemeinschaftsunternehmen einen eigenen Zugang zum Markt besitzt und mit den notwendigen Ressourcen (Finanzmittel, Personal, Produktionsmittel, Know-how) ausgestattet ist, um langfristig am Markt teilnehmen zu können.[92)]

61 Den Gegenbegriff zum Vollfunktions-GU bildet das **Teilfunktions-Gemeinschaftsunternehmen** (Teilfunktions-GU). Ein solches Unternehmen erfüllt etwa nur bestimmte Hilfsfunktionen innerhalb der Geschäftstätigkeiten der Muttergesellschaften und besitzt keinen eigenen Marktzugang bzw. dient lediglich als Vertriebsvehikel der Muttergesellschaften.[93)] Die Gründung von Gemeinschaftsunternehmen, die nicht voll funktionsfähig sind, ist kein Zusammenschluss nach Art. 3 FKVO. Dies bedeutet aber nicht, dass solche Kooperationen kartellrechtlich stets unbedenklich wären. Denn bei der Führung des Gemeinschaftsunternehmens stimmen die Muttergesellschaften sich in bestimmtem Umfang über Verhaltensweisen am Markt ab. Solche Verhaltensweisen unterfallen der Kontrolle am Maßstab von Art. 101 AEUV.

ee) Einschränkungen des Zusammenschlussbegriffs

62 Art. 3 Abs. 5 FKVO normiert drei eng gefasste **Ausnahmebereiche**, bei denen eine Anmeldepflicht entfällt, obwohl der Zusammenschlusstatbestand verwirklicht wird. Nach der sog. **Bankenklausel** wird dann kein Zusammenschluss bewirkt, wenn Kreditinstitute, sonstige Finanzinstitute oder Versicherungsunternehmen unter eng definierten Voraussetzungen Anteile an einem Unternehmen erwerben.[94)] Hierdurch soll erreicht werden, dass Kerngeschäfte des Bankwesens nicht der Fusionskontrolle unterliegen. Ferner sind nach der sog. **Insolvenzklausel** solche Zusammenschlüsse fusionskontrollfrei, bei denen ein Träger eines öffentlichen Mandats die Kontrolle über ein Unternehmen aufgrund der Gesetzgebung eines Mitgliedstaats über den Konkurs oder die Insolvenz erwirbt.[95)] Denn der zeitlich begrenzte Kontrollerwerb durch einen Amtsträger zur Abwicklung von Insolvenzfällen schwächt den Wettbewerb im Regelfall nicht. Schließlich erfasst die FKVO nach der sog. **Luxemburg-Klausel** solche Zusammenschlüsse nicht, bei denen Beteiligungsgesellschaften die Kon-

---

91) Eingehend dazu *Immenga/Körber* in: Immenga/Mestmäcker, Art. 3 FKVO Rz. 112 ff.; *Wessely/Wegner* in: MünchKomm-EuWettbR, Art. 3 FKVO Rz. 110; *Henschen* in: Schulte, Rz. 971 ff.; s. ferner *Baron* in: Langen/Bunte, Art. 3 FKVO Rz. 92 ff.
92) Konsolidierte Mitteilung zu Zuständigkeitsfragen, Rz. 94.
93) *Immenga/Körber* in: Immenga/Mestmäcker, Art. 3 FKVO Rz. 112.
94) Eingehend dazu *Immenga/Körber* in: Immenga/Mestmäcker, Art. 3 FKVO Rz. 147 ff.; *Wessely/Wegner* in: MünchKomm-EuWettbR, Art. 3 FKVO Rz. 138 ff.
95) Eingehend dazu *Immenga/Körber* in: Immenga/Mestmäcker, Art. 3 FKVO Rz. 154 ff.; *Wessely/Wegner* in: MünchKomm-EuWettbR, Art. 3 FKVO Rz. 152 ff.

trolle über ein Unternehmen erwerben, solange sie nicht in das strategische Marktverhalten des Zielunternehmens eingreifen. Auf diese Weise soll es Investoren möglich bleiben, ihre Stimmrechte zur Verteidigung ihres Investments zu schützen, ohne ein aufwendiges Fusionskontrollverfahren zu durchlaufen.[96]

b) Umsatzanforderungen
aa) Umsatzschwellenwerte

Anmeldepflichtig sind nur Vorhaben von **gemeinschaftsweiter Bedeutung**. 63
Ein Zusammenschlussvorhaben besitzt gemeinschaftsweite Bedeutung, wenn die an dem Zusammenschluss beteiligten Unternehmen bestimmte Umsatzschwellenwerte überschreiten. Diese Schwellenwerte definieren im Regelfall auch den **internationalen Anwendungsbereich** der FKVO (siehe dazu Rz. 34 ff.).

Ein Zusammenschluss hat gemeinschaftsweite Bedeutung, wenn der weltweite 64 Gesamtumsatz aller an ihm beteiligten Unternehmen zusammen 5 Mrd. € übersteigt und der gemeinschaftsweite Gesamtumsatz von mindestens zwei beteiligten Unternehmen jeweils höher als 250 Mio. € ist (Art. 1 Abs. 2 FKVO). Dies gilt nicht, wenn alle am Zusammenschluss beteiligten Unternehmen jeweils mehr als zwei Drittel ihres gemeinschaftsweiten Gesamtumsatzes in ein und demselben Mitgliedstaat erzielen (sog. Zwei-Drittel-Klausel, Art. 1 Abs. 2 FKVO a. E.).

Auch ein Zusammenschluss, der die in Art. 1 Abs. 2 FKVO genannten Umsät- 65 ze nicht erreicht, kann gemeinschaftsweite Bedeutung haben. Dies ist der Fall, wenn der weltweite Gesamtumsatz aller beteiligten Unternehmen zusammen mehr als 2,5 Mrd. € beträgt, der Gesamtumsatz aller beteiligten Unternehmen in mindestens drei Mitgliedstaaten jeweils 100 Mio. € übersteigt, in jedem von mindestens drei dieser Mitgliedstaaten der Gesamtumsatz von mindestens zwei beteiligten Unternehmen jeweils mehr als 25 Mio. € beträgt und der gemeinschaftsweite Umsatz von mindestens zwei beteiligten Unternehmen über 100 Mio. € liegt (Art. 1 Abs. 3 FKVO). Auch bei diesen Umsatzschwellen gilt die Zwei-Drittel-Klausel, so dass Zusammenschlüsse, bei denen alle am Zusammenschluss beteiligten Unternehmen jeweils mehr als zwei Drittel ihres gemeinschaftsweiten Gesamtumsatzes in ein und demselben Mitgliedstaat erzielen, von der EU-Fusionskontrolle ausgenommen sind (Art. 1 Abs. 3 FKVO a. E.).

---

[96] Eingehend dazu *Immenga/Körber* in: Immenga/Mestmäcker, Art. 3 FKVO Rz. 156 ff.; *Wessely/Wegner* in: MünchKomm-EuWettbR, Art. 3 FKVO Rz. 155 ff.

bb) Beteiligte Unternehmen

66 Zur Ermittlung der Umsatzkriterien der FKVO sind die Gesamtumsätze der am Zusammenschluss **beteiligten Unternehmen** maßgeblich (Art. 1 Abs. 2 und Abs. 3 FKVO). Diese gilt es zu identifizieren und ihren jeweiligen Umsatz unter Berücksichtigung des Umsatzes der hinter diesen Unternehmen stehenden Unternehmensgruppe zu berechnen (Art. 5 FKVO, dazu sogleich Rz. 70 f.). Der Begriff der beteiligten Unternehmen wird in der Konsolidierten Mitteilung zur Zuständigkeit näher erläutert. Nach dieser ist auf die direkten Teilnehmer an einer Fusion oder an einem Kontrollerwerb gemäß Art. 3 Abs. 1 FKVO abzustellen.

67 Bei **Fusionen** sind dementsprechend die einzelnen fusionierenden Unternehmen am Zusammenschluss beteiligt.[97] In den anderen Fällen werden die Beteiligten durch den Begriff des **Kontrollerwerbs** bestimmt, da alle Unternehmen beteiligt sind, die an der Kontrolle teilhaben.[98] An einem **Anteilserwerb**, mit dem die **alleinige Kontrolle** über das **gesamte Zielunternehmen** erworben wird, sind das übernehmende Unternehmen und das Zielunternehmen beteiligt. Erwirbt ein Konzern das Zielunternehmen über eine seiner Tochtergesellschaften, so sind als die beteiligten Unternehmen das Zielunternehmen und die übernehmende Tochtergesellschaft anzusehen, sofern Letztere nicht nur zum Zwecke der Übernahme gegründet wurde.[99] Wird lediglich ein **Teil eines Unternehmens** erworben (z. B. ein bestimmter Geschäftsbereich), so sind die beteiligten Unternehmen das übernehmende Unternehmen und der oder die übernommenen Unternehmensteile ohne die beim Veräußerer verbleibenden Geschäftsbereiche (Art. 5 Abs. 2 Unterabs. 1 FKVO). Für den Fall, dass ein Unternehmen aber im Laufe von zwei Jahren sukzessive mehrere Teile desselben Unternehmens vom gleichen Verkäufer erwirbt (**Staffelung der Transaktion**), liegt ein einziger Zusammenschluss vor (Art. 5 Abs. 2 Unterabs. 2 FKVO). Damit soll eine gezielte Umgehung der Zusammenschlusskontrolle durch „gestückelte" Erwerbsvorgänge verhindert werden.

68 Im Falle des Erwerbs der **gemeinsamen Kontrolle** über ein anderes Unternehmen sind alle Erwerber Beteiligte i. S. d. FKVO. Bei der Gründung eines Gemeinschaftsunternehmens sind dies die kontrollierenden Muttergesellschaften, da das Gemeinschaftsunternehmen noch nicht existiert und daher keine Umsätze erwirtschaften kann.[100] Erwerben dagegen mehrere Unternehmen die gemeinsame Kontrolle über ein bereits bestehendes Unternehmen oder eines

---

97) Konsolidierte Mitteilung zu Zuständigkeitsfragen, Rz. 132.
98) Konsolidierte Mitteilung zu Zuständigkeitsfragen, Rz. 133.
99) Konsolidierte Mitteilung zu Zuständigkeitsfragen, Rz. 135.
100) Konsolidierte Mitteilung zu Zuständigkeitsfragen, Rz. 139.

Teils desselben, so ist neben den Muttergesellschaften auch das Zielunternehmen bzw. der zu übernehmende Geschäftsbereich beteiligt.[101]
Auch Umsätze zwischen den am Zusammenschluss beteiligten Unternehmen sind bei der Ermittlung der Schwellenwerte einzubeziehen.[102] Dagegen bleiben Innenumsätze zwischen **verbundenen Unternehmen** bei der Berechnung der Umsatzschwellen außer Betracht (Art. 5 Abs. 1 Satz 2 FKVO). Welche Unternehmen als verbunden gelten, bestimmt sich nach den in Art. 5 Abs. 4 FKVO genannten Kriterien.

69

cc) Umsatzberechnung

Die Grundlagen der **Berechnung der relevanten Umsätze** regelt Art. 5 FKVO, dessen Grundprinzipien die Kommission in der Mitteilung zu Zuständigkeitsfragen konkretisiert hat. In die Berechnung fließen diejenigen Umsätze ein, welche die beteiligen Unternehmen i. R. ihrer normalen Geschäftstätigkeit mit dem Verkauf von Waren und Dienstleistungen erzielen, abzüglich Erlösschmälerungen (z. B. Skonti, Boni, Rabatte oder Provisionen) und unmittelbar auf den Umsatz bezogener Steuern, etwa der Mehrwertsteuer.[103] Maßgeblich sind die Umsatzzahlen des Geschäftsjahrs, das dem Datum der Transaktion (im Regelfall der Abschluss des Kaufvertrags) am nächsten liegt.[104] Zum Nachweis der Umsätze verlangt die Kommission im Regelfall den **geprüften Jahresabschluss**; nur ganz ausnahmsweise akzeptiert sie Berechnungen auf Grundlage vorläufiger von der Geschäftsführung erstellter Abschlüsse.[105] Findet ein Zusammenschluss in den ersten Monaten eines Kalenderjahres statt und liegen für das zurückliegende Geschäftsjahr daher noch keine geprüften Abschlüsse vor, so sind die Zahlen für das Jahr davor zu verwenden.[106]

70

Die **geografische Zuordnung der Umsätze** (gemeinschaftsweiter Umsatz, Umsatz in bestimmten EU-Mitgliedstaaten bzw. EWR-Staaten) wird nach dem jeweiligen Standort des Kunden vorgenommen, weil der Vertrag in der Regel an diesem Ort zustande kommt und dort auch der Wettbewerb mit den anderen Anbietern stattfindet.[107] Alle Umsätze müssen in **Euro** angegeben werden.[108] Für Unternehmen außerhalb der Euro-Zone sind die in den nationalen Währungen erzielten Umsätze daher unter Zugrundelegung des Jahresdurch-

71

---

101) Konsolidierte Mitteilung zu Zuständigkeitsfragen, Rz. 140.
102) *Bechtold/Bosch/Brinker/Hirsbrunner*, Art. 5 FKVO Rz. 8.
103) Konsolidierte Mitteilung zu Zuständigkeitsfragen, Rz. 165 f.
104) Konsolidierte Mitteilung zu Zuständigkeitsfragen, Rz. 169.
105) Konsolidierte Mitteilung zu Zuständigkeitsfragen, Rz. 170.
106) Konsolidierte Mitteilung zu Zuständigkeitsfragen, Rz. 170.
107) Konsolidierte Mitteilung zu Zuständigkeitsfragen, Rz. 195 ff.
108) Konsolidierte Mitteilung zu Zuständigkeitsfragen, Rz. 204.

schnittskurses umzurechnen.[109] **Branchenspezifische Sonderregeln** für die Umsatzberechnung gelten für Kredit- und sonstige Finanzinstitute sowie für Versicherungsunternehmen (Art. 5 Abs. 3 FKVO).

4. Materielle Untersagungsvoraussetzungen
a) Einführung

72 Zusammenschlüsse, durch die wirksamer Wettbewerb im Gemeinsamen Markt oder in einem wesentlichen Teil desselben erheblich behindert würde, insbesondere wenn eine beherrschende Stellung begründet oder verstärkt würde, sind mit der Wettbewerbsordnung der Union unvereinbar (Art. 2 Abs. 2 und Abs. 3 FKVO). Liegt eine solche Behinderung des Wettbewerbs vor, so hat die Kommission den Zusammenschluss zu untersagen (Art. 8 Abs. 3 FKVO). Wurde der Zusammenschluss entgegen dem Vollzugsverbot (siehe Rz. 137) bereits vollzogen, kann eine Entflechtung angeordnet werden (Art. 8 Abs. 4 FKVO).

73 Materieller Beurteilungsmaßstab ist somit das Kriterium der erheblichen Behinderung des wirksamen Wettbewerbs (sog. SIEC-Test).[110] Ob der Zusammenschluss nach Vollzug den Wettbewerb erheblich beeinträchtigen wird, ist i. R. einer Gesamtabwägung zu ermitteln. Diesbezüglich richtet die Kommission seit einigen Jahren ihre Entscheidungspraxis stärker an Verbrauchererwägungen aus *(consumer welfare standard)*.[111] Zudem versucht sie, die Wirkungen der Fusion vermehrt durch den Einsatz industrieökonomischer Analysetechniken zu prognostizieren *(more economic approach)*.[112] In der Praxis scheitert die idealtypische Implementierung dieser Konzepte aber oftmals daran, dass die notwendigen Daten nicht verfügbar oder die Ergebnisse der Berechnungen wenig „robust" sind. Gleichwohl können solche ökonomischen Studien in Zweifelsfragen die Rechtsanwendung sinnvoll ergänzen und dazu beitragen, Entscheidungsfehler zu minimieren.

74 Die präventive Fusionskontrolle soll Marktstrukturen verhindern, die es der entstehenden wirtschaftlichen Einheit ermöglichen oder erleichtern, in großem Umfang und auf längere Dauer wettbewerbsbeschränkende Verhaltensweisen (ggf. im Zusammenwirken mit anderen Unternehmen auf dem Markt) zu praktizieren.[113] Aus juristischer Sicht kann sich Macht über den Markt in Form

---

109) Konsolidierte Mitteilung zu Zuständigkeitsfragen, Rz. 205.
110) SIEC = Substantial impediment to effective competition.
111) Allg. zu diesem Schutzziel der EU-Wettbewerbsregeln *Möller*, S. 22 ff.; *Whish*, S. 19 ff.; *Wurmnest*, Marktmacht und Verdrängungsmissbrauch, S. 223 ff.
112) Näher zu den industrieökonomischen Modellen, die zur Prognose der Wirkungen von Zusammenschlüssen eingesetzt werden können *Schwalbe/Zimmer*, S. 87 ff.; *Bishop/Walker*, Rz. 9-001 ff.
113) Näher dazu *Mestmäcker/Schweitzer*, § 23 Rz. 21 ff.; *Immenga/Körber* in: Immenga/Mestmäcker, Art. 2 FKVO Rz. 193, 196.

von Abhängigkeitsverhältnissen oder unkontrollierten Verhaltensspielräumen immer nur auf bestimmten abgrenzbaren Märkten herausbilden. Diese Märkte gilt es, aus dem unendlichen Kosmos wirtschaftlicher Interdependenzen zu destillieren. In der Praxis geht die Kommission zur Klärung der Frage, ob ein Zusammenschlussvorhaben freigegeben werden kann, deshalb in einem Doppelschritt vor:[114]

- Zuerst ist der relevante Markt zu definieren.

- Anschließend ist die auf diesem Markt vorherrschende Wettbewerbssituation zu untersuchen, um zu prognostizieren, ob der Zusammenschluss den Wettbewerb auf dem relevanten Markt erheblich behindern würde.

b) Marktdefinition

Die Abgrenzung des relevanten Marktes dient der Bestimmung der Position der am Zusammenschluss beteiligten Unternehmen im Wettbewerb. Die Definition des relevanten Marktes stellt oftmals eine Vorentscheidung über die Genehmigungsfähigkeit des Zusammenschlussvorhabens dar. Denn eine zu enge Marktabgrenzung führt zu sehr hohen Marktanteilen der am Zusammenschluss beteiligten Unternehmen mit der Folge, dass die Entstehung einer marktbeherrschenden Stellung nach dem Vollzug des Zusammenschlusses leichter angenommen werden kann. Bei einer zu weiten Marktabgrenzung sind die Marktanteile der am Zusammenschluss beteiligten Unternehmen geringer, so dass das Vorhaben einfacher freigegeben werden kann. Wenngleich bei der Abgrenzung des relevanten Marktes viele **ökonomische Gesichtspunkte** berücksichtigt werden müssen, ist die Marktabgrenzung dennoch ein **juristischer Bewertungsvorgang**. Bei diesem verfügt die Kommission über einen nicht unerheblichen Ermessensspielraum.[115]

75

Der Markt wird auf Grundlage der vorgefundenen Wettbewerbsbedingungen zum Zeitpunkt der Entscheidung abgegrenzt. Künftige Entwicklungen können berücksichtigt werden, wenn diese mit großer Wahrscheinlichkeit in naher Zukunft zu erwarten sind.[116] Da das Marktgeschehen ein dynamischer Prozess ist, muss der relevante Markt in jedem Einzelfall von Neuem abgegrenzt werden. Die Kommission darf nicht einfach auf alte Entscheidungen verweisen.[117]

76

---

114) Vgl. nur KomE, COMP/M.5086, *BAT/Skandinavisk Tobakskompagni*, Rz. 23 ff. Aus ökonomischer Sicht ist die Marktabgrenzung nicht unbedingt notwendig, da es industrieökonomische Modelle zur Messung von Marktmacht in Form unkontrollierter Preissetzungsspielräume gibt. In der Praxis können diese Modelle im Regelfall jedoch nicht implementiert werden, da es an den erforderlichen Daten mangelt; vgl. nur *Schwalbe/Zimmer*, S. 62 ff.; *Wurmnest*, Marktmacht und Verdrängungsmissbrauch, S. 283 ff.
115) EuG, Rs. T-221/95, *Endemol/Kommission*, Slg. 1999, II-1299 Rz. 106.
116) KomE, COMP/M.1882, *Pirelli/BICC*, Rz. 55.
117) EuG, verb. Rs. T-125/97 und T-127/97, *Coca-Cola/Kommission*, Slg. 2000, II-1733 Rz. 82.

Bezüglich der Kriterien, die bei der Marktabgrenzung zu verwenden sind, orientiert sich die Kommission freilich an vorhandenen Judikaten der europäischen Gerichte und ihren früheren Entscheidungen. Einzelheiten zur Abgrenzung des relevanten Marktes hat sie zudem in einer Bekanntmachung veröffentlicht.[118] Diese differenziert zwischen dem sachlich und dem räumlich relevanten Markt.

aa) Sachlich relevanter Markt

77 Der sachlich relevante Markt umfasst sämtliche Erzeugnisse und/oder Dienstleistungen (folgend: Produkte), die von der Marktgegenseite hinsichtlich ihrer Eigenschaften, Preise und ihres vorgesehenen Verwendungszwecks als austauschbar oder substituierbar angesehen werden.[119] Der EuGH grenzt den sachlich relevanten Markt seit jeher unter Rückgriff auf das (erweiterte) **Bedarfsmarktkonzept** ab. Dementsprechend ordnet er solche Produkte dem gleichen Markt zu, die aufgrund ihrer Merkmale zur Befriedigung eines gleichbleibenden Bedarfs der **Marktgegenseite** besonders geeignet und gegen andere Erzeugnisse nur in geringem Maße austauschbar sind.[120] Eine vollständige Austauschbarkeit ist nicht erforderlich, vielmehr genügt ein hinreichender Grad von Austauschbarkeit im Hinblick auf die gleiche Verwendung.[121]

78 Bei Angebotsmärkten kommt es folglich auf die Sicht der Nachfrager, bei Nachfragemärkten auf die Sicht der Anbieter an. Zur Bestimmung des relevanten Marktes sind eine Reihe von Faktoren heranzuziehen und zu gewichten. Im Regelfall gehören zwei Produkte dem gleichen Markt an, wenn die Marktgegenseite sie hinsichtlich ihres **Verwendungszwecks**, ihrer **Eigenschaften** oder ihrer **Preise** als substituierbar ansieht.[122] Bei dieser Betrachtung können ferner frühere Substitutionsbewegungen im Markt sowie die Preis- und Kreuzpreiselastizität der Nachfrage berücksichtigt werden.[123] Anhaltspunkte zur Klärung der Frage, welche Produkte aus Sicht der Marktgegenseite einem Markt zuzuordnen sind, entnimmt die Kommission häufig der Befragung von Kunden und Wettbewerbern.[124]

---

118) Bekanntmachung über die Definition des relevanten Marktes, ABl. EG 1997 C 372/5.
119) Bekanntmachung über die Definition des relevanten Marktes, Rz. 7.
120) Vgl. EuGH, Rs. 6/72, *Europemballage Corporation und Continental Can/Kommission*, Slg. 1973, 215 Rz. 32; EuGH, Rs. C-333/94 P, *Tetra Pak/Kommission*, Slg. 1996, I-5951 Rz. 10 und 13; für das Gericht vgl. EuG, Rs. T-83/91, *Tetra Pak/Kommission*, Slg. 1994, II-755 Rz. 63; EuG, Rs. T-342/99, *Airtours/Kommission*, Slg. 2002, II-2585 Rz. 20.
121) EuGH, Rs. 85/76, *Hoffmann-La Roche/Kommission*, Slg. 1979, 461 Rz. 28.
122) Bekanntmachung über die Definition des relevanten Marktes, Rz. 7.
123) Bekanntmachung über die Definition des relevanten Marktes, Rz. 38 f.
124) Bekanntmachung über die Definition des relevanten Marktes, Rz. 25.

C. Europäisches Kartellrecht

Neben der Sicht der Marktgegenseite kann auch die **Angebotsumstellungsflexibilität** der Anbieter bei der Marktabgrenzung von Bedeutung sein.[125] Die Umstellungsflexibilität wird dann berücksichtigt, wenn Anbieter in der Lage sind, durch eine zeitnahe Umstellung ihrer Produktion ohne spürbare Zusatzkosten und Risiken Produkte auf den Markt zu bringen, die mit denen der am Zusammenschluss beteiligten Unternehmen vergleichbar sind.[126] Solche Produkte können das Angebot für die Marktgegenseite erweitern und erhöhen damit den Wettbewerbsdruck auf die zusammenschlusswilligen Unternehmen.

79

In jüngerer Zeit ist die Kommission verstärkt dazu übergegangen, die sachliche Marktabgrenzung (zumindest in Teilen auch) auf den sog. **hypothetischen Monopolistentest (SSNIP-Test)**[127] zu stützen, der aus ökonomischer Sicht in vielen Fällen eine genauere Marktabgrenzung ermöglichen soll. Dieses Konzept basiert auf dem Gedanken, dass Marktanteile von Unternehmen nur dann als Indikator für das Bestehen wirtschaftlicher Macht dienen können, wenn die Marktabgrenzung so vorgenommen wird, dass zumindest ein Monopolist auf diesem Markt durch eine Erhöhung seiner Preise über das Wettbewerbsniveau seinen Gewinn maximieren könnte.[128] Denn wenn es einem Monopolisten schon nicht möglich ist, Marktmacht im ökonomischen Sinne (verstanden als Macht über den Preis) auszuüben, dann geht von Unternehmen mit geringeren Marktanteilen erst recht keine Gefahr für den Wettbewerb aus. Der relevante Markt muss deshalb so definiert werden, dass er in sachlicher Hinsicht all diejenigen Produkte einbezieht, die der Macht eines hypothetischen Monopolisten über den Preis Grenzen setzen können.[129] Dementsprechend stellt der hypothetische Monopolistentest die Frage, ob ein Unternehmen, das ein Produkt auf einem Markt anbietet, den Preis für dieses Produkt für einen signifikanten Zeitraum anheben und dadurch seinen Profit steigern könnte.[130] Der sachlich relevante Markt umfasst deshalb diejenigen Produkte, für die ein hypothetischer Monopolist den Preis nicht nur vorübergehend um einen kleinen, aber signifikanten Beitrag erhöhen und dadurch seinen Profit maximieren könnte. Signifikant sind im Regelfall Preiserhöhungen von 5 bis 10 %; nicht mehr vorübergehend ist eine Preiserhöhung, wenn sie über einen längeren Zeit-

80

---

125) EuGH, Rs. 6/72, *Europemballage Corporation und Continental Can/Kommission*, Slg. 1973, 215 Rz. 33.
126) Bekanntmachung über die Definition des relevanten Marktes, Rz. 20.
127) SSNIP = Small but significant non-transitory increase in price.
128) Vgl. zu den Grundlagen dieses Marktabgrenzungskonzepts *Geroski/Griffith* in: Neumann/Weigand, S. 290, 291; *Hildebrand*, S. 405 ff.; *Elliot/Morrison/Nitze* in: Terhechte, Rz. 11.39 ff.
129) Näher dazu *Motta*, S. 102; *Friederiszick* in: Schwarze, S. 29, 30 f.; *Schwalbe/Zimmer*, S. 69 f.
130) *Geroski/Griffith* in: Neumann/Weigand, S. 290, 293.

raum, etwa ein Jahr, durchgehalten werden kann.[131] Entscheidend ist demnach, ob die Kunden in Folge einer hypothetischen Preiserhöhung für die betreffenden Produkte auf leicht verfügbare Substitute ausweichen würden. Führt die Substitution zu einem Absatzrückgang, der nicht mehr durch die Preiserhöhung aufgefangen wird, werden so lange weitere Produkte in die Betrachtung einbezogen, bis kleine, dauerhafte Erhöhungen der relativen Preise einen Gewinn einbringen würden. Aufgrund der praktischen Probleme, die Profitabilität hypothetischer Preiserhöhungen zu berechnen, behilft sich die Kommission oftmals mit einer eher kursorischen Prüfung der Gewinnaussichten.[132]

bb) Räumlich relevanter Markt

81 Der räumlich relevante Markt umfasst dasjenige Gebiet, in dem die am Zusammenschluss beteiligten Unternehmen die relevanten Produkte anbieten oder nachfragen, das über **hinreichend homogene Wettbewerbsbedingungen verfügt** und sich von den benachbarten Gebieten durch spürbar unterschiedliche Wettbewerbsvoraussetzungen unterscheidet (Art. 9 Abs. 7 FKVO).

82 Die Abgrenzung des räumlich relevanten Marktes erfolgt nach ähnlichen Kriterien wie die Eingrenzung des sachlichen Marktes. Entscheidend ist die **funktionelle Austauschbarkeit** des Angebots aus **Sicht der Marktgegenseite**. Die Kommission untersucht daher auf Grundlage der Nachfragemerkmale (Preisunterschiede, Bedeutung nationaler oder regionaler Präferenzen, Produkt- und Markendifferenzierung etc.), ob Unternehmen an unterschiedlichen Standorten für die Marktgegenseite tatsächlich eine alternative Lieferquelle darstellen.[133] Ob ein Gebiet dem räumlich relevanten Markt zuzuordnen ist, wird im Ausgangspunkt durch eine Untersuchung des **tatsächlichen Kaufverhaltens** der Nachfrager sowie durch eine Betrachtung der **Absatzgebiete** der am Zusammenschluss beteiligten Unternehmen entschieden.[134] Zu berücksichtigen sind auch der Umfang und die Richtung von **Handelsströmen**:[135] Wird zwischen angrenzenden Gebieten nur wenig Handel betrieben, so kann dies ein Indiz für die Annahme von getrennten Märkten sein. Gleiches gilt, wenn erhebliche Preisunterschiede zwischen verschiedenen räumlichen Gebieten bestehen oder die Marktanteile der Anbieter sehr unterschiedlich sind.

---

131) Diese Werte sind nicht streng wissenschaftlich abgeleitet, sondern stellen normative Entscheidungen dar, die auf gewissen Erfahrungswerten basieren. Sie müssen den Umständen des untersuchten Falls ggf. angepasst werden; näher dazu *Schwalbe/Zimmer*, S. 70 ff.
132) Vgl. die Nachweise bei *Schwalbe/Zimmer*, S. 106; *Baron* in: Langen/Bunte, Art. 2 FKVO Rz. 30.
133) Bekanntmachung über die Definition des relevanten Marktes, Rz. 29.
134) Bekanntmachung über die Definition des relevanten Marktes, Rz. 29 ff.
135) KomE, IV/M.197, *Solvay-Laporte/Interox*, Rz. 28; KomE, COMP/M.2097, *SCA/Metsä Tissue*, Rz. 64.

Wird der **SSNIP-Test** angewendet, ist zu fragen, ab welcher geografischen 83
Größe des Marktes die Abnehmer trotz einer dauerhaften Preiserhöhung um
5 % bis 10 % davon absehen, weiter entfernt liegende Bezugsquellen zu er-
schließen, und ob eine solche hypothetische Preiserhöhung profitabel wäre.[136]
Staatsgrenzen sind bei der Ermittlung des räumlich relevanten Marktes irrele- 84
vant. Es kommt allein auf **wirtschaftliche Zusammenhänge** an. Je nach unter-
suchtem Wirtschaftszweig können daher **homogene Marktgebiete** von lokaler
bis hin zu weltweiter Ausdehnung gebildet werden. Bei der Mehrzahl der bisher bei der Kommission angemeldeten Zusammenschlüsse wurden nationale
Märkte gebildet. Allerdings nimmt die Bedeutung der nationalen Märkte mit
der Vertiefung der europäischen Integration und der Globalisierung der Han-
delsströme kontinuierlich ab. Gleichwohl liegt die Zahl der Fälle, in denen von
einem europaweiten Markt ausgegangen wurde, noch deutlich unter den Fall-
zahlen, in denen die Kommission von nationalen Märkten ausgegangen ist.[137]
Ein weltweiter Markt wurde nur in relativ wenigen Entscheidungen angenommen.[138]

c) Erhebliche Behinderung wirksamen Wettbewerbs
aa) Überblick über den SIEC-Test

Anliegen der FKVO ist eine präventive Kontrolle struktureller Marktverände- 85
rungen von gewisser Dauerhaftigkeit. Anders als Art. 101 und 102 AEUV zielt
die FKVO nicht auf die Bekämpfung einzelner Wettbewerbsbeschränkungen
ab, sondern auf die Verhinderung von Marktstrukturen, die eine einseitige oder
koordinierte, nicht hinreichend durch den Wettbewerb kontrollierte Macht-
ausübung durch die am Zusammenschluss beteiligten Unternehmen ermöglichen.[139] Daher erklärt die FKVO solche Zusammenschlüsse mit dem Gemeinsamen Markt für unvereinbar, die zu einer erheblichen Behinderung wirksamen Wettbewerbs führen (sog. **SIEC-Test**). Eine solche Behinderung kann
im Regelfall angenommen werden, wenn durch den Zusammenschluss eine beherrschende Stellung auf dem relevanten Markt begründet oder verstärkt wird
(Art. 2 Abs. 2 und Abs. 3 FKVO). Der **Marktbeherrschungstest**, der vor der
Reform der FKVO das alleinige Untersagungskriterium der europäischen Fusionskontrolle darstellte, dient somit als Regelbeispiel einer erheblichen Wettbewerbsbehinderung. Insoweit gilt die ältere Rechtsprechung zum Marktbeherrschungstest fort.

---

136) Bekanntmachung über die Definition des relevanten Marktes, Rz. 17.
137) So die Einschätzung von *Bechtold/Bosch/Brinker/Hirsbrunner*, Art. 2 FKVO Rz. 36.
138) Vgl. etwa KomE, IV/M.85, *ELF/Occidental*, Rz. 8 (weltweiter Markt für Rohöl).
139) *Mestmäcker/Schweitzer*, § 23 Rz. 21 ff.; *Immenga/Körber* in: Immenga/Mestmäcker, Art. 2
FKVO Rz. 193, 196.

86 Der Gemeinschaftsgesetzgeber hatte sich im Jahre 2004 u. a. deshalb für eine Umstellung auf den SIEC-Test entschieden, um eine vermeintliche Kontrolllücke des Marktbeherrschungstests zu schließen.[140] Eine solche wurde dem Marktbeherrschungstest bei Zusammenschlüssen attestiert, die einen oligopolistisch strukturierten Markt betreffen, jedoch nicht zu einer Marktbeherrschung i. S. einer Marktführerschaft führen, aber gleichwohl Wettbewerbsbedenken aufgrund nicht koordinierter (unilateraler) Effekte auslösen können.[141] Der SIEC-Test soll es der Kommission ermöglichen, auch in solchen Fällen einen Zusammenschluss zu untersagen. Auf eine einfache Kurzformel gebracht, lässt sich der neue Test daher folgendermaßen umschreiben:

> „SIEC-Test = Marktbeherrschungstest + Erfassung nicht koordinierter (unilateraler) Effekte im Oligopol."[142]

Umstritten ist dabei, ob die Fallgruppe der unilateralen Effekte im Oligopol nur dann greift, wenn keine beherrschende Stellung i. S. einer Marktführerschaft nachgewiesen werden kann,[143] oder ob es sich dabei um einen eigenen Phänotyp einer erheblichen Behinderung wirksamen Wettbewerbs handelt.[144]

87 Ob eine erhebliche Behinderung wirksamen Wettbewerbs vorliegt, ist i. R. einer **Gesamtschau** zu ermitteln, bei der eine **Vielzahl von Beurteilungsmerkmalen** einfließen kann und die von dem Bestreben geleitet sein muss, den wirksamen Wettbewerb im Gemeinsamen Markt zu schützen (Art. 2 Abs. 1 lit. a FKVO). Als Beurteilungsmerkmale nennt die FKVO etwa die Marktstellung, Marktanteile und Finanzkraft der beteiligten Unternehmen, ihren Zugang zu Absatz- und Beschaffungsmärkten, aber auch das Bestehen rechtlicher und tatsächlicher Marktzutrittsschranken (Art. 2 Abs. 1 lit. b FKVO).

---

140) Vgl. Erwägungsgrund 25 FKVO. Eingehend zum rechtspolitischen Hintergrund des SIEC-Tests *Immenga/Körber* in: Immenga/Mestmäcker, Art. 2 FKVO Rz. 183 ff.; *Kling/Thomas*, § 9 Rz. 98 ff.; *Levy*, European Competition Journal 6 (2010), 211, 227 ff.

141) Ob eine Schutzlücke bestand wurde jedoch vielfach angezweifelt; vgl. nur *Böge*, WuW 2002, 825; *Denzel*, S. 147 ff. Der Streit um das Vorliegen einer Lücke drehte sich letztendlich um die Reichweite des alten Marktbeherrschungstests. Versteht man den Begriff „Marktbeherrschung" eng und verlangt für das Vorliegen einer solchen Stellung, dass die aus der Fusion hervorgehende Einheit – gemessen an Marktanteilen – Marktführer wird, so kann eine Lücke angenommen werden. Denn der Wettbewerb kann durch unilaterale Effekte auch dann Schaden erleiden, wenn aus der Fusion kein solcher Marktführer hervorgeht. Versteht man den Begriff der Marktbeherrschung hingegen weit, i. S. v. Spielräumen, die nicht vom Wettbewerb kontrolliert werden, können solche unilateralen Effekte vom Marktbeherrschungstest abgedeckt werden. Bei diesem Begriffsverständnis wäre eine Lücke zu verneinen.

142) *Immenga/Körber* in: Immenga/Mestmäcker, Art. 2 FKVO Rz. 192.

143) In diese Richtung *Zeise* in: Schulte, Rz. 1390; *Baron* in: Langen/Bunte, Art. 2 FKVO Rz. 148.

144) Hierfür *Kling/Thomas*, § 8 Rz. 225.

Welche Parameter für die Beurteilung eines Zusammenschlussvorhabens relevant 88
sind, variiert nach der **Form des Zusammenschlusses**. Wettbewerbspolitisch
bedenklich sind vor allem Zusammenschlüsse von Unternehmen, die miteinander
auf dem gleichen Markt in Wettbewerb stehen (horizontale Zusammenschlüsse,
siehe Rz. 89 ff.). Dagegen entfalten Zusammenschlüsse, bei denen die beteiligten
Unternehmen entweder auf jeweils vor- oder nachgelagerten Wirtschaftsstufen
tätig sind (vertikale Zusammenschlüsse, siehe Rz. 106 ff.) oder auf getrennten
Märkten agieren (konglomerate Zusammenschlüsse, siehe Rz. 113 ff.), nur unter
besonderen Umständen wettbewerbsschädliche Wirkungen.

bb) Horizontale Zusammenschlüsse

Die Gefährdung wirksamen Wettbewerbs ergibt sich typischerweise durch Zu- 89
sammenschlüsse zwischen Unternehmen, die gegenwärtig oder potentiell auf
dem gleichen Markt tätig sind. Auf solche horizontale Fusionen ist die FKVO
primär ausgerichtet. Einzelheiten der Beurteilung derartiger Zusammenschlüsse
hat die Kommission in ihren Horizontalleitlinien niedergelegt. Diese unterscheiden
im Einklang mit dem ökonomischen Sprachgebrauch zwischen koordinierten
und nicht koordinierten Wirkungen von Zusammenschlüssen.[145] Als
koordinierte Wirkung eines Zusammenschlusses wird das Entstehen einer
Marktstruktur bezeichnet, die die offene oder stillschweigende Zusammenarbeit
zwischen verschiedenen Unternehmen im Markt fördert oder erleichtert.
Wettbewerbsschädliche **nicht koordinierte Wirkungen (unilaterale Effekte/
Wirkungen)** entstehen dann, wenn die Struktur des Marktes so beschaffen ist,
dass die entstehende wirtschaftliche Einheit auch ohne gezielte Interaktion mit
anderen Marktteilnehmern den Wettbewerb beschränken kann. Dies kann auf
Oligopolmärkten der Fall sein. Ein zentraler Faktor bei der Prognose, ob ein
Zusammenschluss wettbewerbsschädliche Wirkungen entfalten kann, ist der
Umstand, ob die Fusion eine marktbeherrschende Stellung begründet oder verstärkt.
Eine solche Stellung kann durch ein Unternehmen allein (**Einzelmarktbeherrschung**)
oder im Verbund mit anderen Unternehmen (**kollektive Marktbeherrschung**)
gehalten werden.

Vor diesem Hintergrund lassen sich aus juristischer Sicht **drei Fallgruppen** bil- 90
den, die sich zum Teil überschneiden. Nach dem SIEC-Test sind Zusammenschlüsse
mit dem Gemeinsamen Markt unvereinbar, die

- eine beherrschende Stellung eines Unternehmens begründen oder verstärken
  (Einzelmarktbeherrschung, nicht koordinierte Wirkungen, siehe Rz. 91 ff.),
- eine gemeinsame marktbeherrschende Stellung mehrerer Unternehmen begründen
  oder verstärken (kollektive Marktbeherrschung, koordinierte Wirkungen, siehe Rz. 100 ff.) oder

---

145) Leitlinien zu horizontalen Zusammenschlüssen, ABl. EU 2004 C 31/5.

- den beträchtlichen Wettbewerbsdruck beseitigen, den die sich zusammenschließenden Unternehmen aufeinander ausgeübt haben, ohne dass die anderen Wettbewerber im Markt in der Lage sind, ausreichenden Wettbewerbsdruck auszuüben, selbst wenn eine Koordinierung im Oligopol unwahrscheinlich ist (unilaterale Effekte, siehe Rz. 103 ff.).[146]

(1) Einzelmarktbeherrschung

91 Die Begründung oder Verstärkung einer **marktbeherrschenden Stellung** nach Vollzug des Zusammenschlusses ist der Regelfall für eine Untersagung. Ein einzelnes Unternehmen verfügt über eine beherrschende Stellung auf dem Markt, wenn es die Entfaltung wirksamen Wettbewerbs auf dem betroffenen Markt verhindern kann, weil es in der Lage ist, sich seinen Wettbewerbern, Abnehmern und letztlich den Verbrauchern gegenüber in einem nennenswerten Umfang unabhängig zu verhalten.[147] Ob der Vollzug des Zusammenschlusses zu einer Vermachtung der Märkte führt, ist durch eine Prognose zu ermitteln, bei der die in Art. 2 Abs. 1 FKVO (nicht abschließend) aufgezählten Beurteilungskriterien (siehe Rz. 87) zu berücksichtigen sind.

92 Bei dieser Betrachtung kommt dem **Marktanteil** eine gewichtige Rolle zu, da die Wahrscheinlichkeit, dass ein Unternehmen Marktmacht ausübt, mit seinem Marktanteil zunimmt.[148] Die Marktanteile der sich zusammenschließenden Konkurrenten sind zu addieren und den Marktanteilen der übrigen Wettbewerber gegenüberzustellen.[149] Belegbare „Abschmelzungseffekte" sind dabei in Abzug zu stellen. Solche Effekte können in Märkten auftreten, in denen die Marktgegenseite zur Vermeidung von Abhängigkeiten die Belieferung mehrerer Abnehmer bzw. den Bezug von mehreren Lieferanten bevorzugt. Eine Vermutung dafür, dass der Marktanteil der wirtschaftlichen Einheit nach dem Zusammenschluss geringer sein wird als die Marktanteile der am Zusammenschluss beteiligten Unternehmen vor der Fusion, gibt es allerdings nicht.[150]

93 Die **Berechnung** des Marktanteils erfolgt im Regelfall auf Grundlage des wertmäßigen Umsatzes, der die tatsächlichen Verhältnisse im Markt insbesondere bei hochwertigen Produkten besser abzubilden vermag als der mengenmäßige

---

146) Zusammenstellung nach *Immenga/Körber* in: Immenga/Mestmäcker, Art. 2 FKVO Rz. 192.
147) EuGH, Rs. 85/76, *Hoffmann-La Roche/Kommission*, Slg. 1979, 461 Rz. 38; Leitlinien zu horizontalen Zusammenschlüssen, Rz. 2.
148) Leitlinien zu horizontalen Zusammenschlüssen, Rz. 27.
149) Leitlinien zu horizontalen Zusammenschlüssen, Rz. 15.
150) *Bechtold/Bosch/Brinker/Hirsbrunner*, Art. 2 FKVO Rz. 57.

Marktanteil.¹⁵¹⁾ In der Praxis kalkuliert die Kommission den Marktanteil oftmals jedoch auch zusätzlich anhand des mengenmäßigen Umsatzes¹⁵²⁾ oder stellt allein auf diesen ab.¹⁵³⁾

Die **Höhe des kombinierten Marktanteils** kann ein erster Hinweis dafür sein, ob ein Zusammenschluss unproblematisch freigegeben werden kann. Bei einem kombinierten Marktanteil unter 25 % wird eine Vereinbarkeit des Zusammenschlusses mit dem Gemeinsamen Markt nämlich vermutet (sog. *soft safe harbour*).¹⁵⁴⁾ Bei Marktanteilen von 25 bis 50 % nach Vollzug des Zusammenschlusses müssen weitere Faktoren vorliegen, um eine marktbeherrschende Stellung bejahen zu können, z. B. die geringe Stärke und Anzahl der Wettbewerber oder das Vorhandensein von Kapazitätsengpässen.¹⁵⁵⁾ Ein Marktanteil von 40 bis 50 % löst allerdings oftmals Bedenken gegen einen Zusammenschluss aus.¹⁵⁶⁾ Nach der Rechtsprechung des EuG erbringen sehr hohe Marktanteile von 50 % oder mehr, die dauerhaft gehalten werden, für sich allein genommen im Regelfall einen Nachweis für das Vorliegen einer beherrschenden Marktstellung.¹⁵⁷⁾ Ein kombinierter Marktanteil von 50 % ist jedoch **keine feste Obergrenze**, bei der ein Zusammenschluss stets untersagt werden muss. Denn nicht nur die absolute Höhe des Marktanteils ist von Bedeutung, sondern auch der Abstand der Marktanteile zu den nächstgrößeren Wettbewerbern, die Verteilung der Marktanteile zwischen den Wettbewerbern und die Entwicklung der Marktanteile in Vergangenheit und Zukunft.¹⁵⁸⁾

94

Geht es um die Beurteilung einer **Verstärkung** einer bereits bestehenden **marktbeherrschenden Stellung**, so ist der Marktanteilszuwachs zu gewichten. Nicht jeder Zuwachs an Marktanteilen ist per se verboten. Die Kommission untersagt nur solche Zusammenschlüsse, die zu einer **erheblichen Verstärkung** der Marktposition führen.¹⁵⁹⁾

95

---

151) Vgl. Formblatt CO, Anhang I Durchführungs-VO 802/2004, ABl. EU 2004 L 133/1; KomE, IV/M.190, *Nestlé/Perrier*, Rz. 40; KomE, IV/M.430, *Procter & Gamble/VP Schickedanz*, Rz. 112 ff. Eingehend zu den verschiedenen ökonomischen Konzepten zur Marktanteilsbestimmung *Schwalbe/Zimmer*, S. 142 ff.
152) KomE, IV/M.430, *Procter & Gamble/VP Schickedanz*, Rz. 118 ff.; KomE, IV/M.523, *Akzo Nobel/Monsanto*, Rz. 24 f.
153) KomE, IV/M.422, *Unilever/Ortiz Miko II*, Rz. 33; KomE, IV/M.458, *Electrolux/AEG*, Rz. 23.
154) Vgl. Formblatt CO, Anhang I Durchführungs-VO 802/2004; Erwägungsgrund 32 FKVO; Leitlinien zu horizontalen Zusammenschlüssen, Rz. 17.
155) Leitlinien zu horizontalen Zusammenschlüssen, Rz. 17.
156) KomE, IV/M.754, *Anglo American Corporation/Lonrho*, Rz. 121 = WuW EU-V 64; KomE, COMP/M.2337, *Nestlé/Ralston Purina*, Rz. 48 ff.
157) EuG, Rs. T-221/95, *Endemol/Kommission*, Slg. 1999, II-1299 Rz. 134; EuG, Rs. T-102/96, *Gencor/Kommission*, Slg. 1999, II-753 Rz. 205.
158) Eingehend dazu *Schwalbe/Zimmer*, S. 149 ff.
159) Vgl. nur KomE, IV/M.2908, *Deutsche Post/DHL (II)*, Rz. 34 ff.

§ 11 Kartellrecht

96 Ob ein Zusammenschluss zu einer beherrschenden Stellung führt oder eine solche verstärkt, kann nicht allein mit Blick auf die Marktanteile festgestellt werden. Vielmehr sind i. R. d. notwendigen Gesamtschau auch andere Faktoren heranzuziehen und zu gewichten. So kann die **Finanzkraft** der beteiligten Unternehmen Aufschluss darüber geben, welche Machtstellung die am Zusammenschluss beteiligten Unternehmen in der Zukunft aufbauen können. Von Bedeutung kann auch sein, ob die fusionierenden Unternehmen **nahe Wettbewerber** sind,[160] inwieweit die Abnehmer auf andere Anbieter ausweichen können (**Nachfrageelastizität**)[161] oder inwieweit Wettbewerber ihre Produktion ausweiten können, um Preiserhöhungen der zusammengeschlossenen Unternehmen aufzufangen (**Kapazitätserhöhung**).[162]

97 Weiterhin ist der Wettbewerbsdruck zu berücksichtigen, der von **potentiellem Wettbewerb** ausgehen kann. Zentrale Voraussetzung für das Aufkeimen potentiellen Wettbewerbs ist, dass nur sehr geringe **Marktzutrittsschranken** bestehen.[163] Auch bei kombinierten Marktanteilen von weit über 50 % kann ein Zusammenschluss daher freigegeben werden, etwa weil strukturelle Faktoren darauf hindeuten, dass die Marktmacht der am Zusammenschluss beteiligten Unternehmen durch aufkommenden Wettbewerb schnell erodieren wird.[164]

98 Aussagekräftig für die Vereinbarkeit des Zusammenschlusses mit dem Gemeinsamen Markt kann ferner der **Konzentrationsgrad** eines Marktes sein. Diesen berechnet die Kommission nach dem **Herfindahl-Hirschman-Index (HHI)**.[165] Der HHI errechnet sich durch Addierung der Quadrate der jeweilgen Marktanteile sämtlicher Unternehmen in einem Markt.[166] Im Idealfall sollten zwar alle Unternehmen eines Marktes in die Berechnung einbezogen werden, das Fehlen von Angaben über sehr kleine Unternehmen hat nach Ansicht der Kommission jedoch nur marginale Auswirkungen auf das Ergebnis der Index-Berechnung, so dass solche Angaben nicht unbedingt erhoben werden müssen.[167] Während die absolute Höhe des HHI eine erste Aussage über den Wettbewerbsdruck in dem betreffenden Markt nach dem Zusammenschluss treffen kann, ist die Veränderung im Index (als „Delta" bezeichnet) ein nützlicher Hinweis für die durch den Zusammenschluss unmittelbar herbeigeführten Änderungen der Konzentration im Markt.

---

160) Leitlinien zu horizontalen Zusammenschlüssen, Rz. 28 ff.
161) Leitlinien zu horizontalen Zusammenschlüssen, Rz. 31.
162) Leitlinien zu horizontalen Zusammenschlüssen, Rz. 32 ff.
163) Monografisch dazu *Gey*, S. 43 ff.
164) Leitlinien zu horizontalen Zusammenschlüssen, Rz. 15.
165) Leitlinien zu horizontalen Zusammenschlüssen, Rz. 16.
166) Eingehend dazu *Schwalbe/Zimmer*, S. 215 ff.
167) Leitlinien zu horizontalen Zusammenschlüssen, Rz. 16.

Die Kommission erhebt in der Regel keine Einwände gegen einen Zusammenschluss in einem Markt, dessen HHI nach dem Zusammenschluss unterhalb von 1.000 liegt.[168] Derartige Märkte bedürfen in der Regel keiner genaueren Untersuchung. Auch ein HHI zwischen 1.000 und 2.000 bei einem Delta unter 250 bzw. ein HHI über 2.000 bei einem Delta unter 150 sind im Regelfall unbedenklich, soweit nicht besondere Umstände vorliegen.[169] Ein solcher Umstand, der den Zusammenschluss aus wettbewerblicher Sicht problematisch erscheinen lässt, kann etwa darin liegen, dass an ihm ein potentieller Wettbewerber beteiligt ist.[170] Auch prüft die Kommission Zusammenschlüsse genauer, bei denen ein Unternehmen beteiligt ist, das vor Kurzem in den Markt eingetreten ist oder dessen Marktanteil wenigstens 50 % beträgt.[171]

99

(2) Kollektive Marktbeherrschung

Anders als Art. 102 AEUV erwähnt die FKVO Fälle der Marktbeherrschung durch mehrere Unternehmen nicht. Gleichwohl findet die FKVO auch auf Fälle der Wettbewerbskoordination durch eine Mehrzahl von Unternehmen Anwendung, die den Markt gemeinsam beherrschen (kollektive Marktbeherrschung).[172] Von kollektiver (gemeinsamer) Marktbeherrschung spricht man, wenn der Zusammenschluss zwar nicht zu einer Einzelmarktbeherrschung führt, aber die Markt- und Wettbewerbsbedingungen es den am Zusammenschluss beteiligten Unternehmen ermöglichen, sich mit einem oder mehreren anderen Unternehmen auf dem Markt ggf. stillschweigend über Preise oder andere Wettbewerbsparameter abzustimmen.[173] In einem solchen Fall tritt diese Gruppe von Unternehmen nämlich wie ein einzelnes beherrschendes Unternehmen einheitlich am Markt auf. Der Regelfall ist die gemeinsame Marktbeherrschung durch mehrere in einem Wettbewerbsverhältnis zueinander stehende Oligopolisten, die sehr homogene Produkte auf einem hoch konzentrierten Markt anbieten, der durch hohe Marktzutrittsschranken gekennzeichnet ist. Eine solche Marktstruktur erhöht die Möglichkeiten der stillschweigenden Kollusion (*tacit collusion*) beträchtlich, wenn die Unternehmen im Markt zudem wissen, dass Vorstöße im Wettbewerb aufgrund der Reaktion der Konkurrenz letztlich ihnen selbst schaden.[174]

100

---

168) Leitlinien zu horizontalen Zusammenschlüssen, Rz. 19.
169) Leitlinien zu horizontalen Zusammenschlüssen, Rz. 20.
170) Leitlinien zu horizontalen Zusammenschlüssen, Rz. 20.
171) Leitlinien zu horizontalen Zusammenschlüssen, Rz. 20.
172) Vgl. nur EuGH, verb. Rs. C-68/94 und C-30/95, *Frankreich/Kommission*, Slg. 1998, I-1453 Rz. 178; EuG, Rs. T-102/96, *Gencor/Kommission*, Slg. 1999, II-753 Rz. 156; EuG, Rs. T-342/99, *Airtours/Kommission*, Slg. 2000, II-2585 Rz. 58, 61.
173) Vgl. EuG, Rs. T-102/96, *Gencor/Kommission*, Slg. 1999, II-753 Rz. 276 f.; EuG, Rs. T-342/99, *Airtours/Kommission*, Slg. 2000, II-2585 Rz. 61.
174) Monografisch dazu *Stroux*, S. 17 ff.; *Linder*, S. 74 ff.; *Wrase*, S. 39 ff.

§ 11 Kartellrecht

101 Mit dem Gemeinsamen Markt unvereinbar sind sowohl Zusammenschlüsse, die eine Marktstruktur entstehen lassen, welche koordinierte Wirkungen zwischen Wettbewerbern ermöglicht (**Begründung kollektiver Marktmacht**), als auch Zusammenschlüsse, die die Gefahr solcher Effekte intensivieren (**Verstärkung kollektiver Marktmacht**). Letzteres ist etwa dann der Fall, wenn ein Oligopolist sich mit einem Außenseiter *(fringe firm)* zusammenschließen will und dadurch den Restwettbewerb weiter schwächt.[175]

102 Bis zum Jahre 2002 hat die Kommission das Vorliegen von kollektiver Marktmacht in mehreren Entscheidungen angenommen, ohne dabei die Wettbewerbsbedingungen auf dem Markt stets vertieft zu prüfen. Dieser generösen Praxis hat das EuG in seiner *Airtours*-Entscheidung einen Riegel vorgeschoben, indem das Gericht die **Nachweisanforderungen** deutlich verschärft hat. Grundsätzlich sind drei Bedingungen erforderlich, um einer Koordinierung die erforderliche Dauerhaftigkeit zu verleihen, die für ein einheitliches Vorgehen mehrerer Unternehmen am Markt notwendig ist:[176]

- Erstens müssen die Unternehmen aufgrund der Merkmale des relevanten Marktes das Verhalten der anderen Unternehmen in Erfahrung bringen können, um ihr Verhalten zum einheitlichen Vorgehen auf dem Markt abstimmen zu können.

- Zweitens bedarf es zur Disziplinierung eines Abschreckungsmechanismus, der im Falle eines abweichenden Verhaltens eines Marktteilnehmers zum Tragen kommt.

- Drittens muss dargetan werden, dass Außenstehende – wie z. B. bestehende und zukünftige Wettbewerber oder auch Kunden – die mit der Koordinierung erwarteten Ergebnisse nicht gefährden können.

Die Kommission muss nach der Rechtsprechung des EuG „eindeutige Beweise" für das Vorliegen dieser Voraussetzungen erbringen.[177] Die Anwendung dieser Kriterien darf allerdings nicht mechanisch erfolgen. Vielmehr muss bei der Prüfung, wie der EuGH unlängst klargestellt hat, stets der wirtschaftliche Gesamtmechanismus der unterstellten Koordinierung im Auge behalten werden.[178]

(3) Nicht koordinierte (unilaterale) Wirkungen

103 Nach der FKVO können auch solche Zusammenschlüsse untersagt werden, die zu einer Marktstruktur führen, welche wettbewerbsschädigende Auswirkungen aus nicht koordinierten Wirkungen befürchten lässt, selbst wenn keine Einzel-

---
175) Weitere Beispiele bei *Immenga/Körber* in: Immenga/Mestmäcker, Art. 2 FKVO Rz. 426.
176) EuG, Rs. T-342/99, *Airtours/Kommission*, Slg. 2002, II-2585 Rz. 62.
177) EuG, Rs. T-342/99, *Airtours/Kommission*, Slg. 2002, II-2585 Rz. 63.
178) EuGH, Rs. C-413/06 P, *Bertelsmann und Sony Corporation of America/IMPALA*, Slg. 2008, I-4951 Rz. 125.

marktbeherrschung oder gemeinsame Marktbeherrschung i. S. einer Marktführerschaft begründet oder verstärkt wird (**unilaterale Effekte**).[179)] Unilaterale Effekte sind alle einseitigen, d. h. nicht auf einer offenen oder stillschweigenden Zusammenarbeit beruhenden Auswirkungen des Zusammenschlusses, die zu einer erheblichen Wettbewerbsbehinderung führen können.[180)] Solche Effekte sind auf Oligopolmärkten zu befürchten. Deshalb wird diese Fallgruppe auch als „unilaterale Effekte im Oligopol" bezeichnet.[181)]

In Europa verfügt man bislang über nur wenig Erfahrung mit solchen Fällen. Wie bei der Einzelmarktbeherrschung wird auch bei dieser Fallgruppe auf die präventive Verhinderung einseitig wettbewerbswidrigen Handelns abgezielt.[182)] Im Kern gelten daher die gleichen Beurteilungskriterien wie bei der Einzelmarktbeherrschung (siehe dazu Rz. 91 ff.), etwa **hohe Marktanteile** oder **naher Wettbewerb zwischen den fusionierenden Unternehmen**.[183)] Ferner muss eine oligopolistische Marktstruktur vorliegen oder durch den Zusammenschluss entstehen.[184)] Der Markt muss also durch wenige Wettbewerber mit hohen Marktanteilen gekennzeichnet sein. Auf solchen Märkten kann ein Zusammenschluss dann unilaterale Effekte begünstigen, wenn er die wettbewerblichen Gegenkräfte nachhaltig vermindert.[185)] Dies kann etwa dann der Fall sein, wenn auf einem oligopolistischen Markt ein Wettbewerber wegfällt, von dem besondere Impulse für den Wettbewerb ausgehen (Beseitigung eines sog. Maverick).[186)] In einem solchen Fall kann ein Vorhaben untersagt werden, selbst wenn dieser Wettbewerber von einem Unternehmen übernommen wird, das auch nach dem Zusammenschluss nicht Marktführer wird, so dass (bei einer engen Auslegung des Marktbeherrschungskonzeptes) keine marktbeherrschende Stellung angenommen werden kann.[187)] Angesprochen sind hierbei insbesondere Konstellationen eines „3-to-2 mergers", bei denen auf einem Markt mit bislang drei großen Unternehmen der zweit- und drittstärkste An-

104

---

179) Vgl. Erwägungsgrund 25 FKVO.
180) *Immenga/Körber* in: Immenga/Mestmäcker, Art. 2 FKVO Rz. 475.
181) *Baron* in: Langen/Bunte, Art. 2 FKVO Rz. 147.
182) Die Leitlinien der Kommission bringen dies zum Ausdruck, indem sie – im Einklang mit der im ökonomischen Schrifttum verwendeten Terminologie – nur zwischen koordinierten und nicht koordinierten Wirkungen von Zusammenschlüssen unterscheiden und die Fallgruppe der unilateralen Effekte im Oligopol i. R. d. Einzelmarktbeherrschung erörtern; vgl. Leitlinien zu horizontalen Zusammenschlüssen, Rz. 24 ff.
183) Leitlinien zu horizontalen Zusammenschlüssen, Rz. 27 ff.
184) Leitlinien zu horizontalen Zusammenschlüssen, Rz. 25.
185) Leitlinien zu horizontalen Zusammenschlüssen, Rz. 25.
186) *Baron* in: Langen/Bunte, Art. 2 FKVO Rz. 148.
187) KomE, COMP/M.3916, *T-Mobile Austria/tele.ring*, Rz. 40 ff. (Wegfall des Wettbewerbsdrucks durch Übernahme eines kleineren Wettbewerbers, der eine sehr aggressive Preisstrategie verfolgte; im Ergebnis wurde Zusammenschluss unter Auflagen genehmigt).

bieter fusionieren, ohne dass diese beiden Unternehmen durch den Zusammenschluss den Marktanteil des Marktführers erreichen.

cc) Sonstige Zusammenschlüsse

105 Neben horizontalen Zusammenschlüssen gibt es auch vertikale und konglomerate Zusammenschlüsse. Einzelheiten der Beurteilung vertikaler und konglomerater Fusionen ergeben sich aus den Leitlinien zur Bewertung nichthorizontaler Zusammenschlüsse.[188] Nichthorizontale Fusionen haben im Vergleich zu horizontalen Zusammenschlüssen im Regelfall ein deutlich geringeres Potential, den Wettbewerb zu behindern.[189]

(1) Vertikale Zusammenschlüsse

(aa) Grundlagen

106 Ein vertikaler Zusammenschluss bezeichnet einen Zusammenschluss zwischen Unternehmen, die auf vor- oder nachgelagerten Märkten agieren und sich als Marktpartner (Anbieter und Nachfrager) gegenüberstehen. Ein solcher Zusammenschluss führt nicht zu einer wettbewerbsschädlichen Konzentration auf einem Markt, da der Wettbewerbsdruck nicht unmittelbar verändert wird. Vielmehr müssen die Auswirkungen des Zusammenschlusses auf zwei voneinander zu unterscheidenden Märkten in Verbindung gebracht werden.[190] Oftmals erschöpfen sich die Wirkungen eines Zusammenschlusses auch nicht allein in horizontalen oder vertikalen Wirkungen. Stehen sich die am Zusammenschluss beteiligten Unternehmen nicht nur im Vertikalverhältnis gegenüber, sondern sind sie auch aktuelle oder potentielle Wettbewerber in den relevanten Märkten, so beurteilt die Kommission den Zusammenschluss daher sowohl nach den Leitlinien zu horizontalen als auch nach den Leitlinien zu nichthorizontalen Zusammenschlüssen.[191]

107 Ein vertikaler Zusammenschluss ist mit dem Gemeinsamen Markt vereinbar, wenn die Prognose auf Grundlage der in Art. 2 Abs. 1 FKVO genannten Kriterien zu dem Ergebnis führt, dass eine erhebliche Behinderung wirksamen Wettbewerbs nicht zu erwarten steht (Art. 2 Abs. 2 FKVO). Von Bedeutung ist hierbei insbesondere das in Art. 2 Abs. 1 FKVO genannte Beurteilungsmerkmal „**Zugang zu den Beschaffungs- und Absatzmärkten**".

108 Vertikale Fusionen bedrohen den wirksamen Wettbewerb nur, wenn das fusionierte Unternehmen über ein **deutliches Maß an Marktmacht** in wenigstens

---

188) Leitlinien zu nichthorizontalen Zusammenschlüssen, ABl. EU 2008 C 265/6.
189) Leitlinien zu nichthorizontalen Zusammenschlüssen, Rz. 11 ff. Eingehend zum ökonomischen Hintergrund vertikaler Zusammenschlüsse *Denzel*, S. 155 ff.
190) Eingehend dazu *Bishop/Walker*, Rz. 8-030 ff.
191) Leitlinien zu nichthorizontalen Zusammenschlüssen, Rz. 7.

einem der betroffenen Märkte verfügt, d. h. entweder auf dem vorgelagerten oder auf dem nachgelagerten Markt.[192] Regelmäßig muss der Zusammenschluss somit eine beherrschende Stellung begründen oder verstärken. Zwingend ist dies unter dem SIEC-Test aber nicht.[193] Diesbezüglich gelten die Ausführungen zu den horizontalen Zusammenschlüssen entsprechend (siehe Rz. 91 ff.). Da vertikale Fusionen wettbewerblich weniger bedenklich sind als horizontale Fusionen, prüft die Kommission die vertikalen Aspekte eines Zusammenschlusses im Regelfall nicht, wenn der **kombinierte Marktanteil** der am Zusammenschluss beteiligten Unternehmen unter 30 % und der HHI-Index unterhalb von 2.000 liegt.[194] Etwas anderes gilt, wenn besondere Marktumstände vorliegen, z. B. wenn an der Fusion ein Unternehmen beteiligt ist, das in naher Zukunft wahrscheinlich beträchtlich wachsen wird. Liegt ein hoher Grad an Marktmacht auf dem vor- oder nachgelagerten Markt vor, so ist weiterhin zu untersuchen, ob der Zusammenschluss eine **erhebliche Wettbewerbsbehinderung** auf einer der beiden Marktstufen bewirken kann. Eine solche kann aus einer Marktabschottung resultieren oder aus koordinierten Effekten im Oligopol.

(bb) Marktabschottung

Eine Wettbewerbsbehinderung durch eine vertikale Fusion kann zum einen bejaht werden, wenn aus dem Zusammenschluss Abschottungseffekte resultieren. Abschottung bedeutet, dass der Zugang tatsächlicher oder potentieller Wettbewerber zum Markt behindert oder unmöglich gemacht und dadurch die Konkurrenzfähigkeit dieser Unternehmen zum Nachteil des Wettbewerbs und der Verbraucher eingeschränkt wird.

Die Kommission unterscheidet zwei Formen der Abschottung: die Abschottung von Einsatzmitteln *(input foreclosure)* und von Kunden *(customer foreclosure)*. Eine **Abschottung von Einsatzmitteln** ist anzunehmen, wenn durch den Zusammenschluss die Kosten der nachgeordneten Wettbewerber erhöht werden, indem ihr Zugang zu wichtigen Einsatzmitteln beschränkt wird.[195] Bei dieser Konstellation schließt sich im Regelfall ein Unternehmen mit Marktmacht auf dem vorgelagerten Markt mit einer Einheit auf dem nachgelagerten Markt zusammen.[196] Dagegen liegen die Dinge bei der Konstellation einer **Abschottung von Kunden** im Regelfall genau umgekehrt, da sich eine Einheit mit Macht über den nachgelagerten Markt mit einem Unternehmen der vorgelager-

109

---

192) Leitlinien zu nichthorizontalen Zusammenschlüssen, Rz. 23.
193) *Immenga/Körber* in: Immenga/Mestmäcker, Art. 2 FKVO Rz. 501; ähnlich *Kling/ Thomas*, § 8 Rz. 240.
194) Leitlinien zu nichthorizontalen Zusammenschlüssen, Rz. 25.
195) Leitlinien zu nichthorizontalen Zusammenschlüssen, Rz. 30.
196) Leitlinien zu nichthorizontalen Zusammenschlüssen, Rz. 30.

ten Marktstufe zusammenschließt.[197] In einem solchen Fall kann die fusionierte Einheit durch ihre Präsenz im nachgelagerten Markt den Zugang zu einer ausreichenden Anzahl von Kunden für ihre tatsächlichen oder potentiellen Wettbewerber im vorgelagerten Markt beschränken und damit deren Fähigkeit oder Anreiz verringern, in Wettbewerb mit der fusionierten Einheit zu treten.[198] Ob eine wettbewerbsschädliche Abschottung vorliegt, prüft die Kommission in **drei Schritten**:[199]

- Zuerst klärt sie, ob die Zusammenschlussbeteiligten dazu fähig sind, den Marktzugang abzuschotten, etwa durch den Entschluss, keine Geschäfte mit ihren bestehenden oder potentiellen Wettbewerbern auf dem vertikal verbundenen Markt zu machen (Abschottung von Einsatzmitteln) oder durch die Entscheidung, ihren gesamten Bedarf an Waren und Dienstleistungen bei ihrem vorgelagerten Unternehmensbereich zu decken und deshalb keine Waren mehr bei ihren vorgelagerten Wettbewerbern zu beziehen (Abschottung von Kunden).
- Als Zweites ermittelt sie, ob die Zusammenschlussbeteiligten Anreize haben, eine solche Marktabschottung zu verwirklichen.
- Als Drittes prüft sie, ob der Zusammenschluss zu einer erheblichen Behinderung des Wettbewerbs, etwa in Form von Preissteigerungen oder anderen Wettbewerbsbeschränkungen, führen würde.

110 Die **Fähigkeit** der Zusammenschlussbeteiligten zur **Abschottung von Einsatzmitteln** setzt insbesondere voraus, dass das aus der Fusion entstehende Unternehmen ein hohes Maß an Marktmacht im vorgelagerten Markt ausübt[200], das betroffene Einsatzmittel ferner für die Wettbewerber im nachgelagerten Markt von besonderer Bedeutung ist[201] und Gründe dafür bestehen, warum die verbleibenden Anbieter im vorgelagerten Markt der fusionierten Einheit keinen starken Wettbewerb erzeugen können.[202] **Anreize** zur Verfolgung einer marktabschottenden Geschäftspolitik haben die Zusammenschlussbeteiligten, wenn eine solche Praxis gewinnbringend ist. Ob dies der Fall ist, muss durch einen Blick auf die Wettbewerbsbedingungen im Markt prognostiziert werden.[203] Anhaltspunkte können sich aber auch aus der Eigentümerstruktur des neuen Unternehmens, den in der Vergangenheit auf dem Markt verfolgten Strategien

---

197) Leitlinien zu nichthorizontalen Zusammenschlüssen, Rz. 85.
198) Leitlinien zu nichthorizontalen Zusammenschlüssen, Rz. 85.
199) Vgl. nur KomE, COMP/M.4854, *TomTom/Tele Atlas*, Rz. 193 ff., 211 ff. und 231 ff.
200) Leitlinien zu nichthorizontalen Zusammenschlüssen, Rz. 35.
201) Leitlinien zu nichthorizontalen Zusammenschlüssen, Rz. 34.
202) Leitlinien zu nichthorizontalen Zusammenschlüssen, Rz. 36.
203) Leitlinien zu nichthorizontalen Zusammenschlüssen, Rz. 34 ff.

oder dem Inhalt von Geschäftsplänen ergeben.[204] Im Rahmen der Prognose der **Gesamtauswirkung auf den wirksamen Wettbewerb** wird untersucht, ob der Zusammenschluss die Beteiligten in die Lage versetzt, die Kosten für die Wettbewerber zum Nachteil der Verbraucher im nachgelagerten Markt in die Höhe zu treiben[205] oder Marktzutrittsschranken zu errichten.[206]

Zur Ermittlung der **Fähigkeit** der vertikal integrierten Einheit, **Wettbewerber von Kunden abzuschotten**, prüft die Kommission insbesondere, ob es im nachgeordneten Markt für die vorgelagerten Wettbewerber ausreichende wirtschaftliche Alternativen für den Verkauf ihrer Produktion gibt. Eine Kundenabschottung wird vor allem dann problematisch, wenn an der vertikalen Fusion ein Unternehmen beteiligt ist, das im nachgeordneten Markt über einen hohen Marktanteil verfügt.[207] Anhaltspunkte für die Fähigkeit zur Abschottung können sich aber auch aus Skalen- oder Verbundsvorteilen ergeben.[208] **Anreize**, den Zugang zu den nachgelagerten Märkten abzuschotten, ergeben sich wiederum aus der Erwägung, in welchem Maße eine solche Strategie für die fusionierte Einheit gewinnbringend wäre.[209] Hierzu bedarf es der genauen Analyse der vorgefundenen Wettbewerbsbedingungen. Bei der prognostizierten **Gesamtauswirkung auf den wirksamen Wettbewerb** untersucht die Kommission, ob der Zusammenschluss die Beteiligten in die Lage versetzt, nachteilige Auswirkungen auf dem nachgelagerten Markt zu Lasten der Verbraucher zu bewirken, etwa durch Preiserhöhungen[210] oder den Aufbau von Marktzutrittsschranken für potentielle Wettbewerber.[211]

(cc) **Erleichterung kollusiven Verhaltens**

Neben der Fallgruppe der Marktabschottung kann sich eine Wettbewerbsbehinderung auch daraus ergeben, dass die vertikale Fusion kollusives Verhalten (z. B. stillschweigende Absprachen über Preise oder andere Wettbewerbsparameter) auf oligopolistischen Märkten erleichtert.[212] Unter den Voraussetzungen, die das EuG in der *Airtours*-Entscheidung[213] aufgestellt hat, können sol-

---

204) Vgl. etwa KomE, COMP/M.3440, *EDP/ENI/GDP*, Rz. 380 ff.; KomE, COMP/M.4403, *Thales/Finmeccanica Alcatel Alenia Space/Telespazio*, Rz. 121; KomE, COMP/M.3225, *Alcan/Pechiney*, Rz. 40.
205) Leitlinien zu nichthorizontalen Zusammenschlüssen, Rz. 48.
206) Leitlinien zu nichthorizontalen Zusammenschlüssen, Rz. 49.
207) KomE, COMP/M.2822, *ENBW/ENI/GVS*, Rz. 54 ff.
208) Leitlinien zu nichthorizontalen Zusammenschlüssen, Rz. 64.
209) Leitlinien zu nichthorizontalen Zusammenschlüssen, Rz. 68.
210) Leitlinien zu nichthorizontalen Zusammenschlüssen, Rz. 72 ff.
211) Leitlinien zu nichthorizontalen Zusammenschlüssen, Rz. 75.
212) *Immenga/Körber* in: Immenga/Mestmäcker, Art. 2 FKVO Rz. 418; *Van Bael/Bellis*, S. 719 ff.
213) EuG, Rs. T-342/99, *Airtours/Kommission*, Slg. 2002, II-2585 Rz. 62 ff.

che Effekte durch eine Gruppe von Unternehmen, die eine gemeinsame marktbeherrschende Stellung halten, etwa dann eintreten, wenn der Zusammenschluss den Grad der Symmetrie zwischen den Wettbewerbern auf den angrenzenden Märkten erhöht.[214] In der Zusammenschlusskontrolle ist die Annahme solcher koordinierter Wirkungen im Vertikalverhältnis heute aber eher von untergeordneter Bedeutung, da die strengen Voraussetzungen, die das EuG in seiner *Airtours*-Entscheidung aufgestellt hat, in der Praxis selten vorliegen.[215]

(2) Konglomerate Zusammenschlüsse

(aa) Grundlagen

113 Von einem konglomeraten Zusammenschluss[216] wird gesprochen, wenn das Verhältnis der am Zusammenschluss beteiligten Unternehmen weder rein horizontal noch rein vertikal ist, d. h. die Unternehmen sich weder als Wettbewerber auf einem Markt gegenüberstehen noch als Anbieter und Nachfrager auf angrenzenden Märkten.[217] In der Praxis betreffen konglomerate Fusionen im Regelfall Zusammenschlüsse zwischen Unternehmen, die in verwandten Märkten tätig sind. Als Beispiel sind Zusammenschlüsse von Herstellern zu nennen, deren (unterschiedliche) Produkte von einer bestimmten Kundengruppe gekauft werden, um sie in einem einheitlichen Geschäftsfeld einzusetzen.[218]

114 Konglomerate Zusammenschlüsse sind die am wenigsten wettbewerbsschädliche Zusammenschlussform.[219] Denn anders als bei horizontalen Zusammenschlüssen fällt bei einer solchen Fusion kein aktueller Wettbewerber weg. Es kommt auch nicht zu einer Vermachtung vor- oder nachgelagerter Märkte, wie es bei vertikalen Fusionen der Fall sein kann. Nach der Rechtsprechung des EuG sind konglomerate Zusammenschlüsse daher im Regelfall mit dem Gemeinsamen Markt vereinbar, da sie nur in bestimmten Fällen wettbewerbsschädliche Auswirkungen entfalten.[220] Unter welchen Voraussetzungen eine Untersagung erfolgen muss, ist allerdings vor dem Hintergrund stark divergie-

---

214) Leitlinien zu nichthorizontalen Zusammenschlüssen, Rz. 84.
215) So die Einschätzung von *Zeise* in: Schulte, Rz. 1455; *Kling/Thomas*, § 9 Rz. 246.
216) Die Leitlinien der Kommission zu nichthorizontalen Zusammenschlüssen von 2008 bezeichnen solche Zusammenschlüsse nunmehr als „konglomerale" Fusionen. Es handelt sich dabei um einen Übersetzungsfehler.
217) Vgl. nur EuG, Rs. T-05/02, *Tetra Laval/Kommission*, Slg. 2002, I-4381 Rz. 142; bestätigt durch EuGH, Rs. C-12/03 P, *Kommission/Tetra Laval*, Slg. 2005, I-987 Rz. 22 und 39 ff.
218) Vgl. etwa KomE, COMP/M.2220, *General Electric/Honeywell*, WuW/E EU-V 631 (Zusammenschluss eines Unternehmens, welches Triebwerke für große Verkehrsflugzeuge herstellte, mit einem Unternehmen, das Avionikprodukte (Geräte zur Flugsteuerung, Navigation, Kommunikation und Flugdatenübermittlung) produzierte).
219) Eingehend zum ökonomischen Hintergrund solcher Zusammenschlüsse *Bishop/Walker*, Rz. 7-009 ff.; s. ferner *Denzel*, S. 196 ff.
220) EuG, Rs. T-210/01, *General Electric/Kommission*, Slg. 2005, II-5575 Rz. 65 ff.

C. Europäisches Kartellrecht

render ökonomischer Lehrmeinungen sehr umstritten.[221] Allgemein lässt sich sagen, dass solche Zusammenschlüsse sowohl unter dem Aspekt der Marktabschottung als auch durch koordinierte Effekte im Oligopol problematisch sein können.

(bb) Marktabschottungseffekte

Nach den Leitlinien von 2008 prüft die Kommission das Vorliegen wettbewerbsschädlicher Marktabschottungseffekte bei konglomeraten Zusammenschlüssen grundsätzlich nach dem gleichen Dreischritt, der auch für vertikale Zusammenschlüsse einschlägig ist (siehe dazu Rz. 109). Ob ein Zusammenschluss konglomerater Art mit dem Gemeinsamen Markt unvereinbar ist, bestimmt sich danach, ob (i.) die am Zusammenschluss beteiligten Unternehmen die Fähigkeit besitzen, den Markt abzuschotten[222], (ii.) hierzu die notwendigen Anreize bestehen[223] und (iii.) der Zusammenschluss sich wahrscheinlich nachteilig auf die Preise bzw. die Angebotsvielfalt in einem der vom Zusammenschluss betroffenen Märkte auswirken wird.[224] Wettbewerbsschädliche Marktabschottungseffekte durch konglomerate Zusammenschlüsse entstehen in erster Linie dadurch, dass ein Unternehmen, welches auf einem Markt bereits über einen hohen Grad an Marktmacht verfügt, diese Stellung entweder erstmals auf den Markt überträgt, auf dem das Zielunternehmen tätig ist oder seine dort bereits beherrschende Stellung noch verstärkt.[225] Man spricht in diesem Zusammenhang auch von **Marktmachttransfer** oder **Hebelwirkungen** (*leveraging*).[226] Ein Marktmachttransfer wird z. B. möglich, wenn das aus dem Zusammenschluss entstehende Unternehmen durch eine Geschäftspolitik, die auf **Koppelungs- oder Bündelungspraktiken** aufbaut, den Zugang von Wett-

115

---

221) Vgl. nur *Bundeskartellamt*, Konglomerate Zusammenschlüsse in der Fusionskontrolle – Diskussionspapier für die Sitzung des Arbeitskreises Kartellrecht v. 21.9.2006, abrufbar unter http://www.bundeskartellamt.de m. w. N.
222) Leitlinien zu nichthorizontalen Zusammenschlüssen, Rz. 95 ff.
223) Leitlinien zu nichthorizontalen Zusammenschlüssen, Rz. 105 ff.
224) Leitlinien zu nichthorizontalen Zusammenschlüssen, Rz. 111 ff.
225) Vgl. nur KomE, COMP/M.2220, *General Electric/Honeywell*, Rz. 412 ff., 443 f.; KomE, COMP/M.3304, *GE/Amersham*, Rz. 31; s. ferner *Immenga/Körber* in: Immenga/Mestmäcker, Art. 2 FKVO Rz. 523 m. w. N.
226) Vgl. nur *Kling/Thomas*, § 9 Rz. 258.

bewerbern zum Zielmarkt verhindert.[227)] Problematisch ist dabei, dass der Einsatz der Marktmacht als ökonomischer Hebel zur Vermachtung weiterer Märkte erst zeitversetzt nach dem Zusammenschluss erfolgt. Denn nur wenn nach dem Vollzug des Zusammenschlusses tatsächlich in nennenswertem Umfang marktabschottende Geschäftspraktiken eingesetzt werden, behindert der Zusammenschluss den Wettbewerb. Der Nachweis einer solchen Wettbewerbsschädigung ist in der Praxis schwer zu führen, da die Prognose auch Verhaltenselemente, nämlich die künftige Geschäftspolitik, berücksichtigen muss. Aufgrund der insgesamt eher geringen Wahrscheinlichkeit, dass konglomerate Zusammenschlüsse wettbewerbsschädigende Effekte entfalten, stellt die Rechtsprechung sehr strenge Nachweisanforderungen für die Untersagung eines solchen Zusammenschlusses auf. Es ist nicht ausreichend, dass die hypothetische Möglichkeit eines solchen Marktverhaltens besteht, vielmehr muss die Kommission darlegen und beweisen, dass die fusionierten Unternehmen in absehbarer Zeit missbräuchliche Geschäftspraktiken einsetzen werden und dieses Verhalten in absehbarer Zeit eine beherrschende Stellung begründen oder verstärken wird.[228)]

(cc) Erleichterung kollusiven Verhaltens

116 Neben der Fallgruppe der Marktabschottung kann sich eine Wettbewerbsbehinderung auch daraus ergeben, dass die konglomerate Fusion kollusives Verhalten auf oligopolistischen Märkten erleichtert (siehe allgemein Rz. 112).[229)] Dies kann dann der Fall sein, wenn der konglomerate Zusammenschluss durch den Wegfall eines Wettbewerbers auf einem der betroffenen Märkte eine konzentrierte Marktstruktur schafft oder verstärkt, die eine Abstimmung über Preise oder andere Wettbewerbsparameter begünstigt.[230)]

---

227) Im Sprachgebrauch der Kommission erfassen Koppelungsgeschäfte solche Angebote, die sich auf den Preis und die Form beziehen, in der die fusionierte Einheit ein Produkt anbietet. Ein Koppelungsgeschäft liegt etwa vor, wenn ein Abnehmer für den Kauf von zwei gleichen Produkten ein weiteres Produkt gratis erhält oder ein Abnehmer nur bestimmte Mengen abnehmen darf. Dagegen bezeichnet die Bündelung (oder, wie es in den nichthorizontalen Leitlinien der Kommission nunmehr heißt, „Bindung") im Regelfall eine Geschäftspolitik, bei der der Lieferant den Verkauf eines Produkts (des bindenden Produkts) an die Bedingung knüpft, dass ein anderes Produkt (das gebundene Produkt) ebenfalls beim Lieferanten oder bei einem von ihm bestimmten Unternehmen erworben wird; vgl. Leitlinien zu nichthorizontalen Zusammenschlüssen, Rz. 95 f.
228) EuG, Rs. T-05/02, *Tetra Laval/Kommission*, Slg. 2002, I-4381 Rz. 155. Im Rechtsmittelverfahren hat der EuGH die Entscheidung des EuG bestätigt; vgl. EuGH, Rs. C-12/03 P, *Kommission/Tetra Laval*, Slg. 2005, I-987 Rz. 41 ff.; s. ferner EuG, Rs. T-210/01, *General Electric/Kommission*, Slg. 2005, II-5575 Rz. 427 ff.
229) Leitlinien zu nichthorizontalen Zusammenschlüssen, Rz. 199 ff.
230) Näher dazu *Van Bael/Bellis*, S. 729.

dd) Wesentlicher Teil des Gemeinsamen Marktes

Eine Untersagung ist nach Art. 2 Abs. 3 FKVO nur möglich, wenn das durch **117** den Zusammenschluss betroffene Gebiet mindestens einen wesentlichen Teil des Gemeinsamen Marktes bzw. – aufgrund der Erstreckung der FKVO (siehe dazu Rz. 40) – des EWR umfasst. Ob dies der Fall ist, muss sowohl anhand quantitativer als auch anhand qualitativer Merkmale beurteilt werden.[231] Regelmäßig einen wesentlichen Teil des Gemeinsamen Marktes bilden dabei **nationale Märkte** in (auch kleineren) Mitgliedstaaten sowie überregionale Märkte.[232] Geografisch kleinere Märkte, die jedoch vergleichbare Märkte in Volumina weit übertreffen oder eine besonders relevante Bedeutung für grenzüberschreitenden Handel besitzen, können ebenfalls als wesentlicher Teil des Gemeinsamen Marktes anzusehen sein.[233] Nicht der FKVO unterfallen somit lediglich Zusammenschlüsse mit **lokaler oder regionaler Dimension**.

ee) Kausalität (Sanierungsfusionen)

Wie sich aus Art. 2 Abs. 3 FKVO ergibt, muss der Zusammenschluss kausal für **118** die Behinderung des Wettbewerbs bzw. die Begründung oder Verstärkung einer beherrschenden Stellung sein. Somit muss die Kommission einen Zusammenschluss freigeben, der die Verschlechterung der Wettbewerbssituation nicht verursacht. Die Voraussetzungen, unter denen die Kommission eine Kausalität zwischen Zusammenschluss und Behinderung des Wettbewerbs verneint, sind jedoch sehr restriktiv. Erfasst wird im Wesentlichen die Fallgruppe der **Sanierungsfusion**.[234] Bei Zusammenschlüssen mit insolvenzbedrohten Unternehmen mangelt es an dem erforderlichen Kausalzusammenhang zwischen Fusion und Marktstrukturverschlechterung, wenn eine vergleichbar nachteilige Marktstruktur auch ohne den Zusammenschluss eingetreten wäre.[235] Nach den Leitlinien zu horizontalen Zusammenschlüssen kann eine Sanierungsfusion im Regelfall dann freigegeben werden, wenn die folgenden Voraussetzungen erfüllt sind:[236] (i.) Das erworbene Unternehmen hätte ohnehin in naher Zukunft aus dem Markt ausscheiden müssen, (ii.) eine weniger wettbewerbswidrige Übernahme durch ein anderes Unternehmen war ausgeschlos-

---

231) *Montag/von Bonin* in: MünchKomm-EuWettbR, Art. 3 FKVO Rz. 47.
232) Vgl. nur KomE, COMP/M.2530, *Südzucker/Saint Louis Sucre*, Rz. 44 (Belgien und Süddeutschland).
233) Vgl. etwa EuGH, Rs. C-179/90, *Porto di Genova/Siderugica Gabrielli*, Slg. 1991, I-5889 Rz. 15 (Hafen von Genua); KomE, IV/34.801, *FAG-Flughafen Frankfurt/Main AG*, Rz. 57 (Flughafen Frankfurt).
234) Monografisch dazu *Bergau*, S. 7 ff.; *Weber*, S. 19 ff.; s. ferner *Montag/von Bonin* in: MünchKomm-EuWettbR, Art. 2 FKVO Rz. 322 ff.; *Zeise* in: Schulte, Rz. 1467 ff.
235) EuGH, verb. Rs. C-68/94 und C-30/95, *Frankreich/Kommission*, Slg. 1998, I-1375 Rz. 111 ff.
236) Leitlinien zu horizontalen Zusammenschlüssen, Rz. 90.

sen und (iii.) die Vermögenswerte des insolvenzbedrohten Unternehmens würden ohne einen Zusammenschluss zwangsläufig vom Markt genommen werden, so dass sich die Wettbewerbsbedingungen ohne den Zusammenschluss zumindest im gleichen Maße verschlechtern würden wie mit ihm.

ff) Abwägungsklausel

119 Bei der materiellen Beurteilung von Zusammenschlussvorhaben sind die durch einen Zusammenschluss entstehenden Vor- und Nachteile „im Hinblick auf die Struktur aller betroffenen Märkte" zu prüfen und abzuwägen (Art. 2 Abs. 1 lit. a FKVO). Betroffene Märkte sind in diesem Zusammenhang nicht nur diejenigen, auf denen der Wettbewerb behindert wird, sondern auch solche Märkte, die kausal durch den Zusammenschluss berührt werden.[237] Die Kommission kann somit von einer Untersagung absehen, wenn ein Zusammenschluss zwar auf einem Markt den Wettbewerb wesentlich behindert, auf einem anderen Markt jedoch wettbewerbsstimulierende Wirkungen entfaltet, die so groß sind, dass sie die Wettbewerbsbeschränkung auf dem beherrschten Markt aufwiegen.[238]

gg) Nebenabreden

120 Eine Freigabe des Zusammenschlusses durch die Kommission erstreckt sich auch auf die mit seiner Durchführung unmittelbar verbundenen und für sie notwendigen Einschränkungen des Wettbewerbs durch Absprachen (Art. 6 Abs. 1 lit. b Unterabs. 2 bzw. Art. 8 Abs. 1 Unterabs. 2 und Abs. 2 Unterabs. 3 FKVO). Einzelheiten über die Zulässigkeit von Nebenabreden hat die Kommission in der Bekanntmachung über Nebenabreden niedergelegt.[239] Nach Ansicht der Kommission sind solche Vereinbarungen erlaubt, ohne die der Zusammenschluss gar nicht oder nur zu wesentlich höheren Kosten bzw. mit erheblich geringeren Erfolgsaussichten durchgeführt werden könnte.[240] Solche **akzessorischen Nebenabreden** *(ancillary restraints)* teilen das Schicksal des Gemeinschaftsunternehmens und werden deshalb nicht getrennt anhand von Art. 101 Abs. 1 AEUV geprüft.

---

237) *Immenga/Körber* in: Immenga/Mestmäcker, Art. 2 FKVO Rz. 397.
238) In der Praxis ist bislang kein Fall ersichtlich, in dem die Kommission mit einer solchen Begründung von einer Untersagung abgesehen hätte. Rechtlich wäre dies nach ganz h. M. aber möglich; vgl. *P. Rösler*, NZG 2000, 857, 859; *Bechtold/Bosch/Brinker/Hirsbrunner*, Art. 2 FKVO Rz. 80; *Immenga/Körber* in: Immenga/Mestmäcker, Art. 2 FKVO Rz. 396; skeptisch hingegen *Riesenkampff/Lehr* in: Loewenheim/Meessen/Riesenkampff, Art. 2 FKVO Rz. 185.
239) Bekanntmachung über Nebenabreden, ABl. EU 2005 C 56/24. Für einen Überblick über die ältere Kommissionspraxis zur Beurteilung von Nebenabreden *Grabbe*, S. 131 ff.
240) Bekanntmachung über Nebenabreden, Rz. 13.

Die am Zusammenschluss beteiligten Unternehmen müssen im Wege der 121
Selbsteinschätzung prüfen, ob eine Absprache von der Freigabe des Zusammenschlusses erfasst wird.[241] Nur bei neuen oder ungelösten Fragen, die zu ernsthafter Rechtsunsicherheit führen, kann die Kommission auf Antrag der Unternehmen tätig werden. Eine Prüfung durch die Kommission ist dann statthaft, wenn die betreffende Vereinbarung nicht durch eine Bekanntmachung oder eine veröffentlichte Entscheidung der Kommission geregelt ist.

Beispiele für zulässige Nebenabreden sind **Verträge über Lizenzen**, die das 122
Zielunternehmen weiternutzt,[242] oder Vereinbarungen über **Bezugs- und Lieferpflichten**.[243] Von praktisch großer Bedeutung sind ferner **Wettbewerbsverbote**, die dem Veräußerer auferlegt werden. Sie sollen sicherstellen, dass der Erwerber den vollständigen Wert des Unternehmens erhält. Dazu gehört auch, dass der Erwerber in gewissem Umfang vor Wettbewerbshandlungen des Veräußerers geschützt wird, damit er das Vertrauen der Kunden gewinnen und sich das betreffende Know-how aneignen kann.[244] Wettbewerbsverbote sind jedoch nur dann kartellrechtskonform, wenn sie im Hinblick auf ihre Geltungsdauer, ihren räumlichen und sachlichen Geltungsbereich sowie die betroffenen Personen nicht über das zur Erreichung dieses Ziels erforderliche Maß hinausgehen.[245] Ob dies der Fall ist, muss im Einzelfall stets mit Blick auf den Wettbewerb im Markt beurteilt werden. Hinsichtlich der **Dauer** hält die Kommission im Regelfall Wettbewerbsverbote von bis zu drei Jahren für zulässig, wenn mit dem Unternehmen sowohl der Geschäftswert als auch das Knowhow übertragen wird.[246] Wird allein der Geschäftswert übertragen, so erstreckt sich die Freigabe allerdings nur auf Verbote von bis zu zwei Jahren.[247] Beschränkt sich die Übertragung *de facto* auf materielle Vermögenswerte wie Grundstücke, Gebäude oder Maschinen oder auf gewerbliche Schutzrechte, sind Wettbewerbsverbote nach Ansicht der Kommission kein notwendiger Bestandteil des Zusammenschlusses.[248] Der **räumliche Geltungsbereich** des Wettbewerbsverbots muss auf das Gebiet beschränkt werden, in dem der Veräußerer die betreffenden Waren oder Dienstleistungen bereits vor der Unternehmensübertragung angeboten hat, da der Erwerber in Gebieten, in denen der Veräußerer zuvor nicht präsent war, nicht geschützt zu werden braucht.[249] In

---

241) Erwägungsgrund 21 FKVO.
242) Bekanntmachung über Nebenabreden, Rz. 27 ff.
243) Bekanntmachung über Nebenabreden, Rz. 32 ff.
244) EuGH, Rs. 42/84, *Remia/Kommission*, Slg. 1985, 2545 Rz. 19 (zum Kartellverbot).
245) EuGH, Rs. 42/84, *Remia/Kommission*, Slg. 1985, 2545 Rz. 20 (zum Kartellverbot).
246) Bekanntmachung über Nebenabreden, Rz. 20.
247) Bekanntmachung über Nebenabreden, Rz. 20.
248) Bekanntmachung über Nebenabreden, Rz. 21.
249) Bekanntmachung über Nebenabreden, Rz. 22.

Hinblick auf den **sachlichen Geltungsbereich** sind allein solche Abreden zulässig, die das Wettbewerbsverbot auf diejenigen Produkte beschränken, die den Geschäftsgegenstand des übertragenen Unternehmens bilden, einschließlich verbesserter oder aktualisierter Versionen sowie Nachfolgemodelle.[250]

5. Sonderregeln für Vollfunktions-GU
a) Überblick

123 Gemeinschaftsunternehmen sind eine wirtschaftlich sehr bedeutende Gesellschaftsform.[251] Sie ermöglichen eine Ressourcenbündelung verschiedener Unternehmen. Gemeinschaftsunternehmen existieren in zahlreichen Gestaltungsformen. Aus der Perspektive des Kartellrechts können zwei Effekte der Gründung bzw. der Übernahme eines Gemeinschaftsunternehmens problematisch sein: Zum einen führt die dauerhafte Zusammenlegung bislang getrennter Unternehmensaktivitäten zu einer Änderung der Marktstruktur, die den Wettbewerb auf dem Markt schwächen kann (**konzentrativer Effekt**). Eine solche Schwächung des Wettbewerbs will die Zusammenschlusskontrolle verhindern. Zum anderen kann die Gründung bzw. die Übernahme eines Gemeinschaftsunternehmens auch zu einer Abschwächung des Wettbewerbs zwischen den Eigentümern führen, da die Muttergesellschaften i. R. ihrer Zusammenarbeit im Gemeinschaftsunternehmen ihr Verhalten abstimmen können (**kooperativer Effekt**). Diese Form der Wettbewerbsbeschränkung ist am Kartellverbot (Art. 101 AEUV) zu messen. Gemeinschaftsunternehmen stehen daher als Organisation „zwischen Zusammenschluss und Kartell".[252]

124 Die Kriterien für die Qualifizierung von Gemeinschaftsunternehmen als Kartell i. S. v. Art. 101 AEUV bzw. als Zusammenschluss i. S. d. Fusionskontrollrechts haben sich im Laufe der Zeit mehrfach geändert.[253] Dabei wurde der Anwendungsbereich des strengen Kartellverbots als Prüfungsmaßstab für Gemeinschaftsunternehmen mehr und mehr zurückgedrängt. Heute folgt die rechtliche Beurteilung von Gemeinschaftsunternehmen im Gemeinschaftsrecht einem **abgeschwächten Trennungsprinzip**: Bestimmte Gemeinschaftsunternehmen werden nach der FKVO beurteilt (und zwar sowohl hinsichtlich ihrer konzentrativen als auch der kooperativen Wirkungen), andere Gemeinschaftsunternehmen werden allein am Maßstab des Art. 101 AEUV geprüft.

---

250) Bekanntmachung über Nebenabreden, Rz. 23.
251) Im Zeitraum 1996-2005 betrafen rund 40 % der bei der Kommission angemeldeten Vorhaben Gemeinschaftsunternehmen; vgl. *Europäische Kommission*, Bericht über die Wettbewerbspolitik 2005, S. 127.
252) *Mestmäcker/Schweitzer*, § 24 Rz. 37.
253) Eingehend zu den Entwicklungsphasen in der wettbewerblichen Beurteilung von Gemeinschaftsunternehmen *Mestmäcker/Schweitzer*, § 24 Rz. 48 ff.

Die FKVO erfasst lediglich **Vollfunktions-GU** (Art. 3 Abs. 4 FKVO), d. h. 125
Gemeinschaftsunternehmen, die wirtschaftlich selbständig agieren können
(siehe dazu Rz. 59). Erfüllt das Zusammenschlussvorhaben ferner die **Umsatzschwellen** der FKVO (siehe dazu Rz. 63 ff.), so wird der Zusammenschluss **verfahrensrechtlich** allein nach den Bestimmungen der FKVO beurteilt. Die Kommission, die nach dem Prinzip des *one-stop shop* ausschließlich zuständig ist, muss also innerhalb der Fristen des Art. 10 FKVO (siehe Rz. 139, 142) entscheiden. Ferner erstreckt sich die Freigabeentscheidung auch auf die mit dem Zusammenschluss untrennbar verbundenen Nebenabreden (siehe Rz. 132 f.). Diese Konzentration des Verfahrens hat den Vorteil, dass eine einzige Behörde den Zusammenschluss in all seinen Facetten beurteilt, eine formelle innerhalb der EU bindende Entscheidung ergeht und die Gründerunternehmen bzgl. möglicher kooperativer Effekte des Gemeinschaftsunter-nehmens keine Selbsteinschätzung vornehmen müssen. **Materiell-rechtlich** erfolgt bei **Vollfunktions-GU mit gemeinschaftsweiter Bedeutung** eine **Doppelkontrolle** anhand des SIEC-Tests (Art. 2 Abs. 2 und 3 FKVO) sowie anhand der in Art. 2 Abs. 4 und 5 FKVO enthaltenen Prüfkriterien, die in der Sache auf das Kartellverbot (Art. 101 AEUV) verweisen.

b) **Materiell-rechtliche Doppelkontrolle**

aa) **SIEC-Test**

Die Gründung des **Vollfunktions-GU**, verstanden i. S. einer Neugründung 126
oder eines Kontrollwechsels (Art. 3 Abs. 1 lit. b FKVO), sowie die zwangsläufig damit verbundenen Wettbewerbsbeschränkungen und notwendigen Nebenabreden werden (wie jeder Zusammenschluss) zunächst anhand des SIEC-Tests bewertet. Diesbezüglich ermittelt die Kommission nach den bereits dargestellten Grundsätzen (siehe Rz. 85 ff.), ob die angestrebte Zusammenfassung der Ressourcen der Muttergesellschaften in dem Gemeinschaftsunternehmen zu einer erheblichen Behinderung wirksamen Wettbewerbs führen kann (Art. 2 Abs. 2 und 3 FKVO).

bb) **Die Prüfung nach Art. 2 Abs. 4 und 5 FKVO**

Sind die Wirkungen des Zusammenschlusses allein **konzentrativer Natur**, so 127
bleibt es bei der Prüfung anhand des SIEC-Tests. Dies ist immer dann der Fall, wenn nicht mehr als eine Muttergesellschaft auf den Märkten des Gemeinschaftsunternehmens oder auf mit diesen Märkten in Zusammenhang stehenden Märkten tätig bleibt.[254] In den anderen Fällen ist in einem zweiten Schritt nach Art. 2 Abs. 4 und 5 FKVO zu prüfen, ob das Gemeinschaftsunternehmen in wettbewerbsschädlicher Weise die Aktivitäten der Muttergesellschaften ko-

---

254) *Immenga/Körber* in: Immenga/Mestmäcker, Art. 2 FKVO Rz. 538; *Henschen* in: Schulte, Rz. 1695.

ordiniert und aus diesem Grund zu untersagen ist (**Analyse der kooperativen Aspekte**). Diese Analyse bezieht sich nicht auf die Konzentrationswirkung durch die Gründung eines Gemeinschaftsunternehmens als solche, sondern lediglich auf die bezweckte oder bewirkte Wettbewerbskoordination unabhängiger Unternehmen. Solche Effekte können sich nach Art. 2 Abs. 5 Spiegelstrich 1 FKVO insbesondere dann ergeben, wenn mindestens zwei mitkontrollierende Muttergesellschaften auf den Märkten des Gemeinschaftsunternehmens in einem in der Wertschöpfungskette vor- bzw. nachgelagerten Markt oder zumindest in einem benachbarten bzw. eng verknüpften[255] Markt tätig bleiben (sog. Kandidatenmärkte). Denn bei einer solchen Wettbewerbskonstellation liegt es nahe, dass es schon aufgrund der Zusammenarbeit der Mütter im Gemeinschaftsunternehmen zu einer Verringerung des Wettbewerbsdrucks kommt. Diese Koordinierungswirkung wird als „**Gruppeneffekt**"[256] oder „**Spill-over-Effekt**"[257] bezeichnet, da sie über die Wettbewerbsbeschränkung hinausgeht, die allein durch die Gründung des Gemeinschaftsunternehmens bewirkt wird.

128 Die Analyse der Koordinierungswirkung erfolgt nach Art. 2 Abs. 4 FKVO anhand des Prüfungsmaßstabs des Art. 101 AEUV (inklusive der Freistellungsmöglichkeit gemäß Art. 101 Abs. 3 AEUV) und der in Art. 2 Abs. 5 FKVO genannten Kriterien.[258] Eine gesonderte Prüfung einer wettbewerbsbeschränkenden Absprache ist dabei entbehrlich, da eine solche bereits in der Gründung des Gemeinschaftsunternehmens liegt.[259] Mit dem Gemeinsamen Markt unvereinbar sind **bezweckte oder bewirkte Koordinierungen** zwischen **mindestens zwei Muttergesellschaften**, die den Wettbewerb auf dem Binnenmarkt beschränken (Art. 101 Abs. 1 AEUV). Eine wettbewerbsschädliche Koordination zwischen den Muttergesellschaften nimmt die Kommission im Regelfall nur dann an, wenn die Mutterunternehmen über einen **hohen Grad an Marktmacht** verfügen.[260]

129 Eine **Koordinierung ist bezweckt**, wenn dies von den Parteien gewollt wurde oder der Gründung des Gemeinschaftsunternehmens die objektive Tendenz

---

255) Eine solche Verknüpfung zweier Märkte kann etwa wegen einer großen räumlichen Nähe der betrachteten Märkte (KomE, IV/JV.4, *VIAG/Orange UK*, Rz. 30) oder aufgrund der sachlichen Nähe der vertriebenen Produkte (KomE, COMP/M.2079, *Raytheon/Thales/JV*, Rz. 64) angenommen werden.
256) *Mestmäcker/Schweitzer*, § 24 Rz. 39 f.
257) *Immenga/Körber* in: Immenga/Mestmäcker, Art. 2 FKVO Rz. 538; *Henschen* in: Schulte, Rz. 1629.
258) Eingehend dazu *Mestmäcker/Schweitzer*, § 24 Rz. 67 ff.; *Pohlmann* in: MünchKomm-EuWettbR, Art. 81 EG Rz. 350 ff.; *Baron* in: Langen/Bunte, Art. 2 FKVO Rz. 255 ff.; *Henschen* in: Schulte, Rz. 1696 ff.
259) So die h. A.; vgl. nur *Schroeder*, WuW 2004, 893, 895 ff.; *Immenga/Körber* in: Immenga/Mestmäcker, Art. 2 FKVO Rz. 547 m. w. N., auch zur Gegenauffassung.
260) Vgl. etwa KomE, IV/M.3230, *Statoil/BP/Sonatrach/In Salah*, Rz. 17.

C. Europäisches Kartellrecht

innewohnt, den Wettbewerb zwischen den Muttergesellschaften zu beschränken.[261] Hiervon kann etwa ausgegangen werden, wenn das Gemeinschaftsunternehmen gegründet wurde, um den Eintritt einer der Muttergesellschaften in einen Markt zu verhindern (sog. abgekaufter Wettbewerb), oder als verdecktes Kartell operiert.[262] Solche Fälle der bezweckten Wettbewerbsbeschränkung sind in der Praxis aber selten.

Größere Bedeutung hat daher das Tatbestandsmerkmal der **bewirkten Koordinierung**. Es ist erfüllt, wenn die Gründung des Gemeinschaftsunternehmens mit **hoher Wahrscheinlichkeit** zu einer **spürbaren** Koordinierung des Verhaltens der Muttergesellschaften führen wird.[263] Diese Prüfung gleicht im Kern der Analyse von Koordinationswahrscheinlichkeiten in Oligopolfällen (siehe Rz. 100 ff.)[264] und ist für jeden Kandidatenmarkt gesondert durchzuführen.[265]   130

Kann eine wettbewerbsbeschränkende Verhaltensweise gemäß Art. 101 Abs. 1 AEUV festgestellt werden, so ist damit nicht gesagt, dass eine Freigabe ausgeschlossen ist. Vielmehr ist zu untersuchen, ob eine **Freistellung** gemäß Art. 101 Abs. 3 AEUV möglich ist (siehe allgemein dazu Rz. 180 ff.).   131

c) Nebenabreden

Die Freigabe eines Vollfunktions-GU durch die Kommission erstreckt sich auch auf die mit der Durchführung der Kooperation unmittelbar verbundenen und für sie notwendigen Einschränkungen (Art. 6 Abs. 1 lit. b Unterabs. 2, Art. 8 Abs. 1 Unterabs. 2 und Abs. 2 Unterabs. 3 FKVO). Für diese akzessorischen Nebenabreden gilt allein die FKVO. Das Schicksal solcher *ancillary restraints* ist unteilbar mit dem des Gemeinschaftsunternehmens verbunden. Eine gesonderte Überprüfung am Maßstab des Kartellverbots (Art. 101 AEUV) findet deshalb nicht statt. Etwas anderes gilt für Absprachen, die zwar im Zusammenhang mit der Gründung des Gemeinschaftsunternehmens getroffen werden, die aber keine akzessorischen Nebenabreden sind. Auf solche Absprachen bleibt das Kartellverbot anwendbar.   132

Einzelheiten der Beurteilung von Absprachen zur Durchführung des Zusammenschlusses hat die Kommission in der Bekanntmachung über Nebenabreden   133

---

261) *Immenga/Körber* in: Immenga/Mestmäcker, Art. 2 FKVO Rz. 554.
262) *Immenga/Körber* in: Immenga/Mestmäcker, Art. 2 FKVO Rz. 554.
263) KomE, COMP/JV.1, *Telia/Telenor/Schibsted*, Rz. 28; KomE, COMP/M.2079, *Raytheon/Thales/JV*, Rz. 63; Konsolidierte Mitteilung zu Zuständigkeitsfragen, Rz. 51. Eingehend zu den Prüfungskriterien, die sich nicht immer klar voneinander trennen lassen *Immenga/Körber* in: Immenga/Mestmäcker, Art. 2 FKVO Rz. 555 ff.; *Henschen* in: Schulte, Rz. 1721 ff.
264) *Pohlmann*, WuW 2003, 473, 484; *Schroeder*, WuW 2004, 893, 900 ff.
265) *Immenga/Körber* in: Immenga/Mestmäcker, Art. 2 FKVO Rz. 558.

niedergelegt.[266)] Danach sind **Wettbewerbsverbote**, die es den Gründerunternehmen untersagen, mit dem Gemeinschaftsunternehmen in Konkurrenz zu treten, zulässige akzessorische Nebenabreden.[267)] Auch **Abwerbeverbote**, die es den Gründern untersagen, die Beschäftigten des Gemeinschaftsunternehmens abzuwerben, sind als zulässige Nebenabreden anerkannt.[268)] Keine Nebenabreden sind dagegen **Wettbewerbsverbote zwischen den Gründerunternehmen untereinander**.[269)] Solche Verbote sind uneingeschränkt an Art. 101 AEUV zu messen.

6. Verfahren
a) Informelle Vorgespräche, Anmeldung und Vollzugsverbot

134 Die europäische Fusionskontrolle ist als Präventivkontrolle ausgestaltet. Ein vereinbarter oder auch ein lediglich beabsichtigter Zusammenschluss mit gemeinschaftsweiter Bedeutung i. S. d. FKVO ist daher durch die beteiligten Unternehmen bei der Kommission anzumelden (Art. 4 Abs. 1 FKVO), und zwar im Regelfall unter Verwendung des **Formblatts CO**.[270)] Im Vergleich zu Anmeldungen beim Bundeskartellamt (siehe Rz. 261 f.) ist das europäische Anmeldeverfahren deutlich aufwendiger ausgestaltet. Das Formblatt CO erfordert die Angabe detaillierter Informationen über das Zusammenschlussvorhaben. Einzelheiten über die beizubringenden Daten werden in der Veröffentlichung der Kommission „DG Competition – Best practices on the conduct of EC merger control proceedings" erläutert.[271)] Die Anmeldung eines Zusammenschlusses muss schriftlich erfolgen. Neben dem Formblatt im Original mit allen Unterlagen ist die Anmeldung in 37-facher Ausfertigung bei der Kommission (Europäische Kommission, Generaldirektion Wettbewerb, Kanzlei Fusionskontrolle, Rue Joseph II 70, B-1000 Brüssel) einzureichen.[272)] Jeder Anmelder haftet für die **Richtigkeit und Vollständigkeit** der von ihm in der Anmeldung gemachten Angaben.[273)] Bei **inhaltlichen oder formellen Mängeln** kann die Kommission die Anmeldung als unvollständig zurückweisen. In einem solchen Fall muss die Anmeldung von den anmeldepflichtigen Unternehmen nachgebessert werden, um das Fusionskontrollverfahren in Gang setzen zu können.

---

266) Bekanntmachung über Nebenabreden, ABl. EU 2005 C 56/24.
267) Bekanntmachung über Nebenabreden, Rz. 36.
268) Bekanntmachung über Nebenabreden, Rz. 41.
269) Bekanntmachung über Nebenabreden, Rz. 40.
270) Vgl. Art. 3 Abs. 1 Satz 1 sowie Anhang I Durchführungs-VO 802/2004 (konsolidierte Fassung v. 2008).
271) Best Practices on EC merger control, abrufbar unter http://ec.europa.eu/competition/mergers/legislation/proceedings.pdf, Rz. 15 ff.
272) Vgl. Art. 3 Abs. 2 und Art. 23 Abs. 1 Durchführungs-VO 802/2004.
273) Vgl. Rz. 1.2 des Formblatts CO, Anhang I Durchführungs-VO 802/2004; Rz. 1.4. des vereinfachten Formblatts, Anhang II Durchführungs-VO 802/2004.

Eine starre **Frist**, innerhalb derer der Zusammenschluss angemeldet werden muss, gibt es im Unionsrecht nicht. Ein **Zusammenschluss muss lediglich vor Vollzug angemeldet** werden (Art. 4 Abs. 1 Unterabs. 1 FKVO). Ausreichend ist daher etwa eine Anmeldung nach Vertragsschluss bzw. nach der Veröffentlichung des Übernahmeangebots. Anmeldefähig sind aber auch geplante Zusammenschlussvorhaben. Hierzu genügt es, dass die beteiligten Unternehmen glaubhaft machen, dass sie gewillt sind, in naher Zukunft einen Unternehmenskaufvertrag zu schließen bzw., im Fall eines Übernahmeangebots, dass sie ihre Absicht zur Abgabe eines solchen Angebots öffentlich bekundet haben (Art. 4 Abs. 1 Unterabs. 2 FKVO). 135

Welche **Unternehmen** bzw. **Personen anmeldepflichtig** sind, hängt von der Ausgestaltung des Zusammenschlusses ab (siehe allgemein dazu Rz. 48 ff.). Bei einer Fusion (Art. 3 Abs. 1 lit. a FKVO) und einem Kontrollerwerb in Form der Begründung einer gemeinsamen Kontrolle (Art. 3 Abs. 1 lit. b FKVO) ist der Zusammenschluss von den an der Fusion oder der Begründung der gemeinsamen Kontrolle Beteiligten gemeinsam anzumelden (Art. 4 Abs. 2 Satz 1 FKVO). In allen anderen Fällen ist die Anmeldung von der Person oder dem Unternehmen vorzunehmen, die oder das die Kontrolle über die Gesamtheit oder über Teile eines oder mehrerer Unternehmen erwirbt (Art. 4 Abs. 2 Satz 2 FKVO). 136

Bis zur Freigabe durch die Kommission darf ein anmeldepflichtiger Zusammenschluss **nicht vollzogen** werden (Art. 7 Abs. 1 FKVO). Lediglich öffentliche Übernahmeangebote und „schleichende Übernahmen" im Wege einer Reihe von Rechtsgeschäften mit Wertpapieren dürfen verwirklicht werden, vorausgesetzt, dass der Kontrollerwerb unverzüglich bei der Kommission angemeldet wird (Art. 7 Abs. 2 FKVO).[274] Ferner sind auf Antrag Befreiungen vom Vollzugsverbot möglich (Art. 7 Abs. 3 FKVO).[275] Zuwiderhandlungen gegen das Vollzugsverbot kann die Kommission mit Bußgeldern ahnden (Art. 14 Abs. 2 FKVO). Ferner kann sie den Unternehmen auferlegen, den Zusammenschluss rückgängig zu machen (Art. 8 Abs. 4 FKVO). 137

Bereits vor der endgültigen Anmeldung ist es empfehlenswert, die wichtigsten Daten des Zusammenschlusses zu sammeln und auf dieser Basis in **informelle Vorgespräche** mit der Kommission zu treten (sog. **Prenotifizierungsphase**).[276] In diesen Gesprächen ist zu klären, ob überhaupt ein anmeldefähiges und anmeldepflichtiges Zusammenschlussvorhaben vorliegt. Ferner können Auskünfte darüber eingeholt werden, welche Unternehmen oder Personen den Zusammenschluss anzumelden haben, welche Daten für die Anmeldung notwendig 138

---

[274] Eingehend dazu *Immenga/Körber* in: Immenga/Mestmäcker, Art. 7 FKVO Rz. 13 ff.
[275] Eingehend dazu *Immenga/Körber* in: Immenga/Mestmäcker, Art. 7 FKVO Rz. 22 ff.
[276] Vgl. Erwägungsgrund 11 Durchführungs-VO 802/2004; Best Practices on EC merger control, Rz. 5 ff.

sind und ob ein Verweisungsantrag (siehe Rz. 145 ff.) Aussicht auf Erfolg hätte. Schließlich sind solche informellen Vorgespräche nützlich, um abzuklären, ob ein Zusammenschluss unter Verwendung des **vereinfachten Formblatts** angemeldet werden kann, das deutlich weniger Daten abfragt als das Formblatt CO. Das vereinfachte Formblatt kann etwa dann verwendet werden, wenn sich der Zusammenschluss nicht wesentlich auf den Wettbewerb im Gemeinsamen Markt auswirkt (siehe Rz. 36) oder die Durchführung eines vereinfachten Verfahrens in Frage kommt (siehe Rz. 144).[277]

b) Gang des Verfahrens

139 Nach Eingang der Anmeldung prüft die Kommission nach Art. 6 Abs. 1 FKVO im **Vorprüfungsverfahren**, ob der Zusammenschluss Anlass zu ernsthaften Bedenken hinsichtlich seiner Vereinbarkeit mit dem Gemeinsamen Markt gibt. Für diese Prüfung hat die Kommission nach Eingang der Anmeldung grundsätzlich 25 Arbeitstage Zeit (Art. 10 Abs. 1 Unterabs. 1 FKVO).[278]

140 Die Kommission veröffentlicht Angaben über die beteiligten Unternehmen und den Zusammenschluss im Amtsblatt (Art. 4 Abs. 3 FKVO), so dass Dritte **Stellungnahmen** abgeben können. Bei ihren **Ermittlungen** kann die Kommission nicht nur von den beteiligten Unternehmen, sondern auch von Wettbewerbern, Kunden, Lieferanten oder Unternehmensvereinigungen Auskünfte verlangen (Art. 11 FKVO), um sich ein besseres Bild über die Wettbewerbsbedingungen im Markt zu verschaffen. Sie ist auch zu Nachprüfungen befugt, bei denen sie sich der Behörden der Mitgliedstaaten bedienen kann (Art. 12, 13 FKVO). Bei komplexeren ökonomischen Zusammenhängen werden die Beamten der Generaldirektion Wettbewerb vom Chefökonom und seinem Team beraten.

141 Fällt der Zusammenschluss nicht unter die FKVO, so gibt die Kommission ihn frei (Art. 6 Abs. 1 lit. a FKVO). Das Gleiche gilt, wenn keine ernsthaften Bedenken bestehen, ob er mit dem Gemeinsamen Markt vereinbar ist (Art. 6 Abs. 1 lit. b FKVO). Ist dagegen fraglich, ob der Zusammenschluss mit dem Gemeinsamen Markt vereinbar ist, so leitet die Kommission das Hauptprüfungsverfahren ein (Art. 6 Abs. 1 lit. c FKVO).[279]

---

[277] Einzelheiten in Anhang II Durchführungs-VO 802/2004.
[278] Verlängerung und Hemmung von Fristen sind im Vor- und im Hauptprüfungsverfahren nach Art. 10 Abs. 3 und 4 FKVO möglich; Arbeitstage sind alle Tage mit Ausnahme der Samstage, Sonntage und Feiertage der Kommission; vgl. Art. 24 Durchführungs-VO 802/2004.
[279] Dies war bei 4293 zwischen September 1990 und Januar 2010 angemeldeten Zusammenschlussvorhaben nur in 191 Fällen gegeben; vgl. Statistik der Kommission, abrufbar unter http://ec.europa.eu/competition/mergers/statistics.pdf.

Im **Hauptprüfungsverfahren** untersucht die Kommission auf einer verbreiterten Entscheidungsgrundlage, ob der Zusammenschluss mit dem Gemeinsamen Markt vereinbar ist oder untersagt werden muss. Eine Entscheidung hierüber muss innerhalb von 90 Arbeitstagen erfolgen (Art. 10 Abs. 3 FKVO). Bleibt die Kommission innerhalb dieser (ggf. verlängerten) Frist untätig, gilt der Zusammenschluss als mit dem Gemeinsamen Markt vereinbar (Art. 10 Abs. 6 FKVO).

142

Den am Zusammenschluss beteiligten Unternehmen ist im Verfahren in angemessenem Umfang **rechtliches Gehör** zu gewähren. Die Kommission übermittelt ihnen daher erhobene Einwände gegen das Zusammenschlussvorhaben. Die Zusammenschlussbeteiligten erhalten ferner Gelegenheit zur Stellungnahme (Art. 18 Abs. 1 und 3 FKVO).[280] Auf Antrag wird ihnen auch Akteneinsicht gewährt, wobei der Grundsatz der Vertraulichkeit von Geschäftsgeheimnissen zu berücksichtigen ist (Art. 18 Abs. 3 Satz 2 FKVO).[281] Rechte auf Anhörung und Stellungnahme stehen auch anderen Beteiligten zu (Art. 18 Abs. 4 FKVO), etwa Wettbewerbern, Lieferanten, Arbeitnehmer- oder Verbrauchervertretern.[282]

143

Ferner kann die Kommission für bestimmte typisierte Zusammenschlüsse, die i. d. R. wettbewerblich unproblematisch sind, in einem **vereinfachten Verfahren** entscheiden und den Zusammenschluss nach Art. 6 Abs. 1 lit. b FKVO freigeben, ohne vertiefte Prüfungen in einem Vor- oder Hauptprüfungsverfahren durchführen zu müssen. Einzelheiten zu diesem Verfahren hat die Kommission in ihrer Bekanntmachung über ein vereinfachtes Verfahren niedergelegt.[283] Das vereinfachte Verfahren kann etwa für horizontale Zusammenschlüsse, bei denen der gemeinsame Marktanteil der fusionierenden Unternehmen weniger als 15 % beträgt, einschlägig sein oder für Zusammenschlüsse, die nur geringe Bezüge zum EWR aufweisen.[284] Im vereinfachten Verfahren gibt die Kommission den Zusammenschluss normalerweise innerhalb der Frist von 25 Arbeitstagen in einer Kurzformentscheidung frei.[285] Stellt die Kommission bei der Prüfung jedoch fest, dass der Zusammenschluss wettbewerbsrechtlich bedenklich sein könnte (z. B. weil der Markt enger abzugrenzen ist und daher die entstehende wirtschaftliche Einheit einen höheren Marktanteil halten

144

---

280) Vgl. ferner Art. 11, 14 und 15 Durchführungs-VO 802/2004.
281) Die Grundsätze, nach denen die Kommission Akteneinsicht gewährt, sind niedergelegt in der Mitteilung über Akteneinsicht, ABl. EU 2005 C 325/7.
282) Vgl. Art. 11 Durchführungs-VO 802/2004.
283) Bekanntmachung über ein vereinfachtes Verfahren, ABl. EU 2005 C 56/32.
284) Bekanntmachung über ein vereinfachtes Verfahren, Rz. 5.
285) Bekanntmachung über ein vereinfachtes Verfahren, Rz. 2.

wird, als ursprünglich prognostiziert), kann sie zum herkömmlichen Fusionskontrollverfahren zurückkehren.[286]

c) Verweisungen zwischen der Kommission und nationalen Kartellbehörden

145 Um sicherzustellen, dass die sachnächste Behörde den Zusammenschluss prüft und die Unternehmen nicht mit einer übergroßen Zahl von Mehrfachanmeldungen belastet werden, erlaubt die FKVO in bestimmtem Umfang Verweisungen von der Kommission an die Kartellbehörden der EU/EWR-Mitgliedstaaten bzw. von diesen an die Kommission. Die Einzelheiten dieses Verfahrens sind in der Mitteilung über Verweisungen geregelt.[287]

aa) Verweisungen von der Kommission an nationale Behörden

146 Bei Zusammenschlüssen von gemeinschaftsweiter Bedeutung, d. h. solchen Fusionen, die die Aufgreifschwellen der FKVO erfüllen (siehe dazu Rz. 63 ff.), ist eine Verweisung von der Kommission an eine oder mehrere nationale Kartellbehörden möglich.

147 Eine solche Verweisung kann von den am Zusammenschluss beteiligten **Unternehmen** unter Verwendung des **Formblatts RS**[288] bei der Kommission beantragt werden, und zwar bereits vor Anmeldung des Zusammenschlusses (Art. 4 Abs. 4 FKVO). Eine Verweisung kann immer nur in dem Umfang erfolgen, in dem sie von den Unternehmen beantragt wurde.[289] Im Antrag ist daher zu spezifizieren, welcher Mitgliedstaat den Zusammenschluss ganz oder teilweise anstelle der Kommission prüfen soll. Legen die betroffenen Mitgliedstaaten gegen die Verweisung keinen Widerspruch ein (Art. 4 Abs. 4 Unterabs. 2 FKVO), so kann die Kommission die Prüfung des Vorhabens ganz oder teilweise an eine oder mehrere nationale Wettbewerbsbehörde(n) abgeben, wenn zwei Grundvoraussetzungen gegeben sind: Zum einen müssen Anhaltspunkte dafür vorliegen, dass der Zusammenschluss den Wettbewerb in einem oder mehreren Märkten erheblich beeinträchtigen kann. Zum anderen müssen der fragliche Markt oder die fraglichen Märkte sich in einem Staat befinden und alle Merkmale eines gesonderten Marktes aufweisen.[290] Gibt die Kommission dem Antrag statt, so wird das Zusammenschlussvorhaben von der bzw. den nationalen Kartellbehörden nach ihrem jeweiligen nationalen Fusionskontrollrecht geprüft,

---

[286] Bekanntmachung über ein vereinfachtes Verfahren, Rz. 6 f.
[287] Mitteilung über Verweisungen, ABl. EU 2005 C 56/2.
[288] Anhang III Durchführungs-VO 802/2004.
[289] Mitteilung über Verweisungen, Rz. 49.
[290] Mitteilung über Verweisungen, Rz. 16 ff.

C. Europäisches Kartellrecht

wobei die Vorgaben aus Art. 9 Abs. 6 und 8 FKVO zu berücksichtigen sind (Art. 4 Abs. 4 a. E. FKVO).

Nach Anmeldung des Vorhabens bei der Kommission kann ferner auch ein 148 EU-Mitgliedstaat beantragen, dass der Zusammenschluss ganz oder teilweise an seine Kartellbehörde verwiesen werden soll (Art. 9 FKVO). Voraussetzung dafür ist, dass der Zusammenschluss den Wettbewerb auf einem gesonderten Markt in diesem Mitgliedstaat erheblich zu beeinträchtigen droht (Art. 9 Abs. 2 lit. a FKVO) oder er den Wettbewerb auf einem gesonderten Markt in diesem Mitgliedstaat beeinträchtigen würde, der keinen wesentlichen Teil des Gemeinsamen Marktes darstellt (Art. 9 Abs. 2 lit. b FKVO).[291] Diese Form von Verweisung erlaubt es bei solchen Zusammenschlüssen, die sich vornehmlich auf einen einzigen nationalen Markt auswirken, eine wirkungsvolle Kontrolle durch die sachnächste Behörde zu gewährleisten. Gibt die Kommission dem Verweisungsantrag statt, so prüft die nationale Behörde nach ihrem eigenen Recht, ob der Zusammenschluss freigegeben werden kann. Hierbei muss sie allerdings die Vorgaben aus Art. 9 Abs. 6 und 8 FKVO einhalten.

bb) Verweisungen von nationalen Behörden an die Kommission

Zusammenschlüsse, die nicht unter die Aufgreifschwellen der FKVO fallen, 149 können – obwohl sie keine gemeinschaftsweite Bedeutung haben – unter bestimmten Voraussetzungen gleichwohl von der Kommission geprüft werden.

Eine Verweisung von einer nationalen Kartellbehörde an die Kommission ist 150 zum einen auf **Antrag der Unternehmen** möglich, den diese bei der Kommission bereits vor einer Anmeldung bei den nationalen Behörden stellen können (Art. 4 Abs. 5 FKVO). Der Antrag ist unter Verwendung des **Formblatts RS** zu stellen.[292] Voraussetzung für eine Verweisung an die Kommission ist, dass der Zusammenschluss andernfalls nach dem Kartellrecht mindestens dreier EU-Mitgliedstaaten zu prüfen wäre (sog. **3+-Regelung**).[293] Diese Regelung hat hohe praktische Relevanz.[294] Sie soll Unternehmen die Möglichkeit eröffnen, aufwendige Mehrfachanmeldungen bei verschiedenen nationalen Kartellbehörden in Europa zu vermeiden. Legen die betroffenen Mitgliedstaaten keinen Widerspruch gegen die Verweisung ein, wird die gemeinschaftsweite Bedeutung des Zusammenschlusses vermutet (Art. 4 Abs. 5 Unterabs. 5 FKVO). Folglich ist er bei der Kommission anzumelden und ausschließlich nach Unionsrecht zu beurteilen. Lehnt hingegen auch nur ein betroffener Mitgliedstaat

---

291) Eingehend dazu *Immenga/Körber* in: Immenga/Mestmäcker, Art. 9 FKVO Rz. 22 ff.
292) Anhang III Durchführungs-VO 802/2004.
293) Eingehend dazu *Soyez*, ZWeR 2005, 416, 418; *Karl* in: Terhechte, Rz. 73.51.
294) Zwischen Januar 2004 und März 2010 gingen bei der Kommission 186 Anträge nach Art. 4 Abs. 5 FKVO ein; vgl. die Statistik der Kommission, abrufbar unter http://ec.europa.eu/competition/mergers/statistics.pdf.

§ 11 Kartellrecht

die Verweisung ab, so kann eine solche nicht erfolgen (Art. 4 Abs. 5 Unterabs. 4 FKVO). Es bleibt dann bei der Zuständigkeit der nationalen Behörden. Um den Verfahrensaufwand gering zu halten, sind daher Vorbesprechungen mit den betroffenen nationalen Kartellbehörden ratsam, um zu klären, ob diese einer Verweisung an die Kommission zustimmen werden.

151 Auch die **EU-Mitgliedstaaten** können bei der Kommission beantragen, dass diese die Prüfung eines Zusammenschlusses ohne gemeinschaftsweite Bedeutung unter Zugrundelegung der FKVO vornimmt (Art. 22 FKVO). Die Verweisung nach Art. 22 FKVO betrifft solche Vorhaben, die angesichts ihres Gefährdungspotentials für den grenzüberschreitenden Wettbewerb besser von einer supranationalen Behörde geprüft werden sollten.[295] Die Kommission kann die betroffenen Mitgliedstaaten auch zu einem solchen Antrag auffordern, wenn sie der Ansicht ist, dass die Voraussetzungen für eine derartige Verweisung vorliegen (Art. 22 Abs. 5 FKVO). Sie kann einen solchen Antrag aber nicht erzwingen.[296] Verweisungen nach Art. 22 FKVO sind in der Praxis eher selten. Zusammenschlüsse, die den Wettbewerb grenzüberschreitend beeinträchtigen, aber nicht die Aufgreifschwellen der FKVO erfüllen, müssen häufig bei mehreren nationalen Kartellbehörden angemeldet werden. Deshalb stellen oftmals die Unternehmen nach Art. 4 Abs. 5 FKVO einen Antrag auf Verweisung an die Kommission.

cc) **Verweisungen nach dem EWR-Abkommen**

152 Die vorgenannten Verweisungsmechanismen funktionieren mit gewissen Einschränkungen auch für Zusammenschlüsse mit Auswirkungen in denjenigen EFTA-Staaten, die dem EWR beigetreten sind (Norwegen, Island und Liechtenstein).

153 Für Zusammenschlüsse **mit gemeinschaftsweiter Bedeutung** können die **Unternehmen** unter den Voraussetzungen des Art. 4 Abs. 4 FKVO (siehe Rz. 147) und unter Verwendung des Formblatts RS[297] bei der Kommission eine Verweisung an einen EFTA-Staat im EWR beantragen, wenn der beeinträchtigte Markt in einem solchen EFTA-Staat liegt.[298] Liechtenstein verfügt über kein eigenes Fusionskontrollrecht, so dass praktisch nur eine Verweisung an die isländische und norwegische Wettbewerbsbehörde in Betracht kommt. Aus diesem Grund können derzeit auch nur die **EFTA-Staaten** Norwegen und

---

295) Eingehend dazu *Bechtold/Bosch/Brinker/Hirsbrunner*, Art. 22 FKVO Rz. 3 ff.
296) *Bechtold/Bosch/Brinker/Hirsbrunner*, Art. 22 FKVO Rz. 15.
297) Anhang III Durchführungs-VO 802/2004.
298) Vgl. Art. 6 Abs. 4 des Protokolls 24 zum EWR-Abkommen i. d. F. des Beschlusses des Gemeinsamen EWR-Ausschusses Nr. 78/2004 v. 8.6.2004, konsolidierte Fassung abrufbar unter http://efta.int/legal-texts/EEA/protocols-to-the-agreement.aspx (nur in englischer Sprache).

Island die Verweisung eines Zusammenschlusses an ihre Behörden beantragen, der eigentlich nach Art. 57 Abs. 2 lit. a EWR-Abkommen in die ausschließliche Zuständigkeit der Kommission fällt. Die Voraussetzungen einer solchen Verweisung entsprechen im Wesentlichen denen des Art. 9 FKVO.[299)] Wird der Zusammenschluss ganz oder teilweise an einen EFTA-Staat im EWR verwiesen, so prüft dessen Behörde den Zusammenschluss nach eigenem Recht.

Für Zusammenschlüsse **ohne gemeinschaftsweite Bedeutung** kann auf Antrag der **Unternehmen** eine Verweisung von einem EFTA-Staat im EWR an die Kommission erfolgen. Der Antrag ist unter Verwendung des Formblatts RS an die Kommission zu stellen.[300)] Voraussetzung einer Verweisung ist, dass der Zusammenschluss die Anmeldekriterien in mindestens drei EU-Mitgliedstaaten und mindestens einem zum EWR gehörenden EFTA-Staat (d. h. Norwegen und Island, da Liechtenstein kein eigenes Fusionskontrollrecht besitzt) erfüllt.[301)] Das Verweisungsverfahren entspricht dem Verfahren nach Art. 4 Abs. 5 FKVO (siehe dazu Rz. 150). Die **EFTA-Staaten** im EWR können dagegen nicht aus eigenem Recht Verweisungsanträge für solche Zusammenschlüsse an die Kommission stellen. Es steht ihnen aber frei, sich einem Antrag eines EU-Mitgliedstaats nach Art. 22 FKVO anzuschließen, wenn sich der Zusammenschluss auf den grenzüberschreitenden Handel zwischen der EU und einem oder mehreren dieser EFTA-Staaten auswirken und den Wettbewerb in den betroffenen EFTA-Staaten erheblich beeinträchtigen wird.[302)]

154

d) Verfahrensabschluss

Die Kommission schließt das Hauptprüfverfahren durch Beschluss ab (Art. 288 Abs. 4 AEUV, vormals Art. 249 Abs. 4 EG). Gibt die Kommission den Zusammenschluss frei, so gelten auch die mit seiner Durchführung unmittelbar verbundenen und für das Zusammenschlussvorhaben notwendigen **Nebenabreden** zwischen den Zusammenschlussbeteiligten als genehmigt (Art. 6 Abs. 1 lit. b Unterabs. 2, Art. 8 Abs. 1 Unterabs. 3 FKVO, siehe Rz. 120 ff.).

155

---

299) Sie ergeben sich aus Art. 6 des Protokolls 24 zum EWR-Abkommen i. d. F. des Beschlusses des Gemeinsamen EWR-Ausschusses Nr. 78/2004 v. 8.6.2004, konsolidierte Fassung abrufbar unter http://efta.int/legal-texts/EEA/protocols-to-the-agreement.aspx (nur in englischer Sprache).
300) Einzelheiten ergeben sich aus Anhang III der Durchführungs-VO 802/2004.
301) Vgl. Art. 6 Abs. 5 des Protokolls 24 zum EWR-Abkommen i. d. F. des Beschlusses des Gemeinsamen EWR-Ausschusses Nr. 78/2004 v. 8.6.2004, konsolidierte Fassung abrufbar unter http://efta.int/legal-texts/EEA/protocols-to-the-agreement.aspx (nur in englischer Sprache).
302) Vgl. Art. 6 Abs. 3 Unterabs. 2 des Protokolls 24 zum EWR-Abkommen i. d. F. des Beschlusses des Gemeinsamen EWR-Ausschusses Nr. 78/2004 v. 8.6.2004, konsolidierte Fassung abrufbar unter http://efta.int/legal-texts/EEA/protocols-to-the-agreement.aspx (nur in englischer Sprache).

156 Hat die Kommission Bedenken, ob der Zusammenschluss mit dem Gemeinsamen Markt vereinbar ist, so können die beteiligten Unternehmen **Verpflichtungen** eingehen bzw. **Zusagen** abgeben, die den Zusammenschluss modifizieren, um damit die Einleitung des Hauptprüfungsverfahrens (Art. 6 Abs. 2 Unterabs. 1 FKVO) oder die Untersagung des Zusammenschlusses (Art. 8 Abs. 2 Unterabs. 1 FKVO) abzuwenden. Da solche Zusagen darauf gerichtet sind, wettbewerbliche Bedenken gegen den Zusammenschluss auszuräumen, werden sie auch als **Abhilfemaßnahmen** bezeichnet.

157 In der Praxis hat die Freigabe von Zusammenschlüssen nach Zusagen eine große Bedeutung gewonnen.[303] Solche Zusagen können etwa auf die Veräußerung von Unternehmensteilen an Dritte,[304] die Beendigung von vertraglichen Bindungen zu Mitbewerbern[305] oder die Gewährung von Zugang zu Infrastrukturen und Schlüsseltechnologien gerichtet sein.[306] In diesem Zusammenhang ist die Veräußerungszusage die praktisch bedeutendste Zusage, zu der die Kommission die Best Practice Guidelines[307] sowie Mustertexte[308] veröffentlicht hat. Die Kommission kann die Freigabe des Zusammenschlusses unter die Bedingung bzw. Auflage der Erfüllung stellen, dass die von den am Zusammenschluss beteiligten Unternehmen gemachten Zusagen eingehalten werden (Art. 6 Abs. 2 Unterabs. 2 FKVO, Art. 8 Abs. 2 Unterabs. 2 FKVO).

e) Rechtsschutz

158 Gegen Untersagungsbeschlüsse der Kommission ist der Rechtsweg zu den europäischen Gerichten eröffnet. Für Beschwerden natürlicher und juristischer Personen gegen Fusionskontrollbeschlüsse der Kommission ist das Gericht (EuG) zuständig; Rechtsmittelinstanz ist der Gerichtshof der Europäischen Union (EuGH).[309] Die praktisch bedeutendsten Klagearten sind die Nichtigkeitsklage gemäß Art. 263 Abs. 4 AEUV (vormals Art. 230 Abs. 4 EG) und die Schadensersatzklage gemäß Art. 340 Abs. 2 AEUV (vormals Art. 288 Abs. 2 EG).

---

303) Zwischen September 1990 und März 2010 wurden 65 % der im Hauptprüfungsverfahren letztendlich für mit dem Gemeinsamen Markt vereinbar erklärten Fälle nur unter Zusagen gestattet; vgl. Statistik der Kommission, abrufbar unter http://ec.europa.eu/competition/mergers/statistics.pdf.
304) Mitteilung über Abhilfemaßnahmen, ABl. EU 2008 C 267/1, Rz. 13 f.
305) Insbesondere wenn die Bindung an Wettbewerber oder vertikale Verflechtung wettbewerbsbeschränkend wirkt; näher dazu Mitteilung über Abhilfemaßnahmen, Rz. 27.
306) Mitteilung über Abhilfemaßnahmen, Rz. 28 f.
307) Best Practice Guidelines for Divestiture Commitments, abrufbar unter http://ec.europa.eu/competition/mergers/legislation/note.pdf.
308) Solche Mustertexte gibt es für Veräußerungszusagen http://ec.europa.eu/competition/mergers/legislation/commitments.pdf und für Treuhändermandate http://ec.europa.eu/competition/mergers/legislation/trustee_mandates.pdf.
309) Vgl. Art. 256 AEUV (vormals Art. 225 EG).

Eine Nichtigkeitsklage gemäß Art. 263 Abs. 4 AEUV kann zunächst von den **Anmeldern** als unmittelbar und individuell betroffene Adressaten des Kommissionsbeschlusses erhoben werden. Das EuG kann einen Fusionskontrollbeschluss ganz oder teilweise für nichtig erklären, selbst wenn das Zusammenschlussvorhaben inzwischen aufgegeben wurde.[310] Die Frist zur Einreichung der Nichtigkeitsklage beträgt nach Art. 263 Abs. 6 AEUV grundsätzlich zwei Monate. Die Kommission verfügt über einen weiten Beurteilungsspielraum hinsichtlich der ökonomischen Beurteilung der Wirkungen des Zusammenschlusses auf den Wettbewerb.[311] Deshalb werden Rügen der Anmelder, die sich auf eine Verletzung materiell-rechtlicher Beurteilungsmaßstäbe stützen, praktisch kaum durchgreifen. Eine Aufhebung der Entscheidung wegen der Verletzung von Verfahrensrechten der am Zusammenschluss beteiligten Unternehmen oder von Nachweisanforderungen ist dagegen etwas leichter zu erreichen, wenngleich die europäischen Gerichte bislang nur ganz wenige Fusionskontrollentscheidungen der Kommission in der Sache aufgehoben haben.

159

Neben der Nichtigkeitsklage kommt eine **Schadensersatzklage der Anmelder** gegen die Union in Betracht. Ein Anspruch auf Schadensersatz gemäß Art. 340 Abs. 2 AEUV setzt voraus, dass die Kommission bei der Prüfung des Zusammenschlusses rechtswidrig gehandelt hat und den Klägern hierdurch kausal ein Schaden entstanden ist.[312] Der Beschluss ist rechtswidrig zustande gekommen, wenn die Kommission in hinreichend qualifizierter Weise gegen eine Rechtsnorm verstoßen hat, mit der dem Einzelnen Rechte verliehen werden sollen. Hinreichend qualifiziert ist ein Verstoß gegen EU-Recht, wenn etwa die Kommission die Grenzen, die ihrem Ermessen gesetzt sind, offenkundig und erheblich überschritten hat.[313] Die Rechtsprechung stellt sehr hohe Voraussetzungen an das Vorliegen eines hinreichend qualifizierten Verstoßes, um die Arbeit der Kommission nicht durch ein übergroßes Risiko von Schadensersatzklagen zu hemmen.[314] Bislang ist daher erst in einem Fall Schadensersatz in

160

---

310) EuG, Rs. T-310/00, *MCI/Kommission*, Slg. 2004, II-3253 Rz. 44 ff.; EuG, Rs. T-102/96, *Gencor/Kommission*, Slg. 1999, II-753 Rz. 41 ff.
311) Vgl. nur EuGH, verb. Rs. C-68/94 und C-30/95, *Frankreich/Kommission*, Slg. 1998, I-1375 Rz. 223 f.; EuG, T-342/00, Slg. 2003, II-1161 Rz. 101. In jüngerer Zeit ist jedoch eine leichte Tendenz zur Erhöhung der Kontrolldichte der Gerichte zu beobachten; vgl. EuG, Rs. T-342/99, *Airtours/Kommission*, Slg. 2002, II-2585 Rz. 84 ff.; ferner dazu *Immenga/Körber* in: Immenga/Mestmäcker, Art. 16 FKVO Rz. 71 ff.
312) Allg. zu den richterrechtlich entwickelten Vorraussetzungen der außervertraglichen Haftung der Union für rechtswidriges Handeln ihrer Organe *Gellermann* in: Rengeling/Middeke/Gellermann, § 9 Rz. 30 ff.; *Wurmnest*, Grundzüge, S. 18 ff.
313) Vgl. nur EuGH, Rs. C-282/05 P, *Holcim/Kommission*, Slg. 2007, I-2941 Rz. 47; EuGH, Rs. C-440/07, *Kommission/Schneider*, bisher nicht in amtl. Slg. veröffentlicht, Rz. 160.
314) Deutlich EuG, Rs. T-212/03, *My Travel/Kommission*, bisher nicht in amtl. Slg. veröffentlicht, Rz. 42.

Zusammenhang mit einer Fusionskontrollentscheidung zugesprochen worden.[315)]

161 Von einer Untersagungs- oder Freigabeentscheidung **betroffene Dritte** können unter Umständen ebenfalls eine **Nichtigkeitsklage** gemäß Art. 263 Abs. 4 AEUV erheben. Voraussetzung ist, dass sie wegen besonderer persönlicher Eigenschaften oder Umstände in ähnlicher Weise wie einer der Anmelder vom Beschluss der Kommission unmittelbar und individuell betroffen sind.[316)] In Frage kommen insoweit vor allem das Zielunternehmen, die am Verwaltungsverfahren beteiligten Personen und Unternehmen[317)] oder potentiell durch einen freigegebenen Zusammenschluss in ihrer Marktstellung beeinträchtigte Unternehmen.[318)]

III. Kartellverbot

1. Grundlagen

162 Art. 101 Abs. 1 AEUV (vormals Art. 81 EG) verbietet wettbewerbsbeschränkende Vereinbarungen zwischen Unternehmen, Beschlüsse von Unternehmensvereinigungen und aufeinander abgestimmte Verhaltensweisen, die den zwischenstaatlichen Handel im Binnenmarkt beeinträchtigen. Eine Vereinbarung über einen Unternehmenskauf, aber auch Absprachen in Zusammenhang mit diesem, können Vereinbarungen i. S. v. Art. 101 Abs. 1 AEUV darstellen. Art. 21 Abs. 1 FKVO stellt allerdings klar, dass Zusammenschlüsse nach Art. 3 FKVO allein nach den Vorschriften zur Fusionskontrolle zu beurteilen sind. Hierdurch soll eine Doppelkontrolle sämtlicher Zusammenschlussvorhaben nach den Fusionskontrollregeln und dem Kartellverbot vermieden werden. Da der EuGH in einigen Entscheidungen, die vor dem Erlass der FKVO ergangen waren, bestimmte Formen von Zusammenschlüssen als Verstoß gegen das europäische Kartellverbot eingeordnet hatte[319)] und das Sekundärrecht das Primärrecht nicht abzuändern vermag[320)], setzt Art. 21 Abs. 1 FKVO die Durchführungsverordnungen außer Kraft, auf deren Grundlage die EU-Wettbewerbs-

---

315) EuGH, Rs. C-440/07, *Schneider/Kommission*, bisher nicht in amtl. Slg. veröffentlicht.
316) Ständige Rechtsprechung seit EuGH, Rs. 25/62, *Plaumann/Kommission*, Slg. 1963, 211, 238.
317) EuG, Rs. T-114/02, *BaByliss/Kommission*, Slg. 2003, II-1279 Rz. 91 ff.
318) EuGH, verb. Rs. C-68/94 und C-30/95, *Frankreich/Kommission*, Slg. 1998, I-1375 Rz. 56; EuG, Rs. T-374/00, *Verband der freien Rohrwerke/Kommission*, Slg. 2003, II-2275 Rz. 50 f.
319) Vgl. EuGH, Rs. 142 und 156/84, *BAT und Reynolds/Kommission*, Slg. 1987, 4566 Rz. 37. Zusammenschlüsse können auch gegen Art. 102 AEUV verstoßen; vgl. EuGH, Rs. 6/72, *Europemballage Corporation und Continental Can/Kommission*, Slg. 1973, 215 Rz. 25.
320) Dies ist allgemein anerkannt; vgl. nur *Mestmäcker/Schweitzer*, § 23 Rz. 13.

C. Europäisches Kartellrecht

regeln angewendet werden, darunter die VO 1/2003.[321] Auf diese Weise ist die Anwendung von Art. 101 AEUV auf Zusammenschlüsse i. S. v. Art. 3 FKVO praktisch ausgeschlossen.[322]

Eigenständige Bedeutung hat das Kartellverbot deshalb vor allem bei der Beurteilung von **Teilfunktions-GU** und **zusätzlichen Nebenabreden**, d. h. Absprachen im Zusammenhang mit dem Unternehmenskauf oder der Gründung eines Gemeinschaftsunternehmens, die nicht unmittelbar mit der Durchführung der gesellschaftsrechtlichen Transaktion verbunden und für diese notwendig sind. Für die Beurteilung solcher Vereinbarungen gibt es **kein zentralisiertes Genehmigungsverfahren**. Grundsätzlich müssen die Unternehmen daher im Wege der **Selbsteinschätzung** prüfen, ob die betreffende Vereinbarung kartellrechtskonform ist. 163

2. Internationaler Anwendungsbereich

a) Verhältnis zu Drittstaaten

Die Unionsverträge enthalten keine geschriebene Kollisionsnorm, die die Anwendbarkeit des Kartellverbots im Verhältnis zu Drittstaaten regelt. Auch die Kollisionsnormen des Internationalen Privatrechts europäischer Provenienz, die in den Verordnungen Rom I[323] und Rom II[324] niedergelegt sind, können als Sekundärrecht nicht den internationalen Anwendungsbereich des primärrechtlichen Kartellverbots bestimmen.[325] Daher ist die Frage der extraterritorialen Geltung der in den Unionsverträgen niedergelegten Wettbewerbsregeln nach den allgemeinen Grundsätzen unter Rückgriff auf die Zielsetzungen des Wettbewerbsrechts zu lösen. 164

Art. 101 Abs. 1 AEUV richtet sich gegen Wettbewerbsbeschränkungen durch Verhaltenskoordinierung, die geeignet sind, den „Handel zwischen den Mitgliedstaaten" zu beeinträchtigen. Diese **Zwischenstaatlichkeitsklausel** hat auch 165

---

321) Verordnung Nr. 1/2003 des Rates v. 16.12.2002 zur Durchführung der in den Artikeln 81 und 82 des Vertrages niedergelegten Wettbewerbsregeln, ABl. EG 2003 L 1/1; zuletzt geändert durch Verordnung Nr. 1419/2006, ABl. EU 2006 L 269/1.
322) Zu der theoretisch möglichen Anwendung der EU-Wettbewerbsregeln über Art. 105 AEUV (vormals Art. 85 EG) vgl. *Immenga/Körber* in: Immenga/Mestmäcker, Einl. FKVO Rz. 50 ff.
323) Verordnung Nr. 593/2008 des Europäischen Parlaments und des Rates v. 17.6.2008 über das auf vertragliche Schuldverhältnisse anzuwendende Recht (Rom I), ABl. EU 2008 L 177/6.
324) Verordnung Nr. 864/2007 des Europäischen Parlaments und des Rates v. 11.7.2007 über das auf außervertragliche Schuldverhältnisse anzuwendende Recht (Rom II), ABl. EU 2007 L 199/40.
325) Vgl. nur *Rehbinder* in: Immenga/Mestmäcker, IntWbR A Rz. 67 (zum Römischen Schuldvertragsrechtsübereinkommen, das durch die Rom I-VO abgelöst wurde); s. ferner *Mankowski*, RIW 2008, 177, 180; *Wurmnest* in: jurisPK-BGB, Art. 6 Rom II-VO Rz. 13 (beide in Bezug auf die Rom II-VO).

kollisionsrechtliche Bedeutung für die Anwendung des Kartellverbots im Verhältnis zu Drittstaaten: Ist eine Absprache nicht zur Beeinträchtigung des Handels zwischen mindestens zwei Mitgliedstaaten geeignet, sondern beschränkt sie ausschließlich die Wettbewerbsverhältnisse innerhalb eines Mitgliedstaats oder in Drittstaaten, so findet das EU-Kartellverbot keine Anwendung.[326]

166 Weiterhin verbietet Art. 101 Abs. 1 AEUV lediglich Beschränkungen des „Wettbewerbs im Binnenmarkt". Hieraus kann gefolgert werden, dass es unerheblich sein muss, in welchem Land die Wettbewerbsbeschränkung hervorgerufen wurde oder in welchem Staat die an ihr beteiligten Parteien ansässig sind. Zudem soll das Kartellverbot seinem Sinn und Zweck nach den Wettbewerb auf dem Binnenmarkt umfassend vor Verfälschungen schützen. Deshalb ist das EU-Kartellverbot im Verhältnis zu Drittstaaten anzuwenden, wenn sich das wettbewerbsschädliche Verhalten auf den Binnenmarkt auswirkt. Die Kommission hat daher in Fällen, in denen der Tatbestand des Art. 101 AEUV durch Handlungen außerhalb der Union bzw. von Unternehmen mit Sitz in Drittstaaten verwirklicht wurde, unter Zugrundelegung des **qualifizierten Auswirkungsprinzips** (siehe dazu Rz. 33) die Anwendung des Unionsrechts bejaht, wenn die wettbewerbsbeschränkende Koordinierung unmittelbare und spürbare Wirkungen auf dem Gebiet des Binnenmarktes entfalten kann.[327]

167 Anders als i. R. d. Zusammenschlusskontrolle (siehe Rz. 33) steht eine richterliche Anerkennung des Auswirkungsprinzips in Bezug auf die Anwendung von Art. 101 AEUV allerdings noch aus. Der EuGH hat es bislang vermieden, sich auf das Auswirkungsprinzip festzulegen. Dessen ältere Rechtsprechung zur Anwendbarkeit des Kartellverbots auf Sachverhalte mit Auslandsbezug stützt sich vielmehr auf das **Durchführungsprinzip**[328], welches mit einem weit verstandenen Prinzip der „wirtschaftlichen Einheit" zwischen der extraterritorialen Muttergesellschaft und in der Union ansässigen Tochtergesellschaften verbunden wird.[329] Die Anknüpfung an den Ort der Durchführung der Wettbewerbsbeschränkung kann sich vom Auswirkungskriterium darin unterscheiden, dass die

---

326) EuGH, Rs. 174/84, *Bulk Oil/Sun International*, Slg. 1986, 559 Rz. 44; dazu *Wagner-v. Papp* in: Tietje, § 11 Rz. 23. Kann eine Auswirkung auf den zwischenstaatlichen Handel der EU-Mitgliedstaaten nicht nachgewiesen werden, so bleibt zu prüfen, ob das nationale Wettbewerbsrecht des Auswirkungsstaats nach seinen eigenen Regeln anwendbar ist.

327) KomE, IV/26.870, *Aluminiumeinfuhren aus Osteuropa*, ABl. EG 1985 L 92/1, Rz. 12 ff.; KomE, IV/34.250, *Europe Asia Trades Agreement*, ABl. EG 1999 L 193/23, Rz. 157 ff.; KomE, Comp/E-1/37.512, *Vitamine*, ABl. EG 2003 L 6/1, Rz. 596 ff.

328) EuGH, verb. Rs. 89, 104, 114, 116, 117 und 125-129/85, *Ahlström u. a./Kommission*, Slg. 1988, I-5193 Rz. 25; EuGH, Rs. 52/69, *Geigy/Kommission*, Slg. 1972, 787 Rz. 42 und 51.

329) EuGH, Rs. 48/69, *ICI/Kommission*, Slg. 1972, 619 Rz. 125 ff.

Durchführung stärker auf aktives und direkt wirkendes Verhalten abzielt.³³⁰⁾ In der praktischen Rechtsanwendung kommen sich das Auswirkungsprinzip und das vom EuGH weit ausgelegte Durchführungsprinzip jedoch sehr nahe. Vor dem Hintergrund, dass sich das Auswirkungsprinzip seit Langem weltweit auf dem Vormarsch befindet,³³¹⁾ steht zu erwarten, dass der EuGH sich in künftigen Entscheidungen noch stärker an den Auswirkungsgrundsatz annähern wird.

In der Praxis wendet die Kommission Art. 101 AEUV auf **horizontale Absprachen** mit Auslandsbezug an, wenn diese den Markt der Gemeinschaft regeln. Bei Teilfunktions-GU ist dies etwa dann der Fall, wenn sie auf dem Binnenmarkt tätig werden sollen. Bei Absprachen über Wettbewerbsverbote besteht ein hinreichender Bezug zum Binnenmarkt, wenn der Zugang von Unternehmen zum Binnenmarkt beschränkt wird. Bei wettbewerbsbeschränkenden **Absprachen im Vertikalverhältnis** (Alleinvertriebsverträge, Alleinbezugsverträge, selektiver Vertrieb), die keine notwendigen Nebenabreden darstellen, wird ein relevanter Bezug zum Binnenmarkt dann angenommen, wenn der Vertrag den Zugang dritter Unternehmen zum Gemeinsamen Markt spürbar beeinträchtigt.³³²⁾ Bei Lizenzverträgen ist darauf abzustellen, ob dem Lizenznehmer Beschränkungen für den Binnenmarkt auferlegt werden.³³³⁾

168

b) Verhältnis zum nationalen Recht der Mitgliedstaaten

Im **Binnenbereich** hat die EU die Anwendung der nationalen Kartellverbote dahingehend beschränkt, dass zwischenstaatlich relevante Absprachen nicht strengeren Regeln unterworfen sein dürfen, als sie in Art. 101 AEUV vorgesehen sind (Art. 3 Abs. 2 VO 1/2003).

169

3. Die Anwendbarkeit von Art. 101 AEUV auf Gemeinschaftsunternehmen

a) Grundlagen

Gemeinschaftsunternehmen, die unter der gemeinsamen Kontrolle von mindestens zwei anderen Unternehmen stehen, können als Organisationsform zwischen Zusammenschluss und Kartell nicht nur der marktstrukturbezogenen Zusammenschlusskontrolle, sondern auch dem verhaltensbezogenen Kartell-

170

---

330) Eingehend dazu *Basedow*, S. 8 f.; *Mestmäcker/Schweitzer*, § 6 Rz. 40 ff.; *Wagner-von Papp* in: Tietje, § 11 Rz. 28 ff. Bisweilen wird die Rechtsprechung des EuGH als verklausuliertes Auswirkungsprinzip verstanden; vgl. nur *Martinek*, IPRax 1989, 347, 350 ff.; ähnlich *Schwarze*, WuW 2001, 1190, 1195; *Beck*, RIW 1990, 91, 92; *Schödermeier*, WuW 1989, 21, 22 ff.
331) Vgl. nur den Überblick bei *Schwartz/Basedow* in: Lipstein, Chapter 35 Rz. 8 ff.; *Terhechte* in: Terhechte, Rz. 90.67.
332) Vgl. nur KomE, IV/30.739, *Siemens/Fanuc*, ABl. EG 1985 L 376/29, Rz. 24 ff.
333) Vgl. nur KomE, IV/21.353, *Kabelmetal/Luchaire*, ABl. EG 1975 L 222/34, Rz. 6 f.

verbot des Art. 101 AEUV unterstehen (siehe allgemein Rz. 123 ff.). Welcher Prüfungsmaßstab einschlägig ist, ergibt sich aus Art. 21 FKVO.

171 Auf Vorhaben mit **gemeinschaftsweiter Bedeutung** (mit denen also die Schwellenwerte des Art. 1 FKVO überschritten werden), die den **Zusammenschlusstatbestand des Art. 3 FKVO erfüllen**, findet ausschließlich die FKVO Anwendung (Art. 21 Abs. 1 und 3 FKVO).[334] Den Zusammenschlusstatbestand der FKVO erfüllen allein **Vollfunktions-GU** (siehe Rz. 59, 125). Auf solche Gemeinschaftsunternehmen ist nationales Fusionskontroll- oder Kartellrecht nicht anwendbar, soweit sie die Aufgreifschwellen der FKVO überschreiten (Art. 21 Abs. 3 FKVO).

172 Nicht unter die FKVO fallen **Vollfunktions-GU**, welche die **Aufgreifschwellen nicht erfüllen** (Ausnahme: Verweisung an die Kommission, siehe Rz. 149 ff.). Sofern solche Gemeinschaftsunternehmen ohne gemeinschaftsweite Bedeutung keine Koordinierung des Wettbewerbsverhaltens unabhängig bleibender Unternehmen bezwecken oder bewirken, sind sie auch nicht am Maßstab des Art. 101 AEUV zu messen.[335] Lediglich bei Vollfunktions-GU mit koordinierten Effekten bleibt eine Überprüfung an Art. 101 AEUV möglich (Art. 21 Abs. 1 FKVO a. E.). In der Praxis überlässt die Kommission die Beurteilung von solchen Gemeinschaftsunternehmen jedoch den nationalen Behörden.[336] In einer Protokollerklärung zur Anwendung der FKVO i. d. F. von 1997 hat die Kommission festgehalten, dass sie von ihrer Prüfungskompetenz nach Art. 101 AEUV nur dann Gebrauch machen werde, wenn sich die Gründung eines GU erheblich auf den zwischenstaatlichen Handel auswirke und ein Gruppen- oder Spill-over-Effekt zu beurteilen sei.[337] Diese Protokollnotiz gilt fort. Neben dem EU-Kartellverbot kann auf solche Zusammenschlüsse auch nationales Recht Anwendung finden.

173 Auch **Teilfunktions-GU** fallen nicht unter die FKVO. Sie sind keine Zusammenschlüsse gemäß Art. 3 Abs. 4 FKVO und daher allein am Maßstab des Art. 101 AEUV zu messen. Daneben beurteilen sich solche Gemeinschaftsunternehmen nach nationalem Recht.

174 Die Grundzüge der materiell-rechtlichen Beurteilung kooperativer Wirkungen von **Vollfunktions-GU** nach Art. 2 Abs. 4 und Abs. 5 FKVO i. V. m. Art. 101

---

334) Werden die Schwellenwerte des Art. 1 FKVO nicht erfüllt, kann das Vorhaben nach nationalem Recht der Mitgliedstaaten zu prüfen sein.
335) Zu einer in diesem Zusammenhang theoretisch denkbaren Anwendung von Art. 101 AEUV auf Grundlage von Art. 104 und 105 AEUV s. *Immenga/Körber* in: Immenga/Mestmäcker, Art. 3 FKVO Rz. 142; *Henschen* in: Schulte, Rz. 1787.
336) Näher dazu *Henschen* in: Schulte, Rz. 1790; *Baron* in: Langen/Bunte, Art. 21 FKVO Rz. 5 f.
337) Nr. 4 des Protokolls v. 20.6.1997, abgedruckt in: *Europäische Kommission*, Die Fusionskontrolle in der Europäischen Union (Stand: März 1998), S. 65, 67.

AEUV wurden bereits dargestellt (siehe Rz. 127 ff.). Der nachfolgende Überblick konzentriert sich daher auf die Anwendung des Kartellverbots auf Teilfunktions-GU.

b) Teilfunktions-GU
aa) Der Tatbestand des Kartellverbots

Für Teilfunktions-GU gelten die allgemeinen Regeln des Kartellverbots. Mit 175 dem Binnenmarkt unvereinbar und verboten sind alle Vereinbarungen zwischen Unternehmen, Beschlüsse von Unternehmensvereinigungen und aufeinander abgestimmte Verhaltensweisen, welche den Handel zwischen Mitgliedstaaten zu beeinträchtigen geeignet sind und eine Verhinderung, Einschränkung oder Verfälschung des Wettbewerbs innerhalb des Binnenmarkts bezwecken oder bewirken (Art. 101 Abs. 1 AEUV).

In einer Vielzahl von Fällen kann bereits durch eine **Analyse der Marktanteile** 176 die Anwendbarkeit des Kartellverbots auf Teilfunktions-GU ausgeschlossen werden. Überschreitet etwa der kumulierte Marktanteil der Gründer des Gemeinschaftsunternehmens auf keinem der betroffenen Märkte mehr als 10 %, so fehlt es im Regelfall an der Spürbarkeit der Wettbewerbsbeschränkung.[338] Ferner sehen Gruppenfreistellungsverordnungen oftmals sichere Häfen für Absprachen von Unternehmen vor, deren kumulierte Marktanteile bestimmte Marktanteilsschwellen nicht überschreiten (siehe dazu Rz. 181).

In allen anderen Fällen bedarf es einer genaueren Untersuchung, ob ein Ge- 177 meinschaftsunternehmen den Wettbewerb auf dem Binnenmarkt gemäß Art. 101 Abs. 1 AEUV beschränkt.[339] Bei dieser Analyse sind sowohl der wirtschaftliche und rechtliche Kontext zu berücksichtigen, in dem die Gründerunternehmen tätig sind, als auch der konkrete Rahmen, in dem das Gemeinschaftsunternehmen seine Wirkung entfaltet.[340] Im Ausgangspunkt gilt der Grundsatz, dass der Wettbewerb zwischen den Gründern des Gemeinschaftsunternehmens durch eine Zusammenarbeit im gemeinschaftlich betriebenen Unternehmensteil im Regelfall nur dann verfälscht werden kann, wenn diese **aktuelle** oder **potentielle Wettbewerber** auf dem Markt des Gemeinschaftsunternehmens sind.[341] Aktueller Wettbewerb besteht dann, wenn die Gründer in

---

[338] Bekanntmachung der Kommission über Vereinbarungen von geringer Bedeutung, die den Wettbewerb gemäß Artikel 81 Absatz 1 des Vertrags zur Gründung der Europäischen Gemeinschaft nicht spürbar beschränken (de minimis), ABl. EG 2001 C 368/13, Rz. 7 (sog. Bagatellbekanntmachung).
[339] Eingehend dazu *Zimmer* in: Immenga/Mestmäcker, Art. 81 Abs. 1 EG Rz. 404 ff.
[340] EuGH, Rs. C-399/93, *Oude Luttikhuis/Vereinigde Coöperatieve Melkindustrie Coberco*, Slg. 1995, I-4515 Rz. 10; EuG, verb. Rs. T-374/94, T-375/94, T-384/94 und T-388/94, *European Night Services/Kommission*, Slg. 1998, II-3141 Rz. 136.
[341] Leitlinien zur Anwendbarkeit von Artikel 81 EG auf Vereinbarungen über horizontale Zusammenarbeit, ABl. EG 2001 C 3/2, Rz. 24.

§ 11 Kartellrecht

einem direkten Konkurrenzverhältnis zueinander stehen. Das Vorliegen eines potentiellen Wettbewerbsverhältnisses richtet sich in erster Linie danach, inwieweit die einzelnen Gründer in der Lage wären, die Aufgaben des Gemeinschaftsunternehmens eigenständig zu erfüllen.[342]

178 Neben einem hinreichend konkreten Wettbewerbsverhältnis zwischen den Gründern des Gemeinschaftsunternehmens setzt ein Verstoß gegen Art. 101 AEUV weiter voraus, dass das Gemeinschaftsunternehmen die **Position Dritter**, vor allem auf der **vor- und nachgelagerten Marktstufe**, erheblich beeinträchtigt. Eine solche Beeinträchtigung kann angenommen werden, wenn durch die Zusammenarbeit Marktzutrittsschranken errichtet, der Wettbewerbsdruck beeinträchtigt oder die Preise für die betreffenden Produkte oder Dienstleistungen erhöht werden.[343] Dabei ist auch zu prüfen, ob nachteilige Effekte daraus resultieren, dass das konkrete Gemeinschaftsunternehmen Teil eines ganzen Bündels von Gemeinschaftsunternehmen ist, das eine mehrfache Verflechtung von Gründerunternehmen bewirkt (sog. **Netzeffekte**).[344] Auch **Gruppen- oder Spill-over-Effekte**, d. h. kooperative Wirkungen, die sich auf benachbarte Märkte auswirken, können bei der Bewertung eine Rolle spielen.[345]

179 Ferner hat die **Aufgabe des Teilfunktions-GU** eine Bedeutung für die Beurteilung. Gemeinschaftsunternehmen, die marktferne bzw. wettbewerbsneutrale Aufgaben übernehmen (Forschung und Entwicklung, Marktforschung, gemeinsame Betriebs- oder Steuerberatungsstellen), sind eher mit Art. 101 Abs. 1 AEUV zu vereinbaren als Teilfunktions-GU, die in marktnahen Bereichen (Produktion, Einkauf, Vertrieb) tätig sind.[346] Vor diesem Hintergrund werden etwa Verkaufs-Gemeinschaftsunternehmen, Einkaufs-Gemeinschaftsunternehmen mit Bezugszwang und Produktions-Gemeinschaftsunternehmen konkurrierender Hersteller, die die Produkte ebenfalls herstellen könnten, regelmäßig von Art. 101 Abs. 1 AEUV erfasst.[347]

---

342) Vgl. nur KomE, IV/33.640, *Exxon/Shell*, ABl. EG 1994 L 144/20, Rz. 53 ff.; KomE, IV.34.252, *Philips/Osram*, ABl. EG 1994 L 378/37, Rz. 16.
343) Vgl. nur *Zimmer* in: Immenga/Mestmäcker, Art. 81 Abs. 1 EG Rz. 405 (mit umfassenden Nachweisen der Kommissionspraxis).
344) EuG, verb. Rs. T-374/94, T-375/94, T-384/94 und T-388/94, *European Night Services/Kommission*, Slg. 1998, II-3141 Rz. 155 ff.
345) Vgl. nur *Zimmer* in: Immenga/Mestmäcker, Art. 81 Abs. 1 EG Rz. 414 f. (mit umfassenden Nachweisen der Kommissionspraxis).
346) *Zimmer* in: Immenga/Mestmäcker, Art. 81 Abs. 1 EG Rz. 409 f. (mit umfassenden Nachweisen der Kommissionspraxis).
347) *Sedemund* in: Hölters, Teil VI Rz. 312 (mit umfassenden Nachweisen der Kommissionspraxis).

bb) Die Möglichkeit der Freistellung

Ergibt die soeben skizzierte Prüfung, dass eine spürbare Wettbewerbsbeschränkung gemäß Art. 101 Abs. 1 AEUV vorliegt, so bedeutet dies nicht, dass die Vereinbarung unzulässig ist. Dies ist nur dann der Fall, wenn keine Freistellung des Gemeinschaftsunternehmens oder einzelner Absprachen i. R. d. Zusammenarbeit gemäß Art. 101 Abs. 3 AEUV möglich ist. Der Prüfung der Freistellungsmöglichkeit kommt bei Teilfunktions-GU große Bedeutung zu. 180

Eine solche Freistellung kann sich zunächst aus einer **Gruppenfreistellungsverordnung** ergeben. Für den Bereich der **Forschung und Entwicklung** sind etwa Teilfunktions-GU von Wettbewerbern nach der sog. **FuE-GVO** freigestellt, sofern deren kumulierte Marktanteile nicht 25 % überschreiten.[348] Die Freistellung nach der FuE-GVO, die in ihrer bisherigen Fassung noch bis zum 31.12.2010 gilt (für deren Regelungen der Entwurf der Nachfolgeverordnung aber gewisse Übergangsfristen bis zum 31.12.2011 vorsieht)[349] erstreckt sich nicht nur auf gemeinsame Forschungstätigkeiten, sondern auch auf bestimmte Absprachen zur gemeinsamen Verwertung der gefundenen Ergebnisse (z. B. über die Herstellung und den Vertrieb der entwickelten Produkte oder die Abtretung von Rechten an geistigem Eigentum),[350] sofern diese keine Kernbeschränkungen darstellen (z. B. Preisabsprachen, Marktaufteilungen).[351] Ferner sieht die ebenfalls am 31.12.2010 auslaufende GVO für **Spezialisierungsvereinbarungen** (für deren Regelungen ebenfalls ein gewisser Übergangs-Zeitraum bis Ende 2011 geplant ist) eine Freistellung für die gemeinsame Herstellung von Waren oder Dienstleistungen in Form eines Zwischen- oder Endprodukts vor, die für Wettbewerber mit einem kumulierten Marktanteil bis zu 20 % gilt.[352] Bei solchen Vereinbarungen ist sogar ein ausschließlicher Vertrieb der gemeinsamen Produkte möglich.[353] Schließlich können einzelne Abspra- 181

---

348) Art. 1 Abs. 1 i. V. m. Art. 4 Abs. 2 Verordnung Nr. 2659/2000 der Kommission v. 29.11.2000 über die Anwendung von Art. 81 Abs. 3 des Vertrages auf Gruppen von Vereinbarungen über Forschung und Entwicklung, ABl. EG 2000 L 304/7 (folgend FuE-GVO); berichtigt in ABl. EU 2004 L 127/158.

349) Es steht zu erwarten, dass nach Auslaufen der FuE-GVO aus dem Jahre 2000 eine neue FuE-Gruppenfreistellungsverordnung geschaffen wird. Die Arbeiten an einer solchen Verordnung laufen bereits. Ein von der Kommission erarbeiteter Vorentwurf ist abrufbar unter http://ec.europa.eu/competition/consultations/2010_horizontals.

350) Vgl. Art. 2 Nr. 8 FuE-GVO.

351) Vgl. Art. 5 FuE-GVO.

352) Vgl. Art. 1 Abs. 1 i. V. m. Art. 4 Verordnung Nr. 2658/2000 der Kommission v. 29.11.2000 über die Anwendung von Art. 81 Abs. 3 des Vertrages auf Gruppen von Spezialisierungsvereinbarungen, ABl. EG 2000 L 304/3 (folgend Spezialisierungs-GVO). Es steht zu erwarten, dass nach dem Auslaufen der Spezialisierungs-GVO eine neue Gruppenfreistellungsverordnung für Spezialisierungsvereinbarungen erlassen wird. Die Arbeiten an einer solchen Verordnung laufen bereits. Ein Vorentwurf der Kommission ist abrufbar unter http://ec.europa.eu/competition/consultations/2010_horizontals.

353) Vgl. Art. 3 Spezialisierungs-GVO.

§ 11 Kartellrecht

chen innerhalb der Zusammenarbeit i. R. d. Teilfunktions-GU nach der Vertikal-GVO[354)] oder der Technologie-Transfer-GVO[355)] freigestellt sein.

182 Ist das Teilfunktions-GU nicht durch eine Gruppenfreistellungsverordnung erfasst, so ist zu prüfen, ob eine **Einzelfreistellung** möglich ist. Voraussetzung hierfür ist, dass die in Art. 101 Abs. 3 AEUV genannten Voraussetzungen erfüllt sind.

183 Die ersten beiden Voraussetzungen des Art. 101 Abs. 3 AEUV bestimmen, dass das Gemeinschaftsunternehmen zum einen zur **Verbesserung der Warenerzeugung** oder -verteilung oder zur Förderung des technischen oder wirtschaftlichen Fortschritts beitragen muss und zum anderen die **Verbraucher** an diesen Vorteilen **angemessen beteiligt** werden. Solche Vorteile können nach Ansicht der Kommission insbesondere aus der Entwicklung neuer oder besserer Verfahren oder Produkte resultieren oder aus deren Einführung auf dem Markt, sei es durch die Erfinder selbst oder durch lizensierte Dritte.[356)] Absprachen, deren wesentlicher Zweck darin besteht, gegenwärtiges oder künftiges Wettbewerbsverhalten auszuschließen, etwa durch Absprachen über Preise oder die Beschränkung der Produktion, sind dagegen grundsätzlich nicht freistellungsfähig.[357)]

184 Als dritte Voraussetzung dürfen den Gründern bzw. dem Gemeinschaftsunternehmen keine **Beschränkungen** auferlegt werden, die für die Verwirklichung dieser Ziele **unerlässlich** sind. Diesbezüglich gilt es zu prüfen, ob die Zusammenarbeit nicht mit weniger wettbewerbsbeschränkenden Mitteln durchgeführt werden kann, z. B. durch eine zeitlich kürzere Zusammenarbeit, eine weniger strenge Kontrolle oder die Reduzierung der Zusammenarbeit auf einzelne Teilfunktionen.[358)]

185 Als vierte Voraussetzung normiert Art. 101 Abs. 3 AEUV, dass die beteiligten Unternehmen durch die Verhaltenskoordination nicht die Möglichkeit erhalten, den **Wettbewerb für einen wesentlichen Teil** der Waren auszuschalten. Diese Voraussetzung beurteilt sich in erster Linie nach der Höhe des Marktan-

---

354) Verordnung Nr. 330/2010 der Kommission v. 20.4.2010 über die Anwendung von Art. 101 Abs. 3 des Vertrags über die Arbeitsweise der Europäischen Union auf Gruppen von vertikalen Vereinbarungen und abgestimmten Verhaltensweisen, ABl. EU 2010 L 102/1.
355) Verordnung Nr. 772/2004 der Kommission v. 27.4.2004 über die Anwendung von Art. 81 Abs. 3 EG-Vertrag auf Gruppen von Technologietransfer-Vereinbarungen, ABl. EU 2004 L 123/11; berichtigt in ABl. EU 2004 L 127/158.
356) Vgl. nur KomE, IV/36.213/F2, *GEAE/P&W*, ABl. EG 2000 L 58/16, Rz. 79 ff.
357) *Sedemund* in: Hölters, Teil VI Rz. 322.
358) *Zimmer* in: Immenga/Mestmäcker, Art. 81 Abs. 1 EG Rz. 419 (mit umfassenden Nachweisen der Kommissionspraxis).

teils der Gründerunternehmen im Verhältnis zu den Marktanteilen ihrer Wettbewerber sowie der Strukturierung der Marktgegenseite.[359]

c) Nebenabreden

Auch für Teilfunktions-GU gilt in der Praxis eine Sonderbehandlung von akzessorischen Nebenabreden (siehe allgemein dazu Rz. 120 ff.). Solche Abreden teilen das Schicksal des Gemeinschaftsunternehmens und werden deshalb nicht getrennt anhand von Art. 101 Abs. 1 AEUV geprüft. Sofern solche wettbewerbsbeschränkenden Abreden mit dem Betrieb des Gemeinschaftsunternehmens unmittelbar verbunden und für dessen Durchführung notwendig sind, gelten diese automatisch als mitfreigestellt.[360] Etwas anderes gilt für zusätzliche Nebenabreden, die für die Durchführung des GU nicht notwendig sind (etwa Wettbewerbsverbote zwischen den Gründerunternehmen). Solche Absprachen sind vollumfänglich an Art. 101 AEUV zu messen. **186**

D. Deutsches Kartellrecht

I. Überblick

Das deutsche Kartellrecht ist im GWB niedergelegt. Dieses Gesetz wurde seit seinem Inkrafttreten im Jahre 1958 mehrfach reformiert. Heute ergeben sich kartellrechtliche Schranken für internationale Unternehmenskäufe in erster Linie aus der Zusammenschlusskontrolle, die – seit der 6. GWB-Novelle von 1999 – in den §§ 35-43 GWB niedergelegt ist. Wettbewerbsbeschränkende Absprachen in Zusammenhang mit einer solchen Transaktion können ferner am Kartellverbot des § 1 GWB zu messen sein. Einen allgemeinen Vorrang der Fusionskontrollvorschriften vor dem Kartellverbot gibt es im deutschen Recht nicht. Vielmehr erfasst das Kartellverbot insbesondere auch solche Fusionen, in denen sich das Kartell der Form eines Gemeinschaftsunternehmens bedient. **187**

II. Zusammenschlusskontrolle

1. Grundlagen

a) Entwicklung des Kontrollregimes

In seiner ursprünglichen Fassung enthielt das GWB keine echte Zusammenschlusskontrolle, sondern lediglich eine Anzeigepflicht für bestimmte Fusionen, die dem Bundeskartellamt (BKartA) einen Überblick über Konzentrationsbewegungen auf dem deutschen Markt verschaffen sollte.[361] Erst mit der 2. GWB-Novelle von 1973 wurde eine präventive Zusammenschlusskontrolle **188**

---

359) *Sedemund* in: Hölters, Teil VI Rz. 321.
360) Einzelheiten bei *Zimmer* in: Immenga/Mestmäcker, Art. 81 Abs. 1 EG Rz. 420.
361) Art. 23 GWB i. d. F. von 1957, BGBl. I 1957, 1081.

eingeführt.[362)] Nachfolgende Novellen haben diese stetig verfeinert.[363)] Hinzuweisen ist nur auf die Verschärfung der Pressefusionskontrolle durch die 3. GWB-Novelle von 1976[364)] und die Änderungen des Kranzes der Strukturmerkmale beim Tatbestand der überragenden Marktstellung durch die 5. GWB-Novelle von 1989, um die Fusionskontrolle im Handelsbereich zu verbessern.[365)] Mit der 6. GWB-Novelle von 1998 wurden die Vorschriften über die Fusionskontrolle gestrafft und neu geordnet und der Tatbestand des Kontrollerwerbs aus dem EU-Recht in das deutsche Recht übernommen.[366)] Die 7. GWB-Novelle von 2005 reformierte in erster Linie das Verfahrensrecht.[367)] Eine im Gesetzgebungsverfahren diskutierte Lockerung der Pressefusionskontrolle wurde dagegen nicht verabschiedet. Zuletzt wurde mit dem sog. **Mittelstandsentlastungsgesetz** von 2009 eine zweite Inlandsumsatzschwelle in § 35 GWB verankert, um die Zahl der anmeldepflichtigen und prüfbaren Zusammenschlüsse zu senken.[368)] Damit leistet die Gesetzesänderung auch einen Beitrag zur Reduzierung von Mehrfachanmeldungen internationaler Zusammenschlüsse. Die zweite Inlandsumsatzschwelle soll vor allem gewährleisten, dass solche Zusammenschlüsse nicht länger der deutschen Fusionskontrolle unterliegen, bei denen Erwerber und/oder Zielunternehmen ausländische Unternehmen sind und nur eines der am Zusammenschluss beteiligten Unternehmen größere Umsätze auf dem deutschen Markt erzielt.

189 In der Praxis hat die Fusionskontrolle große Bedeutung. Zwischen 1990 und 2006 wurden über 25.000 Zusammenschlüsse beim BKartA angemeldet.[369)] In jüngerer Zeit schwanken die Anmeldezahlen zwischen 1500 und 2200 Anmeldungen pro Jahr.[370)] Seit Beginn der Fusionskontrolltätigkeit des BKartA im Jahr 1973 sind insgesamt 175 Zusammenschlüsse untersagt worden.[371)]

---

362) Zweites Gesetz zur Änderung des Gesetzes gegen Wettbewerbsbeschränkungen, BGBl. I 1973, 917.
363) Eingehend zur Entwicklung der Fusionskontrolle *Sedemund* in: Hölters, Teil VI Rz. 3 ff.; *Kling/Thomas*, § 20 Rz. 2.
364) Drittes Gesetz zur Änderung des Gesetzes gegen Wettbewerbsbeschränkungen, BGBl. I 1976, 1697.
365) Fünftes Gesetz zur Änderung des Gesetzes gegen Wettbewerbsbeschränkungen, BGBl. I 1989, 2486.
366) Sechstes Gesetz zur Änderung des Gesetzes gegen Wettbewerbsbeschränkungen, BGBl. I 1998, 2521.
367) Neufassung des Gesetzes gegen Wettbewerbsbeschränkungen, BGBl. I 2005, 2115.
368) Art. 8 des Dritten Gesetzes zum Abbau bürokratischer Hemmnisse insbesondere in der mittelständischen Wirtschaft, BGBl. I 2009, 550 ff. Die Einführung einer doppelten Inlandsumsatzschwelle, wie sie auch das EU-Recht vorsieht, wurde seit einiger Zeit gefordert; vgl. nur *Barthelmeß/Schulz*, WuW 2003, 129 ff.; *Klocker/Ost* in: FS Bechtold, S. 229, 234 f.; *Podszun*, GRUR Int. 2008, 204, 208 je m. w. N.
369) Zahlen nach *BKartA*, TB 2005/06, BT-Drucks. 16/5710, S. 14.
370) Zahlen nach *BKartA*, TB 2007/08, BT-Drucks. 16/13500, S. 12.
371) Zahlen nach *BKartA*, TB 2007/08, BT-Drucks. 16/13500, S. 12.

D. Deutsches Kartellrecht

b) Systematik

Die Fusionskontrolle ist in den §§ 35-43 GWB geregelt: § 35 GWB bestimmt 190
den Geltungsbereich der Fusionskontrolle, § 36 GWB legt den materiellen Prüfungsmaßstab für Zusammenschlüsse fest, § 37 GWB definiert die Zusammenschlusstatbestände, §§ 38, 39 GWB bestimmen Anmelde- bzw. Anzeigeerfordernisse und § 40 regelt das Verfahren der Zusammenschlusskontrolle. § 41 GWB postuliert ein Vollzugsverbot und normiert Maßnahmen zur Auflösung eines vor Freigabe vollzogenen Zusammenschlusses. § 42 GWB regelt das Verfahren der Ministererlaubnis, die es dem Bundeswirtschaftsminister gestattet, einen Zusammenschluss trotz seiner wettbewerbsbeschränkenden Wirkungen aus gesamtwirtschaftlichen Gründen freizugeben. § 43 GWB listet auf, in welchen Fällen und in welcher Form Bekanntmachungen zu erfolgen haben. Besondere Fusionskontrollregeln (§§ 35 Abs. 2 Satz 2, 38 Abs. 3 GWB und §§ 26 ff. Rundfunkstaatsvertrag) gelten für den Medienbereich (Presse- und Rundfunk). Auf diese Sonderregime wird in diesem Handbuch nicht eingegangen.[372]

Im Zusammenspiel mit dem Unionsrecht ergibt sich daraus folgende Checkliste 191
für die anwaltliche Praxis:[373]

- Zunächst ist zu untersuchen, ob das Zusammenschlussvorhaben sich spürbar in Deutschland auswirkt (§ 130 Abs. 2 GWB) und die in § 35 GWB normierten Umsatzschwellenwerte überschritten werden. Dabei ist der Anwendungsvorrang der europäischen Fusionskontrolle zu berücksichtigen. Wird ein Zusammenschluss von der FKVO erfasst, so findet die deutsche Zusammenschlusskontrolle keine Anwendung (Art. 21 Abs. 2 und 3 FKVO, § 35 Abs. 2 GWB).
- Weiterhin ist zu klären, ob die geplante Transaktion einen Zusammenschluss i. S. d. § 37 GWB darstellt.
- Beurteilt sich der Zusammenschluss nach deutschem Recht, wirkt er sich aber auch in mindestens zwei anderen EU-Staaten aus, so ist zu erwägen, ob ein Antrag auf Verweisung an die Kommission zu stellen ist, die den Zusammenschluss dann nach EU-Recht beurteilt (Art. 4 Abs. 5 FKVO). Auf diese Weise können aufwändige Mehrfachanmeldungen vermieden werden.
- Kommt eine Verweisung nicht in Betracht, so ist zu klären, ob der Zusammenschluss mit § 36 GWB vereinbar ist.
- Steht eine Untersagung des Zusammenschlusses durch das BKartA zu erwarten, so ist zu erwägen, ob ein Antrag auf eine Ministererlaubnis gemäß § 42 GWB gestellt werden soll.

Zu einzelnen Kriterien der Zusammenschlusskontrolle hat das BKartA **Mittei-** 192
lungen bzw. **Merkblätter** veröffentlicht, die als Verwaltungsgrundsätze gelten

---

372) Eingehend dazu *Mestmäcker/Veelken* in: Immenga/Mestmäcker, Vor § 35 GWB Rz. 46 ff.; *Wiring*, S. 194 ff.; s. ferner *Rösler*, WuW 2009, 1014, 1017 ff.
373) In Anlehnung an *Möschel*, S. 499; *Sedemund* in: Hölters, Teil VI Rz. 12.

und die auf der Internetseite des Amtes veröffentlicht sind.[374] Von Relevanz sind etwa

- das Merkblatt zur deutschen Fusionskontrolle,
- das Merkblatt zur Inlandsauswirkung bei der deutschen Fusionskontrolle (folgend: Merkblatt zur Inlandsauswirkung),
- die Mitteilung zur Behandlung nachträglich angemeldeter Zusammenschlüsse und
- die Bekanntmachung zu Auswirkungen der 2. Inlandsumsatzschwelle auf die Ausnahmeregelungen beim Erwerb von Immobilien.

2. Internationaler Anwendungsbereich

a) Verhältnis zur EU-Zusammenschlusskontrolle

193 Bei der Prüfung von Zusammenschlüssen, die der EU-Fusionskontrolle unterliegen, wird das deutsche Recht vollkommen verdrängt (Art. 21 Abs. 2 und 3 FKVO). Zusammenschlüsse von gemeinschaftsweiter Bedeutung (Rz. 63), die den Zusammenschlusstatbestand des Art. 3 FKVO erfüllen (Rz. 48 ff.), sind deshalb ausschließlich bei der Kommission anzumelden. Eine Zuständigkeit des BKartA für solche Zusammenschlüsse ergibt sich nur, wenn die Kommission den Fall gemäß Art. 4 Abs. 4 FKVO oder Art. 9 Abs. 3 lit. b FKVO an das Amt verweist (Rz. 146 ff.). In einem solchen Fall prüft das Amt den Zusammenschluss nach Maßgabe des deutschen Rechts. Umgekehrt kann das BKartA seine ausschließliche Zuständigkeit verlieren, obwohl eine Fusion keine gemeinschaftsweite Bedeutung hat. Dies ist dann der Fall, wenn ein Zusammenschlussvorhaben an die Kommission verwiesen wird, sei es auf Antrag des Amtes (Art. 22 FKVO) oder auf Antrag der am Zusammenschluss beteiligten Unternehmen (Art. 4 Abs. 5 FKVO), dem das BKartA zustimmt (Rz. 149 ff.). In einem solchen Fall beurteilt die Kommission den Zusammenschluss nach den Regelungen der FKVO.

b) Auswirkungsprinzip und Anmeldeerfordernis

aa) Grundlagen

194 Das europäische Kollisionsrecht, die Verordnungen Rom I[375] und Rom II[376], verdrängt das deutsche Kollisionsrecht nur nach Maßgabe des Anwendungsbe-

---

[374] Diese Verwaltungsgrundsätze sind abrufbar unter http://www.bundeskartellamt.de. Das Merkblatt zur Inlandsauswirkung wird aufgrund der Einführung der zweiten Inlandsumsatzschwelle in 2009 überarbeitet.

[375] Verordnung Nr. 593/2008 des Europäischen Parlaments und des Rates v. 17.6.2008 über das auf vertragliche Schuldverhältnisse anzuwendende Recht (Rom I-VO), ABl. EU 2008 L 177/6.

[376] Verordnung Nr. 864/2007 des Europäischen Parlaments und des Rates v. 11.7.2007 über das auf außervertragliche Schuldverhältnisse anzuwendende Recht (Rom II-VO), ABl. EU 2007 L 199/40.

D. Deutsches Kartellrecht

reichs dieser Rechtsakte. Die Verordnungen Rom I und Rom II erfassen Streitigkeiten in Zivil- und Handelssachen, nicht aber Verfahren hoheitlicher Art.[377] Da das BKartA bei der Anwendung des Fusionskontrollrechts hoheitlich handelt, verdrängen diese Verordnungen insoweit das deutsche Kollisionsrecht nicht. Ob die Regeln der deutschen Fusionskontrolle im Verhältnis zu Drittstaaten Anwendung finden, bestimmt sich daher nach § 130 Abs. 2 GWB. Nach dieser Norm findet das GWB Anwendung, wenn sich die Wettbewerbsbeschränkungen innerhalb des Geltungsbereichs dieses Gesetzes auswirken, auch wenn sie außerhalb des Geltungsbereichs veranlasst wurden. Das deutsche Recht folgt somit dem **Auswirkungsprinzip**.[378]

Als Wettbewerbsbeschränkung kommt jeder der materiellrechtlichen Tatbestände des GWB und mithin auch der internationale Zusammenschluss von Unternehmen in Betracht, unabhängig davon, ob die am Zusammenschluss beteiligten Unternehmen ihren Sitz oder ein Werk in Deutschland haben.[379] Um angesichts der Vielfalt denkbarer Rückwirkungen eine vom Gesetz nicht gewollte uferlose Ausdehnung des internationalen Anwendungsbereichs der deutschen Zusammenschlusskontrolle zu verhindern, bedarf es einer Eingrenzung und Konkretisierung der maßgebenden Inlandsauswirkungen nach dem **Schutzzweck des GWB** allgemein und der jeweils in Frage kommenden speziellen Sachnorm.[380] Nur auf diese Weise kann dem völkerrechtlichen Grundsatz Geltung verschafft werden, nach dem eine behördliche Kontrolle unternehmerischer Aktivitäten nur dann stattfinden darf, wenn zwischen dem tätig werdenden Staat und dem zu regelnden Sachverhalt eine hinreichend enge Verbindung besteht.[381] Das GWB beansprucht daher nur Anwendung auf Zusammenschlüsse, die potentiell geeignet sind, den Wettbewerb auf dem Inlandsmarkt spürbar und unmittelbar (sog. **Spürbarkeitsvorbehalt**) zu beeinträchtigen.[382]

195

---

377) Vgl. Art. 1 Abs. 1 Rom I-VO; Art. 1 Abs. 1 Rom II-VO.
378) Vgl. nur BGHZ 74, 322, 326, *Organische Pigmente*; BGHZ 174, 12, 18, *Sulzer/Kelmix*.
379) BGHZ 74, 322, 324 f., *Organische Pigmente*; s. ferner *Rehbinder* in: Immenga/Mestmäcker, § 130 GWB Rz. 252; *Hoffmann* in: Terhechte, Rz. 12.273.
380) BGHSt 25, 208, 212, *Ölfeldrohre*; BGHZ 74, 322, 324 f., *Organische Pigmente*; BGHZ 174, 12, 18, *Sulzer/Kelmix*.
381) Allg. dazu *Rehbinder* in: Immenga/Mestmäcker, § 130 GWB Rz. 134 ff.; *Podszun*, S. 17 ff.; *D. Baetge*, S. 270 ff.
382) BGHZ 74, 322, 327 f., *Organische Pigmente*; BGHZ 174, 12, 19, *Sulzer/Kelmix*. Dem Kriterium der Unmittelbarkeit kommt bei der Fusionskontrolle praktisch keine Bedeutung zu, da hinreichende Inlandsauswirkungen im Regelfall nur dann vorliegen, wenn zumindest eines der am Zusammenschluss beteiligten Unternehmen auf dem Inlandsmarkt tätig ist. In diesen Fällen liegt auch stets ein unmittelbarer Bezug zum Inlandsmarkt vor. In der neueren Entscheidungspraxis wird daher nur die Spürbarkeit der Auswirkungen auf den Inlandsmarkt thematisiert; vgl. nur BGHZ 174, 12, 19, *Sulzer/Kelmix*; OLG Düsseldorf, WuW/E DE-V 1365, 1367 ff., *Phonak/GN Resound*.

196 Wenngleich Einzelheiten der Konkretisierung des in § 130 Abs. 2 GWB verankerten Auswirkungsprinzips und seines Spürbarkeitsvorbehalts umstritten sind,[383] wird im Allgemeinen zwischen dem Vollzug von Inlands- und Auslandszusammenschlüssen differenziert, da bei Letzteren die Wirkungen auf den Inlandsmarkt stets indirekter sind als bei Ersteren.[384] Das Bestehen hinreichend spürbarer Inlandsauswirkungen ist stets eine Frage der Umstände des konkreten Einzelfalls. In Zweifelsfällen empfiehlt es sich für die Praxis, im Wege **informeller Vorgespräche** (dazu Rz. 138) abzuklären, ob und in welcher Form der geplante Unternehmenskauf angemeldet werden soll. Einzelheiten über Inlandsauswirkungen von Zusammenschlüssen hat das BKartA in einem Merkblatt aus dem Jahre 1999 niedergelegt, das derzeit im Hinblick auf die 2. Inlandsumsatzschwelle überarbeitet wird.[385]

bb) Vollzug im Inland

197 Ein Inlandszusammenschluss liegt vor, wenn der Zusammenschluss in Deutschland realisiert wird, weil das Zielunternehmen dort verortet ist. In einem solchen Fall geht die Praxis ohne weiteres davon aus, dass der Zusammenschluss die erforderlichen Inlandsauswirkungen besitzt.[386] Einer genaueren **Prüfung der Spürbarkeit bedarf es** in diesem Fall **nicht**.[387] Somit unterliegen Transaktionen, bei denen sich Unternehmen mit Sitz in Deutschland zusammenschließen, eine Beteiligung an einem inländischen Unternehmen erworben wird oder ein Gemeinschaftsunternehmen in Deutschland gegründet wird, der deutschen Fusionskontrolle, sofern die Umsatzschwellen des § 35 GWB überschritten sind. Dies gilt auch für einen Zusammenschluss zwischen Exportgesellschaften oder die Gründung einer deutschen Holdinggesellschaft, die ausschließlich ausländische Beteiligungen hält.[388] Zusammenschlüsse, die im Inland vollzogen werden und zudem die Umsatzschwellen des § 35 GWB erreichen, unterliegen somit dem **Anmeldeerfordernis** (§ 39 Abs. 1 GWB) und dem **Vollzugsverbot** (§ 41 GWB).

---

383) Einzelheiten bei *Fezer/Koos* in: Staudinger, IntWirtschR Rz. 171 ff.; *Rehbinder* in: Immenga/Mestmäcker, § 130 GWB Rz. 253 ff.; *Stadler* in: Langen/Bunte, § 130 GWB Rz. 172 ff.; *Wagner-von Papp* in: Tietje, § 11 Rz. 43 ff.

384) Allg. dazu *Roth*, RabelsZ 45 (1981), 501, 509 ff.; *Stadler* in: Langen/Bunte, § 130 GWB Rz. 176; *Rehbinder* in: Immenga/Mestmäcker, § 130 GWB Rz. 262 ff.; *Hoffmann* in: Terhechte, Rz. 12.274.

385) Stand: Juli 2010; abrufbar unter http://www.bundeskartellamt.de; ferner abgedruckt in *Bechtold*, GWB, Anhang C7.

386) Merkblatt zur Inlandsauswirkung (Abschnitt I), abrufbar unter http://www.bundeskartellamt.de.

387) *Rehbinder* in: Immenga/Mestmäcker, § 130 GWB Rz. 262.

388) *Bechtold* in: Bechtold, § 130 GWB Rz. 20.

cc) Vollzug im Ausland

Bei einem Auslandszusammenschluss hat das zu erwerbende Unternehmen seinen Sitz im Ausland. In einem solchen Fall muss die **Spürbarkeit der Inlandsauswirkung** stets gesondert festgestellt werden.[389] Sie wird bejaht, wenn der Zusammenschluss die **Strukturvoraussetzungen** für den **Wettbewerb in Deutschland** verändert.[390] 198

Diesbezüglich stellt das BKartA vornehmlich auf die Tätigkeit der beteiligten Unternehmen ab. Waren **beide am Zusammenschluss beteiligten Unternehmen** schon vor dem Zusammenschluss im Inland tätig, so wird eine Inlandsauswirkung ohne weiteres angenommen.[391] Auf die Form der unternehmerischen Betätigung kommt es dabei nicht an. Entscheidend ist allein, dass die Unternehmen als Wettbewerber auf dem inländischen Markt auftreten. Dies ist typischerweise dann der Fall, wenn die im Ausland ansässigen Unternehmen über inländische Vertriebstöchter oder Vertretungen verfügen.[392] Allerdings ist zur Annahme von Inlandsauswirkungen nicht erforderlich, dass unternehmerische Strukturen oder unternehmerisch genutzte Vermögenswerte in Deutschland vorhanden sind.[393] Eine Marktteilnahme von ausländischen Betriebsstätten aus, etwa über selbständige Importeure, genügt also.[394] 199

Bei der Gründung von **ausländischen Gemeinschaftsunternehmen** unter Beteiligung mindestens eines inländischen Unternehmens kommt es in erster Linie auf die sachliche und örtliche Tätigkeit des Gemeinschaftsunternehmens an. Inlandsauswirkungen können etwa bejaht werden, wenn der ausländische Beteiligte als aktueller oder potentieller Wettbewerber auf dem Inlandsmarkt ausgeschaltet wird.[395] Auch die Verbesserung der Marktposition des inländischen Beteiligten auf Grund von Lieferungen des Gemeinschaftsunternehmens ins Inland oder das Freiwerden inländischer Produktionskapazitäten durch die Verlagerung von Produktionskapazitäten ins Ausland kann eine Inlandsauswirkung begründen.[396] 200

Kann nach den soeben beschriebenen Grundsätzen eine Inlandsauswirkung bejaht werden, so ist weiter zu prüfen, ob diese auch **spürbar** ist. Diesbezüglich gelten jedoch nur sehr geringe Anforderungen. Sind beide Unternehmen auf 201

---

389) *Rehbinder* in: Immenga/Mestmäcker, § 130 GWB Rz. 265.
390) Merkblatt zur Inlandsauswirkung (Abschnitt I 2).
391) Merkblatt zur Inlandsauswirkung (Abschnitt I 2).
392) *Rehbinder* in: Immenga/Mestmäcker, § 130 GWB Rz. 267; *Stockmann* in: Loewenheim/Meessen/Riesenkampff, § 130 GWB Rz. 66.
393) *Hoffmann* in: Terhechte, Rz. 12.276; a. A. *Bechtold* in: Bechtold, § 130 GWB Rz. 21.
394) Merkblatt zur Inlandsauswirkung (Abschnitt I 2).
395) BKartA, WuW/E BKartA 2445, 2447, *DaimlerBenz/MAN-ENASA*.
396) *Stadler* in: Langen/Bunte, § 130 GWB Rz. 183; *Rehbinder* in: Immenga/Mestmäcker, § 130 GWB Rz. 269.

§ 11 Kartellrecht

dem Inlandsmarkt tätig, so genügt schon eine sehr geringe Erhöhung des Marktanteils (von unter 1 %), um eine spürbare Inlandsauswirkung zu bejahen.[397]

202 Lassen sich spürbare Auswirkungen nachweisen und werden auch die Umsatzgrößen des § 35 GWB erfüllt, so unterliegen nach überwiegender Ansicht auch reine Auslandszusammenschlüsse der **Anmeldepflicht** des § 39 Abs. 1 GWB.[398] Das Vollzugsverbot ist ebenfalls einschlägig (Art. 41 GWB), sofern keine Befreiung gewährt wurde (Art. 41 Abs. 2 GWB). Eine Privilegierung von Auslandszusammenschlüssen besteht nur insofern, als das BKartA die Freigabe des Zusammenschlusses nicht von der Vollständigkeit der eingereichten Anmeldung abhängig macht. Dies gilt jedoch nur, wenn die Anmelder glaubhaft darlegen, dass sie auf Grund ausländischen Rechts oder wegen sonstiger Umstände gehindert sind, vor Vollzug alle erforderlichen Angaben zu beschaffen, und das BKartA Anhaltspunkte besitzt, dass eine Untersagung des Zusammenschlusses erkennbar nicht in Betracht kommt.[399]

203 Vor dem Hintergrund, dass die Anforderungen an die Spürbarkeit von ausländischen Zusammenschlüssen relativ niedrig und die Aufgreifschwellen des § 35 GWB – auch nach dem Einziehen einer zweiten Inlandsumsatzschwelle – nicht sonderlich hoch sind, müssen in der Praxis viele Zusammenschlüsse beim BKartA angemeldet werden, die nur einen sehr geringen Einfluss auf den inländischen Wettbewerb haben. In vielen Fällen kann daher relativ schnell eine Freigabe erreicht werden.

c) **Parallele Verfahren im Ausland**

204 Das Auswirkungsprinzip führt dazu, dass Fusionskontrollverfahren in einer sehr großen Zahl von Fällen nicht nur Unternehmen mit Sitz im Inland betreffen, sondern auch ausländische Unternehmen. Da immer mehr Staaten präventive Zusammenschlusskontrollrechte einführen, sind Unternehmen immer häufiger zu Mehrfachanmeldungen (*„multi-jurisdictional filings"*) gezwungen. Dabei gilt es, die Anmeldungen in den verschiedenen Staaten zu koordinieren.

205 Auf Seiten der Wettbewerbsbehörden lassen sich solche Fälle oftmals nur durch eine Kooperation adäquat lösen. Eine enge Kooperation kann zwar die Mühsal der Mehrfachanmeldungen und die Gefahr divergierender Entscheidungen nicht ausräumen (allgemein dazu Rz. 4 ff.), allerdings kann der Aus-

---

397) BGHZ 74, 322, 327, *Organische Pigmente*.
398) Merkblatt zur Inlandsauswirkung (Abschnitt III); Fezer/Koos in: Staudinger, IntWirtschR Rz. 286 ff.; *Hoffmann* in: Terhechte, Rz. 12.280; *Stadler* in: Langen/Bunte, § 130 GWB Rz. 175; *Rehbinder* in: Immenga/Mestmäcker, § 130 GWB Rz. 253 ff.; a. A. *Bechtold* in: Bechtold, § 130 GWB Rz. 23 (Anzeigepflicht gemäß § 39 Abs. 6 GWB ausreichend).
399) Weisung des BMWi v. 30.5.1980, Bundesanzeiger v. 7.6.1980 Nr. 103; Merkblatt zur Inlandsauswirkung (Abschnitt III).

tausch der Behörden die Durchführung der Verfahren für die Unternehmen deutlich erleichtern. Das BKartA besitzt die Möglichkeit der Kooperation mit ausländischen Behörden nach Maßgabe des § 50b GWB. Innerhalb Europas wird diese Kooperation in der Praxis vor allem durch Kontakte sichergestellt, die sich im European Competition Network (ECN) etabliert haben.[400] Daneben ermöglichen bilaterale Abkommen eine gewisse Kooperation mit Behörden in den USA und Frankreich.[401]

3. Anmeldepflichtige Zusammenschlüsse

Sofern spürbare Inlandsauswirkungen vorliegen (Rz. 198 ff.), müssen Zusammenschlüsse, die den Tatbestand des § 37 GWB und die Größenkriterien des § 35 GWB erfüllen, vor Vollzug beim BKartA angemeldet werden (§ 39 Abs. 1 GWB).

a) Der Zusammenschlussbegriff

aa) Grundlagen

Die deutsche Zusammenschlusskontrolle erfasst nur Transaktionsvorhaben zwischen Unternehmen, die einen der Zusammenschlusstatbestände des GWB erfüllen.

Der **Unternehmensbegriff** des GWB ist **funktional** zu verstehen.[402] Unternehmer ist, wer einer wirtschaftlichen Betätigung nachgeht, die von hoheitlichem Handeln,[403] privatem Verbrauch und nicht-selbständigen Tätigkeiten (Arbeitnehmer) abzugrenzen ist.[404] Handelsgesellschaften sind daher praktisch stets Unternehmen. BGB-Gesellschaften, Vereine oder Verbände können ebenfalls Unternehmen sein, soweit sie am Wirtschaftsverkehr teilnehmen. Auch eine Person oder Personenvereinigung, die nicht selbst Unternehmer ist, aber der die Mehrheit an einem Unternehmen zusteht, gilt nach der sog. *Flick-Klausel* als Unternehmen (§ 36 Abs. 3 GWB). Seit der Angleichung des deutschen Kartellrechts an das europäische Wettbewerbsrecht dürfte für die Auslegung des Unternehmensbegriffs, wie auch sonstiger übernommener Begriffe, das Verständnis des EU-Rechts, insbesondere durch den Europäischen Ge-

---

400) Eingehend zum Austausch innerhalb des ECN *Hossenfelder* in: Terhechte, Rz. 84.1 ff.
401) Abkommen zwischen der Regierung der Bundesrepublik Deutschland und der Regierung der Vereinigten Staaten von Amerika über die Zusammenarbeit in Bezug auf restriktive Geschäftspraktiken, BGBl. II 1976, 1711; Abkommen zwischen der Regierung der Bundesrepublik Deutschland und der Regierung der Französischen Republik über die Zusammenarbeit in Bezug auf wettbewerbsbeschränkende Praktiken, BGBl. II 1984, 758.
402) BGH, WuW/E BGH, 1841, 1842, *Ganser-Dahlke*; *Möschel*, S. 100; *Wiedeman* in: Wiedemann, Handbuch des Kartellrechts, § 4 Rz. 9; *Peter* in: Schulte, Rz. 114.
403) BGH, WuW/E DE-R, 2144, 2146, *Rettungsleitstelle*.
404) Vgl. nur BGH, WuW/E BGH, 1841, 1842, *Ganser-Dahlke*; *Bechtold* in: Bechtold, § 1 GWB Rz. 6; *Wiedemann* in: Wiedemann, Handbuch des Kartellrechts, § 4 Rz. 9.

§ 11 Kartellrecht

richtshof, ausschlaggebend sein (siehe Rz. 49). Auch wenn sich die Angleichung in erster Linie auf die Kartellverbotsregeln (§§ 1 ff. GWB) bezog, gilt dies auch für die deutschen Fusionskontrollregeln, da von einem einheitlichen Unternehmensbegriff im GWB auszugehen ist.

209 Welche Transaktionen zwischen Unternehmen als **Zusammenschluss** anzusehen sind, definiert § 37 GWB abschließend. Das Gesetz unterscheidet zwischen den Fällen des Beteiligungs-, Kontroll- und Anteilserwerbs (§ 37 Abs. 1 Nr. 1 bis 3 GWB) und dem Auffangtatbestand der Begründung eines „*wettbewerblich erheblichen Einflusses*" (§ 37 Abs. 1 Nr. 4 GWB). Die Tatbestände schließen sich gegenseitig nicht aus, sie werden vielmehr oftmals nebeneinander verwirklicht. Allein der Auffangtatbestand der Nr. 4 ist im Verhältnis zu den anderen Tatbeständen subsidiär.

210 Für bestimmte Sonderkonstellationen normiert das GWB **Einschränkungen** und **Erweiterungen** des Zusammenschlussbegriffs. Sind Unternehmen bereits zusammengeschlossen, so unterliegt die erneute Verwirklichung eines der Zusammenschlusstatbestände des § 37 Abs. 1 GWB nur dann der Fusionskontrolle, wenn dies die Unternehmensverbindung wesentlich verstärkt (§ 37 Abs. 2 GWB). Eine weitere Ausnahme von der Fusionskontrolle besteht für Kreditinstitute, Finanzinstitute und Versicherungsunternehmen nach der sog. *Bankenklausel* (§ 37 Abs. 3 GWB). Für Gemeinschaftsunternehmen wird der Zusammenschlussbegriff dagegen erweitert (Art. 37 Abs. 1 Nr. 3 Satz 4 GWB).

bb) Die Grundtatbestände

(1) Vermögenserwerb

211 Der Vermögenserwerb nach § 37 Abs. 1 Nr. 1 GWB ist die intensivste Form der Verbindung unternehmerischer Ressourcen. Ein solcher Zusammenschluss liegt dann vor, wenn das Vermögen eines anderen Unternehmens „*ganz oder zu einem wesentlichen Teil*" erworben wird. Mit **Vermögen** ist Aktivvermögen gemeint. Erfasst werden alle geldwerten Güter und Rechtspositionen eines Unternehmens – ohne Rücksicht auf ihre Art, Verwendung und gesonderte Verwertbarkeit.[405] Ein Erwerb kann dann bejaht werden, wenn es im Hinblick auf den betreffenden Vermögensgegenstand zu einem Inhaberwechsel kommt, unabhängig davon, auf welchem Rechtsgrund der Übergang des Vollrechts beruht (Einzel- oder Gesamtrechtsnachfolge).[406]

---

405) KG, WuW/E OLG, 4771, 4775, *Folien und Beutel*. Umstritten ist dabei, ob es sich um Vermögensgegenstände handeln muss, die schon vor dem Erwerb unternehmerisch genutzt worden sind; für eine solche Einschränkung *Bechtold* in: Bechtold, § 37 GWB Rz. 5; dagegen *Mestmäcker/Veelken* in: Immenga/Mestmäcker, § 37 GWB Rz. 14 mit Fn. 39.
406) BGHZ 170, 130, 132, *National Geographic I* (Erwerb des Vollrechts notwendig); allg. dazu *Mestmäcker/Veelken* in: Immenga/Mestmäcker, § 37 GWB Rz. 16; *Peter* in: Schulte, Rz. 126 ff.

D. Deutsches Kartellrecht

Typische Fälle des Erwerbs des **Vermögens eines Unternehmens als Ganzes** 212
sind **Verschmelzungen** oder **Vermögensübertragungen** bei Umwandlungsvorgängen (§§ 2 ff., 174 ff. UmwG) und vergleichbare Vorgänge nach ausländischem Recht, bei denen das erworbene Unternehmen voll im Erwerber aufgeht.[407] Auch der Erwerb eines Unternehmens oder eines Unternehmensteils als Sachgesamtheit im Wege eines Asset Deals kann diesen Zusammenschlusstatbestand erfüllen, sofern der Vermögenserwerb dinglich vollzogen wird.[408] Der Erwerb obligatorischer oder beschränkt dinglicher Nutzungsrechte (Lizenz, Pfandrecht, Nießbrauch) genügt den Anforderungen an den Vermögenserwerb hingegen nicht, da bei solchen Vorgängen das Vollrecht nicht auf den Erwerber übertragen wird.[409] Die Übertragung oder Einräumung solcher Rechte kann aber von anderen Zusammenschlusstatbeständen erfasst werden, z. B. von § 37 Abs. 1 Nr. 4 GWB (Rz. 222 f.).

Die Klärung der Frage, wann von dem Erwerb eines **wesentlichen Vermögens-** 213
teils eines Unternehmens auszugehen ist, kann in der Praxis schwierige Abgrenzungsprobleme mit sich bringen. Nach der Rechtsprechung kann der Erwerb eines wesentlichen Vermögensteils dann bejaht werden, wenn der Wert des übertragenen Vermögensteils im Verhältnis zum Gesamtvermögen des Veräußerers quantitativ ausreichend hoch ist.[410] Aber selbst, wenn dies nicht der Fall ist, kann der Zusammenschlusstatbestand des Vermögenserwerbs erfüllt sein, nämlich dann, wenn der Vermögensteil tragende Grundlage der Stellung des Veräußerers im Markt war und diese Stellung durch die Übertragung auf den Erwerber übergehen kann.[411] Entscheidend ist hierbei, ob der Erwerb abstrakt geeignet ist, die Wettbewerbsbedingungen auf dem relevanten Markt zu verändern.[412] Ein Beispiel für eine solche „wesentliche" Vermögensübertragung ist der Erwerb von betrieblichen Teileinheiten oder eines bestimmten Geschäftsbereichs.[413] Dabei ist Art. 37 Abs. 1 Nr. 1 GWB nicht allein auf Konstellationen beschränkt, in denen ein abgegrenzter Betriebsteil oder Geschäftsbereich erworben wird. Auch durch die Übertragung einzelner Vermögensgegenstände, die für die unternehmerische Tätigkeit besonders bedeutend sind (z. B. Marken- oder Urheberrechte), kann eine Marktstellung auf den Erwerber

---

407) Eingehend dazu *Mestmäcker/Veelken* in: Immenga/Mestmäcker, § 37 GWB Rz. 7 ff.
408) *Hoffmann* in: Terhechte, Rz. 12.287.
409) BGHZ 170, 130, 132, *National Geographic I*; OLG Düsseldorf, WuW/E DE-R, 1805, 1808, *MSV*.
410) BGHZ 65, 269, 272, *Zementmahlanlage I*.
411) BGH, WuW/E BGH 2783, 2786, *Warenzeichenerwerb*; eingehend dazu *Mestmäcker/Veelken* in: Immenga/Mestmäcker, § 37 GWB Rz. 17 f.; *Peter* in: Schulte, Rz. 126 ff.
412) BGH, WuW/E BGH, 2783, 2786, *Warenzeichenerwerb*.
413) BGHZ 65, 269, 272 f., *Zementmahlanlage I*; BGHZ 74, 172, 178 f., *Kettenstichnähmaschinen*.

übertragen werden.[414] Als Faustformel gilt dabei: Dem zu erwerbenden Unternehmen muss ein bestimmter Umsatz am Markt zuordbar sein.

(2) Kontrollerwerb

214 Der Zusammenschlusstatbestand des Kontrollerwerbs wurde durch die 6. GWB-Novelle im Gesetz verankert, um das deutsche Recht an das EU-Fusionskontrollrecht anzugleichen. Seine Auslegung orientiert sich daher am EU-Recht (Rz. 52 ff.).[415] Der Tatbestand des Kontrollerwerbs ist dann erfüllt, wenn die unmittelbare oder mittelbare Kontrolle durch ein oder mehrere Unternehmen über die Gesamtheit oder Teile eines oder mehrerer anderer Unternehmen erworben wird (§ 37 Abs. 1 Nr. 2 GWB). Die Kontrolle bezieht sich im Regelfall auf ein Unternehmen in seiner Gesamtheit, kann sich aber auch auf einen wesentlichen Teil desselben beziehen, wobei diesbezüglich die i. R. d. Vermögenserwerbs dargelegten Grundsätze zu beachten sind (Rz. 213).[416]

215 **Kontrolle** über ein oder mehrere Unternehmen übt aus, wer bestimmenden Einfluss auf die Unternehmenstätigkeit hat (Art. 37 Abs. 1 Nr. 2 Satz 2 GWB). Ob ein bestimmender Einfluss vorliegt, muss in einer Gesamtschau geklärt werden, bei der die Umstände des Einzelfalls einzubeziehen sind. Die Kontrolle kann durch Rechte, Verträge oder andere Mittel begründet werden, die einzeln oder zusammen unter Berücksichtigung aller tatsächlichen und rechtlichen Umstände die Möglichkeit gewähren, einen bestimmenden Einfluss auf die Tätigkeit eines Unternehmens auszuüben (§ 37 Abs. 1 Nr. 2 Satz 2 GWB), soweit der Einfluss von einer gewissen Dauer, d. h. nicht nur vorübergehender Natur ist.[417] Eine eigentumsrechtliche Verbindung ist hierfür nicht notwendig. Daher kann eine Kontrolle über einen wesentlichen Teil des Unternehmens etwa durch einen Lizenzerwerb erfolgen.[418] Auch ist nicht erforderlich, dass der Einfluss tatsächlich ausgeübt wird. Ausreichend ist die Möglichkeit hierzu.[419]

216 Der Tatbestand des Kontrollerwerbs differenziert zwischen alleiniger und gemeinsamer Kontrolle durch mehrere Unternehmen. **Alleinige Kontrolle** liegt dann vor, wenn das beherrschende Unternehmen die Verwendung der Ressourcen des beherrschten Unternehmens sowie dessen Auftreten am Markt steuern kann. Dies ist typischerweise der Fall beim Erwerb einer **Mehrheitsbeteiligung**.[420] Allerdings kann unter bestimmten Umständen der **Erwerb von**

---

414) BGH, WuW/E BGH, 2783, 2787, *Warenzeichenerwerb*.
415) Regierungsbegründung zum Entwurf eines Sechsten Gesetzes zur Änderung des Gesetzes gegen Wettbewerbsbeschränkungen, BT-Drucks. 13/9720, S. 57.
416) BGHZ 170, 130, 132 ff., *National Geographic I*.
417) BGH, NJW-RR 2009, 973, 974, *National Geographic III*.
418) BGHZ 170, 130, 132 f., *National Geographic I*.
419) BGH, WuW/E BGH, 2321, 2323, *Mischguthersteller*.
420) BGH, NJW-RR 2009, 973, 974, *National Geographic III* (dauerhafter Einfluss notwendig).

Anteilen von weit unter 50 % im Einzelfall ausreichen, um ein Unternehmen zu kontrollieren (vgl. hierzu Rz. 222). Darüber hinaus erfüllen auch die **Kontrolle begründende Verträge** über ein Unternehmen oder einen wesentlichen Teil desselben (Beherrschungs-, Geschäftsführungs-, Betriebsführungs- und Betriebspachtverträge) den Tatbestand des Kontrollerwerbs.[421]

Neben der alleinigen Kontrolle erfasst der Tatbestand des § 37 Abs. 1 Nr. 2 GWB auch die Kontrolle eines Unternehmens durch mehrere Unternehmen (**gemeinsame Kontrolle**). Eine solche Kontrolle liegt dann vor, wenn mehrere Unternehmen die strategischen Entscheidungen nur einvernehmlich herbeiführen können. Der dafür typische Fall ist ein paritätisches Gemeinschaftsunternehmen.[422] Bei ungleich verteilten Einflussmöglichkeiten kann sich eine gemeinsame Kontrolle aus Vetorechten bezüglich strategischer Entscheidungen ergeben.[423] Eine gemeinsame Kontrolle kann durch Vereinbarung begründet werden, z. B. durch eine (ausdrückliche oder stillschweigende) Absprache über gemeinsame Stimmrechtsausübung. Sie kann sich aber auch aus den Umständen ergeben, etwa aus einer auf Dauer angelegten Interessengleichheit, soweit hierdurch ein strukturell bedingter gemeinsamer Einfluss resultiert.[424] 217

Der Tatbestand des Kontrollerwerbs erfasst schließlich auch die **Umwandlung** von alleiniger Kontrolle in gemeinsame Kontrolle und die umgekehrte Situation.[425] Auch die **Erweiterung** des Kreises der Unternehmen, die ein anderes Unternehmen gemeinsam kontrollieren, ist ein Zusammenschluss i. S. d. § 37 Abs. 1 Nr. 2 GWB.[426] Auch soll bei einem Übergang von der Kontrolle durch drei Unternehmen zu einer Kontrolle durch zwei Unternehmen der Zusammenschlusstatbestand gegeben sein.[427] 218

(3) Anteilserwerb

Der Zusammenschlusstatbestand des § 37 Abs. 1 Nr. 3 GWB ist dann erfüllt, wenn ein Unternehmen Anteile an einem anderen Unternehmen erwirbt und dadurch sein Anteilsbesitz unter Berücksichtigung der ihm bereits gehörenden Anteile **25 oder 50 % des Kapitals oder der Stimmrechte** des anderen Unternehmens erreicht. Der Tatbestand des Anteilserwerbs findet neben dem des 219

---

421) *Mestmäcker/Veelken* in: Immenga/Mestmäcker, § 37 GWB Rz. 38.
422) *Mestmäcker/Veelken* in: Immenga/Mestmäcker, § 37 GWB Rz. 26.
423) *Mestmäcker/Veelken* in: Immenga/Mestmäcker, § 37 GWB Rz. 26; *Hoffmann* in: Terhechte, Rz. 12.290.
424) *Hoffmann* in: Terhechte, Rz. 12.290.
425) *Bechtold* in: Bechtold, § 37 GWB Rz. 14; *Mestmäcker/Veelken* in: Immenga/Mestmäcker, § 37 GWB Rz. 26.
426) *Bechtold* in: Bechtold, § 37 GWB Rz. 14; *Mestmäcker/Veelken* in: Immenga/Mestmäcker, § 37 GWB Rz. 26.
427) So *BKartA*, Merkblatt zur Fusionskontrolle (Abschnitt V.4.), abrufbar unter http://www.bundeskartellamt.de.

Kontrollerwerbs Anwendung. Deshalb ist der Erwerb einer Mehrheitsbeteiligung auch dann anzeigepflichtig, wenn das Unternehmen zuvor schon unter Kontrolle des Erwerbers stand.[428]

220 § 37 Abs. 1 Nr. 3 GWB gilt für **Anteile aller Art**, d. h. für den Erwerb von Stimm- oder Kapitalbeteiligungen an Personen- oder Kapitalgesellschaften. Auch der Erwerb von Stimmrechten ohne jede Kapitalbeteiligung, wie es etwa bei Treuhandverhältnissen der Fall ist, genügt, um den Tatbestand des Anteilserwerbs zu erfüllen.

221 Die **Höhe der Anteile** berechnet sich aus der Addition der bereits gehaltenen und der neu erworbenen Anteile (§ 37 Abs. 1 Nr. 3 Satz 1 GWB). Nach der sog. **Verbundklausel** werden zudem die Anteile eines mit dem Erwerber i. S. v. §§ 17, 18 AktG verbundenen (herrschenden oder abhängigen) Unternehmens mit berücksichtigt (§ 36 Abs. 2 GWB). Auch sind die Anteile einzubeziehen, die ein Dritter für Rechnung des beteiligten oder eines mit diesem verbundenen Unternehmens hält (§ 37 Abs. 1 Nr. 3 Satz 2 GWB). Hiernach sind insbesondere Anteile zuzurechnen, die ein Treuhänder für den Treugeber hält.

(4) Erwerb eines wettbewerblich erheblichen Einflusses

222 Der Auffangtatbestand des § 37 Abs. 1 Nr. 4 GWB erfasst alle Zusammenschlüsse unterhalb der Schwellenwerte von § 37 Abs. 1 Nr. 1–3 GWB. Dadurch werden insbesondere Minderheitsbeteiligungen unterhalb von 25 % an konkurrierenden Unternehmen erfasst, welche aufgrund der besonderen gesellschaftsrechtlichen Stellung die Möglichkeit der Einwirkung auf das Wettbewerbsgeschehen bieten.[429] Voraussetzung für eine solche Stellung ist, dass die Anteile mit besonderen Rechten verbunden sind, wie etwa Entsendungs-[430], Informations-, Mitsprache-, Kontrollrechte oder etwa das Recht zur Übernahme der Leitung einzelner Unternehmensteile sowie der Erwerb einer faktischen Sperrposition, die eine Gleichsetzung der Minderheitsbeteiligung mit einer Beteiligung von 25 % und mehr erlauben.[431] Es ist also eine **Gesamtschau aller Umstände** vorzunehmen. Entscheidend ist dabei, dass der Wettbewerb zwischen den beteiligten Unternehmen derart eingeschränkt wird, dass die Unternehmen künftig nicht mehr unabhängig voneinander auf dem Markt auftreten bzw. die Mehrheitsgesellschafter auf die Interessen der Minderheitsgesellschafter Rücksicht nehmen werden.

223 Der Begriff des wettbewerblich erheblichen Einflusses ist ein auslegungsbedürftiger unbestimmter Rechtsbegriff. Nach der Praxis des BKartA wird ein

---

428) *Hoffmann* in: Terhechte, Rz. 12.294.
429) BGH, WuW/E DE-R 1419, 1420, *Deutsche Post/trans-o-flex*.
430) BGH, WuW/E DE-R 1419, 1421, *Deutsche Post/trans-o-flex*.
431) Sog. „Plus-Faktoren".

solcher Einfluss bei einer Beteiligung von über 20 % vermutet.[432] Aber auch bei Beteiligungen unterhalb dieser Schwelle kann der Tatbestand des § 37 Abs. 1 Nr. 4 GWB erfüllt sein, wenn weitere Umstände hinzukommen.[433] Damit obliegt den beteiligten Unternehmen ein erhebliches **Prognoserisiko**. Nicht erfasst sind Unternehmensbeteiligungen zu reinen Renditezwecken.[434]

cc) **Sonderkonstellationen**

(1) **Mehrfachzusammenschlüsse**

Nach § 37 Abs. 2 GWB ist auch dann ein anmeldepflichtiger Zusammenschluss gegeben, wenn die beteiligten Unternehmen bereits vorher zusammengeschlossen waren, es sei denn, der Zusammenschluss führt nicht zu einer wesentlichen Verstärkung der bestehenden Unternehmensverbindungen. Ziel der Vorschrift ist es sicherzustellen, dass das BKartA von jeder Verstärkung einer bereits bestehenden Unternehmensverbindung Kenntnis erlangt.[435] Zunächst wird damit der Anwendungsbereich der Zusammenschlusskontrolle auf Fälle ausgeweitet, in denen die Unternehmen bereits zusammengeschlossen sind. Gleichzeitig schränkt § 37 Abs. 2 GWB diese Ausweitung aber wieder ein, indem er erfordert, dass diese bereits bestehende Unternehmensverbindung wesentlich verstärkt wird. Eine solche **Verstärkung** liegt dann vor, wenn der Erwerber zusätzliche Rechte erlangt oder die Abhängigkeit des anderen Unternehmens bzw. die Einflussmöglichkeit auf dieses verstärkt wird.[436] Die Verstärkung ist **wesentlich**, wenn durch die Unternehmensverbindung der Wettbewerb zwischen den Beteiligten weiter eingeschränkt wird.[437]

Die **Beweislast** tragen die beteiligten Unternehmen.[438] Gleichwohl hat das BKartA nach dem Amtsermittlungsgrundsatz gemäß § 57 Abs. 1 GWB den Sachverhalt selbst aufzuklären. Erst bei anschließend verbleibenden Zweifeln müssen die Unternehmen darlegen, dass der Zusammenschluss zu keiner wesentlichen Verstärkung der Unternehmensverbindung führt.[439]

---

432) BKartA, WuW/E DE-V 599, 601, *Radio L 12*.
433) OLG Düsseldorf, WuW/E DE-R 2462, 2465 f., *A-TEC/Norddeutsche Affinerie* (Anteilserwerb von 13,75 %), OLG Düsseldorf, WuW/E DE-R 1639, 1639 f., *Mainova/AVG* (Anteilserwerb von 17,5 %).
434) BGH, WuW/E DE-R 607, 608, *ASV/Stilke*.
435) Regierungsbegründung zu dem Entwurf eines Vierten Gesetzes zur Änderung des GWB, BT-Drucks. 8/2136, S. 28.
436) *Mestmäcker/Veelken* in: Immenga/Mestmäcker, § 37 GWB Rz. 115.
437) *Riesenkampff/Lehr* in: Loewenheim/Meessen/Riesenkampff, § 37 GWB Rz. 35.
438) BGH, WuW/E BGH 2276, 2282, *Süddeutscher Verlag/Donaukurier*; *Mestmäcker/Veelken* in: Immenga/Mestmäcker, § 37 GWB Rz. 124.
439) *Riesenkampff/Lehr* in: Loewenheim/Meessen/Riesenkampff, § 37 GWB Rz. 33.

(2) Gemeinschaftsunternehmen

226 Als Gemeinschaftsunternehmen oder Joint Venture wird der Kontrollerwerb mehrerer Unternehmen über ein anderes Unternehmen bezeichnet. Der Kontrollerwerb kann durch Gründung oder Erwerb von Anteilen vollzogen werden, so dass Gemeinschaftsunternehmen sowohl nach § 37 Abs. 1 Nr. 2 Satz 1 GWB als auch nach § 37 Abs. 1 Nr. 3 Satz 3 GWB einen anmeldepflichtigen Zusammenschluss darstellen können. Anders als nach europäischem Recht bedarf es keines Vollfunktionsgemeinschaftsunternehmens für die Anwendbarkeit der Fusionskontrolle (vgl. Rz. 59 ff.).

227 Voraussetzung des Kontrollerwerbstatbestandes des § 37 Abs. 1 Nr. 2 GWB ist, dass die gemeinsam kontrollierenden Unternehmen i. S. einer gemeinsamen Unternehmenspolitik die eigenen Wettbewerbsinteressen im Verhältnis zueinander und gegenüber dem abhängigen Unternehmen abstimmen und durchsetzen können.[440] Die kontrollierenden Unternehmen müssen dabei gemeinsam dieselben Einflussmöglichkeiten im Zielunternehmen haben, die auch für den Erwerb alleiniger Kontrolle nötig sind.[441] Nach der deutschen Rechtsprechung müssen im Unterschied zur Rechtsprechung der Kommission zu Art. 3 Abs. 1 lit. b FKVO aber über die Einflussmöglichkeit hinaus zusätzliche Umstände vorliegen, aus der sich die Gemeinsamkeit der Kontrolle ergibt. Da nach dem deutschen Beherrschungsbegriff davon auszugehen ist, dass eine positive Beeinflussung in Form einer Bestimmung der Willensbildung des kontrollierten Unternehmens für die Beherrschung wesentlich ist, genügt es nicht, wenn aufgrund von Sperrminoritäten Blockaden unternehmerischer Entscheidungen erfolgen. Nach der deutschen Rechtsprechung kann zwar analog zur Rechtsprechung der Kommission auch dann ein Kontrollerwerb anzunehmen sein, wenn mehrere Unternehmen, die nur Minderheitsbeteiligungen halten, gemeinsam die Möglichkeit haben, Vetorechte oder sonstige Blockaden auszuüben, durch die das strategische Verhalten eines Unternehmens beeinflusst wird. Auch hier muss jedoch, anders als von der Kommission gefordert, eine über die reine Sperrminorität hinausgehende Gestaltungsmöglichkeit zum Erwerb der Kontrolle vorhanden sein.[442] Eine solche zusätzliche Gestaltungsmöglichkeit wurde insbesondere beim Vorliegen von Stimmbindungsverträgen zwischen mehreren, gemeinsam eine Mehrheit bildenden Gesellschaftern, beim Vorliegen von Optionsverträgen oder sonstigen Treuhandverhältnissen, die eine einheitliche Stimmabgabe der Gesellschafter zu erwarten lassen, oder dann, wenn das Gemeinschaftsunternehmen aus einem Kartell hervorgegangen ist und dieses fortsetzt, angenommen. Sind mehrere Unternehmen paritätisch beteiligt, liegt es

---

440) BGH, WuW/E BGH 2337, 2339, *Hussel/Mara*; BGH, WuW/E BGH 2620, 2623, *Springer/ Kieler Zeitung*.
441) *BKartA* v. 11.6.2001, B 10-23/01, 6.
442) BGH, WuW/E DE-R 1413, 1415 ff., *Radio Ton*.

insbesondere bei der Gründung eines Gemeinschaftsunternehmens nahe, dass eine gesicherte einheitliche Einflussnahme besteht. Dies muss jedoch, anders als nach der FKVO (vgl. Rz. 59) für jeden Einzelfall anhand der Umstände festgestellt werden.[443] In Bezug auf disparitätische Beteiligungen hat das BKartA eine gemeinsame Kontrolle angenommen, wenn zwischen den Gesellschaftern besondere Vereinbarungen bestehen.[444]

Liegt gemeinsamer Kontrollerwerb vor, ist ein vertikaler Zusammenschluss zwischen jedem an der Kontrolle beteiligten Unternehmen und dem Gemeinschaftsunternehmen anzunehmen. Umstritten ist, wie das Verhältnis zwischen den kontrollierenden Müttern zu bewerten ist. Teilweise wird § 37 Abs. 1 Nr. 3 GWB analog angewendet, so dass eine Teilfusion zwischen den Müttern auf dem Markt, auf dem das Gemeinschaftsunternehmen tätig ist, fingiert wird. Hiergegen ist jedoch einzuwenden, dass der Gesetzgeber von einer die Mütter betreffenden Regelung in § 37 Abs. 1 Nr. 2 GWB gerade abgesehen hat.[445] **228**

Nach § 37 Abs. 1 Nr. 3 Satz 3 GWB entsteht auch dann ein Gemeinschaftsunternehmen, wenn mehrere Unternehmen gleichzeitig oder nacheinander Anteile in Höhe von jeweils mindestens 25 % an einem anderen Unternehmen erwerben. Hinsichtlich der Märkte, auf denen dieses andere Unternehmen tätig ist, wird in diesem Fall der Zusammenschluss der einzelnen, sich beteiligenden Unternehmen untereinander fingiert. Dies gilt auch, wenn die Muttergesellschaften mit ihren Beteiligungen keinen gemeinsamen Zweck verfolgen. Bei der Gründung eines Gemeinschaftsunternehmens nach § 37 Abs. 1 Nr. 3 Satz 3 GWB muss demnach zwischen dem vertikalen Zusammenschluss zwischen den einzelnen Mutterunternehmen und dem Gemeinschaftsunternehmen und dem horizontalen Zusammenschluss zwischen den Mutterunternehmen unterschieden werden. Hintergrund der Fiktion der Teilfusion der Muttergesellschaften ist, dass die Gesellschafter auf den Märkten des Gemeinschaftsunternehmens in der Regel auf die Kooperation im Gemeinschaftsunternehmen Rücksicht nehmen, wodurch der Wettbewerb auch unter den Gesellschaftern nachlässt (sog. *Gruppeneffekt*). Die Fiktion der Teilfusion hat sowohl Auswirkungen auf die formelle, als auch auf die materielle Fusionskontrolle, da die Ressourcen und Marktanteile der Mutterunternehmen auf dem Markt des Gemeinschaftsunternehmens bei der Berechnung der Schwellenwerte und Marktanteile des Gemeinschaftsunternehmens zu berücksichtigen sein können.[446] **229**

---

443) *Peter* in: Schulte, Rz. 149.
444) *BKartA*, WUW/E DE-V 177, 177 f., *Henkel KGaA/Luhns GmbH*.
445) *Bechtold* in: Bechtold, § 37 GWB Rz. 17.
446) Für die materielle Fusionskontrolle wird überwiegend verneint, dass die Fiktion der Teilfusion der Mütter zu berücksichtigen ist. Anderes gilt nur, wenn die Mütter zusätzlich untereinander oder mit dem Gemeinschaftsunternehmen tatsächlich eine wettbewerbliche Einheit bilden. BGH, WuW/E BGH 1533, 1538, *Erdgas Schwaben*.

§ 11 Kartellrecht

230 Umstritten ist, wie die auf Gemeinschaftsunternehmen anwendbaren Fusionskontrollvorschriften sich zum Kartellverbot verhalten. Für das europäische Recht besteht mittlerweile eine gesetzliche Regelung in Art. 3 Abs. 4 FKVO i. V. m. Art. 2 Abs. 4 und 5 FKVO. Da im deutschen Recht eine vergleichbare Vorschrift fehlt, werden zur Lösung des Problems mehrere Theorien vertreten. Durchgesetzt hat sich mittlerweile die auch vom BGH vertretene Zweischrankentheorie, nach der Kartell- und Fusionskontrollvorschriften, wenn ihre Voraussetzungen vorliegen, parallel angewendet werden sollen.[447]

(3) Bankenklausel

231 Unter bestimmten Voraussetzungen fällt der Anteilserwerb gemäß § 37 Abs. 1 Nr. 3 GWB durch Kreditinstitute[448], Finanzinstitute[449] oder Versicherungsunternehmen[450] nicht unter den Zusammenschlusstatbestand. Hintergrund dieser Ausnahme ist, dass das Kerngeschäft der Banken nicht der Fusionskontrolle unterliegen soll und ein solcher Anteilserwerb in der Regel zu keinem externen Unternehmenswachstum führt (vgl. Rz. 62). Dies setzt zunächst voraus, dass die Anteile zum Zwecke der Veräußerung erworben und binnen eines Jahres wieder veräußert werden.[451] Dabei dürfen während dessen die auf die erworbenen Anteile entfallenen Stimmrechte nicht ausgeübt werden. Ist die fristgerechte Veräußerung unzumutbar, kann die Frist gemäß § 37 Abs. 3 Satz 2 GWB auf Antrag vom BKartA verlängert werden. Sind die Voraussetzungen nicht erfüllt, muss der Anteilserwerb bei entsprechenden Umsätzen der beteiligten Unternehmen nachträglich angemeldet werden.

b) Umsatzanforderungen

aa) Allgemein

232 Steht fest, dass ein Zusammenschlusstatbestand gemäß § 37 GWB vorliegt, muss weiter geprüft werden, ob die beteiligten Unternehmen die in § 35 Abs. 1 GWB vorgegebenen Umsatzschwellen überschreiten und keine Ausnahme nach § 35 Abs. 2 GWB eingreift. Das Ziel der Umsatzschwellen ist es, wirtschaftlich unerhebliche Fälle von der Zusammenschlusskontrolle auszunehmen und dadurch auch das BKartA zu entlasten.

---

447) BGHZ 96, 69, 77 ff., *OAM-Beschluss*; BGH, WuW/E DE-R, 711, 715, *Ostfleisch*.
448) Kreditinstitute sind solche gemäß § 1 KWG.
449) Finanzinstitute sind alle Unternehmen, deren Haupttätigkeit in der Finanzierung und dem übergangsweisen Halten von Beteiligungen besteht.
450) Versicherungsunternehmen sind solche gemäß § 1 VAG.
451) Die Absicht der Veräußerung muss dabei schon im Erwerbszeitpunkt vorliegen, vgl. *Mestmäcker/Veelken* in: Immenga/Mestmäcker, § 37 GWB Rz. 79.

bb) Die „beteiligten Unternehmen"

Nach § 35 GWB kommt es auf die Umsätze der beteiligten Unternehmen an. Wer beteiligtes Unternehmen ist, entscheidet sich anhand der jeweiligen Art des Zusammenschlusses. Der Veräußerer ist dabei grundsätzlich kein beteiligtes Unternehmen (vergleiche § 38 Abs. 5 und § 39 Abs. 2 GWB).

233

Beim **Vermögenserwerb** (§ 37 Abs. 1 Nr. 1 GWB) sind der Erwerber und der Veräußerer beteiligt, letzterer aber nur im Hinblick auf das zu erwerbende Unternehmensvermögen (§ 38 Abs. 5 GWB). Relevant sind also die auf den Erwerber und das Zielvermögen entfallenden Umsätze. Beim **Kontrollerwerb** (§ 37 Abs. 1 Nr. 2 GBW) sind das oder die Kontrolle erwerbende(n) Unternehmen und das Unternehmen über das die Kontrolle erworben wird, Beteiligte.[452] Beim **Anteilserwerb** (§ 37 Abs. 1 Nr. 3 GWB) sind ebenfalls der Erwerber und das Unternehmen, dessen Anteile erworben werden, beteiligt. Beim **Anteilserwerb an Gemeinschaftsunternehmen** (§ 37 Abs. 1 Nr. 3 Satz 3 GWB) sind neben dem Gemeinschaftsunternehmen alle Unternehmen beteiligt, die an diesem (Kapital- oder Stimmrechts-) Anteile von mindestens 25 % halten. Im Fall von **wettbewerblich erheblichem Einfluss** (§ 37 Abs. 1 Nr. 4 GWB) sind die den Einfluss ausübenden und die dem Einfluss unterworfenen Unternehmen Beteiligte.

234

cc) Umsatzschwellen

Die Umsatzschwellen sind in § 35 Abs. 1 Nr. 1 und Nr. 2 GWB geregelt. Hiernach sind nur solche Zusammenschlüsse anzumelden, bei denen die beteiligten Unternehmen im letzten abgeschlossenen Geschäftsjahr vor dem Zusammenschluss insgesamt weltweite Umsatzerlöse von mehr als **500 Mio. €** erzielt haben (Nr. 1) und gleichzeitig mindestens eines der beteiligten Unternehmen in Deutschland mehr als **25 Mio. €** und ein anderes beteiligtes Unternehmen hier mehr als **5 Mio. €** erzielt hat (Nr. 2). Diese zweite Inlandsumsatzschwelle von **5 Mio. €** wurde erst 2009 eingeführt, um zum einen eine zu extensive Anwendung der deutschen Fusionskontrolle auf Auslandszusammenschlüsse, die sich nur gering in Deutschland auswirken, zu vermeiden. Zum anderen werden Inlandszusammenschlüsse zwischen einem Großunternehmen und einem anderen Unternehmen mit einem Umsatz von 5 Mio. € oder weniger ebenfalls nicht mehr von der deutschen Fusionskontrolle erfasst (unabhängig davon, ob das andere Unternehmen bislang einer größeren Unternehmensgruppe angehört hat; das ist der Unterschied zur de-minimis Klausel, siehe Rz. 238).[453]

235

---

452) *Kling/Thomas*, § 20 Rz. 53.
453) *Bechtold*, NJW 2009, 3699, 3702.

dd) Umsatzberechnung

236 Die Berechnung der Umsätze richtet sich nach § 38 GWB, wonach § 277 HGB anzuwenden ist. Daraus folgt, dass alle Umsätze der beteiligten Unternehmen aus der gewöhnlichen Geschäftstätigkeit einzubeziehen sind. Innenumsätze und Verbrauchsteuern bleiben gemäß § 38 Abs. 1 Satz 2 GWB außer Betracht und Erlösschmälerungen[454] werden abgezogen. Zu beachten ist, dass gemäß § 38 Abs. 2–4 GWB die Umsätze bei bestimmten Unternehmen branchenspezifisch in Ansatz gebracht werden, um unterschiedlichen Marktgegebenheiten ausreichend Rechnung zu tragen. So sind etwa die Umsätze von **Handelsunternehmen** nur zu drei Vierteln in Ansatz zu bringen (§ 38 Abs. 2 GWB). Dies gilt allerdings nur für reine Handelsgeschäfte, d. h. für von Dritten zum Zwecke des Weiterverkaufs erworbene Waren. Für den Verlag, die Herstellung oder den Vertrieb von **Zeitungen und Zeitschriften** sowie deren Bestandteile ist das Zwanzigfache der Umsatzerlöse anzusetzen (§ 38 Abs. 3 GWB). Das Gleiche gilt für die Herstellung, den Vertrieb oder die Veranstaltung von **Rundfunkprogrammen** sowie den **Absatz von Rundfunkwerbezeiten**. Nach § 38 Abs. 4 GWB tritt bei **Kreditinstituten, Finanzinstituten und Bausparkassen** an die Stelle der Umsatzerlöse der Gesamtbetrag der in § 34 Abs. 2 Satz 1 Nr. 1 lit. a–e der Verordnung über die Rechnungslegung der Kreditinstitute vom 10.2.1992 (BGBl. I, 203) genannten Erträge abzüglich der Umsatzsteuer oder sonstiger auf diese Erträge erhobener Steuern.

c) Ausnahmen nach den sog. Toleranzklauseln

237 § 35 Abs. 2 GWB nennt zwei Fälle, in denen die Zusammenschlusskontrolle ausgeschlossen ist, obwohl die Umsatzschwellen von § 35 Abs. 1 GWB erreicht sind. Die Ausnahmetatbestände haben in der europäischen Fusionskontrolle keine unmittelbare Parallele.[455]

aa) De-minimis-Klausel

238 Nach § 35 Abs. 2 Satz 1 Nr. 1 GWB findet die formelle und materielle Zusammenschlusskontrolle keine Anwendung, soweit sich ein Unternehmen, das nicht abhängig i. S. v. § 36 Abs. 2 GWB[456] ist und im letzten Geschäftsjahr weltweit Umsatzerlöse von weniger als **10 Mio. €** erzielt hat, mit einem anderen Unternehmen zusammenschließt. Die de-minimis-Klausel verfolgt einen wirtschaftspolitischen Zweck und soll insbesondere die Sanierung von mittelständischen Unternehmen erleichtern. Damit betrifft sie in der Praxis häufig

---

454) Das sind Preisnachlässe und zurückgewährte Entgelte.
455) *Kellermann* in: Immenga/Mestmäcker, § 25 GWB Rz. 13.
456) Diese ist immer dann gegeben, wenn die Voraussetzungen von § 17 AktG erfüllt sind, d. h. ein Unternehmen unmittelbar oder mittelbar einen beherrschenden Einfluss auf ein anderes Unternehmen ausüben kann.

den Fall, dass die Zielgesellschaft ein Kleinunternehmen ist.[457] Entgegen dem Wortlaut ist die Vorschrift aber auch auf ein abhängiges Unternehmen anwendbar, wenn sein Umsatz einschließlich des Umsatzes des beherrschenden Unternehmens weniger als 10 Mio. € beträgt.[458] Schließlich enthält § 35 Abs. 2 Satz 2 GWB eine Rückausnahme, wonach die de-minimis-Klausel bei Zusammenschlüssen von Presseunternehmen keine Anwendung findet, soweit durch den Zusammenschluss der Wettbewerb beim Verlag, bei der Herstellung oder beim Vertrieb von Zeitungen oder Zeitschriften oder deren Bestandteilen beschränkt wird.

bb) Bagatellmarktklausel

Nach § 35 Abs. 2 Satz 1 Nr. 2 GWB findet die formelle und materielle Zusammenschlusskontrolle soweit keine Anwendung, als sich der Zusammenschluss auf einen Markt bezieht, auf dem innerhalb des letzten Kalenderjahres weniger als **15 Mio. €** umgesetzt wurden. Sinn und Zweck dieser sog. *Bagatellmarktklausel* ist es, Vorhaben, die lediglich einen gesamtwirtschaftlich unbedeutenden Markt betreffen, von der Fusionskontrolle auszunehmen.[459] Damit aber neu entstehende Märkte nicht pauschal von der Zusammenschlusskontrolle ausgenommen werden, muss der Markt seit mindestens **5 Jahren** existieren.[460]

239

Nach der neuen Rechtsprechung des BGH kommt es für die Marktgröße allein auf den relevanten Markt in Deutschland an, auch wenn der räumlich relevante Markt eigentlich darüber hinaus geht.[461] Wird die Bagatellschwelle nur unter Berücksichtigung von Umsätzen überschritten, die im Ausland – wenn auch auf demselben relevanten Markt – erzielt wurden, so muss der Zusammenschluss nicht angemeldet werden. Betrifft ein Zusammenschlussvorhaben allerdings mehrere räumlich benachbarte und strukturell gleichartige Märkte und sind diese durch flächendeckende Organisationsstrukturen seitens der Zusammenschlussbeteiligten abgedeckt, so addiert das BKartA in seiner Praxis die Umsätze auf diesen Märkten (sog. *Bündeltheorie*).[462] Dadurch liegt kein Bagatellmarkt mehr vor. Betrifft das Zusammenschlussvorhaben dagegen mehrere sachlich relevante Märkte, erfolgt die Bagatellmarktprüfung für jeden einzelnen Markt separat; eine Anmeldung kann dann für größere Märkte erforderlich sein, für kleinere nicht.

240

---

457) Kling/Thomas, § 20 Rz. 67.
458) *BKartA*, Merkblatt zur deutschen Fusionskontrolle Juli 2005 Nr. 1.2, S. 4; *Mestmäcker/Veelken* in: Immenga/Mestmäcker, § 35 GWB Rz. 26.
459) BGH, WuW/E DE-R 1797, 1798, *Deutsche Bahn/KVS Saarlouis*.
460) Regierungsbegründung zum 2. Entwurf der 4.GWB-Novelle (1978), BT-Drucks. 8/2136, S. 23.
461) BGHZ 174, 12, 16 ff., *Sulzer/Kelmix*.
462) BGH, WuW/E DE-R 1797, 1798, *Deutsche Bahn/KVS Saarlouis*; BGH, WuW/E BGH 3037, 3042 f., *Raiffeisen*.

241 Eine weitere Folge der Bagatellmarktklausel ist, dass sie der gelegentlich festgestellten Praxis des BKartA, die Märkte eng zu definieren, Grenzen setzt, da bei Annahme enger Märkte die Zusammenschlusskontrolle ausgeschlossen sein kann.[463]

III. Materielle Untersagungsvoraussetzungen

1. Allgemein

242 Liegt ein Zusammenschluss gemäß § 37 GWB vor, der die Umsatzschwellen gemäß § 35 GWB überschreitet, muss das Vorhaben gemäß § 39 GWB vor dem BKartA **angemeldet** werden und darf bis zu einer Freigabeentscheidung des BKartA nicht vollzogen werden (**Vollzugsverbot** gemäß § 41 Abs. 1 GWB). Gelangt das BKartA zu dem Ergebnis, dass durch den Zusammenschluss eine marktbeherrschende Stellung gemäß § 36 GWB entsteht oder verstärkt wird, so muss es diesen untersagen. Etwas anderes gilt nur dann, wenn die beteiligten Unternehmen nachweisen, dass der Zusammenschluss auch Verbesserungen der Wettbewerbsbedingungen auf Märkten mit sich bringt, auf denen die marktbeherrschende Stellung nicht entsteht oder verstärkt wird.[464] Diese Verbesserungen müssen die Nachteile durch die Marktbeherrschung überwiegen, § 36 Abs. 1 GWB.

243 Der Prüfungsaufbau in § 36 Abs. 1 GWB entspricht dem in Art. 2 FKVO:

- Zunächst sind die relevanten Märkte abzugrenzen,
- dann ist zu prüfen, welche Art von Zusammenschluss vorliegt, und
- letztlich gilt es zu untersuchen, ob die Untersagungsvoraussetzungen des § 36 Abs. 1 GWB vorliegen.

2. Marktabgrenzung

244 Die marktbeherrschende Stellung muss sich immer auf einen bestimmten **sachlichen und räumlichen Markt** beziehen. Die Fähigkeit zur Marktbeherrschung wird entscheidend durch das Fehlen von hinreichenden Wahl- und Ausweichmöglichkeiten der Marktgegenseite bestimmt.[465] Die Schlüsselfunktion der Zusammenschlusskontrolle kommt deswegen der Marktabgrenzung zu. Sie ist für jeden Einzelfall mit großer Sorgfalt vorzunehmen.

a) Sachlich relevanter Markt

245 Wie nach der FKVO ist zunächst der sachlich relevante Markt abzugrenzen. Hierfür ist zunächst festzustellen, ob ein Unternehmen als Anbieter oder als

---

463) *Wiedemann* in: Wiedemann, Handbuch des Kartellrechts, § 20 Rz. 5.
464) *Mestmäcker/Veelken* in: Immenga/Mestmäcker, § 36 GWB Rz. 325.
465) *Wiedemann* in: Wiedemann, Handbuch des Kartellrechts, § 20 Rz. 6.

D. Deutsches Kartellrecht

Nachfrager von Waren oder gewerblichen Leistungen auftritt. Die Märkte sind mithin in **Angebots- und Nachfragemärkte** aufzuteilen, wobei die Angebotsmärkte in der Zusammenschlusskontrolle in aller Regel eine größere Rolle spielen. Kriterien für die Marktabgrenzung sind die **Nachfragesubstituierbarkeit** (das sog. *Bedarfsmarktkonzept*, ggf. ergänzt um den SSNIP-Test bzw. die Frage der Kreuzpreiselastizität[466]) und die **Angebotssubstituierbarkeit**. Es kann insoweit auf das Kapitel zum Europäischen Kartellrecht (B) verwiesen werden (vgl. Rz. 77 ff.).

b) Räumlich relevanter Markt

Die marktbeherrschende Stellung bezieht sich immer auf ein bestimmtes Gebiet. Die räumliche Marktabgrenzung richtet sich dabei grundsätzlich nach den gleichen Kriterien wie die sachliche Marktabgrenzung: Maßgeblich ist die funktionelle Austauschbarkeit aus Sicht der Nachfrager.[467] Seit seiner *Staubsaugerbeutelmarkt*-Entscheidung[468] begrenzt der BGH den Markt nicht mehr auf das Gebiet der Bundesrepublik, sondern stellt eine ökonomische Betrachtung an.[469] Der Markt kann damit größer sein als Deutschland, gleichzeitig kann er sich auf regionale und lokale Teilmärkte beschränken oder auch nur das Gebiet einer einzelnen Gemeinde umfassen. Im Übrigen richtet sich die Abgrenzung des räumlich relevanten Marktes nach den im EG-Recht geltenden Grundsätzen, auf die hier ebenfalls zu verweisen ist (siehe Rz. 81 ff.).

246

3. Begründung oder Verstärkung einer marktbeherrschenden Stellung

Zentraler materieller Prüfungspunkt ist die Frage nach der Begründung oder Verstärkung einer marktbeherrschenden Stellung gemäß §§ 36 Abs. 1, 19 Abs. 2 GWB. Ein Unternehmen hat eine marktbeherrschende Stellung, wenn es ohne Wettbewerber ist, keinem wesentlichen Wettbewerb ausgesetzt ist oder eine überragende Marktstellung hat. Neben dieser **Einzelmarktbeherrschung** können auch mehrere Unternehmen zusammen marktbeherrschend sein (**oligopolistische beherrschende Stellung**), wenn zwischen ihnen wesentlicher Binnenwettbewerb nicht mehr besteht und sie in ihrer Gesamtheit die Voraussetzungen von § 19 Abs. 2 Satz 1 GWB erfüllen.[470]

247

---

466) Letztere Verfahren spielen in der Rechtspraxis zum GWB aber eine weniger bedeutende Rolle als im EG-Kartellrecht.
467) BGH, NJW-RR 1988, 1069, 1070, *Sonderungsverfahren*.
468) BGH, WuW/E DE-R 1355, 1357, *Staubsaugerbeutelmarkt*.
469) Anders noch in seiner *Backofenmarkt*-Entscheidung, BGH, NJW 1996, 595, 596 f. Jetzt gesetzlich verankert in § 19 Abs. 2 Satz 3 GWB.
470) *Kling/Thomas*, § 18 Rz. 55.

§ 11 Kartellrecht

a) Die Kriterien zur Ermittlung einer marktbeherrschenden Stellung

248 Ausgangspunkt einer jeden Marktbeherrschungsprüfung sind die **Marktanteile** der beteiligten Unternehmen. Dabei wird gemäß § 19 Abs. 3 GWB eine an Marktanteile anknüpfende **widerlegliche Vermutung** aufgestellt. Eine Einzelmarktbeherrschungsvermutung greift ab einem Marktanteil von 1/3. Ein marktbeherrschendes Oligopol wird vermutet, wenn drei oder weniger Unternehmen über einen gemeinsamen Marktanteil von 50 % oder wenn fünf oder weniger Unternehmen über einen gemeinsamen Marktanteil von 2/3 verfügen.

249 Bei der Zusammenschlusskontrolle kommt es auf die zu erwartende Stellung des Unternehmens auf dem Markt an. Insofern ist eine **Prognoseentscheidung** vorzunehmen. Zu prüfen ist, wie sich die Strukturveränderungen auf die Markt- und Wettbewerbsbedingungen auswirken werden. Das BKartA stellt auf seiner Homepage[471] ein Merkblatt über die *„Auslegungsgrundsätze zur Prüfung von Marktbeherrschung"* zur Verfügung (welches allerdings derzeit (2010) überarbeitet wird).

b) Die Formen marktbeherrschender Stellungen

250 Zu unterscheiden sind die verschiedenen Formen der Marktbeherrschung: Ein Vollmonopol (§ 19 Abs. 2 Satz 1 Nr. 1 Alt. 1 GWB), ein Quasi-Monopol (§ 19 Abs. 2 Satz 1 Nr. 1 Alt. 2 GWB) und eine überragende Marktstellung (§ 19 Abs. 2 Satz 1 Nr. 2 GWB).

251 **Vollmonopole**, d. h. Marktsituationen in denen Unternehmen ohne Wettbewerber sind, sind selten und treten meist als natürliche Monopole auf.[472]

252 Das Bestehen eines **Quasi-Monopols** setzt voraus, dass ein Unternehmen *„keinem wesentlichen Wettbewerb"* ausgesetzt ist. Hierbei handelt es sich um einen unbestimmten Rechtsbegriff, bei dessen Auslegung die gesamten Marktverhältnisse zu berücksichtigen sind. Unschwer feststellbar ist eine Marktbeherrschung etwa dann, wenn 80 % der Marktanteile oder mehr bei einem Unternehmen verbleiben.[473] Darüber hinaus lässt sich prinzipiell sagen, dass es dann an einem wesentlichen Wettbewerb fehlt, wenn das Unternehmen sein Verhalten im Wesentlichen selbst bestimmen kann, ohne auf Wettbewerber, Abnehmer oder Lieferanten Rücksicht nehmen zu müssen.[474]

253 Die Beurteilung der Frage, ob eine marktbeherrschende Stellung in Form **einer überragenden Marktstellung** vorliegt, richtet sich nach den Kriterien in § 19 Abs. 2 Satz 1 Nr. 2 GWB (diese entsprechen denen, die für das EG-Recht gelten. Es ist insoweit auf die Ausführungen in Rz. 91 ff. zu verweisen). Entschei-

---

471) http://www.bundeskartellamt.de.
472) BGH, WuW/E BGH 647, 649, *Rinderbesamung*.
473) *Wiedemann* in: Wiedemann, Handbuch des Kartellrechts, § 20 Rz. 45.
474) BGH, WuW/E BGH 1949, 1951 ff., *Braun-Almo*.

dend ist, dass eine Gesamtschau aller relevanten Umstände ergibt, dass das Unternehmen *„einen überragenden (einseitigen) Verhaltensspielraum bei der Entwicklung von Marktstrategien oder auch bei dem Einsatz einzelner Aktionsparameter"* besitzt.[475]

c) Kausalität

Die Entstehung oder Verstärkung einer marktbeherrschenden Stellung muss kausal i. S. d. *conditio sine qua non* auf den Zusammenschluss zurückzuführen sein. Dabei genügt bereits eine geringe Verstärkungswirkung, je nachdem wie stark der Wettbewerb schon vor dem Zusammenschluss beschränkt war. Im Einzelfall kann die Kausalität fehlen, wobei der relevanteste Fall hier die Sanierungsfusion ist (siehe Rz. 118).[476] 254

d) Verhältnis zur europäischen Zusammenschlusskontrolle

Die europäische Zusammenschlusskontrolle stellt nicht auf die Frage der marktbeherrschenden Stellung, sondern auf den sog. *SIEC-Test* ab, in welchem es auf die *„erhebliche Behinderung wirksamen Wettbewerbs"* ankommt. Systematisch ist die deutsche Zusammenschlusskontrolle einfacher, da die Marktbeherrschungsprüfung abschließend ist und nicht wie in Art. 2 Abs. 2, 3 FKVO lediglich ein Regelbeispiel darstellt. In Art. 2 Abs. 2, 3 FKVO wird als Regelbeispiel jedoch die *„Begründung oder Verstärkung einer marktbeherrschenden Stellung"* genannt. Hinsichtlich der Auslegung des Tatbestandsmerkmales kann demnach ergänzend auf die Ausführungen in C. II. 4 c) (Rz. 85 ff.) verwiesen werden. 255

4. Die Abwägungsklausel

Gemäß § 36 Abs. 1 Halbs. 2 GWB ist hinsichtlich der Wirkungen des Zusammenschlusses eine wettbewerbliche Gesamtwürdigung vorzunehmen. Die beteiligten Unternehmen können demnach nachweisen, 256

> „dass durch den Zusammenschluss auch Verbesserungen der Wettbewerbsbedingungen eintreten und dass diese Verbesserungen die Nachteile der Marktbeherrschung überwiegen."

Berücksichtigt werden dabei nur Verbesserungen, die sich gerade auf die Marktstruktur beziehen. Eine relevante Verbesserung ist etwa dann gegeben, wenn zwar auf einem Markt eine Marktbeherrschung begründet oder verstärkt wird, zugleich aber eine beherrschende Stellung auf einem anderen Markt angegriffen wird.

---

475) BGH, WuW/E BGH 1435, 1439, *Vitamin B-12*; BGH, WuW/E BGH 1445, 1449, *Valium*.
476) *Mestmäcker/Veelken* in: Immenga/Mestmäcker, § 42 GWB Rz. 44 ff.

IV. Verfahren
1. Allgemein

257 Das Verfahren der Zusammenschlusskontrolle ist ein Verwaltungsverfahren gemäß §§ 54 ff. GWB. Zuständig ist – abgesehen von der Ministererlaubnis – ausschließlich das BKartA. Bei der Entscheidung über das Vorliegen der Tatbestandsvoraussetzungen hat es einen gerichtlich uneingeschränkt nachprüfbaren Beurteilungsspielraum. Auf der Rechtsfolgenseite handelt es sich um eine gebundene Entscheidung: Liegen die Voraussetzungen einer Untersagung vor, so hat das BKartA keinerlei Ermessensspielraum; es muss den Zusammenschluss untersagen.

2. Die Anmeldung
a) Adressaten der Anmeldepflicht

258 Adressaten der Anmeldepflicht sind die beteiligten Unternehmen (vgl. Rz. 134). Bei einem Vermögens- oder Anteilserwerb trifft die Anmeldepflicht gemäß § 39 Abs. 2 Nr. 2 GWB auch den Veräußerer, obwohl er nicht am Zusammenschluss beteiligt ist. Ziel dieser Regelung ist es, dem BKartA einen umfassenden Überblick über den Zusammenschluss zu verschaffen. Es macht daher für die Erfüllung der Anmeldepflicht keinen Unterschied, ob jeder Verfahrensbeteiligte für sich, alle gemeinschaftlich oder nur einer für sich anmeldet.[477] In der Praxis kommt es so gut wie nicht vor, dass jedes Unternehmen eine eigene, alle Angaben des § 39 Abs. 3 GWB enthaltende Anmeldung vornimmt. Vielmehr wird die Anmeldung durch alle Verpflichteten gemeinsam vorgenommen, in der Regel durch den Erwerber bzw. dessen Verfahrensbevollmächtigten. Die Verpflichteten stimmen sich dabei (über die Verfahrensbevollmächtigten auf anwaltsvertraulicher Basis) miteinander ab, da nur sie gemeinsam in der Lage sind, die vom BKartA geforderten Angaben beizubringen.[478] Dies ist auch i. S. d. BKartA, denn so erhält es alle relevanten Informationen zusammengefasst in einem Dokument. Das OLG Düsseldorf meint gleichwohl, jedes anmeldepflichtige Unternehmen müsse gesondert und ohne Rücksicht auf Anmeldungen und Angaben Dritter einen Zusammenschluss anmelden.[479] Diese eigene Anmeldung könne nur durch einen hierzu förmlich *„bevollmächtigten Dritten"* oder durch eine Anmeldung *„eines beteiligten Unternehmens im Namen aller Anmeldepflichtigen"* ersetzt werden. Rein faktisch ändert dies aber nichts daran, dass die Anmeldung durch ein beteiligtes Unternehmen (bzw. dessen Verfahrensbevollmächtigten) *„in Abstimmung mit allen beteiligten Unternehmen"* hinreicht, um eine vollständige Anmeldung einzureichen, die Fristen der Fusionskontrolle ins Laufen zu bringen und eine Freigabeentscheidung zu er-

---

477) *Riesenkampff/Lehr* in: Loewenheim/Meessen/Riesenkampff, § 39 GWB Rz. 11.
478) *Wagner*, WuW 2010, 38.
479) OLG Düsseldorf, WuW/E DE-R 1881, 1882, *Du Pont/Pedex.*

D. Deutsches Kartellrecht

halten. Allerdings – so betont auch das OLG Düsseldorf – gibt es hinsichtlich der Verfahrensstellung (Zustellung, etc.) einen Unterschied zwischen (nur) beteiligtem and anmeldendem Unternehmen.

Im Ergebnis haftet jeder Anmeldepflichtige für die Erfüllung der gesetzlichen Pflichten.[480] Wird das Zusammenschlussvorhaben unrichtig oder unvollständig angemeldet, so können sich die untätig gebliebenen Unternehmen nicht darauf berufen, dass sie die Anmeldepflicht einem anderen Anmeldepflichtigen überlassen haben.[481] 259

Im Innenverhältnis zwischen den Anmeldepflichtigen übernimmt der Erwerber meist vertraglich die Verpflichtung, den Veräußerer zu informieren, ihm die Korrespondenz (ggf. in nicht-vertraulicher Fassung) zu übermitteln und etwaige Maßnahmen, ggf. auch in Bezug auf Auflagen und Bedingungen mit ihm abzustimmen. 260

b) Inhaltliche Anforderungen an die Anmeldung

Ist das Zusammenschlussvorhaben in seiner endgültigen Struktur vollständig erkennbar, ist es anmeldefähig. Dabei müssen die Verträge noch nicht unterzeichnet sein. Auch sind weder ein MoU noch ein LOI erforderlich. In jedem Fall sind die beteiligten Unternehmen gemäß § 39 GWB **vor dem Vollzug** des Zusammenschlusses verpflichtet, diesen beim BKartA anzumelden. Inhaltlich muss die Anmeldung alle Angaben gemäß § 39 Abs. 3 GWB enthalten. Dies umfasst: 261

- die Art des Zusammenschlusstatbestandes,
- die Firma oder sonstige Bezeichnung des beteiligten Unternehmens,
- den Ort der Niederlassung oder Sitz der Gesellschaft,
- die Art des Geschäftsbetriebs,
- die Umsatzerlöse im Inland, in der EU und weltweit,
- bei Kreditinstituten, Finanzinstituten und Bausparkassen anstelle der Umsatzerlöse den Gesamtbetrag der Erträge und bei Versicherungsunternehmen die Prämien,
- die Marktanteile einschließlich der Grundlage für die Berechnung oder Schätzung soweit ein Anteil von mindestens 20 % auf irgendeinem Markt innerhalb Deutschlands erreicht wird,
- beim Erwerb von Anteilen an einem anderen Unternehmen die Höhe der erworbenen und der insgesamt gehaltenen Beteiligungen,
- eine zustellungsbevollmächtigte Person im Inland, sofern sich der Sitz eines Unternehmens nicht im Geltungsbereich dieses Gesetzes befindet.

---

480) *Mestmäcker/Veelken* in: Immenga/Mestmäcker, § 39 GWB Rz. 12.
481) OLG Düsseldorf, WuW/E DE-R 1881, 1882 f., *Du Pont/Pedex*.

262 Das BKartA hat hierzu auf seiner Homepage ein Formblatt veröffentlicht. Dieses geht zwar über den Katalog in § 39 Abs. 3 GWB hinaus; es soll jedoch sicherstellen, dass dem BKartA alle erforderlichen Informationen von Anfang an vorliegen. Erforderlich ist dies jedoch nicht und es wird in der Praxis auch nur selten verwendet. Zusätzlich zu den nach § 39 Abs. 3 GWB erforderlichen Angaben hat das BKartA gemäß § 39 Abs. 5 GWB gegenüber den beteiligten Unternehmen ein besonderes Auskunftsrecht hinsichtlich ihrer Marktanteile und Umsätze.

263 Wird ein Zusammenschluss nicht richtig oder nicht vollständig angemeldet, stellt dies gemäß § 81 Abs. 2 Nr. 3 GWB eine bußgeldbewehrte Ordnungswidrigkeit dar. Wird der Zusammenschluss überhaupt nicht angemeldet, so begründet dies erst Recht eine Ordnungswidrigkeit wegen Verstoß gegen das Vollzugsverbot.

264 Eine separate Anmeldung entfällt nur, wenn ein Zusammenschluss gemäß § 39 Abs. 4 GWB von der Kommission an das BKartA zur Prüfung verwiesen wird und dem BKartA die oben genannten Angaben in deutscher Sprache vorliegen.

265 Anmeldungen **nach Vollzug** des Zusammenschlusses werden vom BKartA nicht mehr akzeptiert. Vielmehr behandelt das BKartA solche *„Anmeldungen"* als bloße **Vollzugsanzeige** und leitet ein Entflechtungsverfahren nach § 41 Abs. 3 GWB (ggf. auch ein Bußgeldverfahren) ein.[482] Eine solche Vollzugsanzeige ist dem BKartA gemäß § 39 Abs. 6 GWB immer zu machen und zwar unverzüglich[483] nach Vollzug des Zusammenschlusses, auch wenn zuvor gegen die Anmeldepflicht verstoßen wurde. Sie dient der umfassenden Konzentrationsbeobachtung.[484]

3. Gang des Verfahrens

266 Das Verfahren der Zusammenschlusskontrolle unterteilt sich in zwei Abschnitte: Das **Vorprüfverfahren** und das **Hauptprüfverfahren.**

267 Das Vorprüfverfahren beginnt mit der vollständigen Anmeldung beim BKartA, § 40 Abs. 1 Satz 1 GWB. Das BKartA hat binnen einer Frist von **einem Monat** zu entscheiden, ob es in eine vertiefte Prüfung eintritt und damit das Hauptverfahren eröffnet oder ob es eine Freigabe erteilt. Im Vorprüfverfahren werden in der Regel nur *„unproblematische Fälle"* abgeschlossen. Kommt das BKartA zu der Entscheidung, dass der Zusammenschluss keine marktbeherrschende Stellung begründet oder verstärkt, gibt es das Zusammenschlussvorhaben durch eine formlose Verwaltungsmitteilung frei. In der Praxis erfolgt die Frei-

---

482) Mitteilung über die Behandlung nachträglich angemeldeter Zusammenschlüsse v. 13.5.2008, abrufbar unter http://www.bundeskartellamt.de.
483) Das bedeutet nach der Praxis des BKartA innerhalb von bis zu drei Monaten.
484) *Wiedemann* in: Wiedemann, Handbuch des Kartellrechts, § 21 Rz. 46.

gabemitteilung vorab per Telefax. Ergeht innerhalb der Monatsfrist überhaupt keine Entscheidung, greift die sog. *Freigabefiktion*. Der Zusammenschluss gilt als freigegeben und darf vollzogen werden.

Hat das BKartA hingegen Bedenken gegen den Zusammenschluss, eröffnet es das Hauptprüfverfahren und muss innerhalb einer Frist von **vier Monaten**, beginnend mit Eingang der vollständigen Anmeldung, entscheiden. Lässt das BKartA diese Frist verstreichen, so gilt der Zusammenschluss als freigegeben, § 40 Abs. 2 Satz 2 GWB. Gibt das BKartA den Zusammenschluss im Hauptprüfverfahren ausdrücklich frei, so hat diese Verfügung für etwa 3–5 Jahre Rechtskraft. In Ausnahmefällen muss das Vorhaben erneut angemeldet werden, wenn der Zusammenschluss innerhalb dieser Zeit nicht vollzogen wurde.[485]

268

4. Bedingungen und Auflagen

Das BKartA kann gemäß § 40 Abs. 3 Satz 1 GWB die nur im Hauptprüfverfahren als Verwaltungsakt ergehende Freigabeverfügung mit Bedingungen und Auflagen verbinden. Unzulässig sind Befristungen einer Freigabe.[486] In Betracht kommt etwa die Pflicht zur Veräußerung von Beteiligungen oder zur Stilllegung sowie zur Kündigung wettbewerbsbeschränkender Verträge. Gemäß den allgemeinen verwaltungsrechtlichen Grundsätzen wirken die Bedingungen sich unmittelbar auf die Wirksamkeit der Verfügung aus. Auflagen sind hingegen selbständige Verpflichtungen, die in ihrer Wirksamkeit und Vollstreckbarkeit von der Verfügung unabhängig sind. Die Auflagen dürfen dabei nicht derart ausgestaltet sein, dass sie die Unternehmen einer laufenden Verhaltenskontrolle unterstellen, § 40 Abs. 3 Satz 2 GWB. Damit sind im Gegensatz zu Verhaltenszusagen strukturelle Zusagen gefordert, d. h. solche, die sich im Ergebnis auf die Marktstruktur auswirken.

269

5. Ministererlaubnis

Gemäß § 42 GWB kann der Bundeswirtschaftsminister einen vom BKartA zuvor untersagten Zusammenschluss erlauben. Dies setzt zunächst voraus, dass entweder die gesamtwirtschaftlichen Vorteile des Zusammenschlusses die Wettbewerbsbeschränkung aufwiegen oder der Zusammenschluss durch ein überragendes Interesse der Allgemeinheit gerechtfertigt ist. Der Minister stützt seine Entscheidung damit anders als das BKartA auf **außerwettbewerbliche Gründe**. Darüber hinaus darf noch keine rechtskräftige Untersagungsverfügung des BKartA vorliegen, d. h. der Antrag ist innerhalb **eines Monats** ab Zustellung der Untersagung beim Bundeswirtschaftsministerium einzureichen, § 42 Abs. 3 Satz 1 GWB.

270

---

485) *Kling/Thomas*, § 20 Rz. 134.
486) *Wiedemann* in: Wiedemann, Handbuch des Kartellrechts, § 21 Rz. 104.

271 Der Minister soll seine Entscheidung vier Monate nach Eingang des Antrags treffen. Davor hat er ein Gutachten der Monopolkommission und die Stellungnahmen der zuständigen obersten Landesbehörden[487] einzuholen, § 42 Abs. 4 Satz 1 GWB.

272 Die Ministererlaubnis bleibt die **Ausnahme**. Seit ihrer Einführung 1973 hat es nur vierzehn Ministererlaubnis-Entscheidungen gegeben, von denen acht positiv ausgefallen sind.

6. Rechtsschutz
a) Voraussetzungen und Verfahren

273 Die am Verwaltungsverfahren **beteiligten Unternehmen** können gegen eine Untersagungsverfügung des BKartA Beschwerde erheben. Der Rechtsweg führt im Fall von Beschwerden gegen Verfügungen des BKartA vor die ordentlichen Gerichte, d. h. zu den Kartellsenaten des OLG Düsseldorf. Für die Zulässigkeit einer Beschwerde muss der Beschwerdeführer formell und materiell beschwert sein. Die formelle Beschwer ergibt sich aus der Ablehnung des gestellten Antrags.[488] Die materielle Beschwer setzt voraus, dass der Beschwerdeführer in seinen Interessen nachteilig berührt ist.[489]

274 **Dritte** sind zwar nach dem Wortlaut von § 63 Abs. 2 i. V. m. § 54 Abs. 2 Nr. 3 GWB nur dann beschwerdebefugt, wenn sie Beigeladene des Verwaltungsverfahrens sind. Der Beiladung Dritter ist aus verfahrensökonomischen Gründen jedoch Grenzen gesetzt, da die Sachaufklärung meist durch die Beiladung anderer Dritter mit ähnlichen Interessen gesichert ist.[490] Im Ergebnis würde dies zu einer zufälligen Beschwerdebefugnis Dritter führen und einen Verstoß gegen Art. 3 Abs. 1 GG darstellen. Daher sind nach Rechtsprechung des BGH abweichend vom Wortlaut ggf. auch nicht beigeladene Dritte beschwerdebefugt, wenn die Voraussetzungen für eine Beiladung vorgelegen haben.[491] Erforderlich ist zunächst, dass durch den Dritten ein Antrag auf Beiladung gestellt wurde, und zwar – nach der Rechtsprechung des BGH[492] – vor Erlass der Verfügungsentscheidung. Weiterhin muss geltend gemacht werden können, dass die Entscheidung den Dritten unmittelbar und individuell betrifft. Dies deckt sich

---

487) Das sind die, in dem die beteiligten Unternehmen ihren Sitz haben.
488) OLG Düsseldorf, WuW/E DE-R 1835, 1837 f., *Deutsche Börse/London Stock Exchange*.
489) BGH, WuW/E DE-R 1163, 1165, *HABET/Lekkerland*.
490) *Mestmäcker/Veelken* in: Immenga/Mestmäcker, § 40 GWB Rz. 120b.
491) BGH, WuW/E DE-R 1857, 1859, *pepcom*.
492) BGH, WuW/E DE-R 2728, 2729, *Versicherergemeinschaft*; die Entscheidung erging allerdings i. R. eines Kartellverfahrens nach § 1 GWB/Art. 101 AEUV, dürfte nach der Begründung des BGH allerdings übertragbar sein; kritisch dazu *Stancke*, WuW 2010, 642.

in der Sache mit den Voraussetzungen die das europäische Recht gemäß
Art. 263 Abs. 4 AEUV an die Klagebefugnis Drittbetroffener stellt.[493]

Das GWB regelt **drei Beschwerdearten:** Die Anfechtungsbeschwerde (§ 63 Abs. 1 GWB), die Verpflichtungsbeschwerde (§ 63 Abs. 3 GWB) und die Fortsetzungsfeststellungsbeschwerde (§ 71 Abs. 2 und Abs. 3 GWB). Es handelt sich um ein verwaltungsgerichtliches Verfahren, so dass ergänzend zu den Regelungen in § 63 GWB die VwGO und ggf. auch die ZPO hinzugezogen werden kann. Gegen die Entscheidung des OLG kann binnen Monatsfrist Rechtsbeschwerde beim BGH eingelegt werden. Diese bedarf der Zulassung durch das OLG, es sei denn es handelt sich um gerügte Verfahrensfehler, § 74 Abs. 1, 4 GWB. Die Überprüfung durch den BGH ist auf Rechtsfragen beschränkt und es gilt die 1-Monats-Frist gemäß § 76 Abs. 3 GWB. 275

b) Eilrechtsschutz

Die Beschwerde gegen eine Untersagungsverfügung entfaltet keine aufschiebende Wirkung, so dass die beteiligten Unternehmen weiterhin gehindert sind, den betreffenden Zusammenschluss zu vollziehen. Das BKartA kann nach entsprechendem **Antrag** im Wege **einstweiliger Anordnung** den Vollzug des Zusammenschlusses vorläufig gestatten (§§ 64 Abs. 3, 60 Nr. 1 GWB). 276

Dritten bietet sich die Möglichkeit, einen **Antrag auf Wiederherstellung der aufschiebenden Wirkung** zu stellen. Materiell müssen sie geltend machen, durch die Verfügung in ihren Rechten verletzt zu sein, § 65 Abs. 3 Satz 4 GWB.[494] Es wird also anders als im Hauptsacheverfahren eine subjektive Rechtsverletzung verlangt. An dieser wird es regelmäßig fehlen, da meist nur wirtschaftliche Interessen Dritter betroffen sind.[495] 277

V. Kartellverbot

1. Grundlagen

Neben der Fusionskontrolle kann das Kartellverbot nach § 1 GWB für internationale Unternehmenskäufe von Bedeutung sein. 278

§ 1 GWB verbietet wettbewerbsbeschränkende Vereinbarungen zwischen Unternehmen, Beschlüsse von Unternehmensvereinigungen und aufeinander abgestimmte Verhaltensweisen, die eine Verhinderung, Einschränkung oder Verfälschung des Wettbewerbs bezwecken oder bewirken. Dieses Kartellverbot hat eine eigenständige Bedeutung neben der Fusionskontrolle. Es erfasst in erster Linie **Gemeinschaftsunternehmen** sowie bestimmte **Vereinbarungen zur Durchführung von Unternehmenskäufen.** 279

---

493) BGH, WuW/E DE-R 1857, 1859, *pepcom.*
494) BGH, WuW/E DE-R 1857, 1858, *pepcom.*
495) BGH, WuW/E DE-R 1571, 1572, *Ampere.*

2. Internationaler Anwendungsbereich
a) Verhältnis zum unionsrechtlichen Kartellverbot

280 Durch die 7. GWB-Novelle wurde § 1 GWB im Wortlaut fast vollständig an Art. 101 Abs. 1 AEUV angepasst. Ziel war es, eine unterschiedliche, oft zu ihren Lasten ausgehende Behandlung kleiner und mittlerer Unternehmen zu vermeiden.[496]

281 Anders als im EG-Recht gibt es jedoch keine Zwischenstaatlichkeitsklausel. Demnach ist es für einen Kartellverstoß nach § 1 GWB nicht erforderlich, dass die Wettbewerbsbeschränkung geeignet ist, den zwischenstaatlichen Handel zu beeinträchtigen. Im Gegensatz zu Art. 101 AEUV erfasst § 1 GWB damit auch rein lokale Sachverhalte, die keine Auswirkung auf den zwischenstaatlichen Handel haben.

b) Verhältnis zu Drittstaaten

282 Ob das Kartellverbot auf Sachverhalte mit Auslandsbezug Anwendung findet, bestimmt sich – wie i. R. d. Zusammenschlusskontrolle – nach dem in § 130 Abs. 2 GWB verankerten **Auswirkungsprinzip**. Nach diesem kommt es allein darauf an, ob sich die Wettbewerbsbeschränkung, d. h. die wettbewerbsschädliche Verhaltenskoordinierung, im Geltungsbereich des Gesetzes auswirkt (allgemein dazu Rz. 194). Unbeachtlich ist somit, in welchen Staaten die an der Wettbewerbsbeschränkung beteiligten Unternehmen ihren Sitz haben oder wo die wettbewerbsbeschränkende Maßnahme veranlasst wurde. Der Begriff der Inlandsauswirkungen ist unter Berücksichtigung des Schutzzwecks der jeweils zur Anwendung berufenen Sachnorm zu konkretisieren. Hierbei ist der völkerrechtliche Grundsatz zu berücksichtigen, dass eine behördliche Kontrolle unternehmerischer Aktivitäten nur dann statthaft ist, wenn zwischen dem tätig werdenden Staat und dem zu regelnden Sachverhalt eine hinreichend enge Verbindung besteht (allgemein dazu Rz. 195).

283 Somit findet das Kartellverbot Anwendung, wenn eine Wettbewerbsbeschränkung in Bezug auf das Inland bezweckt oder bewirkt wird und der Vertrag auf Grund konkreter Umstände geeignet ist, die inländischen Marktverhältnisse **vorhersehbar und spürbar** zu beeinflussen.[497] Eine hinreichende Inlandsauswirkung kann dann bejaht werden, wenn die Verhaltenskoordinierung den inländischen Markt regelt. Dies ist etwa dann der Fall, wenn ein Gemeinschafts-

---

496) Begründung Regierungsentwurf 7. GWB-Novelle, BT-Drucks. 15/3640, S. 21.
497) *Rehbinder* in: Immenga/Mestmäcker, § 130 GWB Rz. 153, 172 ff. Im Detail sind die völkerrechtlich gebotenen Qualifikationen und Einschränkungen des Auswirkungsprinzips (Unmittelbarkeit, Spürbarkeit, objektive Vorhersehbarkeit, Interessenabwägung etc.) umstritten; eingehend dazu *Wagner-von Papp* in: Tietje, § 11 Rz. 43 ff.

D. Deutsches Kartellrecht

unternehmen auf dem deutschen Markt aktiv werden soll[498] oder ein Unternehmen durch ein Wettbewerbsverbot verpflichtet wird, sich vom deutschen Markt zurückzuziehen.[499]
Ist ein Zusammenschlussvorhaben fusionskontrollrechtlich anmeldepflichtig, kann folglich auch das Kartellverbot parallel Anwendung finden.

284

3. Die Anwendbarkeit von § 1 GWB auf Gemeinschaftsunternehmen

Bei der Beurteilung der Gründung eines Gemeinschaftsunternehmens (GU) ist neben der Zusammenschlusskontrolle auch immer an das Kartellverbot des § 1 GWB zu denken. Seit dem *Mischwerke*-Beschluss[500] folgt der BGH der Zweischrankentheorie, wonach stets eine Doppelkontrolle vorzunehmen ist.

285

Unstreitig verstößt die Gründung des GU gegen § 1 GWB, wenn hiermit hauptsächlich wettbewerbsbeschränkende Zwecke verfolgt werden und damit eine Kartellvereinbarung zwischen den Mutterunternehmen ersetzt wird. Wettbewerbsbeschränkende Vereinbarungen werden hingegen nicht von § 1 GWB erfasst, wenn sie notwendig sind, um das im Übrigen kartellrechtsneutrale GU in seinem Bestand und seiner Funktion zu erhalten und es davor zu schützen, dass ein Gesellschafter den Wettbewerb zugunsten seiner eigenen Konkurrenztätigkeit ausschaltet.[501] Ob ein GU kartellrechtsneutral ist, entscheidet sich danach, ob es ein **konzentratives** (= kartellrechtsneutrales) oder **kooperatives** GU ist. Ein GU ist konzentrativ, wenn es als *„selbständige Planungseinheit"* am Markt auftritt und nicht ausschließlich oder überwiegend auf dem Markt der Mutter tätig ist.[502] Sind die Mutterunternehmen hingegen weiterhin auf demselben Markt wie das GU tätig, so übernimmt das GU oft nur eine Teilfunktion des Mutternehmens. Dieses kooperative GU kann eine kartellrechtswidrige Zusammenarbeit zwischen den Müttern darstellen. Es bedarf aber einer gesonderten Prüfung unter dem Gesichtspunkt möglicher Ausnahmen und der Spürbarkeit. Hilfreich sind nach wie vor immer noch die Ausführungen des BKartA in seinem Tätigkeitsbericht 1978 über die Grundsätze zur Anwendung von § 1 GWB auf Gemeinschaftsunternehmen.[503]

286

---

498) *Bechtold* in: Bechtold, § 130 GWB Rz. 21; *Rehbinder* in: Immenga/Mestmäcker, § 130 GWB Rz. 269.
499) *Rehbinder* in: Immenga/Mestmäcker, § 130 GWB Rz. 197 (bezogen auf Marktaufteilungsabsprachen).
500) BGH, WuW/E BGH 2169, 2172, *Mischwerke*.
501) BGH, GRUR 2010, 84, 85, *Gratiszeitung Hallo*.
502) BGH, WuW/E BGH 2169, 2172, *Mischwerke*; BGH, WuW/E DE-R 711, 713, *Ostfleisch*.
503) *BKartA*, BT-Drucks. 8/2980, S. 23 ff., abrufbar unter http://www.bundeskartellamt.de.

4. Wettbewerbsverbot

287 Im Rahmen von Zusammenschlussvereinbarungen werden oft Wettbewerbsverbote als Nebenabreden vereinbart, so dass sich auch hier die Frage nach dem Verhältnis von Zusammenschlusskontrolle und Kartellverbot stellt.

288 Nach der europäischen Zusammenschlusskontrolle teilen Nebenabreden des Zusammenschlusses dessen rechtliche Beurteilung, wenn sie für sein Zustandekommen notwendig sind (Art. 6 Abs. 1 lit. b, Art. 8 Abs. 2 Unterabs. 2 Satz 2 FKVO). Sie können deshalb nicht separat nach Art. 101 AEUV aufgegriffen werden. Findet hingegen die deutsche Zusammenschlusskontrolle Anwendung (§§ 35 ff. GWB), so ist grundsätzlich auch die Vereinbarkeit mit § 1 GWB zu prüfen. Allerdings ist die Frage des Kartellverstoßes kein Bestandteil der Zusammenschlusskontrolle. Vielmehr obliegt es den Parteien, dies im Wege der **Selbsteinschätzung** eigenständig zu beurteilen.[504]

289 Im Grunde stellen **Wettbewerbsverbote** immer wettbewerbsbeschränkende Vereinbarungen dar. Wettbewerbsverbote können jedoch dazu dienen, sicherzustellen, dass der Erwerber den vollständigen Wert der ihm übertragenen materiellen und immateriellen Vermögenswerte erhält und sich eine eigene Marktstellung aufbauen kann.[505] Daher sind nicht sämtliche Wettbewerbsverbote in Unternehmenskaufverträgen verboten. Der BGH hat Kriterien entwickelt, anhand derer eine sorgfältige Abwägung zwischen den legitimen Zwecken transaktionsbezogener Wettbewerbsverbote und dem Kartellverbot erfolgt: Wettbewerbsverbote durch Nebenabreden sind danach mit § 1 GWB nur vereinbar, wenn sie erforderlich sind, um den Hauptzweck des an sich kartellrechtsneutralen Hauptgeschäfts zu verwirklichen.[506] Entscheidend ist dabei, ob das Wettbewerbsverbot räumlich, zeitlich und sachlich darauf beschränkt ist, den mit dem Vertrag verfolgten Zweck zu erreichen.[507]

290 Räumlich hat sich das Wettbewerbsverbot grundsätzlich auf das Gebiet zu beschränken, in dem der Veräußerer vor dem Unternehmenszusammenschluss

---

504) *Kling/Thomas*, § 20 Rz. 121.
505) BGH, WuW/E BGH 1898, 1990, *Holzpaneele*; Kommission, WuW/E EU-V 97, Rz. 17 u. 19; *Wagemann* in: Wiedemann, Handbuch des Kartellrechts, § 16 Rz. 210.
506) BGH, WuW/E DE-R 1119, 1123, *Verbundnetz II*.
507) BGH, GRUR 2009, 698, 699, *Subunternehmervertrag II*; BGH, WuW/E BGH 1600, 1602, *Frischbeton*.

D. Deutsches Kartellrecht

die jeweiligen Waren oder Dienstleistungen abgesetzt hat.[508] Die Beschränkung auf den bisherigen Absatzmarkt des Veräußerers erfolgt vor dem Hintergrund, dass davon ausgegangen werden kann, dass der Erwerber nur auf denjenigen Märkten vor Wettbewerb geschützt werden muss, auf denen der Veräußerer vor dem Zusammenschluss bereits tätig war. Unter besonderen Umständen kann das Wettbewerbsverbot jedoch auch auf Märke auszudehnen sein, auf denen der Veräußerer keine Präsenz gezeigt hat. Dies kann bspw. erforderlich sein, wenn der Veräußerer auf dem betreffenden Markt vor der Übernahme Investitionsmaßnahmen getätigt hat, um dort Geschäfte aufzunehmen.

Hinsichtlich der zeitlichen Begrenzung des Wettbewerbsverbots besteht weitgehend Uneinigkeit. Dies ist Frage des Einzelfalls, wobei von entscheidender Bedeutung ist, wie viel Zeit der Erwerber benötigt, um die Kundenbeziehungen des Veräußerers zu konsolidieren.[509] Nach neuerer Tendenz beträgt der zulässige Zeitraum – entsprechend den europäischen „*Vorgaben*" der Kommission (siehe oben Rz. 122) – zwei Jahre, a. A. erachten drei oder fünf Jahre als zulässig.[510] 291

Sachlich muss sich das Wettbewerbsverbot auf diejenigen Waren oder Dienstleistungen beschränken, die zum tatsächlichen Geschäftsgegenstand des veräußerten Unternehmens gehören. Auch muss das Wettbewerbsverbot auf diejenigen Produktmärkte begrenzt sein, auf denen der Veräußerer vor der Übertragung tätig war, da es eines Wettbewerbsschutzes auf anderen Märkten nicht bedarf. 292

Als notwendig für den Zusammenschluss werden nach der Rechtsprechung des Weiteren nur solche Wettbewerbsverbote angesehen, die der Veräußerer sich selbst, seinen Tochtergesellschaften oder Handelsvertretern auferlegt. Klauseln, die bspw. die Einfuhr- oder Ausfuhrberechtigungen von Wiederverkäufern, Nutzungsberechtigten oder sonstigen Dritten einschränken, sind dagegen nicht gerechtfertigt.[511] 293

---

508) *Kommission*, Bekanntmachung über Einschränkungen des Wettbewerbs, die mit der Durchführung von Unternehmenszusammenschlüssen unmittelbar verbunden und für diese notwendig sind, ABl. EU 2005 C 56/3 (Nebenabredenbekanntmachung), Rz. 22; *Kommission*, v. 6.6.1991, ABl. EU C 156 v. 14.6.1991, Rz. 16 i. V. m. Rz. 5, *VIAG/ Continental Can*; *Kommission*, v. 1.10.1993, ABl. EU C 273 v. 9.10.1993, Rz. 38 u. 41, *American Cynamid/Shell*; *Kommission*, v. 17.3.1995, ABl. EU C 105/7 v. 26.4.1995, Rz. 24, *British Steel/UES*; *Kommission*, v. 30.6.1995, ABl. EU C 272/5 v. 18.10.1995, Rz. 16, *Employers Reinsurance Corporation/Aachener Rückversicherungs-Gesellschaft AG*; *Kommission*, v. 29.5.1995, ABl. EU C 149/11 v. 16.6.1995, Rz. 16, *Seagram/MCA*; *Kommission*, v. 27.7.1995, ABl. EU C 207/11 v. 12.8.1995, *RWE-DEA/Enichem Augusta*; *Kommission*, v. 20.3.1996, ABl. EU C 113/10 v. 18.4.1996, Rz. 31, *Unilever/Diversey*.
509) BGH, WuW/E BGH 1898, *Holzpaneele*.
510) *Zimmer* in: Immenga/Mestmäcker, 3. Aufl., § 1 GWB Rz. 291.
511) *Henschen* in: Schulte, Rz. 1811.

294 Wie Wettbewerbsverbote sind auch Klauseln zu beurteilen, die es dem Veräußerer untersagen, Anteile an Konkurrenzunternehmen zu erwerben oder zu halten.[512] Abwehrverbote und Vertraulichkeitsklauseln werden grundsätzlich ebenfalls wie Wettbewerbsverbote behandelt.[513]

295 Als sonstige Nebenabreden kommen insbesondere Lizenzvereinbarungen sowie Bezugs- und Lieferpflichten in Betracht. Lizenzvereinbarungen können dann notwendig für die Durchführung des Zusammenschlusses sein, wenn der Erwerber nicht das für die Geschäftstätigkeit nötige geistige Eigentum erhalten soll, sondern nur Nutzungs- und Verwertungsrechte.[514] Für den Fall, dass das geistige Eigentum an den Erwerber übergeht, der Veräußerer aber weiter auf die Nutzung angewiesen ist, kann die Abrede einer Lizenzvereinbarung ebenfalls notwendig sein. Ob eine räumliche oder zeitliche Beschränkung der Lizenz zu erfolgen hat, beurteilt sich danach, ob sie dem Veräußerer, der in der Regel über eine gefestigte Marktposition verfügt, oder dem Erwerber, der eine solche erst aufbauen muss, erteilt wird.[515]

296 Auch eine Vereinbarung von Bezugs- und Lieferpflichten kann notwendig sein, um den mit dem Zusammenschluss verfolgten Zweck zu erreichen. Es dürfen jedoch keine Ausschließlichkeitsbindungen begründet werden, oder einer der Parteien der Status eines Vorzugslieferanten oder -abnehmers eingeräumt werden. In Bezug auf die zeitliche und räumliche Beschränkung der Bezugs- und Lieferpflichten muss eine Orientierung am Einzelfall erfolgen.[516]

---

512) *Henschen* in: Schulte, Rz. 1814.
513) *Henschen* in: Schulte, Rz. 1815.
514) Vgl. *Kommission*, Nebenabredenbekanntmachung, Rz. 27.
515) Vgl. *Kommission*, Nebenabredenbekanntmachung, Rz. 29.
516) Vgl. *Kommission*, Nebenabredenbekanntmachung, Rz. 34.

Kapitel 4 Grenzüberschreitende Strukturmaßnahmen

§ 12 Grenzüberschreitende Sitzverlegung

Übersicht

A. Einleitung 1
B. Fallgruppen 4
C. Kapitalgesellschaften 6
I. Verlegung des Verwaltungssitzes in das Ausland 7
  1. Keine staatsvertraglichen Verbindungen zum Zuzugsstaat 7
  2. EU-/EWR-Staat ist Zuzugsstaat 13
  3. Staatsvertraglich verbundener Staat ist Zuzugsstaat 17
II. Verlegung des Satzungssitzes in das Ausland 20
  1. Keine staatsvertraglichen Verbindungen zum Zuzugsstaat 20
  2. EU-/EWR-Staat ist Zuzugsstaat 22
  3. Staatsvertraglich verbundener Staat ist Zuzugsstaat 25
III. Verlegung des Verwaltungssitzes nach Deutschland 26
  1. Keine staatsvertraglichen Verbindungen zum Wegzugsstaat 26
  2. EU-/EWR-Staat ist Wegzugsstaat 31
  3. Staatsvertraglich verbundener Staat ist Wegzugsstaat 36
IV. Verlegung des Satzungssitzes nach Deutschland 37
  1. Keine staatsvertraglichen Verbindungen zum Wegzugsstaat 37
  2. EU-/EWR-Staat ist Wegzugsstaat 40
  3. Staatsvertraglich verbundener Staat ist Wegzugsstaat 42
V. Sitzverlegung zwischen Drittstaaten 43
D. Personengesellschaften 44
I. Anknüpfung 45
II. Niederlassungsfreiheit und EU-Auslandsgesellschaften 46
III. Deutsche Personengesellschaften 47
E. Societas Europaea und Societas Privata Europaea 52

Literatur: *Armbrüster*, Das BGH-Urteil zur GbR – Konsequenzen für die Praxis, Das Grundeigentum 2001, 821; *Arnold*, HV-Praxis – Fragen sind in der HV mündlich zu stellen, AG-Report 2007, R488; *Bayer/Schmidt*, Grenzüberschreitende Sitzverlegung und grenzüberschreitende Restrukturierungen nach MoMiG, Cartesio und Trabrennbahn: Europäischer Rahmen, deutsche lex lata und rechtspolitische Desiderata, ZHR 173 (2009), 735; *Behme/Nohlen*, Zur Wegzugsfreiheit von Gesellschaften – Der Schlussantrag von Generalanwalt Maduro in der Rechtssache Cartesio (C-210/06), NZG 2008, 496; *Bessenich*, Die grenzüberschreitende Fusion nach den Bestimmungen des IPRG und des OR, Basel 1991; *Binz/Mayer*, Die ausländische Kapitalgesellschaft & Co.KG im Aufwind? – Konsequenzen aus dem Überseering-Urteil des EuGH v. 5.11.2002 – Rs. C-208/00, GmbHR 2003, 249; *Blümich*, EStG, KStG, GewStG, Kommentar, 104. Erg.-Lfg., Stand: 9/2009 (zit.: *Bearbeiter* in: Blümich); *Bumiller/Harders*, Freiwillige Gerichtsbarkeit: FamFG, 9. Auflage 2009; *Däubler/Heuschmid*, Cartesio und MoMiG – Sitzverlagerung ins Ausland und Unternehmensmitbestimmung, NZG 2009, 493; *Derleder*, Die Aufgabe der monistischen Struktur der Gesellschaft bürgerlichen Rechts durch Verleihung der Rechtsfähigkeit, BB 2001, 2485; *Di Marco*, Der Vorschlag der Kommission für eine 14. Richtlinie: Stand und Perspektiven, ZGR 1999, 3; *Drygala*, Stand und Entwick-

§ 12 Grenzüberschreitende Sitzverlegung

lung des europäischen Gesellschaftsrechts, ZEuP 2004, 337; *Ebenroth*, Zur Sicherheitsleistung nach ZPO § 110 Abs. 2 Nr. 1, EWiR 1990, 827; *Ebke*, Gesellschaften aus Delaware auf dem Vormarsch: Der BGH macht's möglich, RIW 2004, 740; *Eidenmüller*, Wettbewerb der Gesellschaftsrechte in Europa – Zugleich Besprechung des Urteils des Europäischen Gerichtshofs vom 5.11.2002 in der Rechtssache C-208/00 (Überseering BV gegen Nordic Construction Company Baumanagement GmbH), ZIP 2002, 2233; *Fingerhuth/Rumpf*, MoMiG und die grenzüberschreitende Sitzverlegung – Die Sitztheorie ein (lebendes) Fossil?, IPRax 2008, 90; *Forsthoff*, EuGH fördert Vielfalt im Gesellschaftsrecht – Traditionelle deutsche Sitztheorie verstößt gegen Niederlassungsfreiheit, DB 2002, 2471; *Franz*, Internationales Gesellschaftsrecht und deutsche Kapitalgesellschaften im In- bzw. Ausland, BB 2009, 1250; *Franz/Laeger*, Die Mobilität deutscher Kapitalgesellschaften nach Umsetzung des MoMiG unter Einbeziehung des Referentenentwurfs zum internationalen Gesellschaftsrecht, BB 2008, 678; *Frobenius*, „Cartesio": Partielle Wegzugsfreiheit für Gesellschaften in Europa, DStR 2009, 487; *Gesmann-Nuissl*, Die Rechts- und Parteifähigkeit sowie Haftungsverfassung der Gesellschaft bürgerlichen Rechts nach dem Urteil des BGH, II ZR 331/00, WM 2001, 973; *von der Groeben/ Schwarze*, Kommentar zum Vertrag über die Europäische Union und zur Gründung der Europäischen Gemeinschaft, Band 1: Art. 1 –53 EUV, Art. 1–80 EGV, 6. Auflage 2003 (zit.: *Bearbeiter* in: von der Groeben/Schwarze); *Großfeld*, Die internationale Sitzverlegung, EWiR 1997, 1031; *Großfeld/König*, Weiterverweisung im schweizerischen Gesellschaftsrecht (zu OLG Frankfurt a. M., 24.4.1990 – 5 U 18/88), IPRax 1991, 379; *Großfeld/ König*, Identitätswahrende Sitzverlegung und Fusion von Kapitalgesellschaften in die Bundesrepublik Deutschland, RabelsZ 53 (1989), 52; *Habersack*, Europäisches Gesellschaftsrecht im Wandel: Bemerkungen zum Aktionsplan der EG-Kommission betreffend die Modernisierung des Gesellschaftsrechts und die Verbesserung der Corporate Governance in der Europäischen Union, NZG 2004, 1; *Habersack*, Die Anerkennung der Rechts- und Parteifähigkeit der GbR und der akzessorischen Gesellschafterhaftung durch den BGH, BB 2001, 477; *Halbhuber*, Überseering – Zum „Ende der Sitztheorie als Kompetenztheorie", ZEuP 2003, 422; *Heinze*, Arbeitsrechtliche Probleme bei der grenzüberschreitenden Sitzverlegung in der Europäischen Gemeinschaft, ZGR 1999, 54; *Hennrichs/Pöschke/von der Laage/Klavina*, Die Niederlassungsfreiheit der Gesellschaften in Europa: Eine Analyse der Rechtsprechung des EuGH und ein Plädoyer für eine Neuorientierung WM 2009, 2009; *Herrler*, Gewährleistung des Wegzugs von Gesellschaften durch Art. 43, 48 EG nur in Form der Herausumwandlung – Anmerkungen zum Urt. des EuGH v. 16.12.2008 – Rs. C-210/06 (Cartesio), DNotZ 2009, 484; *Hochrangige Gruppe von Experten auf dem Gebiet des Gesellschaftsrechts*, Bericht über Moderne Gesellschaftsrechtliche Rahmenbedingungen in Europa, 4.11.2002, abrufbar unter: http://ec.europa.eu/ internal_market/company/modern/index_de.htm; *Hommelhoff/Teichmann*, Eine GmbH für Europa: Der Vorschlag der EU-Kommission zur Societas Privata Europaea (SPE), GmbHR 2008, 897; *Hügel*, Steuerrechtliche Hindernisse bei der internationalen Sitzverlegung, ZGR 1999, 71; *van Hulle*, Aktionsplan zur Modernisierung des Gesellschaftsrechts und Stärkung der Corporate Governance, ZGR 2004, 484; *Kindler*, Internationales Gesellschaftsrecht 2009: MoMiG, Trabrennbahn, Cartesio und die Folgen, IPRax 2009, 189; *Kindler*, Ende der Diskussion über die so genannte Wegzugsfreiheit, NZG 2009, 130; *Kindler*, GmbH-Reform und internationales Gesellschaftsrecht: Auswirkungen auf grenzüberschreitend strukturierte Kapitalgesellschaften, AG 2007, 721; *Kindler*, Auf dem Weg zur Europäischen Briefkastengesellschaft? – Die „Überseering"-Entscheidung des EuGH und das internationale Privatrecht, NJW 2003, 1073; *Kindler*, Anerkennung der Scheinauslandsgesellschaft und Niederlassungsfreiheit, IPRax 2003, 41; *Kieninger*, ECLR: Niederlassungsfreiheit als Rechtswahlfreiheit – Besprechung der Entscheidung EuGH EuZW 1999, 216 – Centros Ltd/Erhvervs-og Selskabsstyrelsen, ZGR 1999, 724; *Knof/Mock*, Niederlassungsfreiheit und Wegzugsbeschränkungen, ZIP 2009, 30; *Kobelt*, Internationale Optionen deutscher Kapitalgesellschaften nach MoMiG, „Cartesio" und „Trabrennbahn" – zur Einschränkung der Sitztheorie, GmbHR 2009, 808; *Koch*, Freie Sitzwahl für Personenhandelsgesellschaften, ZHR 173 (2009), 101; *König/Bormann*, Die

§ 12 Grenzüberschreitende Sitzverlegung

Reform des Rechts der Gesellschaften mit beschränkter Haftung, DNotZ 2008, 652; *Kösters*, Rechtsträgerschaft und Haftung bei Kapitalgesellschaften ohne Verwaltungssitz im Gründungsstaat, NZG 1998, 241; *Leible/Hoffmann*, Cartesio – fortgeltende Sitztheorie, grenzüberschreitender Formwechsel und Verbot materiellrechtlicher Wegzugsbeschränkungen, BB 2009, 58; *Leible/Hoffmann*, Überseering und das (vermeintliche) Ende der Sitztheorie: Anmerkung zu EuGH, Urteil vom 5.11.2002 – Rs. C-208/00 – Überseering, RIW 2002, 925; *Leitzen*, Die GmbH mit Verwaltungssitz im Ausland, NZG 2009, 728; *Lutter*, Umwandlungsgesetz, 4. Auflage 2009 (zit.: *Bearbeiter* in: Lutter, UmwG); *Maul*, Vorschläge der Expertengruppe zur Reform des EU-Gesellschaftsrechts, DB 2003, 27; *Maul/Lanfermann/Eggenhofer*, Aktionsplan der Europäischen Kommission zur Reform des Europäischen Gesellschaftsrechts, BB 2003, 1289; *Maul/Röhricht*, Die Europäische Privatgesellschaft – Überblick über eine neue supranationale Rechtsform, BB 2008, 1574; *Meilicke*, Zum Vorschlag der Europäischen Kommission für die 14. EU-Richtlinie zur Koordinierung des Gesellschaftsrechts – Sitzverlegungs-Richtlinie, GmbHR 1998, 1053; *Mülbert/Schmolke*, Die Reichweite der Niederlassungsfreiheit von Gesellschaften – Anwendungsgrenzen der Artt. 43 ff. EGV bei kollisions- und sachrechtlichen Niederlassungshindernissen, ZVglRWiss 100 (2001), 233; *Mülsch/Nohlen*, Die ausländische Kapitalgesellschaft und Co. KG mit Verwaltungssitz im EG-Ausland, ZIP 2008, 1358; *Neye*, Die Regelung der grenzüberschreitenden Sitzverlegung – eine ungelöste Aufgabe des europäischen Gesetzgebers, in: Festschrift Schwark, 2009, S. 231; *Otte/Rietschel*, Freifahrschein für den grenzüberschreitenden Rechtsformwechsel nach „Cartesio"?, GmbHR 2009, 983; *Paal*, Deutsch-amerikanischer Freundschaftsvertrag und genuine link: Ein ungeschriebenes Tatbestandsmerkmal auf dem Prüfstand – Zugleich eine Anmerkung zu BGH, 13.10.2004 – I ZR 245/01, RIW 2005, 735; *Peifer*, Rechtsfähigkeit und Rechtssubjektivität der Gesamthand – die GbR als OHG?, NZG 2001, 296; *Pohlmann*, Rechts- und Parteifähigkeit der Gesellschaft bürgerlichen Rechts – Folgen für Erkenntnisverfahren, Zwangsvollstreckung und freiwillige Gerichtsbarkeit, WM 2002, 1421; *Pluskat*, Die Zulässigkeit des Mehrfachsitzes und die Lösung der damit verbundenen Probleme, WM 2004, 601; *Priester*, EU-Sitzverlegung – Verfahrensablauf, ZGR 1999, 36; *Roth*, Internationales Gesellschaftsrecht nach Überseering – zu EuGH, 5.11.2002 – Rs. 208/00 – Überseering BV/Nordic Construction Company Baumanagement GmbH (NCC), IPRax 2003, 117; *Schmidt*, Der Vorschlag für eine Verordnung über die europäische Privatgesellschaft (SPE) – eine europäische Rechtsform speziell für KMU, EWS 2008, 455; *K. Schmidt*, Die BGB-Außengesellschaft – rechts- und parteifähig: Besprechung des Grundlagenurteils II ZR 331/00 vom 29.1.2001, NJW 2001, 993; *Schwarz*, SE-VO: Kommentar, 2006; *Teichmann*, Cartesio – Die Freiheit zum formwechselnden Wegzug – Zugleich Besprechung EuGH v. 16.12.2008 – Rs. C-210/06 – Cartesio, ZIP 2009, 393; *Teichmann*, Binnenmarktmobilität von Gesellschaften nach „Sevic" – Zugleich Besprechung von EuGH v. 13.12.2005 – Rs C-411/03, ZIP 2006, 355; *Teichmann/Limmer*, Die Societas Privata Europaea (SPE) aus notarieller Sicht – eine Zwischenbilanz nach dem Votum des Europäischen Parlaments, GmbHR 2009, 537; *Timmermann*, Sitzverlegung von Kapitalgesellschaften nach niederländischem Recht und die 14. EU-Richtlinie, ZGR 1999, 147; *Ulmer*, Die höchstrichterlich „enträtselte" Gesellschaft bürgerlichen Rechts – Zugleich Besprechung von BGH ZIP 2001, 330, ZIP 2001, 585; *Walden*, Das Kollisionsrecht der Personengesellschaften im deutschen, europäischen und US-amerikanischen Recht, 2001; *Weller*, Das Internationale Gesellschaftsrecht in der neuesten BGH-Rechtsprechung – Zu BGH, 29.1.2003, VIII ZR 155/02 und BGH, 13.3.2003, VII ZR 370/98, IPRax 2003, 324; *Wertenbruch*, Der Abschluss des „Überseering"-Verfahrens durch den BGH – Folgerungen, NZG 2003, 618; *Westermann*, Erste Folgerungen aus der Anerkennung der Rechtsfähigkeit der BGB-Gesellschaft, NZG 2001, 289; *Wiedemann*, Zur Rechtsfähigkeit und Parteifähigkeit sowie zur Haftungsverfassung der GbR, JZ 2001, 661; *Wiesner*, Neue Brüsseler Impulse für Corporate Governance und Gesellschaftsrecht: Zum Endbericht der Hochrangigen Expertengruppe (Winter-Gruppe), BB 2003, 213; *Wymeersch*, Die Sitzverlegung nach belgischem Recht, ZGR 1999, 126; *Zimmer*, Mysterium „Centros": Von der schwierigen Suche nach der Bedeutung eines Urteils des

Europäischen Gerichtshofes, ZHR 164 (2000), 23; *Zimmer/Naendrup*, Das Cartesio-Urteil des EuGH: Rück- oder Fortschritt für das internationale Gesellschaftsrecht?, NJW 2009, 545.

A. Einleitung

1   Im Zusammenhang mit einem Unternehmenskauf kann sich die Frage ergeben, ob der tatsächliche Verwaltungssitz des Unternehmens über die Grenze verlegt werden soll. Nur in Ausnahmefällen dürfte die hiervon zu trennende grenzüberschreitende Verlegung des Satzungssitzes angestrebt werden, die übrigens vergleichbar ist mit einem Formwechsel wie wir ihn aus dem nationalen Recht kennen. Im Kern geht es in allen Fällen um die Frage, ob ein angestrebter Sitzwechsel unter **Wahrung der Identität** und damit im Fall der Verlagerung des Verwaltungssitzes unter Beibehaltung des bisherigen Rechtskleids möglich ist.

2   Staatsvertragliche Regelung hierzu gibt es nicht. Auch eine **europaweite Regelung fehlt.**[1] Die Europäische Kommission legte zwar im Jahre 1997 den Vorentwurf einer Richtlinie vor, welche die identitätswahrende Sitzverlegung ohne Auflösung und Abwicklung ermöglichen sollte.[2] Auch die von der Kommission berufene hochrangige Expertengruppe für Gesellschaftsrecht empfahl in ihrem Schlussbericht vom 4.11.2002, die Kommission solle dringend eine Verabschiedung des Richtlinienvorschlags über die Verlegung des Gesellschaftssitzes erwägen.[3] Die Kommission machte es sich daraufhin in ihrem Aktionsplan zur Modernisierung des Gesellschaftsrechts und Verbesserung der Corporate Governance vom 21.5.2003 zur Aufgabe, einen solchen Richtlinienvorschlag in naher Zukunft zu verabschieden.[4] Sie begann noch im Februar 2004 mit einer öffentlichen Konsultation über die grenzüberschreitende Verlegung des Satzungssitzes von Kapitalgesellschaften. Im Dezember 2007 veröffentlichte die Kommission dann allerdings eine Folgenabschätzung über eine entsprechende Richtlinie. Das Dokument stellt die Für und Wider der vorhandenen Hand-

---

1) Zu den europäischen Aktivitäten zur Schaffung einer Sitzverlegungsrichtlinie *Neye* in: FS Schwark, S. 231, 233 ff.; *Kindler* in: MünchKomm-BGB, IntGesR Rz. 60 ff.
2) Vorschlag für eine Vierzehnte Richtlinie des Europäischen Parlaments und des Rates über die Verlegung des Sitzes einer Gesellschaft in einen anderen Mitgliedstaat mit Wechsel des für die Gesellschaft maßgebenden Rechts v. 22.4.1997, abgedr. in ZIP 1997, 1721. Zu diesem Vorschlag etwa *Heinze*, ZGR 1999, 54; *Hügel*, ZGR 1999, 71; *Di Marco*, ZGR 1999, 3; *Meilicke*, GmbHR 1998, 1053; *Priester*, ZGR 1999, 36; den Entwurf für europarechtswidrig halten *Mülbert/Schmolke*, ZVglRWiss 100 (2001), 233; aus anderen abl. Gründen *Leible* in: Michalski, Syst. Darst. 2 Rz. 56.
3) Bericht der hochrangigen Gruppe von Experten auf dem Gebiet des Gesellschaftsrechts über moderne gesellschaftsrechtliche Rahmenbedingungen in Europa v. 4.11.2002, zusammengefasst in NZG 2003, 21 (vollständiger Bericht abrufbar unter: http://ec.europa.eu/internal_market/company/modern/index_de.htm); dazu auch *Wiesner*, BB 2003, 213; *Maul*, DB 2003, 27.
4) KOM (2003) 284, abgedr. in NZG 2003, Sonderbeilage zu Heft 13; dazu *Habersack*, NZG 2004, 1; *van Hulle*, ZGR 2004, 484; *Maul/Lanfermann/Eggenhofer*, BB 2003, 1289.

B. Fallgruppen

lungsoptionen in diesem Bereich dar und bewertet die Folgen, die sich ergäben, wenn der Gesetzgeber untätig bliebe.[5] Nach Abwägung der darin vorgebrachten Argumente und der ausgesprochenen Empfehlung, abzuwarten bis die Wirkungen der Verschmelzungsrichtlinie[6] sowie der Rechtsprechung des EuGH zur Niederlassungsfreiheit besser abgeschätzt werden könnten, beschloss Kommissar *McCreevy*, dass in diesem Bereich ein Tätigwerden auf EU-Ebene nicht erforderlich ist. Die Arbeiten wurden daraufhin eingestellt.[7]

Daher sind Sitzverlegungen weiterhin stets an den **beteiligten nationalen Kollisions- und Sachrechten** zu messen. Eine gesetzliche Regelung über Sitzverlegungen kennt das deutsche Internationale Privatrecht, namentlich das Internationale Gesellschaftsrecht allerdings bislang nicht.[8]   3

B. Fallgruppen

Um die rechtliche Zulässigkeit grenzüberschreitender Sitzverlegungen beurteilen zu können, ist es erforderlich, verschiedene Fallgestaltungen zu unterscheiden und Fallgruppen zu bilden. Eine erste Auffächerung ist nach der **Rechtsform** der beteiligten Gesellschaft vorzunehmen und damit danach, ob eine Kapitalgesellschaft oder eine Personengesellschaft ihren Sitz verlegen will. Des Weiteren ergibt sich ein unterschiedliches Bild daraus, ob Deutschland **Wegzugsstaat** (Herkunftsstaat) oder **Zuzugsstaat** (Aufnahmestaat) ist, ob also die Gesellschaft ihren Sitz aus Deutschland heraus oder nach Deutschland hinein verlagert. Im Übrigen ist maßgeblich, ob und in welcher Form Deutschland   4

---

5) Abrufbar unter http://ec.europa.eu/internal_market/company/seat-transfer/index_de.htm#consult.
6) Richtlinie 2005/56/EG des Europäischen Parlaments und des Rates v. 26.10.2005 über die Verschmelzung von Kapitalgesellschaften aus verschiedenen Mitgliedstaaten, ABl. EU L 310/1 v. 25.11.2005.
7) http://ec.europa.eu/internal_market/company/seat-transfer/index_de.htm#consult; *Neye* in: FS Schwark, S. 231, 235; *Arnold*, AG-Report 2007, R488; *Franz/Laeger*, BB 2008, 678, 679; *Leible* in: Michalski, Syst. Darst. 2 Rz. 56; *Leible/Hoffmann*, BB 2009, 58, 63. Das Europäische Parlament hat die EU-Kommission am 11.3.2009 allerdings aufgefordert, einen Entwurf für eine Richtlinie zur grenzüberschreitenden Verlegung von eingetragenen Gesellschaftssitzen vorzulegen, ABl. EU C 87 E/5 v. 1.4.2010.
8) Art. 10b EGBGB des Entwurfs für ein „Gesetz zum Internationalen Privatrecht der Gesellschaften, Vereine und juristischen Personen" v. 7.1.2008 regelt zwar die kollisionsrechtliche Möglichkeit einer Verlegung des Satzungssitzes. Dieser Entwurf ist allerdings bislang nicht über das Referentenstadium hinausgekommen. Nach dem Entwurf soll sich eine Gesellschaft einem anderen Recht unterstellen können, indem sie sich dort in ein öffentliches Register eintragen lässt oder ihre Organisation nach außen erkennbar dortigem Recht unterstellt. Auch hier bleibt aber Voraussetzung für einen wirksamen Statutenwechsel, dass dieser von den beteiligten Kollisions- wie Sachrechten akzeptiert wird. Geregelt wird also nur die Verlagerung des Satzungssitzes, nicht des tatsächlichen Verwaltungssitzes, weil die Verlegung des Verwaltungssitzes aufgrund der vorgesehenen Gründungstheorie zu keinem Wechsel des Personalstatuts führen wird.

mit dem anderen bei der Sitzverlegung beteiligten Staat **staatsvertraglich verbunden** ist. Hier ist zu trennen zwischen

- EU-Mitgliedstaaten und EWR-Vertragsstaaten,
- Staaten, mit denen die Bundesrepublik Deutschland kollisionsrechtlich relevante bilaterale Staatsverträge geschlossen hat, sowie
- sonstigen Staaten.

5 Nicht zuletzt ist eine Linie zu ziehen zwischen dem Umzug des **tatsächlichen Verwaltungssitzes** und dem des **Satzungssitzes**. Insgesamt ergibt sich danach folgendes Bild, wobei zunächst zwischen Kapital- und Personengesellschaften unterschieden wird:

C. Kapitalgesellschaften

6 Die folgende Darstellung über die Sitzverlegung von Kapitalgesellschaften trennt zunächst danach, ob Deutschland als Wegzugs- oder Zuzugsstaat betroffen ist und ob der tatsächliche Verwaltungssitz oder der Satzungssitz verlegt wird. Innerhalb dieser Gruppen wird zwischen einzelnen Staaten unterschieden.

I. Verlegung des Verwaltungssitzes in das Ausland

1. Keine staatsvertraglichen Verbindungen zum Zuzugsstaat

7 In der Bundesrepublik Deutschland herrscht traditionell die **Sitztheorie** (siehe oben § 6 Rz. 9 ff.). Dies gilt ohne weiteres, wenn Deutschland (Wegzugsstaat) mit dem Zuzugsstaat keine einschlägigen Staatsverträge geschlossen hat. Dies hat der BGH in seinem *Trabrennbahn*-Urteil bestätigt (siehe oben § 6 Rz. 9). Die Sitztheorie gilt auch für inländische Kapitalgesellschaften mit ausländischem Verwaltungssitz; nach umstrittener Ansicht legen die durch das MoMiG geänderten § 4a GmbHG und § 5 AktG für solche Gesellschaften nicht die Gründungstheorie fest (siehe oben § 6 Rz. 10).

8 Geht man also mit der h. A. von der Sitztheorie aus, wird für die Beurteilung der rechtlichen Verhältnisse der Gesellschaft das am tatsächlichen Verwaltungssitz geltende Recht und damit das Recht des ausländischen Zuzugsstaats berufen. Dies gilt nicht nur bei einer Sitzverlegung nach Gründung, sondern auch, wenn Satzungs- und Verwaltungssitz schon bei der Gründung auseinanderfallen.[9] Die Verweisung auf das Sitzrecht ist eine Gesamtverweisung. Damit entscheidet das Internationale Gesellschaftsrecht des Zuzugsstaats über das weitere Schicksal der Verweisung. Folgt der **Zuzugsstaat** der **Gründungstheorie**, verweist er zurück auf das **deutsche Gründungsrecht**. Wir nehmen die Verweisung gemäß Art. 4 Abs. 1 Satz 2 EGBGB an und unterwerfen die Ge-

---

9) *Kindler*, IPRax 2009, 189, 197 ff.; *Teichmann*, ZIP 2009, 393, 401.

C. Kapitalgesellschaften

sellschaft damit ihren deutschen Gründungsvorschriften. Dies gilt jedoch nicht, wenn die Gesellschaft **gleichzeitig** ihren **Satzungssitz** verlegt. Knüpft die Gründungstheorie an den Satzungssitz an, wird dessen Recht berufen (**Statutenwechsel**).[10]

Vor Inkrafttreten des MoMiG war es erforderlich, dass eine deutsche GmbH oder Aktiengesellschaft nicht nur ihren Satzungssitz, sondern auch ihren tatsächlichen Verwaltungssitz in Deutschland hatte. Dies ergab sich aus den Regelungen der § 4a GmbHG a. F. und § 5 AktG a. F.[11] Dieses Erfordernis ist mit dem MoMiG entfallen. Dies ergibt sich zwar nicht aus dem geänderten Wortlaut der Vorschriften,[12] aber aus der Gesetzesbegründung:

„Durch die Streichung des § 4a Abs. 2 und der älteren Parallelnorm des § 5 Abs. 2 AktG ... soll es deutschen Gesellschaften ermöglicht werden, einen Verwaltungssitz zu wählen, der nicht notwendig mit dem Satzungssitz übereinstimmt. Damit soll der Spielraum deutscher Gesellschaften erhöht werden, ihre Geschäftstätigkeit auch ausschließlich im Rahmen einer (Zweig-)Niederlassung, die alle Geschäftsaktivitäten erfasst, außerhalb des deutschen Hoheitsgebiets zu entfalten. ...

In Zukunft soll für die deutsche Rechtsform der Aktiengesellschaft und der GmbH durch die Möglichkeit, sich mit der Hauptverwaltung an einem Ort unabhängig davon, wo dem in der Satzung oder im Gesellschaftsvertrag gewählten Sitz niederzulassen, ein level playing field, also gleiche Ausgangsbedingungen gegenüber vergleichbaren Auslandsgesellschaften geschaffen werden. Freilich bleibt es nach dem Entwurf dabei, dass die Gesellschaften eine Geschäftsanschrift im Inland im Register eintragen und aufrechterhalten müssen."[13]

Im Ergebnis führt daher eine Verlegung des Verwaltungssitzes in dieser Fallkonstellation weder zu Änderungen des Rechtskleids der Gesellschaft noch zu einer nachteiligen Behandlung durch das deutsche Gesellschaftsrecht.[14] Die Gesellschaft bleibt aus deutscher Sicht uneingeschränkt eine deutsche Kapitalgesellschaft in der von ihr gegründeten Rechtsform. Es liegt eine identitätswahrende Sitzverlegung vor. Allerdings ist gleichzeitig das Recht des Zuzugsstaats in den Blick zu nehmen. Auch wenn er der Gründungstheorie folgt, kann er

---

10) Näher *Hausmann* in: Reithmann/Martiny, Rz. 5138.
11) Näher dazu *Bayer/Schmidt*, ZHR 173 (2009), 735, 745; *Kindler*, IPRax 2009, 189, 194, 196 f.; *Kindler*, AG 2007, 721; *Franz/Laeger*, BB 2008, 678, 679. In der Verlagerung des tatsächlichen Verwaltungssitzes sah das h. M. einen zwingenden Grund für die Auflösung und Liquidation der Gesellschaft; s. BGH, NJW 2008, 2914 (aufgrund des Auseinanderfallens von Satzungs- und effektivem Verwaltungssitz ist ein Amtsauflösungsverfahren durchzuführen); schon der entsprechende Gesellschafterbeschluss wurde mit den Wirkungen der Auflösung und dem Eintritt in das Abwicklungsstadium belegt; s. ausführlich dazu *Kindler* in: MünchKomm-BGB, IntGesR Rz. 524 ff. m. w. N.
12) In diesem Sinne auch *Bayer/Schmidt*, ZHR 173 (2009), 735, 746; *Kobelt*, GmbHR 2009, 808, 809; *Leitzen*, NZG 2009, 728.
13) BT-Drucks. 16/6140, S. 29.
14) *Kindler*, IPRax 2009, 189, 199.

§ 12 Grenzüberschreitende Sitzverlegung

(eher ausnahmsweise) für ausländische Gesellschaften spezielle Anforderungen für deren Anerkennung aufstellen.

11 Folgt der **Zuzugsstaat** dagegen wie das deutsche Recht der **Sitztheorie**, nimmt er die Verweisung auf sein Recht an und wendet damit sein Sachrecht an. Für die Gesellschaft kommt es zum **Statutenwechsel**. Eine identitätswahrende Sitzverlegung liegt zwar nicht vor, das deutsche materielle Gesellschaftsrecht knüpft aber jedenfalls keine für die Gesellschaft negativen Folgen an die Sitzverlegung. Das rechtliche Schicksal der Gesellschaft hängt nun allein vom ausländischen Sachrecht ab. So kann der Zuzugsstaat bspw. vergleichbar mit der neuen Rechtsprechung des BGH (siehe oben § 6 Rz. 15) die Gesellschaft als rechts- und parteifähig anerkennen und ihr zumindest den Status einer Personengesellschaft verleihen,[15] freilich verbunden mit möglichen negativen Haftungsfolgen. Er kann aber auch etwa der Auffassung folgen, dass die Gesellschaft ohne wirksame Gründung im Sitzstaat weder Trägerin von Rechten und Pflichten noch parteifähig, vielmehr rechtlich nicht existent ist. Dann geht die Gesellschaft unter, und zwar ganz unabhängig davon, ob sich altes und neues materielles Gesellschaftsrecht entsprechen.[16] Nur wenn also altes und neues Sitzrecht dem Fortbestand zustimmen, besteht die Gesellschaft nach der Sitzverlegung fort. Allerdings unterliegt sie nach dem Wechsel ausschließlich dem neuen Sitzrecht.

12 Steuerrechtlich ist wegen des Wegzugs der Geschäftsleitung in einen außerhalb der Europäischen Union liegenden Staat in jedem Fall § 12 Abs. 3 KStG zu beachten.[17]

2. EU-/EWR-Staat ist Zuzugsstaat

13 Verlegt eine in der Bundesrepublik Deutschland gegründete Kapitalgesellschaft ihren tatsächlichen Verwaltungssitz in einen EU-Mitgliedstaat oder einen Vertragsstaat des EWR-Übereinkommens, bestimmt sich das auf diese Kapitalgesellschaft anwendbare Recht aus deutscher Sicht nach der **Sitztheorie**. Die Ausgangssituation gleicht damit der Verlagerung des Sitzes in einen Staat, mit dem Deutschland keine einschlägigen staatsvertraglichen Verbindungen pflegt (siehe oben Rz. 7 ff.). Die Änderungen der §§ 4a GmbHG und § 5 AktG durch das MoMiG führen zu keiner anderen Beurteilung (siehe oben Rz. 9 f.). Auch wird die Geltung der Sitztheorie nicht durch die Niederlassungsfreiheit der Art. 49, 54 AEUV (vormals Art. 43, 48 EGV) eingeschränkt. Die Niederlassungsfreiheit und die hierzu ergangene Rechtsprechung des EuGH zwingen zunächst lediglich dazu, in einem anderen EU-Mitgliedstaat nach dortigem Recht wirksam gegründete und fortbestehende Gesellschaften in der Rechts-

---

15) So auch *Franz*, BB 2009, 1250, 1252.
16) *Westermann* in: Scholz, Einl. Rz. 153; *Thorn* in: Palandt, Anh. zu Art. 12 EGBGB Rz. 5; *Großfeld* in: Staudinger, IntGesR Rz. 628.
17) S. dazu *Hofmeister* in: Blümich, § 12 KStG Rz. 90 ff.

C. Kapitalgesellschaften

form anzuerkennen, in der sie gegründet wurden (siehe oben § 6 Rz. 17 ff.). Die gesellschaftsrechtlichen Regelungen des Gründungsrechts sind grundsätzlich zu beachten. Umgekehrt besteht aber keine Verpflichtung der EU-Mitgliedstaaten, die nach ihrem Recht gegründeten Gesellschaften nach dem inländischen Gründungsrecht zu beurteilen und damit die Gründungstheorie anzuwenden. Entsprechendes gilt für die Niederlassungsfreiheit der Art. 31, 34 des EWR-Übereinkommens.

Die Verweisung auf das Sitzrecht ist eine Gesamtverweisung. Somit bestimmt 14 das Internationale Gesellschaftsrecht des Zuzugsstaats über das weitere Schicksal der Verweisung. Folgt der **Zuzugsstaat** der **Gründungstheorie**, verweist er zurück auf das **deutsche Gründungsrecht**. Wir nehmen die Verweisung gemäß Art. 4 Abs. 1 Satz 2 EGBGB an und unterwerfen die Gesellschaft damit ihren deutschen Gründungsvorschriften (zu den Folgen siehe oben § 6 Rz. 37 ff.). Materiellrechtliche Wegzugsbeschränkungen, wie sie der EuGH in der Rechtssache *Cartesio* für zulässig erachtet hat, sind im deutschen Recht mit den Änderungen durch das MoMiG in § 4a GmbHG und § 5 AktG beseitigt.

Folgt der **Zuzugsstaat** dagegen der **Sitztheorie**, nimmt er die Verweisung an 15 und beurteilt die Gesellschaft nach seinem nationalen Gesellschaftsrecht. Als EU-Mitgliedstaat hat er hierbei allerdings die Rechtsprechung des EuGH zur Niederlassungsfreiheit zu beachten (siehe oben § 6 Rz. 17 ff.). Ist der Zuzugsstaat ein EWR-Vertragsstaat, hat er die im EWR-Übereinkommen niedergelegte Niederlassungsfreiheit zu wahren. Ist die Kapitalgesellschaft daher nach unserem Recht wirksam gegründet und wäre sie danach auch fortbestehend, hätte der Aufnahmestaat ihre Rechts- und Parteifähigkeit, aber auch ihr Haftungsregime anzuerkennen. Der ausländische Verwaltungssitz steht zwar weder der wirksamen Gründung noch dem Fortbestand nach deutschem Sachrecht entgegen (siehe oben § 6 Rz. 9 ff.). Allerdings legt das deutsche Recht durch die Anknüpfung nach der Sitztheorie seinen Gesellschaften nach wie vor eine kollisionsrechtliche Wegzugsbeschränkung auf, die ihrem Fortbestand als deutsche Gesellschaft entgegensteht. Dies ist aufgrund der Entscheidung des EuGH in der Rechtssache *Cartesio* europarechtlich zulässig (siehe oben § 6 Rz. 32 ff. und Rz. 41 ff.). Die Niederlassungsfreiheit wirkt hier nicht. Das deutsche Kollisionsrecht legt damit insoweit zulässigerweise das Schicksal der Gesellschaft in die Hand des Zuzugsstaats. Dieser stellt sich aufgrund der Wegzugsbeschränkung des deutschen Rechts möglicherweise ebenfalls auf den Standpunkt, die deutsche Gesellschaft unterfalle schon nicht der Niederlassungsfreiheit und sei daher als solche nicht anzuerkennen (siehe zum entsprechenden Fall des deutschen Rechts unten Rz. 31 ff.). Dies ist im Einzelfall nach ausländischem Recht zu prüfen. Nimmt der Zuzugsstaat im Ergebnis die Verweisung auf sein Sitzrecht an, gelten die obigen Ausführungen über den Wegzug von Gesellschaften in einen Staat, mit dem keine staatsvertraglichen Verbindungen bestehen, entsprechend (siehe oben Rz. 7 ff.).

16 Erkennt der Zuzugsstaat die deutsche Gesellschaft grundsätzlich an, ist ggf. darüber hinaus zu prüfen, ob dies nach dem dortigen Recht auch dann gilt, wenn der effektive Verwaltungssitz **schon bei der Gründung** in seinem Gebiet lag und damit keine echte „Verlegung" dieses Sitzes vorliegt. Im deutschen Recht ist diese Frage für den umgekehrten Fall der Sitzverlegung nach Deutschland umstritten (siehe unten Rz. 33).

3. Staatsvertraglich verbundener Staat ist Zuzugsstaat

17 Verlegt eine in Deutschland gegründete Kapitalgesellschaft ihren tatsächlichen Verwaltungssitz in einen Staat, mit dem die Bundesrepublik Deutschland einen bi- oder multilateralen Staatsvertrag über die Anerkennung von Gesellschaften geschlossen hat (siehe dazu oben § 6 Rz. 49 ff.), ist als Ausgangspunkt wiederum die **Sitztheorie** und damit das Recht des Zuzugsstaats anzuwenden.[18] Die Ausgangssituation gleicht damit den bisher beschriebenen Auslandsverlagerungen (siehe oben Rz. 7 ff. und Rz. 13 ff.). Auch die Änderungen der § 4a GmbHG und § 5 AktG durch das MoMiG führen zu keiner anderen Beurteilung (siehe oben Rz. 7).

18 Der Grund ist, dass solche Staatsverträge die Vertragsstaaten lediglich dazu verpflichten, die mit einem anderen Vertragsstaat aufgrund bestimmter Merkmale, wie etwa Verwaltungssitz oder Gründung, verknüpften Gesellschaften anzuerkennen. Umgekehrt besteht jedoch keine Verpflichtung für die vertragsschließenden Staaten, die eigenen Gesellschaften bei einem Wegzug in einen anderen Vertragsstaat dem Gründungsrecht zu unterwerfen.[19]

19 Die Verweisung auf das Sitzrecht ist eine Gesamtverweisung. Folgt der **Zuzugsstaat** der **Gründungstheorie** (aufgrund des Staatsvertrags oder subsidiär kraft seines autonomen Kollisionsrechts), verweist er zurück auf das **deutsche Gründungsrecht.** Wir nehmen die Verweisung an (Art. 4 Abs. 1 Satz 2 EGBGB) und unterwerfen die Gesellschaft damit ihren deutschen Gründungsvorschriften (zu den Folgen siehe oben Rz. 8 ff.). Folgt der **Zuzugsstaat** dagegen der **Sitztheorie,** nimmt er die Verweisung an und beurteilt die Gesellschaft nach seinem nationalen Gesellschaftsrecht. Hierbei hat er allerdings die Auswirkungen des geschlossenen Staatsvertrags zu beachten. Liegen danach die Voraussetzungen vor, um die in Deutschland gegründete Gesellschaft **anzuerkennen**, hat er die Gesellschaft so hinzunehmen, wie sie sich aus dem deutschen Recht ergibt. Um einen identitätswahrenden Sitzwechsel auch aus Sicht des Zuzugsstaats bejahen zu können, ist in jedem Fall zu prüfen, ob die Anerkennungsvoraussetzungen des Zuzugsstaats – unabhängig davon, ob er der Gründungs-

---

18) *Müller* in: Spindler/Stilz, IntGesR Rz. 20.
19) Für den Freundschafts-, Handels- und Schifffahrtsvertrag zwischen der Bundesrepublik Deutschland und den USA s. *Kindler* in: MünchKomm-BGB, IntGesR Rz. 341; auch *Paal*, RIW 2005, 735; anders *Ebke*, RIW 2004, 740, 743.

oder Sitztheorie folgt – erfüllt sind. So mag er bspw. wie die bestrittene Ansicht im deutschen Recht eine tatsächliche Beziehung *(genuine link)* zum Wegzugsstaat verlangen (dazu oben § 6 Rz. 51 f.).

II. Verlegung des Satzungssitzes in das Ausland

1. Keine staatsvertraglichen Verbindungen zum Zuzugsstaat

Möchte eine Kapitalgesellschaft mit deutschem Satzungs- und Verwaltungssitz ihren Satzungssitz in ein Staat verlegen, mit dem die Bundesrepublik Deutschland keinen einschlägigen Staatsvertrag geschlossen hat, beurteilt sich die Zulässigkeit einer solchen Maßnahme zunächst nach dem anwendbaren Sachrecht. Hierzu verweist das deutsche Internationale Gesellschaftsrecht mit der **Sitztheorie** auf das Recht des effektiven Verwaltungssitzes und damit auf das **deutsche Sitzrecht** (siehe oben Rz. 7). Ein Gesellschafterbeschluss über die Verlegung des Satzungssitzes in das Ausland führt also nicht zu einem Statutenwechsel. 20

Nach deutschem Gesellschaftsrecht, namentlich den § 4a GmbHG und § 5 AktG, haben Kapitalgesellschaften einen Satzungssitz im Inland zu wählen. Nach den Änderungen des MoMiG darf lediglich der tatsächliche Verwaltungssitz im Ausland belegen sein (siehe oben Rz. 9). Die sachrechtliche Zulässigkeit und die Folgen eines Beschlusses zur Verlegung des Satzungssitzes sind gesetzlich nicht geregelt. Nach der früher h. A. wurde ein solcher Beschluss als **Auflösungsbeschluss** gewertet, der zur Liquidation der Gesellschaft führt (§ 262 Abs. 1 Nr. 2 AktG, § 60 Abs. 1 Nr. 2 GmbHG).[20] Nach der wohl mittlerweile überwiegenden Ansicht hat der Beschluss nicht diese weitreichende Folge, sondern ist bloß als **nichtig** anzusehen gemäß § 241 Nr. 3 AktG (analog für die GmbH).[21] Der gewählte ausländische Satzungssitz ist im deutschen Handelsregister nicht eintragungsfähig;[22] eine dennoch erfolgte Eintragung ist gemäß § 399 FamFG (§ 144a FGG a. F.) rückgängig zu machen.[23] Der Gesellschaft bleibt nur der Weg, einen förmlichen Auflösungsbeschluss zu fassen und die Gesellschaft im Ausland neu zu gründen.[24] Dieser Weg wahrt freilich nicht die 21

---

20) So bereits RGZ 7, 68; RGZ 88, 53; RGZ 107, 94; BayObLGZ 1992, 113; OLG Hamm, NJW-RR 1998, 615; *Arnold* in: KölnKomm-AktG, § 45 AktG Rz. 20 m. w. N.; *Brändel* in: Großkomm-AktG, § 5 AktG Rz. 28.

21) *Kindler* in: MünchKomm-BGB, IntGesR Rz. 532; *Kindler*, AG 2007, 721, 723; *Drescher* in: Spindler/Stilz, § 5 AktG Rz. 10; *Dauner-Lieb* in: KölnKomm-AktG, § 5 AktG Rz. 23; *Heider* in: MünchKomm-AktG, § 5 AktG Rz. 66; *Hüffer*, § 5 AktG Rz. 12; *Müller* in: Spindler/Stilz, IntGesR Rz. 11.

22) So auch OLG München, ZIP 2007, 2124 (Verlegung des Satzungssitzes einer nach deutschem Recht gegründeten GmbH nach Portugal).

23) Vgl. *Bumiller/Harders*, § 399 FamFG Rz. 4; *Krafka* in: MünchKomm-ZPO, § 399 FamFG Rz. 7; *Kindler* in: MünchKomm-BGB, IntGesR Rz. 532.

24) *Drescher* in: Spindler/Stilz, § 5 AktG Rz. 10.

Identität der Gesellschaft, wie dies bei einem nationalen Formwechsel nach deutschem Umwandlungsrecht möglich ist. Alternativ kann sich die Gesellschaft möglicherweise auf eine ausländische neu gegründete Gesellschaft oder Vorratsgesellschaft in der gewünschten Rechtsform verschmelzen (siehe näher unten § 13 Rz. 35 ff.).[25]

2. EU-/EWR-Staat ist Zuzugsstaat

22 Die Verlegung des Satzungssitzes einer deutschen Kapitalgesellschaft in einen EU-Mitgliedsstaat oder einen EWR-Vertragsstaat beurteilt sich wie die entsprechende Verlegung in einen Drittstaat. Im Ergebnis ist damit eine **identitätswahrende Verlegung** des Satzungssitzes **nicht** möglich (siehe oben Rz. 20 f.).

23 Der EuGH hat allerdings in der Rechtssache *Cartesio* in einem *obiter dictum* ausgeführt, es ließe sich im Lichte der **Niederlassungsfreiheit** nicht rechtfertigen, wenn der Gründungsstaat die EU-Gesellschaft dadurch, dass er ihre Auflösung und Liquidation verlangt, daran hindert, sich in eine Gesellschaft nach dem nationalen Recht eines anderen Mitgliedstaats umzuwandeln. Hierzu müsse allerdings das Recht des Zuzugsstaats diese Umwandlung gestatten. Beschränken dürfe der Wegzugsstaat die Umwandlung und damit die Niederlassungsfreiheit nur aus zwingenden Gründen des Allgemeininteresses.[26]

24 Die Auswirkungen dieses *obiter dictum* werden unterschiedlich beurteilt. Teilweise wird gemeint, wenn der Zuzugsstaat die Verlegung des Satzungssitzes gestatte, dürfe das deutsche Recht hierauf nicht mit der bislang verfolgten Linie der Auflösung und Liquidation antworten.[27] Andere betonen die Unverbindlichkeit des *obiter dictum* und weisen stärker auf die gestatteten Beschränkungsmöglichkeiten durch zwingende Gründe des Allgemeininteresses hin.[28] Die deutsche Rechtsprechung hat sich hierzu – soweit ersichtlich – noch nicht geäußert. Keine Klarheit besteht zudem in der Frage, wie das deutsche Recht einen solchen formwechselnden Wegzug – wenn man ihn zuließe – überhaupt

---

25) *Arnold* in: KölnKomm-AktG, § 45 AktG Rz. 22 f. m. w. N.; *Lutter/Drygala* in: Lutter, UmwG, § 1 UmwG Rz. 12; *Drygala*, ZEuP 2004, 337, 346.
26) EuGH, Rs. C-210/06, *CARTESIO Oktató és Szolgáltató bt*, Rz. 111 bis 113, EuZW 2009, 75, 80 f.; dazu ausführlich *Bayer/Schmidt*, ZHR 173 (2009), 735, 754 ff.
27) *Teichmann*, ZIP 2009, 393, 402 f.; *Zimmer/Naendrup*, NJW 2009, 545, 548; *Kobelt*, GmbHR 2009, 808, 812 f.; *Bayer/Schmidt*, ZHR 173 (2009), 735, 762; *Hennrichs/Pöschke/von der Laage/Klavina*, WM 2009, 2009, 2015; *Frobenius*, DStR 2009, 487, 489; *Herrler*, DNotZ 2009, 484, 490.
28) *Kindler*, IPRax 2009, 189, 191 f.; *Kindler*, NZG 2009, 130, 132; *Däubler/Heuschmid*, NZG 2009, 493, 495; *Knof/Mock*, ZIP 2009, 30, 33; schon vorher Vereinbarkeit von Beschränkung der Verlegung eines Satzungssitzes als mit Niederlassungsfreiheit vereinbar ansehend OLG München, NZG 2007, 915; OLG Braunschweig, ZIP 2005, 489; BayObLGZ 2004, 25, 26 = ZIP 2004, 806; OLG Düsseldorf, ZIP 2001, 790; dazu EWiR 1997, 1031 *(Großfeld)*; *Großfeld* in: Staudinger, IntGesR Rz. 510.

C. Kapitalgesellschaften

begleiten und hierbei deutsche Interessen, wie etwa der Gläubiger, Minderheitsgesellschafter und Arbeitnehmer, schützen könnte.[29] Einstweilen besteht also kein praktisch gangbarer und sicherer Weg für eine identitätswahrende Verlegung des Satzungssitzes in das EU-/EWR-Ausland.

3. Staatsvertraglich verbundener Staat ist Zuzugsstaat

Die Verlegung des Satzungssitzes einer deutschen Kapitalgesellschaft in einen Staat, mit dem die Bundesrepublik Deutschland einen bi- oder multilateralen Staatsvertrag über die Anerkennung von Gesellschaften geschlossen hat, ist rechtlich nicht anderes zu beurteilen als die entsprechende **Verlegung in einen Drittstaat** (siehe oben Rz. 20 f.). Die einschlägigen Staatsverträge lassen die Anknüpfung des deutschen Internationalen Gesellschaftsrechts an den tatsächlichen Verwaltungssitz unberührt. Sie verpflichten die Vertragsstaaten lediglich dazu, die mit einem anderen Vertragsstaat aufgrund bestimmter Merkmale, wie etwa Verwaltungssitz oder Gründung, verknüpften Gesellschaften anzuerkennen. Umgekehrt besteht jedoch keine Verpflichtung für die vertragsschließenden Staaten, die eigenen Gesellschaften bei einem Wegzug des Satzungssitzes in einen anderen Vertragsstaat dem neuen Gründungs- oder Satzungsrecht zu unterwerfen oder eine identitätswahrende Verlegung des Satzungssitzes nach eigenem materiellen Gesellschaftsrecht zu gestatten.

25

III. Verlegung des Verwaltungssitzes nach Deutschland

1. Keine staatsvertraglichen Verbindungen zum Wegzugsstaat

Verlegt eine ausländische Kapitalgesellschaft ihren tatsächlichen Verwaltungssitz aus einem Staat in die Bundesrepublik Deutschland, mit dem wir keine einschlägigen Staatsverträge geschlossen haben, bestimmt sich das Personalstatut nach der traditionell in Deutschland geltenden **Sitztheorie**. In diesem Fall sind auch keine Auswirkungen aus der Niederlassungsfreiheit zu berücksichtigen. Das deutsche Internationale Gesellschaftsrecht verweist damit wegen des im Inland liegenden Verwaltungssitzes auf das eigene Sachrecht. Für die Gesellschaft liegt damit im Zeitpunkt des „Grenzübertritts" ein Statutenwechsel vor.

26

Nach deutschem Recht ist die Gesellschaft nicht ohne weiteres rechtsfähig. Sie unterliegt deutschem Recht, ist jedoch nicht als deutsche Kapitalgesellschaft im Register eingetragen. Es fehlt ihr damit die Rechtsfähigkeit einer deutschen Aktiengesellschaft oder GmbH. Die Maßgeblichkeit des deutschen Sachrechts führt zudem dazu, dass die Gesellschaft nicht in ihrer bisherigen Rechtsform in Deutschland als rechtsfähig anerkannt wird. Der BGH hat es zu Recht abgelehnt, § 4a GmbHG (und Gleiches gilt für § 5 AktG) kollisionsrechtlichen Charakter beizumessen (siehe auch oben § 6 Rz. 10), insbesondere in der Vor-

27

---

29) Erste Gedanken hierzu bei *Teichmann*, ZIP 2009, 393, 402 f.

Göthel

§ 12 Grenzüberschreitende Sitzverlegung

schrift eine Regelung über die Anerkennung ausländischer Gesellschaften mit Verwaltungssitz im Inland zu sehen.[30] Dies führt jedoch nicht dazu, dass die Gesellschaft nunmehr als rechtlos oder „rechtliches Nichts" zu behandeln ist.[31] Es kann nicht Sinn der Sitztheorie sein, die Gesellschaft wegen ihres in Deutschland gelegenen Verwaltungssitzes dem deutschen Recht zu unterstellen und sie dann für inexistent zu erklären. Der BGH behandelt die Gesellschaft daher vielmehr als eine **rechtsfähige Personengesellschaft deutschen Rechts**, nämlich als offene Handelsgesellschaft oder Gesellschaft bürgerlichen Rechts, die beide keiner Eintragung in ein deutsches Register bedürfen.[32] Der BGH begründet dies richtigerweise damit, dass es nicht hinnehmbar wäre, wenn eine solche Gesellschaft zwar in Deutschland am Geschäftsverkehr teilnimmt, ihr aber nicht die Möglichkeit gegeben wird, Rechte zu begründen und klageweise geltend zu machen.[33] Ein entgegenstehender Wille der Gesellschafter ist unbeachtlich, da er nicht in einer Neugründung der Gesellschaft als Kapitalgesellschaft erkennbar geworden ist.[34] Hat die ausländische Gesellschaft nur einen Gesellschafter, wird er und damit die Gesellschaft dagegen bei Betreiben eines Handelsgewerbes als Kaufmann oder sonst als natürliche Person eingeordnet, nicht aber als Personengesellschaft deutschen Rechts.[35]

28 Die Gesellschaft wird somit zwar als rechts- und parteifähig behandelt, allerdings können die Folgen für die **Gesellschafter** einschneidend sein.[36] Sie genießen nicht mehr den Schutz der fehlenden persönlichen Haftung durch eine Kapitalgesellschaft und **haften** entsprechend den Regeln des Personengesellschaftsrechts (analog § 128 HGB) **persönlich und unbeschränkt** für die Gesellschaftsverbindlichkeiten.[37] Möchten die Gesellschafter diese Folgen vermeiden und als Kapitalgesellschaft in Deutschland anerkannt werden, müssen sie eine neue Gesellschaft in Form der deutschen Aktiengesellschaft oder

---

30) BGHZ 178, 192, 198 f., *Trabrennbahn*; so auch *Kindler*, IPRax 2009, 189, 198.
31) *Goette*, DStR 2009, 63 (Anm. zum *Trabrennbahn*-Urteil); so aber früher BGHZ 97, 269 = NJW 1986, 2194.
32) BGHZ 178, 192, 199; BGHZ 151, 201 = DStR 2002 1678; dazu auch *Bayer/Schmidt*, ZHR 173 (2009), 735, 740 f.
33) BGHZ 178, 192, 199.
34) Vgl. dazu *Kösters*, NZG 1998, 241; ähnlich *Mülbert/Schmolke*, ZVglRWiss 100 (2001), 233.
35) *Hausmann* in: Reithmann/Martiny, Rz. 5133.
36) Für die offene Handelsgesellschaft folgt die Rechts- und Parteifähigkeit aus § 124 Abs. 1 HGB. Für die Gesellschaft bürgerlichen Rechts folgt dies aus der Rechtsprechung BGHZ 146, 341 = NZG 2001, 311 = JZ 2001, 655; vgl. aus der sehr umfangreichen Literatur zu diesem Urteil etwa *Armbrüster*, Das Grundeigentum 2001, 821; *Gesmann-Nuissl*, WM 2001, 973; *Habersack*, BB 2001, 477; *Peifer*, NZG 2001, 296; *Pohlmann*, WM 2002, 1421; *K. Schmidt*, NJW 2001, 993; *Ulmer*, ZIP 2001, 585; *Westermann*, NZG 2001, 289; *Wiedemann*, JZ 2001, 661 (Urteilsanm.); krit. *Derleder*, BB 2001, 2485.
37) BGHZ 178, 192, 199, *Trabrennbahn*; *Bayer/Schmidt*, ZHR 173 (2009), 735, 741.

C. Kapitalgesellschaften

GmbH gründen und eintragen lassen. Ansonsten ist zu raten, den Verwaltungssitz nicht nach Deutschland zu verlegen.

Im Ergebnis ist damit bei dieser Fallkonstellation aus deutscher Sicht **keine** 29 **identitätswahrende Verlegung** des Verwaltungssitzes nach Deutschland möglich. Dies gilt unabhängig davon, ob der Wegzugsstaat den Wegzug akzeptiert, etwa weil er der Gründungstheorie folgt und damit keinen Statutenwechsel erkennt. Denn zum einen wird das Recht des Wegzugsstaats aus deutscher Sicht schon nicht befragt, und zum anderen erkennt Deutschland die Gesellschaft wie beschrieben nicht weiter in ihrer ursprünglichen Rechtsform als rechtsfähig an.

Anders als in Deutschland ist dagegen in Belgien trotz Geltung der Sitztheorie 30 die Verlegung des tatsächlichen Verwaltungssitzes in das belgische Inland höchstrichterlich gebilligt worden. Danach ist eine identitätswahrende Sitzverlegung zulässig. Das belgische Recht anerkennt die Rechtsfähigkeit der Gesellschaft unter der Voraussetzung, dass auch das Herkunftsland die Rechtsfähigkeit weiter gewährt.[38]

2. EU-/EWR-Staat ist Wegzugsstaat

Verlegt eine Kapitalgesellschaft aus einem EU-Mitgliedstaat oder aus einem 31 EWR-Vertragsstaat ihren tatsächlichen Verwaltungssitz nach Deutschland, sind die Auswirkungen der jeweils geltenden **Niederlassungsfreiheit** zu berücksichtigen. Sie beeinflussen maßgeblich die kollisionsrechtliche Anknüpfung der Gesellschaft.

Nach der Rechtsprechung des EuGH ist der Zuzugsstaat verpflichtet, bei EU- 32 Auslandsgesellschaften die durch ihr Gründungsrecht verliehene sowie fortbestehende Rechts- und Parteifähigkeit anzuerkennen (siehe oben § 6 Rz. 37). Der Zuzugsstaat hat darüber hinaus die Vorschriften über das Mindestkapital und die Geschäftsleiterhaftung des Gründungsrechts zu achten (siehe oben § 6 Rz. 38 f.). Aufgrund dieser europäischen Entscheidungen hat die deutsche Rechtsprechung in nachfolgenden Urteilen befunden, wirksam gegründete und nach dem Gründungsrecht fortbestehende EU-Auslandsgesellschaften insgesamt ihrem **Gründungsrecht** zu unterwerfen. Deutsches Recht verweist damit auf das Gründungsrecht der Gesellschaft. Nach bestrittener Auffassung ist dies eine Gesamtverweisung (siehe oben § 6 Rz. 54).[39]

---

38) Belg. Cass. 12.11.1965 (*Lamot*), Rev. crit. belge 20 (1966), 392 (mit Anm. *van Ryn*, 399); vgl. dazu auch *Großfeld/König*, RabelsZ 53 (1989), 52, 58; Conseil d'État 29.6.1987, Nr. 28.267, TRV 1989, 110; insgesamt hierzu *Wymeersch*, ZGR 1999, 126 (auch zum Wegzug belgischer Gesellschaften); zum niederländischen Recht s. *Timmermann*, ZGR 1999, 147.

39) *Kindler* in: MünchKomm-BGB, IntGesR Rz. 506; dagegen für eine Sachnormverweisung *Thorn* in: Palandt, Anh. zu Art. 12 EGBGB Rz. 4; *Forsthoff*, DB 2002, 2471, 2473.

§ 12 Grenzüberschreitende Sitzverlegung

33 Umstritten ist jedoch, ob die ausländische Gesellschaft auch dann dem Schutz der Niederlassungsfreiheit unterfällt, wenn der effektive Verwaltungssitz **schon bei der Gründung** in Deutschland und nicht im Gründungsstaat lag und damit keine echte „Verlegung" dieses Sitzes vorliegt. Es wird unterschiedlich beurteilt, ob die Niederlassungsfreiheit eine „Mobilitätskomponente" verlangt und die Gesellschaft daher bei anfänglichem Auseinanderfallen von Satzungs- und Verwaltungssitz keinen Schutz genießt.[40] Was damit gewonnen wird, einer Gesellschaft bei anfänglichem Auseinanderfallen der Sitze die Anerkennung zu versagen, bei einem unmittelbar nach Gründung erfolgendem Wechsel des Verwaltungssitzes jedoch nicht, ist nicht erkennbar. Eine Mobilitätskomponente ist daher abzulehnen.

34 Allerdings ist zu berücksichtigen, dass der Gründungsstaat europarechtlich nicht gehindert ist, **kollisionsrechtliche** und nach umstrittener Ansicht auch **materiellrechtliche Wegzugsbeschränkungen** aufzubauen und damit der wegziehenden Gesellschaft den Genuss der **Niederlassungsfreiheit vorzuenthalten**. Dies hat die Entscheidung in der Rechtssache *Cartesio* deutlich gemacht (siehe oben § 6 Rz. 32 ff. und Rz. 41 ff.). Daher wird für die Frage, nach welcher Kollisionsnorm (Gründungs- oder Sitztheorie) sich das anwendbare Recht aus der Sicht des deutschen Zuzugsstaats bestimmt, in der Literatur wie folgt unterschieden:[41] Folgt der **Gründungsstaat** der Gründungstheorie und knüpft er den Fortbestand der Gesellschaft nicht an den tatsächlichen Verwaltungssitz auf seinem Staatsgebiet, liegt **keine Wegzugsbeschränkung** vor. Das deutsche Recht beruft mit der Gründungstheorie das Recht des Wegzugsstaats und akzeptiert eine nach dem Gründungsrecht fortbestehende Rechts- und Parteifähigkeit dieser Gesellschaft. Eine identitätswahrende Sitzverlegung ist damit möglich.

35 Folgt der **Gründungsstaat** dagegen der Sitztheorie, hat er seinen Gesellschaften hierdurch eine kollisionsrechtliche Wegzugsbeschränkung auferlegt. Knüpft das Sachenrecht des Gründungsstaats den Fortbestand der Gesellschaft an den tatsächlichen Verwaltungssitz auf seinem Staatsgebiet, liegt eine materiellrecht-

---

40) Anfängliches Auseinanderfallen unschädlich: BGH, NJW 2005, 3351, 3352; OLG Frankfurt a. M., IPRax 2004, 56, 58; *Bayer/Schmidt*, ZHR 173 (2009), 735, 747 f.; *Eidenmüller*, ZIP 2002, 2233, 2243; *Behme/Nohlen*, NZG 2008, 496, 498; *Halbhuber*, ZEuP 2003, 422, 435; *Leible/Hoffmann*, RIW 2002, 925, 929 ff.; *Spahlinger* in: Spahlinger/Wegen, Rz. 204; *Weller*, IPRax 2003, 324, 327; für eine Mobilitätskomponente *Kindler* in: MünchKomm-BGB, IntGesR Rz. 428; *Kindler*, NJW 2003, 1073, 1078; *Kindler*, IPRax 2003, 41 f.; *Franz*, BB 2009, 1251, 1252; *Franz/Laeger*, BB 2008, 678, 680; *Binz/Mayer*, GmbHR 2003, 249, 256; *Roth*, IPRax 2003, 117, 126; *Kieninger*, ZGR 1999, 724, 728 ff.; *Zimmer*, ZHR 164 (2000), 23, 40 f.

41) *Leible* in: Michalski, Syst. Darst. 2 Rz. 45 (wohl nur bei kollisionsrechtlicher Wegzugsbeschränkung); *Mayer* in: MünchKomm-GmbHG, § 4a GmbHG Rz. 26; *Weller* in: MünchKomm-GmbHG, Einl. Rz. 361 ff. (beide bei materiellrechtlichen wie kollisionsrechtlichen Wegzugsbeschränkungen).

liche Wegzugsbeschränkung vor. In beiden Fällen versagt der Gründungsstaat damit seinen Gesellschaften bei einem Wegzug selbst die Anerkennung. Aufgrund solcher nach *Cartesio* zulässigen **Wegzugsbeschränkungen** (siehe oben § 6 Rz. 32 ff. und Rz. 41 ff.), welche die Gesellschaft schon nicht in den Genuss der Niederlassungsfreiheit kommen lässt, wird aus deutscher Sicht das anwendbare Recht über die traditionelle Sitztheorie berufen.[42] Die Gesellschaft unterliegt damit dem deutschen Sachrecht und nicht mehr ihrem Gründungsrecht. In Deutschland ist sie allerdings nicht als deutsche Kapitalgesellschaft im Register eingetragen. Es fehlt ihr damit die Rechtsfähigkeit einer deutschen Kapitalgesellschaft. Sie ist somit wie eine Gesellschaft aus einem Drittstaat zu behandeln (dazu oben Rz. 26 ff.). Im Ergebnis liegt keine identitätswahrende Sitzverlegung vor.

3. Staatsvertraglich verbundener Staat ist Wegzugsstaat

Verlegt eine ausländische Kapitalgesellschaft ihren tatsächlichen Verwaltungssitz aus einem Staat nach Deutschland, mit dem Deutschland einen bi- oder multilateralen Staatsvertrag über die Anerkennung von Gesellschaften geschlossen hat, hat Deutschland die Gesellschaft in der bestehenden Rechtsform **anzuerkennen**, sofern sie nach dem Gründungsrecht wirksam fortbesteht. Durch den Staatsvertrag liegt aus deutscher Sicht eine Sachnormverweisung auf das Gründungsrecht vor (siehe oben § 6 Rz. 56). Die Sitzverlegung erfolgt aus deutscher Sicht identitätswahrend und ohne Statutenwechsel.[43] Nach umstrittener Ansicht ist darüber hinaus allerdings eine effektive Beziehung *(genuine link)* zum Gründungsrecht erforderlich (dazu oben § 6 Rz. 51 f.).

36

IV. Verlegung des Satzungssitzes nach Deutschland
1. Keine staatsvertraglichen Verbindungen zum Wegzugsstaat

Verlegt eine ausländische Kapitalgesellschaft ihren Satzungssitz aus einem Staat in die Bundesrepublik Deutschland, mit dem wir keine einschlägigen Staatsverträge geschlossen haben, bestimmt sich die Zulässigkeit dieser Verlegung zunächst nach dem Personalstatut der Gesellschaft. Dieses ist traditionell über die **Sitztheorie** zu ermitteln (siehe oben § 6 Rz. 9 ff.). Das deutsche Internationale Gesellschaftsrecht verweist damit wegen des weiterhin im Wegzugsstaat beste-

37

---

42) So *Leible* in: Michalski, Syst. Darst. 2 Rz. 45 (wohl nur bei kollisionsrechtlicher Wegzugsbeschränkung); *Mayer* in: MünchKomm-GmbHG, § 4a GmbHG Rz. 26; *Weller* in: MünchKomm-GmbHG, Einl. Rz. 365 (beide bei materiellrechtlichen wie kollisionsrechtlichen Wegzugsbeschränkungen); wohl auch *Kindler* in: MünchKomm-BGB, IntGesR Rz. 428 a. E.; diese Unterscheidung nicht vornehmend und damit die Gründungstheorie anwendend *Jasper/Wollbrink* in: MünchHdb-GesR, Bd. 3, § 75 Rz. 57.
43) Für den Freundschafts-, Handels- und Schifffahrtsvertrag zwischen der Bundesrepublik Deutschland und den USA s. *Kindler* in: MünchKomm-BGB, IntGesR Rz. 339 f.; auch *Bayer/Schmidt*, ZHR 173 (2009), 735, 739.

henden Verwaltungssitzes auf das dortige Recht. Folgt der **Wegzugsstaat** ebenfalls der **Sitztheorie**, beruft er sein eigenes materielles Recht. Dem dortigen Recht sind damit die Rechtsfolgen der Verlegung des Satzungssitzes zu entnehmen.[44] Ein Statutenwechsel liegt nicht vor.

38 Folgt der **Wegzugsstaat** der **Gründungstheorie** und beruft diese das Recht des Satzungssitzes, liegt eine Rückverweisung auf das deutsche Recht vor. Diese nehmen wir an (Art. 4 Abs. 1 Satz 2 EGBGB). Nach deutschem Recht muss die Gesellschaft als Kapitalgesellschaft in Deutschland eingetragen sein, um in dieser Rechtsform als rechtsfähig anerkannt zu werden (siehe oben § 6 Rz. 58). Der ausländische Verwaltungssitz ist unschädlich und kann daher behalten werden (§ 4a GmbHG, § 5 AktG, siehe oben Rz. 9 f.). Diese Art der Verlegung des Satzungssitzes erfolgt jedoch nicht identitätswahrend. Die Gesellschaft löst sich vielmehr im Wegzugsstaat auf und gründet sich in Deutschland neu. Der grenzüberschreitende Formwechsel einer ausländischen Gesellschaft in eine inländische Rechtsform ist dem deutschen Sachrecht unbekannt.[45] Gleiches gilt, wenn die Gesellschaft **gleichzeitig** ihren **Verwaltungssitz** nach Deutschland verlegt und deutsches Sachenrecht aufgrund der Sitztheorie direkt berufen wird.

39 Das **schweizerische Recht** regelt die Problematik gesetzlich. Danach gilt: Eine ausländische Gesellschaft kann sich ohne Liquidation und Neugründung dem schweizerischem Recht unterstellen, wenn das ausländische Recht es gestattet, die Gesellschaft die Voraussetzungen des ausländischen Rechts erfüllt und die Anpassung an eine schweizerische Rechtsform möglich ist (Art. 161 schweizerisches IPRG).[46]

2. EU-/EWR-Staat ist Wegzugsstaat

40 Die Verlegung des Satzungssitzes einer Kapitalgesellschaft aus einem EU-Mitgliedstaat oder einem EWR-Vertragsstaat beurteilt sich zunächst **wie** die ent-

---

44) *Kindler* in: MünchKomm-BGB, IntGesR Rz. 535.

45) OLG Zweibrücken, NZG 2005, 1019 (Ein nach franz. Recht gegründeter Verein [„association"] kann nicht als solcher in das deutsche Vereinsregister eingetragen werden, wenn der statutarische Sitz nach Deutschland verlegt wird.); OLG Zweibrücken, DNotZ 1991, 624 (Keine identitätswahrende Eintragung einer nach luxemburgischem Recht gegründeten AG im deutschen Handelsregister.); *Bayer/Schmidt*, ZHR 173 (2009), 735, 761; auch *Leible/Hoffmann*, BB 2009, 58, 62 f.

46) Umgekehrt kann sich nach schweizerischem Recht eine **schweizerische Gesellschaft** ohne Liquidation und Neugründung ausländischem Recht unterstellen, wenn sie nachweist, dass die Voraussetzungen nach schweizerischem Recht erfüllt sind und sie nach ausländischem Recht fortbesteht. Die Gläubiger sind unter Hinweis auf die bevorstehende Änderung des Gesellschaftsstatuts öffentlich zur Anmeldung bestehender Ansprüche aufzufordern (Art. 163 schweizerisches IPRG); dazu *Girsberger* in: Honsell/Vogt/Schnyder, Art. 161 und Art. 163 schweizerisches IPRG; *Bessenich*, passim; *Kronke/Mazza* in: Kronke/Melis/Schnyder, Teil K Rz. 216 ff.

C. Kapitalgesellschaften

sprechende Verlegung des Satzungssitzes aus einem **Drittstaat** nach Deutschland (siehe oben Rz. 37 ff.).[47] Ein identitätswahrender grenzüberschreitender Formwechsel ist damit nicht möglich. Gleiches gilt, wenn die Gesellschaft **gleichzeitig** ihren **Verwaltungssitz** nach Deutschland verlegt (siehe oben Rz. 38).[48]

Dieses Ergebnis wird jedoch im Lichte der **Niederlassungsfreiheit** und den hierzu ergangenen Urteilen des EuGH kritisch beurteilt. Es wird zum einen die Entscheidung des EuGH in der Rechtssache „**Cartesio**" herangezogen. Dort hatte das Gericht in einem *obiter dictum* ausgeführt, es sei nicht zu rechtfertigen, dass der Wegzugsstaat eine Gesellschaft dadurch, dass er ihre Auflösung und Liquidation verlange, daran hindere, sich in eine Gesellschaft nach dem nationalen Recht des Zuzugsstaats umzuwandeln, soweit dies nach dem Recht des Zuzugsstaats möglich sei. Die Auswirkungen dieses *obiter dictum*, insbesondere, ob damit Wegzugsbeschränkungen unzulässig sind, werden unterschiedlich beurteilt (siehe oben Rz. 23 f.). Zum anderen wird die „**Sevic**"-Entscheidung des EuGH bemüht (siehe dazu unten § 13 Rz. 52 ff.).[49] Dort hatte das Gericht ausgeführt, Verschmelzungen seien ein wirksames Mittel, um Gesellschaften umzuwandeln. Durch einen einzigen Vorgang könne eine Rechtsform gewählt werden, ohne dass etwa eine zeitaufwendigere und teurere Auflösung und Neugründung erforderlich sei. Diese nach deutschem Recht nur für inländische Gesellschaften bestehende Möglichkeit müsse auch offenstehen, wenn eine Gesellschaft aus einem EU-Mitgliedstaat beteiligt werde. Sonst werde die Niederlassungsfreiheit beschränkt. Diesen Entscheidungsgründen wird entnommen, dass im Lichte der Niederlassungsfreiheit die deutschen Gesellschaften eröffneten Strukturmaßnahmen wie Umwandlungen auch EU-Auslandsgesellschaften offen stehen müssten, sofern sich die ausländische Gesellschaft an die inländischen Sachnormen hält und inländische Schutzinteressen nicht gefährdet sind.[50] Gestattet werden soll damit ein grenzüberschreitender Formwechsel für EU-Auslandsgesellschaften. Andere betonen die fehlende Geltung der Niederlassungsfreiheit für einen solchen Vorgang.[51] Für den Moment ist festzuhalten, dass eine solche Möglichkeit nach deutschem Sachrecht nicht besteht.[52] Damit ist für EU-Auslandsgesellschaften ein grenzüberschreitender Formwechsel nach Deutschland derzeit nicht möglich.

41

---

47) *Kindler* in: MünchKomm-BGB, IntGesR Rz. 535.
48) *Kindler* in: MünchKomm-BGB, IntGesR Rz. 536.
49) EuGH, Rs. C-411/03, *SEVIC Systems AG*, Slg. 2005 I-10825 = NJW 2006, 425 = GmbHR 2006, 140 = ZIP 2005, 2311.
50) *Teichmann*, ZIP 2006, 355, 357; *Teichmann*, ZIP 2009, 393, 402; *Otte/Rietschel*, GmbHR 2009, 983, 986 f.
51) *Hausmann* in: Reithmann/Martiny, Rz. 5144.
52) *Kindler*, IPRax 2009, 189, 192; ebenso *Kobelt*, GmbHR 2009, 808, 813.

3. Staatsvertraglich verbundener Staat ist Wegzugsstaat

42 Will eine ausländische Kapitalgesellschaft ihren Satzungssitz aus einem Staat nach Deutschland verlegen, mit dem die Bundesrepublik Deutschland einen bi- oder multilateralen Staatsvertrag über die Anerkennung von Gesellschaften geschlossen hat, hat Deutschland die Gesellschaft in der bestehenden Rechtsform **anzuerkennen**, sofern sie nach dem Gründungsrecht trotz des Wechsels des Satzungssitzes **wirksam fortbesteht** (vgl. oben Rz. 36). Ist dies jedoch **nicht** der Fall, gilt wie bei der Verlegung des Satzungssitzes aus einem Drittstaat die **Sitztheorie** (siehe oben Rz. 37). Es besteht aufgrund von Staatsverträgen keine Verpflichtung, einen identitätswahrenden Formwechsel in eine inländische Gesellschaftsform zu ermöglichen. Ein solcher Formwechsel ist nach deutschem Recht nicht möglich, sodass nur der Weg einer Neugründung in Deutschland bleibt. Die neue Kapitalgesellschaft dürfte ihren tatsächlichen Verwaltungssitz im Ausland behalten (siehe oben Rz. 9 f.).

V. Sitzverlegung zwischen Drittstaaten

43 Die materiellrechtliche Zulässigkeit und die Anerkennung einer Sitzverlegung von einem ausländischen Staat in einen anderen ausländischen Staat ist aus deutscher Sicht ausgehend vom deutschen Internationalen Gesellschaftsrecht zu bestimmen. Verweist die Sitztheorie bei einem Wechsel des tatsächlichen Verwaltungssitzes auf das Recht des Zuzugsstaats, entscheidet dessen Kollisionsrecht darüber, ob dieser Staat die Verweisung annimmt (Sitztheorie) oder auf das Recht des Wegzugsstaats weiterverweist (Gründungstheorie). Aus deutscher Sicht ist eine Weiterverweisung beachtlich (Art. 4 Abs. 1 Satz 1 EGBGB). Nimmt der Wegzugsstaat die Verweisung an, wird die Gesellschaft in der Bundesrepublik Deutschland anerkannt, wenn das materielle Recht des Wegzugsstaats selbst die Gesellschaft als fortbestehend anerkennt.[53] Nimmt der Zuzugsstaat die Verweisung des deutschen Rechts an, entscheidet sein Sachrecht über das rechtliche Schicksal der Gesellschaft. Wird sie dort anerkannt, akzeptieren auch wir die Gesellschaft. Ist dies nicht Fall, anerkennen wir die Gesellschaft ebenfalls nicht.[54]

D. Personengesellschaften

44 Sitzverlegungen von Personengesellschaften sind **grundsätzlich** rechtlich genauso zu beurteilen **wie** solche von **Kapitalgesellschaften**. Daher kann im Grundsatz auf die obigen Ausführungen zu Kapitalgesellschaften verwiesen

---

53) BGH, NJW 2004, 3706, 3707; OLG Frankfurt a. M., NJW 1990, 2204 = IPRax 1991, 403; vgl. dazu EWiR 1990, 827 *(Ebenroth)* und *Großfeld/König*, IPRax 1991, 379; *Kindler* in: MünchKomm-BGB, IntGesR Rz. 537.

54) *Kindler* in: MünchKomm-BGB, IntGesR Rz. 537; *Hausmann* in: Reithmann/Martiny, Rz. 5141; näher dazu auch *Leible* in: Michalski, Syst. Darst. 2 Rz. 190 ff.

D. Personengesellschaften

werden (siehe oben Rz. 6 ff.). Allerdings sind ergänzend hierzu einige Gemeinsamkeiten, aber auch Abweichungen hervorzuheben.

I. Anknüpfung

Das **Personalstatut** ermittelt sich für Personengesellschaften wie für Kapitalgesellschaften über die Anknüpfungsregeln des **Internationalen Gesellschaftsrechts**. Hierzu muss die Personengesellschaft aber eine nach außen hervortretende Organisation haben und am Rechtsverkehr teilnehmen (siehe oben § 6 Rz. 2). 45

II. Niederlassungsfreiheit und EU-Auslandsgesellschaften

Die **Niederlassungsfreiheit** nach Art. 49, 54 AEUV (vormals Art. 43, 48 EGV) sowie nach Art. 31, 34 des EWR-Übereinkommens gilt genauso für Personengesellschaften wie für Kapitalgesellschaften.[55] Hierauf deutet schon die Definition in Art. 54 Abs. 2 AEUV (Art. 48 Abs. 2 EGV a. F.), wonach als Gesellschaften die Gesellschaften des bürgerlichen und des Handelsrechts einschließlich der Genossenschaften und die sonstigen juristischen Personen des öffentlichen und privaten Rechts gelten mit Ausnahme derjenigen, die keinen Erwerbszweck verfolgen. Damit können sich Personengesellschaften aus einem EU-Mitgliedstaat oder einem EWR-Vertragstaat bei einer Verlegung ihres effektiven Verwaltungssitzes nach Deutschland auf die Niederlassungsfreiheit berufen, sofern der Wegzugsstaat keine Wegzugsperren aufgestellt hat; sie sind bei uns anzuerkennen (siehe zur Kapitalgesellschaft oben Rz. 31 ff.). 46

III. Deutsche Personengesellschaften

Ein **wesentlicher Unterschied** zwischen deutschen Kapital- und Personengesellschaften besteht in den sachrechtlichen Anforderungen an den Ort des tatsächlichen Verwaltungssitzes. Für die GmbH und die Aktiengesellschaft ist es aufgrund der durch das MoMiG geänderten § 4a GmbHG und § 5 AktG möglich, einen ausländischen Verwaltungssitz zu wählen und hierbei den inländischen Satzungssitz beizubehalten. Satzungssitz und Verwaltungssitz dürfen also auseinander fallen. Die wirksame Eintragung als deutsche Gesellschaft bleibt hiervon unberührt (siehe oben Rz. 7 ff.). Für deutsche Personengesellschaften kennt das deutsche Recht keine solche Regelung. Personenhandelsgesellschaften haben ihren Sitz im Bezirk ihres Registergerichts (§ 106 Abs. 1, § 161 Abs. 2 HGB). Dieser Sitz ist gleichzusetzen mit dem Ort der tatsächlichen Verwal- 47

---

55) *Hausmann* in: Reithmann/Martiny, Rz. 5064; *Wertenbruch*, NZG 2003, 618, 619; *Zimmer/Naendrup*, NJW 2009, 545, 548; *Troberg/Tiedje* in: von der Groeben/Schwarze, Art. 48 EG Rz. 2; *Leible/Hoffmann*, BB 2009, 58, 58 f., anders aber noch *Leible/Hoffmann*, RIW 2002, 925, 933; s. insbesondere die *Cartesio*-Entscheidung des EuGH, bei der es um eine ungarische Kommanditgesellschaft ging, hierzu oben § 6 Rz. 32 ff.

tung. Lange Zeit hat die h. A. bei Personengesellschaften nicht zwischen Satzungssitz und tatsächlichem Verwaltungssitz unterschieden.[56] Dieses strenge Dogma der Uniformität zwischen Satzungs- und Verwaltungssitz wird zwar mittlerweile in der Literatur aufgeweicht.[57] Allerdings kann eine **deutsche Personengesellschaft** nach der (noch) h. A. und geltendem materiellem Recht **keinen ausländischen Verwaltungssitz haben**.[58] Verlegt sie ihren tatsächlichen Verwaltungssitz dennoch in das Ausland, antwortet das deutsche Sachrecht hierauf mit der Auflösung und Liquidation der Gesellschaft.[59]

48 Diese Rechtsfolge verstößt wohl nicht gegen die **Niederlassungsfreiheit**. Dies ergibt sich aus der *Cartesio*-Entscheidung des EuGH. Dort hatte es das Gericht als zulässig angesehen, dass das ungarische Sachrecht einer Kommanditgesellschaft nicht gestattet, ihren Verwaltungssitz identitätswahrend in einen anderen Mitgliedstaat zu verlegen, sondern vielmehr die Auflösung der Gesellschaft verlangt (siehe oben Rz. 34 f. und § 6 Rz. 32 ff.).[60]

49 Die fehlende Möglichkeit im deutschen Recht, den Verwaltungssitz identitätswahrend in das Ausland verlegen zu können, wird im Kollisionsrecht für alle Gesellschaftsformen unstreitig anerkannt, wenn der **Zuzugsstaat** die Verweisung des deutschen Internationalen Gesellschaftsrechts auf sein **Sitzrecht annimmt**. Denn das maßgebliche Sitzrecht wird in diesem Fall vermutlich eine Neugründung verlangen. Deutschland als Wegzugstaat verlangt die Auflösung und Liquidation der Gesellschaft. In diesem Fall wirken altes und neues Gesellschaftsstatut nicht zusammen, wie es jedoch erforderlich ist, damit die Gesellschaft fortbestehen kann.[61] Nach umstrittener Ansicht soll eine identitätswahrende Sitzverlegung jedoch dann möglich sein, wenn der **Zuzugsstaat** der

---

56) So z. B. BGH, WM 1957, 999, 1000; BGH, WM 1969, 293, 294; KG, WM 1955, 892, 893; OLG Celle, WM 1962, 1330; *Märtens* in: Ebenroth/Boujong/Joost/Strohn, § 106 HGB Rz. 13.
57) Ausführlich *Koch*, ZHR 173 (2009), 101; *Koch* in: Staub, § 13 HGB Rz. 44 f.; *Hopt* in: Baumbach/Hopt, § 106 HGB Rz. 8; *Fingerhuth/Rumpf*, IPRax 2008, 90, 93 f.; *von Gerkan/Haas* in: Röhricht/von Westphalen, § 106 HGB Rz. 11; *Schäfer* in: Staub, § 106 HGB Rz. 18 f.; *Pluskat*, WM 2004, 601, 608 f.
58) *König/Bormann*, DNotZ 2008, 652, 659; *Mülsch/Nohlen*, ZIP 2008, 1358, 1361; *Leitzen*, NZG 2009, 728; krit. *Koch*, ZHR 173 (2009), 101, 112 ff.; *Koch* in: Staub, § 13 HGB Rz. 46 f.; *Fingerhuth/Rumpf*, IPRax 2008, 90, 93 f.
59) *Emmerich* in: Heymann, § 106 HGB Rz. 8; *Koch* in: Staub, § 13h HGB Rz. 37; *Krafka* in: MünchKomm-HGB, § 13h HGB Rz. 17; *Langhein* in: MünchKomm-HGB, § 106 HGB Rz. 30; *Großfeld* in: Staudinger, IntGesR Rz. 605 f.; a. A. *von Gerkan/Haas* in: Röhricht/von Westphalen, § 106 HGB Rz. 11.
60) Anders jedoch *Leible/Hoffmann*, BB 2009, 58, 61.
61) *Großfeld* in: Staudinger, IntGesR Rz. 609; *Pentz* in: Ebenroth/Boujong/Joost/Strohn, § 13h HGB Rz. 43; *Fingerhuth/Rumpf*, IPRax 2008, 90, 92.

D. Personengesellschaften

Gründungstheorie folgt und damit auf deutsches Recht zurückverweist.[62] Hierfür wird angeführt, dass sich das Recht zu einer identitätswahrenden Verlegung des Verwaltungssitzes bereits aus den kollisionsrechtlichen Grundsätzen über die Beachtung einer Rück- und Weiterverweisung nach Art. 4 Abs. 1 EGBGB ergebe. Das Ziel des Gesetzgebers, durch Art. 4 Abs. 1 EGBGB dem internationalen Entscheidungseinklang Rechnung zu tragen, würde vereitelt, wenn eine Sitzverlegung ins Ausland generell die Auflösung nach sich zöge.[63]

Richtig hieran ist, dass kollisionsrechtlich die Gesellschaft weiterhin als deutsche Gesellschaft anzusehen ist.[64] Dennoch darf nicht übersehen werden, dass ein **Zusammenspiel** nicht nur zwischen den beteiligten Kollisionsrechten, sondern auch den **materiellen Rechten** erforderlich ist. In der beschriebenen Fallgestaltung wird nun mal das deutsche materielle Recht berufen. Es hat damit die Hoheit, über das Schicksal der Gesellschaft zu befinden. Kollisionsrechtliche Wertungen muss es sich nicht aufdrängen lassen. Soll der identitätswahrende Wegzug des Verwaltungssitzes nach deutschem Sachrecht möglich sein, ist es Aufgabe des Gesetzgebers, das geltende Recht entsprechend zu ändern. Dass der Gesetzgeber das Problem kennt und bei Bedarf löst, zeigen die Änderungen für die GmbH und die Aktiengesellschaft. Einen verallgemeinerungsfähigen Rechtsgedanken enthalten die Regelungen der § 4a GmbHG und § 5 AktG aufgrund ihres speziellen Zuschnitts auf die genannten Gesellschaftsformen und die nur darauf bezogene Gesetzesbegründung nicht (zur Gesetzesbegründung siehe oben Rz. 9).[65] 50

Im Ergebnis ist der **Praxis** daher nicht zu empfehlen, den tatsächlichen Verwaltungssitz einer Personengesellschaft außerhalb des zuständigen Registerbezirks, insbesondere nicht im Ausland zu wählen. Dies gilt nicht nur dann, wenn der Zuzugsstaat der Sitztheorie folgt, sondern wegen der unsicheren Rechtslage auch dann, wenn er die Gründungstheorie anwendet. Sonst droht die Auflösung und Liquidation der Gesellschaft mit allen damit zusammenhängenden Folgen. So würde sich der Gesellschaftszweck auf die Liquidation beschränken. 51

---

62) *Spahlinger* in: Spahlinger/Wegen, Rz. 50; *Ammon/Ries* in: Röhricht/von Westphalen, § 13h HGB Rz. 17; *Hausmann* in: Reithmann/Martiny, Rz. 5137; *Walden*, S. 174 f., 189 f.; *Mülsch/Nohlen*, ZIP 2008, 1358, 1359; *Koch* in: Staub, § 13h HGB Rz. 37 m. w. N.; s. a. *Kindler* in: MünchKomm-BGB, IntGesR Rz. 516; vgl. *Teichmann*, ZIP 2009, 393, 402.
63) *Kindler* in: MünchKomm-BGB, IntGesR Rz. 521 (allerdings bezogen auf Kapitalgesellschaften verbunden mit der richtigen Einschränkung, dass ein inländischer Betrieb oder eine sonstige Rechtfertigung nach §§ 5 Abs. 2 AktG a. F., 4a Abs. 2 GmbHG a. F. vorliegt); *Hausmann* in: Reithmann/Martiny, Rz. 5137.
64) Ebenso *Koch*, ZHR 173 (2009), 101, 114.
65) Ebenso *König/Bormann*, DNotZ 2008, 652, 658.

Die Geschäftsführungs- und Vertretungsbefugnisse der Gesellschafter würden erlöschen und auf die Liquidatoren übergehen.[66]

E. Societas Europaea und Societas Privata Europaea

52 Die Sitzverlegung einer **Europäischen Aktiengesellschaft** (SE) ist in Art. 8 SE-VO niedergelegt (zur SE siehe unten § 15). Geregelt ist dort die Verlegung des Satzungssitzes. Diese Verlegung muss jedoch zwingend einhergehen mit einer Verlegung des tatsächlichen Verwaltungssitzes. Umgekehrt muss auch eine geplante Verlegung des Verwaltungssitzes die Verlegung des Satzungssitzes mit einzubeziehen. Denn nach Art. 7 SE-VO muss der Satzungssitz der SE in dem Mitgliedstaat liegen, in dem die Hauptverwaltung weilt. Ist dies nicht der Fall, ist der Mitgliedstaat, in dem der Satzungssitz liegt, verpflichtet, eine der in Art. 64 SE-VO genannten Maßnahmen zu ergreifen.

53 Die Sitzverlegung ist zwar identitätswährend möglich, allerdings ändert sich das sekundär anwendbare nationale Gesellschaftsrecht. Dies ist nämlich nach Art. 9 Abs. 1 lit. c SE-VO stets das Recht des (Satzungs-)Sitzstaats.[67]

54 Auch für die geplante **Europäische Privatgesellschaft** (SPE) soll eine grenzüberschreitende und identitätswährende Verlegung des eingetragenen Sitzes und damit des Satzungssitzes möglich werden (zur SPE siehe unten § 17).[68] Bei der SPE soll sich die Hauptverwaltung allerdings nicht im Mitgliedstaat des Satzungssitzes befinden müssen. Die Verlegung des Verwaltungssitzes soll daher einschränkungslos und ohne Statutenwechsel möglich sein. Mit einem Wechsel des Satzungssitzes würde dagegen wie bei der SE ein Rechtswechsel einhergehen, da die SPE ebenfalls sekundär dem Recht ihres Satzungssitzes unterliegen soll.[69]

---

66) Zu diesen Folgen bei einer Auflösung und Liquidation nach deutschem Recht s. *Habersack* in: Staub, § 145 HGB Rz. 16 ff. sowie § 149 HGB Rz. 10 ff. und 43 ff.; auch *von Gerkan/Haas* in: Röhricht/von Westphalen, § 149 HGB Rz. 1 und 20 f.

67) Näher zum Ganzen *Oechsler*, in MünchKomm-AktG, Art. 8 SE-VO; *Schwarz*, Art. 8 SE-VO.

68) S. Art. 35 Abs. 1 des Vorschlags der Europäischen Kommission für eine Verordnung des Rates über das Statut der Europäischen Privatgesellschaft v. 26.6.2008, KOM (2008) 396, S. 31 f.; dazu auch *Hommelhoff/Teichmann*, GmbHR 2008, 897, 910 f.; *Maul/Röhricht*, BB 2008, 1574, 1578; *Schmidt*, EWS 2008, 455, 462; *Teichmann/Limmer*, GmbHR 2009, 537, 539.

69) Näher dazu *Hügel*, ZHR 173 (2009), 309, 325 ff.

§ 13 Grenzüberschreitende Umwandlung

Übersicht

A. Einleitung... 1	a) Verschmelzungsfähige Gesellschaften... 37
B. Internationales Umwandlungsrecht... 5	b) Arbeitnehmerbeteiligung... 38
I. Umwandlungsgesetz... 5	c) Verschmelzungsplan... 39
II. Gesellschaftsrechtliche Qualifikation... 6	d) Einreichung... 42
III. Einzelheiten... 7	e) Verschmelzungsbericht... 43
1. Einzeltheorien versus Vereinigungstheorie... 7	f) Verschmelzungsprüfung... 45
2. Voraussetzungen... 8	g) Schlussbilanzen und Unternehmensbewertungen... 46
3. Verfahren... 10	h) Gesellschafterbeschlüsse... 47
4. Wirkungen... 14	i) Registeranmeldung und Rechtmäßigkeitskontrolle... 48
C. Deutsches Umwandlungsrecht... 20	j) Wirksamkeitszeitpunkt... 50
I. Satzungssitz im Inland... 22	2. Sonstige Umwandlungen... 51
II. Grenzüberschreitende Umwandlungen und Sitzerfordernis... 23	a) Sevic... 52
1. Beschränkung auf rein inländische Umwandlungen... 25	b) Folgen... 55
2. Zulässigkeit grenzüberschreitender Umwandlungen... 29	c) Praxisempfehlung... 62
3. Folgen für die Praxis... 34	D. Alternativen... 63
III. Grenzüberschreitende Umwandlungen mit EU-/EWR-Gesellschaften... 35	I. Gesamtrechtsnachfolge... 64
	II. Anteilstausch... 69
	III. Unternehmenseinbringung... 71
1. Verschmelzungen zwischen Kapitalgesellschaften... 36	IV. Grenzüberschreitende Verschmelzung nach Umstrukturierung... 74
	E. Eingliederung... 75

Literatur: *Bayer/Schmidt,* Die neue Richtlinie über die grenzüberschreitende Verschmelzung von Kapitalgesellschaften: Inhalt und Anregungen zur Umsetzung in Deutschland, NJW 2006, 401; *Behrens,* Die Umstrukturierung von Unternehmen durch Sitzverlegung oder Fusion über die Grenze im Licht der Niederlassungsfreiheit im Europäischen Binnenmarkt (Art. 52 und 58 EWGV), ZGR 1994, 1; *Beitzke,* Internationalrechtliches zur Gesellschaftsfusion – Probleme des Europäischen Rechts in: Festschrift Hallstein, 1966, S. 14; *Bessenich,* Die grenzüberschreitende Fusion nach den Bestimmungen des IPRG und des OR, Basel 1991; *Binz/Mayer,* Die ausländische Kapitalgesellschaft & Co. KG im Aufwind? – Konsequenzen aus dem Überseering-Urteil des EuGH v. 5.11.2002 – Rs. C-208/00, GmbHR 2003, 249; *Breiteneicher,* Die Anwachsung als steuerliches Umwandlungsinstrument, DStR 2004, 1405; *Bungert,* Grenzüberschreitende Verschmelzungsmobilität – Anmerkung zur Sevic-Entscheidung des EuGH, BB 2006, 340; *Bungert,* Entwicklungen im internationalen Gesellschaftsrecht Deutschlands, AG 1995, 489; *Bungert/ Schneider,* Grenzüberschreitende Verschmelzung unter Beteiligung von Personengesellschaften, in: Gedächtnisschrift Gruson, 2009, S. 37; *Dorr/Stukenborg,* „Going to the Chapel": Grenzüberschreitende Ehen im Gesellschaftsrecht – Die ersten transnationalen Verschmelzungen nach dem UmwG (1994), DB 2003, 647; *Drinhausen/Keinath,* Referentenentwurf eines Zweiten Gesetzes zur Änderung des Umwandlungsgesetzes – Erleichterung grenzüberschreitender Verschmelzungen für deutsche Kapitalgesellschaften?,

§ 13 Grenzüberschreitende Umwandlung

BB 2006, 725; *Drinhausen/Keinath*, Die grenzüberschreitende Verschmelzung inländischer Gesellschaften nach Erlass der Richtlinie zur grenzüberschreitenden Verschmelzung von Kapitalgesellschaften in Europa, RIW 2006, 81; *Drobnig/Becker/Remien*, Verschmelzung und Koordinierung von Verbänden, 1991; *Ebenroth/Offenloch*, Kollisionsrechtliche Untersuchung grenzüberschreitender Ausgliederungen, RIW 1997, 1; *Ebenroth/Wilken*, Kollisionsrechtliche Einordnung transnationaler Unternehmensübernahmen, ZVglRWiss 90 (1991), 235; *Eilers*, Die Umwandlung als neue Form des Unternehmenskaufes, WiB 1995, 449; *Forsthoff*, Internationale Verschmelzungsrichtlinie: Verhältnis zur Niederlassungsfreiheit und Vorwirkung – Handlungszwang für Mitbestimmungsreform, DStR 2006, 613; *Ganske*, Reform des Umwandlungsrechts – Ein Bericht, WM 1993, 1117; *Gesell/Krömker*, Grenzüberschreitende Verschmelzungen nach SEVIC: Praxisbericht über die Verschmelzung einer niederländischen auf eine deutsche Kapitalgesellschaft, DB 2006, 2558; *Geyrhalter/Weber*, Transnationale Verschmelzungen – im Spannungsfeld zwischen SEVIC Systems und der Verschmelzungsrichtlinie, DStR 2006, 146; *Goutier/Knopf/Tulloch*, Kommentar zum Umwandlungsrecht, 1995; *Grohmann/Gruschinske*, Grenzüberschreitende Mobilität von Kapitalgesellschaften in Europa: Die Richtlinie zur grenzüberschreitenden Verschmelzung von Kapitalgesellschaften, GmbHR 2006, 191; *Großfeld*, Internationales Umwandlungsrecht, AG 1996, 302; *Großfeld/König*, Identitätswahrende Sitzverlegung und Fusion von Kapitalgesellschaften in die Bundesrepublik Deutschland, RabelsZ 53 (1989), 52; *Haritz/Menner*, UmwStG: Kommentar, 3. Auflage 2010; *Harrer*, Internationale Verschmelzung, GesRZ 1995, 141; *Heckschen*, Die Reform des Umwandlungsrechts, DNotZ 2007, 444; *Herrler*, Ermöglichung grenzüberschreitender Verschmelzungen von Kapitalgesellschaften durch Änderung des Umwandlungsgesetzes: Umsetzung der Verschmelzungsrichtlinie unter Vernachlässigung der primärrechtlichen Rahmenbedingungen, EuZW 2007, 295; *Herzig/Dautzenberg/Heyeres*, System und Schwächen der Fusionsrichtlinie, DB 1991, Beilage 12 zu Heft 41; *Herzig/Förster*, Grenzüberschreitende Verschmelzung von Kapitalgesellschaften, DB 1994, 1; *Herzig/Förster*, Steueränderungsgesetz 1992 – Die Umsetzung der Fusionsrichtlinie in deutsches Steuerrecht (Teil I), DB 1992, 911; *Herzig/Förster*, Steueränderungsgesetz 1992 – Die Umsetzung der Fusionsrichtlinie in deutsches Steuerrecht (Teil II), DB 1992, 959; *Hinrichs/Plitt*, Die Wahl der Mitglieder des besonderen Verhandlungsgremiums in betriebsratslosen Gesellschaften bei SE-Gründung / grenzüberschreitender Verschmelzung, NZA 2010, 204; *Hirte/Bücker*, Grenzüberschreitende Gesellschaften, 2. Auflage 2006; *Jacobs*, Internationale Unternehmensbesteuerung, 6. Auflage 2007; *Jaensch*, Der grenzüberschreitende Formwechsel vor dem Hintergrund der Rechtsprechung des EuGH, EWS 2007, 97; *Kallmeyer*, UmwG: Kommentar, 4. Auflage 2010 (zit.: Bearbeiter in: Kallmeyer); *Kallmeyer*, Grenzüberschreitende Verschmelzungen und Spaltungen?, ZIP 1996, 535; *Kiem*, Die Regelung der grenzüberschreitenden Verschmelzung im deutschen Umwandlungsgesetz, WM 2006, 1091; *Knobbe-Keuk*, Die beiden Unternehmenssteuerrichtlinien – Insbesondere die Mißbrauchsklauseln und die Mängel der deutschen Umsetzung, EuZW 1992, 336; *Knobbe-Keuk*, Wegzug und Einbringung von Unternehmen zwischen Niederlassungsfreiheit, Fusionsrichtlinie und nationalem Steuerrecht, DB 1991, 298; Kölner Kommentar zum Umwandlungsgesetz, 2009 (zit.: Bearbeiter in: KölnKomm-UmwG); *Koppensteiner*, Internationale Unternehmen im deutschen Gesellschaftsrecht, 1971; *Kraft/Bron*, Defizite bei der grenzüberschreitenden Verschmelzung – eine sekundärrechtliche Bestandsaufnahme, RIW 2005, 641; *Krause/Kulpa*, Grenzüberschreitende Verschmelzungen – Vor dem Hintergrund der „Sevic"-Entscheidung und der Reform des deutschen Umwandlungsrechts, ZHR 171 (2007), 38; *Krebs*, Unternehmensbesteuerung in der EG – 2. Teil: Die Fusions-Richtlinie als Grundlage eines europäischen Umwandlungssteuerrechts und ihre Umsetzung in der Bundesrepublik Deutschland, ZGR 1992, 346; *Kronke*, Deutsches Gesellschaftsrecht und grenzüberschreitende Strukturänderungen, ZGR 1994, 26; *Lawall*, Umwandlungsrecht: Grenzüberschreitende Verschmelzung innerhalb der Europäischen Wirtschaftsgemeinschaft, IStR 1998, 345; *Leible/Hoffmann*, Grenzüberschreitende Verschmelzungen im Binnenmarkt nach Sevic – Zugleich eine Besprechung von EuGH, RIW 2006, 140 – Sevic –,

A. Einleitung

RIW 2006, 161; *Lennerz*, Internationale Verschmelzung, 2001; *Louven*, Umsetzung der Verschmelzungsrichtlinie: Anmerkungen aus der Praxis zum RegE eines Zweiten Gesetzes zur Änderung des UmwG vom 9.8.2006, ZIP 2006, 2021; *Lüdicke/Sistermann*, Unternehmenssteuerrecht, 2008 (zit.: *Bearbeiter* in: Lüdicke/Sistermann); *Lunk/Hinrichs*, Die Mitbestimmung der Arbeitnehmer bei grenzüberschreitenden Verschmelzungen nach dem MgVG, NZA 2007, 773; *Lutter*, UmwG: Kommentar, 4. Auflage 2009 (zit.: *Bearbeiter* in: Lutter, UmwG); *Lutter*, Die Gründung einer Tochtergesellschaft im Ausland, 3. Auflage 1995 (zit.: Tochtergesellschaft im Ausland); *Lutter*, Umstrukturierung von Unternehmen über die Grenze – Versuch eines Resümees, ZGR 1994, 87; *Manke*, Unternehmungsbesteuerung in der EG – 1. Teil, ZGR 1992, 333; *Maulbetsch/Klumpp/ Rose*, UmwG: Kommentar, 2009; *Meilicke/Rabback*, Die EuGH-Entscheidung in der Rechtssache Sevic und die Folgen für das deutsche Umwandlungsrecht nach Handels- und Steuerrecht, GmbHR 2006, 123; *Müller-Bonanni/Müntefering*, Grenzüberschreitende Verschmelzung ohne Arbeitnehmerbeteiligung? – Praxisfragen zum Anwendungsbereich und Beteiligungsverfahren des MgVG, NJW 2009, 2347; *Neye*, Umwandlungsgesetz/ Umwandlungssteuergesetz, 2. Auflage, 1995; *Neye*, Das neue Umwandlungsrecht vor der Verabschiedung im Bundestag, ZIP 1994, 917; *Neye/Jäckel*, Umwandlungsrecht zwischen Brüssel und Berlin: Der Referentenentwurf für ein Drittes Gesetz zur Änderung des Umwandlungsgesetzes, AG 2010, 237; *Paefgen*, Umwandlung über die Grenze – ein leichtes Spiel? – zu OGH 20.3.2003 – 6 Ob 283/02i, IPRax 2004, 132; *Rixen/Böttcher*, GmbH International: Erfahrungsbericht über eine transnationale Verschmelzung, GmbHR 1993, 572; *Sagasser/Bula/Brünger*, Umwandlungen, 3. Auflage 2002; *Samson/ Flindt*, Internationale Unternehmenszusammenschlüsse, NZG 2006, 290; *Saß*, Probleme der Umsetzung der steuerlichen EG-Fusionsrichtlinie in Deutschland, Frankreich, Belgien, Niederlande, Großbritannien, DB 1993, 1892; *Schaumburg*, Inländische Umwandlungen mit Auslandsbezug, GmbHR 1996, 414; *Schaumburg*, Grenzüberschreitende Umwandlungen (I), GmbHR 1996, 501; *Schaumburg*, Grenzüberschreitende Umwandlungen (II), GmbHR 1996, 585; *Schaumburg*, Ausländische Umwandlungen mit Inlandsbezug, GmbHR 1996, 668; *Schaumburg/Rödder*, UmwG/UmwStG, 1995; *Schmitt/Hörtnagl/Stratz*, UmwG, UmwStG: Kommentar, 5. Auflage 2009; *Schnyder*, Europa und das internationale Gesellschaftsrecht der Schweiz, SZW 1993, 9; *Semler/Stengel*, UmwG: Kommentar, 2. Auflage 2007; *Siems*, SEVIC: Der letzte Mosaikstein im Internationalen Gesellschaftsrecht der EU?, EuZW 2006, 135; *Simon/Hinrichs*, Unterrichtung der Arbeitnehmer und ihrer Vertretungen bei grenzüberschreitenden Verschmelzungen, NZA 2008, 391; *Sonnenberger*, Vorschläge und Berichte zur Reform des europäischen und deutschen internationalen Gesellschaftsrechts, 2007; *Sonnenberger/Bauer*, Vorschlag des Deutschen Rats für Internationales Privatrecht für eine Regelung des Internationalen Gesellschaftsrechts auf europäischer/nationaler Ebene, RIW 2006, Beilage 1 zu Heft 4; *Vetter*, Die Regelung der grenzüberschreitenden Verschmelzung im UmwG? – Einige Bemerkungen aus Sicht der Praxis, AG 2006, 616; *Veil*, Kollisionsrechtliche und sachrechtliche Lösungen für eine Verschmelzung und eine Spaltung über die Grenze, Der Konzern 2007, 98; *Wagner/ Timm*, Der Referentenentwurf eines Gesetzes zum Internationalen Privatrecht der Gesellschaften, Vereine und juristischen Personen, IPRax 2008, 81; *Wenglorz*, Die grenzüberschreitende Heraus-Verschmelzung einer deutschen Kapitalgesellschaft: Und es geht doch!, BB 2004, 1061; *Widmann/Mayer*, Umwandlungsrecht: Kommentar, Bd. 1 und 2, Loseblatt (Stand: 4/2010).

A. Einleitung

Im Zusammenhang mit einem internationalen Unternehmenskauf kann es zur Umstrukturierung des Unternehmens kommen. Besonders relevant ist die **Ver-** 1

§ 13 Grenzüberschreitende Umwandlung

schmelzung.[1] Bei ihr werden die Vermögen mehrerer Gesellschaften in der Weise vereint, dass mindestens eine von ihnen ihre rechtliche Existenz ohne Abwicklung aufgibt. Ihr Vermögen geht auf eine schon bestehende oder neu zu gründende Gesellschaft über. Die Mitglieder der untergehenden Gesellschaft werden in Anteilen der übernehmenden oder neu zu bildenden Gesellschaft entschädigt.[2] Ein solcher Vorgang kann national oder grenzüberschreitend (transnational, international) erfolgen. Grenzüberschreitend ist er, wenn wenigstens zwei der beteiligten Gesellschaften unterschiedlichen Rechtsordnungen unterliegen.[3] Denkbar sind aber auch nationale oder grenzüberschreitende **Spaltungen, Vermögensübertragungen** oder **Formwechsel**. Alle diese Umwandlungsarten sowie Alternativen dazu sind Gegenstand des folgenden Abschnitts, allerdings aufgrund der Zielrichtung dieses Werks beschränkt auf solche mit grenzüberschreitendem Charakter.

2 Grenzüberschreitende Umwandlungen sind in Deutschland gesetzlich **kaum geregelt.** Dies gilt vor allem für das deutsche **Internationale Privatrecht.** Hier finden sich keine gesetzlichen Vorschriften. Anders jedoch der Referentenentwurf des Bundesministeriums für ein „*Gesetz zum Internationalen Privatrecht der Gesellschaften, Vereine und juristischen Personen*":[4] Danach sollen die Voraussetzungen, das Verfahren und die Wirkungen einer Umwandlung für jede der beteiligten Gesellschaften dem jeweiligen Personalstatut unterliegen. Im Einzelnen wird aufgeführt, dass dieses Sachrecht insbesondere maßgebend sein soll für den Umwandlungsplan, Prüfungs- und Berichtspflichten, das Umwandlungsverfahren, die Beschlussfassung, den Gläubiger- und Mitgliederschutz sowie die Übertragung von Vermögensgegenständen. Für den Zeitpunkt des

---

1) Im internationalen Zusammenhang werden vielfach die Begriffe Verschmelzung und Fusion synonym verwendet, *Kindler* in: MünchKomm-BGB, IntGesR Rz. 854; allerdings erscheint der Begriff Verschmelzung zur Abgrenzung gegenüber dem kartellrechtlichen Fusionsbegriff vorzugswürdig.

2) Zur Umwandlung als neuer Form des Unternehmenskaufs nach der Schaffung des deutschen Umwandlungsgesetzes *Eilers*, WiB 1995, 449.

3) Dazu *Simon/Rubner* in: KölnKomm-UmwG, Vor §§ 122a ff. UmwG Rz. 6 ff.; *Drobnig/ Becker/Remien*, S. 60 ff.; *Ebenroth/Offenloch*, RIW 1997, 1 ff.; *Ebenroth/Wilken*, ZVglRWiss 90 (1991), 235; *Großfeld*, AG 1996, 302; *Großfeld/Jasper*, RabelsZ 53 (1989), 52; *Herzig/ Förster*, DB 1994, 1; *Kallmeyer*, ZIP 1996, 535; *Kronke*, ZGR 1994, 26; *Lennerz*, passim; *Lutter*, ZGR 1994, 87; für Österreich *Harrer*, GesRZ 1995, 141; für die Schweiz *Bessenich*, passim; *Schnyder*, SZW 1993, 9. Zu umwandlungssteuerrechtlichen Fragen *Schaumburg*, GmbHR 1996, 414; *Schaumburg*, GmbHR 1996, 501; *Schaumburg*, GmbHR 1996, 585; *Schaumburg*, GmbHR 1996, 668.

4) Referentenentwurf v. 7.1.2008, abrufbar unter http://www.bmj.bund.de/enid/Gesellschaftsrecht/Internationales_Gesellschaftsrecht_1fi.html; hierzu etwa *Wagner/Timm*, IPRax 2008, 81; der Entwurf gründet auf einem Vorschlag des Deutschen Rates für Internationales Privatrecht, s. dazu *Sonnenberger/Bauer*, RIW 2006, Beilage 1 zu Heft 4; *Sonnenberger*, Vorschläge und Berichte zur Reform des europäischen und deutschen internationalen Gesellschaftsrechts.

B. Internationales Umwandlungsrecht

Wirksamwerdens der Umwandlung wird an das Recht derjenigen Gesellschaft angeknüpft, die aus der Umwandlung hervorgeht (Art. 10a EGBGB-E). Die Regelungsarmut setzt sich im **deutschen Sachrecht** fort. Eine bedeutende 3 Ausnahme findet sich für grenzüberschreitende Verschmelzungen zwischen deutschen und EU-/EWR-Kapitalgesellschaften. Hier gelten die §§ 122a bis 122l UmwG. Diese Vorschriften setzen die Richtlinie über die Verschmelzung von Kapitalgesellschaften aus verschiedenen Mitgliedstaaten (**Verschmelzungsrichtlinie**) um.[5] Darüber hinaus gibt es jedoch keine materiellen Vorschriften für grenzüberschreitende Umwandlungen. Ihre Zulässigkeit ist daher heftig umstritten (siehe unten Rz. 23 ff.).

Auf **europäischer Ebene** ist noch die Fusionsbesteuerungsrichtlinie[6] zu nen- 4 nen. Sie regelt allerdings nur die Frage der Besteuerung und Steuerneutralität einer grenzüberschreitenden Unternehmensumstrukturierung (Vermeidung der Aufdeckung und Versteuerung stiller Reserven).[7] Die gesellschaftsrechtlichen Voraussetzungen einer Umstrukturierung werden nicht angesprochen.[8]

B. Internationales Umwandlungsrecht

I. Umwandlungsgesetz

Bei einer grenzüberschreitenden Umwandlung stellt sich wie immer bei inter- 5 nationalen Sachverhalten die Frage nach dem anwendbaren Recht. Das deutsche Internationale Privatrecht kennt keine gesetzliche Bestimmung hierzu. Auch **§ 1 Abs. 1 UmwG** hilft nicht weiter. Danach können *„Rechtsträger mit Sitz im Inland"* umgewandelt werden. Die Vorschrift ist aber keine Kollisionsnorm. Sie ist eine selbstbeschränkte Sachnorm, die lediglich regelt, auf welche

---

5) Richtlinie 2005/56/EG des Europäischen Parlaments und des Rates v. 26.10.2005 über die Verschmelzung von Kapitalgesellschaften aus verschiedenen Mitgliedstaaten, ABl. EU L 310/1 v. 25.11.2005; dazu *Bayer/Schmidt*, NJW 2006, 401; *Drinhausen/Keinath*, RIW 2006, 81; *Forsthoff*, DStR 2006, 613; *Grohmann/Gruschinske*, GmbHR 2006, 191.
6) Richtlinie 90/434/EWG des Rates v. 23.7.1990 über das gemeinsame Steuersystem für Fusionen, Spaltungen, die Einbringung von Unternehmensteilen und den Austausch von Anteilen, die Gesellschaften verschiedener Mitgliedstaaten betreffen, ABl. EU L 225/1 v. 20.8.1990; Text mit Anm. abgedr. in: *Lutter*, Tochtergesellschaft im Ausland, S. 806 ff.; geändert durch die Richtlinie 2005/19/EG des Rates v. 17.2.2005 zur Änderung der Richtlinie 90/434/EWG über das gemeinsame Steuersystem für Fusionen, Spaltungen, die Einbringung von Unternehmensteilen und den Austausch von Anteilen, die Gesellschaften verschiedener Mitgliedstaaten betreffen, ABl. EU L 58/19 v. 4.3.2005, sowie die Änderungsrichtlinie 2006/98/EG des Rates v. 20.11.2006, ABl. EU L 363/129 v. 20.12.2006.
7) Näher *Herzig/Dautzenberg/Heyeres*, DB 1991, Beilage 12, S. 1; *Herzig/Förster*, DB 1992, 911, und DB 1992, 959; *Knobbe-Keuk*, DB 1991, 298; *Knobbe-Keuk*, EuZW 1992, 336; *Krebs*, ZGR 1992, 346; *Manke*, ZGR 1992, 333; *Saß*, DB 1993, 1892.
8) *Sagasser* in: Sagasser/Bula/Brünger, B. Rz. 26.

§ 13 Grenzüberschreitende Umwandlung

Rechtsträger das Umwandlungsgesetz anwendbar ist.[9] Sie bestimmt nicht, wann bei internationalen Umwandlungen das deutsche Umwandlungsgesetz gilt, sondern erfordert, dass in einem vorherigen Schritt über eine Kollisionsnorm das deutsche Recht überhaupt allgemein für die fragliche Umwandlung berufen wurde. Gleiches gilt für die §§ 122a, 122b UmwG. Die Vorschriften zäunen lediglich den Anwendungsbereich der erfassten grenzüberschreitenden Verschmelzungen für die §§ 122a ff. UmwG ein (siehe dazu Rz. 36 ff.). Sie erweitern als *leges speciales* § 1 Abs. 1 UmwG und damit den dort enger festgelegten Anwendungsbereich des Umwandlungsgesetzes.[10] Auch sie setzen aber voraus, dass deutsches Recht über das Internationale Privatrecht überhaupt anwendbar ist. Es gilt also wie regelmäßig, Kollisionsrecht und Sachrecht streng voneinander zu trennen.

II. Gesellschaftsrechtliche Qualifikation

6 Umwandlungen sind gesellschaftsrechtliche Vorgänge. Das auf sie anwendbare Sachrecht bestimmt sich daher nach den Regeln des **Internationalen Gesellschaftsrechts**.[11] Die Anknüpfungsregeln sind an anderer Stelle ausführlich beschrieben (siehe § 6 Rz. 1 ff.). Die im deutschen Recht gespaltene Anknüpfung gilt auch hier, also einerseits grundsätzlich an das Sitzrecht, andererseits bei dem Schutz der Niederlassungsfreiheit unterfallenden EU-/EWR-Auslandsgesellschaften und aufgrund staatsvertraglicher Regelungen an das Gründungsrecht. So unterliegt eine Gesellschaft aus den Niederlanden (Gründungstheorie) mit tatsächlichem Verwaltungssitz in Deutschland ihrem niederländischen Heimatrecht (deutsche Gründungstheorie aufgrund der Niederlassungsfreiheit) genau wie eine US-amerikanische Gesellschaft mit Verwaltungssitz in Deutschland ihrem einzelstaatlichen Heimatrecht unterliegt (deutsche Gründungstheorie aufgrund Staatsvertrags). Dagegen ist für eine deutsche Gesellschaft mit tatsächlichem Verwaltungssitz in der Türkei (Sitztheorie) das dortige Recht maßgeblich (deutsche Sitztheorie als Grundanknüpfung).

III. Einzelheiten
1. Einzeltheorien versus Vereinigungstheorie

7 Die Qualifikation eines Umwandlungsvorgangs als gesellschaftsrechtlich beantwortet noch nicht die Frage, welches Gesellschaftsstatut anwendbar ist. Bei einem Formwechsel ist dies einfach zu beurteilen, da hier nur ein einziger Rechtsträger an der Umwandlung beteiligt ist. Dessen Gesellschaftsstatut ist

---

9) Wohl allgemeine Meinung, s. nur *Heckschen* in: Widmann/Mayer, § 1 UmwG Rz. 107; *Kindler* in: MünchKomm-BGB, IntGesR Rz. 866; *Drinhausen* in: Semler/Stengel, Einl. C Rz. 5.
10) *Lutter/Drygala* in: Lutter, UmwG, § 1 UmwG Rz. 5a.
11) *Simon/Rubner* in: KölnKomm-UmwG, Vor §§ 122a ff. UmwG Rz. 12.

B. Internationales Umwandlungsrecht

damit maßgeblich. Schwierig ist es auch nicht, wenn zwar wie bei einer Verschmelzung zwei oder mehr Gesellschaften beteiligt sind, allerdings das anwendbare Recht identisch ist (bspw. aufgrund von Rück- und Weiterweisungen). Es gilt das übereinstimmende Gesellschaftsstatut aller beteiligten Gesellschaften. Interessant wird es erst, wenn unterschiedliche Rechte berufen sind. Soll dann etwa bei einer Verschmelzung ein Statut vorrangig sein? Oder sollen beide Statute gelten? Hier stritten sich Einzeltheorien und Vereinigungstheorie. Die Vertreter der **Einzeltheorien** wollten entweder allein an das Recht der neuen oder aufnehmenden Gesellschaft anknüpfen (Aufnahmetheorie) oder allein an das Recht der übertragenden Gesellschaft (Übertragungstheorie).[12] Beide Ansichten sind wohl überholt.[13] Heute werden die Rechte aller beteiligten Gesellschaften berücksichtigt (**Vereinigungstheorie**), allerdings in unterschiedlicher Weise und aufeinander abgestimmt.[14] Die verschiedenen Stufen einer Umwandlung – **Voraussetzungen, Verfahren und Wirkungen** – werden **unterschiedlich angeknüpft**. Sind die Vorschriften mehrerer Rechte zu beachten, setzt sich das strengste durch.[15] Bei Normwidersprüchen ist ein Ausgleich durch Anpassung zu suchen.[16] Die Vereinigungstheorie liegt auch der Verschmelzungsrichtlinie zugrunde (vgl. Art. 4 Abs. 1 der Richtlinie).[17] Gleiches gilt für den Referentenentwurf zum Internationalen Gesellschaftsrecht (Art. 10a Abs. 1 EGBGB-E, siehe oben Rz. 2).

2. Voraussetzungen

Nach der **Vereinigungstheorie** beurteilen sich die Voraussetzungen einer Umwandlung für **jede Gesellschaft nach ihrem Personalstatut**.[18] Dies beurteilt Art. 4 Abs. 1 der Verschmelzungsrichtlinie ebenso. Es ist daher nach jedem Personalstatut zu prüfen, ob die Umwandlung zulässig ist. Jedes beteiligte Personalstatut muss somit Umwandlungen allgemein und die gewünschte Um-

8

---

12) Näher hierzu *Kindler* in: MünchKomm-BGB, IntGesR Rz. 869 ff.
13) Der Übertragungstheorie folgte aber der österreichische OGH, ZIP 2003, 1086, bei einer deutsch-österreichischen Verschmelzung und berief das österreichische Recht der übertragenden Gesellschaft; krit. dazu *Paefgen*, IPRax 2004, 132; *Engert* in: Eidenmüller, § 4 Rz. 69 f.
14) Für die Vereinigungstheorie etwa *Beitzke* in: FS Hallstein, S. 14 ff.; *Großfeld* in: Staudinger, IntGesR Rz. 683; *Kindler* in: MünchKomm-BGB, IntGesR Rz. 874 ff.; *Veil*, Der Konzern 2007, 98, 103; *Lutter/Drygala* in: Lutter, UmwG, § 1 UmwG Rz. 21; *Behrens*, ZGR 1994, 1; *Behrens* in: Ulmer/Habersack/Winter, Einl. B Rz. 124 ff.; *Assmann* in: Großkomm-AktG, Einl. Rz. 655; *Koppensteiner*, S. 268 ff.
15) *Drinhausen* in: Semler/Stengel, Einl. C Rz. 16; *Großfeld* in: Staudinger, IntGesR Rz. 683; *Simon/Rubner* in: KölnKomm-UmwG, Vor §§ 122a ff. UmwG Rz. 22 und 25.
16) *Kindler* in: MünchKomm-BGB, IntGesR Rz. 874, 892.
17) *Veil*, Der Konzern 2007, 98, 103; vgl. auch *Bayer in:* Lutter, UmwG, § 122a UmwG Rz. 16.
18) *Behrens* in: Ulmer/Habersack/Winter, Einl. B Rz. B 125; *Drinhausen* in: Semler/Stengel, Einl. C Rz. 16; *Simon/Rubner* in: KölnKomm-UmwG, Vor §§ 122a ff. UmwG Rz. 23.

§ 13 Grenzüberschreitende Umwandlung

wandlungsart im Besonderen kennen.[19] Wird bspw. eine grenzüberschreitende Verschmelzung zur Aufnahme angestrebt, muss diese Art der Umwandlung sowohl nach dem Recht des übertragenden Rechtsträgers als auch nach dem Recht des übernehmenden Rechtsträgers zulässig sein.

9 Des Weiteren müssen die beteiligten Gesellschaften nach allen betroffenen Personalstatuten aktiv und passiv verschmelzungsfähig sein.[20] So muss im genannten Beispiel die Rechtsform der übertragenden Gesellschaft nach ihrem Recht auf die ausländische Gesellschaft verschmolzen werden dürfen, und umgekehrt muss die Rechtsform der übernehmenden Gesellschaft nach ihrem Recht übernehmende Rechtsträgerin sein dürfen (jeweils **aktive Verschmelzungsfähigkeit**).[21] Darüber hinaus muss aus der Sicht des Personalstatuts jeder Gesellschaft die andere beteiligte Gesellschaft an einer Verschmelzung teilnehmen können (**passive Verschmelzungsfähigkeit**): Das Recht der übertragenden Gesellschaft muss die Rechtsform der übernehmenden Gesellschaft als verschmelzungsfähig anerkennen, umgekehrt muss das Recht der übernehmenden Gesellschaft die Rechtsform der übertragenden Gesellschaft als verschmelzungsfähig bejahen.[22] So können bspw. nach deutschem Sachrecht Gesellschaften bürgerlichen Rechts nicht an einer Verschmelzung teilnehmen (§ 3 UmwG).

3. Verfahren

10 Die Verfahrensschritte einer Umwandlung sind im Grundsatz wie die Voraussetzungen einer Umwandlung für **jede Gesellschaft ihrem Personalstatut zu entnehmen**.[23] Dieser Grundsatz findet sich auch in Art. 4 Abs. 1 lit. b der Verschmelzungsrichtlinie wieder. Zum Verfahren zählen bspw. aus deutscher Sicht bei einer Verschmelzung der Abschluss eines Verschmelzungsvertrags (§§ 4 ff. UmwG) oder das Aufstellen eines Verschmelzungsplans (§ 122c UmwG), die Erstattung eines Verschmelzungsberichts (§ 8 und § 122e UmwG), die Prüfung der Verschmelzung mit anschließendem Bericht (§§ 9 ff. und § 122f UmwG), die Zustimmungen der Anteilsinhaber, einschließlich der erforderlichen Mehrheiten (§ 13 und § 122g UmwG)[24] sowie die Anmeldung und Eintragung der Verschmelzung (§§ 16 ff. und §§ 122k f. UmwG). Soweit jedoch die jeweiligen Verfahrensschritte erfordern, dass die Gesellschaften zusammen tätig werden und damit eine isolierte Beurteilung nicht möglich ist

---

19) *Engert* in: Eidenmüller, § 4 Rz. 102; *Kindler* in: MünchKomm-BGB, IntGesR Rz. 878 f.
20) *Simon/Rubner* in: KölnKomm-UmwG, Vor §§ 122a ff. UmwG Rz. 23; *Kindler* in: MünchKomm-BGB, IntGesR Rz. 880.
21) *Heckschen* in: Widmann/Mayer, § 1 UmwG Rz. 278 f.
22) *Kindler* in: MünchKomm-BGB, IntGesR Rz. 880.
23) *Behrens* in: Ulmer/Habersack/Winter, Einl. B Rz. 125; *Drinhausen* in: Semler/Stengel, Einl. C Rz. 16; *Simon/Rubner* in: KölnKomm-UmwG, Vor §§ 122a ff. UmwG Rz. 24; *Engert* in: Eidenmüller, § 4 Rz. 104.
24) *Kindler* in: MünchKomm-BGB, IntGesR Rz. 885.

B. Internationales Umwandlungsrecht

(wie etwa beim Abschluss des Verschmelzungsvertrags), sind die beteiligten Personalstatute **kumulativ** berufen. Weichen sie voneinander ab, setzt sich das **strengste Recht** durch.[25] Hieraus ergeben sich – teilweise beispielhaft am deutschen Recht – folgende konkretere Maßgaben:

Bei einer Verschmelzung der **Verschmelzungsvertrag** oder -plan sowie bei einer Spaltung der Spaltungs- und Übernahmevertrag sind zwischen den beteiligten Gesellschaften zu verhandeln und abzuschließen. Diese Dokumente betreffen damit die beteiligten Gesellschaften gemeinsam. Anders als etwa bei den Zustimmungen der Anteilsinhaber lassen sich die berufenen Personalstatute nicht getrennt voneinander zur rechtlichen Beurteilung heranziehen. Sie sind vielmehr **kumulativ** berufen. Verlangt eines der berufenen Rechte im Vergleich zu den anderen berufenen Rechten zusätzliche **Angaben im Vertrag**, sind diese Angaben aufzunehmen, weil sich somit das strengere Recht durchsetzt. 11

Bei der erforderlichen **Vertragsform** setzt ebenfalls das strengste Recht den Maßstab. Verlangt daher eines der Rechte eine notarielle Beurkundung des Vertrags, während die anderen Rechte die Schriftform ausreichen lassen, ist die notarielle Beurkundung als strengere Form entscheidend. Die allgemeine Vorschrift in Art. 11 Abs. 1 und 2 EGBGB, wonach sich die leichtere der dort genannten Formstatute durchsetzt, gilt nicht. Denn die Umwandlung ist ein gesellschaftsrechtlicher Organisationsakt, der zwingend dem Gesellschaftsstatut unterliegt.[26] Hiervon zu unterscheiden ist die Frage, ob die nach deutschem Recht geforderte Beurkundung durch einen **ausländischen Notar** vorgenommen werden darf und damit gleichwertig ist (zur Gleichwertigkeit siehe oben § 7 Rz. 25 ff.). Dies ist umstritten.[27] 12

Das mögliche Erfordernis einer **Eintragung** der Umwandlung im Handelsregister oder einem sonstigen Register unterliegt jedem einzelnen Personalstatut. Schwierig wird es bspw., wenn bei einer Verschmelzung das Recht der aufnehmenden Gesellschaft die vorherige Eintragung der Verschmelzung in das Register der übertragenden Gesellschaft vorsieht (etwa § 19 Abs. 1 UmwG), das Recht der übertragenden Gesellschaft jedoch keine Eintragung fordert oder schlicht kein solches Register kennt. Dann genügt es, wenn die maßgeblichen Publizitätsvorschriften des Rechts der übertragenden Gesellschaft beachtet 13

---

25) *Drinhausen* in: Semler/Stengel, Einl. C Rz. 16; *Simon/Rubner* in: KölnKomm-UmwG, Vor §§ 122a ff. UmwG Rz. 25.
26) *Drobnig/Becker/Remien*, S. 63; *Kindler* in: MünchKomm-BGB, IntGesR Rz. 884; *Heckschen* in: Widmann/Mayer, § 1 UmwG Rz. 286.
27) Zum Streitstand *Lutter/Drygala* in: Lutter, UmwG, § 6 UmwG Rz. 8 f. (bejahend); *Engert* in: Eidenmüller, § 4 Rz. 104 (bejahend); *Heckschen* in: Widmann/Mayer, § 1 UmwG Rz. 286 (abl.); *Großfeld* in: Staudinger, IntGesR Rz. 684, 488 (abl.).

§ 13 Grenzüberschreitende Umwandlung

werden (Fall der sog. **Substitution**).[28] In der Praxis ist hier eine enge Abstimmung mit dem zuständigen Registergericht der aufnehmenden Gesellschaft ratsam und entscheidend.

4. Wirkungen

14 Die Wirkungen einer Umwandlung hängen von der gewählten Umwandlungsform ab. Bei einer Verschmelzung sind dies bspw. nach deutschem Recht der Übergang des Vermögens der übertragenden Gesellschaft, der Untergang dieser Gesellschaft, der Eintritt der Gesellschafter dieser Gesellschaft in die übernehmende Gesellschaft sowie der Eintritt des Bestandsschutzes (§ 20 UmwG). Im Einzelnen gilt Folgendes:

15 Die Umwandlung kann zunächst die **eigentumsrechtliche Lage** des Vermögens der beteiligten Unternehmen verändern. So führt etwa im deutschen Recht die Verschmelzung zur gesellschaftsrechtlichen **Universalsukzession** (Gesamtrechtsnachfolge) in das gesamte Vermögen des übertragenden Rechtsträgers (§ 20 Abs. 1 Nr. 1 UmwG), während die Spaltung eine partielle Universalsukzession in das Vermögen des gespaltenen Rechtsträgers bewirkt (§ 131 Abs. 1 Nr. 1 UmwG; zum Verhältnis von UmwG und grenzüberschreitenden Sachverhalten unten Rz. 23 ff.).[29]

16 Unproblematisch sind zunächst die Fälle, in denen das gesamte betroffene Vermögen in denjenigen Ländern belegen ist, deren Rechte als Personalstatute der beteiligten Rechtsträger maßgeblich sind, und diese Rechte übereinstimmend eine Universalsukzession anordnen. In diesem Fall tritt sie unstreitig ein.[30] Nach einer vielfach in der Literatur vertretenen Ansicht soll dagegen allein schon die Anordnung der Gesamtrechtsnachfolge im Recht des übertragenden Rechtsträgers genügen.[31]

17 Schwierigkeiten ergeben sich, wenn **Vermögen** – z. B. eine Betriebsstätte – in einem **Drittland belegen** ist. Es kann nämlich nicht ohne weiteres davon ausgegangen werden, dass die von dem Recht des maßgeblichen Personalstatuts

---

28) *Großfeld* in: Staudinger, IntGesR Rz. 684; *Engert* in: Eidenmüller, § 4 Rz. 105; anders jedoch *Kindler* in: MünchKomm-BGB, IntGesR Rz. 885, der auf die Publizitätserfordernisse des Rechts der aufnehmenden Gesellschaft abstellt.
29) *Schaumburg/Rödder*, Einf. Rz. 7 ff.
30) Für die Kumulation aller beteiligten Rechtsordnungen *Merkt*, Vorauflage, Rz. 287; *Beitzke* in: FS Hallstein, S. 14, 28; *Ebenroth/Offloch*, RIW 1997, 1, 3 f.; wohl auch *Simon/Rubner* in: KölnKomm-UmwG, Vor §§ 122a ff. UmwG Rz. 26.
31) So etwa *Kindler* in: MünchKomm-BGB, IntGesR Rz. 886; *Drinhausen* in: Semler/Stengel, Einl. C Rz. 17; *Engert* in: Eidenmüller, § 4 Rz. 108.

B. Internationales Umwandlungsrecht

angeordnete Universalsukzession auch aus der Sicht des Drittstaats gilt.[32] Über sachenrechtliche Vorgänge entscheidet bekanntlich nach Art. 43 Abs. 1 EGBGB das Recht an dem Ort, an dem sich die Sache befindet (**lex rei sitae**). Das maßgebliche Personalstatut mag also eine Universalsukzession anordnen: Tatsächlich eintreten kann diese Rechtsfolge nur, wenn das Belegenheitsrecht seinerseits ebenfalls die Universalsukzession für die fragliche Umwandlungsart kennt. Ist dies nicht der Fall, tritt das maßgebliche Personalstatut zugunsten des Belegenheitsrechts zurück.[33] Ein nach dem Belegenheitsrecht geforderter dinglicher Vollzugsakt muss nach Ansicht der Literatur erfüllt werden, um die Übertragung des fraglichen Gegenstands zu bewirken.[34] Für die Praxis empfiehlt es sich, die Unabwägbarkeiten bei der Abwicklung der Umwandlung nicht zu unterschätzen und daher in einem Drittland belegenes Unternehmensvermögen vorsichtshalber grundsätzlich im Wege der Singularsukzession (Einzelübertragung) zu übereignen.[35] Dies gilt nicht nur bei grenzüberschreitenden Umwandlungen, sondern auch, wenn sich nur inländische Gesellschaften umwandeln.

Über den **Untergang** der übertragenden Gesellschaft entscheidet allein ihr Gesellschaftsstatut.[36] Die **Beteiligung** der Anteilsinhaber dieser Gesellschaft an der übernehmenden Gesellschaft unterliegt dagegen allein dem Gesellschaftsstatut der übernehmenden Gesellschaft.[37] Etwaige **Sonderrechte** von Organmitgliedern, Arbeitnehmern und Gläubigern sind kumulativ nach den beteilig- 18

---

32) *Bermel* in: Goutier/Knopf/Tulloch, § 20 UmwG Rz. 10, spricht insoweit von der „Anerkennung" der Gesamtrechtsnachfolge im Ausland. Dies ist terminologisch leicht missverständlich: Es bedarf keiner Anerkennung (etwa i. S. d. Urteilsanerkennung), sondern eines im betreffenden Ausland geltenden Belegenheitsgrundsatzes.

33) Anders *Grunewald* in: Lutter, UmwG, § 20 UmwG Rz. 11, die von einer uneingeschränkten Geltung des § 20 Abs. 1 Nr. 1 UmwG ausgeht; offen bleibt aber, welches Personalstatut maßgeblich sein soll.

34) *Kindler* in: MünchKomm-BGB, IntGesR Rz. 887; *Bermel* in: Goutier/Knopf/Tulloch, § 20 UmwG Rz. 10; *Vossius* in: Widmann/Mayer, § 20 UmwG Rz. 33 ff. Im Detail abweichend jedoch der Vorschlag des Deutschen Rats für IPR, s. *Sonnenberger/Bauer*, RIW 2006, Beilage 1 zu Heft 4, S. 21, wonach zwar ebenfalls das Statut des Belegenheitsortes das Umwandlungsstatut verdrängt, jedoch nicht bezogen auf die Übertragung als solche, sondern nur auf etwaige Publizitätserfordernisse für die Wirksamkeit gegenüber Dritten; hiernach erforderliche Handlungen sind zu beachten. Ebenso der Referentenentwurf für ein Internationales Gesellschaftsrecht, Begr. S. 13 („Publizitätserfordernisse, wie z. B. die Eintragung von Immobilien im Grundbuch oder einem ausländischen Immobiliarregister, können daneben im Wege der Sonderanknüpfung zur Anwendung kommen."). Ähnlich auch Art. 14 Abs. 3 der Verschmelzungsrichtlinie, wonach für den Fall, dass ein Mitgliedstaat besondere „Formalitäten" für die Übertragung von Vermögensgegenständen, Rechten oder Verbindlichkeiten fordert, damit die Übertragung gegenüber Dritten wirksam wird, diese von der übernehmenden Gesellschaft zu erfüllen sind.

35) So auch *Bermel* in: Goutier/Knopf/Tulloch, § 20 UmwG Rz. 10; *Bungert/Schneider* in: GS Gruson, S. 37, 40.

36) *Großfeld* in: Staudinger, IntGesR Rz. 688; *Drinhausen* in: Semler/Stengel, Einl. C Rz. 17.

37) *Kindler* in: MünchKomm-BGB, IntGesR Rz. 889.

ten Gesellschaftsstatuten zu beurteilen. Ihre Rechte sind nämlich insbesondere dann zu schützen, wenn das Recht der aufnehmenden Gesellschaft diese Sonderrechte nicht kennt. Es setzt sich das strengste und damit diese Rechte schützende Personalstatut durch.[38] Möglicherweise sind Anpassungen durch die Formulierung neuer, besonderer Sachnormen erforderlich.[39]

19 Der **Zeitpunkt der Wirksamkeit** der Umwandlung sowie der etwaige Eintritt eines **Bestandsschutzes**, also der Anordnung, dass Umwandlungsmängel die Wirksamkeit der Umwandlung nicht berühren (vgl. etwa §§ 20 Abs. 2, 131 Abs. 2 UmwG), kann nicht für jede einzelne Wirkung der Umwandlung gesondert beurteilt werden.[40] Dies würde dem Sinn einer Umwandlung als einheitlichem Vorgang widersprechen. Es könnte außerdem hinkende Umwandlungen bewirken, wenn die eine Wirkung Bestandsschutz genießt, die andere jedoch nicht.[41] Der Vorschlag, die beteiligten Gesellschaftsstatute zu kumulieren, ist vorsichtig zu beurteilen.[42] Denn die Rechtssicherheit verlangt, dass ein Recht hierüber endgültig entscheidet. Dies kann sinnvollerweise nur das Statut der übernehmenden Gesellschaft sein. Sind die Voraussetzungen und das Verfahren der Umwandlung nach den berufenen Rechten eingehalten, entscheidet es daher über den Zeitpunkt der Wirksamkeit der Umwandlung und den Eintritt eines Bestandsschutzes.[43]

C. Deutsches Umwandlungsrecht

20 Gelangt man über das Internationale Privatrecht für eine oder mehrere der beteiligten Gesellschaften in das deutsche Sachrecht, ist zu prüfen, ob sich die betreffende Gesellschaft nach diesem Recht an einer grenzüberschreitenden Umwandlung beteiligen darf. Maßgeblich ist das Umwandlungsgesetz. Dessen Anwendungsbereich ist in § 1 **UmwG** abgesteckt. § 1 Abs. 1 UmwG legt die nach deutschem Recht möglichen Umwandlungsarten fest und bestimmt zusätzlich, dass sich an einer Umwandlung (nur) *„Rechtsträger mit Sitz im Inland"* beteiligen können. Flankiert wird die Vorschrift von § 1 Abs. 2 UmwG, der

---

38) Näher hierzu *Engert* in: Eidenmüller, § 4 Rz. 112 ff.; *Kindler* in: MünchKomm-BGB, IntGesR Rz. 889.
39) Vgl. *Kindler* in: MünchKomm-BGB, IntGesR Rz. 892 und allgemein zur Anpassung *Sonnenberger* in: MünchKomm-BGB, Einl. IPR Rz. 593 ff.
40) So aber *Beitzke* in: FS Hallstein, S. 14, 21; abl. *Kindler* in: MünchKomm-BGB, IntGesR Rz. 890.
41) Näher dazu *Engert* in: Eidenmüller, § 4 Rz. 110.
42) Hierfür allerdings *Engert* in: Eidenmüller, § 4 Rz. 110; *Kindler* in: MünchKomm-BGB, IntGesR Rz. 890.
43) Ebenso Art. 10a Abs. 3 EGBGB-E des Referentenentwurfs zum Internationalen Gesellschaftsrecht (s. o. Rz. 2) und der Vorschlag des Deutschen Rats für IPR, s. *Sonnenberger/Bauer*, RIW 2006, Beilage 1 zu Heft 4, S. 21; s. a. Art. 12 i. V. m. Art. 17 der Verschmelzungsrichtlinie; ebenso *Bungert/Schneider* in: GS Gruson, S. 37, 45 f.

C. Deutsches Umwandlungsrecht

festlegt, dass die in Absatz 1 aufgeführten Formen der Umwandlung im Umwandlungsgesetz grundsätzlich abschließend geregelt sind *(numerus clausus)* (zu den anderen Umwandlungsformen siehe unten Rz. 51 ff.).

Hieraus ergeben sich zunächst zwei Fragen: Zum einen, wann eine Gesellschaft 21 ihren „*Sitz im Inland*" hat, und zum anderen, ob die Vorschrift verlangt, dass alle an einer Umwandlung beteiligten Gesellschaften ihren Sitz im Inland haben, sodass schon deswegen Umwandlungen mit Beteiligung sonstiger Gesellschaften ausgeschlossen sind.

I. Satzungssitz im Inland

Weitgehend unstreitig beantwortet wird die erste Frage, wann der Sitz einer 22 Gesellschaft nach § 1 Abs. 1 UmwG im Inland liegt. Der Wortlaut der Vorschrift ist zwar auslegungsbedürftig, weil er offen lässt, ob der Verwaltungs- oder der Satzungssitz angesprochen ist. Allerdings wird die Vorschrift von der ganz h. M. so aufgefasst, dass hierunter der **Satzungssitz** zu verstehen ist.[44] Hierfür wird richtigerweise angeführt, dass das Umwandlungsgesetz auch an anderen Stellen, wie etwa § 16 Abs. 1 UmwG oder § 19 Abs. 1 UmwG, schlicht vom Sitz spricht und dort zwingend den Registersitz und damit den Satzungssitz meint.[45] Insofern ist es systemgerecht, § 1 Abs. 1 UmwG ebenso zu verstehen.

II. Grenzüberschreitende Umwandlungen und Sitzerfordernis

Damit stellt sich die zweite Frage, ob sich eine Gesellschaft mit Satzungssitz in 23 Deutschland (siehe soeben Rz. 22) an einer Umwandlung beteiligen kann, an der ein **ausländischer Rechtsträger** beteiligt ist, oder ob alle beteiligten Rechtsträger ihren Sitz im Inland haben müssen. Für den beschränkten Bereich der **grenzüberschreitenden Verschmelzung** von Kapitalgesellschaften ergibt sich die Antwort bereits ausdrücklich dem Umwandlungsgesetz selbst, namentlich aus den §§ 122a, 122b UmwG. Danach sind Verschmelzungen zwischen Kapitalgesellschaften zulässig, sofern mindestens eine dem deutschen Umwandlungsgesetz unterliegt und die andere dem Recht eines anderen EU-Mitgliedstaats oder eines Vertragsstaats des EWR-Abkommens. Die Vorschriften sind *leges speciales* zu § 1 Abs. 1 UmwG, der die Umwandlung auf Rechtsträger mit „*Sitz im Inland*" beschränkt.[46]

---

44) *Drinhausen* in: Semler/Stengel, Einl. C Rz. 20; *Kindler* in: MünchKomm-BGB, IntGesR Rz. 912; *Bungert*, AG 1995, 489, 502; *Lutter/Drygala* in: Lutter, UmwG, § 1 UmwG Rz. 15; *Heckschen* in: Widmann/Mayer, § 1 UmwG Rz. 105; *Kallmeyer* in: Kallmeyer, § 1 UmwG Rz. 10; wohl a. A., aber ohne Erklärung *Samson/Flindt*, NZG 2006, 290, 292.
45) Vgl. *Engert* in: Eidenmüller, § 4 Rz. 76.
46) *Lutter/Drygala* in: Lutter, UmwG, § 1 UmwG Rz. 5a.

§ 13 Grenzüberschreitende Umwandlung

24 Über die weitere Zulässigkeit **grenzüberschreitender Umwandlungen** besteht Streit. Hierbei ist bei Sachverhalten mit europäischem Bezug die Rechtsprechung des EuGH zur Niederlassungsfreiheit zu beachten, insbesondere die Entscheidung in der Rechtssache *Sevic* (dazu unten Rz. 52 ff.). Lässt man jedoch zunächst diese Sonderfälle mit europäischem Bezug außen vor, ergibt sich folgendes Meinungsbild:[47]

1. Beschränkung auf rein inländische Umwandlungen

25 Nach einer Ansicht ist das Umwandlungsgesetz ausschließlich auf Umwandlungen anwendbar, an denen **nur Rechtsträger mit Sitz im Inland** beteiligt sind.[48] Habe auch nur einer der beteiligten Rechtsträger seinen Sitz im Ausland, sei das Umwandlungsgesetz unanwendbar. In diesem Fall sei keine der danach vorgesehenen Umwandlungsarten grenzüberschreitend zulässig. Dies gelte für Hinein- oder Hereinumwandlungen (übertragender Rechtsträger hat ausländischen Sitz) wie für Hinaus- oder Herausumwandlungen (übertragender Rechtsträger hat inländischen Sitz).[49]

26 Begründet wird dies zunächst mit dem **Wortlaut** des Gesetzes. Die Formulierung „*Rechtsträger mit Sitz im Inland*" in § 1 Abs. 1 UmwG sei so zu verstehen, dass jede Anwendung auf grenzüberschreitende Umwandlungssachverhalte ausscheide. Außerdem sei der Kreis der umwandlungsfähigen Rechtsträger in den § 3 Abs. 1 und 2, § 124, § 175 und § 191 UmwG abschließend –

---

47) Irreführend daher *Mayer* in: MünchHdb-GesR, Bd. 3, § 73 Rz. 780 („Die Diskussion hat sich zwischenzeitlich weitgehend erledigt.").

48) So auch schon die ältere Rechtsprechung vor Inkrafttreten des Umwandlungsgesetzes, wobei den Entscheidungen nur Herausverschmelzungen zugrunde lagen, s. KG, KGJ 21 A 294 („Die Fusion zweier Aktiengesellschaften mit der Wirkung einer Gesamtrechtsnachfolge der aufnehmenden Gesellschaft [hier: *société anonyme* mit Sitz in Luxemburg] in das Vermögen der aufgelösten Gesellschaft [hier: deutsche AG] setzt voraus, dass die aufnehmende Gesellschaft ihren Sitz im Inland hat. Ist dies nicht der Fall, so kann die Übertragung des Vermögens der aufgelösten Gesellschaft auf die andere nur im Wege der Liquidation erfolgen."); BayObLG, OLG Rspr. 14, 357 (keine Verschmelzung einer deutschen AG auf eine *société anonyme* mit Sitz in Luxemburg); a. A. aber Obergericht Danzig, LZ 1929, 62 (grenzüberschreitende Verschmelzung einer Gesellschaft mit Sitz in der damaligen Freien Stadt Danzig und einer Gesellschaft mit Sitz im Deutschen Reich zulässig, da in beiden Territorien die gleichen Vorschriften galten).

49) *Sagasser* in: Sagasser/Bula/Brünger, B. Rz. 25 ff.; *Bermel* in: Goutier/Knopf/Tulloch, § 1 UmwG Rz. 6; *Drinhausen* in: Semler/Stengel, Einl. C Rz. 2 ff.; *Simon/Rubner* in: KölnKomm-UmwG, Vor §§ 122a ff. UmwG Rz. 40; *Kindler* in: MünchKomm-BGB, IntGesR Rz. 909 ff. m. w. N.; *Schaumburg*, GmbHR 1996, 501, 502; früher *Lutter*, ZGR 1994, 87, 91, nunmehr aber *Lutter/Drygala* in: Lutter, UmwG, § 1 UmwG Rz. 15; *Engert* in: Eidenmüller, § 4 Rz. 79; früher auch *Kallmeyer*, ZIP 1994, 1746, 1752, dann aber anders *Kallmeyer*, ZIP 1996, 535; nun wiederum anders *Kallmeyer* in: Kallmeyer, § 1 UmwG Rz 11 f., allerdings einschränkend für Rechtsträger mit Sitz in der EU und dem EWR; so wohl auch *Heckschen* in: Widmann/Mayer, § 1 UmwG Rz. 29 ff.

d. h. unter Ausschluss ausländischer Gesellschaften – aufgeführt.[50] Überdies könne der deutsche Gesetzgeber den ausländischen Tatbestandsteil einer grenzüberschreitenden Verschmelzung ohnehin nicht erreichen.[51]
Diese Ansicht entspricht dem Willen des historischen Gesetzgebers. In der Begründung des Regierungsentwurfs heißt es: 27

„Die Beschränkung der Umwandlungsmöglichkeiten auf Rechtsträger mit Sitz im Inland entspricht in fast allen Fällen dem geltenden Recht. Angesichts der Bemühungen der Europäischen Gemeinschaften um eine Regelung grenzüberschreitender Vorgänge, insbesondere der internationalen Fusion, sollte eine Regelung dieses Komplexes zurückgestellt werden. Überdies würde die Ausdehnung des Gesetzes auf internationale Fälle politisch wie rechtstechnisch erhebliche Probleme aufwerfen."[52]

Allerdings finden sich unter den Vertretern dieser Meinungsgruppe ebenso Stimmen, die daneben Raum für grenzüberschreitende Umwandlungen – sozusagen „*außerhalb*" des Umwandlungsgesetzes – sehen. Der Gesetzgeber wollte diesen Stimmen zufolge mit dem Erlass des Umwandlungsgesetzes keineswegs alle sonstigen Formen der Umwandlung untersagen, sondern den übrigen Bereich der Umwandlungen und damit auch die grenzüberschreitende Umwandlung für die weitere **Rechtsentwicklung** unangetastet oder offen lassen. Das Analogieverbot stehe dem nicht entgegen, weil es sich lediglich auf den Bereich der rein innerstaatlichen Umwandlungen beziehe.[53] 28

2. Zulässigkeit grenzüberschreitender Umwandlungen

Nach a. A. ist das Umwandlungsgesetz keineswegs auf rein innerdeutsche Umwandlungen beschränkt. Vielmehr kann es für den deutschen Teil einer Umwandlung entweder durch das deutsche oder durch ausländisches Internationales Privatrecht **berufen** werden. Mit der Bestimmung, dass das Umwandlungsgesetz auf „*Rechtsträger mit Sitz im Inland*" anwendbar ist, habe der Gesetzgeber **lediglich** klarstellen wollen, dass er sich mit seiner Regelung auf den **inländischen Teil** der Umwandlung **beschränken** will.[54] 29

---

50) *Sagasser* in: Sagasser/Bula/Brünger, B. Rz. 31; *Bermel* in: Goutier/Knopf/Tulloch, § 1 UmwG Rz. 6.
51) *Neye*, ZIP 1994, 917, 919.
52) Begr. des Regierungsentwurfs zu UmwG, § 1 UmwG, BT-Drucks. 12/6699, abgedr. in: *Neye*, S. 111; vgl. auch *Ganske*, WM 1993, 1117, 1120, und *Neye*, ZIP 1994, 917, die im Bundesjustizministerium maßgeblich an den Vorbereitungen zum Umwandlungsgesetz mitgewirkt haben; ferner *Dehmer* in: Lutter, Kölner Umwandlungsrechtstage, S. 7.
53) *Bermel* in: Goutier/Knopf/Tulloch, § 1 UmwG Rz. 16.
54) *Kronke*, ZGR 994, 26, 35 f.; *Kallmeyer*, ZIP 1996, 535, 537; *Kallmeyer* in: Kallmeyer, § 1 UmwG Rz. 12; *Lutter/Drygala* in: Lutter, UmwG, § 1 UmwG Rz. 15; *Kraft/Bron*, RIW 2005, 641; *Lawall*, IStR 1998, 345, 347; *Schäffler* in: Maulbetsch/Klumpp/Rose, § 1 UmwG Rz. 8; *Hörtnagl* in: Schmitt/Hörtnagl/Stratz, § 1 UmwG Rz. 47 und 24.

§ 13 Grenzüberschreitende Umwandlung

30 Darüber hinaus werde nur diese Sichtweise der kollisionsrechtlichen Anknüpfung von grenzüberschreitenden Umwandlungen gerecht, wonach inländisches Recht für den inländischen Teil einer Umwandlung berufen werde. Die Berufung deutschen Sachrechts dürfe aber dann nicht dazu führen, dass sich das Umwandlungsgesetz für unanwendbar erkläre und damit die grenzüberschreitende Umwandlung verhindere.[55]

31 Nach dieser Ansicht sind grenzüberschreitende Umwandlungen nicht lediglich „*neben*" dem Umwandlungsgesetz zulässig, sondern mit ihrem **innerstaatlichen Teil** dem **Umwandlungsgesetz** direkt unterworfen. Das heißt, für die **ausländische Gesellschaft** gilt deren **Personalstatut**, für die deutsche Gesellschaft gilt das Umwandlungsgesetz.[56] Das einzige – allerdings lösbare – Problem besteht nach dieser Auffassung darin, die beiden unterschiedlichen Rechte inhaltlich aufeinander abzustimmen.

32 Zulässig sind nach dieser zustimmenden Auffassung Umwandlungen einer ausländischen Gesellschaft nach Deutschland (**Hereinumwandlung**) wie auch Umwandlungen einer deutschen Gesellschaft in das Ausland (**Hinausumwandlung**).[57] Allerdings wird gesehen, bei einer Umwandlung aus Deutschland hinaus das Bedürfnis nach Schutz der Minderheitsgesellschafter, der Gesellschaftsgläubiger und der Arbeitnehmer zu beachten. Die Hinausumwandlung ermögliche das „*Wegtauchen ins Ausland*" mit der Folge, dass die Minderheitsgesellschafter möglicherweise einem neuen Gesellschaftsstatut mit schlechterem Schutz ihrer Rechte unterworfen würden, ferner, dass die Durchsetzung der Ansprüche von Gläubigern erschwert oder vereitelt würde und schließlich, dass den Arbeitnehmern die unternehmerische Mitbestimmung entzogen würde. In der Literatur wurden unterschiedliche Vorschläge unterbreitet, um diese schwierigen Probleme zu bewältigen und die genannten Personenkreise zu schützen.[58]

33 Das Personalstatut regelt nach dieser Ansicht i. S. d. Vereinigungstheorie für jede der beteiligten Gesellschaften Voraussetzungen, Verfahren und Wirkungen der Umwandlung. Nur wenn für jede Gesellschaft die Bestimmungen ihres jeweiligen Personalstatuts erfüllt sind, kommt es zur Umwandlung (zu den Einzelheiten siehe oben Rz. 31 f.).

---

55) S. *Kronke*, ZGR 1994, 26, 35 f.
56) Diese Sicht ist mit dem Wortlaut des § 1 UmwG vereinbar, denn das UmwG ist in diesen Fällen eben nur auf den im Inland sitzenden Rechtsträger anwendbar, *Kallmeyer*, ZIP 1996, 535, 537.
57) Zu den Steuerfolgen grenzüberschreitender Verschmelzungen s. *Schaumburg/Schumacher* in: Lutter, UmwG, Anh. 2 z. § 122l UmwG Rz. 62 ff.
58) Dazu *Großfeld* in: Staudinger, IntGesR Rz. 693 ff.; *Drobnig/Becker/Remien*, S. 64 f.; *Kraft* in: KölnKomm-AktG, § 339 AktG Rz. 41.

C. Deutsches Umwandlungsrecht

3. Folgen für die Praxis

Zwar dürfte die letztgenannte Auffassung den Bedürfnissen des internationalen Wirtschaftsverkehrs besser entsprechen. Dies räumen auch ihre Kritiker ein.[59] Doch muss die Rechtslage grenzüberschreitender Umwandlungen mit Beteiligung von Gesellschaften aus Drittstaaten, also nicht EU-/EWR-Auslandsgesellschaften, weiterhin als **unklar** eingestuft werden.[60] Um Risiken zu vermeiden, sollte die Kautelarpraxis deshalb Gestaltungsformen wählen, die nicht auf der umstrittenen These von der Zulässigkeit der grenzüberschreitenden Umwandlung – außerhalb oder nach dem Umwandlungsgesetz – aufbauen (zu solchen Gestaltungsformen siehe unten Rz 63 ff.). Zur Sicherheit ist weiterhin von der **Unzulässigkeit** solcher grenzüberschreitenden Umwandlungen auszugehen. Es gibt zwar Fälle aus der Praxis, die zeigen, dass grenzüberschreitende Umwandlungen (jedenfalls unter Beteiligung von EU-Gesellschaften) bisweilen vollzogen werden.[61] Dies hängt aber letztlich von der Bereitschaft der beteiligten Registerrichter und Behörden ab. Und selbst wenn die Umwandlung eingetragen werden sollte, ist damit keine Rechtssicherheit verbunden, wie sie etwa § 20 UmwG bei nationalen Verschmelzungen herstellt. Denn nicht gesichert ist, dass die Wirkungen dieser Vorschrift oder bei anderen Umwandlungen der entsprechenden anderen Vorschriften des Umwandlungsgesetzes bei grenzüberschreitenden Umwandlungen von allen beteiligten Rechten anerkannt werden.[62]

III. Grenzüberschreitende Umwandlungen mit EU-/EWR-Gesellschaften

Der Meinungsstreit über die Zulässigkeit grenzüberschreitender Umwandlungen ist bei Beteiligung von EU-/EWR-Gesellschaften aufgrund der Niederlassungsfreiheit (Art. 49, 54 AEU-Vertrag (vormals Art. 43, 48 EG-Vertrag) und Art. 31, 34 EWR-Übereinkommen) in einem anderen Licht zu sehen. Gleiches gilt aufgrund der Zulässigkeit grenzüberschreitender Verschmelzungen von Kapitalgesellschaften gemäß den §§ 122a ff. UmwG (dazu sogleich Rz. 36 ff., zu sonstigen Umwandlungen unter Rz. 51 ff.).

---

59) So etwa *Sagasser* in: Sagasser/Bula/Brünger, B. Rz. 27.
60) Dies gilt auch im Lichte des deutsch-amerikanischen Handels-, Schiffahrts- und Freundschaftsvertrags (dazu oben § 6 Rz. 49 ff.) bei Beteiligung von US-Gesellschaften, näher dazu *Simon/Rubner* in: KölnKomm-UmwG, Vor §§ 122a ff. UmwG Rz. 41 ff.
61) *Kronke*, ZGR 1994, 26, 29 (ohne nähere Angaben Bericht über eine vom Registergericht des AG Hannover eingetragene Verschmelzung einer französischen *société anonyme* auf eine deutsche GmbH); wohl ebenfalls zu diesem Fall *Rixen/Böttcher*, GmbHR 1993, 572; *Dorr/Stukenborg*, DB 2003, 647 (Bericht über Verschmelzung einer italienischen S. A. und einer französischen S. A. auf eine deutsche GmbH); *Gesell/Krömker*, DB 2006, 2558 (Bericht über Verschmelzung einer niederländischen BV auf eine deutsche GmbH); *Wenglorz*, BB 2004, 1061 (Bericht über Verschmelzung von Deutschland nach Österreich).
62) *Heckschen* in: Widmann/Mayer, § 1 UmwG Rz. 224.

§ 13 Grenzüberschreitende Umwandlung

1. Verschmelzungen zwischen Kapitalgesellschaften

36 Die grenzüberschreitende Verschmelzung einer deutschen Kapitalgesellschaft mit einer Kapitalgesellschaft aus einem anderen Mitgliedstaat der Europäischen Union oder einem anderen Vertragsstaat des EWR-Abkommens ist nach § 122a Abs. 1 UmwG ausdrücklich zugelassen. Sie ist in den §§ 122a ff. UmwG für die **beteiligte deutsche Gesellschaft** geregelt.[63] Die Vorschriften setzen die Richtlinie über die Verschmelzung von Kapitalgesellschaften aus verschiedenen Mitgliedstaaten (Verschmelzungsrichtlinie) um.[64] Ergänzt werden sie durch das Gesetz zur Umsetzung der Regelungen über die Mitbestimmung der Arbeitnehmer bei einer Verschmelzung von Kapitalgesellschaften aus verschiedenen Mitgliedstaaten (MgVG).[65] Die Einzelheiten einer solchen Verschmelzung können an dieser Stelle nicht dargestellt werden, wohl aber in aller Kürze Grundsätze und die einzelnen Verschmelzungsschritte aus der Sicht einer beteiligten deutschen Gesellschaft:

a) Verschmelzungsfähige Gesellschaften

37 Die verschmelzungsfähigen Gesellschaften sind in § 122b UmwG genannt. Erfasst sind **Kapitalgesellschaften** und damit auf deutscher Seite die Aktiengesellschaft, KGaA, GmbH und SE.[66] § 122b Abs. 1 UmwG verlangt darüber hinaus, dass die beteiligten Gesellschaften nach dem Recht eines **EU-Mitgliedstaats** oder **EWR-Vertragsstaats** gegründet worden sind und ihren satzungsmäßigen Sitz, ihre Hauptverwaltung oder ihre Hauptniederlassung in einem EU-/EWR-Staat haben. § 122a Abs. 1 UmwG zeigt darüber hinaus, dass mindestens eine der an der Verschmelzung beteiligten Gesellschaften dem deutschen Recht unterliegen muss.[67]

b) Arbeitnehmerbeteiligung

38 Bei einer grenzüberschreitenden Verschmelzung kann es erforderlich sein, ein Verfahren zur Verhandlung über die Beteiligung der Arbeitnehmer durchzu-

---

63) Zu den Steuerfolgen s. *Schaumburg/Schumacher* in: Lutter, UmwG, Anh. 2 z. § 122l UmwG Rz. 62 ff.

64) Richtlinie 2005/56/EG des Europäischen Parlaments und des Rates v. 26.10.2005 über die Verschmelzung von Kapitalgesellschaften aus verschiedenen Mitgliedstaaten, ABl. EU L 310/1 v. 25.11.2005, umgesetzt mit dem Zweiten Gesetz zur Änderung des Umwandlungsgesetzes v. 17.2.2006, BGBl. I 2007, 542. Zum Stand der Umsetzung in anderen Mitgliedstaaten s. *Simon/Rubner* in: KölnKomm-UmwG, Vor §§ 122a ff. UmwG Rz. 70 ff.; *Heckschen* in: Widmann/Mayer, § 1 UmwG Rz. 296 ff.

65) BGBl. I 2006, 3332.

66) Ausführlich hierzu *Heckschen* in: Widmann/Mayer, § 122b UmwG Rz. 40 f. sowie Rz. 54 ff.; mit Einschränkungen zur SE s. *Louven*, ZIP 2006, 2021.

67) *Bayer* in: Lutter, UmwG, § 122a UmwG Rz. 22; *Heckschen* in: Widmann/Mayer, § 122 UmwG Rz. 66, 71; *Drinhausen* in: Semler/Stengel, § 122a UmwG Rz. 5, 7.

führen (siehe § 5 MgVG) (siehe dazu oben § 10 Rz. 48 ff.). Ist dies der Fall, wird es regelmäßig so früh wie möglich eingeleitet, weil es im ungünstigsten Fall bis zu einem Jahr dauern kann (vgl. § 21 Abs. 1 und 2 MgVG).[68]

c) **Verschmelzungsplan**

Die Vertretungsorgane der beteiligten Gesellschaften haben einen Verschmel- 39
zungsplan aufzustellen. Dieser Verschmelzungsplan ist **gleichbedeutend** mit dem aus innerstaatlichen Verschmelzungen bekannten **Verschmelzungsvertrag**. Häufig mögen die Parteien freiwillig einen zusätzlichen Verschmelzungsvertrag (international auch sog. *business combination agreement*) schließen, um sich wechselseitig zu binden.[69] Die im Verschmelzungsplan erforderlichen Angaben sind in § 122c Abs. 2 UmwG genannt, Erleichterungen bei Konzernverschmelzungen in § 122c Abs. 3 UmwG. Gegebenenfalls ist zusätzlich ein Abfindungsangebot aufzunehmen (§ 122i UmwG). Die Vertretungsorgane können einen gemeinsamen Verschmelzungsplan oder inhaltlich übereinstimmende Verschmelzungspläne aufstellen.[70] Der Verschmelzungsplan muss nach h. A. nicht dem Betriebsrat zugeleitet werden, weil § 122c UmwG keine Regelung wie § 5 Abs. 3 UmwG enthält.[71]

Nicht geregelt ist, in welcher **Sprache** der Verschmelzungsplan abzufassen ist. 40
Aus deutscher Sicht muss er jedenfalls in deutscher Sprache vorliegen, damit er beim Handelsregister eingereicht werden kann (vgl. § 122d UmwG, § 488 Abs. 3 FamFG i. V. m. § 184 GVG). Für die Praxis ist in jedem Fall zu empfehlen, eine mehrsprachige Fassung zu erstellen, bei der die Sprachen aller beteiligten Gesellschaften berücksichtigt werden.[72]

Die Verschmelzungsrichtlinie verlangt keine bestimmte **Form** für den Ver- 41
schmelzungsplan. Für die beteiligte deutsche Gesellschaft verlangt jedoch § 122c Abs. 4 UmwG die notarielle Beurkundung. Beurkundungen im Ausland sind nur dann ausreichend, wenn diese den vom BGH aufgestellten Grundsatz der Gleichwertigkeit erfüllen (vgl. dazu oben § 7 Rz. 31 f.).[73] Verlangt das na-

---

68) Näher zum Ablauf des Verfahrens *Simon/Rubner* in: KölnKomm-UmwG, § 122c UmwG Rz. 21 ff.; *Heckschen*, DNotZ 2007, 444, 459 ff.; *Müller-Bonanni/Müntefering*, NJW 2009, 2347; *Lunk/Hinrichs*, NZA 2007, 773; *Hinrichs/Plitt*, NZA 2010, 204.
69) *Mayer* in: Widmann/Mayer, Einf. UmwG Rz. 243.
70) *Mayer* in: MünchHdb-GesR, Bd. 3, § 73 Rz. 792.
71) So auch *Bayer* in: Lutter, UmwG, § 122c UmwG Rz. 32; *Dzida*, GmbHR 2009, 459, 465; *Heckschen* in: Widmann/Mayer, § 122a UmwG Rz. 132; *Mayer* in: Widmann/Mayer, § 122c UmwG Rz. 10; *Simon/Hinrichs*, NZA 2008, 391, 392; *Willemsen* in: Kallmeyer, § 122c UmwG Rz. 18; a. A. *Drinhausen/Keinath*, BB 2006, 725, 727; *Herrler*, EuZW 2007, 295, 296; *Kiem*, WM 2006, 1091, 1096; *Krause/Kulpa*, ZHR 571 (2007), 38, 60 f.
72) Nähere Einzelheiten bei *Bayer* in: Lutter, UmwG, § 122c UmwG Rz. 10, sowie *Mayer* in: Widmann/Mayer, § 122c UmwG Rz. 24 f.
73) Begr. Regierungsentwurf, BR-Drucks. 548/06, S. 31.

tionale Recht der anderen beteiligten Gesellschaften eine strengere oder abweichende Form, ist auch diese zu erfüllen.[74]

d) Einreichung

42 Der Verschmelzungsplan oder sein Entwurf ist spätestens einen Monat vor der Versammlung der Anteilsinhaber, die nach § 13 UmwG über die Zustimmung zum Verschmelzungsplan beschließen soll, zum deutschen Handelsregister einzureichen (§ 122d Satz 1 UmwG). Das Handelsregister gibt die Einreichung des Verschmelzungsplans sowie weitere Informationen unverzüglich in elektronischer Form (§ 10 HGB) bekannt (§ 122d Satz 2 UmwG). Auf diese Bekanntmachung kann nicht verzichtet werden.[75]

e) Verschmelzungsbericht

43 Neben dem Verschmelzungsplan haben die Vertretungsorgane der beteiligten Rechtsträger auch einen Verschmelzungsbericht zu verfassen (§ 122e UmwG). Auf diesen Bericht kann anders als bei rein inländischen Verschmelzungen **nicht verzichtet** werden (§ 122e Satz 3 UmwG). Denn im Verschmelzungsbericht sind neben denjenigen Angaben, die auch bei innerstaatlichen Verschmelzungen erforderlich sind, die Auswirkungen der grenzüberschreitenden Verschmelzung auf die Gläubiger und Arbeitnehmer der beteiligten Gesellschaften zu erläutern.[76]

44 Der Verschmelzungsbericht ist den Anteilsinhabern sowie dem zuständigen Betriebsrat oder, bei Fehlen eines Betriebsrats, den Arbeitnehmern der beteiligten deutschen Gesellschaft spätestens einen Monat vor der Beschlussfassung über die Verschmelzung durch die Anteilsinhaber zugänglich zu machen (§ 122e Satz 2 i. V. m. § 63 Abs. 1 Nr. 4 UmwG).

f) Verschmelzungsprüfung

45 Der Verschmelzungsplan oder sein Entwurf sind gemäß § 122f i. V. m. §§ 9 bis 12 UmwG zu prüfen. Eine Prüfung ist nach diesen Vorschriften **nicht erforderlich**, wenn sämtliche Anteilsinhaber aller beteiligten Rechtsträger hierauf verzichten oder alle Anteile des übertragenden Rechtsträgers in der Hand des übernehmenden Rechtsträgers sind (Aufwärtsverschmelzung, *upstream merger*). Die Verzichtserklärungen sind notariell zu beurkunden (§ 122f Satz 1 i. V. m. §§ 9 Abs. 3, 8 Abs. 3 Satz 2 UmwG). Ist eine Prüfung erforderlich, muss der

---

74) *Bayer/Schmidt*, NJW 2006, 401, 403.
75) *Mayer* in: in: MünchHdb-GesR, Bd. 3, § 73 Rz. 801.
76) *Bayer* in: Lutter, UmwG, § 122e UmwG Rz. 13, aber einen Verzicht für möglich haltend, wenn die Arbeitnehmerseite (der Betriebsrat oder, bei dessen Fehlen, die Arbeitnehmer) zustimmt oder arbeitnehmerlose Gesellschaften an der Verschmelzung beteiligt sind (teleologische Reduktion); ebenso *Drinhausen* in: Semler/Stengel, § 122e UmwG Rz. 13.

Bericht hierüber spätestens einen Monat vor der Beschlussfassung der Anteilsinhaber über die Verschmelzung vorliegen (§ 122f Satz 2 UmwG).

g) **Schlussbilanzen und Unternehmensbewertungen**
Daneben sind für die übertragenden Gesellschaften Schlussbilanzen aufzustellen (§ 122a Abs. 2 i. V. m. § 17 Abs. 2 UmwG). Außerdem sind möglicherweise Unternehmensbewertungen der beteiligten Gesellschaften durchzuführen, um etwa Umtauschverhältnisse oder die angemessene Höhe von Barabfindungsangeboten ermitteln zu können.[77]   46

h) **Gesellschafterbeschlüsse**
Wie bei inländischen Verschmelzungen müssen die Gesellschafterversammlungen der **beteiligten Rechtsträger** der Verschmelzung zustimmen. Über § 122a Abs. 2 UmwG gelten für den deutschen Rechtsträger die §§ 13, 62 ff., 65, 73, 78 UmwG für die Aktiengesellschaft[78] und KGaA sowie die §§ 13, 49 ff., 56 UmwG für die GmbH.[79] Erforderlich ist bei einer Aktiengesellschaft eine Mehrheit von 75 % des vertretenen Grundkapitals, bei einer GmbH eine Mehrheit von 75 % der abgegebenen Stimmen. Ein Verschmelzungsbeschluss ist bei einer deutschen Gesellschaft als übertragendem Rechtsträger jedoch dann entbehrlich, wenn diese eine vollständige Tochtergesellschaft der übernehmenden Gesellschaft ist (Aufwärtsverschmelzung, *upstream merger*) (§ 122g Abs. 2 UmwG).[80] Nach § 122g Abs. 1 UmwG können die Anteilsinhaber ihre Zustimmung davon abhängig machen, dass die Art und Weise der Mitbestimmung der Arbeitnehmer der übernehmenden oder neuen Gesellschaft ausdrücklich von ihnen bestätigt wird.[81]   47

---

77) Näher hierzu *Reuter*, AG 2007, 881; *Stratz* in: Schmitt/Hörtnagl/Stratz, § 5 UmwG Rz. 10 ff.; zur gerichtlichen Überprüfung der Umtauschverhältnisse *Adolff*, ZHR 173 (2009), 67.

78) Ablehnend zur Anwendung von § 62 Abs. 1 UmwG *Bayer* in: Lutter, UmwG, § 122g UmwG Rz. 36 m. zahlreichen zu befürwortenden h. A.

79) Näher hierzu *Bayer* in: Lutter, UmwG, § 122g UmwG Rz. 4 ff.

80) Das Bundesministerium der Justiz hat am 15.3.2010 einen Referentenentwurf für ein Drittes Gesetz zu Änderung des Umwandlungsgesetzes vorgelegt, der am 7.7.2010 von der Bundesregierung beschlossen wurde (BT-Drucks. 17/3122 v. 1.10.2010). Danach soll die derzeit nur für grenzüberschreitende Verschmelzungen nach den §§ 122a ff. UmwG geltende Entbehrlichkeit eines Verschmelzungsbeschlusses auf innerdeutsche Verschmelzungen zwischen einer übertragenden Kapitalgesellschaft und einer übernehmenden Aktiengesellschaft ausgedehnt werden (§ 62 Abs. 4 UmwG-RegE); s. zu diesem Entwurf *Neye/Jäckel*, AG 2010, 237; *Bayer/Schmidt*, ZIP 2010, 953.

81) Näher hierzu *Simon/Rubner* in: KölnKomm-UmwG, § 122g UmwG Rz. 13 ff.

i) Registeranmeldung und Rechtsmäßigkeitskontrolle

48 Schließlich hat das Vertretungsorgan einer **übertragenden deutschen Gesellschaft** die Verschmelzung beim Handelsregister des Sitzes der Gesellschaft anzumelden (§ 122k Abs. 1 Satz 1 UmwG). Es hat zusätzlich eine Versicherung abzugeben, dass allen Gläubigern, die einen Anspruch auf Sicherheitsleistung haben (§ 122j UmwG), eine angemessene Sicherheit geleistet wurde (§ 122k Abs. 1 Satz 3 UmwG). Das Registergericht prüft, ob für die Gesellschaft die Voraussetzungen für die grenzüberschreitende Verschmelzung vorliegen. Ist dies der Fall, stellt es hierüber unverzüglich eine Verschmelzungsbescheinigung aus (§ 122k Abs. 2 Satz 1 UmwG). Einer Verschmelzungsbescheinigung gleich steht die Nachricht über die Eintragung der Verschmelzung in das Register (§ 122k Abs. 1 Satz 1 UmwG).[82] Die Verschmelzungsbescheinigung ist innerhalb von sechs Monaten nach ihrer Ausstellung durch das Vertretungsorgan der übertragenden Gesellschaft dem zuständigen ausländischen Register des übernehmenden oder neuen Rechtsträgers vorzulegen (§ 122k Abs. 3 UmwG).

49 Ist die beteiligte **deutsche Gesellschaft übernehmender Rechtsträger**, hat das Vertretungsorgan der übernehmenden Gesellschaft die Verschmelzung zur Eintragung beim Handelsregister dieser Gesellschaft anzumelden. Bei einer Verschmelzung durch Neugründung erfolgt die Anmeldung durch die Vertretungsorgane der übertragenden Gesellschaften (§ 122l Abs. 1 Satz 1 UmwG). Der Anmeldung sind die Verschmelzungsbescheinigungen aller übertragenden Gesellschaften (nicht älter als sechs Monate), der gemeinsame Verschmelzungsplan und ggf. die Vereinbarung über die Beteiligung der Arbeitnehmer beizufügen. Die aus einer inländischen Verschmelzung bekannten Voraussetzungen der § 16 Abs. 2 und 3 sowie § 17 UmwG gelten für die übertragende ausländische Gesellschaft nicht (§ 122l Abs. 1 Satz 3 UmwG), sodass insbesondere keine Negativerklärungen und keine Schlussbilanz des ausländischen Rechtsträgers einzureichen sind. Die Erfordernisse dieser Vorschriften werden ersetzt durch die abzugebenden Verschmelzungsbescheinigungen.[83]

j) Wirksamkeitszeitpunkt

50 Der Wirksamkeitszeitpunkt einer grenzüberschreitenden Verschmelzung ist in den §§ 122a ff. UmwG nicht geregelt. Art. 12 der Verschmelzungsrichtlinie bestimmt, dass sich der Zeitpunkt nach dem Recht des Mitgliedstaats richtet, dem die übernehmende oder neue Gesellschaft unterliegt, jedoch erst nach Abschluss der Rechtmäßigkeitskontrolle liegen kann. Daher gilt über § 122a Abs. 2 UmwG für Verschmelzungen nach Deutschland die auch für inländische Verschmelzungen anwendbare Vorschrift des § 20 UmwG. Die Ver-

---

82) Kritisch und hiervon abratend *Bayer* in: Lutter, UmwG, § 122k UmwG Rz. 21; *Mayer* in: MünchHdb-GesR, Bd. 3, § 73 Rz. 807.
83) *Bayer* in: Lutter, UmwG, § 122l UmwG Rz. 9.

C. Deutsches Umwandlungsrecht

schmelzung wird damit mit **Eintragung im Handelsregister** eines deutschen übernehmenden oder neuen Rechtsträgers wirksam.[84] Ab diesem Zeitpunkt genießt die Verschmelzung **Bestandsschutz** (Art. 17 der Verschmelzungsrichtlinie).[85]

2. Sonstige Umwandlungen

Gesetzlich nicht geregelt sind alle sonstigen Formen der grenzüberschreitenden Umwandlung unter Beteiligung von EU-/EWR-Gesellschaften, wie etwa Verschmelzungen unter Beteiligung von Personengesellschaften sowie Spaltungen, Vermögensübertragungen und Formwechsel. Hieraus darf jedoch nicht auf deren Unzulässigkeit geschlossen werden. Zu berücksichtigen ist die **Niederlassungsfreiheit** und insbesondere die hierzu ergangene Entscheidung des EuGH in der Rechtssache *Sevic*.

51

a) Sevic

Der Rechtssache *Sevic* lag ein Sachverhalt zugrunde, in dem das Vermögen einer luxemburgischen Aktiengesellschaft auf die deutsche *SEVIC Systems AG* durch Verschmelzung übertragen werden sollte.[86] Die §§ 122a ff. UmwG waren zu diesem Zeitpunkt noch nicht in das deutsche Umwandlungsgesetz eingefügt. Das AG Neuwied als zuständiges Registergericht wies daher den Antrag auf Eintragung der Verschmelzung in das Handelsregister mit der Begründung zurück, dass § 1 Abs. 1 Nr. 1 UmwG nur die Verschmelzung von Rechtsträgern mit Sitz in Deutschland vorsehe. Hiergegen erhob die „*SEVIC Systems AG*" Beschwerde beim OLG Koblenz. Dieses setzte das Verfahren aus und legte dem EuGH die Frage vor, ob die Art. 43 und 48 EGV (heute: Art. 49, 54 AEUV) dahin auszulegen seien, dass es im Widerspruch zur Niederlassungsfreiheit für Gesellschaften stehe, wenn einer ausländischen europäischen Gesellschaft die Eintragung ihrer angestrebten Verschmelzung mit einer deutschen Gesellschaft in das deutsche Handelsregister gemäß den §§ 16 ff. UmwG

52

---

84) Begr. des Regierungsentwurfs, BT-Drucks. 16/2919, S. 18; auch BR-Drucks. 548/06, S. 38; *Frenzel*, S. 391.
85) *Bayer* in: Lutter, UmwG, § 122l UmwG Rz. 26; *Simon/Rubner* in: KölnKomm-UmwG, § 122l UmwG Rz. 21.
86) EuGH, Rs. C-411/03, *SEVIC Systems AG*, Slg. 2005, I-10825 = NJW 2006, 425 = GmbHR 2006, 140 = ZIP 2005, 2311; s. hierzu *Kindler* in: MünchKomm-BGB, IntGesR Rz. 126 f., 895 ff.; *Teichmann*, ZIP 2006, 355; *Behrens*, EuZW 2006, 65; *Oechsler*, NJW 2006, 812; *Bayer/Schmidt*, ZIP 2006, 210; *Leible* in: Michalski, Syst. Darst. 2 Rz. 33 f.; *Doralt*, IPRax 2006, 572; *Spahlinger/Wegen*, NZG 2006, 721; *Krause/Kulpa*, ZHR 171 (2007), 38; *Siems*, EuZW 2006, 135; *Bungert*, BB 2006, 53; *Kraft/Bron*, IStR 2006, 26; *Geyrhalter/Weber*, DStR 2006, 146; *Kuntz*, IStR 2006, 224; *Wöhlert/Weiss*, WM 2007, 580; zu den Schlussanträgen des Generalanwalts *Tizzano Drygala*, ZIP 2005, 1995; *Geyrhalter/Weber*, NZG 2005, 837; *Kuntz*, EuZW 2005, 524.

§ 13 Grenzüberschreitende Umwandlung

versagt wird, weil § 1 Abs. 1 Nr. 1 UmwG nur eine Umwandlung von Rechtsträgern mit Sitz im Inland vorsieht.[87]

53 Der EuGH bejahte die Frage. Er stellte zunächst fest, dass die Art. 43, 48 EGV (heute: Art. 49, 54 AEUV) auf den vorliegenden Fall anwendbar seien:

„Grenzüberschreitende Verschmelzungen entsprechen wie andere Gesellschaftsumwandlungen den Zusammenarbeits- und Umgestaltungsbedürfnissen von Gesellschaften mit Sitz in verschiedenen Mitgliedstaaten. Sie stellen besondere, für das reibungslose Funktionieren des Binnenmarktes wichtige Modalitäten der Ausübung der Niederlassungsfreiheit dar und gehören damit zu den wirtschaftlichen Tätigkeiten, hinsichtlich derer die Mitgliedstaaten die Niederlassungsfreiheit nach Art. 43 EG beachten müssen."[88]

54 Das deutsche Recht sehe zwar für inländische Verschmelzungen eine Regelung vor, nicht jedoch für grenzüberschreitende Verschmelzungen. Diese unterschiedliche Behandlung beschränke die Niederlassungsfreiheit. Dem könne nicht mit Verweis darauf entgegengetreten werden, dass grenzüberschreitende Verschmelzungen alsbald durch Erlass einer Richtlinie ermöglicht werden sollen. Denn gemeinschaftliche Harmonisierungsvorschriften wären zwar gewiss hilfreich, um grenzüberschreitende Verschmelzungen zu erleichtern, seien jedoch keine Vorbedingung für die Durchführung der in den Art. 43, 48 EGV (heute: Art. 49, 54 AEUV) verankerten Niederlassungsfreiheit.[89] Das Gericht entschied daher:

„Die Art. 43 und 48 EG stehen dem entgegen, dass in einem Mitgliedstaat die Eintragung einer Verschmelzung durch Auflösung ohne Abwicklung einer Gesellschaft und durch Übertragung ihres Vermögens als Ganzes auf eine andere Gesellschaft in das nationale Handelsregister generell verweigert wird, wenn eine der beiden Gesellschaften ihren Sitz in einem anderen Mitgliedstaat hat, während eine solche Eintragung, sofern bestimmte Voraussetzungen erfüllt sind, möglich ist, wenn beide an der Verschmelzung beteiligten Gesellschaften ihren Sitz im erstgenannten Mitgliedstaat haben."[90]

b) Folgen

55 Der EuGH hatte in der Rechtssache *Sevic* aus deutscher Sicht über einen Fall der sog. **Hineinverschmelzung** zwischen **Aktiengesellschaften** zu entscheiden. Aufnehmender Rechtsträger war eine deutsche Aktiengesellschaft. Dieser Fall – wie auch die entsprechende **Herausverschmelzung** – ist zwar nunmehr durch die §§ 122a ff. UmwG ausdrücklich zugelassen. Die Entscheidung des

---

87) OLG Koblenz, NZG 2003, 1124.
88) EuGH, Rs. C-411/03, *SEVIC Systems AG*, Slg. 2005, I-10825, Rz. 19 = NJW 2006, 425.
89) EuGH, Rs. C-411/03, *SEVIC Systems AG*, Slg. 2005, I-10825, Rz. 26 = NJW 2006, 425, 426.
90) EuGH, Rs. C-411/03, *SEVIC Systems AG*, Slg. 2005, I-10825 = NJW 2006, 425 (LS); schon vor der *Sevic*-Entscheidung für die Zulässigkeit grenzüberschreitender Verschmelzungen in der EU etwa *Behrens*, ZGR 1994, 1, 15; *Lutter/Drygala* in: Lutter, UmwG 3. Aufl., § 1 UmwG Rz. 9; *Bungert*, AG 1995, 489, 497; dagegen *Großfeld*, AG 1996, 302, 306.

C. Deutsches Umwandlungsrecht

EuGH hat jedoch darüber hinaus Bedeutung. Denn nach ganz h. M. ergibt sich aus ihr, dass auch **Hineinverschmelzungen**, an denen **Personengesellschaften** beteiligt sind, aufgrund der Niederlassungsfreiheit zugelassen werden müssen.[91] Gleiches gilt wegen Art. 31, 34 EWR-Übereinkommen, wenn Gesellschaften aus EWR-Vertragsstaaten an einer Verschmelzung beteiligt sind. Vorgeschlagen wird, die §§ 122a ff. UmwG analog anzuwenden.[92]

Der EuGH hat sich nicht zu dem umgekehrten Fall einer **Hinausverschmelzung** geäußert. Ob sich daher eine deutsche Gesellschaft auf einen ausländischen Rechtsträger verschmelzen kann, ohne dass ausschließlich Kapitalgesellschaften i. S. d. § 122b Abs. 1 UmwG beteiligt sind, ist nach wie vor **umstritten**.[93] Die überwiegende Literaturansicht bejaht diese Möglichkeit zu Recht.[94] Vorgeschlagen wird auch hier, die §§ 122a ff. UmwG analog anzuwenden.[95] 56

Für die Hinausverschmelzung wird geltend gemacht, dass in einem Verbot für deutsche Gesellschaften, sich auf ausländische Gesellschaften zu verschmelzen, zugleich das Verbot an die ausländische Gesellschaft läge, das Vermögen der übertragenden deutschen Gesellschaft zu erwerben. Dieses wäre jedoch mit dem Urteil des EuGH in der Rechtssache *Überseering* nicht zu vereinbaren, wonach die Rechtsfähigkeit der ausländischen Gesellschaft zu beachten ist (dazu oben § 6 Rz. 26). Die ausländische Gesellschaft würde diskriminiert, wenn sie kein deutsches Vermögen im Wege der Gesamtrechtsnachfolge hinzuerwerben könne, die deutsche Gesellschaft jedoch umgekehrt ausländisches 57

---

91) *Veil*, Der Konzern 2007, 98, 99; *Vetter*, AG 2006, 613, 616; *Lutter/Drygala* in: Lutter, UmwG, § 1 UmwG Rz. 9; *Drinhausen* in: Semler/Stengel, Einl. C Rz. 30; *Simon/Rubner*, KölnKomm-UmwG, Vor §§ 122a ff. UmwG Rz. 47; *Bungert*, BB 2006, 53, 55 f.; *Gesell/Krömker*, DB 2006, 2558; *Kallmeyer/Kappes*, AG 2006, 224, 234; *Krause/Kulpa*, ZHR 171 (2007), 38, 44 f.; *Louven*, ZIP 2006, 2021, 2023; *Siems*, EuZW 2006, 135, 137 f.; *Spahlinger/Wegen*, NZG 2006, 721, 725; *Teichmann*, ZIP 2006, 355, 358. Der Gesetzgeber hat allerdings ausdrücklich darauf verzichtet, andere Umwandlungen als die grenzüberschreitende Verschmelzung von Kapitalgesellschaften nach den §§ 122 f. UmwG zu regeln, BT-Drucks. 16/2919, S. 11; grundsätzlich zur grenzüberschreitenden Verschmelzung von Personengesellschaften *Bungert/Schneider* in: GS Gruson, S. 37.
92) *Lutter/Drygala* in: Lutter, UmwG, § 1 UmwG Rz. 18; *Thümmel/Hack*, Der Konzern 2009, 1, 3 f.
93) Zum Meinungsstand vor der *Sevic*-Entscheidung s. *Heckschen* in: Widmann/Mayer, § 1 UmwG Rz. 239 ff.
94) *Bungert*, BB 2006, 53, 56; *Drinhausen* in: Semler/Stengel, Einl. C Rz. 31 ff.; *Gesell/Krömker*, DB 2006, 2558; *Gottschalk*, EuZW 2006, 83, 84; *Hennrichs/Pöschke/von der Laage/Klavina*, WM 2009, 2009, 2012; *Koppensteiner*, Der Konzern 2006, 40, 41 ff.; *Krause/Kulpa*, ZHR 171 (2007), 38, 45 f.; *Lutter/Drygala* in: Lutter, UmwG, § 1 UmwG Rz. 10; *Simon/Rubner*, KölnKomm-UmwG, Vor §§ 122a ff. UmwG Rz. 48 ff.; *Teichmann*, ZIP 2006, 355, 358; *Thümmel/Hack*, Der Konzern 2009, 1, 2 f.; *Vetter*, AG 2006, 613, 615 f.; abl. *Kindler* in: MünchKomm-BGB, IntGesR Rz. 896 ff., 909 ff.; *Kappes*, NZG 2006, 101; *Leible/Hoffmann*, RIW 2006, 161, 165 f.; *Oechsler*, NJW 2006, 812, 813.
95) *Lutter/Drygala* in: Lutter, UmwG, § 1 UmwG Rz. 18; *Thümmel/Hack*, Der Konzern 2009, 1, 3 f.

Vermögen erwerben dürfe.[96] Gestützt wird diese Auffassung durch die Entscheidung des EuGH in der Rechtssache *Cartesio* (siehe hierzu oben § 6 Rz. 32 ff.). Dort entschied das Gericht zwar, die Niederlassungsfreiheit gebe einer Gesellschaft gegenüber ihrem Gründungsstaat nicht das Recht, identitätswahrend ihren tatsächlichen Verwaltungssitz in einen anderen Staat zu legen. In einem *obiter dictum* führten die Richter jedoch aus, es ließe sich im Lichte der Niederlassungsfreiheit nicht rechtfertigen, wenn der Gründungsstaat der EU-Gesellschaft dadurch, dass er ihre Auflösung und Liquidation verlangt, daran hindert, sich in eine Gesellschaft nach dem nationalen Recht eines anderen Mitgliedstaats umzuwandeln. Hierzu müsse allerdings das Recht des Zuzugsstaats diese Umwandlung gestatten. Beschränken dürfe der Wegzugsstaat die Umwandlung und damit die Niederlassungsfreiheit nur aus zwingenden Gründen des allgemeinen Interesses (siehe bereits oben § 6 Rz. 41 ff.).[97]

58 Allerdings ist darauf hinzuweisen, dass in dieser Frage trotz der bejahenden h. Lit. **weniger Sicherheit** besteht als im Fall einer Hineinverschmelzung. Denn bislang fehlt eine Entscheidung des EuGH, der ein solcher Sachverhalt zugrunde liegt, wenngleich die Entscheidungsgründe in der Rechtssache *Sevic* sehr allgemein gehalten waren. Auf die Entscheidung in der Rechtssache *Cartesio* kann man sich nur bedingt stützen, weil die dortigen Ausführungen nur ein *obiter dictum* sind. Zudem wird für den Fall der Hinausverschmelzung vertreten, dass anders als bei der Hineinverschmelzung eher Gründe greifen, die Beschränkungen der Niederlassungsfreiheit aus der Sicht des deutschen Wegzugsstaats rechtfertigen, wie etwa Vorschriften zum Schutz der Gläubiger, Minderheitsgesellschafter und Arbeitnehmer (vgl. schon oben Rz. 32).[98]

59 Für die grenzüberschreitende **Spaltung** gelten die soeben gemachten Ausführungen zur grenzüberschreitenden Verschmelzung entsprechend. Spaltungen hinaus und hinein sind damit nach h. M. durch die Niederlassungsfreiheit ge-

---

96) *Lutter/Drygala* in: Lutter, UmwG, § 1 UmwG Rz. 10; *Engert* in: Eidenmüller, § 4 Rz. 87 f.; s. a. Schlussantrag von Generalanwalt *Tizzano* in der Rechtssache *Sevic*, ZIP 2005, 1227, 1230, Ziff. 45 bis 51; krit. zu diesem Argument *Drinhausen* in: Semler/Stengel, Einl. C Rz. 32 (im Ergebnis aber zust.).
97) So *Simon/Rubner*, KölnKomm-UmwG, Vor §§ 122a ff. UmwG Rz. 50.
98) *Lutter/Drygala* in: Lutter, UmwG, § 1 UmwG Rz. 10; vgl. auch *Heckschen* in: Widmann/Mayer, § 1 UmwG Rz. 240 ff.

C. Deutsches Umwandlungsrecht

schützt und zulässig.[99] Es wird vorgeschlagen, die §§ 122a ff. UmwG sinngemäß anzuwenden.[100]

Auch für die **Vermögensübertragung** i. S. d. §§ 174 ff. UmwG gelten die eben gemachten Ausführungen zur grenzüberschreitenden Verschmelzung entsprechend.[101] 60

Der grenzüberschreitende **Formwechsel** entspricht in der internationalen Dimension der grenzüberschreitenden Verlegung des Satzungssitzes.[102] Im Ergebnis ist eine identitätswahrende Verlegung des Satzungssitzes derzeit weder aus Deutschland heraus noch nach Deutschland hinein möglich (siehe hierzu ausführlich oben § 12 Rz. 20 ff.). 61

c) **Praxisempfehlung**

Voraussetzung ist bei allen beschriebenen außerhalb des Anwendungsbereichs der §§ 122a ff. UmwG liegenden grenzüberschreitenden Umwandlungen innerhalb der Europäischen Union, dass auch das ausländische Recht diese Form der Umwandlung bejaht. Es genügt daher nicht, sich an der h. A. im deutschen Recht zu orientieren. Das **ausländische Recht** ist sorgfältig darauf zu **prüfen**, ob es die grenzüberschreitende Umwandlung mitmacht. Dies fordert die Vereinigungstheorie (siehe oben Rz. 7 ff.). Selbst wenn dies der Fall sein sollte, werden regelmäßig Schwierigkeiten im deutschen wie im ausländischen Recht auftreten. Dies ist dem Umstand geschuldet, dass grenzüberschreitende Umwandlungen auf Ebene der Europäischen Union außerhalb der Verschmelzungsrichtlinie nicht geregelt sind. In Deutschland gibt es außerhalb der Umsetzungsnormen der §§ 122a ff. UmwG keine Regelungen. Dies mag im ausländischen Recht ebenso sein. Die beteiligten Rechte werden schon deswegen nicht aufeinander abgestimmt sein, sodass es Reibungen geben wird. Daher ist es dringend zu empfehlen, die zuständigen **Registergerichte** und **Behörden** frühzeitig **einzubinden** und die einzelnen Schritte mit ihnen genau abzusprechen. Nur so kann gewährleistet werden, dass die jeweiligen zuständigen Stellen überhaupt zur Durchführung und Eintragung einer solchen Umwandlung bereit sind und die von ihnen verlangten Voraussetzungen erfüllt werden. Eine 62

---

99) *Behrens* in: Ulmer/Habersack/Winter, Einl. B Rz. 124 ff.; *Simon/Rubner*, KölnKomm-UmwG, Vor §§ 122a ff. UmwG Rz. 53; *Lutter/Drygala* in: Lutter, UmwG, § 1 UmwG Rz. 11; *Marsch-Barner* in: Kallmeyer, §§ 122a–122l UmwG Rz. 11; *Geyrhalter/Weber*, DStR 2006, 146, 150; *Krause/Kulpa*, ZHR 171 (2007), 38, 46 f.; *Meilicke/Rabback*, GmbHR 2006, 123, 126; *Siems*, EuZW 2006, 135, 139; *Veil*, Der Konzern 2007, 98, 99; einschränkend *Bungert*, BB 2006, 53, 55 f.; *Heckschen* in: Widmann/Mayer, § 1 UmwG Rz. 262; *Leible/Hoffmann*, RIW 2006, 161, 165; abl. *Kindler* in: MünchKomm-BGB, IntGesR Rz. 909 ff.
100) *Veil*, Der Konzern 2007, 98, 105; vgl. auch *Vetter*, AG 2006, 616.
101) *Simon/Rubner*, KölnKomm-UmwG, Vor §§ 122a ff. UmwG Rz. 55.
102) Zum grenzüberschreitenden Formwechsel *Jaensch*, EWS 2007, 97.

§ 13 Grenzüberschreitende Umwandlung

zu späte oder gar fehlende Abstimmung kann unnötige Kosten sowie Zeitverzögerungen oder gar den Abbruch des Umwandlungsvorgangs hervorrufen.

D. Alternativen

63 Die bisherigen Ausführungen zur grenzüberschreitenden Umwandlung zeigen, wie schwierig und unsicher diese Form der Umwandlung ist. Nur die grenzüberschreitende Verschmelzung von EU-/EWR-Kapitalgesellschaften ist gesetzlich geregelt. Für die Praxis ist es daher erforderlich, stets Alternativen darauf zu prüfen, ob sich damit das angestrebte Ziel ebenso erreichen lässt. Im Vordergrund steht häufig, eine steueroptimale Transaktionsstruktur zu schaffen. Steuererwägungen sind also maßgebend, insbesondere wenn eine Ersatzkonstruktion zur ungewollten Folge führen würde, dass stille Reserven aufzudecken sind. An dieser Stelle kann nicht auf Steuerfragen und -folgen eingegangen werden.[103] Im Folgenden ist daher vielmehr beispielhaft lediglich zu zeigen, welche gesellschaftsrechtlichen Alternativen es (einzeln oder kombiniert) zu den bisher dargestellten Umwandlungsformen gibt. Einen Anspruch darauf, erschöpfend zu sein, erheben die folgenden Abschnitte jedoch nicht.

I. Gesamtrechtsnachfolge

64 Ist die **übertragende Gesellschaft** eine **inländische Personengesellschaft**, lässt es sich ausnutzen, dass eine solche Gesellschaft mindestens zwei Gesellschafter haben muss und beim Ausscheiden des vorletzten Gesellschafters das gesamte Vermögen der Gesellschaft im Wege der Gesamtrechtsnachfolge auf den verbliebenen Gesellschafter übergeht (häufig bezeichnet als Anwachsung).[104] Diese Rechtsfolge wird in der Praxis häufig geprüft und genutzt, um inländisches Vermögen auf eine ausländische Gesellschaft übergehen zu lassen und damit bspw. ein der grenzüberschreitenden Verschmelzung vergleichbares Ergebnis zu erzielen.

65 Ausgangspunkt ist eine deutsche Personengesellschaft, häufig eine GmbH & Co. KG, an der unter anderem bspw. die erworbene **ausländische Zielgesellschaft** als Gesellschafterin **beteiligt** ist.[105] Dieser Personengesellschaft ist das Gesamthandsvermögen zugeordnet, das auf den ausländischen Gesellschafter übergehen soll. Sie kann entweder bereits in dieser Form bestehen oder erst durch in-

---

103) S. hierzu etwa *Engert* in: Eidenmüller, § 8 Rz. 122 ff.
104) *Hopt* in: Baumbach/Hopt, § 131 HGB Rz. 39; *Ulmer/Schäfer* in: MünchKomm-BGB, § 718 BGB Rz. 13; *Schäfer* in: Staub, § 131 HGB Rz. 8 m. w. N.; *Bücker* in: Hirte/Bücker, § 3 Rz. 67 ff.; *Spahlinger/Wegen* in: Spahlinger/Wegen, IntGesR Rz. 515; dies ist keine Anwachsung nach § 738 Abs. 1 Satz 1 BGB, *Hopt* in: Baumbach/Hopt, § 131 HGB Rz. 35, so aber *Süß* in: Süß/Wachter, Rz. 150.
105) Zur Zulässigkeit einer ausländischen Gesellschaft als Komplementärin einer GmbH & Co. KG s. OLG Frankfurt a. M., NZG 2006, 830; LG Bielefeld, NZG 2006, 504; *Bungert*, AG 1995, 489, 503; *Binz/Mayer*, GmbHR 2003, 249, 250; *Rehm* in: Eidenmüller, § 4 Rz. 51 ff.; *Roth* in: Roth/Altmeppen, § 4a GmbHG Rz. 75.

D. Alternativen

ländische Umstrukturierungen geschaffen werden, wie etwa indem der eigentliche Rechtsträger des Vermögens auf sie verschmolzen wird oder sein Vermögen auf sie durch Spaltung überträgt. Anschließend treten alle Gesellschafter bis auf den ausländischen vollständig aus der Personengesellschaft aus. Es verbleibt damit nur noch die ausländische Zielgesellschaft als Gesellschafterin, sodass auf sie das gesamte inländische Gesellschaftsvermögen im Wege der **Gesamtrechtsnachfolge** übergeht.

Dieses Modell hat den Vorteil, dass das für den Zielrechtsträger zuständige 66 ausländische Gericht oder Gesellschaftsregister (sofern es ein solches gibt) anders als etwa bei einer Verschmelzung regelmäßig nicht zu beteiligen sein wird, weil sich die Anordnung der Gesamtrechtsnachfolge jedenfalls nach umstrittener Auffassung allein nach dem Recht des übertragenden Rechtsträgers richtet (siehe oben Rz. 15 ff., dort aber auch zu der Frage des Vollzugs der Gesamtrechtsnachfolge). Es ist daher grundsätzlich nicht erforderlich, sich mit dem ausländischen Register abzustimmen. Für die Praxis empfiehlt es sich dennoch, unbedingt die Frage mit einem Rechtsberater aus dem Land des Zielrechtsträgers zu klären. Im deutschen Register der Personengesellschaft wird jedenfalls lediglich eingetragen werden, dass diese erloschen ist und die ausländische Zielgesellschaft als einzige verbliebene Gesellschafterin das Geschäft und das Vermögen der Personengesellschaft ohne Liquidation mit allen Aktiven und Passiven übernommen hat.[106]

Ob diese Alternative auch umgekehrt mit einer **übertragenden ausländischen** 67 **Personengesellschaft** und einer inländischen Zielgesellschaft durchführbar ist, hängt davon ab, ob das ausländische Recht wie das deutsche Recht für Personengesellschaften mindestens zwei Gesellschafter verlangt und bei Ausscheiden des vorletzten Gesellschafters die Gesamtrechtsnachfolge anordnet. Dies ist im Einzelfall zu prüfen.

Im jedem Fall ist zu prüfen, ob dieser Weg möglicherweise deswegen nachteilig 68 ist, weil wichtige Verträge der Personengesellschaft einschlägige **Sonderkündigungsrechte** vorsehen. Hier kann es ratsam sein, mit solchen Vertragspartnern im Vorfeld zu klären, ob sie beabsichtigen, ihr Sonderkündigungsrecht auszuüben und wenn ja, wie sich dieses vermeiden lässt.

II. Anteilstausch

Bei dieser Variante werden die übertragende (inländische oder ausländische) 69 Gesellschaft und die (inländische oder ausländische) Zielgesellschaft zunächst in der Weise zusammengeführt, dass die Gesellschafter der übertragenden Gesellschaft ihre Geschäftsanteile gegen solche der Zielgesellschaft tauschen. Sie

---

[106] Zu den Steuerfolgen *Breiteneicher*, DStR 2004, 1405; *Engert* in: Eidenmüller, § 8 Rz. 190 ff.; *Schneider/Roderburg* in: Lüdicke/Sistermann, § 12 Rz. 95 ff.; *Stengel* in: Haritz/Menner, Einf. A Rz. 57 ff.

sind damit Gesellschafter der Zielgesellschaft, und diese ist wiederum alleinige Gesellschafterin der übertragenden Gesellschaft, sofern alle Gesellschafter ihre Anteile getauscht haben. Die übertragende Gesellschaft wird nun liquidiert, sodass ihr gesamtes Vermögen an die Zielgesellschaft als Alleingesellschafterin ausgekehrt wird.[107]

70 Dieser Weg könnte möglicherweise dann nicht empfehlenswert sein, wenn wichtige Verträge der übertragenden Gesellschaft **Sonderkündigungsrechte** für die Vertragspartner bei einem Kontrollwechsel auf der Gesellschafterebene (Change of Control) enthalten. In diesem Fall kann es ratsam sein, mit solchen Vertragspartnern im Vorfeld zu klären, ob sie beabsichtigen, ihr Sonderkündigungsrecht auszuüben und wenn ja, wie sich dieses vermeiden lässt.

III. Unternehmenseinbringung

71 Alternativ kann die übertragende (inländische oder ausländische) Gesellschaft (regelmäßig mit der erforderlichen Zustimmung der Gesellschafter) ihr gesamtes Vermögen oder Teile hiervon im Wege der Einbringung auf die (inländische oder ausländische) Zielgesellschaft übertragen. Als Gegenleistung hierfür erhält sie Geschäftsanteile der Zielgesellschaft. Wird sie in einem weiteren Schritt liquidiert, erhalten ihre Gesellschafter die Geschäftsanteile an der Zielgesellschaft im Wege der Auskehrung.[108]

72 Dieser Weg hat allerdings den Nachteil, dass das Vermögen der übertragenden Gesellschaft durch Einzelrechtsnachfolge übertragen wird (Asset Deal). Durch die Einzelrechtsübertragung ist es – jedenfalls sofern deutsches Recht anwendbar ist – bspw. grundsätzlich erforderlich, dass jeder Vertragspartner eines Vertrags mit der übertragenden Gesellschaft zustimmt, dass der Vertrag auf die Zielgesellschaft übertragen wird (siehe oben § 2 Rz. 149 ff.). Vertragspartner könnten diese Situation ausnutzen, um die Vertragsbedingungen neu auszuhandeln, sich also die Zustimmung „*abkaufen*" lassen. Teilweise mag es auch deswegen nicht leicht sein, die erforderlichen Zustimmungen zu erhalten, weil sich die Nationalität der Gesellschaft als Vertragspartner ändern würde: Die übertragende Gesellschaft würde gegen die Zielgesellschaft anderer Nationalität ausgetauscht. Nicht selten mag aus diesem Grund die Zustimmung verweigert werden. Diese möglichen Schwierigkeiten lassen sich mit einer Verschmelzung vermeiden, da hierfür die Zustimmungen Dritter nicht erforderlich sind, wenngleich im Einzelfall Sonderkündigungsrechte greifen können.[109]

---

107) Zu den Steuerfolgen *Engert* in: Eidenmüller, § 8 Rz. 173 ff.; *Jacobs*, Teil 6 Kap. 6 C. II. 3.
108) Zu den Steuerfolgen *Engert* in: Eidenmüller, § 8 Rz. 183 ff.; *Moszka* in: Semler/Stengel, Einl. B Rz. 18 ff.; *Stengel* in: Haritz/Menner, Einf. A Rz. 66 ff.
109) *Kübler* in: Semler/Stengel, § 20 UmwG Rz. 2; *Vossius* in: Widmann/Mayer, § 20 UmwG Rz. 26; zu möglichen Sonderkündigungsrechten *Simon* in: KölnKomm-UmwG, § 2 UmwG Rz. 58 ff.; *Marsch-Barner* in: Kallmeyer, § 20 UmwG Rz. 10.

E. Eingliederung

Auch alle sonst bei einem Asset Deal erforderlichen Zustimmungen Dritter 73
müssen eingeholt werden (siehe oben § 1 Rz. 20 ff.).

IV. Grenzüberschreitende Verschmelzung nach Umstrukturierung

Schließlich kann es sich empfehlen, durch Umstrukturierungen den Weg für 74
eine grenzüberschreitende Verschmelzung nach den §§ 122a ff. UmwG frei zu
machen. So könnte bspw. das zur Übertragung vorgesehene Vermögen der übertragenden Personenhandelsgesellschaft in einem ersten Schritt durch eine rein
inländische Verschmelzung oder Spaltung auf eine Kapitalgesellschaft übertragen werden. Die übertragende Personenhandelsgesellschaft könnte möglicherweise auch durch Formwechsel die Gestalt einer Kapitalgesellschaft annehmen.
In einem zweiten Schritt würde dann die neue Kapitalgesellschaft auf eine ausländische EU- oder EWR-Kapitalgesellschaft nach den §§ 122a ff. UmwG verschmolzen. Dieser Weg bietet Sicherheit, indem er es ermöglicht, die §§ 122a ff.
UmwG direkt anzuwenden und nicht wie bei den oben diskutierten Fällen der
grenzüberschreitenden Umwandlungen allenfalls entsprechend (dazu oben
Rz. 23 ff.).

E. Eingliederung

Abzugrenzen von der Umwandlung ist die Eingliederung. Bei ihr wird weder 75
das Vermögen einer Gesellschaft übertragen noch wechselt eine Gesellschaft
ihr Rechtskleid. Vielmehr wird ein **Konzernverhältnis** zwischen zwei Gesellschaften **geschaffen**, welches der Hauptgesellschaft ermöglichen soll, die Tochtergesellschaft umfassend zu leiten.[110] Die Eingliederung wirkt freilich nach
Ansicht des Gesetzgebers wirtschaftlich wie eine Verschmelzung, weil die eingegliederte Gesellschaft wirtschaftlich zu einer Betriebsabteilung der Hauptgesellschaft wird oder einer solchen zumindest nahesteht.[111]

Grenzüberschreitend ist eine Eingliederung **nicht möglich**. Die Eingliederung 76
einer deutschen in eine ausländische Gesellschaft scheitert an § 319 Abs. 1
AktG, wonach nur die Eingliederung *„in eine andere Aktiengesellschaft mit Sitz
im Inland"* gestattet ist. Und die Eingliederung einer ausländischen in eine
deutsche Gesellschaft wird praktisch immer daran scheitern, dass ausländischen
Rechtsordnungen die Rechtsfigur der Eingliederung fremd ist.[112]

---

110) Näher hierzu *Grunewald* in: MünchKomm-AktG, Vor § 319 AktG Rz. 3; *Singhof* in: Spindler/Stilz, § 319 AktG Rz. 2.
111) *Kropff*, Begründung des Regierungsentwurfs (AktG 1965), S. 429 und 431.
112) *Kindler* in: MünchKomm-BGB, IntGesR Rz. 861; *Großfeld* in: Staudinger, IntGesR Rz. 705.

Kapitel 5 Internationale Joint Ventures

§ 14 Internationales Privatrecht des Joint Venture

Übersicht

A. Einleitung..................1
B. Anknüpfung..................2
C. Zielgesellschaft..................3
D. Joint Venture Vertrag (Gesellschaftervereinbarung)..........4
   I. Qualifikation..................4
     1. Inhalt und maßgebliches Statut..................4
       a) Gesellschaftsstatut..............6
       b) Eigenes Statut..................9
     2. Vertragsstatut oder Gesellschaftsstatut..................10
       a) Gesellschaftsvertrag..........11
       b) Organisation..................13
   II. Rechtswahl..................15
   III. Fehlende Rechtswahl..................16
     1. Besondere Vertragsarten und charakteristische Leistung..........17
     2. Engste Verbindung..................19
       a) Zielgesellschaft..................21
       b) Aktivitätszentrum..............29
       c) Sonstige Hinweise..................31
       d) Kumulation von Sachnormen..................34
   IV. Reichweite..................36
   V. Form..................37
   VI. Eingriffsrecht..................39
E. Zusatzverträge..................40
   I. Wählbare Rechte..................41
   II. Stillschweigende Rechtswahl..........42
   III. Fehlende Rechtswahl..................45
     1. Akzessorische Anknüpfung..............47
     2. Abwägung..................50

Literatur: *Braun*, Joint Ventures im amerikanischen und deutschen internationalen Privatrecht: Inhalt und Grenzen des Vertragsstatuts, 2000; *Ebenroth*, Neuere Entwicklungen im deutschen internationalen Gesellschaftsrecht, JZ 1988, 18; *Ebenroth*, Das Verhältnis zwischen joint venture-Vertrag, Gesellschaftsvertrag und Investitionsvertrag, JZ 1987, 265; *Ebke*, Das Internationale Gesellschaftsrecht und der Bundesgerichtshof, in: Festgabe 50 Jahre BGH, Band 2, 2000, S. 799; *Ebke*, Die „Close Corporation": Notwendige Beschlüsse des Board of Directors und das Problem des „Deadlock", IPRax 1983, 18; *Ferid*, Zur Behandlung von Anteilen an Personalgesellschaften im internationalen Erbgang, in: Festschrift Hueck, 1959, S. 343; *Fleischer*, Ungeschriebene Hauptversammlungszuständigkeiten im Aktienrecht: Von „Holzmüller" zu „Gelatine" (zugl. Anmerkung zu BGH, Urt. v. 26.04.2004 – II ZR 155/02-), NJW 2004, 2335; *Giuliano/Lagarde*, Bericht über das Übereinkommen über das auf vertragliche Schuldverhältnisse anzuwendende Recht, BT-Drucks. 10/503, S. 33; *Göthel*, Internationales Privatrecht des Joint Ventures, RIW 1999, 566; *Göthel*, Joint Ventures im Internationalen Privatrecht – Ein Vergleich der Rechte Deutschlands und der USA, 1999 (zit.: Joint Ventures); *Goette*, Anmerkung zu: BGH, U. v. 26.04.2004 – II ZR 155/02 (AG: Ungeschriebene Mitwirkungsbefugnisse der Hauptversammlung), DStR 2004, 927; *Großfeld*, Internationales und Europäisches Unternehmensrecht, 2. Auflage 1995; *Großfeld/Berndt*, Die Übertragung von deutschen GmbH-Anteilen im Ausland, RIW 1996, 625; *Huber*, Das Joint Venture im internationalen Privatrecht, Basel 1992; *Jayme*, Komplexe Langzeitverträge und Internationales Privatrecht – Ein Tagungsbericht –, IPRax 1987, 63; *Joussen*, Gesellschafterabsprachen neben Satzung und Gesellschaftsvertrag, 1995; *Juenger*, Parteiautonomie und objektive Anknüpfung im EG-Übereinkommen zum Internationalen Vertragsrecht: Eine Kritik aus amerikanischer Sicht, RabelsZ 46 (1982), 57; *Koppensteiner*, Internationale Unternehmen im deutschen Gesellschaftsrecht, 1971; *Kreuzer*, Know-how-Verträge im deutschen internationalen Privatrecht, in: Festschrift von Caemmerer, 1978, S. 705; *Langefeld-Wirth*, Praxis der internationalen Joint Ventures, in: Langefeld-Wirth, Joint Ventures im internationalen Wirtschaftsverkehr, 1990, S. 13; *Lüderitz*, Anknüpfung im Parteiinteresse, in: Festschrift Kegel, 1977, S. 31; *Mäsch*, Eine Lehrstunde aus Karlsruhe zum Internationalen Privatrecht (Besprechung von BGH, Urt. v. 21.09.1995 – VII ZR 248/94), NJW 1996, 1453; *Martinek*, Moderne Vertragstypen, Band 3: Computerverträge, Kreditkartenverträge sowie sonstige moderne Vertragstypen, 1993; *Merkt*, Investitionsschutz durch Stabilisierungsklauseln, 1990 (zit.: Investitionsschutz); *Overrath*, Stimmverträge im internationalen Privatrecht, ZGR 1974, 86; *von der Seipen*, Akzessorische Anknüpfung und engste Verbindung im Kollisionsrecht der komplexen Vertragsverhältnisse, 1989; *Sieger/Hasselbach*, Notarielle Beurkundung von Joint Venture Verträgen, NZG 1999, 485; *Terlau*, Das internationale Vertragsrecht der Gesellschaft bürgerlichen Rechts, 1999; *Vetter*, Kollisionsrechtliche Fragen bei grenzüberschreitenden Subunternehmerverträgen im Industrieanlagenbau, ZVglRWiss 87 (1988), 248; *Wagner*, Der Grundsatz der Rechtswahl und das mangels Rechtswahl anwendbare Recht (Rom I-Verordnung), IPRax 2008, 377; *Weitnauer*, Der Vertragsschwerpunkt: eine rechtsvergleichende Darstellung des amerikanischen und deutschen internationalen Vertragsrechts sowie des EG-Übereinkommens über das auf vertragliche Schuldverhältnisse anwendbare Recht vom 19.6.1980, 1981; *Zweigert/von Hoffmann*, Zur internationalen Joint Venture, in: Festschrift Luther, 1976, S. 203.

A. Einleitung

1 Die Bezeichnung Joint Venture umfasst im weitesten Sinne jede Zusammenarbeit von Personen, die einen wirtschaftlichen Zweck verfolgen. Bei der Zusammenarbeit in Form eines sog. **Equity Joint Venture** oder Gemeinschaftsunternehmens arbeiten Personen als Gesellschafter einer rechtlich selbständigen Gesellschaft zusammen.[1] Entstehen kann ein solches Joint Venture nicht nur durch Neugründung einer gemeinsamen Gesellschaft, sondern auch als **Ergebnis eines Unternehmenskaufs**. Letzteres geschieht bspw. dann, wenn der Käufer nicht sämtliche Anteile an der Zielgesellschaft erwirbt, sondern nur eine Mehrheit und damit zukünftig Verkäufer und Käufer beide Gesellschafter der Zielgesellschaft sind.[2] Gleiches gilt, wenn der Verkäufer zwar seine Anteile an der Zielgesellschaft vollständig veräußert, aber mehrere Personen als Käufer auftreten. Bei solchen Transaktionsstrukturen schließen die (alten und/oder neuen) Gesellschafter der **Zielgesellschaft** regelmäßig ergänzend zum Gesellschaftsvertrag dieser Gesellschaft eine schuldrechtliche Vereinbarung (**Joint Venture Vertrag, Beteiligungsvereinbarung, Gesellschaftervereinbarung**), welche ihre Zusammenarbeit für den Zeitraum nach dem Closing regelt. Daneben können die Parteien durch weitere Verträge (**Zusatzverträge**) mit Bezug zur Zielgesellschaft rechtlich miteinander verbunden sein, in denen sie

---

1) Im Gegensatz dazu arbeiten die Parteien bei einem Contractual Joint Venture lediglich durch einen einzigen Joint Venture Vertrag (auch Kooperationsvertrag) zusammen, ohne zusätzliche Beteiligungen an einer hiervon getrennten Gesellschaft zu halten. Die Rechtsbeziehungen der Parteien erschöpfen sich hier in dem Joint Venture Vertrag; s. näher dazu *Göthel*, Joint Ventures, S. 45 f.

2) Auch ein Asset Deal setzt nicht voraus, dass der Käufer sämtliche Vermögensgegenstände der Zielgesellschaft (und damit des Verkäufers) erwirbt. In diesem Fall wird allerdings das Vermögen der Zielgesellschaft rechtlich zwischen Käufer und Verkäufer aufgeteilt, sodass die Parteien nicht Gesellschafter einer gemeinsamen Gesellschaft werden.

C. Zielgesellschaft

bspw. Liefer- und Leistungsbeziehungen regeln.[3] Die Anknüpfung dieser verschiedenen Rechtsbeziehungen ist Gegenstand des vorliegenden Kapitels.[4]

B. Anknüpfung

Das Equity Joint Venture ist nicht Gegenstand von sachrechtlichem oder kollisionsrechtlichem Einheitsrecht. Das anwendbare Recht bestimmt sich daher über die **allgemeinen Regeln des Internationalen Privatrechts**. Allerdings gibt es weder im deutschen noch im europäischen Recht eine Kollisionsnorm speziell für Equity Joint Ventures. Daher ist für die Anknüpfung zwischen Zielgesellschaft, Joint Venture Vertrag und Zusatzverträgen zu unterscheiden. Hierbei ist zu beachten, dass diese Rechtsverhältnisse nicht beziehungslos nebeneinander stehen. Denn bestimmte vertragliche Absprachen sind gesellschaftsrechtlich einzuordnen und unterstehen damit dem Statut der Zielgesellschaft. Und selbst bei getrennter Anknüpfung ist zu berücksichtigen, dass die Rechtsverhältnisse einem rechtlich und wirtschaftlich *„größeren Ganzen"* angehören und sich gegenseitig bei der Bestimmung des anwendbaren Rechts beeinflussen.

2

C. Zielgesellschaft

Die Zielgesellschaft unterliegt regelmäßig den Regeln des **Internationalen Gesellschaftsrechts**. Dies gilt ohne weiteres, wenn sie als **Kapitalgesellschaft** zu qualifizieren ist (vgl. dazu oben § 6 Rz. 2). Für **Personengesellschaften** gelten diese Regeln ebenfalls, wenn sie eine **nach außen hervortretende Organisation** haben und am Rechtsverkehr teilnehmen.[5] In diesem Fall wird die Gesellschaft kollisionsrechtlich wie eine juristische Person behandelt. Nur wenn ausnahmsweise keine solche Organisation vorhanden ist, bestimmt sich das Statut nach den Regeln des Internationalen Schuldvertragsrechts[6] und damit nach der Rom I-Verordnung.[7]

3

---

3) *Langefeld-Wirth* in: Langefeld-Wirth, S. 13, 73 ff.
4) S. zum Ganzen auch *Göthel* in: Reithmann/Martiny, Rz. 4561 ff.
5) BGH, IPRspr. 1952/53 Nr. 20, 56; BGH, LM § 105 HGB, Nr. 7, 536; OLG Karlsruhe, NZG 2001, 748, 749; OLG Düsseldorf, IPRspr. 1987 Nr. 9; *Terlau*, S. 118 ff.; *Thorn* in: Palandt, Anh. z. Art. 12 EGBGB Rz. 22; vgl. auch *Ebke* in: FS BGH, S. 799, 813 ff.; näher zum Merkmal der Organisation *Göthel*, Joint Ventures, S. 68 ff.
6) BGH, IPRspr. 1952/53 Nr. 20, 56; BGH, LM § 105 HGB, Nr. 7, 536; OLG Karlsruhe, NZG 1998, 500; OLG Düsseldorf, IPRspr. 1987 Nr. 9; *Großfeld* in: Staudinger, IntGesR Rz. 746 und 772; *Magnus* in: Staudinger, Art. 28 EGBGB Rz. 626; *Kindler* in: MünchKomm-BGB, IntGesR Rz. 286 ff.; *Thorn* in: Palandt, Art. 1 Rom I-VO Rz. 12; ebenso das schweizerische Recht in Art. 150 IPRG; s. dazu *Vischer/Huber/Oser*, Rz. 628 ff.
7) *Göthel* in: Reithmann/Martiny, Rz. 4581; *Martiny* in: MünchKomm-BGB, Art. 1 Rom I-VO Rz. 66.

D. Joint Venture Vertrag (Gesellschaftervereinbarung)
I. Qualifikation
1. Inhalt und maßgebliches Statut

4   Ein typischer Joint Venture Vertrag (Beteiligungsvereinbarung, Gesellschaftervereinbarung) enthält eine Vielzahl von Regelungen, die sich nicht direkt auf die Zielgesellschaft beziehen, sondern nur das Verhältnis der Partner untereinander betreffen. Hierzu gehören bspw. Regelungen über die Konfliktbewältigung im Fall eines Deadlock, Kündigungsmöglichkeiten sowie Verkaufs- und Ankaufspflichten (Call- und Put-Optionen) der Gesellschafter bei Eintritt bestimmter Situationen, etwa eines Kontrollwechsels auf der Gesellschafterebene eines Partners oder einer Konfliktsituation. Gleichzeitig finden sich in einem Joint Venture Vertrag jedoch zahlreiche Absprachen mit direktem Bezug zur gemeinsamen Gesellschaft. Zu denken ist an Abreden über die Besetzung und Abberufung ihrer Organe, ihre Kapitalstruktur, die Arbeitsweise der Geschäftsführungs- und Kontrollorgane, die Personalpolitik, das Rechnungs- und Berichtswesen oder Stimmrechtsbindungen. Für solche Vertragspunkte fragt sich, ob sie zwingend dem Statut der Zielgesellschaft unterliegen, weil diesem Statut aufgrund der Einheitslehre regelmäßig alle gesellschaftsrechtlichen Fragen unterfallen (siehe oben § 6 Rz. 62).

5   Für die Anknüpfung von Joint Venture Verträgen (Gesellschaftervereinbarungen) ist daher nach deren **Inhalt** zu unterscheiden. Maßgeblich ist, ob sich die Vereinbarung auf die **Stellung als Gesellschafter** oder allgemein auf die **Struktur der Gesellschaft** auswirkt. Kann man dies verneinen, ist das anwendbare Recht selbständig zu bestimmen. Die Abrede unterliegt damit insoweit einem eigenen Statut. Greift sie hingegen in die Struktur der Gesellschaft ein, unterliegt sie insoweit zwingend deren Statut. Denn an solchen Abreden hat das Gesellschaftsstatut ein anerkanntes Interesse.[8] Der BGH hat hierzu vor Inkrafttreten der Rom I-Verordnung ausgeführt:

> „Sollte die Vereinbarung der Parteien als internationaler Schuldvertrag zu qualifizieren sein, ist nach den bisherigen Feststellungen des Berufungsgerichts das türkische materielle Schuldrecht berufen. ... Falls die erneute Verhandlung ergeben sollte, dass die Vereinbarung der Parteien gesellschaftsrechtlich zu qualifizieren ist, bestimmt sich das anwendbare Recht gem. Art. 37 Nr. 2 EGBGB grundsätzlich nicht nach dem internationalen Schuldvertragsrecht der Art. 27 ff. EGBGB, sondern nach dem internationalen Gesellschaftsrecht. ... Soweit Gesellschafter schuldrechtliche Vereinbarungen treffen, die nicht in die Struktur der Gesellschaft eingreifen, ist bei fehlender Rechtswahl für diese Vereinbarung das maßgebliche Recht nach Art. 28 EGBGB zu bestimmen."[9]

Diese Abgrenzung gilt auch unter der Rom I-Verordnung.

---

8) Einhellige Auffassung: *Großfeld/Berndt*, RIW 1996, 625, 628; *Ebke*, IPRax 1983, 18, 21 f.; *Ebenroth*, JZ 1988, 18, 26; *Mäsch*, NJW 1996, 1453, 1455; *Großfeld*, Internationales und Europäisches Unternehmensrecht, S. 42; *Magnus* in: Staudinger, Art. 37 EGBGB Rz. 55.
9) BGH, RIW 1995, 1027, 1028 = NJW 1996, 54, 55.

D. Joint Venture Vertrag (Gesellschaftervereinbarung)

a) **Gesellschaftsstatut**

Die **Gesellschafterstellung** wird etwa verändert, wenn ein Gesellschafter 6 Sonderrechte (z. B. Informations- oder Einflussrechte) erhält, die ihm nach dem anwendbaren Recht der Zielgesellschaft nicht zustehen oder nicht zugelassen sind. Zu denken ist an Absprachen, in denen ein Mehrheitsgesellschafter sich verpflichtet, nach den Weisungen eines Minderheitsgesellschafters zu handeln. Gleiches gilt, wenn dem Minderheitsgesellschafter Sperrminoritäten oder Vetorechte eingeräumt sind.[10]

Die Gesellschafterstellung und die **Struktur der Gesellschaft** sind ebenfalls betroffen, wenn Zuständigkeiten der Gesellschafter oder Organe verschoben werden. Für das deutsche Recht ist das etwa der Fall, wenn bei einer Aktiengesellschaft nicht der Vorstand gewisse Entscheidungen über die Geschäftsführung trifft, sondern die Gesellschafter direkt entscheiden. Denn dies ist gemäß den §§ 76 Abs. 1, 119 Abs. 2 AktG grundsätzlich nicht vorgesehen.[11] Zu demselben Ergebnis wird man kommen, wenn gesetzlich nicht vorgesehene Gremien geschaffen werden (bspw. *„Gesellschafterausschüsse", „Lenkungsausschüsse"* oder *„Aktionärsausschüsse"*) oder Außenstehenden (Nichtgesellschaftern) gewisse Kompetenzen eingeräumt werden. Letzteres ist etwa der Fall, wenn die Joint Venture Partner als Gesellschafter vorsehen, ein Schiedsrichter solle anstelle eines Gesellschafterbeschlusses entscheiden, falls sie sich nicht einigen können.[12]

Nach h. A. unterfallen **Stimmbindungsverträge** dem Gesellschaftsstatut.[13] 8 Denn die Willensbildung der Gesellschaft gehört zum *„Kernbereich ihrer inneren Organisation"*.[14] Ein Stimmbindungsvertrag beeinflusst gerade die Willensbildung und greift somit in die Struktur der Gesellschaft ein.[15] Teilweise misst man ihm sogar quasi-statutarische Wirkung bei.[16] Zudem belegt aus deutscher Sicht etwa die Schutzvorschrift des § 136 Abs. 2 AktG das be-

---

10) Vgl. *Joussen,* S. 12.
11) Zu den Ausnahmen BGHZ 83, 122, 130 ff., *Holzmüller;* BGHZ 159, 30 und BGH, ZIP 2004, 993, *Gelatine*-Entscheidungen; hierzu *Fleischer,* NJW 2004, 2335; *Goette,* DStR 2004, 927; zur fehlenden Zustimmungskompetenz der Anteilseigner bei einer Beteiligungsveräußerung s. BGH, ZIP 2007, 24 (m. Anm. *von Falkenhausen*).
12) Vgl. *Joussen,* S. 13 f.
13) *Overrath,* ZGR 1974, 86, 91 ff.; *Braun,* S. 120 f.; *Großfeld* in: Staudinger, IntGesR Rz. 346; *Kindler* in: MünchKomm-BGB, IntGesR Rz. 615; *Lüderitz* in: Soergel, Art. 10 EGBGB Anh. Rz. 42; *Jasper/Wollbrink* in: MünchHdb-GesR, Bd. 3, § 75 Rz. 41; anders RGZ 161, 296, 298.
14) *Koppensteiner,* S. 152.
15) *Wiedemann,* Gesellschaftsrecht, Bd. 1, § 14 Abs. 4, S. 816; *Zöllner* in: KölnKomm-AktG, § 136 AktG Rz. 118.
16) *Kindler* in: MünchKomm-BGB, IntGesR Rz. 615.

rechtigte Interesse des Gesellschaftsstatuts an Stimmverträgen.[17] **Haftungsvereinbarungen** unterliegen gleichfalls dem Gesellschaftsstatut.[18]

b) Eigenes Statut

9 Alle Abreden im Joint Venture Vertrag, die nicht die Gesellschafterstellung oder Gesellschaftsstruktur betreffen, unterliegen einem eigenständigen Statut. Dies gilt bspw. für **Wettbewerbsabreden**,[19] **Schiedsverträge**,[20] **Ausgleichsvereinbarungen**,[21] **Veräußerungsbeschränkungen**,[22] **Dividendenzusagen**[23] und Vereinbarungen über **Vorkaufsrechte**.[24]

2. Vertragsstatut oder Gesellschaftsstatut

10 Soweit der Joint Venture Vertrag oder Teile davon nicht automatisch dem Gesellschaftsstatut der Zielgesellschaft, sondern einem eigenen Statut unterliegen, stellt sich die weitere Frage, ob die Anknüpfung den Kollisionsregeln des Schuldrechts oder des Gesellschaftsrechts folgt.

a) Gesellschaftsvertrag

11 Ein Joint Venture Vertrag ist regelmäßig als Gesellschaftsvertrag einer **Personenvereinigung** zu qualifizieren. Das wird einhellig vertreten[25] und entspricht der Rechtspraxis. Auch ist man sich darüber einig, dass aus deutscher Sicht regelmäßig eine Gesellschaft bürgerlichen Rechts in Form einer Innengesellschaft vorliegt.[26] Es können aber auch die Voraussetzungen einer offenen Handelsgesellschaft oder anderen Rechtsform erfüllt sein.[27]

12 Für diese Einordnung spricht, dass die Partner den gemeinsamen Zweck verfolgen, die Zielgesellschaft zu organisieren und zu steuern.[28] Dies erfüllt die

---

17) *Großfeld* in: Staudinger, IntGesR Rz. 346. Streitig ist, ob dem Gesellschaftsstatut auch die Folgen eines Bruchs der Abreden unterliegen, dafür *Wiedemann*, Gesellschaftsrecht, Bd. 1, § 14 Abs. 4, S. 816; *Großfeld* in: Staudinger, IntGesR Rz. 346; *Kindler* in: MünchKomm-BGB, IntGesR Rz. 615; dagegen *Zöllner* in: KölnKomm-AktG, § 136 AktG Rz. 118.
18) *Kindler* in: MünchKomm-BGB, IntGesR Rz. 615.
19) *Kindler* in: MünchKomm-BGB, IntGesR Rz. 615; *Jasper/Wollbrink* in: MünchHdb-GesR, Bd. 3, § 75 Rz. 43.
20) Vgl. LG Hamburg, IPRspr. 1977 Nr. 6, 20 f. = RIW/AWD 1978, 124 f.
21) BGH, IPRspr. 1986 Nr. 130, 311.
22) IPG 1976, Nr. 6, 29, 39.
23) BGH, WM 1996, 1467.
24) IPG 1976, Nr. 6, 29, 39.
25) *Zweigert/v. Hoffmann* in: FS Luther, S. 203, 206; *Braun*, S. 29 ff.; *Assmann* in: Großkomm-AktG, Einl. Rz. 646.
26) *Ebenroth*, JZ 1987, 265, 266; *Martinek*, § 25 II, S. 226; *Großfeld* in: Staudinger, IntGesR Rz. 774 mit Verweis auf Rz. 772.
27) Vgl. *Assmann* in: Großkomm-AktG, Einl. Rz. 646.
28) *Göthel*, Joint Ventures, S. 49 ff.

D. Joint Venture Vertrag (Gesellschaftervereinbarung)

Merkmale eines Gesellschaftsvertrags i. S. d. § 705 BGB. Soweit die Partner nicht bereits mit dem Joint Venture Vertrag eine eigene Rechtspersönlichkeit schaffen, entsteht eine Personenvereinigung. Zwar verpflichtet der Joint Venture Vertrag die Partner regelmäßig dazu, bestimmte Leistungen zu erbringen, wie die Einlage von Geld, Sachen, gewerblichen Schutzrechten oder Know-how. Dennoch ist er **kein Austauschvertrag**. Denn die Leistungen sind dem gemeinschaftlichen Zweck untergeordnet. Nicht sie charakterisieren den Vertrag, sondern allein der gemeinsame Zweck tut dies. Daher liegt auch dann kein Austauschverhältnis vor, wenn ein Partner nur einen finanziellen Beitrag leistet, die anderen Partner hingegen Sacheinlagen bewirken. Denn der finanzielle Beitrag erfolgt nicht der anderen Leistungen wegen. Vielmehr leisten alle Beteiligten, um den gemeinsamen Zweck zu fördern.

b) Organisation

Für die Anknüpfung des Joint Venture Vertrags ist wie vor Geltung der Rom I-Verordnung ausschlaggebend, ob die Partner eine nach außen erkennbare Organisation geschaffen haben und die Gesellschaft am Rechtsverkehr teilnimmt (siehe oben Rz. 3).[29] Der Einzelfall muss entscheiden, ob dies zu bejahen ist. Regelmäßig dürfte aber keine solche Organisation vorliegen. Auf die Zielgesellschaft kann man nicht abstellen. Sie ist nur Instrument des Joint Venture Vertrags. Denn sie steuert diesen Vertrag nicht, sondern umgekehrt: der Joint Venture Vertrag steuert die Zielgesellschaft.[30]   13

Sollte ausnahmsweise eine **Organisation** vorliegen, unterliegt der Joint Venture Vertrag den Regeln des **Internationalen Gesellschaftsrechts** (siehe hierzu oben § 6 Rz. 1 ff.). **Fehlt** eine **Organisation**, bestimmt sich das Statut nach den folgenden Regeln der **Rom I-Verordnung**.[31]   14

II. Rechtswahl

Wie beim Unternehmenskaufvertrag dürfen die Joint Venture Partner das anwendbare Recht gemäß Art. 3 Abs. 1 Rom I-VO frei wählen. Es gelten die bereits dargestellten Anknüpfungsregeln (siehe oben § 4 Rz. 50 ff.).[32]   15

---

29) Im schweizerischen Recht ist die Rechtslage ebenso, s. Art. 150 IPRG und dazu *Vischer/Huber/Oser*, Rz. 710 f.
30) Vgl. *Huber*, S. 62. In diesem Fall kann aber bereits eine offene Handelsgesellschaft vorliegen. S. für ein Beispiel des Vorliegens einer Organisation *Göthel* in: Reithmann/Martiny, Rz. 4603.
31) Die Unterscheidung findet sich auch im Referentenentwurf des Bundesministeriums der Justiz für ein „Gesetz zum Internationalen Privatrecht der Gesellschaften, Vereine und juristischen Personen", S. 9 (vgl. zum Entwurf oben § 6 Rz. 7).
32) S. speziell zum Joint Venture Vertrag *Göthel* in: Reithmann/Martiny, Rz. 4611 ff.

III. Fehlende Rechtswahl

16 Fehlt eine wirksame Rechtswahl, bestimmt sich das anwendbare Recht nach Art. 4 Rom I-VO (siehe zu den Anknüpfungsgrundsätzen oben § 4 Rz. 111 ff.).

1. Besondere Vertragsarten und charakteristische Leistung

17 Ein Joint Venture Vertrag lässt sich **keinem** der in Art. 4 Abs. 1 Rom I-VO genannten Vertragsarten zuweisen. Es ist zwar denkbar, dass ein oder mehrere Bestandteile des Joint Venture Vertrags durch einen der genannten Vertragstypen abgedeckt sind, also bspw. ein Joint Venture Vertrag Elemente eines Kauf- und Dienstvertrags enthält. Dies lässt jedoch seine Einordnung als Gesellschaftsvertrag (siehe oben Rz. 11 f.) unberührt, bei dem im Vordergrund der den Vertrag kennzeichnende Zweck steht, gemeinsam die Zielgesellschaft zu organisieren und zu lenken.

18 Ein Joint Venture Vertrag enthält auch **keine charakteristische Leistung** i. S. d. Art. 4 Abs. 2 Rom I-VO.[33] Charakteristische Leistung ist regelmäßig *„die Leistung, für die die Zahlung geschuldet wird".*[34] Eine solche Leistung lässt sich beim Joint Venture Vertrag nicht ausmachen, weil nicht die einzelnen Leistungen der Partner im Vordergrund stehen, sondern die Zweckgemeinschaft, die darauf gerichtet ist, die Zielgesellschaft gemeinsam zu organisieren und zu steuern. Die einzelnen Leistungen der Partner sind dem Element der Zusammenarbeit untergeordnet.[35]

2. Engste Verbindung

19 Das anwendbare Recht des Joint Venture Vertrags ist damit über Art. 4 Abs. 4 Rom I-VO zu suchen.[36] Die Vorschrift gibt dem Rechtsanwender keine Kriterien für die engste Verbindung an die Hand. Nach allgemeiner Ansicht sind alle Umstände des Einzelfalls heranzuziehen, die auf eine bestimmte Rechtsordnung hinweisen. Es ist der **Schwerpunkt des Vertrags** zu er-

---

33) *Martiny* in: MünchKomm-BGB, Art. 4 Rom I-VO Rz. 307; vgl. zum früheren Recht OLG Frankfurt a. M., RIW 1998, 807, 808; OLG Hamburg, NJW-RR 2001, 1012, 1013 f. (für die Gesellschaft bürgerlichen Rechts); *Göthel,* Joint Ventures, S. 91 ff.; *Juenger,* RabelsZ 46 (1982), 57, 78; *Zweigert/von Hoffmann* in: FS Luther, S. 203, 208; *Braun,* S. 47 f.; *Großfeld* in: Staudinger, IntGesR Rz. 775; *Magnus* in: Staudinger, Art. 28 EGBGB Rz. 634.

34) So schon zum früheren Recht *Giuliano/Lagarde,* BT-Drucks. 10/503, S. 33, 52; s. a. *Wagner,* IPRax 2008, 377, 381.

35) Näher dazu *Göthel* in: Reithmann/Martiny, Rz. 4623 f.; *Göthel,* Joint Ventures, S. 92 f.; *von Hoffmann* in: Soergel, Art. 28 EGBGB Rz. 283. Dies gilt unabhängig davon, ob die Partner nur Sacheinlagen oder Sach- und Geldeinlagen leisten.

36) Ebenso *Martiny* in: MünchKomm-BGB, Art. 4 Rom I-VO Rz. 307; s. insgesamt dazu auch *Göthel* in: Reithmann/Martiny, Rz. 4625 ff.

D. Joint Venture Vertrag (Gesellschaftervereinbarung)

mitteln.[37] Deuten alle Hinweise auf ein Recht, ist der Vertrag hiermit offensichtlich am engsten verbunden. Wenn sich die Bezüge aber widersprechen, sind sie zu bewerten und gegeneinander abzuwägen. Hierbei ist zu beachten, dass die Anhaltspunkte unterschiedlich wiegen können: einige stark, andere schwach.[38] Ferner sind die Parteiinteressen zu erforschen und abzuwägen.[39] Gemeint sind allein kollisionsrechtliche, nicht materiellrechtliche Interessen. Das sind die Interessen der Beteiligten an einer bestimmten Rechtsordnung ohne Rücksicht auf deren Inhalt.[40]

Im Vordergrund stehen immer die Eigenart des jeweiligen Sachverhalts und der zugrunde liegende Vertragstyp. Sie entscheiden, wie schwer die einzelnen Hinweise und Parteiinteressen wiegen.[41] Daher lassen sich zwar allgemein Anhaltspunkte nennen, die für den Vertragstyp Joint Venture zu beachten sind. Es gibt jedoch **keine Rangliste**, die für jeden Fall gilt und mit dem stärksten Hinweis auf der obersten und dem schwächsten Hinweis auf der untersten Stufe aufwartet. Jeder Richter ist sein eigener *„Waagemeister"*. 20

a) **Zielgesellschaft**

Der Joint Venture Vertrag regelt nicht allein die Rechtsbeziehungen der Partner. Denn Gleiches gilt für das Statut der Zielgesellschaft. Daher wird den Parteien oft daran gelegen sein, das anwendbare Recht nicht zu zerreißen, sondern nur ein einziges Recht auf alle Beziehungen anzuwenden. Das führt vorrangig zum Recht der Zielgesellschaft. Deren Recht ist regelmäßig der **stärkste Hinweis**. Er ist der *„übereinstimmende Bezugspunkt des erstrebten Rechtsverhältnisses"*.[42] Es ist nämlich davon auszugehen, dass die Partner nur selten eine Statutenspaltung wollen, die zu einer unterschiedlichen Anknüpfung der inneren und äußeren Rechtsverhältnisse führt. 21

Sicher ist diese Anknüpfung aber nicht. Denn es kann die Interessen der Partner maßgeblich beeinflussen, ob das Recht der Zielgesellschaft einem kulturell fernen oder verwandten Land zuzuordnen ist. Entscheidend ist auch, 22

---

37) *Martiny* in: MünchKomm-BGB, Art. 4 Rom I-VO Rz. 268; *Thorn* in: Palandt, Art. 4 Rom I-VO Rz. 30; vgl. zum früheren Recht BGHZ 19, 110, 112 f. = NJW 1956, 377.
38) *Martiny* in: MünchKomm-BGB, Art. 4 Rom I-VO Rz. 269; vgl. zum früheren Recht *v. Hoffmann* in: Soergel, Art. 28 EGBGB Rz. 127 f.; *Martiny* in: MünchKomm-BGB, Art. 28 EGBGB Rz. 7 und 87.
39) *Martiny* in: MünchKomm-BGB, Art. 4 Rom I-VO Rz. 274 f.; vgl. zum früheren Recht BGH, VersR 1976, 832, 833 ff.; *Hohloch* in: Erman, Art. 28 EGBGB Rz. 11.
40) *Martiny* in: MünchKomm-BGB, Art. 4 Rom I-VO Rz. 274 f.; näher dazu zum früheren Recht *Weitnauer*, S. 160 f.
41) *Martiny* in: MünchKomm-BGB, Art. 4 Rom I-VO Rz. 275; vgl. zum früheren Recht BGHZ 19, 110, 112 f. = NJW 1956, 377.
42) So etwa *Kindler* in: MünchKomm-BGB, IntGesR Rz. 801; ebenso BGH, ZIP 1986, 838.

§ 14 Internationales Privatrecht des Joint Venture

ob es ein Drittland ist oder das Heimatland zumindest eines Partners. Daher ist nach dem Statut der Zielgesellschaft zu unterscheiden.

23 Unterliegt die **Zielgesellschaft** dem Recht eines **kulturell fernen Drittlandes** (aus deutscher Sicht möglicherweise im Fall des Rechts eines Entwicklungs- oder Schwellenlandes gegeben), ist den Partnern das dortige Recht oft fremd. Sie werden daher lieber ihr Heimatrecht wollen. Denn dieses *„Recht wird gelebt, ihm vertraut man, ihm will man im Guten und Bösen folgen"*.[43] Dieser Wille wiegt stark, wenn die Parteien aus demselben Land stammen. In diesem Fall kennen sie alle dasselbe Recht, es ist ihnen zumindest leicht zugänglich.[44] Daher spricht einiges dagegen, an das Recht der Zielgesellschaft anzuknüpfen.[45]

24 Die Lage ist ähnlich, wenn die Partner aus unterschiedlichen Ländern stammen. *Zweigert/von Hoffmann* meinen:

> „Wenn jedoch zwei Partner aus verschiedenen Staaten ein Gemeinschaftsunternehmen in einem dritten Staat gründen, so wird nur eine Art ‚Mut der Verzweiflung' dazu führen können, der an sich schwachen, aber immerhin gemeinsamen Verknüpfung zum Sitz des Gemeinschaftsunternehmens den Ausschlag geben zu lassen".[46]

25 Dem kann man zwar entgegenhalten, das Recht der Zielgesellschaft verbinde die Beteiligten miteinander. Somit wiege dieser Hinweis stark.[47] Jedoch ist zu bedenken, dass die Partner dieses Recht oft nicht kennen und es daher selten wünschen werden. Insofern sind andere Bezüge aufzuspüren. Vorrangig ist ein Aktivitätszentrum des Joint Venture Vertrags zu suchen (siehe unten Rz. 29 f.). Lässt sich ein solches nicht finden, ist auf andere Hinweise zurückzugreifen (siehe unten Rz. 31 ff.). *„Verzweifelt man"*, weil auch diese Kriterien nicht weiterhelfen, mag man *„mutig"* sein und das Recht der Zielgesellschaft anwenden. Dies kann aber nicht gelten, wenn die Partner dieses Recht erkennbar nicht wollen. Dann müssen andere Hinweise den Weg zum Vertragsstatut bahnen.

26 Unterfällt die **Zielgesellschaft** dem Recht eines **kulturell verwandten Drittlandes**, möglicherweise sogar dem eines Nachbarlandes (Beispiel: zwei deutsche Unternehmen sind an einer Gesellschaft in Frankreich beteiligt), ist den Partnern dieses Recht oft vertraut. Auch mögen sie eher mit diesem Recht

---

43) *Kegel*, § 2 Abs. 2, S. 108.
44) Vgl. allgemein zur Berücksichtigung dieses Interesses im IPR *Lüderitz* in: FS Kegel, S. 31, 36; *Kegel/Schurig*, § 2 II, S. 144.
45) *Göthel*, Joint Ventures, S. 97; vgl. auch *Braun*, S. 50; *Großfeld* in: Staudinger, IntGesR Rz. 775.
46) *Zweigert/von Hoffmann* in: FS Luther, S. 203, 208 f.
47) Daher wohl für das Recht des Gastlandes *Kindler* in: MünchKomm-BGB, IntGesR Rz. 801.

D. Joint Venture Vertrag (Gesellschaftervereinbarung)

rechnen und sich darauf einrichten.[48] Der Parteiwille spricht daher nicht von vornherein gegen dieses Recht. Stammen die Partner jedoch aus demselben Land, besteht auch ein starker Hinweis zum gemeinsamen Heimatrecht.[49] Denn die Partner wollen oft das Recht, das sie umgibt und ihnen bekannt ist. Daher streiten bei dieser Fallgestaltung zwei Bezugspunkte miteinander. Keiner überwiegt von vornherein. Das Recht der Zielgesellschaft kann siegen, wenn die Partner am Ort dieses Rechts überwiegend tätig sind.[50] Liegt aber das Aktivitätszentrum im Heimatland der Joint Venture Partner, spricht dieser Hinweis für das dortige Recht. Jedoch kann es sein, dass die Parteien nur ein Recht für ihre gesamten Rechtsbeziehungen wollen. Das spricht wiederum für das Recht der Zielgesellschaft.

Unterliegt die Zielgesellschaft dem Recht eines kulturell verwandten Dritt- 27 landes und stammen die Beteiligten aus unterschiedlichen Ländern, spricht einiges für das Recht der Zielgesellschaft. Denn dieses Recht verbindet die Beteiligten.[51] Das Recht ist ihnen kulturell vertraut.[52] Auch liegt es nahe, dass die Partner dieses Recht erwarten.[53] Zudem wollen sie oft ein Recht für ihre Beziehungen zueinander.[54] Allerdings muss man auf andere Hinweise zurückgreifen, wenn die Partner dieses Recht erkennbar nicht wollen.

Unterfällt die Zielgesellschaft nicht dem Recht eines Drittlandes, stammt also 28 **ein Partner aus dem Land dieses Rechts**, besteht ein starker Hinweis zu diesem Recht.[55] Dies gilt zumindest dann, wenn nur zwei Partner an dem Joint Venture beteiligt sind.[56] Allerdings können im Einzelfall stärkere Hinweise zu einem anderen Recht führen. Angenommen, der einheimische Partner ist nur beteiligt, weil es die Investitionsgesetze des Gastlandes, dessen Recht die Zielgesellschaft unterliegt, vorschreiben, und die Parteien haben vereinbart, der ausländische, also der andere Partner, solle die maßgeblichen Entscheidungen treffen. In diesem Fall hat die ausländische Partei eine überragende Stellung innerhalb des Joint Venture. Daher spricht einiges dafür, dass der Joint Venture Vertrag am engsten mit ihrem Heimatrecht verbunden ist (siehe unten Rz. 32). Zudem wird diese Partei meistens in ihrem Heimatland entscheiden, sodass dort zusätzlich das Aktivitätszentrum des Joint Venture Vertrags liegen wird.

---

48) Vgl. BGH, WM 1960, 1360, 1361 = AWD 1960, 329 = NJW 1961, 25.
49) Vorrangig für dieses Recht *von Hoffmann* in: Soergel, Art. 28 EGBGB Rz. 283.
50) Vgl. *von Hoffmann* in: Soergel, Art. 28 EGBGB Rz. 283.
51) Daher für dieses Recht *Kindler* in: MünchKomm-BGB, IntGesR Rz. 801; ebenso *Braun*, S. 47 f.
52) Daher tendiert zu diesem Recht *Großfeld* in: Staudinger, IntGesR Rz. 775.
53) Vgl. BGH, WM 1960, 1360, 1361 = AWD 1960, 329 = NJW 1961, 25.
54) Vgl. *Kindler* in: MünchKomm-BGB, IntGesR Rz. 614; *Großfeld* in: Staudinger, IntGesR Rz. 345.
55) *Göthel*, RIW 1999, 566, 573; ebenso *Braun*, S. 52.
56) Vgl. *von Hoffmann* in: Soergel, Art. 28 EGBGB Rz. 283.

§ 14 Internationales Privatrecht des Joint Venture

b) Aktivitätszentrum

29 Ein weiterer wichtiger Hinweis ist der Ort, an dem die Partner den Gesellschaftszweck des Joint Venture Vertrags hauptsächlich verfolgen. Denn dieses Aktivitätszentrum ist das wichtigste Kriterium bei „*einfachen*" Gesellschaftsverträgen nichtrechtsfähiger Personenvereinigungen.[57] Daher spielt es auch beim Joint Venture Vertrag eine oder sogar die entscheidende Rolle, wenn die Zielgesellschaft ein schwacher Hinweis ist.

30 Das Aktivitätszentrum wird regelmäßig an dem **Ort** liegen, **von dem aus die Partner die Zielgesellschaft steuern.** Das kann der Ort der regelmäßigen Zusammenkünfte sein. Sind die Gesellschafter jedoch hauptsächlich in einem fernen Drittland tätig, liegt also dort das Aktivitätszentrum der Gesellschaft, dann wünschen sie selten dessen Recht als Vertragsstatut. Denn die Normen sind ihnen regelmäßig fremd.[58] Hier müssen zusätzliche Hinweise weiterhelfen. Ähnliches gilt, wenn sich kein Aktivitätszentrum ausmachen lässt, etwa weil die Gesellschafter gleichmäßig verteilt über mehrere Länder aktiv sind. In diesen Fällen können ein gemeinsamer gewöhnlicher Aufenthaltsort oder Hauptniederlassungen in demselben Staat weiterhelfen. Entscheiden kann auch der gewöhnliche Aufenthaltsort der Partei, welche die überwiegende Leistung erbringt oder die Geschäftsführung übernommen hat.[59] Ausschlaggebend kann ebenso der Ort sein, an dem das Gesellschaftsvermögen belegen ist. Schließlich können sich Hinweise ergeben aus den persönlichen Verhältnissen der Beteiligten oder den Umständen des Vertragsschlusses.[60]

c) Sonstige Hinweise

31 Haben die Partner ihren **Sitz in demselben Land,** ist dies ein starker Hinweis auf das dortige Recht. Oft wünschen sie dieses Recht, da es ihnen vertraut ist und auch sonst regelmäßig ihre Rechtsbeziehungen regelt. Zudem können sie sich darüber am ehesten und kostengünstigsten informieren. Ausschlaggebend kann ebenso sein, dass sie dieses Recht erwartet haben.[61]

32 Eine unterschiedliche Stellung der Beteiligten im Joint Venture kann ebenfalls ein Hinweis auf das anwendbare Recht sein. Er führt zum Recht des Partners, der die **überragende Stellung** hat. Denkbar ist, dass ein Partner die herausragende Leistung erbringt. Dies mag bspw. Technologie sein, ohne die das

---

57) *Großfeld* in: Staudinger, IntGesR Rz. 773; ähnlich *Magnus* in: Staudinger, Art. 28 EGBGB Rz. 629; vorrangig für dieses Anknüpfungsmerkmal im schweizerischen Recht *Vischer/Huber/Oser,* Rz. 712.
58) So *von Hoffmann* in: Soergel, Art. 37 EGBGB Rz. 49, wenn die Gesellschafter ihren gewöhnlichen Aufenthaltsort nicht in dem Staat haben, in dem sie den Gesellschaftszweck verfolgen.
59) *von Hoffmann* in: Soergel, Art. 37 EGBGB Rz. 49.
60) *Ferid* in: FS Hueck, S. 343, 349; *Grasmann,* Rz. 1144.
61) Vgl. BGH, WM 1960, 1360, 1361 = AWD 1960, 329 = NJW 1961, 25.

D. Joint Venture Vertrag (Gesellschaftervereinbarung)

Joint Venture nicht bestehen könnte. Diese Leistung kann man heranziehen, wenn sich sonst kein Schwerpunkt des Vertrags finden lässt.[62] Die überragende Stellung eines Partners kann sich auch aus einer Mehrheitsbeteiligung ergeben. Diese Position kann sich verstärken, wenn der Partner zudem die wesentlichen Entscheidungen überwiegend allein treffen kann, weil der Joint Venture Vertrag bspw. Alleinentscheidungsrechte oder kaum qualifizierte Mehrheitsentscheidungen vorsieht. Gleiches gilt, wenn der Partner die Geschäftsleiter der Zielgesellschaft stellt und im Joint Venture Vertrag kaum qualifizierte Zustimmungsvorbehalte für diese vorgesehen sind.

Als weitere allgemeine Hinweise sind zu nennen der **Erfüllungs-** und **Abschlussort** des Vertrags, die Mitwirkung einer **amtlichen Stelle**, die **Vertragssprache** und die vereinbarte **Währung**.[63] Zudem kann die **Beteiligung eines Staats** am Joint Venture auf dessen Recht hinweisen.[64]   33

d) Kumulation von Sachnormen

In der Literatur hat man vor Inkrafttreten der Rom I-Verordnung teilweise vorgeschlagen, die Sachnormen kumulativ den Rechtsordnungen der Partner zu entnehmen. Dieser Weg sollte ein *„Notanker"* sein, wenn sich nicht über Art. 28 Abs. 1 EGBGB a. F. feststellen ließ, mit welchem Recht der Joint Venture Vertrag am engsten verbunden ist. Etwaige Wertungswidersprüche sollten angepasst werden.[65]   34

Dieser Weg war und ist jedoch für einen staatlichen Richter **nicht gangbar**. Die Rom I-Verordnung kennt keinen Vertrag ohne Statut und keinen Vertrag, der nicht mit einer Rechtsordnung am engsten verbunden ist. Art. 4 Abs. 4 Rom I-VO zwingt den Richter festzustellen, wo die Vereinbarung ihren Schwerpunkt hat. Dies gilt auch dann, wenn sie mit mehreren Rechtsordnungen annähernd gleich eng verbunden ist.[66] Einen weiteren subsidiären Anknüpfungs-   35

---

62) Vgl. *von Hoffmann* in: Soergel, Art. 37 EGBGB Rz. 49. Das ist nicht zu verwechseln mit einer Einordnung als charakteristische Leistung. Sähe man den Technologietransfer als charakteristische Leistung, würde Art. 4 Abs. 2 Rom I-VO direkt zum Recht des leistenden Partners führen. Auf eine Abwägung verschiedener Hinweise kommt es nicht mehr an (Ausnahme Art. 4 Abs. 3 Rom I-VO). Im Rahmen des Art. 4 Abs. 4 Rom I-VO ist der Technologietransfer nur ein – zudem subsidiärer – Hinweis auf das anwendbare Recht. Er kann daher nie allein zum Vertragsstatut führen; hierzu sind alle Hinweise zu bewerten und abzuwägen.
63) Ausführlich zu den einzelnen Kriterien *Martiny* in: Reithmann/Martiny, Rz. 196 ff.; vgl. auch *Martiny* in: MünchKomm-BGB, Art. 4 Rom I-VO Rz. 284 ff.
64) Näher dazu *Göthel*, Joint Ventures, S. 101 ff.; vgl. auch *Martiny* in: MünchKomm-BGB, Art. 4 Rom I-VO Rz. 296.
65) *Großfeld* in: Staudinger, IntGesR Rz. 776; *Zweigert/von Hoffmann* in: FS Luther, S. 203, 209; gegen die Kumulation von Rechtsordnungen *Magnus* in: Staudinger, Art. 28 EGBGB Rz. 635; *Kindler* in: MünchKomm-BGB, IntGesR Rz. 801.
66) Ebenso *Martiny* in: Reithmann/Martiny, Rz. 186; vgl. zum früheren Recht *Spellenberg* in: MünchKomm-BGB, Vor Art. 11 EGBGB Rz. 29.

punkt gibt es nicht. Nur für einen Schiedsrichter bietet sich dieser Weg als „*Notanker*" an.[67]

IV. Reichweite

36 Die gewählte oder objektiv bestimmte *lex causae* erfasst grundsätzlich den gesamten Joint Venture Vertrag.[68] Sie beherrscht ihn „*von der Wiege bis zum Grabe*".[69] Nur seine Form (dazu sogleich Rz. 37 f.) und die Geschäftsfähigkeit der Joint Venture Partner knüpft man gesondert an.[70] Im Übrigen sind vorrangige Regelungen des Gesellschaftsstatuts zu beachten (siehe oben Rz. 6 ff.).

V. Form

37 Formfragen unterliegen – wie auch bei anderen Rechtsgeschäften – dem sog. **Formstatut**. Das Formstatut ermittelt sich für Verpflichtungsgeschäfte nach Art. 11 Rom I-VO. Maßgeblich ist das auf den Vertrag anwendbare Recht (Vertragsform, **Vertragsstatut**, Wirkungsstatut) oder alternativ das Ortsrecht, d. h. das Recht am Ort des Vertragsschlusses (Ortsform, **Ortsstatut**) (Art. 11 Abs. 1 Rom I-VO). Bei einem **Distanzvertrag** (Parteien sind bei Abschluss in verschiedenen Staaten) gelten neben dem Vertragsstatut alternativ die Rechte eines jeden Staats, in dem sich eine der Vertragsparteien oder ihr Vertreter zum Zeitpunkt des Vertragsschlusses aufhält (Ortsstatut) oder eine der Vertragsparteien ihren gewöhnlichen Aufenthalt hat (Art. 11 Abs. 2 Rom I-VO) (für die Anknüpfung des Formstatuts gelten die oben in § 7 Rz. 3 ff. gemachten Ausführungen zum Unternehmenskaufvertrag entsprechend).

38 Ist deutsches Recht Formstatut, ist zu prüfen, ob eine notarielle Beurkundung über **§ 15 Abs. 3 und/oder Abs. 4 GmbHG** erforderlich ist. Diese Frage stellt sich bei einer deutschen GmbH als Zielgesellschaft insbesondere dann, wenn

---

67) Nach *Zweigert/von Hoffmann* in: FS Luther, S. 203, 209, ist dieser Weg in der Praxis der Schiedsgerichte durchaus üblich.

68) S. im Einzelnen Art. 10 und insbes. Art. 12 Rom I-VO. Die Joint Venture Partner dürfen in einigen Fällen das anwendbare Recht auf einen bestimmten Zeitpunkt fixieren (Stabilisierungs- und Versteinerungsklauseln). Damit erreichen sie, dass das anwendbare Recht gegen spätere Veränderungen immun ist; s. *Martiny* in: Reithmann/Martiny, Rz. 106 ff.; *Göthel*, Joint Ventures, S. 85 ff.; grundlegend zum früheren Recht *Merkt*, Investitionsschutz.

69) Vgl. *Kegel/Schurig*, § 17 Abs. 5 Satz 1, S. 611.

70) Bei der Geschäftsfähigkeit, die gem. Art. 1 Abs. 2 lit. a (für natürliche Personen) und f (für Gesellschaften) Rom I-VO vom Anwendungsbereich der Verordnung ausgenommen ist, ist zu unterscheiden: Ist ein Joint Venture Partner eine natürliche Person, gilt Art. 7 EGBGB. Ist der Partner eine Gesellschaft, gelten die Regeln des Internationalen Gesellschaftsrechts; näher dazu *Großfeld* in: Staudinger, IntGesR Rz. 278. Zudem gilt das Vertragsstatut nicht für Absprachen, die sich auswirken auf die Gesellschafterstellung und die Struktur der Zielgesellschaft. Hier gilt das Statut der gemeinsamen Gesellschaft (s. o. Rz. 4 ff.). Zur Anknüpfung der rechtsgeschäftlichen Vertretung s. *Hausmann* in: Reithmann/Martiny, Rz. 5421 ff.; *Kegel/Schurig*, § 17 Abs. 5 Satz 2, S. 619 ff.

E. Zusatzverträge

der Joint Venture Vertrag bereits Regelungen über etwaige spätere Übertragungen von Geschäftsanteilen an der Zielgesellschaft enthält (bspw. Call- und Put-Optionen).[71] Gleiches gilt bei einer ausländischen Zielgesellschaft, sofern deren Gesellschaftsform mit der GmbH vergleichbar ist (siehe oben § 7 Rz. 45). Für die Praxis empfiehlt sich, in diesen Fällen den Joint Venture Vertrag entweder vorsichtshalber beurkunden zu lassen (zur Beurkundungsmöglichkeit im Ausland siehe oben § 7 Rz. 25 ff.) oder, wenngleich umstritten, ein abweichendes Formstatut zu wählen (dazu oben § 7 Rz. 47, 7), um nicht die Unwirksamkeit des Vertrags zu riskieren.[72]

VI. Eingriffsrecht

Im Rahmen des Vertragsstatuts kann es wie beim Unternehmenskaufvertrag notwendig sein, Eingriffsrecht zu beachten (siehe dazu oben § 5 Rz. 59 ff.). 39

E. Zusatzverträge

Es gibt nicht den typischen Zusatzvertrag. Vielmehr kann die Rechtnatur dieser Verträge **sehr verschieden** sein. Er kann den klassischen Typen angehören, also etwa Kauf-, Dienst-, Werk-, Miet-, Darlehens- oder Arbeitsvertrag sein. Er kann auch zu den modernen Typen gehören und ein Franchising-, Lizenz-, Know-how-, Technologietransfer- oder Managementvertrag sein. Daher kann für die allgemeine Anknüpfung solcher Verträge auf die für diese Vertragstypen üblichen Anknüpfungsregeln verwiesen werden.[73] Im Folgenden geht es um eine Besonderheit dieser Verträge, die sich auch kollisionsrechtlich auswirkt: Sie bilden zusammen mit dem Joint Venture Vertrag und der Zielgesellschaft ein **komplexes Vertragswerk**. Dessen einzelne Rechtsverhältnisse sind zwar rechtlich selbständig, aber wirtschaftlich eng miteinander verzahnt. Dies ist bei der Anknüpfung zu beachten. 40

I. Wählbare Rechte

Die Parteien dürfen für ihre Zusatzverträge das gewünschte Recht grundsätzlich in dem Rahmen wählen, der für den Unternehmenskaufvertrag erörtert wurde (siehe oben § 4 Rz. 50 ff.). Das Kollisionsrecht beachtet eine etwaige Wahl (Parteiautonomie). Eine abweichende objektive Anknüpfung ist nicht möglich, selbst wenn sie die wirtschaftliche Verflechtung im Joint Venture Vertragswerk besser berücksichtigen mag. 41

---

71) Näher *Sieger/Hasselbach*, NZG 1999, 485; *Baumanns/Wirbel* in: MünchHdb-GesR, Bd. 1, § 28 Rz. 53 ff.
72) *Göthel* in: Reithmann/Martiny, Rz. 4662.
73) S. ausführlich dazu etwa die Darstellung der einzelnen Vertragsarten bei *Reithmann/Martiny* sowie bei *Martiny* in: MünchKomm-BGB, Art. 3 und 4 Rom I-VO.

II. Stillschweigende Rechtswahl

42 Eine eindeutige stillschweigende Wahl kann sich aufgrund der oben genannten Hinweise ergeben (siehe oben § 4 Rz. 106 ff.). Zudem sind die nachfolgenden Umstände zu beachten. Sie deuten auf das Statut des Joint Venture Vertrags.

43 Verweisen die Partner in einem Zusatzvertrag ausdrücklich auf den **Joint Venture Vertrag** und enthält dieser eine Rechtswahlklausel, so ist das ein Indiz für die Wahl des dort bestimmten Rechts. Denn der Verweis macht die Rechtswahlklausel zu einem Bestandteil des Zusatzvertrags.[74] Es kann auch genügen, wenn die Parteien nur Teile des Joint Venture Vertrags übernehmen – z. B. Klauseln über Kündigung, Vertragsstrafe, Haftung oder Garantien – oder auf solche Teile verweisen und die Rechtswahlklausel nicht ausdrücklich mit ansprechen. In diesem Fall kann man annehmen, das Vertragsstatut des Joint Venture Vertrags, das ja für die inkorporierten Klauseln maßgeblich ist, soll insgesamt für den Zusatzvertrag gelten.[75] Dieser Hinweis verstärkt sich, wenn die Klauseln eindeutig nach dem gewählten Recht ausgestaltet sind, namentlich einzelne Vorschriften hieraus benennen.

44 Sogar allein der Umstand, dass der Joint Venture Vertrag eine Rechtswahlklausel hat, mag ausreichen, um eine stillschweigende Wahl des dort genannten Rechts zu begründen. So heißt es im Bericht von *Giuliano/Lagarde* zum Vorläufer der Rom I-Verordnung, dem EVÜ:

„In anderen Fällen kann die Tatsache, dass bei einem früheren Vertrag zwischen den Vertragsparteien eine ausdrückliche Rechtswahl getroffen worden ist, es dem Richter ermöglichen, sofern die vorliegenden Umstände keine Änderung der Haltung der Parteien erkennen lassen, auch bei Fehlen einer Rechtswahlklausel zweifelsfrei festzustellen, dass der Vertrag dem gleichen wie dem vormals gewählten Recht unterworfen werden soll."[76]

III. Fehlende Rechtswahl

45 Bei fehlender Wahl ist Art. 4 Rom I-VO anzuwenden. Danach gilt zunächst Art. 4 Abs. 1 Rom I-VO, sofern sich der Zusatzvertrag einem der **aufgezählten Vertragsarten** zuordnen lässt. Ist eine solche Zuordnung nicht möglich oder sind die Bestandteile eines Zusatzvertrags durch mehr als einen der genannten Vertragstypen abgedeckt, unterliegt die Vereinbarung regelmäßig dem Recht des Staats, in dem die Partei, welche die **charakteristische Leistung** zu erbringen hat, ihren gewöhnlichen Aufenthaltsort hat (Art. 4 Abs. 2 i. V. m. Art. 19 Rom I-VO). Lässt sich auch hiernach das anwendbare Recht nicht

---

74) Vgl. zum früheren Recht BGH, AWD 1967, 108, 109; *von Hoffmann/Thorn*, § 10 Rz. 35; *von Hoffmann* in: Soergel, Art. 27 EGBGB Rz. 46. Hierin kann man auch eine ausdrückliche Rechtswahl sehen, so *Vetter*, ZVglRWiss 87 (1988), 248, 252.
75) Vgl. *Vetter*, ZVglRWiss 87 (1988), 248, 257 f.
76) *Giuliano/Lagarde*, BT-Drucks. 10/503, S. 33, 49; vgl. auch LG Hamburg, IPRspr. 1973 Nr. 9, 26.

E. Zusatzverträge

bestimmen, unterliegt der Vertrag gemäß Art. 4 Abs. 4 Rom I-VO dem Recht des Staats, mit dem er am **engsten verbunden** ist. Das Recht der engsten Verbindung kann allerdings auch über die Ausweichklausel des Art. 4 Abs. 3 Rom I-VO anzuwenden sein.

Bei der Suche nach der engsten Verbindung sind über die üblichen Kriterien hinaus zwei Gesichtspunkte zu beachten: Zum einen sind die Zusatzverträge ggf. schuldrechtliche Nebenabreden im Verhältnis zum Gesellschaftsvertrag der Zielgesellschaft. Dies kann dazu führen, dass sie am engsten verbunden sind mit dem auf die Gesellschaft anwendbaren Recht.[77] Zum anderen sind sie eng mit dem Joint Venture Vertrag verzahnt, wenn die Partner in ihm vereinbaren, unter welchen Bedingungen sie zeitlich nachfolgende Zusatzverträge abschließen werden. Somit kann es schnell zu Spannungen und Anpassungsproblemen kommen, wenn die Verträge unterschiedlichen Rechtsordnungen unterliegen. Es kann also sinnvoll sein, bereits mit Hilfe des Kollisionsrechts die Zahl der anwendbaren Rechte zu verkleinern. Dieses Ziel lässt sich erreichen, indem man die Zusatzverträge **akzessorisch anknüpft** an den Joint Venture Vertrag.[78]

46

1. Akzessorische Anknüpfung

Die Frage einer akzessorischen Anknüpfung stellt sich immer dann, wenn mehrere Verträge inhaltlich oder wirtschaftlich miteinander zusammenhängen und hierdurch eine größere Einheit bilden.[79] Sie kann helfen, Reibungsflächen und Brüche zu verhindern, die fast zwangsläufig entstehen, wenn mehrere Rechte einen wirtschaftlichen Vorgang regeln.[80] Hierzu erstreckt man das **Statut des dominanten Rechtsverhältnisses** auf die übrigen Rechtsverhältnisse.[81] Im Ergebnis regelt nur ein Recht das einheitliche Lebensverhältnis. Das fördert den inneren Entscheidungseinklang und die Rechtssicherheit.[82]

47

---

77) Es gelten die dargestellten Grundsätze zur Schwerpunktermittlung beim Joint Venture Vertrag (s. o. Rz. 19 ff.). Daher ist zu fragen, ob die Parteien für den Zusatzvertrag das Recht wollen, das auch für die Zielgesellschaft gilt. Dies gilt sowohl bei Art. 4 Abs. 3 Rom I-VO wie bei Art. 4 Abs. 4 Rom I-VO.
78) Vgl. zu diesen Gesichtspunkten Erwägungsgrund 21 Rom I-VO, wonach bei der Bestimmung des anwendbaren Rechts über die engste Verbindung unter anderem berücksichtigt werden soll, ob der Vertrag in einer sehr engen Verbindung zu einem oder mehreren anderen Verträgen steht.
79) Vgl. *Martiny* in: MünchKomm-BGB, Art. 4 Rom I-VO Rz. 253; zum früheren Recht etwa *von Hoffmann* in: Soergel, Art. 28 EGBGB Rz. 115.
80) So *Jayme*, IPRax 1987, 63, 64; ähnlich *Martiny* in: MünchKomm-BGB, Art. 4 Rom I-VO Rz. 253.
81) Vgl. zum früheren Recht *von Hoffmann* in: Soergel, Art. 28 EGBGB Rz. 115.
82) Vgl. *Kreuzer* in: FS von Caemmerer, S. 705, 719; *von der Seipen*, S. 55 ff. und S. 162.

48 Die akzessorische Anknüpfung erfolgt über die Ausweichklausel des Art. 4 Abs. 3 Rom I-VO oder über Art. 4 Abs. 4 Rom I-VO:

- Lässt sich ein Zusatzvertrag einem der in Art. 4 Abs. 1 Rom I-VO aufgezählten Vertragsarten zuordnen oder lässt sich eine charakteristische Leistung bestimmen, kann sich über Art. 4 Abs. 3 Rom I-VO ergeben, dass er von dem so gefundenen Anknüpfungsergebnis abweichend akzessorisch an das Statut des Joint Venture Vertrags anzuknüpfen ist.
- Lässt sich der Zusatzvertrag nicht über Art. 4 Abs. 1 oder 2 Rom I-VO anknüpfen, gilt Art. 4 Abs. 4 Rom I-VO. Bei der dortigen Schwerpunktermittlung ist zu prüfen, ob sich der Zusatzvertrag an den Joint Venture Vertrag anknüpfen lässt.

49 Diese Grundsätze gelten jedoch nur für Verträge, bei denen die Parteien identisch sind. Verträge mit Dritten sind regelmäßig selbständig anzuknüpfen, wenn sich der Dritte nicht dem Hauptvertrag unterworfen hat.[83]

2. Abwägung

50 Stets muss der Einzelfall entscheiden, ob sich ein Zusatzvertrag akzessorisch anknüpfen lässt. Ein Richter muss sämtliche Hinweise und Parteiinteressen abwägen. Im Folgenden werden die verschiedenen Interessenlagen und mögliche Richtungen aufgezeigt.

51 Die Parteien möchten regelmäßig, dass die beteiligten Rechte miteinander harmonieren (**Konsistenzinteresse** oder **Interesse am inneren Entscheidungseinklang**).[84] Dieses Interesse stützt eine akzessorische Anknüpfung. Sie will gerade Brüche vermeiden, die entstehen können, wenn mehrere Rechtsordnungen gelten. Aber das Konsistenzinteresse wiegt nicht immer gleich stark. Es wiegt schwächer, wenn ein Zusatzvertrag in sich abgeschlossen ist und nicht oder kaum auf den Joint Venture Vertrag zurückgreift. So bspw., wenn ein Partner klar abgegrenzte Teilleistungen zu erbringen hat. Denn in diesem Fall ist die Gefahr von Widersprüchen zwischen den verschiedenen Rechtsordnungen klein.[85] Hingegen wiegt das Interesse am inneren Entscheidungseinklang schwerer, wenn die Verträge eng miteinander verzahnt sind. Die Gefahr von Brüchen und Reibungen wächst und mit ihr das Interesse der Parteien an einem einzigen Recht für ihre Rechtsverhältnisse.[86]

52 Das **Kontinuitätsinteresse** kann ebenfalls dafür sprechen, einen Zusatzvertrag an den Joint Venture Vertrag anzuknüpfen. Dahinter steckt das Anliegen von

---

83) *Martiny* in: MünchKomm-BGB, Art. 4 Rom I-VO Rz. 255; zum früheren Recht *von Hoffmann* in: Soergel, Art. 28 EGBGB Rz. 116.
84) *Jayme*, IPRax 1987, 63, 64; *von der Seipen*, S. 163; *Kegel/Schurig*, § 2 Abs. 2, S. 141 ff.
85) Vgl. *von der Seipen*, S. 277.
86) Vgl. *von der Seipen*, S. 170.

E. Zusatzverträge

Parteien einer länger andauernden Geschäftsbeziehung, das anwendbare Recht nicht ständig zu wechseln. Es enthält den Wunsch nach einer verlässlichen Arbeitsbasis für die gesamte Zeit der Zusammenarbeit.[87] Zudem erreicht man, dass nur ein einziges Recht die oft sachlich zusammenhängenden Fragen beurteilt. Auch ein solches Interesse der Parteien ist zu beachten (**Sachzusammenhangsinteresse**). Dies gilt selbst dann, wenn sich die Gefahr von Brüchen und Reibungen zwischen verschiedenen Rechten nicht aufdrängt.[88]

Ist ein Zusatzvertrag erkennbar nach einer bestimmten Rechtsordnung ausgerichtet, spricht dies dagegen, ihn an den Joint Venture Vertrag anzuknüpfen. Sollte in diesem Fall nicht schon eine stillschweigende Rechtswahl vorliegen, wird doch deutlich, dass die Interessen schwach wiegen, den Zusatzvertrag akzessorisch anzuknüpfen. Denn den Partnern kommt es ersichtlich nicht darauf an, ein einziges Recht auf die verschiedenen Verträge anzuwenden. 53

Insgesamt lässt sich aber festhalten, dass Zusatzverträge häufig an den Joint Venture Vertrag anzuknüpfen sind. Das Ziel des Joint Venture Vertrags ist, erfolgreich zusammenzuarbeiten. Die Zusatzverträge dienen dazu, dieses Ziel zu erreichen. Daher ist der Joint Venture Vertrag das dominante Rechtsverhältnis und sein Statut auf die Zusatzverträge zu erstrecken.[89] Dies entspricht regelmäßig den vernünftigen Parteiinteressen. Zudem fördert es das Ziel des Internationalen Privatrechts, Zusammenhängendes nicht zu zerreißen, sondern auf „*ein Lebensverhältnis ein Recht*" anzuwenden.[90] 54

---

87) Allgemein zum kollisionsrechtlichen Kontinuitätsinteresse *Lüderitz* in: FS Kegel, S. 31, 38 ff.
88) Vgl. *Kreuzer* in: FS von Caemmerer, S. 705, 719; *von der Seipen* S. 195.
89) Vgl. zum früheren Recht *von Hoffmann* in: Soergel, Art. 28 EGBGB Rz. 120, 506 und 519.
90) Vgl. *Kreuzer* in: FS von Caemmerer, S. 705, 733 und 719; *Spellenberg* in: MünchKomm-BGB, Vor Art. 11 EGBGB Rz. 21.

Kapitel 6 Europäische Gesellschaftsformen

§ 15 Europäische Gesellschaft (SE)

Übersicht

A. Einleitung 1
B. Motive 5
  I. Europäisches Rechtskleid 6
  II. Gestaltung der Mitbestimmung 13
  III. Wahl des Leitungssystems 22
  IV. Grenzüberschreitende Sitzverlegung 28
  V. Vereinfachung der Konzernstruktur 29
C. Rechtsquellen 30
D. Einsatzmöglichkeiten bei Unternehmenszusammenschlüssen 36
  I. Einleitung 36
  II. Verschmelzung 40
    1. Einleitung 40
    2. Verschmelzungsfähige Gesellschaften 42
    3. Verschmelzungsplan 43
    4. Schlussbilanzen und Unternehmensbewertungen 47
    5. Verschmelzungsbericht 48
    6. Verschmelzungsprüfung 49
    7. Einreichung und Bekanntmachung 50
    8. Arbeitnehmerbeteiligung 51
  9. Hauptversammlungsbeschlüsse 52
  10. Registeranmeldung und Rechtmäßigkeitskontrolle 54
  11. Eintragung und Rechtsfolgen 57
  III. Holding-SE 59
    1. Einleitung 59
    2. Beteiligungsfähige Gesellschaften 63
    3. Gründungsplan 64
    4. Prüfung 69
    5. Einreichung und Bekanntmachung 70
    6. Arbeitnehmerbeteiligung 71
    7. Gesellschafterbeschlüsse 72
    8. Einbringung der Geschäftsanteile 74
    9. Registeranmeldung 78
    10. Eintragung und Rechtsfolgen 79
E. Unternehmenskauf bei der SE 81
  I. Share Deal 81
  II. Asset Deal 85

Literatur: *Arlt*, Französische Aktiengesellschaft: monistisches und dualistisches System im Spannungsfeld der Corporate Governance, Wien 2006; *Bachmann*, Der Verwaltungsrat der monistischen SE, ZGR 2008, 779; *Baums/Cahn*, Die Europäische Aktiengesellschaft: Umsetzungsfragen und Perspektiven, 2004; *Bayer/Hoffmann/Schmidt*, Ein Blick in die deutsche SE-Landschaft fünf Jahre nach Inkrafttreten der SE-VO, AG Report 2009, R480; *Binder/Jünemann/Merz/Sinewe*, Die Europäische Aktiengesellschaft, 2007; *Blanquet*, Das Statut der Europäischen Aktiengesellschaft: Ein Gemeinschaftsinstrument für die grenzübergreifende Zusammenarbeit im Dienste der Unternehmen, ZGR 2002, 20; *Brandes*, Mitbestimmungsvermeidung mittels grenzüberschreitender Verschmelzungen, ZIP 2008, 2193; *Brandes*, Cross Border Merger mittels der SE, AG 2005, 177; *Brandt*, Ein Überblick über die Europäische Aktiengesellschaft (SE) in Deutschland, BB-Special 3/2005, 1; *Brandt/Scheifele*, Die Europäische Aktiengesellschaft und das anwendbare Recht, DStR 2002, 547; *Calle Lambach*, Das Gesetz über die Beteiligung der Arbeitnehmer in einer Europäischen Gesellschaft (SE-Beteiligungsgesetz – SEBG), RIW 2005, 161; *Casper*, Erfahrungen und Reformbedarf bei der SE – Gesellschaftsrechtliche Reformvorschläge, ZHR 173 (2009), 181; *Casper*, Der Lückenschluss im Statut der Europäischen Aktiengesellschaft, in: Festschrift Ulmer, 2003, S. 51; *Casper/Weller*, Mobilität und

§ 15 Europäische Gesellschaft (SE)

grenzüberschreitende Umstrukturierung der SE, NZG 2009, 681; *Decher*, Das Business Combination Agreement – ein verdeckter Beherrschungsvertrag oder sonstiger strukturändernder Vertrag?, in: Festschrift Hüffer, 2010, S. 145; *Decher*, Rechtsfragen des grenzüberschreitenden Merger of Equals in: Festschrift Lutter, 2000, S. 1209; *Drinhausen/ Keinath*, Mitbestimmung bei grenzüberschreitender Verschmelzung mitbestimmungsfreier Gesellschaften, AG 2010, 398; *Ernst & Young*, Study on the operation and the impacts of the Statute for a European Company (SE), Final report, 9 December 2009, abrufbar unter: http://ec.europa.eu/internal_market/company/se/index_en.htm; *Eder*, Die monistisch verfasste Societas Europaea – Überlegungen zur Umsetzung eines CEO-Modells, NZG 2004, 544; *Eidenmüller/Engert/Hornuf*, Die Societas Europaea: Empirische Bestandsaufnahme und Entwicklungslinien einer neuen Rechtsform, AG 2008, 721; *Eidenmüller/Engert/Hornuf*, Vom Wert der Wahlfreiheit: Eine empirische Analyse der Societas Europaea als Rechtsformalternative, AG 2009, 845; *Fleischer*, Der Einfluss der Societas Europaea auf die Dogmatik des deutschen Gesellschaftsrechts, AcP 204 (2004), 502; *Forst*, Zur Größe des mitbestimmten Organs einer kraft Beteiligungsvereinbarung mitbestimmten SE, AG 2010, 350; *Fuchs*, Die Gründung einer Europäische Aktiengesellschaft durch Verschmelzung und das nationale Recht, 2008 (zit.: Gründung); *Grambow*, Arbeits- und gesellschaftsrechtliche Fragen bei grenzüberschreitenden Verschmelzungen unter Beteiligung einer Europäischen Gesellschaft, Der Konzern 2009, 97; *Grobys*, SE-Betriebsrat und Mitbestimmung in der Europäischen Gesellschaft, NZA 2005, 84; *Großfeld*, Europäische Unternehmensbewertung, NZG 2002, 353; *Gruber/Weller*, Societas Europaea: Mitbestimmung ohne Aufsichtsrat? – Ideen für die Leitungsverfassung der monistischen Europäischen Aktiengesellschaft in Deutschland, NZG 2003, 297; *Güntzel*, Die Richtlinie über die Arbeitnehmerbeteiligung in der Europäischen Aktiengesellschaft (SE) und ihre Umsetzung in das deutsche Recht, 2006; *Habersack*, Grundsatzfragen der Mitbestimmung in SE und SCE sowie bei grenzüberschreitender Verschmelzung, ZHR 171 (2007), 613; *Habersack*, Schranken der Mitbestimmungsautonomie in der SE – Dargestellt am Beispiel der Größe und inneren Ordnung des Aufsichtsorgans, AG 2006, 345; *Habersack*, Konzernrechtliche Aspekte der Mitbestimmung in der Societas Europaea, Der Konzern 2006, 105; *Heckschen*, Die SE als Option für den Mittelstand, in: Festschrift Westermann, 2008, S. 999; *Heckschen*, Die Europäische AG aus notarieller Sicht, DNotZ 2003, 251; *Henssler*, Unternehmerische Mitbestimmung in der Societas Europaea – Neue Denkanstöße für die „Corporate Governance"-Diskussion, in: Festschrift Ulmer, 2003, S. 193; *von der Heyde*, Die Beteiligung der Arbeitnehmer in der Societas Europaea (SE), 2007; *Hommelhoff/Helms*, Neue Wege in die Europäische Privatgesellschaft, 2001; *Horn*, Die Europa-AG im Kontext des deutschen und europäischen Gesellschaftsrechts, DB 2005, 147; *Van Hulle/Maul/Drinhausen*, Handbuch zur Europäischen Aktiengesellschaft (SE), 2007; *Ihrig*, Die geschäftsführenden Direktoren in der monistischen SE: Stellung, Aufgaben und Haftung, ZGR 2008, 809; *Ihrig/Wagner*, Das Gesetz zur Einführung der Europäischen Gesellschaft (SEEG) auf der Zielgeraden: Die gesellschafts- und mitbestimmungsrechtlichen Regelungen des Regierungsentwurfs, BB 2004, 1749; *Jacobs*, Privatautonome Unternehmensmitbestimmung in der SE, in: Festschrift K. Schmidt, 2009, S. 795; *Jaecks/Schönborn*, Die Europäische Aktiengesellschaft, das internationale und das deutsche Konzernrecht, RIW 2003, 254; *Jannott/Frodermann*, Handbuch der Europäischen Aktiengesellschaft, 2005 (zit.: *Bearbeiter* in Janott/Frodermann); *Kallmeyer*, Europa-AG – Strategische Optionen für deutsche Unternehmen, AG 2003, 197; *Kallmeyer*, Umwandlungsgesetz, 4. Auflage 2010 (zit.: *Bearbeiter* in: Kallmeyer); *Kalss*, Der Minderheitenschutz bei Gründung und Sitzverlegung der SE nach dem Diskussionsentwurf, ZGR 2003, 593; *Kalss/Hügel*, Europäische Aktiengesellschaft: SE-Kommentar, Wien 2004; *Kiem*, SE-Aufsichtsrat und Dreiteilbarkeitsgrundsatz, Der Konzern 2010, 275; *Köstler/Werner*, Die SE unter der Lupe, AG Report 2008, R105; *Kowalski*, Praxisfragen bei der Umwandlung einer Aktiengesellschaft in eine Europäische Gesellschaft (SE), DB 2007, 2243; *Krause*, Die Mitbestimmung der Arbeitnehmer in der Europäischen Gesellschaft (SE), BB 2005, 1221; *Krause/Janko*, Grenzüberschreitende Verschmelzungen und Arbeitnehmermitbestimmung, BB 2007, 2194; *Lächler/Oplustil*, Funktion und Umfang

§ 15 Europäische Gesellschaft (SE)

des Regelungsbereichs der SE-Verordnung, NZG 2005, 381; *Lunk/Hinrichs*, Die Mitbestimmung der Arbeitnehmer bei grenzüberschreitenden Verschmelzungen nach dem MgVG, NZA 2007, 773; *Lutter*, Europäische Aktiengesellschaft – Rechtsfigur mit Zukunft?, BB 2002, 1; *Lutter*, Die europäische Aktiengesellschaft, 1976; *Lutter/Hommelhoff*, SE-Kommentar, 2008 (zit.: *Bearbeiter* in: Lutter/Hommelhoff, SE-Kommentar); *Lutter/ Hommelhoff*, Die Europäische Gesellschaft, 2005 (zit.: *Bearbeiter* in: Lutter/ Hommelhoff, Europäische Gesellschaft); *Lutter/Kollmorgen/Feldhaus*, Die Europäische Aktiengesellschaft – Satzungsgestaltung bei der mittelständischen SE, BB 2005, 2473; *Manz/Mayer/Schröder*, Europäische Aktiengesellschaft: SE, 2. Auflage 2010 (zit.: *Bearbeiter* in: Manz/Mayer/Schröder); *Marsch-Barner*, Die Rechtsstellung der Europäischen Gesellschaft (SE) im Umwandlungsrecht, in: Festschrift Happ, 2006, S. 165; *Merkt*, Europäische Aktiengesellschaft: Gesetzgebung als Selbstzweck? Kritische Bemerkungen zum Entwurf von 1991, BB 1992, 652; *Menjucq*, La société européenne, Revue des sociétés 2002, 225; *Müller-Bonanni/Melot de Beauregard*, Mitbestimmung in der Societas Europaea, GmbHR 2005, 195; *Müller-Bonanni/Müntefering*, Arbeitnehmerbeteiligung bei SE-Gründung und grenzüberschreitender Verschmelzung im Vergleich, BB 2009, 1699; *Nagel*, Das Gesetz über die Mitbestimmung der Arbeitnehmer bei grenzüberschreitenden Verschmelzungen (MgVG), NZG 2007, 57; *Nagel*, Die Europäische Aktiengesellschaft (SE) in Deutschland - der Regierungsentwurf zum SE-Einführungsgesetz, NZG 2004, 833; *Neye/Jäckel*, Umwandlungsrecht zwischen Brüssel und Berlin: Der Referentenentwurf für ein Drittes Gesetz zur Änderung des Umwandlungsgesetzes, AG 2010, 237; *Oetker*, Unternehmerische Mitbestimmung kraft Vereinbarung in der Europäischen Gesellschaft (SE), in: Festschrift Konzen, 2006, S. 635; *Oetker*, Unternehmensmitbestimmung in der SE kraft Vereinbarung: Grenzen der Vereinbarungsautonomie im Hinblick auf die Größe des Aufsichtsrats, ZIP 2006, 1113; *Reichert*, Die neue Vielfalt – Grenzüberschreitende Unternehmenszusammenführungen in der Praxis: Motive und Modelle 1998–2008, in: Festschrift Hüffer, 2010, S. 805; *Reichert*, Erfahrungen mit der Societas Europaea (SE) in Deutschland, in: Gedächtnisschrift Gruson, 2009, S. 321; *Reichert*, Die SE als Gestaltungsinstrument für grenzüberschreitende Umstrukturierungen, Der Konzern 2006, 821; *Reichert/Brandes*, Mitbestimmung der Arbeitnehmer in der SE – Gestaltungsfreiheit und Bestandsschutz, ZGR 2003, 767; *Rieble*, Schutz vor paritätischer Unternehmensmitbestimmung, BB 2006, 2018; *Rodewig*, Grenzüberschreitende Fusionen am Beispiel des Daimler-Chrysler-Zusammenschlusses, in: K. Schmidt/Riegger, Gesellschaftsrecht 1999: Tagungsband zum RWS-Forum, 2000, S. 167; *Scheifele*, Die Gründung der Europäischen Aktiengesellschaft (SE), 2004; *J. Schmidt*, „Deutsche" vs. „britische" Societas Europaea (SE): Gründung, Verfassung, Kapitalstruktur, 2006; *Schulz/Geismar*, Die Europäische Aktiengesellschaft: Eine kritische Bestandsaufnahme, DStR 2001, 1078; *Schwarz*, SE-VO: Kommentar, 2006 (zit.: SE-VO); *Seibt*, Größe und Zusammensetzung des Aufsichtsrats der SE, ZIP 2010, 1057; *Seibt*, Privatautonome Mitbestimmungsvereinbarungen – Rechtliche Grundlagen und Praxishinweise, AG 2005, 413; *Seibt/Reinhard*, Umwandlung der Aktiengesellschaft in die Europäische Gesellschaft (Societas Europaea), Der Konzern 2005, 407; *Seibt/Saame*, Die Societas Europaea (SE) deutschen Rechts: Anwendungsfelder und Beratungshinweise, AnwBl. 2005, 225; *Spindler/Stilz*, AktG: Kommentar, 1. Auflage 2007 (zit.: *Bearbeiter* in: Spindler/Stilz, 1.Aufl.); *Teichmann*, Mitbestimmung und grenzüberschreitende Verschmelzung, Der Konzern 2007, 89; *Teichmann*, Binnenmarktkonformes Gesellschaftsrecht, 2006; *Teichmann*, Gestaltungsfreiheit im monistischen Leitungssystem der Europäischen Aktiengesellschaft, BB 2004, 53; *Teichmann*, Austrittsrecht und Pflichtangebot bei Gründung einer Europäischen Aktiengesellschaft, AG 2004, 67; *Teichmann*, Die Einführung der Europäischen Aktiengesellschaft: Grundlagen der Ergänzung des europäischen Statuts durch den deutschen Gesetzgeber, ZGR 2002, 383; *Theisen/Wenz*, Die Europäische Aktiengesellschaft, 2. Auflage 2005; *Thoma/Leuering*, Die Europäische Aktiengesellschaft – Societas Europaea, NJW 2002, 1449; *Thümmel*, Die Europäische Aktiengesellschaft (SE), 2005; *Ulmer/Habersack/ Henssler*, Mitbestimmungsrecht: Kommentierung des MitbestG, der DrittelbG und der §§ 34 bis 38 SEBG, 2. Auflage 2006 (zit.: *Bearbeiter* in: Ulmer/Habersack/Henssler);

§ 15 Europäische Gesellschaft (SE)

Vossius, Gründung und Umwandlung der deutschen Europäischen Gesellschaft (SE), ZIP 2005, 741; *Waclawik*, Die Europäische Aktiengesellschaft (SE) als Konzerntochter- und Joint Venture-Gesellschaft, DB 2006, 1827; *Wagner*, Die Bestimmung des auf die SE anwendbaren Rechts, NZG 2002, 985; *Walden/Meyer-Landrut*, Die grenzüberschreitende Verschmelzung zu einer Europäischen Gesellschaft: Planung und Vorbereitung, DB 2005, 2119; *Weber-Rey*, Praxisfragen der Europäischen Privatgesellschaft, in: Gesellschaftsrechtliche Vereinigung (VGR), Gesellschaftsrecht in der Diskussion 2008, 2009, S. 77; *Wenz*, Einsatzmöglichkeiten einer Europäischen Aktiengesellschaft in der Unternehmenspraxis aus betriebswirtschaftlicher Sicht, AG 2003, 185; *Widmann/Mayer*, Umwandlungsrecht: Kommentar, Band 8, Loseblatt (Stand: 4/2010); *Windbichler*, Methodenfragen in einer gestuften Rechtsordnung – Mitbestimmung und körperschaftliche Organisationsautonomie in der Europäischen Gesellschaft, in: Festschrift Canaris, Band 2, 2007, S. 1423; *Wisskirchen/Prinz*, Das Gesetz über die Beteiligung der Arbeitnehmer in einer Europäischen Gesellschaft (SE), DB 2004, 2638; *Wollburg/Banerjea*, Die Reichweite der Mitbestimmung in der Europäischen Gesellschaft, ZIP 2005, 277; *Ziegler/Gey*, Arbeitnehmermitbestimmung im Aufsichtsrat der Europäischen Gesellschaft (SE) im Vergleich zum Mitbestimmungsgesetz, BB 2009, 1750; *Zöllter-Petzoldt*, Die Verknüpfung von europäischem und nationalem Recht bei der Gründung einer Societas Europaea (SE), 2005.

A. Einleitung

1 Mit dem Inkrafttreten der Verordnung über das Statut der Europäischen Gesellschaft (SE)[1] am 8.10.2004 erblickte die Rechtsform der Europäischen Gesellschaft (Societas Europaea, SE) nach langer Vorbereitung das Licht der Welt.[2] Schon einige Zeit vorher, nämlich im Jahre 1959, begann die Diskussion über die Schaffung einer europäischen Aktiengesellschaft. Die anfängliche Idee war, eine rein supranationale Rechtsform zu schaffen, die allein den Regelungen der Europäischen Union unterliegt. Dieser Gedanke musste jedoch im Laufe der Zeit stark Federn lassen. So gibt es zwar mit der SE in ihrer heutigen Ausprägung eine europäische Gesellschaftsform, deren primäre Rechtsquelle mit der SE-Verordnung auch selbstredend europäisch ist. Allerdings sind die Regelungen der Verordnung nicht abschließend und werden ergänzt von zahlreichen nationalen Regelungen der Mitgliedstaaten. Die SE hat daher zwar ein **europäisches Rechtskleid**, darunter verbirgt sich allerdings jeweils das **nationale Recht** desjenigen Mitgliedstaats, in dem die SE ihren Sitz hat. Im Ergebnis gibt es daher genauso viele verschiedene Spielarten der SE, wie es Mitgliedstaaten gibt.

2 Der Haupttreiber dafür, mit der SE eine einheitliche europäische Form der Kapitalgesellschaft bereitzustellen, war und ist, unionsweit tätigen Unternehmen eine Möglichkeit zu geben, grenzüberschreitende Zusammenschlüsse und Sitz-

---

1) Verordnung (EG) Nr. 2157/2001 des Rates über das Statut der Europäischen Gesellschaft (SE), ABl. EU L 294/1 v. 10.11.2001.
2) Zur Geschichte der SE s. *Taschner* in: Jannott/Frodermann, Kap. 1 Rz. 1 ff.; *Casper* in: Spindler/Stilz, Vor Art. 1 SE-VO Rz. 5 ff.; *Lutter* in: Lutter/Hommelhoff, SE-Kommentar, Einl. SE-VO Rz. 7 ff.; *Oechsler* in: MünchKomm-AktG, Vor Art. 1 SE-VO Rz. 1 ff.; *Merkt*, BB 1992, 652; *Lutter*, BB 2002, 1.

A. Einleitung

verlegungen leichter vollziehen sowie Transaktions- und Organisationskosten einsparen zu können.[3]

Auch wenn die SE in der deutschen offiziellen Terminologie als Europäische Gesellschaft firmiert, ist sie eine **Aktiengesellschaft** und nicht etwa eine mit der GmbH vergleichbare Gesellschaftsform. Deutlich wird dies etwa in Art. 10 SE-VO, wonach die SE vorbehaltlich der Bestimmungen der Verordnung in jedem Mitgliedstaat wie eine Aktiengesellschaft behandelt wird, die nach dem Recht des Sitzstaats der SE gegründet wurde. Eine in Deutschland sitzende SE unterliegt daher subsidiär den Regelungen des deutschen Aktienrechts und dem Grundsatz der Satzungsstrenge (Art. 9 Abs. 1 lit. c, iii SE-Verordnung, § 23 Abs. 5 AktG). Die Rechtsform der SE bietet sich somit nicht für Unternehmer an, die dispositive und flexible gesellschaftsrechtliche Regelungen wünschen. Dieses Bedürfnis besteht häufig bei kleinen und mittleren Unternehmen (KMU).[4] Auch ist die Gründung einer SE sehr aufwendig und kann ebenso aus diesem Grund KMU abschrecken. Daher soll nun mit der geplanten Europäischen Privatgesellschaft (Societas Privata Europaea, SPE) eine Alternative geschaffen werden (zur SPE siehe unten § 17).

3

Obgleich Wissenschaft und Praxis die SE aufgrund ihrer langen Entstehungsgeschichte sehnsüchtig erwartet hatten, blieb der von vielen vorausgesagte Ansturm zunächst aus. Mit der „*Go East Invest SE – Europäische Gesellschaft zur Industrieansiedlung und Markterschließung*" wurde zwar schon am 17.3.2005 und damit nur gut fünf Monate nach Inkrafttreten der SE-Verordnung die erste „*deutsche*" SE eingetragen. Allerdings blieb die Zahl der Gründungen mit zunächst 23 europaweit für das Jahr 2005 hinter den Erwartungen zurück. Untersuchungen zeigen jedoch seitdem einen steten Anstieg. So folgten im Jahr 2006 schon 40 Gründungen. Diese Zahl stieg um mehr als das doppelte im Jahr 2007 (87 Gründungen) und ebenso im Jahr 2008 (176 Gründungen).[5] Unter den neuen deutschen Europäischen Gesellschaften finden sich so bekannte Namen wie *Allianz SE, BASF SE, BP Europa SE, Nordex SE* und *Porsche Automobil Holding SE*. Konkurrenz könnte der SE nun aber mit der bereits angesprochenen Europäischen Privatgesellschaft (SPE) erwachsen, die sich vornehmlich an

4

---

3) *Lutter* in: Lutter/Hommelhoff, SE-Kommentar, Einl. SE-VO Rz. 32; s. a. SE-VO, Erwägungsgründe Nr. 1, 3, 4 und 10.
4) *Casper* in: Spindler/Stilz, 1. Aufl., Vor Art. 1 SE-VO Rz. 22, einschränkend nunmehr *Casper* in Spindler/Stilz, Vor Art. 1 SE-VO Rz. 22 f.; zur SE als Option für den Mittelstand vgl. aber *Reichert* in: GS Gruson, S. 321, 322; *Heckschen* in: FS Westermann, S. 999; zu einer entsprechenden Satzungsgestaltung bei einer „mittelständischen" SE s. *Lutter/Kollmorgen/Feldhaus*, BB 2005, 2473.
5) *Eidenmüller/Engert/Hornuf*, AG 2008, 721; *Eidenmüller/Engert/Hornuf*, AG 2009, 845; s. aber auch *Bayer/Hoffmann/Schmidt*, AG Report 2009, R480; *Köstler/Werner*, AG Report 2008, R105 f.; s. zu den Wirkungen der SE-Verordnung die ausführliche Studie im Auftrag der Europäischen Kommission von *Ernst & Young*, Study on the operation and the impacts of the Statute for a European Company (SE), Final report, 9 December 2009.

Göthel 575

kleine und mittelständische Unternehmen richten soll und für solche Unternehmen eine Alternative zur SE werden dürfte. Die SPE könnte jedoch auch für größere Unternehmen interessant werden.[6]

B. Motive

5 Die Motive für die Gründung einer SE beim Zusammenschluss von Unternehmen sind vielschichtig und je nach Einzelfall verschieden. **Häufig dürften mehrere Gründe** zusammenfallen. Entscheidend ist eine Gesamtbetrachtung der konkreten Vor- und Nachteile einer SE gegenüber alternativen nationalen Strukturierungs- und Gesellschaftsformen. In diese Abwägung mit einzubeziehen ist auch die Frage, wo die Vor- und Nachteile einer *„deutschen"* gegenüber einer *„ausländischen"* SE liegen. Ohne den Anspruch auf Vollständigkeit zu erheben, zeigt sich aus der Erfahrung in der Praxis, dass vielfach einer oder mehrere der nachfolgend genannten Aspekte maßgeblich sind (siehe zu weiteren Aspekten unten Rz. 37 f. und Rz. 61 f.).

I. Europäisches Rechtskleid

6 Ein starkes Motiv für die Gründung einer SE ist ihr europäisches Image und damit ihre nach außen hervorgehobene europäische Identität.[7] Dies hebt die Europäische Gesellschaft von ihren Alternativen in Form von Gesellschaften rein nationaler Herkunft ab. Die Supranationalität der SE kann bei einem Zusammengehen von nationalen Unternehmen helfen, den Gedanken eines **Zusammenschlusses unter Gleichen** (*merger of equals*) zu fördern.[8] In diesem Fall dokumentiert die Wahl einer europäischen Rechtsform gegenüber Mitarbeitern und der Außenwelt, dass sich keiner der Beteiligten gegenüber dem anderen mit seinem nationalen Recht und seinem System der Corporate Governance durchgesetzt hat. Keiner muss sich damit gegenüber dem anderen als Verlierer fühlen.[9]

7 Das europäische Rechtskleid der SE ermöglicht auch ein **Signal nach innen und außen**, dass sich das Unternehmen als europäisches und nicht lediglich nationales Unternehmen versteht. Nach innen kann dieses europäische Selbstverständnis gegenüber Mitarbeitern wirken und so das Zusammenwachsen eines europäischen Konzerns mit Tochtergesellschaften oder Zweigniederlassungen

---

6) Vgl. etwa *Ehricke* in: Hommelhoff/Helms, 17, 30 ff.; *Weber-Rey* in: VGR, Gesellschaftsrecht in der Diskussion 2008, S. 77, 80 f.

7) S. *Eidenmüller/Engert/Hornuf*, AG 2009, 845, 847, wonach bei einer telefonischen Befragung das Image der Rechtsform einer SE am häufigsten als Grund genannt wurde.

8) *Oechsler* in: MünchKomm-AktG, Vor Art. 1 SE-VO Rz. 7 am Beispiel des Zusammenschlusses der Hoechst AG und der Rhône Poulenc S.A. zur Aventis S.A.; *Paefgen* in: KölnKomm-AktG, Art. 32 SE-VO Rz. 16.

9) Vgl. auch *Reichert* in: FS Hüffer, S. 805, 820.

B. Motive

in verschiedenen Mitgliedstaaten fördern. Mitarbeitern kann eine integrierende Unternehmenskultur vermittelt werden.[10] Dies kann sie dabei unterstützen, ihr nationales Denken abzustreifen und gegen ein europäisches Denken einzutauschen. Das Gefühl, ein einheitliches Unternehmen zu sein, kann so gefördert werden. Nach außen und damit gegenüber dem Kapitalmarkt, den Kunden und öffentlichen Stellen kann der europäische Anstrich i. S. einer European Corporate Identity modern und fortschrittlich strahlen.[11]

Schließlich kann das europäische Image im Wettbewerb mit asiatischen und US-amerikanischen Konzernen helfen, weil es eine gewisse Größe und Internationalität dokumentiert.[12]

8

Das Image der SE als ein Motiv für deren Gründung kommt in den zugrunde liegenden Dokumentationen in verschiedenen Formen zum Ausdruck. So heißt es in der Präambel des Umwandlungsplans der Fresenius Aktiengesellschaft:

9

„Die Rechtsform der Gesellschaft soll ihre internationale Ausrichtung abbilden."[13]

In den Vorbemerkungen des Umwandlungsplans der *Klöckner & Co Aktiengesellschaft* wird ausgeführt:

10

„Die Rechtsform der SE ist nach Überzeugung des Vorstands als einzige Kapitalgesellschaft europäischen Rechts in besonderer Weise geeignet, die internationale Unternehmenskultur der Gesellschaft zu fördern.

Der Formwechsel in eine SE stellt nach Überzeugung des Vorstands einen weiteren konsequenten Schritt in der Entwicklung und globalen Ausrichtung der Geschäftstätigkeit des Klöckner & Co Konzerns dar."

In der Präambel des Umwandlungsplans der *BASF Aktiengesellschaft* lesen wir:

11

„Der Rechtsformwechsel von einer Aktiengesellschaft in eine Europäische Gesellschaft bringt das Selbstverständnis der BASF als einem europäisch und weltweit ausgerichteten Unternehmen auch äußerlich zum Ausdruck."

Und schließlich heißt es in der Präambel des Umwandlungsplans der *Dr. Ing. h. c. F. Porsche* Aktiengesellschaft:

12

„Die SE ist eine auf europäischem Recht gründende supranationale Rechtsform. Sie fördert die Bildung einer offenen und internationalen Unternehmenskultur und ermöglicht – unter Beibehaltung des Grundsatzes einer paritätischen Mitbestimmung – die Fortführung der bisherigen bewährten Aufsichtsratsgröße von zwölf Mitgliedern."

---

10) *Lutter* in: Lutter/Hommelhoff, SE-Kommentar, Einl. SE-VO Rz. 33; *Brandt*, BB-Special 3/2005, 1, 7.

11) *Reichert* in: FS Hüffer, S. 805, 820; *Reichert*, Der Konzern 2006, 821, 822; *Wollburg/Banerjea*, ZIP 2005, 277; *Lutter* in: Lutter/Hommelhoff, SE-Kommentar, Einl. SE-VO Rz 33; krit. *Götz* in: Baums/Cahn, S. 152, 155 f.

12) *Lutter* in: Lutter/Hommelhoff, SE-Kommentar, Einl. SE-VO Rz. 33; *Thümmel*, Rz. 30; *Theisen/Wenz* in: Theisen/Wenz, S. 1, 53; *Thoma/Leuering*, NJW 2002, 1449, 1454.

13) Die Fresenius SE hat sich mittlerweile allerdings in die Rechtsform der KGaA unter Beitritt der Fresenius Management SE umgewandelt.

II. Gestaltung der Mitbestimmung

13 Für deutsche Unternehmen kann ein wesentliches Motiv in der betrieblichen und unternehmerischen **Mitbestimmung** liegen.[14] Der Einsatz einer SE erlaubt nämlich, von den geltenden Regeln für deutsche Gesellschaften abzuweichen. So gestattet das SEBG den an der Gründung einer SE beteiligten Leitungen, mit den Arbeitnehmern eine **Vereinbarung** über die unternehmerische Mitbestimmung zu schließen. Für die hierzu erforderlichen Verhandlungen bilden die Arbeitnehmer oder ersatzweise die Arbeitnehmervertreter nach Aufforderung durch die geschäftsführenden Organe der unmittelbar an der Gründung der SE beteiligten Gesellschaften ein besonderes Verhandlungsgremium (§§ 4 ff. SEBG).

14 Dieses besondere Verhandlungsgremium wird i. R. eines festgelegten Verfahrens mit Arbeitnehmervertretern besetzt.[15] Für dieses Verfahren haben die Arbeitnehmervertreter oder ersatzweise die Arbeitnehmer ab vollständiger Information durch die Organe über das Gründungsvorhaben zehn Wochen Zeit (§ 11 Abs. 1 SEBG). Die nachfolgenden Verhandlungen können bis zu sechs Monate dauern (§ 19 Abs. 1 SEBG). Die Parteien können jedoch einvernehmlich beschließen, den Zeitraum der Verhandlungen auf bis zu ein Jahr auszudehnen (§ 19 Abs. 2 SEBG). Ziel der Verhandlungen ist es, dass das besondere Verhandlungsgremium mit den Leitungen der an der Gründung beteiligten Gesellschaften eine schriftliche Vereinbarung über die Beteiligung der Arbeitnehmer an der SE abschließt (§ 4 Abs. 1 SEBG) und damit Regeln für die unternehmerische und betriebliche Mitbestimmung trifft (siehe § 21 SEBG).[16] Enden die Verhandlungen ergebnislos und fasst das besondere Verhandlungsgremium keinen Beschluss darüber, keine Verhandlungen aufzunehmen oder aufgenommene Verhandlungen abzubrechen, regelt sich die Beteiligung der Arbeitnehmer nach der gesetzlichen Auffanglösung (§ 22 Abs. 1 SEBG). Danach ist zum einen ein SE-Betriebsrat zu errichten (§§ 22 ff. SEBG). Zum anderen unterliegt die unternehmerische Mitbestimmung dem strengsten Mitbestimmungsregime der an der Gründung der SE beteiligten Gesellschaften (§§ 34 ff. SEBG).[17]

---

14) S. *Eidenmüller/Engert/Hornuf*, AG 2009, 845, 848, wonach bei einer telefonischen Befragung die Mitbestimmung am dritthäufigsten als Grund genannt wurde.

15) Ausführlich zu diesem Verfahren insbesondere *v. d. Heyde*, S. 165 ff. sowie etwa *Kienast* in: Jannott/Frodermann, Kap. 13 Rz. 122 ff.; *Oetker* in: Lutter/Hommelhoff, SE-Kommentar, § 5 SEBG Rz. 1 ff. jeweils m. w. N.; s. a. *Ziegler/Gey*, BB 2009, 1750, 1751 ff. mit zahlreichen Beispielen.

16) Einzelheiten bei *Oetker* in: Lutter/Hommelhoff, SE-Kommentar, § 21 SEBG Rz. 1 ff., 19 ff.; *Oetker* in: FS Konzen, S. 635, 645 ff.; *Jacobs* in: MünchKomm-AktG, § 21 SEBG Rz. 9 ff.

17) Kritisch zu dieser Auffanglösung insbesondere *Fleischer*, AcP 204 (2004) 502, 535; s. zum Ganzen etwa *Kienast* in: Jannott/Frodermann, Kap. 13 Rz. 229 ff. und 262 ff.

B. Motive

Der **Vorteil**, die Beteiligung der Arbeitnehmer i. R. d. unternehmerischen Mit- 15
bestimmung individuell vereinbaren zu können, liegt für Verhandlungspartner
darin, für ihr Verhandlungsergebnis nicht an die Mitbestimmungsregeln für
deutsche Gesellschaften gebunden zu sein.[18] Sie können frei verhandeln und
müssen kein bestimmtes Mindestniveau berücksichtigen. Das Verhandlungsergebnis darf daher die Mindestanforderungen für eine vergleichbare deutsche
Gesellschaft unterschreiten. So kann bspw. für eine SE mit in der Regel mehr
als 500 Arbeitnehmern (§ 1 DrittelbG) oder 2.000 Arbeitnehmern (§ 1 MitbestG) im Extremfall die unternehmerische Mitbestimmung vollständig ausgeschlossen werden. Auf der anderen Seite der Skala ist es umgekehrt denkbar,
für eine Europäische Gesellschaft, die keine dieser Schwellen überschreitet,
eine unternehmerische Mitbestimmung zu installieren.[19]

Die Gründung einer SE kann aber auch dann von dem Motiv der Mitbestim- 16
mung getragen werden, wenn die Leitungen der beteiligten Gesellschaften von
Anfang an befürchten, dass die Verhandlungen mit dem besonderen Verhandlungsgremium nicht erfolgreich verlaufen werden und keine Beteiligungsvereinbarung abgeschlossen werden wird. Denn bei der dann greifenden **gesetzlichen Auffanglösung** bleiben wie beim Abschluss einer Beteiligungsvereinbarung zwei Aspekte bestehen, welche die Gründung einer SE motivieren können.

Zum einen bleibt es nach Gründung der SE grundsätzlich bei der einmal ver- 17
einbarten oder gesetzlich angeordneten Mitbestimmung. Überschreitet also
bspw. eine mitbestimmungsfreie SE den Schwellenwert von 500 Arbeitnehmern, greift keine Drittelmitbestimmung. Ebenso wird die Gesellschaft auch
keiner paritätischen Mitbestimmung unterworfen, wenn sie die Schwelle von
2.000 Arbeitnehmern überschreitet. Die Beteiligung der Arbeitnehmer und
damit auch die unternehmerische **Mitbestimmung** werden „**eingefroren**".[20]
Die Wiederaufnahme von Verhandlungen ist jedoch möglich (§ 18 Abs. 1 und 2
SEBG). Zwingend ist sie nur, wenn eine strukturelle Änderung geplant ist, die
geeignet ist, Beteiligungsrechte der Arbeitnehmer zu mindern (§ 18 Abs. 3

---

18) Dies gilt gemäß § 21 Abs. 6 SEBG allerdings nicht im Fall der bloßen Umwandlung einer mitbestimmten AG in eine SE. Einzelheiten bei *Jacobs* in: MünchKomm-AktG, § 21 SEBG Rz. 20 ff.
19) Vgl. etwa *Seibt/Saame*, AnwBl. 2005, 225, 226 m. w. N.
20) S. etwa *Brandes*, ZIP 2008, 2193 f.; *Reichert* in: FS Hüffer, S. 805, 820; *Reichert*, Der Konzern 2006, 821, 824; *Thoma/Leuering*, NJW 2002, 1449, 1454.

Göthel

SEBG). Nach ganz überwiegender Auffassung fällt hierunter jedoch nicht der bloße Anstieg von Arbeitnehmerzahlen.[21]

18 Zum anderen gilt die für deutsche Gesellschaften vorgeschriebene Mindestgröße eines mitbestimmten Aufsichtsrats (§ 7 MitbestG) nicht für eine in Deutschland sitzende SE.[22] Nach § 40 Abs. 3 Satz 1 SE-VO wird die **Zahl der Aufsichtsratsmitglieder** durch die Satzung bestimmt. Nach h. A. ist sie nicht Gegenstand der Verhandlungen über die Beteiligung der Arbeitnehmer, sondern allein Sache des Satzungsgebers.[23] Ergänzend verlangt § 17 Abs. 1 SEAG zwar eine Mindestzahl von drei Mitgliedern, legt jedoch ebenso wenig wie das SEBG eine Mindestzahl für die mitbestimmte SE fest. Einzuhalten sind danach lediglich wie bei jeder SE bestimmte Höchstgrenzen, die abhängig sind vom Grundkapital der SE, sowie die Teilbarkeit durch drei.[24] Die an der Gründung der SE beteiligten Gesellschaften können daher bspw. bei einem Formwechsel von der Aktiengesellschaft in die SE einen bislang bestehenden Aufsichtsrat verkleinern und damit die Zahl der bisherigen Vertreter der Arbeitnehmer in diesem Organ verringern. Dies gilt auch dann, wenn bspw. die Verhandlungen über eine Beteiligung der Arbeitnehmer scheitern und als gesetzliche Auffanglösung die schon vorher bestehende paritätische Mitbestimmung erhalten bleibt. Denn § 35 SEBG schützt nicht die absolute Zahl der Arbeitnehmer-

---

21) *Oetker* in: Lutter/Hommelhoff, SE-Kommentar, § 18 SEBG Rz. 17; *Feuerborn* in: Köln-Komm-AktG, § 18 SEBG Rz. 23; *Jacobs* in: MünchKomm-AktG, § 18 SEBG Rz. 18; *Eberspächer* in: Spindler/Stilz, Art. 43 SE-VO Rz. 28; *Schwarz*, SE-VO, Einl. Rz. 253; *Kienast* in: Jannott/Frodermann, Kap. 13 Rz. 191; *Güntzel*, NZA 2005, 84, 91; *Krause*, BB 2005, 1221, 1228; *Müller-Bonanni/Melot de Beauregard*, GmbHR 2005, 195, 197 f.; *Wollburg/Banerjea*, ZIP 2005, 277, 282 f.; *Reichert* in: FS Hüffer, S. 805, 820; *Reichert* in: GS Gruson, S. 321, 334; *Seibt*, AG 2005, 413, 427; *Wisskirchen/Prinz*, DB 2004, 2638, 2642; einschränkend *Köstler* in: Theisen/Wenz, S. 331, 370 f.; *Nagel*, NZG 2004, 833, 839.

22) *Reichert/Brandes* in: MünchKomm-AktG, Art. 40 SE-VO Rz. 70; *Brandes*, ZIP 2008, 2193.

23) *Habersack*, AG 2006, 345, 350 ff.; *Habersack*, Der Konzern 2006, 105, 107; *Habersack*, ZHR 171 (2007), 613, 632 ff.; *Reichert*, Der Konzern 2006, 821, 824; *Paefgen* in: Köln-Komm-AktG, Art. 40 SE-VO Rz. 100, 103; *Reichert/Brandes* in: MünchKomm-AktG, Art. 40 SE-VO Rz. 70; *Feuerborn* in: KölnKomm-AktG, § 21 SEBG Rz. 52; *Jacobs* in: FS K. Schmidt, S. 795, 803 f.; *Austmann* in: MünchHdb-GesR, Bd. 4, § 85 Rz. 37; *Kallmeyer*, AG 2003, 197, 199; *Müller-Bonanni/Melot de Beauregard*, GmbHR 2005, 195, 197; *Rieble*, BB 2006, 2018, 2021; *Windbichler* in: FS Canaris, Bd. 2, S. 1423, 1428 ff.; a. A. *Oetker* in: Lutter/Hommelhoff, SE-Kommentar, § 12 SEBG Rz. 8 f.; *Oetker*, ZIP 2006, 1113 ff.; *Drygala* in: Lutter/Hommelhoff, SE-Kommentar, Art. 40 SE-VO Rz. 20; *Teichmann*, Der Konzern 2007, 89, 94 f.; *Schwarz*, SE-VO, Einl. Rz. 288; *Kienast* in: Jannott/Frodermann, Kap. 13 Rz. 386; *Manz* in: Manz/Mayer/Schröder, Art. 40 SE-VO Rz. 16; *Seibt*, AG 2005, 413, 422 f., nunmehr jedoch einschränkend in: Willemsen/Hohenstatt/Schweibert/Seibt, F Rz. 137d.

24) Gegen das Erfordernis eine Teilbarkeit durch drei allerdings LG Nürnberg-Fürth, AG 2010, 384; s. abl. *Forst*, AG 2010, 350; zust. *Seibt*, ZIP 2010, 1057; *Kiem*, Der Konzern 2010, 275 *(de lege ferenda)*.

vertreter, sondern nur das proportionale Verhältnis zwischen ihnen und den Anteilseignervertretern.[25]

Die Verkleinerung des Aufsichtsrats war bspw. bei der *BASF Aktiengesellschaft* 19 ein Motiv, wie sich aus der Präambel des Umwandlungsplans ergibt:

> „Die Rechtsform der Europäischen Gesellschaft bietet zudem die Chance, die Corporate-Governance-Struktur der BASF AG fortzuentwickeln und die Arbeit der Gesellschaftsorgane weiter zu optimieren. Die Möglichkeit einer Verkleinerung des Aufsichtsrats leistet dazu einen wichtigen Beitrag. Der Aufsichtsrat ist dabei weiterhin paritätisch zu besetzen, sodass die Hälfte der Mitglieder Arbeitnehmervertreter sein werden".

Die einmal festgelegte Größe des Aufsichtsrats bleibt auch bei steigenden Arbeitnehmerzahlen unverändert. Ein Überschreiten der in § 7 Abs. 1 MitbestG genannten Schwellen berührt den Aufsichtsrat einer SE nicht.[26] 20

Konkurrenz ist der Mitbestimmung als Motiv für die Wahl einer SE nunmehr 21 durch die zwischenzeitlich geregelte **grenzüberschreitende Verschmelzung** von europäischen Kapitalgesellschaften (§§ 122a ff. UmwG) erwachsen. Denn auch dort kann die Mitbestimmung Gegenstand von Verhandlungen werden. Der Gesetzgeber hat damit einen zweiten Weg für individuelle Lösungen eröffnet.[27]

III. Wahl des Leitungssystems

Ein weiteres wesentliches Motiv für die Gründung einer SE kann auch die 22 Möglichkeit sein, das Leitungssystem wählen zu können. Anders als bei der deutschen Aktiengesellschaft, die zwingend ein **dualistisches System** mit Aufsichtsrat und Vorstand verlangt, kann bei einer SE stattdessen ein Verwaltungs-

---

25) So die ganz h. M.: *Jacobs* in: MünchKomm-AktG, § 35 SEBG Rz. 9; *Jacobs* in: FS K. Schmidt, S. 795, 800; *Paefgen* in: KölnKomm-AktG, Art. 40 SE-VO Rz. 112; *Oetker* in: Lutter/Hommelhoff, SE-Kommentar, § 35 SEBG Rz. 8 f.; *Oetker* in: Lutter/Hommelhoff, Europäische Gesellschaft, S. 277, 306 ff.; *Kienast* in: Jannott/Frodermann, Kap. 13 Rz. 279; *Habersack* in: Ulmer/Habersack/Henssler, § 35 SEBG Rz. 6; *Habersack*, Der Konzern 2006, 105, 106 f.; *Habersack*, AG 2006, 345, 347; *Grobys*, NZA 2005, 84, 90; *Kleinmann/Kujath* in: Manz/Mayer/Schröder, Teil C § 35 SEBG Rz. 27; *Ihrig/Wagner*, BB 2004, 1749, 1755; *Müller-Bonanni/Melot de Beauregard*, GmbHR 2005, 195, 197; *Calle Lambach*, RIW 2005, 161, 167; *Teichmann*, BB 2004, 53, 56 (zur SE-RL); unentschieden *Krause*, BB 2005, 1221, 1226; a. A. *Güntzel*, S. 460; implizit auch *Wisskirchen/Prinz*, DB 2004, 2638, 2641 f.

26) *Reichert/Brandes* in: MünchKomm-AktG, Art. 40 SE-VO Rz. 70; implizit *Müller-Bonanni/Melot de Beauregard*, GmbHR 2005, 195, 197; *Kienast* in: Jannott/Frodermann, Kap. 13 Rz. 410.

27) Zu den Einzelheiten und Unterschieden etwa *Brandes*, ZIP 2008, 2193; *Krause/Janko*, BB 2007, 2194; *Müller-Bonanni/Müntefering*, BB 2009, 1699; ferner *Drinhausen/Keinath*, AG 2010, 398; *Teichmann*, Der Konzern 2007, 89; *Lunk/Hinrichs*, NZA 2007, 773; *Nagel*, NZG 2007, 57; zur grenzüberschreitenden Verschmelzung unter Beteiligung einer SE s. *Grambow*, Der Konzern 2009, 97.

rat eingesetzt werden (Art. 38 lit. b SE-VO).[28] Dieses **monistische System** kann für damit vertraute ausländische Beteiligte, wie etwa aus den USA oder Frankreich, gegenüber unserem zweistufigen Leitungsmodell vorzugswürdig sein.[29] Auch für inländische Beteiligte, die bislang als GmbH organisiert sind, kann das einstufige Modell attraktiv sein, weil sich mit der SE derselbe Zugang zum Kapitalmarkt öffnet wie mit der Aktiengesellschaft, aber das möglicherweise nicht gewünschte dualistische System vermieden werden kann.[30] Durch Satzungsänderung lässt sich auch nach Gründung der SE und damit der Entscheidung für ein System in das andere System wechseln.[31]

23 Der wesentliche **Vorteil** der **monistischen Struktur** wird in ihrer effizienteren Leitungsstruktur gesehen. Geschäftsführung und Kontrollgremium werden in einem Organ zusammengefasst (§ 22 Abs. 1 SEAG). Dem Verwaltungsrat selbst müssen zwar keine geschäftsführenden Direktoren angehören (vgl. § 40 Abs. 1 Satz 2 SEAG). Allerdings ist deren Beteiligung geeignet, den Informationsfluss zwischen Geschäftsführung und Kontrollgremium zu verbessern.[32]

24 Die monistische Struktur erlaubt zudem, die aus dem US-amerikanischen Raum bekannte mögliche starke Stellung eines „**chief executive officer**" (CEO) einzuführen. Angesprochen ist damit die in den USA vorzufindende Gestaltung, den CEO zugleich zum Vorsitzenden (*chairman*) des board of directors zu bestimmen.[33] Auf die SE bezogen ist damit die Möglichkeit gemeint, einen geschäftsführenden Direktor, der gleichzeitig Mitglied des Verwaltungsrats ist, zu dessen Vorsitzenden zu bestellen.[34] Dadurch werden Organvorsitz und Management vereint.[35] Diese Position kann noch dadurch gestärkt werden, dass dieser Person unter den geschäftsführenden Direktoren eine übergeordnete Stellung durch das Recht der alleinigen Entscheidung ein-

---

28) S. *Eidenmüller/Engert/Hornuf*, AG 2009, 845, 847, wonach bei einer telefonischen Befragung diese Wahlmöglichkeit als zweithäufigster Grund genannt wurde.

29) Zum Leitungsmodell in den USA *Merkt/Göthel*, US-amerikanisches Gesellschaftsrecht, Rz. 566 ff.; zum Leitungsmodell in Frankreich überblicksartig *Siems* in: KölnKomm-AktG, Vorb. Art. 43 SE-VO Rz. 10 ff. und *Teichmann* in: Lutter/Hommelhoff, SE-Kommentar, Art. 38 SE-VO Rz. 18 jeweils m. w. N.; eingehend *Arlt*, S. 75 ff.

30) *Lutter* in: Lutter/Hommelhoff, SE-Kommentar, Einl. SE-VO Rz. 34; *Paefgen* in: Köln-Komm-AktG, Art. 38 SE-VO Rz. 35; *Lutter/Kollmorgen/Feldhaus*, BB 2005, 2473, 2474.

31) S. etwa *Paefgen* in: KölnKomm-AktG, Art. 38 SE-VO Rz. 15; *Schwarz*, SE-VO, Art. 38 Rz. 10; *Reichert*, Der Konzern 2006, 821, 823 jeweils m. w. N.

32) *Lutter* in: Lutter/Hommelhoff, SE-Kommentar, Einl. SE-VO Rz. 34; *Siems* in: Köln-Komm-AktG, Vorb. Art. 43 SE-VO Rz. 24 mit zahlreichen Nachweisen.

33) Zum US-amerikanischen Recht *Merkt/Göthel*, US-amerikanisches Gesellschaftsrecht, Rz. 582.

34) *Teichmann* in: Lutter/Hommelhoff, SE-Kommentar, Art. 45 SE-VO Rz. 7; *Paefgen* in: KölnKomm-AktG, Art. 38 SE-VO Rz. 35; eingehend hierzu *Eder*, NZG 2004, 544.

35) *Teichmann* in: Lutter/Hommelhoff, SE-Kommentar, Anh. Art. 43 SE-VO (Art. 40 SEAG) Rz. 19.

B. Motive

geräumt wird.[36] Diese Gestaltungsmöglichkeit kann damit die Leitung einer Gesellschaft vereinfachen.

Gegen dieses Modell werden allerdings aus Sicht der **Unternehmenskontrolle** 25 Bedenken geäußert, weil es zu Interessenkonflikten führen kann.[37] Ist im Verwaltungsrat über ein möglicherweise pflichtwidriges Handeln eines geschäftsführenden Direktors zu entscheiden, wird der Verwaltungsrat unbefangener beraten können, wenn ihm keine geschäftsführende Direktoren angehören und der Vorsitzende des Verwaltungsrats damit nicht auch noch etwa zugleich ein herausgehobener geschäftsführender Direktor (dazu soeben Rz. 24) ist. Diese Situation stellt sich auch umgekehrt: Geschäftsführende Direktoren, die selbst Verwaltungsratsmitglieder sind, werden Weisungen des Verwaltungsrats weniger streng prüfen. Ebenso dürfte es für die hierfür zuständigen geschäftsführenden Direktoren schwieriger sein, etwaige Rechtsverstöße gegen Mitglieder des Verwaltungsrats zu verfolgen, wenn geschäftsführende Direktoren zugleich im Verwaltungsrat sitzen.[38] Daher wird das Modell mit der herausgehobenen Spitzenposition einer Person von seinen Kritikern allenfalls bei rein inhabergeführten Gesellschaften oder im Fall einer reinen Konzerngesellschaft, an der kein außenstehender Gesellschafter beteiligt ist, als vertretbar angesehen.[39]

Als Preis für die möglicherweise höhere Effizienz des monistischen Systems 26 gegenüber dem dualistischen Modell ist für die **geschäftsführenden Direktoren** der Verlust ihrer eigenverantwortlichen Leitungsbefugnisse zu nennen. Das rechtliche Verhältnis zwischen Verwaltungsrat und geschäftsführenden Direktoren ist nämlich von einem Über- und Unterordnungsverhältnis geprägt. Der Verwaltungsrat überwacht nicht nur, sondern ist letztverantwortlich für die Unternehmensleitung zuständig. Die geschäftsführenden Direktoren unterstehen dem Verwaltungsrat als oberste Unternehmensleitung. Sie sind hinsichtlich der Geschäftsführung dessen „*ausführende Gewalt*".[40] Im Innenverhältnis sind sie grundsätzlich verpflichtet, die Anweisungen und Beschränkungen zu beachten, welche die Satzung, der Verwaltungsrat, die Hauptversammlung und die Geschäftsordnungen des Verwaltungsrats und der geschäftsführenden Direkto-

---

36) *Teichmann* in: Lutter/Hommelhoff, SE-Kommentar, Anh. Art. 43 SE-VO (Art. 40 SEAG) Rz. 38; vgl. auch *Siems* in: KölnKomm-AktG, Anh. Art. 51 SE-VO (§ 40 SEAG) Rz. 63; *Bachmann*, ZGR 2008, 779, 789 mit zahlreichen Nachweisen.
37) S. z. B. *Frodermann* in: Jannott/Frodermann, Kap. 5 Rz. 159; *Gruber/Weller*, NZG 2003, 297, 300 f.
38) *Ihrig*, ZGR 2008, 809, 813.
39) *Ihrig*, ZGR 2008, 809, 813; in diese Richtung auch *Bachmann*, ZGR 2008, 779, 789 f.; s. a. *Frodermann* in: Jannott/Frodermann, Kap. 5 Rz. 159 f.; *Teichmann* in: Lutter/Hommelhoff, SE-Kommentar, Anh. Art. 43 SE-VO (§ 34 SEAG) Rz. 8 („nur für mittelständische Unternehmen geeignet").
40) Vgl. *Drinhausen* in: Van Hulle/Maul/Drinhausen, Abschn. 5 § 3 Rz. 22 ff.

ren für die Geschäftsführungsbefugnis getroffen haben (§ 44 Abs. 2 SEAG). Diese Regelung orientiert sich bewusst eng an § 37 Abs. 1 GmbHG.[41] Der Gesetzgeber wollte die Position des geschäftsführenden Direktors an diejenige des Geschäftsführers einer GmbH anlehnen.[42] Daher ist der Verwaltungsrat berechtigt, die geschäftsführenden Direktoren durch Beschluss hinsichtlich einzelner Geschäftsführungsentscheidungen anzuweisen.[43] Die geschäftsführenden Direktoren haben eine rechtmäßige Weisung selbst dann auszuführen, wenn der Beschluss hierzu nicht einvernehmlich oder – sofern sie Mitglieder des Verwaltungsrats sind – sogar gegen ihre Stimmen gefasst wurde. Verstärkt wird die Stellung des Verwaltungsrats noch dadurch, dass er, soweit die Satzung nichts anderes vorsieht, geschäftsführende Direktoren jederzeit und ohne besonderen Grund abberufen kann (§ 40 Abs. 5 SEAG). Damit ist die Stellung eines geschäftsführenden Direktors erheblich schwächer als die eines Vorstandsmitglieds.

27 Sollte vor Gründung der SE bereits absehbar sein, dass diese der **unternehmerischen Mitbestimmung** unterliegen wird, dürfte dies häufig gegen die Wahl der monistischen Struktur sprechen. Denn in diesem Fall würden die Vertreter der Arbeitnehmer statt in den nicht vorhandenen Aufsichtsrat in den Verwaltungsrat einziehen.[44] Sie würden damit anders als bisher nicht Mitglieder eines lediglich kontrollierenden, sondern eines gleichzeitig leitenden Organs.[45] Damit verbunden sind in sehr weitem Umfang nicht nur Leitungs-, sondern auch Informationsrechte (siehe Art. 44 Abs. 2 SE-VO), die man den Vertretern der Arbeitnehmer möglicherweise nicht zugestehen möchte.

IV. Grenzüberschreitende Sitzverlegung

28 Als weiterer Vorteil der SE gegenüber nationalen Gesellschaftsformen wird die Möglichkeit angesehen, den Satzungs- und Verwaltungssitz **identitätswahrend** über die Grenze verlegen zu können (siehe oben § 12 Rz. 52 ff.). Mit einer grenzüberschreitenden Sitzverlegung ändert sich allerdings das sekundär anwend-

---

41) Vgl. auch *Paefgen* in: KölnKomm-AktG, Art. 38 SE-VO Rz. 35.
42) Vgl. BT-Drucks. 15/3405, S. 39.
43) S. etwa *Siems* in: KölnKomm-AktG, Anh. Art. 51 SE-VO (§ 44 SEAG) Rz. 11; *Drinhausen* in: Van Hulle/Maul/Drinhausen, Abschn. 5 § 3 Rz. 23; *Teichmann* in: Lutter/Hommelhoff, SE-Kommentar, Anh. Art. 43 SE-VO (§ 44 SEAG) Rz. 8; *Schwarz*, SE-VO, Art. 43 Rz. 58.
44) S. *Paefgen* in: KölnKomm-AktG, Art. 38 SE-VO Rz. 34, 20; *Reichert/Brandes* in: MünchKomm-AktG, Art. 38 SE-VO Rz. 25; zu den Schwierigkeiten s. etwa *Gruber/Weller*, NZG 2003, 297, 299 ff.; *Reichert/Brandes*, ZGR 2003, 767, 790 ff.; vgl. auch *Henssler* in: FS Ulmer, S. 193, 208 ff.
45) S. für einen Überblick über Vorschläge, um den Einfluss der Arbeitnehmervertreter zu beschränken *Bachmann*, ZGR 2008, 779, 797 ff.

C. Rechtsquellen

bare nationale Gesellschaftsrecht, weil dieses nach Art. 9 Abs. 1 lit. c SE-VO stets das Recht des (Satzungs-)Sitzstaats ist.[46)]

V. Vereinfachung der Konzernstruktur

Schließlich wird als Motiv für eine SE-Gründung genannt, die Konzernstruktur vereinfachen und kostengünstiger gestalten zu können.[47)] Der Vorteil einer SE wird für europaweit tätige Unternehmen darin gesehen, in den gewünschten Mitgliedstaaten nicht mehr mit rechtlich selbständigen Tochtergesellschaften tätig werden zu müssen. Nunmehr genüge an der Konzernspitze eine SE, die über rechtlich **unselbständige Zweigniederlassungen** in den gewünschten Mitgliedstaaten handeln könne.[48)] Dies vereinfache die Unternehmensstruktur erheblich, weil der Fortfall von Tochtergesellschaften auch zum Fortfall mehrfacher Leitungs- und Verwaltungsstrukturen sowie Bilanzaufstellungspflichten führe.[49)] Damit einhergehend würden die Entscheidungsprozesse vereinfacht. All dies wiederum führe insgesamt zu Kosteneinsparungen. Allerdings ist zu bedenken, dass nationale Gesellschaften schon jetzt Zweigniederlassungen in anderen Mitgliedstaaten gründen können.[50)] Und unabhängig davon ist gerade dieses Motiv naturgemäß in besonderem Maße von der einzelnen Konzernstruktur abhängig und lässt sich kaum generell für die SE ins Feld führen.[51)]

29

C. Rechtsquellen

Die SE unterliegt einem Nebeneinander von EU-Recht und nationalem Recht. Die zentrale Rechtsquelle der SE ist die **SE-Verordnung**.[52)] Sie gilt in den Mit-

30

---

46) Näher zum Ganzen *Hunger* in: Jannott/Frodermann, Kap. 9 Rz. 1 ff.; vgl. auch *Casper/ Weller*, NZG 2009, 681 zu Reformvorschlägen bezüglich Art. 7 und 8 SE-VO vor dem Hintergrund der *Cartesio*-Entscheidung des EuGH (zu dieser Entscheidung s. o. § 6 Rz. 32 ff.).
47) *Blanquet*, ZGR 2002, 20, 34 f.; *Eidenmüller/Engert/Hornuf*, AG 2009, 845, 850 f.; *Reichert* in: GS Gruson, S. 321, 327 f.; *Lutter* in: Lutter/Hommelhoff, SE-Kommentar, Einl. SE-VO Rz. 39; *Schwarz*, SE-VO, Einl. Rz. 12 m. w. N.
48) *Lutter* in: Lutter/Hommelhoff, SE-Kommentar, Einl. SE-VO Rz. 39; *Schröder* in: Manz/Mayer/Schröder, Teil A Rz. 78; *Wenz*, AG 2003, 185, 187; *Kallmeyer*, AG 2003, 197, 202; krit. *Götz* in: Baums/Cahn, S. 152, 156 f.
49) *Reichert*, Der Konzern 2006, 821, 825; *Lutter* in: Lutter/Hommelhoff, SE-Kommentar, Einl. SE-VO Rz. 40; vgl. auch *Schwarz*, SE-VO, Einl. Rz. 12.
50) *Eidenmüller/Engert/Hornuf*, AG 2009, 845, 851 mit Verweis auf die Zweigniederlassungsrichtlinie.
51) *Götz* in: Baums/Cahn, S. 152, 157 verweist etwa zu Recht auf die fehlende Möglichkeit, bestimmte Risiken durch rechtlich selbständige Tochtergesellschaften abzuschirmen.
52) Verordnung (EG) Nr. 2157/2001 des Rates v. 8.10.2001 über das Statut der Europäischen Gesellschaft (SE), ABl. EU L 294/1 v. 10.11.2001. Vgl. zum Folgenden auch *Kübler* in: MünchKomm-AktG, Einf. Europ. Gesellschaft Rz. 20 ff.; *Hommelhoff* in: Lutter/ Hommelhoff, Europäische Gesellschaft, S. 5 ff.; *Wagner*, NZG 2002, 985; für eine graphische Darstellung s. *Theisen/Wenz* in: Theisen/Wenz, S. 1, 51.

§ 15 Europäische Gesellschaft (SE)

gliedstaaten unmittelbar und geht den anderen Rechtsquellen im Rang vor (Art. 9 Abs. 1 lit. a SE-VO; ebenso deklaratorisch § 1 SEAG).

31 Die SE-Verordnung ist jedoch nicht abschließend. Soweit sie Bereiche nicht oder erfasste Bereiche nur lückenhaft regelt, ist nach Art. 9 Abs. 1 lit. c, i SE-VO auf die an **zweiter Stelle** stehenden nationalen Vorschriften zurückzugreifen, welche in den Mitgliedstaaten speziell für die SE erlassen wurden. Im deutschen Recht ist dies das Gesetz zur Einführung der Europäischen Gesellschaft (SEEG) vom 22.12.2004.[53] Es besteht im Wesentlichen aus dem SE-Ausführungsgesetz (**SEAG**)[54] und dem SE-Beteiligungsgesetz (**SEBG**)[55]. Letzteres setzt die Richtlinie zur Ergänzung des Statuts der Europäischen Gesellschaft hinsichtlich der Beteiligung der Arbeitnehmer um.[56]

Auf der **nächsten Stufe** folgen die allgemein **auf nationale Aktiengesellschaften anwendbaren Rechtsvorschriften** des Sitzstaats der SE (Art. 9 Abs. 1 lit. c, ii SE-VO). Diese Generalverweisung auf aktienrechtliche Vorschriften wird allerdings verdrängt durch die Spezialverweisungen auf Rechtsvorschriften für Aktiengesellschaften, die sich in der SE-Verordnung verteilt finden (etwa Art. 15 Abs. 1, Art. 18 und Art. 53 SE-VO).

Auf der vierten und **letzten Stufe** stehen die **Satzungsregelungen** der SE nach Art. 9 Abs. 1 lit. c, iii SE-VO. Ob hierunter auch die in Art. 9 Abs. 1 lit. b SE-VO genannten Satzungsregelungen fallen oder diese eine eigenständige Rechtsquelle auf einer eigenen zweiten Stufe bilden, wird unterschiedlich beurteilt.[57]

32 Die **Generalverweisung** in Art. 9 Abs. 1 lit. c, ii SE-VO auf nationales Aktienrecht greift nur, wenn die SE-Verordnung lückenhaft ist. Eine **Lücke** allein reicht jedoch nicht. Hinzukommen muss, dass der Verordnungsgeber diese Lücke **planmäßig** gesetzt hat. Dies ist zu bejahen, wenn er es bewusst den Mitgliedstaaten überlassen will, den Bereich zu regeln. Findet sich in der SE-Verordnung jedoch eine planwidrige Lücke, indem zwar ein Bereich nicht oder

---

53) BGBl. I 2004, 3675 ff.
54) Gesetz zur Ausführung der Verordnung (EG) Nr. 2157/2001 des Rates v. 8.10.2001 über das Statut der Europäischen Gesellschaft (SE) (SE-Ausführungsgesetz – SEAG).
55) Gesetz über die Beteiligung der Arbeitnehmer in einer Europäischen Gesellschaft (SE-Beteiligungsgesetz – SEBG).
56) Richtlinie 2001/86/EG des Rates v. 8.10.2001 zur Ergänzung des Statuts der Europäischen Gesellschaft hinsichtlich der Beteiligung der Arbeitnehmer, ABl. EU L 294/22 v. 10.11.2001.
57) Gegen eine eigenständige Rechtsquelle innerhalb der Normenhierarchie *Schäfer* in: MünchKomm-AktG, Art. 9 SE-VO Rz. 22; *Casper* in: Spindler/Stilz, Art. 9 SE-VO Rz. 5; dafür *Austmann* in: MünchHdb-GesR, Bd. 4, § 82 Rz. 17; *Wagner*, NZG 2002, 985; zumindest eine eigene Prüfungsstufe in der Hierarchie bejahen *Hommelhoff/Teichmann* in: Lutter/Hommelhoff, SE-Kommentar, Art. 9 SE-VO (§ 1 SEAG) Rz. 39, 56; *Schwarz*, SE-VO, Einl. Rz. 61, 66; *Schröder* in: Manz/Mayer/Schröder, Art. 9 SE-VO Rz. 16; *Kuhn* in: Jannott/Frodermann, Kap. 2 Rz. 12 .

C. Rechtsquellen

unvollständig geregelt ist, dieser Bereich aber nicht den nationalen Rechten überlassen werden sollte, ist diese Lücke im Wege der Analogie zu schließen.[58]

Die Verweisungen in **Art. 9 Abs. 1 lit. c, i und ii SE-VO** sind nach einer starken h. A. keine Gesamtverweisungen, sondern **Sachnormverweisungen**. Sie verweisen damit direkt auf das nationale Sachrecht des Sitzstaats unter Ausschluss der Vorschriften des Internationalen Privatrechts.[59] Dies gilt ebenso grundsätzlich für die Spezialverweisungen.[60] Für eine Sachnormverweisung wird angeführt, die SE-Verordnung bestimme selbst unmittelbar das anwendbare Sachrecht; sie lege dies nicht in die Hände des Internationalen Privatrechts der Mitgliedstaaten.[61] Außerdem werde die Suche nach dem anwendbaren Recht unnötig erschwert, wenn das Internationale Privatrecht dazwischengeschaltet werde.[62] In der Praxis dürfte dieser Streit irrelevant bleiben, weil Art. 7 Satz 1 SE-VO einen Gleichlauf von Satzungssitz („*Sitz der SE*") und Sitz der Hauptverwaltung vorschreibt. Beide Sitze müssen in demselben Mitgliedstaat liegen. Das Kollisionsrecht des Mitgliedstaats wird die Verweisung des Art. 9 SE-VO auf sein Recht also stets annehmen, unabhängig davon, welcher der beiden Anknüpfungstheorien des Internationalen Gesellschaftsrechts – Sitz- oder Gründungstheorie – es folgt. Es wird damit dasselbe Ergebnis erzielt wie bei einem direkten Verweis auf das Sachrecht dieses Mitgliedstaats. Der Umweg über das Internationale Privatrecht ist daher unnötig.[63]

33

Unabhängig von dem Streit um Gesamt- oder Sachnormverweisung wird i. R. v. General- und Spezialverweisungen nicht nur auf das geschriebene Recht verwiesen, sondern auch auf sämtliche **ungeschriebenen Rechtsgrundsätze**

34

---

58) Eingehend dazu *Schwarz*, SE-VO, Einl. Rz. 85 ff. mit zahlreichen Nachweisen; *Hommelhoff/Teichmann* in: Lutter/Hommelhoff, SE-Kommentar, Art. 9 SE-VO (§ 1 SEAG) Rz. 50 f.; s. aber auch *Casper* in: FS Ulmer, S. 51 ff., insbes. S. 57 f. und *Schäfer* in: MünchKomm-AktG, Art. 9 SE-VO Rz. 15, die bei bestimmten Fallgestaltungen ein Analogieverbot annehmen.

59) *Casper* in: Spindler/Stilz, Art. 9 SE-VO Rz. 6; *Casper* in: FS Ulmer, S. 51, 65 f.; *Schwarz*, SE-VO, Einl. Rz. 128; *Schäfer* in: MünchKomm-AktG, Art. 9 SE-VO Rz. 3; *Austmann* in: MünchHdb-GesR, Bd. 4, § 82 Rz. 15; *Schwarz*, SE-VO, Einl. Rz. 128; *Wagner*, NZG 2002, 985, 989; *Brandt/Scheifele*, DStR 2002, 547, 553; *Lächler/Oplustil*, NZG 2005, 381, 383 f.; *Jaecks/Schönborn*, RIW 2003, 254, 256 f.; *Horn*, DB 2005, 147; *Scheifele*, S. 31; a. A. *Teichmann*, Binnenmarktkonformes Gesellschaftsrecht, S. 293 ff.; *Drinhausen/Teichmann* in: Van Hulle/Maul/Drinhausen, Abschn. 3 Rz. 12; *Hommelhoff/Teichmann* in: Lutter/Hommelhoff, SE-Kommentar, Art. 9 SE-VO (§ 1 SEAG) Rz. 28 ff. (für Art. 9 Abs. 1 lit. c, ii); *Schröder* in: Manz/Mayer/Schröder, Art. 9 SE-VO Rz. 23.

60) *Schäfer* in: MünchKomm-AktG, Art. 9 SE-VO Rz. 9 m. w. N., s. dort auch für einen Überblick über die Spezialverweisungen in der SE-Verordnung.

61) *Schwarz*, SE-VO, Einl. Rz. 128.

62) Vgl. *Hommelhoff/Teichmann* in: Lutter/Hommelhoff, SE-Kommentar, Art. 9 SE-VO (§ 1 SEAG) Rz. 27; *Schwarz*, SE-VO, Einl. Rz. 128.

63) Vgl. auch *Schäfer* in: MünchKomm-AktG, Art. 9 SE-VO Rz. 3; krit. *Lächler/Oplustil*, NZG 2005, 381, 384; rechtspolitisch zu einer möglichen Aufhebung des Art. 7 SE-VO *Casper*, ZHR 173 (2009), 181, 208 ff.

§ 15 Europäische Gesellschaft (SE)

und das **Richterrecht**,[64)] und zwar in seiner jeweils geltenden Fassung (dynamische Verweisung).[65)]

35 Die Verweisung in Art. 9 Abs. 1 lit. c, ii SE-VO ist auf das für die SE geltende Aktien- und Gesellschaftsrecht beschränkt. Der regelungsbedürftige Sachverhalt muss einen besonderen Bezug zur SE haben und darf **nicht** Gegenstand des **allgemeinen Verkehrsrechts** sein.[66)] Denn insoweit beansprucht die SE-Verordnung weder direkt noch indirekt durch Verweisung Geltung. Ausdrücklich ergibt sich dies aus dem Erwägungsgrund Nr. 20 für die Bereiche Steuerrecht, Wettbewerbsrecht, gewerblicher Rechtsschutz und Insolvenzrecht. Diese nur beispielhafte Aufzählung lässt sich etwa um die Bereiche Vertrags- und Deliktsrecht sowie allgemeines Handelsrecht ergänzen.[67)] Welches allgemeine Verkehrsrecht eines Staats im Einzelfall anwendbar ist, ergibt sich aus den allgemeinen Regeln des **Internationalen Privatrechts**.

D. Einsatzmöglichkeiten bei Unternehmenszusammenschlüssen

I. Einleitung

36 Die Möglichkeiten zur Gründung einer Europäischen Gesellschaft sind in Art. 2 SE-VO erschöpfend aufgeführt.[68)] Danach kann eine SE wie folgt entstehen:

- **Verschmelzung**: Gründung einer SE durch Verschmelzung von mindestens zwei Aktiengesellschaften, sofern mindestens zwei von ihnen aus verschiedenen Mitgliedstaaten stammen (Art. 2 Abs. 1 SE-VO).

- **Holding-SE**: Gründung einer Holding-SE durch mindestens zwei Kapitalgesellschaften, sofern mindestens zwei von ihnen aus verschiedenen Mitgliedstaaten stammen oder seit mindestens zwei Jahren eine europäische Tochtergesellschaft oder Zweigniederlassung außerhalb ihres Mitgliedstaats haben (Art. 2 Abs. 2 SE-VO).

---

64) *Casper* in: Spindler/Stilz, Art. 9 SE-VO Rz. 15; *Hommelhoff/Teichmann* in: Lutter/Hommelhoff, SE-Kommentar, Art. 9 (§ 1 SEAG) Rz. 55; *Schäfer* in: MünchKomm-AktG, Art. 9 SE-VO Rz. 18 m. w. N.

65) *Casper* in: Spindler/Stilz, Art. 9 SE-VO Rz. 15; *Casper* in: FS Ulmer, S. 51, 65; *Hommelhoff/Teichmann* in: Lutter/Hommelhoff, SE-Kommentar, Art. 9 SE-VO (§ 1 SEAG) Rz. 55; *Schwarz*, SE-VO, Einl. Rz. 133; *Lächler/Oplustil*, NZG 2005, 381, 385; *Brandt/Scheifele*, DStR 2002, 547, 553.

66) *Casper* in: Spindler/Stilz, Art. 9 SE-VO Rz. 11; *Schäfer* in: MünchKomm-AktG, Art. 9 SE-VO Rz. 3; s. a. *Kuhn* in: Jannott/Frodermann, Kap. 2 Rz. 23.

67) Vgl. etwa *Brandt/Scheifele*, DStR 2002, 547, 549 (allgemeines Schuldrecht); *Casper* in: FS Ulmer, S. 51, 66 (Handelsrecht); i. E. ähnlich *Schröder* in: Manz/Mayer/Schröder, Art. 9 SE-VO Rz. 26 f.; zu den Grenzbereichen Konzernrecht, Mitbestimmungsrecht und Kapitalmarktrecht s. etwa *Casper* in: Spindler/Stilz, Art. 9 SE-VO Rz. 12 ff.

68) S. nur *Bayer* in: Lutter/Hommelhoff, SE-Kommentar, Art. 2 SE-VO Rz. 1 f.

D. Einsatzmöglichkeiten bei Unternehmenszusammenschlüssen

- **Tochter-SE:** Gründung einer Tochter-SE durch mindestens zwei juristische Personen, von denen mindestens zwei aus verschiedenen Mitgliedstaaten stammen oder seit mindestens zwei Jahren eine europäische Tochtergesellschaft oder Zweigniederlassung außerhalb ihres Mitgliedstaats haben (Art. 2 Abs. 3 SE-VO).

- **Formwechsel:** Gründung einer SE, indem eine Aktiengesellschaft formwechselnd in eine SE umgewandelt wird, sofern sie seit mindestens zwei Jahren eine europäische Tochtergesellschaft außerhalb ihres Mitgliedstaats hat (Art. 2 Abs. 4 SE-VO).

Alle Gründungsformen der SE können bei grenzüberschreitenden Zusammenschlüssen eine wichtige Rolle einnehmen. So kann die Gründung einer Tochter-SE bspw. für Unternehmen interessant sein, die sich nicht vollständig, sondern nur in bestimmten operativen Bereichen zu einem Joint Venture zusammenschließen wollen.[69] Und die Gründung einer SE durch Formwechsel kann sich etwa einem grenzüberschreitenden Unternehmenskauf im Wege eines Asset Deal anschließen, um der Erwerbergesellschaft ein europäisches Gepräge zu geben. Im Mittelpunkt grenzüberschreitender Zusammenschlüsse steht jedoch die Gründung der SE durch Verschmelzung oder die Gründung einer Holding-SE. 37

Hierbei kann die **Verschmelzung** zu einer SE gegenüber der Wahl einer **Holding-SE** vorteilhaft sein. Bei einer Verschmelzung werden sämtliche Gesellschafter der beteiligten Gründungsgesellschaften Aktionäre der SE (Art. 29 Abs. 1 lit. c und Abs. 2 lit. b SE-VO). Damit bleiben keine Minderheitsgesellschafter auf unteren Konzernebenen zurück. Bei der Gründung einer Holding-SE kann dieses möglicherweise unerwünschte Ergebnis jedoch eintreten. Denn Gesellschafter, die sich nicht dazu entschließen, ihre Geschäftsanteile an den Gründungsgesellschaften in die SE einzubringen, bleiben Gesellschafter dieser jeweiligen Gesellschaften. Ihre Anteile werden nicht mit der Eintragung der SE in Aktien der SE umgetauscht (vgl. Art. 33 Abs. 4 SE-VO). Die Gründungsgesellschaften bestehen auf den unteren Konzernebenen fort (Art. 32 Abs. 1 Satz 2 SE-VO) und mit ihnen die Minderheitsgesellschafter. Freilich kann durch anschließende Umstrukturierungsmaßnahmen, wie etwa eine Aufwärtsverschmelzung oder ein Squeeze-out, das Ergebnis einer Verschmelzung erreicht werden, sofern solche Maßnahmen rechtlich möglich sind.[70] 38

---

69) *Wenz* in: Van Hulle/Maul/Drinhausen, Abschn. 1 Rz. 49; *Paefgen* in: KölnKomm-AktG, Art. 35 SE-VO Rz. 11.
70) *Brandes*, AG 2005, 177, 178; *Drinhausen* in: Van Hulle/Maul/Drinhausen, Abschn. 4 § 3 Rz. 40.

§ 15 Europäische Gesellschaft (SE)

39 Im Folgenden sollen in gedrängter Form die wesentlichen Grundsätze und Schritte zur Bildung einer SE durch Verschmelzung und zur Gründung einer Holding-SE dargestellt werden.[71)]

II. Verschmelzung

1. Einleitung

40 Die Gründung einer SE durch Verschmelzung ist in der SE-Verordnung wesentlich ausführlicher geregelt als die anderen Gründungsarten. Dennoch gibt es in den maßgeblichen **Art. 17 bis 31 SE-VO** Lücken, die durch Rückgriff auf nationales Recht geschlossen werden müssen. So verweist **Art. 15 Abs. 1 SE-VO** für sämtliche Spielarten einer Gründung auf das für Aktiengesellschaften geltende Recht des Staats, in dem die SE ihren Sitz begründet. Hierbei handelt es sich um eine Sachnormverweisung.[72)] Speziell für die Gründung durch Verschmelzung verweist **Art. 18 SE-VO** für jede Gründungsgesellschaft auf diejenigen Vorschriften zur Verschmelzung von Aktiengesellschaften, die in dem auf sie anwendbaren nationalen Recht für solche Verschmelzungen gelten. Aus dem deutschen Sachrecht sind damit insbesondere alle Vorschriften erfasst, die für die Verschmelzung deutscher Aktiengesellschaften gelten, unabhängig davon, ob sie im Umwandlungsgesetz oder im Aktiengesetz verankert sind.[73)] Art. 18 SE-VO ist nach h. A. allerdings keine Sachnorm-, sondern eine Gesamtverweisung. Verwiesen wird damit auf das gesamte Recht des jeweiligen Mitgliedstaats, einschließlich der Regeln des Internationalen Privatrechts.[74)] Schließlich finden sich spezielle nationale Regelungen zur Gründung einer SE durch Verschmelzung in den **§§ 5–8 SEAG**.

41 Das Gründungsverfahren entspricht weitgehend dem Verfahren für die grenzüberschreitende Verschmelzung von Kapitalgesellschaften nach den §§ 122a ff. UmwG (dazu oben § 13 Rz. 36 ff.). Nicht nur durch den Verweis auf die Rechte der beteiligten Mitgliedstaaten nach Art. 18 SE-VO gibt es außerdem starke Ähnlichkeiten zur rein nationalen Verschmelzung. Wie bei nationalen Verschmelzun-

---

71) Zur Gründung einer Tochter-SE s. etwa *Bayer* in: Lutter/Hommelhoff, SE-Kommentar, Art. 36 SE-VO Rz. 1 ff.; *Waclawik*, DB 2006, 1827; eingehend *Zöllter-Petzoldt*, passim; zum Formwechsel s. *Seibt* in: Lutter/Hommelhoff, SE-Kommentar, Art. 37 SE-VO Rz. 1 ff.; *Kowalski*, DB 2007, 2243; *Seibt/Reinhard*, Der Konzern 2005, 407.

72) *Bayer* in: Lutter/Hommelhoff, SE-Kommentar, Art. 15 SE-VO Rz. 5; *Schäfer in:* MünchKomm-AktG, Art. 15 SE-VO Rz. 4; *Schwarz*, SE-VO, Art. 15 Rz. 7; *Casper* in: Spindler/Stilz, Art. 15 SE-VO Rz. 5; anders wohl *Teichmann*, ZGR 2002, 383, 396 f.

73) *Bayer* in: Lutter/Hommelhoff, SE-Kommentar, Art. 18 SE-VO Rz. 6; *Casper* in: Spindler/Stilz, Art. 18 SE-VO Rz. 2; *Schäfer* in: MünchKomm-AktG, Art. 18 SE-VO Rz. 2 f.

74) *Bayer* in: Lutter/Hommelhoff, SE-Kommentar, Art. 18 SE-VO Rz. 4; *Casper* in: Spindler/Stilz, Art. 18 SE-VO Rz. 1; *Schäfer* in: MünchKomm-AktG, Art. 18 SE-VO Rz. 2; *Teichmann* in: Van Hulle/Maul/Drinhausen, Abschn. 4 § 2 Rz. 14; *Schröder* in: Manz/Mayer/Schröder, Art. 18 Rz. 7; *Schwarz*, SE-VO, Art. 18 Rz. 7, 21; *Scheifele*, S. 43; a. A. *Fuchs*, Gründung, S. 61; *Menjucq*, Revue des sociétés 2002, 225, 234.

D. Einsatzmöglichkeiten bei Unternehmenszusammenschlüssen

gen in § 2 UmwG ausdrücklich vorgesehen und für grenzüberschreitende Verschmelzungen nach den §§ 122a ff. UmwG anerkannt, lässt sich eine SE im Wege einer Verschmelzung **durch Aufnahme** oder eine Verschmelzung **durch Neugründung** bilden. Bei einer Verschmelzung durch Aufnahme nimmt die aufnehmende Gesellschaft die Rechtsform der SE an. Bei einer Verschmelzung durch Neugründung ist dies die neu gegründete Gesellschaft (Art. 17 Abs. 2 SE-VO).

Die Gründung einer Europäischen Gesellschaft durch Verschmelzung stellt sich in ihren Grundzügen wie folgt dar:

2. Verschmelzungsfähige Gesellschaften

Als verschmelzungsfähige Gesellschaften kommen nach den Art. 17 Abs. 1, Art. 2 Abs.1 SE-VO nur **Aktiengesellschaften** i. S. d. Anhangs I der SE-Verordnung in Betracht. Für Deutschland ist dort nur die Aktiengesellschaft genannt. Nicht verschmelzungsfähig sind daher die KGaA oder die GmbH. Die SE ist als eine der Aktiengesellschaft gleichgestellte Gesellschaftsform (Art. 3 Abs. 1 SE-VO) verschmelzungsfähig, allerdings nach umstrittener Ansicht nur, sofern sie übertragender Rechtsträger ist.[75] Im Übrigen nennt der Anhang I bspw. für Frankreich und Luxemburg die jeweilige *société anonyme* und für das Vereinigte Königreich die *public company limited by shares* sowie die *public company limited by guarantee having a share capital*. Die an der Verschmelzung beteiligten Aktiengesellschaften müssen nach dem Recht eines Mitgliedstaats gegründet worden sein, ihren Sitz sowie ihre Hauptverwaltung in der Union haben, und mindestens zwei von ihnen müssen dem Recht verschiedener Mitgliedstaaten unterliegen (Art. 2 Abs. 1 SE-VO).

42

3. Verschmelzungsplan

Nach Art. 20 Abs. 1 SE-VO stellen die Leitungs- oder Verwaltungsorgane der beteiligten Gesellschaften einen Verschmelzungsplan auf. Dieser **Verschmelzungsplan** ist gleichbedeutend mit dem aus innerstaatlichen Verschmelzungen bekannten Verschmelzungsvertrag. Häufig mögen die Parteien freiwillig im Vorfeld einen **zusätzlichen Verschmelzungsvertrag** oder ein sog. *business combination agreement* schließen, um sich wechselseitig zu binden.[76] Umstritten ist, ob die Gesellschaften einen einzigen gemeinsamen Plan aufstellen müssen oder je-

43

---

75) *Jannott* in: Jannott/Frodermann, Kap. 3 Rz. 6 Fn. 16 (Art. 2 Abs. 1 SE-VO verlange, dass die SE durch die Verschmelzung gegründet werde und damit eine neue SE entstehe); *Austmann* in: MünchHdb-GesR, Bd. 4, § 83 Rz. 1; differenzierend *Kallmeyer*, AG 2003, 197, 199; a. A. *Bayer* in: Lutter/Hommelhoff, SE-Kommentar, Art. 3 SE-VO Rz. 15; *Schwarz*, SE-VO, Art. 3 Rz. 15; *Kalss* in: Kalss/Hügel, Vor § 17 SEG – Gründung der SE Rz. 13; *Marsch-Barner* in: FS Happ, S. 165, 173; implizit auch *Casper* in: Spindler/Stilz, Art. 17 SE-VO Rz. 7.
76) *Bayer* in: Lutter/Hommelhoff, SE-Kommentar, Art. 20 SE-VO Rz. 4; *Marsch-Barner* in: Kallmeyer, Anh. Rz. 17; *Brandes*, AG 2005, 177, 181 jeweils m. w. N.; grundsätzlich zum *business combination agreement Decher* in: FS Hüffer, S. 145.

§ 15 Europäische Gesellschaft (SE)

weils gleichlautende Pläne aufstellen dürfen.[77] Der Wortlaut des Art. 20 Abs. 1 Satz 1 SE-VO spricht für einen einzigen Verschmelzungsplan.[78] Die im Verschmelzungsplan erforderlichen Angaben sind in Art. 20 Abs. 1 Satz 2 SE-VO genannt, Erleichterungen bei konzerninternen Aufwärtsverschmelzungen in Art. 31 Abs. 1 SE-VO. Die **Satzung** der SE bildet einen Bestandteil des Verschmelzungsplans (Art. 20 Abs. 1 lit. h SE-VO). Gegebenenfalls ist zwingend ein Barabfindungsangebot aufzunehmen (Art. 24 Abs. 2 SE-VO i. V. m. § 7 SEAG). Die Gesellschaften können freiwillig weitere Angaben machen (Art. 20 Abs. 2SE-VO).

44 Der Verschmelzungsplan ist dem zuständigen Betriebsrat der beteiligten deutschen Aktiengesellschaft spätestens einen Monat vor deren Hauptversammlung **zuzuleiten** (Art. 18 SE-VO i. V. m. § 5 Abs. 3 UmwG).[79]

45 Nicht geregelt ist, in welcher **Sprache** der Verschmelzungsplan abzufassen ist. Aus deutscher Sicht muss er jedenfalls in deutscher Sprache vorliegen, damit er beim Handelsregister eingereicht werden kann (vgl. Art. 25 Abs. 1 SE-VO, § 16 UmwG, § 488 Abs. 3 FamFG i. V. m. § 184 GVG). Für die Praxis ist zu empfehlen, eine mehrsprachige Fassung zu erstellen, bei der die Sprachen aller beteiligten Gesellschaften berücksichtigt werden.[80]

46 Ist an der Verschmelzung eine deutsche Aktiengesellschaft beteiligt, ist der Verschmelzungsplan nach h. A. **notariell zu beurkunden**. Dies ergibt sich nicht aus einer Formvorschrift in der SE-Verordnung, sondern aus Art. 18 SE-VO i. V. m. § 6 UmwG.[81] Beurkundungen im Ausland sind nur dann ausreichend, wenn diese den vom BGH aufgestellten Grundsatz der Gleichwertigkeit

---

77) Für einen gemeinsamen Plan: *Schwarz*, SE-VO, Art. 20 Rz. 10; *Scheifele*, S. 141 f.; *Schröder* in: Manz/Mayer/Schröder, Art. 20 SE-VO Rz. 1; *Jannott*, in Jannott/Frodermann, Kap. 3 Rz. 37; wohl auch *Teichmann* in: Van Hulle/Maul/Drinhausen, Abschn. 4 § 2 Rz. 30; dagegen *Bayer* in: Lutter/Hommelhoff, SE-Kommentar, Art. 20 SE-VO Rz. 2; *Marsch-Barner* in: Kallmeyer, Anh. Rz. 16; *Casper* in: Spindler/Stilz, Art. 20 SE-VO Rz. 2; *Heckschen*, DNotZ 2003, 251, 257; wohl auch *Schäfer* in: MünchKomm-AktG, Art. 20 SE-VO Rz. 1.

78) *Scheifele*, S. 141; *Schwarz*, SE-VO, Art. 20 Rz. 10.

79) *Teichmann*, ZGR 2002, 383, 421; *Teichmann* in: Van Hulle/Maul/Drinhausen, Abschn. 4 § 2 Rz. 48; *Schäfer* in: MünchKomm-AktG, Art. 20 SE-VO Rz. 10; *Jannott* in: Jannott/Frodermann, Kap. 3 Rz. 52 ff.

80) *Bayer* in: Lutter/Hommelhoff, SE-Kommentar, Art. 20 SE-VO Rz. 10; *Schäfer* in: MünchKomm-AktG, Art. 20 SE-VO Rz. 5; *Schröder* in: Manz/Mayer/Schröder, Art. 20 SE-VO Rz. 11.

81) *Bayer* in: Lutter/Hommelhoff, SE-Kommentar, Art. 20 SE-VO Rz. 7; *Casper* in: Spindler/Stilz, Art. 20 SE-VO Rz. 6; *Schäfer* in: MünchKomm-AktG, Art. 20 SE-VO Rz. 6; *Schwarz*, SE-VO, Art. 20 Rz. 51; *Marsch-Barner* in: Kallmeyer, Anh. Rz. 19; *Jannott* in: Jannott/Frodermann, Kap. 3 Rz. 38; *Teichmann* in: Van Hulle/Maul/Drinhausen, Abschn. 4 § 2 Rz. 47 jeweils m. w. N; krit. *Brandes*, AG 2005, 177, 182; a. A. *Schulz/Geismer*, DStR 2001, 1078, 1080.

D. Einsatzmöglichkeiten bei Unternehmenszusammenschlüssen

erfüllen (vgl. dazu oben § 7 Rz. 31 f.).[82] Eine geplante Auslandsbeurkundung sollte in der Praxis vorher mit dem zuständigen Registergericht abgestimmt werden, um keine unliebsame Überraschung zu erleben. Verlangen die nationalen Rechte der anderen beteiligten Gesellschaften eine strengere oder abweichende Form, ist auch diese zu erfüllen.[83]

4. Schlussbilanzen und Unternehmensbewertungen

Daneben sind für übertragende deutsche Gesellschaften Schlussbilanzen aufzustellen (Art. 18 SE-VO i. V. m. § 17 Abs. 2 UmwG).[84] Außerdem sind möglicherweise Unternehmensbewertungen der beteiligten Gesellschaften durchzuführen, um etwa Umtauschverhältnisse oder die angemessene Höhe von Barabfindungsangeboten ermitteln zu können.[85]   47

5. Verschmelzungsbericht

Die SE-Verordnung selbst verpflichtet die beteiligten Gesellschaften nicht dazu, einen Verschmelzungsbericht zu erstellen. Allerdings gilt für beteiligte deutsche Gesellschaften über Art. 18 SE-VO die Berichtspflicht des § 8 Abs. 1 UmwG. Damit ist aber auch § 8 Abs. 3 Satz 1 UmwG anwendbar, sodass der Bericht entbehrlich ist, wenn alle Aktionäre aller Gründungsgesellschaften hierauf **verzichten**. Nach bestrittener Ansicht ist ein Verzicht unzureichend, wenn ihn nur die Aktionäre der beteiligten deutschen Gesellschaften aussprechen.[86] Die Verzichtserklärungen sind gemäß § 8 Abs. 3 Satz 2 UmwG notariell zu beurkunden. Daneben ist ein Verschmelzungsbericht entbehrlich,   48

---

82) *Schäfer* in: MünchKomm-AktG, Art. 20 SE-VO Rz. 6; weniger streng wegen der Supranationalität der Rechtsform der SE *Bayer* in: Lutter/Hommelhoff, SE-Kommentar, Art. 20 SE-VO Rz. 8; *Jannott* in: Jannott/Frodermann, Kap. 3 Rz. 38; *Schwarz*, SE-VO, Art. 20 Rz. 53.

83) *Scheifele*, S. 174 f.; in diese Richtung auch *Marsch-Barner* in: Kallmeyer, Anh. Rz. 19; *Casper* in: Spindler/Stilz, Art. 20 SE-VO Rz. 6; vgl. auch *Teichmann* in: Van Hulle/Maul/Drinhausen, Abschn. 4 § 2 Rz. 47.

84) *Jannott* in: Jannott/Frodermann, Kap. 3 Rz. 34; *Neun* in: Theisen/Wenz, S. 57, 80.

85) S. z. B. *Teichmann* in: Van Hulle/Maul/Drinhausen, Abschn. 4 § 2 Rz. 4; näher *Neun* in: Theisen/Wenz, S. 57, 81 ff. und *Großfeld*, NZG 2002, 353.

86) *Jannott* in: Jannott/Frodermann, Kap. 3 Rz. 58; *Austmann* in: MünchHdb-GesR, Bd. 4, § 83 Rz. 16 (nach beiden Ansichten bleibt in diesem Fall die Berichtspflicht auch für Vorstände der deutschen beteiligten Aktiengesellschaften bestehen); ebenso *Schröder* in: Manz/Mayer/Schröder, Art. 20 SE-VO Rz. 45; *Walden/Meyer-Landrut*, DB 2005, 2119, 2126 f; a. A. *Bayer* in: Lutter/Hommelhoff, SE-Kommentar, Art. 20 SE-VO Rz. 34 m. w. N.; *Bayer* in: Lutter/Hommelhoff, Europäische Gesellschaft, S. 25, 40; *Teichmann* in: Van Hulle/Maul/Drinhausen, Abschn. 4 § 2 Rz. 51 (Verzicht nur der deutschen Aktionäre befreit zwar nicht andere beteiligte Gesellschaften von dem Berichtspflicht, wohl aber die beteiligte deutsche Gesellschaft); ebenso *Schäfer* in: MünchKomm-AktG, Art. 22 SE-VO Rz. 15; *Schwarz*, SE-VO, Art. 20 Rz. 61; *Marsch-Barner* in: Kallmeyer, Anh. Rz. 49; *Scheifele*, S. 180 f.; *J. Schmidt*, S. 189; *Vossius*, ZIP 2005, 741, 743 Fn. 25; i. E. auch *Neun* in: Theisen/Wenz, S. 57, 99.

wenn eine Tochtergesellschaft auf ihre alleinige Muttergesellschaft verschmolzen wird (Art. 18 SE-VO i. V. m. § 8 Abs. 3 Satz 1 UmwG).[87]

6. Verschmelzungsprüfung

49 Der Verschmelzungsplan ist nach Art. 18 SE-VO i. V. m. §§ 9–12 UmwG zu prüfen.[88] Die Prüfung durch einen gemeinsamen Prüfer ist zulässig (Art. 22 Satz 1 SE-VO ergänzend zu § 10 Abs. 1 Satz 2 UmwG). Eine Prüfung ist **entbehrlich**, wenn alle Anteilsinhaber aller beteiligten Rechtsträger hierauf verzichten oder alle Anteile des übertragenden Rechtsträgers in der Hand des übernehmenden Rechtsträgers sind;[89] die Verzichtserklärungen der Aktionäre der deutschen Gesellschaften sind notariell zu beurkunden (Art. 18 SE-VO i. V. m. §§ 9 Abs. 3, 8 Abs. 3 UmwG). Ist eine Prüfung erforderlich, muss der Bericht hierüber den Aktionären von der Einberufung der Hauptversammlung an, die nach Art. 23 Abs. 1 SE-VO über den Verschmelzungsplan beschließen soll, zur Einsicht ausliegen (Art. 18 SE-VO i. V. m. § 63 Abs. 1 Nr. 5 UmwG).[90]

7. Einreichung und Bekanntmachung

50 Die an der Verschmelzung beteiligten deutschen Gesellschaften haben den Verschmelzungsplan oder seinen Entwurf vor Einberufung der Hauptversammlung, die nach Art. 23 Abs. 1 SE-VO über den Verschmelzungsplan beschließen soll, zum deutschen **Handelsregister** einzureichen (Art. 18 SE-VO i. V. m. § 61 Satz 1 UmwG). Gleichzeitig sind dem Register die nach Art. 21 SE-VO bekannt zu machenden Angaben mitzuteilen (§ 5 SEAG). Das Handelsregister macht dann diese Angaben zusammen mit dem Hinweis, dass der Verschmelzungsplan oder sein Entwurf eingereicht worden ist, in elektronischer Form (§ 10 HGB) bekannt (§ 5 Satz 2 SEAG). Auf diese Bekanntmachung kann nicht verzichtet werden.[91]

8. Arbeitnehmerbeteiligung

51 Die Leitungen der an der Verschmelzung zur SE beteiligten deutschen Gesellschaften haben die Arbeitnehmervertretungen oder ersatzweise die Arbeitnehmer in den beteiligten Gesellschaften, betroffenen Tochtergesellschaften

---

87) Vgl. nur *Bayer* in: Lutter/Hommelhoff, SE-Kommentar, Art. 20 SE-VO Rz. 32; *Schwarz*, SE-VO, Art. 31 Rz. 16 jeweils m. w. N.

88) *Austmann* in: MünchHdb-GesR, Bd. 4, § 83 Rz. 17; *Bayer* in: Lutter/Hommelhoff, SE-Kommentar, Art. 22 SE-VO Rz. 3 m. w. N.; näher *Jannott* in: Jannott/Frodermann, Kap. 3 Rz. 59 ff.; ausführlich *Scheifele*, S. 191 ff.

89) Vgl. nur *Bayer* in: Lutter/Hommelhoff, SE-Kommentar, Art. 22 SE-VO Rz. 18 f. m. w. N.

90) Zur Frage der Entbehrlichkeit oder Erforderlichkeit von Gründungsprüfungen und Gründungsberichten nach den §§ 32 bis 35 AktG s. *Jannott* in: Jannott/Frodermann, Kap. 3 Rz. 89–91; *Schäfer* in: MünchKomm-AktG, Art. 21 SE-VO Rz. 40; *Scheifele*, S. 256.

91) *Bayer* in: Lutter/Hommelhoff, SE-Kommentar, Art. 21 SE-VO (§ 5 SEAG) Rz. 2; *Schwarz*, SE-VO, Art. 21 Rz. 20.

D. Einsatzmöglichkeiten bei Unternehmenszusammenschlüssen

und betroffenen Betrieben unverzüglich nach der Offenlegung (Bekanntmachung) des Verschmelzungsplans über das Gründungsvorhaben zu informieren (§ 4 Abs. 2 SEBG).[92] Der Mindestinhalt der **Information** ist in § 4 Abs. 3 SEBG festgelegt. Gleichzeitig ergeht die **Aufforderung**, ein besonderes Verhandlungsgremium zu bilden. Es hat die Aufgabe, in den nachfolgenden Verhandlungen mit den Leitungen eine schriftliche Vereinbarung über die Beteiligung der Arbeitnehmer in der SE abzuschließen (§ 4 Abs. 1 SEBG) (siehe oben Rz. 13 ff. und § 10 Rz. 53 ff.)[93]

9. Hauptversammlungsbeschlüsse

Wie bei inländischen Verschmelzungen müssen die Hauptversammlungen der sich verschmelzenden Gesellschaften der Verschmelzung zustimmen. Die Zustimmung erfolgt zum Verschmelzungsplan (Art. 23 Abs. 1 SE-VO). Über Art. 18 SE-VO gelten für die beteiligten deutschen Gesellschaften die §§ 63 ff. und 73 ff. UmwG sowie §§ 121 ff. AktG.[94] Erforderlich ist eine Mehrheit von mindestens 75 % des bei der Beschlussfassung vertretenen Grundkapitals (Art. 18 SE-VO i. V. m. § 65 UmwG). Anders als bei einer gewöhnlichen nationalen Aufwärtsverschmelzung ist ein Beschluss der Hauptversammlung der übernehmenden Gesellschaft **nicht** nach § 62 Abs. 1 UmwG **entbehrlich**, wenn die übernehmende Gesellschaft bereits mindestens 90 % des Grundkapitals der übertragenden Gesellschaft hält. Denn nach h. A. geht Art. 23 Abs. 1 SE-VO dem § 62 UmwG vor.[95]

52

Nach Art. 23 Abs. 2 Satz 2 SE-VO können sich die Hauptversammlungen der beteiligten Gesellschaften das **Recht vorbehalten**, die Eintragung der SE davon

53

---

92) Zum Geltungsbereich des SEBG s. § 3 SEBG.
93) Näher zum Ganzen *Oetker* in: Lutter/Hommelhoff, SE-Kommentar, § 21 SEBG Rz. 1 ff., 19 ff.; *Oetker* in: FS Konzen, S. 635, 645 ff.; *Jacobs* in: MünchKomm-AktG, § 21 SEBG Rz. 9 ff.; *Kienast* in: Jannott/Frodermann, Kap. 13 Rz. 26 ff. und Rz. 93 ff.
94) S. nur *Bayer* in: Lutter/Hommelhoff, SE-Kommentar, Art. 23 SE-VO Rz. 2, 5 ff.
95) *Jannott* in: Jannott/Frodermann, Kap. 3 Rz. 76 und 82; *Austmann* in: MünchHdb-GesR, Bd. 4, § 83 Rz. 26; *Bayer* in: Lutter/Hommelhoff, SE-Kommentar, Art. 23 SE-VO Rz. 11; *Schäfer* in: MünchKomm-AktG, Art. 23 SE-VO Rz. 4; *Schwarz*, SE-VO, Art. 31 Rz. 17 ff.; *Scheifele*, S. 285 f.; *Walden/Meyer-Landrut*, DB 2005, 2619, 2623; *Kallmeyer*, AG 2003, 197, 203 Fn. 23; a. A. *Teichmann*, ZGR 2002, 383, 431; *Thümmel*, Rz. 76 f. Damit besteht auch ein Unterschied zur grenzüberschreitenden Verschmelzung nach den §§ 122a ff. UmwG, da hier bei einer Aufwärtsverschmelzung ein Verschmelzungsbeschluss der übernehmenden Gesellschaft erst dann entbehrlich ist, wenn die übertragende Gesellschaft eine vollständige Tochtergesellschaft der übernehmenden Gesellschaft ist (§ 122g Abs. 2 UmwG); das Bundesministerium der Justiz hat am 15.3.2010 einen Referentenentwurf für ein Drittes Gesetz zu Änderung des Umwandlungsgesetzes vorgelegt, der am 7.7.2010 von der Bundesregierung beschlossen wurde (BT-Drucks. 17/3122 v. 1.10.2010). Danach soll diese Ausnahme auch für rein innerdeutsche Verschmelzungen zwischen einer übertragenden Kapitalgesellschaft und einer übernehmenden Aktiengesellschaft eingeführt werden (§ 62 Abs. 4 UmwG-RegE); s. zu diesem Entwurf *Neye/Jäckel*, AG 2010, 237.

abhängig zu machen, dass sie die geschlossene Vereinbarung über die Beteiligung der Arbeitnehmer ausdrücklich **genehmigen**. Denn das Verfahren über die Beteiligung der Arbeitnehmer muss nicht zwingend vor den Hauptversammlungsbeschlüssen abgeschlossen sein, allerdings kann sich der Inhalt der Beteiligungsvereinbarung auf die Größe und Zusammensetzung des Aufsichts- oder Verwaltungsrats auswirken. Die Aktionäre sollen daher gegen unvorhergesehene Änderungen geschützt werden.[96] Der Genehmigungsvorbehalt lässt sich nicht auf den Aufsichtsrat verlagern.[97] Für die Genehmigung ist daher eine erneute Hauptversammlung erforderlich, die das Eintragungsverfahren zeitlich erheblich verlängern kann.

10. Registeranmeldung und Rechtmäßigkeitskontrolle

54 Soweit eine deutsche Aktiengesellschaft an der Verschmelzung beteiligt ist, hat deren Vorstand die Verschmelzung bei dem für sie zuständigen Registergericht zur Eintragung anzumelden (Art. 18 SE-VO i. V. m. §§ 16, 17 UmwG). Zusätzlich hat eine besondere Anmeldung bei der Behörde (in Deutschland dem Registergericht) am Sitz der neuen SE zu erfolgen. Diese Anmeldung ist durch alle Gründungsgesellschaften sowie alle Mitglieder des ersten Vorstands und des ersten Aufsichtsrats der SE (bei Wahl der dualistischen Struktur, Art. 15 Abs. 1 SE-VO i. V. m. § 3 SEAG und § 36 Abs. 1 AktG) oder alle Mitglieder des Verwaltungsrats und alle geschäftsführenden Direktoren (bei Wahl der monistischen Struktur, § 21 SEAG) vorzunehmen.[98]

55 Die Eintragung der SE erfolgt erst nach Abschluss einer **zweistufigen Rechtmäßigkeitskontrolle**. Auf der **ersten Stufe** prüfen die für die beteiligten Gründungsgesellschaften zuständigen Behörden die Rechtmäßigkeit derjenigen Verfahrensabschnitte, welche für die jeweiligen Gesellschaften gelten (Art. 25 Abs. 1 SE-VO). Bei deutschen Gesellschaften obliegt die Prüfung den zuständigen Registergerichten (Art. 68 Abs. 2 SE-VO, § 4 SEAG, §§ 376, 377

---

96) *Austmann* in: MünchHdb-GesR, Bd. 4, § 83 Rz. 23; *Bayer* in: Lutter/Hommelhoff, SE-Kommentar, Art. 23 SE-VO Rz. 3.

97) Ebenso *Bayer* in: Lutter/Hommelhoff, SE-Kommentar, Art. 23 SE-VO Rz. 3, 21; *Casper* in: Spindler/Stilz, Art. 23 SE-VO Rz. 8; *Austmann* in: MünchHdb-GesR, Bd. 4, § 83 Rz. 23; *Jannott* in: Jannott/Frodermann, Kap. 3 Rz. 85, *Heckschen* in: Widmann/Mayer, Anh. 14 Rz. 242; *Neun* in: Theisen/Wenz, S. 57, 132 f.; a. A. *Teichmann*, ZGR 2002, 383, 430; *Schäfer* in: MünchKomm-AktG, Anh. Rz. VO Rz. 2; *Marsch-Barner* in: Kallmeyer, Anh. Rz. 57; *Scheifele*, S. 218.

98) Nach Schäfer ergibt sich eine Anmeldepflicht für sämtliche Gründungsgesellschaften direkt aus Art. 26 Abs. 2 SE-VO, und zuständig sollen die Vorstände der Gründungsgesellschaften sein, s. *Schäfer* in: MünchKomm-AktG, Art. 26 SE-VO Rz. 6 ebenso *Bayer* in: Lutter/Hommelhoff, SE-Kommentar, Art. 26 SE-VO (§ 4 SEAG) Rz. 8; *Casper* in: Spindler/Stilz, Art. 26 SE-VO Rz. 3; wie hier: *Schwarz*, SE-VO, Art. 26 Rz. 5; *Jannott* in: Jannott/Frodermann, Kap. 3 Rz. 94; *Kleindiek* in: Lutter/Hommelhoff, Europäische Gesellschaft, S. 95, 99; *Scheifele*, S. 272.

D. Einsatzmöglichkeiten bei Unternehmenszusammenschlüssen

FamFG).[99] Das Registergericht prüft, ob die Voraussetzungen für die Gründung der SE bei der deutschen Gründungsgesellschaft erfüllt sind, also insbesondere die Wirksamkeit des Verschmelzungsplans, des Verschmelzungsbeschlusses und des Verschmelzungsberichts oder dessen Entbehrlichkeit, das Vorliegen einer Verschmelzungsprüfung sowie die Rechtsform der Gründungsgesellschaft als Aktiengesellschaft.[100] Liegen alle Voraussetzungen vor, trägt das Registergericht nach umstrittener Auffassung für die ihm unterfallende Gründungsgesellschaft die Verschmelzung ein (Art. 18 SE-VO, § 19 Abs. 1 UmwG).[101] Erfolgt eine Eintragung, dürfte die Eintragungsnachricht als Rechtmäßigkeitsbescheinigung i. S. d. Art. 25 Abs. 2 SE-VO gelten (siehe zum vergleichbaren Fall bei der grenzüberschreitenden Verschmelzung § 122k Abs. 1 Satz 1 UmwG und oben § 13 Rz. 48).[102]

Auf der **zweiten Stufe** kontrolliert die Behörde, welche für die zukünftige SE zuständig ist, die Durchführung und Gründung der SE (Art. 26 Abs. 1 SE-VO). Hierzu sind die sich verschmelzenden Gesellschaften verpflichtet, die Rechtmäßigkeitsbescheinigungen gemäß Art. 25 Abs. 2 SE-VO innerhalb von sechs Monaten nach Ausstellung zusammen mit einer Ausfertigung des Verschmelzungsplans vorzulegen (Art. 26 Abs. 2 SE-VO). Bei einer zukünftigen deutschen SE obliegt die Kontrollbefugnis dem zuständigen Registergericht (Art. 68 Abs. 2 SE-VO, § 4 SEAG, §§ 376, 377 FamFG). Das Gericht prüft insbesondere, ob die sich verschmelzenden Gesellschaften einem gleichlautenden Verschmelzungsplan zugestimmt haben und ob eine Vereinbarung über die Beteiligung der Arbeitnehmer vorliegt (Art. 26 Abs. 3 SE-VO) oder die sonstigen Voraussetzungen des Art. 12 Abs. 2 SE-VO erfüllt sind. Es prüft ferner, ob die Gründungsvoraussetzungen der SE nach dem Recht des Sitzstaats beachtet wurden, also namentlich die Satzung der SE rechtmäßig und vollständig, insbesondere mit der SE-Verordnung und ergänzend anwendbaren Bestimmungen des Sitzrechts vereinbar ist (vgl. Art. 26 Abs. 4, Art. 15 SE-VO). Das Gericht prüft dagegen nicht, ob die jeweiligen Voraussetzungen für Verschmelzungen erfüllt sind, denen die Gründungsgesellschaften unterliegen. Insoweit darf es

56

---

99) S. nur *Marsch-Barner* in: Kallmeyer, Anh. Rz. 82.
100) Näher *Heckschen* in: Widmann/Mayer, Anh. 14 Rz. 248 ff.; *Austmann* in: MünchHdb-GesR, Bd. 4, § 83 Rz. 28 ff.; *Scheifele*, S. 263 f.
101) Gegen eine solche Eintragung etwa *Schäfer* in: MünchKommAktG, Art. 25 SE-VO Rz. 10 (es erfolgt allein die Erteilung der Rechtmäßigkeitsbescheinigung); ebenso *Casper* in: Spindler/Stilz, Art. 25 SE-VO Rz. 7; *Scheifele*, S. 267 ff.; *Neun* in: Theisen/Wenz, S. 57, 123 f.; dafür *Austmann* in: MünchHdb-GesR, Bd. 4, § 83 Rz. 30; *Marsch-Barner* in: Kallmeyer, Anh. Rz. 84 f.; *Schröder* in: Manz/Mayer/Schröder, Art. 28 SE-VO Rz. 7 ff.
102) *Austmann* in: MünchHdb-GesR, Bd. 4, § 83 Rz. 30; i. E. wohl auch *Heckschen*, DNotZ 2003, 251, 258 f.; a. A. *Bayer* in: Lutter/Hommelhoff, SE-Kommentar, Art. 25 SE-VO (§§ 4, 8 SEAG) Rz. 11 m. w. N.

sich auf die Rechtmäßigkeitsbescheinigungen aus der ersten Prüfungsstufe verlassen, sofern kein offenkundiger Verfahrensmangel ersichtlich ist.[103]

11. Eintragung und Rechtsfolgen

57 Sind die Voraussetzungen der Art. 25 und 26 SE-VO erfüllt, trägt die für die **SE zuständige Behörde** (in Deutschland das Registergericht, siehe oben Rz. 55) die SE gemäß Art. 12 SE-VO in das Register ein. Damit werden die Verschmelzung und die gleichzeitige Gründung der SE wirksam (Art. 27 Abs. 1 SE-VO). Anschließend wird die Durchführung der Verschmelzung für jede Gründungsgesellschaft offengelegt (Art. 28 SE-VO); bei einer deutschen Gesellschaft erfolgt hierzu die Eintragung in ihrem Handelsregister.[104] Diese Eintragung ist bekannt zu machen (Art. 28 SE-VO i. V. m. § 19 Abs. 3 UmwG, § 10 HGB). Das für die SE zuständige Registergericht legt die Urkunden und Angaben, welche die SE betreffen, offen (Art. 15 Abs. 2, Art. 13 SE-VO i. V. m. § 40 AktG, § 10 HGB), und die Eintragung wird veröffentlicht (Art. 14 SE-VO).

58 Mit der Eintragung der SE greifen die **Rechtsfolgen** des Art. 29 SE-VO: Bei einer Verschmelzung durch Aufnahme geht das gesamte Aktiv- und Passivvermögen aller beteiligten Gesellschaften auf die übernehmende Gesellschaft über, die Aktionäre der übertragenden Gesellschaften werden Aktionäre der übernehmenden Gesellschaft, die übertragenden Gesellschaften erlöschen, und die übernehmende Gesellschaft wird zur SE (Art. 29 Abs. 1 SE-VO). Bei einer Verschmelzung zur Neugründung geht das gesamte Aktiv- und Passivvermögen aller beteiligten Gesellschaften auf die SE über, die Aktionäre der übertragenden Gesellschaften werden Aktionäre der SE und die übertragenden Gesellschaften erlöschen (Art. 29 Abs. 2 SE-VO). Ab dem Eintragungszeitpunkt genießt die SE grundsätzlich **Bestandsschutz**; die Verschmelzung kann nicht mehr für nichtig erklärt werden (Art. 30 Satz 1 SE-VO, siehe aber auch Satz 2).[105]

III. Holding-SE

1. Einleitung

59 Eine Holding-SE lässt sich durch mindestens zwei Kapitalgesellschaften gründen, sofern wenigstens zwei von ihnen aus verschiedenen Mitgliedstaaten stammen oder seit mindestens zwei Jahren eine europäische Tochtergesellschaft oder Zweigniederlassung außerhalb ihres Mitgliedstaats haben. Im Er-

---

103) *Teichmann* in: Van Hulle/Maul/Drinhausen, Abschn. 4 § 2 Rz. 66; *Bayer* in: Lutter/Hommelhoff, SE-Kommentar, Art. 26 SE-VO (§ 4 SEAG) Rz. 16; *Schwarz*, SE-VO, Art. 26 Rz. 17; *Marsch-Barner* in: Kallmeyer, Anh. Rz. 86.
104) S. nur *Bayer* in: Lutter/Hommelhoff, SE-Kommentar, Art. 28 SE-VO Rz. 3 m. w. N.
105) Näher dazu *Bayer* in: Lutter/Hommelhoff, SE-Kommentar, Art. 30 SE-VO Rz. 1 ff.

D. Einsatzmöglichkeiten bei Unternehmenszusammenschlüssen

gebnis wird die Holding-SE zur Muttergesellschaft der Gründungsgesellschaften. Anders als bei der Verschmelzung bestehen damit die Gründungsgesellschaften zwar mit geänderter Gesellschafterstruktur, aber in ihrer bisherigen Rechtsform fort. Die Gründung einer Holding-SE lässt also die rechtliche Selbständigkeit der Gründungsgesellschaften unberührt und führt vor allem zu einem wirtschaftlichen Zusammenschluss (*financial merger*).[106)]

Die Gründung einer Holding-SE ist in der SE-Verordnung wesentlich knapper geregelt als die Gründung einer SE durch Verschmelzung. Maßgeblich sind die **Art. 32–34 SE-VO**. Spezielle Vorschriften im nationalen Recht sind die **§§ 9–11 SEAG**. Bei Lücken in der SE-Verordnung ist auf nationales Recht zurückzugreifen. So verweist der für alle Gründungen geltende **Art. 15 Abs. 1 SE-VO** für die zu gründende SE auf das für Aktiengesellschaften geltende Sachrecht des zukünftigen Sitzstaats der SE (siehe oben Rz. 40). Auf die Gründungsgesellschaften ist nach h. M. **Art. 18 SE-VO entsprechend** anzuwenden und auf diesem Weg nationales Verschmelzungsrecht entsprechend berufen (zum Charakter der Norm als Gesamtverweisung siehe oben Rz. 40).[107)]   60

Anders als bei der Gründung einer SE durch Verschmelzung kennt die Gründung einer Holding-SE **kein nationales Gegenstück** im deutschen Recht.[108)] Dennoch lässt sich auch nach nationalem Recht eine Zielstruktur erreichen, bei der sich zusammenschlusswillige Unternehmen einer Holding unterstellen. Dies ist sogar grenzüberschreitend möglich, wie das Beispiel des Zusammenschlusses der Daimler Benz AG und der Chrysler Corporation zeigt.[109)] Die Struktur eines solchen Zusammenschlusses kann sich jedoch **komplizierter** gestalten als der Weg über eine Holding-SE. So ist es erforderlich, einen neutralen Dritter bei der Transaktion mitwirken zu lassen, weil der Rückerwerb eigener Geschäftsanteile jedenfalls nach deutschem Recht nur unter engen Voraussetzungen möglich ist (§§ 71 ff. AktG, § 33 GmbHG). Dieser Dritte gründet die als zukünftige Holding agierende Gesellschaft. Die zukünftige Holding bietet den Gesellschaftern der sich zusammenschließenden Unternehmen parallel an, deren Geschäftsanteile gegen Geschäftsanteile der neuen Holding zu   61

---

106) Vgl. *Paefgen* in: KölnKomm-AktG, Art. 32 SE-VO Rz. 16; vgl. auch *Schwarz*, SE-VO, Vor Art. 32-34 Rz. 2.
107) S. nur *Bayer* in: Lutter/Hommelhoff, SE-Kommentar, Art. 32 SE-VO (§ 10 SEAG) Rz. 7 m. w. N.
108) Dies gilt auch für die meisten Rechtsordnungen der Mitgliedstaaten, wie etwa Dänemark, Großbritannien, Luxemburg, die Niederlande, Österreich und Spanien, aber bspw. auch für die Schweiz; s. *Bayer* in: Lutter/Hommelhoff, SE-Kommentar, Art. 32 SE-VO Rz. 4; *Paefgen* in: KölnKomm-AktG, Art. 32 SE-VO Rz. 2; *Rosenbach* in: Lutter, Holding-Handbuch, § 16 Rz. 106, 126, 135, 144, 158, 167.
109) Dazu *Brandes*, AG 2005, 177, 178 f.; *Decher* in: FS Lutter, S. 1209; *Reichert*, Der Konzern 2006, 821, 830; *Reichert* in: Semler/Volhard, Unternehmensübernahmen, Bd. 1, § 17 Rz. 9 ff.; *Reichert* in: FS Hüffer, S. 805, 811 ff.; *Rodewig* in: K. Schmidt/Riegger, Gesellschaftsrecht 1999, S. 167–175.

tauschen; sie erfüllt damit die Aufgabe, welche den zusammenschlusswilligen Gesellschaften aufgrund des Rückerwerbsverbots nicht möglich ist. Die Gesellschafter, die den Tausch annehmen, werden Gesellschafter der neuen Holding, und die sich zusammenschließenden Unternehmen werden Tochtergesellschaften der neuen Holding. In einem abschließenden Schritt ist es denkbar, etwaige in den Tochtergesellschaften verbleibende Minderheitsgesellschafter bspw. durch einen Squeeze-out (§ 327a AktG) oder eine Eingliederung (§§ 320 ff. AktG) auszuschließen.

62 Auch wenn sich eine Transaktionsstruktur ohne Holding-SE schwieriger gestalten kann, weil ein Dritter beteiligt werden muss und es keinen gesetzlich verankerten Transaktionsrahmen gibt, kann er ggf. vorteilhafter sein. So ist bspw. der Minderheitenschutz weniger ausgeprägt, weil es nicht erforderlich ist, sich widersetzenden Gesellschaftern ein Abfindungsangebot vergleichbar mit § 9 SEAG zu unterbreiten.[110] Entscheidend ist auch hier der konkrete Einzelfall, an dem alle Vor- und Nachteile der einen wie der anderen Transaktionsstruktur abzuwägen sind.

Die Gründung einer Holding-SE stellt sich in ihren Grundzügen wie folgt dar:

2. Beteiligungsfähige Gesellschaften

63 An der Gründung einer Holding-SE können sich **Aktiengesellschaften** und **Gesellschaften mit beschränkter Haftung** i. S. d. Anhangs II der SE-Verordnung beteiligen (Art. 17 Abs. 1, 2 Abs. 2 SE-VO). Der Kreis der beteiligungsfähigen Gesellschaften ist also weiter als bei der Verschmelzung. Für Deutschland nennt Anhang II die Aktiengesellschaft und die Gesellschaft mit beschränkter Haftung. Nicht beteiligungsfähig ist daher die KGaA, wohl aber eine bereits bestehende SE, weil sie nach Art. 3 Abs. 1 SE-VO der Aktiengesellschaft gleichgestellt ist. Für Frankreich und Luxemburg nennt Anhang II die jeweilige *société anonyme* und *société à responsabilité limitée*, für das Vereinigte Königreich etwa die *public company limited by shares* sowie die *private company limited by shares*. Die beteiligten Gesellschaften müssen nach dem Recht eines Mitgliedstaats gegründet worden sein und ihren Sitz sowie ihre Hauptverwaltung in der Union haben. Mindestens zwei der Gründungsgesellschaften müssen dem Recht verschiedener Mitgliedstaaten unterliegen oder seit mindestens zwei Jahren eine dem Recht eines anderen Mitgliedstaats unterliegende Tochtergesellschaft oder eine Zweigniederlassung in einem anderen Mitgliedstaat haben (Art. 2 Abs. 2 SE-VO).

3. Gründungsplan

64 Nach Art. 32 Abs. 2 SE-VO stellen die Leitungs- oder Verwaltungsorgane der beteiligten Gesellschaften für die SE einen gleichlautenden Gründungsplan auf.

---

110) *Brandes*, AG 2005, 177, 179.

D. Einsatzmöglichkeiten bei Unternehmenszusammenschlüssen

Für eine deutsche Aktiengesellschaft ist damit deren Vorstand, für eine deutsche GmbH deren Geschäftsführung zuständig. Die wohl h. M. geht davon aus, dass die Gründungsgesellschaften gemeinsam einen einzigen Gründungsplan erstellen.[111] Zulässig dürfte es aber ebenso sein, wenn jede Gesellschaft einen eigenen Gründungsplan aufstellt, solange die Pläne gleich lauten.[112]

Für die im Gründungsplan erforderlichen **Angaben** verweist Art. 32 Abs. 2 Satz 3 SE-VO im Wesentlichen auf Art. 20 Abs. 1 SE-VO und somit auf die für den Verschmelzungsplan vorgesehenen Angaben. Damit bildet wiederum die Satzung der SE einen Bestandteil des Gründungsplans (Art. 32 Abs. 2 Satz 3 lit. h SE-VO). Außerdem sind bspw. das Umtauschverhältnis der Aktien und ggf. die Höhe der Ausgleichsleistung anzugeben. Hieran wird deutlich, dass Unternehmensbewertungen der Gründungsgesellschaften erforderlich sind.[113] Darüber hinaus gehört zum Gründungsplan ein **Bericht**.[114] Dieser hat die Gründung aus rechtlicher und wirtschaftlicher Sicht zu erläutern und zu begründen sowie darzulegen, wie sich der Übergang zur Rechtsform einer SE für die Aktionäre und Arbeitnehmer auswirkt (Art. 32 Abs. 2 Satz 2 SE-VO). Schließlich ist im Gründungsplan für jede Gründungsgesellschaft der **Mindestprozentsatz** der Anteile festzulegen, den die Gesellschafter der Gründungsgesellschaften einbringen müssen, damit die SE gegründet werden kann (Art. 32 Abs. 2 Satz 3 SE-VO). Der Mindestprozentsatz muss über 50 % der Stimmrechte betragen (Art. 32 Abs. 2 Satz 4 SE-VO). Hierdurch soll das Entstehen einer SE mit Minderheitsbeteiligungen verhindert werden, weil der Zweck der Holding-SE sei, Gesellschafterin von abhängigen Gesellschaften zu sein.[115]

65

Die **Sprache** des Gründungsplans ist nicht geregelt. Aus deutscher Sicht ist er jedenfalls dann auf Deutsch abzufassen, wenn die Holding-SE in Deutschland

66

---

111) *Austmann* in: MünchHdb-GesR, Bd. 4, § 83 Rz. 45; *Scheifele*, S. 312; *Drinhausen* in: Van Hulle/Maul/Drinhausen, Abschn. 4 § 3 Rz. 6; *Schwarz*, SE-VO, Art. 32 Rz. 9; *Jannott* in: Jannott/Frodermann, Kap. 3 Rz. 130; *Schröder* in: Manz/Mayer/Schröder, Art. 32 SE-VO Rz. 9; *Binder/Jünemann/Merz/Sinewe*, § 2 Rz. 310; in diese Richtung auch *Teichmann*, AG 2004, 67, 69 Fn. 27; a. A. *Bayer* in: Lutter/Hommelhoff, SE-Kommentar, Art. 32 SE-VO (§ 10 SEAG) Rz. 21; *Paefgen* in: KölnKomm-AktG, Art. 32 SE-VO Rz. 31; *Schäfer* in: MünchKomm-AktG, Art. 32 SE-VO Rz. 17; *Casper* in: Spindler/Stilz, Art. 32 SE-VO Rz. 14.
112) *Thümmel*, Rz. 99 sowie die in Fn. 111 zur a. A. genannten Autoren.
113) *Paefgen* in: KölnKomm-AktG, Art. 32 SE-VO Rz. 44; *Jannott* in: Jannott/Frodermann, Kap. 3 Rz. 129; *Neun* in: Theisen/Wenz, S. 57, 143.
114) Zur Frage der Entbehrlichkeit bzw. Erforderlichkeit der hiervon unabhängigen Gründungsprüfungen und Gründungsberichte nach den §§ 32–35 AktG s. *Jannott* in: Jannott/Frodermann, Kap. 3 Rz. 178-182; *Drinhausen* in: Van Hulle/Maul/Drinhausen, Abschn. 4 § 3 Rz. 31 f.; *Schäfer* in: MünchKomm-AktG, Art. 32 SE-VO Rz. 37 f.; *Scheifele*, S. 368 ff.
115) *Jannott* in: Jannott/Frodermann, Kap. 3 Rz. 142; *Paefgen* in: KölnKomm-AktG, Art. 32 SE-VO Rz. 63; näher *Bayer* in: Lutter/Hommelhoff, SE-Kommentar, Art. 32 SE-VO (§ 10 SEAG) Rz. 37 ff.

sitzen und damit im deutschen Handelsregister eingetragen werden soll (§ 488 Abs. 3 FamFG i. V. m. § 184 GVG).[116]

67 Weder die SE-Verordnung noch das SEAG unterwerfen den Gründungsplan einer bestimmten **Form**. Soll die SE in Deutschland sitzen, verweist Art. 15 Abs. 1 SE-VO jedenfalls für deren Satzung auf § 23 Abs. 1 und 2 AktG. Da die Satzung zum Gründungsplan gehört, erstreckt sich das dort für sie verankerte notarielle Beurkundungserfordernis nach h. A. auf den gesamten Gründungsplan.[117]

68 Bei deutschen Gründungsgesellschaften ist es **nicht** erforderlich, den Gründungsplan dem **Betriebsrat zuzuleiten**.[118]

4. Prüfung

69 Nach Art. 32 Abs. 4 SE-VO ist der Gründungsplan durch einen oder mehrere unabhängige Sachverständige für die Gesellschafter der einzelnen Gesellschaften zu prüfen. Die Gesellschaften können sich alternativ auf gemeinsame Sachverständige einigen (Art. 32 Abs. 4 Satz 2 SE-VO). In Deutschland kommen nur Wirtschaftsprüfer und Wirtschaftsprüfungsgesellschaften als Sachverständige in Betracht (Art. 32 Abs. 4 SE-VO i. V. m. § 11 Abs. 1 UmwG, § 319 HGB). Die Sachverständigen haben schriftliche Berichte für die Gesellschafter der einzelnen Gesellschaften zu erstellen, bei Wahl eines oder mehrerer gemeinsamer Sachverständiger genügt ein einziger schriftlicher Bericht für alle Gesellschafter. Der Bericht muss auf besondere Bewertungsschwierigkeiten hinweisen und Angaben zum Umtauschverhältnis der Aktien oder Anteile machen, insbesondere zu dessen Angemessenheit (Art. 32 Abs. 5 SE-VO).[119]

5. Einreichung und Bekanntmachung

70 Der Gründungsplan ist mindestens einen Monat vor den jeweiligen Gesellschafterversammlungen, die über die Gründung zu beschließen haben, gemäß

---

116) Vgl. *Schröder* in: Manz/Mayer/Schröder, Art. 32 SE-VO Rz. 97 und Art. 20 SE-VO Rz. 58; vgl. auch *Kleindiek* in: Lutter/Hommelhoff, SE-Kommentar, Art. 12 SE-VO (§§ 3, 4, 20, 21 SEAG) Rz. 19. Allgemein zur Eintragung der deutschen SE *Kiem* in: KölnKomm-AktG, Art. 12 SE-VO Rz. 7 ff.

117) *Drinhausen* in: Van Hulle/Maul/Drinhausen, Abschn. 4 § 3 Rz. 11; *Vossius*, ZIP 2005, 741, 745; *Heckschen*, DNotZ 2003, 251, 261; *Heckschen* in: Widmann/Mayer, Anh. 14 Rz. 296; *Jannott* in: Jannott/Frodermann, Kap. 3 Rz. 131; *Schröder* in: Manz/Mayer/Schröder, Art. 32 SE-VO Rz. 96; nach a. A. ergibt sich die Beurkundungsbedürftigkeit aus einer analogen Anwendung von Art. 18 SE-VO i. V. m. § 6 UmwG, so *Schäfer* in: MünchKomm-AktG, Art. 32 SE-VO Rz. 23; zust. *Bayer* in: Lutter/Hommelhoff, SE-Kommentar, Art. 32 SE-VO (§ 10 SEAG) Rz. 22; *Schwarz*, SE-VO, Art. 32 Rz. 37.

118) *Jannott* in: Jannott/Frodermann, Kap. 3 Rz. 152; *Austmann* in: MünchHdb-GesR, Bd. 4, § 83 Rz. 46; *Schwarz*, SE-VO, Art. 32 Rz. 42.

119) Zu den Einzelheiten s. *Paefgen* in: KölnKomm-AktG, Art. 32 SE-VO Rz. 94 ff.; *Schäfer* in: MünchKomm-AktG, Art. 32 SE-VO Rz. 27 ff.; *Scheifele*, S. 332 ff.

D. Einsatzmöglichkeiten bei Unternehmenszusammenschlüssen

Art. 3 der Publizitätsrichtlinie[120] offen zu legen (Art. 32 Abs. 3 SE-VO). Bei deutschen Gesellschaften ist der Gründungsplan damit zum deutschen **Handelsregister** einzureichen.[121] Das Handelsregister macht dann in elektronischer Form (§ 10 HGB) einen Hinweis bekannt, dass der Gründungsplan eingereicht worden ist. Auf diese Bekanntmachung kann nicht verzichtet werden.[122]

6. Arbeitnehmerbeteiligung

Die Leitungen der an der Gründung der SE beteiligten Gesellschaften haben die Arbeitnehmervertretungen oder ersatzweise die Arbeitnehmer in den beteiligten Gesellschaften, betroffenen Tochtergesellschaften und betroffenen Betrieben unverzüglich nach der Offenlegung (Bekanntmachung) des Gründungsplans über das Gründungsvorhaben zu **informieren** (§ 4 Abs. 2 SEBG).[123] Der Mindestinhalt der Information ist in § 4 Abs. 3 SEBG festgelegt. Gleichzeitig ergeht die **Aufforderung**, ein besonderes Verhandlungsgremium zu bilden. Es hat die Aufgabe, in den nachfolgenden Verhandlungen mit den Leitungen eine schriftliche Vereinbarung über die Beteiligung der Arbeitnehmer in der SE abzuschließen (§ 4 Abs. 1 SEBG) (siehe oben Rz. 53 ff. und § 10 Rz. 53 ff.).[124]   71

7. Gesellschafterbeschlüsse

Die Gesellschafterversammlungen der Gründungsgesellschaften müssen dem Gründungsplan zustimmen (Art. 32 Abs. 6 SE-VO). Über Art. 18 SE-VO analog gelten hinsichtlich der Einberufung für die beteiligten deutschen Gesellschaften die §§ 121 ff. AktG für eine Aktiengesellschaft und die §§ 47 ff. GmbHG für eine GmbH.[125] Zusätzlich gelten die §§ 63, 64 UmwG für die Aktiengesellschaft und nach umstrittener Auffassung die §§ 47, 49 UmwG für   72

---

120) Erste gesellschaftsrechtliche Richtlinie 68/151/EWG v. 9.3.1968 zur Koordinierung der Schutzbestimmungen, die in den Mitgliedstaaten den Gesellschaften i. S. d. Art. 58 Abs. 2 des Vertrages im Interesse der Gesellschafter sowie Dritter vorgeschrieben sind, um diese Bestimmungen gleichwertig zu gestalten, ABl. EU L 65/8 v. 14.3.1968; zuletzt geändert durch Richtlinie 2003/58/EG, ABl. EU L 221/13 v. 15.7.2003.
121) Streitig ist, ob dies den Gründungsbericht einschließt. Dafür etwa: *Brandes*, AG 2005, 177, 183; *Neun* in: Theisen/Wenz, S. 57, 155; *Jannott* in: Jannott/Frodermann, Kap. 3 Rz. 150; dagegen: *Kalss*, ZGR 2003, 593, 630; *Paefgen* in: KölnKomm-AktG, Art. 32 SE-VO Rz. 82; *Schäfer* in: MünchKomm-AktG, Art. 32 SE-VO Rz. 24; *Schwarz*, SE-VO, Art. 32 Rz. 41; *Scheifele*, S. 327 f.
122) Vgl. etwa *Schwarz*, SE-VO, Art. 32 Rz. 38.
123) Zum Geltungsbereich des SEBG s. § 3 SEBG.
124) Näher zum Ganzen *Oetker* in: Lutter/Hommelhoff, SE-Kommentar, § 21 SEBG Rz. 1 ff., 19 ff.; *Oetker* in: FS Konzen, S. 635, 645 ff.; *Jacobs* in: MünchKomm-AktG, § 21 SEBG Rz. 9 ff.; *Kienast* in: Jannott/Frodermann, Kap. 13 Rz. 26 ff. und 93 ff.
125) *Jannott* in: Jannott/Frodermann, Kap. 3 Rz. 162; *Bayer* in: Lutter/Hommelhoff, SE-Kommentar, Art. 32 SE-VO (§ 10 SEAG) Rz. 60 m. w. N.

die GmbH entsprechend.[126)] Bei Aktiengesellschaften ist eine Mehrheit von mindestens 75 % des bei der Beschlussfassung vertretenen Grundkapitals erforderlich, bei Gesellschaften mit beschränkter Haftung eine Mehrheit von mindestens 75 % der abgegebenen Stimmen (§ 10 Abs. 1 SEAG).

73 Nach Art. 32 Abs. 6 Satz 3 SE-VO können sich die Gesellschafterversammlungen der beteiligten Gesellschaften das **Recht vorbehalten**, die Eintragung der SE davon abhängig zu machen, dass sie die geschlossene Vereinbarung über die Beteiligung der Arbeitnehmer ausdrücklich **genehmigen**. Denn das Verfahren über die Beteiligung der Arbeitnehmer muss nicht zwingend vor den Beschlüssen der Gesellschafterversammlungen abgeschlossen sein, allerdings kann sich der Inhalt der Beteiligungsvereinbarung auf die Größe und Zusammensetzung des Aufsichts- oder Verwaltungsrats auswirken. Die Aktionäre sollen daher gegen unvorhergesehene Änderungen geschützt werden.[127)] Der Genehmigungsvorbehalt lässt sich jedenfalls bei einer Aktiengesellschaft nicht auf den Aufsichtsrat verlagern (zum vergleichbaren Fall der Verschmelzung siehe oben Rz. 53).[128)] Für die Genehmigung ist daher eine erneute Hauptversammlung erforderlich, die das Eintragungsverfahren zeitlich erheblich verlängern kann.

8. Einbringung der Geschäftsanteile

74 Das Verfahren, wonach die Gesellschafter ihre Geschäftsanteile an den Gründungsgesellschaften in die zukünftige Holding-SE einbringen, ist in Art. 33 SE-VO geregelt. Die Gesellschafter haben zunächst eine **Frist von drei Monaten**, um ihren Gesellschaften mitzuteilen, ob sie beabsichtigen, ihre Geschäftsanteile einzubringen. Die Frist beginnt zu dem Zeitpunkt, zu dem der Gründungsplan gemäß Art. 32 SE-VO endgültig festgelegt worden ist (Art. 33 Abs. 1 SE-VO). Dies verlangt nicht nur, dass die Gesellschafterversammlungen dem Gründungsplan zugestimmt haben, sondern auch, dass sie einen etwaigen Vorbehalt i. S. d. Art. 32 Abs. 6 Satz 3 SE-VO, der Vereinbarung über die Beteiligung der Arbeitnehmer zustimmen zu wollen, ausgeräumt haben.[129)] Innerhalb der Frist von drei Monaten müssen die einbringungswilligen Gesellschafter i. H. d. festgelegten Mindestprozentsätze zusätzlich ihre Gesellschaftsanteile in die SE eingebracht haben (Art. 33 Abs. 2 SE-VO).[130)] Dies verlangt nach umstrittener Ansicht keinen dinglichen

---

126) So *Jannott* in: Jannott/Frodermann, Kap. 3 Rz. 153 ff.; zust. *Paefgen* in: KölnKomm-AktG, Art. 32 SE-VO Rz. 112; nach der Gegenauffassung sind auch für die GmbH die §§ 63 f. UmwG entsprechend heranzuziehen, so etwa *Bayer* in: Lutter/Hommelhoff, SE-Kommentar, Art. 32 SE-VO (§ 10 SEAG) Rz. 61; *Drinhausen* in: Van Hulle/Maul/Drinhausen, Abschn. 4 § 3 Rz. 15; *Teichmann*, ZGR 2002, 383, 434 Fn. 194.
127) *Austmann* in: MünchHdb-GesR, Bd. 4, § 83 Rz. 23.
128) *Jannott* in: Jannott/Frodermann, Kap. 3 Rz. 162, s. dort auch für den anders gelagerten Fall der GmbH; a. A. *Paefgen* in: KölnKomm-AktG, Art. 32 SE-VO Rz. 120 m. w. N.
129) *Drinhausen* in: Van Hulle/Maul/Drinhausen, Abschn. 4 § 3 Rz. 20; *Heckschen* in: Widmann/Mayer, Anh. 14 Rz. 325 f.; *Neun* in: Theisen/Wenz, S. 57, 146; *Teichmann*, ZGR 2002, 383, 436.
130) *Jannott* in: Jannott/Frodermann, Kap. 3 Rz. 166.

D. Einsatzmöglichkeiten bei Unternehmenszusammenschlüssen

Vollzug der Einbringung; der Vollzug muss allerdings bis zur Eintragung der SE erfolgen. Unstreitig zulässig ist es, die Einbringung unter die aufschiebende Bedingung zu stellen, dass die Mindesteinbringungsquoten erreicht werden.[131]

Das Verfahren zur Einbringung der Gesellschaftsanteile ist weder in der SE-Verordnung noch im SEAG geregelt. Die Einbringung unterliegt daher den jeweils anwendbaren nationalen Rechten der Gründungsgesellschaften.[132] Damit sind bspw. die Formvorschriften der jeweiligen Gründungsgesellschaften für die Einbringungsverträge zu beachten; die Einbringung von Geschäftsanteilen an einer deutschen GmbH ist damit beurkundungspflichtig (§ 15 Abs. 3 und 4 GmbHG). Ergänzend verweist Art. 15 Abs. 1 SE-VO für die Holding-SE auf die aktienrechtlichen Vorschriften für die Sachgründung.[133]   75

Sind alle Bedingungen für die Gründung der SE erfüllt, ist jede Gründungsgesellschaft nach Art. 33 Abs. 3 Satz 1 SE-VO verpflichtet, dies gemäß Art. 3 der Publizitätsrichtlinie[134] **offen zu legen**. Alle Bedingungen sind erfüllt, wenn die Mindesteinbringungsquoten erreicht wurden und alle übrigen Bedingungen erfüllt sind, wie bspw. ein gleichlautender Gründungsplan und die zustimmenden Beschlüsse der Gesellschafterversammlungen vorliegen (vgl. Art. 33 Abs. 3 Satz 1, Abs. 2 SE-VO).[135] Deutsche Gesellschaften haben die Tatsache, dass alle Bedingungen vorliegen, zum deutschen Handelsregister einzureichen.[136] Das Registergericht macht dann in elektronischer Form (§ 10 HGB) einen Hinweis bekannt, dass die Bedingungen für die Gründung erfüllt sind.   76

Mit der Bekanntmachung beginnt eine **weitere Frist von einem Monat** zu laufen (Art. 33 Abs. 3 Satz 2 SE-VO). Innerhalb dieses Zeitraums können diejeni-   77

---

131) Gegen das Erfordernis eines dinglichen Vollzugs der Einbringung innerhalb der Frist *Schäfer* in: MünchKomm-AktG, Art. 33 SE-VO Rz. 9; *Casper* in: Spindler/Stilz, Art. 33 SE-VO Rz. 7 f.; *Schwarz*, SE-VO, Art. 33 Rz. 16 f.; *Bayer* in: Lutter/Hommelhoff, SE Kommentar, Art. 33 SE-VO Rz. 18 (innerhalb der Frist ist allerdings der Abschluss der schuldrechtlichen Vereinbarung erforderlich); *Paefgen* in: KölnKomm-AktG, Art. 33 SE-VO Rz. 27 und 63 f.; dagegen für einen dinglichen Vollzug der Einbringung innerhalb der Frist *Jannott* in: Jannott/Frodermann, Kap. 3 Rz. 168; *Drinhausen* in: Van Hulle/Maul/Drinhausen, Abschn. 4 § 3 Rz. 21; *Austmann* in: MünchHdb-GesR, Bd. 4, § 83 Rz. 47; *Schröder* in: Manz/Mayer/Schröder, Art. 33 SE-VO Rz. 3.
132) *Schröder*, in Manz/Mayer/Schröder, Art. 33 SE-VO Rz. 10; *Drinhausen* in: Van Hulle/Maul/Drinhausen, Abschn. 4 § 3 Rz. 22.
133) *Jannott* in: Jannott/Frodermann, Kap. 3 Rz. 167; *Schröder* in: Manz/Mayer/Schröder, Art. 33 SE-VO Rz. 39.
134) Erste gesellschaftsrechtliche Richtlinie 68/151/EWG v. 9.3.1968 zur Koordinierung der Schutzbestimmungen, die in den Mitgliedstaaten den Gesellschaften i. S. d. Art. 58 Abs. 2 des Vertrages im Interesse der Gesellschafter sowie Dritter vorgeschrieben sind, um diese Bestimmungen gleichwertig zu gestalten, ABl. EU L 65/8 v. 14.3.1968; zuletzt geändert durch Richtlinie 2003/58/EG, ABl. EU L 221/13 v. 15.7.2003.
135) *Jannott* in: Jannott/Frodermann, Kap. 3 Rz. 174; *Bayer* in: Lutter/Hommelhoff, SE-Kommentar, Art. 33 SE-VO (§ 10 SEAG) Rz. 24 ff.
136) *Bayer* in: Lutter/Hommelhoff, SE-Kommentar, Art. 33 SE-VO (§ 10 SEAG) Rz. 29 m. w. N.

gen Gesellschafter, die innerhalb der ersten Frist von drei Monaten ihre Gesellschaftsanteile noch nicht eingebracht haben,[137] dies nachholen (*"Zaunkönigregel"*). Innerhalb dieser Frist muss die Einbringung nach umstrittener Auffassung allerdings wiederum nicht tatsächlich dinglich vollzogen werden.[138]

9. Registeranmeldung

78 Wenn die Holding-SE ihren Sitz in Deutschland haben soll, wird sie nach Art. 15 Abs. 1 SE-VO i. V. m. §§ 3, 21 SEAG beim Handelsregister zur Eintragung angemeldet. Zuständig ist das Registergericht am Sitz der SE (§ 4 SEAG). Die Anmeldung ist durch alle Gründungsgesellschaften sowie alle Mitglieder des ersten Vorstands und des ersten Aufsichtsrats der SE (bei Wahl der dualistischen Struktur, Art. 15 Abs. 1 SE-VO i. V. m. § 3 SEAG und § 36 Abs. 1 AktG) oder alle Mitglieder des Verwaltungsrats und alle geschäftsführenden Direktoren (bei Wahl der monistischen Struktur, § 21 SEAG) vorzunehmen.[139] Für den Inhalt der Anmeldung gilt § 37 AktG.[140] Ergänzend ergibt sich aus Art. 33 Abs. 5 SE-VO die Pflicht nachzuweisen, dass sämtliche Voraussetzungen nach Art. 32 und 33 Abs. 2 SE-VO erfüllt sind. Außerdem haben die Vertretungsorgane der Holding-SE zu erklären, dass keine Klagen gegen die Wirksamkeit der Zustimmungsbeschlüsse der Gründungsgesellschaften vorliegen (§ 10 Abs. 2 SEAG, Negativerklärung).[141]

10. Eintragung und Rechtsfolgen

79 Das Registergericht prüft, ob alle Voraussetzungen für die Eintragung erfüllt sind. Neben den soeben i. R. d. Registeranmeldung beschriebenen Voraussetzungen prüft das Gericht insbesondere, ob eine Vereinbarung über die Beteiligung der Arbeitnehmer vorliegt (Art. 26 Abs. 3 SE-VO) oder die sonstigen Voraussetzungen des Art. 12 Abs. 2 SE-VO erfüllt sind. Die Eintragung ist gemäß Art. 15 Abs. 2, 13 SE-VO i. V. m. § 40 AktG, § 10 HGB offenzulegen und gemäß Art. 14 SE-VO zu veröffentlichen.

80 Mit der Eintragung **erwirbt** die SE **Rechtspersönlichkeit** (Art. 16 Abs. 1 SE-VO). Die Gesellschafter, die ihre Gesellschaftsanteile in die SE eingebracht

---

137) S. zu dieser Auslegung der Vorschrift *Schäfer* in: MünchKomm-AktG, Art. 33 SE-VO Rz. 20.
138) *Schäfer* in: MünchKomm-AktG, Art. 33 SE-VO Rz. 21, wonach Einbringung dinglich auch noch nach Ablauf der Monatsfrist erfolgen kann; ebenso *Bayer* in: Lutter/Hommelhoff, SE-Kommentar, Art. 33 SE-VO Rz. 32 und *Paefgen* in: KölnKomm-AktG, Art. 33 SE-VO Rz. 58 (Angebot des Gesellschafters auf Abschluss eines Zeichnungsvertrags ausreichend); a. A. *Jannott* in: Jannott/Frodermann, Kap. 3 Rz. 176.
139) *Austmann* in: MünchHdb-GesR, Bd. 4, § 83 Rz. 48; *Jannott* in: Jannott/Frodermann, Kap. 3 Rz. 183; *Paefgen* in: KölnKomm-AktG, Art. 33 SE-VO Rz. 94 m. w. N.
140) *Bayer* in: Lutter/Hommelhoff, SE-Kommentar, Art. 33 SE-VO (§ 10 SEAG) Rz. 52 m. w. N.
141) Näher *Paefgen* in: KölnKomm-AktG, Art. 33 SE-VO Rz. 95 ff.

E. Unternehmenskauf bei der SE

haben, werden ohne weiteres Aktionäre der SE (vgl. Art. 33 Abs. 4 SE-VO). Anders als bei der Verschmelzung bestehen die Gründungsgesellschaften fort (Art. 32 Abs. 1 Satz 2 SE-VO).[142]

E. Unternehmenskauf bei der SE

I. Share Deal

Der **schuldrechtliche Kauf** von Aktien an einer Europäischen Gesellschaft ist weder in der SE-Verordnung noch im SEAG gesondert geregelt. Der schuldrechtliche Kaufvertrag unterliegt daher den allgemeinen Kollisionsnormen. Alle Fragen, die dem **Vertragsstatut** unterfallen, sind somit nach den **Art. 3 ff. Rom I-VO** anzuknüpfen (siehe oben § 4 Rz. 33 ff. und § 9 Rz. 12 ff.). 81

Hiervon zu unterscheiden ist die Erfüllung des Kaufvertrags durch **Übertragung der Aktien** an der SE. Nach **Art. 5 SE-VO** gelten unter anderem für die Aktien der SE die Vorschriften, die für Aktiengesellschaften mit Sitz in dem Mitgliedstaat gelten, in dem die SE eingetragen ist. Nach h. M. wird hiermit für eine in Deutschland eingetragene SE direkt auf die Sachnormen deutschen Rechts verwiesen. Die Verweisung ist damit keine Gesamt-, sondern eine **Sachnormverweisung**. Das deutsche Internationale Gesellschaftsrecht wird also nicht berufen. Es gelten direkt die deutschen Regeln für Aktienübertragungen.[143] 82

Der Verweis in Art. 5 SE-VO umfasst nicht nur die Voraussetzungen für eine wirksame Verfügung über die Aktien an der SE, sondern auch das Erfordernis, etwaige **gesellschaftsrechtliche Mitteilungs- und Bekanntmachungspflichten** zu erfüllen (sowie die Folgen ihrer Verletzung), wie etwa die Pflicht, den Erwerb eines bestimmten Prozentsatzes der Anteile oder der Stimmrechte sowie eine Mehrheitsbeteiligung der Gesellschaft mitzuteilen und bekannt zu machen.[144] 83

Allerdings sind vom Verweis des Art. 5 SE-VO sonstige Fragen auszuklammern, die kollisionsrechtlich nicht als gesellschaftsrechtlich zu qualifizieren sind, wie insbesondere die Frage, wie bei verbrieften Aktien wirksam über das 84

---

142) Zur Frage, ob das WpÜG bei Gründung einer Holding-SE anwendbar ist und ob ein Pflichtangebot der Holding-SE nach § 35 WpÜG erforderlich ist s. *Oechsler* in: Münch-Komm-AktG, Art. 2 SE-VO Rz. 20 ff.; *Schwarz*, SE-VO, Vorb. Art. 32-34 Rz. 14 ff.; *Teichmann* in: Van Hulle/Maul/Drinhausen, Abschn. 4 § 3 Rz. 63 ff.

143) *Fleischer* in: Lutter/Hommelhoff, SE-Kommentar, Art. 5 SE-VO Rz. 2; *Casper* in: Spindler/Stilz, Art. 5 SE-VO Rz. 2; *Mayer* in: Manz/Mayer/Schröder, Art. 5 SE-VO Rz. 6; *Ziemons* in: Lutter/Hommelhoff, SE-Kommentar, Anh. I Art. 5 SE-VO Rz. 14 und 18; *Oechsler* in: MünchKomm-AktG, Art. 5 SE-VO Rz. 5; vgl. auch *Lutter*, Europäische Aktiengesellschaft, 1976, S. 145, 152.

144) Das deutsche Aktienrecht sieht eine solche Mitteilungspflicht in §§ 20, 21 AktG vor; erheblich weiter gehende Mitteilungspflichten statuieren die kapitalmarktrechtlichen Vorschriften §§ 21, 22 WpHG, die allerdings als Teil des Kapitalmarktrechts den allgemeinen kollisionsrechtlichen Anknüpfungsregeln unterliegen und nicht vom Verweis des Art. 5 SE-VO erfasst werden, vgl. *Casper* in: Spindler/Stilz, Art. 5 SE-VO Rz. 6 (zur Anknüpfung dieser Vorschriften s. o. § 9 Rz. 38 ff.).

Wertpapier verfügt wird. In diesen Fällen gelten die einschlägigen Regeln des Internationalen Privatrechts, also für die Wirksamkeit der **Übereignung des Wertpapiers** das Recht an jenem Ort, an dem sich das Papier befindet (**lex cartae sitae**) (es gelten die Ausführungen oben unter § 6 Rz. 66 f.).[145]

II. Asset Deal

85 Der Unternehmenserwerb einer Europäischen Gesellschaft im Wege des Asset Deal ist weder in der SE-Verordnung noch im SEAG geregelt. Er unterliegt daher kollisionsrechtlich denjenigen Vorschriften, die für den Erwerb von **Gesellschaften nationalen Rechts** im Wege des Asset Deal gelten (siehe oben §§ 4 ff.). Dies gilt sowohl für den schuldrechtlichen wie für den dinglichen Teil des Erwerbs.

86 Hiervon ausgenommen sind **gesellschaftsrechtliche Fragen** im Zusammenhang mit einem Asset Deal, die in der SE-Verordnung oder über einen Verweis in das nationale Recht beantwortet werden. So gilt bei einer SE mit Sitz in Deutschland über Art. 52 Satz 2 SE-VO die Vorschrift des § 179a Abs. 1 Satz 1 AktG, wonach bei einer deutschen Aktiengesellschaft für eine wirksame Verpflichtung zur Übertragung des ganzen oder wesentlichen Gesellschaftsvermögens die Zustimmung der Hauptversammlung erforderlich ist.[146]

---

145) *Ziemons* in: Lutter/Hommelhoff, SE-Kommentar, Anh. I Art. 5 SE-VO Rz. 14; *Oechsler* in: MünchKomm-AktG, Art. 5 SE-VO Rz. 36; vgl. auch *Lutter*, Europäische Aktiengesellschaft, 1976, S. 145, 152.

146) S. nur *Mayer* in: Manz/Mayer/Schröder, Art. 52 SE-VO Rz. 16. Nach wohl h. M. sind auch die sog. „Holzmüller-" und „Gelatine"-Grundsätze des BGH auf die deutsche SE anzuwenden, vgl. nur *Kiem* in: KölnKomm-AktG, Art. 52 SE-VO Rz. 36 mit zahlreichen Nachweisen; a. A. etwa *Spindler* in: Lutter/Hommelhoff, SE-Kommentar, Art. 52 SE-VO Rz. 47 m. w. N.

§ 16 Europäische wirtschaftliche Interessenvereinigung (EWIV)

Übersicht

A. Share Deal .... 1 | B. Asset Deal 6

Literatur: *Anderson*, European Economic Interest Groupings, London 1990; *Ganske*, Das Recht der Europäischen wirtschaftlichen Interessenvereinigung (EWIV), 1988; *Habersack*, Europäisches Gesellschaftsrecht, 3. Auflage 2006; *Hartard*, Die Europäische Wirtschaftliche Interessenvereinigung im deutschen, englischen und französischen Recht, 1991; *Horsmans*, Les groupements d'intérêt économique, 1991; *Meyer-Landrut*, Die Europäische Wirtschaftliche Interessenvereinigung, 1988.

A. Share Deal

Nach Art. 22 Abs. 1 EWIV-VO[1]) kann ein Mitglied seine Beteiligung an der Europäischen wirtschaftlichen Interessenvereinigung (EWIV) ganz oder teilweise an einen Dritten abtreten. Mit der Vollabtretung ist eine echte **Beteiligungsübertragung** gemeint.[2]) Allerdings ist die Übertragung erst wirksam, wenn alle übrigen Mitglieder zugestimmt haben. Diese Vinkulierung hat zwingenden Charakter und lässt sich nicht im Gründungsvertrag abbedingen, da solches in der Verordnung nicht vorgesehen ist.[3]) Ebenso wenig ist eine Form für die Abtretung der Beteiligung vorgeschrieben. Sie ist mithin **formfrei** möglich. Die Abtretung ist gemäß Art. 7 lit. e EWIV-VO i. V. m. dem betreffenden mitgliedstaatlichen Ausführungsgesetz zum Register anzumelden.[4]) 1

Weitere Bestimmungen über die Beteiligungsübertragung enthält die **EWIV-Verordnung** nicht; es gibt auch **keine Regelungen** über ein etwaig zugrundeliegendes **Kaufgeschäft**.[5]) Denn die Verordnung befasst sich aus pragmatischen Erwägungen nur mit der **Gründung**, der rechtlichen Existenz und der inneren Verfassung der EWIV.[6]) Soweit die Verordnung keine Regelung trifft, gilt das materielle (innerstaatliche) Recht des Staats, in dem die betreffende EWIV nach dem Gründungsvertrag ihren Sitz hat (Art. 2 Abs. 1 EWIV-VO).[7]) Diese Verweisung führt direkt zum Sachrecht (materiellen Recht) des Sitzstaats, d. h. 2

---

1) Verordnung 2137/85/EWG des Rates v. 25.7.1985 über die Schaffung einer Europäischen Wirtschaftlichen Interessenvereinigung (EWIV-VO), ABl EU L 199/1 v. 31.7.1985.

2) *K. Schmidt*, Gesellschaftsrecht, S. 1907 Fn. 26; *Ganske*, S. 55; vgl. auch *Salger/Neye* in: MünchHdb-GesR, Bd. 1, § 96 Rz. 28.

3) *Ganske*, S. 55; *Meyer-Landrut*, S. 91; zweifelnd *K. Schmidt*, Gesellschaftsrecht, S. 1907 Fn. 26; a. A. *Habersack*, Europäisches Gesellschaftsrecht, § 11 Rz. 23.

4) *Meyer-Landrut*, S. 89; *Habersack*, Europäisches Gesellschaftsrecht, § 11 Rz. 24; für Deutschland s. § 2 Abs. 3 Nr. 1 i. V. m. Abs. 2 Nr. 4 EWIV-Ausführungsgesetz.

5) *Anderson*, S. 120.

6) Näher *Ganske*, S. 17; vgl. auch *Salger* in: MünchHdb-GesR, Bd. 1, § 94 Rz. 14.

7) *Ganske*, S. 18; *Salger* in: MünchHdb-GesR, Bd. 1, § 94 Rz. 16.

unter Ausschluss seines Kollisionsrechts.[8] Für Fragen der **Rechts-, Geschäfts- und Handlungsfähigkeit** wird gemäß Art. 2 Abs. 1 EWIV-VO allerdings nicht auf das materielle Recht des Sitzstaats verwiesen. Insoweit bestimmt sich das anwendbare Recht nach den allgemeinen Regeln des Internationalen Privatrechts.[9]

3 Regelt die EWIV-Verordnung daneben einen Sachverhalt nicht, ist unmittelbar und damit auch ohne ausdrückliche Verweisung in der Verordnung **nationales mitgliedstaatliches Recht** anwendbar.[10] Es gilt das im Einzelfall nach den Grundsätzen des Internationalen Privatrechts oder des Internationalen öffentlichen Rechts zu ermittelnde Sachrecht eines Mitgliedstaats.[11]

4 Dies bedeutet, dass praktisch sämtliche kollisionsrechtlichen Fragen im Zusammenhang mit dem Erwerb von Beteiligungen an einer EWIV, soweit sie nicht zum engen Bereich der durch die Verordnung geregelten Probleme zählen, so zu behandeln sind, als wäre die EWIV eine **Gesellschaft des nationalen Rechts**. Daher wird z. B. das **Vertragsstatut** aus der Sicht eines deutschen Forums beim Kauf der Beteiligung an einer EWIV mit Sitz etwa in Dänemark genauso wie beim Kauf von Anteilen an einer sonstigen Gesellschaft mit Sitz in Dänemark nach Art. 3 ff. Rom I-VO bestimmt.

5 Soweit beim Kauf einer EWIV-Beteiligung das **Gesellschaftsstatut** maßgeblich ist, stellt sich schließlich die Frage, welche Vorschriften des nationalen Rechts einschlägig sind. Denn sämtliche Mitgliedstaaten kennen natürlich unterschiedliche Gesellschaftsformen. In den Verhandlungen über die Verordnung hat sich ergeben, dass insoweit eine einfache Verweisung auf das für eine andere – nationale – Gesellschaftsform geltende Recht genügt.[12] So hat der deutsche Gesetzgeber in § 1 EWIV-Ausführungsgesetz zum Ausdruck gebracht, dass die EWIV mit der **offenen Handelsgesellschaft** des deutschen Rechts gleichgestellt werden soll, da sie dieser am stärksten ähnelt.[13] Der französische Gesetzgeber hat die EWIV dem *groupement d'intérêt économique* des französischen Rechts gleichgestellt,[14] der belgische dem *groupement d'intérêt économique* des belgischen Rechts.[15] Soweit es beim Kauf von Beteiligungen an einer EWIV

---

8) Vgl. den Erwägungsgrund 11 der EWIV-VO sowie *Ganske*, S. 18; *Salger* in: MünchHdb-GesR, Bd. 1, § 94 Rz. 19.
9) *Salger* in: MünchHdb-GesR, Bd. 1, § 94 Rz. 18; *Habersack*, Europäisches Gesellschaftsrecht, § 11 Rz. 1.
10) Erwägungsgrund 15 der EWIV-VO sowie *Hartard*, S. 3; *Salger* in: MünchHdb-GesR, Bd. 1, § 94 Rz. 20.
11) *Ganske*, S. 18; *Salger* in: MünchHdb-GesR, Bd. 1, § 94 Rz. 20.
12) *Ganske*, S. 19.
13) S. die Begründung zu § 1 des Gesetzentwurfs der Bundesregierung über die Europäische wirtschaftliche Interessenvereinigung (EWIVG) v. 25.5.1987, BT-Drucks. 11/352, S. 7.
14) S. das französische EWIV-Ausführungsgesetz, abgedr. in: *Hartard*, S. 195 ff.
15) *Horsmans/Nicaise* in: Horsmans, S. 7 ff.

B. Asset Deal

auf das Gesellschaftsstatut ankommt, ist demnach eine EWIV mit Sitz in Deutschland wie eine deutsche offene Handelsgesellschaft, eine EWIV mit Sitz in Frankreich oder Belgien wie ein *groupement d'intérêt économique* des französischen oder des belgischen Rechts zu behandeln.

B. Asset Deal

Der Unternehmenserwerb im Wege des Asset Deal unterliegt kollisionsrechtlich sowohl bei einer EWIV als veräußernder Gesellschaft als auch bei einer EWIV als erwerbender Gesellschaft den jeweiligen Vorschriften, die auf den Asset Deal unter **Gesellschaften des nationalen Rechts** gelten. 6

§ 17 Europäische Privatgesellschaft (SPE)

Literatur: *Bormann/König*, Der Weg zur Europäischen Privatgesellschaft: Bestandsaufnahme und Ausblick, RIW 2010, 111; *Bücker*, Die Organisationsverfassung der SPE, ZHR 173 (2009), 281; *Ehricke*, Konzeptionelle Probleme der Europäischen Privatgesellschaft, KSzW 2010, 6; *Greulich*, Neues zum Gläubigerschutz bei der Societas Privata Europaea, Der Konzern 2009, 229; *Hadding/Kießling*, Die Europäische Privatgesellschaft (Societas Privata Europaea – SPE), WM 2009, 145; *Hommelhoff*, Unternehmensfinanzierung in der Europäischen Privatgesellschaft (SPE), ZHR 173 (2009), 255; *Hommelhoff/Krause/Teichmann*, Arbeitnehmer-Beteiligung in der Europäischen Privatgesellschaft (SPE) nach dem Verordnungsvorschlag, GmbHR 2008, 1193; *Hommelhoff/Teichmann*, Die SPE vor dem Gipfelsturm: Zum Kompromissvorschlag der schwedischen EU-Ratspräsidentschaft, GmbHR 2010, 337; *Hommelhoff/Teichmann*, Eine GmbH für Europa: Der Vorschlag der EU-Kommission zur Societas Privata Europaea (SPE), GmbHR 2008, 897; *Hommelhoff/Teichmann*, Auf dem Weg zur Europäischen Privatgesellschaft (SPE), DStR 2008, 925; *Hügel*, Zur Europäischen Privatgesellschaft: Internationale Aspekte, Sitzverlegung, Satzungsgestaltung und Satzungslücken, ZHR 173 (2009), 309; *Kreycy*, SPE in spe sine spe creditoribus?, in: Festschrift Hüffer, 2010, S. 501; *Maul/Röhricht*, Die Europäische Privatgesellschaft – Überblick über eine neue supranationale Rechtsform, BB 2008, 1574; *Neye*, Die Europäische Privatgesellschaft: Uniformes Recht ohne Harmonisierungsgrundlage?, in: Festschrift Hüffer, 2010, S. 717; *Siems/Rosenhäger/Herzog*, Aller guten Dinge sind zwei: Lehren aus der Entwicklung der SE für die EPG, Der Konzern 2008, 393; *Teichmann*, Die Societas Privata Europaea (SPE) als ausländische Tochtergesellschaft, RIW 2010, 120; *Teichmann*, Die Europäische Privatgesellschaft (SPE) – Wissenschaftliche Grundlegung, in: Gesellschaftsrechtliche Vereinigung (VGR), Gesellschaftsrecht in der Diskussion 2008, 2009, S. 55; *Teichmann/Limmer*, Die Societas Privata Europaea (SPE) aus notarieller Sicht – eine Zwischenbilanz nach dem Votum des Europäischen Parlaments, GmbHR 2009, 537; *Weber-Rey*, Praxisfragen der Europäischen Privatgesellschaft, in: Gesellschaftsrechtliche Vereinigung (VGR), Gesellschaftsrecht in der Diskussion 2008, 2009, S. 77.

Die Europäische Union plant, mit der Europäischen Privatgesellschaft (Societas Privata Europaea, SPE) eine neue supranationale Gesellschaftsform einzuführen.[1]) Diese soll speziell auf kleine und mittelständische Unternehmen (KMU) zugeschnitten werden, um deren Zugang zum Binnenmarkt zu verbessern, ihr Wachstum zu erleichtern und ihr Geschäftspotential zu entfalten.[2]) Die SPE soll die mehr auf große Unternehmen ausgerichtete Europäische Gesellschaft ergänzen. 1

Bislang liegt nach langen Vorarbeiten vor allem ein **Vorschlag** der Kommission vom 25.6.2008 für eine Verordnung über das Statut der Europäischen Privatge- 2

---

1) Für eine Überblick über die Einsatzmöglichkeiten der SPE s. *Hommelhoff/Teichmann*, DStR 2008, 925; *Teichmann* in: VGR, Gesellschaftsrecht in der Diskussion 2008, S. 55, 56 f.
2) KOM (2008) 396 endgültig, S. 2.

sellschaft (SPE-VO-E) vor, der sich derzeit im Beratungsprozess befindet.[3] Das Europäische Parlament hat den Vorschlag am 10.3.2009 in stark veränderter Form verabschiedet und damit letztlich einen alternativen Vorschlag unterbreitet.[4]

3 Nach dem Vorschlag der Kommission soll die SPE eine **Gesellschaft mit beschränkter Haftung** sein (vgl. Art. 1 SPE-VO-E). Damit einher geht die Beschränkung der Haftung für Verbindlichkeiten der SPE auf das Gesellschaftsvermögen. Anteilseigner sollen also nur für den von ihnen gezeichneten Betrag haftbar gemacht werden können (Art. 3 Abs. 1 lit. b SPE-VO-E). Als eine mit der deutschen GmbH vergleichbare Gesellschaftsform sollen die Anteile an einer SPE weder öffentlich angeboten noch öffentlich gehandelt werden können (Art. 3 Abs. 1 lit. d SPE-VO-E).

4 Im Unterschied zur Europäischen Gesellschaft soll die **Gründung** einer SPE nach dem Kommissionsvorschlag als Neugründung „*ex nihilo*" möglich sein. Die Gründung selbst soll im Unterschied zur GmbH durch bloße Einhaltung der schriftlichen Form erfolgen können; eine notarielle Beurkundung wird nicht verlangt (siehe Art. 8 Abs. 2 SPE-VO-E). Außerdem soll es anders als bei der SE kein Erfordernis der Mehrstaatlichkeit geben. Es sollen also nicht mindestens zwei Anknüpfungspunkte zu verschiedenen Mitgliedstaaten vorliegen müssen.[5] Mit der Eintragung erlangt die SPE Rechtsfähigkeit (Art. 9 Abs. 2 SPE-VO-E). Eingetragen wird die SPE in das Register des Mitgliedstaats, in dem sie ihren satzungsmäßigen Sitz hat (Art. 9 Abs. 1 SPE-VO-E). Registersitz und Sitz der Hauptverwaltung dürfen anders als bei der SE aber in verschiedenen Mitgliedstaaten liegen.[6] Das Mindestkapital beträgt lediglich 1 € (Art. 19 Abs. 4 SPE-VO-E).[7]

---

3) KOM (2008) 396 endgültig; dazu *Bormann/König*, RIW 2010, 111; *Ehricke*, KSzW 2010, 6; *Hadding/Kießling*, WM 2009, 145; *Hommelhoff/Teichmann*, GmbHR 2008, 897; *Teichmann/Limmer*, GmbHR 2009, 537; *Hommelhoff/Teichmann*, GmbHR 2010, 337; *Maul/Röhricht*, BB 2008, 1574; *Neye* in: FS Hüffer, S. 717; *Teichmann*, RIW 2010, 120; *Weber-Rey* in: VGR, Gesellschaftsrecht in der Diskussion 2008, S. 77; speziell zur Organisationsverfassung *Bücker*, ZHR 173 (2009), 281; zu den Vorarbeiten s. etwa *Habighorst* in: MünchHdb-GesR, Bd. 3, § 76 Rz. 2 ff.; *Siems/Rosenhäger/Herzog*, Der Konzern 2008, 393, 394 m. w. N.

4) Legislative Entschließung des Europäischen Parlaments v. 10.3.2009, P6_TA(2009)0094; dazu *Ehricke*, KSzW 2010, 6; *Hommelhoff/Teichmann*, GmbHR 2009, 537; zum schwedischen Vorschlag s. *Hommelhoff/Teichmann*, GmbHR 2010, 337.

5) Zustimmend *Ehricke*, KSzW 2010, 6, 12; *Hügel*, ZHR 173 (2009), 309, 310 ff. m. w. N. auch zur Gegenauffassung.

6) Zustimmend *Hommelhoff/Teichmann*, GmbHR 2008, 897, 901; zur Möglichkeit der grenzüberschreitenden Sitzverlegung *Hügel*, ZHR 173 (2009), 309, 325 ff.

7) Zu den Fragen der Kapitalaufbringung und -erhaltung bei der SPE s. *Kreyci* in: FS Hüffer, S. 501; zum Gläubigerschutz *Greulich*, Der Konzern 2009, 229; zu Finanzierungsfragen *Hommelhoff*, ZHR 173 (2009), 255.

Nach dem Vorschlag der Kommission ist die SPE-Verordnung im Unterschied 5
zu SE-Verordnung als **Vollstatut** gedacht und soll damit grundsätzlich zusammen mit der Satzung der SPE alle gesellschaftsrechtlichen Fragen im Bezug auf die SPE selbst regeln (vgl. Art. 4 Abs. 1 SPE-VO-E).[8] Das nationale Gesellschaftsrecht soll lediglich in den durch die Verordnung genannten Fällen anwendbar sein. Weiterhin soll es allerdings auch in Rechtsbereichen berufen sein, die zwar für die SPE maßgeblich, nicht jedoch dem Gesellschaftsrecht zuzuordnen sind, wie etwa das Arbeits-, Insolvenz- und Steuerrecht.[9] Bei der **Arbeitnehmermitbestimmung** soll die SPE dem Recht des Mitgliedstaats unterliegen, in dem sie ihren eingetragenen Sitz hat (Art. 34 Abs. 1 SPE-VO-E).[10]

Die **Übertragung von Anteilen** an einer SPE ist im Entwurf der Verordnung 6
geregelt (Art. 16 SPE-VO-E). Anteile sind grundsätzlich frei übertragbar. Die Übertragung ist aber nur gültig, wenn sie mit der Verordnung und der Satzung der SPE im Einklang steht. Soll die Übertragung beschränkt werden, bspw. durch Vinkulierung der Anteile, ist dies in der Satzung aufzuführen. Jede Vereinbarung über die Übertragung von Anteilen unterliegt der **Schriftform**. Anders als bei der Übertragung von Anteilen an einer GmbH ist damit keine notarielle Beurkundung erforderlich. Im Verhältnis zur Gesellschaft soll die Übertragung an dem Tag wirksam werden, an dem der neue Anteilseigner der SPE die Übertragung mitteilt. Im Verhältnis zu Dritten soll die Wirksamkeit mit dem Tag eintreten, an dem der neue Anteilseigner in das Verzeichnis der Anteilseigner aufgenommen wird. Ob Anteile an einer SPE gutgläubig erworben werden können, richtet sich nach den Bestimmungen der anwendbaren nationalen Rechtsvorschriften.[11] Für die Übertragung selbst ist somit darüber hinaus weder ein Rückgriff auf nationales Kollisions- noch Sachrecht erforderlich.

Die einer solchen Anteilsübertragung zugrunde liegende **schuldrechtliche** 7
Vereinbarung, bspw. in Form eines Kaufvertrags, ist im Entwurf der Verordnung nicht angesprochen. Sie unterliegt damit den **allgemeinen Vorschriften** des Internationalen Privatrechts und ist daher gemäß den Art. 3 ff. Rom I-VO anzuknüpfen (dazu oben § 4).

---

8) *Hommelhoff/Teichmann*, GmbHR 2008, 897, 898.
9) KOM (2008) 396 endgültig, S. 7.
10) Näher hierzu *Hommelhoff/Krause/Teichmann*, GmbHR 2008, 1193.
11) Dazu *Hommelhoff/Teichmann*, GmbHR 2008, 897, 903; *Habighorst* in: MünchHdb-GesR, Bd. 3, § 76 Rz. 33.

Kapitel 7 Prozessuale Fragen; Einschaltung von Beratern

§ 18 Prozessuale Fragen

Übersicht

A. Gerichtsstandsklauseln 1	V. Wahl eines bestimmten Spruch-
I. Allgemeines 1	körpers 24
II. Prorogation nach dem EuGVVO 11	B. Schiedsklauseln 34
III. Prorogation nach autonomem	I. Allgemeines 34
Recht 18	II. Institutionelle Schiedsgerichts-
IV. Kriterien für die Auswahl des	barkeit 48
Gerichtsstands 20	III. Ad-hoc-Schiedsgerichte 51
1. Ausländisches Prozessrecht 21	C. Empfangs- und Zustellungs-
2. Klagezustellung und Voll-	bevollmächtigte 64
streckung 22	

Literatur: *Breidenbach/Peres*, Die DIS-Mediationsordnung, SchiedsVZ 2010, 125; *Fetsch*, IPR-Bezüge bei GmbH-Geschäftsanteils- und Unternehmenskaufverträgen, internationale Gerichtsstandsvereinbarungen, RNotZ 2007, 532; *Gaus*, Gerichtsstands- und Schiedsvereinbarungen in internationalen kaufmännischen Verträgen – Teil 1, WiB 1995, 606, und Teil 2, WiB 1995, 645; *Geimer/Schütze*, Europäisches Zivilverfahrensrecht, Kommentar, 3. Auflage 2010 (zit.: *Bearbeiter* in: Geimer/Schütze); *Hamann/Lennarz*, Sieben Regeln für eine schnelle, einfache und gute Schiedsklausel, BB 2007, 1009; *Kropholler*, Europäisches Zivilprozessrecht, Kommentar, 8. Auflage 2005 (zit.: Europäisches Zivilprozessrecht); *Rauscher*, Europäisches Zivilprozess- und Kollisionsrecht, EuZPR/EuIPR, Kommentar, EG-ZustellVO, EG-BewVO, EG-VollstrTitelVO, EG-InsVO, EG-Mahn-VO, EG-Bagatell-VO, 2010 (zit.: *Bearbeiter* in: Rauscher); *Sachs*, Schiedsgerichtsverfahren über Unternehmenskaufverträge – unter besonderer Berücksichtigung kartellrechtlicher Aspekte, SchiedsVZ 2004, 123; *Sachs*, Use of documents and document discovery: „Fishing expeditions" versus transparency and burden of proof, SchiedsVZ 2003, 193; *Sandrock*, Zügigkeit und Leichtigkeit als Gründlichkeit, Internationale Schiedsverfahren in der Bundesrepublik Deutschland, JZ 1986, 370; *Schack*, Einführung in das US-amerikanische Zivilprozessrecht, 3. Auflage 2003; *Schlosser*, EU-Zivilprozeßrecht, Kommentar, 3. Auflage 2009; *Schütze*, Institutionelle Schiedsgerichtsbarkeit, Kommentar, 2005 (zit.: *Bearbeiter* in: Schütze); *Schütze/Tscherning/Wais*, Handbuch des Schiedsverfahrens, 2. Auflage 1990; *Schwab/Walter*, Schiedsgerichtsbarkeit, Kommentar, 7. Auflage 2005; *Stubbe*, Konfliktmanagement – bedarfsgerechte Streitbeilegungsinstrumente, SchiedsVZ 2009, 321; *Zekoll/Bolt*, Die Pflicht zur Vorlage von Urkunden im Zivilprozess – Amerikanische Verhältnisse in Deutschland?, NJW 2002, 3129.

A. Gerichtsstandsklauseln

I. Allgemeines

Unternehmenskaufverträge enthalten für gewöhnlich eine Gerichtsstandsklausel (*jurisdiction clause*). Gilt dies schon für die meisten Inlandstransaktionen ohne jeglichen Auslandsbezug, ist eine Zuständigkeitsvereinbarung bei einem Unternehmenskaufvertrag mit Auslandsbezug, bspw. weil eine der beteiligten Parteien im Ausland domiziliert ist oder die Zielgesellschaft eine ausländische ist, unabdingbar.

1

§ 18 Prozessuale Fragen

2 Durch die vorherige Bestimmung eines Gerichtsstandes können die – regelmäßig kaufmännischen – Parteien die Zahl möglicher Gerichtsstände begrenzen und eine möglichst klare, eindeutige und damit vorhersehbare **Bestimmbarkeit des Gerichtsstandes** etwaiger Klagen aus dem Unternehmenskaufvertrag erreichen.

3 Fehlt es an einer Zuständigkeitsvereinbarung, hängt die Entscheidung über das zuständige Gericht von der Beurteilung des angerufenen Gerichts ab, mit dem Risiko, dass dieses z. B. von der allgemeinen Sicht abweichende Rechtsgrundsätze anwendet, eine andere Auslegung relevanter Umstände verfolgt oder eine aus anderen Gründen unzutreffende Entscheidung trifft.[1] Die Entscheidung über das zuständige Gericht ist damit allenfalls eingeschränkt vorhersehbar und damit für die Parteien mit erheblichen Unwägbarkeiten und Risiken behaftet.

4 Darüber hinaus hat die Partei, die sich in den Vertragsverhandlungen mit *„ihrem"* Gerichtsstand durchgesetzt hat, ggf. den Vorteil der besseren Kenntnis der Funktion und Organisation des Gerichtsorts.[2]

5 Ergänzt und verstärkt wird dieses Interesse an einer Zuständigkeitsvereinbarung dadurch, dass die Wahl des Gerichtsorts auch das materiell anwendbare Recht vorbestimmt. Denn das angerufene Gericht bestimmt das anwendbare Recht anhand der am Gerichtsort geltenden Kollisionsregeln.[3]

6 Jeder grenzüberschreitende Unternehmenskaufvertrag sollte deshalb eine **ausdrückliche** und **eindeutige Gerichtsstandsvereinbarung** beinhalten. Die Praxis entspricht dem.

7 Fehlt eine solche Vereinbarung dennoch, richtet sich die internationale Zuständigkeit nach dem innerstaatlichen Recht des jeweils angerufenen Gerichts (*lex fori*). Eine Schlussfolgerung vom gewählten anwendbaren Recht auf das zuständige Forum, wie teils im Schrifttum jedenfalls für Ausnahmefälle propagiert, ist unzulässig.[4]

8 Für gewöhnlich einigen sich die Parteien auf ein anwendbares Recht, um dann einen Gerichtsstand festzulegen – regelmäßig korrespondierend zur gewählten Rechtsordnung, im Einzelfall aber auch hiervon abweichend, weil bspw. ein neutraler Gerichtsort gewünscht oder ein solcher als Kompromiss von den Parteien gewählt wird.

9 Auf die Beurteilung einer Gerichtsstandsvereinbarung findet maßgeblich das am Gerichtsort anzuwendende Verfahrensrecht Anwendung. So richten sich **Zulässigkeit** und **materielle Wirksamkeit**, einschließlich der **Form**, nach der

---

1) *Geimer*, Rz. 1597.
2) *Hausmann* in: Reithmann/Martiny, Rz. 6352; *Kropholler*, Internationales Privatrecht, S. 626.
3) *Fetsch*, RNotZ 2007, 532, 540; *Geimer*, Rz. 1599.
4) *Geimer*, Rz. 1674; a. A. *Hausmann* in: Reithmann/Martiny, Rz. 6354.

A. Gerichtsstandsklauseln

lex fori, und damit in Deutschland nach Art. 23 EuGVVO, oder, außerhalb des Anwendungsbereichs der Europäischen Gerichtsstands- und Vollstreckungsverordnung (EuGVVO), den §§ 38, 40 ZPO.[5] Das **Zustandekommen** und die **Auslegung** einer Gerichtsstandsvereinbarung wiederum richtet sich nach dem von den Parteien insoweit berufenen Recht, der *lex causae*.[6]

Ist sein Anwendungsbereich erfasst, geht das europäische Prozessrecht, d. h. die Europäische Gerichtsstands- und Vollstreckungsverordnung, dem autonomen deutschen Zivilprozessrecht als **speziellere Regelung** vor.[7] Ergänzend gilt für den Rechtsverkehr mit der Schweiz, Norwegen und Island zudem das Luganer Übereinkommen über die gerichtliche Zuständigkeit und die Vollstreckung gerichtlicher Entscheidungen in Zivil- und Handelssachen vom 16.9.1988.[8]

10

II. Prorogation nach dem EuGVVO

Gerichtsstandsvereinbarungen unterliegen seit dem 1.3.2002 der Europäischen Gerichtsstands- und Vollstreckungsverordnung, welche die bis dahin geltenden Regelungen des Europäischen Gerichtsstands- und Vollstreckungsübereinkommen (EuGVÜ, Brussels Convention)[9] abgelöst hat.

11

Der EuGVVO unterliegen Gerichtsstandsvereinbarungen grundsätzlich dann, wenn folgende Voraussetzungen erfüllt sind:

12

- Erstens muss der **sachliche Anwendungsbereich der EuGVVO** eröffnet sein, d. h., Gegenstand müssen Streitigkeiten in Zivil- und Handelssachen sein, wobei es auf die Art der Gerichtsbarkeit nicht ankommt, Art. 1 Satz 1 EuGVVO.

- Zweitens muss jedenfalls *eine* der Vertragsparteien ihren **Sitz in einem der Mitgliedstaaten** haben, Art. 23 Abs. 1 EuGVVO.

- Drittens muss die **Zuständigkeit** der Gerichte eines Mitgliedstaats **vereinbart** worden sein, Art. 23 Abs. 1 EuGVVO.

Das von den Parteien gewählte **Gericht ist ausschließlich zuständig**, es sei denn, die Parteien haben etwas anderes vereinbart, Art. 23 Abs. 1 Satz 2 EuGVVO.

13

---

5) *Hausmann* in: Reithmann/Martiny, Rz. 6354; *Kropholler*, Internationales Privatrecht, S. 627.

6) BGHZ 49, 384; BGH, NJW 1990, 1431; *Hausmann* in: Reithmann/Martiny, Rz. 6356; *Kropholler*, Internationales Privatrecht, S. 628; *Schlosser*, Art. 23 EuGVVO Rz. 43a.

7) *Fetsch*, RNotZ 2007, 532, 540; *Geimer* in: Geimer/Schütze, Art. 23 EuGVVO Rz. 69; *Hausmann* in: Reithmann/Martiny, Rz. 6388; *Kropholler*, Europäisches Zivilprozessrecht, Art. 23 EuGVVO Rz. 16.

8) Luganer Übereinkommen über die gerichtliche Zuständigkeit und die Vollstreckung gerichtlicher Entscheidungen in Zivil- und Handelssachen v. 16.9.1988, BGBl. II 1994, 2660.

9) Europäisches Übereinkommen v. 27.9.1968 über die gerichtliche Zuständigkeit und die Vollstreckung gerichtlicher Entscheidungen in Zivil- und Handelssachen, BGBl. II 1972, 773; konsolidierte Fassung: BGBl. III 1998, 209 und ABl. 1998, Nr. C 27/1.

§ 18 Prozessuale Fragen

Aus Klarstellungsgründen üblich und auch empfehlenswert ist es, dennoch die Ausschließlichkeit des von den Parteien gewünschten Gerichtsstands in der Klausel ausdrücklich bestätigend zu vereinbaren – sofern nicht ausnahmsweise konkurrierende Gerichtsstände gewollt sein sollten.

14 Eine Gerichtsstandsvereinbarung muss, allgemeinen Grundsätzen entsprechend, zunächst **hinreichend bestimmt** sein. Art. 23 Abs. 1 Satz 1 EuGVVO verlangt insoweit, dass ein Gericht oder die Gerichte eines Mitgliedstaats über eine bereits entstandene Rechtsstreitigkeit oder über eine künftige aus einem bestimmten Rechtsverhältnis entspringende Rechtsstreitigkeit entscheiden sollen. Ausreichend ist, dass sich eine Gerichtsstandsklausel auf alle aus oder im Zusammenhang mit einem Vertrag ergebenden Streitigkeiten bezieht; für das als zuständig benannte Gericht bedarf es auch nur einer objektiven Bestimmbarkeit, nicht also einer konkreten Benennung.[10] Zu unbestimmt hingegen wäre ein einseitiges Bestimmungsrecht für eine Vertragspartei.[11] Anerkannt ist, dass eine wirksame Zuständigkeitsvereinbarung auch dann vorliegt, wenn diese vorsieht, dass von zwei Parteien mit Sitz in verschiedenen Staaten jede nur vor den Gerichten ihres Heimatstaats verklagt werden darf.[12]

15 Für die formwirksame Vereinbarung eines Gerichtsstandes stehen nach Art. 23 Abs. 1 Satz 3 lit. a–c EuGVVO grundsätzlich drei Möglichkeiten zur Verfügung. Da Unternehmenskaufverträge mit grenzüberschreitendem Charakter in der Praxis ausschließlich schriftlich abgeschlossen werden und typischerweise auch ausdrückliche Gerichtsstandsklausel aufweisen, kommt für diese Zwecke nur der ersten Variante in Form der schriftlichen Vereinbarung in Art. 23 Abs. 1 Satz 3 lit. a EuGVVO eine praktische Bedeutung zu.

16 Geachtet werden sollte darauf, dass bereits in **Vorfeldvereinbarungen** wie Vertraulichkeitsvereinbarungen, Letters of Intent, Heads of Terms, Memorandums of Understanding oder sonstigen Nebenabreden jeweils eine Gerichtsstandsklausel im Vertragsdokument aufgenommen wird.

17 Die Prorogation nach Art. 23 EuGVVO begründet nach dem ausdrücklichen Wortlaut der Vorschrift die ausschließliche Zuständigkeit des prorogierten Gerichts, es sei denn, die Parteien vereinbaren etwas anderes, Art. 23 Abs. 1 Satz 2 EuGVVO. Ein ausschließlicher Gerichtsstand gemäß Art. 22 EuGVVO geht der Prorogation allerdings vor, Art. 23 Abs. 5 EuGVVO.

---

10) EuGH, Rs. C-387/98, *Coreck Maritime GmbH/Handelsveem BV u. a.*, Slg. 2000, I-9337 = NJW 2001, 501; *Kropholler*, Internationales Privatrecht, S. 629 f.; *Schlosser*, Art. 23 EuGVVO Rz. 12 m. Bsp.

11) *Schlosser*, Art. 23 EuGVVO Rz. 12 m. Bsp.; *Kropholler*, Europäisches Zivilprozessrecht, Art. 23 EuGVVO Rz. 72.

12) Siehe EuGH, Rs. 23/78, *Nikolaus Meeth/Glacetal*, Slg. 1978, 02133 = RIW 1978, 814; *Kropholler*, Europäisches Zivilprozessrecht, Art. 23 EuGVVO Rz. 73.

A. Gerichtsstandsklauseln

III. Prorogation nach autonomem Recht

Außerhalb des Anwendungsbereichs von Art. 23 EuGVVO bleibt es bei der 18 Maßgeblichkeit des autonomen Zivilprozessrechts. Im deutschen Recht ist § 38 ZPO maßgeblich. Da beim internationalen Unternehmenskauf Gerichtsstandsvereinbarungen in jedem Fall schriftlich abgeschlossen werden sollten – und dies typischerweise ohnehin auch der Fall ist –, kann hier die Kontroverse um das Verhältnis von § 38 Abs. 1 und Abs. 2 ZPO dahinstehen.[13] Wird ein inländischer Gerichtsstand gewählt, kann die inländische Partei nur ihren allgemeinen inländischen Gerichtsstand oder einen im Inland bestehenden besonderen Gerichtsstand wählen.[14]

Zulässig ist die Benennung eines bestimmten Gerichts oder auch die Wahl eines 19 bestimmten Spruchkörpers, etwa die Kammer für Handelssachen bei einem zu benennenden LG. Die insoweit erforderliche Kaufmannseigenschaft[15] bestimmt sich nach dem Personal- bzw. Gesellschaftsstatut der Parteien,[16] bei ausländischen Gesellschaften also nach dem Recht an deren effektiven ausländischen Verwaltungssitzen.[17]

IV. Kriterien für die Auswahl des Gerichtsstands

Die Faktoren, die für die Wahl eines bestimmten Gerichtsstandes maßgeblich 20 sind, sind naturgemäß vielfältig. Zunächst wird regelmäßig auf einen Gleichlauf zwischen materiellem Recht und Gerichtsstand geachtet. Dies gewährleistet am ehesten, dass Rechtsanwendungsfehler infolge fehlerhaften Verständnisses des materiell anzuwendenden Rechts durch ein mit diesem nicht vertrautes Gericht vermieden werden können.[18] Gewählt werden sollte zudem nur ein Gerichtsstand, der als hinreichend zuverlässig bekannt ist. Ferner sollten Partei- und die Prozessfähigkeit vor dem betreffenden ausländischen Gericht berücksichtigt werden.[19]

1. Ausländisches Prozessrecht

Ein weiterer Aspekt ist das ausländische Prozessrecht und mit dessen An- 21 wendbarkeit verbundene Nachteile. So kennt bspw. das US-amerikanische Prozessrecht ein aus kontinentaleuropäischer Sicht extensives Beweisaufnahmeverfahren *(pretrial discovery)*, welches zu einer umfassenden Offenlegung von

---

13) Hierzu *Vollkommer* in: Zöller, § 38 ZPO Rz. 25.
14) Vgl. *Gaus*, WiB 1995, 606, 607.
15) S. § 95 Abs. 1 Nr. 1 GVG.
16) Anders OLG München, IPRax 1989, 42, 43 *(lex fori)*.
17) *Lückemann* in: Zöller, § 95 GVG Rz. 4.
18) *Fetsch*, RNotZ 2007, 532, 544.
19) *Gaus*, WiB 1995, 606, 608.

Unterlagen (*production of documents*) führen kann;[20] außerdem die häufig genutzte Möglichkeit, dass ein Gericht der beklagten Partei aufgibt, in ihrem Besitz befindliche Unterlagen herauszugeben (*subpoena*). Zu bedenken sind ferner die Kosten der Prozessführung im ausländischen Forum. In den USA gilt insoweit die *American-Rule*: Jede Partei trägt ihre Kosten, gleichviel, wer den Prozess gewinnt.[21] Zudem können die Kosten für Rechtsanwälte deutlich höher sein; so übersteigen die üblichen Rechtsanwaltshonorare in den angelsächsischen Jurisdiktionen gemeinhin deutlich die deutscher Rechtsanwälte.

2. Klagezustellung und Vollstreckung

22 Bei der Prorogation sollte schließlich auch der pathologische Fall jedenfalls mitbedacht werden und deshalb die Möglichkeit einer Klagezustellung und Vollstreckung eines etwaigen Titels in die Überlegungen einbezogen werden. Für die internationale Zustellung kommt es darauf an, ob die Parteien in dem betreffenden Staat Niederlassungen unterhalten, an denen sie für Zwecke der Zustellung erreichbar sind.[22] Ansonsten ist zu klären, ob das prorogierte Forum seine Klagen im Wege der **internationalen Rechtshilfe** in dem Staat zustellt, in dem die betreffende Partei niedergelassen und für Zustellungszwecke erreichbar ist. Hier sind in erster Linie multi- und bilaterale Übereinkommen zu berücksichtigen, die die Modalitäten der internationalen Rechtshilfe mit Vorrang vor dem autonomen nationalen Zivilverfahrensrecht regeln.[23]

23 Vergleichbare Überlegungen gelten für die Vollstreckung: Wird die internationale Zuständigkeit der Gerichte eines Staats vereinbart, in dem kein oder nur geringes Vermögen belegen ist, stellt sich zwangsläufig die Frage nach der Anerkennung und Vollstreckung der dort erstrittenen Titel in Ländern, in denen nennenswertes Vermögen belegen ist.[24]

V. Wahl eines bestimmten Spruchkörpers

24 Vielfach wird in der Praxis internationaler Gerichtsstandsklauseln nicht allgemein die Gerichtsbarkeit eines bestimmten Staats, sondern die Zuständigkeit eines bestimmten Spruchkörpers vereinbart, z. B. die Zuständigkeit des LG X oder der Kammer für Handelssachen bei dem LG Y. Dadurch wollen sich die Parteien besonderer Sachkompetenz für die Entscheidung ihres Streits versichern.[25]

---

20) Vgl. *Zekoll/Bolt*, NJW 2002, 3129, 3133 f.
21) Zum US-amerikanischen Zivilprozessrecht allgemein vgl. *Schack*, passim.
22) Zum internationalen Zustellungsrecht *Geimer*, Rz. 2071 ff.
23) Vgl. insbesondere das Haager Zustellungsübereinkommen vom 15.11.1965, dazu *Geimer*, Rz. 2071 ff., und die EG-Zustellungsverordnung vom 13.11.2007, dazu *Heiderhoff* in: Rauscher, Abschn. A.II.1.
24) Dazu *Geimer*, Rz. 2688 ff.
25) *Gaus*, WiB 1995, 606, 607.

A. Gerichtsstandsklauseln

Die Zulässigkeit dieser Praxis beurteilt sich, wie bereits dargelegt, nach der *lex* 25 *fori*. Für die Wahl deutscher Spruchkörper ist damit deutsches Recht maßgeblich.

Die Zulässigkeit der Wahl eines bestimmten Landgerichts ergibt sich nach 26 deutschem Recht daraus, dass Gegenstand der Gerichtsstandsvereinbarung die **örtliche**, die **sachliche** und die **internationale Zuständigkeit** ist. Andere Zuständigkeiten, insbesondere die funktionelle Zuständigkeit (erste oder zweite Instanz), die Zuordnung der Gerichtsbarkeiten (Zivil-, Arbeits-, Sozialgerichtsbarkeit etc.) und die Geschäftsverteilung (Zivilkammer 1, 2 etc.) einschließlich der Bestimmung eines bestimmten Spruchkörpers sind der Prorogationsbefugnis der Parteien entzogen.[26]

Die **sachliche Zuständigkeit** ist im Gerichtsverfassungsgesetz geregelt und betrifft 27 unter anderem die streitwertabhängige Aufgabenverteilung in Zivilsachen erster Instanz zwischen AG und LG. Daraus folgt, dass die Parteien das LG auch für solche Streitigkeiten bindend prorogieren können, die nach dem Streitwert (§ 23 Nr. 1 GVG) vor das AG gehören.[27]

Anders verhält es sich mit der Zuständigkeit der **Kammern für Handelssachen** 28 bei den LG. Denn die Aufgabenverteilung zwischen den Zivilkammern und den Kammern für Handelssachen ist keine Frage der sachlichen Zuständigkeit, sondern eine Frage der gesetzlich geregelten Geschäftsverteilung.[28]

Die Geschäftsverteilung ist aber – wie gesagt – der Prorogationsbefugnis der 29 Parteien entzogen. Daraus folgt, dass die Zuständigkeit der Kammern für Handelssachen nicht im Wege der Prorogation, sondern nur durch Erfüllen der gesetzlichen Voraussetzungen eröffnet werden kann (§§ 96 ff. GVG).[29]

Gleichwohl können die Parteien durch das Stellen oder Unterlassen von Anträgen 30 nach den §§ 96 bis 99 GVG erreichen, dass eine bestimmte Streitigkeit vor die Kammer für Handelssachen kommt, sofern nur die sachliche Zuständigkeit der Zivilkammer des LG – *ex lege* oder kraft Prorogation (§ 38 ZPO) – eröffnet ist. Dies wird durch Stellen eines Verweisungsantrags an die Kammer für Handelssachen seitens des Klägers (§ 96 GVG) oder des Beklagten (§ 98 GVG) oder durch Unterlassen eines Verweisungsantrags an die Zivilkammer seitens des Beklagten (§ 98 GVG) erreicht.

Unklar ist, ob eine vorprozessuale vertragliche Vereinbarung über die Zuständigkeit 31 der Kammer für Handelssachen die Parteien in ihren späteren prozessualen Handlungsmöglichkeiten einschränkt. Einerseits fragt sich, ob der Kläger,

---

26) *Vollkommer* in: Zöller, § 38 ZPO Rz. 3.
27) *Hüßtege* in: Thomas/Putzo, Vor § 38 ZPO Rz. 3; *Vollkommer* in: Zöller, § 38 ZPO Rz. 3.
28) *Hüßtege* in: Thomas/Putzo, Vor § 93 GVG Rz. 1; *Lückemann* in: Zöller, Vor § 93 GVG Rz. 1, 4; *Wolf* in: MünchKomm-ZPO, § 94 GVG Rz. 1.
29) *Hüßtege* in: Thomas/Putzo, Vor § 93 GVG Rz. 1; *Lückemann* in: Zöller, Vor § 93 GVG Rz. 1, 4.

wenn eine Handelssache vorliegt, trotz Vereinbarung der Kammer für Handelssachen vor der Zivilkammer klagen darf, was ihm nach dem Gesetz erlaubt ist (§ 96 Abs. 1 GVG). Zum anderen ist zu fragen, ob der Beklagte, auch wenn keine Handelssache vorliegt, durch die Vereinbarung an einem Antrag auf Verweisung an die Zivilkammer gehindert ist, die er nach § 97 Abs. 1 GVG beantragen könnte. Für eine Bindung der Parteien an ihre vorprozessuale vertragliche Vereinbarung könnten sowohl Vertrauensgesichtspunkte als auch das Verbot des widersprüchlichen Handelns geltend gemacht werden. Entscheidend gegen eine solche Bindungswirkung spricht aber, dass sie *de facto* die Geschäftsverteilung der Prorogationsbefugnis zugänglich machen würde. Daher wird man die vorprozessuale Vereinbarung der Zuständigkeit der Kammer für Handelssachen als nicht bindend einstufen müssen.

32 Für eine deutschsprachige Gerichtsstandsklausel lautet ein **Formulierungsvorschlag** wie folgt:[30]

> „Als ausschließlicher Gerichtsstand für sämtliche Streitigkeiten aus oder im Zusammenhang mit diesem Vertrag oder seiner Gültigkeit wird das Landgericht Hamburg vereinbart."

33 Eine englischsprachige Klausel könnte wie folgt gefasst werden:

> „Any dispute arising out of or in connection with this Agreement, or the validity thereof, shall be exclusively settled in the district court *(Landgericht)* of Hamburg."

B. Schiedsklauseln
I. Allgemeines

34 Häufig enthalten Unternehmenskaufverträge keine Gerichtsstandsklausel, sondern eine Schiedsvereinbarung *(arbitration clause)*.[31] Ob es sich empfiehlt, in einem Unternehmenskaufvertrag anstelle einer Gerichtsstandsklausel eine Schiedsvereinbarung zu vereinbaren, kann nicht pauschal beantwortet, sondern nur unter Abwägung der **Umstände des Einzelfalls** entschieden werden.[32]

35 Für eine Schiedsklausel mag zum einen die größere Flexibilität sprechen, denn die Parteien können den Ort des Schiedsverfahrens und die Zusammensetzung des Schiedsgerichts ebenso wie die Prozessordnung frei wählen.[33]

---

30) Weitere Klauselbeispiele bei *Gaus*, WiB 1995, 606.
31) S. a. *Hamann/Lennarz*, BB 2007, 1009; *Sachs*, SchiedsVZ 2004, 123.
32) Allgemein zu den Vor- und Nachteilen gegenüber der staatlichen Gerichtsbarkeit *Sandrock*, JZ 1986, 370; *Schütze/Tscherning/Wais*, Rz. 1 ff.
33) In Bezug auf die Wahl des materiellen Rechts ist der Vorteil des Schiedsverfahrens wegen des international weit verbreiteten Grundsatzes der Parteiautonomie sicher nicht ganz so groß; von der Möglichkeit einer Wahl internationaler Rechtsgrundsätze oder der *lex mercatoria*, die in der Literatur oftmals als Vorteil der Schiedsgerichtsbarkeit genannt wird, vgl. *Gaus*, WiB 1995, 645, sollte jedenfalls im Bereich des Unternehmenskaufs abgesehen werden (s. dazu auch oben § 4 Rz. 92 f.).

B. Schiedsklauseln

So ist ein häufig ausschlaggebender Gesichtspunkt für die Wahl eines Schiedsverfahrens, dass die Vertragsparteien ihr Schiedsgericht mit **speziellem Sachverstand**, bspw. in technischen oder wirtschaftlichen Fragen, ausstatten wollen, da ein Schiedsrichter – vorbehaltlich besonderer Anforderungen einzelner Schiedsordnungen – keine besondere Qualifikation erfüllen muss und damit bspw. auch nicht notwendigerweise Richter oder Rechtsanwalt sein muss.[34] 36

Häufig wird eine Schiedsklausel auch deshalb bevorzugt, weil die Parteien einem Schiedsverfahren eine schnellere und kostengünstigere Streitentscheidung zutrauen. Dieses beliebte Argument ist allerdings zwiespältig und sicherlich in ebenso vielen Fällen unzutreffend wie zutreffend. Ein fehlender Instanzenzug und der Ausschluss von Rechtsmitteln kann ein Schiedsverfahren beschleunigen; auf der anderen Seite sind insbesondere Schiedsverfahren mit mehreren Schiedsrichtern nicht selten sogar schwerfälliger und langwieriger und können deshalb auch deutlich höhere Kosten verursachen, als Verfahren vor staatlichen Gerichten. Spielen Zeit- und Kostengesichtspunkte eine Rolle, sollte dies in jedem Einzelfall vorab untersucht werden. 37

Ein nicht zu unterschätzender weiterer Vorteil liegt in der **Vertraulichkeit der Streitschlichtung**, denn Schiedsverfahren finden unter Ausschluss der Öffentlichkeit statt und Schiedssprüche werden auch nur selten veröffentlicht.[35] 38

Zudem mag sich gerade unter psychologischen Gesichtspunkten die Beschränkung des Verfahrens auf eine einzige Instanz unter Ausschluss jeder Überprüfung des Schiedsspruchs durch ein nachgeschaltetes Prüfungsorgan mit Aufhebungsbefugnis als erhebliche Hürde darstellen. Denn die Aussicht darauf, einer nachteiligen Entscheidung unwiderruflich und ohne weitere Kontroll- bzw. Abwehrmöglichkeit ausgeliefert zu sein, erscheint erfahrungsgemäß gerade für die im internationalen Vergleich instanzenverwöhnte deutsche Praxis oftmals abschreckend. 39

Eine Schiedsabrede kann – und sollte – unter unwiderruflichem Verzicht auf den Einwand des Mangels der Partei- und der Prozessfähigkeit geschlossen werden. Damit wird eine erfahrungsgemäß bedeutsame Möglichkeit zur Umgehung des Schiedsverfahrens ausgeschlossen. Allerdings kann die rechtliche Wirksamkeit eines solchen Verzichts nicht pauschal, sondern nur nach Maßgabe der betreffenden Schiedsordnung beurteilt werden. 40

Eine Schiedsvereinbarung sollte mit einer Wahl des auf den Unternehmenskaufvertrag anwendbaren Rechts gekoppelt werden.[36] Das für die Wirksamkeit der Schiedsvereinbarung maßgebliche Recht, das **Schiedsvertragsstatut**, und das Statut des Unternehmenskaufvertrags sind voneinander zu trennen. Die Schieds- 41

---

[34] *Schütze* in: Münchener Vertragshandbuch, Bd. 4, II.1 Anm. 3.
[35] *Gaus*, WiB 1995, 606.
[36] Allgemein *Hamann/Lennarz*, BB 2007, 1009, 1010.

vereinbarung unterliegt in ihrem wirksamen Zustandekommen primär dem von den Parteien berufenen Recht.[37]

42 Die Parteien können die Schiedsvereinbarung also im Wege der ausdrücklichen Rechtswahl einem gesonderten Statut unterwerfen. Fehlt es an einer Rechtswahl, dann folgt die Schiedsvereinbarung im Zweifel dem Statut des Hauptvertrags, also des Unternehmenskaufvertrags. Etwas anderes soll gelten, wenn die Schiedsabrede einen Schiedsort bezeichnet. Dann soll das Recht an diesem Ort über die Wirksamkeit der Schiedsabrede entscheiden.[38]

43 Die **Form** der Schiedsvereinbarung richtet sich grundsätzlich nach dem Recht, dem auch die materielle Wirksamkeit unterliegt. Daneben tritt – in entsprechender Anwendung von Art. 11 Abs. 1 EGBGB – die Form am Ort des Abschlusses der Schiedsabrede.[39]

44 Während nach Art. 2 des UN-Übereinkommens über die Anerkennung und Vollstreckung ausländischer Schiedssprüche für alle Arten von Schiedsvereinbarungen die Schriftform genügt, verlangt das autonome deutsche Recht gemäß § 1031 Abs. 5 ZPO für Schiedsvereinbarungen unter Beteiligung von Verbrauchern eine eigenhändig unterzeichnete Schiedsklausel, die *„andere Vereinbarungen als solche, die sich auf das schiedsrichterliche Verfahren beziehen, nicht enthalten"* darf. Die Urkunde über den Schiedsvertrag muss von den Parteien auch gesondert unterzeichnet werden. Dies gilt selbst dann, wenn der Schiedsvertrag als Anlage dem notariellen Protokoll des Unternehmenskaufvertrags beigefügt wird, nicht aber, wenn der Unternehmenskaufvertrag insgesamt notariell beurkundet wird.[40]

45 Ist an der Schiedsvereinbarung kein Verbraucher beteiligt, was für den typischen Fall des Unternehmenskaufvertrages zutrifft, gelten die Formvorschriften des § 1031 Abs. 1 ZPO.

46 Grundsätzlich können drei Arten von Schiedsgerichten unterschieden werden: Das Verbandsschiedsgericht, das institutionelle Schiedsgericht und das Ad-hoc-Schiedsgericht. Für den Unternehmenskauf in Betracht kommen nur die beiden zuletzt genannten Arten.

47 Keine praktische Relevanz bei internationalen Unternehmenskäufen kommt alternativen Streitbeilegungsmechanismen wie Mediationsverfahren oder ähnlichen konsensualen Lösungsverfahren zu.[41] Neben einer bislang sich erst all-

---

37) *Schwab/Walter*, Kap. 43 Rz. 6; vgl. § 1061 Abs. 1 Satz 1 ZPO und Art. 5 Abs. 1 des UN-Übereinkommens vom 10.6.1958 über die Anerkennung und Vollstreckung ausländischer Schiedssprüche sowie Art. 7 des Genfer Übereinkommens vom 21.4.1961 über die internationale Handelsschiedsgerichtsbarkeit.
38) *Geimer*, Rz. 3837; *Gaus*, WiB 1995, 645, 646.
39) *Schütze* in: Münchener Vertragshandbuch, Bd. 4, II.1 Anm. 8.
40) *von Hoyenberg* in: Münchener Vertragshandbuch, Bd. 2, IV.3, 4 Anm. 134.
41) So auch der Befund von *Sachs*, SchiedsVZ 2004, 123, 125.

B. Schiedsklauseln

mählich entwickelnden Akzeptanz alternativer Streitbeilegungsmechanismen ist ein weiterer Grund hierfür, dass diese für Verfahren um Streitigkeiten im Zusammenhang mit Unternehmenskäufen nicht so gut geeignet sind. Zunächst wird bei Unternehmenskäufen vor der Anrufung des staatlichen Gerichts oder des Schiedsgerichts ohnehin versucht, eine einvernehmliche Lösung zu finden; darüber hinaus geht es zumeist um rechtliche Interessen der Parteien des Unternehmenskaufvertrages während außergerichtliche Streitbeilegungsmechanismen besser zugeschnitten sind auf die Klärung außerrechtlicher Interessen.[42]

II. Institutionelle Schiedsgerichtsbarkeit

Das unter der Obhut einer nationalen oder internationalen Schiedsorganisation stehende institutionelle Schiedsgericht offeriert gewissermaßen ein Pauschalangebot: Die internationale Organisation bietet einen institutionellen Rahmen und einen gewissen Fundus an erfahrenen Schiedsrichtern. Ferner verfügt sie über eine eigene Verwaltung, die Verfügungen, Ladungen und Zustellungen erledigt, und hält technisches Know-how sowie organisatorische Einrichtungen für die Durchführung des Verfahrens vor. Außerdem überwacht sie den ordnungsgemäßen Ablauf des Verfahrens, was die Quote möglicher Verfahrensfehler senken und mithin die Chance der späteren Anerkennung des Schiedsspruchs bei staatlichen Vollstreckungsstellen erhöhen kann. Zudem wird in aller Regel nach einer vorgegebenen Schiedsverfahrensordnung verhandelt, was ebenfalls zur Senkung der Verfahrensfehlerquote beitragen kann. Hinzu kommt nicht selten bei Schiedssprüchen von Schiedsgerichten angesehener internationaler Schiedsorganisationen eine gewisse zusätzliche Bindungswirkung jenseits der Rechtsbindung im technischen Sinn. Allerdings hat dieser Service seinen Preis, und er nimmt den Parteien überdies ein gewisses Maß an Flexibilität und Freiheit.[43] 48

Die bekannteste Einrichtung der internationalen Schiedsgerichtsbarkeit ist die **Internationale Handelskammer** in Paris.[44] Zu nennen sind ferner das Schiedsgericht der Deutschen Institution für Schiedsgerichtsbarkeit e.V. (DIS),[45] das Schiedsgerichtsinstitut der Stockholmer Handelskammer,[46] das internationale Schiedsgericht bei der Wirtschaftskammer Österreich in Wien,[47], das Schieds- 49

---

42) S. hierzu näher *Breidenbach/Peres*, SchiedsVZ 2010, 125, 128.
43) Näher *Schütze/Tscherning/Wais*, Rz. 29 ff.
44) Hierzu näher *Baier* in: Kronke/Melis/Schnyder, Teil O Rz. 350 ff.; *Reiner/Jahnel* in: Schütze, Kap. II.
45) S. hierzu *Bredow* in: Kronke/Melis/Schnyder, Teil O Rz. 478 ff.; ferner *Theune* in: Schütze, Kap. III.
46) S. *Franke* in: Kronke/Melis/Schnyder, Teil O Rz. 1370 ff.
47) Hierzu näher *Baier* in: Kronke/Melis/Schnyder, Teil O Rz. 634 ff.; *Liebscher* in: Schütze, Kap. IV.

gericht der Schweizerischen Handelskammern,[48)] und das Schiedsgericht des London Court of International Arbitration.[49)] Bei internationalen Unternehmenskäufen unter Beteiligung deutscher Parteien wird in der Praxis neben einer Ad-hoc-Klausel besonders häufig die **DIS-Schiedsordnung** vorgesehen.[50)]

50 Bei der Vereinbarung eines institutionellen Schiedsgerichts sollte man sich zur Vermeidung von Auslegungsproblemen an der von der betreffenden Schiedsorganisation empfohlenen **Standard-Schiedsklausel** orientieren, ggf. ergänzt um die Gesichtspunkte, die im Einzelfall zusätzlicher Regelung bedürfen.[51)]

III. Ad-hoc-Schiedsgerichte

51 Bei einem Ad-hoc-Schiedsgericht sind die Parteien im Unterschied zum institutionellen Schiedsgericht sowohl in der Wahl der Verfahrensordnung als auch in der Wahl der Schiedsrichter völlig frei, sofern nur die Grundprinzipien eines unparteiischen Schiedsverfahrens eingehalten werden. Andererseits ist das Ad-hoc-Schiedsgericht für die Vertragsparteien auch mit einem größeren Gestaltungsaufwand verbunden. Gesteigerte Umsicht ist geboten, wenn die Parteien in sehr unterschiedlichen Rechtstraditionen, etwa im deutschen und im US-amerikanischen Recht verwurzelt sind.[52)]

52 Besonders in einem solchen Fall kann es sich empfehlen, für das Ad-hoc-Schiedsgericht die **Standardverfahrensordnung** einer institutionellen Schiedsorganisation oder eine Muster-Schiedsgerichtsordnung zu vereinbaren. Hier ist vor allem die UNCITRAL-Schiedsgerichtsordnung zu nennen.[53)]

53 Vereinbaren die Parteien ein Ad-hoc-Schiedsgericht, dann sollte unbedingt eine klare Regelung über die **Benennung der Schiedsrichter** getroffen werden. Üblich ist, dass jede Partei einen Schiedsrichter ernennt und dass diese beiden Schiedsrichter ihrerseits einen dritten Schiedsrichter als Vorsitzenden bestimmen. Erforderlich sind vertragliche Regelungen für den Fall, dass eine Partei ihre Benennungspflicht nicht oder nicht fristgerecht erfüllt oder dass sich die beiden Schiedsrichter nicht auf einen dritten Schiedsrichter einigen können.[54)]

54 Bei der Abfassung der Schiedsgerichtsklausel sollten ebenso wie bei Gerichtsstandsklauseln möglichst umfassende Formulierungen verwendet werden. So empfiehlt es sich neben den Streitigkeiten *aus* dem Vertrag (vertragliche An-

---

48) S. hierzu *Karrer* in: Schütze, Kap. V.
49) Hierzu näher *Marriot* in: Kronke/Melis/Schnyder, Teil O Rz. 1103 ff.; *Triebel/Hunter* in: Schütze, Kap. VI.
50) Rechtstatsächliches bei *Sachs*, SchiedsVZ 2004, 123, 125.
51) Formulierungsbeispiele bei *Schütze* in: Münchener Vertragshandbuch, Bd. 4, II.1 bis II.7.
52) Dazu *Gaus*, WiB 1995, 645.
53) Hierzu näher *Melis* in: Kronke/Melis/Schnyder, Teil O Rz. 258 ff.; *Patocchi* in: Schütze, Kap. XII.
54) Einzelheiten bei *Schütze/Tscherning/Wais*, Rz. 92 ff., 116.

sprüche) auch solche *in Zusammenhang mit* dem Vertrag (also insbesondere deliktische Ansprüche) in die Kompetenz des Schiedsgerichts aufzunehmen.[55]

Entsprechend sollte bei der Abfassung der Vereinbarung in englischsprachigen Verträgen mit Parteien aus *common law*-Ländern gemäß den Gepflogenheiten der dortigen Kautelarpraxis eine möglichst weite Formulierung für die Bestimmung des Umfangs der Kompetenzen des Schiedsgerichts gewählt werden. So sollte die Schiedsklausel nicht nur *claims out of the agreement*, sondern zusätzlich auch *claims arising in connection with the agreement* umfassen, ferner nicht nur *disputes*, sondern auch *controversies* und darüber hinaus auch die bloße Geltendmachung von Ansprüchen (*claims*). Anderenfalls bietet die Klausel Angriffsflächen für Umgehungsversuche. 55

Nach deutschem Schiedsverfahrensrecht war früher die Wirksamkeit einer sog. *Kompetenz-Kompetenz-Klausel* anerkannt, nach welcher das Schiedsgericht auch über sämtliche Streitigkeiten in Bezug auf die Schiedsvereinbarung und insbesondere für Streitigkeiten über Gültigkeit, Umfang und Auslegung der Schiedsvereinbarung entscheidungsbefugt sein sollte. Bei Vereinbarung einer solchen Klausel durften staatliche Gerichte lediglich über die Gültigkeit der Kompetenz-Kompetenz-Klausel entscheiden.[56] Hintergrund war die Befürchtung, dass anderenfalls die Schiedsabrede dadurch unterlaufen werden könnte, dass wegen ihrer behaupteten Unwirksamkeit staatliche Gerichte angerufen werden.[57] Das reformierte deutsche Schiedsverfahrensrecht ist bewusst von dieser Rechtsprechung abgewichen. Die Kompetenz-Kompetenz des Schiedsgerichts ist nunmehr zwar gesetzlich anerkannt, jedoch darf gegen die Entscheidung des Schiedsgerichts vor staatlichen Gerichten vorgegangen werden, §§ 1040 Abs. 3 Satz 2, 1059 Abs. 2 Nr. 1 lit. a ZPO. Das staatliche Gericht ist dabei nicht an die Entscheidung des Schiedsgerichts gebunden; es bedarf nicht einmal eines Zuwartens der Entscheidung des Schiedsgerichts durch das angerufene staatliche Gericht.[58] Eine von den Parteien ggf. gewünschte Letzt-Kompetenz-Kompetenz des Schiedsgerichts kann somit nicht mehr wirksam vereinbart werden.[59] 56

Empfehlenswert ist ferner eine Vereinbarung darüber, welche Partei die Schiedsverfahrens- und Anwaltskosten zu tragen hat. Hier bietet sich im Zweifel an, die Kostenentscheidung in das pflichtgemäße Ermessen des Schiedsgerichts zu stellen.[60] 57

---

55) *Gaus*, WiB 1995, 645, 646; *Geimer* in: Zöller, § 1029 ZPO Rz. 91.
56) So noch BGH, WM 1988, 1430.
57) Vgl. hierzu *Geimer* in: Zöller, § 1040 ZPO Rz. 1.
58) BGH, NJW 2005, 1125; *Geimer*, Rz. 3826; *Reichold* in: Thomas/Putzo, § 1040 ZPO Rz. 8.
59) *Geimer*, Rz. 3826.
60) *Gaus*, WiB 1995, 645, 646.

58 Schließlich kann es sich empfehlen, für die Anerkennung und Vollstreckung des Schiedsspruchs bereits in der Schiedsklausel kautelarische Vorsorge zu treffen. In der US-amerikanischen Praxis ist es üblich, die Schiedsklausel um eine entsprechende *enforcement clause* zu ergänzen, mit der sich beide Parteien der Zwangsvollstreckung aus einem etwaigen Schiedsspruch unterwerfen. Diese privatvertraglich vereinbarte *enforcement clause* ist der Unterwerfungsklausel des deutschen Schiedsverfahrensrechts (§ 1053 Abs. 4 ZPO) vergleichbar und darf nicht mit der vom Prozessgericht zu erteilenden Vollstreckungsklausel des deutschen Zwangsvollstreckungsrechts (§ 725 ZPO) verwechselt werden.

59 Des Weiteren kann sich eine Vereinbarung über den Ort und die Sprache des Schiedsverfahrens empfehlen.[61]

60 Von der Schiedsvereinbarung zu trennen ist die Vereinbarung einer Schiedsverfahrensordnung, mit der die Einzelheiten der Verfahrensdurchführung geregelt werden. Ob eine solche Schiedsverfahrensordnung bereits im Unternehmenskaufvertrag vereinbart wird, kann nicht pauschal beantwortet werden, sondern hängt von den Umständen des Einzelfalls ab. Falls eine Verfahrensordnung vereinbart wird, sollten sich die Vertragsparteien – schon aus Zeit- und Kostengründen – darauf beschränken, eine der soeben zitierten gängigen Modell-Verfahrensordnungen zu wählen.[62]

61 Ob ein Unternehmenskaufvertrag um eine Schiedsvereinbarung ergänzt werden sollte, und wenn ja, welcher Art das Schiedsverfahren sein soll, kann nicht pauschal, sondern nur unter Abwägung der Umstände des Einzelfalls entschieden werden. Für die institutionelle Schiedsgerichtsbarkeit spricht vor allem die Entlastung der Vertragsparteien von der Ausarbeitung individueller Vereinbarungen. Für die Ad-hoc-Schiedsgerichtsbarkeit spricht hingegen die größere Flexibilität der Verfahrensgestaltung.

62 Eine Schiedsvereinbarung sollte unbedingt mit einer Wahl des auf den Unternehmenskaufvertrag anwendbaren Rechts gekoppelt werden.

63 Schiedsvereinbarungen, die deutschem Recht unterliegen, sollten zur Vermeidung unnötiger Risiken vorsorglich unter Beachtung der Form des § 1031 Abs. 5 ZPO (gesonderte Urkunde) geschlossen werden.

C. Empfangs- und Zustellungsbevollmächtigte

64 Bei Unternehmenskäufen mit Auslandsbezug stellt sich häufig das Problem des grenzüberschreitenden Zugangs oder der grenzüberschreitenden Zustellung von Dokumenten, Urkunden oder Erklärungen. Insbesondere ist dies relevant, wenn Verkäuferin und Käuferin ihren Sitz nicht in derselben Jurisdiktion haben. In einem solchen Fall können Zustellungen deshalb problematisch wer-

---

61) *Gaus*, WiB 1995, 645, 646.
62) *Gaus*, WiB 1995, 645, 646.

C. Empfangs- und Zustellungsbevollmächtigte

den, weil Absende- und Empfangsstaat ggf. unterschiedliche Grundsätze über den Zugang von rechtsgeschäftlichen Erklärungen kennen. So weicht bspw. die im *common law* verbreitete *mailbox*-Theorie nicht unerheblich von den Regeln des deutschen Rechts ab, denn nach der *mailbox*-Theorie wird eine Erklärung bereits mit Aufgabe zur Post (Einwerfen in den Briefkasten) unwiderruflich. Ein Vertrag kommt also nicht erst zustande, wenn die Annahmeerklärung zugeht, sondern schon dann, wenn sie abgeschickt wird.[63]

Nach welchem Recht sich der Zugang von Erklärungen oder die Zustellung richtet, lässt sich nicht immer hinreichend klar im Voraus beurteilen. Insoweit kommen insbesondere das Schuldstatut oder das Recht am Ort des Zugangs bzw. der Zustellung in Betracht. 65

Schwierigkeiten, aber auch bloße Verzögerungen beim grenzüberschreitenden Zugang von Erklärungen bzw. bei der grenzüberschreitenden Zustellung können durch die Bestellung von Empfangs- und Zustellungsbevollmächtigten mit Sitz bzw. Niederlassung diesseits der Grenze verringert werden. Die Vereinbarung von Empfangs- bzw. Zustellungsbevollmächtigten sollte bereits im oder jedenfalls in unmittelbarem Zusammenhang mit dem Unternehmenskaufvertrag erfolgen. Dies bietet sich insbesondere dort an, wo auf einer Seite des Vertrags mehrere Beteiligte mit unterschiedlichen Niederlassungen im In- und Ausland stehen. Hier ist dringend die Vereinbarung einer Bevollmächtigung der Inländer mit Wirkung für und gegen die ausländischen Vertragsparteien zu empfehlen. 66

Der **Formulierungsvorschlag** für eine deutschsprachige Klausel ist wie folgt: 67

„Für sämtliche Streitigkeiten aus oder im Zusammenhang mit diesem Vertrag benennt die Käuferin/Verkäuferin hiermit X als ihren Zustellungsbevollmächtigten. Die Käuferin/Verkäuferin erklärt sich damit einverstanden, dass sämtliche Dokumente im Zusammenhang mit solchen Streitigkeiten dem Zustellungsbevollmächtigten mit Wirkung für und gegen die Käuferin/Verkäuferin zugestellt werden können. Der Zustellungsbevollmächtigte darf nur durch einen solchen neuen Zustellungsbevollmächtigten ersetzt werden, der eine zustellungsfähige Adresse in Deutschland hat. Die Ernennung des neuen Zustellungsbevollmächtigten durch die Käuferin/Verkäuferin wird erst dann wirksam, wenn sie der Verkäuferin/Käuferin gemäß den Bestimmungen dieses Vertrages mitgeteilt worden ist."

Die Bestimmung eines Zustellungsbevollmächtigten in englischer Sprache könnte wie folgt lauten 68

"Buyer/Seller hereby appoints X as his agent for service of process (*Zustellungsbevollmächtigter*) for all disputes involving Buyer/Seller arising out of or in connection with this Agreement. This appointment shall only terminate upon the appointment of another agent for service of process domiciled in Germany. The appointment of the new agent for service of process (*Zustellungsbevollmächtigter*) will become effective with the notification of the Seller/Buyer in accordance with this Agreement."

---

63) Rechtsvergleichend *Zweigert/Kötz*, S. 352 f.

§ 19 Rechtsfragen der Einschaltung von Rechtsanwälten, Steuerberatern und Wirtschaftsprüfern

Übersicht

A. Rechtsanwälte 1
I. Anknüpfung der Mandatsvereinbarung 1
II. Umfang des Statuts der Mandatsvereinbarung 10
III. Anknüpfung von Legal Opinions ... 13
IV. Haftungsfragen 15
B. Steuerberater 17
C. Wirtschaftsprüfer 18
I. Vertragliche Ansprüche 18
II. Haftung für Pflichtprüfungen 20
D. Deliktische Haftung 23
E. Vorvertragliche Haftung, Sachwalterhaftung 28

Literatur: *Brödermann*, Paradigmenwechsel im Internationalen Privatrecht. Zum Beginn einer neuen Ära seit dem 17.12.2009, NJW 2010, 807; *Döser*, Gutachten für den Gegner: Third Party Legal Opinions im deutschen Recht, in: Festschrift Nirk, 1992, S. 151; *Ebke*, Risikoeinschätzung und Haftung des Wirtschaftsprüfers und vereidigten Buchprüfers – international, WPK-Mitt. Sonderheft 1996, 17; *Gruson/Hutter/Kutschera*, Legal Opinions in International Transactions, 4. Auflage 2003; *Knöfel*, Schwerpunkthausarbeit – Internationales Privat- und Verfahrensrecht: Der nachlässige Rechtsanwalt, JuS 2008, 708.

A. Rechtsanwälte

I. Anknüpfung der Mandatsvereinbarung

Der Vertrag des Rechtsanwalts mit seinem Mandanten (Mandatsvereinbarung) wird als schuldrechtlicher Vertrag nach den allgemeinen Grundsätzen des internationalen Schuldrechts angeknüpft. Das maßgebliche Recht kann damit zwischen Rechtsanwalt und Mandant vereinbart werden, Art. 3 Abs. 1 Rom I-VO. Hierfür gelten die allgemeinen Regeln. 1

Fehlt eine ausdrückliche Rechtswahl – und ergibt sich das gewählte Recht auch nicht eindeutig aus den Bestimmungen des Vertrags oder aus den Umständen des Falls, Art. 3 Abs. 1 Satz 1 Rom I-VO –, ist die Mandatsvereinbarung objektiv anzuknüpfen. 2

Bei der Mandatsvereinbarung handelt es sich um einen **Dienstleistungsvertrag** i. S. v. Art. 4 Abs. 1 lit. b Rom I-VO.[1] Gemäß der Grundanknüpfung in Art. 4 Abs. 1 lit. b Rom I-VO unterliegt der Dienstleistungsvertrag dem Recht des Staats, in welchem der Dienstleister seinen gewöhnlichen Aufenthalt hat. Übertragen auf die Mandatsvereinbarung bedeutet dies, dass auf die mit einem Einzelanwalt geschlossene Mandatsvereinbarung das Recht des Staats am Ort der Niederlassung des Rechtsanwalts Anwendung findet, Art. 19 Abs. 1 Satz 2 3

---

1) *Brödermann/Wegen* in: Prütting/Wegen/Weinreich, Art. 4 Rom I Rz. 5; *Mankowski* in: Reithmann/Martiny, Rz. 1423; *Martiny* in: MünchKomm-BGB, Art. 4 Rom I-VO Rz. 51.

Rom I-VO. Damit ist regelmäßig das **Recht am Kanzlei- oder Praxissitz** des Rechtsanwalts anwendbar.[2)]

4 Maßgeblich ist dabei der tatsächliche Tätigkeitsort des das Mandat bearbeitenden Rechtsanwalts. Irrelevant hingegen ist eine etwaige berufsrechtliche Zulassung des Rechtsanwalts an einem anderen Ort.[3)]

5 Wird die Mandatsvereinbarung nicht mit einem einzelnen Rechtsanwalt, sondern mit einer Rechtsanwaltssozietät geschlossen, so bestimmt sich das anwendbare Recht nach dem Recht am **Ort der Hauptniederlassung**, Art. 19 Abs. 2 Rom I-VO. Auch für die Bestimmung des Orts der Hauptniederlassung ist dabei auf den tatsächlichen (Haupt-)Tätigkeitsort für die konkrete Mandatsbearbeitung abzustellen.[4)] Der Begriff der Hauptniederlassung i. S. d. Rom I-Verordnung darf deshalb nicht verwechselt werden mit einem etwaigen (Haupt-)Sitz der Sozietät als dem Ort, am welchem ggf. zentrale Managemententscheidungen einer Gesamtsozietät getroffen werden.[5)] Entscheidend ist deshalb, in welcher Niederlassung der Gesamtsozietät die anwaltliche Leistung tatsächlich erbracht wird.[6)] Sind mehrere Standorte in verschiedenen Jurisdiktionen mit der Mandatsbearbeitung betraut, kommt es darauf an, welcher Standort schwerpunktmäßig tätig ist.[7)] Entscheidend ist damit, von wo das Mandat verantwortlich betreut wird, also der Hauptansprechpartner des Mandanten seinen Standort hat und von wo aus etwaige sonstige mit der Mandatsbearbeitung betraute Rechtsanwälte der Sozietät koordiniert werden. Indizien hierfür sind insbesondere, welcher Standort der Sozietät die Mandatsvereinbarung mit dem Mandanten unterzeichnet hat und welcher Standort die Honorarrechnung erstellt. Irrelevant, weil zufällig und den tatsächlichen Gegebenheiten nicht gerecht werdend sind hingegen die mitunter im Schrifttum vorgeschlagenen Indizien des Orts der Mandatsakquise, der Besprechungs- und Verhandlungsorte mit dem Mandanten oder der Gegenseite, oder des Orts an welchem der Rechtsanwalt gegenüber Dritten (z. B. Behörden) tätig geworden ist.[8)]

6 Da für gewöhnlich ein Mandat verantwortlich von einem Partner oder einem Standort der Sozietät geführt wird, der die mandatsbearbeitenden Rechtsanwälte anderer Standorte koordiniert und führt, wird eine eindeutige Anknüpfung

---

2) *Mankowski* in: Reithmann/Martiny, Rz. 1423; *Martiny* in: MünchKomm-BGB, Art. 4 Rom I-VO Rz. 51; *Thorn* in: Palandt, Art. 4 Rom I-VO Rz. 9.
3) *Mankowski* in: Reithmann/Martiny, Rz. 1424.
4) *Mankowski* in: Reithmann/Martiny, Rz. 1426.
5) Ebenso *Mankowski* in: Reithmann/Martiny, Rz. 1428.
6) In diesem Sinne auch *Mankowski* in: Reithmann/Martiny, Rz. 1426 ff.; *Martiny* in: MünchKomm-BGB, Art. 4 Rom I-VO Rz. 53.
7) *Martiny* in: MünchKomm-BGB, Art. 4 Rom I-VO Rz. 53; tendenziell auch *Mankowski* in: Reithmann/Martiny, Rz. 1427.
8) So *Merkt*, Vorauflage, Rz. 776.

A. Rechtsanwälte

regelmäßig keine Schwierigkeiten bereiten, selbst wenn z. B. eine separate Rechnung eines hiervon abweichenden Standorts für die von dort erbrachten Beratungsleistungen erstellt werden sollte. Der im Schrifttum mitunter unterbreitete Vorschlag, unterschiedliche Anknüpfungen für inhaltlich abgrenzbare Beratungsleistungen (wie bspw. für einen typischen Beispielsfall, dass der Unternehmenskaufvertrag in Hamburg betreut wird, die Akquisitions- und Steuerstruktur in München, die Akquisitionsfinanzierung in London und die kartellrechtliche Anmeldung in Brüssel) vorzusehen, wird deshalb regelmäßig den tatsächlichen Gegebenheiten nicht gerecht und ist auch unnötig kompliziert.[9] Denn aus Sicht des Mandanten gibt es in der Regel einen verantwortlichen Ansprechpartner, dessen Aufgabe insbesondere auch darin besteht, die Beratungsleistungen – auch anderer Praxisgruppen – an anderen Standorten und in anderen Jurisdiktionen zu koordinieren.

Ist allerdings eine rechtliche Teilung unterschiedlicher Beratungsleistungen bewusst gewollt, kann dies ohne weiteres durch den Abschluss einzelner Mandatsvereinbarungen mit ggf. unterschiedlichen Rechtswahlklauseln vereinbart werden. Entsprechend verfährt auch die Praxis. 7

Aus den oben genannten Gründen wird auch eine Anknüpfung nach der **Ausweichklausel** des Art. 4 Abs. 4 Rom I-VO zugunsten der engsten Verbindung der Mandatsvereinbarung praktisch kaum von Bedeutung sein.[10] Als Anknüpfungsmoment untauglich ist jedenfalls die Annahme, dass es auf den – zufälligen – Ort der konkreten Beratungsleistung ankomme, sodass für den Fall, dass die Beratungsleistung im Wesentlichen außerhalb der Kanzleiräume stattfinde, eine engere Verbindung mit dem Ort der Besprechungen oder Verhandlungen bestünde.[11] Abgesehen davon, dass die Vorstellung einer nahezu vollständig von den Kanzleiräumen losgelösten Erbringung von Beratungsleistungen weitgehend an den realen Gegebenheiten vorbei geht, würde eine solche Anknüpfung auch zu willkürlichen, von den Parteien kaum erwartbaren Ergebnissen führen. Findet bspw. ein DIS-Schiedsverfahren unter Beteiligung eines Rechtsanwalts aus Hamburg wegen einer behaupteten Garantieverletzung eines deutschen Unternehmenskaufvertrags in einem Hotel in Zürich statt, so wären die 8

---

9) In diesem Sinne aber z. B. *Mankowski* in: Reithmann/Martiny, Rz. 1426, für angeblich abgrenzbare forensische Tätigkeiten und weitergehend insbesondere *Merkt*, Vorauflage, Rz. 776.
10) Anders wohl *Mankowski* in: Reithmann/Martiny, Rz. 1429; sowie *Merkt*, Vorauflage, Rz. 777.
11) So aber *Merkt*, Vorauflage, Rz. 777. Dass diese Sichtweise nicht zutreffend sein kann, wird auch an dem von *Merkt* angeführten Bsp. einer Due Diligence-Prüfung außerhalb der Kanzleiräume deutlich: Findet eine Due Diligence-Prüfung z. B. in einem Datenraum bei dem Unternehmen selbst statt, so bedarf diese umfangreicher Tätigkeiten, die für gewöhnlich in den Kanzleiräumen erbracht werden müssen: Vorbereitung der Due Diligence-Prüfung, Nachbereitung und Auswertung der geprüften Unterlagen, Erstellung und Besprechung des Due Diligence Berichts etc.

Parteien sicherlich höchst überrascht, wenn auf die Mandatsvereinbarung mit dem Hamburger Rechtsanwalt plötzlich schweizerisches Recht Anwendung fände.

9 Ebenso wird eine Widerlegung der Regelvermutung über Art. 4 Abs. 3 Rom-I-VO kaum von praktischer Bedeutung werden.[12]

II. Umfang des Statuts der Mandatsvereinbarung

10 Nach dem Statut der Mandatsvereinbarung richten sich sämtliche vertraglichen Ansprüche zwischen Mandant und Rechtsanwalt, insbesondere die vertragliche Haftung für Beratungsfehler und die Honorarforderung, ebenso die vertragliche Pflicht zur Vertraulichkeit.

11 Besondere Grundsätze gelten im Gebührenrecht der Rechtsanwälte. Einige ausländische Rechte gestatten die Vereinbarung von Erfolgshonoraren, während inländischen Rechtsanwälten dies – abgesehen von in diesem Zusammenhang irrelevanten Sonderfällen – verboten ist, § 49b BRAO, § 4a RVG.

12 Ein nach fremdem Recht zulässiges **Erfolgshonorar** kann am *ordre public* scheitern. Dies setzt allerdings hinreichenden Inlandsbezug voraus und dürfte überdies nur ganz ausnahmsweise anzunehmen sein, etwa wenn anwaltliche Leistung und Gegenleistung in einem besonders groben Missverhältnis zueinander stehen. Zu berücksichtigen ist insoweit der Schwierigkeitsgrad der anwaltlichen Arbeit.[13]

III. Anknüpfung von *Legal Opinions*

13 Unterschiedlich beurteilt wird die Frage, welchem Recht sog. *legal opinions* unterliegen. Bei der *legal opinion* handelt es sich um eine Rechtsauskunft des Anwalts im Auftrag des eigenen Mandanten, wobei diese Auskunft zur Vorlage bei der Gegenseite bestimmt ist (näher dazu oben § 2 Rz. 248 ff.).[14]

14 Nach einer Ansicht soll die *legal opinion* im Wege der akzessorischen Anknüpfung dem Recht unterworfen werden, dem das zu begutachtende Rechtsverhältnis unterliegt.[15] Aufgrund der Sachnähe vorzugswürdig ist demgegenüber eine Anknüpfung an das **Statut der Mandatsvereinbarung**.[16] Eine solche Anknüpfung ist insbesondere für den typischen Fall der Erstellung einer *legal opinion* geboten, in welchem diese i. R. eines umfassenderen Mandats gewis-

---

12) Hierzu auch *Mankowski* in: Reithmann/Martiny, Rz. 1434 f.
13) Näher *Mankowski* in: Reithmann/Martiny, Rz. 1446 f.; *Martiny* in: MünchKomm-BGB, Art. 4 Rom I-VO Rz. 54 f.
14) Hierzu *Gruson/Hutter/Kutschera*, Legal Opinions.
15) *Döser* in: FS Nirk, S. 151 ff.
16) *Knöfel*, JuS 2008, 708, 710; *Martiny* in: MünchKomm-BGB, Art. 4 Rom I-VO Rz. 52; *Mankowski* in: Reithmann/Martiny, Rz. 1436.

sermaßen als zusätzliche Dienstleistung seitens des Rechtsanwalts gegenüber dem Mandanten erbracht wird. Hier wäre es willkürlich, eine abweichende Sonderanknüpfung vorzusehen. Erschöpft sich das konkrete Mandat in der Erstellung einer *legal opinion* und fehlt es ausnahmsweise an einer Rechtswahl, so kann wiederum nach allgemeinen Grundsätzen angeknüpft werden, d. h. an das Recht des Staats am Ort des Kanzleiortes des bearbeitenden Rechtsanwalts. Einer Sonderanknüpfung bedarf es nicht. Diesem Recht unterliegen dann auch etwaige Ansprüche der Gegenpartei gegen den auskunftserteilenden Rechtsanwalt.[17]

IV. Haftungsfragen

Berät der deutsche Rechtsanwalt in Fällen mit Auslandsbezug, dann ist er verpflichtet, sich hinreichende Kenntnis des fremden Rechts anzueignen. Auch haftet er für die Kenntnis der Bestimmungen des deutschen Internationalen Privatrechts, denn diese sind – was gerne übersehen wird – Bestandteile des deutschen Rechts. Dies gilt auch für die von der Bundesrepublik Deutschland ratifizierten Staatsverträge und namentlich für das einschlägige Recht der Europäischen Union, insbesondere die Rom I-Verordnung, die Rom II-Verordnung und das EuGVVO.[18] 15

Im Übrigen genügt der Rechtsanwalt den ihm insoweit obliegenden Pflichten, indem er einen auswärtigen Korrespondenzanwalt einschaltet. Auf die Korrektheit der Arbeit des Korrespondenzanwalts darf der Rechtsanwalt grundsätzlich vertrauen.[19] Verbleiben Kenntnislücken, so ist der Rechtsanwalt verpflichtet, seinen Mandanten darüber und über die hieraus resultierenden Risiken aufzuklären. Ansonsten muss er das Mandat ablehnen. 16

B. Steuerberater

Für Verträge von Steuerberatern mit ihren Mandanten gelten die gleichen Grundsätze, die für die Anknüpfung von Mandatsvereinbarungen mit Rechtsanwälten Anwendung finden (siehe dazu oben Rz. 1 ff.). 17

C. Wirtschaftsprüfer

I. Vertragliche Ansprüche

Das für den Vertrag zwischen dem Wirtschaftsprüfer und seinem Auftraggeber maßgebliche Recht bestimmt sich im Wesentlichen nach denselben Grundsätzen, die für die Mandatsvereinbarung mit einem Rechtsanwalt gelten. Die All- 18

---

17) *Mankowski* in: Reithmann/Martiny, Rz. 1437.
18) *Mankowski* in: Reithmann/Martiny, Rz. 1452.
19) S. a. Nr. 3.13 der Standesregeln der Anwälte der EG (CCBE) in der Neufassung v. 19.5.2006. Näher hierzu *Mankowski* in: Reithmann/Martiny, Rz. 1454 ff.

gemeinen Auftragsbedingungen für Wirtschaftsprüfer und Wirtschaftsprüfungsgesellschaften in der vom Institut der Wirtschaftsprüfer herausgegebenen Fassung vom 1.1.2002 sehen in Abschnitt 16 eine ausdrückliche Wahl deutschen Rechts vor.

19 Bei Fehlen einer Rechtswahl führt ebenso wie bei der Mandatsvereinbarung mit einem Rechtsanwalt die Vermutungsregel in Art. 4 Abs. 2 lit. b Rom I-VO üblicherweise zum Recht des Staats, in dem sich die berufliche Niederlassung des Wirtschaftsprüfers befindet.[20] Insoweit gelten hier die gleichen Grundsätze, die auch bei der Anknüpfung von Mandatsvereinbarungen mit Rechtsanwälten Anwendung finden.

II. Haftung für Pflichtprüfungen

20 Die Haftung des Abschlussprüfers für die gesetzliche Pflichtprüfung gegenüber der Gesellschaft richtet sich primär nach dem Gesellschaftsstatut der geprüften Gesellschaft.[21]

21 Nach dem Gesellschaftsstatut beurteilen sich damit insbesondere die Haftung gegenüber der Gesellschaft für die Gewissenhaftigkeit, Unparteilichkeit und Vertraulichkeit der Prüfung und eine etwaige Haftungsbegrenzung. Die zentrale Haftungsnorm des § 323 Abs. 1 Satz 1 HGB und die Haftungssummenbegrenzung bei fahrlässigen Pflichtprüfungsfehlern von 1.000.000 € gemäß § 323 Abs. 2 Satz 1 HGB gelten also nur für Gesellschaften mit Sitz in der Bundesrepublik Deutschland. Gleiches gilt für Ersatzansprüche von Gesellschaften, die mit der geprüften Gesellschaft verbunden sind (§ 323 Abs. 1 Satz 3 HGB), ferner für die Frage, ob und in welchem Umfang § 323 HGB die zivilrechtliche Haftung des Abschlussprüfers gegenüber der geprüften Gesellschaft und den mit ihr verbundenen Gesellschaften abschließend regelt und ob die Haftungssummenbegrenzung auf andere Anspruchsgrundlagen einwirkt.[22]

22 Zusätzlich können sich Inhalt und Umfang der Haftung des Abschlussprüfers gegenüber der geprüften Gesellschaft nach dem Vertragsstatut[23] des konkreten Prüfungsvertrags sowie nach dem Deliktsstatut richten.[24] Insoweit gelten die allgemeinen Anknüpfungsgrundsätze.

---

20) Vgl. auch § 3 Abs. 1 WiPO (Wirtschaftsprüferordnung) i. d. F. der Bekanntmachung v. 5.11.1975.
21) *Ebke* in: MünchKomm-HGB, § 323 HGB Rz. 174; *Kindler* in: MünchKomm-BGB, IntGesR Rz. 279.
22) Im Einzelnen dazu *Ebke*, WPK-Mitt. Sonderheft 1996, S. 17, 32; *Ebke* in: MünchKomm-HGB, § 323 HGB Rz. 175.
23) *Ebke* in: MünchKomm-HGB, § 323 HGB Rz. 176; *Kindler* in: MünchKomm-BGB, IntGesR Rz. 279.
24) *Kindler* in: MünchKomm-BGB, IntGesR Rz. 279.

D. Deliktische Haftung

Die Anknüpfung für Ansprüche aus unerlaubter Handlung und für vorvertragliche Handlungen bestimmt sich seit dem 11.1.2009 für sämtliche Ansprüche, die ab diesem Zeitpunkt entstanden sind, nach der Verordnung (EG) Nr. 864/2007 des Europäischen Parlaments und des Rates über das auf außervertragliche Schuldverhältnisse anzuwendende Recht (Rom II-Verordnung). Durch die Rom II-Verordnung ist eine grundsätzliche Abkehr bisheriger Anknüpfungsgrundsätze vollzogen worden. Insbesondere gelten für Ansprüche aus unerlaubter Handlung nunmehr nicht mehr Ubiquitäts- und Günstigkeitsprinzip als Grundanknüpfungsregeln. Zudem wird jetzt die privatautonome Gestaltung von Rechtsverhältnissen auch bei außervertraglichen Schuldverhältnissen Ernst genommen durch Zulassung einer – wenn auch eingeschränkten – vorherigen Rechtswahl. 23

Die bedeutsamste Neuerung im Zusammenhang mit Unternehmenskaufverträgen ist die nunmehr zulässige **eingeschränkte Rechtswahl**. Gemäß Art. 14 Abs. 1 lit. b Rom II-VO können die Parteien das anwendbare Recht für ein außervertragliches Schuldverhältnis mittels einer vor Eintritt des schadensbegründenden Ereignisses frei ausgehandelten Vereinbarung wählen, sofern sämtliche Parteien einer kommerziellen Tätigkeit nachgehen. Da in der Praxis nahezu jeder grenzüberschreitende Unternehmenskaufvertrag eine Rechtswahlklausel beinhaltet, die sich typischerweise auf sämtliche Ansprüche aus oder im Zusammenhang mit dem geschlossenen Unternehmenskaufvertrag bezieht, und die Parteien für gewöhnlich diesen auch i. R. einer unternehmerischen Tätigkeit schließen, werden die Parteien in der Regel das auf etwaige Ansprüche aus unerlaubter Handlung (und sonstige außervertragliche Schuldverhältnisse) anwendbare Recht wählen. 24

Die **objektive Anknüpfung** von Ansprüchen aus außervertraglichen Schuldverhältnissen hat deshalb im Zusammenhang mit grenzüberschreitenden Unternehmenskaufverträgen keine große praktische Bedeutung mehr. Ansprüche aus unerlaubter Handlung werden nunmehr objektiv primär an den Erfolgsort angeknüpft, Art. 4 Abs. 1 Rom II-VO. Erfolgsort ist der Ort, an welchem das schadensbegründende Ereignis eingetreten, also der Primärschaden entstanden ist.[25] Nach dem ausdrücklichen Wortlaut hingegen unbeachtlich sind sowohl der Handlungsort als auch der Ort, an welchem Folgeschäden eintreten. 25

Sofern jedoch der Schädiger und der Geschädigte ihren gewöhnlichen Aufenthalt oder ihre Niederlassung jeweils in einer Jurisdiktion haben, so ist dieses Recht auf etwaige Ansprüche aus unerlaubter Handlung anwendbar, Art. 4 Abs. 2 Rom II-VO. 26

---

25) *Junker* in: MünchKomm-BGB, Art. 4 Rom II-VO Rz. 20 f.; *Thorn* in: Palandt, Art. 4 Rom II-VO Rz. 7.

27 Schließlich sieht Art. 4 Abs. 3 Satz 1 Rom II-VO eine vorrangige Anknüpfung an das Recht des Staates vor, mit welchem eine **offensichtlich engere Verbindung** besteht, als mit den Staaten, die sich nach Art. 4 Abs. 1 und Abs. 2 Rom II-VO bestimmen. Eine solche offensichtlich engere Verbindung soll nach Art. 4 Abs. 3 Satz 2 Rom II-VO insbesondere dann vorliegen, wenn zwischen den Parteien bereits ein Rechtsverhältnis besteht, welches mit der betreffenden unerlaubten Handlung in enger Verbindung steht. Es erfolgt also eine vertragsakzessorische Anknüpfung. Für grenzüberschreitende Unternehmenskaufverträge bedeutet dies, dass selbst wenn diese ausnahmsweise keine Rechtswahlklausel enthalten sollten oder sich die zwar vorgesehene Klausel ungewöhnlicherweise nur auf vertragliche Ansprüche erstreckte, für etwaige Ansprüche aus unerlaubter Handlung dennoch das gleiche Recht wie das Vertragsstatut anwendbar wäre.

E. Vorvertragliche Haftung, Sachwalterhaftung

28 Von besonderer Bedeutung beim Unternehmenskauf sind weiterhin etwaige Ansprüche wegen Verschuldens bei Vertragsverhandlungen im Zusammenhang mit abgebrochenen Unternehmenskäufen sowie die Sachwalterhaftung eines beratenden Rechtsanwalts oder des Wirtschaftsprüfers für Auskünfte gegenüber seinem Mandanten, gegenüber der anderen Vertragspartei oder gegenüber Dritten. Vor Geltung der Rom II-Verordnung waren die Anknüpfung sowohl von vorvertraglichen Ansprüchen als auch von vertrauenshaftungsrechtlichen Ansprüchen einschließlich der Sachwalterhaftung höchst umstritten und unklar.[26]

29 Die Rom II-Verordnung sieht in Art. 12 nunmehr eine eigenständige Norm für vorvertragliche Schuldverhältnisse vor. Damit steht zunächst fest, dass es sich bei diesen Ansprüchen um **außervertragliche Schuldverhältnisse** handelt und diese damit nicht dem Vertragsstatut unterliegen.

30 Der Begriff des **Verschuldens bei Vertragsverhandlungen** ist **autonom auszulegen**[27] und umfasst insbesondere die Verletzung von vorvertraglichen Aufklärungs- und Informationspflichten, den illoyalen Abbruch von Vertragsverhandlungen, die missbräuchliche Verweigerung eines Vertragsschlusses, die Herbeiführung eines nichtigen Vertrags sowie sämtliche sonstigen Ansprüche, die im unmittelbaren Zusammenhang mit Vertragsverhandlungen stehen[28] und damit

---

26) Zum Meinungsstand s. *Merkt*, Vorauflage, Rz. 793 ff.
27) Hierzu *Brödermann*, NJW 2010, 807, 810.
28) Vgl. *Dörner* in: Schulze u. a., Art. 12 Rom II-VO Rz. 2; *Spellenberg* in: MünchKomm-BGB, Art. 12 Rom II-VO Rz. 7; *Thorn* in: Palandt, Art. 12 Rom II-VO Rz. 5; anders für vorvertragliche Aufklärungs- und Informationspflichten *Schaub* in: Prütting/Wegen/Weinreich, Art. 12 Rom II Rz. 2.

E. Vorvertragliche Haftung, Sachwalterhaftung

insbesondere auch die Haftung vertragsfremder Dritter einschließlich der Sachwalterhaftung.[29]

31 Ansprüche wegen vorvertraglicher Haftung sind wie folgt anzuknüpfen: Vorrangig ist eine vorherige **Rechtswahl der Parteien**, Art. 14 Abs. 1 lit. b Rom II-VO. Mangels Parteiidentität erstreckt sich die Rechtswahlklausel des Unternehmenskaufvertrags nicht auch auf vertragsfremde Dritte.[30] Für die vorvertragliche Haftung im Zusammenhang mit grenzüberschreitenden Unternehmenskaufverträgen wird dies praktisch am bedeutsamsten sein, da Rechtswahlklauseln – sofern dieser bereits geschlossen wurde – entweder im Unternehmenskaufvertrag, anderenfalls in etwaigen Vorfeldvereinbarungen wie z. B. Letter of Intent, Memorandum of Understanding, Non Disclosure Agreement sowie in Mandatsvereinbarungen u. Ä. mit Rechtsanwälten, Wirtschaftsprüfern und sonstigen Beratern gemeinhin enthalten sind (und jedenfalls enthalten sein sollten).

32 Fehlt es an einer Rechtswahl, gilt vorrangig das sog. *hypothetische Vertragsstatut*, Art. 12 Abs. 1 Rom II-VO. Ist dieses nicht zu ermitteln, gelten schließlich die gleichen Anknüpfungsregeln wie für Ansprüche aus unerlaubter Handlung, d. h. anzuknüpfen ist an den Erfolgsort, es sei denn, es gibt einen gemeinsamen gewöhnlichen Aufenthalt oder eine gemeinsame Niederlassung der Parteien, wobei nach der Ausweichklausel von dem nach Art. 12 Abs. 2 lit. a und lit. b Rom II-VO an sich berufenem Recht abweichend das Recht anwendbar ist, mit welchem eine offensichtlich engere Verbindung besteht, Art. 12 Abs. 2 Rom II-VO. Abhängig von dem Grad der Beziehung des Dritten zum Unternehmenskaufvertrag kann die darin getroffene Rechtswahl über die Ausweichklausel auch für die etwaige Haftung des Dritten gegenüber einer der Parteien des Unternehmenskaufvertrags zur Anwendung des Vertragsstatuts des Unternehmenskaufvertrags führen.[31]

---

29) *Dörner* in: Schulze u. a., Art. 12 Rom II-VO Rz. 2; *Schaub* in: Prütting/Wegen/Weinreich, Art. 12 Rom II Rz. 2; *Spellenberg* in: MünchKomm-BGB, Art. 12 Rom II-VO Rz. 15; *Thorn* in: Palandt, Art. 12 Rom II-VO Rz. 5.
30) *Thorn* in: Palandt, Art. 12 Rom II-VO Rz. 5; tendenziell auch, aber zu unklar *Schaub* in: Prütting/Wegen/Weinreich, Art. 12 Rom II Rz. 6 („nicht sinnvoll").
31) *Thorn* in: Palandt, Art. 12 Rom II-VO Rz. 5; ferner *Schaub* in: Prütting/Wegen/Weinreich, Art. 12 Rom II Rz. 6.

Stichwortverzeichnis

Abschlussprüfer § 19, 20 ff.
Absichtserklärung
– Verhandlung § 2, 22 ff.
Abstraktionsprinzip
– Unternehmensübergang § 2, 212
Ad-hoc-Schiedsgericht § 2, 226, § 18, 51 ff.
Akquisitionsvehikel § 2, 164
Aktienerwerb
– Börsenhandel § 9, 27 ff.
– Insiderhandel § 9, 33 ff.
– Mitteilungs-/Veröffentlichungspflichten § 9, 38 ff.
– Prospekthaftung § 9, 42 ff.
– Übernahmevertragsstatut § 9, 12 ff.
– WpÜG § 9, 1 ff.
Aktiengesellschaft
– Business Judgment Rule § 2, 86
– Geschäftsleiter, Pflichten § 2, 86 f.
– Insiderregeln § 2, 87
Akzessorische Anknüpfung § 4, 130
Allgemeine Rechtsfähigkeit § 7, 64 ff.
Alternativer Streitbeilegungsmechanismus § 18, 47
Altersversorgung
– betriebliche § 8, 41
Änderung
– wesentlich nachteilige § 2, 143
Änderungskündigung
– Betriebsübergang § 10, 14
Anglo-amerikanisches Recht
– Einfluss d. Finanzmärkte § 3, 3
Anknüpfung
– objektive § 4, 111
Anteilstausch § 13, 69 f.
– Anknüpfung § 4, 117 ff.

Apostille § 2, 246
Arbeitnehmerbeteiligung
– Holding-SE § 15, 71
– SE, Verschmelzung § 15, 51
– Verschmelzung § 13, 38
Arbeitnehmervertretungen
– Betriebsübergang § 10, 20 ff.
Arbeitsverhältnisse
– Mitbestimmung § 8, 42
– Share/Asset Deal § 1, 21
– Sozialversicherungspflichten § 8, 39 ff.
Arbeitsvertragsstatut § 6, 99 ff.
Asset Deal § 1, 13 ff.
– Anknüpfung § 4, 114 ff.
– Arbeitsverhältnisse § 6, 99 ff.
– Aufklärungspflichten § 7, 88 f.
– Eigenwechsel § 6, 84 f.
– EWIV § 16, 6 ff.
– Firma § 6, 100
– Forderungen § 6, 94 f.
– Formstatut § 7, 49 ff.
– Fuhrpark § 6, 84
– Fuhrpark § 6, 89
– gewerbliche Schutzrechte § 7, 60
– Grundstücke § 6, 89
– Grundstücke § 6, 90 ff.
– immaterielle Güter/Werte § 6, 101 ff.
– maßgebliches Recht § 6, 75 ff.
– Mobilien § 6, 78 ff.
– Rom I § 4, 41
– Schecks § 6, 84 f.
– Schuldübernahme § 6, 96 f.
– SE § 15, 85 f.
– Sicherungsrechte § 6, 79
– UN-Kaufrecht § 4, 16 ff., 29
– Unternehmenseinbringung § 13, 72
– Verfügungsgeschäft § 7, 55 ff.

643

- Verpflichtungsgeschäft § 7, 51 ff.
- Vertragsübernahme § 6, 98
- Wechsel § 6, 82 ff.
- Wertpapiere § 6, 82 ff.

Assumptions § 2, 249
Aufbewahrungspflichten § 8, 1
Aufgreiffrist § 2, 131
Aufklärungspflichten § 7, 87 ff.
Aufnahmetheorie § 13, 7
Aufschiebende Bedingung § 2, 120 ff., 154 f.
- Vertragsstatut § 5, 28

Auftragsbedingungen für Wirtschaftsprüfer und Wirtschaftsprüfungsgesellschaften § 19, 18
Auktionsverfahren § 2, 9, 68
Ausdrückliche Rechtswahl § 4, 50 ff.
Ausgleichsvereinbarungen
- Anknüpfung § 14, 9
Auskunftsrecht
- GmbH-Gesellschafter § 2, 84 f.
Auslegung
- Vertrag § 3, 38, 43 ff.
Ausländische Erwerber § 8, 48 ff.
- ausländerrechtliche Schranken § 8, 51, 54 ff.
- ausländische Geschäftsführer § 8, 52 ff.
- ausländische Vorstandsmitglieder § 8, 59 f.
- Haftung § 8, 44
Ausländische Geschäftsanteile
- Formerfordernisse § 7, 39 ff.
Ausländische Gesetze
- exterritoriale Wirkung § 2, 192 f.
Ausländisches Prozessrecht § 18, 21
Auslandsberührung
- minimale § 4, 82 ff.
Auslandsbeurkundung § 2, 233 ff.
- Gleichwertigkeit § 7, 25 ff.

Auslegung
- Rom I § 4, 8
- Vertragsstatut § 5, 7 f.
Auslegungsklauseln § 4, 71, 75 ff.
Ausschließliche Zuständigkeit § 18, 13, 17
Außenwirtschaftsgesetz § 2, 122 ff., 137 ff., § 8, 48
Außenwirtschaftsverordnung § 2, 122 ff.
Außerstaatliches Recht
- Rechtswahl § 4, 92 ff.
Außervertragliches Schuldverhältnis
- Haftung § 19, 23 ff.
- objektive Anknüpfung § 19, 25
Auswahlkriterien
- Share/Asset Deal § 1, 18 ff.
Ausweichklausel § 4, 129 ff.
Autolimitierende Sachnormen § 7, 42
Autolimitierte Sachnormen § 7, 42
Autonomes Zivilprozessrecht § 18, 10, 18 f.

Bankgarantien § 8, 9
Barmittel § 2, 159
Basket § 2, 180
Bedingungen
- Vertragsstatut § 5, 28
Beherrschungsvertrag § 6, 115 ff.
Belegenheitsgrundsatz § 6, 66, 77 f.
Belegenheitsrecht
- Mobiliarsicherheiten § 8, 12
Beratungsfehler
- Haftung § 19, 10
Beratungskultur
- Deutschland § 3, 58 ff.
- Großbritannien § 3, 58 ff.
- USA § 3, 58 ff.
Besonderes Verhandlungsgremium § 10, 50
Besserungsabrede § 2, 161
Beteiligungsfähigkeit § 7, 68 ff.

Beteiligungsvereinbarung § 14, 1, 4 ff.
Betriebsänderungen § 10, 28 ff.
Betriebsgeheimnis
– Unterrichtung d. Arbeitnehmer-
  vertretung § 10, 41
Betriebsrat § 10, 25, 28 ff., 40
Betriebsstilllegung
– Betriebsübergang, Abgrenzung
  § 10, 7 f.
Betriebsübergang § 10, 2 ff.
– Anwendbarkelt d. § 613a DGB
  § 10, 2 ff.
– Arbeitnehmervertretung,
  Auswirkungen § 10, 20 ff.
– Arbeitnehmervertretung,
  Beteiligungsrechte § 10, 28 ff.
– Betriebsstilllegung, Abgrenzung
  § 10, 7 ff.
– Eingliederung, identitätszer-
  störende § 10, 9 f.
– Grenzüberschreitung § 10, 6 ff.
– Mitbestimmung § 10, 45 ff.
– Rechtsfolgen § 10, 11 ff.
– Unterrichtungspflicht § 10, 15,
  41
– Vertragsstatut § 10, 2
– Widerspruchsrecht § 10, 16 ff.
Betriebsveräußerung § 10, 7, 14, 17
Betriebsvereinbarung § 10, 13
Betriebsverfassungsgesetz § 10, 11,
  13
Betriebsverlagerung § 10, 14
– ins Inland § 10, 3
Beurkundung § 2, 231 ff.
– Ausland § 2, 233 ff.
– Bezugsurkunde § 2, 239
– Erleichterung § 2, 237 ff.
– Grundstücksübertragung § 2,
  236
– Vertragsstatut § 5, 45
Beweisfragen
– Vertragsstatut § 5, 55 ff.

Bewertungsgrundsätze
– Vertragsstatut § 5, 32 f.
Bezugsurkunde § 2, 239
Bieterverfahren § 2, 11 ff., 36, 60 ff.
Bilanzgarantie § 2, 187
Bilanzstichtag § 2, 195 ff.
Binding offer
– endgültiges Angebot § 2, 14
Binnenmarktsachverhalte § 4, 83
Binnensachverhalte § 4, 83
Börsenaußengeschäft § 9, 27, 32
Börseninnengeschäft § 9, 27 ff.
Börsenprospekthaftung § 9, 44
Börsenzulassungsregeln § 9, 50
Break-up Fee § 2, 216
Briefkastengesellschaft § 6, 44
Brussels Convention § 18, 11
Bundeskammer der gewerblichen
  Wirtschaft § 2, 226
Bürgerlich-rechtliche Prospekt-
  haftung § 9, 47
Bürgschaft § 8, 5 f.
Bürgschaftsstatut § 8, 6
Business Judgment Rule § 2, 86
Buyer Due Diligence § 2, 35

Cadbury-Schweppes § 6, 44, 46
Calvo-Doktrin § 4, 51
Cap § 2, 180
Cartesio § 6, 32 ff., § 12, 14 f., 23 f.,
  41, 48
Case law § 3, 25
Cash free – debt free-Bewertung
  § 2, 159
Caveat emptor § 2, 32, § 3, 47
Centros § 6, 22 ff.
Change of Control
– Klausel § 2, 151
Checklisten § 2, 57 ff.
CISG § 4, 10 ff.
Closing § 2, 204 ff., § 2, 215
– internationale Praxis § 2, 213 f.

- Protokoll, Unterzeichnung § 2, 215
- Protokoll/Memorandum § 2, 215
- Scheitern § 2, 216
- steuerliche Zusicherungen § 2, 201
- Ursprung § 2, 205 ff.

Closing condition § 2, 120
Comfort letter § 8, 10
Commercial due diligence § 2, 44
Common law
- consideration § 5, 3

Condition precedent § 2, 120 ff., 154 f.
Confidenciality Agreement
- Vertraulichkeitsvereinbarung § 2, 17, 20

Confidenciality Undertaking
- Muster § 2, 17
- Vertraulichkeitsvereinbarung § 2, 17; 20

Confirmatory due diligence § 2, 53
Consideration
- Vertragsbindung § 2, 18

Construction clauses § 4, 71, 75 ff.
Controlled auction
- Bieterverfahren § 2, 11

Covenants § 2, 197
Culpa in contrahendo § 2, 91
Cultural due diligence § 2, 46

Daily Mail § 6, 19 ff.
Darlehensvertrag § 8, 20 ff.
Data room
- s. Datenraum

Data room rules § 2, 63
Datenraum § 2, 57 ff.
- grüner § 2, 68
- physische § 2, 63
- Regeln § 2, 63 ff.
- roter § 2, 68
- virtuelle § 2, 64 ff.

DCF-Verfahren § 2, 159
De minimis-Regelung § 2, 180
Deed § 2, 205
Delikt § 19, 23 ff.
- s. a. Unerlaubte Handlung

Deliktsstatut
- Aufbewahrungspflichten § 8, 1
- Aufklärungspflichtverletzung § 7, 92
- Geheimhaltungspflicht § 8, 2
- Kapitalanlagebetrug § 9, 48

Depeçage § 4, 98
Deutsche Institution für Schiedsgerichtsbarkeit § 2, 226, 228
Devisenkontrollgesetzgebung § 2, 121
Dienstleistungsvertrag
- Rechtsanwälte § 19, 3

Digital data room § 2, 63 ff.
DIS § 2, 226, 228
Disclosure letter § 2, 171 ff.
Disclosure schedule § 2, 96
Discounted Cash Flow-Verfahren § 2, 159
DIS-Schiedsordnung § 18, 49
Distanzvertrag
- Share Deal § 7, 4

Dividendenzusage
- Anknüpfung § 14, 9

Domizilgesellschaften § 6, 92
Due Diligence § 2, 30 ff.
- Anforderungsliste § 2, 54 ff.
- anglo-amerikanisches Kaufrecht § 2, 32 f.
- Arten § 2, 34 ff.
- Bericht/report § 2, 37 f.

Due Diligence
- Bericht/report § 2, 75 ff.

Due Diligence
- Aufklärungspflichten § 7, 87 ff.
- Common Law § 2, 31
- Erfassungsbögen § 2, 73 ff.
- finanzielle § 2, 43

Stichwortverzeichnis

- Funktionen § 2, 48 ff.
- Garantiehaftung § 2, 105 ff.
- gesellschaftsrechtliche Prüfungspflicht § 2, 92 f.
- Gewährleistung § 2, 94 ff.
- Haftungsfragen § 2, 89 ff.
- Insiderregeln § 2, 87, 118
- kaufmännische/geschäftliche § 2, 44
- kaufrechtliche Prüfungspflicht § 2, 90 f.
- Kenntniszurechnung § 2, 112 f.
- Offenlegungspflichten § 2, 114 ff.
- Offenlegungsverbote § 2, 117 f.
- Pflichten der Geschäftsleiter der Zielgesellschaft § 2, 82 ff.
- Prüfungspflichten § 2, 90 ff.
- rechtliche § 2, 41
- steuerliche § 2, 42
- umweltbezogene § 2, 45
- US-amerikanisches Wertpapierrecht § 2, 31
- Verkehrssitte § 2, 99 ff.
- vorvertragliche Haftung § 2, 109 ff.
- Zeitpunkt § 2, 53 ff.

Due diligence report § 2, 37 ff., 75 ff.
Due diligence request list § 2, 54 ff.

Earn-out § 2, 161
Effektenhändler § 9, 27 ff.
EFTA-Überwachungsbehörde § 11, 42
EG-Übereinkommen über das auf vertragliche Schuldverhältnisse anzuwendende Recht § 4, 4
Eigenkapitalwert § 2, 159
Eigenwechsel
- Asset Deal § 6, 84
Einbringung § 13, 71 ff.
Eingliederung § 13, 75 f.

Eingriffsnormen § 5, 58 ff.
Eingriffsrecht
- Joint Venture § 14, 39
Einheitstheorie § 6, 101
Einsichtsrecht
- GmbH-Gesellschafter § 2, 83
Einzelrechtsnachfolge § 6, 107
Einzeltheorie § 13, 7
Ejusdem generis-Regel § 3, 45
Empfangsbevollmächtigter § 18, 64 ff.
Endgültiges Angebot
- Binding offer § 2, 14
Enterprise Value § 2, 159
Entgangener Gewinn § 2, 179
Entire agreement clause § 3, 44
Environmental due diligence § 2, 45
Equity Joint Venture § 14, 1 f.
Erfassungsbogen
- Anstellungsvertrag § 2, 74
- Darlehensvertrag § 2, 74
- GmbH § 2, 74
- Miet- und Leasingvertrag § 2, 74
- Versicherungsvertrag § 2, 74
Escrow account § 2, 169
EU-Fusionskontrolle
- Angebotsumstellungsflexibilität § 11, 79
- Anwendungsvorrang § 11, 191
- Bankenklausel § 11, 62
- Bedarfsmarktkonzept § 11, 245
- beherrschende Stellung, Begründung § 11, 86, 89 ff.
- beherrschende Stellung, Verstärkung § 11, 118
- Beteiligungsgesellschaften § 11, 61
- Bezugs-/Lieferpflichten § 11, 121
- Bußgeld § 11, 137
- Einfluss, bestimmender § 11, 52 ff.

647

- Einzelmarktbeherrschung § 11, 91 ff.
- Entflechtung § 11, 72, 137
- gemeinschaftsweite Bedeutung § 11, 11, 27, 32 ff., 63 ff., 125, 134, 146, 151 ff., 171 f.
- Hauptprüfverfahren, Abschluss § 11, 155
- horizontaler § 11, 89 ff.
- interne Restrukturierung § 11, 58
- konglomerater Zusammenschluss § 11, 88, 105, 113 ff.
- Kontrolle durch vertragliche Vereinbarungen § 11, 56
- Kontrolle, gemeinsame § 11, 68, 136, 170
- Kontrollerwerb § 11, 7 f., 48, 52 ff., 62, 66 ff.
- Kontrollerwerb, faktische Hauptversammlungsmehrheit § 11, 56
- koordinierte Wirkungen § 11, 114
- Kreuzpreiselastizität § 11, 78
- Lizenzvereinbarung § 11, 122
- Markt, räumlich relevanter § 11, 81 ff.
- Markt, sachlich relevanter § 11, 77 ff.
- Marktabgrenzung § 11, 15, 75 ff.
- Marktanteile § 11, 75 ff.
- Marktbeherrschung, kollektive § 11, 89, 100 ff.
- Marktbeherrschungstest § 11, 85 f.
- Marktmachttransfer § 11, 115
- Mehrfachzusammenschlüsse, Beweislast § 11, 225
- Mehrheitsbeteiligung § 11, 56
- Minderheitsbeteiligung § 11, 8, 56
- more economic approach § 11, 73
- Nachfragemarkt § 11, 78, 82, 96, 113
- Nebenabreden § 11, 28, 31, 120 ff., 132 f., 155
- nicht koordinierte/unilaterale Effekte/Wirkungen § 11, 103 f.
- Oligopol § 11, 86, 89 f., 100 ff., 114
- Rechtsschutz § 11, 158 ff.
- Sanierungsfusionen § 11, 118
- Sanktionen § 11, 137, 156
- Schwellenwerte § 11, 10 ff., 23, 63 ff.
- SNIP-Test § 11, 80, 83
- Umsatzberechnung § 11, 70 f.
- Unternehmensbegriff § 11, 49
- Verhältnis z. dt. Fusionskontrolle § 11, 41 ff., 193 ff., 255
- Vermögenserwerb § 11, 54, 211 ff., 234
- vertikaler § 11, 106 ff.
- Vollfunktions-Gemeinschaftsunternehmen § 11, 123 ff., 174
- Vollzugsverbot § 11, 137
- Vorprüfverfahren § 11, 19, 139
- Wettbewerbsverbot § 11, 122, 133

EU-Fusionskontrolle – Untersagung
- Abwägungsklausel § 11, 256
- Befugnis, Reichweite § 11, 39
- Inlandsauswirkung § 11, 39

EU-Kartellrecht
- Anwendung auf Teilfunktions-GU § 11, 175 ff.
- Anwendung auf Vollfunktions-GU § 11, 170 ff.
- Durchführungsprinzip § 11, 167
- EFTA-Überwachungsbehörde § 11, 42

Stichwortverzeichnis

- Freistellung § 11, 180 ff.
- Freistellung, Einzelfreistellung § 11, 182 ff.
- Freistellung, Gruppenfreistellungsverordnungen § 11, 176, 181
- Freistellung, Spezialisierungsvereinbarungen § 11, 181
- Freistellung, Vereinbarungen über den Transfer von Technologie § 11, 181
- Freistellung, Vereinbarungen über Forschung und Entwicklung § 11, 181
- Freistellung, Vertikalvereinbarungen § 11, 181
- internationaler Anwendungsbereich § 11, 164 ff.
- Kooperationsabkommen EU-USA § 11, 46
- Nebenabreden § 11, 186
- Prinzip der wirtschaftlichen Einheit § 11, 167
- Wettbewerbsverbote § 11, 122, 133, 168
- WTO § 11, 46

EU-Kartellverbot
- Auswirkungsgrundsatz § 11, 167
- Gemeinschaftsunternehmen § 11, 170 ff.
- Lizenzvereinbarung § 11, 168
- Nebenabreden § 11, 163, 168, 186
- vertikale/horizontale Absprachen § 11, 168
- Wettbewerbsverbot § 11, 168, 186

Europäische Aktiengesellschaft § 12, 52 ff.

Europäische Fusionskontrollverordnung
- s. FKVO

Europäische Gerichtsstands- und Vollstreckungsverordnung (EuGVVO) § 18, 11 ff.
Europäische Gesellschaft § 15, 1 ff.
Europäische Privatgesellschaft § 12, 54, § 17, 1 ff.
Europäische wirtschaftliche Interessenvereinigung § 16, 1 ff.
Europäischer Betriebsrat § 10, 27
Europäischer Wirtschaftsraum
- s. EWR
Europäisches Gerichtsstands- und Vollstreckungsübereinkommen (EuGVÜ) § 18, 11
EWIV § 16, 1 ff.
EWIV-VO § 16, 1 ff.
EWR
- Kartellrecht § 11, 3, 25, 40 ff., 71, 117, 145, 152 ff.
EWR-Vertragsstaaten
- Gründungsrecht § 6, 48
Exklusivitätsvereinbarungen § 7, 84 ff.
Exklusivverhandlungen § 2, 10, 15, 25, 27

Favor validitatis
- Share Deal § 7, 6
Federal securities law § 5, 38
Federal securities laws § 4, 35
Financial assistance § 8, 22
Financial Covenants § 8, 21
Financial due diligence § 2, 43
Finanzierung § 2, 153
Firma § 6, 100
Firmenfortführung § 8, 32 ff.
FKVO
- Anmeldepflicht § 11, 47 ff.
- Ausnahmebereiche § 11, 62
- Erstreckung auf EWR § 11, 40
- Formblatt CO § 11, 134
- Formblatt RS § 11, 147

649

Stichwortverzeichnis

- Formblatt, vereinfachtes § 11, 138
- Fusionskontrollverfahren § 11, 134 ff.
- informelle Vorgespräche § 11, 138
- internationaler Anwendungsbereich § 11, 32 ff.
- Marktabgrenzung § 11, 15, 75 ff.
- Personalitätsprinzip § 11, 33
- Territorialprinzip § 11, 33
- Umsatzanforderungen § 11, 63 ff.
- Unternehmensbegriff § 11, 49
- Untersagungsvoraussetzungen § 11, 72 ff.
- Vollzugsverbot § 11, 137
- Zusammenschlusstatbestand § 11, 48 ff.

Folgeschaden § 19, 25
Fördermittel
- staatliche § 2, 152
Forderungen § 4, 124
- Werthaltigkeit § 2, 187 ff.
Forderungsstatut § 6, 95
Foreign Corrupt Practices Act § 2, 192 f.
Form
- ausländische Geschäftsanteile § 7, 38 ff.
- Joint Venture Vertrag § 14, 37 f.
- Joint Venture Vertrag § 14, 37 f.
- s. a. Beurkundung
Formnichtigkeit § 7, 61 ff.
Formstatut
- Asset Deal § 7, 50 ff.
- Formnichtigkeit § 7, 61 ff.
- GmbH § 7, 9 ff.
- Share Deal § 7, 1 ff.
Formulierungsvorschlag § 4, 61, 69 ff.

Formwechsel § 13, 1, 51, 61
- SE § 15, 36
Four corners rule § 3, 44
Framework agreements § 7, 84 ff.
Freundschafts-, Handels- und Schifffahrtsvertrag § 6, 49
Fuhrpark
- Asset Deal § 6, 89
Fusionskontrolle § 2, 141
- Angebotssubstituierbarkeit § 11, 245
- Anmeldungszeitpunkt § 11, 17
- Auflösung d. Zusammenschlusses § 11, 190
- Auswirkungsprinzip § 11, 194 ff.
- Bagatellmarktklausel § 11, 239 ff.
- Bankenklausel § 11, 210, 231
- Bedarfsmarktkonzept § 11, 77
- beherrschende Stellung, Verstärkung § 11, 224 f., 247 ff.
- Bezugs-/Lieferpflicht § 11, 295 f.
- Bündeltheorie § 11, 240
- Bußgeld § 11, 21, 263
- de-minimis Klausel § 11, 235
- deutsche, s.a. Kartellverbot; Fusionskontrolle § 11, 187 ff.
- Einfluss, bestimmender § 11, 215 ff.
- Entflechtung § 11, 265
- europäische, s. a. EU-Kartellrecht; Europäische Fusionskontrollverordnung; EU-Fusionskontrolle § 11, 25 ff.
- Fortsetzungsfeststellungsbeschwerde § 11, 275
- Hauptprüfverfahren § 11, 266 ff.
- Kontrolle, gemeinsame § 11, 226 ff.
- Kontrollerwerb § 11, 188, 214 ff., 234

- Kreuzpreiselastizität § 11, 245
- Lizenzvereinbarung § 11, 212, 215, 295
- Markt, räumlich relevanter § 11, 244, 246
- Markt, sachlich relevanter § 11, 244 f.
- Marktabgrenzung § 11, 244 ff.
- Marktanteile § 11, 248 ff.
- Mehrheitsbeteiligung § 11, 216, 219
- Minderheitsbeteiligung § 11, 222, 227
- Ministererlaubnis § 11, 190, 257, 270 ff.
- Nachfragemarkt § 11, 245 f.
- Oligopol § 11, 247 f.
- Rechtsschutz § 11, 273 ff.
- Sanierungsfusionen § 11, 254
- Sanktionen § 11, 263, 265, 269
- Schwellenwerte § 11, 191, 222, 229
- SNIP-Test § 11, 245
- Spürbarkeitsvorbehalt § 11, 195 f.
- Systematik § 11, 190 ff.
- Toleranzklausel § 11, 237 ff.
- Umsatzberechnung § 11, 236 ff.
- Unternehmensbegriff § 11, 208
- Verbundklausel § 11, 221
- Verhältnis z. EU-Fusionskontrolle § 11, 41 ff., 193 ff., 255
- vertikale/horizontale Zusammenschlüsse § 11, 228 f.
- Vollzugsverbot § 11, 190, 197, 202, 242, 263
- Vorprüfverfahren § 11, 266 f.
- Zweischrankentheorie § 11, 230, 285

Fusionskontrolle – Untersagung
- Abwägungsklausel § 11, 119

- Inlandsauswirkung § 11, 192, 195 ff.
- Inlandsumsatzschwelle § 11, 188, 192, 196, 203, 235
- Joint Venture § 11, 7, 226
- vorläufige § 11, 24

Garantie
- caveat emptor-Regel § 3, 47
- gebräuchliche § 2, 186
- selbständiges Garantieversprechen § 2, 165
- Steuerklauseln § 2, 200 ff.
- Verstöße § 2, 175 ff.
- Vertragstechnik § 2, 166 ff.
- Werthaltigkeit v. Forderungen § 2, 187 ff.
- s. a. Verkäufergarantien

Geheimhaltungspflicht § 8, 2
Gemeinschaftsfremder § 2, 128
Gemeinschaftsunternehmen § 14,
- disparitätisches § 11, 227
- paritätitisches § 11, 217, 227

Genehmigung
- Share/Asset Deal § 1, 22

Genehmigungspflichten § 8, 45 f.
General principles of law § 4, 92
Genuine link § 6, 51 f., § 7, 65
- Sitzverlegung § 12, 36

Gerichtsstand § 18, 12 ff., 20 ff., 24 ff.

Gerichtsstandsklausel § 18, 13, 24 ff., 32 f.
- Letter of Intent/Heads of Terms § 18, 16
- Spruchkörper § 18, 24 ff.

Gerichtstandsvereinbarung
- Bestimmtheit § 18, 14
- Form § 18, 18
- Kriterien § 18, 11 f.
- Schriftlichkeit § 18, 18

Gerichtsverfassungsgesetz § 18, 27

651

Gesamtbetriebsrat § 10, 23 f.
Gesamtrechtsnachfolge § 6, 107, § 13, 15
– Anwachsung § 13, 64 ff.
Gesamtverweisungen § 6, 53
Geschäftsbeziehungen § 6, 105 f.
Geschäftsbücher
– Aufbewahrungspflichten § 8, 1
Geschäftschancen § 6, 105 f.
Geschäftsfähigkeit § 7, 74
Geschäftsgeheimnis § 6, 105 f.
Geschäftsleiter
– ausländische § 8, 52 ff.
– Pflichten, Zielgesellschaft § 2, 82 ff.
– Prüfungspflichten § 2, 90 ff.
Geschäftsstatut
– Share Deal § 7, 3
Gesellschaft
– Vertretung § 7, 78 ff.
Gesellschafterliste
– Formstatut § 7, 21, 36
Gesellschaftervereinbarung
– Joint Venture § 14, 1, 4 ff.
Gesellschaftsstatut § 6, 1 ff., 62 ff.
– Abspaltung Gesellschaftstatut/Vertragsstatut § 6, 73 f.
– Anteilsübertragung § 6, 64 ff.
– Aufbewahrungspflichten § 8, 1
– Geheimhaltungspflicht § 8, 2
– Gesellschaftsverträge § 6, 115 ff.
– gutgläubiger Erwerb § 6, 67
– Haftung § 8, 25
– Joint Venture § 14, 5 ff.
– Mitteilungs-/Bekanntmachungspflichten § 6, 72
– Reichweite § 6, 62 ff.
– Share Deal, Form § 7, 8
– Übertragungsbeschränkung § 6, 68 f.
– Verschmelzung § 13, 7, 12, 18 f., 32

– Zustimmungserfordernisse § 6, 109 ff.
Gesetz zur Einführung der Europäischen Gesellschaft § 15, 31
Gestaltungsformen
– Unternehmenskauf § 1, 1; 13 ff.
Gewährleistung
– caveat emptor-Regel § 3, 47
– Verjährung § 2, 183
– Vertragsgestaltung § 2, 175 ff.
– Werthaltigkeit v. Forderungen § 2, 187 ff.
Gewährleistungsversprechen § 2, 154
Gewerberecht
– Territorialitätsprinzip § 8, 45 ff.
Gewerbliche Schutzrechte
– Asset Deal § 7, 60
Gewinnabführungsverträge § 6, 115 ff.
Gewöhnlicher Aufenthaltsort § 4, 113, § 5, 6
Gleichordnungsverträge § 6, 118
Gleichwertigkeit
– Auslandsbeurkundung § 7, 25 ff.
GmbH
– Formstatut § 7, 9 ff.
– Geschäftsleiter, Pflichten § 2, 83 ff.
– Verfügungsgeschäft § 7, 13 ff.
– Verpflichtungsgeschäft § 7, 10 ff.
Going Concern
– Klausel § 2, 197
Goodwill § 6, 105 f.
Gremienvorbehalt § 2, 142
Grenzüberschreitende Einbringung § 10, 46 f.
Grenzüberschreitende Sitzverlegung
– SE § 15, 28
Grenzüberschreitende Umwandlungen § 13, 23 ff., 35 ff.

Grenzüberschreitenden Verschmelzungen § 10, 42 ff., 48 ff., § 13, 23 ff.
Grenzüberschreitender Betriebsübergang § 10, 2 ff.
Grundbuchfähigkeit § 7, 71
Grundpfandrechte § 8, 17 ff.
Grundsätze des Völkerrechts § 4, 92
Grundschuld § 8, 17 ff.
Grundstücke
– Asset Deal § 6, 90 ff.
– Grundbuchfähigkeit § 7, 71
– Stellvertretung § 7, 81
Gründungssitz
– WpÜG § 9, 7
Gründungstheorie § 6, 3 ff., 8 ff., 17 ff., 37 ff., 54, 58
– Briefkastengesellschaft § 6, 44
– Cadbury-Schweppes § 6, 44, 46
– Cartesio § 6, 32 ff.
– Centros § 6, 22 ff.
– Daily Mail § 6, 19 ff.
– Inspire Art § 6, 28 ff.
– Niederlassungsfreiheit § 6, 8 ff., 17 ff.
– Niederlassungsfreiheit, Beschränkung § 6, 43 ff.
– Überseering § 6, 26 f.
"Grüner Datenraum" § 2, 68
Günstigkeitsprinzip
– Share Deal § 7, 6
Gutgläubiger Erwerb
– Gesellschaftsstatut § 6, 67

Haftung
– Anteilsübernahme § 8, 25
– ausländische Erwerber § 8, 44
– außervertragliches Schuldverhältnis § 19, 23 ff.
– Delikt, s. a. Unerlaubte Handlung § 19, 23 ff.
– Firmenfortführung § 8, 32 ff.
– Folgeschaden § 19, 25
– Höchstgrenze § 2, 180
– hypothetisches Vertragsstatut § 19, 32
– mehrere Erwerber § 8, 43 ff.
– Primärschaden § 19, 25
– Rechtsanwälte § 19, 15 f.
– Sachwalter § 19, 28 ff.
– Sozialversicherungspflichten § 8, 39 ff.
– Steuerhaftung § 8, 36 ff.
– Unternehmenserwerber § 8, 25 ff.
– Vermögensübernahme § 8, 27 ff.
– vorvertragliche § 19, 28 ff.
– Wirtschaftsprüfer § 19, 20 ff.
– s. a. Gewährleistung; Schadensersatz
Handelskammer Stockholm § 2, 226
Hauptverwaltung § 4, 122, § 6, 13
Heads of Terms § 18, 16
Hereinumwandlung § 13, 26, 32, 55
Hinausumwandlung § 13, 26, 32, 55 ff.
Holding-SE
– Arbeitnehmerbeteiligung § 15, 71
– Bekanntmachung § 15, 70
– beteiligungsfähige Gesellschaften § 15, 63 ff.
– Einbringungsvorgang § 15, 74 ff.
– Gesellschafterbeschlüsse § 15, 72 f.
– Gründungsplan § 15, 64 ff.
– Prüfung § 15, 69
– Registeranmeldung § 15, 78
– Registereintragung § 15, 79 f.
Human resources due diligence § 2, 46

Hypothek § 8, 17 ff.
Hypothetischer Monopolistentest
– s. SSNIP-Test

ICC § 2, 226, 229
– Einheitliche Richtlinien für Vertragsgarantien § 8, 8
Identitätswahrende Verlegung § 12, 2, 10 ff., 19, 22, 24 f., 29 f., 34 f., 38, 40, 42, 48 ff., 53 f.
Immaterialgüterstatut § 6, 101
Immaterielle Güter/Werte § 6, 101 ff.
– Vertragsstatut § 5, 22
Immobiliarsachenrechte § 4, 127 f.
Immobiliarsicherheiten § 8, 17 ff.
Indexierungsverbot § 2, 163
Indicative offer
– unverbindliches Kaufangebot § 2, 13
Information memorandum
– Informationsmemorandum § 2, 12
Information technology due diligence § 2, 46
Informationsmemorandum
– Investmentbank § 2, 12 f.
Insiderhandel § 9, 33 ff.
Insiderregeln § 2, 87, 118
Inspire Art § 6, 28 ff.
Institut der Wirtschaftsprüfer § 19, 18
Institutionelles Schiedsgericht § 2, 226, § 18, 48 ff., 61
Insurance due diligence § 2, 46
Intellectual property due diligence § 2, 46
Interessenausgleich § 10, 28
International Chamber of Commerce § 2, 226, 229
Internationale Handelskammer § 8, 8
Internationale Handelskammer Paris § 18, 49

Internationale Zuständigkeit § 18, 7, 26
Internationales Gesellschaftsrecht
– Cartesio § 6, 32 ff.
– Centros § 6, 22 ff.
– Daily Mail § 6, 19 ff.
– EWR-Vertragsstaaten § 6, 48
– Gesamtverweisung § 6, 53
– GmbH, Formerfordernisse § 7, 16
– Gründungstheorie § 6, 3 ff., 8 ff., 17 ff., 37 ff., 54, 58
– gutgläubiger Erwerb § 6, 67
– Inspire Art § 6, 28 ff.
– Joint Venture § 14, 3
– Kapitalaufbringung/-erhaltung § 6, 57 ff.
– Niederlassungsfreiheit § 6, 8 ff., 17 ff.
– Outreach statutes § 6, 6
– Sachnormverweisung § 6, 56
– Sitztheorie § 6, 3 ff., 8 ff., 17 ff., 59
– Staatsverträge § 6, 49, 56, 59
– Überseering § 6, 26 f.
– Umwandlungen § 13, 6
– Verwaltungssitz, tatsächlicher § 6, 8, 12 ff.
– Wertpapierrechtsstatut § 6, 65, 83
– Wertpapiersachstatut § 6, 66, 82
Internationales Privatrecht
– Ausschluss § 4, 61 ff.
– Forderungen § 6, 94 f.
– Fuhrpark § 6, 89
– Grundstücke § 6, 90 ff.
– lex fori, s.a. dort § 4, 6 f.
– Mobilien § 6, 78 ff.
– objektive Anknüpfung § 4, 111 ff.
– Rechtswahl, teilweise § 4, 97 ff.
– Regelungen § 4, 9
– Vertragsstatut § 4, 3 ff.
– Wertpapiere § 6, 82 ff.

Stichwortverzeichnis

Internationales Schiedsgericht bei der Wirtschaftskammer Österreich, Wien § 18, 49
Internationales Schuldvertragsrecht § 4, 33 ff.
Internationales Umwandlungsrecht § 13, 5 ff.
Investmentbank § 2, 12 f.
Investmentrechtliche Prospekthaftung § 9, 46
Invitatio ad offerendum § 5, 4

Joint Venture
– akzessorische Anknüpfung § 14, 47 ff.
– Anknüpfung § 14, 2
– Fusionskontrolle § 11, 7, 226
– Interesse am inneren Entscheidungseinklang § 14, 51
– Konsistenzinteresse § 14, 51
– Kontinuitätsinteresse § 14, 52
– Sachzusammenhangsinteresse § 14, 52
– Zielgesellschaft § 14, 3
– Zustandekommen § 14, 1
Joint Venture Vertrag
– Eingriffsrecht § 14, 39
– Form § 14, 37 f.
– Gesellschaftsvertrag § 14, 11 f.
– Organisationsform § 14, 13 f.
– Qualifikation § 14, 4 ff.
– Rechtswahl § 14, 15
– Rechtswahl, fehlende § 14, 16 ff.
– Reichweite § 14, 36
– Zusatzverträge § 14, 1, 40 ff.
Juristenausbildung
– anglo-amerikanische § 3, 8
Juristensprache
– anglo-amerikanische § 3, 46

Kapitalanlagebetrug § 9, 48
Kapitalaufbringung
– Umgehung § 6, 57 ff.

Kapitalerhaltung
– Umgehung § 6, 57 ff.
Kapitalerhaltungsgrundsatz § 2, 194
Kapitalgesellschaft
– Beteiligungsfähigkeit § 7, 68
Kapitalmarktrechtliche Mitteilungs- und Veröffentlichungspflichten § 9, 38 ff.
Kartellrecht
– Anmeldefähigkeit § 11, 20
– Anmeldefrist § 11, 21
– Anmeldepflicht § 11, 23
– Anmeldeverfahren § 11, 17 ff.
– deutsches, s.a. Kartellverbot; Fusionskontrolle § 11, 187 ff.
– europäisches, s.a. EU-Kartellrecht; Europäische Fusionskontrollverordnung; EU-Fusionskontrolle § 11, 25 ff.
– foreign-to-foreign merger § 11, 16
– Gruppenumsatz § 11, 12
– joint control § 11, 7
– Kooperationsabkommen EU-USA § 11, 205
– Mehrfachanmeldung § 11, 4 ff., 18, 27, 150, 188, 191, 204 f.
– sole control § 11, 7
– Territorialitätsprinzip § 8, 45 ff.
– Zuständigkeit § 11, 31, 41 ff., 146 ff., 193
Kartellverbot
– Gemeinschaftsunternehmen § 11, 285 f.
– Inlandsauswirkung § 11, 282 f.
– Nebenabreden § 11, 287 ff., 295
– Wettbewerbsverbot § 11, 283, 287 ff.
– Wettbewerbsverbote § 11, 186 ff.
– Wettbewerbsverbote § 11, 283, 287 ff.

Kaufpreis § 2, 156 ff.
- Besserungsabrede § 2, 161
- fester § 2, 157
- Minderung § 2, 177
- Vertragsstatut § 5, 22
- vorläufiger § 2, 158
- Währung § 2, 162
- Wechselkursrisiko § 2, 163 f.
Kaufpreisanpassung § 2, 158 f.
Key-issues-list § 2, 75
Klagezustellung § 18, 22 f.
Kollisionsrechtlicher Verweisungsvertrag § 4, 52
Kompetenz-Kompetenz-Klausel § 18, 56
Konsularbeamte § 7, 56
Konzern
- Eingliederung § 13, 75 f.
- Sitztheorie § 6, 16
Konzernbetriebsrat § 10, 21 f., 30, 40
Kreditvertrag § 8, 20 ff.
Kumulative Schuldübernahme § 6, 97
Kundenstamm § 6, 105 f.
Kündigungsschutz § 10, 13
Kündigungsverbot § 10, 14

LBO
- Finanzierung § 8, 22
Legal due diligence § 2, 41
Legal opinion § 2, 248 ff.
- Anknüpfung § 19, 13 f.
Legalisation § 2, 245
Legitimationsnachweis § 2, 241 ff.
Leistung
- charakteristische § 4, 113
Leistungsstörungen
- Vertragsstatut § 5, 34 ff.
Letter of Intent
- Absichtsvereinbarung § 2, 22 ff.
- bindende Verpflichtung § 2, 27 ff.

- Gerichtsstandsklausel § 18, 16
- praktische Bedeutung § 2, 26
- Rechtswahlklauseln § 19, 31
- Regelungsinhalte § 2, 25
Leveraged Buy Out
- Finanzierung § 8, 22
Lex cartae sitae § 6, 66
Lex causae
- Gerichtsstandsklausel § 18, 9
Lex fori § 4, 6 f.
- Eingriffsnormen § 5, 62 ff.
- Gerichtsstandsklausel § 18, 7, 25
Lex loci protectionis § 6, 101, 104
Lex mercatoria § 3, 16, § 4, 92
Lex monetae § 5, 49
Lex pecuniae § 5, 49
Lex rei sitae § 6, 78
- Immobiliarsicherheiten § 8, 17
- Mobiliarsicherheiten § 8, 12 ff.
- Verschmelzung § 13, 17
Lex societatis § 6, 1, 63
Limited auction
- Bieterverfahren § 2, 11
Locked box § 2, 157
Luganer Übereinkommen § 18, 10

MAC-Klausel § 2, 143 ff.
Mandant § 19, 1 ff., 10 ff.
Mandatsvereinbarung § 19, 1 ff., 10 ff.
- Anknüpfung, Regelvermutung § 19, 9
- Ausweichklausel § 19, 8, 32
- Erfolgshonorar § 19, 11 f.
- Hauptniederlassung § 19, 5
Marktrecht
- Übernahmevertragsstatut § 9, 18 ff., 28
Material adverse change § 2, 143 ff.
Mediationsverfahren § 18, 47

Meldepflichten
- ausländische Erwerber § 8, 50
Memorandum of Understanding
- Gerichtsstandsklausel § 18, 16
- Rechtswahlklauseln § 19, 31
MgVG § 13, 36, 38
Minderung § 2, 177
Mindestbetrag § 2, 180
Mitbestimmung § 8, 42
- SE § 15, 13 ff.
- Verschmelzung § 13, 38
Mitbestimmungsbeibehaltungsgesetz § 10, 46
Mitbestimmungsstatut § 10, 47
Mitbestimmungsvereinbarungen § 10, 50
Mitteilungs-/Bekanntmachungspflichten § 6, 72
Mobiliarsicherheiten § 8, 12 ff.
MoMiG
- Beurkundung § 2, 234
- Sitzverlegung § 12, 7 ff., 13 f., 17, 21, 47
More economic approach § 11, 73
Mother agreements § 7, 84 ff.

Naturalrestitution § 2, 179
NDA
- Vertraulichkeitsvereinbarung § 2, 17, 20
Nebenabrede
- Gerichtsstandsklausel § 18, 16
- Formnichtigkeit § 7, 62 f.
- Kartellrecht, s. dort; s. a. EU-Fusionskontrolle, Fusionskontrolle
Netto-Finanzverbindlichkeiten § 2, 159
Neutrales Recht § 2, 221
- Wahl § 4, 86 ff.
Nichtigkeit
- Vertragsstatut § 5, 44 ff.

Niederlassungsfreiheit
- Beschränkung § 6, 43 ff.
- Gründungstheorie § 6, 8 ff., 17 ff.
- sekundäre § 6, 23
- Sitzverlegung § 12, 13 ff., 23, 26, 31, 33 ff., 41, 46, 48
Non disclosure agreement
- Rechtswahlklauseln § 19, 31
- Vertraulichkeitsvereinbarung § 2, 17, 20
Non-Reliance Letter § 2, 37 ff.
- Muster § 2, 39
Notary public § 2, 242

Offenlegungsschreiben § 2, 171 ff.
Öffentliche Ordnung/Sicherheit § 2, 129, 131
Öffentlich-rechtliche Vorschriften
- Territorialitätsprinzip § 8, 45 ff.
Offering memorandum
- Informationsmemorandum § 2, 12
Optionen § 7, 84 ff.
Ordre public § 2, 251 f.
- Erfolgshonorar § 19, 12
- Vertragsstatut, Grenzen § 5, 58, 65 ff.
Organe
- Vertretungsmacht § 7, 78 ff.
Ortsform
- Share Deal § 7, 3 ff.
Ortsrecht
- Share Deal § 7, 3 ff.
Ortsstatut
- Share Deal § 7, 3 ff., 9
Outreach statutes § 6, 6

Parol evidence rule § 3, 44
Parteiautonomie § 4, 51
Parteifähigkeit § 7, 75 ff.

657

Patronatserklärung § 8, 10
Personalsicherheit § 8, 3 ff.
Personalstatut § 6, 2, 62
  § 7, 64 ff.
Personengesellschaft
– Anwachsung § 13, 64 ff.
– Beteiligungsfähigkeit § 7, 68 f.
– Sonderkündigungsrechte § 13, 68
– Verschmelzung § 13, 51
Plane meaning rule § 3, 44
Post-acquisition-audit § 2, 54 ff.
Pre-acquisition-audit § 2, 62 ff.
Preisklauselgesetz § 2, 163
Preliminary due diligence § 2, 53
Primärschaden § 19, 25
Principles of equity § 4, 92
Private ordering § 3, 17
Privative Schuldübernahme § 6, 97
Procedure letter § 2, 13
Prorogation § 18, 11 ff., 18 f., 22
Prospekthaftung § 9, 42 ff.
Prospekthaftung im engeren Sinn
  § 9, 47
Prospekthaftung im weiteren Sinn
  § 9, 47
Prozessfähigkeit § 7, 75 ff.
Prozessrecht
– ausländisches § 18, 21
Prozesszinsen
– Vertragsstatut § 5, 53
Prüfverfahren § 2, 130 ff.
Punitive damages § 2, 182
Purchase price adjustment § 2, 158

Qualifications § 2, 249

Rahmenverträge § 7, 83 ff.
Realsicherheiten § 8, 11 ff.
Rechtmäßigkeitskontrolle § 13, 48 f.
Rechtsanwalt § 19, 1 ff.

Rechtsanwaltssozietät
– Mandatsvereinbarung § 19, 5
Rechtsberater
– Funktion § 2, 8; 248
– Funktion § 3, 51 ff.
– Vergütung § 3, 65 f.
– s. a. Beratungskultur; Vermittler
Rechtsdogmatik
– Schwäche § 3, 4
Rechtsfähigkeit
– allgemeine § 7, 64 ff.
– besondere § 7, 67 ff.
Rechtsgutachten
– legal opinion § 2, 248 ff.
Rechtskauf § 4, 34 f.
Rechtskultur
– anglo-amerikanische § 2, 6 ff., 32, 119, 169, 209
– anglo-amerikanische § 3, 1 ff.
– anglo-amerikanische § 3, 48
Rechtswahl § 4, 45 ff.
– Ausschluss, Internationales Privatrecht § 4, 61 ff.
– außerstaatliches Recht § 4, 92 ff.
– Bedeutung § 4, 46 ff.
– Berater § 19, 19, 24, 31 f.
– fehlende § 4, 111 ff.
– im Prozess § 4, 103
– Joint Ventures Vertrag § 14, 15 ff.
– Klauseln § 4, 76 ff.
– Kriterien § 4, 54 ff.
– minimale Auslandsberührung § 4, 82 ff.
– nachträgliche § 4, 101 ff.
– stillschweigende § 4, 104 f.
– Übernahmevertragsstatut § 9, 14 ff.
– UN-Kaufrecht § 4, 24 ff., 31 f.
– Verwaltungsrecht § 8, 47
– Völkerrecht § 4, 92 ff.

Rechtswahlklausel § 2, 217 ff., § 4, 57 ff.
- Berater § 19, 24, 27, 31
Red-flag-report § 2, 75
Registeranmeldung
- Verschmelzung § 13, 48 f.
Reliance Letter § 2, 37
Repesentations and warranties § 2, 154, 165 ff., § 3, 47
Richtlinie zur Ergänzung des Statuts der Europäischen Gesellschaft hinsichtlich der Beteiligung der Arbeitnehmer § 15, 31
Rom I-Verordnung § 4, 5
- akzessorische Anknüpfung § 4, 130
- Asset Deal § 4, 122 ff.
- Auslegung § 4, 8
- Ausweichklausel § 4, 129 ff.
- Förderungen, staatliche § 4, 124 ff.
- Immobiliarsachenrechte § 4, 127 f.
- Internationales Gesellschaftsrecht § 6, 7
- Joint Venture Vertrag § 14, 3, 5, 13 ff., 37 f., 45 ff.
- objektive Anknüpfung § 4, 111 ff.
- Sachnormverweisung § 4, 133
- Share Deal § 4, 37 ff., 114 ff.
- Übernahmevertragsstatut § 9, 14 ff.
- Vertragsstatut § 4, 33
- Wertpapiere § 6, 82 ff.
Rom II-Verordnung § 4, 5
"Roter Datenraum" § 2, 68
Rücktritt § 2, 216

Sachkauf § 4, 34 f.
Sachnormverweisung § 4, 133 § 6, 56

Sachwalterhaftung § 19, 28 ff.
Satzungssitz § 6, 12
- Sitzverlegung § 12, 20 ff., 37 ff.
- WpÜG § 9, 7
Schadensersatz § 2, 178 ff.
- anglo-amerikanische Rechtskultur § 3, 48
- Freibetrag § 2, 180
- Freigrenze § 2, 180
- gesetzliche Ansprüche § 2, 179
- Mangelfolgeschaden § 2, 179
- Mindesthöhe § 2, 180
- Verjährung § 2, 183
- Vollzug, Scheitern § 2, 216
Scheckfähigkeit § 7, 73
Scheck
- Asset Deal § 6, 84 f.
Schiedsgericht § 2, 225 ff. § 18, 48 ff., 51 ff., 46
- Institutionelles Schiedsgericht § 18, 48 ff., 61
- Internationale Handelskammer Paris § 18, 49
- Internationale Zuständigkeit § 18, 7, 26
- Internationales Schiedsgericht bei der Wirtschaftskammer Österreich, Wien § 18, 49
- Ort § 2, 266 f.
- Schiedsgericht der Deutschen Institution für Schiedsgerichtsbarkeit e.V. (DIS) § 18, 49
- Schiedsgericht der Schweizerischen Handelskammern § 18, 49
- Schiedsgericht des London Court of International Arbitration § 18, 49
- Schiedsgerichtsinstitut der Stockholmer Handelskammer § 18, 49

Schiedsgericht der Deutschen Institution für Schiedsgerichtsbarkeit e.V. (DIS) § 18, 49
Schiedsgericht der Schweizerischen Handelskammern § 18, 49
Schiedsgericht des London Court of International Arbitration § 18, 49
Schiedsgerichtsinstitut der Stockholmer Handelskammer § 18, 49
Schiedsklausel § 2, 228
§ 18, 34 ff.
- Ad-hoc-Klausel § 18, 49
- Ad-hoc-Schiedsgericht § 18, 51 ff.
Schiedsrichter § 18, 36, 51, 53
Schiedsvereinbarung
- Form § 18, 43 f.
Schiedsverfahren
- Kompetenz-Kompetenz-Klausel § 18, 56
Schiedsverfahrensordnung § 18, 48, 60
Schiedsvertrag § 18, 44
- Anknüpfung § 14, 9
Schiedsvertragsstatut § 18, 41
Schlussbilanzen § 13, 46
Schuldrechtliche Sicherungsverträge
- Mobiliarsicherheiten § 8, 14, 18
Schuldrechtsreform
- § 444 BGB § 3, 6
Schuldübernahme § 6, 96 f.
Schutzlandprinzip § 6, 101 ff.
Schweizerisches Obligationenrecht § 2, 234, § 7, 23, 35
SE § 12, 52 ff.
- Arbeitnehmerbeteiligung, Vereinbarung § 15, 13 ff.
- Asset Deal § 15, 85 f.
- dualistisches System § 15, 22
- Eintragung § 15, 57 f.
- europäisches Rechtskleid § 15, 1, 6 ff.

- Formwechsel § 15, 36
- geschäftsführende Direktoren § 15, 24 ff.
- grenzüberschreitende Sitzverlegung § 15, 28
- Holding-SE, s.a. dort § 15, 59 ff.
- Konzernstruktur, Vereinfachung § 15, 29
- Leitungssystem § 15, 22 ff.
- Mitbestimmung § 15, 13 ff., 27
- monistisches System § 15, 22 ff.
- Motive § 15, 5
- Share Deal § 15, 81 ff.
- Sitzverlegung § 12, 52 ff.
- Unternehmenskauf § 15, 81 ff.
- Verschmelzung § 15, 40 ff.
- Verschmelzung, Arbeitnehmerbeteiligung § 15, 51
- Verschmelzung, Rechtmäßigkeitskontrolle § 15, 54 ff.
- Verschmelzung, Registeranmeldung § 15, 54 ff.
- Verschmelzungsbericht § 15, 48
- Verschmelzungsfähigkeit § 15, 42
- Verschmelzungsplan § 15, 43 ff.
- Verschmelzungsprüfung § 15, 49
SE-Ausführungsgesetz § 15, 30
SE-Beteiligungsgesetz § 10, 53 ff.
§ 15, 13 ff., 31
SE-Betriebsrat § 10, 56 f.
Secretary § 2, 242
SEEG § 15, 31
Selbständige Garantieversprechen § 8, 7
SE-Verordnung § 15, 30 ff.
Sevic § 12, 41
- grenzüberschreitende Verschmelzung § 13, 52 ff.
Share Deal § 1, 13 ff.
- Abspaltung v. Vertragsstatut § 6, 73 f.

Stichwortverzeichnis

- Anknüpfung § 4, 122 ff.
- Anteilsübertragung § 6, 64 ff.
- Aufklärungspflichten § 7, 90 ff.
- ausländische Geschäftsanteile § 7, 39 ff.
- Betriebsübergang § 10, 2
- Distanzvertrag § 7, 4
- EWIV § 16, 1 ff.
- Formstatut § 7, 1 ff.
- Gesellschaftsstatut § 6, 1 ff., 62 ff.
- Gesellschaftsstatut, Reichweite § 6, 62 ff.
- Gründungstheorie § 6, 3 ff., 8 ff., 17 ff., 37 ff., 54, 58
- gutgläubiger Erwerb § 6, 67
- Haftung § 8, 25
- Internationales Schuldvertragsrecht § 4, 33 ff.
- lex societatis § 6, 1, 63
- Mitteilungs-/Bekanntmachungspflichten § 6, 72
- Ortsstatut § 7, 3 ff.
- Rom I § 4, 37 ff.
- SE § 15, 81 ff.
- Sitztheorie § 6, 3 ff., 8 ff., 17 ff., 59
- Übertragungsbeschränkung § 6, 68 f.
- UN-Kaufrecht § 4, 11 ff., 28
- Verfügungsgeschäft § 7, 8, 13 ff.
- Verpflichtungsgeschäft § 7, 3 ff., 10 ff.
- Wirkungsstatut § 7, 3, 9, 15

Sicherheiten
- Anknüpfung § 8, 3 ff.

Sicherungsrechte § 6, 79

Side letter
- Formnichtigkeit § 7, 62 f.

Singularsukzession § 6, 107, 112

Sitz
- grenzüberschreitende Umwandlung § 13, 23 ff.

- Zielgesellschaft § 9, 6 ff.

Sitztheorie § 6, 3 ff., 8 ff., 17 ff., 59
- Konzern § 6, 16
- modifizierte § 6, 15

Sitzverlegung § 12, 1 ff.
- Fallgruppen § 12, 4 f.
- identitätswahrende § 12, 2, 10 ff., 19, 22, 24 f., 29 f., 34 f., 38, 40, 42, 48 ff., 53 f.
- Kapitalgesellschaften § 12, 6 ff.
- Personengesellschaften § 12, 44 ff.
- Satzungssitz, ins Ausland § 12, 20 ff.
- Satzungssitz, ins Inland § 12, 37 ff.
- SE § 15, 28
- Societas Europaea § 12, 52 ff.
- Verwaltungssitz, ins Ausland § 12, 7 ff.
- Verwaltungssitz, ins Inland § 12, 26 ff.
- zwischen Drittstaaten § 12, 43

Societas Europaea
- s. SE

Societas Privata Europaea
- s. SPE

Sozialauswahl § 10, 18 f.

Sozialplan § 10, 28

Sozialversicherungsbeiträge
- Haftung § 8, 39 ff.

Sozialversicherungspflichten § 8, 39 ff.

Spaltungen § 13, 1, 11, 51, 59

Spaltungstheorie § 6, 101

SPE § 12, 52 ff., § 17, 1 ff.

Specific performance § 3, 48

Sprache
- englische, Bedeutung § 3, 7
- Vertragssprache § 5, 9 ff.

Sprachkundigkeit § 5, 15

Sprachrisiko § 5, 13 f.

Spruchkörper
- Gerichtsstandsklausel § 18, 24 ff.
Staaten mit gespaltenem Privatrecht
§ 4, 80 f.
Staatsverträge
- Gründungsrecht § 6, 49, 56, 59
Stabilisierungsklauseln § 4, 98
Statutenwechsel § 6, 80
- Mobiliarsicherheiten § 8, 15 f.
- Sitzverlegung § 12, 8, 11, 20, 26, 29, 36 f., 54
Stellvertretung § 7, 78 ff.
- s. a. Vertretung
Steuerberatungsvertrag § 19, 17
Steuerhaftung § 8, 36 ff.
Steuerklauseln § 2, 200 ff.
Steuerliche Erwägungen
- Share/Asset Deal § 1, 18 ff.
Steuerrecht
- Territorialitätsprinzip § 8, 45 ff.
Stichtag
- Unternehmensübergang § 2, 211 f.
Stimmbindungsvertrag
- Anknüpfung § 14, 8
Strafschadensersatz § 2, 182
Streitbeilegung
- Mediationsverfahren § 18, 47
- s. a. Schiedsklauseln § 18, 34 ff.
Streitentscheidung § 2, 224 ff.
Substitution § 7, 31, 45

Tarifgebundenheit
- Entfallen § 10, 12
Tarifverträge
- Transformation § 10, 12
Tatsächliche Beziehung
- Gründungsrecht § 6, 51 f.
Tax due diligence § 2, 42
Teaser
- Informationsbrief § 2, 13
Technical due diligence § 2, 46

Teilfunktions-Gemeinschaftsunternehmen § 11, 163, 168, 173 f, 175 ff.
Teilrechtswahl
- Share Deal § 7, 7
Territorialitätsprinzip
- Betriebsübergang § 10, 11, 13
- Sozialversicherungspflichten § 8, 39, 45
Third-party opinion § 2, 248
Tochter-SE § 15, 7, 29, 36
Transaktionskosten
- Share/Asset Deal § 1, 19; 24
Treu und Glauben
- Vertragsstatut § 5, 27
Treuhandkonto § 2, 169
Trigger § 2, 180
Trusts § 2, 243

Übernahmevertragsstatut § 9, 12 ff.
- Rechtswahl § 9, 14
- Rechtswahl, fehlende § 9, 15 ff.
Überseering § 6, 26 f.
Übertragungstheorie § 13, 7
UCC § 4, 23
Ultra vires-Lehre § 7, 66
Umwandlung
- deutsches Umwandlungsrecht § 13, 20 ff.
- Einheitstheorie § 13, 7
- EU-/EWR-Gesellschaften § 13, 35 ff.
- gesellschaftsrechtliche Qualifikation § 13, 6
- grenzüberschreitende § 13, 23 ff.
- internationales Umwandlungsrecht § 13, 5 ff.
- Vereinigungstheorie § 13, 7
- Verfahren § 13, 10 ff.
- Wirkung § 13, 14 ff.
Umwandlungsgesetz § 13, 5

Umweltrecht
- Territorialitätsprinzip § 8, 45 ff.
Unbedenklichkeitsbescheinigung § 2, 134, § 6, 90 ff.
UNCITRAL § 2, 266, 230
UNCITRAL-Schiedsgerichtsordnung § 18, 52
Unerlaubte Handlung
- engere Verbindung § 19, 27
- Erfolgsort § 19, 25
- Gerichtsstandsklausel § 19, 23 ff.
- Handlungsort § 19, 25
- Ubiquitäts- und Günstigkeitsprinzip § 19, 23
Uniform Commercial Code § 4, 23
United Nations Commission on International Trade Law § 2, 266, 230
Universalsukzession § 6, 107, § 13, 15
UN-Kaufrecht § 2, 222, § 4, 10 ff.
- Abwahl § 4, 24 f., 31
- Asset Deal § 4, 16 ff., 29
- Rechtswahl § 4, 24 ff., 30
- Share Deal § 4, 11 ff., 28
- Wahl § 4, 26 f., 32
Unternehmensbewertung § 13, 46
Unternehmenseinbringung § 13, 71 ff.
Unternehmensmitbestimmung § 10, 45 ff.
Unternehmensübernahme § 8, 27 ff.
Unterrichtungspflicht
- Betriebsübergang § 10, 15, 41
Unterrichtungsschreiben
- Betriebsübergang § 10, 15
Untersagung § 2, 135 f.
Untersagungsfrist § 2, 132
UN-Übereinkommen über die Anerkennung und Vollstreckung ausländischer Schiedssprüche § 18, 44

Valutawertklausel § 2, 163
Vendore Due Diligence § 2, 36 f.
Veräußerungsbeschränkung
- Anknüpfung § 14, 9
Verbandsschiedsgericht § 18, 46
Verbindlichkeit
- Share/Asset Deal § 1, 23
Vereinigungstheorie § 13, 7 ff., 33
Verfügungsgeschäft
- Vertragsstatut § 4, 40, 42, 44
Verjährung § 2, 183
- Vertragsstatut § 5, 42
Verkäufergarantie § 2, 154, 165 ff.
Verkaufsangebot
- Vertragsstatut § 5, 3 f.
Verkaufsprospekt
- Informationsmemorandum § 2, 12
Verkaufsprospektgesetz § 9, 46
Vermittler
- konzeptioneller § 2, 8, § 3, 53
- kultureller § 2, 8; 19; 169, § 3, 54 f.
- sprachlicher § 2, 8, § 3, 52
Vermögensübernahme § 8, 27 ff.
Vermögensübertragungen § 13, 1, 11, 51, 60
Verordnung über das Statut der Europäischen Gesellschaft § 15, 1
Verpflichtungsgeschäft
- Vertragsstatut § 4, 40, 42, 44
Verschmelzung
- Alternativen § 13, 63 ff.
- Arbeitnehmerbeteiligung § 13,
- Bericht § 13, 10, 43 f.
- Drittland-Vermögen § 13, 17
- Eintragung § 13, 13
- grenzüberschreitende § 13, 1 ff.
- Hereinumwandlung § 13, 26, 32, 55
- Hinausumwandlung § 13, 26, 32, 55 ff.
- nach Umstrukturierung § 13, 74

- Personengesellschaft § 13, 51
- Prüfung § 13, 45
- Schlussbilanz § 13, 46
- SE § 15, 40 ff.
- Sevic § 13, 52 ff.
- Unternehmensbewertung § 13, 46
- Verschmelzungsfähigkeit § 13, 9, 37
- Verschmelzungsplan § 13, 39 ff.
- Vertrag § 13, 10 ff.
- Wirksamkeitszeitpunkt § 13, 50

Verschmelzungsfähigkeit
- aktive/passive § 13, 9, 37

Verschmelzungsrichtlinie § 13, 3, 7 f., 10, 36, 41, 50, 62

Verschulden bei Vertragsverhandlung
- Berater § 19, 28, 30

Verschwiegenheitspflicht § 8, 2

Versicherungsverträge § 8, 23 f.

Versteinerungsklauseln § 4, 92, 94 f.

Vertrag
- Änderung § 5, 47
- Aufklärungspflichten § 7, 87 ff.
- Auslegung § 3, 38, 43 ff.
- Einfluss d. Finanzmärkte § 3, 3
- Einheitliche Richtlinien für Vertragsgarantien § 8, 8
- Ersetzung § 5, 48
- Form § 7, 1 ff.
- Formfragen § 2, 231 ff.
- Geschäftsfähigkeit § 7, 74
- Nebenabreden § 7, 62 f.
- Rechtsfähigkeit § 7, 63 ff.
- Rückabwicklung § 5, 46
- Rückgängigmachung § 2, 176
- Rücktrittsrecht § 2, 216
- Sicherheiten § 8, 3 ff.
- Vertretung § 7, 75 ff.
- Vorvereinbarungen § 7, 83 ff.
- Zustandekommen § 7, 63 ff.

Vertragsanbahnung
- Aufklärungspflichten § 7, 87 ff.

Vertragsgestaltung § 2, 119 ff.
- anglo-amerikanische Vertragspraxis § 3, 1 ff.
- Aufbau § 3, 26 ff.
- Ausführlichkeit § 3, 38 f.
- Definitionen § 3, 30 ff., 37
- Garantien § 2, 166 ff.
- Gewährleistung § 2, 175 ff.
- Länge § 3, 35
- Präambel § 3, 27 ff., 36
- Share/Asset Deal § 1, 25
- Überschriften § 3, 34

Vertragssprache § 2, 223
§ 2, 240
- Vertragsstatut § 5, 9 ff.

Vertragsstandards § 3, 19

Vertragsstatut § 5, 2 ff.
- Abspaltung v. Gesellschaftstatut § 6, 73 f.
- Arbeitsverhältnisse § 6, 99 ff.
- Aufbewahrungspflichten § 8, 1
- Bedeutung § 4, 1 ff.
- Bedingungen § 5, 28
- Betriebsübergang § 10, 2
- Bewertungsgrundsätze § 5, 32 f.
- Erlöschen d. Pflichten § 5, 42 f.
- Firma § 6, 100
- Forderungen § 6, 94 f.
- Geheimhaltungspflicht § 8, 2
- Geschäftsbeziehungen/-chancen § 6, 105 f.
- Geschäftsgeheimnisse § 6, 105 f.
- Goodwill § 6, 105 f.
- Grenzen § 5, 58 ff.
- immaterielle Güter/Werte § 6, 101 ff.
- Joint Venture § 14, 10 ff.
- Kundenstamm § 6, 105 f.

- Leistungsstörungen § 5, 34 ff.
- lex fori § 4, 6 f.
- Nichtigkeit d. Vertrags § 5, 44 ff.
- Rom I § 4, 33
- Rückabwicklung d. Vertrags § 5, 46
- Schuldübernahme § 6, 96 f.
- Share Deal § 7, 3
- Treu und Glauben § 5, 27
- Universal-/Singularsukzession § 6, 107 f., 112
- Urkundenübergabe § 5, 25
- Verjährung § 5, 42
- Verpflichtungs-/Verfügungsgeschäft § 4, 40, 42, 44
- Vertragsänderung § 5, 47 f.
- Vertragsauslegung § 5, 7 f.
- Vertragsinhalt § 5, 20 ff.
- Vertragspflichten § 5, 20
- Vertragssprache § 5, 9 ff.
- Vertragsstrafe § 5, 41
- Vertragstyp § 5, 21
- Vertragsübernahme § 6, 98
- Verwirkung § 5, 43
- vorvertragliches Vertragsverletzung § 5, 40
- Währungsstatut § 5, 49 f.
- Wirksamkeit d. Vertrags § 5, 5 ff.
- Zinsen § 5, 51 ff.
- Zustimmungserfordernisse § 6, 109 ff.

Vertragsstrafevereinbarung § 5, 41
Vertragsübernahme § 6, 98
Vertragsverhältnis
- Share/Asset Deal § 1, 20
Vertraulichkeitsvereinbarung § 2, 10, 17 ff., § 18, 16, § 7, 84 ff.
Vertretung
- gesetzliche § 7, 78 ff.
- Immobilienerwerb § 7, 81
- organschaftliche § 7, 78 ff.
- rechtsgeschäftliche § 7, 80 ff.

Vertretungsnachweis § 2, 241 ff.
Verwaltungsrecht
- Territorialitätsprinzip § 8, 45 ff.
Verwaltungssitz
- Sitzverlegung § 12, 7 ff., 26 ff.
- tatsächlicher § 6, 8, 12 ff.
- WpÜG § 9, 7
Verwirkung
- Vertragsstatut § 5, 43
- Widerspruchsrecht § 10, 16
Virtual data room § 2, 64 ff.
Völkerrecht
- Rechtswahl § 4, 92 ff.
Vollfunktions-Gemeinschaftsunternehmen
- Doppelkontrolle § 11, 125
- Gruppeneffekt/Spill-over-Effekt § 11, 127
- konzentrativer/kooperativer Effekt § 11, 123, 127
Vollstreckung
- Schiedsverfahren § 18, 22 ff., 58
Vollzugsbedingungen § 2, 120 ff.
Vollzugsverbot
- kartellrechtliches, Covenants § 2, 197
Vorkaufsrecht § 7, 84 ff.
- Anknüpfung § 14, 9
Vorstandsmitglieder
- ausländische § 8, 59 f.
Vorvereinbarung § 7, 84 ff.
Vorvertrag § 7, 84 ff.
Vorvertragliche Handlung
- Haftung § 19, 23, 28 ff.
Vorvertragliches Schuldverhältnis
- Haftung § 19, 29
Vorvertragliches Vertragsverletzung
- Vertragsstatut § 5, 40

Währung § 2, 162
Währungsstatut
- Vertragsstatut § 5, 49 f.

Wechsel
- Asset Deal § 6, 84 f.
Wechselfähigkeit § 7, 73
Wechselkurssicherung § 2, 163 f.
Wegzugsbeschränkung § 12, 14 f., 34 f., 41
Weisungsrecht
- Gesellschafter § 2, 85
Wertpapiere § 6, 84 ff.
- handelbare § 6, 82 ff.
Wertpapiererwerbs- und Übernahmegesetz § 9, 2 ff.
Wertpapierrechtsstatut § 6, 65, 83
Wertpapiersachstatut § 6, 66, 82
Wertsicherungsklausel § 2, 163
Wettbewerbsabrede
- Anknüpfung § 14, 9
Wettbewerbsverbot
- Kartellrecht, s. dort; s. a. EU-Kartellverbot; Kartellverbot
Widerspruchsrecht
- Betriebsübergang § 10, 16 ff.
- Verwirkung § 10, 16
Wiener UN-Übereinkommen über Verträge über den internationalen Warenkauf § 4, 10 ff.
Wirkungsstatut
- Share Deal § 7, 3, 9, 15
Wirtschaftsausschuss § 10, 26, 33 ff.
Wirtschaftsprüfer § 19, 18 ff.
- Auftragsbedingungen § 19, 18
Working Capital Equity Value § 2, 159
WpHG
- Mitteilungs-/Veröffentlichungspflichten § 9, 38 ff.

WpÜG § 9, 2 ff.
- Anknüpfungsgrundregel § 9, 5 ff.
- Anknüpfungsgrundregel, Einschränkungen § 9, 9 ff.
- Zielgesellschaft, Sitz § 9, 6 ff.
WTO § 11, 46

Zielgesellschaft
- WpÜG § 9, 6 ff.
Zinsen
- Vertragsstatut § 5, 51 ff.
Zinseszinsen
- Vertragsstatut § 5, 54
Zivilprozessrecht
- autonomes § 18, 10, 18 f.
ZPO
- Schiedsklausel § 18, 9, 18, 30, 44 f., 56, 58, 63
Zuständigkeit
- ausschließliche § 18, 13, 17
Zuständigkeitsvereinbarung § 18, 1 ff., 14
Zustellung
- Klage § 18, 22 f.
Zustellungsbevollmächtigter § 18, 64 ff.
Zustimmungserfordernisse § 6, 109 ff.
Zweigniederlassung
- Niederlassungsfreiheit, skundäre § 6, 23
Zwingende Rechtsvorschriften § 5, 58 ff.